中研院歷史語言研究所集刊論文類編

歷史編・明清卷

五

中華書局

明代兩京建都與衛所軍戶遷徙之關係

于 志 嘉

兩京建都，是國家對人力調動的大考驗。過去的研究偏重於富戶、匠戶與雜役戶的遷徙，對占有兩京人口比例頗高的衛所軍隊，則因受限於史料，著墨不多。本文補其缺漏，以兩京建都及北京遷都爲背景，探討兩京衛所設置概況、兩京衛軍改調情形；並配合族譜資料，以實例說明衛軍調衛對衛所軍戶家族造成的影響。對南、北兩京先後成爲全國軍事重鎮的經過，也有較詳細的討論。

前　言

永樂十九（一四二一）年遷都，是明代史上的大事件。它所代表的，不只是政治和軍事重心的北移，或首都與經濟中心的分離；事實上，國都北遷與否更關係到明朝政權能否順利脫離建國以來爲南人地主官僚操控的局勢，擺脫因偏都南京而不得不採行的封建諸王政策，從而發展出集權專制國家的問題。[1] 此外，從洪武初年的兩京政策到太祖正式以南京爲國都後仍念念不忘北遷的事實來看，對北方國防的考量也是促使國都北遷的一大要因。這些問題，過去學者討論已多，

1　參見吳晗＜明代靖難之役與國都北遷＞，《清華學報》10卷4 期，1935（後收入《吳晗史學論著選集》第一卷，北京，人民出版社，1984）；檀上寬＜明王朝成立期の軌跡－洪武朝の疑獄事件と京師問題をめぐって－＞，《東洋史研究》37卷3號，1978；鄭克晟《明代政爭探源》，第一編第五章＜朱棣與江南地主及遷都＞，天津古籍出版社，1988。近人朱鴻有不同的看法，參見朱鴻〈從南京到北京—明初定都問題的探討〉，《師大學報》33期，1988‧6。

並有從人口遷徙及都市計劃的觀點，論及兩京的建設。[2] 通過這些研究，我們對明初兩京的建設過程、城市規劃、以至人口結構都有了相當深入的瞭解；可惜的是，對占有兩京居民比例甚大的衛所軍戶之存在形態，卻多未提及。軍隊的調配既與國內之治亂及邊境之安危息息相關，因建都或遷都而促成的軍事調動便也成爲影響政權穩定的重大因素。筆者過去研究明代軍戶，對衛軍改調之頻繁作過初步討論，[3] 本文即擬以南京建都及北京遷都爲中心，探討兩京建都與軍戶遷徙之關係。

明初因戰亂破壞，各地經濟衰頹。政府爲復興經濟，厲行移徙政策。徙民塡實的對象也包括京師，目的在建設一形象威嚴偉大的首都。[4] 洪武年間被遷入南京的，除富戶、倉腳夫、匠戶、女轎夫等外，還有爲數二十萬左右的軍隊。[5] 他

---

2 相關論文有Edward L. Farmer " Early Ming Government: The Evolution of Dual Capitals " (Harvard University Press, 1976); F. W. Mote, " The Transformation of Nanking, 1350-1400 " in G. W. Skinner(ed.), *The City in Late Imperial China* (Stanford Univ. Press, 1977)；徐泓＜明初南京的都市規劃與人口變遷＞（《食貨復刊》10卷3期，1980）；夫馬進＜明代南京の都市行政＞（《前近代における都市と社會層》，京都大學人文科學研究所，1980）；張奕善＜明成祖政治權力中心北移的研究＞（《國立臺灣大學歷史學系學報》第10、11期，1984）；新宮學〈明代の首都北京の都市人口について〉（《山形大學史學論集》11號，1991. 2）；尹鈞科＜明代北京郊區村落的發展＞（《歷史地理》1984年第3輯）等。又，朱鴻《明成祖與永樂政治》（國立臺灣師範大學歷史研究所專刊17，1988　）第一章＜緒論＞對諸說有相當完整的介紹；檀上寬＜明初建文朝の歷史的位置＞（《中國－社會と文化》第7號，1992）對有關北京遷都的諸說亦有系統性整理，皆可參考。

3 于志嘉＜試論明代衛軍原籍與衛所分配的關係＞（《中央研究院歷史語言研究所集刊》60本2分，1989）。

4 參見徐泓＜明洪武年間的人口移徙＞（《第一屆歷史與中國社會變遷研討會論文集》，臺北，中央研究院三民主義研究所，1982）、＜明初的人口移徙政策＞（《漢學研究》6卷2期，1988）、〈明永樂年間的戶口移徙〉（《國科會研究彙刊：人文及社會科學》1卷2期，1991. 7）。

5 上舉各文外，尚可參照倉持德一郎＜明初における富民の京師移徙－所謂「富民」の設定－＞（《石田博士頌壽記念東洋史論叢》，石田博士古稀記念事業會，1965）；陳詩啓＜明代的工匠制度＞（《明代官手工業的研究》，武漢，湖北人民出版社，1958）。南京衛軍人數洪武中大約均維持在20萬人上下，參見《明太祖實錄》（本文所引各朝實錄據臺北中研院史語所校印本，1962）68/7a，洪武4年9月甲辰條，及同書223/6b，洪武25年12月條。

們在永樂遷都時大部分跟隨北徙，爲南、北京的人口結構帶來大幅度的改變。過去的研究偏重於富戶、匠戶與雜役戶的遷徙，軍戶方面多止於表面現象的陳述；引用資料以實錄、方志、氏族志爲主，族譜資料則因不易掌握而從缺。僅有羅香林＜族譜所見明代衛所與國民遷移之關係＞是以族譜資料爲主，但該文側重史料介紹，對資料的解釋亦間有附會。[6] 本文參照過去有關明代兩京及移徙政策之研究，再輔以族譜資料，期能對兩京衛所建置及衛軍遷徙之實態，提供更詳細的說明。

一、南京建都與軍戶遷徙

朱元璋自至正十六（一三五六）年三月取南京，改元集慶路爲應天府，至洪武十一（一三七八）年正式以南京爲京師，其間一度以開封爲北京，以臨濠爲中都。但北京因民力未蘇，始終未進行都城宮室的營建；中都則以劉基反對，於八年四月下令停建。中都的停罷加快了南京的建都，至十年十月止，城牆、宮殿、祀廟等已大抵完成，此後的建設集中在與城內人民生活有關的各項工程。[7] 隨著都城設備的擴充，政府陸續移入大量人口，既以塡實京師，也提供徭役。移民的居室由政府安排，自費建屋者還可得到政府的補助，這使南京城內得到良好的規劃，相同技術或職業的人聚集而居，由總數達三一八的坊廂加以管理。[8]

6 收入羅香林《中國族譜研究》（香港中國學社，1971）頁75-102。文中列舉有關衛軍移徙之族譜資料，其中不少是移至南、北京者，可參考。但如頁83-84謂洪、永間徙山西民於北京，目的在空其地以供山西邊軍屯種；又將北京附近原有居民他徙，俾自外地遷入之有軍籍者得以耕植，有將明初之徙民目的單純化之嫌。又如頁96-97以《鄭太崖祖房譜》之孤例，即認定原籍廣東的衛軍多被移隸於南京各衛，亦過於速斷。明初山西、北京的遷民可參考註4所引文、張奕善前引文及横田整三＜明代に於ける戸口の移動現象に就いて（上）＞（《東洋學報》26卷1號，1938）等，並不限於軍衛屯田；至於明代衛軍之移徙方向，則因衛軍來源複雜，影響調派的因素衆多，亦絕非以族譜之一二例即能歸納出者，參見註3所引文。

7 參見徐泓＜明初南京的都市規劃與人口變遷＞頁88-90。

8 萬曆《上元縣志》謂國初上元縣坊廂計有176個，後合併爲44，然其後詳列洪武24年坊廂原額，細數共有182.5圖。又據萬曆《江寧縣志》卷3，＜坊廂賦役＞，江寧坊廂原有142個，正統初合併爲35坊。相關討論參見夫馬進前引文頁251、255-258、264-265。

南京軍隊的總數始終維持在二十萬人上下。這個數字並且可追溯到洪武四年。但洪武年間的京衛則因增減改置的情形嚴重，數目不易統計。[9] 實錄中最早有關親軍衛設立的記錄，見於《明太祖實錄》卷14，甲辰（一三六四）年三月庚午條：

> 置武德、龍驤、豹韜、飛熊、威武、廣武、興武、英武、鷹揚、驍騎、神武、雄武、鳳翔、天策、振武、宣武、羽林十七衛親軍指揮使司。先是，所得江左州郡置各翼統軍元帥府，至是乃悉罷諸翼而設衛焉。

其後不斷增設改置，至洪武十一年正式以南京爲京師，對京衛的設置也作了一番調整。是年五月置府軍衛，改留守衛爲留守中衛，增置留守左、右、前、後四衛，九月置府軍左、右二衛，十月改驍騎左衛爲府軍後衛，改武德衛爲府軍前衛，又改興武衛爲武德衛，十二月復置興武衛，再改金吾前衛爲羽林左衛，改羽林左衛爲金吾前衛。[10] 諸般舉措，有些不過是衛名的互換，其意義究竟何在？是否與各衛所之任務分配有關？則有待日後的研究。

南京衛所的建置一直到宣德六年而後止。其間興革不斷，而史籍因成書時代不同，所載多有差異。附錄一列舉《諸司職掌》、洪武《京城圖志》、正德《大明會典》、嘉靖《南畿志》、《武備志》等五種史料中所錄之南京衛所，凡書中出現其衛所名者，以「○」號示之，藉以比較其異同；並輔以實錄、《明史》、

9 洪武初年在京衛所改置頻仍，然以實錄資料不盡完備，並非所有衛所都能追究出變革過程。如果將實錄中出現的有關設衛記錄與《明史・兵志二・衛所》相較，更可發現不少問題。有些衛所名僅見於實錄，不見於《明史》；有些則僅能追出日後改置的情形，而不明其初設之年月。這種情形同樣見於在外各衛，增加處理上的困擾。有關洪武初年衛所設置改廢的研究，目前有南炳文＜明初軍制初探＞（《南開史學》1983年1、2期）一文可參考，但該文僅將各衛按實錄出現時間先後臚列成表，未作任何歸納整理，因此無助於吾人對衛所先後沿革的了解。筆者近年嘗試以實錄資料爲主，將明代衛所興廢改置情形作總整理，然受限於資料本身之缺漏，工作進行遲緩。本文即係該工作的一項延伸，未來仍將分區域繼續進行。京衛改設的複雜情形非筆者目前所能處理，日後當再詳細研究。附錄一所示即筆者目前掌握的所有資料，由之可見不少衛名互易之例。洪武初以國家尚未統一，京衛軍屢被調遣至各地參加征伐，衛所的改廢或易名是否與此有關？或有其他理由？俱有待日後的研究。

10 參見附錄一，各該衛項下。以下文中所引各衛設置時間見附錄一者，不另錄出處。

《讀史方輿紀要》中之相關紀事，以考訂諸衛成立之年代。然而，由於實錄所收各地衛所沿革記事並不完備，表中呈現的錯綜現象實不易說明。例如，《諸司職掌》載洪武二十六年在京衛所除上十二衛外，另有五軍都督府屬衛所共二十九衛一所；有洪武二十八年杜澤序文的《京城圖志》，則於上十二衛外另載有三十衛，並於<廐牧>條下列有牧馬、馴象二所。二史料相較，《京城圖志》比《諸司職掌》多出留守前、後與龍江右三衛、馴象一所，並改龍江衛爲龍江左衛，不見蒙古左、右二衛之名。由實錄可知，留守前、後衛設於洪武十一年五月，龍江衛改爲龍江左衛在洪武二十五年七月，翌月置龍江右衛，而牧馬所之設則在洪武十九年九月，馴象所屬錦衣衛，設於洪武二十四年三月。另據正德《大明會典》卷108引《諸司職掌》所附之小註，可知蒙古左、右二衛後遭革廢，唯實際時間不詳。《諸司職掌》係奉敕修撰的官書，史官編纂時所據皆第一手資料，其可靠性不容置疑，上述誤差之出現或可用作說明洪武間衛所廢置不常的旁證。

南京衛所總數最後共達五十衛二所。其中親軍衛共十八衛，即金吾前衛、金吾後衛、羽林左衛、羽林右衛、府軍衛、府軍左衛、府軍右衛、府軍前衛、府軍後衛、虎賁左衛、錦衣衛、旗手衛、羽林前衛、金吾左衛、金吾右衛、江淮衛、濟川衛及孝陵衛。其餘各衛所分隸於南京五軍都督府，仍聽北京五府管轄。[11]諸衛所成立時間大體集中於太祖朝，永樂遷都以後僅龍虎左及豹韜左二衛係宣德六（一四三一）年由成都右、中二護衛改，以後即不再有任何建置。不僅如此，

11 明代衛所最初均歸大都督府直轄。洪武十三年改大都督府爲五府後，又以五府分領在京各衛所及在外各都司衛所。永樂初，建北京，置留守行後軍都督府，七（一四〇九）年二月成祖以巡狩爲名遷駐北京，又在北京另設行在五軍都督府。十九年正月正北京爲京師，不稱「行在」，罷行府，並將舊在南京者加「南京」二字。洪熙元年命諸司在北京者悉加「行在」二字，復建北京行府。至宣德三年革行府，北京各部院「行在」二字雖未除，但實則已以北京爲京師。各都司衛所由北京五府分領，南京京衛則分領於南京五府，再各以其方隸於北京五府。行府的建置沿革一如行部，二者性質相近，而後人對二者誤解的情形也相近。如《明史》卷41，<地理志二・山西>雲川、玉林、鎮虜、高山等衛項下有「永樂元年二月徙治北直畿内，直隸後軍都督府」（頁972-973），其「後軍都督府」即爲「北京留守行後軍都督府」之誤。北京行部有徐泓<明北京行部考>（《漢學研究》第2卷第2期，1984）可參考，行府則仍待吾人進一步研究。

南京衛所在永樂遷都時有半數以上被分調至北京，這使得南京衛所在往後雖仍能維持一相當之數量，實際上所屬衛軍的人數卻已大不如前了。《皇明經世文編》卷78，倪岳《青谿漫藁》<會議疏>謂：

照得南京各衛所軍伍俱自永樂年間分調，所存者十無三四。

亦可見遷都對南京防衛影響之鉅。[12]

南京軍營的建設，開始的相當早，《明太祖實錄》卷25，吳元（一三六七）年九月戊子條：

上御戟門閱試將士，因諭千戶趙宗等曰：軍士行伍不可不整，進退不可無節。雖屯營廬舍，亦必部伍嚴整，遇有調發，易於呼召，不致失次。自今居營者必以總旗爲首，小旗次之，軍人又次之，列屋而居。凡有出征，雖婦女在家，亦得互相保愛。

顯示太祖很早就有計劃的將衛軍家居生活亦加以軍事化管理。衛軍營房亦皆受良好規劃，正德《金陵古今圖考》<國朝都城圖>於城西北隅標出軍營所在，並於<圖考>中指出：

三十六衛環布於城中，五城兵馬指揮司在城內者三，城外者二。南有坊以居民，北有營以設行伍。衛各有倉，什九在城西北。

《皇明經世文編》卷75，丘濬《丘文莊公集》<遏盜議>亦謂：

國初於南京設爲四十八衛，每衛各有營，營兩際各爲門，本衛官軍就居其中。遇有警急，起集爲易。

可知京衛軍營集中設於南京城西北及北部，與一般居民所在之坊廂，略成南北對峙的局面。各衛皆有營，有事時可立即召軍應變。

12 遷都北京對南京防衛的影響不僅在南京衛軍的北徙，由於糧食主要生產於南方，中央政府北移需要大量的漕糧北運，位處南京上游的湖廣、江西沿江衛所官軍多被派運漕糧，亦導致南京「上游無備，屏蔽不固」。參見《皇明經世文編》（明・陳子龍等選輯，1962年北京中華書局影印本）卷62，馬文升《馬端肅公奏疏》<題爲因災變思患豫防以保固南都事疏>。南京衛軍除於永樂十八年大量北調，其後又多「逃亡事故埋沒者」，至萬曆後期，在京46衛2所（參見附錄一 *5，其中英武、飛熊、瀋陽右三衛雖屬南京五府，以設於別境，不計入46衛中）官軍共二萬八千九百餘員名（參見《武備志》190/9a、15b），約爲明初的七分之一。

南京衛軍軍營所在地的城西北隅，屬於朱元璋定都後的新拓部分，[13] 有利於整體規劃。嘉靖《南畿志》將京衛四十九衛分爲「軍於京城內者」三十七衛、「軍於城外者」二衛與「軍於江北者」十衛（詳附錄一），在「軍於京城內者」項下註有「隨衛營房三十七處」，可知各京衛軍營皆隨衛而設，與下節所述北京衛軍的居住狀況大不相同。軍營的建設配合京衛的增設循序漸進，[14] 其大小形制大約是「每十間爲連，間廣一丈二尺，縱一丈五尺」。[15]

京衛軍的來源非常複雜，由於應天是朱元璋自至正十六年以來的根據地，自始即集中了大批軍力，軍士的出身也包羅萬象。實錄中並未留下太多記錄，例如吳元年四月「命江西行省選精兵二千人充宿衛」；洪武五年七月「左副將軍李文忠以所獲故元官屬子孫及軍士家屬一千八百四十餘人送至京師」，其軍士「令舊

13 明代的南京城規模是六朝的三倍，南唐、宋、元的二倍半，其擴建情形參見徐泓＜明初南京的都市規劃與人口變遷＞頁90-91。又，頁96有關於軍事用地的敘述，可參考。明初政府在建設都城時，對軍營的建設不遺餘力。如《明太祖實錄》80/5a ，洪武6年3月壬戌條謂：「詔於臨濠造金吾左・右、羽林左・右、虎賁左、驍騎左・右、燕山護衛、神策、雄武、興武、威武、廣武、英武、武德、鷹揚、龍驤、鍾山、興化、定遠、懷遠二十一衛軍士營房三萬九千八百五十間」，數量相當龐大。這些衛所有半數以上在《南畿志》中是列於「軍於京城內者」項的。按成化《中都志》（明・柳瑛編，天一閣藏明代方志選刊續編，上海書店，1990）3/55a：「國初有金吾左、羽林左、虎賁左、驍騎左、龍驤、興武、興化、和陽、雄武、鍾山、定遠、振武等衛。既定鼎金陵，後皆革調。」可知實錄所記乃是爲配合中都營建而設，定都南京後當另有處置。不過，南京衛軍隨衛居住的情形到了後來似乎不若明初那般嚴格遵守，《皇明經世文編》卷39，王恕《王端毅公文集》＜駁議聽選官王瓚建言江北五衛免赴京操奏狀＞謂：「查南京各衛見操官軍舍餘，中間亦有在於江北屯所居住，而赴南京操練者。」旁註云：「分京軍於江北者，因江北多空地荒田，就之屯種；且政（正）欲其往來，習大江之險耳。故江北衛軍可以實陪京，陪京軍士可以屯江北。」（39/19b）顯示中期以後南京衛軍有因就屯而居於江北者。另外，有關南京衛所總數的問題，本文所引《金陵古今圖考》、《南畿志》與丘濬之說亦皆不同，其中《金陵古今圖考》中的36衛明顯是指城內各衛，丘濬48衛則包括南京城內外，但與《南畿志》相較，仍有些微差距。究竟前二者所據爲何？或僅爲取一成數而特爲此說，不詳待考。

14 相對於註13所引臨濠建軍營的記事，《明太祖實錄》中有關南京軍營的記事顯得極其零碎，參見130/1b，洪武13年2月己巳條、137/4b，洪武14年5月己酉條、144/3a，洪武15年4月己丑條、164/1a，洪武17年8月丁卯條。

15 《明太祖實錄》144/3a，洪武15年4月己丑條。

校李伯顏不花領之，以隸羽林衛」；六年三月「侍御史商暠招集王保保河南舊將士，得元參政、副樞等五百八十餘人、軍士一千六百六十餘人至京師，簡其壯勇者爲駕前先鋒」；同日「命河南衛都指揮郭英招集故元將士，得七百餘人，皆命分補侍衛」等，[16] 只是少數幾個見諸文字的例子。另外還有一些僉民充力士、校尉等的例子，名目雖有不同，但仍應屬軍戶的範疇。[17] 如《明太祖實錄》卷124，洪武十二年四月戊午條：

> 遣儀鸞司典仗陳忠往浙江杭州諸府募民願爲校尉者，免其徭役，凡得一千三百四十七人。校尉、力士之設，僉民間丁壯無疾病過犯者爲之，力士隸旗手千戶所，專領金鼓旗幟，隨駕出入，及守衛四門；校尉隸拱衛司，專職擎執鹵簿儀仗，及駕前宣召官員差遣幹辦。

同書卷173，洪武十八年六月丙午條：

> 天下府州縣僉民丁充力士者萬四千二百餘人至京，命增置錦衣衛中左、中右、中前、中後、中中、後後六千戶所分領之，餘以隸旗手衛。

按：旗手千戶所於洪武十八年六月改爲旗手衛；拱衛司設於甲辰（一三六四）年十二月，洪武三年六月改爲親軍都尉府，「設儀鸞司隸焉」，十五年四月再改儀鸞司爲錦衣衛，力士與校尉即分隸此二衛。[18] 上舉諸例獲軍人數合計二萬餘人，約爲京軍總數的十分之一，然其所出自已包括「天下府州縣」。以下即擬利用族譜中之相關資料，做更細部的觀察。

---

16 分見於《明太祖實錄》23/6b，壬申條、75/1b-2a，己未條、80/1b，癸卯朔條。

17 《明史》卷77，<食貨一・戶口>：「凡戶三等：曰民，曰軍，曰匠。（中略）軍有校尉，有力士，弓、舖兵。」

18 參見《明太祖實錄》173/3a，癸巳條、15/9a，乙卯條、53/12a，乙酉條、144/3b，乙未條。

族譜中明載其祖先於明初充軍南京的，今共收集到十三例，列表如下：

族譜名	祖軍名	時間	從軍緣繇	分配衛所	原籍	出處
《懷寧滁水任氏宗譜》13卷，任鶴峰等修，光緒11年慶源堂刊本	任長受	洪武4年	畢指揮收集	金吾左衛	安徽懷寧	3/24a-27b
《餘姚朱氏宗譜》16卷、卷首 1卷，朱蘭等續修，同治12年一本堂刊本	朱福榮	洪武初	謫充	廣洋衛	浙江餘姚	1/1a-b
《李氏族譜》不分卷，李炎、江萬哲主編，民國48年台中新遠東出版社	李　單	洪武9年	簡郡縣民爲軍	南京留守司右屯衛	福建	pp.A139-140
《蕭山長巷沈氏宗譜》40卷，卷首 1卷，沈荇等續修，光緒19年承裕堂刊本	沈　祁	洪武中	謫戍	京衛	浙江蕭山	1/13b-14a
《淄川袁氏家譜》 6卷，袁斯孜等修，光緒20年刊本	袁彥中	洪武4年	墮籍	南京龍虎衛	北京	1/1a
《蕭山陳氏宗譜》 8卷，陳宗元等續修，光緒 2年敦睦堂刊本	陳寧一	洪武19年	抽民戶上戶	水軍左衛	浙江蕭山	<陳氏族譜序>
《張廖氏族譜》不分卷，張清風、廖大漢主編，民國54年台中新遠東出版社	張仙乞	洪武9年	抽充	留守右衛	福建德化	p.張氏B108
同　上	張希順	?	戍	朝陽門	福建同安	p.張氏B152
《毘陵馮氏宗譜》12卷，卷首 1卷，馮受恒主修，道光17年寶啬堂刊本	馮福三	洪武4年	謫充	武德衛	江蘇常熟	7/5a-6b
《蕭山黃氏宗譜》不分卷，黃士福等修，光緒17年五桂堂刊本	王　蘊	洪武19年	充軍	入京	浙江蕭山	<竹橋宗譜序>
《如皋劉氏宗譜》20卷，劉錚等纂修，光緒22年木刻活字本	劉壽三	明初	隨征	留守衛	江蘇如皋	7/3a
《鄭太崖祖房譜》存 2卷，不詳編者，光緒21年青雲堂刊本	鄭德光	洪武16年	收集	虎賁右衛官	廣東東莞	3/3b-4b
《粵東簡氏大同譜》13卷，卷首 1卷，簡朝亮等修，民國17年上海中華書局	簡用耕	?	籍	南京衛屯田軍	廣東莞井	9/74b

諸例中，除數例年代不明者外，其餘充軍於洪武四、九、十六、十九等年。洪武九與十九年的四例中，且有三例明記爲抽民戶爲軍。洪武四年的各例中，一爲謫充，一曰「墮籍」，或均爲因罪充軍者。謫充軍此外尚有餘姚朱福榮，《餘

姚朱氏宗譜》卷1，<世系表>記其從軍緣繇：

公秉性孝友，博洽多聞，慷慨有遠略。時元季寧紹俱隸方氏，方屢徵不就。明初設衛，軍伍不足，有小詿誤者即遣戍。公以方氏所徵，謫廣洋，後調雲南金齒。

可知明初爲充實軍伍，常有故入人罪的情形。另外，洪武十六年的鄭德光，譜謂其「收集軍伍，從戎南京，官虎賁右衛」，[19] 考《明太祖實錄》卷155，洪武十六年七月丁巳條：

山西布政使何眞乞致仕，從之。命眞還廣州，眞至鄉，尋招集舊所部兵校二萬七百七十七人并家屬送京師。

當爲同一事。收集充軍的另一例即洪武四年的任長受，譜謂其於「四年三月內蒙畢指揮下收集，充金吾左衛右所軍」。正史雖不記，但由是年曾舉大軍征伐明昇，及先後多次收集充軍的實例，[20] 亦可瞭解洪武初年爲配合衛所建設與統一事業的進行，需軍孔急的實況。

京衛軍的原籍應爲本文討論的重點之一，但因受限於現存族譜多屬江浙、閩廣地區家族所遺，難窺全貌。然而，值得注意的是，上舉諸例有些在成爲南京衛軍以後，有改調他衛，造成家族再次遷徙的情形。如餘姚朱福榮，由廣洋衛調雲南金齒，至其孫德辰時，再改調錦衣衛，其家族遷徙之狀況即頗爲可觀。

福榮以下九世的世系表略如次：

朱福榮
- 仲遠 — 德華
- 仲達 — 德辰
  - 宗勤
    - 浦 — 銀 — 藩
    - 洪 — 浩 — 某 — 某 — 思孟 — 應時（在京三房）
  - 茂榮（雲南支）
- 仲文 — 德敬

19　史料出處已見於上表者不另註明。以下同。

20　征伐明昇，始於洪武4年正月，6月明昇降，7月送明昇并降表至京師，參見《明太祖實錄》60/1a，正月丁亥條、66/5a，6月癸卯條、67/3a，7月乙丑條。是年收集軍的記錄見同書63/1b，閏3月庚申條、66/1b，6月壬午朔條、68/5a，9月丙子條、及70/3b，12月丙戌條。有關衛軍來源及相關用語之定義，參見于志嘉《明代軍戶世襲制度》（台灣學生書局，1987）第一章。

繼福榮之後應軍役者爲德辰，《餘姚朱氏宗譜》卷13，<明崇祀忠義祠孝友上壽柳莊公事實>有云：

明洪武十三年傅將軍攻取雲南，公從弟諱德華例當戍，母老鮮兄弟，無可代者，公毅然自任，單身赴滇。

出兵雲南始於洪武十四年九月壬午朔，當時是以潁川侯傅友德爲征南將軍，永昌侯藍玉及西平侯沐英分任左、右副將軍。[21] 征南士卒分調自各地，其中也包括了不少京衛軍。[22] 雲南平定以後，便以部分軍伍留駐雲南衛所，其後並遷其家屬至雲南同住。《明太祖實錄》卷184，洪武二十年八月乙亥條：

詔在京軍士戍守雲南者，其家屬俱遣詣戍所。戶賜白金十兩、鈔十錠。令所過軍衛相繼護送。

反映了部分實況。但當時餘姚朱氏似乎並無家屬在京，德辰元配翁氏、庶周氏、黃氏所生六子俱留在餘姚，亦不見其被遣詣戍所之記錄。可能是因爲德辰在金齒衛已另娶陶氏，生有一子茂榮，其原籍家屬始得免遠徙。茂榮「後隨柳庄（莊）公歸，復往金齒，遂世其家」，「厥後科第不絕」，「爲滇南望族，世稱雲南支」。[23]

德辰在滇，頗得沐晟禮重。《餘姚朱氏宗譜》卷13，<明柳莊朱公傳略>云：

（德辰）至衛雖係戎行，琴書自隨。滇古南蠻僻壤，人不知書。黔國公聞其賢，延之講學。滇之當事，無不器重之。嗣是人文蔚起，咸以公爲文章宗主。及年邁思歸，改鈒花手，進錦衣御用監。達都中，首創雲南會館，至今稱便。公第三子宗勤，年十六，不憚萬里，赴衛省親。後隨至都，竟代公留錦衣衛，公始得歸。時黔國公以詩餞云。（中略）公歸姚，年已八十有五，三世遶膝，族里咸慶。

---

21 參見《明太祖實錄》139/1a-b，洪武14年9月壬午朔條。

22 同上書152/4b，洪武16年2月條、154/1b，洪武16年5月庚戌條皆爲賞賜征南士卒之例，可知至少包括京師諸衛、四川重慶諸衛、北平大興諸衛及永寧諸衛等。

23 《餘姚朱氏宗譜》1/6a-7a，<世系表>德辰項下、1/9b-10a，茂榮項下、13/13a-14b，<明崇祀忠義祠孝友上壽柳莊公事實>。

德辰此傳，為其孫婿「賜進士及第太子少保吏部尚書」黃珣所撰，既為當時人，可信度應極高。由之可知，德辰幾番調衛，但其落葉歸根之所仍在餘姚。代役者宗勤，為德辰第三子，「宣德元年，代父戍留京，世稱在京三房」。[24]

朱氏軍役，此後主要由在京三房承擔。宗勤長子浦居順天，其後人分處香河、密雲；次子洪後三支，一居餘杭，一居京師，一居禹樂堰。[25] 不過這些遷徙已與衛所改調無關。朱洪的後人朱應時為嘉靖壬戌（一五六二）科進士，其戶籍登記為「羽林左衛軍籍」，[26] 可知在宗勤繼役錦衣衛後至少改調過一次，但仍屬在京衛，未造成遠徙。

朱氏世系簡表中尚有一人值得一提的，是為仲文長子德敬，譜謂其「脫軍抄民，改朱為諸，至萬曆時始復姓」，[27] 因此不預軍役。仲遠一支至德華而絕，而德辰一支因軍役分出雲南支與在京三房，二支且皆有子弟中科舉，此則非族譜資料無以彰顯者也。

南京衛軍調戍雲南的，尚有張希順一例。譜謂其「既壯，役戍朝陽門，傳有生三子在雲南。因回來省親，竟卒。永樂辛丑（一四二一）年七月十一日未時，附葬先考官洋阪之壙右。娶本里十二都溪南陳氏女，改適，無嗣。」是為該譜有關斯役的全部記載。其文雖簡略，但因有朱氏先例在，不難想見二例實頗相近。張希順單身赴衛，改調雲南後另娶妻生子；不同者原配陳氏無子，因希順日久未歸，先已改適，故希順於歸省後不幸卒於原籍時，在原籍並無子嗣。

諸例中又有東莞鄭德光，於洪武十六年因收集而官虎賁右衛，後於洪武二十一年改調貴州興隆衛。德光從戎時，長子觀佐年甫十四，因「育于大父可仕公」；德光則攜妻同往，在南京生下次子保保。改調貴州時，遺幼子於南京，後與妻「俱葬戎所」，保保則聚族於南京。崇禎間，東莞宗人任丹徒縣知縣者還在

24 同上書1/7a，宗勤項下。

25 同上書1/7a，浦項下、洪項下。

26 同上書5/1b，<世系表>應時項下；又參見《明清歷科進士題名碑錄》（台北，華文書局，1969）頁858。

27 《餘姚朱氏宗譜》1/13b，<世系表>德敬項下。

南京正陽門外的觀音寺內，發現一座石碑，上面記有德光、保保及其子孫之事蹟，並謂「其子孫多有登仕籍者」。是譜今僅存二卷，相關記事有限，但已足以令吾人瞭解，兩次遷徙爲鄭氏在東莞及南京各留下一支派，貴州方面雖情況不明，但既爲軍役所在，又爲德光夫婦埋骨之所，很可能是另有一支的。

南京衛軍於洪武間未改調他衛者有不少在永樂間被北遷，這些留待下節再作討論。始終未遷者，十三例中僅得二例，[28] 即李單與陳寧一之後。李單充軍在洪武九年，是時「當大明定鼎之際，太祖敕曰：與朕當役者長享富貴，黎民樂從。于是簡郡縣民分南、北京爲屯軍田，時公亦在簡中」。「至萬曆丁未（一六〇七）年，公裔孫太學生諱善來視祖地，語以公在南京累世役于王事，住籍水門街」。陳寧一則於洪武十九年因「國朝缺兵，擇其上戶抽取」，而被調發至南京水軍左衛充軍。弘治十八（一五〇五）年蕭山一支修譜時，南京軍役猶在，「子孫現存」。

綜上可知，南京衛軍除少部分未遷者外，洪武中被遷者以雲貴衛所居多，但絕不僅限於此。懷寧任長受自洪武四年收集「充金吾左衛右所軍，洪武六年調鷹揚衛右所軍，洪武八年調蘇州衛前所軍，洪武十一年調遵化衛前所軍」，最能說明洪武間京衛軍改調頻繁的實狀。任長受數次改調，因得其子孫興武衛千戶任惠的「襲職供狀」而被完整的記錄下來，缺此而僅依族譜，必將抹殺所有改調之事實。[29] 由此推想，其他諸例在改調雲貴或北遷之前，可能也經歷過若干次京衛

28 13例中，遷雲貴者3，留南京者2，北遷者3。剩餘5例，除4例不詳其所出，另一例即下舉之任長受。由此亦可見存留南京者比例之低。

29 《懷寧滌水任氏宗譜》卷2，< 家傳 · 武德將軍信公原傳 >記該族軍役緣繇，謂：「信公本名思顯，明洪武四年徐大將軍奉命北征操練兵馬，募丁壯從軍。任長受以懷寧良家子隨萬戶侯畢公戲下，遂爲遵化衛軍。今不知長受爲信公何人也。（中略）長受卒，又以任蠻子爲遵化衛軍。（中略）信公爲蠻子親叔，又同在軍中，主將愍蠻子之敢死，且喜信公有膂力智略，即令其入伍爲雲騎尉。今亦不知蠻子爲長受何人，並不知蠻子爲何人之子，何以信公之同在軍中也。」可知：1. 此譜爲信公之後所作，但信公與長受或蠻子的關係均不詳。2. 族譜家傳略去所有改調之事實，致任長受自始即爲遵化衛軍。譜中唯一僅見該改調事項者，即卷3收錄的<興武衛千戶任惠襲職供狀>，作於嘉靖34年4月。供狀之作因有衛選簿或武職貼黃等資料可參考，因此能於一切改調陞降記錄鉅細靡遺，其可信度亦極高。參見于志嘉《明代軍戶世襲制度》第三章第二節<黃與武選>。

內的小改調，只是因資料不全，難以查考罷了。任長受前兩次的改調理由不詳，但洪武十一年的一次，則可確定是爲了配合遵化衛的設衛，其情況正與遷雲貴者同。[30]

綜合上述可以了解，洪武間衛軍的改調與遷徙，正反映了明初衛所建置的實況。而南京作爲朱明擴張政權與軍事力的根據地，也負起了吸收和訓練軍隊的任務。在京衛所隨時保持有二十萬左右的軍力，由政府提供營房，實施嚴格的軍事化管理。遇有征伐，即受調遣；新衛所成立，亦調以充實。至於京衛之不足額者，則由僉取民戶、收集舊軍或謫充等法續以補充。也就是說，洪武四年大都督府所奏京師將士之數二十萬七千餘人與洪武二十五年統計的在京武官二千餘員、軍二十萬六千餘人，[31] 在數字上雖幾無差異，但實質內容已大大的不同了。而對於衛軍的流入與流出，族譜資料無疑地爲正史之缺漏提供了很大的補充。

二、北京遷都與軍戶遷徙

北京在元代稱作大都，與南京同樣具備作爲首都的傳統。洪武初年朱元璋召廷臣集議建都之地時，有提議北京者，但太祖惡其爲亡國之地，沒有接納。[32] 大都於洪武元年八月爲徐達所攻占，隨即改稱北平府。[33] 洪武三年朱元璋封四子棣於北平，是爲燕王。十三年燕王之國，燕王府就設在元朝的隆福宮舊址。[34]

30 鷹揚衛置於甲辰年3月庚午（《明太祖實錄》14/6a），蘇州衛置於吳元年10月乙巳（同書26/1a），遵化衛則置於洪武11年9月丁亥（同書119/6a），初隸北平都司，後改直隸後軍都督府。又，雲南金齒衛設於洪武18年2月己未（同書171/3a），貴州興隆衛設於洪武22年6月癸亥（同書196/5a-b），與族譜所記各人遷徙時間約略吻合。

31 參見《明太祖實錄》68/7a，洪武4年9月甲辰條、同書223/6b，洪武25年12月條。

32 《明太祖實錄》45/2b-3a，洪武2年9月癸卯條。又參見吳晗前引文頁559-560、華繪<明代定都南北兩京的經過>（《禹貢半月刊》2卷11期，1935）頁37。

33 參見《明太祖實錄》34/1a-b，洪武元年8月庚午條、同書34/11a，洪武元年8月壬午條。

34 同上書 51/5b-6b，洪武3年4月乙丑條、同書 54/1b，洪武3年7月辛卯條、同書130/4b-5a，洪武13年3月壬寅條。又參見侯仁之・金濤《北京史話》（上海人民出版社，1980）六<明代的帝王之都>頁98。

終洪武之世，政府對北平的建設非常有限。領有之初，因城內北部原本就比較空曠，加上多年戰亂，人口流移，地多荒蕪；明兵進城以後，遂放棄北界，於原城址南方約五里處另築新牆，舊有元大內宮室俱被拆毀。[35] 至永樂元（一四〇三）年改北平爲北京，期間數次移民屯墾，但人口仍然不多。[36] 朱棣雖於即位之初即有意遷都北京，並於永樂四年下詔徵發各地工匠、軍丁、民夫，期以翌年五月建北京宮殿，但以時機尙未成熟，重建工作一直延宕到永樂十四年始得再開。這一次的重建，將南面城牆向南拓展了二里多，宮殿則仿自南京，唯規模更爲宏偉壯麗。永樂十八年十二月宮殿建成，遂於翌年正月正式遷都北京，改北京爲京師，不復稱行在。[37]

北京遷都，不僅是中央政府北移，南京住民也多被北徙。萬曆《江寧縣志》卷3，＜版籍・坊廂賦役＞謂：

> 昔自洪武定基，於凡金陵舊民，驅置滇南，而別取浙直上戶四萬五千餘家塡實京師。[38]（中略）永樂北遷，隨行太半，戶口大減，而差役實稀。

南京人口的銳減，由上元、江寧兩縣坊廂數的消長情況亦可查知，洪武間計達三一八的坊廂到了正統二（一四三七）年被合併爲七十九個。[39] 北遷者中，有不少是洪武年間爲負擔特殊徭役而由全國各地移徙至南京者，如沈榜《宛署雜記》卷20，＜志遺五・女轎夫＞：

> 萬曆二十年，見當大婚，女轎夫除大輿一百名外，宛平實九十三名。（中略）案查女轎夫林鳳妻王氏等一百九十三戶，原籍福建閩、侯、懷三縣

---

35 參見侯仁之・金濤《北京史話》頁 97-98；北京大學歷史系《北京史》編寫組編《北京史》（北京出版社，1985）第六章＜明代的北京＞頁207-208；侯仁之＜元大都城與明清北京城＞（《故宮博物院院刊》1979年第3期），頁13-14。

36 相關事例參見橫田整三前引文（上）頁130-131；徐泓＜明洪武年間的人口移徙＞頁258-259。

37 參見陳梧桐＜明成祖爲何遷都北京＞（《文史知識》1984年3期）頁25-27。

38 此條史料有不符史實處，相關討論參見夫馬進前引文頁251-253，又參見徐泓＜明初南京的都市規劃與人口變遷＞頁98-100。

39 參見夫馬進前引文頁251-252、頁255、269。

人，洪武年撥送南京應當女戶，永樂年間隨駕北都，專供大駕、婚禮、選妃及親王、各公主婚配應用。

即是一例。原服役於南京的住坐匠二萬七千戶亦是北徙的對象。[40] 不難想見，北京不僅在皇城建置上盡倣南京之制，甚至連人口結構以至其實質內容，都與南京相類。所不同者，北京因大體仍元大都之舊規，城內坊巷多已形成，[41] 因此難以像南京一樣，對不同職業或技術者之居處作通盤完整的規劃。除永樂初曾於皇城四門、鐘鼓樓等處修建數千間鋪房以「召民居住」或「召商居貨」；並於運河溝通後，在北京和通州城內外修建了一些新的客店和塌坊外，[42] 政府對一般公共設施的建設似極有限。這種現像也同樣反映在軍營的建置上。

永樂間北京軍營的設置狀況，今已不可考。《明英宗實錄》卷28 ，正統二年三月乙未條：

行在兵部奏：在京衛所勾補軍士多無房屋居住，及被官旗侵害。乞敕行在工部相撥空地，起蓋營房。然亦不能濟目前之急。宜差監察御史、給事中各一員，督五城兵馬於原分定衛所地方，將新到軍士暫於軍民等家借住，給與月糧，修整營房。（中略）上以所言切當，命即行之。

顯示北京京衛營房建設不敷所需，致新到軍士不得不先暫借人家居住。勾補軍士是爲補充原額之空缺，並非於原額外另添新額，因此也可推知北京營房自遷都以來即有短缺現象。這與永樂間北京衛所數的急速膨脹（詳下文），自有密切不可分的關係。

另一方面，北京因「襲勝國之舊，街坊里巷參錯不齊」，也使得軍衛營房不易規劃。前引丘濬《丘文莊公集》＜遏盜議＞在指出北京地理形勢的限制後說到：

40 參見陳詩啓＜明代的工匠制度＞頁87。

41 張爵《京師五城坊巷衚衕集》（筆記小說大觀本）書末有民國25年張江裁所作之跋，謂「至集中所載之坊巷，多爲元時所遺。其名見諸元一統志及析津志者頗多。蓋明沿元舊，無多更易。」

42 參見沈榜《宛署雜記》（《筆記小說大觀》35編第4册，民國72年新興書局影印本）卷7，＜廊頭＞，頁58；又參見《北京史》頁157-158、《北京史話》頁103 。

今京衛七十有餘，其衛署隨處散置，中亦有未置署者。且其軍士雖係籍衛中食糧，至其操練以待調發，則分在各營。必欲使每衛各爲一處，聯比其居，決有不能者。

北京衛軍因爲永樂間數次北征與北巡，至永樂二十（一四二二）年前後逐漸形成京營，初期的京營又分作五軍、三千及神機各營。[43] 丘濬此議有旁註云：「成祖北征之後，兵未及歸衛，尙在營中，至今猶然。」可知北京衛軍始終維持著戰鬥編組，與衛所兵制「征調則統於諸將，事平則散歸各衛」的原意大相逕庭。[44] 尤有甚者，京衛軍雖「名籍在衛所，隊伍在將領，而其所居之地方，則各屬兵馬司也」。士卒「聚散無常，甚者野處在數十里之外」，[45] 因此有事時不易召集，嚴重影響調兵的效率。

北京衛所散處的情況，可由張爵《京師五城坊巷衚衕集》（以下簡稱《衚衕集》）中窺知。以分布衛所數最多的中城爲例，南薰坊有留守右、金吾右二衛，保大坊有府軍前、羽林右、神武左三衛，仁壽坊有金吾左衛，大時雍坊有錦衣、旗手二衛，小時雍坊有龍驤、武功左、虎賁左、武功中、留守左、彭城六衛，積慶坊則有會州、蔚州左、富峪、瀋陽左四衛。這些衛所的確實位置多已無法復原，[46] 至於各衛營房的位置就更難推斷得出。《衚衕集》所載以衛所名命名的衚衕，可能大部分指其公署所在地，僅武德（在東城黄華坊）、彭城（中城小時雍坊）二衛及騰驤四衛（北城金台坊），不但有以衛名命名的衚衕，還有武德衛營（北城崇教坊）、彭城衛營（南城宣化坊）與四衛勇士營（北城安定門外）等衚衕，或可用以説明衛所公署與營房遠隔的情形。[47] 另一後出的史料見陳洪謨《繼世紀聞》卷4，正德六年條：

43 參見青山治郎＜明代における京營の形成について＞（《東方學》20輯，1971）。
44 參見《明史》卷90，＜兵志二・衛所＞，頁2194。
45 以上俱見丘濬＜遏盜議＞。
46 參見徐苹芳《明清北京城圖》（考古學專刊乙種第23號，北京，地圖出版社，1986）＜明北京城復原圖＞。
47 《衚衕集》中衛名重覆者，另有小時雍坊的龍驤衛衚衕與金城坊的龍驤衛街、明時坊的神策衛衚衕與黄華坊的神策衛，以及重出於南薰坊和阜財坊的留守右衛、同見於正西坊和正南坊的留守衛營等四組。重覆的理由不詳。

京師之南，固安、永清、霸州、文安等處，京衛屯軍雜居，人性驕悍好騎射，往往邀路劫財，輒奔散不可獲，人號爲放響馬賊。

則是京衛屯軍爲遷就屯地遠居城外的例子。

北京開始設置衛所的時間甚早。洪武元年八月平大都後不久，即「詔大將軍徐達置燕山等六衛以守禦北平」，並由北征大軍中「留兵三萬人分隸六衛」。[48] 此後又陸續增設衛所，並多次收集故元舊五省八翼漢軍，分隸北平諸衛。[49] 洪武八年九月改燕山都衛爲北平都司，至洪武十七年魏國公徐達奏上北平諸衛將校、士卒之數，已有十七衛十萬五千四百七十一人的規模，[50] 約爲南京衛軍之半。北平因其戰略位置特別重要，軍衛建置不容忽視。北平都司之外，另有燕山左、右、中三護衛，爲燕王護衛。及永樂元年改北平爲北京，二月遂革北平都司，另設北京留守行後軍都督府。[51] 燕山三護衛則於前一年的洪武三十五年陞爲親軍衛，改稱金吾左、右及羽林前衛。[52]

北京留守行後軍都督府（以下簡稱「行府」）設於南京五軍都督府之外，其目的或在提高北京各衛所之地位。[53] 根據《明太宗實錄》卷十七，永樂元年二月辛亥條的記載，當時隸屬於行府的，計有六十一衛三所（詳見附錄二）。其中雲川、玉林、高山、東勝左、東勝右、鎭朔、鎭虜、定邊等八衛原屬山西行都司，洪武三十五（一四〇二）年九月始遷至北平之地屯種。[54] 北平地區在靖難期間因戰火頻仍，田地荒蕪，因此朱棣在即位以後，一方面召民墾荒，另方面也

48 參見《明太祖實錄》34/11a-b，洪武元年8月癸未條。

49 洪武初年曾多次收集故元舊軍爲軍，參見《明太祖實錄》50/3a，洪武3年3月甲辰條、同書63/1b，洪武4年閏3月庚申條、73/7a，洪武5年3月庚子條、83/1b-2a，洪武6年6月戊寅條。

50 同上書101/4a，洪武8年9月癸丑條、166/1b，洪武17年10月壬申條。

51 《明太宗實錄》17/1a-2a，永樂元年2月庚戌條。

52 《明史》卷90，頁2205。

53 北京行府的性質尚多未明之處，相關研究亦未得見。與該府同時並存的另一特殊機構爲北京行部，徐泓＜明北京行部考＞謂其功用爲「代表在南京的中央政府，管轄北京各府州縣」（頁580），其地位有別於其他各省，足以「陞崇」此一承運興王之地（頁575），可資參考。又,參見註11。

54 《明太宗實錄》12下/7a，洪武35年9月乙巳條。

致力於軍衛屯田。永樂二年復爲「營建北京，以五軍都督府總攝天下屯政，增設衛所，調興州、營州等衛屯軍拱衛京師，照例七分下屯」。[55] 經過這一番整頓，北平一帶屯田大興，軍衛的數量也大爲增加。附錄二據實錄、《明史》等資料將永樂間先後改隸於北京留守行後軍都督府的衛所臚列成表，除部分衛所因資料缺乏，不詳其設置時間及原屬都司，其餘各衛在改隸前分屬於北平都司・行都司、河南都司、山東都司及山西行都司等，由之當不難瞭解永樂間北京衛所擴張的情形。七十九衛所中至少有二十三衛是於洪武三十五年或永樂元年自他地遷徙至北直或北京城內，亦可見朱棣經營北京之苦心。

北京行府後於宣德三年八月革廢，[56] 屬下各衛除部分在京衛及本屬親軍衛者外，分別改隸於萬全都司、山西行都司及直隸後軍都督府。[57] 由現存的有限史料推測，永樂初年北京城內大約有金吾左・右、羽林前、常山左・右・中、燕山左・右・前、濟陽、濟州、大興左、武成中・左・右・前・後、義勇中・左・右・前・後、神武左・右・前・後、忠義左・右・前・後、武功中、寬河、會州、大寧前・中、富峪、蔚州等三十餘衛，[58] 與南京諸衛略成抗衡之勢。

北京衛所的擴張又一次見於永樂十八年，亦即遷都的前一年。這一次遷徙的對象是原設於南京的親軍衛及直隸五府的在京衛。《明太宗實錄》卷231，永樂十八年十一月丁卯條：

> 上謂行在兵部尚書方賓曰：明年改行在所爲京師，凡軍衛合行事宜，其令各官議擬以聞。（中略）金吾左等十衛已爲親軍指揮使司，其行移并守衛

55 萬曆《大明會典》（明・李東陽等奉敕撰・申時行等奉敕重修，新文豐出版公司據萬曆15年刊本影印）18/8b-9a，<凡開立屯田>。又，參見張奕善前引文頁285-292。

56 參見《明宣宗實錄》46/5b，宣德3年8月辛卯條。

57 參照附錄二。

58 萬曆《大明會典》21/5a，<凡倉廒建置>謂永樂七年置北京三十七衛倉，推測此三十七衛即爲在京衛。由於武成、義勇、神武、忠義諸衛設置情況不詳，北京衛所在建文年間除已知有河北都司之設外（《明太宗實錄》10下/1a，洪武35年7月甲午條：「革建文中所設河北都司、湖廣行都司。」），其他狀況不明。河北都司之設極可能是配合削藩所作的準備，相對於此，朱棣似亦有私設衛所的情形，《讀史方輿紀要》指神武中衛及梁城所係建文中燕王所置（詳附錄二），或可爲證。

官軍，俱合依南京上十衛例；其各衛官軍今在南京及行在衛分者，俱合取入原衛，上直守衛。南京留守五衛每衛改官軍一半來北京，開設留守五衛，仍屬五府，分守城門及更番點閘皇城四門。北京牧馬千戶所，候調南京軍至併之。常山三護衛見在北京，其文移合依安東中護衛例。悉從之。命兵部以孝陵、濟川、廣洋、水軍左・右、江陰、横海、天策、英武、飛熊、廣武、應天等衛留守南京；神策、鎭南、驍騎、瀋陽、虎賁、豹韜、龍驤、鷹揚、興武、龍虎、武德、和陽、瀋陽右等衛調守北京；留守中、左、右、前、後五衛官軍分守南、北二京。

北京建城，動用了大批人力，其中包括了不少南京衛軍；[59] 遷都前成祖曾多次北狩，扈從軍中亦多京衛軍。[60] 因此在遷都之際，有不少京衛的官軍是分散在南京及北京兩地的。而靖難時北京衛軍隨軍南征，亦有部分於靖難後仍留在南京。實錄此條謂「其各衛官軍今在南京及行在衛分者，俱合取入原衛，上直守衛」，應即是針對上述現象採行的措施。不過，由於此條文字過於簡略，實際狀況並不清楚。僅由《明史》及《會典》等資料可知，永樂十八年「分調北京」的，除實錄此條所指出的留守五衛外，尚包括了親軍上十二衛及神策等十四衛，[61] 後者即實錄所列「調守北京」的神策以下十三衛再加「留守南京」的應天一衛。也就是說，實錄此條雖將南京諸衛分作「調守北京」、「留守南京」及「分守兩京」的三類，實則僅有「留守南京」及「分守兩京」的兩類。唯分調比例除留守五衛確知為一半外，其餘各衛不詳。另外，由燕山三護衛改的金吾左、右與羽林前三衛亦分設於兩京，或可用以說明參與靖難的北軍有部分仍留在南京。然以缺乏詳細資料，不能深論。

衛軍調衛，家屬亦應隨往。不過，由前引《鄭太崖祖房譜》鄭德光例亦可得

59 《明太宗實錄》57/1b，永樂4年閏7月壬戌條。

60 參見張奕善前引文頁245-246、《明太宗實錄》80/2a-b，永樂6年6月丁亥條。

61 參見《明史・兵志二・衛所》、萬曆《大明會典・兵部七・城隍一》。諸在京衛名下註有：「俱南京舊制，永樂十八年分調。」但親軍衛名下僅註：「已上舊為上十二衛」，未註分調時日。

知，因調衛而致家屬分處異地者不在少數。《明英宗實錄》卷209，景泰二（一四五一）年十月丙寅朔條：

南京總督機務兵部尚書靖遠伯王驥等奏：近因清理軍政，查得永樂十九年分調北京官軍，其戶丁寄住南京者幾四萬人。（下略）

即指出遷都時有不少衛軍家屬未隨軍北遷。事實上，這一次的改調促使北京城內一舉增加了三十一衛，幾乎與原有衛所數相埒。面對大量湧入的衛軍及家屬，政府並未加以有效的管理。這不僅表現在衛所公署及營房建設的闕如上，甚至連軍士丁口亦因「無籍可稽」而不得不於宣德六（一四三一）年下令重新勘實。[62] 到了宣德十年，行在五軍都督府提出的「在京七十七衛官軍士校尉總旗」人數計達二十五萬三千八百，[63] 較定都南京時代京衛軍的規模更盛。而北京作爲全國軍事重心的地位亦於焉確立。

遷都前後被分配或改調至北京各衛的，族譜中可得以下九例。

族　譜　名	祖軍姓名	始發衛所	改調衛所	原籍	出　處
《黃巖花廳王氏宗譜》10卷，卷首 1卷，王笠舟等修，光緒16年木活字本	王恭五	洪武初因事戍北京		浙江黃巖	2/7b，10b-11a
《蕭山史氏宗譜》24卷，史晉等續修，光緒18年木活字本	史　樞	洪武25年充營州右屯衛	北京錦衣衛	浙江蕭山	9/3b
《餘姚朱氏宗譜》（同前表）	朱福榮	洪武間謫廣洋衛	北京錦衣衛	浙江餘姚	1/1a-b，6a-7a
《懷寧李氏宗譜》 7卷，卷首、末各1卷，李子新等修，宣統3年允福堂刊本	李興一	南京指揮	永樂間調隨龍驤衛	安徽懷寧	1/20a
《蕭山長巷沈氏宗譜》（同前表）	沈　祁	洪武中謫戍京衛	扈蹕從行在	浙江蕭山	1/13b-14a
《淄川袁氏家譜》（同前表）	袁彥中	洪武4年墮籍龍虎衛	永樂隨駕至北京	北京	1/1a

62 《明宣宗實錄》81/4a，宣德6年7月癸酉條。

63 《明英宗實錄》2/8b，宣德10年2月甲寅條。

《錫山馮氏宗譜》24卷，馮向榮主修，民國 3年大樹堂刊本	馮德祥	洪武12年戍 燕都左衛		江蘇 無錫	7/1a-b, <公田記>
《張廖氏族譜》（同前表）	張仙乞	洪武9年抽充 南京留守右衛	永樂18年調入 北京留守右衛	福建 德化	pp.張氏B 108-110
《皖桐璩氏重修宗譜》26卷，卷首、末各1卷，璩秀健等四修，同治4年木刻本	璩公義	洪武4年僉點 河南太衛軍	北京鼓城衛	安徽 桐城	1/2b

九例中，始充軍即被派遣到北京衛分的有二例，即黃巖王恭五與錫山馮德祥。王恭五以亭長「因事戍邊」，所生三子「長寄同、次順同俱從父戍」。後順同子「從祖家北京」，而恭五三子宜謹則依從兄樹成家業，留居黃巖。馮德祥於洪武十二年因「同姓指攀軍役事，戍燕都左衛」，[64] 後「以年老子幼，例得以頂補，乃得歿於家」。譜中不記頂補者姓名、支派，但由卷3，＜公田記＞所謂：

> 軍爲公役，有任伍事者，合族出資以佐其衣糧，因而有贍軍之費。稍拂其意，即有提補之虞。我貴和公慮子孫愈繁，心力益散，遺後人憂非淺鮮也。爰置青暘鎭北衖房屋一所、牛車圩田六十畝，責長房承管，永給軍需。

可知留在錫山的一支，爲免提補軍役之虞，設有軍田公產以供軍需。貴和爲德祥曾孫，生於洪武戊寅（一三九八），卒於成化年間。[65]

上舉二例之外，其餘七例皆經改調而由外地遷入北京，其中並有四例係配合永樂遷都對南京衛軍所做的調動，比例不可謂不高。永樂十八年因遷都北京分調南京衛軍北遷設衛一事已見前述，族譜中所見四例分別是懷寧李、蕭山沈、淄川

64 馮德祥充軍衛所名，譜文中一作「北京軍府左衛」（7/1a-b），一作「燕都左衛」（卷3，＜公田記＞），似爲燕山左衛之誤。燕山左衛係洪武元年8月北平初定之時，徐達所置北平六衛之一，由樂安衛改，參見《明太祖實錄》34/11a-b，癸未條。類似的錯誤亦見於下述《皖桐璩氏重修宗譜》。推測錯誤產生的原因，在於編譜者爲原籍子孫，本身久不預軍役，而編譜時距明初已遠，以訛傳訛之故，遂有衛名錯亂的情形。這在族譜資料中屢見不鮮，但對史料價值影響不大。

65 參見該譜7/7a-b。有關軍田的討論，參見于志嘉＜試論族譜中所見的明代軍戶＞（《中央研究院歷史語言研究所集刊》57本4分，1986）頁652-666。

袁與福建德化張仙乞。李興一「始任南京指揮，永樂間調隨龍驤衛，又調山西太原中護衛，改調太原左衛，後遂家焉」。[66] 沈祁於「洪武中謫戍京衛」，後長子宮「代父役，居南京，扈蹕從行在」。袁彥中原籍北京，「洪武四年墮籍南京龍虎衛左所百戶張寶旗下，至永樂靖難後，隨駕至北京，蒙遷發於淄川石城北袁家莊居焉」。張仙乞則於「洪武九年爲抽軍事，乃抽充南京留守右衛右所」，永樂十八年其姪張賢晚「調入北京留守右衛右所，頂補軍役」。正統間，賢晚長子張宜富更因節次征進有功，「襲封燕京留守右衛右所百戶」。此後世襲軍職，與德化族人許久不通音問。萬曆庚子（一六〇〇）間，原籍族人托親眷查訪，「始知公之子孫昌熾」，派下人口已增至三十餘丁。

由南京以外衛分遷入北京的有三例。其一即上節所述的餘姚朱氏。朱氏自洪武間由南京廣洋衛首遷雲南金齒衛，其後又改北京錦衣衛，時在仁宗洪熙元（一四二五）年，即遷都後四年。調北京時，朱德辰已是七十二歲高齡，因此在翌年的宣德元年，即由隨侍赴京的三子宗勤代役。德辰則在京創設了雲南會館，至八十餘歲時始返回餘姚故居終老，卒年九十四歲。朱德辰老年調衛，其理由不詳，僅知其在滇時，極受黔國公沐晟禮重，「仁宗立，加黔國公爲太傅」，時德辰猶在滇。或許爲沐晟所薦，始得改調北京。德辰於子代役後仍留京十數年，歸姚時得黔國公以詩餞，或可爲証。[67]

史樞於「洪武二十五年充營州右屯衛軍，後改調北京錦衣衛鎮撫司鑾輿所」。樞有三子，後以次子翼貴，贈大中大夫資治少尹河南右參政。樞三子似均未預軍役，譜文未記樞役由何者繼，但知樞姪史斗「戍紹興衛」，或許在錦衣衛之後又改調紹興衛。[68] 營州右屯衛置於洪武二十六年二月，初設於建州，永樂

---

66 懷寧李氏之例未列入前表，因李氏係武官隨衛調遣，用以佐証南京衛所北調固宜，用以說明南京衛軍之調遣情形則未必適宜。

67 德辰生於元至正 13（1353）年。仁宗立，進錦衣衛御用監，宣德元年子宗勤代役，年八十（一說八五）歸姚，卒於正統 11（1446）年。參見是譜 1/6a-7a、13/11a-b、13/13a-14b。

68 參見是譜 9/2b-6a。樞父史本生有三子，長子忠早世，次子恕，三子樞，樞充軍緣繇不詳。恕生子二，長子斗戍紹興衛，次子暉早世；樞三子及其孫均不見有關軍役之記載。而是譜 14/1a，<列傳・邑增生晉陵公傳>有「復心公（即樞）貽有軍戶」云

元年徙治薊州，隸大寧都司。[69] 薊州地近北京，因此初次的改調並未遠徙。及再調紹興衛，則反而遷回原籍附近了。

最後一例爲皖桐璩公義，譜謂其「於洪武四年畢指揮簽點河南太衛軍」，太衛或爲左衛之誤。[70] 公義「在衛生二子，寄籍河南」，其軍役後由姪福忠頂補；公義則老死桐城，祔葬始祖墓。福忠補伍後改調北京彭城衛，[71] 死後葬於北京；福忠之役由族人諱伴者繼補。公義、福忠與伴之親屬關係略如下：

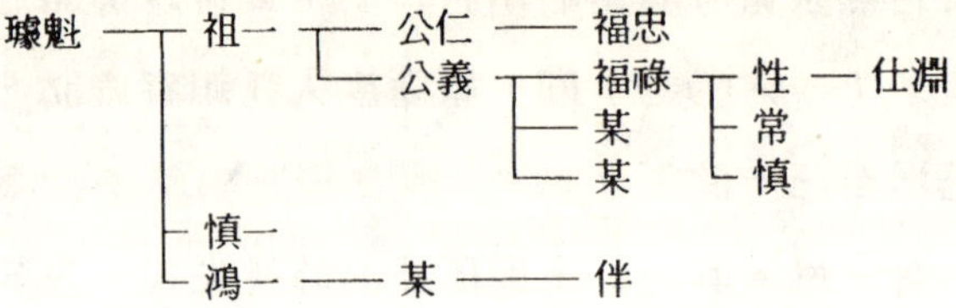

璩氏原籍江西鄱陽縣瓦砌壩，洪武元年，祖一、愼一與鴻一三兄弟同遷居桐城，此後因軍役關係子孫分居三地。福祿爲公義僉軍前所生子，留居桐城；另二子係在衛所生，後即寄籍河南。伴之後寄籍北京，爲軍役實際承當者；愼一之後則始終未預軍役，在桐城發展。但軍役旣始於祖一派下，其後雖得鴻一子孫頂補，祖一子孫仍無法脫離干係。《皖桐璩氏重修宗譜》卷首，＜祭田本末記＞謂：

> 余始祖祖一公與弟愼一公、鴻一公自鄱陽縣瓦砌壩同徙桐邑。（中略）明初派簽軍衛，至三代福忠公由河南調赴北京鼓（彭）城衛，歿。鴻一公之孫諱伴者繼之，我股每年輸貼費銀三兩。爾時人丁稀少，籌辦維艱，未遑祭業。至八代龍岡公始於仕淵公支下收銀九兩四錢，權子母貼軍、供祀。

云，可知楅的軍戶役始終存在，因此斗戌紹興極可能爲頂補楅役，而非另役。軍役世襲的相關事例可參考于志嘉＜試論族譜中所見的明代軍戶＞，頁642-652。

69 參見《明太祖實錄》225/2b，洪武26年2月壬辰條、《明太宗實錄》18/1b，永樂元年3月壬午條。

70 河南都司有河南衛，係洪武5年正月併河南左、右二衛而成，參見《明太祖實錄》71/1a，庚戌條。

71 譜文多處皆作「鼓城衛」，應爲彭城衛之誤。參見是譜1/2b、卷首＜祭田本末記＞、＜家譜序言・原序＞、卷末＜愼一公傳略＞。彭城衛設於洪武3-4年間（參見《明太祖實錄》55/7a，洪武3年8月條、同書66/5b，洪武4年6月甲辰條），永樂3年改爲常山中護衛（《明太宗實錄》39/1b，永樂3年2月庚午條），洪熙元年復爲彭城衛（《明宣宗實錄》9/15a，洪熙元年9月庚申條）。

子賓瀧公克承父志，與叔田伯公共捐銀一十九兩，湊買榆樹山之田一擔七斗爲公田，而後辦軍辦祭，皆有資矣。

龍岡爲仕淵曾孫，生於嘉靖二十一（一五四二）年。[72] 可知福祿本人雖免於當軍之苦，但其子孫代代均需負擔貼軍銀兩，直至改朝換代而後止。鴻一公之「子孫留桐者俱歿」，「其在北京者，明季尚通往來。盛朝定鼎，而後始無音問」。[73]

北京衛所先後建置以及遷都北京對其造成之影響已如上述。由之可知北京因戰略位置特別重要，洪武元年以來即陸續添設衛所，並以親王鎮守，爲北方邊防重鎮。成祖即位後更銳意經營，北平一帶屯田大興。及永樂遷都，移南京衛所北往，其數倍增，更奠定了北京作爲全國軍事重心的地位。由於對駐守軍力的大量需求，永樂間移入北京的衛軍亦來自多所，通過族譜資料可知，除南京衛軍爲其大宗，另有徙自北方及雲南衛所者。此後北京衛軍仍有部分被改調他衛，但與洪武間南京衛軍改調頻繁的情形相較，只能算是少數。事實上，明代衛所大多建置於洪、永兩朝，洪熙以後雖歷朝續有增改，但數量有限。衛軍爲配合衛所建置所做的改調自然也就少了。而永樂間因國都北遷，一舉調動了三十餘衛北徙，則無疑是明代史上最大的一次衛軍大遷徙。

結　語

兩京建都，是國家對人力調動的大考驗。不論是建都時使用的臨時人力，或爲充實京師而被移徙的永久人口，都需要在短期內完成徵召。人員的大量流入，需要各種物資與設備加以配合，因之也帶動了整個社會的發展。這也是促使史家重視永樂遷都問題的原因之一。然而，不論在南京建都或北京遷都的過程中，數量龐大的衛所軍人卻常常是被忽視的一群。他們作爲專制集權國家擴張權力的工具，時而遠調出征，時而參與建設，並爲維護帝國安全提供最大保障。同時，爲

72　參見是譜 1/5a、11a。

73　參見是譜卷首＜家譜序言・原序＞。

能達到居重馭輕之勢，明代兩京也先後成爲全國最大的衛軍集中地。儘管如此，由於史料的限制，衛軍在兩京的活動情形始終乏人研究，兩京衛所建置的過程也始終混沌不明。

本文補其缺漏，配合明初搖擺不定的兩京政策，說明兩京衛所設置概況，以及兩京軍營建設、衛軍調衛對軍戶家庭遷徙之實際影響等問題。由之可以了解，洪武年間的南京在兵源的吸收與提供上，扮演了相當重要的角色，南京衛軍人數始終維持在二十萬人上下。北京則因其本身的戰略地位重要，永樂初已設有三十餘衛，及國都正式北遷，移大部分南京衛所北往，更成爲全國首要軍事重鎮。

衛軍在營，其家居生活亦接受軍事化管理；調衛時，在營家屬亦得同時遷徙，目的在有效的控制衛軍。但洪、永間對此似未嚴格執行，衛軍單身赴衛，到衛另娶的情形似乎相當普遍。加以洪、永間爲配合衛所新設，衛軍改調頻繁，遂做成軍戶家族分處數地的情況，爲日後家族成員間的互動關係投下莫大的變數。這些過去筆者所論已多，本文僅以兩京建都爲中心，日後期能以都司別進行區域研究，在建構明代衛所制度興廢全貌之同時，亦能了解各區域間發展之異同。

附錄一：明代南京衛所建置表

衛所名	*1	*2	*3	*4	*5	相關記事	時間	*6 史料出處
金吾前衛	○	○	○	京城内	○	置武德、龍驤、豹韜、飛熊、威武、廣武、興武、英武、鷹揚、驍騎、神武、雄武、鳳翔、天策、振武、宣武、羽林十七衛親軍指揮使司。先是，所得江左州郡置各翼統軍元帥府，至是乃悉罷諸翼而設衛焉 改羽林衛爲羽林左、右二衛 *參見羽林左衛條 改羽林左衛爲金吾前衛	甲辰年 3月庚午 吳元年 9月癸卯 洪武11年12月戊午	《祖》14/6a 《祖》25/10b 《祖》121/4b
金吾後衛	○	○	○	京城内	○	置金吾右衛，尋改金吾右衛爲金吾後衛 *參見羽林左衛條	吳元年 9月癸卯	《祖》25/10b
羽林左衛	○	○	○	京城内	○	置金吾左、金吾右、虎賁左、虎賁右、及興化、和陽、廣陵、通州、天長、懷遠、崇仁、長河、神策等衛，尋改金吾左、右爲金吾前、後二衛，羽林衛爲羽林左、右二衛 改金吾前衛爲羽林左衛 增置中左千戶所	吳元年 9月癸卯 洪武11年12月戊午 洪武17年閏10月乙未朔	《祖》25/10b 《祖》121/4b 《祖》167/1a
羽林右衛	○	○	○	京城内	○	置羽林衛 *參見金吾前衛條 改羽林衛爲羽林左、右二衛 *參見羽林左衛條 增置中、前二千戶所	甲辰年 3月庚午 吳元年 9月癸卯 洪武17年 9月丁未	《祖》14/6a 《祖》25/10b 《祖》165/1b
羽林前衛				京城内	○	陞燕山中護衛爲羽林前衛、燕山左護衛爲金吾左衛、燕山右護衛爲金吾右衛，俱親軍指揮使司	洪武35年 6月辛未	《宗》9下/6b
府軍衛	○	○	○	京城内	○	置府軍衛	洪武11年 5月甲申	《祖》118/4b
府軍左衛	○	○	○	京城内	○	置府軍左、右二衛	洪武11年 9月壬辰	《祖》119/7a

府軍右衛	○	○	○	京城內	○	置	洪武11年 9月壬辰	《祖》119/7a
府軍前衛	○	○	○			置武德衛 *參見金吾前衛條 改武德衛爲府軍前衛 增置中左千戶所	甲辰年 3月庚午 洪武11年10月戊午 洪武17年閏10月乙未朔	《祖》14/6a 《祖》120/4b 《祖》167/1a
府軍後衛	○	○	○	京城內	○	立驍騎左衛 立驍騎前衛 (以)驍騎左衛指揮使郭英爲河南都衛都指揮使 併驍騎前衛於驍騎左衛 改驍騎左衛爲府軍後衛	? 洪武 2年 2月壬辰 洪武 4年11月甲戌 洪武 5年12月庚寅 洪武11年10月戊午	 《祖》39/9a 《祖》69/3a 《祖》77/2b 《祖》120/4b
虎賁左衛	○	○	○	京城內	○	置 *參見羽林左衛條	吳元年 9月癸卯	《祖》25/10b
錦衣衛	○	○	○	京城內	○	置拱衛司以統領校尉,屬大都督府,秩正七品 置親軍都尉府及儀鸞司。初設拱衛司正七品,管領校尉,屬都督府。後改爲拱衛指揮使司,秩正三品。尋以拱衛司似前代衛尉寺,又改爲都尉司。至是乃定爲親軍都尉府,管左、右、中、前、後五衛軍士;設儀鸞司隸焉 命儀鸞司設司仗,改親王儀衛司司仗爲典仗 改儀鸞司爲錦衣衛,秩從三品。其屬有御椅、扇手、擎蓋、旛幢、斧鉞、鸞輿、馴馬七司,秩皆正六品 天下府州縣僉民丁充力士者萬四千二百餘人至京,命增置錦衣衛中左、中右、中前、中後、中中、後後六千戶所分領之,餘以隸旗手衛 置錦衣衛所屬馴象、屯田、馬軍左、右千戶所 置錦衣衛馬軍前、後二千戶所	甲辰年12月乙卯 洪武 3年 6月乙酉 洪武 4年正月庚寅 洪武15年 4月乙未 洪武18年 6月丙午 洪武24年 3月辛丑 洪武24年 6月丁巳	《祖》15/9a 《祖》53/12a 《祖》60/3b 《祖》144/3b 《祖》173/3b 《祖》208/2a 《祖》209/1b
旗手衛	○	○	○	京城內	○	遣儀鸞司典仗陳忠往浙江杭州諸府募民願爲校尉者,免其徭役,凡得一千三百四十七人。校尉、力士之設,僉	洪武12年 4月戊午	《祖》124/1b-2a

						民間丁壯無疾病過犯者爲之，力士隸旗手千戶所，專領金鼓旗幟，隨駕出入，及守衛四門；校尉隸拱衛司，專職擎執鹵簿儀仗，及駕前宣召官員差遣幹辦，三日一更直。立總小旗以領其衆，由總旗而陞爲百戶，及各王府典仗，擇年深者爲之。其餘有闕，則依例僉充。至是隸儀鸞司，以數少特詔募民爲之。後罷儀鸞司，置錦衣衛；罷旗手千戶所，置旗手衛。校尉隸錦衣，力士隸旗手 改旗手千戶所爲旗手衛	洪武18年 6月癸巳	《祖》173/3a
金吾左衛			○	京城内	○	陞燕山左護衛爲金吾左衛 *參見羽林前衛條	洪武35年6月辛未	《宗》9下/6b
金吾右衛			○	京城内	○	陞燕山右護衛爲金吾右衛 *參見羽林前衛條	洪武35年6月辛未	《宗》9下/6b
江淮衛			○	江北	○	置 *參見濟川衛條	洪武28年正月戊午	《祖》236/2a-b
濟川衛			○	京城外	○	置濟川、江淮二衛指揮使司。轄各處馬船，遞江上往來軍民 在南京城外	洪武28年正月戊午	《祖》236/2a-b 《輿》20/64a
孝陵衛			○	京城外	○	在南京城東北，鍾山南麓		《輿》20/64a
犧牲所					○	親軍		《武》190/15b
留守左衛	○	○	○	京城内	○	增置留守左、右、前、後四衛親軍指揮使司	洪武11年 5月丁酉	《祖》118/5a
鎮南衛	○	○	○	京城内	○	置	洪武16年 7月辛亥	《祖》155/4a
水軍左衛	○	○	○	京城内	○	置水軍等二十四衛，每衛船五十艘，軍士三百五十人繕理，遇征調則益兵操之 改水軍衛爲水軍左、右二衛	洪武 3年 7月壬辰 洪武 4年12月戊戌	《祖》54/2a 《祖》70/8b
驍騎右衛	○	○	○	驍騎衛	○	置驍騎衛 *參見金吾前衛條 改驍騎衛爲驍騎右衛 *參見	甲辰年 3月庚午 吳元年 3月壬午	《祖》14/6a 《祖》22/5b

				京城內		龍虎衛條 置驍騎中、後二衛 併驍騎中衛於右衛	 洪武 2年11月戊午 洪武 5年12月庚寅	 《祖》47/3a 《祖》77/2b
龍虎衛	○	○	○	江北	○	置驍騎衛 改驍騎衛爲龍虎衛 *參見驍騎右衛條 改龍虎衛爲燕山護衛 復置龍虎衛于浦子口	甲辰年 3月庚午 洪武 2年 8月庚寅 洪武 5年正月戊寅 洪武 5年10月乙亥	《祖》14/6a 《祖》44/9b 《祖》71/6a 《祖》76/2b
龍虎左衛			○	京城內	○	舊爲成都右護衛，宣德六年改 置成都右護衛 改成都右、中二護衛官軍之調南京者爲龍虎左、豹韜左二衛	 洪武19年 7月戊午 宣德 6年 9月丁丑	《史》90/2221 《祖》178/5a 《宣》83/4a-b
英武衛	○	○	○	江北	○	置 在鳳陽府定遠縣北四十五里，洪武十一年置	甲辰年 3月庚午	《祖》14/6a 《輿》21/16b
瀋陽左衛	○	○	○	瀋陽衛 京城內	○	洪武中置，建文初廢，洪武三十五年七月復置，後仍廢 置瀋陽中、左二衛。命指揮鮑成領原將河南、山東校卒一萬三百二十八人分隸焉	 洪武19年 8月辛丑	《史》41/956 《祖》179/2b
瀋陽右衛	○	○	○	江北	○	洪武中置，建文初廢，洪武三十五年七月復置，後仍廢 在和州治東。洪武十九年始置和州衛，二十四年衛軍調寧夏，三十五年改置今衛		《史》41/956 《輿》29/37a
龍江右衛		○	○	京城內	○	置龍江右衛	洪武25年 8月丁丑	《祖》220/4b
虎賁右衛	○	○	○	京城內	○	置 *參見羽林左衛條	吳元年 9月癸卯	《祖》25/10b
留守右衛	○	○	○	京城內	○	置 *參見留守左衛條	洪武11年 5月丁酉	《祖》118/5a
水軍右衛	○	○	○	京城內	○	置水軍等二十四衛 *參見水軍左衛條 改水軍衛爲水軍左、右二衛爲指揮使司，隸大都督府 *參見留守中衛條 隸右軍都督府	洪武 3年 7月壬辰 洪武 4年12月戊戌 洪武 8年 9月癸丑 洪武13年正月癸卯	《祖》54/2a 《祖》70/8b 《祖》101/4b 《祖》129/5b

武德衛	○	○	○	江北	○	置興武衛親軍指揮使司 *參見金吾前衛條 改興武衛爲武德衛	甲辰年 3月庚午 洪武11年10月甲子	《祖》14/6a 《祖》120/4b
廣武衛	○	○	○	江北	○	置廣武衛親軍指揮使司 *參見金吾前衛條 置中山衛親軍指揮使司 罷鍾山衛，併其兵於興武、神策、廣武、驍騎左四衛；罷雄武衛，併其兵于驍騎右及定遠、神策三衛；罷龍驤衛，併入定遠衛。諸衛所餘軍調北平諸處守禦。尋復改定遠衛爲龍驤衛	甲辰年 3月庚午 洪武元年正月丁亥 洪武 8年正月丁亥	《祖》14/6a 《祖》29/11a 《祖》96/4a
留守中衛	○	○	○	京城內	○	置留守衛指揮使司。國初嘗設都鎮撫司，總領禁衛。後隸大都督府，秩從四品，統率各門千戶所，尋改宿衛鎮撫司。至是陞爲衛，專領軍馬，守禦各城門及巡警皇城，與城垣造作之事 改留守司爲留守衛都指揮使司 改在京留守都衛爲留守衛指揮使司，原轄天策、豹韜、飛熊、鷹揚、江陰、廣洋、橫海、龍江八衛俱爲親軍指揮使司，水軍左、右二衛爲指揮使司，俱隸大都督府 改留守衛爲留守中衛親軍指揮使司	洪武 3年 2月丁亥 洪武 5年正月辛未 洪武 8年 9月癸丑 洪武11年 5月丁酉	《祖》49/6b 《祖》71/5a 《祖》101/4b 《祖》118/5a
神策衛	○	○	○	京城內	○	置 *參見羽林左衛條 以興化衛併爲鍾山衛，天長衛併定遠衛，振武衛併興武衛，和陽衛併神策衛，通州、吳興二衛併龍驤衛。尋復設和陽 、神策二衛 罷鍾山衛，併其兵於興武、神策、廣武、驍騎左四衛	吳元年 9月癸卯 洪武 5年11月丁未 洪武 8年正月丁亥	《祖》25/10b 《祖》76/5a 《祖》96/4a
廣洋衛	○	○	○	京城內	○	置廣洋衛親軍指揮使司	洪武元年 8月己丑	《祖》34/12a
應天衛	○	○	○	江北	○	置應天衛親軍指揮使司 徙應天衛治於江浦	吳元年 3月戊寅 洪武 4年 8月丙戌	《祖》22/5b 《祖》67/6a

和陽衛	○	○	○	江北	○	置 *參見羽林左衛條 以和陽衛併神策衛，尋復設和陽、神策二衛 *參見神策衛條 以賴正孫爲和陽衛指揮僉事。先是，正孫收集陳友定舊將士八千人，詔以補和陽衛軍伍。至是，以正孫爲指揮僉事，仍領之	吳元年 9月癸卯 洪武 5年11月丁未 洪武 6年 3月戊午	《祖》25/10b 《祖》76/5a 《祖》80/4b
牧馬所	○	○	○		○	置	洪武19年 9月甲子	《祖》179/4b
留守前衛		○	○	京城內	○	置 *參見留守左衛條	洪武11年 5月丁酉	《祖》118/5a
龍江左衛	龍江衛	○	○	京城內	○	置龍江左衛 京師火燔龍江、鷹揚二衛軍士廬舍、食糧、兵器 改龍江衛爲龍江左衛	洪武 3年 4月 洪武 5年 2月壬辰 洪武25年 7月癸巳	《祖》51/10b 《祖》72/3a 《祖》219/2b
龍驤衛	○	○	○	京城內	○	置龍驤衛 *參見金吾前衛條 置吳興衛 置通州衛 *參見羽林左衛條 置定遠衛親軍指揮使司 以通州、吳興二衛併龍驤衛 罷龍驤衛，併入定遠衛，尋復改定遠衛爲龍驤衛	甲辰年 3月庚午 吳元年 2月癸丑 吳元年 9月癸卯 吳元年10月癸丑 洪武 5年11月丁未 洪武 8年正月丁亥	《祖》14/6a 《祖》22/3b 《祖》25/10b 《祖》26/3a 《祖》76/5a 《祖》96/4a
飛熊衛	○	○	○	江北	○	置飛熊衛於河南開封府 在鳳陽府定遠縣東北五十里，洪武十一年置	洪武16年10月丁亥	《祖》157/1b 《輿》21/16b
天策衛	○	○	○	京城內	○	置 *參見金吾前衛條 改大寧前衛、濟州衛、天策衛爲漢府三護衛	甲辰年 3月庚午 永樂 3年 2月庚午	《祖》14/6a 《宗》39/1b
豹韜衛	○	○	○	京城內	○	置 *參見金吾前衛條 以振武、神武、鳳翔、英武、宣武、廣陵等十二衛餘軍併入豹韜衛 置豹韜衛於河南開封府	甲辰年 3月庚午 洪武 5年正月庚申 洪武16年10月丁亥	《祖》14/6a 《祖》71/2b 《祖》157/1b
豹韜左衛			○	京城內	○	舊爲成都中護衛，宣德六年改調 置成都中護衛 改成都右、中二護衛官軍之調南京者爲龍虎左、豹韜左二衛	 洪武19年 7月戊午 宣德 6年 9月丁丑	《史》90/2221-2 《祖》178/5a 《宣》83/4a-b

留守後衛		○	○	京城內	○	置 *參見留守左衛條 置留守後衛中右千戶所	洪武11年 5月丁酉 洪武24年 5月甲午	《祖》118/5a 《祖》208/6b
横海衛	○	○	○	江北	○	置	洪武 4年12月戊戌	《祖》70/8b
鷹揚衛	○	○	○	京城內	○	置 *參見金吾前衛條	甲辰年 3月庚午	《祖》14/6a
興武衛	○	○	○	京城內	○	置興武衛 *參見金吾前衛條 置振武衛 *參見金吾前衛條 置振武衛親軍指揮使司 以振武衛併興武衛 復置興武衛親軍指揮使司	甲辰年 3月庚午 甲辰年 3月庚午 洪武 4年 8月辛巳朔 洪武 5年11月丁未 洪武11年12月辛丑	《祖》14/6a 《祖》14/6a 《祖》67/5b 《祖》76/5a 《祖》121/3b
江陰衛	○	○	○	京城內	○	陞江陰千戶所爲江陰衛 置江陰守禦千戶所 罷江陰守禦千戶所	洪武元年 8月己丑 洪武11年正月己丑 洪武13年 2月丙戌	《祖》34/12a 《祖》117/1b 《祖》130/3a
蒙古左衛	○					置蒙古衛親軍指揮使司 改蒙古衛爲蒙古左衛	洪武 5年正月甲子 洪武 8年 5月乙未	《祖》71/3b 《祖》100/3a
蒙古右衛	○					置	洪武 8年 5月乙未	《祖》100/3a

*1.《諸司職掌》（明太祖敕撰，民國70年正中書局據國立中央圖書館藏明刊本影印，玄覽堂叢書初輯）<兵部・職方部>。

*2.洪武《京城圖志》（明太祖敕撰，民國18年南京中社據明弘治間重刊本影印；又一部，明・王俊華纂修，書目文獻出版社據清抄本影印，北京圖書館古籍珍本叢刊24册）<官署・武職>、<廐牧>。

*3.正德《大明會典》（明・徐溥等原修・李東陽等重校，1989年日本汲古書院據東京大學附屬圖書館藏本影印）卷108，<兵部三・城隍一>。

*4.嘉靖《南畿志》（明・聞人詮修・陳沂纂，書目文獻出版社據明嘉靖刻本影印，北京圖書館古籍珍本叢刊24册）卷3，<戎備>。

*5.《武備志》（明・茅元儀輯・天啓元年序，1984年華世出版社影印本）卷190，<占度載・南直隸敘圖說>。

*6.《祖》爲《太祖實錄》之簡稱、《宗》爲《太宗實錄》、《宣》爲《宣宗實錄》、《輿》爲《方輿紀要》、《武》係《武備志》、《史》係《明史》。各書所據版本詳下7.8.9.各條。

7.《明實錄》（民國51年中央研究院歷史語言研究所據國立北平圖書館紅格鈔本微捲影印，黃彰健校勘）。

8.《明史》（清・張廷玉等撰，新校標點本，鼎文書局，民國64年）卷90，<兵志二・衛所>。

9.《讀史方輿紀要》（清・顧祖禹撰，傅斯年圖書館藏石印本）。

附錄二:永樂年間北京留守行後軍都督府所屬衛所

衛所名	設置時間	原屬都司	*1改屬行府時間	衛所在地	宣德以後所屬	*2 參考資料
燕山左衛	洪武元年8月由樂安衛改	北平都司永樂4年陸親軍衛	永樂元年2月	西城阜財坊	親軍上二十二衛	《祖》34/11a-b,洪武元年 8月癸未條;《宗》51/3a-b,永樂4年2月戊寅條;*3《衚衕集》5b
燕山右衛	洪武元年8月由濟寧衛改	同上	同上	東城北居賢坊	同上	同上;《衚衕集》4b
燕山前衛	洪武2年8月置。又一條:洪武8年9月由北平衛改	同上	同上	西城鳴玉坊有燕山衛衚衕	同上	《祖》44/9b,洪武2年8月庚寅條;同書101/4a,洪武8年9月癸丑條;《宗》 51/3a-b,永樂4年2月戊寅條;《衚衕集》6a
大興左衛	洪武元年8月由飛熊衛改	同上	同上	北城發祥坊	同上	同燕山左衛條;《衚衕集》11b
濟州衛	洪武3年8月置。又一條:洪武4年6月置	同上	同上	西城金城坊	同上	《祖》55/7a,洪武3年8月條;同書66/5b,洪武4年6月甲辰條;《宗》51/3a-b,永樂4年2月戊寅條;《衚衕集》6b
濟陽衛	同上	同上	同上	東城北居賢坊	同上	同上;《衚衕集》4b
眞定衛	洪武3年	北平都司	同上	直隸眞定府治	直隸後府在外衛	《武》189/30a;《輿》14/24a
遵化衛	洪武11年9月	北平都司	同上	直隸順天府薊州遵化縣治南	同上	《祖》119/6a,洪武11年9月丁亥條;《武》189/22b
通州衛	吳元年9月置。又一條:洪武3年	北平都司永樂4年陸親軍衛	同上	直隸順天府通州治	親軍上二十二衛	《祖》25/10b,吳元年9月癸卯條;同書48/5a,洪武3年正月庚子條;《宗》51/3a-b,永樂4年2月戊寅條;《武》189/22a

薊州衛	洪武4年7月	北平都司	同上	直隸順天府薊州治東北	直隸後府在外衛	《祖》67/4a，洪武4年7月辛未條；《武》189/22b
密雲中衛	洪武4年		同上	直隸順天府昌平州密雲縣治東	直隸後府在外衛	《武》189/22b；《輿》11/45b
密雲後衛	洪武30年由密雲衛改	北平都司	同上	古北口、密雲縣東一百二十里	同上	《史》40/887；同書90/2203；《武》189/22b；《輿》11/45a
永平衛	洪武3年正月	北平都司	同上	直隸永平府治	同上	《祖》48/7a-b，洪武3年正月丁巳條；《武》189/34a
山海衛	洪武14年9月	北平都司	同上	直隸永平府撫寧縣關（山海關）口	同上	《祖》139/2b，洪武14年9月甲申條；《武》189/34b
萬全左衛	洪武26年2月	山西行都司	同上	本在元宣平縣，洪武35年徙治山西蔚州，永樂元年2月徙治通州，尋還故治；在宣府城西六十里	萬全都司	《祖》225/1a，洪武26年2月辛巳條；《史》40/903；《武》189/36b
萬全右衛	洪武26年2月	同上	同上	初與左衛同城，洪武35年徙治山西蔚州，永樂元年2月徙治通州，2年徙治德勝堡；在宣府城西八十里	同上	《祖》225/1a，洪武26年2月辛巳條；《史》40/903；《武》189/36b
宣府前衛	洪武26年	同上	同上	治宣府城	同上	《史》40/903
懷安衛	洪武26年2月	山西行都司	同上	元懷安縣；在宣府城西一百二十里	萬全都司	《祖》225/1a，洪武26年2月辛巳條；《史》40/903；《武》189/36b
開平衛	洪武初	北平都司	同上	元上都路，永樂元年2月徙衛治京師，4年2月還舊治	萬全都司	《史》40/908；《武》189/37a

				，宣德5年遷治獨石堡；在宣府城東北三百里		
開平中(屯？)衛	洪武29年5月	北平行都司	同上	初置於沙峪，永樂元年2月徙治眞定府，尋徙治灤州西，石城廢縣	直隸後府在外衛	《祖》246/1a，洪武29年5月壬戌條；《史》40/908
興州左屯衛	洪武中	同上	同上	舊在開平衛境，永樂元年2月徙治直隸順天府薊州玉田縣東南一百四十里	直隸後府在外衛	《史》40/907；《武》189/23a；《輿》11/57a
興州右屯衛	洪武中	同上	同上	舊在口外大寧境內，永樂元年2月徙治直隸永平府遷安縣城內	同上	《史》40/907；《輿》17/20b
興州中屯衛	洪武中	同上	同上	本在舊開平衛境，永樂元年2月徙治直隸順天府良鄉縣治東	同上	《史》40/907；《武》189/22a；《輿》11/15a
興州前屯衛	洪武中	同上	同上	永樂元年2月徙治直隸順天府薊州豐潤縣治西	同上	《史》40/908；《武》189/23a；《輿》11/57a
興州後屯衛	洪武中	同上	同上	永樂元年2月徙治直隸順天府通州三河縣治西	同上	《史》40/908；《輿》 11/22b
隆慶衛	建文4年。由居庸關所改	北平都司	同上	直隸延慶州東南，居庸關口	同上	《史》90/2219；《輿》17/31a
東勝左衛	洪武25年由東勝衛分置	山西行都司	同上	元東勝州，永樂元年2月徙治北直盧龍縣	同上	《史》41/973；《祖》225/1a，洪武26年2月辛巳條
東勝右衛	洪武25年由東勝衛分置	山西行都司	同上	元東勝州，永樂元年2月徙	同上	同上

				治北直遵化縣		
鎮朔衛	洪武26年2月	山西行都司	同上	本在大同之西，永樂元年2月徙治北直薊州	同上	《史》41/971；《祖》225/1a，洪武26年2月辛巳條
涿鹿衛	永樂7年(？)由寧國衛改	河南都司	同上	直隸順天府涿州治西北	同上	《史》90/2219；《輿》11/30b
定邊衛	洪武26年2月	山西行都司	同上	本在大同之西，永樂元年2月徙治北直通州	直隸後府在外衛	《史》41/971；《祖》225/1a，洪武26年2月辛巳條
玉林衛	洪武26年2月	同上	同上	本在大同之西，永樂元年2月徙治北直畿内，宣德元年還舊治	山西行都司	《史》41/973；《祖》225/1a，洪武26年2月辛巳條
雲川衛	洪武26年2月	同上	同上	本在大同之西，永樂元年2月徙治北直畿内，宣德元年還舊治	同上	《史》41/972；《祖》225/1a，洪武26年2月辛巳條
高山衛	洪武26年2月	同上	同上	本在大同之西，永樂元年2月徙治北直畿内，宣德元年徙陽和衛城	同上	《史》41/973；《祖》225/1a，洪武26年2月辛巳條
義勇左衛			同上	東城北居賢坊	直隸後府在京衛	《衚衕集》4b
義勇右衛			同上		同上	
義勇中衛			同上		同上	
義勇前衛			同上		同上	
義勇後衛			同上		同上	
神武左衛			同上	中城保大坊	直隸後府在京衛	《衚衕集》1b
神武右衛			同上	眞定衛西	直隸後府在外衛	《武》189/30a
神武中衛	建文2年燕王		同上	直隸順天府通	同上	《武》189/22b；

	置			州治南		《輿》11/22b
神武前衛			同上			
神武後衛			同上	西城鳴玉坊有神武後街	直隸後府在京衛	《衖衕集》6a
武成左衛			同上		宣德元年改獻陵衛	《史》90/2205
武成右衛			同上		宣德10年改景陵衛	《史》90/2205
武成中衛			同上	金山	直隸後府在京衛	《衖衕集》12a
武成前衛			同上		天順8年改裕陵衛	《史》90/2205
武成後衛			同上		成化23年改茂陵衛	《史》90/2205
忠義左衛			同上		直隸後府在京衛	
忠義右衛			同上		同上	
忠義中衛	永樂初		同上	直隸順天府遵化縣治東南	直隸後府在外衛	《武》189/23a;《輿》11/57b
忠義前衛			同上	東城思城坊	直隸後府在京衛	《衖衕集》4a
忠義後衛			同上		同上	
武功中衛	洪武中		同上	中城小時雍坊	不屬五府	《史》90/2205;《衖衕集》2b
盧龍衛	永樂4年(?)		同上	永平衛南	直隸後府在外衛	《武》189/34a;《輿》17/20b
鎮虜衛	洪武26年2月	山西行都司	同上	本在大同之西,永樂元年2月徙治北直畿內,宣德元年還舊治	山西行都司	《祖》225/1a,洪武26年2月辛巳條;《史》41/973
武清衛	永樂4年(?)		同上	直隸順天府通州武清縣治東	直隸後府在外衛	《宗》51/4b,永樂4年2月乙酉條;《輿》11/22b
撫寧衛	永樂3年(?)		同上	直隸永平府撫	同上	《武》189/34b;

				寧縣北十里		《輿》17/20b
天津右衛	永樂4年由青州右衛改		同上	直隸河間府靜海縣	同上	《宗》61/1b，永樂4年11月甲子條；《武》189/27b
寧山衛	洪武11年7月	河南都司	同上。又一條：永樂7年正月	山西澤州治東北	同上	《祖》119/2b，洪武11年7月癸未條；《宗》87/4a，永樂7年正月戊辰條；《輿》43/9a
梁城所	建文2年燕王所置		永樂元年2月	直隸順天府通州寶坻縣東南	直隸後府在外衛所	《輿》11/22b
興和所	洪武30年正月	北平行都司	同上	初置於興和舊城，永樂20年徙治宣府衛城	萬全都司	《祖》249/5a，洪武30年正月庚辰條；《史》40/909；《輿》18/3a
常山所			同上			
德州衛	洪武23年由德州所改	山東都司	永樂6年10月		直隸後府在外衛	《祖》200/7a，洪武23年3月癸巳條；《宗》84/3a，永樂6年10月戊子條
蔚州衛	洪武3年正月	山西行都司	同上	山西大同府蔚州治西	萬全都司	《祖》48/5a，洪武3年正月庚子條；《宗》84/3a，永樂6年10月戊子條；《輿》44/52a
樂安所（後改武定所）		山東都司	同上		直隸後府在外衛所	《宗》84/3a，永樂6年10月戊子條
大寧中衛	洪武20年9月	北平行都司	永樂元年2月	元大寧路，永樂元年2月徙於京師	直隸後府在京衛	《史》40/906
大寧前衛	洪武20年	同上	同上。又一條：永樂19年4月	同上	同上	《史》40/906；《宗》236/1a，永樂19年4月乙未條
富峪衛	洪武24年由富峪所改	北平行都司	同上	永樂元年2月徙置京師	同上	同上
會州衛	洪武20年9月	同上	永樂19年4月		同上	《祖》185/2a，洪武20年9月癸未條；《宗》236/1a，永樂19年4月 乙未條

寬河衛	永樂元年2月由營州中護衛改	同上	永樂元年2月	永樂元年2月僑治京師	同上	《史》40/909；《宗》17/6a，永樂元年2月丁卯條
宣府左衛	洪武26年2月	山西行都司	同上	元宣德縣，洪武35年徙治保定，宣德5年還故治	萬全都司	《祖》225/1a，洪武26年2月辛巳條；《史》40/902
宣府右衛	洪武26年2月	同上	同上	元宣德縣，洪武35年徙治定州，宣德5年還故治	同上	《祖》225/1a，洪武26年2月辛巳條；《史》40/902-3
保安右衛	永樂15年由天策衛改	前府所屬在京衛	永樂15年	初置於順聖川，永樂20年徙懷安城内	同上	《史》40/904；《輿》18/12a
延慶右衛	永樂元年由營州右護衛改		永樂2年	初置於居庸關北口，宣德5年徙治懷來城	同上	《宗》17/6a，永樂元年2月丁卯條；《史》40/904
懷來衛	永樂16年由保安左衛改		永樂16年	元懷來縣；在宣府城東南一百五十里	同上	《宗》205/1a，永樂16年10月戊寅條；《史》40/904；《武》189/37a
美峪所	永樂13年12月		永樂13年12月	初置於美峪嶺，景泰2年徙治直隸保安州南	同上	《宗》171/1b，永樂13年12月己巳條；《史》40/902
廣昌所	洪武12年9月	山西都司	不詳	山西大同府蔚州廣昌縣治東北	同上	《祖》126/3b，洪武12年9月丙申條；《宣》76/2b-3a，宣德6年2月丁酉條；《輿》44/52a

*1. 自燕山左衛至常山所計61衛3所，其改屬時間參見《太宗實錄》17/1b-2a，永樂元年2月辛亥條。德州衛以下各條，據《明史》等資料補。又，表中開平中屯衛與梁城所，實錄原作開平中衛與梁成所，據《明史》等資料改。

*2. 引用史料簡稱詳附錄一，*6。

*3. 《衚衕集》：明・張爵撰《京師五城坊巷衚衕集》（《筆記小說大觀》12編第一册，民國65年新興書局影印本）。

出自第六十四本第一分(一九九三年十二月)

「衝、繁、疲、難」：清代道、府、廳、州、縣等級初探

劉 錚 雲

清代除於順治十二年至十四年間曾將州、縣等地方官員缺分爲三等外，終清之世都行「衝、繁、疲、難」職缺制度。本文指出，這制度是由廣西布政使金鉷於雍正六年三月間提出，經過吏部將近四年的研議，始於雍正九年十二月定案。比較二者的內容，我們不難斷定，在這個制度的形成過程中，其實涉及到中央與地方的權力之爭，只是其中曲折，不得而知。金鉷的方案是以「衝」、「繁」、「疲」、「難」四項定職缺高下，凡是「要缺」，無論是或專或兼或四者俱全，都由督撫於所屬州縣官員內，揀選調補，而只有無字「簡缺」才歸吏部銓選，以期達到「人地相宜」，有益吏治民生的目標。然而，吏部的方案卻大大削弱了督撫的調補權。根據吏部的辦法，只有四項俱全或三項兼全之廳、州、縣缺才由督撫調補，其餘仍歸吏部月份銓選。透過這個制度，我們可以看出，皇帝、吏部、地方督撫三者在清代政治生態上的微妙關係。「人地相宜」是三者一致認同的目標，但三者對如何達成這個目標卻有不同的作法。吏部是謹守分寸，力求制度的完整。地方督撫卻希望在制度裡多爭取一點生存的空間，所以有時未曾考慮本身作法合例與否。而皇帝的作法則因時而異，有時強調體制的不容破壞，有時卻容許督撫的違例題請。顯然，確保主從關係與掌握絕對權威的重要性可能遠超過體制完整的維護。

一、前　　言

自漢以下，歷代政府多以戶口或田糧數評定各州、郡、縣等級的高低，以作爲訂定地方官員額配置、品級、俸祿，以及銓選官員的標準。例如，漢代就曾以十二萬戶爲大郡，縣則萬戶以上置令，以下置長。[1] 唐於安史之亂以前，一度以

1　嚴耕望：《中國地方行政制度史》，上編，卷上（台北：中央研究院歷史語言研究所，一九七四）頁40、44。

四萬戶以上爲上州，二萬戶以上爲中州，以下爲下州；六千戶以上爲上縣，二千戶以上爲中縣，一千戶以上爲中下縣，不滿一千戶爲下縣。[2] 宋初情形相似，只是戶口數目稍減，四千戶以上爲望縣，三千戶以上爲緊縣，二千戶以上爲上縣，一千戶以上爲中縣，不滿一千戶爲中下縣，五百戶以下爲下縣。[3] 元代的資料較爲完整。至元二十年，定十萬戶以上爲上路，以下爲下路；五萬戶以上爲上州，三萬以上爲中州，以下爲下州；三萬以上爲上縣，一萬戶以上爲中縣，以下爲下縣。[4] 明代則改以田糧數爲準，曾訂糧二十萬石以上爲上府，以下爲中府，十萬石以下爲下府；縣則以糧十萬石以下爲上縣，六萬石以下爲中縣，三萬石以下爲下縣。[5] 順治十二年，清世祖也準此精神，諭令吏部將州、縣等地方官員缺分爲三等；應選各官則考其身、言、書、判，也分三等，上等者列名引見，授上等之缺，二、三等者分別授二、三等地方，不必引見。可是二年後，也就是順治十四年，吏部奏准停止舉行這項考試，州、縣也不再分爲三等。[6] 根據《清史稿》，取而代之的辦法是「以衝、繁、疲、難四者定員缺緊要與否。四項兼者爲最要，三項次之，二項、一項又次之。於是知府、同、通、州、縣等缺，有請旨調補、部選之不同。」[7] 《清史稿》的這段敘述語焉不詳，不但沒有指出「衝」、「繁」、「疲」、「難」的意義，也不見說明這「三項次之，二項、一項又次之」又各爲何指。所幸清人方菊人的《平平言》提供了我們有用的線索。據方氏指出，「地當孔道曰衝；政務紛紜曰繁；賦多逋欠者曰疲，民刁俗悍，命盜案多

---

2 《舊唐書》（點校本），卷四十三，志二十三〈職官二〉，頁1825。唐代縣份等級在上縣以上，還有赤、畿、次赤、次畿、望、緊等六級，不過它們的區分標準不詳；其實各級縣份的人口標準隨時間不同也有變化，參見翁俊雄：〈唐代的州縣等級制度〉，《北京師範學院學報》一九九一年第一期，頁9-18。

3 《宋會要輯稿》〈職官十一之七十六〉，頁2660。宋初赤、畿、次赤、次畿等四級縣的人口數目也不見史籍，參見趙葆寓：〈關於宋代縣望等級的幾個問題〉，《北京師院學報（社科版）》一九八七年第一期，頁58-68。

4 《元史》（點校本）卷九一，志四一上〈百官七〉，頁2316-18。

5 《明史》（點校本）卷七五，志五一〈選舉四〉，頁1850。

6 《欽定大清會典事例》（光緒朝刊本），卷四四〈月官考驗〉；《清朝文獻通考》卷五五〈選舉考九〉，頁3b-4a。

7 《清史稿》（點校本）卷一一〇，志八十五〈選舉五〉，頁3207。

曰難。衝、繁、疲、難四字兼全曰最要缺；兼三字曰要缺；兩字曰中缺；一字曰簡缺；四字俱無，曰無字簡缺。要與最要皆曰繁缺，中與簡皆曰簡缺。」[8] 透過《平平言》的這段文字，我們瞭解清代對於州、縣等地方行政長官員缺等級的訂定是以該地位置衝或僻、政務繁或簡、賦稅完或欠、命盜多或寡等四項爲考慮因素。這與歷代以人戶或田糧分州、縣大小的作法很不相同。爲甚麼到了清代會有這樣的轉變？這種改變何時發生的？它的背景以及具體實行方法又如何呢？對於這些問題，不僅前述《清史稿·選舉志》語焉不詳，而即使在這個制度的原始提案人金鉷的傳中，《清史稿》也只是寥寥數語：「及爲廣西布政使，奏請州縣分衝、繁、疲、難四項，許督撫量才奏補，上嘉納之。州縣分四項自此始。」[9] 除了日本學者近藤秀樹早年曾從銓選的角度，來談這個制度所涉及的所謂「外補制」的問題外，近年來討論清代地方行政制度的論著都不見提及。[10] 美國著名的人類學家施堅雅（G. William Skinner）雖然曾以「衝繁疲難」職缺制度來驗證他所建構的城市在傳統中國空間結構中所佔地位的模型，但他對這整個制度也未曾深入瞭解，以致有誤解之處。[11] 因此，本文嘗試從這個政策的提出與吏部的定案兩方面來探討這個制度訂定的時間、背景、具體內容，以及這兩個方案之間的差異所反映出的意義，並從這個制度實際運作的例子中，釐清施堅雅對它的誤解；至於這個制度在各時期的演變，及其對清代地方行政可能的影響，則將另有專文探討，不在本文討論範圍之內。

二、「衝、繁、疲、難」新制的提出

順治十四年，清政府停止了州、縣分三等的辦法後，並沒有即刻實施新的分

8 方菊人：《平平言》（光緒十三年刊本），卷一，頁25b。

9 《清史稿》（點校本）卷二九二，〈列傳七九〉，頁10305。

10 近藤秀樹：〈清代の銓選——外補制の成立——〉，《東洋史研究》第十七卷第二期（1958），頁34-55。

11 G. William Skinner, "Cities and the Hierarchy of Local Systems," in G. William Skinner (ed.), *The City in Late Imperial China*, (Stanford: Stanford University Press, 1977), pp.275-351.

級制度，「衝繁疲難」的實行其實要等到雍正九年以後。不過，在這個新制度建立以前，清代各府州縣員缺也不是完全沒有等級區分。早在順治十二年諭令州、縣分三等的同時，清世祖以直隸的眞、保、河間，江南的江寧、淮、揚、蘇、松、常、鎭，浙江的杭、嘉、湖、紹，山東的濟南、青、兗，山西的太原、平陽，河南的開封、彰德，陝西的西安、延安，江西的南昌、吉安，湖廣的武昌、荆、襄，福建的福州、泉州等三十府，「或政事殷繁，或地方扼要」，爲全國一百多個府缺中的「最要者」，要求京外大臣，「各舉才行兼優者，以備三十處知府之用。」[12] 康熙十五年，江寧巡撫慕天顏曾以「嘉定政繁多逋賦，隴其操守稱絕一塵，才幹乃非肆應」爲由，奏請行州縣更調法，將當時江南省嘉定縣知縣陸隴其改調「簡縣」。[13] 由這二個例子可以看出，當時的知府員缺已經有所謂最要與次要之分，而州、縣缺中也有繁缺與簡缺之別。知府缺中最要與否的認定，是以政務多寡以及地理位置扼要與否爲準。至於在州、縣缺中，甚麼是「繁缺」？甚麼是「簡缺」？甚麼又是「州縣更調法」？目前還沒有找到任何相關的文字紀錄。不過，這很可能是沿襲了明代的調繁、調簡之例。根據《明史》，明洪武十四年定考覈之法，「以事之繁、簡，與歷官之殿最，相參互覈，爲等第之陞降。」經過考覈之後，凡是郡縣之繁、簡不相當的，則互換官職。[14] 這也就是顧炎武所謂的「才優者調繁，不及者調簡。」[15] 那又如何劃分繁、簡呢？依據《明史》，一般是以田糧爲準。「在外，府以田糧十五萬石以上，州以七萬石以上，縣以三萬石以上，或親臨王府都、布政、按察三司，幷有軍馬守禦，路當驛道，邊方衝要供給處，俱爲事繁。府糧不及十五萬石，州不及七萬石，縣不及三萬石，及僻靜處，俱爲事簡。在京諸司，俱從繁例。」[16] 清代府、州、縣缺的繁、簡劃分是否承襲了明代的標準，或是另創新法，不得而知。然而，可以確定的是，雍正朝「衝、繁、疲、難」辦法的訂定是由當時通行的調繁、調簡之法

12 《大淸世祖章（順治）皇帝實錄》卷八八，頁21b。

13 《清史稿》（點校本）卷二六五，列傳五二，頁9934-35。

14 《明史》（點校本）卷七十，志四七〈選舉三〉，頁1721-1722。

15 顧炎武：《日知錄》卷十一〈州縣品秩〉。

16 《明史》（點校本）卷七十，志四七〈選舉三〉，頁1722。

演變而來的。

不過，誠如近藤所指出，促成這項演變的原動力並非來自雍正皇帝或吏部大員，而是當時的廣西布政使金鉷。[17] 金鉷首先提出是項革新用人之法，得到雍正的賞識，發交吏部研議，經過一番修訂，始告確定。金鉷字震方，漢軍鑲白旗人，世居山東登州。最初以監生授江西廣昌縣知縣，歷任山西太原知府、廣西按察使，雍正六年正月初八日轉任同府布政使之職。[18] 同年三月十九日金鉷上奏，提出了這項設新制的建議：

> 伏念州縣地方，本有大小之異，而居官才具，實有長短之分。臣由知縣歷任在外，所見州縣官員最多，其間人地相宜者，雖不乏人，而員缺不稱者，甚爲不少。以長才而處之小邑，固爲未盡其能；以要地而畀之短才，必致有虧厥職。總緣州縣官員大半係初登仕籍，其平日未嘗經練，故人與地相當之處，未能懸定。一旦憑籤掣缺，縱有才能出衆者，無由區別。或以庸員而得要地，竟將皇上之人民財賦令其試嘗，及至地方廢墜不修，始行罷斥，則其貽誤已多。臣愚以爲未能懸定之中，而預爲地方安全之計，無如斟酌人地，一用調繁之法。在國家調繁、調簡，原有成例，然各省督撫不過間有題請，而未嘗廣爲推行，遍察通省之中，條分縷析，盡求人缺之相宜也。伏查州縣要缺之必需賢員者，共有四等：一地當孔道者爲衝，一政務紛紜者爲繁，一賦多逋欠者爲疲，一民刁俗悍，命盜案多者爲難。就此四等之中，有專者，有兼者，有四等俱全者。臣愚請除雲南、廣西題定煙瘴調補者仍照舊例外，凡直隸各省俱請敕令各督撫先將各屬州縣一一查核，的確委係衝、繁、疲、難四等之地，或專或兼或四者俱全，分別註

17 近藤秀樹：〈清代の銓選——外補制の成立——〉，頁46。

18 《清史稿》（點校本）卷二九二，列傳七九〈金鉷〉，頁10304。這份奏摺實際上是郭鉷署名進呈的。據袁枚指出，金鉷的生父延祚公三歲喪父，其生母余氏臨終前，將其交與側室趙氏，趙氏後來轉適郭氏，延祚公也隨之改姓郭，而後生下金鉷，仍然沿用郭姓，直到後來（按，應是任廣西巡撫時）始恢復本姓。（袁枚：〈神道碑〉，收入〈金鉷〉，《國朝耆獻類徵》卷七五〈卿貳三五〉，頁39b。）金鉷於雍正六年七月陞任廣西巡撫，因此，這時仍以郭鉷署名。

> 明造册顯達。其簡僻易治者，一概著爲常缺，則凡天下之州縣，固已較若列眉矣。再請飭令吏部，凡初任銓選州縣，悉於常缺籤掣。所有四等要缺，令該督撫於現任州縣內酌量人員，與四等中何地相宜，題明調補試用。俟試看一二年內，如克勝任，再行題准實授。如試看後，人地仍有不相宜處，不妨許該督撫頻請改調，則督撫不至有瞻顧畏葸、苟且包容之弊矣。倘督撫中敢有偏徇營私者，一經發覺，從重加倍治罪。至於實授人員，果其操守才猷始終不懈，方准循例卓異薦舉，以備擢用。如此則才長者，任要缺，才短者，任常缺，地方必不致廢墜不修。任要缺者，固有上進之基，任常缺者，亦思調補有漸。令牧自無不鼓舞盡力，上而廣植人才，既足以備皇上簡拔，即下而於吏治民生似亦稍有裨益也。[19]

金鉷這份奏書的主要論點是州縣地方有大小之分，而地方官員也有賢庸之別。在吏部月份銓選，憑籤掣缺的既定政策下，往往會有「以庸員而得要地」的結果。因此，爲了裨益吏治民生，應盡求「人缺之相宜也」；而要求人缺相宜，各盡其才，則必須做到以下二點：一是以「衝」、「繁」、「疲」、「難」四項定州、縣員缺的緊要與否；二是沿用通行的調繁、調簡之例，授權督撫對員缺緊要之「要缺」，可於所屬州縣各員內揀選才幹之士調補；其餘簡僻之地的「常缺」才歸吏部銓選初登仕籍之士擔任。

金鉷的辦法的確令人耳目一新。首先，他以一地的交通、政務、賦稅、治安情形核定該地缺分的高下，擺脫了歷代以戶口或田糧定州縣品秩的舊有模式。其次，他建議將重要州縣員缺劃歸督撫調補，這使得督撫對地方人事有較大的建議權。然而，這二個辦法似乎不是金鉷憑空想出來的，而是脫胎於當時已有的想法與作法上。例如，顧炎武在他的《肇域志》中，就曾以「地衝事煩民疲多盜」、「地僻事煩糧多有水災」、「衝煩糧多差重刁訟」、「僻煩民饒」等詞標註於一縣之下，用以扼要說明一地的地理地位及政經情勢，只是顧氏未曾把它們制度

19 國立故宮博物院編：《宮中檔雍正朝奏摺》第十輯（台北：國立故宮博物院，一九七八）頁91-92；該摺亦收入《硃批諭旨》第四十九册〈硃批郭鉷奏摺〉頁48a-49a；不過，文字有所刪減。

化。[20] 康熙三十九年，掌山東道事福建道監察御史劉珩提出以「糧之最多，地之最衝者，立爲上縣」的建議。[21] 顯然，在金鉷提出新制以前，類似用來說明地方發展狀況的用語已在社會上流行。金鉷應該是將當時的流行用語加以整理，訂出「衝、繁、疲、難」的一套制度。至於督撫的調補權，情形就更明顯。清初地方督撫對所屬員缺就有調補權，但往往限於動亂之地或邊遠地方。例如，康熙十四年雲南道監察御史陸膩藩奏稱：「因滇閩告變，地方需人甚殷，故督撫俱得酌量人地相宜，題請補授。」[22] 這「滇閩告變」當指的是康熙十二、三年間的吳三桂、耿精忠之亂，題請補授的對象則爲州縣正佐等官職。這也許就是清代地方督撫有調補權的濫觴。康熙二十八年、三十七年又分別議准湖北、廣東、貴州、四川等省中界連苗地或雲南、廣西煙瘴之地的守令員缺，該省督撫也可於其所屬中揀員調補。[23] 不過，這些只是一時權宜之計，題補的辦法也一再更改。康熙六十一年，清聖祖就曾以邊省題補太多，下令停止題補，雍正初年才又恢復。[24] 因此，各省督撫調補權的制度化也是要等到金鉷「衝、繁、疲、難」新法的提出才告確定。

金鉷將行之多年的督撫調補加以制度化，這對一直苦於人才難求的雍正皇帝不啻是一大佳音。雍正施政最重得人。他曾說：「爲政之道，務在得人。」[25] 也說過：「國家政務必得其人而後理。」[26] 對雍正而言，得人的重要性甚至遠在理財之上。他說：「朕思用人之關係，更在理財之上，果任用得人，又何患財之不理，事之不辦乎。」[27] 然而，雍正認爲，用人辦事也有輕重緩急之分，州

20 顧炎武：《肇域志》。（本資料承中研院近史所賴惠敏小姐提示，謹此致謝。）
21 《皇清奏議》卷二三，頁23a-28a。
22 同上，卷二十，頁7a-9b。
23 王慶雲：《石渠餘紀》卷二〈紀守令〉（北京：古籍出版社，一九八五）頁67。
24 《上諭內閣》〈雍正五年六月〉，頁30。關於雍正對人材的重視，亦參見黃乘矩：〈論雍正年間的吏治〉，《清史論叢》第七輯（北京，一九八六）頁176。（本資料承中研院社科所梁其姿小姐提示，特此致謝。）
25 同上，〈雍正八年二月〉，頁3a。
26 同上，〈雍正六年十月〉，頁15b。
27 同上，〈雍正四年六月〉，頁7b。

縣等親民之官的重要性更在其他職官之上。在他即位不久，也就是雍正二年八月十九日，即頒發諭旨，指出「國家分理庶績，務在得人，道府州縣等官尤屬要職，其有才幹素著，廉潔自持者，不得以時上聞，何以示勸？」他因而要求各省地方官，包括總督、巡撫、布政使、按察使、將軍、提督等，於各省道、府、同知、通判、州、縣等官內各保奏三人至一人。[28] 雍正五年十二月六日再度下旨，要求「京官自翰林、科道、郎中以上，外官自知府、道員、學政以上，武官自副將以上，旗員自參領以上，皆令每人各舉一人。」[29] 雍正六年十月間因「各處需員甚多，而赴部銓選之人，不敷揀用」，[30] 又放寬保舉人的資格，諭令「京官大學士以下，主事以上之漢軍、漢人，外官督撫以下，知縣以上之滿洲、漢軍、漢人，每人各舉一人。」[31] 由於受保之人中有不少「庸劣幼稚之輩，不當舉而舉者」，這項各保一人的措施於雍正八年二月間奉命停止。[32] 保舉例的廢止應該與雍正接受金鉷的提議無關，不過，這件案例的發展過程卻顯現出雍正雖然加意旁求，多方遴選，廣求人材，但是卻苦無良法的窘境。這無怪乎他看到金鉷這份強調「人地相宜」的奏摺後，直讚「可嘉之至」，並批道：「向來調繁、簡總爲督撫利藪；如不令更調，實誤地方吏治，所以只暫開權宜之道，酌量督撫，令且行看。爲此事，朕時常繫念，未得主見，而亦未有人言及此。今覽所奏，深恰朕意，如此方得至中之理。已交部議。」[33] 雖然在這一段引文中，雍正並未明言調繁、調簡之法如何成爲督撫射利之藪，但是在十二年十月初九的一件上諭中，他明白宣示了採用金鉷辦法的理由。他說：「朕思各省要缺，

28　同上，〈雍正二年八月〉，頁7b。
29　同上，〈雍正五年十二月〉，頁5b。
30　同上，〈雍正八年十二月〉，頁3a。
31　同上，〈雍正六年十月〉，頁15b-16a。
32　同上，〈雍正八年十二月〉，頁3a。
33　國立故宮博物院編：《宮中檔雍正朝奏摺》第十輯，頁92；《硃批諭旨》第四十九冊〈硃批郭鉷奏摺〉亦可見此段硃批，但在文字上已多所潤飾，語意較明。現抄錄於下，以供參考：「此奏可嘉之至！向來調繁、調簡流弊相沿，竟爲督撫射利之藪；若概不令更調，又恐貽誤地方，所以每遇督撫奏請，偶一行之，不過以爲暫時權宜之道，常時因斯繫念，未得有定法。今覽所奏，深愜朕懷，從未經人議論及此，如是方稱中其肯綮，已交該部議覆。」（頁49a）

交與該督撫題補者，蓋以緊要地方，必得才能熟練、人地相宜之員，而就近揀選，又不至曠延時日，於公事有益。」[34] 顯然，雍正相信，透過督撫題補權的制度化，可以使員缺緊要的地方，獲得人地相宜之員。而愼選人才，務得人地相宜之員正是雍正施政的最高指導原則，也是他即位以後，「夙夜孜孜，廣爲諮訪」，卻久久不可得的目標。因此，就雍正而言，金鉷的辦法正好解決了他心中的難題；他可以好好利用這個新制度，將流弊滋生的調繁、調簡法去蕪存菁，藉以導地方吏制於正軌。

三、「衝、繁、疲、難」新制的訂定

然而，吏部主事諸公顯然有不同的看法，他們經過了幾乎四年的研議，一直到雍正九年十二月十九日才提出覆奏：

> 吏部遵旨議覆。直省道、府、州、縣等缺，地方之要簡不同，人才之優絀各異，必人地相宜，方於吏治、民生均有裨益。嗣後除道、府員缺係請旨補授，並沿海、沿河、苗疆一切應行題補之缺，仍照舊例遵行外，其同知、通判、知州、知縣內，經督撫册報，係衝、繁、疲、難四者俱全，或兼有三項之缺，最爲緊要，請令各該督撫於見任屬員內，揀選熟諳吏治，品級相當之員，具題調補；所遺之缺，歸部銓選。至衝、繁、疲、難四項內，兼有二項，以及專有一項之缺，據各省册報，十居八九。若概歸在外題補，恐外省調缺太多，見任屬員不敷揀選調補之用，應照例歸於月分陞遷。如初選之員到任後，或人缺不稱，仍令該督撫酌量具題對調。再，各省丁憂病故，在外所開之缺，向來扣留，知照督撫，將試用人員委署。今衝、繁、疲、難既經分別，則在外所開缺內，如係四項俱全，或係三項相兼者，請照舊例扣留，令該督撫將見任屬員選擇調補，所出之缺，將試用人員署理，其不兼四項、三項之缺，歸部銓選。至嗣後有應設、應改之缺，令該督撫即於改設本內，將四項或全或兼或專等因，分別聲明，直隸

34 《上諭內閣》〈雍正十二年十月〉，頁4a。

各省，一體遵行。[35]

雖然目前無法得知吏部針對此案的研議過程，但是由以上的引文看來，吏部所研議的辦法其實仍維持金鉷所提議案的精神，也就是「許督撫量才奏補」，只是在具體實施的方法上多所更張。首先，吏部接受他以「衝」、「繁」、「疲」、「難」四項定州縣員缺的緊要與否的建議，但在他所要求的督撫的調補權限上打了一個折扣。金鉷要求凡是「衝」、「繁」、「疲」、「難」四等之地，無論是或專或兼或四者俱全，都由督撫於所屬州縣官員內，揀選調補。然而，根據吏部的方案，只有四項俱全或三項兼全之缺，才由督撫調補，其他兼有二項以及專有一項之缺，仍歸吏部月份銓選。吏部所持的理由是這一類的缺名額太多，恐怕現任屬員不敷揀選調補之用。這種說辭固然有理，但恐怕也只是托辭。最根本的癥結應該是中央與地方權限分配的問題。如果完全依照金鉷的辦法，凡是「衝」、「繁」、「疲」、「難」四等之地，無論是或專或兼或四者俱全，各缺都由督撫揀選調補，則吏部對州縣地方的人事任免權只剩下那些「衝」、「繁」、「疲」、「難」四字俱無的簡僻地方了。這與以前吏部掌握了絕大部份州縣缺的銓選權，而督撫僅能對少數特定的員缺具題揀補的情形有很大的不同。根據光緒朝編定之《欽定大清會典事例》，雍正九年以前，督撫對所屬員缺有調補、題補權的地方行政單位包括：（一）沿河州縣：計有河南之祥符等十二縣，山東之德州等十三州縣，江南之山陽等十二縣調缺。[36]（二）沿海州縣：計有江南之太倉等十縣，浙江之仁和等十七縣，山東之諸城等七縣，廣東之東莞等十三縣調缺。[37]（三）苗疆：計有雲南之元江府知府等十六題缺。[38]（四）煙瘴：計有廣西之太平府知府等十七調缺，[39] 廣東之崖州等四州縣調缺。[40]（五）陝甘邊缺：計有甘肅之安西、靖逆、柳溝等三直隸廳調缺。[41] 以

35 《大清世宗憲（雍正）皇帝實錄》卷一一三，頁15b-16b。
36 《欽定大清會典事例》（光緒朝刊本）卷六三〈沿河州縣調補〉。
37 同上，卷六五〈沿海各員調補〉。
38 同上，卷六七〈苗疆題補〉。
39 同上，〈廣西煙瘴邊員調補〉。
40 同上，〈廣東煙瘴邊缺〉。
41 同上，卷六六〈陝甘邊缺調補〉。

上五項合計，共一百二十四個府、州、廳、縣員缺。這在全國一千六、七百個府、州、縣缺中，佔很小的比例。由此可見這二個方案之間的差異，而吏部之所以會作這樣的變動，也就不難理解了，因爲沒有任何一個機構願意將既有的權力拱手讓人的。

吏部的這番用心也反映在它的另一項變動措施上。在金鉷提出的建議案中，各省衝、繁、疲、難缺分的訂定僅限於知州、知縣等缺；但是，吏部可能爲了整體的考量，或是其他未知的因素，將這項辦法擴及道員、知府以及同知、通判等缺。乾隆元年更進一步明白規定：「道、府員缺，衝繁疲難四項、三項者，開列缺單，請旨簡用；二項、一項者，歸於月分銓選，……。」[42] 這項修正更明確的規範了有關道、府員缺的銓選問題。在道員、知府缺中，固然可能大多數屬於「衝繁疲難」四字或三字的「請旨缺」，但應該仍有一部份是二字、一字、甚或四字俱無的「選缺」。可惜我們目前無法得知當時這二個缺的確切比例。不過，根據稍晚的資料，我們發現雖然在道員、知府缺中，「選缺」不是多數，但是仍佔相當的比例。清代每年按季出版的《爵秩全覽》與《大清搢紳全書》一類的書籍，大概是目前所能找到比較完整的有關「衝、繁、疲、難」缺分與「最要缺」、「要缺」、「中缺」、「簡缺」等訊息的資料。表一是依據可能是現存最早的，也就是乾隆二十九年夏季出版的《大清職官遷除全書》製作而成的有關知府員缺的「衝、繁、疲、難」缺分與「最要缺」、「要缺」、「中缺」、「簡缺」等第的關係表。[43]（關於後者，詳見下文說明。）如表一所示，在總數一百九十一個知府缺中，「請旨缺」（即「最要缺」與「要缺」的和）是一百二十個，如果扣除雲南元江府等十八個由督撫揀選題補或調補的「題缺」與「調缺」，則「選缺」與「請旨缺」約爲四與六之比（即 71 ： 102 ），不可謂不高。在雍正九年的辦法中，顯然遺漏了這一方面的規定。這是否因而造成吏部與各省督撫之間的權益之爭，以致而有這次修正案的提出，目前由於材料所限，不得而知。不過，從這項修正可以很清楚看出，雖然吏部擴大了「衝、繁、疲、

42 同上，卷六一〈衝繁疲難各項揀選調補〉。

43 《大清職官遷除全書》（北京：寶名堂，一七六四）。

難」辦法的適用範圍，但是督撫的調補權並未隨之擴張。

金鉷所提的督撫之調補權雖然受到吏部的裁抑，但是在他所提方案中的另一個關鍵問題，也就是各省道、府、州、廳、縣之「衝、繁、疲、難」缺分的評定與題報，並未受到影響，仍由各省督撫「註明造册題達」。這當然是實際情勢所造成，吏部遠在中央，無法有效掌握各地方吏治民情，不得不得仰賴地方督撫；而事實上根據我們從檔案中得到的零碎資料判斷，督撫也是彙整各府、廳、州、縣的報告，再與藩臬兩司覆核無異後，一併彙造總册報部。[44] 而由上面所引吏部的議覆可知，這項工作早在吏部完成研議工作以前已經完成了，所以吏部才有「至衝、繁、疲、難四項內，兼有二項，以及專有一項之缺，據各省册報，十居八九，……。」的說詞。遺憾的是，目前還沒有見到任何有關督撫這方面奏報的文字記載，無從瞭解這項奏報工作開始的時間、奏報的內容以及詳細的經過情形。

不過，從現存的檔案資料中，我們發現，在各督撫的奏報中，除了將各道及所屬府、廳、州、縣各缺註明沿海、沿河、苗疆、煙瘴，以及分析「衝」、「繁」、「疲」、「難」或專或兼或全或衝、繁、疲、難四字無可擬議等缺分外，還包括了「最要缺」、「要缺」、「中缺」、「簡缺」等四項等第。[45] 這不但與金鉷原來提議中的「要缺」、「常缺」之分不同，而且也不見於上面所引吏部的指示中。因此要瞭解這二者之間的關係必須由其他線索著手。如果依循上文所引《平平言》的說法，這「最要缺」等四項等第似乎應該與「衝繁疲難」等缺分成一單純的對應關係，也就是說，「衝」、「繁」、「疲」、「難」四項兼全的是「最要缺」，三項的是「要缺」，二項的是「中缺」，一項的則是「簡缺」。可是翻檢時間稍晚的資料，我們不難發現，其實未必盡然。如同表一，表二也是依據乾隆二十九年夏季出版的《大清職官遷除全書》製作而成的有關清代各廳、州、縣缺的「衝、繁、疲、難」缺分與「最要缺」、「要缺」、「中

44 張偉仁編：《中央研究院歷史語言研究所現存清代內閣大庫原藏明清檔案》（以下簡稱《明清檔案》）〈雍正十三年四月九日之三〉，A62-44：B35405-35412；《欽頒上諭條例》〈嘉慶十六年秋季·青浦縣改繁缺柘林廳改簡缺〉。

45 同上。

表一:乾隆二十九年各知府職缺分佈表

缺分	最要	要缺	中缺	簡缺	總計
衝繁疲難	27	1	0	0	28
衝繁難	1	52	0	0	53
衝繁疲	0	1	0	0	1
繁疲難	0	16	0	0	16
衝疲難	0	0	0	0	0
衝繁	0	2	21	0	23
難疲	0	0	2	0	2
繁難	0	3	14	0	17
繁疲	0	0	0	0	0
衝疲	0	0	2	0	2
衝難	1	1	6	0	8
疲	0	0	0	0	0
難	0	3	0	4	7
衝	0	0	0	13	13
繁	0	0	0	4	4
無字	6	6	0	5	17
總計	35	85	45	26	191
百分比	18.3	44.5	23.6	13.6	100.0

資料來源:《大清職官遷除全書》(乾隆二九年夏季)

缺」、「簡缺」等第的關係表。從表一與表二可以清楚看出，這兩組之間的關係並不是像《平平言》所指的那麼單純一致。就「最要缺」而言，無論在表一或表二中，雖然「衝」、「繁」、「疲」、「難」四項兼全的佔絕大多數，但是也有一些是兼三項以及二項的，甚至有不少還是四項俱無的「最要缺」。就「要缺」來說，情形也相當類似。雖然以「衝」、「繁」、「疲」、「難」三項兼有的佔大多數，但是在二個表中，依然可以看見四字俱全、二字、一字、甚至四字俱無的「要缺」。同樣的情形也見於「中缺」與「簡缺」。這不禁使我們要問:清代訂立這「最要、要、中、簡」四缺的意義何在。可是，如果換個角度，從「衝、

表 二：乾隆二十九年各知州知縣同知通判職缺分佈表

缺　分	最要	要缺	中缺	簡缺	總 計
衝繁疲難	61	3	0	0	64
衝繁難	3	140	0	0	143
衝繁疲	0	10	0	0	10
繁疲難	1	92	0	0	93
衝疲難	1	5	0	0	6
衝繁	0	19	142	0	161
難疲	0	1	76	0	77
繁難	10	17	122	0	149
繁疲	0	1	18	0	19
衝疲	0	0	15	1	16
衝難	2	4	76	0	82
疲	0	1	0	27	28
難	0	15	6	102	123
衝	0	1	1	128	130
繁	0	1	2	59	62
無字	4	38	8	366	416
總　　計	82	348	466	683	1579
百 分 比	5.2	22.0	29.5	43.3	100.0

資料來源：《大清職官遷除全書》（乾隆二九年夏季）

繁、疲、難」等項目來看，情況似乎有了轉機。如表一與表二所示，四項俱全以及兼三項的都屬於「最要缺」與「要缺」，無一例外。其他各項雖然有例外的情況比較多，但也不是毫無規則可循。以兼二項的而言，仍然以「中缺」居大多數，「要缺」較少，「最要缺」更少。至於專有一項以及四項俱無的，則以「簡缺」佔絕大多數，其他各缺數目不大。對於這些二項、一項相兼或四項俱無，但卻貴爲「要缺」與「最要缺」的例外，我們找到二種可能的情形。一是有些乃屬於原本就歸督撫題補或調補的苗疆或煙瘴邊缺。例如，上文所提的康熙二十五年議准的廣西的太平府知府、左州知州、養利州知州、崇善縣知縣等十七個煙瘴邊缺，以及雍正五年題准的雲南元江府知府，他郎通判、鎮遠府威遠同知等十六個苗疆缺都屬於這種情形。一是督撫有意的擬定。例如，乾隆元年四月間，署理湖廣總督史貽直奏請，將湖北省黃州府屬之黃岡縣知縣丁漣，與鄖陽府屬之保康縣知縣吳瑛對調時，就指出：「黃岡一邑，雖非肆項、參項相兼之缺，但地當江楚上游，盜案多有，地廣民稠治理不易，故前次送部缺册註以繁難最要。」[46] 表二中「繁難」相兼的「最要缺」與「要缺」之所以特別多，大概多屬於這種情形。因此，我們可以肯定，吏部將金鉷所提的「常缺」與「要缺」的分法，再加細分爲「最要缺」、「要缺」、「中缺」、「簡缺」四種等級；而這四種等級與「衝」、「繁」、「疲」、「難」各項的關係應該是：「衝、繁、難、疲」四項兼全的爲「最要缺」，兼三項的爲「要缺」，兼二項的爲「中缺」，專一項或四項俱無的爲「簡缺」。如有缺出，前二者由各省督撫於所屬人員中，揀選調補，而後二者則歸吏部銓選。

吏部爲何要將金鉷的「要缺」與「常缺」再細分爲「最要」、「要」、「中」、「簡」四個缺等，不得而知。不過，雍正七年二月二十六日四川按察使呂耀曾上奏指出：「直省地方有要缺、中缺、簡缺」的差異，要求「請敕各省督撫，將該管地方，分作要、中、簡三等，預爲奏明。如遇要缺，則於中、簡之中，擇才守兼優者，一面題達，即一面調補；所調之缺，或歸部選，或以部發人員補用。一轉移間，可爲地方收得人之效。」[47] 呂耀曾的辦法與金鉷的方案實爲異曲而同工。然而，對於這一點，雍正僅表示：「近一二年，凡遇要缺，多皆如此用也。」[48] 並未作任何進一步的指示。雖然如此，吏部諸公當然仍有可能是從這裡得到靈感，可是實情如何，當有待進一步的探究。

---

46 張偉仁編：《明清檔案》〈乾隆元年四月十八日之二〉，A67-123：B38299-300。

47 中國第一歷史檔案館編：《雍正朝漢文硃批奏摺彙編》（上海：江蘇古籍出版社，1991）第十四册，頁616-617。

48 同上，頁617。《硃批諭旨》第十五册〈硃批呂耀曾奏摺〉亦可見此段硃批，但在文字上有些潤飾。現抄錄於下，以供參考：「近年以來，凡遇緊要缺出，率皆如此補用。」

四、「衝、繁、疲、難」缺分的分佈

表三是乾隆二十九年各知州、知縣、同知、通判職缺在盛京以及十八省的分佈情形，也就是表二資料以省為單位的進一步細分。如表三所示，各地職缺等第的分佈頗不一致，有些省份甚至沒有「最要缺」或「簡缺」。以地區而言，清政府陪都所在的盛京表現得最為突出，不僅「最要缺」所佔的比例最大，幾達五分之二，而且也沒有一個「簡缺」。不過，就關內十八省而論，「最要缺」在各省所佔的比例，以湖南省的百分之十六點九居首，江蘇省的百分之十五點五居次，甘肅的百分之十點四再居次。另一方面，山西、四川、貴州則是三個完全沒有「最要缺」的省份；而在雲南省的五個「最要缺」中，卻有四個是無字「最要缺」。這四個缺分別是大關廳、鎮雄州、思茅廳、威遠廳，都是在雍正五年題准為苗疆題補缺。[49] 同樣的情形也見於貴州省的十六個無字「要缺」，也都在雍正十二年題准為苗疆題補缺。

如果就督撫的調補權——也就是「最要缺」與「要缺」所佔的比例而言，仍然以江蘇省的百分之四十五點一居十八省之冠，貴州省的百分之四十二點四居次，甘肅省的百分之四十點三再居次，而陝西、四川、廣東三省則分別以百分之十二點八、百分之十三點五、百分之十九點五殿後。換言之，江蘇省的督撫在所屬七十一個知州、知縣、同知、通判等員缺中，可以對三十二個，也就是接近半數的員缺有調補權；而陝西省的督撫在所屬八十六個州、廳、縣員缺中，只能對十一個員缺，也就是不到總數的百分之十五的職缺進行調補。不過，從表三也可以看出，在十八省中，有十四省的督撫對所屬五分之一以上的守令員缺有調補權，而其中八省督撫調補權的比例是介於百分之二十與百分之三十之間；全部十八省督撫調補比例的平均數則是百分之二十八。

就金鉷提出「衝繁疲難」制度的用意來考量，殿後的三省不是位在邊區，就是屬於煙瘴地方，似乎不難理解，但是同處邊陲的貴州與甘肅，尤其是後者，卻

49 《欽定大清會典事例》(光緒朝刊本)卷六七〈苗疆題補〉。

也名列前茅，實在引人深思。貴州省的脫穎而出很清楚是受到十六個無字苗疆題缺的影響，可是甘肅省的突出表現顯然另有意義，不是單一邊區的因素可以解釋的。如表三所示，甘肅省有六個四字「最要缺」以及一個三字「最要缺」，但是僅有一個無字「要缺」。顯然無論就地理位置或經濟發展而言，核心與邊緣的區分尚不足以完全說明是項政治的安排。因此，進一步比較分析各朝各省職缺的分佈，當有助於我們對清代地方建制的瞭解。

五、「衝、繁、疲、難」缺分的更動

然而，上述缺分的分佈並非一成不變的。根據現存檔案資料判斷，雍正十三年前後可能就曾有過大規模的更動。這主要是緣於雍正皇帝認爲各省先前所定「衝繁疲難」等缺「多未確當」，而於十二年九月初五下旨：「當著各該督撫再行詳細查明，據實具題。如題定之後，將來接任督撫仍有題請更改者，將原草率辦理之督撫，交部議處。其苗疆、煙瘴、邊遠等缺，亦著一體分晰確當具奏。如有疏忽，亦照此議處。」[50] 署理湖南巡撫鍾保就因爲這份上諭，而於次年四月間題奏，請求更動湖南省二個道員、一個知府、一個通判、六個知州、二十二個知縣等共計三十二個員缺的「衝繁疲難」缺分，其中有由繁改簡的，也有由簡改繁的。[51] 乾隆三年十月間蘇州巡撫楊永斌也奏請將江蘇所屬道、府、同知、通判、知州、知縣等計二十九個缺，原定繁簡字樣不允當的，加以更改。[52] 乾隆七年以及十二年，吏部又二度行文各省督撫，要求「將從前所定各缺，悉心妥議，務期名實相稱。」[53] 然而，以後各朝還是有呈請更動的例子。例如，嘉慶十六年四月間兩江總督勒保奏請將原屬「疲難」兩字「中缺」的江蘇松江府青浦縣改爲「繁疲難」兼三「要缺」。理由是青浦縣自定爲「疲難，中缺」後，「迄今六十年，生齒日繁，人煙稠密，昔之僻壤荒郊，都已聯成村落，民情好訟，案

50 《上諭內閣》〈雍正十二年九月〉，頁 2b-3a。

51 張偉仁編：《明清檔案》〈雍正十三年四月九日之三〉，A62-44：B35405-35412。

52 《大清高宗純（乾隆）皇帝實錄》卷七八，頁 16b-17a。

53 同上，卷二八九，頁 17a-b。

表三：乾隆二十九年各省知州知縣同知通判職缺分佈表

省份	盛京				江蘇				貴州				甘肅			
職缺	最要	要缺	中缺	簡缺	最要	要缺	中缺	簡缺	最要	要缺	中缺	簡缺	最要	要缺	中缺	簡缺
衝繁疲難	4	0	0	0	11	0	0	0	0	0	0	0	6	0	0	0
衝繁難	0	1	0	0	0	6	0	0	0	7	0	0	1	4	0	0
衝繁疲	0	0	0	0	0	0	0	0	0	0	0	0	0	6	0	0
繁疲難	1	1	0	0	0	10	0	0	0	1	0	0	0	4	0	0
衝疲難	0	0	0	0	0	0	0	0	0	0	0	0	0	0	0	0
衝繁	0	0	0	0	0	1	2	0	0	1	9	0	0	3	2	0
疲難	0	0	2	0	0	0	13	0	0	0	0	0	0	0	6	0
繁難	0	0	1	0	0	3	5	0	0	0	5	0	0	2	0	0
繁疲	0	0	3	0	0	0	1	0	0	0	0	0	0	0	1	0
衝疲	0	0	1	0	0	0	0	0	0	0	0	0	0	0	5	1
衝難	0	0	0	0	0	1	3	0	0	0	4	0	0	0	7	0
疲	0	0	0	0	0	0	0	0	0	0	0	0	0	0	0	6
難	0	0	0	0	0	0	2	3	0	0	0	3	0	0	0	2
衝	0	0	0	0	0	0	0	1	0	0	0	1	0	0	0	0
繁	0	0	0	0	0	0	2	0	0	0	0	3	0	0	0	0
無字	0	0	0	0	0	0	0	7	0	16	0	9	0	1	0	10
總計	5	1	7	0	11	21	28	11	0	25	18	16	7	20	21	19
百分比	38.5	7.7	53.8	0	15.5	29.6	39.4	15.5	0	42.4	30.5	27.1	10.4	29.9	31.3	28.4
	46.2 :		53.8		45.1		54.9		42.4		57.6		40.3		59.7	

資料來源：《大清職官遷除全書》（乾隆二九年夏季）

表 三（續）

省份	湖南				直隸				江西				山東			
職缺	最要	要缺	中缺	簡缺	最要	要缺	中缺	簡缺	最要	要缺	中缺	簡缺	最要	要缺	中缺	簡缺
衡繁疲難	3	0	0	0	10	0	0	0	3	0	0	0	5	0	0	0
衡繁難	1	7	0	0	0	21	0	0	0	11	0	0	0	11	0	0
衡繁疲	0	0	0	0	0	1	0	0	0	1	0	0	0	0	0	0
繁疲難	0	3	0	0	0	9	0	0	0	8	0	0	0	14	0	0
衡疲難	0	0	0	0	0	0	0	0	0	1	0	0	0	1	0	0
衡繁	0	0	6	0	0	4	12	0	0	1	12	0	0	0	8	0
疲難	0	0	4	0	0	0	6	0	0	1	2	0	0	0	7	0
繁難	9	0	6	0	0	6	7	0	0	0	9	0	0	0	7	0
繁疲	0	0	0	0	0	1	1	0	0	0	0	0	0	0	0	0
衡疲	0	0	0	0	0	0	1	0	0	0	0	0	0	0	2	0
衡難	0	0	2	0	0	0	3	0	0	0	3	0	0	0	0	0
疲	0	0	0	0	0	0	0	6	0	0	0	0	0	0	0	2
難	0	6	0	7	0	0	0	5	0	0	0	6	0	0	0	2
衡	0	0	0	6	0	0	0	9	0	0	0	9	0	0	0	5
繁	0	0	0	0	0	0	0	4	0	0	0	0	0	0	0	2
無字	0	0	0	17	0	0	0	40	0	0	0	12	0	1	0	40
總計	13	16	18	30	10	45	36	64	3	23	26	27	5	27	24	51
百分比	16.9	20.8	23.4	39.0	6.7	30.2	20.1	43.0	3.8	29.1	32.9	34.2	4.7	25.2	22.4	47.7
	37.7		62.4		36.9		63.1		32.9		67.1		29.6		70.4	

表三（續）

省份	廣西				雲南				湖北				浙江			
職缺	最要	要缺	中缺	簡缺	最要	要缺	中缺	簡缺	最要	要缺	中缺	簡缺	最要	要缺	中缺	簡缺
衝繁疲難	1	0	0	0	1	0	0	0	3	1	0	0	1	0	0	0
衝繁難	0	2	0	0	0	0	0	0	0	5	0	0	0	9	0	0
衝繁疲	0	0	0	0	0	0	0	0	0	0	0	0	0	0	0	0
繁疲難	0	0	0	0	0	0	0	0	0	7	0	0	0	7	0	0
衝疲難	0	0	0	0	0	0	0	0	0	1	0	0	0	1	0	0
衝繁	0	0	3	0	0	0	4	0	0	1	5	0	0	0	12	0
疲難	0	0	0	0	0	0	3	0	0	0	0	0	0	0	9	0
繁難	1	2	10	0	0	1	2	0	0	0	3	0	0	1	6	0
繁疲	0	0	0	0	0	0	2	0	0	0	0	0	0	0	1	0
衝疲	0	0	0	0	0	0	1	0	0	0	0	0	0	0	0	0
衝難	2	3	9	0	0	0	7	0	0	0	3	0	0	0	2	0
疲	0	0	0	0	0	0	0	2	0	0	0	1	0	0	0	2
難	0	5	4	5	0	1	0	10	0	1	0	7	0	0	0	4
衝	0	1	0	6	0	0	0	3	0	0	0	6	0	0	0	7
繁	0	0	0	0	0	0	0	5	0	0	0	1	0	1	0	2
無字	0	3	0	13	4	14	2	13	0	0	0	25	0	0	0	13
總計	4	16	26	24	5	16	21	33	3	15	11	40	1	19	30	28
百分比	5.7	22.9	37.1	34.3	6.7	21.3	28.0	44.0	4.3	21.7	15.9	58.0	1.3	24.4	38.5	35.9
	28.6		71.4		28.0		72.0		26.0		74.0		25.7		74.4	

表 三 (續)

省份	安徽				山西				河南				福建			
職缺	最要	要缺	中缺	簡缺	最要	要缺	中缺	簡缺	最要	要缺	中缺	簡缺	最要	要缺	中缺	簡缺
衝繁疲難	2	0	0	0	0	2	0	0	0	0	0	0	6	0	0	0
衝繁難	0	5	0	0	0	17	0	0	1	5	0	0	0	2	0	0
衝繁疲	0	1	0	0	0	0	0	0	0	1	0	0	0	0	0	0
繁疲難	0	7	0	0	0	3	0	0	0	6	0	0	0	3	0	0
衝疲難	0	0	0	0	0	1	0	0	1	0	0	0	0	1	0	0
衝繁	0	0	7	0	0	0	11	0	0	8	18	0	0	1	7	0
疲難	0	0	10	0	0	0	0	0	0	0	0	0	0	0	7	0
繁難	0	0	7	0	0	0	6	0	0	0	10	0	0	0	9	0
繁疲	0	0	5	0	0	0	0	0	0	0	0	0	0	0	2	0
衝疲	0	0	1	0	0	0	0	0	0	0	1	0	0	0	4	0
衝難	0	0	3	0	0	0	3	0	0	0	2	0	0	0	3	0
疲	0	0	0	1	0	0	0	0	0	0	0	0	0	0	0	2
難	0	0	0	0	0	0	0	11	0	0	0	12	0	0	0	4
衝	0	0	0	0	0	0	0	23	0	0	0	15	0	0	0	1
繁	0	0	0	0	0	0	0	7	0	0	0	8	0	0	0	0
無字	0	0	1	10	0	0	1	26	0	0	0	21	0	0	2	12
總計	2	13	34	11	0	23	21	67	2	20	31	56	6	7	34	19
百分比	3.3	21.7	56.7	18.3	0	20.7	18.9	60.4	1.8	18.4	28.4	51.4	9.1	10.6	51.5	28.8
	25.0		75.0		20.7		79.3		20.2		79.8		19.7		80.3	

表 三（續）

省份	廣		東		四		川		陜		西	
職缺	最要	要缺	中缺	簡缺	最要	要缺	中缺	簡缺	最要	要缺	中缺	簡缺
繁衝難疲	3	0	0	0	0	0	0	0	2	0	0	0
繁衝難	0	3	0	0	0	17	0	0	0	8	0	0
繁衝疲	0	0	0	0	0	0	0	0	0	0	0	0
繁難疲	0	7	0	0	0	1	0	0	0	1	0	0
衝難疲	0	0	0	0	0	0	0	0	0	0	0	0
繁衝	0	0	2	0	0	0	18	0	0	0	4	0
難疲	0	0	6	0	0	0	0	0	0	0	1	0
繁難	0	2	8	0	0	0	20	0	0	0	1	0
繁疲	0	0	1	0	0	0	0	0	0	0	0	0
衝疲	0	0	0	0	0	0	0	0	0	0	0	0
衝難	0	0	8	0	0	0	10	0	0	0	4	0
疲	0	1	0	5	0	0	0	0	0	0	0	0
難	0	1	0	12	0	1	0	4	0	0	0	4
衝	0	0	0	3	0	0	0	16	0	0	1	17
繁	0	0	0	1	0	0	0	22	0	0	0	4
無字	0	1	1	27	0	0	0	31	0	0	0	39
總計	3	15	26	48	0	19	49	73	2	9	11	64
百分比	3.2	16.3	28.3	52.2	0	13.5	34.7	51.8	2.3	10.5	12.8	74.4
	19.5		80.5		13.5		86.5		12.8		87.2	

資料來源：《大清職官遷除全書》（乾隆二九年夏季）

件繁多，又地處極卑，產米未能乾潔，徵收漕糧尤須認眞辦理；且該縣北接吳淞，南連浙江，……。」總之，勒保所要強調的是，今昔不同，青浦縣已從往日僻簡易治之地，變得甚爲緊要。因此，「必得精明幹練之員，方足以資治理，非初膺民社者所能勝任。」[54] 而這種說辭幾乎成爲各督撫奏改所屬員缺繁簡的固定模式，因而遲至光緒三十一年我們還可看到，雲貴總督丁振鐸奏請將雲南的阿迷、寧、路南等三州，以及彌勒、宜良、呈貢、河陽、江川等五縣都改爲「衝繁，要缺」的例子。[55]

這些缺分更改的資料不僅留下了各員缺發展的軌跡，而且也使得我們對於如何題定「衝、繁、疲、難」等缺分的實際運作，尤其是關於「疲」字的增與刪，有比較清楚的認識。關於「疲」字，施堅雅在上文所提的論文中，提出了一個有趣的意見。他認爲「疲」字除了代表「無利可圖的職位」外，還是一個具有秘密戰略成份，而且隱而不顯的字，是清廷用來暗地裡提昇一個有戰略性職位等級的標示。[56] 首先，施氏指出，在「衝」、「繁」、「疲」、「難」四項所形成的十六種組合中（如表一、表二所示），「衝」和「疲」應該是兩個最不能相容的一對。因爲一個運輸樞紐加一個貿易中心（按即指「衝」字），往往是一個高度發展的商業中心；一個處在這樣一個經濟中心的衙門，很難想像會是一個稅收困難，或無利可圖的職位。「衝疲」因而是六個兼二項缺中最不可能的一個。施氏更進一步指出，在四個兼三項的組合中，同時含「衝」和「疲」二字的組合（即「衝繁疲」與「衝難疲」）也較其他二個組合（即「衝繁難」與「繁難疲」）罕見。一個位居貿易中心，同時也是重要稅收中心（「衝」），但又處在不太安全，社會控制困難的城市（「難」），往往也是個政治敏感的職位（「繁」）。同樣的，一個稅收困難的城市，除了軍事防務與維持地方治安的工作以外，還有甚麼事情會加重它政務上的負擔呢？所以「繁疲」一項很少不與「難」字結

54 《欽頒上諭條例》〈嘉慶十六年秋季・青浦縣改繁缺柘林廳改簡缺〉。（本資料承中研院近史所賴惠敏小姐提示，特此致謝。）

55 《大清德宗景（光緒）皇帝實錄》卷五五一，頁2b。

56 G. William Skinner, "Cities and the Hierarchy of Local Systems," p.317.

合。[57]

施氏的這番論斷不僅有光緒二十年的資料佐證，而表一與表二的數字也與其若合符節。然而，如果依據施氏的看法，「疲」字眞是代表「一個稅收困難，或無利可圖的職位」，我們很難解釋何以包括京縣大興、宛平在內的全國最重要的縣城，都是旣「衝」、又「繁」、又「疲」、又「難」的「衝繁疲難」四字「最要缺」。施氏沒有直接處理這個問題，而嘗試從解釋部份職缺的「最要」、「要」、「中」、「簡」缺等標示與其「衝繁疲難」字數所代表的缺分不相稱的問題上入手。他發現在清光緒二十年的資料中，有一百七十個職位的「最要」、「要」、「中」、「簡」缺等標示遠高於其「衝繁疲難」字數所代表的缺分，也就是有一百七十個上文所提的「二字」、「一字」以及「無字」的「要缺」與「最要缺」。他認爲，這好像在每一個這種職缺中另外含有一個未曾提到的，或隱而不顯的字，從而提高了它重要性的等級。因爲據他的瞭解，職缺的緊要與否是依「衝繁疲難」組合字數的多寡而定，因而在當時人有所謂「四字缺」、「三字缺」等口頭禪。他把這個隱而不顯的字定爲「秘」(secret)，也就是秘密的戰略成份，因爲這些如此標示的城市往往位居具有防衛核心地區及其首府的戰略地位。他指出，清廷的作法就是在一些非戰略性城市的職缺上，加上一個「疲」字，使得它的職缺等級與重要與否的標示相一致。這是因爲「疲」字是最可變的，在有些情況下，它是其他字的襯托，可是當它和其他三字合用時，它卻不具有任何意義，因爲「衝繁疲難」就是賦予國度裡最重要首府的，如北京、蘇州、南京、廣州等。他並指出在一個深受儒家思想影響，而又重文輕武的官僚系統下，這樣的安排是有必要的。因此，施氏總結他的討論說：「每當在透過『衝』、『繁』、『疲』、『難』等字的適當訂定後，若有必要提升一個非戰略性城市的重要與否的等級時，『疲』字總會被加上，從而保持了秘密成份的意義。」[58]

這的確是一個極富想像力的解釋。可惜，它背離了歷史事實。透過檔案資

57　同上，頁314-16。
58　同上，頁317。

料，我們可以清楚看出，無論是「衝繁疲難，最要缺」中的「疲」字，或「衝疲，中缺」中的「疲」字，未必都是像施氏所說的，是代表一個「稅收困難，無利可圖的職位。」根據金鉷的設計，賦多逋欠爲「疲」。一個地方拖欠賦稅固然有可能是因爲當地地瘠民貧，但是卻也可能是因爲稅負太重，完糧不易。上文所提的青浦縣就是一個例子。依據勒保的奏報，青浦縣最初之所以會定爲「疲難」兩字「中缺」，是由於「額賦繁多（「疲」），地方遼闊，一官難以治理。」[59] 同時我們瞭解「疲」字的加減有它特定的意義，而絕不是施氏所謂的爲了襯托其他各項，而求突顯該地的戰略地位。這在上文所提鍾保的奏摺中可以找到很多例子。例如，鍾保指出，「又長沙府屬長沙、善化二縣原擬『衝繁疲難』兼全，今該二縣錢糧依期完納，應請改爲『衝繁難』三字。」他又指出，「又衡州府屬衡陽縣原擬『衝繁難』三字，今查錢糧最多，不能依限完納，應請改爲『衝繁疲難』四字兼全。又安仁縣原擬專於一『疲』，今錢糧按年完解，並無逋欠，於『衝』、『繁』、『疲』、『難』四字無可擬。」[60] 因此，透過這些職缺更動的資料，我們瞭解「疲」字的加減是依錢糧完納與否而定，而與地方貧瘠富庶與否，或是職缺是否與其緊要性的標示相一致無關。事實上，根據前面的討論，施氏所找到的一百七十個職位的「最要、要、中、簡缺」等第與它「衝繁疲難」缺分字數多寡不符的例子，很可能絕大多數是苗疆、煙瘴、邊遠地方等題調缺，它們早在金鉷的「衝繁疲難」職缺制度實施以前，即由於地方情形特殊，遇有缺出，由督撫於所屬員缺中揀選題補或調補。因此，嚴格說起來，在這一百七十個缺中，有很大一部份並不在「衝繁疲難」這個制度下的。

雖然我們在上文中看到，從清初到清末地方缺分更動的例子不斷發生，但是事實上清廷中央對於地方各道、府、廳、州、縣缺的更動，一向持相當保留的態度。即使到了清末，缺分的更動仍然有其限制，地方督撫並不可以隨其好惡而任意將各缺改動。其實，早在乾隆三十七年就曾規定：「道、府各缺，如原係請旨

59 《欽頒上諭條例》〈嘉慶十六年秋季・青浦縣改繁缺柘林廳改簡缺〉。

60 張偉仁編：《明清檔案》〈雍正十三年四月九日之三〉，A62-44：B35407。

補放及部選之缺者，俱不准改爲在外題調；至原係部選之缺，或因地方情形今昔不同，令該督撫隨時具題，准其改爲請旨簡補註册。」[61] 然而，細究這項條文，我們不難察覺，清廷其實並不反對更改職缺的繁、簡。它所反對的，只是將請旨或部選缺改爲在外題調。換言之，他們反對的只是權力的下放，對於自身有利的更動，其實並不介意。這種心態在乾隆四十三年的規定中，就更具體的反映出來。這一年，吏部奏准：「嗣後各省大小各缺，再不得妄請更改；如有因繁簡不符，必須隨時酌改之處，令各省督撫分別缺之大小，如丞倅牧令之缺，應請改繁者，即於丞倅牧令缺內改簡互換，其佐雜之缺，即以佐雜內酌改，不准將州縣以上之缺，與佐雜互易。」[62] 這項規定的重點其實是在後半段：各督撫如果奏請將所屬某一員缺由簡改繁，則必須同時將所屬另一同品級的繁缺改簡，其目的顯然在保證以後職缺繁、簡的更改，不致影響中央與地方政治生態的平衡。這項諭令頒佈後一年，山東巡撫國泰奏請將高唐州由「衝」字「簡缺」改爲「衝繁難」兼三「要缺」，遭吏部駁回，理由是「遽請將高唐州改爲要缺，在外題補，並不以簡缺更調，殊與定例不符，……。」[63] 國泰由於沒有同時將屬內另一缺改簡，以致所請不准。

然而，經過這二次上諭，題請改缺的情形似乎沒有改善。繼乾隆四十三年的上諭後，清廷於嘉慶十年又再頒一道上諭，重申前令。不過，這一次加上了一個但書：「各省道、府員缺，除特旨將選缺改交督撫題調者，該督撫遵行外，其餘道、府至州、縣各選缺均不得改爲題調；即實有今昔情形不同，不得不酌量調劑者，亦著於本省題調要缺，酌改簡缺互換，以符定制。」[64] 這裡所謂的「特旨」，指的就是皇上的諭旨。這道諭令雖然想把改缺的門關得更緊一點，但是這個「特旨」的但書卻爲極思擴張職權的督撫開了一扇窗。嘉慶十九年三月間河東

61 《欽定大清會典事例》（光緒朝刊本）卷六三〈道府請旨部選各缺不准改題調缺選調補〉。

62 同上。

63 《大清高宗純（乾隆）皇帝實錄》卷一〇九七，頁2a-b。

64 《欽定大清會典事例》（光緒朝刊本）卷六三〈道府請旨部選各缺不准改題調缺選調補〉。

河道總督吳璥等就奏請將山東運河道及東昌府二缺改為題缺。這個要求雖為吏部駁回，嘉慶皇帝也認為「所駁甚是」，並進一步指出，「外省督撫於地方偶有事故，往往於事後奏改缺分。不知地與事適然相值，該督撫平日留心整飭，則境壤胥臻寧謐，非將一二州縣改簡為繁，即能於吏治大有裨益。輕易舊章，殊屬無謂，將此通諭各督撫知之。」[65] 然而，各督撫顯然並沒有把他的話放在心上。在嘉慶以後的道光、咸豐、同治、光緒各朝，改缺的奏請不斷；根據《實錄》的記載，在嘉、道、同、光四朝期間，共有十一個知府缺，經由皇上的特旨，由部選缺或請旨缺改為調缺，准許各省督撫在外揀員題補。[66]

其實各督撫奏請改缺可能不完全著眼於吏治的改進，而往往在於個人人際脈絡的建立與擴張，因為我們看到地方督撫不僅由「特旨」這扇窗達到更改缺分的目的，而且還利用它完成違例題請調補道、府以及州、縣員缺的心願。雍正皇帝即指出，「近來外省不應題補之缺，督撫提臣等悉遞行題補者較前過多，在部候缺之人未免銓補壅滯。」[67] 但雍正並沒有完全禁絕這樣的題請，他進而表示：「嗣後若實因地方緊要，務需熟諳風土之員，不得不題補者，於本內聲明，亦只可將現任簡僻地方之員調補。如此則所遺之缺，仍歸部選，內外銓用，方各得其平。」[68] 不久乾隆皇帝也在同樣的情形下達類似的諭令：「乃近日各直省督撫題請調補者甚多，有並非應行題請之缺，亦一概題請。」乾隆認為如此不但會造成「營求請託之弊」，而且容易「以啓屬員之迎合」，同時更會使得「在部候選之官，終年不得員缺」，仕途為之壅滯。因此，他要求各省督撫務遵定例，不得濫行題請。可是，和雍正一樣，乾隆也留了一個但書：「倘要缺之外，實有人地相宜，必須題請調補者，務將必須調補之處，聲明本內，以憑核奪。」[69] 有了

65 同上。

66 《大清仁宗睿（嘉慶）皇帝實錄》卷二五四，頁20b-21a；《大清宣宗成（道光）皇帝實錄》卷十九，頁23a-b；卷一一二，頁9a-b；卷四三三，頁16b-17a；《大清穆宗毅（同治）皇帝實錄》卷二七，頁30a；卷八八，頁25b；卷二一三，頁4b；《大清德宗景（光緒）皇帝實錄》卷五六二，頁14b；卷五六三，頁13a。

67 《上諭內閣》〈雍正十二年六月〉，頁1b。

68 同上。

69 《大清高宗純（乾隆）皇帝實錄》卷四，頁35b-37a。

這個但書作護符，從此各督撫紛紛以員缺緊要，人地實在相需爲由，將不合例之員，奏請補用。而各朝每每以地方治理需人，不得不破格錄用的考量下，雖然在吏部已經照例議駁的情形下，仍舊照督撫所請，准其升調，並且還將違例保題督撫的處分寬免。[70] 誠如嘉慶皇帝所觀察到的，這使得督撫無所顧忌，「明知部議必駁，部駁之後，仍可邀准；而一經恩准，處分亦無不寬免。遂爾心存玩易，任意保題，積習相沿，成爲故套。」[71] 「人地相宜」原本是金鉷提出「衝繁疲難」缺分制度的最終目標，但不幸卻成爲部份督撫徇情受託庇護私人的藉口。

除了違例題請外，各督撫也常常利用逕行委署例應題補或調補之要缺的手段，來達到任用私人的目的。雍正十二年御史張考奏稱各省例應督撫題補的要缺，從雍正九年以來，還有未經題補之缺。雍正隨即發交吏部詳查。結果查出：「數年以來，各省同知、通判、知州、知縣等官未經題明委署，亦未咨部者共十六缺，又有曾經咨明委署未曾題補者共十五缺。」[72] 這些缺有委署一、二年未經題補的，也有委署達三、四年還未經題補的。誠如雍正所指出，「雖各處皆有委署之員，然署理日久，未分優劣，亦不定以期限，驗其考成，彼將視地方之事如同膜外，殊非鼓舞激勸之道。是加意於要缺，而轉至於事務廢弛，亦未可定。」[73] 更何況按例，「如果該省不得其人，則當奏請簡補，不應任意遲緩。」[74] 雍正於是要求各省督撫「其有出缺至二三年未曾題補者，著伊等將緣由明白回奏。」[75] 這件案子的後續發展如何，不得而知。但是委署的問題如果不能解決，這項以「人地相需」爲標的的制度，是否能確實達成目標無疑將受到考驗。徒法不足以自行，任何制度如果不能在執行上確切落實，在成效上終將受影響。

70 《欽定大清會典事例》（光緒朝刊本），卷五九〈官員題升〉、〈官員題調〉。

71 同上，卷六三〈道府請旨部選各缺不准改題調缺選調補〉。

72 《上論內閣》〈雍正十二年十月〉，頁3b。

73 同上，頁4a。

74 同上。

75 同上，頁4b。

五、結　論

雍正六年，金鉷別出心裁提出以「衝」、「繁」、「疲」、「難」四項定職缺高下，「要缺」由督撫於所屬員缺內，揀選調補，「簡缺」則歸吏部於初膺民社者中銓選，以期達到「人地相宜」，有益吏治民生的目標。雍正皇帝基於吏治改革的考量，接受了金珙的提議，發交吏部研議。雍正七年，雍正頒發上諭指出：「各省佐貳微員有地方職掌緊要者，亦有新設新移正需料理者，必須於衆員中，揀選才具稍優熟練事務之人，方克勝任。」因此他要求「各省督撫將佐貳緊要之缺，查明具奏，交與該部註册，遇有缺出，該督撫揀選題請調補。如本省乏員，或將別省現任之員內，據所知者題補，或請旨揀選，永著爲例。」[76] 這道諭旨頒下後，經過了二年十一個月，始見吏部提出關於金鉷提案的研議結果。金鉷的提案是關於州縣正印官員缺的調補，而雍正七年的諭旨是牽涉佐貳員缺的調補。雖然我們不太瞭解它發生的確實背景，但是後者應該是因前者而起。然而後者的定案時間卻幾乎早於前者三年，而從金鉷方案的提出到吏部最後定案，其間歷時將近四年，以雍正督促吏治之嚴，吏部的研議卻仍然耽擱這麼久，這其中原因實在耐人尋味。

不過，檢視二者的內容，我們不難斷定這應該是一場中央與地方的權力之爭。根據金鉷的原始設計，凡是「衝」、「繁」、「疲」、「難」四等之地的「要缺」，無論是或專或兼或四者俱全，都由督撫於所屬州縣官員內，揀選調補，而只有無字「簡缺」才歸吏部銓選，如表二所示，這僅佔全部員缺的五分之一強。然而，根據吏部的方案，道、府員缺均由吏部開列請旨或直接由吏部銓選；只有四項俱全或三項兼全之廳、州、縣缺才由督撫調補，其他兼有二項以及專有一項之缺，仍歸吏部月份銓選。換句話說，只有表二中的「最要缺」、「要缺」才歸地方督撫調補，二者的總和不到全數的三分之一。兩個方案之間的差異由此可見。因此，這將各缺分成「最要、要、中、簡缺」四等的制度應該是出於

76　同上，〈雍正七年三月〉，頁6b-7a。

吏部的設計，用來取代金鉷的「常缺」、「要缺」，藉以減低督撫的調補權。遺憾的是，目前受限於材料，這場權力之爭的曲折過程，不得而知，有待進一步的探究。

就金鉷的提案與吏部最後定案的文字來看，這場吏部與地方督撫的權力之爭，似乎前者佔了上風。然而，從許多督撫題請改缺以及題補的案例看起來，卻又未必盡然。我們看到許多地方督撫雖然明知會遭到吏部的批駁，但仍然企圖經由皇上「特旨」的恩准，或題請將原爲請旨或部選的道、府員缺改爲題缺，或題請將不合例的官員調補要缺，或不題不咨逕行委署題補要缺。從這些案例中，我們看到皇帝、吏部、地方督撫三者在清代政治生態上的微妙關係。「人地相宜」是三者一致認同的目標，但三者對如何達成這個目標卻有不同的作法。吏部是謹守分寸，力求制度的完整。地方督撫卻希望在制度裡多爭取一點生存的空間，所以有時未曾考慮本身作法合例與否。而皇帝的作法則因時而異，有時強調吏制的不容破壞，有時卻容許督撫的違例題請。顯然，爲求達到「人地相宜」的目標，作爲一國之君的考量是多樣性的，確保主從關係與掌握絕對權威的重要性可能遠超過吏制完整的維護。嘉慶皇帝雖然認爲「輕易舊章，殊屬無謂」，但卻也承認「每有仍照該督撫所請，進其升調者。」[77] 雖然我們在每件類似諭令的最後都會看到「不得援引爲例」的句子，但是這些特例卻在《實錄》中一再出現。在中央與地方的衝突中，清帝雖然也強調吏制的維護，但卻似乎更關心個人絕對威權的樹立。誠如雍正皇帝所說，「用人乃人君之專政，如但循資俸，則權移於下人，君無用人之柄矣。」[78] 在傳統皇權的統治下，「特旨」這扇窗子因而是永遠必須存在的。

總之，清代的州縣分級制度主要著眼於吏部與地方督撫人事權限的劃分，而對於其他人事方面的事務，如員額的配置、品級、俸祿等都不曾觸及。

77 同上，卷五九〈官員題調〉。

78 《上諭內閣》〈雍正四年十月〉，頁25b。

出自第六十四本第一分(一九九三年十二月)

略談近代早期中菲美貿易史料：《菲律賓群島》——以美洲白銀與中國絲綢貿易爲例

全　漢　昇

一九〇三至一九〇九年在美國克利夫蘭出版的《一四九三——一八九八年的菲律賓群島》，内有非常豐富的中、菲、美貿易史料。西班牙政府派遣哥倫布發現美洲新大陸後，繼續向太平洋發展，以墨西哥爲根據地來從事菲律賓的統治與殖民。爲著要加強兩地間的連繫，自一五六五年至一八一五年，每年都派遣大帆船來往于墨西哥、菲律賓之間，把美洲盛產的白銀向菲輸出，再在菲把中國絲貨(生絲及絲綢)大量運往美洲出賣。由于大帆船貿易的暢旺，再加上其他原因，太平洋有“西班牙湖”之稱。

一

西班牙人于一五六五年開始佔據菲律賓群島，經過三百三十餘年後，到了一八九八年，因與美國作戰失敗，被逐出菲島，菲島以後由美國統治。美國勢力擴展至西太平洋的初期，因爲要鞏固對菲島的統治，朝野上下亟須參考西班牙人過去統治菲島的經驗。爲著滿足這種需要，布萊爾 (E. H. Blair) 與羅伯森 (J. A. Robertson) 兩人有系統地蒐集西班牙文公私文件，編譯成五十五巨册的《一四九三～一八九八年的菲律賓群島》（以下簡稱《菲律賓群島》），于一九〇三至一九〇九年在美國克利夫蘭 (Cleveland) 出版。[1] 書中首先敘述早期航海家探險的

1　E. H. Blair and J. A. Robertson, eds, *The Philippine Islands, 1493-1898*, 55 vols, Cleveland, 1903-09.

經過，跟著分別探討菲島的政治、經濟、商業及宗敎狀況。本書雖然以《菲律賓群島》爲名，但因爲西班牙人以美洲墨西哥(Mexico)爲基地來從事菲島的統治與殖民，而中國鄰近菲島，當西班牙海外帝國擴展到菲島後，雙方商業關係日趨密切，故我們在書中發現有不少中、菲、美貿易的史料，可補中國文獻記載的不足。

二

哥倫布于一四九二年發現新大陸後，西班牙人紛紛移殖美洲。他們在那裡發現有蘊藏豐富的銀礦，于是投資採鍊。其中于一五四五年在祕魯南部(Upper Peru ，今屬Bolivia)發現的波多西(Potosi)銀礦，儲藏量更爲豐富。由一五八一至一六〇〇年，這個銀礦每年平均產銀254,000 公斤，約佔當日世界銀產額的百分之六十有多。當波多西銀礦大量產銀的時候，有如所羅門(Solomon ，1033—935 B.C. 爲以色列國王)時代那樣，銀被人看成像街上的石頭那樣低賤。[2] 反之，在太平洋彼岸的明代中國(1368—1644)，因爲對白銀的需求強烈，供給不足，銀價卻特別高昂。位于中、美之間的菲律賓，隨著西班牙大帆船(galleon)與中國商船航運的發達，成爲西屬美洲與明代中國交通的樞紐，把太平洋東西兩岸銀價極度懸殊的兩個地區密切連繫起來。

西班牙人在美洲投資採鍊得來的白銀，一部分作爲政府的稅收，一部分通過貿易的關係，大量運回本國。但自海外帝國擴展至西太平洋後，大帆船在墨西哥、菲律賓間長期航運，由于防衛經費開支及國際貿易的需要，把鉅額白銀運往菲島，銀成爲自美運菲的價值最大的輸出品，因爲它本身價值較大而體積、重量較小，能夠負擔得起高昂的運費。

當美洲盛產白銀對菲律賓大量輸出的時候，位于太平洋西岸的中國，卻因在各地市場上，人們普遍以銀作貨幣來交易，銀供不應求，價值特別昂貴。明代中國流通的貨幣，本來以“大明寶鈔”爲主。到了中葉左右，寶鈔價值不斷下跌，

2 同書，vol.27, p.153.

大家因爲要保護自己的利益，在市場上交易，都爭著用銀而不用鈔。但中國銀礦儲藏並不豐富，銀產有限，求過于供的結果，銀的價值或購買力便越來越增大。在菲律賓的西班牙人，因爲自美洲輸入鉅額白銀，使菲島成爲購買力特別強大的市場，從而引起把銀視爲至寶的中國商人的興趣，努力擴展對菲輸出貿易，把西班牙人手中持有的銀子，大量賺取回國。關于此事，《菲律賓群島》一書中記載甚多，現在按照時間先後列舉如下：

(1) 一五八六年，一位西班牙官員給國王腓力伯二世（Felipe Ⅱ）的信中說：「許多白銀和銀幣都運到那裡〔馬尼拉〕去交換中國貨物。這些銀子雖然有若干仍然留在菲島，但其餘大部分都爲中國大陸運貨到那裡出售的華商所運走。」[3]

(2) 一五九〇年，葡萄牙人（按一五八〇年葡萄牙王室男嗣斷絕，腓力伯二世因婚姻關係，兼攝葡國王位；自此至一六四〇年，葡爲西所統治。）給腓力伯二世的信中說：「如果准許西印度與中國通航，則王國中的銀幣將全部流入中國，而不輸往西班牙；因爲中國是這樣大，有這許多貨物出售，所以無論運多少銀幣前往，那個國家都將把它全部吸收了去。」[4]

(3) 一五九七年六月二十八日，菲律賓總督達斯摩利那 (Luis Perez Dasmarinas) 在給腓力伯二世的信中，說因爲中國貨物運菲出售獲利，「所有的銀幣都流到中國去，一年又一年的留在那裡，而且事實上長期留在那裡。」[5]

(4) 一五九八年六月二十四日，馬尼拉大主教寫信給腓力伯二世說：「每年由新西班牙〔墨西哥及其附近的廣大地區〕運來的一百萬西元〔西班牙銀元，peso〕的銀幣，都違反陛下的命令，全部轉入中國異教徒之手。」[6]

(5) 約一六〇二年，一位律師記載：「這批〔指一艘大帆船運往菲島的銀子〕及所有由其他船隻載運的銀子，都作爲支付中國商品的代價，落入異教徒之手。」[7] 又約在同一年內，一位南美洲的主教也說：「……菲律賓每年輸入二百

3 同書，vol. 6, p.280.
4 同書，vol. 7, p.202.
5 同書，vol. 9, p.316.
6 同書，vol.10, p.145.
7 同書，vol.12, p.50.

萬西元的銀子；所有這些財富，都轉入中國人之手，而不運往西班牙去。」[8]

(6) 一六〇四年十二月一日，西班牙國王腓力伯二世發佈敕令說：「所有這些銀子〔指每年運抵菲島的二百餘萬西元的銀子〕，最後都流到異教國家〔中國〕去。」[9]

(7) 一位奧古斯丁教派 (Order of St. Augustine) 的教士，曾經長期在菲律賓傳教，其後于一六三〇年開始撰寫一本有關在菲傳教歷史的著作，書中說：「在這個異常龐大的國家〔中國〕中，任何生活所需的物產都非常豐富，……那裡的大小不同的船隻，幾乎數不清那麼多，每年都裝運各種食物和商品，駛往鄰近各國交易。其中光是駛往馬尼拉的，每年經常有四十艘，或四十艘以上。……這些商船又往暹羅、柬浦寨……等國貿易。……它們把世界上所有的銀子都運回去，……因此，中國可說是世界上最強盛的國家，我們甚至可以稱它爲全世界的寶藏，因爲銀子流到那裡以後便不再流出，有如永久被監禁在牢獄中那樣。即使中國的銀子，並不比在過去六十六年貿易中，自墨西哥運出來的爲多，它已經能使那裡的商人變成最爲富有；何況事實上中國的銀子更多于這個數目，因爲除來自墨西哥的銀子以外，中國商人又自其他地區把銀子運回本國。在世界上已知的各民族中，中國人著實是最渴望取得銀子和最愛好銀子的一個民族。他們把銀子當做是最有價值的東西來保有它，因爲他們甚至輸出黃金來換取白銀，也在所不惜。當他們看見銀子的時候，他們總是很喜歡地看著它。我這樣敘述，絕不是由于道聽途說，而是多年來親眼看見和親身經驗的結果。」[10]

(8) 一六三七年，菲律賓檢察總長孟法爾坤 (Grau Y Monfalcon) 向西班牙國王報告說：「美洲白銀運往菲律賓後，由那裡轉入我們宗教及王室的敵人(回教徒及其他異教徒)之手，而最後則流到中國去。如我們所知，中國是歐、亞兩洲銀子的總匯。這些銀子往往因在各處流通而使人獲利，和增長價值，可是等到運抵這個偉大的王國以後，(因爲在那裡價值特別昂貴)如果再把它運輸出口，便

---

8 同書, vol.12, p.39.

9 同書, vol.13, p.257.

10 同書, vol.23, pp.192-194.

要蒙受損失，故銀子到中國以後，便不再流出國外，而永遠爲中國人民所有。」[11]

(9) 一七六五年二月十日，馬尼拉最高法院的檢察長說：「自從菲律賓群島被征服〔一五六五年〕以來，由新西班牙運來的銀子共達二萬萬西元以上，可是現在存留在這裡的現銀還不到八十萬西元。」[12] 毫無疑問地，這許多白銀都大部分被中國商人賺回本國去了。

三

西班牙政府以墨西哥作根據地來從事菲律賓的統治與殖民，爲著要加強兩地間的連繫，自一五六五年開始，每年都派遣大帆船橫渡太平洋，來往于墨西哥阿卡普魯可 (Acapulco) 與菲律賓馬尼拉之間。可是，在大帆船航線西端的菲律賓，當西班牙殖民者最初抵達的時候，由于土人文化水準低下，生產落後，旣不能滿足在菲西人生活上的需要，又沒有什麼重要商品可以大量輸往美洲。幸而鄰近菲律賓的中國大陸，資源豐富，生產技術進步，可以大量輸出各種物產，來供應菲島西人的需要。在各種出口品中，絲貨（生絲及絲綢）的出口更爲重要，除在菲島消費外，又自那裡由大帆船轉運往美洲出售，在菲島對美輸出總值中都佔最大的百分比，故大帆船被稱爲「絲船」。

談到絲綢或絲織品的輸出，在一六三六年以前，每艘大帆船登記爲三百至五百箱，但在一六三六年出發的船，其中一艘登記爲一千箱有多，另一艘則多至一千二百箱。[13] 每箱約有緞二百五十匹，紗七十二疋，約共重二百五十磅。其次，關于生絲的輸出，根據一七一四年正月二十七日西班牙貿易商的報導，多至一萬一千或一萬二千包，每包約重一擔。[14] 又據一六三七年菲律賓檢察總長的報告，在墨西哥以中國生絲作原料來加工織造，然後運往秘魯出賣，有一萬四千

11　同書，vol.27, pp.148-149.

12　同書，vol.48, p.278.

13　同書，vol.27, pp.269-270.

14　同書，vol.44, pp.253-256.

餘人因此而獲得就業的機會。[15]

在十六世紀中葉後的長期間內，中國絲貨對菲的輸出貿易，促使本國經濟繁榮，人民生活富裕。中國商船運往菲律賓的生絲和絲綢，由西班牙人轉運往美洲出售，獲得鉅額的利潤，同時使大帆船航線因獲得可靠的運費收入而長期繼續運作，達二百五十年之久。因此，橫越太平洋的絲綢之路，本來對雙方經濟都非常有利。可是，在另外一方面，西班牙的蠶絲紡織工業，原先把產品銷售于美洲殖民地市場上，及大帆船自馬尼拉把中國絲貨大量運往美洲出賣，卻因後者售價的低廉而蒙受嚴重的威脅。

中國的蠶絲生產和絲織工業歷史悠久，織造技術比較進步，生產成本比較低廉。當中國絲綢大量輸入美洲，和西班牙產品在市場上競爭的時候，雖然美洲是西班牙的殖民地，中國產品佔盡優勢，西班牙產品遠非敵手。早在一五八六年，在墨西哥市場上的中國織錦(damask)，售價低廉到不及西班牙線緞(taffeta) 的一半，而且前者的品質比後者優良。[16] 其後到了一六四〇年左右，在秘魯市場上，差不多同樣的絲織品，中國貨的價格便宜到只有西班牙貨的三分之一。[17] 遭受長期激烈競爭以後，由于售價被逼降低，產品滯銷，西班牙的絲織工業由盛而衰，終于一蹶不振。

因爲西班牙的絲織工業受到這樣嚴重的打擊，到了一七一八年，西班牙國王下令禁止中國絲貨輸入美洲。對于此項禁令，新西班牙都護(Viceroy) 基于以下的考慮，並不遵命執行：(1) 大帆船每年自菲運抵墨西哥的中國絲貨，其中生絲多半在那裡加工織造，然後運往秘魯售賣。由于中國生絲的輸入，墨西哥共有一萬四千餘人，從事加工織造，得到就業的機會。如果禁止中國絲貨輸入，這許多人便都要失業，無以爲生，構成嚴重的社會問題。(2) 如果禁令付諸實施，在菲的西班牙殖民者將要放棄菲島，因爲如果沒有中國絲貨貿易的收益，他們在那裡的生活將不能維持得住。(3) 新西班牙的土人比較貧窮，買不起價格昂貴的西班

15 同書, vol.27, pp.199, 201-203; vol. 30, p.75.

16 同書, vol. 6, pp.286-287.

17 同書, vol.30, p.77.

牙絲綢來用，他們都倚賴便宜的中國絲綢來做衣服穿。(4) 中國絲貨貿易，對于政府稅收大有裨益；如加以禁止，稅收將要蒙受影響。[18]

一七一八年西班牙國王禁止中國絲貨輸入美洲的命令既然不能實行，到了一七二〇年十月，他又重新頒發中國絲貨輸美的禁令。這項禁令于將近兩年後下達菲律賓，也大受抨擊。在菲島的西班牙殖民者，爲著維護他們本身的利益，于一七二二至一七二三年先後上書給國王，表示強烈反對禁令的意見。他們說，菲島天然資源貧乏，要倚賴對外貿易纔能生存。在菲島的西班牙人，把中國絲貨轉運往墨西哥出賣，利潤很大，故美、菲貿易的收益，多至約佔菲律賓國民所得的一半。由于鉅額利潤的吸引，許多西班牙人不辭勞苦，遠涉重洋，移殖到菲島去。他們在那裡充當文武官員或兵士，薪俸收入微薄，不足以應付家庭費用一半的開支，故須投資于中國絲貨貿易，以彌補收入的不足。而且，這些海外殖民者，以菲島作基地，遠征摩鹿加 (Moluccas，一作美洛居，即香料群島)，在那裡與荷蘭人作戰獲勝，理應獲得合理的報酬或鼓勵 (意指分享中國絲貨貿易的利潤)。此外，在菲的西班牙傳教士，努力使天主敎信仰傳播至東方各地，也有賴于中國絲貨貿易收益的支持。[19] 由于海外殖民者的激烈反對，到了一七二四年六月，西班牙政府終于解除禁令，仍舊准許中國絲貨由菲運美出售。[20]

四

布萊爾、羅伯森把西班牙文公私文件譯爲英文，輯成《菲律賓群島》五十五册的鉅著，對于西班牙統治時期菲律賓歷史的研究，貢獻很大。除此以外，因爲西班牙帝國拓展至西太平洋，與中國大陸發生密切的關係，故書中有不少關于中國海外貿易、工業、貨幣、移民歷史的記載。本文指出與中、菲、美貿易有關的資料，不過是其中一個例子而已。

---

18 同書, vol.30, p.75; vol.44, pp.258-260; vol.45, pp.35-37.

19 同書, vol.44, pp.272-274, 277-278, 281, 288-290, 398-400.

20 同書, vol.44, pp.266-268.

出自第六十四本第一分(一九九三年十二月)

章學誠文史校讎考論

余　英　時

本文一方面呈現章學誠學術發展的歷程，另方面則藉它認識清代中葉的學術風貌。

本文是在新史料的基礎上論證：章學誠是以「文史校讎」之學——也就是由釐清古今著作的源流，進而探文史的義例，最後則由文史以明「道」，來對抗當時經學家所提倡的透過對六經進行文字訓詁以明「道」之學。其目標則是要奪六經之「道」以歸之於史。

本文首先糾正了自胡適以來，認爲《文史通義·內篇》作於《校讎通義》之前的觀點，證明《校讎通義》不但成書在前，而且《文史通義》正是建於其上的七寶樓台。第二、本文論證《文史通義》一詞有廣狹二義。在早期是籠統地包括章氏的所有著述，到後來才狹義地指今本《文史通義》。第三、章氏雖然另闢以文史見道的途徑，但是他持之以與經學家們相抗的「文史校讎」之學仍不可避免地落入當時經學家的道問學模式中。

章學誠（一七三八～一八〇一）的文史校讎之學自清末以來已成爲顯學之一。章氏「六經皆史」之旨深爲晚清古文派經師所取，故章炳麟、劉師培等都推重章氏及聞其風而起的龔自珍（一七九二～一八四一）。所以《國粹學報·發刊辭》（一九〇五年正月號）說：

> 自漢氏後二千餘年，儒林文苑相望而起縱其間，遞興遞衰，莫不有一時好尚以成其所學之盛。然學術流別，茫乎未聞。惟近儒章氏、龔氏崛起浙西，由漢志之微言，上窺官守師儒之成法，較之鄭（樵）、焦（竑），蓋有進矣。

可見中國近代有關學術史的研究，章學誠的文史校讎確提供了一個重要的理論始點，與乾嘉的訓詁考證和今文派的疑古辨僞適成鼎足之局。

民國以後，章學誠的研究更爲蓬勃，胡適《章實齋先生年譜》（一九二二年）尤具普及之功。同時章氏著作的抄本也不斷出現，學者對章氏的瞭解也越來越深刻。一九二二年劉氏嘉業堂所刊《章氏遺書》是當時收集得最完備的一個本子。但此後仍有遺文逸篇的發現，最重要的是北京大學所藏章華紱的抄本。此本由先師錢穆在一九三六年鑑定，並將其中未刊而較重要的十七篇輯爲《章氏遺書逸篇》刊布於四川省立圖書館的《圖書集刊》第二、三期（一九四二年）。一九五六年北京古籍出版社重印《文史通義》，曾將《逸篇》中最有關係的五篇收入書末「補遺續」中。最近，文物出版社據嘉業堂本斷句影印，又選錄北大藏章華紱抄本及北京圖書館藏朱氏椒花唫抄本中文字共十八篇，作爲「佚篇」，標點排印於全書之後，總其名爲《章學誠遺書》（北京，一九八五年）。章氏的著作至此得一大集結，爲研究者提供了很大的便利。

有關章學誠的生平及其成學的經過，七、八十年來中國、日本、歐洲和美國的論著多至不可勝計，幾乎已達到了「題無賸義」的地步。但是最近我重讀《章學誠遺書》，由於受到新材料的啓發，竟有一個十分意外的發現。而這一發現的影響所及則使我們必須重新解釋章學誠的思想發展的歷程，並重新認識他和乾嘉時代經學、訓詁之間的複雜關係。

章學誠一生有兩部系統性的著作，即《文史通義》與《校讎通義》。此兩書自大梁本（一八三二）以來即屬合刻，而以《文史通義》總其名。在十九世紀末年，此書已漸爲流行，不過它的價值還沒有得到普遍的承認而已。光緒二十年（一八九四）正月初六孫寶瑄（一八七四～一九二四）在日記中寫道：

> 覽章實齋《文史通義》，筆墨無冗，議論雖有可採，然識解頗小。可見著書立說之難。[1]

孫寶瑄這時不過才二十歲，自然還沒有足夠的學力來判斷他的同鄉先賢的「議論」和「識解」。但由此也可見章氏的《文史通義》已走進了一般讀者的書齋。

---

1 孫寶瑄《忘山廬日記》，上海古籍出版社，一九八三年，上册，頁24。

晚清通行的《文史通義》共有粤雅堂叢書本（一八五一）、浙江書局據大梁本補刻本（一八七三）、及貴陽本（一八七七）三種，所收文字當然都不完備。[2] 孫氏所讀當不出此三本之外。一九二八年姚名達訂補胡適《章實齋先生年譜》，在書末說：「十一年（一九二二）春，本書初版出版，國人始知章先生。」這話則未免誇張了。

《文史通義》和《校讎通義》雖然行世甚早，二者之間的關係究竟如何，至今尙不清楚。最近我才偶然發現了其中的曲折，現在讓我把這一段曲折寫出來，以求正於研究章學誠的專家。

章學誠《候國子司業朱春浦先生書》說：

> 是以出都以來，頗事著述。斟酌藝林，作爲《文史通義》。書雖未成，大指已見辛楣先生候牘所錄內篇三首，併以附呈。[3]

此書作於一七七二年秋冬間，因此近代學者都一致斷定這是《文史通義》始撰之年。在《跋酉冬戌春（一七八九～九〇）志餘草》中，章氏說：

> 但己亥（一七七九）著《校讎通義》四卷，自未赴大梁時，知好家前鈔存三卷者，已有數本。及余失去原稿，其第四卷竟不可得。索還諸家所存之前卷，則互有異同，難以懸斷。余亦自忘其眞稿果何如矣。遂仍訛襲舛，一併鈔之。戊申（一七八八）在歸德書院，別自校正一番，又以意爲更定，與諸家所存又大異矣。[4]

據此，則《校讎通義》四卷始撰於一七七九年，後來原稿失去，又於一七八八年重就友人抄存之三卷本加以改定。總之，《文史通義》屬稿早於《校讎通義》七年，似乎明白無疑。

但是問題也就發生在這裡。七十年來的不斷研究已可確定《文史通義》內篇的主要論文都寫成甚晚，絕大部分是在《校讎通義》之後。內篇二「朱陸」一文

2 見張述祖「文史通義版本考」，《史學年報》第三卷第一期，一九三九年十二月，頁75～78。

3 《章學誠遺書》（以下簡稱《遺書》），北京，文物出版社，一九八五年，頁225。

4 《遺書》，頁325。

專爲評論戴震而作，可能成於戴死之年（一七七七）。此外較早的如「詩教」、「言公」（各三篇）成於一七八三，其次則「禮教」、「易教」（三篇）或成於一七八八，與《校讎通義》定本約略同時。其餘內篇的中心文字都成於一七八九年以後，而尤以一七八九年這一年最爲重要。[5] 因此過去研究的人都感到十分困惑，不知道「候朱春浦書」中所說的《文史通義》「內篇三首」究竟相當於今本《文史通義·內篇》中哪三篇文字？此「書」中提到「辛楣先生候牘」，這祗能是指《遺書》外集二所收的「上錢辛楣宮詹書」。章氏在此「書」開頭便說：

學誠從事於文史校讎，蓋將有所發明。然辯論之間，頗乖時人好惡，故不欲多爲人知。所上敝帚，乞勿爲外人道也。[6]

這幾句話確與「候朱春浦書」相合。不過此「書」中有「戴東原嘗於筵間偶議秀水朱氏，擇石宗伯至於終身切齒」一語，似已在錢載（一七〇八～一七九三）身後。無論如何，「宗伯」一詞在清代指禮部侍郎，而錢載任禮部左侍郎始乾隆四十五年三月（一七八〇），迄四十八年三月（一七八三）。[7] 則章氏此書若非寫在一七八〇年以後，也必經晚年改定，決非一七七二年的原文。此「書」中最值得注意的是「學誠從事於文史校讎」一語。此處「文史校讎」四字並非指他的兩部《通義》，而是描述他自己的學術工作的性質。這四個字是他針對著當時所謂漢學家，尤其是戴震的「經學訓詁」而特別提出來的。[8] 所以，具體地說，他以「文史」爲範圍而與「經學」相抗，以「校讎」爲方法而與「訓詁」相抗。戴震

5 詳見胡適著、姚名達訂補《章實齋先生年譜》，臺北，遠流出版公司，一九八六年；錢穆《中國近三百年學術史》，上海，商務印書館，一九三七年，上册，頁417～428（「實齋文字編年要目」）；吳孝琳，「《章實齋年譜》補正」，《說文月刊》，第二卷合訂本，一九四二年十二月，頁247～303。

6 《遺書》，頁332。按：《遺書》中章氏致錢大昕書，僅此一見。至於《文史通義·外篇三》中「爲畢制軍與錢辛楣宮詹論續鑑書」則是代畢沅寫的。

7 見《清史稿》（北京，中華書局標點本，一九七六年）卷一八四「部院大臣年表四上」，第二二册，頁6656～6660。

8 例如他在「書朱陸篇後」說：「凡戴君所學，深通訓詁，究於名物制度，而得其所以然，將以明道也。」（《遺書》，頁16）又在「記與戴東原論修志」中說：「戴君經術淹貫。…而不解史學。」（《遺書》，頁128）此類例證甚多，不勝枚舉。

由訓詁以通經而明「道」，他則由校讎以通文史而明「道」。[9] 這正是他特別向錢大昕說明「從事於文史校讎」的命意所在。由此而論，「文史校讎」雖渾然一體，但在治學程序上則仍有重點的不同。正如戴震由詁訓而通經義一樣，他也必須先從校讎入手，然後才能通文史之「義」。一七七二年時他的校讎工作才剛剛開始，怎麼會一躍而寫起今本《文史通義・內篇》中那些具有高度概括性、理論性的文字來了呢？而且這和他此一階段的思想狀態也全不相合。（後詳）從這一疑點出發，我們再讀他早期有關《文史通義》的敘述，便會得到一個完全不同的理解。

一七七三年春，章氏有「與嚴冬友侍讀」書，也談到《文史通義》，恰可與上一年「候朱春浦書」互相參證。他說：

> 日月倏忽，得過日多；檢點前後，識力頗進，而記誦益衰。思斂精神為校讎之學。上探班、劉，溯源官、禮，下該《雕龍》、《史通》。甄別名實，品藻流別，為《文史通義》一書。草創未多，頗用自賞。曾錄內篇三首。似慕堂光祿，乞就觀之，暇更當錄寄也。[10]

此書中也提及《文史通義》的「內篇三首」與前書合，必指同樣的三篇文字。但此書明說「為校讎之學」，又列舉古代典籍（「官、禮」）及後世著作如《文心雕龍》、《史通》之類，則此一「草創未多」的所謂《文史通義》和今本《文史通義》在內容上截然有別。一七七二～七三年的《文史通義》在範圍上誠然是「文史」，但實際討論的是古今書籍的流別、分類等「校讎」的問題。換句話說，「與嚴冬友」書所刻畫的毋寧更適合於《校讎通義》。這一點在一七七四年的《和州志隅自敘》中更獲得進一步的證實。《自敘》云：

> 鄭樵有史識而未有史學；曾鞏具史學而不具史法；劉知幾得史法而不得史

9　關於章學誠和戴震的對抗，我已在《論戴震與章學誠》（香港，龍門書店，一九七六年）一書中詳論之，此處不再贅述。但當時因為對《文史通義》與《校讎通義》的關係尚未十分清楚，故所論仍不夠明暢。

10　《遺書》，頁333。「似慕堂」即曹學閔，見胡適《章實齋先生年譜》，頁66。曹學閔（一七二〇～一七八八），字孝如，故號「似慕堂」。傳見《清史列傳》卷七十二。北京，中華書局標點本，第十八冊，頁5902～3。

意。此予《文史通義》所爲作也。《通義》示人，而人猶疑信參之，蓋空言不及徵諸實事也。《志隅》二十篇，略示推行之一端。能反其隅，《通義》非迂言可也。[11]

這裡所說的《文史通義》，若指今天的通行本而言，則絕不可通。今本《文史通義・內篇》六卷無論如何也難以「推行」到《和州志》上去的。相反的，如果我們把《校讎通義・內篇》和《和州志・藝文志》加以對照，便立即可以發現：後者確是前者「略示推行之一端」。例如《校讎通義・內篇》的「原道第一」即「推行」到《和州・藝文志》中的首篇「原道」上，連文字也大同小異。又如《校讎通義》的「宗劉第二」列舉五個理由說明「四部不能返七略」。而《和州・藝文志》的第二篇「明時」也列舉四項理由說明爲什麼「七略流而爲四部」。《和州・藝文志》以下三篇──「復古」、「家法」和「例志」──也無不可以在《校讎通義・內篇一》的其他各文中找到根據，特別是「互著」、「別裁」兩文。兩書最大的不同是《校讎通義》具全面的系統和詳盡的分析，《和州志隅》則限於一「隅」而遠爲簡「略」而已。因此倪文孫（David S. Nivison）在比較了此兩書之後，認爲《校讎通義》是由《和州志隅》發展出來的。[12] 我的看法稍有不同。我認爲章氏在上引好幾封信中都提到的「《文史通義・內篇》三首」，恐怕便是《校讎通義・內篇》中「原道」、「宗劉」、「別裁」諸文的初稿。他在《自敘》中所說「《通義》示人，而人猶信參之……《志隅》二十篇，略示推行之一端」云云，決無不可信之理。否則他的師友如朱春浦、嚴冬友等人豈不立即發現他在說假話？不過他由於修方志（特別是《和州志》）的緣故，更系統而全面地發展了有關校讎的理論，則是非常可能的。一七七七～七九年，他又修成了《永清縣志》，而《校讎通義》初稿四卷便恰好在一七七九年寫定，這是極值得注意的。

11　《遺書》，頁552。

12　見《遺書》，頁95～99及頁556～558。David S. Nivison, *The Life and Thought of Chang Hsüeh-ch'eng*，（《章學誠的生活與思想》）Stanford University Press,1966, 頁57～60。

孫述祖在「文史通義版本考」一文中提出了一個很有啓示性的見解。他認爲章氏本意是要把他的一切文字，凡「足以入著述之林者」，都收集在《文史通義》的總名之下。所以《文史通義》也包括《校讎通義》、方志、以及其他散篇文字。張氏所舉的證據多堅明可信。[13] 但是我們也必須考慮到另一個可能性。章學誠在一七七二年初採《文史通義》的書名時，他的心目中也許祇有一個籠統的「文史校讎」的概念；他似乎不可能預見到修方志的事，更不可能預知因修志而系統地發展出一整套有關校讎史的理論，以致必須另寫一部《校讎通義》。後來他寫出了今本《文史通義・內篇》的中心文字，但他似乎仍有意保留《文史通義》爲總集之名，誠如張述祖之所言。總之，章氏「文史通義」一詞有廣狹兩種涵義：廣義包括他的一切「著作」，狹義則指今本《文史通義》一書。這是我們對於書名的理解容易發生錯覺的根源所在。一七七二～七四年間章氏提到的《文史通義・內篇》其實是後來《校讎通義・內篇》中某些文字的初稿。其時今本《文史通義・內篇》中的主要文字不但尚未寫出，甚至是否在觀念上已開始萌芽也大有可疑。

以我們今天對於章氏成學過程的瞭解而言，我們已可斷定在一七七九年之前，即《校讎通義》四卷本初稿撰成之前，他的主要著作是以校讎之學爲重點的。換句話說，他前期的工作重心是通過班固、劉向、劉歆的校讎方法來考辨文史之學的源流。這是他的學問的基礎功夫。至於今本《文史通義・內篇》中的絕大理論如「六經皆史」，如道始於三人居室，不在政教典章人倫日用之外，如史學所以經世等等，都是一七八八年以後才逐漸發展出來的。[14] 這是他成學的最

13 見前引文，頁 73 ～ 74 。按：最近承王汎森君影印寄示一抄本章氏《和州志》（藏臺北中央研究院傅斯年圖書館）的「志隅自敘」，其下也題作「文史通義外篇」。這也可以證實張述祖的推測。

14 《文史通義・內篇一》所收六文，唯「詩教」（上下篇）成於一七八三年。其首篇「易教」上，開頭便說「六經皆史也」。此篇創稿或在一七八八年，因是年五月二十三日有「報孫淵如書」云：「愚之所見，以爲盈天地間，凡涉著作之林，皆是史學。六經特聖人取此六種之史以垂訓者耳。」（《遺書》，頁 86 ）這是他初次闡述「六經皆史」的理論。由此可推斷「易教」之作不能早於此年。又「禮教」篇已引及「易教」，而也有人相信「禮教」一文成於一七八八年。但《文史通義・內篇一》各文初

高境界，但並非一蹴即至，而是建立在長期的校讎功夫之上。一七七八年章氏有「與錢獻之書」，這是前所未見的新史料。此書恰可證明他在一七七九年以前治學的重點在校讎方面，尙未達到後期思想上的飛躍階段。他說：

> 足下淵邃精密，由訓詁文字，疏通名物象數，而達於古人之精微；其詣甚深。而學誠惝通大義，不能研究文字，自以意之所至，而侈談班、劉述業，欲以疏別著述淵源，究未知于古人之志，有當與否？[15]

錢獻之名坫（一七四一～一八〇六），是錢大昕的族人，此時正專治經學訓詁。書中章氏自道其學，云「侈談班、劉述業，欲以疏別著述淵源」；這是特指校讎之學。所以知此語特指校讎者，因爲他在「與孫淵如觀察論學十規」（一七九六）中說：

> 鄙人所業，文史校讎；文史之爭義例，校讎之辨源流，與執事所爲考覈疏證之文，途轍雖異，作用頗同。[16]

「與錢獻之書」僅言「疏別著述淵源」，未道及「義例」，可知一七七八年時章氏治學重點確偏在校讎方面。所以此書最可證明章氏在一七七二～四年間屢次提及的「文史通義內篇三首」，事實上衹能向《校讎通義・內篇》中去尋找，而決定不在今本《文史通義・內篇》之中。[17]

刻於一七九五年前後，章氏此諸文寫成後或仍有改定。所以即使「禮教」成於一七八八年，我們也不能因篇中提及「易教」，便斷定它的寫成必在一七八八年或更在其前。何況「禮教」一文究竟定稿於何時尚有爭議呢？（參看胡適《章實齋先生年譜》，頁99）

15　《遺書》，頁694。

16　《遺書》，頁639。又《校讎通義・敘》云：「校讎之義蓋自劉向父子部次條別，將以辨章學術，考鏡源流。」（《遺書》，頁95）正可和「與錢獻之書」中之「疏別著述淵源」及「十規」中之「校讎之辨源流」兩語互證。

17　「與錢獻之書」中「侈談班、劉述業」一語也專指校讎之學，即班固的《藝文志》和劉向、歆父子的《別錄》、《七略》。「與嚴冬友侍讀」中論「校讎之學」也說「上探班、劉」，可證。唯「十規」又云：「鄙人於文史自馬、班而下，校讎自中壘父子而下，凡所攻刺，古人未有能解免者。」（《遺書》，頁639）因恐讀者或據此而疑「班、劉述業」兼指「文史」與「校讎」，則不得不作以下的說明：即章氏以班、劉並舉，專指校讎。最明顯的如《校讎通義・內篇二》「補校漢藝文志第十」云：「鄭樵校讎諸論，於漢志尤疏略。蓋樵不取班氏之學故也。然班、劉異同，樵亦

「與錢獻之書」及「論學十規」兩文不但使我們瞭解章氏心目中怎樣劃分「文史」與「校讎」，而且也證實了他確是有意識地以「文史校讎」與當時「經學訓詁」相抗衡。他自審「不能研究文字」，故不走經學訓詁的道路，但卻自信他的「文史校讎」與孫星衍的「考覈疏證」是殊途同歸。爲了更進一步說明章氏關於「文史」與「校讎」的劃分，我們必須追溯一下《文史通義》的撰寫過程。

如果我們根據章氏治學重點的轉移，把他的學術發展劃成前後兩期，則一七八三年也許可以算是一個分水線。他的《校讎通義》已完成於一七七九年，基本上結束了前期。一七八三年他有《癸卯通義草》十篇，包括「詩教」、「言公」等主要文字。這才是今本《文史通義》撰寫的開始，由此進入了後期。這一分期自然不是絕對的，不應理解爲前期僅有校讎而不涉文史，後期祗論文史而不顧校讎。前面早已指出，章氏的文史校讎正如戴震的經學訓詁一樣，在概念上原是一不可分的整體。戴氏治訓詁，即所以明六經的「義理」；章氏由校讎入手，也是爲了辨文史中的「義例」。此處也必須指出，一七八三年時他的整體系統還沒有建立起來。他在乾隆六十年乙卯（一七九五）歲末所撰「跋甲乙剩稿」中說：

> 前此十年爲甲辰、乙巳（一七八四～五），則蓮池主講。所作亦有斐然可觀，而未通變也。[18]

這已在《癸卯通義草》之後，從他後期成熟的眼光來看，則仍「未通變」。但這無妨於我們把一七八三年定爲後期的開始。

以前我研究戴震的學術發展，曾發現一個有趣的現象。戴氏雖以訓詁考證爲世所尊，但他自己卻最重視《原善》、《緒言》、《孟子字義疏證》等義理之作。每寫一書成，即不勝其躊躇自喜。[19] 章學誠草創《文史通義》也留下了類似的心理過程的紀錄，值得加以抉發。

未嘗深考。」（《遺書》，頁99）章氏論文史則以司馬遷與班固相提並論，稱之馬、班。最明顯的如《文史通義・內篇一》「書教下」云：「史氏繼春秋而有作，莫如馬、班。馬則近於圓而神，班則近於方以智也。」（《遺書》，頁4）此種細微分別，關係甚鉅，讀者幸勿忽之。

18 《遺書》，頁319。

19 詳見《論戴震與章學誠》，頁92～4。

一七八三年章氏撰成「詩教」、「言公」之後,曾有信給友人說:

近日生徒散去,荒齋闃然,補苴《文史通義內篇》,撰「言公」上中下三篇、「詩教」上下二篇。其言實有開鑿鴻濛之功,立言家於是必將有取。……先以「言公」三篇致邵二雲。「詩教」二篇,俟續寄去。足下不可不與聞也。或令人鈔去,置之座右。較之「史例」、「校讎」諸篇,似有進矣。[20]

他自許其文「有開鑿鴻濛之功」,又要友人「置之座右」,則得意之情可以想見。尤應注意的是他自認「詩教」、「言公」等篇較「史例」(疑是「史篇別錄例議」的初稿)和「校讎」爲「有進」,更可知他對《文史通義》的評價高於《校讎通義》,而二者撰寫的先後也由此略可推斷。

一七八八和一七八九是《文史通義》撰述最重要的兩年,章氏在這兩年也留下了紀錄。「跋戊申(一七八八)秋課」云:

性命之文,盡於《通義》一書。今秋所作,又得十篇,另編專卷。……檢視前後,殊少長進,甚滋日暮途長之懼也。[21]

首先要解釋的是「性命之文,盡於《通義》一書」這句奇怪的話。我想此語主要似乎應該以「朱陸」篇(一七七七)開宗明義之言爲解:

天人性命之理,經傳備矣。經傳非一人之言,而宗旨未嘗不一者,其理著於事物,而不託於空言也。

這一觀念後來在「浙東學術」(一八〇〇)中則發展成下面的說法:

天人性命之學,不可以空言講也,故司馬遷本董氏天人性命之說而爲經世之書。……故善言性天人命,未有不切於人事者。三代學術,有知史而不知有經,切人事也。…浙東之學,言性命者必究於史,此其所卓也。[22]

20 「再答周筤谷(震榮)論課蒙書」,見《遺書》,頁88。又「癸卯(一七八三)通義草書後」也說:「若其著述之旨引得自衿腑,隨其意趣所至。固未嘗有意趨時,亦不敢立心矯異;言惟其是,理愜於心。後有立言君子,或有取於斯焉。」(《遺書》,頁325。)此「書後」與「再答周筤谷書」當成於同時,故所流露的喜不自禁之情亦同。

21 《遺書》,頁325。

22 此兩條均見《遺書》,頁15。按:「性命之文」也可有另一種解釋。一七九〇年他

「性命」即指「道」而言，章氏不取當時經學家的訓詁，另闢由文史以見「道」的途徑。（見後）此時章氏已發明了「六經皆史」之說，因此說《通義》所收都是「性命之文」。此《通義》自非《文史通義》莫屬。但一七八八年他的重要文字尚未寫出，《禮教》、《易教》是否已完成也還爭議。現在他說「檢視前後，殊少長進」，可見此年的思想進展至少不很顯著。[23] 但是一七八九年則大不相同。這一年他在「姑孰夏課乙編小引」中說：

> 起四月十一，訖五月初八，得《通義・內外》二十三篇，約二萬餘言。生平爲文，未有捷於此者。……殆如夢惠連得春草句，亦且不自知也。此編皆專論文史，新著十一篇，附存舊作二篇。本與甲編同時雜出，特以類例分之。[24]

最重要的文字如「原道」、「原學」、「博約」、「經解」等都成於此時。其他文字可繫於此年者尚多，不備舉。從「生平爲文，未有捷於此者」及從「殆如夢惠連得春草句，亦且不自知也」等語，便可知他這時大有水到渠成之樂。

同年的「姑孰夏課甲編小引」中更有一段極重要的自白：

> 余僅能議文史耳，非知道者也。然議文史而自拒文史於道外，則文史亦不成其爲文史矣。因推原道術，爲書得十三篇，以爲文史緣起，亦見儒之流於文史。儒者自誤以謂有道在文史外耳。[25]

這段話表面上自謙，其實則十分自負。這時他的「原道」篇已寫成，所以自信已由「文史」而見「道」。上一年（一七八八）他說「性命之文，盡於《通義》一

在「與邵二雲論學」中說：「僕則五十又過三矣。古人五十無聞，謂不足畏。所謂聞者，不僅遠近稱述，知其能文善學而已也。蓋必實有可據，於己性命休戚其中，如公輸之巧，師曠之聰，舉其事即可知其爲人。」（《遺書》，頁80）這是指發乎眞性情的文字。此解與正文所說的「性命」不同，但並不衝突。也許章氏的「性命之文」兼包此兩義在內。

23 據前燕京大學藏武昌柯氏的《章氏遺書抄本》題下附注各文撰寫年代，則此年（一七八八）僅有「禮教」而無「易教」，且重要文字均未寫成。參看錢穆《中國近三百年學術史》，頁421；胡適《章實齋先生年譜》，頁95～99。

24 《遺書》，頁325。

25 《遺書》，頁325。

書」，正可與「甲編小引」互相闡證。不但如此，由於《文史通義》的理論系統至此已基本成立，他更深信文史之學相對於「明道」而言，其作用至少與經學相等，甚且過之。因爲「六經皆史」，所以「甲編小引」中所謂「儒者自誤以謂有道在文史外」，即是對當時經學家（特別是戴震）的一種駁斥。何以知之？請讀他在同年或次年（一七九〇）「又與正甫論文」中的話：

> 馬、班之史，韓、柳之文，其與於道，猶馬、鄭之訓詁，賈、孔之疏義也。戴（震）氏則謂彼皆藝而非道，此猶資舟楫以入都，而謂陸程非京路也。[26]

戴震在什麼地方說過這句話呢？戴氏在「與方希原書」中說：

> 事於文章者，等而末者也。然自子長、孟堅、退之、子厚諸君子之爲文，曰：「是道也，非藝也。」以云道，道固有存焉者矣，如諸君子之文，亦惡覩其非藝歟？[27]

戴氏在此書中特別強調「聖人之道在六經」，故不許馬、班、韓、柳之文爲「道」之所存。這正是章氏所必爭的一個觀點，因爲它是《文史通義》的宗旨所在。通觀一七八九年前後章氏有關新寫成的論著的自我評價，我們不難想像他對《文史通義》系統的建立感到多麼的興奮和滿足。

一七九二年章氏撰成「書教」上中下三篇後，又寫信給邵晉涵說：

> 近撰「書教」之篇，所見較前似有進境，與「方志三書」之議同出新著。……其以圓神方智定史學之兩大宗門，而撰述之書，不可律以記注一成之法。…（袁樞）《紀事本末》，本無深意，而因事命題，不爲成法；則引而伸之，擴而充之，遂覺體圓用神。《尚書》神聖制作，數千年來可仰望而不可接者，至此可以仰追。豈非窮變通久，自有其會。…而天誘僕衷，爲從此百千年後史學開蠶叢乎！[28]

「書教」是《文史通義·內篇一》中最後寫成的文字，今本「內篇一」所收易、

---

26 《遺書》，頁338。

27 《戴震文集》，香港，中華書局，一九七四年，頁143～4。

28 《遺書》，頁81。

書、詩、禮和「經解」五題，旨在建立「六經皆史」的大理論，同時更要說明「經之流變必入於史」（亦即「姑孰夏課甲編小引」中所謂「儒之流於文史」）。[29] 因此「書教」一文實佔有樞紐性的地位。章氏此文遲遲落筆，而文成之後又不勝其躊躇滿志之情，至於自稱「天誘僕衷」，爲千百年後史學開山，這種心情是值得玩味的。

我們追蹤了章學誠撰寫《文史通義》的整個心理過程之後，今本《文史通義》並不存在於一七七二～七四年間的結論便更不易動搖了。自一九二二年胡適據「候朱春浦書」定《文史通義》創始於一七七二年以來，這一論斷即成定案。[30] 這是因爲字面上的證據太堅強了，幾乎使人沒有致疑的餘隙。本文的考辨即在澄清一個關鍵性的事實：我們今天所熟知的《文史通義·內篇》事實上要遲至一七八三年（或稍前一、二年）才開始萌芽；一七七二年的所謂《文史通義·內篇》大概祇能是今本《校讎通義·內篇》的某些初稿。這一事實的發現有什麼重要性呢？我以爲可以從兩方面來說：第一是它清楚地呈現出章學誠的學術發展的歷程；第二是它大有助於我們對於清代中葉學術風氣的認識。

從章氏個人方面說，如果我們接受舊解，認爲《文史通義》草創於一七七二年，即早於《校讎通義》七年（一七七九），那麼章氏的工作程序似乎顛倒了。「校讎」是他的學術基礎；通過校讎之學，他才能釐清古今著作的源流，以進而探「文史」的「義例」。最後一步則是由「文史」以「明道」。一七七二年時他的研究工作不過開始了一年左右，他怎麼會一躍而寫起《文史通義》來了呢？前面曾指出，這一顛倒的程序和他此時對於學問的看法不合。現在讓我簡單作一交代。一七六六年他初次和戴震晤談，深爲其由訓詁以通經學的觀點所震動，至有「我輩於《四書》一經，正乃未嘗開卷」的愧惕。後來他雖然從這一震動中恢復了過來，但對於「空談義理」之戒則終身守之不敢或失。[31] 他不肯違背自己的

29 「經之流變必入於史」一語見「與汪龍莊書」，《遺書》，頁82。此書作於一七九六年，其中論及《文史通義》尤爲自負。「拙撰《文史通義》，中間議論開闢，實有不得已而發揮，爲千古史學闢其榛蕪。然恐驚世駭俗，爲不知己者詬厲。」此節常爲近代學者所徵引，讀者當耳熟能詳。

30 胡適《章實齋先生年譜》，頁63。

31 詳見《論戴震與章學誠》，頁5～14。

性情而勉強走訓詁的道路。爲了和當時「經學訓詁」的風氣相抗，他終於選擇了「文史校讎」的方向。因此才有一七七二年「斟酌藝林」(「候朱春浦書」)和一七七三年「思斂精神爲校讎之學」(「與嚴冬友」)的堅苦努力。《和州志》的修纂更使他有機會在實際研究中發展他的校讎理論。而且即使在後期「文史」階段，他的「義例」也是在廣泛閱讀典籍中逐步發展出來的。「六經皆史」的大理論便得力於一七八八年開始編纂《史籍考》。而《史籍考》本身也是一種規模浩大的「校讎」工作，不過是爲畢沅代編而已。他在一七八八年「與孫淵如書」中曾明說：「爲中丞編《史籍考》，泛覽典籍，亦小有長進；《文史通義》庶可藉是以告成矣。」[32] 果然，第二年(一七八九)《文史通義》的中心文字便大量湧現了。現在我們發現了《校讎通義》的撰寫早於《文史通義》約十年之久，章氏的成學程序已怡然順理，更無窒礙難通之處。他的治學重點早期偏於「校讎」，後期偏於「文史」，也由此可定。

就乾嘉的學風而言，這一事實的澄清則更有力地說明了「道問學」的精神籠罩一世，雖豪傑之士莫能自外。章氏論戴學有云：

> 戴君學術，實自朱子道問學而得之，故戒人以鑿空言理。其說深探本源，不可易矣。[33]

章氏雖然在反抗「經學訓詁」上表現了大無畏的勇氣，但是他持以相抗的「文史校讎」卻依然落在道問學的模式之內。戴震由訓詁而通經以明道，章氏則代之以由校讎而通文史以明道，如是而已。

近代學人論戴震與章學誠所代表的乾嘉之學往往強調其現代精神。從某些方面說，這一觀察確有根據。但是我們也必須記住，乾嘉學者包括戴、章兩人在內，畢竟生活在傳統社會尙未解體之前；因此他們也不可能完全擺脫傳統的思想格局。在考辨章氏「文史校讎」的過程中，我連帶發現了一個有趣的現象，即變相的道統意識依然存在於號稱「實事求是」的乾、嘉學者的心中。現在讓我對這一問題略作討論，以結束這篇文字。

32 《遺書》，頁335。參看《論戴震與章學誠》，頁39～41。

33 「書朱陸篇後」，見《遺書》，頁16。

乾嘉經學家都接受一個基本假定，即道在六經，而六經則是由古代的語言文字所構成。因此明道必須從研究訓詁開始。如戴震說得最清楚，「經之至者道也，所以明道者其詞也，所以成詞者字也。由字以通其詞，由詞以通其道，必有漸。」[34] 與此相隨而來的還有另一個共同假定，即「漢人去古未遠」，其訓詁較能得六經語言的本意。因此許愼《說文解字》和鄭玄的經注成爲一時的顯學；經學家也往往以「漢學」爲標榜。但他們一方面堅持祇有通過經學訓詁才能「明道」，另一方面又指斥宋儒「鑿空言理」，並誤以釋氏之道爲孔、孟之道。這無疑是在向宋儒（程、朱）爭道統。據章學誠所引戴震平時的口談：「自戴氏出，而朱子儌倖爲世所宗已五百年，其運亦當漸替。」[35] 又「答邵二雲書」云：

> 戴氏…騰之於口，則醜詈程、朱，詆侮董、韓，自許孟子後之一人。…以僕所聞，一時通人，表表於人望者，有謂「異日戴氏學昌，斥朱子如拉朽」者矣。[36]

戴震究竟有沒有說過這些話，我們已無從確定，但當時「漢學家」中曾流行過這種議論，大概是事實。從學術思想史的觀點說，這種議論自然毫無意義，但可見確有一部分人相信清代的經學訓詁已足以取代程朱的道統。

章學誠畢生持「文史校讎」與戴震的「經學訓詁」相抗衡，也有一種爭道統的意識在暗中作祟。所以「原道」一文成爲《文史通義》中畫龍點睛之筆。戴震屢言「道在六經」，唯訓詁足以明之。章氏則創爲「六經皆史」之說，於是奪六經之道而歸於史。章氏對於《文史通義》各重要篇章的撰述每若不勝其自珍自惜之情，正是由於他自信發千載之覆，得見「道」之本源。他重視後期的《文史通義》過於前期的《校讎通義》則因爲「校讎」尙是奠基工作，今本《文史通義·內篇》才是建立在「校讎」之上的七寶樓臺。「詩教」上下篇成於一七八三年，其自註中屢引及「外篇校讎略」諸文，似乎即是《校讎通義》未遺失前的初稿。

34　「與是仲明論學書」，收在《戴震文集》，頁140。但所引末句在原書中，標點有誤，已改正。

35　「書朱陸篇後」，《遺書》，頁16。

36　《遺書》「佚篇」，頁645。

可見《校讎通義》本名《校讎略》,一度列爲《文史通義》的「外篇」。不過《校讎略》稱爲「外篇」也許是一七八三年「詩教」、「言公」諸文寫成以後才改定的。在此以前,我們並未發現他別有《文史通義・內篇》(除了「朱陸」一文以外)。無論如何,「詩教」的自註可證「校讎」先於「文史」,並且是《文史通義・內篇》立說的根據,正如「訓詁」之於「經學」。今本《校讎通義・內篇第一》「原道」在初稿則稱作「著錄先明大道」,這似乎表示他在校讎的階段已「志在聞道」了。這和戴震早期的學術路向幾乎如出一轍。[37]《校讎通義・內篇第二》「宗劉」也特別值得注意。乾嘉的經學訓詁奉許愼、鄭玄爲宗師,號稱「漢學」,而章氏的文史校讎則立足於劉向、歆父子的業績之上,也恰好是漢人之學。章氏並不標榜「漢學」以與「宋學」爭衡,但他特倡劉、班校讎,則非出於偶然,恐不免有與許、鄭訓詁暗中爭勝之意。一七九六年他初刻《文史通義》「易教」、「詩教」、「書教」等篇,寄呈朱珪,並附有長函,其末節曰:

> 近刻數篇呈誨,題似說經,而文實論史。議者頗譏小子攻史而強說經,以爲有意爭衡,此不足辨也。戴東原之經詁可謂深矣,乃譏朱竹垞氏本非經學而強爲《經義考》以爭名。使人啞然笑也。朱氏《經考》乃史學之支流,劉、班《七略》、《藝文》之義例也,何嘗有爭經學意哉!且古人之於經史,何嘗有彼疆此界,妄分孰輕孰重哉!小子不避狂簡,妄謂史學不明,經師即伏、孔、賈、鄭祗是得半之道。《通義》所爭,但求古人大體,初不知有經史門戶之見也。[38]

這一段話,涵義極其豐富,兹略作疏證如下:第一、章氏《文史通義》內篇諸文,時人已說他有意與戴氏爭經學。他認爲這是誤解,因爲此諸篇「題似說經,文實論史」。他誠然不是「爭經學」,但並不能否認他是在「爭」。第二、他承認戴氏「經詁深矣」,卻譏其不識史學。這是他自一七七三年以來對戴氏的一貫批評。[39] 此處他明引「劉、班義例」,即所以駁戴氏「經詁」不足盡恃,其以

37 見戴震「與段若膺論理書」,收在《戴震全集》第一册,北京,清華大學出版社,一九九一年,頁213。

38 「上朱中堂世叔」,見《遺書》,頁315。

39 即「記與戴東原論修志」所云:「戴君經術淹貫,名久著公卿間,而不解史學。」見《遺書》,頁128。

「校讎」抗「訓詁」之意至爲明顯。第三、他說古無經史之分，表面上誠似非爭「經學」。但我們祗要想到他的「六經皆史」之說，便可知他實在已將「經」變爲「史」的一部分，此可謂「不爭之爭」。更重要的是「史學不明，經師即伏、孔、賈、鄭祗是得半之道」那句話。此語是項莊舞劍，意在沛公，即戴氏不解史學，最多不過能得「道」的一半而已。第四、末語自承「《通義》所爭，但求古人大體」。此「古人大體」四字非泛泛之語，其出處在《莊子・天下篇》：「後世之學者，不幸不見天地之純，古人之大體，道術將爲天下裂。」《文史通義》中時時引之。換句話說，所「爭」即在「道」之全體。

經過以上的分析，如果我們說章氏撰《文史通義》，其中存在著與經學家（特別是戴震）「爭」道統的潛意識，恐怕不算是過甚之詞吧。

出自第六十四本第一分(一九九三年十二月)

《清史稿·地理志》府州廳縣職官缺分繁簡訂誤

劉 錚 雲

雍正九年清政府頒佈實施一項以「衝、繁、疲、難」四項定員缺繁簡的制度。其辦法是：除了少數的例外，凡是「衝、繁、疲、難」四項俱全的為「最要缺」，兼三項的為「要缺」，兼二項的為「中缺」，專一項或四項俱無的為「簡缺」。一旦地方上有缺額出現，「最要缺」與「要缺」由各省督撫於其所屬人員中，揀選調補，而「中缺」與「簡缺」則歸吏部銓選。《清史稿·地理志》有關這方面的資料錯誤很多。為了能夠充分掌握清代各府、廳、州、縣的缺分狀況，本文即就目前所能掌握的官、私資料，對《清史稿·地理志》所列各省地方行政單位的缺分繁簡作一訂補。

《清史稿》由於編寫倉猝，自民國十六年成書以來，其中體例不合，內容訛誤疏漏之處，已有多人為文提出校正。[1] 就《地理志》部份而言，較具整體性的校對工作，早年有譚其驤作〈清史稿地理志校正〉一文，校正直隸、奉天二省的地理沿革。[2] 徐泓多年前則擴大規模，對僅修正《清史稿·地理志》兩處錯誤的《清史·地理志》直省沿革部份作全面性的校正。[3] 民國七十五年國史館發行

1 國史館曾分別於民國六十八年及七十七年兩度將歷年來各界對有關《清史稿》的編印經過及其內容的批評與校補的意見彙編成册，見許師慎輯：《有關清史稿編印經過及各方意見彙編》（上、下册）（台北：中華民國史料中心，1979）；張惠珠編：《有關清史稿編印經過及各方意見彙編》（第三編）（台北：國史館，1990）。

2 譚其驤：〈清史稿地理志〉，《禹貢半月刊》第一卷第三期、第九期（一九三四年三月、九月）。

3 徐泓：〈清史地理志初校－直省地理沿革部份〉，《國立台灣大學文史哲學報》第二十六卷（1977），頁251-355。

《清史稿校註》一書，更對全書作整體性的校改，其中當然也包括了對《地理志》的校正。[4] 近年佟佳江所撰的《清史稿訂誤》也有很大一部份涉及《地理志》。[5] 不過，《地理志》中有關各省府州廳縣職缺缺分的部份，各家都未觸及。這裡所謂的職缺缺分指的是，雍正九年清政府頒佈實施的「衝繁疲難」缺分制度。簡而言之，這是清政府爲劃分吏部與地方督撫銓選地方官吏的權限，而訂出的一套職缺分級制度。當時清政府是依據一地的(1)交通位置，也就是所謂的「衝」，(2)政務負擔，也就是所謂的「繁」，(3)稅賦完納，也就是所謂的「疲」，(4)居民的刁悍程度，也就是所謂的「難」等四項，作爲分級的標準。一般而言，凡是四項俱全者爲「最要缺」，兼三項者爲「要缺」，兼二項者爲「中缺」，專一項或四項俱無者爲「簡缺」。一旦地方上有缺額出現，「最要缺」與「要缺」由各省督撫於其所屬人員中，揀選調補，而「中缺」與「簡缺」則歸吏部銓選。[6] 這個制度自雍正九年開始實施，一直持續到民國成立。

依目前所見《清史稿》的內容看來，當初編訂《地理志》時似乎有意在每一府、州、廳、縣名下都標出該單位行政長官的缺分。如卷五十八，志三十三，江蘇省之蘇州府爲「衝、繁、疲、難，最要」缺；徐州府爲「衝、繁、難，要」缺；太湖廳爲無字「中」缺；睢寧縣爲無字「簡」缺。然而，檢視《清史稿》，像以上這些單位如此資料完整者，眞是寥寥無幾。最普遍的現象是，除了無字「簡缺」外，僅有「衝」、「繁」、「疲」、「難」各項的組合，而無「最要」、「要」、「中」、「簡」各缺等級的標定。其次，就標出的「衝」、「繁」、「疲」、「難」各項組合部份而言，也不是完全正確無誤。推其原因，有些可能是抄寫的錯誤，但也有些則可能是所根據的資料過時。清代各朝的缺分在訂定之後，往往會因應該地政治、社會、經濟情況的改變，而有所更動。例如，湖南省岳州府的臨湘縣原爲「衝、繁兼二中缺」，乾隆四十二年三月間湖南

4 清史稿校註編纂小組編：《清史稿校註》（台北：國史館，1986）。

5 佟佳江：《清史稿訂誤》（長春：吉林大學出版社，1991）。

6 拙作：〈「衝、繁、疲、難」—清代道、府、廳、州、縣等級初探〉，《中央研究院歷史語言研究所集刊》第六十四本第一分(1993)，頁175-204。

巡撫敦福奏請改爲「衝、繁、難兼三要缺」；[7] 乾隆五十年四月間湖南巡撫陸燿等又請准改回「中缺」，歸部銓選。[8] 《清史稿》對於這一類的缺分變動，尤其是光緒末年到宣統年間，常常不見隨之更新。例如，江西省袁州府的萍鄉縣在光緒年間原爲「衝、繁中缺」，宣統元年六月間該省巡撫馮汝騤奏請改爲「衝、繁、難，要缺」，[9] 但《清史稿》卻仍作「衝、繁」。此外，由於《清史稿》脫漏了直隸省阜新縣等八個廳、州、縣的全部資料，這幾個單位的缺分資料自然也有待補充。因此，爲了能夠充分掌握清代各府、廳、州、縣的缺分狀況，本文即就目前所能掌握的官、私資料，對《清史稿・地理志》所列各地方行政單位的缺分繁簡作一訂補。

目前所知有關清代各省職官缺分的官方資料並不多。日本學者眞水康樹在北京的中國第一歷史檔案館裡發現了兩張吏部的《全國各省府縣官缺表》。根據他的考証，這兩張長兩米五，寬一米八左右的官缺表分別記載了乾隆二十二年至二十三年之間，以及嘉慶六年至十四年間的各省府州縣官缺缺分情形。[10] 大陸學者劉子揚在其編著的《清代地方官制考》附錄一列出了〈全國各省府州縣官缺一覽表〉。（以下簡稱〈一覽表〉）[11] 根據他在表前的說明，這個〈一覽表〉係依據也是藏於第一歷史檔案館的兩件吏部檔案編製而成的。一件是一張長約四米，寬約一米五的掛表，表中列有各省府、州、縣名，並標明各爲何缺。另一件則是一本簿册，册中除了各地方官缺外，還分別標有「衝、繁、疲、難」各項。根據劉子揚的認定，掛表應爲嘉慶初年製成的，簿册的時間則在掛表之後。[12] 不過，根據〈一覽表〉的內容來判斷，劉氏的認定可能有誤，這兩件檔案的製作時間不僅不全在嘉慶年間，而且應該是簿册的時間在前，掛表的時間在後。簿册

7 《大清高宗純皇帝實錄》（台北：華文書局影印本，1964）卷一〇二八，頁5a-6a。

8 同上，卷一二二八，頁21b-22a。

9 《大清宣統政紀》（台北：華文書局影印本，1964）卷一五，頁6b。

10 眞水康樹：〈乾隆朝《全國各省府縣官缺表》考〉，《歷史檔案》一九九二第三期，頁133-134，131。

11 劉子揚：《清代地方官制考》（北京：紫禁城出版社，1988），頁459-523。

12 同上，頁459。

製成的時間應該在乾隆二十三年至二十四年之間，而掛表的製作時間則應在嘉慶二、三年間。[13]

除了全國性的檔案資料外，近年中國第一歷史檔案館在館藏軍機處錄副奏摺及內閣吏科史料中，選出了一批雍正、乾隆時期的個別地方官缺史料，部份已發表於該館刊行的《歷史檔案》上。[14] 這批材料都是各省官員爲其所轄地方職缺奏請改缺的奏摺，其中〈四川總督黃廷桂等爲議改州縣衝繁疲難各缺事奏摺〉還列出了雍正十二年間四川省多達三十五個州、縣職官的缺分資料，彌足珍貴。

雖然這些檔案資料都很珍貴，但是由於時間較早，不能用來作爲比對的依據，對本文的校訂工作僅具輔助參考的價值。本文主要是利用宣統三年冬季內閣印鑄局發行的《職官錄》來與《清史稿》比對。[15] 這本《職官錄》計分八冊。第一冊爲職官品級、缺額、品俸、俸米、赴任憑限等表，以及驛站路程、相見禮節等資料；第二冊至第四冊爲從內務府、宗人府、內閣、至陵寢官員等中央官職名錄；第五冊至第八冊則爲各省地方文職人員資料，主要包含各職官的缺分、當任官員的姓名、出身，以及各地的賦稅、風俗、學校、土產等資料。雖然這本

13　〈一覽表〉中，貴州省領貴陽、興義、平越等十三府及若干直隸州、廳，同時在註十七中寫明：「另件檔案中爲南籠府」。依據《仁宗睿皇帝實錄》，興義府原爲南籠府，嘉慶二年閏六月間始改名；（卷十九，頁6a）平越府於嘉慶三年三月間降爲平越直隸州。（卷二八，頁6a）因此，可以確定，〈一覽表〉所記載的內容是嘉慶二年至三年間的各地情況。由於一覽表的製作是以掛表爲主，簿冊爲輔，附註中的「另件檔案」指的就是簿冊，所以我們可以肯定，掛表的製作時間應該是嘉慶二、三年間，簿冊的時間則顯然較早。至於早到何時，從〈一覽表〉中直隸與甘肅二省建制的變動可以推知，應該在乾隆中葉。根據《高宗純皇帝實錄》，乾隆二十三年六月間，應直隸總督方觀承之請，裁汰大名府之魏縣，歸併大名、元城二縣。（卷五六五，頁7b）乾隆二十四年九月間，應陝甘總督楊應琚之請，升安西直隸廳爲安西府。（卷五九三，頁28b-30a) 前者在〈一覽表〉中已有反映，而後者卻不見於簿冊。(頁489) 由此可以斷定，簿冊製成的時間應該在乾隆二十三年與二十四年之間，遠早於掛表的製成時間。

14　中國第一歷史檔案館：〈雍乾時期地方改制史料〉，《歷史檔案》一九九二年第四期，頁3-11, 18；一九九三年第一期，頁17-23。

15　印鑄局原爲禮部鑄印局，宣統三年改隸新內閣。（《清史稿》卷一百四，志七九，輿服三，頁3074）除了原有的關防印信圖記的鑄造外，並掌理官報及法令全書職官錄之編輯發行事件。（《職官錄》第三冊〈內閣〉：1b）

《職官錄》是內閣發行的官方資料，但是它的資料並不是完全正確無誤，不僅直隸廳的缺分資料往往登錄不全，而且也不乏錯置、缺漏的疏失。例如，《職官錄》將江西省贛州府的虔南廳置於南安府下，湖北省的安陸府則不見鍾祥縣，而光、宣之際先後改制的四川省康定府、巴安府、登科府也都不見登載。為了能正確的比對，本文因而也參考了與《職官錄》性質幾乎完全一樣的《爵秩全覽》與《大清搢紳全書》一類的手册。這一類的手册多由北京琉璃廠的書肆每年分春、夏、秋、冬四季發行。最早的發行時間目前不得而知。在本所傅斯年圖書館所藏的本子中，以乾隆二十九年夏季寶名堂發行的《職官遷除全書》為最早。這些本子雖然在內容上可能有繁簡不同的差異，但是在各地方文武職官名錄與缺分等資料的登錄上，幾乎毫無二致。雖然這些本子都是私家出版的職官名錄，錯誤難免，但是，有證據顯示，清國史館在纂修《皇朝地理志》時也曾參酌這兩類名錄，改正稿本的錯誤。[16] 因此，這些本子仍然有其參考利用的價值。本文主要參考了宣統元年秋季槐蔭山房刊行的《大清最新百官錄》、宣統三年秋季榮寶齋發行的《憲政最新搢紳全書》、《憲政增補最新職官全錄》，以及宣統三年秋季的《爵秩全覽》等四部書。

至於校訂的方式，基本上是以《職官錄》為主，以上所提的四部書為輔，來與《清史稿・地理志》相互比對。如果發現彼此歧異之處，則以《大清實錄》或相關官員的奏摺文書等第一手資料，再作進一步的驗證。然而，《實錄》對於各地方行政單位「衝、繁、疲、難」的訂定與更改，記載得並不完整。例如，光緒三十一年正月初九河南巡撫陳夔龍奏請，將彰德與衛輝二府由原定之「衝繁兼二中缺」改為「衝繁難三字要缺」。[17] 這項消息就不見於光緒朝《實錄》。同時，各相關地方官並不是都有奏摺文書留傳下來，而且一時間也不易搜集齊全。如果遇到這種情形，則再就前面提到過的〈一覽表〉、本所所藏乾隆二十九年以

16 例如，在故宮博物院所藏《江蘇省地理志》稿本中，蘇州府震澤縣項下有：「震澤今改繁難，查搢紳作繁難 徐」及「遵查改，謹覆」字樣。類似的例子也見於同省松江府青浦縣下：「今改繁疲難，搢紳作繁疲難。」顯然，《搢紳全書》被當時修志者用作重要參考依據。

17 陳夔龍：《庸菴尚書奏議》卷五，頁 12a-13a。

來現存之各朝《大清搢紳全書》與《爵秩全覽》，以及國立故宮博物院所藏由清國史館編纂的《皇朝地理志》等資料加以檢證。這些資料來源不同，性質不同，雖然不是百分之百的官方資料，但是在互相參證比較之下，對本文的校訂工作仍可收互補之效，幫助很大。〈一覽表〉是經過整理的第一手官方資料，如果謹愼利用，對於早期缺分狀況的考訂，仍然極具參考價值。雖然故宮所藏的《皇朝地理志》還未曾「欽定」出版，但已是修訂完竣，以館閣體謄寫工整的進呈本，其資料內容自有相當的正確性。不過，由於其訂稿的時間約在光緒二十九年至三十三年間，清代最後幾年間的變化因而不見反映。[18] 本所所藏《爵秩全覽》與《大清搢紳全書》等書雖然以光緒朝出版的居多，但是自乾隆二十九年以下，嘉道咸同各朝也都有若干册。這對本文的驗證工作無疑提供了一個長時間一系列的比對機會。另外，必須指出，由於台灣省於甲午戰後割讓日本，該省部份則以光緒十九年冬季的《大清搢紳全書》爲準。關於各行政區沿革部份，則參考牛平漢主編，一九九〇年由北京中國地圖出版社出版的《清代政區沿革綜表》（以下簡稱《綜表》）。

本文依據上述方式比對各相關資料後，首先按《清史稿》的原來順序一一列出正確的缺分，對於《清史稿》的錯漏之處，則在案語中指出。本文共計指出《清史稿》錯漏之處一千四百八十六條，其中包含完全遺漏廳、州、縣資料八條。

18 清國史館《皇朝地理志》各省成書的時間應該不是同時。故宮博物院所藏《福建省地理志》稿本的封面上有「癸卯秋」等字樣，而《廣西省地理志》稿本的封面上則寫有「丁未秋一」或「丁未秋二」等字樣。癸卯應指的是光緒二十九年，而丁未則應指的是光緒三十三年。但就其內容來看，各省所反映的時間也不一致。就奉天省而言，光緒二十八年以後的變動，就不見反映。例如，興京府的輯安、臨江縣與海龍府的東平、西豐、西安、柳河等縣均於光緒二十八年六月間建置，（《清代政區沿革綜表》，頁81-82）都不見於《皇朝地理志》。然而，就廣東省而言，光緒三十二年間的變動，如改陽江直隸廳爲直隸州，（《綜表》，頁268）就見記載。廣西省則介於這兩省之間，它是光緒三十二年間的變動，也就是桂林府中渡廳以及慶遠府的安化廳的建置，（《綜表》，頁285，287）未見反映。因此，我們可以初步斷定，《皇朝地理志》進呈本的成書時間當在光緒三十三年以後，而其內容所反映的時間則因省而異；最早的是光緒二十八年以前，而最晚的則是光緒三十三年以前。

一、卷五四　志二九　地理一　直隸省

順天府

大興　最要缺，衝、繁、疲、難。

案：《清史稿》遺漏「最要缺」三字，當補。

宛平　最要缺，衝、繁、疲、難。

案：《清史稿》遺漏「最要缺」三字，當補。

良鄉　要缺，衝、繁、難。

案：《清史稿》遺漏「要缺」二字，當補。

固安　要缺，繁、難。

案：《清史稿》遺漏「要缺」二字，當補。

永清　簡缺。（無字）

東安　簡缺。（無字）

香河　簡缺。（無字）

三河　要缺，衝、繁、難。

案：《清史稿》遺漏「要缺」二字，當補。

武清　要缺，衝、繁、疲。

案：《清史稿》遺漏「要缺」二字，當補。

寶坻　要缺，繁、難、疲。

案：《清史稿》遺漏「要缺」二字，當補。

寧河　要缺，衝、繁、難。

案：《清史稿》遺漏「要缺」二字，當補。

昌平州　要缺，衝、繁、難。

案：《清史稿》遺漏「要缺」二字，當補。

順義　簡缺，衝、難。

案：《清史稿》遺漏「簡缺」二字，當補。

密雲　要缺，衝、繁、難。

案：《清史稿》遺漏「要缺」二字，當補。

懷柔　中缺，衝、繁。

案：《清史稿》遺漏「中缺」二字，當補。

涿州　要缺，衝、繁、難。

案：《清史稿》遺漏「要缺」二字，當補。

房山　中缺，繁、難。

案：《清史稿》遺漏「中缺」二字，當補。

霸州　中缺，衝、繁。

案：《清史稿》遺漏「中缺」二字，當補。

文安　中缺，繁、難。

案：《清史稿》遺漏「中缺」二字，當補。

大城　中缺，繁、難。

案：《清史稿》遺漏「中缺」二字，當補。

保定　簡缺。（無字）

薊州　要缺，衝、繁。

案：《清史稿》遺漏「要缺」二字，當補。

平谷　簡缺。（無字）

保定府　　最要缺，衝、繁、疲、難。

案：《清史稿》遺漏「最要缺」三字，當補。

清苑　最要缺，衝、繁、疲、難。

案：《清史稿》遺漏「最要缺」三字，當補。

滿城　簡缺，衝。

案：《清史稿》遺漏「簡缺」二字，當補。

安肅　簡缺，衝。

案：《清史稿》遺漏「簡缺」二字，當補。

定興　中缺，衝、繁。

案：《清史稿》遺漏「中缺」二字，當補。

新城　中缺，衝、繁。

案：《清史稿》遺漏「中缺」二字，當補。

唐　簡缺。（無字）

博野　簡缺，疲。

案：《清史稿》遺漏「簡缺」二字，當補。

望都　中缺，衝、難。

案：《清史稿》遺漏「中缺」二字，當補。

容城　簡缺。（無字）

完　簡缺。（無字）

蠡　中缺，繁、難。

案：《清史稿》遺漏「中缺」二字，當補。

雄　要缺，衝、繁、難。

案：《清史稿》遺漏「要缺」二字，當補。

祈州　簡缺。（無字）

束鹿　中缺，繁、難。

案：《清史稿》遺漏「中缺」二字，當補。

安州　簡缺，疲。

案：《清史稿》作無字「簡缺」。然道光十七年以後之《爵秩全覽》與《搢紳全書》等資料多作「簡缺，疲」。當據改補。

高陽　簡缺。（無字）

<u>正定府</u>　要缺，衝、繁。

案：《清史稿》遺漏「要缺」二字，當補。

正定　要缺，衝、繁、難。

案：《清史稿》遺漏「要缺」二字，當補。

獲鹿　簡缺，衝。

案：《清史稿》遺漏「簡缺」二字，當補。

井陘　簡缺，衝。

案：《清史稿》作無字「簡缺」。然〈一覽表〉作「衝」字「簡缺」。（頁 462）乾隆二十九年夏季以後之《爵秩全覽》

與《搢紳全書》等資料亦多作「簡缺，衝」，清國史館《皇朝地理志》亦作「衝」。當據改補。

阜平　簡缺。(無字)

欒城　簡缺，衝。

案：《清史稿》作無字「簡缺」。然〈一覽表〉作「衝」字「簡缺」。(頁 462)乾隆二十九年夏季以後之《爵秩全覽》與《搢紳全書》等資料亦多作「簡缺，衝」，清國史館《皇朝地理志》亦作「衝」。當據改補。

行唐　簡缺。(無字)

靈壽　簡缺。(無字)

平山　簡缺。(無字)

元氏　簡缺。(無字)

贊皇　簡缺。(無字)

晉州　簡缺。(無字)

無極　簡缺。(無字)

藁城　簡缺。(無字)

新樂　中缺，衝、疲。

案：《清史稿》遺漏「中缺」二字，當補。

大名府　要缺，衝、繁、難。

案：《清史稿》遺漏「要缺」二字，當補。

大名　要缺，繁、難。

案：《清史稿》作「衝、繁、難」。然根據現存之《爵秩全覽》與《搢紳全書》等資料，嘉慶十一年以前大名縣多作「中缺，繁、難」，以後則爲「要缺，繁、難」；同時又據《欽定大清會典事例》卷六十三〈沿河州縣調補〉條載：乾隆二十三年，大名縣奉准改爲「沿河要缺」。因此，宣統三年時之大名縣應爲「繁、難，要缺」。《清史稿》當據改。

元城　簡缺，繁。

案：《清史稿》遺漏「簡缺」二字，當補。

南樂　簡缺，難。

案：《清史稿》遺漏「簡缺」二字，當補。

清豐　簡缺，難。

案：《清史稿》遺漏「簡缺」二字，當補。

東明　要缺，繁、疲、難。

案：《清史稿》遺漏「要缺」二字，當補。

開州　要缺，繁、疲、難。

案：《清史稿》遺漏「要缺」二字，當補。

長垣　要缺，繁、疲、難。

案：《清史稿》遺漏「要缺」二字，當補。

順德府　簡缺，衝。

案：《清史稿》遺漏「簡缺」二字，當補。

邢臺　要缺，衝、繁、難。

案：《清史稿》遺漏「要缺」二字，當補。

沙河　簡缺，衝。

案：《清史稿》遺漏「簡缺」二字，當補。

南和　中缺，繁、疲。

案：《清史稿》遺漏「中缺」二字，當補。

平鄉　中缺，疲、難。

案：《清史稿》遺漏「中缺」二字，當補。

廣宗　簡缺，疲。

案：《清史稿》遺漏「簡缺」二字，當補。

鉅鹿　中缺，疲、難。

案：《清史稿》遺漏「中缺」二字，當補。

唐山　簡缺。（無字）

內丘　簡缺，衝。

案：《清史稿》遺漏「簡缺」二字，當補。

任　簡缺。（無字）

<u>廣平府</u>　簡缺，繁。

案：《清史稿》作無字「簡缺」。然〈一覽表〉作「繁一字簡缺」。（頁 463）乾隆二十九年夏季以後之《爵秩全覽》與《搢紳全書》等資料亦多作「簡缺，繁」，清國史館《皇朝地理志》亦作「繁」。當據改補。

永年　要缺，衝、繁、難。

案：《清史稿》遺漏「要缺」二字，當補。

曲周　簡缺，繁。

案：《清史稿》遺漏「簡缺」二字，當補。

肥鄉　簡缺。（無字）

雞澤　中缺，疲、難。

案：《清史稿》遺漏「中缺」二字，當補。

廣平　簡缺。（無字）

邯鄲　要缺，衝、繁、難。

案：《清史稿》遺漏「要缺」二字，當補。

成安　簡缺。（無字）

威　簡缺，難。

案：《清史稿》遺漏「簡缺」二字，當補。

清河　簡缺。（無字）

磁州　要缺，衝、繁、難。

案：《清史稿》遺漏「要缺」二字，當補。

<u>天津府</u>　最要缺，衝、繁、疲、難。

案：《清史稿》遺漏「最要缺」三字，當補。

天津　最要缺，衝、繁、疲、難。

案：《清史稿》遺漏「最要缺」三字，當補。

青　最要缺，衝、繁、疲、難。

案：《清史稿》遺漏「最要缺」三字，當補。

靜海　最要缺，衝、繁、疲、難。

案：《清史稿》遺漏「最要缺」三字，當補。

滄州　最要缺，衝、繁、疲、難。

案：《清史稿》遺漏「最要缺」三字，當補。

南皮　中缺，繁、難。

案：《清史稿》遺漏「中缺」二字，當補。

鹽山　中缺，繁、難。

案：《清史稿》作「繁」字。然據乾隆二十九年夏季之《大清職官遷除全書》，鹽山爲「難」字「簡缺」；乾隆五十九年以後之《爵秩全覽》與《搢紳全書》等資料多作「要缺，繁、難」，而嘉慶十一年以後的資料則多改作「中缺，繁、難」。因此，《清史稿》當據改補。

慶雲　簡缺。（無字）

河間府　要缺，衝、繁、難。

案：《清史稿》遺漏「要缺」二字，當補。

河間　要缺，衝、繁、難。

案：《清史稿》遺漏「要缺」二字，當補。

獻　最要缺，衝、繁、疲、難。

案：《清史稿》遺漏「最要缺」三字，當補。

阜城　簡缺，衝。

案：《清史稿》遺漏「簡缺」二字，當補。

肅寧　簡缺。（無字）

任丘　要缺，衝、繁、難。

案：《清史稿》遺漏「要缺」二字，當補。

交河　要缺，繁、疲、難。

案：《清史稿》遺漏「要缺」二字，當補。

寧津　簡缺（無字）。

景州　要缺，衝、繁。

案：《清史稿》作「繁、難」。然〈一覽表〉作「衝繁兩字要缺」。（頁 462 ）乾隆二十九年夏季以後之《爵秩全覽》與《搢紳全書》等資料亦多作「要缺，衝、繁」。當據改補。

吳橋　要缺，繁、難。

案：《清史稿》遺漏「要缺」二字，當補。

東光　要缺，繁、疲、難。

案：《清史稿》遺漏「要缺」二字，當補。

故城　要缺，疲、難。

案：《清史稿》遺漏「要缺」二字，當補。

承德府　要缺，衝、繁、難。

案：《清史稿》遺漏「要缺」二字，當補。

灤平　要缺，衝、繁。

案：《清史稿》作「衝、難」。然嘉慶十一年冬季以後之《爵秩全覽》與《搢紳全書》等資料多作「要缺，衝、繁」，且清國史館《皇朝地理志》亦作「衝、繁」。當據改補。

平泉州　要缺，衝、繁、難。

案：《清史稿》遺漏「要缺」二字，當補。

豐寧　要缺，繁、難。

案：《清史稿》遺漏「要缺」二字，當補。

隆化　要缺，繁、難。

案：《清史稿》遺漏「要缺，繁、難」，當補。

圍場廳　要缺，衝、繁、疲、難。

案：《清史稿》遺漏「要缺」二字，當補。又據《綜表》，圍場廳於宣統三年閏六月五日由宣化府還屬承德府。（頁 8 ）《清史稿》仍置該廳於宣化府下，當改。

朝陽府　要缺，繁、疲、難。

案：《清史稿》遺漏「要缺」二字，當補。

建昌　要缺，繁、難。

案：《清史稿》遺漏「要缺」二字，當補。

阜新　要缺，繁、難。

案：光緒二十九年四月從熱河都統錫良奏請而設。（《德宗景皇帝實錄》卷五一七，頁 7 ）光緒三十二年四月熱河都統又奏請作爲繁難題調要缺。（《德宗景皇帝實錄》卷五五八，頁 3b-4a ）《清史稿》遺漏阜新縣全部資料，當補。

建平　要缺，繁、難。

案：光緒二十九年四月從熱河都統錫良奏請而設。（《德宗景皇帝實錄》卷五一七，頁 7 ）光緒三十二年四月熱河都統又奏請作爲繁難題調要缺。（《德宗景皇帝實錄》卷五五八，頁 3b-4a ）《清史稿》遺漏建平縣全部資料，當補。

綏東　（無缺分資料）

案：光緒三十四年二月新設。（《綜表》，頁 8 ）《清史稿》遺漏綏東縣全部資料，當補。

赤峰直隸州　要缺，繁、疲、難。

案：《清史稿》作「繁、難」。然宣統三年出版之《憲政最新搢紳全書》與《憲政增補最新職官全錄》二書均作「要缺，繁、疲、難」。當據改補。

開魯　（無缺分資料）

案：光緒三四年二月間新設。（《綜表》，頁 8 ）《清史稿》

遺漏開魯縣全部沿革資料，當補。

林西 （無缺分資料）

宣化府 要缺，衝、繁、難。

案：《清史稿》遺漏「要缺」二字，當補。

宣化 要缺，衝、繁、難。

案：《清史稿》遺漏「要缺」二字，當補。

赤城 簡缺，衝。

案：《清史稿》作無字「簡缺」。然〈一覽表〉作「衝一字簡缺」。（頁 464 ）乾隆二十九年夏季以後之《爵秩全覽》與《搢紳全書》等資料亦多作「簡缺，衝」，清國史館《皇朝地理志》亦作「衝」。當據改補。

萬全 要缺，衝、繁、難。

案：《清史稿》遺漏「要缺」二字，當補。

龍門 簡缺。（無字）

懷來 中缺，衝、繁。

案：《清史稿》遺漏「中缺」二字，當補。

蔚州 要缺，繁、疲、難。

案：《清史稿》作「衝、疲、難」。然〈一覽表〉作「繁疲難三字要缺」。（頁 462 ）乾隆五十年以後之《爵秩全覽》與《搢紳全書》等資料亦多作「要缺，繁、疲、難」。當據改補。

西寧 簡缺，疲。

案：《清史稿》無字「簡缺」。然〈一覽表〉作「疲一字簡缺」。（頁 463 ）乾隆二十九年夏季以後之《爵秩全覽》與《搢紳全書》等資料亦多作「簡缺，疲」，清國史館《皇朝地理志》亦作「疲」。當據改補。

懷安 中缺，衝、繁。

案：《清史稿》遺漏「中缺」二字，當補。

延慶州　中缺，衝、難。

案：《清史稿》遺漏「中缺」二字，當補。

保安州　簡缺。（無字）

口北三廳

張家口廳　要缺，衝、繁、難。

案：《清史稿》作無字「要缺」。然乾隆二十九年夏季以後之《爵秩全覽》與《搢紳全書》等資料多作「要缺，衝、繁、難」。當據補。

獨石口廳　要缺，衝、繁、難。

案：《清史稿》作無字「要缺」。然乾隆二十九年夏季以後之《爵秩全覽》與《搢紳全書》等資料多作「要缺，衝、繁、難」。當據補。

多倫諾爾廳　要缺，衝、繁、難。

案：《清史稿》遺漏「衝、繁、難」三字，當補。此乃從直隸總督袁守侗之請，於乾隆四十六年三月癸卯改訂。（《高宗純皇帝實錄》，卷一一二七，頁 24a）

永平府　要缺，衝、繁、難。

案：《清史稿》作無字「要缺」。然〈一覽表〉作「衝、繁、難三字請旨缺」。（頁 461）乾隆二十九年夏季以後之《爵秩全覽》與《搢紳全書》等資料亦多作「要缺，衝、繁、難」，且清國史館《皇朝地理志》亦作「衝、繁、難」。當據補。

盧龍　要缺，衝、繁、難。

案：《清史稿》遺漏「要缺」二字，當補。

遷安　要缺，繁、疲、難。

案：《清史稿》遺漏「要缺」二字，當補。

撫寧 中缺，衝、難。

案：《清史稿》遺漏「中缺」二字，當補。

昌黎 中缺，繁、難。

案：《清史稿》遺漏「中缺」二字，當補。

灤州 要缺，繁、疲、難。

案：《清史稿》作「難」。然乾隆五十年以後之《爵秩全覽》與《搢紳全書》等資料多作「要缺，繁、疲、難」。當據改補。

樂亭 簡缺(無字)。

臨榆 要缺，衝、繁、難。

案：《清史稿》遺漏「要缺」二字，當補。

遵化直隸州 要缺，衝、繁、難。

案：《清史稿》遺漏「要缺」二字，當補。

玉田 要缺，衝、繁、難。

案：《清史稿》遺漏「要缺」二字，當補。

豐潤 要缺，衝、繁、難。

案：《清史稿》遺漏「要缺」二字，當補。

易州直隸州 要缺，繁、難。

案：《清史稿》遺漏「要缺」二字，當補。

淶水 中缺，衝、繁。

案：《清史稿》遺漏「中缺」二字，當補。

廣昌 簡缺。(無字)

冀州直隸州 要缺，繁、疲。

案：《清史稿》遺漏「要缺」二字，當補。

南宮 簡缺，繁。

案：《清史稿》作無字「簡缺」。然〈一覽表〉作「繁一字簡缺」。（頁464）乾隆二十九年夏季以後之《爵秩全覽》與《搢紳全書》等資料亦多作「簡缺，繁」，清國史館《皇朝地理志》亦作「繁」。當據改補。

棗強　要缺，繁、疲、難。

案：《清史稿》遺漏「要缺」二字，當補。

新河　簡缺。（無字）

武邑　中缺，疲、難。

案：《清史稿》遺漏「中缺」二字，當補。

衡水　簡缺，繁。

案：《清史稿》無字「簡缺」。然〈一覽表〉作「繁一字簡缺」。（頁465）乾隆二十九年夏季以後之《爵秩全覽》與《搢紳全書》等資料亦多作「簡缺，繁」，清國史館《皇朝地理志》亦作「繁」。當據改補。

趙州直隸州　中缺，衝、繁。

案：《清史稿》遺漏「中缺」二字，當補。

柏鄉　中缺，衝、繁。

案：《清史稿》遺漏「中缺」二字，當補。

隆平　簡缺。（無字）

高邑　簡缺。（無字）

寧晉　簡缺。（無字）

臨城　簡缺。（無字）

案：宣統三年出版之《憲政最新搢紳全書》、《憲政增補最新職官全錄》、《爵秩全書》均作無字「簡缺」，且清國史館《皇朝地理志》亦作無字「簡缺」。《清史稿》遺漏此縣全部沿革資料，當據補。

深州直隸州　要缺，繁。

案：《清史稿》作無字「簡缺」。然嘉慶十一年冬季以後之《爵秩全覽》與《搢紳全書》等資料多作「要缺，繁」，且清國史館《皇朝地理志》亦作「繁」。當據改補。

武強　簡缺，難。

案：《清史稿》無字「簡缺」。然〈一覽表〉作「難一字簡缺」。（頁465）乾隆二十九年夏季以後之《爵秩全覽》與《搢紳全書》等資料亦多作「簡缺，難」，清國史館《皇朝地理志》亦作「難」。當據改補。

饒陽　要缺，繁、疲、難。

案：《清史稿》遺漏「要缺」二字，當補。

安平　簡缺，疲。

案：《清史稿》無字「簡缺」。然〈一覽表〉作「疲一字簡缺」。（頁465）乾隆二十九年夏季以後之《爵秩全覽》與《搢紳全書》等資料亦多作「簡缺，疲」，清國史館《皇朝地理志》亦作「疲」。當據改補。

定州直隸州　最要缺，衝、繁、疲、難。

案：《清史稿》遺漏「最要缺」三字，當補。

曲陽　簡缺。（無字）

深澤　簡缺。（無字）

二、卷五五　志三十　地理二　奉天省

奉天府　衝、繁、疲、難。

承德　《清史稿》作衝、繁、疲、難。

案：據《綜表》引朱批錫良奏摺，承德縣已於宣統三年三月三日裁撤。（頁80）《大清宣統政紀》亦載此事。（卷五十，頁4）。故《清史稿》此處當刪。

遼陽州 要缺，繁、疲、難。

案：《清史稿》遺漏「要缺」二字，當補。

復州 中缺，繁、疲。

案：《清史稿》遺漏「中缺」二字，當補。

撫順 要缺，衝、繁、疲、難。

案：《清史稿》遺漏「要缺」二字，當補。

開原 中缺，繁、疲。

案：《清史稿》遺漏「中缺」二字，當補。

鐵嶺 中缺，衝、疲。

案：《清史稿》遺漏「中缺」二字，當補。

海城 要缺，繁、疲、難。

案：《清史稿》遺漏「要缺」二字，當補。

蓋平 中缺，繁、疲。

案：《清史稿》遺漏「中缺」二字，當補。

遼中 要缺，繁、難。

案：《清史稿》遺漏「要缺」二字，當補。

本溪 要缺，繁、難。

案：《清史稿》遺漏「繁、難」及「要缺」二項，當補。

金州廳 要缺，衝、繁、疲、難。

案：《清史稿》遺漏「要缺」二字，當補。

法庫 要缺，衝、繁、難。

直隸廳 案：《清史稿》遺漏「要缺」二字，當改補。

錦州府 中缺，繁、難。

案：《清史稿》遺漏「中缺」二字，當補。

錦 《清史稿》作衝、繁、疲、難。

案：據《綜表》引朱批錫良奏摺，承德縣已於宣統三年三月三日裁撤。（頁 80）《大清宣統政紀》亦載此事。（卷五十，頁 4)。故《清史稿》此處當刪。

錦西廳 要缺,繁、難。

案:《清史稿》遺漏「要缺」二字,當補。

盤山廳 要缺,衝、疲、難。

案:《清史稿》遺漏「要缺」二字,當補。

義州 最要缺,繁、疲、難。

案:《清史稿》遺漏「最要缺」三字,當補。

寧遠州 最要缺,衝、繁、疲、難。

案:《清史稿》遺漏「最要缺」三字,當補。

廣寧 中缺,衝、疲。

案:《清史稿》遺漏「中缺」二字,當補。

綏中 最要缺,衝、繁、疲、難。

案:《清史稿》遺漏「最要缺」三字,當補。

新民府 要缺,衝、繁、難。

案:《清史稿》遺漏「要缺」二字,當補。

鎮安 中缺,衝、難。

案:《清史稿》遺漏「中缺」二字,當補。

彰武 最要缺,繁、疲、難。

案:《清史稿》遺漏「最要缺」三字,當補。

營口直隸廳 要缺。(無字)

案:《清史稿》遺漏「要缺」二字,當補。

興京府 要缺,繁、疲、難。

案:《清史稿》遺漏「要缺」二字,當補。

通化 要缺,繁、疲、難。

案:《清史稿》作「繁、難」。然宣統三年出版之《憲政最新搢紳全書》、《憲政增補最新職官全錄》、《爵秩全覽》、

《職官錄》等書均作「要缺，繁、疲、難」。當據改補。

懷仁　要缺，疲、難。

案：《清史稿》遺漏「要缺」二字，當補。

輯安　要缺，疲、難。

案：《清史稿》遺漏「要缺」二字，當補。

臨江　要缺，疲、難。

案：《清史稿》作「繁、難」。然宣統三年出版之《憲政最新搢紳全書》、《憲政增補最新職官全錄》、《爵秩全覽》、《職官錄》等書均作「要缺，疲、難」。當據改補。

鳳凰直隸廳　要缺，衝、繁、難。

案：《清史稿》遺漏「要缺」二字，當補。

岫巖州　要缺，衝、繁、疲、難。

案：《清史稿》遺漏「要缺」二字，當補。

安東　要缺，繁、疲、難。

案：《清史稿》遺漏「要缺」二字，當補。

寬甸　要缺，繁、疲、難。

案：《清史稿》遺漏「要缺」二字，當補。

莊河直隸廳　要缺，衝、繁、難。

案：《清史稿》遺漏「要缺」二字，當補。

長白府　要缺，衝、繁、難。

案：《清史稿》作「衝、繁」。然宣統三年出版之《憲政最新搢紳全書》、《爵秩全覽》、《職官錄》等書均作「要缺，疲、難」。當據改補。

安圖　要缺，衝、繁。

案：《清史稿》遺漏「要缺」二字，當補。

撫松　要缺，衝、繁。

案：《清史稿》遺漏「要缺」二字，當補。

海龍府　要缺，衝、繁、難。

案：《清史稿》遺漏「要缺」二字，當補。

東平　要缺，繁、難。

案：《清史稿》遺漏「要缺」二字，當補。

西豐　要缺，繁、難。

案：《清史稿》遺漏「要缺」二字，當補。

西安　要缺，繁、難。

案：《清史稿》遺漏「要缺」二字，當補。

柳河　要缺，衝、繁、難。

案：《清史稿》作「衝、繁」。然宣統三年出版之《憲政最新搢紳全書》、《憲政增補最新職官全錄》、《爵秩全覽》、《職官錄》等書均作「要缺，衝、繁、難」。當據改補。

輝南直隸廳　要缺，繁、疲、難。

案：《清史稿》不載任何資料。然宣統三年出版之《憲政最新搢紳全書》、《爵秩全覽》、《職官錄》等書均作「要缺，繁、疲、難」。當據改補。

昌圖府　要缺，繁、疲、難。

案：《清史稿》遺漏「要缺」二字，當補。

遼源州　要缺，繁、難。

案：《清史稿》遺漏「要缺」二字，當補。

奉化　要缺，繁、難。

案：《清史稿》遺漏「要缺」二字，當補。

懷德　要缺，繁、難。

案：《清史稿》遺漏「要缺」二字，當補。

康平　中缺，繁、難。

案：《清史稿》遺漏「中缺」二字，當補。

洮南府　要缺，繁、疲、難。

案：《清史稿》遺漏「要缺」二字，當補。

靖安　要缺，繁、難。

案：《清史稿》作「繁、疲、難」。然宣統三年出版之《憲政最新搢紳全書》、《憲政增補最新職官全錄》、《爵秩全覽》、《職官錄》等書均作「要缺，繁、難」。當據改補。

開通　要缺，繁、難。

案：《清史稿》作「繁、疲、難」。然宣統三年出版之《憲政最新搢紳全書》、《憲政增補最新職官全錄》、《爵秩全覽》、《職官錄》等書均作「要缺，繁、難」。當據改補。

安廣　要缺，衝、疲、難。

案：《清史稿》作「衝、繁、疲、難」。然宣統三年出版之《憲政增補最新職官全錄》、《爵秩全覽》、《職官錄》等書均作「要缺，衝、疲、難」。當據改補。

醴泉　要缺，衝、繁。

案：《清史稿》遺漏「要缺」二字，當補。

鎮東　（無缺分資料）

案：宣統二年八月間新設。（《綜表》，頁 83）

三、卷五六　志三一　地理三　吉林省

吉林府　要缺，繁、疲、難。

案：《清史稿》遺漏「要缺」二字，當補。

長春府　要缺，繁、疲、難。

案：《清史稿》遺漏「要缺」二字，當補。

西南路道

伊通州　要缺，衝、繁、難。

案：《清史稿》遺漏「要缺」二字，當補。

濛江州　（無缺分資料）

案：光緒三十四年新設。（《綜表》，頁 96）

農安　中缺，疲、難。

案：《清史稿》遺漏「中缺」二字，當補。

長嶺　（無缺分資料）

案：光緒三十四年新設。（《綜表》，頁 96）

樺甸　（無缺分資料）

案：光緒三十四年新設。（《綜表》，頁 96）

盤石　要缺，繁、疲、難。

案：《清史稿》不載缺分資料。然光緒三十三年以後之《爵秩全覽》與《搢紳全書》等資料多作「要缺，繁、疲、難」。當據改補。

舒蘭　（無缺分資料）

案：宣統二年三月間新設。（《綜表》，頁 96）

德惠　（無缺分資料）

案：宣統二年三月間新設。（《綜表》，頁 96）

雙陽　（無缺分資料）

案：宣統二年三月間新設。（《綜表》，頁 96）

新城府　要缺，繁、疲、難。

案：《清史稿》遺漏「要缺」二字，當補。

雙城府　要缺，衝、繁、難。

案：《清史稿》遺漏「要缺」二字，當補。

賓州府　要缺，衝、繁、難。

案：《清史稿》遺漏「要缺」二字，當補。

五常府　要缺，繁、疲、難。

案：《清史稿》遺漏「要缺」二字，當補。

西北路道

榆樹廳　要缺，繁、疲、難。

案：榆樹直隸廳宣統元年八月改隸西北路道（《綜表》，頁97）《清史稿》仍作直隸廳，並遺漏「要缺」二字，當改補。

濱江廳　（無缺分資料）

案：宣統元年閏四月間新設。（《綜表》，頁 97）

長壽　中缺，疲、難。

案：《清史稿》遺漏「中缺」二字，當補。

阿城　（無缺分資料）

案：宣統元年閏四月間新設。（《綜表》，頁 97）

延吉府　要缺，繁、疲、難。

案：《清史稿》遺漏「要缺」二字，當補。

寧安府　要缺，衝、繁、難。

案：《清史稿》不載缺分資料。然宣統二年以後之《爵秩全覽》與《搢紳全書》等資料多作「要缺，衝、繁、難」。當據改補。

東南路道

東寧廳 （無缺分資料）

案：宣統元年閏四月間新設。（《綜表》，頁 98）

琿春廳 （無缺分資料）

案：宣統元年閏四月間新設。（《綜表》，頁 98）

敦化 中缺，疲、難。

案：《清史稿》遺漏「中缺」二字，當補。

穆陵 （無缺分資料）

案：宣統元年閏四月間新設。（《綜表》，頁 98）

額穆 （無缺分資料）

案：宣統元年閏四月間新設。（《綜表》，頁 98）

汪清 （無缺分資料）

案：宣統元年閏四月間新設。（《綜表》，頁 98）

和龍 （無缺分資料）

案：宣統元年閏四月間新設。（《綜表》，頁 98）

依蘭府 要缺，繁、疲、難。

案：《清史稿》遺漏「要缺」二字，當補。

臨江府 要缺，繁、疲、難。

案：《清史稿》遺漏「要缺」二字，當補。

密山府 （無缺分資料）

案：光緒三十三年十二月間新設。（《綜表》，頁 98）

東北路道

虎林廳 （無缺分資料）

案：宣統元年七月間新設。（《綜表》，頁 98）

綏遠州 （無缺分資料）

案：宣統元年閏四月間新設。（《綜表》，頁 98）

方正 要缺，繁、疲、難。

案：《清史稿》遺漏「要缺」二字，當補。

樺川 （無缺分資料）

案：宣統元年閏四月間新設。（《綜表》，頁 98）

富錦 （無缺分資料）

案：宣統元年閏四月間新設。（《綜表》，頁 98）

饒河 （無缺分資料）

案：宣統二年三月間新設。（《綜表》，頁 98）

四、卷五七　志三二　地理四　黑龍江

龍江府 要缺，衝、繁、疲、難。

案：《清史稿》遺漏「要缺」二字，當補。

呼蘭府 要缺，衝、繁、難。

案：《清史稿》遺漏「要缺」二字，當補。

巴彥州 要缺，繁、難。

案：《清史稿》遺漏「要缺」二字，當補。

蘭西 要缺，衝、繁、難。

案：《清史稿》遺漏「要缺」二字，當補。

木蘭 中缺，疲、難。

案：《清史稿》遺漏「中缺」二字，當補。

綏化府　要缺，衝、繁、難。

案：《清史稿》遺漏「要缺」二字，當補。

餘慶　要缺，繁、難。

案：《清史稿》遺漏「要缺」二字，當補。

海倫府　要缺，繁、疲、難。

案：《清史稿》遺漏「要缺」二字，當補。

青岡　中缺，疲、難。

案：《清史稿》遺漏「中缺」二字，當補。

拜泉　要缺，繁、難。

案：《清史稿》遺漏「要缺」二字，當補。

嫩江府　（無缺分資料）

案：光緒三十四年七月間新設。（《綜表》，頁 111）

訥河直隸廳　（無缺分資料）

案：宣統二年七月間新設。（《綜表》，頁111）

璦琿直隸廳　（無缺分資料）

案：光緒三十四年七月間新設。（《綜表》，頁 112）

黑河府　（無缺分資料）

案：光緒三十四年七月間新設。（《綜表》，頁 112）

呼倫直隸廳　（無缺分資料）

案：光緒三十四年七月間新設。（《綜表》，頁 112）

臚濱府　（無缺分資料）

案：光緒三十四年七月間新設。（《綜表》，頁 112）

興東道

大通 （無缺分資料）

案：光緒三十四年五月間新設。（《綜表》，頁 112）

湯原 （無缺分資料）

案：光緒三十四年五月間新設。（《綜表》，頁 112）

肇州直隸廳 要缺，繁、難。

案：《清史稿》遺漏「要缺」二字，當補。

大賚直隸廳 要缺，衝、疲、難。

案：《清史稿》遺漏「要缺」二字，當補。

安達直隸廳 要缺，衝、繁、難。

案：《清史稿》遺漏「要缺」二字，當補。

五、卷五八 志三三 地理五 江蘇省

江寧府 要缺，衝、繁、難。

案：《清史稿》遺漏「要缺」二字，當補。

上元 要缺，衝、繁、難。

案：《清史稿》遺漏「要缺」二字，當補。

江寧 要缺，衝、繁、難。

案：《清史稿》遺漏「要缺」二字，當補。

句容 中缺，衝、難。

案：《清史稿》遺漏「中缺」二字，當補。

溧水 簡缺。（無字）

江浦 要缺，衝、繁。

案：江浦縣原爲「衝」字「簡缺」。宣統二年二月兩江總督張人駿因修築津浦鐵路，奏請改爲「衝、繁、難」三字要缺，後經下部研議後，改爲「衝、繁」兼二「要缺」。(《大清宣統正紀》卷三十二，頁 2a)《清史稿》仍作「衝」字，當改。

六合　簡缺。(無字)

高淳　簡缺。(無字)

淮安府　最要缺，衝、繁、疲、難。

案：《清史稿》遺漏「最要缺」三字，當補。

山陽　最要缺，衝、繁、疲、難。

案：《清史稿》遺漏「最要缺」三字，當補。

阜寧　要缺，繁、疲、難。

案：《清史稿》遺漏「要缺」二字，當補。

鹽城　中缺，繁、難。

案：《清史稿》遺漏「中缺」二字，當補。

清河　最要缺，衝、繁、疲、難。

案：《清史稿》遺漏「最要缺」三字，當補。

安東　要缺，繁、疲、難。

案：《清史稿》遺漏「要缺」二字，當補。

桃源　簡缺，難。

案：桃源縣原爲「衝、繁、難」兼三「要缺」，宣統二年二月兩江總督張人駿以桃源縣自各軌道交通，其地已非衝要，措置尙易爲力，且民情樸實，訟獄無多，較同府之阜寧、安東等縣三字調缺，繁簡攸殊爲由，奏請改爲「難」字「簡缺」。《大清宣統正紀》卷三十二，頁 2b)《清史稿》仍作「衝、繁、難」，當改。

揚州府　最要缺，衝、繁、疲、難。

案：《清史稿》遺漏「最要缺」三字，當補。

江都　最要缺，衝、繁、疲、難。

案：《清史稿》遺漏「最要缺」三字，當補。

甘泉　最要缺，衝、繁、疲、難。

案：《清史稿》遺漏「最要缺」三字，當補。

揚子　中缺，衝、繁。

案：《清史稿》遺漏「中缺」二字，當補。

高郵州　要缺，衝、繁。

案：《清史稿》遺漏「要缺」二字，當補。

興化　中缺，疲、難。

案：《清史稿》遺漏「中缺」二字，當補。

寶應　中缺，衝、繁。

案：《清史稿》遺漏「中缺」二字，當補。

泰州　要缺，繁、疲、難。

案：《清史稿》遺漏「要缺」二字，當補。

東臺　中缺，繁、疲。

案：《清史稿》遺漏「中缺」二字，當補。

徐州府　要缺，衝、繁、難。

銅山　要缺，衝、繁、難。

案：《清史稿》遺漏「要缺」二字，當補。

蕭　簡缺，難。

碭山　要缺，衝、疲、難。

案：《清史稿》作「衝、繁、疲、難」。然嘉慶十一年冬季以後之《爵秩全覽》與《搢紳全書》等資料多作「要缺，衝、疲、難」，清國史館《皇朝地理志》亦作「衝、疲、難」。當據改補。

豐　簡缺。（無字）

沛　簡缺，衝。

案：《清史稿》遺漏「簡缺」二字，當補。

邳州　要缺，衝、難。

案：《清史稿》遺漏「要缺」二字，當補。

宿遷 要缺，衝、繁、難。

案：《清史稿》遺漏「要缺」二字，當補。

睢寧 簡缺。(無字)

通州直隸州 要缺，繁、難。

案：《清史稿》遺漏「要缺」二字，當補。

如皋 中缺，繁、難。

案：《清史稿》遺漏「中缺」二字，當補。

泰興 中缺，疲、難。

案：《清史稿》遺漏「中缺」二字，當補。

海州直隸州 要缺，繁、難。

案：《清史稿》遺漏「要缺」二字，當補。

贛楡 簡缺，難。

案：《清史稿》遺漏「簡缺」二字，當補。

沭陽 簡缺，難。

案：《清史稿》遺漏「簡缺」二字，當補。

海門直隸廳 要缺，衝、難。

案：《清史稿》作「衝、繁」。然光緒三十三年秋季以後之《爵秩全覽》與《搢紳全書》等資料多作「要缺，衝、難」。當據改補。

蘇州府 最要缺，衝、繁、疲、難。

太湖廳 中缺。(無字)

靖湖廳 《清史稿》作無字「簡缺」。

案：根據《大清宣統政紀》，江蘇巡撫程德全於宣統三年四月二八日以「時易勢殊」爲由，奏准將原爲「因地制宜起見」而設的靖湖廳，歸併太湖廳管轄。（《大清宣統政紀》，卷五三，頁 28a-29a）故《清史稿》此條當刪。

吳　最要缺，衝、繁、疲、難。

案：《清史稿》遺漏「最要缺」三字，當補。

長洲　最要缺，衝、繁、疲、難。

案：《清史稿》遺漏「最要缺」三字，當補。

元和　最要缺，衝、繁、疲、難。

案：《清史稿》遺漏「最要缺」三字，當補。

崑山　中缺，疲、難。

案：《清史稿》遺漏「中缺」二字，當補。

新陽　中缺，疲、難。

案：《清史稿》遺漏「中缺」二字，當補。

常熟　要缺，繁、疲、難。

案：《清史稿》遺漏「要缺」二字，當補。

昭文　中缺，繁、難。

案：《清史稿》遺漏「中缺」二字，當補。

吳江　中缺，繁、疲、難。

案：《清史稿》遺漏「中缺」二字，當補。

震澤　中缺，繁、難。

案：《清史稿》遺漏「中缺」二字，當補。

松江府　要缺，繁、疲、難。

川沙廳　要缺，繁、疲、難。

案：《清史稿》遺漏「要缺」二字，當補。

華亭　要缺，繁、疲、難。

案：《清史稿》遺漏「要缺」二字，當補。

婁　中缺，疲、難。

案：《清史稿》遺漏「中缺」二字，當補。

奉賢　中缺，疲、難。

案：《清史稿》遺漏「中缺」二字，當補。

金山　中缺，疲、難。

案：《清史稿》遺漏「中缺」二字，當補。

上海　要缺，衝、繁、疲、難。

案：《清史稿》遺漏「要缺」二字，當補。

南匯　要缺，繁、疲、難。

案：《清史稿》遺漏「要缺」二字，當補。

青浦　要缺，繁、疲、難。

案：《清史稿》遺漏「要缺」二字，當補。

太倉直隸州　要缺，繁、疲、難。

案：《清史稿》遺漏「要缺」二字，當補。

鎮洋　中缺，繁。

案：《清史稿》遺漏「中缺」二字，當補。

崇明　要缺，繁、難。

案：《清史稿》作「衝、繁」。然〈一覽表〉作「繁、難兩字要缺」。(頁 468)乾隆二十九年夏季以後之《爵秩全覽》與《搢紳全書》等資料亦多作「要缺，繁、難」。當據改補。

嘉定　中缺，疲、難。

案：《清史稿》遺漏「中缺」二字，當補。

寶山　要缺，繁、疲、難。

案：《清史稿》遺漏「要缺」二字，當補。

常州府　最要缺，衝、繁、疲、難。

案：《清史稿》遺漏「最要缺」三字，當補。

武進　最要缺，衝、繁、疲、難。

案：《清史稿》遺漏「最要缺」三字，當補。

陽湖　中缺，繁、難。

案：《清史稿》遺漏「中缺」二字，當補。

無錫　中缺，衝、繁。

案：《清史稿》遺漏「中缺」二字，當補。

金匱　中缺，繁、難。

案：《清史稿》遺漏「中缺」二字，當補。

江陰　要缺，繁、疲、難。

案：《清史稿》遺漏「要缺」二字，當補。

宜興　中缺，疲、難。

案：《清史稿》遺漏「中缺」二字，當補。

荆溪　中缺，疲、難。

案：《清史稿》遺漏「中缺」二字，當補。

靖江　簡缺，難。

案：《清史稿》遺漏「簡缺」二字，當補。

鎮江府　最要缺，衝、繁、疲、難。

案：《清史稿》遺漏「最要缺」三字，當補。

太平廳　簡缺。（無字）

丹徒　最要缺，衝、繁、疲、難。

案：《清史稿》遺漏「最要缺」三字，當補。

丹陽　要缺，繁、疲、難。

案：《清史稿》遺漏「要缺」二字，當補。

金壇　中缺，疲、難。

案：《清史稿》遺漏「中缺」二字，當補。

溧陽　中缺，繁、疲。

案：《清史稿》遺漏「中缺」二字，當補。

六、卷五九　志三四　地理六　安徽省

安慶府　要缺，衝、繁、難。

案：《清史稿》遺漏「要缺」二字，當補。

懷寧　要缺，衝、繁、難。

案：《清史稿》遺漏「要缺」二字，當補。

桐城　要缺，衝、繁、難。

案：《清史稿》遺漏「要缺」二字，當補。

潛山　中缺，衝、繁。

案：《清史稿》遺漏「中缺」二字，當補。

太湖　中缺，衝、難。

案：《清史稿》遺漏「中缺」二字，當補。

宿松　中缺，衝、難。

案：《清史稿》遺漏「中缺」二字，當補。

望江　簡缺。（無字）

廬州府　中缺，衝、難。

案：《清史稿》遺漏「中缺」二字，當補。

合肥　最要缺，衝、繁、疲、難。

案：《清史稿》遺漏「最要缺」三字，當補。

舒城　中缺，衝、繁。

案：《清史稿》遺漏「中缺」二字，當補。

廬江　簡缺。（無字）

巢　簡缺。（無字）

無爲州　要缺，繁、疲、難。

案：《清史稿》遺漏「要缺」二字，當補。

鳳陽府　最要缺，衝、繁、疲、難。

案：《清史稿》遺漏「最要缺」三字，當補。

鳳陽　要缺，衝、繁、疲。

案：《清史稿》遺漏「要缺」二字，當補。

懷遠　中缺，疲、難。

案：《清史稿》遺漏「中缺」二字，當補。

定遠　中缺，衝、繁。

案：《清史稿》遺漏「中缺」二字，當補。

鳳臺　要缺，繁、疲、難。

案：《清史稿》遺漏「要缺」二字，當補。

壽州　最要缺，繁、疲、難。

案：《清史稿》遺漏「最要缺」三字，當補。

宿州　最要缺，衝、繁、疲、難。

案：《清史稿》遺漏「最要缺」三字，當補。

靈壁　最要缺，衝、繁、疲、難。

案：《清史稿》遺漏「最要缺」三字，當補。

<u>潁州府</u>　要缺，繁、疲、難。

案：《清史稿》遺漏「要缺」二字，當補。

阜陽　最要缺，繁、疲、難。

案：《清史稿》遺漏「最要缺」三字，當補。

潁上　中缺，疲、難。

案：《清史稿》遺漏「中缺」二字，當補。

霍丘　最要缺，繁、疲、難。

案：《清史稿》遺漏「最要缺」三字，當補。

亳州　要缺，衝、繁、難。

案：《清史稿》遺漏「要缺」二字，當補。

渦陽　要缺，衝、繁、難。

案：《清史稿》遺漏「要缺」二字，當補。

太和　要缺，繁、疲、難。

案：《清史稿》遺漏「要缺」二字，當補。

蒙城　要缺，繁、疲、難。

案：《清史稿》遺漏「要缺」二字，當補。

徽州府　要缺，繁、疲、難。

案：《清史稿》遺漏「要缺」二字，當補。

歙　中缺，繁、疲。

案：《清史稿》遺漏「要缺」二字，當補。

休寧　中缺，繁、疲。

案：《清史稿》遺漏「中缺」二字，當補。

婺源　中缺，繁、疲。

案：《清史稿》遺漏「中缺」二字，當補。

祁門　中缺，疲、難。

案：《清史稿》遺漏「中缺」二字，當補。

黟　簡缺。(無字)

績溪　中缺，疲、難。

案：《清史稿》遺漏「中缺」二字，當補。

寧國府　中缺，繁、難。

案：《清史稿》遺漏「中缺」二字，當補。

宣城　要缺，繁、疲、難。

案：《清史稿》遺漏「要缺」二字，當補。

寧國　簡缺。(無字)

涇　中缺，疲、難。

案：《清史稿》遺漏「中缺」二字，當補。

太平　中缺，疲、難。

案：《清史稿》遺漏「中缺」二字，當補。

旌德　中缺，繁、難。

案：《清史稿》遺漏「中缺」二字，當補。

南陵　中缺，繁、難。

案：《清史稿》遺漏「中缺」二字，當補。

池州府　中缺，衝、疲。

案：《清史稿》遺漏「中缺」二字，當補。

貴池　中缺，衝、繁。

案：《清史稿》遺漏「中缺」二字，當補。

青陽　中缺，衝、難。

案：《清史稿》遺漏「中缺」二字，當補。

銅陵　中缺，衝、繁。

案：《清史稿》遺漏「中缺」二字，當補。

石埭　中缺，疲、難。

案：《清史稿》遺漏「中缺」二字，當補。

建德　簡缺。（無字）

東流　中缺，衝、疲。

案：《清史稿》遺漏「中缺」二字，當補。

太平府　簡缺。（無字）

當塗　中缺，衝、繁。

案：《清史稿》遺漏「中缺」二字，當補。

蕪湖　中缺，衝、繁。

案：《清史稿》遺漏「中缺」二字，當補。

繁昌　簡缺。（無字）

廣德直隸州　中缺，繁、難。

案：《清史稿》遺漏「中缺」二字，當補。

建平　中缺，繁、難。

案：《清史稿》遺漏「中缺」二字，當補。

滁州直隸州　中缺，衝、繁。

案：《清史稿》遺漏「中缺」二字，當補。

全椒　簡缺。(無字)

來安　簡缺。(無字)

和州直隸州　中缺，繁、疲。

案：《清史稿》遺漏「中缺」二字，當補。

含山　簡缺。(無字)

六安直隸州　要缺，繁、疲、難。

案：《清史稿》遺漏「要缺」二字，當補。

英山　簡缺。(無字)

霍山　中缺，繁、難。

案：《清史稿》遺漏「要缺」二字，當補。

泗州直隸州　要缺，繁、疲、難。

案：《清史稿》遺漏「要缺」二字，當補。

盱眙　要缺，疲、難。

案：《清史稿》遺漏「要缺」二字，當補。

天長　中缺，疲、難。

案：《清史稿》遺漏「中缺」二字，當補。

五河　簡缺。(無字)

七、卷六十　志三五　地理七　山西省

太原府　要缺，衝、繁、難。

案：《清史稿》遺漏「要缺」二字，當補。

陽曲　要缺，衝、繁、難。

案：《清史稿》遺漏「要缺」二字，當補。

太原　中缺，衝、繁。

案：《清史稿》遺漏「中缺」二字，當補。

榆次　要缺，衝、繁、難。

案：《清史稿》遺漏「要缺」二字，當補。

太谷　簡缺，繁。

案：《清史稿》遺漏「簡缺」二字，當補。

祁　中缺，衝、繁。

案：《清史稿》遺漏「中缺」二字，當補。

徐溝　要缺，衝、繁、難。

案：《清史稿》遺漏「要缺」二字，當補。

交城　簡缺。（無字）

文水　中缺，繁、難。

案：《清史稿》遺漏「中缺」二字，當補。

岢嵐州　簡缺。（無字）

嵐　簡缺。（無字）

興　簡缺。（無字）

汾州府　要缺，衝、繁、難。

案：《清史稿》遺漏「要缺」二字，當補。

汾陽　要缺，繁、疲、難。

案：《清史稿》遺漏「要缺」二字，當補。

孝義　簡缺，繁。

案：《清史稿》遺漏「簡缺」二字，當補。

平遙　要缺，衝、繁、難。

案：《清史稿》遺漏「要缺」二字，當補。

介休　要缺，衝、繁、難。

案：《清史稿》遺漏「要缺」二字，當補。

石樓　簡缺。

臨　簡缺，難。

案：《清史稿》作無字「簡缺」。然〈一覽表〉作「難一字簡缺」。（頁 477）乾隆二十九年夏季以後之《爵秩全覽》與《搢紳全書》等資料亦多作「簡缺，難」，且清國史館《皇朝地理志》亦作「難」。當據改補。

永寧州　要缺，衝、繁、難。

案：《清史稿》遺漏「要缺」二字，當補。

寧鄉　簡缺。（無字）

潞安府　要缺，繁、疲、難。

案：《清史稿》遺漏「要缺」二字，當補。

長治　中缺，繁、難。

案：《清史稿》遺漏「中缺」二字，當補。

長子　簡缺，衝。

案：《清史稿》遺漏「簡缺」二字，當補。

屯留　簡缺，衝。

案：《清史稿》遺漏「簡缺」二字，當補。

襄垣　簡缺，衝。

案：《清史稿》遺漏「簡缺」二字，當補。

潞城　簡缺。（無字）

壺關　簡缺。（無字）

黎城　簡缺。（無字）

澤州府　中缺，衝、難。

案：《清史稿》遺漏「中缺」二字，當補。

鳳臺　要缺，衝、繁、難。

案：《清史稿》遺漏「要缺」二字，當補。

高平 中缺，衝、繁。

案：《清史稿》遺漏「中缺」二字，當補。

陽城 簡缺，難。

案：《清史稿》遺漏「簡缺」二字，當補。

陵川 簡缺。（無字）

沁水 簡缺。（無字）

<u>遼州直隸州</u> 簡缺，繁。

案：《清史稿》遺漏「簡缺」二字，當補。

和順 簡缺。（無字）

榆社 簡缺。（無字）

<u>沁州直隸州</u> 中缺，衝、繁。

案：《清史稿》遺漏「中缺」二字，當補。

沁源 簡缺。（無字）

武鄉 簡缺。（無字）

<u>平定直隸州</u> 中缺，衝、繁。

案：《清史稿》遺漏「中缺」二字，當補。

盂 簡缺，衝。

案：《清史稿》遺漏「簡缺」二字，當補。

壽陽 中缺，衝、繁。

案：《清史稿》遺漏「中缺」二字，當補。

<u>平陽府</u> 要缺，衝、繁、難。

案：《清史稿》遺漏「要缺」二字，當補。

臨汾 要缺，衝、繁、難。

案：《清史稿》遺漏「要缺」二字，當補。

洪洞　中缺，衝、繁。

案：《清史稿》遺漏「中缺」二字，當補。

浮山　簡缺。(無字)

岳陽　簡缺。(無字)

曲沃　要缺，衝、繁、難。

案：《清史稿》遺漏「要缺」二字，當補。

翼城　簡缺，難。

案：《清史稿》遺漏「簡缺」二字，當補。

太平　要缺，衝、繁、難。

案：《清史稿》遺漏「要缺」二字，當補。

襄陵　簡缺，難。

案：《清史稿》遺漏「簡缺」二字，當補。

汾西　簡缺。(無字)

鄉寧　簡缺。(無字)

吉州　簡缺，繁。

案：《清史稿》遺漏「簡缺」二字，當補。

蒲州府　要缺，衝、繁、難。

案：《清史稿》遺漏「要缺」二字，當補。

永濟　要缺，衝、繁、難。

案：《清史稿》遺漏「要缺」二字，當補。

臨晉　要缺，衝、繁、難。

案：《清史稿》遺漏「要缺」二字，當補。

虞鄉　簡缺，難。

案：《清史稿》遺漏「簡缺」二字，當補。

榮河　簡缺，難。

案：《清史稿》遺漏「簡缺」二字，當補。

猗氏　中缺，衝、難。

案：《清史稿》作「衝、繁」。然〈一覽表〉作「衝、難二字中缺」。(頁 478)乾隆二十九年夏季以後之《爵秩全覽》與《搢紳全書》等資料亦多作「中缺,衝、難」,且清國史館《皇朝地理志》亦作「衝、難」。當據改補。

萬泉　簡缺,難。

案:《清史稿》遺漏「簡缺」二字,當補。

解州直隸州　中缺,繁、難。

案:《清史稿》遺漏「中缺」二字,當補。

安邑　要缺,衝、繁、難。

案:《清史稿》遺漏「要缺」二字,當補。

夏　中缺,衝、難。

案:《清史稿》作「衝、繁」。然〈一覽表〉作「衝、難二字中缺」。(頁 479)乾隆二十九年夏季以後之《爵秩全覽》與《搢紳全書》等資料亦多作「中缺,衝、難」,且清國史館《皇朝地理志》亦作「衝、難」。當據改補。

平陸　簡缺。(無字)

芮城　簡缺,難。

案:《清史稿》遺漏「簡缺」二字,當補。

絳州直隸州　中缺,繁、難。

案:《清史稿》遺漏「中缺」二字,當補。

垣曲　簡缺,繁。

案:《清史稿》遺漏「簡缺」二字,當補。

聞喜　要缺,衝、繁、難。

案:《清史稿》遺漏「要缺」二字,當補。

絳　簡缺。(無字)

稷山　簡缺,難。

案:《清史稿》遺漏「簡缺」二字,當補。

河津　中缺，衝、繁。

案：《清史稿》遺漏「中缺」二字，當補。

隰州直隸州　簡缺，繁。

案：《清史稿》遺漏「簡缺」二字，當補。

大寧　簡缺。(無字)

蒲　簡缺。(無字)

永和　簡缺。(無字)

霍州直隸州　要缺，衝、繁、難。

案：《清史稿》遺漏「要缺」二字，當補。

趙城　簡缺，衝。

案：《清史稿》遺漏「簡缺」二字，當補。

靈石　簡缺，衝。

案：《清史稿》遺漏「簡缺」二字，當補。

大同府　要缺，衝、繁、難。

案：《清史稿》遺漏「要缺」二字，當補。

大同　要缺，衝、繁、難。

案：《清史稿》遺漏「要缺」二字，當補。

懷仁　簡缺，衝。

案：《清史稿》遺漏「簡缺」二字，當補。

渾源州　簡缺，難。

案：《清史稿》遺漏「簡缺」二字，當補。

應州　簡缺，衝。

案：《清史稿》遺漏「簡缺」二字，當補。

山陰　簡缺，衝。

案：《清史稿》遺漏「簡缺」二字，當補。

陽高　簡缺，衝。

案：《清史稿》遺漏「簡缺」二字，當補。

天鎮　簡缺，衝、繁、疲、難。

案：《清史稿》遺漏「簡缺」二字，當補。

廣靈　簡缺。（無字）

靈丘　簡缺，衝。

案：《清史稿》遺漏「簡缺」二字，當補。

朔平府　要缺，衝、繁、難。

案：《清史稿》遺漏「要缺」二字，當補。

右玉　中缺，衝、繁。

案：《清史稿》遺漏「中缺」二字，當補。

朔州　要缺，衝、繁、難。

案：《清史稿》遺漏「要缺」二字，當補。

左雲　簡缺，衝。

案：《清史稿》遺漏「簡缺」二字，當補。

平魯　簡缺，衝。

案：《清史稿》遺漏「簡缺」二字，當補。

寧武府　簡缺，衝。

案：《清史稿》遺漏「簡缺」二字，當補。

寧武　簡缺，衝。

案：《清史稿》遺漏「簡缺」二字，當補。

偏關　簡缺，衝。

案：《清史稿》遺漏「簡缺」二字，當補。

神池　簡缺，衝。

案：《清史稿》遺漏「簡缺」二字，當補。

五寨　簡缺，衝。

案：《清史稿》遺漏「簡缺」二字，當補。

忻州直隸州　中缺，衝、繁。

案：《清史稿》遺漏「中缺」二字，當補。

定襄　簡缺，繁。

案：《清史稿》遺漏「簡缺」二字，當補。

靜樂　簡缺，衝。

案：《清史稿》遺漏「簡缺」二字，當補。

代州直隸州　要缺，衝、繁、難。

案：《清史稿》遺漏「要缺」二字，當補。

五臺　簡缺，難。

案：《清史稿》遺漏「簡缺」二字，當補。

崞　中缺，衝、難。

案：《清史稿》作「衝」。然〈一覽表〉作「衝、難二字中缺」。（頁 478）乾隆二十九年夏季以後之《爵秩全覽》與《搢紳全書》等資料亦多作「中缺，衝、難」，且清國史館《皇朝地理志》亦作「衝、難」。當據改補。

繁峙　簡缺。（無字）

保德直隸州　中缺，衝、繁。

案：《清史稿》遺漏「中缺」二字，當補。

河曲　簡缺，衝。

案：《清史稿》遺漏「簡缺」二字，當補。

歸化城直隸廳　要缺，衝、繁、疲、難。

案：《清史稿》遺漏「要缺」二字，當補。

薩拉齊直隸廳　要缺，衝、繁、疲、難。

案：《清史稿》遺漏「要缺」二字，當補。

清水河直隸廳　要缺，繁、疲、難。

案：《清史稿》遺漏「要缺」二字，當補。

豐鎮直隸廳　要缺，繁、疲、難。

案：《清史稿》遺漏「要缺」二字，當補。

托克托直隸廳　要缺，繁、疲、難。

案：《清史稿》遺漏「要缺」二字，當補。

寧遠直隸廳　要缺，衝、疲、難。

案：《清史稿》遺漏「要缺」二字，當補。

和林格爾直隸廳　要缺，繁、疲、難。

案：《清史稿》遺漏「要缺」二字，當補。

興和直隸廳　要缺。（無字）

陶林直隸廳　要缺。（無字）

武川直隸廳　要缺。（無字）

五原直隸廳　要缺。（無字）

東勝直隸廳　要缺，衝、繁、難。

案：《清史稿》作無字「要缺」。然據《德宗景皇帝實錄》，山西巡撫寶棻於光緒三十四年十月間奏請將東勝廳定爲「衝、繁、難，要缺」。（卷五九七，頁 8b）

八、卷六一　志三六　地理八　山東省

濟南府　要缺，衝、繁、難。

案：《清史稿》遺漏「要缺」二字，當補。

歷城　要缺，衝、繁、難。

案：《清史稿》遺漏「要缺」二字，當補。

章丘　要缺，繁、疲、難。

案：《清史稿》遺漏「要缺」二字，當補。

鄒平　簡缺，疲。

案：《清史稿》遺漏「簡缺」二字，當補。

淄川　簡缺。（無字）

長山　簡缺。(無字)

新城　簡缺。(無字)

齊河　要缺,衝、繁、難。

案:《清史稿》遺漏「要缺」二字,當補。

齊東　中缺,疲、難。

案:《清史稿》遺漏「中缺」二字,當補。

濟陽　中缺,疲、難。

案:《清史稿》遺漏「中缺」二字,當補。

禹城　簡缺,衝。

案:《清史稿》遺漏「簡缺」二字,當補。

臨邑　簡缺。(無字)

長清　最要缺,衝、繁、疲、難。

案:《清史稿》遺漏「最要缺」三字,當補。

陵　簡缺。(無字)

德州　要缺,衝、繁、難。

案:《清史稿》遺漏「要缺」二字,當補。

德平　簡缺,難。

案:《清史稿》遺漏「簡缺」二字,當補。

平原　簡缺,衝。

案:《清史稿》遺漏「簡缺」二字,當補。

東昌府　要缺,衝、繁。

案:《清史稿》遺漏「要缺」二字,當補。

聊城　要缺,衝、繁、難。

案:《清史稿》遺漏「要缺」二字,當補。

堂邑　中缺,衝、疲。

案:《清史稿》遺漏「中缺」二字,當補。

博平　中缺,衝、繁。

案:《清史稿》遺漏「中缺」二字,當補。

茌平　要缺,衝、繁、難。

案：《清史稿》遺漏「要缺」二字，當補。

清平 中缺，衝、繁。

案：《清史稿》遺漏「中缺」二字，當補。

莘 簡缺。（無字）

冠 要缺，衝、繁、難。

案：《清史稿》遺漏「要缺」二字，當補。

館陶 簡缺。（無字）

高唐州 要缺，衝、繁、難。

案：《清史稿》作高唐，脫「州」字，並遺漏「要缺」二字，俱當補。清國史館《皇朝地理志》亦作「高唐州」。

恩 最要缺，衝、繁、疲、難。

案：《清史稿》遺漏「最要缺」三字，當補。

泰安府 要缺，衝、繁、難。

案：《清史稿》遺漏「要缺」二字，當補。

泰安 最要缺，衝、繁、疲、難。

案：《清史稿》遺漏「最要缺」三字，當補。

肥城 簡缺。（無字）

新泰 中缺，衝、繁。

案：《清史稿》遺漏「中缺」二字，當補。

萊蕪 簡缺。（無字）

東平州 要缺，衝、繁、難。

案：《清史稿》遺漏「要缺」二字，當補。

東阿 中缺，衝、繁。

案：《清史稿》遺漏「中缺」二字，當補。

平陰 簡缺。（無字）

武定府 中缺，繁、難。

案：《清史稿》遺漏「中缺」二字，當補。

惠民 要缺，繁、疲、難。

案：《清史稿》遺漏「要缺」二字，當補。

青城 簡缺。(無字)

陽信 簡缺，疲。

案：《清史稿》遺漏「簡缺」二字，當補。

海豐 簡缺。(無字)

樂陵 中缺，疲、難。

案：《清史稿》遺漏「中缺」二字，當補。

商河 要缺，繁、疲、難。

案：《清史稿》遺漏「要缺」二字，當補。

濱州 中缺，繁、難。

案：《清史稿》遺漏「中缺」二字，當補。

利津 簡缺，繁。

案：《清史稿》遺漏「簡缺」二字，當補。

霑化 簡缺，難。

案：《清史稿》遺漏「簡缺」二字，當補。

蒲臺 中缺，疲、難。

案：《清史稿》遺漏「中缺」二字，當補。

臨清直隸州 要缺，衝、繁、難。

案：《清史稿》遺漏「要缺」二字，當補。

武城 中缺，衝、繁。

案：《清史稿》遺漏「中缺」二字，當補。

夏津 簡缺，疲。

案：《清史稿》遺漏「簡缺」二字，當補。

丘 簡缺。(無字)

<u>兖州府</u>　要缺，衝、繁、難。

案：《清史稿》遺漏「要缺」二字，當補。

滋陽　要缺，衝、繁、難。

案：《清史稿》遺漏「要缺」二字，當補。

曲阜　簡缺。（無字）

寧陽　簡缺。（無字）

鄒　中缺，衝、繁。

案：《清史稿》遺漏「中缺」二字，當補。

泗水　簡缺。（無字）

滕　最要缺，衝、繁、疲、難。

案：《清史稿》遺漏「最要缺」三字，當補。

嶧　要缺，衝、繁、難。

案：《清史稿》遺漏「要缺」二字，當補。

汶上　要缺，衝、繁、難。

案：《清史稿》遺漏「要缺」二字，當補。

陽穀　最要缺，衝、繁、疲、難。

案：《清史稿》遺漏「最要缺」三字，當補。

壽張　中缺，疲、難。

案：《清史稿》遺漏「中缺」二字，當補。

<u>沂州府</u>　要缺，衝、繁、難。

案：《清史稿》遺漏「要缺」二字，當補。

蘭山　要缺，衝、繁、難。

案：《清史稿》遺漏「要缺」二字，當補。

郯城　要缺，衝、繁、難。

案：《清史稿》遺漏「要缺」二字，當補。

費　簡缺。（無字）

莒州　簡缺。（無字）

沂水 中缺，衝、繁。

案：《清史稿》遺漏「中缺」二字，當補。

蒙陰 簡缺，衝。

案：《清史稿》遺漏「簡缺」二字，當補。

日照 簡缺。(無字)

曹州府 要缺，繁、疲、難。

案：《清史稿》遺漏「要缺」二字，當補。

菏澤 要缺，繁、疲、難。

案：《清史稿》遺漏「要缺」二字，當補。

單 要缺，繁、疲、難。

案：《清史稿》遺漏「要缺」二字，當補。

鉅野 要缺，繁、疲、難。

案：《清史稿》遺漏「要缺」二字，當補。

鄆城 簡缺。(無字)

城武 簡缺。(無字)

曹 要缺，繁、疲、難。

案：《清史稿》遺漏「要缺」二字，當補。

定陶 簡缺。(無字)

濮州 要缺，繁、疲、難。

案：《清史稿》遺漏「要缺」二字，當補。

范 簡缺。(無字)

觀城 簡缺。(無字)

朝城 簡缺。(無字)

濟寧直隸州 要缺，衝、繁、難。

案：《清史稿》遺漏「要缺」二字，當補。

金鄉 簡缺。(無字)

嘉祥 簡缺。(無字)

魚臺 要缺，衝、繁、難。

案：《清史稿》遺漏「要缺」二字，當補。

登州府　中缺，繁、難。

案：《清史稿》作「衝、繁」。然〈一覽表〉作「繁、難二字中缺」。（頁 474）乾隆二十九年夏季以後之《爵秩全覽》與《搢紳全書》等資料亦多作「中缺，繁、難」，且清國史館《皇朝地理志》亦作「繁、難」。當據改補。

蓬萊　中缺，繁、難。

案：《清史稿》作「衝、繁」。然〈一覽表〉作「繁、難二字中缺」。（頁 478）乾隆二十九年夏季以後之《爵秩全覽》與《搢紳全書》等資料亦多作「中缺，繁、難」，且清國史館《皇朝地理志》亦多作「繁、難」。當據改補。

黃　簡缺，繁。

案：《清史稿》遺漏「簡缺」二字，當補。

福山　要缺，繁、難。

案：《清史稿》作「衝，繁」。然同治六年以後之《爵秩全覽》與《搢紳全書》等資料多作「要缺，繁、難」。清國史館《皇朝地理志》亦作「繁、難」。當據改補。

棲霞　簡缺。（無字）

招遠　簡缺。（無字）

萊陽　中缺，疲、難。

案：《清史稿》作「衝，繁」，然乾隆五十年以後之《爵秩全覽》與《搢紳全書》等資料多作「中缺，疲、難」。清國史館《皇朝地理志》亦作「疲、難」。當據改補。

寧海州　中缺，疲、難。

案：《清史稿》作「衝、繁」，然乾隆五十年以後之《爵秩全覽》與《搢紳全書》等資料多作「中缺，疲、難」，清國史館《皇朝地理志》亦作「疲、難」。當據以改補。

文登　中缺，疲、難。

案：《清史稿》作「衝、繁」，然乾隆五十年以後之《爵秩全覽》與《搢紳全書》等資料多作「中缺，疲、難」。清國史館《皇朝地理志》亦作「疲、難」。當據改補。

榮成　簡缺。（無字）

海陽　簡缺。（無字）

萊州府　中缺，繁、難。

案：《清史稿》作「衝、繁」。然〈一覽表〉作「繁、難二字中缺」。（頁 475）乾隆二十九夏季年以後之《爵秩全覽》與《搢紳全書》等資料多亦作「中缺，繁、難」。且清國史館《皇朝地理志》亦多作「繁、難」。當據改補。

掖　中缺，疲、難。

案：《清史稿》作「衝、繁」。然〈一覽表〉作「疲、難二字中缺」。（頁 475）乾隆二十九年夏季以後之《爵秩全覽》與《搢紳全書》等資料亦多作「中缺，疲、難」。且清國史館《皇朝地理志》亦多作「疲、難」。當據改補。

平度州　簡缺，難。

案：《清史稿》作無字「簡缺」。然嘉慶十一年冬季以後之《爵秩全覽》與《搢紳全書》等資料多作「簡缺，難」。清國史館《皇朝地理志》亦作「難」。當據改補。

濰　要缺，繁、疲、難。

案：《清史稿》作「衝、繁、難」。然〈一覽表〉作「繁、疲、難三字要缺」。（頁 475）乾隆二十九年夏季以後之《爵秩全覽》與《搢紳全書》等資料亦多作「要缺，繁、疲、難」。且清國史館《皇朝地理志》亦作「繁、疲、難」。當據改補。

昌邑　中缺，繁、難。

案：《清史稿》作「衝、繁」。然乾隆五十年以後之《爵秩全覽》與《搢紳全書》等資料多作「中缺，繁、難」。清國史館《皇朝地理志》亦作「繁、難」。當據改補。

青州府　要缺，繁、疲、難。

案：《清史稿》作「衝、繁、難」。然〈一覽表〉作「繁、疲、難三字請旨缺」。（頁 474）乾隆二十九年夏季以後之《爵秩全覽》與《搢紳全書》等資料亦多作「要缺，繁、疲、難」。且清國史館《皇朝地理志》亦作「繁、疲、難」。當據改補。

益都　要缺，繁、疲、難。

案：《清史稿》作「衝、繁、難」。然〈一覽表〉作「繁、疲、難三字要缺」。（頁 474）乾隆二十九年夏季以後之《爵秩全覽》與《搢紳全書》等資料亦多作「要缺，繁、疲、難」。且清國史館《皇朝地理志》亦多作「繁、疲、難」。當據改補。

博山　簡缺。（無字）

臨淄　簡缺。（無字）

博興　簡缺。（無字）

高苑　簡缺。（無字）

樂安　中缺，繁、難。

案：《清史稿》作「衝、繁」。然乾隆二十九夏季年以後之《爵秩全覽》與《搢紳全書》等資料多作「中缺，繁、難」。清國史館《皇朝地理志》亦作「繁、難」。當據改補。

壽光　要缺，繁、疲、難。

案：《清史稿》作「衝、繁、難」。然〈一覽表〉作「繁、疲、難三字要缺」。（頁 474）乾隆二十九年夏季以後之《爵秩全覽》與《搢紳全書》等資料亦多作「要缺，繁、疲、難」，且清國史館《皇朝地理志》亦多作「繁、疲、難」。當據改補。

臨朐　簡缺。（無字）

安丘　中缺，疲、難。

案：《清史稿》作「繁、難」。然〈一覽表〉作「疲、難二字中缺」。（頁 474）乾隆二十九年夏季以後之《爵秩全覽》與《搢紳全書》等資料亦多作「中缺，疲、難」。且清國史館《皇朝地理志》亦多作「疲、難」。當據改補。

昌樂　中缺，疲、難。

案：《清史稿》作「衝、繁」。然〈一覽表〉作「疲、難二字中缺」。（頁 474）乾隆二十九年夏季以後之《爵秩全覽》與《搢紳全書》等資料亦多作「中缺，疲、難」。且清國史館《皇朝地理志》亦作「疲、難」。當據改補。

諸城　要缺，繁、疲、難。

案：《清史稿》作「衝、繁、難」。然嘉慶廿三年以後之《爵秩全覽》與《搢紳全書》等資料多作「要缺，繁、疲、難」。清國史館《皇朝地理志》亦作「繁、疲、難」。當據改補。

<u>膠州直隸州</u>　要缺，衝、繁、難。

案：《清史稿》遺漏「要缺」二字，當補。

高密　簡缺。（無字）

即墨　中缺，繁、難。

案：《清史稿》作「衝、繁」。然〈一覽表〉作「繁、難二字中缺」。（頁 475）乾隆二十九夏季年以後之《爵秩全覽》與《搢紳全書》等資料亦多作「中缺，繁、難」。且清國史館《皇朝地理志》亦作「繁、難」。當據改補。

九、卷六二　志三七　地理九　河南省

開封府　要缺，衝、繁、難。

案：《清史稿》作「衝、繁、疲、難」。然〈一覽表〉作「衝、繁、難三字請旨缺」。（頁 475）乾隆二十九年夏季以後之《爵秩全覽》與《搢紳全書》等資料亦多作「要缺，衝、繁、難」。且清國史館《皇朝地理志》亦作「衝、繁、難」。當據改補。

祥符　最要缺，衝、繁、難。

案：《清史稿》遺漏「最要缺」三字，當補。

陳留　簡缺，衝。

案：《清史稿》遺漏「簡缺」二字，當補。

杞　要缺，衝、繁、難。

案：《清史稿》遺漏「要缺」二字，當補。

通許　簡缺。（無字）

尉氏　簡缺，衝。

案：《清史稿》遺漏「簡缺」二字，當補。

洧川　簡缺。（無字）

鄢陵　簡缺，難。

案：《清史稿》遺漏「簡缺」二字，當補。

中牟　中缺，衝、繁。

案：《清史稿》遺漏「中缺」二字，當補。

蘭封　中缺，衝、繁。

案：《清史稿》遺漏「中缺」二字，當補。

禹州　中缺，衝、繁。

案：《清史稿》遺漏「中缺」二字，當補。

密　簡缺。（無字）

新鄭　簡缺，衝。

案：《清史稿》遺漏「簡缺」二字，當補。

歸德府　　要缺，衝、繁、難。

案：《清史稿》遺漏「要缺」二字，當補。

商丘　要缺，衝、繁、難。

案：《清史稿》遺漏「要缺」二字，當補。

寧陵　簡缺，衝。

案：《清史稿》遺漏「簡缺」二字，當補。

鹿邑　要缺，繁、疲、難。

案：《清史稿》遺漏「要缺」二字，當補。

夏邑　中缺，衝、難。

案：《清史稿》遺漏「中缺」二字，當補。

永城　要缺，衝、繁、難。

案：《清史稿》遺漏「要缺」二字，當補。

虞城　中缺，衝、繁。

案：《清史稿》遺漏「中缺」二字，當補。

睢州　中缺，衝、繁。

案：《清史稿》遺漏「中缺」二字，當補。

考城　簡缺。（無字）

柘城　簡缺。（無字）

陳州府　　中缺，繁、難。

案：《清史稿》遺漏「中缺」二字，當補。

淮寧　要缺，繁、疲、難。

案：《清史稿》遺漏「要缺」二字，當補。

商水　簡缺。（無字）

西華　簡缺，難。

案：《清史稿》遺漏「簡缺」二字，當補。

項城　簡缺。（無字）

沈丘　簡缺，難。

案：《清史稿》遺漏「簡缺」二字，當補。

太康　要缺，繁、疲、難。

案：《清史稿》遺漏「要缺」二字，當補。

扶溝　簡缺。（無字）

許州直隸州　中缺，衝、繁。

案：《清史稿》遺漏「中缺」二字，當補。

臨潁　簡缺，衝。

案：《清史稿》遺漏「簡缺」二字，當補。

襄城　中缺，衝、繁。

案：《清史稿》遺漏「中缺」二字，當補。

郾城　簡缺，衝。

案：《清史稿》遺漏「簡缺」二字，當補。

長葛　簡缺。（無字）

鄭州直隸州　最要缺，衝、繁、疲、難。

案：《清史稿》遺漏「最要缺」三字，當補。

滎澤　要缺，衝、繁、疲。

案：《清史稿》作「衝、繁」。然據《高宗純皇帝實錄》，乾隆二十九年十二月七日吏部等部議准河南巡撫阿思哈奏請將滎澤改定爲「衝、繁、疲兼三沿河要缺」。（卷七二四，頁14a-15b）清國史館《皇朝地理志》亦作「衝、繁、疲」。《清史稿》當據改補。

滎陽　簡缺，衝。

案：《清史稿》遺漏「簡缺」二字，當補。

汜水　簡缺，衝。

案：《清史稿》遺漏「簡缺」二字，當補。

河南府　中缺，衝、繁。

案：《清史稿》遺漏「中缺」二字，當補。

洛陽　要缺，衝、繁、難。

案：《清史稿》遺漏「要缺」二字，當補。

偃師　簡缺，衝。

案：《清史稿》遺漏「簡缺」二字，當補。

宜陽　簡缺。（無字）

新安　簡缺，衝。

案：《清史稿》遺漏「簡缺」二字，當補。

鞏　簡缺，衝。

案：《清史稿》遺漏「簡缺」二字，當補。

孟津　簡缺。（無字）

登封　簡缺。（無字）

永寧　簡缺。（無字）

澠池　簡缺，衝。

案：《清史稿》遺漏「簡缺」二字，當補。

嵩　簡缺，難。

案：《清史稿》遺漏「簡缺」二字，當補。

陝州直隸州　中缺，衝、繁。

案：《清史稿》遺漏「中缺」二字，當補。

靈寶　中缺，衝、繁。

案：《清史稿》遺漏「中缺」二字，當補。

閿鄉　中缺，衝、難。

案：《清史稿》遺漏「中缺」二字，當補。

盧氏　簡缺。（無字）

汝州直隸州　中缺，繁、難。

案：《清史稿》遺漏「中缺」二字，當補。

魯山　簡缺，難。

案：《清史稿》遺漏「簡缺」二字，當補。

郟　簡缺，難。

案：《清史稿》遺漏「簡缺」二字，當補。

寶豐　簡缺，難。

案：《清史稿》遺漏「簡缺」二字，當補。

伊陽　簡缺。（無字）

彰德府　要缺，衝、繁、難。

案：《清史稿》作「衝、繁」。然光緒三十一年正月初九河南巡撫陳夔龍奏請將彰德府由原定之「衝繁兼二中缺」改爲「衝繁難三字要缺」，（陳夔龍：《庸奄尙書奏議》卷五，頁 12a-13a ）同時光緒三十二年以後之《爵秩全覽》與《搢紳全書》等資料也多改作「要缺，衝、繁、難」。《清史稿》當據改補。

安陽　要缺，衝、繁、疲。

案：《清史稿》遺漏「要缺」二字，當補。

臨漳　簡缺，繁。

案：《清史稿》遺漏「簡缺」二字，當補。

湯陰　中缺，衝、繁。

案：《清史稿》遺漏「中缺」二字，當補。

林　簡缺，繁。

案：《清史稿》遺漏「簡缺」二字，當補。

武安　簡缺，繁。

案：《清史稿》遺漏「簡缺」二字，當補。

涉　簡缺。（無字）

內黃　要缺，繁、難。

案：《清史稿》遺漏「要缺」二字，當補。

衛輝府 要缺，衝、繁、難。

案：《清史稿》作「衝、繁」。然光緒三十一年正月初九河南巡撫陳夔龍奏請將衛輝府由原定之「衝繁兼二中缺」改為「衝繁難三字要缺」，（陳夔龍：《庸菴尚書奏議》卷五，頁12a-13a）同時光緒三十二年以後之《爵秩全覽》與《搢紳全書》等資料也多改作「要缺，衝、繁、難」。《清史稿》當據改補。

汲 中缺，衝、繁。

案：《清史稿》遺漏「中缺」二字，當補。

新鄉 中缺，衝、繁。

案：《清史稿》遺漏「中缺」二字，當補。

獲嘉 中缺，衝、繁。

案：《清史稿》遺漏「中缺」二字，當補。

淇 簡缺，衝。

案：《清史稿》遺漏「簡缺」二字，當補。

輝 簡缺，繁。

案：《清史稿》遺漏「簡缺」二字，當補。

延津 中缺，衝、疲。

案：《清史稿》遺漏「中缺」二字，當補。

濬 中缺，衝、繁。

案：《清史稿》遺漏「中缺」二字，當補。

滑 要缺，繁、難。

案：《清史稿》遺漏「要缺」二字，當補。

封丘 簡缺，繁。

案：《清史稿》遺漏「簡缺」二字，當補。

懷慶府 中缺，衝、繁。

案：《清史稿》遺漏「中缺」二字，當補。

河內 要缺，衝、繁。

案：《清史稿》遺漏「要缺」二字，當補。

濟源 簡缺，難。

案：《清史稿》遺漏「簡缺」二字，當補。

原武 簡缺，難。

案：《清史稿》遺漏「簡缺」二字，當補。

修武 中缺，衝、繁。

案：《清史稿》遺漏「中缺」二字，當補。

武陟 要缺，衝、繁。

案：《清史稿》遺漏「要缺」二字，當補。

孟 要缺，衝、繁。

案：《清史稿》遺漏「要缺」二字，當補。

溫 簡缺，繁。

案：《清史稿》遺漏「簡缺」二字，當補。

陽武 簡缺，繁。

案：《清史稿》遺漏「簡缺」二字，當補。

南陽府 要缺，衝、繁、難。

案：《清史稿》遺漏「要缺」二字，當補。

南陽 要缺，衝、繁、難。

案：《清史稿》遺漏「要缺」二字，當補。

南召 簡缺，難。

案：《清史稿》遺漏「簡缺」二字，當補。

唐 中缺，繁、難。

案：《清史稿》遺漏「中缺」二字，當補。

泌陽 簡缺。（無字）

桐柏 簡缺。（無字）

鎭平 簡缺。（無字）

鄧州 要缺，繁、難。

案：《清史稿》遺漏「要缺」二字，當補。

內鄉 中缺，繁、難。

案：《清史稿》遺漏「中缺」二字，當補。

新野 簡缺，衝。

案：《清史稿》遺漏「簡缺」二字，當補。

裕州 中缺，衝、難。

案：《清史稿》遺漏「中缺」二字，當補。

舞陽 簡缺。(無字)

葉 簡缺，衝。

案：《清史稿》遺漏「簡缺」二字，當補。

汝寧府 要缺，衝、繁、難。

案：《清史稿》遺漏「要缺」二字，當補。

汝陽 中缺，繁、難。

案：《清史稿》遺漏「中缺」二字，當補。

正陽 簡缺，繁。

案：《清史稿》遺漏「簡缺」二字，當補。

上蔡 中缺，繁、難。

案：《清史稿》遺漏「中缺」二字，當補。

新蔡 簡缺。(無字)

西平 中缺，衝、繁。

案：《清史稿》遺漏「中缺」二字，當補。

遂平 中缺，衝、繁。

案：《清史稿》遺漏「中缺」二字，當補。

確山 中缺，衝、繁。

案：《清史稿》遺漏「中缺」二字，當補。

信陽州 要缺，衝、繁、難。

案：《清史稿》遺漏「要缺」二字，當補。

羅山　中缺，繁、難。

案：《清史稿》遺漏「中缺」二字，當補。

光州直隸州　要缺，繁、疲、難。

案：《清史稿》遺漏「要缺」二字，當補。

光山　要缺，繁、難。

案：《清史稿》遺漏「要缺」二字，當補。

固始　要缺，繁、疲、難。

案：《清史稿》遺漏「要缺」二字，當補。

息　要缺，繁、疲、難。

案：《清史稿》遺漏「要缺」二字，當補。

商城　簡缺，難。

案：《清史稿》遺漏「簡缺」二字，當補。

淅川直隸廳　要缺，繁、難。

案：《清史稿》遺漏「要缺」二字，當補。

十、卷六三　志三八　地理十　陝西省

西安府　最要缺，衝、繁、疲、難。

案：《清史稿》遺漏「最要缺」三字，當補。

長安　最要缺，衝、繁、疲、難。

案：《清史稿》遺漏「最要缺」三字，當補。

咸寧　最要缺，衝、繁、疲、難。

案：《清史稿》遺漏「最要缺」三字，當補。

咸陽　要缺，衝、繁、難。

案：《清史稿》遺漏「要缺」二字，當補。

興平　中缺，衝、繁。

案：《清史稿》遺漏「中缺」二字，當補。

臨潼　要缺，衝、繁、難。

案：《清史稿》遺漏「要缺」二字，當補。

高陵　簡缺。(無字)

鄠　中缺，繁、難。

案：《清史稿》遺漏「中缺」二字，當補。

藍田　簡缺。(無字)

涇陽　要缺，衝、繁、難。

案：《清史稿》遺漏「要缺」二字，當補。

三原　要缺，衝、繁、難。

案：《清史稿》遺漏「要缺」二字，當補。

盩厔　中缺，繁、難。

案：《清史稿》遺漏「中缺」二字，當補。

渭南　要缺，衝、繁、難。

案：《清史稿》遺漏「要缺」二字，當補。

富平　要缺，繁、疲、難。

案：《清史稿》遺漏「要缺」二字，當補。

醴泉　簡缺，衝。

案：《清史稿》遺漏「簡缺」二字，當補。

同官　簡缺。(無字)

耀州　簡缺。(無字)

孝義廳　要缺，繁、難。

案：《清史稿》遺漏「要缺」二字，當補。

寧陝廳　要缺，繁、難。

案：《清史稿》遺漏「要缺」二字，當補。

同州府　要缺，衝、繁、難。

案：《清史稿》遺漏「要缺」二字，當補。

大荔　要缺，繁、難。

案：《清史稿》作「繁、疲、難」。然光緒十七年以後之《爵秩全覽》與《搢紳全書》等資料多作「要缺，繁、難」。當據改補。

朝邑 中缺，繁、難。

案：《清史稿》遺漏「中缺」二字，當補。

郃陽 簡缺，難。

案：《清史稿》遺漏「簡缺」二字，當補。

澄城 簡缺，難。

案：《清史稿》作無字「簡缺」。然〈一覽表〉作「難一字簡缺」。（頁 485）乾隆二十九年夏季以後之《爵秩全覽》與《搢紳全書》等資料亦多作「簡缺，難」，且清國史館《皇朝地理志》亦作「難」。當據改補。

韓城 簡缺，難。

案：《清史稿》遺漏「簡缺」二字，當補。

華州 中缺，衝、繁。

案：《清史稿》作「衝」字。然嘉慶二十五年以後之《爵秩全覽》與《搢紳全書》等資料多作「中缺，衝、繁」。清國史館《皇朝地理志》亦作「衝、繁」。當據改補。

華陰 中缺，衝、繁。

案：《清史稿》遺漏「中缺」二字，當補。

蒲城 要缺，繁、疲、難。

案：《清史稿》遺漏「要缺」二字，當補。

白水 簡缺。（無字）

潼關廳 最要缺，衝、繁、難。

案：《清史稿》遺漏「最要缺」三字，當補。

<u>鳳翔府</u> 中缺，衝、繁。

案：《清史稿》遺漏「中缺」二字，當補。

鳳翔　中缺，衝、繁。

案：《清史稿》遺漏「中缺」二字，當補。

岐山　中缺，衝、繁。

案：《清史稿》遺漏「中缺」二字，當補。

寶雞　要缺，衝、繁、難。

案：《清史稿》遺漏「要缺」二字，當補。

扶風　中缺，衝、繁。

案：《清史稿》遺漏「中缺」二字，當補。

郿　簡缺。(無字)

麟遊　簡缺。(無字)

汧陽　簡缺，衝。

案：《清史稿》遺漏「簡缺」二字，當補。

隴州　簡缺，衝。

案：《清史稿》遺漏「簡缺」二字，當補。

漢中府　要缺，衝、繁、疲、難。

案：《清史稿》遺漏「要缺」二字，當補。

南鄭　要缺，衝、繁、難。

案：《清史稿》遺漏「要缺」二字，當補。

褒城　簡缺，衝。

案：《清史稿》遺漏「衝」字，當補。

城固　要缺，繁、難。

案：《清史稿》作無字「簡缺」。然光緒三十四年以後之《爵秩全覽》與《搢紳全書》等資料多作「要缺，繁、難」。當據改補。

洋　簡缺。(無字)

西鄉　要缺，繁、疲、難。

案：《清史稿》遺漏「要缺」二字，當補。

鳳　要缺。（無字）

案：《清史稿》作「衝」字。然道光十七年以後之《爵秩全覽》與《搢紳全書》等資料多作無字「要缺」。當據改補。

寧羌州　要缺，衝、疲、難。

案：《清史稿》遺漏「要缺」二字，當補。

沔　簡缺，衝。

案：《清史稿》遺漏「簡缺」二字，當補。

略陽　簡缺。（無字）

案：《清史稿》作「衝」。然〈一覽表〉作「無字簡缺」。（頁 485）乾隆二十九年夏季以後之《爵秩全覽》與《搢紳全書》等資料多作無字「簡缺」。當據改補。

佛坪廳　要缺。（無字）

定遠廳　要缺，繁、疲、難。

案：《清史稿》作無字「要缺」。然嘉慶二十三年以後之《爵秩全覽》與《搢紳全書》等資料多作「要缺，繁、疲、難」。清國史館《皇朝地理志》亦作「繁、疲、難」。當據改補。

留壩廳　要缺，衝、繁、難。

案：《清史稿》遺漏「要缺」二字，當補。

<u>興安府</u>　要缺，繁、疲、難。

案：《清史稿》遺漏「要缺」二字，當補。

安康　要缺，繁、疲、難。

案：《清史稿》遺漏「要缺」二字，當補。

平利　簡缺。（無字）

洵陽　簡缺。（無字）

白河　簡缺。（無字）

紫陽　簡缺。（無字）

石泉　簡缺。（無字）

漢陰廳　要缺，繁、疲、難。

案：《清史稿》作「繁、疲、難，簡」。然嘉慶三年以後之《爵秩全覽》與《搢紳全書》等資料多作「要缺，繁、疲、難」。「簡」字當爲「要」字之誤，當改。

磚坪廳　要缺。（無字）

案：《清史稿》未列此廳全部資料，當補。《綜表》引《宣宗實錄》卷五一，指出磚坪廳置於道光三年四月庚申，迄清末不曾裁撤。（頁 437）

延安府　中缺，繁、難。

案：《清史稿》遺漏「中缺」二字，當補。

膚施　簡缺。（無字）

安塞　簡缺。（無字）

甘泉　簡缺。（無字）

安定　簡缺。（無字）

保安　簡缺。（無字）

宜川　簡缺。（無字）

延川　簡缺。（無字）

延長　簡缺。（無字）

定邊　中缺，衝、難。

案：《清史稿》作「繁、難」。然〈一覽表〉作「衝、難二字中缺」。（頁 485）乾隆二十九年夏季以後之《爵秩全覽》與《搢紳全書》等資料亦多作「中缺，衝、難」。且清國史館《皇朝地理志》亦作「衝、難」。當據改補。

靖邊　中缺，衝、難。

案：《清史稿》遺漏「中缺」二字，當補。

<u>楡林府</u>　要缺，衝、繁、難。

案：《清史稿》遺漏「要缺」二字，當補。

楡林　中缺，衝、難。

案：《清史稿》遺漏「中缺」二字，當補。

懷遠　中缺，衝、難。

案：《清史稿》「衝」字。然〈一覽表〉作「衝、難二字中缺」。（頁 485 ）乾隆二十九年夏季以後之《爵秩全覽》與《搢紳全書》等資料亦多作「中缺，衝、難」，且清國史館《皇朝地理志》亦作「衝、難」。當據改補。

葭州　中缺，疲、難。

案：《清史稿》遺漏「中缺」二字，當補。

神木　中缺，衝、繁。

案：《清史稿》遺漏「中缺」二字，當補。

府谷　簡缺，衝。

案：《清史稿》遺漏「簡缺」二字，當補。

<u>乾州直隸州</u>　要缺，衝、繁、難。

案：《清史稿》遺漏「要缺」二字，當補。

武功　要缺，衝、繁、難。

案：《清史稿》遺漏「要缺」二字，當補。

永壽　簡缺，衝。

案：《清史稿》遺漏「簡缺」二字，當補。

<u>商州直隸州</u>　要缺，繁、疲、難。

案：《清史稿》遺漏「要缺」二字，當補。

鎭安　要缺，繁、疲、難。

案：《清史稿》遺漏「要缺」二字，當補。

雒南　簡缺。（無字）

山陽　簡缺。(無字)

商南　簡缺。(無字)

邠州直隸州　簡缺。(無字)

三水　簡缺。(無字)

淳化　簡缺。(無字)

長武　簡缺。(無字)

鄜州直隸州　要缺，繁、疲、難。

案：《清史稿》遺漏「要缺」二字，當補。

洛川　簡缺。(無字)

中部　簡缺。(無字)

宜君　簡缺。(無字)

綏德直隸州　中缺，衝、繁。

案：《清史稿》遺漏「中缺」二字，當補。

米脂　簡缺。(無字)

清澗　簡缺。(無字)

吳堡　簡缺。(無字)

十一、卷六四　志三九　地理十一　甘肅省

蘭州府　要缺，衝、繁、難。

案：《清史稿》遺漏「要缺」二字，當補。

皋蘭　最要缺，衝、繁、疲、難。

案：《清史稿》遺漏「最要缺」三字，當補。

金　中缺，衝、疲。

案：《清史稿》遺漏「中缺」二字，當補。

狄道州　要缺，繁、疲、難。

案：《清史稿》遺漏「要缺」二字，當補。

渭源　中缺，衝、疲。

案：《清史稿》遺漏「中缺」二字，當補。

靖遠　中缺，疲、難。

案：《清史稿》遺漏「中缺」二字，當補。

河州　要缺，繁、疲、難。

案：《清史稿》遺漏「要缺」二字，當補。

平涼府　中缺，衝、繁。

平涼　要缺，衝、疲、難。

案：《清史稿》遺漏「要缺」二字，當補。

華亭　簡缺，疲。

案：《清史稿》遺漏「簡缺」二字，當補。

靜寧州　要缺，衝、疲、難。

案：《清史稿》遺漏「要缺」二字，當補。

隆德　中缺，衝、難。

案：《清史稿》遺漏「中缺」二字，當補。

鞏昌府　最要缺，衝、繁、疲、難。

案：《清史稿》遺漏「最要缺」三字，當補。

隴西　中缺，衝、繁。

案：《清史稿》遺漏「中缺」二字，當補。

安定　中缺，衝、繁。

案：《清史稿》遺漏「中缺」二字，當補。

會寧　中缺，衝、繁。

案：《清史稿》遺漏「中缺」二字，當補。

通渭　簡缺。（無字）

寧遠　簡缺，衝。

案：《清史稿》遺漏「簡缺」二字，當補。

伏羌　中缺，衝、難。

案：《清史稿》遺漏「中缺」二字，當補。

西和　簡缺，疲。

案：《清史稿》遺漏「簡缺」二字，當補。

岷州　中缺，疲、難。

案：《清史稿》遺漏「中缺」二字，當補。

洮州廳　要缺，繁、難。

案：《清史稿》遺漏「要缺」二字，當補。

慶陽府　中缺，疲、難。

案：《清史稿》遺漏「中缺」二字，當補。

安化　中缺，疲、難。

案：《清史稿》遺漏「中缺」二字，當補。

合水　簡缺。(無字)

環　簡缺。(無字)

正寧　簡缺。(無字)

寧州　中缺，疲、難。

寧夏府　最要缺，衝、繁、疲、難。

案：《清史稿》遺漏「最要缺」三字，當補。

寧夏　最要缺，衝、繁、疲、難。

案：《清史稿》遺漏「最要缺」三字，當補。

寧朔　中缺，衝、難。

案：《清史稿》遺漏「中缺」二字，當補。

平羅　中缺，疲、難。

案：《清史稿》遺漏「中缺」二字，當補。

靈州　要缺，繁、疲、難。

中衛　要缺，衝、疲、難。

案：《清史稿》遺漏「要缺」二字，當補。

寧靈廳　要缺。（無字）

西寧府　最要缺，衝、繁、疲、難。

案：《清史稿》遺漏「最要缺」三字，當補。

西寧　最要缺，衝、繁、疲、難。

案：《清史稿》遺漏「最要缺」三字，當補。

碾伯　中缺，衝、繁。

案：《清史稿》遺漏「中缺」二字，當補。

大通　簡缺，難。

案：《清史稿》遺漏「簡缺」二字，當補。

貴德廳　要缺。（無字）

循化廳　要缺。（無字）

丹噶爾廳　要缺。（無字）

巴燕戎格廳　要缺。（無字）

涼州府　最要缺，衝、繁、疲、難。

案：《清史稿》遺漏「最要缺」三字，當補。

武威　最要缺，衝、繁、疲、難。

案：《清史稿》遺漏「最要缺」三字，當補。

鎮番　中缺，繁、疲。

案：《清史稿》遺漏「中缺」二字，當補。

永昌　要缺，衝、繁、疲。

案：《清史稿》遺漏「要缺」二字，當補。

古浪　中缺，衝、疲。

案：《清史稿》遺漏「中缺」二字，當補。

平番　最要缺，衝、繁、疲、難。

案：《清史稿》遺漏「最要缺」三字，當補。

莊浪廳　簡缺。(無字)

甘州府　要缺，衝、繁、疲。

案:《清史稿》遺漏「要缺」二字，當補。

張掖　要缺，衝、繁、疲。

山丹　要缺，衝、繁、疲。

案:《清史稿》遺漏「要缺」二字，當補。

撫彝廳　中缺。(無字)

案:《清史稿》遺漏「中缺」二字，當補。

涇州直隸州　要缺，衝、疲、難。

案:《清史稿》遺漏「要缺」二字，當補。

崇信　簡缺，難。

案:《清史稿》遺漏「簡缺」二字，當補。

鎮原　簡缺，疲。

案:《清史稿》遺漏「簡缺」二字，當補。

靈臺　中缺，疲、難。

案:《清史稿》遺漏「中缺」二字，當補。

固原直隸州　要缺，衝、繁、難。

案:《清史稿》遺漏「要缺」二字，當補。

平遠　中缺，衝、難。

案:《清史稿》遺漏「中缺」二字，當補。

海城　要缺，繁、疲、難。

案:《清史稿》作「衝、疲、難」。然光緒三十年冬季以後之《爵秩全覽》與《搢紳全書》等資料多作「要缺，繁、疲、難」。當據改補。

<u>階州直隸州</u>　簡缺，疲。

案：《清史稿》遺漏「簡缺」二字，當補。

文　簡缺。（無字）

成　簡缺。（無字）

<u>秦州直隸州</u>　要缺，衝、繁、難。

案：《清史稿》遺漏「要缺」二字，當補。

秦安　中缺，疲、難。

案：《清史稿》遺漏「中缺」二字，當補。

清水　中缺，衝、疲。

案：《清史稿》遺漏「中缺」二字，當補。

禮　簡缺，疲。

案：《清史稿》遺漏「簡缺」二字，當補。

徽　簡缺，難。

案：《清史稿》遺漏「簡缺」二字，當補。

兩當　簡缺。（無字）

<u>肅州直隸州</u>　要缺，衝、繁、疲。

案：《清史稿》遺漏「要缺」二字，當補。

高臺　要缺，衝、繁、疲。

案：《清史稿》遺漏「要缺」二字，當補。

<u>安西直隸州</u>　最要缺，衝、繁、疲、難。

案：《清史稿》遺漏「最要缺」三字，當補。

敦煌　中缺，繁、難。

案：《清史稿》遺漏「中缺」二字，當補。

玉門　中缺，衝、繁。

案：《清史稿》遺漏「中缺」二字，當補。

化平川　要缺，繁、疲、難。

直隸廳　案：《清史稿》遺漏「要缺」二字，當補。

十二、 卷六五　志四十　地理十二　浙江省

杭州府　要缺，衝、繁、難。

案：《清史稿》遺漏「要缺」二字，當補。

錢塘　要缺，衝、繁、難。

案：《清史稿》遺漏「要缺」二字，當補。

仁和　要缺，衝、繁、疲、難。

案：《清史稿》作「衝、繁、難」。然光緒二十三年冬季以後之《爵秩全覽》與《搢紳全書》等資料多作「要缺，衝、繁、疲、難」。當據改補。

海寧州　要缺，繁、疲、難。

案：《清史稿》遺漏「要缺」二字，當補。

富陽　中缺，衝、繁。

案：《清史稿》遺漏「中缺」二字，當補。

餘杭　中缺，繁、難。

案：《清史稿》遺漏「中缺」二字，當補。

臨安　簡缺。(無字)

於潛　簡缺。(無字)

新城　簡缺。(無字)

昌化　簡缺。(無字)

嘉興府　最要缺，衝、繁、疲、難。

案：《清史稿》遺漏「最要缺」三字，當補。

嘉興　要缺，衝、繁、難。

案：《清史稿》作「衝、繁、疲、難」。然〈一覽表〉作

「衝、繁、難三字要缺」。（頁 490）乾隆二十九年夏季以後之《爵秩全覽》與《搢紳全書》等資料亦多作「要缺，衝、繁、難」，且清國史館《皇朝地理志》亦作「衝、繁、難」。當據改補。

秀水　要缺，衝、繁、難。

案：《清史稿》遺漏「要缺」二字，當補。

海鹽　中缺，繁、難。

案：《清史稿》遺漏「中缺」二字，當補。

嘉善　要缺，繁、疲、難。

案：《清史稿》遺漏「要缺」二字，當補。

石門　要缺，衝、繁、難。

案：《清史稿》遺漏「要缺」二字，當補。

平湖　要缺，繁、疲、難。

案：《清史稿》遺漏「要缺」二字，當補。

桐鄉　中缺，繁、難。

案：《清史稿》遺漏「中缺」二字，當補。

湖州府　要缺，繁、疲、難。

案：《清史稿》遺漏「要缺」二字，當補。

烏程　要缺，繁、疲、難。

案：《清史稿》遺漏「要缺」二字，當補。

歸安　要缺，繁、疲、難。

案：《清史稿》遺漏「要缺」二字，當補。

長興　中缺，衝、繁。

案：《清史稿》遺漏「中缺」二字，當補。

德清　要缺，繁、疲、難。

案：《清史稿》遺漏「要缺」二字，當補。

武康　中缺，疲、難。

案：《清史稿》遺漏「中缺」二字，當補。

安吉　中缺，疲、難。

案：《清史稿》遺漏「中缺」二字，當補。

孝豐　簡缺。（無字）

寧波府　要缺，繁、難。

案：《清史稿》遺漏「要缺」二字，當補。

鄞　要缺，衝、繁、難。

案：《清史稿》遺漏「要缺」二字，當補。

慈谿　要缺，繁、疲、難。

案：《清史稿》遺漏「要缺」二字，當補。

奉化　中缺，疲、難。

案：《清史稿》遺漏「中缺」二字，當補。

鎮海　要缺，衝、繁。

案：《清史稿》遺漏「要缺」二字，當補。

象山　簡缺。（無字）

石浦廳　要缺，衝、繁、難。

案：據《綜表》（頁 139）引《欽定大清會典事例》（卷一五二），道光三年，移寧波府海防同知駐石浦，爲石浦廳。《清史稿》遺漏此廳全部資料，當補。

南田廳　要缺，衝、繁。

案：《清史稿》作「南田縣，簡」。然據《綜表》引《大清宣統政紀》（卷十六，頁22），南田實於宣統元年六月癸卯置廳，而非如《清史稿》所言，於宣統三年置縣。（頁 139）《清史稿》當改補。

定海直隸廳　要缺。（無字）

案：《清史稿》作無字「簡缺」。然光緒二十四年以後之《爵秩全覽》與《搢紳全書》等資料多作無字「要缺」。當據改。

紹興府　要缺，衝、繁、難。

案：《清史稿》遺漏「要缺」二字，當補。

山陰　要缺，衝、繁、難。

案：《清史稿》遺漏「要缺」二字，當補。

會稽　要缺，衝、繁。

案：《清史稿》遺漏「中缺」二字，當補。

蕭山　要缺，衝、繁、難。

案：《清史稿》遺漏「要缺」二字，當補。

諸暨　要缺，繁、疲、難。

案：《清史稿》作無字「簡缺」。然〈一覽表〉作「繁、疲、難三字要缺」。（頁 491）乾隆二十九年夏季以後之《爵秩全覽》與《搢紳全書》等資料亦多作「要缺，繁、疲、難」。且清國史館《皇朝地理志》亦作「繁、疲、難」。當據改補。

餘姚　要缺，繁、疲、難。

案：《清史稿》遺漏「要缺」二字，當補。

上虞　中缺，繁、疲。

案：《清史稿》遺漏「中缺」二字，當補。

嵊　中缺，衝、繁。

案：《清史稿》遺漏「中缺」二字，當補。

新昌　簡缺。（無字）

台州府　中缺，疲、難。

案：《清史稿》遺漏「中缺」二字，當補。

臨海　要缺，繁、疲、難。

案：《清史稿》遺漏「要缺」二字，當補。

黃巖　要缺，繁、疲、難。

案：《清史稿》遺漏「要缺」二字，當補。

天台　簡缺。(無字)

仙居　中,疲、難。

案:《清史稿》遺漏「中缺」二字,當補。

寧海　簡缺,繁。

案:《清史稿》作無字「簡缺」。然〈一覽表〉作「繁一字簡缺」。(頁 491)乾隆二十九年夏季以後之《爵秩全覽》與《搢紳全書》等資料亦多作「簡缺,繁」。且清國史館《皇朝地理志》亦作「繁」。當據以改補。

太平　簡缺,繁。

案:《清史稿》作無字「簡缺」。然〈一覽表〉作「繁一字簡缺」。(頁 491)乾隆二十九年夏季以後之《爵秩全覽》與《搢紳全書》等資料亦多作「簡缺,繁」。且清國史館《皇朝地理志》亦作「繁」。當據以改補。

金華府　要缺,衝、繁、難。

案:《清史稿》遺漏「要缺」二字,當補。

金華　中缺,衝、繁。

案:《清史稿》遺漏「中缺」二字,當補。

蘭谿　要缺,衝、繁、難。

案:《清史稿》遺漏「要缺」二字,當補。

東陽　中缺,繁、難。

案:《清史稿》遺漏「中缺」二字,當補。

義烏　中缺,疲、難。

案:《清史稿》遺漏「中缺」二字,當補。

永康　中缺,疲、難。

案:《清史稿》遺漏「中缺」二字,當補。

武義　中缺,疲、難。

案:《清史稿》遺漏「中缺」二字,當補。

浦江　簡缺，難。

案：《清史稿》作無字「簡缺」。然〈一覽表〉作「難一字簡缺」。（頁 492）乾隆二十九年夏季以後之《爵秩全覽》與《搢紳全書》等資料亦多作「簡缺，難」，清國史館《皇朝地理志》亦作「難」。當據改補。

湯溪　簡缺，難。

案：《清史稿》作無字「簡缺」。然〈一覽表〉作「難一字簡缺」。（頁 492）乾隆二十九年夏季以後之《爵秩全覽》與《搢紳全書》等資料亦多作「簡缺，難」。且清國史館《皇朝地理志》亦作「難」。當據改補。

衢州府　要缺，衝、繁、難。

案：《清史稿》遺漏「要缺」二字，當補。

西安　中缺，衝、繁。

案：《清史稿》遺漏「中缺」二字，當補。

龍游　中缺，衝、難。

案：《清史稿》遺漏「中缺」二字，當補。

江山　要缺，衝、疲、難。

案：《清史稿》「衝、疲」。然〈一覽表〉作「衝、疲、難三字要缺」。（頁 492）乾隆二十九年夏季以後之《爵秩全覽》與《搢紳全書》等資料亦多作「衝、疲、難」。且清國史館《皇朝地理志》亦作「衝、疲、難」。當據改補。

常山　中缺，衝、繁。

案：《清史稿》遺漏「中缺」二字，當補。

開化　簡缺。（無字）

嚴州府　簡缺，衝。

案：《清史稿》作無字「簡缺」。然〈一覽表〉作「衝一字簡缺」。(頁 492)乾隆二十九年夏季以後之《爵秩全覽》與《搢紳全書》等資料亦多作「簡缺，衝」。且清國史館《皇朝地理志》亦作「衝」。當據改補。

建德　簡缺，衝。

案:《清史稿》作無字「簡缺」。然〈一覽表〉作「衝一字簡缺」。(頁 492)乾隆二十九年夏季以後之《爵秩全覽》與《搢紳全書》等資料亦多作「簡缺，衝」。且清國史館《皇朝地理志》亦作「衝」。當據改補。

淳安　簡缺，衝。

案:《清史稿》作無字「簡缺」。然〈一覽表〉作「衝一字簡缺」。(頁 492)乾隆二十九年夏季以後之《爵秩全覽》與《搢紳全書》等資料亦多作「簡缺，衝」。且清國史館《皇朝地理志》亦作「衝」。當據改補。

桐廬　簡缺，衝。

案:《清史稿》作無字「簡缺」。然〈一覽表〉作「衝一字簡缺」。(頁 492)乾隆二十九年夏季以後之《爵秩全覽》與《搢紳全書》等資料亦多作「簡缺，衝」。且清國史館《皇朝地理志》亦作「衝」。當據改補。

遂安　中缺，疲、難。

案:《清史稿》作無字「簡缺」。然〈一覽表〉作「疲、難二字中缺」。(頁 492)乾隆二十九年夏季以後之《爵秩全覽》與《搢紳全書》等資料亦多作「中缺，疲、難」。且清國史館《皇朝地理志》亦作「疲、難」。當據改補。

壽昌　簡缺，疲。

案:《清史稿》作無字「簡缺」。然〈一覽表〉作「疲一字簡缺」。(頁 492)乾隆二十九年夏季以後之《爵秩全覽》與《搢紳全書》等資料亦多作「簡缺，疲」。且清國史館《皇朝地理志》亦作「疲」。當據改補。

分水　簡缺。（無字）

溫州府　中缺，衝、難。

案：《清史稿》遺漏「中缺」二字，當補。

永嘉　要缺，衝、繁。

案：《清史稿》遺漏「要缺」二字，當補。

瑞安　中缺，衝、繁。

案：《清史稿》遺漏「中缺」二字，當補。

樂清　要缺，衝、繁、難。

案：《清史稿》遺漏「要缺」二字，當補。

平陽　要缺，衝、繁。

案：《清史稿》遺漏「要缺」二字，當補。

泰順　簡缺。（無字）

玉環廳　要缺，繁、難。

案：《清史稿》作無字「簡缺」。乾隆十三年十月間吏部議准閩浙總督喀爾吉善等奏請將「玉環同知員缺仍照原例，在外揀選題補。」（《高宗純皇帝實錄》卷三二七，頁10b-11a）同時，乾隆二十九年夏季以後之《爵秩全覽》與《搢紳全書》等資料多作「要缺」，或「調缺，繁、難」。「調缺」當係「要缺」之誤。當據改補。

處州府　簡缺，難。

案：《清史稿》作無字「簡缺」。然〈一覽表〉作「難一字簡缺」。（頁 492）乾隆二十九年夏季以後之《爵秩全覽》與《搢紳全書》等資料亦多作「簡缺，難」。且清國史館《皇朝地理志》亦作「難」。當據改補。

麗水　簡缺，衝。

案：《清史稿》作無字「簡缺」。然〈一覽表〉作「衝一字簡缺」。（頁 492）乾隆二十九年夏季以後之《爵秩全覽》與《搢紳全書》等資料亦多作「簡缺，衝」。且清國史館《皇朝地理志》亦作「衝」。當據改補。

青田　簡缺，衝。

案：《清史稿》作無字「簡缺」。然〈一覽表〉作「衝一字簡缺」。（頁 492）乾隆二十九年夏季以後之《爵秩全覽》與《搢紳全書》等資料亦多作「簡缺，衝」。且清國史館《皇朝地理志》亦作「衝」。當據改補。

縉雲　簡缺，衝。

案：《清史稿》作無字「簡缺」。然〈一覽表〉作「衝一字簡缺」。（頁 492）乾隆二十九年夏季以後之《爵秩全覽》與《搢紳全書》等資料亦多作「簡缺，衝」。且清國史館《皇朝地理志》亦作「衝」。當據改補。

松陽　簡缺，難。

案：《清史稿》作無字「簡缺」。然〈一覽表〉作「難一字簡缺」。（頁 492）乾隆二九年夏季以後之《爵秩全覽》與《搢紳全書》等資料亦多作「簡缺，難」。且清國史館《皇朝地理志》亦作「難」。當據改補。

遂昌　簡缺，繁。

案：《清史稿》作無字「簡缺」。然〈一覽表〉作「繁一字簡缺」。（頁 492）乾隆二九年夏季以後之《爵秩全覽》與《搢紳全書》等資料亦多作「簡缺，繁」。且清國史館《皇朝地理志》亦作「繁」。當據改補。

龍泉　中缺，疲、難。

案：《清史稿》遺漏「中缺」二字，當補。

慶元　簡缺。（無字）

雲和　簡缺。（無字）

宣平　簡缺。（無字）

景寧　簡缺。（無字）

十三、 卷六六　志四一　地理十三　江西省

南昌府　要缺，衝、繁、難。

案：《清史稿》遺漏「要缺」二字，當補。

南昌　要缺，衝、繁、難。

案：《清史稿》遺漏「要缺」二字，當補。

新建　要缺，衝、繁、難。

案：《清史稿》遺漏「要缺」二字，當補。

豐城　要缺，衝、繁、疲。

案：《清史稿》作「衝、繁、難」。然乾隆二十九年夏季以後之《爵秩全覽》與《搢紳全書》等資料多作「要缺，衝、繁、疲」。當據改補。

進賢　簡缺，衝。

案：《清史稿》遺漏「簡缺」二字，當補。

奉新　簡缺，衝。

案：《清史稿》遺漏「簡缺」二字，當補。

靖安　簡缺。（無字）

武寧　中缺，繁、難。

案：《清史稿》遺漏「中缺」二字，當補。

義寧州　要缺，繁、疲、難。

案：《清史稿》遺漏「要缺」二字，當補。

銅鼓廳　簡缺。（無字）

案：《清史稿》中銅鼓廳屬瑞州府。然據《綜表》（頁 175）引《清代地理沿革表》（頁77），宣統二年十月十七日民政部、吏部會同奏准析瑞州府屬之銅鼓廳來屬。

饒州府　要缺，衝、繁、難。

案：《清史稿》作「衝、繁、疲、難」。然〈一覽表〉作「衝、繁、難三字請旨缺」。（頁 496）乾隆二十九年夏季以後之《爵秩全覽》與《搢紳全書》等資料亦多作「要缺，衝、繁、難」。且清國史館《皇朝地理志》亦作「衝、繁、難」。當據改補。

鄱陽　要缺，衝、繁、難。

案：《清史稿》遺漏「要缺」二字，當補。

餘干　中缺，衝、難。

案：《清史稿》遺漏「中缺」二字，當補。

樂平　要缺，衝、難。

案：《清史稿》遺漏「要缺」二字，當補。

浮梁　要缺，衝、繁、難。

案：《清史稿》遺漏「要缺」二字，當補。

德興　中缺，衝、繁。

案：《清史稿》遺漏「中缺」二字，當補。

安仁　簡缺，衝。

案：《清史稿》遺漏「簡缺」二字，當補。

萬年　簡缺，難。

案：《清史稿》遺漏「簡缺」二字，當補。

廣信府　最要缺，衝、繁、疲、難。

案：《清史稿》遺漏「最要缺」三字，當補。

上饒　最要缺，衝、繁、疲、難。

案：《清史稿》遺漏「最要缺」三字，當補。

玉山　要缺，衝、繁、難。

案：《清史稿》作「衝、繁、疲、難」。然據《大清宣統政紀》，宣統元年六月癸未，江西巡撫馮汝騤以「自長江通商以來，繁盛較減於昔」爲由，奏請將玉山縣自「衝、繁、疲、難」四字「最要缺」改爲「衝、繁、難」三字「要缺」。（卷十五，頁 6b）當據改補。

弋陽　中缺，衝、難。

案：《清史稿》遺漏「中缺」二字，當補。

貴溪　要缺，衝、繁、難。

案：《清史稿》遺漏「要缺」二字，當補。

鉛山　中缺，衝、繁。

案：《清史稿》遺漏「中缺」二字，當補。

廣豐　中缺，繁、難。

案：《清史稿》遺漏「中缺」二字，當補。

興安　簡缺。（無字）

南康府　簡缺，衝。

案：《清史稿》遺漏「簡缺」二字，當補。

星子　簡缺，衝。

案：《清史稿》作無字「簡缺」。然〈一覽表〉作「衝一字簡缺」。（頁 497）乾隆二十九年夏季以後之《爵秩全覽》與《搢紳全書》等資料亦多作「簡缺，衝」。且清國史館《皇朝地理志》亦作「衝」。當據改補。

都昌　中缺，疲、難。

案：《清史稿》遺漏「中缺」二字，當補。

建昌 中缺，衝、繁。

案：《清史稿》遺漏「中缺」二字，當補。

安義 簡缺，衝。

案：《清史稿》作「衝、繁」。然〈一覽表〉作「衝一字簡缺」。（頁 497）乾隆二十九年夏季以後之《爵秩全覽》與《搢紳全書》等資料亦多作「簡缺，衝」。當據改補。

九江府 要缺，衝、繁、難。

案：《清史稿》遺漏「要缺」二字，當補。

德化 最要缺，衝、繁、疲、難。

案：《清史稿》遺漏「最要缺」三字，當補。

德安 中缺，衝、繁。

案：《清史稿》遺漏「中缺」二字，當補。

瑞昌 簡缺。（無字）

湖口 要缺，衝、繁、難。

案：《清史稿》遺漏「要缺」二字，當補。

彭澤 中缺，衝、繁。

案：《清史稿》遺漏「要缺」二字，當補。

建昌府 要缺，繁、疲、難。

案：《清史稿》遺漏「要缺」二字，當補。

南城 要缺，衝、繁、難。

案：《清史稿》遺漏「要缺」二字，當補。

新城 要缺，衝、繁。

案：《清史稿》遺漏「要缺」二字，當補。

南豐 要缺，繁、疲、難。

案：《清史稿》遺漏「要缺」二字，當補。

廣昌　簡缺，難。

案：《清史稿》遺漏「簡缺」二字，當補。

瀘溪　簡缺。（無字）

撫州府　要缺，繁、疲、難。

案：《清史稿》遺漏「要缺」二字，當補。

臨川　要缺，衝、繁、難。

案：《清史稿》遺漏「要缺」二字，當補。

金谿　中缺，繁、難。

案：《清史稿》「繁」字。然〈一覽表〉作「繁、難二字中缺」。（頁 497）乾隆二十九年夏季以後之《爵秩全覽》與《搢紳全書》等資料亦多作「中缺，繁、難」。當據改補。

崇仁　中缺，繁、難。

案：《清史稿》遺漏「中缺」二字，當補。

宜黃　中缺，繁、難。

案：《清史稿》遺漏「中缺」二字，當補。

樂安　簡缺。（無字）

東鄉　簡缺，難。

案：《清史稿》遺漏「簡缺」二字，當補。

臨江府　中缺，衝、繁。

案：《清史稿》遺漏「中缺」二字，當補。

清江　要缺，衝、疲、難。

案：《清史稿》作「衝、繁、難」。然〈一覽表〉作「衝、疲、難三字要缺」。（頁 497）乾隆二十九年夏季以後之《爵秩全覽》與《搢紳全書》等資料亦多作「要缺，衝、疲、難」。且清國史館《皇朝地理志》亦作「衝、疲、難」。當據改補。

新淦　中缺，衝、繁。

案：《清史稿》遺漏「中缺」二字，當補。

新喻　中缺，繁、難。

案：《清史稿》遺漏「中缺」二字，當補。

峽江　簡缺，衝。

案：《清史稿》遺漏「簡缺」二字，當補。

瑞州府　簡缺，衝。

案：《清史稿》遺漏「簡缺」二字，當補。

高安　中缺，衝、繁。

案：《清史稿》遺漏「中缺」二字，當補。

新昌　中缺，疲、難。

案：《清史稿》遺漏「中缺」二字，當補。

上高　簡缺，難。

案：《清史稿》遺漏「簡缺」二字，當補。

袁州府　中缺，衝、繁。

案：《清史稿》遺漏「中缺」二字，當補。

宜春　簡缺，衝。

案：《清史稿》遺漏「簡缺」二字，當補。

分宜　簡缺，衝。

案：《清史稿》遺漏「簡缺」二字，當補。

萍鄉　要缺，衝、繁、難。

案：《清史稿》作「衝、繁」。然據《大清宣統政紀》，宣統元年六月癸未，江西巡撫馮汝騤以近來「煤礦大開，五方雜處」爲由，奏請將原係「衝、繁」二字「中缺」之萍鄉縣改爲「衝、繁、難」三字「要缺」。（卷十五，頁6b-7a）《清史稿》當據改補。

萬載　中缺，繁、難。

案：《清史稿》遺漏「中缺」二字，當補。

吉安府　最要缺，衝、繁、疲、難。

案：《清史稿》遺漏「最要缺」三字，當補。

廬陵　最要缺，衝、繁、疲、難。

案：《清史稿》遺漏「最要缺」三字，當補。

泰和　簡缺，衝。

案：《清史稿》遺漏「簡缺」二字，當補。

吉水　中缺，衝、繁。

案：《清史稿》遺漏「中缺」二字，當補。

永豐　中缺，疲、難。

案：《清史稿》遺漏「中缺」二字，當補。

安福　中缺，繁、難。

案：《清史稿》遺漏「中缺」二字，當補。

龍泉　要缺，繁、疲、難。

案：《清史稿》遺漏「要缺」二字，當補。

萬安　中缺，衝、難。

案：《清史稿》作「衝、繁」。然嘉慶十一年冬季以後之《爵秩全覽》與《搢紳全書》等資料多作「中缺，衝、難」。當據改補。

永新　中缺，繁、難。

案：《清史稿》遺漏「中缺」二字，當補。

永寧　簡缺。（無字）

蓮花廳　要缺，繁、疲、難。

案：《清史稿》作「衝、疲、難」。然嘉慶十一年冬季以後之

《爵秩全覽》與《搢紳全書》等資料多作「要缺，繁、疲、難」，清國史館《皇朝地理志》亦作「繁、疲、難」。當據改補。

贛州府　最要缺，衝、繁、疲、難。

案：《清史稿》遺漏「最要缺」三字，當補。

贛　要缺，衝、繁、難。

案：《清史稿》遺漏「要缺」二字，當補。

雩都　簡缺，難。

案：《清史稿》遺漏「簡缺」二字，當補。

信豐　中缺，繁、難。

案：《清史稿》作「繁、疲、難」。然據《大清宣統政紀》，宣統元年六月癸未，江西巡撫馮汝騤以信豐縣「雖人民強悍，與同府之會昌縣相等」爲由，奏請將該縣之缺分由「繁、疲、難」三字「要缺」，改爲「繁、難」二字「中缺」。（卷十五，頁 7a）當據改補。

興國　簡缺，難。

案：《清史稿》遺漏「簡缺」二字，當補。

會昌　中缺，衝、繁。

案：《清史稿》遺漏「中缺」二字，當補。

安遠　簡缺。（無字）

長寧　簡缺。（無字）

龍南　簡缺。（無字）

定南廳　要缺，繁、疲、難。

案：《清史稿》遺漏「要缺」二字，當補。

虔南廳　要缺，繁、疲、難。

案：《清史稿》遺漏「要缺」二字，當補。

寧都直隸州　要缺，繁、疲、難。

案：《清史稿》遺漏「要缺」二字，當補。

瑞金　要缺，繁、疲、難。

案：《清史稿》遺漏「要缺」二字，當補。

石城　簡缺。（無字）

南安府　中缺，衝、繁。

案：《清史稿》遺漏「中缺」二字，當補。

大庾　中缺，繁、難。

案：《清史稿》「衝、繁」。然道光二十五年冬季以後之《爵秩全覽》與《搢紳全書》等資料多作「中缺，繁、難」。當據改補

南康　中缺，衝、繁。

案：《清史稿》遺漏「中缺」二字，當補。

上猶　簡缺。（無字）

崇義　簡缺。（無字）

十四、 卷六七　志四二　地理十四　湖北省

武昌府　要缺，衝、繁、難。

江夏　要缺，衝、繁、難。

武昌　中缺，繁、難。

案：《清史稿》遺漏「中缺」二字，當補。

嘉魚　簡缺，難。

蒲圻　中缺，衝、難。

案：《清史稿》遺漏「中缺」二字，當補。

咸寧　簡缺，衝。

案：《清史稿》遺漏「簡缺」二字，當補。

崇陽　要缺，繁、疲、難。

案:《清史稿》遺漏「要缺」二字，當補。

通城　簡缺，難。

案:《清史稿》遺漏「簡缺」二字，當補。

興國州　簡缺，繁。

案:《清史稿》遺漏「簡缺」二字，當補。

大冶　簡缺，難。

案:《清史稿》遺漏「簡缺」二字，當補。

通山　簡缺，難。

案:《清史稿》遺漏「簡缺」二字，當補。

漢陽府　最要缺，衝、繁、疲、難。

案:《清史稿》遺漏「最要缺」三字，當補。

漢陽　要缺，繁、疲、難。

案:《清史稿》遺漏「要缺」二字，當補。

漢川　中缺，衝、繁。

案:《清史稿》遺漏「中缺」二字，當補。

孝感　最要缺，衝、繁、疲、難。

案:《清史稿》遺漏「最要缺」三字，當補。

黃陂　要缺，衝、繁、難。

案:《清史稿》遺漏「要缺」二字，當補。

沔陽州　要缺，繁、疲、難。

案:《清史稿》遺漏「要缺」二字，當補。

夏口廳　最要缺，衝、繁、疲、難。

案:《清史稿》遺漏「最要缺」三字，當補。

黃州府　　要缺，衝、繁、難。

案：《清史稿》遺漏「要缺」二字，當補。

黃岡　要缺，衝、繁、難。

案：《清史稿》遺漏「要缺」二字，當補。

黃安　簡缺。（無字）

蘄水　要缺，衝、繁、難。

案：《清史稿》遺漏「要缺」二字，當補。

羅田　簡缺（無字）

麻城　中缺，繁、難。

案：《清史稿》遺漏「中缺」二字，當補。

蘄州　要缺，衝、繁、難。

案：《清史稿》遺漏「要缺」二字，當補。

廣濟　中缺，衝、繁。

案：《清史稿》遺漏「中缺」二字，當補。

黃梅　中缺，衝、繁。

案：《清史稿》遺漏「中缺」二字，當補。

安陸府　　中缺，衝、難。

案：《清史稿》「衝、繁」。然道光十七年以後之《爵秩全覽》與《搢紳全書》等資料多作「中缺，衝、難」，清國史館《皇朝地理志》亦作「衝、難」。當據改補

鍾祥　要缺，繁、疲、難。

案：《清史稿》遺漏「要缺」二字，當補。

京山　中缺，繁、難。

案：《清史稿》遺漏「中缺」二字，當補。

潛江　簡缺，難。

案：《清史稿》遺漏「簡缺」二字，當補。

天門 要缺，衝、繁、難。

案：《清史稿》遺漏「要缺」二字，當補。

德安府 簡缺，衝。

案：《清史稿》遺漏「簡缺」二字，當補。

安陸 簡缺，衝。

案：《清史稿》遺漏「簡缺」二字，當補。

雲夢 中缺，衝、難。

案：《清史稿》遺漏「中缺」二字，當補。

應城 簡缺，難。

案：《清史稿》遺漏「簡缺」二字，當補。

隨州 要缺，繁、疲、難。

案：《清史稿》作「疲、難」。然乾隆五十九年以後之《爵秩全覽》與《搢紳全書》等資料多作「要缺，繁、疲、難」。當據改補。

應山 中缺，衝、繁。

案：《清史稿》遺漏「中缺」二字，當補。

荆州府 最要缺，衝、繁、疲、難。

案：《清史稿》遺漏「最要缺」三字，當補。

江陵 最要缺，衝、繁、疲、難。

案：《清史稿》遺漏「最要缺」三字，當補。

公安 中缺，衝、繁。

案：《清史稿》遺漏「中缺」二字，當補。

石首 簡缺。(無字)

監利 要缺，繁、疲、難。

案：《清史稿》遺漏「要缺」二字，當補。

松滋　簡缺。（無字）

枝江　簡缺。（無字）

宜都　簡缺。（無字）

襄陽府　要缺，衝、繁、難。

案：《清史稿》遺漏「要缺」二字，當補。

襄陽　要缺，衝、繁、難。

案：《清史稿》遺漏「要缺」二字，當補。

宜城　簡缺，衝。

案：《清史稿》遺漏「簡缺」二字，當補。

南漳　簡缺。（無字）

棗陽　要缺，繁、疲、難。

案：《清史稿》作「衝、繁、難」。然嘉慶二十五年以後之《爵秩全覽》與《搢紳全書》等資料多作「要缺，繁、疲、難」。當據改補。

穀城　簡缺，難。

案：《清史稿》作無字「簡缺」。然〈一覽表〉作「難一字簡缺」。（頁 501）乾隆二十九年夏季以後之《爵秩全覽》與《搢紳全書》等資料多作「簡缺，難」。清國史館《皇朝地理志》亦作「難」。當據改補。

光化　簡缺。（無字）

均州　簡缺。（無字）

鄖陽府　要缺，繁、疲、難。

案：《清史稿》遺漏「要缺」二字，當補。

鄖　簡缺，難。

案：《清史稿》遺漏「簡缺」二字，當補。

房　簡缺。（無字）

竹山　簡缺，難。

案：《清史稿》遺漏「簡缺」二字，當補。

竹谿　簡缺，疲。

案：《清史稿》作無字「簡缺」。然光緒二十四年秋季以後之《爵秩全覽》與《搢紳全書》等資料多作「簡缺，疲」。當據改補。

保康　簡缺。(無字)

鄖西　簡缺。(無字)

宜昌府　簡缺，衝。

案：《清史稿》遺漏「簡缺」二字，當補。

東湖　要缺，衝、繁、難。

案：《清史稿》遺漏「要缺」二字，當補。

歸州　簡缺，衝。

案：《清史稿》作無字「簡缺」。然乾隆五十九年冬季以後之《爵秩全覽》與《搢紳全書》等資料多作「簡缺，衝」，清國史館《皇朝地理志》亦作「衝」。當據改補。

長陽　簡缺。(無字)

興山　簡缺。(無字)

巴東　中缺，衝、難。

案：《清史稿》遺漏「中缺」二字，當補。

長樂　簡缺。(無字)

施南府　簡缺，難。

恩施　中缺，繁、難。

案：《清史稿》遺漏「中缺」二字，當補。

宣恩　簡缺。(無字)

來鳳　簡缺。(無字)

咸豐　簡缺。（無字）

利川　簡缺。（無字）

建始　簡缺。（無字）

荆門直隸州　最要缺，衝、繁、疲、難。

案：《清史稿》遺漏「最要缺」三字，當補。

當陽　簡缺。（無字）

遠安　簡缺。（無字）

鶴峰直隸廳　要缺。（無字）

案：《清史稿》作「衝、繁、疲、難」。然光緒三十年九月十六日兩廣總督張之洞奏准將鶴峰州升爲直隸廳，其缺定爲「苗疆要缺」，由外升補。（《張文襄公全集》卷六十四，頁 1a-4a。）當據改。

十五、卷六八　志四三　地理十五　湖南省

長沙府　要缺，衝、繁、難。

案：《清史稿》遺漏「要缺」二字，當補。

長沙　要缺，衝、繁、難。

案：《清史稿》遺漏「要缺」二字，當補。

善化　要缺，衝、繁、難。

案：《清史稿》遺漏「要缺」二字，當補。

湘潭　要缺，衝、繁、難。

案：《清史稿》遺漏「要缺」二字，當補。

湘陰　要缺，衝、繁、難。

案：《清史稿》遺漏「要缺」二字，當補。

寧鄉　簡缺，衝。

案：《清史稿》遺漏「簡缺」二字，當補。

瀏陽　要缺，繁、疲、難。

案：《清史稿》遺漏「要缺」二字，當補。

醴陵　簡缺。（無字）

益陽　中缺，衝、難。

案：《清史稿》遺漏「中缺」二字，當補。

湘鄉　要缺，衝、疲、難。

案：《清史稿》遺漏「要缺」二字，當補。

攸　要缺，繁、疲、難。

案：《清史稿》遺漏「要缺」二字，當補。

安化　簡缺。（無字）

茶陵州　中缺，繁、難。

案：《清史稿》遺漏「中缺」二字，當補。

<u>寶慶府</u>　簡缺，難。

案：《清史稿》遺漏「簡缺」二字，當補。

邵陽　要缺，繁、難。

案：《清史稿》遺漏「要缺」二字，當補。

新化　中缺，繁、難。

案：《清史稿》遺漏「中缺」二字，當補。

城步　簡缺，難。

案：《清史稿》遺漏「簡缺」二字，當補。

武岡州　要缺，繁、疲、難。

案：《清史稿》遺漏「要缺」二字，當補。

新寧　要缺，繁、難。

案：《清史稿》遺漏「要缺」二字，當補。

岳州府　最要缺，衝、繁、疲、難。

案：《清史稿》遺漏「最要缺」三字，當補。

巴陵　最要缺，衝、繁、疲、難。

案：《清史稿》遺漏「最要缺」三字，當補。

臨湘　中缺，衝、繁。

案：《清史稿》遺漏「中缺」二字，當補。

華容　中缺，疲、難。

案：《清史稿》遺漏「中缺」二字，當補。

平江　中缺，疲、難。

案：《清史稿》遺漏「中缺」二字，當補。

常德府　要缺，衝、繁、難。

案：《清史稿》遺漏「要缺」二字，當補。

武陵　最要缺，衝、繁、疲、難。

案：《清史稿》遺漏「最要缺」三字，當補。

桃源　要缺，衝、繁、難。

案：《清史稿》遺漏「要缺」二字，當補。

龍陽　簡缺，衝。

案：《清史稿》遺漏「簡缺」二字，當補。

沅江　簡缺。（無字）

澧州直隸州　要缺，衝、繁、難。

案：《清史稿》遺漏「要缺」二字，當補。

石門　簡缺，難。

案：《清史稿》遺漏「簡缺」二字，當補。

安鄉　簡缺。（無字）

慈利　簡缺。（無字）

安福　簡缺。(無字)

永定　中缺，疲、難。

案：《清史稿》遺漏「中缺」二字，當補。

南洲直隸廳　要缺，繁、疲、難。

案：《清史稿》作南州直隸廳，並遺漏「要缺」二字。然《德宗景皇帝實錄》(卷三三五，頁10a)、《大清清會典事例》(卷一五二)、清國史館《皇朝地理志》等書均作南洲直隸廳。當據改補。

衡州府　要缺，衝、繁、難。

案：《清史稿》遺漏「要缺」二字，當補。

衡陽　最要缺，衝、繁、疲、難。

案：《清史稿》遺漏「最要缺」三字，當補。

清泉　中缺，疲、難。

案：《清史稿》遺漏「中缺」二字，當補。

衡山　要缺，衝、繁、難。

案：《清史稿》遺漏「要缺」二字，當補。

耒陽　要缺，衝、繁、難。

案：《清史稿》遺漏「要缺」二字，當補。

常寧　簡缺，難。

案：《清史稿》遺漏「簡缺」二字，當補。

安仁　簡缺。(無字)

酃　簡缺。(無字)

永州府　中缺，衝、繁。

案：《清史稿》遺漏「中缺」二字，當補。

零陵 要缺，衝、繁、難。

案：《清史稿》遺漏「要缺」二字，當補。

祁陽 中缺，衝、繁。

案：《清史稿》遺漏「中缺」二字，當補。

東安 簡缺。（無字）

道州 簡缺，難。

案：《清史稿》遺漏「簡缺」二字，當補。

寧遠 簡缺。（無字）

永明 簡缺，難。

案：《清史稿》遺漏「簡缺」二字，當補。

江華 要缺，繁。

案：《清史稿》遺漏「要缺」二字，當補。

新田 簡缺。（無字）

桂陽直隸州 要缺，繁、疲、難。

案：《清史稿》遺漏「要缺」二字，當補。

臨武 簡缺。（無字）

藍山 簡缺。（無字）

嘉禾 簡缺。（無字）

郴州直隸州 要缺，衝、繁、難。

案：《清史稿》遺漏「要缺」二字，當補。

永興 中缺，衝、繁。

案：《清史稿》遺漏「中缺」二字，當補。

宜章 要缺，衝、繁、難。

案：《清史稿》遺漏「要缺」二字，當補。

興寧　中缺，疲、難。

案：《清史稿》遺漏「中缺」二字，當補。

桂陽　簡缺。(無字)

桂東　簡缺。(無字)

辰州府　要缺，衝、繁、難。

案：《清史稿》遺漏「要缺」二字，當補。

沅陵　要缺，衝、繁、難。

案：《清史稿》遺漏「要缺」二字，當補。

瀘溪　簡缺。(無字)

辰谿　簡缺，衝。

案：《清史稿》遺漏「簡缺」二字，當補。

漵浦　要缺，繁、疲、難。

案：《清史稿》遺漏「要缺」二字，當補。

沅州府　簡缺，衝。

案：《清史稿》遺漏「簡缺」二字，當補。

芷江　要缺，衝、繁、難。

案：《清史稿》遺漏「要缺」二字，當補。

黔陽　簡缺，衝。

案：《清史稿》遺漏「簡缺」二字，當補。

麻陽　簡缺，難。

案：《清史稿》遺漏「簡缺」二字，當補。

永順府　要缺，難。

案：《清史稿》遺漏「要缺」二字，當補。

永順　要缺，難。

案：《清史稿》遺漏「要缺」二字，當補。

龍山　簡缺，難。

案：《清史稿》遺漏「簡缺」二字，當補。

保靖　要缺，難。

案：《清史稿》遺漏「要缺」二字，當補。

桑植　簡缺。（無字）

靖州直隸州　最要缺，繁、難。

案：《清史稿》遺漏「最要缺」三字，當補。

會同　簡缺，難。

案：《清史稿》遺漏「簡缺」二字，當補。

通道　簡缺，難。

案：《清史稿》遺漏「簡缺」二字，當補。

綏寧　最要缺，繁、難。

案：《清史稿》遺漏「最要缺」三字，當補。

乾州直隸廳　最要缺，繁、難。

案：《清史稿》遺漏「最要缺」三字，當補。

鳳凰直隸廳　最要缺，繁、難。

案：《清史稿》遺漏「最要缺」三字，當補。

永綏直隸廳　最要缺，繁、難。

案：《清史稿》遺漏「最要缺」三字，當補。

晃州直隸廳　簡缺，難。

案：《清史稿》遺漏「簡缺」二字，當補。

十六、　卷六九　志四四　地理十六　四川省

成都府　要缺，衝、繁、難。

案：《清史稿》遺漏「要缺」二字，當補。

成都　要缺，衝、繁、難。

案：《清史稿》遺漏「要缺」二字，當補。

華陽　要缺，衝、繁、難。

案：《清史稿》遺漏「要缺」二字，當補。

雙流　簡缺，衝。

案：《清史稿》遺漏「簡缺」二字，當補。

溫江　簡缺，繁。

案：《清史稿》遺漏「簡缺」二字，當補。

新繁　簡缺，繁。

案：《清史稿》遺漏「簡缺」二字，當補。

金堂　中缺，繁、難。

案：《清史稿》遺漏「中缺」二字，當補。

新都　中缺，衝、難。

案：《清史稿》遺漏「中缺」二字，當補。

郫　簡缺，衝。

案：《清史稿》遺漏「簡缺」二字，當補。

灌　中缺，衝、繁。

案：《清史稿》遺漏「中缺」二字，當補。

彭　要缺，繁、疲、難。

案：《清史稿》遺漏「要缺」二字，當補。

崇寧　簡缺。（無字）

簡州　中缺，衝、難。

案：《清史稿》遺漏「中缺」二字，當補。

崇慶州　簡缺，繁。

案：《清史稿》遺漏「簡缺」二字，當補。

新津　中缺，衝、難。

案：《清史稿》遺漏「中缺」二字，當補。

漢州　中缺，衝、難。

案：《清史稿》遺漏「中缺」二字，當補。

什邡　簡缺，繁。

案：《清史稿》遺漏「簡缺」二字，當補。

重慶府　要缺，衝、繁、難。

案：《清史稿》遺漏「要缺」二字，當補。

巴　要缺，衝、繁、難。

案：《清史稿》遺漏「要缺」二字，當補。

江津　要缺，衝、繁、難。

案：《清史稿》遺漏「要缺」二字，當補。

長壽　簡缺，衝。

案：《清史稿》遺漏「簡缺」二字，當補。

永川　簡缺，衝。

案：《清史稿》遺漏「簡缺」二字，當補。

榮昌　簡缺，衝。

案：《清史稿》遺漏「簡缺」二字，當補。

綦江　簡缺。（無字）

南川　簡缺，難。

案：《清史稿》遺漏「簡缺」二字，當補。

合州　要缺，衝、繁、難。

案：《清史稿》遺漏「要缺」二字，當補。

涪州　要缺，衝、繁、難。

案：《清史稿》遺漏「要缺」二字，當補。

銅梁　簡缺，繁。

案：《清史稿》遺漏「簡缺」二字，當補。

大足　簡缺，繁。

案：《清史稿》遺漏「簡缺」二字，當補。

壁山　簡缺，衝。

案：《清史稿》遺漏「簡缺」二字，當補。

定遠　簡缺，衝。

案：《清史稿》遺漏「簡缺」二字，當補。

江北廳　簡缺。(無字)

保寧府　中缺，衝、繁。

閬中　中缺，衝、繁。

案：《清史稿》遺漏「中缺」二字，當補。

蒼溪　簡缺。(無字)

案：《清史稿》遺漏「簡缺」二字，當補。

南部　簡缺，繁。

案：《清史稿》遺漏「簡缺」二字，當補。

廣元　要缺，衝、繁、難。

案：《清史稿》遺漏「要缺」二字，當補。

昭化　中缺，衝、繁。

案：《清史稿》遺漏「中缺」二字，當補。

巴州　要缺，繁、疲、難。

案：《清史稿》遺漏「要缺」二字，當補。

通江　簡缺。(無字)

案：《清史稿》遺漏「簡缺」二字，當補。

南江　簡缺。(無字)

案：《清史稿》遺漏「簡缺」二字，當補。

劍州　中缺，衝、繁。

案：《清史稿》遺漏「中缺」二字，當補。

順慶府　要缺，衝、繁、難。

案：《清史稿》遺漏「要缺」二字，當補。

南充　要缺，衝、繁、難。

案：《清史稿》遺漏「要缺」二字，當補。

西充　簡缺，繁。

案：《清史稿》遺漏「簡缺」二字，當補。

蓬州　簡缺，繁。

案：《清史稿》遺漏「簡缺」二字，當補。

營山　簡缺，繁。

案：《清史稿》遺漏「簡缺」二字，當補。

儀隴　簡缺。（無字）

廣安州　簡缺，繁。

案：《清史稿》遺漏「簡缺」二字，當補。

鄰水　中缺，繁、難。

案：《清史稿》遺漏「中缺」二字，當補。

岳池　簡缺，衝。

案：《清史稿》遺漏「簡缺」二字，當補。

敘州府　要缺，衝、繁、難。

宜賓　要缺，衝、繁、難。

案：《清史稿》遺漏「要缺」二字，當補。

慶符　簡缺。（無字）

富順　要缺，衝、繁、難。

案：《清史稿》遺漏「要缺」二字，當補。

南溪　簡缺，衝。

案：《清史稿》遺漏「簡缺」二字，當補。

長寧　簡缺。（無字）

高　簡缺。（無字）

筠連　簡缺。（無字）

珙　簡缺。（無字）

興文　簡缺。（無字）

隆昌　中缺，衝、難。

案：《清史稿》遺漏「中缺」二字，當補。

屏山　要缺。（無字）

案：《清史稿》作無字「簡缺」。然光緒十七年夏季以後之《爵秩全覽》與《搢紳全書》等資料多作無字「要缺」。周詢的《蜀海叢談》亦指出屏山爲無字「要缺」。（卷一〈各廳州縣〉，頁 255。）當據改。

馬邊廳　要缺，衝、繁。

案：《清史稿》遺漏「要缺」二字，當補。

雷波廳　要缺，繁。

案：《清史稿》遺漏「要缺」二字，當補。

夔州府　要缺，衝、繁、難。

奉節　中缺，衝、繁。

案：《清史稿》遺漏「中缺」二字，當補。

巫山　中缺，衝、繁。

案：《清史稿》遺漏「中缺」二字，當補。

雲陽　中缺，衝、繁。

案：《清史稿》遺漏「中缺」二字，當補。

萬　要缺，衝、繁、難。

案：《清史稿》遺漏「要缺」二字，當補。

開　簡缺。（無字）

大寧　簡缺，難。

案：《清史稿》遺漏「簡缺」二字，當補。

龍安府　簡缺，繁。

案：《清史稿》遺漏「簡缺」二字，當補。

平武　中缺。（無字）

案：《清史稿》作「繁」字。然光緒十七年夏季以後之《爵秩全覽》與《搢紳全書》等資料多作無字「中缺」。周詢的《蜀海叢談》亦指出平武係無字「中缺」。（卷一〈各廳州縣〉，頁 183。）當據改。

江油　簡缺。（無字）

石泉　簡缺。（無字）

彰明　簡缺。（無字）

寧遠府　要缺，衝、繁、難。

案：《清史稿》遺漏「要缺」二字，當補。

西昌　要缺，衝、繁、難。

案：《清史稿》作「衝、繁」。然嘉慶二十三年以後之《爵秩全覽》與《搢紳全書》等資料多作「要缺，衝、繁、難」。清國史館《皇朝地理志》亦作「衝、繁、難」。當據改補。

冕寧　中缺，繁、難。

案：《清史稿》遺漏「中缺」二字，當補。

鹽源　中缺，繁、難。

案：《清史稿》遺漏「中缺」二字，當補。

昭覺 （待考）

案：《清史稿》作「繁、疲、難」。然《大清宣統政紀》卷四十一（宣統二年八月）僅載：「添設四川昭覺縣，從總督趙爾巽請也。」（頁3b）不見任何缺分的資料。宣統年間發行的《爵秩全覽》與《搢紳全書》等書多不見昭覺縣，僅宣統三年秋季的《憲政最新搢紳全書》有昭覺縣的記載，但也無任何缺分資料。因此，目前無從考證《清史稿》資料的正確性。

會理州 中缺，衝、繁。

案：《清史稿》遺漏「中缺」二字，當補。

鹽邊廳 （無缺分資料）

案：據《綜表》引吏部奏摺，宣統二年五月間新設。（頁317）

越嶲廳 要缺，衝、難。

案：《清史稿》作「衝、繁」。然光緒十七年夏季以後之《爵秩全覽》與《搢紳全書》等資料多作「要缺，衝、難」。清國史館《皇朝地理志》亦作「衝、難」。當據改補。

雅州府 要缺，衝、繁、難。

案：《清史稿》遺漏「要缺」二字，當補。

雅安 要缺，衝、繁、難。

案：《清史稿》遺漏「要缺」二字，當補。

名山 中缺，衝、難。

案：《清史稿》遺漏「中缺」二字，當補。

榮經 中缺，衝、繁。

案：《清史稿》遺漏「中缺」二字，當補。

蘆山 簡缺。（無字）

天全州 中缺，繁、難。

案：《清史稿》遺漏「中缺」二字，當補。

清溪　中缺，衝、繁。

案：《清史稿》遺漏「中缺」二字，當補。

嘉定府　中缺，衝、繁。

案：《清史稿》遺漏「中缺」二字，當補。

樂山　中缺，衝、繁。

案：《清史稿》遺漏「中缺」二字，當補。

峨眉　簡缺，繁。

案：《清史稿》遺漏「簡缺」二字，當補。

洪雅　簡缺，繁。

案：《清史稿》遺漏「簡缺」二字，當補。

夾江　簡缺，繁。

案：《清史稿》遺漏「簡缺」二字，當補。

犍爲　中缺，衝、難。

案：《清史稿》遺漏「中缺」二字，當補。

榮　中缺，繁、難。

案：《清史稿》遺漏「中缺」二字，當補。

威遠　簡缺，繁。

案：《清史稿》遺漏「簡缺」二字，當補。

峨邊廳　要缺。（無字）

潼川府　中缺，繁、難。

案：《清史稿》遺漏「中缺」二字，當補。

三臺　中缺，繁、難。

案：《清史稿》遺漏「中缺」二字，當補。

射洪　中缺，繁、難。

案：《清史稿》遺漏「中缺」二字，當補。

鹽亭　簡缺。(無字)

中江　簡缺，難。

案：《清史稿》遺漏「簡缺」二字，當補。

遂寧　中缺，繁、難。

案：《清史稿》遺漏「中缺」二字，當補。

蓬溪　中缺，繁、難。

案：《清史稿》遺漏「中缺」二字，當補。

安岳　中缺，繁、難。

案：《清史稿》遺漏「中缺」二字，當補。

樂至　簡缺。(無字)

綏定府　要缺，繁、疲、難。

案：《清史稿》遺漏「要缺」二字，當補。

達　要缺，繁、疲、難。

案：《清史稿》遺漏「要缺」二字，當補。

東鄉　簡缺。(無字)

新寧　中缺，繁、難。

案：《清史稿》遺漏「中缺」二字，當補。

渠　中缺。(無字)

案：《清史稿》作無字「簡缺」。然光緒十七年夏季以後之《爵秩全覽》與《搢紳全書》等資料多作無字「中缺」。周詢的《蜀海叢談》亦指出渠係無字「中缺」。(卷一〈各廳州縣〉，頁 207。)當據改。

大竹　簡缺，繁。

案：《清史稿》遺漏「簡缺」二字，當補。

太平　要缺。(無字)

城口廳　中缺，繁、疲、難。

案：《清史稿》遺漏「中缺」二字，當補。

康定府　要缺，衝、繁、難。

案：《清史稿》遺漏「衝、繁、難」三字，當補。

裡化廳　要缺。（無字）

河口　要缺。（無字）

稻成　要缺。（無字）

巴安府　要缺。（無字）

三壩廳　要缺。（無字）

鹽井　要缺。（無字）

定鄉　要缺。（無字）

登科府　要缺。（無字）

德化州　要缺。（無字）

石渠　要缺。（無字）

白玉州　要缺。（無字）

同普　要缺。（無字）

邛州直隸州　中缺，衝、繁。

大邑　中缺，繁、難。

案：《清史稿》遺漏「中缺」二字，當補。

蒲江　簡缺。（無字）

綿州直隸州　要缺，衝、繁、難。

案：《清史稿》遺漏「要缺」二字，當補。

德陽　中缺，衝、繁。

案：《清史稿》遺漏「中缺」二字，當補。

安　簡缺，繁。

案：《清史稿》遺漏「簡缺」二字，當補。

綿竹　簡缺，繁。

案：《清史稿》遺漏「簡缺」二字，當補。

梓潼　中缺，衝、繁。

案：《清史稿》遺漏「中缺」二字，當補。

羅江　中缺，衝、繁。

案：《清史稿》遺漏「中缺」二字，當補。

資州直隸州　中缺，衝、繁。

案：《清史稿》作「繁、難」。然〈一覽表〉作「衝、繁二字中缺」。（頁 517）乾隆二十九年夏季以後之《爵秩全覽》與《搢紳全書》等資料亦多作「中缺，衝、繁」。清國史館《皇朝地理志》亦作「衝、繁」。周詢的《蜀海叢談》亦指出資州直隸州係「衝、繁，中缺」。（卷一〈各府直隸廳州〉，頁 169。）當據改補。

資陽　簡缺，衝。

案：《清史稿》作「繁、難」。然乾隆二十九年夏季以後之《爵秩全覽》與《搢紳全書》等資料多作「簡缺，衝」，清國史館《皇朝地理志》亦作「衝」。周詢的《蜀海叢談》亦指出資陽係「衝」字「簡缺」。（卷一〈各廳州縣〉，頁 259。）當據改補。

內江　簡缺，衝。

案：《清史稿》遺漏「簡缺」二字，當補。

仁壽　中缺，繁、難。

案：《清史稿》遺漏「中缺」二字，當補。

井研　簡缺。（無字）

茂州直隸州　中缺。（無字）

汶川　中缺，衝、繁。

案：《清史稿》遺漏「中缺」二字，當補。

忠州直隸州　中缺，繁、難。

案：《清史稿》遺漏「中缺」二字，當補。

酆都　簡缺。（無字）

墊江　中缺，繁、難。

案：《清史稿》遺漏「中缺」二字，當補。

梁山　中缺，繁、難。

案：《清史稿》遺漏「中缺」二字，當補。

酉陽直隸州　中缺，繁、難。

案：《清史稿》遺漏「中缺」二字，當補。

秀山　簡缺，繁。

案：《清史稿》作「繁、難」。然道光十七年以後之《爵秩全覽》與《搢紳全書》等資料多作「簡缺，繁」，清國史館《皇朝地理志》亦作「繁」。周詢的《蜀海叢談》亦指出秀山係繁字「簡缺」。（卷一〈各廳州縣〉，頁 213。）當據改補。

黔江　簡缺。（無字）

彭水　簡缺，難。

案：《清史稿》遺漏「簡缺」二字，當補。

眉州直隸州　中缺，衝、繁。

案：《清史稿》遺漏「中缺」二字，當補。

丹棱　簡缺。(無字)

彭山　簡缺，繁。

案:《清史稿》遺漏「簡缺」二字，當補。

青神　簡缺，衝。

案:《清史稿》遺漏「簡缺」二字，當補。

瀘州直隸州　要缺，衝、繁、難。

納溪　簡缺，衝。

案:《清史稿》遺漏「簡缺」二字，當補。

合江　中缺，衝、難。

案:《清史稿》遺漏「中缺」二字，當補。

江安　簡缺，衝。

案:《清史稿》遺漏「簡缺」二字，當補。

永寧直隸州　要缺，衝、繁、難。

古藺　中缺，繁、難。

案:《清史稿》遺漏「中缺」二字，當補。

古宋　要缺，衝、繁、難。

案:《清史稿》遺漏「要缺」二字，當補。

松潘直隸廳　要缺，衝、繁、難。

石砫直隸廳　簡缺。(無字)

理番直隸廳　要缺，難。

案:《清史稿》遺漏「要缺」二字，當補。

十七、 卷七十　志四五　地理十七　福建省

福州府　最要缺，衝、繁、疲、難。

案：《清史稿》遺漏「最要缺」三字，當補。

閩　最要缺，衝、繁、疲、難。

案：《清史稿》遺漏「最要缺」三字，當補。

侯官　最要缺，衝、繁、疲、難。

案：《清史稿》遺漏「最要缺」三字，當補。

長樂　中缺，疲、難。

案：《清史稿》遺漏「中缺」二字，當補。

福清　最要缺，衝、繁、疲、難。

案：《清史稿》遺漏「最要缺」三字，當補。

連江　中缺，疲、難。

案：《清史稿》遺漏「中缺」二字，當補。

羅源　簡缺，衝。

案：《清史稿》遺漏「簡缺」二字，當補。

古田　中缺，衝、疲。

案：《清史稿》遺漏「中缺」二字，當補。

屏南　中缺，疲、難。

案：《清史稿》遺漏「中缺」二字，當補。

閩清　簡缺。（無字）

永福　簡缺，疲。

案：《清史稿》遺漏「簡缺」二字，當補。

福寧府　簡缺，衝。

案：《清史稿》遺漏「簡缺」二字，當補。

霞浦　要缺，衝、繁。

案：《清史稿》遺漏「要缺」二字，當補。

福鼎　中缺，衝、繁。

案：《清史稿》遺漏「中缺」二字，當補。

福安　中缺，疲、難。

案：《清史稿》遺漏「中缺」二字，當補。

寧德　中缺，疲、難。

案：《清史稿》遺漏「中缺」二字，當補。

壽寧　簡缺。(無字)

延平府　中缺，衝、繁。

案：《清史稿》作「衝、難」。然〈一覽表〉作「衝、繁二字中缺」。(頁 494)乾隆二十九年夏季以後之《爵秩全覽》與《搢紳全書》等資料亦多作「中缺，衝、繁」。當據改補。

南平　中缺，繁、難。

案：《清史稿》作「衝、繁、難」。然光緒十七年夏季以後之《爵秩全覽》與《搢紳全書》等資料多作「中缺，繁、難」。當據改補。

順昌　中缺，衝、難。

案：《清史稿》作「繁、難」。然光緒五年以後之《爵秩全覽》與《搢紳全書》等資料多作「中缺，衝、難」。清國史館《皇朝地理志》亦作「衝、難」。當據改補。

將樂　簡缺，疲。

案：《清史稿》遺漏「簡缺」二字，當補。

沙　中缺，繁、難。

案：《清史稿》遺漏「中缺」二字，當補。

永安　中缺，繁、難。

案：《清史稿》遺漏「中缺」二字，當補。

尤溪　中缺，繁、難。

案：《清史稿》遺漏「中缺」二字，當補。

建寧府　中缺，衝、繁。

案：《清史稿》遺漏「中缺」二字，當補。

建安　中缺，衝、疲。

案：《清史稿》作「衝、疲、難」。然〈一覽表〉作「衝、疲二字中缺」。（頁 494）乾隆二十九年夏季以後之《爵秩全覽》與《搢紳全書》等資料亦多作「中缺，衝、疲」。清國史館《皇朝地理志》亦作「衝、疲」。當據改補。

甌寧　中缺，衝、難。

案：《清史稿》作「衝、繁」。然〈一覽表〉作「衝、難二字中缺」。（頁 494）乾隆二十九年夏季以後之《爵秩全覽》與《搢紳全書》等資料亦多作「中缺，衝、難」。當據改補。

建陽　中缺，衝、疲。

案：《清史稿》遺漏「中缺」二字，當補。

崇安　中缺，衝、繁。

案：《清史稿》遺漏「中缺」二字，當補。

浦城　中缺，衝、繁。

案：《清史稿》遺漏「中缺」二字，當補。

松溪　簡缺。（無字）

政和　簡缺。（無字）

邵武府　中缺，衝、疲。

案：《清史稿》遺漏「中缺」二字，當補。

邵武　中缺，衝、疲。

案：《清史稿》作「衝、繁、疲、難」。然乾隆二十九年夏季以後之《爵秩全覽》與《搢紳全書》等資料多作「中缺，衝、疲」，清國史館《皇朝地理志》亦作「衝、疲」。當據改補。

光澤　中缺，衝、難。

案：《清史稿》遺漏「中缺」二字，當補。

建寧　中缺，疲、難。

案：《清史稿》遺漏「中缺」二字，當補。

泰寧　簡缺。(無字)

汀州府　要缺，衝、繁、疲。

案：《清史稿》遺漏「要缺」二字，當補。

長汀　中缺，衝、繁。

案：《清史稿》遺漏「中缺」二字，當補。

寧化　簡缺。(無字)

清流　簡缺。(無字)

歸化　簡缺。(無字)

連城　簡缺。(無字)

上杭　中缺，衝、繁。

案：《清史稿》遺漏「中缺」二字，當補。

武平　簡缺。(無字)

永定　中缺，繁、難。

案：《清史稿》遺漏「中缺」二字，當補。

漳州府　最要缺，衝、繁、疲、難。

案：《清史稿》遺漏「最要缺」三字，當補。

龍溪　最要缺，衝、繁、疲、難。

案：《清史稿》遺漏「最要缺」三字，當補。

海澄　簡缺，難。

案：《清史稿》遺漏「簡缺」二字，當補。

南靖　中缺，繁、疲。

案：《清史稿》遺漏「中缺」二字，當補。

漳浦　要缺，衝、繁、難。

案：《清史稿》遺漏「要缺」二字，當補。

平和　中缺，繁、疲。

案：《清史稿》作「衝、繁」。然乾隆二十九年夏季以後之《爵秩全覽》與《搢紳全書》等資料多作「中缺，繁、疲」，清國史館《皇朝地理志》亦作「繁、疲」。當據改補。

詔安　要缺，衝、繁、疲、難。

案：《清史稿》作「衝、繁」。然嘉慶十一年冬季以後之《爵秩全覽》與《搢紳全書》等資料多作「要缺，衝、繁、疲、難」。當據改補。

長泰　簡缺。（無字）

雲霄廳　中缺。（無字）

龍巖直隸州　中缺，繁、難。

案：《清史稿》遺漏「中缺」二字，當補。

漳平　簡缺，難。

案：《清史稿》遺漏「簡缺」二字，當補。

寧洋　簡缺。（無字）

興化府　中缺，衝、繁。

案：《清史稿》遺漏「中缺」二字，當補。

莆田　要缺，衝、繁、疲、難。

案：《清史稿》遺漏「要缺」二字，當補。

仙遊　簡缺，難。

案：《清史稿》遺漏「簡缺」二字，當補。

泉州府 最要缺，衝、繁、疲、難。

案：《清史稿》遺漏「最要缺」三字，當補。

晉江 最要缺，衝、繁、疲、難。

案：《清史稿》遺漏「最要缺」三字，當補。

南安 要缺，繁、疲、難。

案：《清史稿》遺漏「要缺」二字，當補。

惠安 要缺，衝、疲、難。

案：《清史稿》作「衝、繁、難」。然〈一覽表〉作「衝、疲、難三字要缺」。（頁 493）乾隆二十九年夏季以後之《爵秩全覽》與《搢紳全書》等資料亦多作「要缺，衝、疲、難」。當據改補。

同安 最要缺，衝、繁、疲、難。

案：《清史稿》遺漏「最要缺」三字，當補。

安溪 中缺，疲、難。

案：《清史稿》遺漏「中缺」二字，當補。

永春直隸州 中缺，繁、難。

案：《清史稿》遺漏「中缺」二字，當補。

德化 簡缺，難。

案：《清史稿》遺漏「簡缺」二字，當補。

大田 簡缺。（無字）

十八、卷七一　志四六　地理十八　臺灣省

<u>臺灣府</u>　要缺，衝、繁、疲、難。

案：《清史稿》遺漏「要缺」二字，當補。

臺灣　要缺，衝、繁、疲、難。

案：《清史稿》遺漏「要缺」二字，當補。

彰化　中缺，繁、難。

案：《清史稿》遺漏「中缺」二字，當補。

雲林　簡缺，難。

案：《清史稿》遺漏「簡缺」二字，當補。

苗栗　簡缺，衝。

案：《清史稿》遺漏「簡缺」二字，當補。

埔里社廳　簡缺。（無字）

<u>臺南府</u>　要缺，衝、繁、難。

案：《清史稿》遺漏「要缺」二字，當補。

安平　要缺，衝、繁、難。

案：《清史稿》遺漏「要缺」二字，當補。

鳳山　中缺，繁、難。

案：《清史稿》遺漏「中缺」二字，當補。

嘉義　中缺，繁、難。

案：《清史稿》遺漏「中缺」二字，當補。

恆春　中缺，疲、難。

案：《清史稿》遺漏「中缺」二字，當補。

澎湖廳　簡缺。（無字）

臺北府　要缺，衝、繁、難。

案：《清史稿》作「衝、繁」。然光緒十七年夏季以後之《爵秩全覽》與《搢紳全書》等資料多作「要缺，衝、繁、難」。當據改補。

淡水　要缺，衝、繁、難。

案：《清史稿》作「衝」。然光緒十七年夏季以後之《爵秩全覽》與《搢紳全書》等資料多作「要缺，衝、繁、難」。當據改補。

新竹　中缺，疲、難。

案：《清史稿》遺漏「中缺」二字，當補。

宜蘭　中缺，疲、難。

案：《清史稿》遺漏「中缺」二字，當補。

基隆廳　要缺，衝、繁。

案：《清史稿》遺漏「要缺」二字，當補。

臺東直隸州　要缺，衝、繁、疲、難。

案：《清史稿》遺漏「要缺」二字，當補。

十九、卷七二　志四七　地理十九　廣東省

廣州府　最要缺，衝、繁、疲、難。

案：《清史稿》遺漏「最要缺」三字，當補。

南海　最要缺，衝、繁、疲、難。

案：《清史稿》遺漏「最要缺」三字，當補。

番禺　最要缺，衝、繁、疲、難。

案：《清史稿》作「衝、繁、難」。然〈一覽表〉作「衝、繁、疲、難四字最要缺」。（頁 505）乾隆二十九年夏季以後之《爵秩全覽》與《搢紳全書》等資料亦多作「最要缺，衝、繁、疲、難」，清國史館《皇朝地理志》亦作「衝、繁、疲、難」。當據改補。

順德　要缺，繁、疲、難。

案：《清史稿》遺漏「要缺」二字，當補。

東莞　最要缺，衝、繁、疲、難。

案：《清史稿》遺漏「最要缺」三字，當補。

從化　簡缺。（無字）

龍門　簡缺。（無字）

新寧　中缺，疲、難。

案：《清史稿》遺漏「中缺」二字，當補。

增城　簡缺。（無字）

香山　要缺，繁、疲、難。

案：《清史稿》遺漏「要缺」二字，當補。

新會　要缺，繁、疲、難。

案：《清史稿》遺漏「要缺」二字，當補。

三水　中缺，衝、難。

案：《清史稿》遺漏「中缺」二字，當補。

清遠　中缺，衝、難。

案：《清史稿》遺漏「中缺」二字，當補。

新安　中缺，衝、繁、疲、難。

案：《清史稿》遺漏「中缺」二字，當補。

花　簡缺。（無字）

肇慶府　最要缺，衝、繁、疲、難。

案：《清史稿》遺漏「最要缺」三字，當補。

高要　要缺，衝、繁、難。

案：《清史稿》作「衝、繁、疲、難」。然同治十三年以後之《爵秩全覽》與《搢紳全書》等資料多作「要缺，衝、繁、難」。當據改補。

四會　簡缺。(無字)

新興　中缺，衝、難。

案：《清史稿》遺漏「中缺」二字，當補。

恩平　簡缺。(無字)

案：《清史稿》仍將恩平置於陽江直隸州。然兩廣總督袁樹勛於宣統二年九月間以「恩平縣治改隸陽江，控制不便，諸多窒礙」爲由，奏請將恩平「復隸肇慶管轄。」(《大清宣統政紀》卷四二，頁24b。)同時，宣統三年秋季的《爵秩全覽》與《憲政最新搢紳全書》，以及冬季的《職官錄》等資料亦將恩平歸於肇慶府。《清史稿》當據改。

高明　簡缺，疲。

案：《清史稿》遺漏「簡缺」二字，當補。

廣寧　簡缺，疲。

案：《清史稿》遺漏「簡缺」二字，當補。

開平　中缺，疲、難。

案：《清史稿》遺漏「中缺」二字，當補。

鶴山　中缺，疲、難。

案：《清史稿》遺漏「中缺」二字，當補。

德慶州　簡缺，衝。

案：《清史稿》遺漏「簡缺」二字，當補。

封川　簡缺，衝。

案：《清史稿》遺漏「簡缺」二字，當補。

開建　簡缺。(無字)

羅定直隸州　要缺，繁、疲、難。

案：《清史稿》遺漏「要缺」二字，當補。

東安　簡缺，難。

案：《清史稿》遺漏「簡缺」二字，當補。

西寧　中缺，難。

案：《清史稿》遺漏「中缺」二字，當補。

佛岡直隸廳　簡缺，難。

案：《清史稿》遺漏「簡缺」二字，當補。

赤溪直隸廳　要缺。（無字）

韶州府　中缺，衝、疲。

案：《清史稿》作「衝、疲、難」。然〈一覽表〉作「衝、疲二字中缺」。（頁 505）乾隆二十九年夏季以後之《爵秩全覽》與《搢紳全書》等資料亦多作「中缺，衝、疲」。清國史館《皇朝地理志》亦作「衝、疲」。當據改補。

曲江　中缺，繁、難。

案：《清史稿》遺漏「中缺」二字，當補。

樂昌　中缺，衝、難。

案：《清史稿》遺漏「中缺」二字，當補。

仁化　簡缺。（無字）

乳源　簡缺。（無字）

翁源　簡缺，難。

案：《清史稿》作「衝、難」。然〈一覽表〉作「難一字簡缺」。（頁 506）乾隆二十九年夏季以後之《爵秩全覽》與《搢紳全書》等資料亦多作「簡缺，難」。清國史館《皇朝地理志》亦作「難」。當據改補。

英德　中缺，衝、難。

案：《清史稿》遺漏「中缺」二字，當補。

南雄直隸州　要缺，衝、繁、疲。

案：《清史稿》遺漏「要缺」二字，當補。

始興　中缺，衝、繁。

案：《清史稿》遺漏「中缺」二字，當補。

連州直隸州　中缺，衝、難。

案：《清史稿》遺漏「中缺」二字，當補。

陽山　簡缺，難。

案：《清史稿》遺漏「簡缺」二字，當補。

連山直隸廳　要缺，繁、難。

案：《清史稿》遺漏「要缺」二字，當補。

惠州府　要缺，衝、繁、難。

案：《清史稿》遺漏「要缺」二字，當補。

歸善　要缺，衝、繁、難。

案：《清史稿》遺漏「要缺」二字，當補。

博羅　簡缺，繁、疲。

案：《清史稿》遺漏「簡缺」二字，當補。

長寧　簡缺。(無字)

永安　簡缺。(無字)

海豐　簡缺，難。

案：《清史稿》遺漏「簡缺」二字，當補。

陸豐　簡缺，難。

案：《清史稿》遺漏「簡缺」二字，當補。

龍川　簡缺，衝。

案：《清史稿》作無字「簡缺」。然〈一覽表〉作「衝一字簡缺」。（頁 506）乾隆二十九年夏季以後之《爵秩全覽》與《搢紳全書》等資料亦多作「簡缺，衝」。清國史館《皇朝地理志》亦作「衝」。當據改補。

連平州　簡缺。（無字）

河源　中缺，衝、難。

案：《清史稿》遺漏「中缺」二字，當補。

和平　簡缺。（無字）

潮州府　要缺，衝、繁、難。

案：《清史稿》遺漏「要缺」二字，當補。

海陽　要缺，衝、繁、難。

案：《清史稿》遺漏「要缺」二字，當補。

豐順　中缺，疲、難。

案：《清史稿》遺漏「中缺」二字，當補。

潮陽　要缺，繁、疲、難。

案：《清史稿》遺漏「要缺」二字，當補。

揭陽　中缺，繁、難。

案：《清史稿》遺漏「中缺」二字，當補。

饒平　簡缺，難。

案：《清史稿》遺漏「簡缺」二字，當補。

惠來　簡缺，難。

案：《清史稿》遺漏「簡缺」二字，當補。

大埔　簡缺。（無字）

澄海　中缺，繁、難。

案：《清史稿》遺漏「中缺」二字，當補。

普寧 要缺，繁、疲、難。

案：《清史稿》遺漏「要缺」二字，當補。

南澳廳 中缺。(無字)

嘉應直隸州 要缺，衝、繁、難。

案：《清史稿》遺漏「要缺」二字，當補。

長樂 中缺，衝、難。

案：《清史稿》遺漏「中缺」二字，當補。

興寧 簡缺，難。

案：《清史稿》遺漏「簡缺」二字，當補。

平遠 簡缺。(無字)

鎮平 簡缺。(無字)

高州府 要缺，衝、繁、難。

案：《清史稿》遺漏「要缺」二字，當補。

茂名 中缺，繁、難。

案：《清史稿》遺漏「中缺」二字，當補。

電白 要缺，繁、疲、難。

案：《清史稿》遺漏「要缺」二字，當補。

信宜 中缺，難。

案：《清史稿》遺漏「中缺」二字，當補。

化州 簡缺。(無字)

吳川 簡缺。(無字)

石城 簡缺。(無字)

雷州府 簡缺。(無字)

海康 簡缺，疲。

案：《清史稿》遺漏「簡缺」二字，當補。

遂溪　簡缺。（無字）

徐聞　簡缺。（無字）

陽江直隸州　要缺，繁、難。

案：《清史稿》遺漏「要缺」二字，當補。

陽春　中缺，衝、難。

案：《清史稿》遺漏「中缺」二字，當補。

廉州府　要缺，繁、難。

案：《清史稿》遺漏「要缺」二字，當補。

合浦　簡缺，疲。

案：《清史稿》遺漏「簡缺」二字，當補。

靈山　簡缺。（無字）

欽州直隸州　要缺，衝、繁、難。

案：《清史稿》遺漏「要缺」二字，當補。

防城　要缺，衝、繁、難。

案：《清史稿》遺漏「要缺」二字，當補。

瓊州府　要缺，繁、疲、難。

案：《清史稿》遺漏「要缺」二字，當補。

瓊山　簡缺，繁。

案：《清史稿》遺漏「簡缺」二字，當補。

澄邁　簡缺。（無字）

定安　簡缺。（無字）

文昌　簡缺，難。

案：《清史稿》遺漏「簡缺」二字，當補。

會同　簡缺。(無字)

樂會　簡缺。(無字)

臨高　簡缺,疲。

案:《清史稿》遺漏「簡缺」二字,當補。

儋州　要缺。(無字)

崖州直隸州　要缺,衝、繁。

案:《清史稿》遺漏「要缺」二字,當補。

感恩　簡缺,難。

案:《清史稿》遺漏「簡缺」二字,當補。

昌化　簡缺。(無字)

陵水　簡缺,難。

案:《清史稿》遺漏「簡缺」二字,當補。

萬　要缺,衝、繁。

案:《清史稿》遺漏「要缺」二字,當補。

二十、 卷七三　志四八　地理二十　廣西省

桂林府　要缺,衝、繁、難。

案:《清史稿》遺漏「要缺」二字,當補。

臨桂　要缺,衝、繁、難。

案:《清史稿》遺漏「要缺」二字,當補。

興安　中缺,衝、難。

案:《清史稿》作「衝、繁」。然〈一覽表〉作「衝、難二字中缺」。(頁 509)乾隆二十九年夏季以後之《爵秩全覽》與《搢紳全書》等資料亦多作「中缺,衝、難」,清國史館《皇朝地理志》亦作「衝、難」。當據改補。

靈川　中缺，衝、難。

案：《清史稿》遺漏「中缺」二字，當補。

陽朔　簡缺，衝。

案：《清史稿》遺漏「簡缺」二字，當補。

永寧州　簡缺。（無字）

永福　簡缺，衝。

案：《清史稿》遺漏「簡缺」二字，當補。

義寧　簡缺，難。

案：《清史稿》遺漏「簡缺」二字，當補。

全州　要缺，衝、繁、難。

案：《清史稿》遺漏「要缺」二字，當補。

灌陽　簡缺，難。

案：《清史稿》遺漏「簡缺」二字，當補。

龍勝廳　要缺。（無字）

中渡廳　要缺。（無字）

柳州府　中缺，繁、難。

案：《清史稿》作「衝、難」。然〈一覽表〉作「繁、難二字中缺」。（頁 509）乾隆二十九年夏季以後之《爵秩全覽》與《搢紳全書》等資料亦多作「中缺，繁、難」。清國史館《皇朝地理志》亦作「繁、難」。當據改補。

馬平　要缺，衝、繁、難。

案：《清史稿》遺漏「要缺」二字，當補。

雒容　中缺，衝、難。

案：《清史稿》遺漏「中缺」二字，當補。

羅城　簡缺，難。

案：《清史稿》遺漏「簡缺」二字，當補。

柳城　簡缺。(無字)

懷遠　中缺,衝、難。

案:《清史稿》遺漏「中缺」二字,當補。

來賓　中缺,衝、難。

案:《清史稿》遺漏「中缺」二字,當補。

融　中缺,衝、難。

案:《清史稿》遺漏「中缺」二字,當補。

象州　簡缺,衝。

案:《清史稿》遺漏「簡缺」二字,當補。

<u>慶遠府</u>　要缺,繁、難。

案:《清史稿》遺漏「要缺」二字,當補。

宜山　中缺,繁、難。

案:《清史稿》遺漏「中缺」二字,當補。

天河　中缺,難。

案:《清史稿》遺漏「中缺」二字,當補。

河池州　中缺,難。

案:《清史稿》遺漏「中缺」二字,當補。

思恩　中缺,難。

案:《清史稿》遺漏「中缺」二字,當補。

安化廳　要缺。(無字)

東蘭州　簡缺,難。

案:《清史稿》遺漏「簡缺」二字,當補。

<u>思恩府</u>　要缺,繁、難。

案:《清史稿》遺漏「要缺」二字,當補。

武緣　中缺,繁、難。

案:《清史稿》遺漏「中缺」二字,當補。

賓州　中缺，繁、難。

案：《清史稿》遺漏「中缺」二字，當補。

遷江　中缺，衝、難。

案：《清史稿》遺漏「中缺」二字，當補。

上林　要缺，繁、難。

案：《清史稿》遺漏「要缺」二字，當補。

那馬廳　簡缺。（無字）

案：《清史稿》遺漏「簡缺」二字，當補。

百色直隸廳　要缺。（無字）

恩隆　要缺，衝、繁。

案：《清史稿》遺漏「要缺」二字，當補。

泗城府　要缺，難。

案：《清史稿》遺漏「要缺」二字，當補。

凌雲　要缺，難。

案：《清史稿》遺漏「要缺」二字，當補。

西林　要缺，難。

案：《清史稿》遺漏「要缺」二字，當補。

西隆州　最要缺，衝、難。

案：《清史稿》遺漏「最要缺」三字，當補。

平樂府　中缺，衝、難。

案：《清史稿》遺漏「中缺」二字，當補。

平樂　中缺，衝、繁。

案：《清史稿》遺漏「中缺」二字，當補。

恭城　簡缺。（無字）

富川　中缺，繁、難。

案：《清史稿》遺漏「要缺」二字，當補。

賀　要缺，繁、難。

案：《清史稿》遺漏「要缺」二字，當補。

信都廳　簡缺。(無字)

荔蒲　簡缺。(無字)

修仁　簡缺，難。

案：《清史稿》遺漏「簡缺」二字，當補。

昭平　簡缺，衝。

案：《清史稿》遺漏「要缺」二字，當補。

永安州　簡缺。(無字)

梧州府　中缺，衝、繁。

案：《清史稿》遺漏「中缺」二字，當補。

蒼梧　要缺，衝、繁、難。

案：《清史稿》作「衝、繁」。然道光二十五年以後之《爵秩全覽》與《搢紳全書》等資料多作「要缺，衝、繁、難」。當據改補。

藤　中缺，衝、繁。

案：《清史稿》作「繁、難」。然嘉慶十一年冬季以後之《爵秩全覽》與《搢紳全書》等資料多作「中缺，衝、繁」。當據改補。

容　簡缺。(無字)

岑溪　簡缺，難。

案：《清史稿》遺漏「簡缺」二字，當補。

懷集　中缺，繁、難。

案：《清史稿》遺漏「中缺」二字，當補。

鬱林直隸州　要缺，衝、繁、難。

案：《清史稿》遺漏「要缺」二字，當補。

博白　簡缺，難。

案：《清史稿》遺漏「簡缺」二字，當補。

北流　中缺，繁、難。

案：《清史稿》遺漏「中缺」二字，當補。

陸川　簡缺，難。

案：《清史稿》遺漏「簡缺」二字，當補。

興業　簡缺。（無字）

潯州府　中缺，衝、難。

案：《清史稿》作「衝、繁」。然〈一覽表〉作「衝、難二字中缺」。（頁 510）乾隆二十九年夏季以後之《爵秩全覽》與《搢紳全書》等資料亦多作「中缺，衝、難」，清國史館《皇朝地理志》亦作「衝、難」。當據以改補。

桂平　簡缺，衝。

案：《清史稿》遺漏「簡缺」二字，當補。

平南　簡缺，衝。

案：《清史稿》遺漏「簡缺」二字，當補。

貴　中缺，繁、難。

案：《清史稿》遺漏「中缺」二字，當補。

武宣　中缺，衝、難。

案：《清史稿》作「衝」。然〈一覽表〉作「衝、難二字中缺」。（頁 510）乾隆二十九年夏季以後之《爵秩全覽》與《搢紳全書》等資料亦多作「中缺，衝、難」。當據改補。

南寧府　要缺，衝、繁、難。

案：《清史稿》遺漏「要缺」二字，當補。

宣化　最要缺，衝、繁、疲、難。

案：《清史稿》遺漏「最要缺」三字，當補。

新寧州　簡缺。(無字)

隆安　簡缺。(無字)

横州　中缺，衝、難。

案：《清史稿》作「衝、繁」。然〈一覽表〉作「衝、難二字中缺」。(頁 510)乾隆二十九年夏季以後之《爵秩全覽》與《搢紳全書》等資料亦多作「中缺，衝、難」，清國史館《皇朝地理志》亦作「衝、難」。當據改補。

永淳　簡缺。(無字)

太平府　最要缺，衝、難。

案：《清史稿》遺漏「最要缺」三字，當補。

崇善　要缺，衝、難。

案：《清史稿》遺漏「要缺」二字，當補。

左州　簡缺，衝。

案：《清史稿》遺漏「簡缺」二字，當補。

養利州　簡缺，難。

案：《清史稿》遺漏「簡缺」二字，當補。

永康州　中缺，難。

案：《清史稿》遺漏「中缺」二字，當補。

寧明州　最要缺，衝、難。

案：《清史稿》遺漏「最要缺」三字，當補。

明江廳　要缺，衝、難。

案：《清史稿》遺漏「要缺」二字，當補。

龍州廳　要缺，衝、難。

案：《清史稿》遺漏「要缺」二字，當補。

憑祥廳　要缺，衝、難。

案：《清史稿》無缺分資料。然宣統三年秋季之《爵秩全覽》及冬季之《職官錄》均作「要缺，衝、難」。當補。（據《綜表》（頁289），憑祥廳於宣統二年始置。）

上思直隸廳　要缺。（無字）

鎮安府　要缺，難。

案：《清史稿》遺漏「要缺」二字，當補。

天保　要缺，難。

案：《清史稿》遺漏「要缺」二字，當補。

奉議州　要缺，衝。

案：《清史稿》遺漏「要缺」二字，當補。

歸順直隸州　要缺，繁、難。

案：《清史稿》遺漏「要缺」二字，當補。

鎮邊　要缺，繁、難。

案：《清史稿》遺漏「要缺」二字，當補。

二一、　卷七四　志四九　地理二一　雲南省

雲南府　最要缺，衝、繁、疲、難。

案：《清史稿》遺漏「最要缺」三字，當補。

昆明　最要缺，衝、繁、疲、難。

案：《清史稿》遺漏「最要缺」三字，當補。

富民　簡缺。（無字）

宜良　要缺，衝、繁。

案：《清史稿》遺漏「要缺」二字，當補。

嵩明州　中缺，衝、難。

案：《清史稿》遺漏「中缺」二字，當補。

晉寧州　中缺，繁、難。

案：《清史稿》遺漏「中缺」二字，當補。

呈貢　要缺，衝、繁。

案：《清史稿》遺漏「要缺」二字，當補。

安寧州　中缺，衝、繁。

案：《清史稿》遺漏「中缺」二字，當補。

羅次　簡缺。（無字）

祿豐　簡缺，衝。

案：《清史稿》遺漏「簡缺」二字，當補。

昆陽州　中缺，疲、難。

案：《清史稿》遺漏「中缺」二字，當補。

易門　簡缺。（無字）

武定直隸州　簡缺。（無字）

元謀　簡缺，難。

案：《清史稿》遺漏「簡缺」二字，當補。

祿勸　簡缺，難。

案：《清史稿》遺漏「簡缺」二字，當補。

大理府　中缺，衝、繁。

案：《清史稿》遺漏「中缺」二字，當補。

太和　中缺，衝、繁。

案：《清史稿》遺漏「中缺」二字，當補。

趙州　中缺，衝、繁。

案：《清史稿》遺漏「中缺」二字，當補。

雲南　中缺，衝、難。

案：《清史稿》遺漏「中缺」二字，當補。

鄧川州　簡缺，疲。

案：《清史稿》遺漏「簡缺」二字，當補。

浪穹　簡缺。（無字）

賓川州　簡缺，難。

案：《清史稿》遺漏「簡缺」二字，當補。

雲龍州　中缺，繁、難。

案：《清史稿》遺漏「中缺」二字，當補。

麗江府　要缺。（無字）

麗江　中缺，疲、難。

案：《清史稿》遺漏「中缺」二字，當補。

鶴慶州　中缺，繁、難。

案：《清史稿》遺漏「中缺」二字，當補。

劍川州　簡缺，衝。

案：《清史稿》遺漏「簡缺」二字，當補。

中甸廳　要缺。（無字）

維西廳　簡缺。（無字）

楚雄府　簡缺，衝。

案：《清史稿》遺漏「要缺」二字，當補。

楚雄　中缺，衝、繁。

案：《清史稿》遺漏「中缺」二字，當補。

廣通　簡缺，衝。

案：《清史稿》遺漏「簡缺」二字，當補。

定遠　簡缺。(無字)

南安州　簡缺，難。

案:《清史稿》遺漏「簡缺」二字，當補。

鎮南州　中缺，衝、疲。

案:《清史稿》遺漏「中缺」二字，當補。

姚州　簡缺，繁。

案:《清史稿》遺漏「簡缺」二字，當補。

大姚　簡缺。(無字)

<u>永昌府</u>　要缺。(無字)

保山　要缺，繁、難。

案:《清史稿》遺漏「要缺」二字，當補。

永平　簡缺。(無字)

龍陵廳　要缺。(無字)

騰越廳　要缺。(無字)

永康州　要缺。

案:《清史稿》仍作永康土州。然據《綜表》，宣統二年九月十六日改鎮康委員爲永康州。(頁 386)且宣統三年秋季之《爵秩全覽》及冬季之《職官錄》均作無字「要缺」。當據改補。

<u>順寧府</u>　要缺，繁、難。

案:《清史稿》遺漏「要缺」二字，當補。

順寧　要缺。(無字)

緬寧廳　要缺。(無字)

雲州　要缺。(無字)

永北直隸廳　要缺，繁、疲、難。

案：《清史稿》遺漏「要缺」二字，當補。

華坪　（無缺分資料）

案：據《綜表》，華坪於光緒三十四年十月間置縣。（頁384）然《清史稿》、《爵秩全覽》、《搢紳全書》等書俱無缺分資料，無從比對。

蒙化直隸廳　要缺。（無字）

景東直隸廳　要缺，繁、疲、難。

案：《清史稿》遺漏「要缺」二字，當補。

曲靖府　最要缺，衝、繁、疲、難。

案：《清史稿》遺漏「最要缺」三字，當補。

南寧　中缺，衝、難。

案：《清史稿》遺漏「中缺」二字，當補。

霑益州　簡缺，衝、難。

案：《清史稿》遺漏「簡缺」二字，當補。

陸涼州　中缺，疲、難。

案：《清史稿》遺漏「中缺」二字，當補。

羅平州　簡缺，難。

案：《清史稿》遺漏「簡缺」二字，當補。

馬龍州　中缺，衝、難。

案：《清史稿》遺漏「中缺」二字，當補。

尋甸州　中缺，衝、難。

案：《清史稿》作「衝、繁」。然〈一覽表〉作「衝、難二字中缺」。（頁522）乾隆二十九年夏季以後之《爵秩全覽》與《搢紳全書》等資料亦多作「中缺，衝、難」，清國史館《皇朝地理志》亦作「衝、難」。當據改補。

平彝　要缺，衝、繁、難。

案：《清史稿》遺漏「要缺」二字，當補。

宣威州　中缺，疲、難。

案：《清史稿》遺漏「中缺」二字，當補。

東川府　最要。（無字）

案：《清史稿》作無字「要缺」。然乾隆二十九年夏季以後之《爵秩全覽》與《搢紳全書》等資料多作無字「最要缺」。當據改。

會澤　要缺。（無字）

巧家廳　要缺。（無字）

昭通府　最要。（無字）

恩安　中缺，繁、難。

案：《清史稿》遺漏「中缺」二字，當補。

大關廳　最要。（無字）

永善　中缺，繁、難。

案：據《綜表》引《世宗憲皇帝實錄》卷六十六，雍正六年二月間於米貼地方置永善縣。（頁 387）《清史稿》遺漏該縣全部資料，當補。

魯甸廳　簡缺。（無字）

靖江　（無缺分資料）

案：據《綜表》，靖江於光緒三十四年十月間置縣。（頁 388）然《清史稿》、《爵秩全覽》、《搢紳全書》等書俱無缺分資料，無從比對。

鎮雄直隸州　最要。（無字）

徵江府　要缺，繁、難。

案：《清史稿》遺漏「要缺」二字，當補。

河陽　要缺，衝、繁。

案：《清史稿》遺漏「要缺」二字，當補。

江川　要缺，衝、繁。

案：《清史稿》遺漏「要缺」二字，當補。

新興州　簡缺，繁。

案：《清史稿》遺漏「簡缺」二字，當補。

路南州　要缺，衝、繁。

案：《清史稿》遺漏「要缺」二字，當補。

廣西直隸州　要缺，衝、繁、難。

案：《清史稿》遺漏「要缺」二字，當補。

師宗　簡缺，難。

案：《清史稿》遺漏「要缺」二字，當補。

彌勒　要缺，衝、繁。

案：《清史稿》遺漏「要缺」二字，當補。

丘北　要缺。（無字）

臨安府　要缺，繁、疲、難。

案：《清史稿》遺漏「要缺」二字，當補。

建水　簡缺，疲、難。

案：《清史稿》遺漏「簡缺」二字，當補。

石屏州　簡缺，難。

案：《清史稿》遺漏「簡缺」二字，當補。

阿迷州　要缺，衝、繁。

案：《清史稿》遺漏「要缺」二字，當補。

寧州　要缺，衝、繁。

案：《清史稿》遺漏「要缺」二字，當補。

通海　簡缺，難。

案：《清史稿》遺漏「簡缺」二字，當補。

河西　簡缺。(無字)

嶍峨　簡缺，衝、繁、疲、難。

案：《清史稿》遺漏「簡缺」二字，當補。

蒙自　要缺，繁、難。

案：《清史稿》遺漏「要缺」二字，當補。

廣南府　要缺。(無字)

寶寧　要缺。(無字)

開化府　最要缺。(無字)

文山　要缺。(無字)

安平廳　要缺。(無字)

鎮沅直隸廳　最要缺。(無字)

鎮邊直隸廳　要缺。(無字)

案：《清史稿》作無字「最要缺」。然光緒十七年夏季以後之《爵秩全覽》與《搢紳全書》等資料多作無字「要缺」。當據改補。

元江直隸州　最要缺。(無字)

新平　簡缺，難。

案：《清史稿》遺漏「簡缺」二字，當補。

普洱府　最要缺。（無字）

寧洱　要缺。（無字）

威遠廳　最要缺。（無字）

思茅廳　最要缺。（無字）

他郎廳　要缺。（無字）

二二、卷七五　志五十　地理二二　貴州省

貴陽府　要缺，衝、繁、難。

案：《清史稿》遺漏「要缺」二字，當補。

貴筑　要缺，衝、繁、難。

案：《清史稿》遺漏「要缺」二字，當補。

貴定　中缺，衝、繁。

案：《清史稿》遺漏「中缺」二字，當補。

龍里　中缺，衝、繁。

案：《清史稿》遺漏「中缺」二字，當補。

修文　簡缺，衝。

案：《清史稿》遺漏「簡缺」二字，當補。

開州　簡缺，難。

案：《清史稿》遺漏「簡缺」二字，當補。

定番州　要缺。（無字）

案：《清史稿》作「難」字。然嘉慶十一年冬季以後之《爵秩全覽》與《搢紳全書》等資料多作無字「要缺」。當據改補。

廣順州　簡缺，難。

案：《清史稿》遺漏「簡缺」二字，當補。

羅斛廳　要缺。（無字）

案：《清史稿》遺漏「要缺」二字，當補。

安順府 要缺，衝、繁、難。

案：《清史稿》遺漏「要缺」二字，當補。

普定 要缺，衝、繁、難。

案：《清史稿》遺漏「要缺」二字，當補。

鎮寧州 中缺，衝、難。

案：《清史稿》作「衝、繁」。然〈一覽表〉作「衝、難二字中缺」。（頁 518）乾隆二十九年夏季以後之《爵秩全覽》與《搢紳全書》等資料亦多作「中缺，衝、難」。當據改補。

永寧州 中缺，衝、繁。

案：《清史稿》遺漏「中缺」二字，當補。

清鎮 中缺，衝、繁。

案：《清史稿》遺漏「中缺」二字，當補。

安平 中缺，衝、繁。

案：《清史稿》遺漏「中缺」二字，當補。

郎岱廳 簡缺。（無字）

歸化廳 要缺。（無字）

都勻府 要缺。（無字）

都勻 簡缺，繁。

案：《清史稿》遺漏「簡缺」二字，當補。

麻哈州 中缺，繁、難。

案：《清史稿》遺漏「中缺」二字，當補。

獨山州 要缺。（無字）

清平 中缺，衝、難。

案：《清史稿》遺漏「中缺」二字，當補。

荔波 要缺。（無字）

八寨廳 要缺。（無字）

丹江廳　要缺。（無字）

都江廳　要缺。（無字）

鎮遠府　　要缺，衝、繁、難。

案：《清史稿》遺漏「要缺」二字，當補。

鎮遠　中缺，衝、繁。

案：《清史稿》遺漏「中缺」二字，當補。

施秉　中缺，衝、難。

案：《清史稿》遺漏「中缺」二字，當補。

天柱　要缺，繁、疲、難。

案：《清史稿》遺漏「要缺」二字，當補。

黃平州　要缺，衝、繁、難。

案：《清史稿》遺漏「要缺」二字，當補。

台拱廳　要缺。（無字）

清江廳　要缺。（無字）

思南府　　簡缺，繁。

案：《清史稿》遺漏「簡缺」二字，當補。

安化　簡缺，繁。

案：《清史稿》遺漏「簡缺」二字，當補。

婺川　中缺，繁、難。

案：《清史稿》遺漏「中缺」二字，當補。

印江　簡缺。（無字）

思州府　　簡缺，衝。

案：《清史稿》遺漏「簡缺」二字，當補。

玉屏　中缺，衝、繁。

案：《清史稿》遺漏「中缺」二字，當補。

青溪　中缺，衝、繁。

案：《清史稿》遺漏「中缺」二字，當補。

銅仁府　中缺，繁、難。

案：《清史稿》遺漏「中缺」二字，當補。

銅仁　簡缺，繁。

案：《清史稿》遺漏「簡缺」二字，當補。

遵義府　中缺，衝、繁。

遵義　要缺，衝、繁、難。

案：《清史稿》遺漏「要缺」二字，當補。

桐梓　要缺，繁、疲、難。

案：《清史稿》遺漏「要缺」二字，當補。

綏陽　簡缺。（無字）

正安州　簡缺，難。

案：《清史稿》遺漏「簡缺」二字，當補。

仁懷　簡缺，衝。

案：《清史稿》遺漏「簡缺」二字，當補。

赤水廳　要缺，衝、繁。

案：《清史稿》遺漏「要缺」二字，當補。

石阡府　簡缺。（無字）

龍泉　中缺，繁、難。

案：《清史稿》遺漏「中缺」二字，當補。

黎平府 要缺，繁、疲、難。

案：《清史稿》遺漏「要缺」二字，當補。

開泰 中缺，繁、難。

案：《清史稿》遺漏「中缺」二字，當補。

永從 簡缺。（無字）

古州廳 要缺。（無字）

下江廳 要缺。（無字）

大定府 要缺。（無字）

平遠州 中缺，繁、難。

案：《清史稿》遺漏「中缺」二字，當補。

黔西州 中缺，繁、難。

案：《清史稿》遺漏「中缺」二字，當補。

威寧州 要缺。（無字）

畢節 要缺，衝、繁、難。

案：《清史稿》遺漏「要缺」二字，當補。

水城廳 要缺。（無字）

興義府 要缺。（無字）

貞豐州 要缺。（無字）

普安 中缺，衝、繁。

案：《清史稿》遺漏「中缺」二字，當補。

安南 中缺，衝、繁。

案：《清史稿》遺漏「中缺」二字，當補。

興義 要缺。（無字）

盤州廳 要缺，衝、繁、難。

案：《清史稿》作無字「要缺」。然宣統元年以後之《爵秩全覽》與《搢紳全書》等資料多作「要缺，衝、繁、難」。當據改補。

松桃直隸廳 要缺，繁、疲、難。

平越直隸州 要缺，衝、繁、難。

案：《清史稿》遺漏「要缺」二字，當補。

甕安 簡缺，難。

案：《清史稿》遺漏「簡缺」二字，當補。

湄潭 要缺，繁、疲、難。

案：《清史稿》遺漏「要缺」二字，當補。

餘慶 簡缺。（無字）

二三、 卷七六 志五一 地理二三 新疆省

迪化府 要缺，衝、繁、難。

迪化 要缺，衝、繁、難。

案：《清史稿》遺漏「要缺」二字，當補。

阜康 要缺，衝、繁、難。

案：《清史稿》遺漏「要缺」二字，當補。

孚遠 要缺，衝、繁、難。

案：《清史稿》遺漏「要缺」二字，當補。

奇臺 最要缺，衝、繁、難。

案：《清史稿》遺漏「最要缺」三字，當補。

昌吉 要缺，繁、難。

案：《清史稿》作「衝、繁」。然欽差大臣督辦新疆軍務劉錦棠在其光緒九年九月間的一份奏摺中有：「昌吉縣知縣係繁、難二項邊遠要缺」等語。（《劉襄勤公奏稿》卷六，頁8b-9a）

且光緒十七年夏季以後之《爵秩全覽》與《搢紳全書》等資料多作「要缺，繁、難」，清國史館《皇朝地理志》亦作「繁、難」。當據改補。

綏來　要缺，衝、繁、難。

案：《清史稿》遺漏「要缺」二字，當補。

鎮西直隸廳　最要缺，衝、繁、難。

案：《清史稿》遺漏「最要缺」三字，當補。

吐魯番直隸廳　要缺，衝、繁、難。

案：《清史稿》遺漏「要缺」二字，當補。

鄯善　要缺，衝、繁、難。

案：《清史稿》遺漏「要缺」二字，當補。

哈密直隸廳　要缺，衝、繁。

案：《清史稿》遺漏「要缺」二字，當補。

庫爾喀喇烏蘇直隸廳　要缺，衝、繁、難。

案：《清史稿》遺漏「要缺」二字，當補。

伊犁府　要缺，衝、繁、疲、難。

案：《清史稿》遺漏「要缺」二字，當補。

綏定　要缺，衝、繁、疲、難。

案：《清史稿》遺漏「要缺」二字，當補。

寧遠　要缺，繁、難。

案：《清史稿》遺漏「要缺」二字，當補。

塔爾巴哈臺直隸廳　要缺，繁、疲、難。

案：《清史稿》遺漏「要缺」二字，當補。

精河直隸廳　要缺，衝、繁、難。

案：《清史稿》遺漏「要缺」二字，當補。

溫宿府　要缺，衝、繁、疲。

案：《清史稿》遺漏「要缺」二字，當補。

溫宿　要缺，衝、繁、難。

案：《清史稿》遺漏「要缺」二字，當補。

拜城　中缺，衝、疲。

案：《清史稿》遺漏「中缺」二字，當補。

焉耆府　要缺，衝、繁、難。

案：《清史稿》作「要，衝、難」。然宣統三年之《職官錄》、《爵秩全覽》、《憲政最新搢紳全書》、《憲政增補最新職官全錄》等資料多作「要缺，衝、繁、難」，清國史館《皇朝地理志》亦作「衝、繁、難」。當據改補。

新平　中缺，疲、難。

案：《清史稿》遺漏「中缺」二字，當補。

輪臺　要缺，衝、疲、難。

案：《清史稿》遺漏「要缺」二字，當補。

婼羌　要缺。（無字）

庫車直隸州　中缺，衝、繁。

案：《清史稿》遺漏「中缺」二字，當補。

沙雅　中缺。（無字）

烏什直隸廳　最要缺，繁、疲、難。

案：《清史稿》作「要，衝、疲、難」。然宣統三年之《職官錄》、《爵秩秩全覽》、《憲政最新搢紳全書》、《憲政增補最新職官全錄》等資料多作「要缺，繁、疲、難」，清國史館《皇朝地理志》亦作「繁、疲、難」。當據改補。

疏勒府　要缺，衝、繁、疲、難。

案：《清史稿》作「衝、繁、疲」。據《綜表》引《光緒朝東華錄》，疏勒府於光緒二十八年八月間由直隸州升府，然光緒十年十二月二十日欽差大臣督辦新疆軍務劉錦棠奏稱「疏勒直隸州知州撫輯回氓，兼需彈壓外部；現值辦理商務，中俄交涉事繁，應作爲衝、繁、疲、難四項要缺。」（《劉襄勤公奏稿》卷八，頁 35b ）且光緒三十三年秋季以後之《爵秩秩全覽》與《搢紳全書》等資料多作「要缺，衝、繁、疲、難」。當據改補。

疏附　要缺，衝、繁、疲、難。

案：《清史稿》作「衝、繁、疲」。然光緒三十三年秋季以後之《爵秩秩全覽》與《搢紳全書》等資料多作「要缺，衝、繁、疲、難」。當據改補。

伽師　要缺，衝、繁、難。

案：《清史稿》遺漏「要缺」二字，當補。

莎車府　要缺，衝、繁、難。

案：《清史稿》遺漏「要缺」二字，當補。

蒲犁廳　（無缺分資料）

案：據《綜表》引《德宗景皇帝實錄》（卷五〇四，頁 3a-b ），蒲犁於光緒二十八年八月間置廳。（頁 506 ）然《清史稿》、《爵秩全覽》、《搢紳全書》等書俱無缺分資料，無從比對。

巴楚州　最要缺，衝、繁、疲、難。

案：《清史稿》作「衝、繁、疲」。然光緒三十三年秋季以後之《爵秩秩全覽》與《搢紳全書》等資料多作「最要缺，衝、繁、疲、難」。當據改補。

葉城　要缺，衝、疲、難。

案：《清史稿》遺漏「要缺」二字，當補。

皮山　要缺，衝、疲、難。

案：《清史稿》遺漏「要缺」二字，當補。

和闐直隸州　中缺，疲、難。

案：《清史稿》遺漏「中缺」二字，當補。

于闐　中缺，繁、難。

案：《清史稿》遺漏「中缺」二字，當補。

洛浦　中缺，繁、難。

案：《清史稿》遺漏「中缺」二字，當補。

英吉沙爾直隸廳　要缺，衝、繁、難。

案：《清史稿》遺漏「要缺」二字，當補。

出自第六十五本第三分(一九九四年九月)

清末廣東的賭博與賭稅

何漢威

中國歷代政府以賭博傷風敗俗，視之爲罪惡淵藪，厲行禁絕。長期以來滿清政權沿襲前代的賭禁政策，儘管收效有限。十九世紀六十年代以降，隨著歷史現實的改變，清政府逐步重估其賭禁政策。本文所擬討論者，厥爲十九世紀後半以降廣東賭博的盛衰消長、政策演變和賭博稅在省財政中的地位，目的在透過對於賭博之或弛或禁以及賭稅之開徵，一面說明清末廣東賭風彌漫和地方財政困窘，一面揭示當日中央與地方之間和官紳之間的互動關係。全文以人民日常生活的賭博爲中心，冀能藉此具體而微的反映時代的政治社會特色。

本文選取廣東作爲研究對象，實基於如下考慮。就財政重要性而言，賭博稅爲廣東省財政結構中一項不可或缺之財源。無論從絕對數目和相對比重來說，賭博稅在廣東所佔的地位，實非他省同類稅入所能望其項背。賭博一方面給廣東帶來可觀的收入，另一方面，也引發出很多社會問題。隨著清季立憲運動的興起，廣東諮議局對省內賭博風行的現象展開正面攻擊。廣東當局發現一旦道德原則戰勝財政考慮時，省庫從此失去一項重要財源，行政機器的運作因而大受妨礙。清末廣東賭博或弛或禁的過程，也許有助於我們更深入地體會賭博與地方行政的利害關係，以及官員施政時，取捨之間所能掌握的程度。

一、前　　言

中國歷代政府以賭博傷風敗俗，危害社會秩序，視之爲罪惡淵藪，厲行禁絕。唐、宋、元、明各代都訂有律例，懲處賭徒本人和提供賭博場所、賭具，以至誘人聚賭的各色人等。[1] 可是，賭博風氣似不因法律的訂定而有所減替。宋代兩浙

1　詳見顧炎武，《日知錄》（石家莊：花山文藝出版社，1990年，欒保群、呂宗力校注《集釋》本），總頁1256-58，卷28，〈賭博〉；曹漫之主編，《唐律疏議譯注》（吉林人民出版社，1990年），總頁882-83，卷26，402條，〈雜律〉十四，〈博戲

路衢州府人支乙開設賭場，誘人聚賭，賭注爲數不貲。[2] 明末賭風更彌漫於社會各階層。顧炎武即慨嘆「今之進士，有以不工賭博爲耻者矣。」[3]

漢清入關後，長期以來沿襲前代的賭禁政策，惟收效似乎有限。十九世紀六十年代以降，隨著歷史現實的轉變，清政府也逐步重估其賭禁政策。踏入本世紀，廣東、廣西、湖北、江蘇、安徽、直隸、四川，以至邊遠的新疆，行政當局相繼改弦更張，對賭博大開方便之門。根據宣統三年（1911）的全國預算，賭博稅入即佔雜稅總數八分之一上下。[4] 本文所擬討論的，是十九世紀後半以降廣東賭博的盛衰消長、政策演變和賭博稅在省財政中的地位，目的在透過對於賭博應否弛禁以及開徵賭稅，一面說明清末廣東賭風彌漫和地方財政困窘，一面揭示當日中央與地方之間和官紳之間的互動關係。全文以人民日常生活的賭博爲中心，冀能藉此具體而微反映時代的政治社會特色。

清末開放賭禁不限於廣東，惟基於以下考慮，本文只選取廣東作研究對象。一、就財政重要性而言，賭博稅是廣東財政結構中一項不可或缺的財源。以宣統三年的省預算爲例，省當局預期從賭餉抽取的稅收達440萬兩，佔全省稅入的第三位。[5] 另據宣統元年（1909）兩廣總督袁樹勛奏稱，廣東每年從闈姓、番攤、

賭財物〉；錢大群、錢元凱，《唐律析論》（南京大學出版社，1989年），頁300；《慶元條法事類》（東京：古典研究會，昭和43年〔1968〕，據靜嘉堂文庫藏本影印），總頁599，卷80，〈雜門・博戲財物〉；黃彰健編著，《明代律例彙編》（台北：中央研究院歷史語言研究所，《專刊》之75，民國65年），總頁949-50，卷26，〈刑律〉九，〈雜犯・賭博〉。

2 支乙誘衆聚賭事，詳見《名公書判清明集》（北京：中華書局，1987年，中國社會科學院歷史研究所宋、遼、金、元史室點校本），總頁530-32，卷14，〈賭博〉。支乙等誘陸雲龍賭博，陸雲龍輸掉461貫，爲支乙等追討欠款甚急，無計可施，被迫自尋短見。針對這項記載，Brian E Mcknight 指出當日政府所定驛站人員每年的生活費用約爲三十貫，由此可知陸雲龍等賭注之可觀。見氏著，*Law and Order in Sung China*（Cambridge University Press, 1992），pp.104-105.

3 《日知錄集釋》，總頁1258，卷28，〈賭博〉。

4 Chen Shao-Kwan, *The System of Taxation in China in the T'sing Dynasty 1644-1911*（New York: Columbia University, 1914），pp.45-46. 該書爲1914年陳氏提交哥倫比亞大學之博士論文，距清末預算制訂之日期(1910年)至爲接近，當有資料可據，非憑空杜撰可比。

5 同上。

山鋪票和彩票四種賭博的稅入超過四百萬兩，[6] 約佔全省總歲入一成以上。無論從絕對數目及相對比重來說，賭博稅在廣東所佔的地位，實非他省同類稅入所能望其項背。[7] 二、賭博稅是一種特許經營稅（franchise），稅額以外，賭商還要面對地方官員永無休止的苛索，稍不如願，可能會出現賭博經營權易手的局面。藉著這方面的研究，或許有助於我們進一步體認清季官商之間的實質關係。（作者另撰〈清末廣東的賭商〉一文討論這一問題，該文將刊於本刊第67本）三、賭博一方面給廣東帶來可觀的稅入，另一方面，也引發出很多社會問題。隨著清季立憲運動的興起，廣東諮議局對省內賭博風行的現象展開正面攻擊。議員動員輿論，迫使省當局禁賭。廣東當局發現一旦道德原則戰勝財政考慮時，省庫從此失去一項可觀的財源。新政在在需財，行政機器的運作因賭餉驟失而大受妨礙。清末廣東賭博或弛或禁的過程，也許有助於我們更深入地體會賭博與地方行政的利害關係及地方官員施政時，取捨之間所能掌握的程度。

至於前人研究方面，作者見聞寡陋，就所知，稱得上學術性的論著，似僅有日本學者江口久雄〈廣東闈姓考—清末の中國財政に關する一考察〉一文。[8] 顧名思義，該文討論對象僅限於闈姓。其實闈姓不過是本世紀前，廣東各種賭博中較爲重要的一種。其他重要的賭項，尙有番攤、基、鋪、山票和小闈姓（白鴿票）等。隨著科舉制度的結束，闈姓亦由盛而衰；此消彼長，番攤和基鋪山票兩項賭稅後來居上。其次，江口論文引用的史料，基本上以官方文獻，特別是督撫奏議爲主，因材料性質所限，不易深入掌握廣東賭博的經營型態及實際運作情形。本文以《華字日報》、《申報》爲主，旁及其他相關史料，在江口久雄前引論文的

6 袁樹勛，《抑戒齋奏牘輯存》，收入袁榮法編，《湘潭袁氏家集》（沈雲龍主編，《近代中國史料叢刊續輯》，廿一輯，201冊，台北：文海出版社，民國64年），冊一，頁102-103，〈覆陳粵省賭餉籌辦情形摺〉（宣統元年八月）。

7 如光緒三十四年（1908），江蘇寧屬彩票捐收入只有511,477洋元。見《時報》，宣統二年二月廿七日，頁5。按是年江蘇寧屬總歲入爲25,496,890兩，若把賭稅所入從元折算成兩，則寧屬賭稅僅佔該處總入的1.44%。寧屬總歲入款數，見劉錦藻纂，《清朝續文獻通考》（上海：商務印書館，《萬有文庫》第二集，民國25年），考8233，卷67，〈國用考〉五，〈用額〉。

8 文載《東洋學報》（東洋文庫），59卷，第三、四期（1978年三月）。

基礎上，就清末廣東賭博涉及的連串問題，建構出一較爲全面完整的歷史面貌。對於一些有助於解釋賭博在廣東特別突出的關鍵性問題，諸如賭徒的背景來源、各種不同的賭博是否吸引不同的賭徒等，因資料缺乏，只好擱而不論。

二、十九世紀中葉前清政府的賭禁政策及其成效

清代立國以來，君主對賭風彌漫於社會各階層的現象至爲關注，先後多次立法或修法來禁賭。留存下來有關觸犯賭禁而受處分的案例，頗爲詳備。[9] 清政府禁賭的動機跟前代一樣，主要是從社會風氣、治安秩序和行政效率等角度來考慮。雍正四年（1726）的諭令最足說明這點：

> 賭博最壞人之品行，若下等之人習此，必致聚集匪類，作姦犯科，放辟邪侈之事，多由此而起。若讀書居官之人習此，必致廢時誤事，志氣昏濁，何能立品上進？[10]

乾隆皇帝更以賭博爲閭閻四大惡之一。[11]

清代賭博例禁中，以造賣賭具及開賭抽利的處分最爲嚴厲。至於犯禁者，清政府則按民人和旗人的身份，分別作相應的懲處。民人和旗人犯禁的刑律經多番

9　參見《大清會典事例》（台北：啓文出版社，民國52年，據國立中央圖書館藏光緒廿五年刻本影印，以下簡稱《事例》），卷826-27，〈刑部・刑律雜犯〉；祝慶祺編，《刑案彙覽》（台北：成文出版社，民國57年），卷53，頁23-27，〈刑律雜犯・賭博〉；吳潮，何錫儼彙編，《刑案匯覽續編》，（台北：文海出版社，民國59年，據光緒庚子〔1900〕版影印），卷28，〈刑律〉，頁47-53，〈雜犯・賭博〉；姚雨薌原纂，胡仰山增輯，《大清律例會通新纂》（台北：文海出版社，民國53年），卷32，〈刑律雜犯・賭博〉；馬建石、楊育棠主編，《大清律例通考校注》（中國法政大學出版社，1992年，以下簡稱《通考校注》），頁966-75，〈賭博律文〉。

10　《事例》，卷827，頁5下，〈刑部・刑律雜犯〉。按清世宗又於三年後發出類似諭令：「游惰之民，自昔治天下者之所惡，若好爲賭博之人，又不止於游惰而已。荒棄本業，蕩費家貲，品行日即於卑污，心術日趨於貪詐。父習之則無以訓其子，主習之則無以制其奴，鬥毆由此而生，爭訟由此而起，盜賊由此而多，匪類由此而聚。其爲人心風俗之害，誠不可悉數也。」（同前，頁8下）。另參考《通考校注》，頁968。

11　蕭一山，《清代通史》（台灣商務印書館，民國61年，台三版），冊二，頁5。按其他三惡爲：盜賊、打架及娼妓。

修訂後，大體上以雍正三年（1725）和乾隆五年（1740）所擬訂的爲依據。（見下表）

清律對民、旗人等觸犯賭禁之處分

罪名	民人	旗人
1．賣造賭具如紙牌、骰子等：		
造賣賭具者	發邊衛永遠充軍	發極邊煙瘴充軍
爲從及販賣爲首者	杖一百、流二千里	發邊遠充軍
爲從販賣者	杖一百、徒三年	發邊衛充軍
2．開場抽賭、抽頭取利：		
初犯	杖一百、徒三年	發極邊煙瘴充軍
再犯	杖一百、流三千里	擬絞監候
3．賭博：		
初犯	杖八十、徒二年	枷號兩月、鞭一百
再犯	杖一百、徒三年	

資料來源：《事例》，卷826，頁5-7，〈刑部・刑律雜犯〉，《通考校注》，頁969，〈賭博律文〉；楊明，〈清朝禁賭芻議〉，載趙清主編，《社會問題的歷史考察》（成都：成都出版社，1992年），頁254—56。

滿漢官員及文武生員觸犯賭禁的處分重於常人。如順治初刑律規定，「若賭飲食者勿論。」[12] 按康熙十一年（1672）之律令，官民「賭飲食等物者，照不應重律，」[13] 亦即處分輕於以財物作賭注的。可是，據雍正三年及乾隆五年的法令，滿漢官員「無論賭錢、賭飲食等物，……俱革職滿杖，枷號兩月，」並永不敘用。[14] 文武生員因造賣賭具、誘賭和聚賭等罪而犯禁的，要比常人罪加一

12 《事例》，卷826，頁2下，〈刑部・刑律雜犯〉；《通考校注》，頁966，〈賭博律文〉。

13 《事例》，卷827，頁3，〈刑部・刑律雜犯〉；《通考校注》，頁967，〈賭博律文〉。

14 《事例》，卷826，頁5下、6下，〈刑部・刑律雜犯〉；《通考校注》，頁969-70，〈賭博律文〉。

等。[15]

根據上引資料，我們至少可作以下的申論：一、與前代相較，大致而言，清代對觸犯賭禁的處分似更爲嚴厲。如明初律令中申明開賭及聚賭者，俱判杖八十，賭注財物沒收入官。萬曆（1573－1620）年間的律例則把犯禁者分爲三等：開設賭場或賭徒平素惡蹟昭著，定作第一等問罪，枷號二月；一般賭徒則定爲二等，枷號一月；若年少無知，被人誘賭者，則照常發落。[16] 就這兩代律令相比，明代對犯禁的處分遠輕於清代。二、滿清以異族入主中國，基於族類之見，刑律最大的特色爲滿漢有別。可是，旗人因賭犯禁之制裁並不輕於漢人，主要關鍵是滿清君主如康熙、雍正等目睹滿、漢八旗沾染賭習，致銳氣消磨殆盡，焦慮無已。[17] 他們從鞏固政權基礎出發，對犯人犯禁處分從嚴。[18] 三、觸犯賭

15 《事例》，卷826，頁12下，〈刑部・刑律雜犯〉。

16 《明代律例彙編》，總頁949-51，卷26，〈刑律〉九，〈雜犯・賭博〉。按唐律，賭財物不滿絹價五匹以下，各判杖刑一百。若所犯賭禁之罪重於杖刑一百的，各依自己贏得的財物數，比照竊盜罪論罪。例如賭博所贏值絹五匹的，判處徒刑一年；賭輸則作從犯判罪，輸掉值絹五匹財物，判處杖刑一百。賭博涉及財物數目大的，各比照盜竊罪加重的條例處分。若贏得衆人財物，則累計總數對折論罪。見《唐律疏議譯注》，總頁882-83，卷26，402條，〈雜律〉14，〈博戲賭財物〉；錢大群、錢元凱，前引書，頁300。宋律對賭博之處分大抵與唐律相近，只在太宗淳化二年（991）對犯禁處分至嚴，「詔犯蒲博者斬。」見竇儀等撰，《宋刑統》（北京：中華書局，1984年，吳翊如點校本），總頁416，卷26，〈雜律・博戲賭財物〉。顧炎武評論云：「刑亂國，用重典，固當如此。」見《日知錄集釋》，總頁1258，卷28，〈賭博〉。足見唐、宋對觸犯賭禁處分遠輕於清代。

17 如康熙三十一年（1692）上諭云：「近見賭博愈盛，如此雖恩養兵丁，未能有益於生計，此皆大臣等管轄不嚴所致。且大臣內亦有賭博者，既身係大臣，尚行賭博，焉能管轄以下之人？」雍正四年諭旨云：「又見漢軍惡習，嘗以工於馬弔，互相誇尚，且借此爲消閒解悶之具。夫既已居官，則應辦之事甚多，日夕不遑，尚恐遲誤，安有閒工夫爲此無益之戲？且聞有上司與屬員鬥牌爲樂者，尤非體統，大玷官箴。」見《事例》，卷827，頁4、6，〈刑部・刑律雜犯〉；《通考校注》，頁967-68，〈賭博律文〉。按馬弔即骨牌，詳見徐珂，《清稗類鈔》（北京：中華書局，1984年），總頁4903-4904，稗76，〈賭博類・馬弔〉。又顧炎武指出馬弔在明末已極爲盛行，官員多嗜此習。「天啓(1621-27)中，始行馬弔之戲，而今之朝士，若江南、山東幾於無人不爲此。」見《日知錄集釋》，總頁1256，卷28，〈賭博〉。

18 參考瞿同祖，《中國法律與中國社會》(北京：中華書局，1981年)，頁249，注2。又乾隆四十年（1775）滿清官員六十七、圖拉與屬員聚賭兩次，「部議將應行枷責

禁的處分中，造賣賭具比開賭誘賭更爲嚴厲。雍正皇帝兩道諭令道破了個中原因。他認爲「若不嚴禁賭具，實不能除賭博之源；」[19] 「賭博難禁，而造賣賭具之禁，尙屬易行之事。」[20] 事實上，清政府在根絕賭具方面最爲著意。康熙三十年（1691）諭令嚴禁紙牌、骰子的製造和販賣，限令全國於一月之內，把這兩種賭具悉行銷毀。[21] 雍正四年重申類似禁令。[22] 三年後，雍正皇帝進一步申明如據被捕賭徒提供的線索，偵獲賭具造賣地點時，「將該縣知縣照溺職例革職；」知府、司道和督撫也受到不同程度的處分。反之，地方官如能緝獲賭具的，則各有獎敍。[23] 四、從懲處政府官員犯禁條例愈益嚴密，甚至連賭飲食也從嚴懲辦的情形看來，當日有不少官員知法犯法，上行下效，賭風滲透整個官僚階層。[24] 清政府顧及到行政機構的健全運作，於是非要從嚴處理不可。

禁賭條例日益周延，適足證明賭博根深蒂固，官民無分滿、漢，仍有不少人罔顧法令，觸犯賭禁。如雍正四年上諭說：「乃向來屢申禁飭，而此風〔賭博〕

之處，改發烏魯木齊效力贖罪。」乾隆皇帝以六十七、圖拉判遣發烏魯木齊而免受枷責，表面看來判罰得很重，實質上卻不如此，因此下令六十七、圖拉仍先受枷責，隨發往烏魯木齊效力贖罪。見《事例》，卷827，頁12下-13，〈刑部・刑律雜犯〉；《通考校注》，頁973，〈賭博律文〉。

19 《事例》，卷827，頁5下，〈刑部・刑律雜犯〉；《通考校注》，頁968，〈賭博律文〉。道光廿五年（1845）刑部說帖指陳：「細釋賭博定例，原恐人廢時失業，蕩產破家，而貽害實始於賭具，故例於出有賭具者，治罪獨嚴。」見《刑案匯覽續編》，卷28，〈刑律〉，頁50，〈雜犯・賭博〉。楊明則認爲這種「對賭具、賭場這些賭博的客體懲處很重，而對賭客這一賭博的主體卻懲處較輕」的措施本末倒置，「是淸朝屢禁賭博而不能止的重要原因。」見氏著，前引文，頁258。

20 《事例》，卷827，頁10下-11，〈刑部・刑律雜犯〉。

21 同上，頁3下；《通考校注》，頁967〈賭博律文〉。

22 《事例》，卷827，頁5下，〈刑部・刑律雜犯〉；《通考校注》，頁968，〈賭博律文〉。按是年諭令：「已造之賭具及造賭具之器物，限文到三個月內悉行銷毀。如有藏匿者，查出照造賭具爲首例治罪。」

23 勸懲方法：懲處方面，失職知府革職留任，督撫、司道等官各降一級留任；獎勸方面，地方官員緝獲賭具，知縣加二級、知府加一級、督撫、司道等官紀錄二次。見《事例》，卷827，頁9。按此法於雍正八年（1730）開始實施。

24 這種現象早已顯於明末。按明律，「犯賭博者，文官革職爲民，武官革職隨舍餘食糧差操。」惟顧炎武指出：「但百人之中，未有一人坐罪者，上下相容而法不行故也。」見《日知錄集釋》，總頁1257，卷28，〈賭博〉。

尙未止息，深可痛恨。」[25] 無可奈何之情，躍然活於紙上。[26] 雍正皇帝雖制訂勸懲之法，要地方官員取締賭具；可是，除了京師因帝都所在，官員對賭具稽查較爲在意外，地方管制多乏善可陳。雍正九年（1731）諭令即指出：「聞省會之地，有公然製造賭具，列諸市肆而不知畏懼者。」[27] 對積極查緝賭具造賣的官員，清政府則特別從優議敘。可是，不少弊端隨而出現，「支飾邀功」及「改移遷就」等現象盛行，欺上瞞下，於事無濟。[28] 大體上，雍正皇帝是一位頗爲通達的君主。他一面嚴申賭禁，另一面深入認識到「禁款多則繁，繁則難遵；」「若禁不止，令不行，似此有名無實之禁，便禁千百條，徒滋紛擾，於事何益？」直隸按察使張燦即因奏請嚴禁跌錢而被訓斥一頓。[29]

乾隆中葉以後，政府對賭禁條例引申較前更爲詳密。如乾隆57年（1792）刑部審理賭徒以羊枴子骨與孩童擲賭錢文一案時，以「羊枴子雖非例禁賭具，但該犯用以賭賽勝負，輸贏錢文，即屬賭博」爲理由，判犯人枷號二月、杖一百之處分。[30] 這與雍正皇帝拒絕把跌錢入罪恰成鮮明對比。嘉慶十八年（1813）、道光廿五年地方緝獲賭徒聚賭，當場檢獲骰子三顆。依以往刑律，這種情況視爲賭具不全（骰子六顆爲全）而無治罪專條。刑部在審理本案時，申明「以三顆爲

25 同註22。

26 如雍正七年（1729）諭旨云：「數年以來，屢次降旨嚴禁，而此風尙未止息者，則以尙有製造賭具之人，而有司之禁約未曾盡力也。」見《事例》，卷827，頁8下。翌年諭旨則說：「賭博之事，敗壞品行，蕩費家貲，其爲害於人心風俗者不可悉數，欲杜此惡習，則賭具之禁自不可以不嚴。朕爲此拳拳訓飭，至再至三。凡地方大吏有司有教養斯民之責者，皆當仰體朕心，奉行唯唯，不當視爲具文也。」見同上，頁10。

27 同上，頁10下。

28 雍正十三年（1735）諭旨指出：「各省拏獲賭具，查其製造年月，在半年之內者，大小官員有議敘之例，……今朕訪聞各省拏獲賭具，均稱造賣在半年以內，迨細心根究多不實。蓋地方官希冀議敘，未免支飾邀功，即新任、署任原在半年以內，毋庸支飾，又未免瞻顧前官失察之愆，爲之改移遷就，不知造賣年月，既屬改移，則販賣多寡，夥黨之有無，何由得實？是其弊更不止於叨冒議敘也。」見同上，頁11下。

29 雍正皇帝認爲「跌錢以賭輸贏，此不過眞正好賭棍徒，一時不能遂意，設爲此法，暫且爲之，日久自然止息。誰肯相率爲此無味之戲？……若謂輕褻國寶，更屬鄙論。較之以錢作韃毛之底，脚踢爲戲，又孰輕而孰重也？況錢文乃民用之國寶，朕惟以賢人爲寶，餘無可寶者。……識見平常，當奮勉學習。」見同上，頁10下。

30 《刑案匯覽》，卷53，頁23，〈刑律雜犯・賭博〉。

不全，是必三顆不能持以賭博則可，若三顆既可賭博，……實與全者無異。故賭具不必論其有全不全，止應視其可賭不可賭，」力主從嚴懲辦。[31]

清政府企圖專藉法律手段根絕賭博，似乎收效有限。早在康熙、雍正之交，江蘇揚州府即有官兵開設賭場；乾隆中葉以後，吏治廢弛，地方官竟不敢過問。[32] 嘉慶十三年（1808）七月給事中周延森奏稱江南之穎州、亳州、徐州，河南之歸德，山東之曹州、沂州和兗州等地區無賴棍徒，聚衆設順刀會、虎尾鞭、八卦教、義和拳等名目，武斷鄉曲，壓榨善良，遇會場市集，公然聚賭，並勾通吏胥爲耳目。[33] 値得注意的是一種名爲「花會」的賭博，[34] 自乾隆年間起日益普遍，引起清廷密切注視，對犯禁者的處分尤嚴。據乾隆44年（1779）處分律例，開設花會誘人聚賭的首要犯人，「照造賣賭具例，發邊遠充軍。」其他從犯則按情節輕重而受相應懲處。「如匪徒另立名色，誘賭聚衆數在三十人以上，與花會名異而實同者，均照此例辦理。」[35] 由此可以看出清政府把經營花會與誘衆聚賭俱視爲威脅地方秩序的匪類。因花會賭徒衆多，易於生事，故管制從嚴，取締尤力。嘉慶年間白蓮教起事，據聞即有「用黃布託葉姓寫成三十六個開花會名目」而組織教徒的。[36] 道光年間，花會蔓延全國廣大地區，南及廣西、江西、

31 《刑案匯覽續編》，卷28，〈刑律〉，頁50下-51，〈雜犯・賭博〉。

32 桂超萬，《宦遊紀略》（沈雲龍主編，《近代中國史料叢刊》，以下簡稱《史料叢刊》，81輯，810冊，台北：文海出版社，民國61年），卷五，頁5下。

33 魏秀梅，《陶澍在江南》（台北：中央研究院近代史研究所，專刊〔51〕，民國74年），頁61-62。

34 花會營賭者編造古人姓名三十六人（也有編作三十四人的），每日二次，每次任取一名字置入懸於梁間的筒中，聽人自認一名，各注錢數投抽猜買，猜中者倍率高達三十倍以上。詳見李漢沖，〈花會賭博種種〉，載廣東省政協文史資料研究委員會編，《廣東風情錄——形形式式的舊社會》（廣東人民出版社，1987年），特別是頁113-16；《清稗類鈔》，總頁4912-14，稗76，〈賭博類・花會〉、〈廣東有花會〉、〈福建有花會〉、〈上海有花會〉；陳徽言，《南越遊記》（咸豐七年〔1857〕重刊本），卷二，頁7下-8，〈博徒〉；譚彼岸《廣東物語》（香港：中山圖書公司，1973年），頁45-49。廣西花會則以花名代替人名作賭。見張心泰，《粵遊小志》（有光緒甲申〔1884〕自序，）卷三，〈風俗〉，頁13下。

35 《事例》，卷826，頁14下-15，〈刑部・刑律雜犯〉；另參考《通考校注》，頁974，〈賭博律文〉。

36 上諭檔（台北國立故宮博物院藏），道光十五年十月五日，頁55-56。此條及注37外紀檔，注42上諭檔、註46月摺檔資料俱蒙同事劉錚雲博士提示，謹此致謝。

福建和浙江，北至奉天，[37] 甚至宗室覺羅也有合夥開設的。[38] 道光三十年（1850）盛京將軍奕興奏稱：「花會賭局賴有跑封人犯輾轉勾引，無論貧富之家，男婦老少，均可被其引誘，實非尋常賭博可比。」[39] 無怪清政府視之爲賭害之最。

道光末，官吏玩視民瘼，收受陋規，包庇賭博蔚成風習。以福建爲例，「賭博抽頭之類久成陋規不可去。」[40] 當時歷任地方要職的李星沅，在他的日記中記載這種現象頗爲詳盡。[41] 咸豐年間，民變四起，政府更視賭博爲姦宄託跡之所、強盜之源。咸豐八年（1858）安徽徽州、寧國兩屬嚴禁人民傳習花會。兩年後，「恐日久生懈，惡棍、土匪難保不復萌故智，」清廷令地方當局嚴加注視。[42] 同期間，廣東成爲清廷和天地會衆及太平軍餘部角力的戰場，全省飽受

37 如廣西貴縣，「自道光中年，……所有巡檢並守汛之官，均在縣城開賭，而愚民無識，處處效尤，每於各處墟市開設花會賭廠。」轉引自陸寶千，《晚清兩廣的天地會政權》（台北：中央研究院近代史研究所，專刊〔33〕，民國64年），頁158。道光廿八年（1848）桂超萬任官福建汀漳龍道，鑒於漳州地方「竟有花會分大小場，早晚兩開，……以致男女若狂，混雜無耻，輸盡途窮，流入匪類，大爲地方之害。」因此密札轄下官員設法密拏首犯，送官懲治。見《宦遊紀略》，卷六，頁12。有關浙江花會之盛，最翔實生動的報導見段光清，《鏡湖自撰年譜》（《近代史料筆記叢刊》，北京：中華書局，1960年），頁29-30，道光廿八年。按是時段任慈谿知縣，上任後，謀緝拿花會。「問：花會開設何處？有人言：現設某處，每日開兩次，午刻一次，酉刻一次，廠內有刀槍兵器保護。……問：前官亦親自往拿乎？答曰：以前多是差去或署內爺們同去，初次開花會者無不送錢，受錢之後，不可再拿。再拿如何？再拿則必拒捕。余曰：官何不帶多人往拿乎？笑曰：彼皆無賴烏合之徒，愈聚愈衆，官安能帶許多人？官若立心要拿，先事安派，彼皆狡猾，耳目亦多，先已逃避，……終不可拿。」故慈谿有「花會世界」之稱。當地花會所用之籌碼，「大籌一千，小籌五百，入典可以贖當，入市可以買物，不問人，只問籌也。」江西花會事，見註36。瀋陽花會見外紀檔（台北國立故宮博物院藏），道光二年十二月。另見《刑案匯覽續編》，卷28，〈刑律〉，頁52-53，〈雜犯・賭博〉。

38 《刑案匯覽續編》，卷28，〈刑律〉，頁52，〈雜犯・賭博〉。

39 同上，頁50下。

40 袁英光、童浩整理，《李星沅日記》（《中國近代人物日記叢書》，北京：中華書局，1987年），頁189，道光廿一年三月二十日。

41 前引書，頁7，道光二十年正月十二日；頁146，十二月廿一日；頁188，道光廿一年三月十七日；頁229，五月十三日；頁481，道光廿三年二月十三日；頁764，道光廿八年十月廿二、廿四日。

42 上諭檔（小方本）（台北國立故宮博物院藏），咸豐十年九月十九日。

戰火洗禮；廣東當局面臨軍餉支絀的威脅，只好因時制宜，放鬆省內一種主要賭博（闈姓）的管制，抽取罰款支持軍需，在全國別樹一幟，爲日後粵省賭博弛禁的先聲。

三、清末廣東賭博從禁到弛的演變經緯

在進入正題前，我們先要簡介清末廣東境內幾種較爲主要的賭博項目，如闈姓、番攤、基、鋪、山票、小闈姓和彩票等。

1. 闈姓　專行於兩廣，最先起源於廣東從事紡織的機房小戶，他們利用科舉考試作賭博。每屆文武鄉試及生、童歲科兩考前，開賭者先以八十姓刋單發售，賭徒出錢買票，每票限圈選二十姓。至於應試人數較多，差不多每榜都有中舉的大姓（或稱限姓），則不許猜買。通常以票值總入的六成作彩金。會試因應試人數較少，每票選十姓，惟不論大小姓俱可猜買。每一千票作一簿，作爲榜發後進行查對的依據；以中姓最多者依次定爲頭、二、三彩，三彩以下爲負。可是，頭彩若因多人猜中，則可能分而轉薄；反之，二彩若只一人猜中，則合而爲厚。[43]

43　《清稗類鈔》，總頁4879，稗76，〈賭博類・闈姓〉；《申報》，第993號，1875年七月廿三日，〈論闈姓〉；商衍鎏，〈清末廣東的〞闈姓〞賭博》，中國人民政治協商會議全國委員會文史資料研究委員會編，《文史資料選輯》第17輯（北京：中華書局，1961年），頁217-18；蔣偉國，《民國三教九流》（安徽人民出版社，1993年），頁201-202；劉付靖、王明坤，《舊廣東煙賭娼》（香港：中華書局，1992年），頁61-64；《粤遊小志》，卷三，〈風俗〉，頁13下；劉體智《異辭錄》（《清代史料筆記叢刊》，北京：中華書局，1988年），總頁105，卷二，143條，〈闈姓〉；李福泰修、史澄等纂，《番禺縣志》（《中國方志叢書》，華南地方，以下簡稱方志・華南，第48號，台北：成文出版社，民國56年，據同治十年[1871]刊本影印），卷六，〈輿地略〉四，頁12，〈風俗〉。楊聯陞據《通制條格》所載，1288年江南地區的新附寺院僧徒藉籌款建築房舍爲口實，紛紛拈鬮射利，政府以百姓從籤籌取得利物，近乎賭博，出而禁止，認爲闈姓是取法乎此。見氏著，"Buddhist Monasteries and Four Money Raising Institutions in Chinese History", in Lien-sheng Yang, *Studies in Chinese Institutional History* (Cambridge, Mass : Harvard Yenching Institute, 1961), pp.211-12.

2. 番攤　以制錢作賭具，營賭者先把數百枚磨滑的制錢置於賭桌上，隨意檢起制錢若干，餘下的則以銅盅覆蓋，賭徒把賭注壓於一、二、三和四四門內。接著，營賭者以細竹枝扒錢，四文爲一組，統計餘零，以壓中者定勝負，賠率高達三倍。[44]

3. 基、鋪、山票　爲基票、鋪票和山票合稱。光緒（1875－1908）年間，南海、順德的紳耆籌集專款，修築並鞏固防禦水災的基圍，從而使兩縣於春夏季節水漲時，不致受水災威脅。辦法是發行基票，由各墟市大商店代理收票，滿一千條票爲一卷，獎金則以一卷票款的六成派彩。基票以店鋪名號一百二十字刋票發售，每月開獎一次，每次開十二字，賭徒限猜買十字，以中字多者定頭、二、三獎，同中同分。其後基票式微，到清末爲山、鋪票所取代。鋪票與基票相類似，只不過是以一百二十字的五言韻語代替店鋪名號，刋票發售，每月三期開獎。鋪票因不像基票那樣具有維護地方福利的性質，票款只收九折，獎金遂較山票高一成。山票是選取千字文前部份的一百二十字供賭徒猜買，以十五字爲限，每月開票四次，每次開三十字，共分頭、二、三和四票，俱可獲獎，四票以外爲負。[45]

4. 白鴿票（小闈姓）由賭廠以千字文前八十字刋票發售，每日開彩，每次開二十字，任買票者猜選十字以定輸贏，名曰投票。每票注銀三釐，猜中五字可得獎，獎金多少視中字多寡而定。光緒年間，有人用姓氏刋票，變其名爲小闈姓。[46]

44　《清稗類鈔》，總頁4909-10，稗76，〈賭博類・廣東有番攤館〉；《舊廣東煙賭娼》，頁70-76；《粵遊小志》，卷三，〈風俗〉，頁13；《番禺縣志》，卷六，〈輿地略〉四，頁11下，〈風俗〉。

45　《清稗類鈔》，總頁4879，稗76，〈賭博類・廣東各種賭博〉；總頁4893，〈山票〉；《舊廣東煙賭娼》，頁65-69；鄭榮等修、桂坫等纂，《南海縣志》（方志・華南，第81號，台北：成文出版社，民國63年，據宣統二年刊本影印），卷四，〈輿地略〉三，頁22下，〈風俗〉；鄭觀應，《盛世危言後編》（李毓澍主編，《近代史料彙編》，第一輯，台北：大通書局，民國57年，據宣統元年刊本影印，以下簡稱《危言後編》），卷四，〈政治〉，頁41，〈致廣州兩粵廣仁善堂徐君樹堂書〉；蔣偉國，前引書，頁202-203。

46　月摺檔（台北國立故宮博物院藏），道光廿四年八月十七日；李經畬等編，《合肥李勤恪公（瀚章）政書》（《史料叢刊》，第15輯，146册，台北：文海出版社，民國

5. 彩票　起源於南洋的小呂宋票，編列號碼印票出售，開彩辦法與白鴿票大同小異。十九世紀中葉以降，小呂宋票運至上海發售，漸而流入內地。荷蘭票、墨西哥票和澳門票接踵而至，利之所在，即有人相率私製彩票出售，每日開彩一或二次，騙人貲財，名爲小票。本世紀初，上海和廣東商人稟准當局，報效稅款，承辦彩票。[47]

就以上五種賭博的內容稍加分析，則可歸納出如下的特點：一、除闈姓「須考試方開外，」其他賭博可說是「通年晝夜不息；極貧者數文、數十文均可入賭。」[48] 二、賭注小則人人可下注。尤有甚者，各類賭博的賠率俱高，加上跡近公平，勝負取決於運氣眷顧多於技巧運用，這都是闈姓以外各類賭博引人入勝之主因。[49] 反之，闈姓利用科考作護符，使其表面蒙上神聖的外衣，使人產生

56年），總頁854，卷九，〈廣東小闈姓礙難弛禁辦理摺〉（光緒十七年四月廿七日）；《舊廣東煙賭娼》，頁77-84。《番禺縣志》，卷六，〈輿地略〉四，頁11下，〈風俗〉。《粵遊小志》認爲「謂之鴿者，凡鳥雄乘雌，鴿則雌乘雄，且性喜合，以八十字雌，合十字之雄，最易合者也，義蓋取此。」見卷三，〈風俗〉，頁13。譚彼岸據咸豐時香山人蔡惠清所撰《挹甕齋詩草》內〈詠白鴿票序〉，謂票客爲小鴿、帶票的人爲鴿媒、開票的人爲鴿頭，賭博行爲是由這三種關係構成，故名「白鴿票」。另據《摴蒱小史》云：「蓋凡養鴿之家，往往能以小群之鴿，將人家大群之鴿引至家中，是小往大來之意。」見氏著，前引書，頁42-43。

47 《申報》，第6815號，1892年4月14日，〈論查禁小票〉；第7732，1894年10月29日，〈論禁止小票事〉；第10060號，1901年4月23日，〈與客論禁彩票〉；第10238號，1901年10月18日，〈論鄂省議行彩票事〉；第10316號，1902年正月初四日，〈論清行彩票〉；《清稗類鈔》，總頁4893，稗76，〈賭博類・籤捐票〉。按呂宋彩票在西班牙彩票的基礎上於1822年四月由西國國王授權在菲島發行，惟正式開辦卻延至1833年八月。1897年美西戰爭前夕停止發售。是年，彩票收入爲5,431,012墨元，其中四分一歸菲政府，其餘則作運作費用及獎金。詳見 *Hong Kong Telegraph*，13/2/1909 (Mail Supplement)，p.60; 25/2/1909, p.4.

48 譚鐘麟，《譚文勤公奏稿》（《清末民初史料叢書》，第12種，台北：成文出版社，民國57年，據宣統三年刊本影印，以下簡稱《譚奏稿》），卷19，頁22，〈查明廣東礙難弛禁收規摺〉。

49 有關純靠運氣的簡單賭博與依靠技術和合理運算而取勝的賭博之微妙關係，參考 Ross Mckibbin, "Working-class Gambling in Britain 1880-1939," *Past and Present*, No.82 (February 1979), pp.165-70. 賭博賠率高對賭徒之吸引的討論，見 Reuven Brenner & Gabrielle A. Brenner, *Gambling and Speculation A Theory, a History and a Future of Some Human Decisions* (Cambridge, New York, Port Chester, Melbourne, Sydney: Cambridge University Press, 1990), pp.23-26.

錯覺，認爲闈姓比其他賭博高雅，從而吸引不少中、上層人士投買。闈姓開彩以官方金榜爲依據，故予人彩金分配公平合理，不像其他賭博那樣易於作弊的觀感。熟悉試子情況的人，更可將種種變數估算在內，表面看來不全是盲目投買。[50] 誠如鄭觀應所說：「查廣東賭具最毒者，莫如字花、白鴿票、山票。蓋字花一文錢可以猜買，白鴿票六文錢可以猜買，山票毫半，近聞半毫亦可猜買，而得彩有數十倍、數百倍至數千倍之多，其引人入勝之法，可謂妙矣。」[51] 早在道光廿四年（1844）七月掌福建道監察御史朱琦便說過：「查白鴿票之弊，其往賭者，自肩挑背負以及婦女、孩童、素不識字之人，亦可按圖點出爲記，故無不風靡。」[52] 其他賭博亦相類似。[53] 三、除番攤外，各類賭項「賭館每日遣人分攜票底往各處登門求售，」故賭徒不必親赴賭場，甚至不出戶庭的婦女也因而得免爲人觸目，可安心於賭博。[54]

50 闈姓賭博的特點，參考商衍鎏，前引文，頁219。

51 《危言後編》，卷四，〈政治〉，頁40，〈致廣州兩粵廣仁善堂董事徐君樹堂書〉。按白鴿票「每張售錢四、五文不等，任人買猜，上彩者可得銀七、八兩。」見《合肥李勤恪公遺集》，總頁854，卷九，〈廣東小闈姓礙難弛禁辦理摺〉。又清遠「無論士、農、工、賈、婦女、童僕皆感「惑？」三釐博十兩之說，日以買票〔白鴿票〕爲事，而正業全拋。」見李文烜修、朱潤芸纂，《清遠縣志》（方志・華南，第54號，台北：成文出版社，民國56年，據光緒六年刊本影印），卷16，〈雜錄〉，頁4。王闓運〈到廣州與婦書〉提到白鴿票，「任人射覆，凡出三錢，射一條。……全中則利十倍，一錢之資償以十金，國人若狂，夢想顚倒。」見譚彼岸，前引書，頁43-44；《舊廣東煙賭娼》，頁82。

52 月摺檔，道光廿四年八月十七日。

53 如闈姓頭、二、三票，「皆以一博六十倍之利，……所操約而所得奢，故每値試年，闈姓賭票通核不下數百萬金。」見《南海縣志》，卷四，〈輿地略〉三，頁22下，〈風俗〉。又《清稗類鈔》載「廣州極貧之人，或有不入番攤館者，而山票則無人不買，蓋以每票僅售一角五分，得票者可獲利至數十萬倍。」見總頁4894，稗76，〈賭博類・山票〉。花會「衆射之中者，一錢償三十倍，而貧者趨之若鶩。」見《南越遊記》，卷二，頁8，〈風俗〉。

54 《危言後編》，卷四，〈政治〉，頁41，〈致廣州兩粵廣仁善堂董事會徐君樹堂書〉。《申報》則載「花會、白鴿票之賭，不出戶庭，較親赴賭場者猶存顏面，故設局者惡愈甚，而被誘者害愈深。」見第278號，1873年3月27日，〈論粵東闈姓事〉。

(一)從嚴禁到罰抽闈姓款餉

嘉慶年間，廣東省內南海縣、佛山鎮等地賭風彌漫，旋禁旋復，引起清廷的關注；嘉慶九年（1804）南海縣佛山賭棍開設之番攤賭坊十七處，開設不久，即遭當局封禁，並勒石宣示。[55] 可是，三年以後御史鄭士超即奏陳廣東棍徒開設番攤賭館，「南海一縣即有七、八十處，佛山鎮有四、五十處。……現在各衙門長隨、書吏、兵役人等互相盤結收納臟銀，每年可得鉅萬，竟足抵一歲錢糧。」[56] 道光年間，廣東官吏以貪墨爲能事，吏治不修，地方政府對社會的控制力更日見廢弛。針對廣東治安敗壞，盜賊遍地的情況，朱琦認爲解決辦法，在於地方官員講求捕務，切實緝拿奸宄，他特別申明「禁賭博以淨盜之根由。」各類賭博中，他認爲白鴿票腐蝕社會風氣，對治安構成嚴重威脅，爲害尤大：

> 一鄉開廠，則各鄉并設收票處，其帶票者名曰票艇，該廠贈以酬金，又抽票銀每日數十兩賄該處劣衿，藉其包庇；下至游手無賴之民，亦得分潤，故該鄉既樂其開廠，而各鄉亦樂爲票艇，但該廠夜集曉散，每於附近地面雇覓匪徒數十人執持器械，或在沿岸，或駕小船，徹底巡繞，名曰護票巡攔。內四鄉不逞之徒，亦復聯黨多人，託名截票，夜伺路口，該處紳耆習見爲常，不復究詰；匪類乘機劫掠，以致釀成巨案，不可勝窮。……伏思劣紳既利其分肥，即一二守正紳士，亦因該處巡遊子弟藉護票巡攔等事，稍得分潤，相與優容，互爲迴護，此票廠所以得設之由也。況其中賄賂施行，在官胥吏及營中弁兵，無不受其籠絡，轉爲該廠耳目，甚有蠹役包攬，自行開廠者；間經告發，地方官方欲親往查究，而消息先通，早經鼠竄，迨查驗後，仍復開設如故。[57]

又據道光廿六年（1846）在粵遊歷的湖南學者周壽昌之目擊記載，當日省內

---

55 《佛山忠義鄉志》（有道光十年〔1830〕吳榮光序），卷13，〈鄉禁〉，頁30-31。

56 《大清仁宗（睿）皇帝實錄》（台北：華聯出版社，民國53年），卷186，頁31，嘉慶十二年冬十月甲子。說賭規相當於「一歲錢糧」，容有誇大，惟亦足見數目之可觀。此條資料承蒙黎志剛博士提示，謹此致謝！

57 月摺檔，咸豐十年九月十九日。

番攤、花會和闈姓等賭博，「列廠投票，官役日榷稅焉。時自旦及昏，人自士庶男女老幼，無弗博者。」[58]

社會游離份子藉賭博聚合，並與官紳兵役之間結成共棲關係，實爲廣東當日普遍現象。佛山爲全省最繁盛的市鎮，道光年間當地賭場即有數百家之多，開賭者承納賭規給書差，引起官吏垂涎，把賭規改爲正供，「故武弁文員，皆以佛山缺爲最優，實由乎此。」偏處粵北的連州，游匪在交納陋規後，「開場聚賭，文武官不能禁。」[59] 事實上，廣東天地會著名領袖如陳開、翟火姑、黃鎭山，即分屬佛山、惠州和連州的著名職業賭徒。[60]

有清一代，廣東爲天地會衆聚合之地。道光後期，會衆屢次揭竿起事；咸豐年間，會衆每以清廷須專注於鎭壓太平天國革命，無力顧及廣東境內的治安秩序，乘時蜂起建立政權，轉戰於粵、桂兩省，亂事一發不可收拾。一直到同治四年（1865）清政府才徹底把會衆動亂撲滅。[61] 同年，太平軍餘部突入粵境，並攻佔嘉應州，直到年底，才爲清軍鎭壓。在內亂迭起的情況下，廣東幾乎遍地皆匪，法治蕩然無存，無形中給予藉賭爲生的階層絕佳之發展機會。當時全省賭博成風，營賭者以陋規交納有勢力的豪紳，利用他們交通關說文武官員。這些劣紳甚至「投身博場，爲之坐鎭，爲之彈壓調和，名老師館。館有老師，得以減少官規。」這種風習自道光以來已然，在佛山則更爲突出。[62] 同治年間，情況更是變本加厲；劣紳除出面坐鎭賭場外，「甚或夥開一館，據爲利藪。」爲爭索賭規，操縱賭博經營，同治四年千總梁北威與武舉陳元功在江門聚衆鬥毆；梁北威並把陳元功及其隨從八人綑起來，誣作「糾衆搶奪已獲之盜犯。」面對這種情形，巡撫郭嵩燾只好承認粵省「紀綱法度廢弛已久，悍無顧忌；」同時，他也慨嘆「廣東賭

58 周壽昌，《思益堂日札》（長沙：岳麓書社，1985年），總頁253，卷九，〈廣東雜述〉。

59 轉引自陸寶千，前引書，頁156-57。另《清遠縣志》載「道光二十年〔1840〕時縣差何孖耳等在縣之西門外濠基開設白鴿票廠，日收票三十餘萬。」見卷16，〈雜錄〉，頁4。

60 陸寶千，前引書，頁134-37。

61 前引書，第一章。

62 前引書，頁159。

風之盛，甲於天下。」[63] 後一種印象，幾全爲後任督撫所認同。[64]

道、咸之世，廣東吏治不修，無疑爲賭博繁衍提供合適的生態環境，而咸、同年間，天地會衆及太平軍餘部或在廣東境內建立政權，或攻城略地以謀壯大發展。連年動亂，軍需繁興，廣東庫藏亦因軍餉籌措而支絀不堪。1849年，粵省地丁、關稅、鹽課等收入共計3,252,515兩（不包括數萬兩雜稅收入）。支出方面，本省官兵俸餉養廉和公費共1,502,587兩，海關解內務府廣儲司及部飯食銀等連水腳加平共439,439兩。收支相較，仍有百多萬兩報部候撥。[65] 在1850－53三年內，爲鎮壓省內的零星動亂，廣東當局從藩庫提取的款項約爲2,573,033兩。同一期間，太平軍在廣西金田起事，兵鋒迅即及於湖南、湖北和其他省分。是時，廣東從藩庫動撥支援其他省分的款數約爲1,863,581兩，而粵海關撥交廣西鎮壓亂事的款數則多達2,369,183（十）兩。[66] 從1849年到1854年六月粵省軍需費用之款數達4,870,039兩。[67] 1854年天地會衆在廣東全面起事，兩廣總督葉名琛奏稱是年軍需款數達1,322,487（十）兩之多，而藩庫只能撥交徵自1853及1854兩年的田賦261,643（一）兩；不足之數在八成上下（1,060,844［一］

63 王先謙編，《郭侍郎（嵩燾）奏疏》（《史料叢刊》，16輯，151冊，台北：文海出版社，據光緒壬辰〔1892〕刊本影印，民國57年），卷六，頁18，〈員弁爭索賭規請斥革嚴訊片〉。

64 如兩廣總督張樹聲奏稱：「查廣東賭風甲天下，名目繁多，至於不可勝紀。」見何嗣焜編，《張靖達公奏議》（《史料叢刊》，23輯，222冊，台北：文海出版社，民國57年，以下簡稱《張奏議》），卷四，頁8下，〈嚴禁投買闈姓摺〉。又廣東巡撫馬丕瑤提及「照得本部院前在廣西巡撫任內，即聞廣東賭風之盛，甲於他省。……抵粵後，復加博訪，知省城內外及附省各處，賭館林立，村墟市鎮，僻巷窮鄉，幾於無地不賭，無人不賭。」見馬吉森、馬吉梓編，《馬中丞雜著》，收入《馬中丞（丕瑤）遺集》（《史料叢刊》，58輯，574冊，台北：文海出版社，民國59年，據光緒廿五年〔1899〕馬氏家廟刊本影印），頁23下，〈廣東裁革賭規嚴禁賭館告示〉。一般印象亦認爲「粵人好賭，出於天性。……幾於終日沉酣，不知世事。」見《清稗類鈔》，總頁4879，稗76，〈賭博類·廣東各種賭博〉。

65 廖偉章，〈太平太國革命時期清朝廣東財政（1850-1866）〉，《中山大學學報》（社會科學版），1992年第一期，頁78。

66 J.Y. Wong（黃宇和）, *Yeh Ming-Ch'en: Viceroy of Liang Kuang 1852-8* (Cambridge, London, New York, Melbourne: Cambridge University Press,1976), pp.123-26, Table 12,13,14.

67 注65，頁80。

兩)。不足之數中,預計可從運庫撥交53萬兩。[68] 可是,鹽稅亦非可靠的財源。在廣東境內的零星動亂尙未發展爲燎原之勢前,儘管粵省當局逐年把撥給軍需之鹽稅餉額削減,但虧欠依然有增無已。是時,粵省法律秩序蕩然,私鹽盛行,鹽梟以香港爲中心,藉外人庇護,把私鹽運往內地銷售。[69] 鴉片戰爭後,五口通商,上海藉優良的水道交通,接近絲、茶產區,扼遼闊之商貨腹地,且民情不像廣州那樣具強烈的排外傳統,從而逐漸凌駕廣州,成爲全國對外貿易重心。咸豐元年(1851)以後,太平天國革命爆發,遍地烽煙,廣州對內之商業路線,多爲戰火波及,尤以梅嶺商路爲太平軍扼截,厥爲最致命的打擊。[70] 此消彼長,1852年以降,粵海關稅入劇減,從是年之160(十)萬兩急降至1855年之三十萬兩;1856年稅入雖回升爲110萬兩,但好景不常,翌年英法聯軍佔領廣州,粵海關稅入頓失。[71] 爲應付有增無已的龐大支出,葉名琛採取一系列開源節流的措施,如刪汰浮費、徵收相當於一個月租金之房鋪捐及開徵貨物稅(出口貨物稅率爲2%,內地商貨爲20%)、沒收逆產、「勸諭」商人捐輸及七品以上的地方官員減支四成廉俸作爲報效等。[72] 葉名琛雷厲風行推動以上的籌款措施,

68　J.Y. Wong,前引書,頁129。

69　前引書,頁131-32。從1850年開始,粵鹽即徵不足額;額徵與實徵差額逐年擴大。1850年差額爲35,450.82兩,約爲額徵的57%;接著兩年不足額數分別爲140,029.133及154,387.384兩,相當於額徵的21及22%。又鹽稅撥支軍餉不足額的情況也日益惡化。1851年餉額爲56萬兩,只解過446,336兩,欠解113,664兩,達餉額的20.30%;翌年餉額爲52萬兩,解過12萬兩,欠解42萬兩,達餉額的76.92%。1853年餉額雖降至48萬兩,但卻分文未解。

70　彭澤益,〈中英五口通商沿革考〉,《中國社會經濟史集刊》,八卷一期(民國38年一月),頁125-26, 138-39; Rhoads Murphey, *Shanghai, Key to Modern China* (Cambridge, Mass.: Harvard University Press,1953), p.100; Frederick Wakeman Jr., *Strangers at the Gate: Social Disorder in South China 1839-1861* (Berkeley, Los Angeles, London: University of California Press, 1974, paperback ed.), pp.98, 100.

71　J.Y. Wong,前引書,頁135-36,特別是Fig 5.另據廖偉章的研究,粵海關歷天地會起義、第二次鴉片戰爭,因戰亂的影響,關稅收入從1849年的1,471,318兩劇減至1859年的841,892兩。見註65,頁81。

72　詳見J.Y. Wong, 前引書 , 頁141-52 。 到1857年,廣東單從捐納所得的款數,即達2,431,079.2兩。見頁147。

雖逐步扭轉惡劣的財政情況，但層層搜刮，則引致怨聲載道。[73]

爲應付有增無已的軍餉籌措，先前厲行賭禁的粵撫郭嵩燾權衡利害，終於在履任不到二年之內作出重要決定，以抽取罰款方式放鬆對省內一種最重要的賭博（闈姓）的禁制。郭嵩燾於同治二年（1863）九月抵廣州，接任廣東巡撫。他上任後，無時無刻都飽受入不敷支，財力維艱的困擾。一方是稅收徵不足額，另一方面是各方需索孔亟，粵省苦無以應；尤足慮者，厥爲士兵欠餉累累，時有潰決之虞。「統計歲徵地丁不過六、七成，以此六、七成地丁供常年支放之款，猶不及其半。」[74] 綠營兵餉積欠至三十個月以上，爲數達三百餘萬兩之多；勇丁欠餉的情況也很嚴重，綜計款數超過百萬兩。其時，天地會衆及太平軍餘部有待招撫的人數近二十萬；問題癥結在於「欲遣回原籍，則田廬盡失，無家可歸；欲挑選爲勇，則糧餉虛糜，無可調用。安插之費計非數十萬不可。」[75] 除本省開支外，粵省從首報隱匿沙田所清理出的百萬兩款項中，把大約64萬兩協撥廣西、貴州、安徽、福建和浙江，其餘的「併爲積年軍需，隨時動用。」[76] 不單地丁因戰亂而無法徵足，其他收入或因形勢變遷而大不如前，或隨時間推移而成強弩之末。如關稅即因外貿中心從廣州轉移到上海及長江開埠通商而減色；[77] 捐輸方

73 前引書，頁142-43、149-51、154-55。

74 《郭侍郎奏疏》，卷四，頁19，〈瀝陳廣東度支艱窘請緩解各款並見催張運蘭一軍赴閩疏〉。據廖偉章研究所示，1857-1866年（內缺1861年）廣東地丁收入最高爲1857年的948,347兩(佔額徵84.8%)，最低爲1862年的830,616兩（佔額徵的74.2%）。見註65，頁85，表一。平均折算這一時期地丁收入約佔額徵的77.5(—)%。另《郭侍郎奏疏》，卷三，頁58-59，〈催辦錢糧奏銷情形及現依部咨分別辦理片〉亦說：「同治二年鹽運司庫所收鹽課，先儘京餉解部，餘賸應解藩庫之銀，又因軍需緊急，提撥二十萬八千兩，以致奉部撥解藩庫充支壬戌年〔同治元年〕兵餉之鹽課四十四萬兩未解分釐；藩庫收款少此鹽課鉅數，各屬地丁又復請緩請蠲，而軍需項下又提撥藩庫地丁銀三十二萬三千四百餘兩，藩庫遂爲之一空。糧道庫糧年額銀七萬兩，例由藩庫撥支，是年所收無幾，而提撥糧庫屯價支應軍需之銀，亦多至十六萬兩，糧庫爲之一空。」

75 前引書，卷五，頁57-58，〈江南撤回紅單等項師船積欠過鉅設法酌成放給現銀以資遣散疏〉。

76 前引書，卷二，頁14下-15，〈瀝陳廣東籌解京餉萬分支絀勢不能兼及鎮江協餉疏〉。

77 同上，頁14下提到「去年〔同治元年〕內江通商，所有洋貨大宗向由粵中轉運湖廣、江西者，今全數移至漢口、九江。至出口茶葉，統計閩、浙、安徽、湖廣、江西每

面，「同治元年〔1861〕藩庫經收實數尚止五十餘萬，各捐戶且多方遲難；每報解時，先行挪墊，勒限各州縣追繳藩庫，迄今未能清解。」[78]「近則民力已竭，民情亦漸漓，科及素封而謠諑四起，語及捐借即怨讟繁興，察其拮据之情，實亦難乎爲繼。……現銀上兌百不獲一。」厘金徵收亦因太平軍餘部、天地會衆及叛勇滋擾，影響商旅往來而大不如前。[79] 1863年廣東藩、運、厘庫收入爲3,057,755兩，關庫收入爲1,149,761兩；支出方面，藩、運、厘庫爲5,930,000兩，而關庫則爲1,977,898兩。入不敷出，計藩、運、厘庫爲2,872,245兩，關庫爲828,137兩。[80]

面對日益深化的財政危機，粵省當局只好放棄沿用的「量入爲出」之理財方針，改用「量出爲入」作爲因應方策。[81] 基於這種背景，同治三年（1864）兩

歲不下千百萬；近年閩、浙、安徽之茶全出上海，而湖南、江西之茶猶分出廣東，自去歲則又併歸之漢口。於是沿江各省出入經紀，從前廣東所擅爲利者，悉舉而空之，不獨海關課稅因之大絀，即民間貿易亦實日形彫敝。」另參考前引書，卷四，頁34下-35，〈粵海關歲徵課銀不敷解撥疏〉。另廖偉章指出因長江口岸開埠通商，廣州口岸部份貿易移往該處；1864-65年度廣州、汕頭海關稅收僅爲798,174兩，約相當於1849年的54.24%。見註65，頁81。

78　註76，頁15。

79　前引書，卷七，頁38，〈粵東釐金目前萬難協濟陝甘片〉。

80　註65，頁86，表2、3。

81　太平天國起事前，各省稅收入庫後，由戶部斟酌情況奏定各省負擔實數，除留貯若干於省庫外，應解戶部及應協濟他省之款數。這種運作乃基於「撥」的原則，撥款數目是以各省所呈報的「春秋撥」、「冬估」及常年報銷數字爲基礎。太平軍舉義後，1853年部庫已無款可撥，各省情勢不穩定，督撫遂自籌經費，截留稅收；釐金捐輸隨之而起，報銷制度敗壞，名存實亡。解、協款制度因變質而無法照舊推行；清廷每年所需經費亦失卻保證。清廷因此預先籌畫，改「撥」的原則爲「攤」的原則。彭雨新指出：前者爲「按各省有餘不足以指撥」；後者是「不問各省實際收支盈虧，而僅大致視各省財力以攤派各省定額解款或協款。」「在前一情形之下，各省無有盈餘，則不負解出協出之責；在後一情形之下，一經攤定，各省應即照額繳解，如無的款，祇有另行設法籌措之一法。」清廷從1853年開始改變京餉撥解制度，所有次年之歲撥京餉，歸入上一年之「各撥案內，與各直省協撥兵餉一律酌撥。」這樣，便從「過去稅收入庫後各省報部候撥，改爲在稅收入庫前戶部向各省指撥。」甲午戰後，清廷更依賴硬性攤派，藉以苟延殘喘，而各省財力深感不支。以廣東爲例，宣統年間攤派總額，與甲午戰前的相較，增幅高達八倍。爲了應付各項不斷增加的攤款，廣東當局只好加強種種搜刮措施。理財方針亦從「量入爲出」改變爲「量出爲入」。參考彭雨新，

廣總督毛鴻賓及巡撫郭嵩燾只好向現實妥協，不惜把一年多以前清廷嚴諭粵省督撫厲行禁賭的命令置諸腦後。[82] 是年，廣東舉行甲子科鄉試，毛鴻賓和郭嵩燾於試前嚴禁闈姓，以防賭徒利用科舉從事賭博。不料天和號等賭廠以香港爲根據地，遣人入廣州誘賭，爲廣州官員逮捕在案。天和號賭商坦然承認違犯賭禁，願意比照納贖條例，認罰軍餉銀十四萬兩。鑒於軍餉支絀，而此款可暫資挹注，郭嵩燾終於同意天和號賭商所請，罰款於一年內悉數繳清，解交軍需總局支用。[83]

自同治三年接受闈姓賭商繳交罰款後，以後數年間粵省當局雖未公然弛禁，但聽任闈姓賭商以罰款抽餉爲名，默許其營賭，只在同治五、六年（1866－67）間，蔣益澧出任粵撫時，對省內各種賭博嚴加取締。[84] 同治十、十一年（1871－72）間兩廣總督瑞麟及粵撫張兆棟援引前例，令闈商繳納罰款323,500兩。對於以上罰款的性質，光緒六年（1881）兩廣總督張樹聲一針見血地指出：「名曰罰款，實則抽分賭館餘利。」他並申言粵省當局所入只有上數，而「文武衙門、地方紳董所婪索分肥者，聞不啻數倍之。」[85]

〈清末中央與各省財政關係〉，《社會科學雜誌》，九卷一期（民國36年六月），頁83-86、88-89、91-92；註65，頁79。

82 王先謙纂，《東華續錄》（台北：文海出版社，民國52年），卷19，頁29下，同治二年二月癸卯。

83 《郭侍郎奏疏》，卷八，頁56，〈天和等店闈姓罰款催繳完竣片〉。據《舊廣東煙賭娼》，頁53載：「清末咸豐十年（1861），廣東貢院因在太平天國戰爭中被戰火燒燬，當局無力修復，但科考又需照常進行。廣東士紳在無可奈何之下，請求當局批准他們承辦緣科舉而起的闈姓賭博兩年，以其收入修復貢院，當局同意了這一請求。當時開辦闈姓年收入僅得數萬元。」顯與當日事實不符，疑誤。

84 《申報》載「闈姓一項，彰明較著，歷來官憲亦往往聽之，湘鄉蔣薌泉中丞時，裁除漏規，毅然禁止。」見第993號，1875年7月23日，〈論闈姓〉。另參考瑞麟、戴肇辰等修，史澄等纂，《廣州府志》（方志·華南，第一號，台北：成文出版社，民國55年，據光緒五年〔1879〕刊本影印），卷六，〈雜錄〉四，頁22下。惟據兩廣總督譚鍾麟所奏：「〔廣東〕大小衙門書役、兵丁各有賭館，僻巷小民莫不有賭，即莫不有規，……數十年來，歷任督撫皆設厲禁。前撫臣蔣益澧派勇嚴拏，此風稍歛而不能盡革。」見《譚奏稿》，卷20，頁23，〈遵旨覆陳摺〉。據此可知蔣氏的努力收效有限。

85 《張奏議》，卷四，頁11，〈密陳禁買闈姓片〉。浙江道監察御史鄧承修亦提及天和闈姓賭商開罰款之先例，其他闈姓賭商競相援引，罰款變爲成例，闈商遂「公然設局，明目張膽，持官長爲護符。」見氏著，《語冰閣奏議》（《史料叢刊》，12輯，114册，台北：文海出版社，民國56年），卷一，頁1下。

闈姓賭商繳納罰款後，有恃無恐，在省城及其他州縣設局，吸引各階層人士下注賭博。闈姓既依附於科舉考試，故每當省內科考期間，謠言蜂起，舞弊層出不窮。同治十三年（1874）正月浙江道監察御史鄧承修針對闈姓所引發的種種弊端，作如下深刻的描劃：

> 尤可駭者，每遇科年，謠言四起，或云某姓已通關節，或云某姓已託人情，科歲兩考揭曉後，百計鑽營，其姓字未登票內，或經取錄則畀以多金，甚使不行赴覆，或尋其瑕隙，激同大衆稟攻，否則賄之故犯場規，竟有以扣除被斥爲樂者。至武闈鄉試，並無糊名，其監射等弊尤難僂指。[86]

就其他有關文獻所示，鄧承修的描述並無誇大。同治十一年（1872）廣東童生科考即出現「讒口交加」的情況。[87] 光緒十二年（1886）兵部尙書彭玉麟受命調查廣東惠州科考鬧事案。彭氏在覆奏中即指陳「闈姓一事，利之所在，弊竇易滋。向有匪徒扛姓包槍，招搖射利，闈棍之名由來已久，自同治以來，粤省考官學政，以此招物議者頗多。」[88] 民國《佛山忠義鄉志》亦謂「故試差以廣東爲優，得試差者又以廣東爲懼，懼闈姓之爲己累也。」[89]

鄧承修以科舉考試本爲國家選拔人才之大典，竟淪爲市儈營賭的工具。他認爲闈姓賭商繳納罰款後，有恃無恐，若不及早禁絕，「恐科場因此而滋事，必至釀成巨案，百姓由此而益窮，必至流爲盜寇，」而「官爲抽收，更復成何政體？」[90] 清廷對鄧承修請禁闈姓，反應積極，諭令瑞麟、張兆棟立即出示嚴禁省內賭博。

廣東當局接到清廷厲行賭禁的諭令後，即採取相應措施配合。可是，數月以後禁賭政策因新任粤督英翰到職，督撫之間意見紛歧而動搖不定，直到英翰免職，

---

86 《語冰閣奏議》，卷一，頁1下。

87 《申報》，第202號，1872年12月23日，〈論闈姓之弊〉。

88 俞樾編，《彭剛直公（玉麟）奏稿》（《史料叢刊》，四輯，33册，台北：文海出版社，民國56年，以下簡稱《彭奏稿》），卷四，頁19，〈會查廣東學政參款摺〉（光緒十二年正月二十日）。

89 民國12年重修本，卷11，〈鄉事〉，頁17；另參考商衍鎏，前引文，頁225。

90 《語冰閣奏議》，卷一，頁1下-2。

才出現較為明確的局面。

英翰於同治十三年九月由安徽巡撫升任為兩廣總督。他蒞任後，省內即盛傳賭博即將弛禁。[91] 事實上，廣東布政使俊達派遣委員四人設立公館，制定章程，向省城番攤賭館抽收賭規，按規模大小分三等，每館日抽二十兩、十五兩或十兩不等。[92] 這項賭規的開徵很可能和英翰在背後策動有關。[93] 當時盛傳英翰與張兆棟在禁賭和人事等問題上發生爭議。英翰認為海防經費在在需財，[94] 不妨變通禁例，准許闈商繳納罰款復業。張兆棟對此不以為然，他並質疑藩司何以向番攤賭館抽捐。兩人的關係並不融洽。[95] 光緒元年（1875）五月廿五日，即張兆棟過問番攤賭館納捐開業的兩天後，英翰即出示嚴禁番攤賭博。可是，四日後，省城的番攤館又重整故業，規模比前更有過之而無不及。當時道途「紛紛相傳謂匪特番攤可以抗禁，即闈姓、白鴿票亦不旋踵而起矣。」[96] 果然在下月初，即有廣東商人以安懷堂名義，表示願意承辦光緒元年至三年（1875－77）守助會，以這三年的「廣東全省大小文武鄉會恩科童試榜上姓名為準，」在生息銀項下，每兩抽銀七分，籌繳餉銀八十萬圓，交海防軍需總局修築省內砲台。接著，海防

91 《申報》，第983號，1875年7月12日，〈粵督禁賭〉。

92 《申報》，第986號，1875年7月15日，〈粵督禁賭續聞〉。

93 英翰到任後，即指派官員與在籍紳士，將省城番攤賭館每日所派的賭規，經收彙報。當時倚賭業為生者，都認為是弛禁的先聲。《申報》則為英翰辯護，謂「豈知制軍之意顯欲稽核實數以派規之多少，准為害之重輕耳。」見註87。

94 在海防與塞防爭論中，英翰屬海防派。他建議清廷設海軍專款，經費來自鹽厘及洋藥稅增收三成。見 Immanuel C.Y. Hsu（徐中約），"The Great Policy Debate in China 1874: Maritime Defense vs Frontier Defense," in idem ed, *Readings in Modern Chinese History* (New York, London & Toronto: Oxtord University Press, 1971), p.262. 英翰並以海防要緊，奏請擬借洋款二百萬兩；清廷拒絕借洋款之議，經費改由江蘇等省厘金撥付。見《大清德宗（景）皇帝實錄》（台北：華聯出版社，民國53年，以下簡稱《德宗實錄》），卷十，頁9，光緒元年五月辛酉。

95 註92。《申報》又載「英制軍欲以隨帶員弁，更換省城六門員弁之差，張中丞力爭，以為隨員雖稱幹濟，未免人地生疏，且舊員並無誤差，亦未便遽爾撤去，議遂不果。聞督幕各員空曠無差，頗有怨望之色云。」見第986號，1875年7月15日，〈更換城差〉。

96 《申報》，第992號，1875年7月22日，〈粵省翻攤館抗禁〉。

軍需局正式出示，准許安懷堂商人承辦守助會。[97] 就守助會內容稍加分析，即可知該會雖無闈姓之名，究其實則與闈姓賭商無異。

以安懷堂名義出面的賭商在接到海防軍需局准許辦守助會的通知後，四處張貼軍需局示諭，以廣宣傳，並由仁昌等六家賭館公開收受賭注。其他的賭商以闈姓既已開禁，也蠢蠢欲動，而官方亦公開逐館求索賭規。[98] 可是，廣東當局的作爲顯然與中央禁賭政策不符，引起清廷不滿。光緒元年六月和七月清廷先後諭令廣東厲行賭禁，而後一諭令態度尤爲鮮明。

> 本年五月內，英翰以此項〔闈姓〕捐罰收款甚鉅，可指爲辦防之用。輒於具奏後不候諭旨，遽行出示弛禁，殊屬不合。英翰著交部議處，仍著該督撫遵照六月初四日諭旨，將闈姓賭款嚴申禁令，永遠裁革，不准藉詞復開，以肅政體。[99]

就這道諭令所示，可知英翰曾就闈姓應否開禁，徵詢過清廷意見。可是，他在未得清廷的明確答覆前，便准許賭商以守助會爲名，經營闈姓賭博。即使清廷表明嚴禁的立場，英翰仍置之不理。他終於在同年九月被免職，黯然離粵。[100] 翌年，張兆棟奏請應加重刑罰，以杜絕省內賭風。他指出粵省賭博中，僅花會、白鴿票等向有定例，作爲判罪根據，而闈姓則「例無治罪明文。」他建言將省內經營闈姓、花會和白鴿票等八項賭博之首要人犯，「照舊例酌量加重，俱實發雲、貴極邊煙瘴充軍」，以四千里爲極限；其他從犯亦按罪情輕重，酌擬加重刑罰。他並以從犯判處徒刑，「配所離家僅數百里，甫經到配，旋即逃回。」因此他奏請把從犯「仍照搶劫計贓計次擬徒之例，毋庸解配。於開賭處所銷帶鐵桿石墩五

97 同上，〈改闈姓爲守助會〉。

98 《申報》，第995號，1875年7月26日，〈闈姓續聞〉。

99 朱壽朋編，《光緒朝東華錄》(北京：中華書局，1957年)，總頁109，光緒元年秋七月乙巳。又六月的諭令云：「諭內閣：給事中黃槐森奏廣東闈姓賭局復設，請飭明禁一摺。廣東闈姓賭局，上年業經奉旨嚴禁；茲據該給事中奏稱，近有棍徒營謀改易闈姓名目，復圖開設，實屬有干禁令，著英翰、張兆棟迅即申明前禁，永遠裁革。」見《德宗實錄》，卷11，頁6，光緒元年六月乙巳。

100 《申報》，第1012號，1875年10月12日，〈論粵督英宮保革職回京事〉。

年，限滿開釋。」對於誘賭或庇賭的地保和汛兵，亦按情分別從重治罪。[101]

張兆棟厲行賭禁的結果，省內闈姓移往澳門發展。光緒八年（1882）闈商每年向澳葡當局繳納賭規銀數十萬圓。闈姓以外的賭博，如番攤、白鴿票等，也部份轉移往澳門營業。這兩項賭博每年帶給澳葡當局的收入約爲數十萬圓。[102] 估計十九世紀七十年代澳門的番攤館共有二百餘家之多。[103]

闈姓賭商轉往澳門發展，並不表示廣東境內賭博問題已獲解決；反之，闈商以澳門爲根據地，遣人潛入粵境投買，使問題更形複雜。光緒四年五月初六日（1878年六月六日）出版之《申報》刊登一文，駁斥闈姓弛禁，以其賭規移作山西、河南等災區賑旱的主張。值得注意的是弛禁論者的立論根據是從保衛利權，不使外溢的角度出發。他們認爲粵省雖厲行賭禁，「而根株仍難盡拔，遂以澳門爲淵藪，此款反轉而授與西洋人。……夫開收之地雖屬澳門，而買票之人非來自外國，是名爲禁止而實驅而歸諸西洋人，使之得以專擅其利也。夫爲事而徒有虛名，何若變通而求諸實際？」[104] 這番話預示了日後闈姓正式弛禁，意義非比尋常。

101　張兆棟，〈廣東各項賭博擬請加重治罪疏〉（光緒二年），載《道咸同光四朝奏議》（國立故宮博物院《清代史料叢書》，台灣商務印書館，民國59年），頁2968。

102　田明曜等修、陳澧等纂，《香山縣志》（台北：中山同鄉會，民國50年，據光緒五年石岐沙崗墟連元堂藏版影印），卷22，頁87下，〈附記〉；厲式金主修、汪文炳等纂，《香山縣志續編》（吳相湘主編，《中國史學叢書》，11，台灣學生書局，民國54年，據民國12年刊本影印），卷六，〈海防〉，頁4。又據張之洞等遣人調查，闈姓初移澳門經營時，賭商每年向澳葡當局納稅十餘萬元，光緒十年增至三十餘萬元。見《彭奏稿》，卷四，頁2，〈會議廣東闈姓摺〉（光緒十一年四月二十日）；張之洞，《張文襄公全集》（台北：文海出版社，民國52年，據丁丑〔1937〕北平楚學精廬藏版影印，以下簡稱《張集》），卷11，頁5下，〈籌議闈姓利害暫請弛禁摺〉（光緒十一年四月二十日）。鄭觀應〈論稅務〉（載同治癸酉〔1873〕出版之《救時揭要》，今收入夏東元編，《鄭觀應集》，上册，上海人民出版社，1982年）云：「又如粵東闈姓捐輸，其款甚巨，本屬病民傷化，惟不能杜其弊，遏其流，而奸民遂遷往澳門，仍行開廠廣收。綜計三年捐銀五十萬兩，利歸洋人。」（頁70）是闈姓遷澳門發展，早在張兆棟施行厲禁兩年多前已然。按十九世紀六十年代中期，澳葡當局倚賭餉和鴉片煙稅爲主要餉源，每歲收入達廿餘萬元，可資比較。參考費成康，《澳門四百年》（上海人民出版社，1988年），頁317。

103　鄭觀應，〈澳門窩匪論〉，載《救時揭要》，收入《鄭觀應集》，上册，頁17。

104　第1875號，〈論擬以闈姓陋規作捐賑鉅款〉。

光緒六年正月御史鍾孟鴻奏稱自粵省申禁闈姓後，賭商轉至澳門經營，「聚賭愈盛，巧於罔利，勢成漏卮，誠恐日久華洋合夥，於大局殊有關繫。」[105] 他暗示闈姓應弛禁，以便「散澳門屯聚之局，奪奸民專利之權。」[106] 清廷命兩廣總督張樹聲就此問題剖陳利害，尤應注意「如何嚴杜漏卮。」[107] 在此以前，粵省內外已有一股輿論主張闈姓罰款既有前例可援，與其利權外溢，「不如收回以濟餉。」秉持這種看法的，不少人是來自士紳階層。由於鍾孟鴻的奏摺「詞氣之間，亦主開禁，」更助長省內弛禁派的聲勢。張樹聲承認鍾摺「據事立言，非必意有所爲；」[108] 可是，在權衡利害之後，他仍力持厲禁的立場。張氏了解賭商倚葡人爲護符，藉洋輪傳遞賭票，華官既不能登輪搜索，而闈姓票、簿易於收藏挾帶，緝搜困難。儘管如此，他力言闈姓或弛或禁，影響截然有別。闈姓因粵省嚴禁而不能立足境內，轉到澳門發展，足證對賭徒投買闈姓，仍具阻嚇作用。若把闈商招回省城，認繳賭規，這樣賭商便可肆無忌憚地公開營賭。[109] 針對闈姓移往澳門，導致利權外溢的說法，張樹聲力陳「中國利權爲外人所侵，亟應收回者亦多矣，豈特闈姓一事哉？」[110] 他認爲急切間既未能據理向葡人力爭，解決之道只有從厲禁省內百姓投買入手；這樣，「雖未必能禁止淨盡，而少一人投買，即留一分物力。」[111]

張氏深切了解查禁闈姓，和取締轄境之內一些零星賭博不一樣，[112] 困難重

105 《德宗實錄》，卷108，頁17下，光緒六年春正月甲午。
106 《張奏議》，卷四，頁10下，〈密陳禁買闈姓片〉。
107 註105。
108 註106。
109 《張奏議》，卷四，頁9下，〈嚴禁投買闈姓摺〉。
110 前引書，卷四，頁11，〈密陳禁買闈姓片〉。
111 前引書，卷四，頁10，〈嚴禁投買闈姓摺〉。
112 如於光緒五、六年間任惠潮道的剛毅在任官之初，探悉某處有賭館，即帶同差役二人到該處，賭徒看見他親自到來，紛紛逃佚。他令衙役押解在場之賭棍二、三人到官署，枷責示衆。剛毅認爲「如此拏辦三、四次，賭風自息矣。」見氏輯，《牧令須知》（《史料叢刊》，65輯，648册，台北：文海出版社，民國60年，據光緒己丑〔1889〕刊本影印），卷一，頁11，〈賭博〉。

重。其中關鍵除闈商遣人影射代收，誘賭無所不用其極外，[113] 更勾結文武衙門兵役員弁，以紳富居中主持，藉爲掩護。省城及其附近的佛山，紳權最盛；當局派人查辦省內私收闈姓時，紳豪出面包庇，「始則鼓衆阻撓，當場獲犯，不令帶案。」到罪證俱在，當局飭令把賭犯解交審判時，紳豪等「復相率造言挾制，一唱百和。或謂官長嚴刑逼供，作爲論說，傳刻香港洋報，烏有子虛，譎翻波瀾。」[114] 張樹聲認爲整頓交通作弊的官員兵役，易於裁抑庇賭的豪紳。他先後嚴參貪劣失職的官員，政風稍爲整肅。可是，一觸及豪紳階層，他便感到無法一舉革除他們的權力，關鍵繫於「紳士法品不齊，……中外顯官多有親故，即在鄉里各有黨援，輒思遇事把持，挾官漁利，稍加裁抑，即肆意騰謗以逞其私，固不獨闈姓一事爲然，特闈姓尤爲利藪，故奔走尤甚矣。」張樹聲奏稱如要認眞執行賭禁，除對賭犯加重治罪外，對知法犯法的紳豪，尤須執法從嚴，打擊他們的氣燄。[115]

如果說這時張樹聲對取締省內闈姓還抱一線希望，則光緒九年（1883）他第二次回任粵督時，情況便完全兩樣。他對省內賭風彌漫，束手無策。翌年，張氏因病重請求開缺時，指出粵省「賭之名目，多至不可勝紀。花會、白鴿票等票，比戶有之，雖經部議加重罪名，而嗜賭成爲風俗，幾以禁令爲違衆排民之事。」[116] 他對官兵庇賭的實情，也有較前深入的了解。他認識到粵省自太平天

113 《張奏議》，卷四，頁33，〈查辦闈姓加重罪名委曲情形片〉。鄭觀應亦說：「賭之大者闈姓，開設澳門，而帶票多在省會。……其爲害最甚者，莫如帶票之婦嫗。省城賭廠均用婦女帶票，以其深入閨閫，勾串無跡，狡詐陰險，不啻附骨之疽。男子受害者，明知其然，每多忍氣吞聲，莫可禁止。」見《危言後編》，卷五，〈軍務〉，頁23下-24，〈上督辦粵防彭宮保並寄方鄭兩軍門〉。

114 《張奏議》，卷四，頁33，〈查辦闈姓加重罪名委曲情形片〉。

115 同上，頁33-34。較早前，告假回籍，寄居省城的刑部山東司主事進士呂元勳包庇匪徒在家開設花會總廠，遣人「收帶票紙，抽收錢文，」開賭漁利。事發後，兩廣總督劉坤一飭傳呂元勳質詢。呂氏抗匿不到，劉坤一遂奏請清廷把他革職拘拿到案。見歐陽輔之編，《劉忠誠公（坤一）遺集》（《史料叢刊》，26輯，252册，台北：文海出版社，民國57年，據宣統己酉〔1909〕版影印），〈奏疏〉卷14，頁20，〈在籍主事家設花會賭廠請革職拏辦摺〉（光緒五年閏三月廿六日）。

116 《張奏議》，卷八，頁26下，〈恭謝天恩瀝陳粵事大略情形摺〉。

國起事以來，「綠營武職養廉，半皆欠發，各員弁辦公無資，庇賭窩娼，百弊俱作。」[117] 賭禁乏善可陳，實非偶然。

綜觀同治年間到中法戰爭前夕二十多年間廣東當局的賭博政策，基本上傾向於厲禁，對闈姓的處理則稍爲變通；中間有一段時期容許闈商交納罰款後半公開營業。這時期賭禁收效乏善可陳。光緒二年（1876）粵省當局較積極的執行賭禁，把省內賭博，特別是闈姓，驅移到澳門營業，引起時論注視利權外溢。在輿論影響下，清廷禁賭立場開始動搖；從中央諭令粵省當局就御史鍾孟鴻的奏摺剖陳利害一事，即可略窺其間的微妙關係。賭博政策進一步改弦更轍，中法戰爭起了催化劑的作用。

（二）從局部到全面弛禁

十九世紀七十年代以降，法國積極向越南伸展勢力，作爲越南宗主國的中國，對法人侵越自不坐視。法越問題演變爲中法交涉，雙方終在光緒十年兵戎相見。兩廣爲戰場前線，首當其衝，面臨的軍事及財政壓力至大。基於這種背景，廣東當局的賭博政策於中法開戰後進入一新階段。

光緒十年中法雙方以外交無迴旋餘地，戰端遂開。廣東處於國防前線，負責支援福建、雲南和廣西防務，又在省內各處佈防，軍費開支浩大：計支授福建軍需開支近十萬兩，[118] 先後撥交台灣劉銘傳部軍餉銀五萬兩，另銀五萬圓，而接

117 同上，頁25下。按同、光之交任廣東遂溪縣知縣的徐賡陛亦抱類似的見解。他說：「合計通邑賭博之名，曰花會、曰白鴿標、曰番攤。卑職到任，花會、白鴿標二種爲害最重，業經嚴行拏禁，並淳囑文武官僚不准收取陋規，務絕根株外，惟是遂邑佐雜文員暨汛防武弁廉俸無幾，本屬難以資生，若再將番攤賭規全行禁革，必至饘粥不繼，似亦非所以處人，且恐該員弁等別再營謀，其所取有更甚於賭規者，是以卑職再四籌思，惟有暫寬目前之禁令，徐圖漸革之良方。」見氏著，《不自慊齋漫存》（《史料叢刊》，78輯，773冊，台北：文海出版社，民國61年），卷二，頁3，〈到任地方情形稟〉。

118 張之洞估計援閩水勇、潮勇共五營，先發兩月口糧，約需銀三萬兩；由潮州運兵援閩之輪船運費需銀約二萬五、六千元；他另撥五萬兩，作添置旗幟、號衣、軍械和其他支出之用。見《張集》，卷九，頁2-3，〈派兵援閩片〉（光緒十年七月廿九日）。

濟軍火之款尚不包括在內。[119] 光緒九年廣東當局以中法關係緊張，海防吃緊，前後向英商匯豐銀行借款二次，共銀二百萬兩。[120] 隨著局勢逐步惡化，粵省在購買船艦佈防及撥款支援滇、桂、閩、台前線的軍需餉項後，借款僅餘五十多萬兩，僅足以支付粵省防營三個月軍糧所需。[121] 顧及到情勢緊迫，粵省當局於光緒十年九月到翌年正月向匯豐銀行續借款三次，共銀6,001,362兩。[122] 當時清軍由雲南、廣西前往中、越邊境作戰，對軍火需求尤大；光緒十年粵省奏請截留京餉十萬五千兩，代滇、桂兩省購買軍火，支援前方。[123] 廣東派往越南參戰的軍隊分四枝，共四十營；「軍資浩繁，餉固不資，械尤難購，內防外協，日不暇給。」[124] 張之洞說：「餉絀各省通患，而粵省庫儲常如懸磬，專恃借款辦防，增營購械，繁費無等，加以協滇、協桂、援閩、援台，實已無法羅掘。」[125] 他的話容有誇大，不過中法開戰，廣東財政支出大增，捉襟見肘，卻是客觀的事實。[126]

光緒十年九月中法戰事相持不下時，翰林院檢討潘仕釗奏陳廣東可否變通闈姓禁例，藉以挽回利權。他在摺中指出：「澳門開設闈姓公司，利歸他族。現在海防需餉，……能否將澳門闈姓嚴禁，抑或將省城闈姓弛禁？」清廷命兩廣總督

119 《張集》，卷122，〈電牘〉一，頁24下，〈致總署〉(光緒十年十一月十二日發)。

120 這兩筆借款由張樹聲承借，年息均爲八釐，三年清還。見徐義生，《中國近代外債史統計資料（1853-1927）》（中國科學院經濟研究所《中國近代經濟史參考資料叢刊》，第六種，北京：中華書局. 1962年），頁8-9，表一。

121 《張集》，卷九，頁22下，〈息借商款摺〉（光緒十年九月初三日）。

122 該三筆借款均由張之洞承借，即：a.廣東海防借款一百萬兩；b.廣東海防借款2,012,500.3兩，年息九釐，十年清還；c.援越規台借款2,988,861.8兩，年息八釐半。見注120。

123 《張集》，卷九，頁34，〈截留京餉代雲桂購軍火片〉（光緒十年十月廿六日）。

124 《張集》，卷十，頁12，〈分遣廣軍規越摺〉（光緒十年十二月廿七日）。

125 《張集》，卷九，頁17，〈敬陳海防情形摺〉（光緒十年九月初三日）。另注116，頁23也有類似的話：「粵東籌辦本省海防，協濟鄰疆械餉，商款甫到，要需紛來，庫儲等於懸磬。」

126 據張之洞奏稱，從1883至1888年間，廣東用於海防、善後等項的款數多達2,500（十）萬兩。見廖偉章，〈太平天國革命失敗後至甲午戰爭前的廣東財政〉，載中山大學歷史系編，《中山大學史學集刊》（第一輯）（廣東人民出版社，1992年），頁181。

張之洞就這問題妥議覆奏。[127] 如果說四年前御史鍾孟鴻的奏摺只在語氣間透露請弛闈姓賭禁的訊息，則潘士釗是時的奏摺便直截了當地提出弛禁的要求。京官中也不乏人力持異議，如御史何崇光、翰林院侍讀學士梁耀樞、順天府丞楊頤等主張一仍舊貫，嚴禁闈姓。光緒十年十月和十一月清廷先後發出兩道諭旨，飭令張之洞等就或弛或禁諸問題，細加研究。清廷在前旨中特別強調「熟權利害」，[128] 而後旨重點則在以下幾句話：「闈姓弊端甚多，本應嚴申禁令，惟須一律禁止，不使利歸他族，方爲上策。」[129]

兩廣總督張之洞等對這兩道諭旨的眞正用意立即心領神會。當時正在廣東督辦防務的兵部尙書彭玉麟派遣鄭觀應調查闈姓賭規中飽情形，並細商闈姓弛禁後，應如何交由賭商承辦。經一番考慮後，鄭氏認爲最佳辦法，莫如仿照西例，由賭商投票，價高者得；投票作業應保密，賭商須繳銀號保單作按金，不讓委員書役有揷手機會。[130]

光緒十年十一月張之洞、彭玉麟等電奏清廷，請暫弛闈姓賭禁，藉濟餉需。他們奏稱商人張榮貴等願捐銀440萬圓，按年分繳，以六年爲期，承辦全省闈姓。對於闈姓或禁或弛這問題，張之洞等認爲「總以能否實禁爲斷。能禁則有益民俗，重貲不宜取；不能禁則有害洋關，漏卮必宜塞。歷年號稱禁止，投買如故，絲毫不減，不敢以空言高論上欺朝廷。」至於科場的弊端，他們認爲責任繫於監臨試場的簾官學政，與闈姓的關係似乎不大。他們表示如說闈姓在省內經營會有弊，而在澳門營業則無弊，恐怕於理不合。[131] 張之洞等的電奏立即獲得清廷俯准。作者認爲粵省當局先弛闈姓，主要還是從管治角度考慮。蓋闈姓只在科考舉行之年份投買，不若其他賭博經年累月俱可招賭。從行政當局立場來說，闈姓一旦以罰款方式而被默許存在，即有例可循，管理上亦較爲方便。

---

127 《光緒朝東華錄》，總頁1823，光緒十年九月己酉。

128 前引書，總頁1848，光緒十年冬十月甲午。

129 前引書，總頁1852，光緒十年十一月丙午。

130 《危言後編》，卷五，〈軍務〉，頁10，〈稟彭宮保陳廣東闈姓中飽公禮情形〉。

131 王弢夫、王希隱編，《清季外交史料》（台北：文海出版社，民國52年），卷51，頁14，〈彭玉麟、張之洞、倪文蔚奏澳門闈姓請暫弛禁充軍餉電〉。

翌年四月，張之洞、彭玉麟等提出更爲詳盡的奏摺，細加分析闈姓或弛或禁的利害。他們力陳厲行賭禁有五害，特別是嚴禁闈姓後，導致澳門葡人坐享厚利，澳門日富而廣東日貧，此消彼長，「坐使肘腋之間增一強鄰，廣州永無安枕之日。」如是，其他正業商人便會步闈姓後塵，轉到澳門營業。徒令「境內有釐有稅、安分守法之良商」受損，得益者反而是「界外法令不及，徵稅不加之奸富。」厲行賭禁，適足以提供吏役擾民的機會，徒增民間困擾。闈姓投買經常倚洋人作護符，靠洋輪遞運票簿，官方徒感法令有時而窮。「禁則無力，擾則有之。」[132] 對於先前力主嚴禁的粤省督撫，張之洞等人毫不客氣地指陳其禁賭「政績」如下：「大吏避闈姓之名，而又欲攘闈姓之利，於是造爲截緝之說，派員紳各路搜截，爪牙四出，白晝横行，分館之家，得規者免。佛山爲近郊大鎭，偵知其館最旺，利最豐，委紳陳桂士作線掩捕，官得罰款七萬，兵役、地棍可想而知。」[133]

張之洞等除指陳厲行賭禁之不切實際外，又從財政角度力言弛禁勢在必行。

---

132 《張集》，卷11，頁3-5，〈籌議闈姓利害暫請弛禁摺〉；《彭奏稿》，卷四，頁1下-2，〈會議廣東闈姓摺〉。又張之洞〈批東善後局詳請截緝闈姓〉（光緒十年九月初四日）云：「惟查歷年來澳酋包庇，法網難行，禁止一層，有名無實，徒使葡人增兵購艦，資助強鄰，藉寇兵而齎盜糧。……是該商承緝充餉一節，於籌餉固屬鉅款，於制澳尤爲要圖，安攘兼資，未嘗非權宜救時之策，且從此移其澳門之窟穴，然後禁令乃可徐施。」見《張集》，卷114，〈公牘〉29，頁9下。

133 《張集》，卷11，頁4下-5，〈籌議闈姓利害暫請弛禁摺〉；《彭奏稿》，卷四，頁2，〈會議廣東闈姓摺〉。據《德宗實錄》，卷189，頁13下，光緒十年秋七月戊申載陳桂士「到省後，極爲督撫所重，任意招搖，攬權納賂。」督撫即指粤督張樹聲及粤撫裕寬。張之洞摺中所云大吏，概即指此。又張之洞〈查覆張樹聲參款摺〉（光緒十年八月廿八日）提到張樹聲「初任粤督，聲望頗優，回任之後，非議頓集。」見《張集》，卷九，頁14下。徐賡陛也說：「合肥張靖達公所至無私人，自奉儉素，日接寮吏，夜治文書，不假借幕客，以軍功起家而盡心吏治，論其跡亦可希蹤林、胡，抗跡曾、丁矣。然言龐以來，素善者或始譽而復毁，吠聲者且詆爲姦慝焉。憂讒畏譏，鬱鬱以死。」見《不自慊齋漫存》，卷七，頁50，〈跋張靖達軼事〉。有關官府截緝賭館之記載，最生動者莫如《粤遊小志》所說：「至東省賭博最盛，城廂內外賭館無慮數百間，旋禁旋開，習以爲常。故一歲中，南、番二縣必看二、三次查封，謂之橄大鑊。橄音檻，方言蓋也。大鑊蓋則衆不得食矣。」見卷三，〈風俗〉，頁13。

他們指出中法交戰以來，廣東庫藏已罄，羅掘俱儘；如闈姓弛禁，「軍餉多一來源，即民間少一搜刮。」[134] 對於禁賭論者如何崇光等人的言論，張之洞等提出反駁：「命意何嘗不美？陳義何嘗不高？但論闈姓之當禁，而不考歷年之未嘗禁，且不思禁省不禁澳之不如不禁。諸臣皆爲粵人而不考粵事，殆非核實平心之論乎？」[135]

就張之洞的言論和他的前任張樹聲等人的主張相比，可清楚的顯示張之洞是從實際利害的角度來立論。反之，張樹聲等的觀點是從道德倫理和政治秩序的立場出發。張之洞認爲利之所在，人之習性，不可以憑一紙政令或藉行政手段而改變。爲減輕弛禁阻力，他奏稱闈姓弛禁爲權宜之舉，「終必須禁絕根株方爲常經。」實際上，他堅信「厲禁愈嚴，索規愈暴，」故不願「務虛名而滋實禍。」[136] 他的論點大多是針對張樹聲等嚴禁論者而發，如「歷年之未嘗禁、」「禁省不禁澳之不如不禁，」都是最鮮明的例子。另一方面，張樹聲等人基於道德倫理的考慮，反對招回在澳門營賭的闈商，讓他們認繳罰款，公開復業。針對這點，他作這樣的譬喻：「家有好賭之子弟，畏父兄之呵禁，相率趨避賭於其鄰之室，父兄疾其鄰坐獲抽分，招子弟歸，終其賭而取其利，斯不待智者而決其家之必敗也。」[137] 這與張之洞等的立論，涇渭紛明。張樹聲等厲禁派企圖藉法律制裁來阻遏闈姓發展；他認爲「少一人投買，即留一分物力，積久不懈，賭風必可漸衰。」張之洞則認爲言者諄諄，聽者藐藐，於事無補。張樹聲認爲賭禁成效有限，實因士紳從中阻撓，與官爲敵有關。張之洞雖沒有從正面反駁這論點，但指出地方官員也有倚靠劣紳穿針引線，藉緝禁而漁利擾民。他指出科場舞弊，由來已久，與闈姓無必然關係。反之，「粵中司文衡者物議紛紛，適在光緒元年既禁闈姓之後。」[138]

---

134 《彭奏稿》，卷四，頁2，〈會議廣東闈姓摺〉；《張集》，卷11，頁6，〈籌議闈姓利害暫請弛禁摺〉。

135 《彭奏稿》，卷四，頁2下；《張集》，卷11，頁6。

136 《彭奏稿》，卷四，頁2下；《張集》，卷11，頁7。

137 《張奏議》，卷四，頁9下-10，〈嚴禁投買闈姓摺〉。

138 同注136。

經一番針鋒相對，弛禁派除立論有力外，清廷的默許支持更是此派得勢的關鍵。清廷的態度一向於嚴禁。即使在光緒六年鍾孟鴻上奏時，清廷不再像從前那樣執著，但意向尚末明確。不過就光緒十年和十一年頒發的諭旨看來，清廷的立場已有所改變。張之洞等立即捉摸到清廷的意圖，在光緒十一年四月的上奏中即指出清廷諭旨內「熟權利害」和「不使利歸他族」二語，「精要無遺，實爲此事〔闈姓或弛或禁〕之權衡，群言之斷制。」[139] 由於清廷立場動搖，闈姓弛禁遂水到渠成。

闈姓弛禁後，粵省表面上依然維持對其他賭博的禁制，張之洞並於光緒十二到十五年（1886-89）屢出禁示，取締白鴿票和花會。[140] 另一方面，番攤賭館卻因一種名爲文武衙門四成報效經費的賭規制度化而益加蓬勃。廣東文武官衙收受番攤賭規，久成慣例；[141] 中法交戰，粵省官員從所收賭規中提出四成，每年額定三十萬兩，表示化私爲公，美其名爲報效經費，供海防製砲造輪之用。番攤賭館則倚這項賭規爲護符，更肆無忌憚地公開營賭。[142] 張之洞所以對闈姓及番攤採取不同的處理辦法，蓋張氏因勢利導，方能弛禁闈姓，得之大不容易；若再將番攤開禁，可能會成爲衆矢之的。爲免樹敵太多，遂不若採取較爲曖昧的立場，不正式開禁，卻默許官員收取番攤賭規，而提出一定數額歸公。這樣，既顧及現實，又不失立場，爲一切實可行之道。此與郭嵩燾之抽取闈姓罰款，卻不讓闈姓

139 《彭奏稿》，卷四，頁2下；《張集》，卷11，頁3下。

140 《張集》，卷95，〈公牘〉十，頁10-11，〈札各屬嚴禁山標田標等項賭博〉（光緒十五年五月初七日）；卷119，〈公牘〉34，頁30下-31，〈嚴禁白鴿票花會示〉（光緒十二年五月十二日）；頁44，〈嚴禁復開白鴿票示〉（光緒十五年二月廿四日）。

141 據彭玉麟調查，「臬署揭封賭館陋規，相沿已久，收受與否，惟視本官之自愛與否。」見《彭奏稿》，卷四，頁7，〈遵查廣東藩司參款摺〉。

142 馬吉森、馬吉梓編，《馬中丞奏稿》（收入《馬中丞遺集》），卷四，頁22-23，〈會奏裁革陋規嚴禁賭館摺〉（光緒廿一年閏五月十五日）。又張之洞在〈嚴禁收受攤館陋規示〉（光緒十二年五月十六日）中申明：「本部堂自到任以來，所有本衙門自武巡捕官起，以及宅門內外各項丁役、轎夫人等歷經嚴禁，從不准收受攤館陋規分文。」見《張集》，卷119，〈公牘〉34，頁31下。表面似禁屬下官員收受攤館陋規，深究一層，倒不如說是番攤賭館在繳過文武衙門報效經費後，官員不得再取額外分文，較爲妥切。

弛禁之處理方法，其間發展亦有線索可尋。

隨著時間的推移，賭博弛禁的聲浪愈來愈高。光緒十七年（1891）三月清廷命兩廣總督李瀚章就小闈姓或禁或弛表示意見。當時有人以小闈姓與科考無涉，實爲財源一大宗，請按闈姓助餉前例，把稅餉所入，撥解海軍衙門。[143] 清廷對此意動，很可能與小闈姓賭餉議交中央控制的海軍衙門有關。[144] 李瀚章力陳小闈姓礙難弛禁，原因有三：一、光緒十六年（1890）七月清廷命他調查廣東盜風之熾，是否因小闈姓等賭博由劣紳、員弁所包庇而造成，[145] 並根據李氏的覆奏而諭示嚴禁小闈姓。若小闈姓弛禁，旋禁旋開，於政體不相符合。二、粵人嗜賭，情勢已使人焦慮；「縱使弛禁，既無殷商承充，亦無正紳願保，而零星收取，徒滋紛擾，難得實際。」三、李瀚章雖承認請辦小闈姓摺中所說「與其虛懸禁令，何如取濟要需」爲「切中時弊，」也同意小闈姓在廣東流傳己有一段時間，很難一下完全根絕，但他仍堅持厲行賭禁，對遏止賭風蔓延，不無阻嚇作用。他並將闈姓與小闈姓加以比較而作如下綜結：「若小闈姓之罔利害民，與闈姓迥然不同，即使繳餉有著，猶難興辦。況其瑣碎繁雜，利少害多，於餉項亦無把握乎？」[146] 細看之下，李氏所述可能是表面理由，問題核心或在於他不願意中央覬覦這項財源，[147] 因此對小闈姓弛禁並不熱心，從而所持的搪塞根據也不太具說服力。

---

143 《德宗實錄》，卷295，頁2下，光緒十七年三月戊辰。

144 有關海軍衙門的研究，參考王家儉，〈清季的海軍衙門（1885-1895）〉，載氏著，《中國近代海軍史論集》（台北：文史哲出版社，民國73年），特別是頁209-21；John L. Rawlinson, *China's Struggle for Naval Development 1839-1895* (Harvard East Asian Series, 25, Cambridge, Mass.: Harvard University Press, 1967), ch. vii.

145 《德宗實錄》，卷287，頁9，光緒十六年秋七月辛巳。

146 《合肥李勤恪公政書》，總頁854-56，卷九，〈廣東小闈姓礙難弛禁辦理摺〉。

147 中央對廣東賭餉感興趣，可從張之洞利用闈餉墊還匯豐銀行購辦漢陽鐵廠機器的事例看出來。張之洞在致李瀚章的電報中提到「海署詢鐵機指款事，曾聲明此事當日雖指預繳闈餉一款，然粵省待用待還，要需甚多，並非閒款。粵督李肯認十三萬，已爲公忠難得，其餘應由部籌，蓋恐海署於已付十三萬委之粵外，並指提預繳闈餉，則粵事難辦矣。」見《張集》，卷129，〈電牘〉13，頁2下，〈致廣州李制台〉（光緒十六年正月初四日）。

光緒廿一年（1895）正月馬丕瑤抵粵出任巡撫，隨即較爲積極地厲行賭禁。馬氏蒞粵任官前，先後出任山西解州知府和廣西巡撫，在轄境內認眞禁賭，頗著政聲。[148] 他調任粵不久，即奉命調查李瀚章縱賭營私事。據他調查所得，省城內外共有番攤賭館七十餘家，內有兵弁收取賭規，包庇聚賭者，也有由督署書吏租與賭商而被查封者。[149] 是年三月馬氏回奏，奏內彈劾李瀚章「年過七旬，稍涉暮氣。……不聞政聲，但聞怨聲；不聞愛民，但聞愛錢。……吏治因而不清，地方因之不靖。」[150] 李瀚章因而被奪任解職。同時，他並出示嚴禁闈姓以外的各類賭博，限令州縣具結，在一個月內禁絕轄下各色賭博。[151] 兩月後，馬氏認爲廣東盜劫之案遠多於他省，實與賭博盛行息息相關。他申言要遏止盜風，必先禁賭博，而禁賭則要從裁革文武官紳四成報效經費這項賭規入手。馬氏會同新任兩廣總督譚鐘麟出示，自光緒廿一年五月二十日起，革除四成報效經費，不許官員巧立名目再行收取，並把廣州府屬各縣城鄉鎮的賭館一律查明封禁。此外，他命令各州縣整頓保甲，實施連坐制；官紳、書役和營兵若包庇賭博，均從重治罪。爲使海防要務不致因四成報效經費的裁革而受損，譚鐘麟和馬丕瑤飭令省內各司局裁汰浮費，估計每年可節省銀二十萬兩，抵充報效經費這項賭規。[152]

粵省督撫裁革四成報效經費，主要基於四點考慮：一、賭館繳納賭規後，有恃無恐，竟認爲「奉官開設」，「案經奏定，」以致官府對之無可奈何，因賭而作奸犯科比比皆是。二、人民嗜賭，終致不務正業，家庭析離，傷風敗俗。三、官收賭規，本屬觸法犯禁，自有四成報效經費這名目，官員遂視賭規「爲固有之

148 《馬中丞雜著》，頁19，〈解州黜奢崇儉告示〉（光緒七年三月）；頁21-22，〈廣西禁賭博告示〉（光緒十五年十一月十三日）；《馬中丞奏稿》，卷二，頁4下-5，〈賭犯加等治罪片〉（光緒十六年閏二月二十日）。

149 《馬中丞奏稿》，卷三，頁49，〈遵查兩廣總督參款摺〉(光緒廿一年三月初一日)。

150 同上，頁53。

151 《申報》，第7867號，1895年三月27日，〈珠江花事〉；《華字日報》，光緒廿五年五月初五日，〈憲將禁賭〉。

152 《馬中丞雜著》，頁25，〈廣東裁革賭規嚴禁賭館告示〉（光緒廿一年五月）；《馬中丞奏稿》，卷四，頁24，〈會奏裁革陋規嚴禁賭館摺〉（光緒廿一年閏五月十五日）；《譚奏稿》，卷17，頁4下，〈裁革陋規嚴禁賭博摺〉。

常，且取爲應酬之用，」綱紀因而淪喪。四、賭風盛行與盜風難以戢遏息息相關。根據罪犯的供詞，「多有在賭館會集分贓者，是窩賭實足以窩盜。」由此足證「開賭所以弭盜」這論點難以立足。[153]

馬丕瑤取締粤省境內賭博的努力並非白費。在禁賭措施雷厲風行的情況下，賭風較前稍歛。「嗜賭者無可消閒，獨醉心於闈姓，」以致闈姓在各類賭博中一枝獨秀，投買賭注劇增。[154] 可是，馬氏突於光緒廿一年九月卒於任內。譚鐘麟則年逾七旬，老病衰朽，[155] 無力推行賭禁。馬丕瑤死後不久，省城內外的番攤、花會和白鴿票賭館倚員兵和書役爲護符，置禁令於不顧。[156] 光緒廿三年（1897）間，因闈姓賭商欠繳賭餉，闈姓暫時乏人接辦時，[157] 白鴿票、番攤和鋪票等賭博其門若市；以鋪票爲例，「一月之內竟收至三場。」[158] 當時省城內外的番攤賭館、白鴿票廠共一百餘家，佛山鎮的攤賭數十家，星羅旗布，此仆彼興。賭徒甚至持械與執行賭禁的營勇相抗。[159] 營勇也會見財起意，借封禁爲名，突入賭館搶奪席面銀錢，激起賭徒反抗，甚而開槍互擊，傷人事件時有所聞。[160] 順德縣內番攤賭館倚當地土豪世惡爲靠山，對禁令置若罔聞。廉正紳耆具稟告官，縣令命雙方到庭對質訊問，紳耆畏事不敢出面，事情遂不了了之，賭

153 《馬中丞雜著》，頁24；《馬中丞奏稿》，卷四，頁23；《譚奏稿》，卷17，頁3下-4。

154 《申報》，第8082號，1895年9月15日，〈粤客談賭〉。

155 譚鐘麟從光緒廿三到廿五年間，多次以目疾、足疾等健康理由提出呈辭。見《譚奏稿》，卷18，頁20，〈目疾增劇懇准開缺摺〉，卷19，頁21，〈因病奏請開缺摺〉；頁24，〈假滿仍請開缺摺〉；卷20，頁26下，〈懇恩開缺摺〉。

156 《申報》，第8136號，1895年12月12日，〈五羊仙蹟〉；《華字日報》，光緒廿一年十月廿五日，〈羊城新聞·禁賭示諭〉。

157 《譚奏稿》，卷18，頁18-19，〈廣東闈商無力繳捐革退另招摺〉；頁21，〈奏闈捐擬辦情形片〉。

158 《華字日報》，光緒廿三年四月十二日，〈票賭盛行〉。

159 《華字日報》，光緒廿三年五月初二日，〈禁賭近聞〉。又較早前《申報》載賭匪在東莞「開收白鴿票館十餘處及霸踞官涌，搭蓋番攤篷廠十餘處，聚匪誘賭，執持鎗械，搶賭追逐，往來行人，視爲陷阱。經管轄各官督勇毀拆，旋拆旋復，藐視弗恤，民等集衆驅逐，置若罔聞。」見第8434號，1896年十月九日，〈勒石禁賭〉。

160 《華字日報》，光緒廿三年四月廿六日，〈搶賭傷人〉。

館更肆無忌憚。[161] 賭禁至此可說是一敗塗地。

厲禁既乏成效，弛禁論者更振振有詞。光緒廿四年(1898)七月光祿寺卿常明奏陳籌款方策，內云湖北候補知府鄭思賢稟請按闈姓舊案，招商承辦廣東境內寶字館和基票賭博，並謂每年可籌報效銀一百萬圓。侍講學士濟澂則奏陳保康公司商人何元善稟請承辦粵省番攤，每年願報效銀六十萬圓，備作省內教育及軍事經費。[162] 另戶部代遞郎中歐陽弁元稟陳，內載商人黃卓瑚等每年願報效洋銀360萬元，承辦粵省番攤。[163] 清廷命譚鐘麟切實考慮以上稟陳的可行性。

譚鐘麟在覆奏中竭力反對上述稟陳。他力言自裁革文武四成報效經費這項變相賄賂後，雖未能盡戢賭風，但對賭匪、員弁和兵役來說，賭規「名目已除，無所挾持，即有所畏憚，不敢肆意橫行。」闈姓、番攤兩害相權，「闈姓須考試方開，……番攤則通年晝夜不息。」一旦弛禁，賭徒有恃無恐，吏治敗壞更不可問。[164] 他在另一奏片中指陳：「粵省無賴之徒，往往託言集股，假公營私，挾賄行求，衹圖聳聽。幸而邀准則謂奉旨開賭，闔省囂然。」黃卓瑚等人大率類此，其言不足採信。[165] 譚鐘麟力持異議，粵省番攤賭博合法化的條議遂成畫餅。

表面上，譚鐘麟是勝利者；可是，從這次爭議中可看出嚴禁派的立足點愈來愈少。京官紛紛出面，爲願意承辦闔省番攤和基票的賭商張目，毫不忌諱，清廷的態度亦相當明顯地傾向弛禁派那邊。最突出的是有意承賭的人中，竟包括湖北候補知府鄭思賢等人在內。譚鐘麟在覆奏中氣忿忿地表示：「鄭思賢以知府充商開賭，豈能復齒於人？」[166] 這種情況出現，必須要從甲午戰後，中國量入爲出

161 《華字日報》，光緒廿三年五月十七日，〈禁賭難行〉。地方士紳偶爾會對粵省當局施壓，促使他們採取行動禁賭。如舉人陶繼昌即在總督譚鐘麟赴武廟行香時，稟陳員弁陽奉陰違，包庇賭業。譚鐘麟於是命按察使魁元深入調查，遇有犯禁聚賭的情形，斷然處置，又警告屬員如有庇賭情事，即行嚴參。見《申報》，第8660號，1897年5月28日，〈粵事撮要〉。

162 《光緒朝東華錄》，總頁4174，光緒廿四年秋七月丁卯。

163 《德宗實錄》，卷425，頁9下，光緒廿四年秋七月丙子。

164 《譚奏稿》，卷19，頁22下-23，〈查明廣東礙難弛賭收規摺〉。

165 前引書，卷19，頁23下，〈查明番攤提捐情形片〉。

166 同上，頁23。在另一摺中，譚鐘麟奏稱：「又有一種賭棍挾重貲走京師，惑亂聽聞，謂一開賭禁，歲可得百萬圓以歆動言者，此輩豈知爲公？但欲倖邀俞允，則闔

的財政平衡不能維持，政府謀求增闢財源之不暇的背景去尋求。[167] 無怪清廷對廣東番攤弛禁態度熱心，而鄭思賢等以官員身份充商承賭也無人深究。大勢所趨，粵省禁賭防線終在兩年後全面崩潰。

光緒廿六年（1900）李鴻章出任兩廣總督。他上任伊始，即毅然全面弛禁，接連批准賭商繳餉承充番攤、小闈姓和彩票等賭博。關於這點，我們實不能單從個人因素來解釋；[168] 弛禁的原動力繫於嚴峻的歷史現實。光緒廿一、二年（1895-96）間清廷為應付對日賠款，先後向俄法及英德借款。為償付洋款，清廷向各省攤派每年償款數額。廣東每年須從指定的財源中籌撥94萬兩償還俄法借款，124萬兩償還英德借款。[169] 光緒廿五年清廷派剛毅為欽差大臣，南下到江蘇和廣東「理財」。據剛毅報告，預計整頓財政後，廣東每年可籌解銀銀160萬兩。實際上，每年有著之款不過八、九十萬兩。[170] 面每年支出突然增加近220萬兩，收入突減八、九十萬兩的事實，李鴻章不能像譚鐘麟那樣昧於現實，說出「目下時艱餉絀，苟可開源節流，靡不盡心竭力，以期有濟。至於弛賭禁而取陋規，乃萬不可行之事」的一番話。[171] 在別無抉擇的情況下，李鴻章對賭餉這一

境從此皆可設局廣取賭規以肥已耳，若令繳銀百萬不可得也。」蓋即指鄭思賢這類人物。見前引書，卷20，頁23，〈遵旨覆陳摺〉。

167　羅玉東，〈光緒朝補救財政之方策〉，《中國近代經濟史研究集刊》，一卷二期（民國22年五月），頁217-41。

168　《華字日報》，光緒三十一年五月十二日，〈論說・論粵督籌議禁賭〉云：「逮李鴻章來粵，見有金而不見有人，乃明目張膽毅然請以番攤承餉，自省、府、州、縣之都會以至窮鄉僻壤，無不賭館林立，官督民賭，……番攤承餉，粵吏尚恐未足盡殺粵民也，則以白鴿票承餉；猶未足，則更以山票承餉；猶未足，則更奏辦彩票。」類似的意見亦見外人在香港所辦的報章，謂李氏弛賭禁為廣東匪患遍地之主因。見 *Hong Kong Telegraph*, 24/7/1906, p.5; *Hong Kong Daily Press*, 25/12/1907, p.3.

169　戶部，〈議奏各省攤派籌還洋款疏〉，載王延熙、王樹敏輯，《皇清道咸同光奏議》（台北：文海出版社，據光緒壬寅〔1902〕上海久敬齋石印本影印），卷26下，〈戶政類・理財〉下，頁25下-26。

170　對此問題，作者擬另撰專文討論。

171　《譚奏稿》，卷19，頁23，〈查明廣東礙難弛賭收規摺〉。李鴻章為小闈姓開禁作如下辯護：「查小闈姓……均經各前部堂指陳利害，奏明飭禁在案，本不應弛禁貽害閭閻。惟現當時局艱難，迭奉電傳諭旨飭就近籌餉練兵以保守疆土，并接濟京師，而本省之餉已為剛欽使搜刮一空，悉充撥還洋款。司局如洗，岌岌難支，

垂手可得的財源，自然不會輕易錯過。

四、由弛返禁

光緒廿六年粵督李鴻章相繼解除小闈姓、番攤、山、鋪票等賭博的禁制，准許賭商繳餉承賭，廣東賭業於光緒廿七年（1901）進入全盛時期。光緒廿六年賭商盧華富等以宏遠公司名義，稟請承辦粵省小闈姓，以每年繳餉八十萬元，為期八年，另繳報效四十萬元為條件。李鴻章認為八年時間太長，先准試辦四年，從是年七月初一日起開辦，四年屆滿，得再繳報效銀四十萬兩，續辦四年。[172] 同年李鴻章恢復番攤賭規，改名為緝捕經費，讓番攤賭館繳納賭規後，可合法營業。為體恤省城內外營中官兵，賭規由武員承繳，省城每年認繳餉銀七十萬元，政府各屬繳餉銀五十萬元，解交善後局作維持治安秩序之用。[173] 光緒廿六年九月惠泰公司商人張永圖、陳國華、保商局紳士蔣元緒、盧紹勳等稟請承辦省內番攤，每年認繳餉銀二百萬元，公禮八十萬元。適廣東當局有意把番攤改由商辦，雙方一拍即合。[174]

山、鋪票的合法化經營也肇始於光緒廿六年。在此以前，地方賭棍在吏役勢豪庇蔭下，以修築堤壩、組織團練的名目開票收賭。私票盛行對闈姓推展造成相當的妨礙，從而激起闈商反彈，稟官請禁。是年，善後總局考慮到「積習相沿，由來已久，地方官紳得規包庇，又復為之掩飭，遂至浸淫都市，隨地設廠，上懸其禁，下濟其貪，政教民生，兩無所補」的事實，認為「與其禁猶未禁，徒飽私

審判利害之重輕，權時勢之緩急，不得不詢所請，暫濟目前。況此等賭博相沿已有數十年，從前厲禁昭垂，亦皆陽奉陰違，徒飽文武員弁及兵役之需索，則上設其禁，下濟其貪，風俗人心，纖毫無補。今既繳呈鉅款，堪應急需。」見《申報》，第9785號，1900年7月14日，〈准開小票〉。李鴻章與譚鐘麟立場差別之大，一目了然。

172 《申報》，第9785號，1900年7月14日，〈准開小票〉；第9802號，1900年7月31日，〈照錄李傅相保疆籌餉摺稿〉。

173 《申報》，第9885號，1900年10月21日，〈東粵談資〉。

174 《申報》，第9892號，1900年10月29日，〈番攤認餉〉。

囊，曷若化私爲公，藉資餉項？」於是招商認餉承辦。賭商踴躍認餉，而善後總局以基、鋪、山票與闈姓牽連較多，當時承辦闈姓的宏豐公司因「認餉有年，尙無貽誤，」遂被列爲優先考慮對象。倘若宏豐公司承賭條件與其他認餉賭商開列的相類，便可取得省內山、鋪票經營權。結果，該公司以宏發公司名義每年認繳正餉銀425,000元，另一次過繳報效銀十萬元。爲期八年，承辦全省上述賭博。[175]

光緒三十年（1904）以降，由於客觀條件的變化，粤省各種賭博開始面臨不同程度的挑戰。日俄戰爭以後，立憲運動風起雲湧，朝野有識之士皆認爲中國如要進入文明國家的行列，則必須革除種種陋習，而毒害中國最深的，莫如鴉片；要完全根絕鴉片，便須從禁種入手。西南川、滇、黔等省禁種運動遂在這背景下雷厲風行。[176] 在革除陋習的大氣候之下，廣東境內地掀起一股圖治除害的潮流，以禁絕賭博爲改革重點。

本世紀初，隨著科舉制度的式微，闈姓的前景亦不大樂觀。光緒廿六年庚子事變爆發，鄉、會試停止舉行；翌年七月清廷下詔永罷武科。[177] 光緒三十年，承辦第三屆闈姓的宏豐公司的賭約剛於該年會試舉行後屆滿，善後總局探詢該公司是否願意繼續接辦。宏豐公司以「時局變遷，科舉已有停止之諭」而拒絕。善後總局以廣州府考試快要舉行，令該公司承辦該場闈姓，按場繳餉，宏豐公司不

175 《華字日報》，光緒廿九年十二月三日，〈批詞〉。按英國駐廣州的外交人員把山、鋪票正餉425,000元，報效十萬元，誤作基、鋪票正餉42.5萬元，山票正餉十萬元。見 "Intelligence Report for March Quarter," B. C. G. Scott to Satow, Canton, 15 April 1901, Great Britain, Foreign Office Embassy and Consular Archives（以下簡稱FO228), 1834, p.171. 按小闈姓、番攤、山、鋪票賭商與廣東當局的關係，一波三折。雙方所訂的協議，鮮能一以貫之。詳見拙稿，〈清末廣東的賭商〉。

176 有關清末禁煙運動的最新論著，參考 Thomas D Reins, "Reform, Nationalism and Internationalism: the Opium Suppression Movement in China and the Anglo-American Influence, 1900-1908," *Modern Asian Studies*, 25:1(1991), esp. pp,124-33; 王宏斌，〈清末新政時期的禁煙運動〉，《歷史研究》，1990年第四期，特別是頁43-49。

177 王德昭先生，《清代科舉制度研究》（香港：中文大學出版社，1982年），頁235、239; Wolfgang Franke, *The Reform and Abolition of the Traditional Examination System* (Harvard East Asian Monographs 10, Cambridge, Mass.: East Asian Research Center,Harvard University, 1960), p.54.

爲所動，蓋「爲日無多，收票有限」，拒作任何承諾。[178] 鑑於廢除科舉考試呼之欲出，闈姓對賭商的吸引力因而大減。在這過渡時期，有意承辦第四屆闈姓的賭商必須審愼從事。面對這種情況，粵省當局只好減低承賭款數，招徠闈商充餉。經一輪選擇，第四屆闈姓終由一家賭商承辦，條件是從光緒三十一年（1905）起六年內認繳賭餉280萬兩，另一次繳報效銀53萬兩。由於這一屆六年內會舉辦兩次恩科考試，闈商爲此須另繳銀35萬兩充餉。[179] 光緒三十一年八月清廷諭令從翌年開始，永遠停辦科舉；賭商認餉承辦第四屆闈姓，終成畫餅。清廷爲顧及舉人、生員等的出路，於廢除科舉後，另舉辦生員補考優、拔貢及舉、貢、生員考績的考試。[180] 廣東當局在光緒三十三年（1907）、宣統元年、二年（1910）舉辦這些特別考試時，諭准賭商認餉承辦。[181] 可是這時闈姓已近尾聲，與曩昔不可同日而語。

光緒廿九年（1903）五月間，粵省京官聯名上書給履任不久的兩廣總督岑春煊，指陳粵省可能觸發省內動亂的三主因：其中之一「在將昔年永遠奉禁之白鴿票改名小闈姓賭也。」粵省京官也了解倉卒之間實難把省內各種賭博斷然禁絕；可是，他們認爲可從根絕小闈姓入手。[182] 岑春煊爲清末較具魄力及改革意向的

178 《華字日報》，光緒三十年三月廿八日，〈闈姓無人承餉〉。

179 《論摺彙存》，光緒三十一年二月十七日，頁2-3。早在大半年前，粵督岑春煊奏稱：「查闈姓捐輸，惟以科舉盛衰爲樞紐。自武科停罷以來，其事已形減色。近則文場改章，廢輟有期，強弩之末，收數更屬寥寥。現當第三屆期滿，以致數月迄無新商過問，嗣復減餉招徠，仍無承者，不得已暫派委員督令舊商代辦，所得甚微，斷不足恃。」見《閣鈔彙編》，〈戶〉，頁4，光緒甲辰八月廿九日。可知在新商接辦第四屆闈姓前的一段過渡時期，仍暫由舊商宏豐公司代辦。

180 按「生員補考優貢於光緒三十三年與宣統元年各曾舉行一次，補考拔貢與考職於宣統元年曾舉行一次，舉貢考職於光緒三十三年與宣統二年曾各舉行一次，又一年而清亡。」見王德昭先生，前引書，頁246。

181 按光緒三十三年賭商承辦舉貢考職闈姓認餉廿萬元，優貢朝考闈餉35,000元，另報效十萬元，共335,000元。見《華字日報》，光緒三十三年一月十六日，〈圍姓死灰復燃〉；光緒三十三年一月十八日，〈好賭者又可多買一場優貢圍姓〉；*Hong Kong Telegraph*, 2/3/1907, p.40. 至於宣統二、三年的考試，粵省當局准許賭商認繳餉銀三十萬元承辦。見註6。

182 《申報》，第10863號，1903年7月18日，〈請禁小闈姓〉。

封疆大吏。他在粤督任內對財政興革，如整頓契稅，改革粤海關等成績頗箸，[183] 又大加整肅省內違法瀆職的官員，文武屬員爲他參劾的達 1,060 人之多。[184] 翌年三月，岑春煊不顧善後局基於餉源考慮，請暫緩嚴禁小闈姓的請求，毅然出示，限令省內四月一日前停辦小闈姓，觸犯禁令的，一律從嚴處分。私營小闈姓若查明屬實，人即正法，產業查封，變價拍賣，以所得三成入官，七成作告密者獎金，並定五家連坐之法，如發現有隱瞞包庇的情事，五家之內財物房舍悉數充公。[185] 光緒三十二年(1906)岑氏離任前，復聽從粤紳鄭觀應建議，立石於省城四門，永懸例禁，藉此打擊賭商作死灰復燃之想。[186]

岑春煊認爲小闈姓外，流毒最廣的賭博爲番攤。岑氏出任粤督前，他的前任陶模也有意禁絕番攤而未果行。[187] 岑春煊抵任之初，以番攤賭館中所謂牛牌者，爲惡最甚，所作所爲，與大盜擄人勒索並無分別，於是嚴令禁止；犯禁者依拿獲大盜，立時正法例處置，因此而被殺者數十人。牛牌賭館頓時斂跡。[188] 光緒三

183 拙著，〈清末賦稅基準的擴大及其局限－以雜稅中的菸酒稅和契稅爲例〉，《中央研究院近代史研究所集刊》，17期下册(民國77年12月)，頁88-89；湯象龍，〈光緒三十年粤海關的改革〉，《中國近代經濟史研究集刊》，三卷一期(民國24年五月)，頁67-74。

184 「岑督前在粤時，以嚴厲著，其參劾屬員之多，爲歷任督撫所不及，故有剿官之名。」見《盛京時報》，第53號，光緒三十二年十一月六日，頁3，〈各省新聞・岑前督在粤共參一千人〉；另參考 *South China Morning Post*, 19/12/1906, p.7.

185 《華字日報》，光緒三十年三月十二日，〈羊城新聞・白鴿票興革始末〉；光緒三十年四月四日，〈嚴罰小闈姓告示〉；*Hong Kong Telegraph*, 4/5/1904, p.5; 12/5/1904, p.5.

186 《危言後編》，卷四，〈政治〉，頁30-31，〈稟兩廣總督岑宮保請奏給勒石永遠禁絕小闈姓以免遺害無窮事〉。

187 陶模抵任不久，有意裁革番攤賭規，爲其前任李鴻章來電勸阻而罷。李鴻章在電報中謂：「此事既許其試辦數年，萬不可中途失信。」見《申報》，第10859 號，1903年7月14日，〈奏停賭餉〉。

188 《清稗類鈔》，總頁4910，稗76，〈賭博類・廣州有番攤館〉。「牛牌者，即一錢不名之人，亦可入局。勝則攫貲而去；不勝，則以衣履爲質；再不勝，則以人爲質。如終不勝，則博者即無自由之權，而受拘禁，勒令貽書家族親友備資往贖，視其離家道里之遠近限以日期；如過期，即有種種方法之虐待，有被虐而死者；如贖金不至，乃即載之出洋，販作豬仔。」見總頁4909-10。按陶模督粤時，曾出示嚴禁牛牌賭館，查明屬實，賭館封閉，開賭者禁押。見《華字日報》，光緒廿七年六月三日，〈嚴禁牛牌〉；《申報》，第10187號，1901年8月28日，〈粤督禁賭〉。

十一年五月岑春煊以欽、廉兩屬地方盜風熾盛，認爲與該地番攤盛行有關，遂下令兩屬官員把境內番攤悉行取締，「餉商所領之牌一概撤銷。」[189] 六月，他出示陳明粵省番攤應予禁絕，惟省庫支絀，籌款抵補並無把握，只能逐步施禁。抵款能得若干，即先禁若干賭款，……一鄉籌得抵款，即先禁一鄉。」[190]

隨著清末立憲運動風起雲湧，民情輿論大張，而與督撫相頡頏之壓力團體（諮議局）的出現，迫使粵督正視賭博問題，廣東賭餉的前景也因之愈益黯淡。省內有識之士如鄭觀應等以清廷既知鴉片貽害甚鉅，不惜喪失鉅額餉源而嚴禁，因此對賭博也應按同樣標準處理，不宜貪圖賭餉而坐視其貽禍人民，紛紛上書當道，請求支持禁賭。[191] 廣東諮議局於宣統元年正式討論禁賭問題前，粵省當局已在省內邊鄙地區如欽州、廉州及那些因賭滋亂的區域內厲行番攤賭禁。賭禁也同樣實施於那些已從別的財源籌得足夠款項抵補賭餉的州縣。[192] 同年九月，諮議局正式把禁賭列進議程，議員積極活動，多方疏通，藉使全省禁賭的議案能順利通過。[193]

原則上，兩廣總督張人駿及其後任袁樹勛都傾向於悉禁省內各項賭博，但他們一致強調須以謹愼的步伐進行。袁樹勛的條陳尤爲詳盡。他認爲省內四種賭博：闈姓、番攤、山鋪票和彩票，各有不同的歷史背景，禁賭的措施因之相應有別。

189 《華字日報》，光緒三十一年五月十三日，〈岑督禁攤起點〉。

190 《華字日報》，光緒三十一年六月十七日，〈大府籌絕賭書〉；《申報》，第11592號，光緒三十一年六月廿四日，第二張第十版，〈廣東督撫擬禁番攤令紳民籌陳抵款之策示文〉。

191 「朝廷既知鴉片爲我國之害，不惜鉅大之餉，業已革除，而賭博是中國歷朝及各國所嚴禁者，何貪此害人之餉而不禁耶？」見《危言後編》，卷四，〈政治〉，頁33，〈上戴少懷尚書書〉。鄭氏又云：「既朝廷嚴禁鴉片，不貪其鉅大之煙餉，豈又貪此賭餉，聽其害民耶？」見同前，頁34，〈上順德鄧宮保書〉。

192 軍機處檔（台北國立故宮博物院藏），第179008號；《政治官報》（台北：文海出版社，民國54年），第625號，宣統元年六月初九日，頁7；《廣東全省財政說明書》（北京：經濟學會，民國四年），〈歲入部・正雜各捐〉，頁29；註6，頁102。除欽、廉外，施禁地區包括龍川、和平、長寧、連平、長樂（今五華）和南澳等。

193 《時報》，宣統元年十一月四日，頁3；《華字日報》，宣統元年九月廿八日，〈廣東諮議局第一次會議〉；*Hong Kong Telegraph*, 10/11/1909, p.4.

他擬訂出下列的禁賭日程：闈姓定宣統二年爲截止限期，「以後無論何項考試，不得再准商人承充；」彩票在粤省賭餉中收入最少，裁革最易；宣統元年底以後，賭商即不得發售彩票，爲使粤人心悅誠服，他省彩票亦不得運粤發售。番攤及山、鋪票同爲粤省賭餉最大宗，「應節節限制，凡無賭之區，不得再開賭博；有賭之區，仍著設法籌抵。」[194] 爲便於推動禁賭工作，善後總局諭示各屬官員，詳列其轄區內各賭場有關細節，諸如場號、營賭項目和業績等。[195]

部份粤省官紳認爲袁樹勛的賭禁步驟過於緩慢而不以爲然。[196] 袁氏深知要完全根絕賭博，先決條件是籌有足夠的款餉。宣統元年十一月一群商人與他接洽，表示願意承充粤省鹽餉，每年認繳餉額 1,020 萬兩作爲取得鹽專賣權的條件。另一方面，舊商認餉款數雖逐年遞增，惟與新商餉額相比，仍相去甚遠。光

194 註 6，頁 106；另參考《華字日報》，宣統元年十一月十三日，〈袁督因禁賭事札司局文〉；*Hong Kong Telegraph*, 22/1/1910, p.5; 6/4/1910, p.5.

195 *Hong Kong Telegraph*, 23/11/1909, p.5.

196 如粤省官紳以梁廣照爲首，採中樞及地方雙管齊下之策略，聯合京官，具摺清廷，並致函袁樹勛，籲請停收賭餉，厲行賭禁。在摺中梁氏等力言：「然日言禁賭，又日收賭餉，掩耳盜鈴，必無實際，則禁賭必自停收賭餉始。疆臣動曰粤省歲入恃賭餉爲大宗，此言至爲辱國。……夫籌款，至無把握之事也，設或竟不能籌，則該餉之不滅，賭之不禁可知，此項賭害將永無禁絕之一日，是該督所奏議禁賭辦法，並無切實把握，……轉坐實番攤巨款非易籌的款可抵賭餉，是朝廷雖有禁賭之心，官吏初無奉行之實，且粤人仍受賭博之害，而該督已先收禁賭之名。」致袁樹勛函則云：「側聞我公蒞任以來，截併局所，節省虛糜計已不下百數十萬，其爲撥抵賭餉起見，當亦不言而喻，究竟此項節省存儲之款，除圍姓、彩票外，現擬先禁何項賭博？乞先明示，並祈守定宗旨，以賭博一律禁絕，賭餉一律停收爲止。」俱見梁嘉彬，〈番禺黃埔梁氏五世傳略（初稿）〉，《史學彙刊》（中國文化學院史學研究所，中華學術院中華史學協會），第七期（民國65年七月），頁95-96。有關袁樹勛裁併局所，節省糜費之記載，見 *Hong Kong Telegraph*, 4/11/1909, p.4. 廣東諮議局議員陳炯明力陳廣東境內賭博，不能分類、分期及分區禁絕，意見與梁廣照等相類。見《華字日報》，宣統元年九月廿八日，〈廣東諮議局第一次會議〉。有關袁樹勛向陳炯明等解釋其立場事，見《申報》，第13252號.1909年12月24日，第一張後幅第二至三版，〈緊要新聞・粤督答覆諮議局禁賭爲難情形〉。按袁氏云：「是目前籌抵二字，禁賭別無他法，既不能一律籌抵，則舍分類、分區亦別無他法。」又見《順天時報》，第2374號，宣統元年十二月六日，頁4，〈各省新聞・粤督答覆諮議局禁賭爲難情形〉。

緒廿八年（1902）舊商交運庫鹽餉爲150餘萬兩；宣統元年增幅超過一倍，多達370餘萬兩。可是，新舊相抵，新商每年認餉數比舊商繳款多出644萬兩。袁樹勛認爲以這差額來抵撥每年440萬兩的賭餉，實有盈無絀，溢出之款多達二百萬兩。儘管如此，新商所提出的優厚條件卻引起各方疑慮重重。舊商根據過去承辦全省鹽務的豐富經驗，指陳近鄰「引地狹小，運道維艱，萬難充招，」尤不敢認增鹽餉而加重人民負擔。[197] 新商中，劉學詢、李世桂和蘇秉樞等人均與省內賭業具千絲萬縷的關係，更爲輿情大力抨擊。[198] 廣西諮議局以桂省食鹽，向賴廣東供應，今新商願增餉承充鹽務，憂心鹽價因而上漲。廣西巡撫張鳴岐代遞諮議局電文給署粵督袁樹勛，表示對此事的關切。[199] 新商就承辦粵鹽事致書總商會解釋；[200] 袁樹勛亦就此事向廣西當局、粵省官紳、軍機處、度支部和農工商部

197 《華字日報》，宣統元年十月廿五日，〈廣東新聞・全省鹽務通綱傳單〉；《順天時報》，第2352號，宣統元年十一月初九日，頁4，〈各省新聞・粵省籌辦稟承鹽餉〉；第2382號，宣統元年十二月十六日，頁4，〈各省新聞・廣西亦不悅於鹽捐〉。舊商的立場獲極具影響力之廣州商會會長張弼士支持。見*Hong Kong Telegraph*, 21/12/1909, p.4. 按*Hong Kong Telegraph*, 30/12/1909, p.4; 3/1/1910, p.4; 6/1/1910, p.4; 24/5/1910, p.4及*South China Morning Post*, 17/1/1910, p.10俱把新商認餉1,020萬兩誤作1,200萬兩。

198 《華字日報》，宣統元年十月廿五日，〈運動鹽捐之詳情〉。有關劉學詢、李世桂、蘇秉樞的略歷，參考拙稿，〈清末廣東的賭商〉；《舊廣東煙賭娼》，頁103-105。

199 廣西諮議局「以鹽價一層，粵垣如逾五分，西省必昂多一倍；貧民恐難負擔，越鹽且暗暢銷，」請袁樹勛正視其影響。見《抑戒齋奏牘輯存》，頁154，〈致桂撫張中丞電〉（宣統元年十一月）。在另一電中，張鳴岐云：「雖因商人所承餉較前增加數百萬，章程內容如何，桂人又未深悉，其疑係取盈於鹽價亦理所應爾。」見《申報》，第13285號，1910年1月28日，第一張後幅第二版，〈關於西省抗爭廣東鹽捐要電、桂撫繼電〉。另參考《順天時報》，第2382號，宣統元年十二月十六日，頁4，〈各省新聞・廣西亦不悅於鹽捐〉；第2449號，宣統二年二月初七日，頁4，〈各省新聞・廣東、西辯論鹽價電文〉。按廣西方面的顧慮，並非杞人憂天。粵省舊商加認鹽餉的結果，從1910年三月到翌年三月一年內，廣西鹽價從每擔2.3-2.5兩增至四兩。見"Wuchow Intelligence Report for the March Quarter 1911," FO228/1808, p.369.

200 新商力陳整頓粵省鹽務之利，「今擬辦法，剔規費、塞漏卮、絕私運，且緝私之權歸一，則港、澳私梟自可跟蹤截緝，外鹽杜絕，外利由此挽回，而內地鹽田遂無荒廢之患。查向來鹽丁灶戶受制於場員、場役，今商人與灶戶交接，袪除積弊，優加體恤，不更勝於宦民殊勞耶？」對於鹽價因而昂貴之說，他們認爲不必過慮。「今

等疏通，[201] 指陳「此次承辦各商，多半有舊商在內，惟承餉既巨，不能不添入新商，報紙傳聞，頗有失實。況此次須先繳按餉二百萬〔兩〕，原所以備不虞，與包鹽辦法，截然不同。」[202]「查鹽務商辦利於公，於利私，但不利於私囊自肥之官及視爲世產之鹽商。……總之不改商辦，則鹽餉無由驟增，不整頓鹽務，則賭餉何從籌抵？」[203] 他嚴詞斥責反對由新商承辦粵鹽的議論，認爲「且時時責官長以一律禁賭，而又不顧長官設法籌抵，實與破壞無異。」[204]

事態逐漸擴大，[205] 清廷不能袖手旁觀。宣統二年二月清廷派遣熟悉鹽務的

奉制憲明定限制，擬省埠每斤至貴時不得逾五分六釐者，賤時仍不售至此數。」見《華字日報》，宣統元年十一月十三日，〈看看承鹽新商致總商會辯護函〉。另據 *South China Morning Post*, 10/12/1909, p.7; 30/12/1909, p.7 及 *China Mail*, 3/1/1910, p.4 記載，新商承辦粵省鹽務，批發售價設限每斤不得逾八文。

201 《抑戒齋奏牘輯存》，頁116，〈電陳軍機處代奏改良粵省鹽務籌抵賭餉摺〉（宣統元年十二月廿九日）；頁154，〈致桂撫張中丞電〉（宣統元年十一月）；頁155，〈覆桂撫張中丞電〉（宣統元年十一月）；頁155-56，〈覆粵紳鄧華熙等書〉（宣統元年十一月）；頁157，〈致度支部、農工商部電〉（宣統二年正月）。袁氏在覆粵紳鄧華熙等函中，以個人經驗，力言粵省鹽價之不足慮。「鄙人原籍湘南，所食淮鹽，每斤至一百二、三十文，湘中之磽瘠，尚不以爲苦，況粵省財力，究饒於湘。」故新商加繳餉銀，尚屬可行。他的說法受到粵省官紳梁鼎芬等的駁斥。他們認爲「湘爲行鹽之區，與粵省產鹽地方不同，豈能相提並論？廣州鹽價向來每斤只制錢十餘文，自此次加餉之後，鹽價日昂，貧民苦累甚矣！」見梁鼎芬等修，丁仁長等纂，《番禺縣續志》（方志・華南，第49號，台北：成文出版社，民國56年，據民國二十年刊本影印），卷42，〈前事〉，頁18下。

202 《抑戒齋奏牘輯存》，頁156，〈覆粵紳鄧華熙等書〉。對新商來說，讓舊商加入，實屬迫不得已。「初時尚無鹽務中人附股，及後詳加熟審，誠恐前途辦理棘手，兼之又不能洞悉鹽務底蘊，故不得不招現有辦理二、三大舊家入股以相助爲理。」見《華字日報》，宣統元年十月廿五日，〈運動鹽捐之詳情〉。

203 《抑戒齋奏牘輯存》，頁157，〈致度支部、農工商部電〉。

204 前引書，頁117，〈覆陳軍機處代奏改良粵省鹽務籌抵賭餉摺〉。這極可能是針對梁廣照、陳炯明諸人而發。

205 漢口廣東會館、星加坡、菲律賓華僑去電廣東自治會反對新商承包鹽務，導致鹽價加增，影響民食。見《華字日報》，宣統元年十一月廿七日，〈補錄自治會因承鹽事〉。粵省京官梁敦彥、廣西京官唐景崇亦力言包鹽加餉之害。見《順天時報》，第2419號，宣統二年二月初七日，頁7，〈時事要聞・粵鹽改章之派員調查〉。僑居澳洲悉尼及海峽殖民地華人亦電稟粵督，反對新商增餉承包粵鹽。分別見 *Hong Kong Telegraph*, 5/1/1910, p.4; 15/1/1910, p.5. 新商承辦粵省鹽務，亦引起香港英文

鹽政處提調晏安瀾赴粵調查這場爭議。晏氏經一番深入調查，比較新、舊商所擬辦法之利弊後，斷定新商方案「有可慮者五，有難行者四；」相形之下，舊商辦法反較切實可行。粵省鹽務於是仍由舊商辦理；當局責成他們於六年內按年增繳鹽餉，頭一年餉項從376萬增至580兩；翌年，加增到6,206,000兩，逐年遞增，至第六年的780萬兩爲限。[206]

廣東當局雖可預期在宣統元年到二年從舊商增餉部份取得二百萬兩的額外稅入，但這款數不能彌補因賭禁實施而引致每年440萬兩的財政虧損。相較之下，粵省財政赤字仍近240萬兩。入不敷支，粵省當局只有從別的財源打主意。

新、舊商因承辦粵鹽而起的爭議平息不久，廣東諮議局內部又因禁賭問題而意見紛歧，發生爭執，掀起一場大風波。宣統二年九月承辦粵省山票的賭商紹榮公司本已虧欠賭餉累累，加上山票營業情況不太理想，於是仿照鋪票辦法，改用店鋪名號120字，任選十字，每票收銀三角至五元不等，每十日開彩一次，轉批安榮公司承辦。省城山、鋪票開賭次數因而大增，除省城山票三會、鋪票六會外，等於每月再加三會，「是直增開一不鋪票、不山票之絕大新賭博。」諮議局局員吳霏等以粵省正展開禁賭運動，建議嚴禁；他的議案雖得到其他十九人支持，但爲劉冕卿爲首的三十五局員反對而未能通過。劉冕卿等否決禁止安榮公司出票的

報章之關切，它們對此大力抨擊，認爲新商壟斷，必致鹽價昂貴，不利廣大消費者，易釀民變；緝私工作由新商執行，使粵省本已脫序的治安更形惡化，官員則藉鹽務易手而中飽私囊。見*South China Morning Post*, 10/12/1910, p.7; 20/12/1910, p.7; 30/12/1910, p.7; 11/1/1911, p.10; *China Mail*, 3/1/1911, p.4.

206　可慮者五即：「加餉太多」、「限價太貴」、「勒制場價」、「聯絡港澳」和「盡竘官權」。難行者四即舊商的設備如船運、倉局不肯轉讓與新商，新商自置鹽務設備則耗財需時；舊商解散，新商設備尚未完成妥置，按餉二百萬兩即被充公，以後稅課勢必無著；「舊商運鹽未到，存鹽未售，售鹽之欠債未收，報效之辦期未滿。」這些問題皆有待商榷。有關晏安瀾的分析及最後定議，見金兆豐編，《晏海澄先生年譜》（《年譜叢書》，53冊，台北：廣文書局，民國60年），卷二，頁16-28。另參考《順天時報》，第2425號，宣統二年二月十四日，頁四，〈各省新聞·舊鹽商抵制新鹽商手段〉；United States Department of States, *Records Relating to the Internal Affairs of China, 1910-1929*（以下簡稱USDS), 893.00/501, No.739, American Consulate General to the Secretary of State, Canton, January 10, 1911, p.11; *South China Morning Post*, 14/7/1910, p.11; *China Mail*, 27/7/1911, p.5.

動議，引起輿情大譁，推舉粵省致仕官員鄧華熙爲首，向兼署兩廣總督增祺條陳利害，卒將安榮公司承辦鋪票的議案推翻。禁賭派議員雖獲勝，但他們對劉冕卿等的否決行動仍耿耿於懷。在東莞紳士陳伯陶領導下，禁賭派議員聚集於廣州明倫堂，他們指出劉冕卿等三十五人中，內有開辦安榮鋪票之賭商蘇秉樞和蔡念謨等，力主把他們從諮議局除名。禁賭派以議長易學清爲首的三十六人，在前粵督袁樹勛任內稟請當局宣布禁賭期限，作過「未奉定期，於閉會前辭職」的承諾而提出呈辭；劉冕卿等三十五人亦基於同樣理由請求解職。如這兩派請辭獲准，求去的人數足以使諮議局「幾同解散，勢須改選。」劉冕卿等人的舉動激起粵省各界團體公憤，群起攻之，紛紛表態要把所屬的庇賭議員驅革。事態擴大，迫使增祺不能袖手旁觀，電請清廷嚴責劉冕卿等人，輿情才逐漸平息。[207]

207　《順天時報》，第2618號，宣統二年十月初三日，頁4，〈粵督允准諮議局奏請定期禁賭〉；〈時事要聞・粵局議員請禁鋪票賭博議草〉；第2636號，十月廿四日，頁7，〈資政院收各省來電〉；第2637號，十月廿五日，頁4，〈時事要聞・粵局議員請禁鋪票賭博議草〉；第2640號，十月廿九日，頁4；第2647號，十一月初七日，頁4〈時事要聞・粵議局否決禁賭大風潮〉；《華字日報》，宣統二年十月廿一日，〈增兼督電請將庇賭議員除名〉、〈明倫堂第二次集議對待庇賭議員〉、〈明倫堂全省紳商學界致北京電文〉、〈自治社已擯出劉冕卿等〉、〈自治研究社電請同鄉京官協助禁賭〉、〈區贊森果然畏羞不敢到會〉、〈闔省代表佈告庇賭議員瀆職罪狀書〉、〈清遠自治所擯逐該縣庇賭議員〉；十月廿三日，〈七十二行商集議驅逐區贊森傳單〉；十月廿四日，〈粵省紳商致度支部電〉、〈惠州商會電請驅逐區贊森等出會〉、〈紳商再集議禁賭詳情〉、〈半夜師範生亦不認劉冕卿爲同學〉；十月廿五日，〈行商大集總商會斥逐區贊森並籌議禁賭情形〉；十月三十日，〈香港新聞・港紳商致京同鄉等攻庇護否(？)議員要電〉；《申報》，第13580號，宣統二年十月廿五日，第一張後幅第二版，〈緊要新聞二・粵議局否決禁賭案大風潮三誌〉；*Hong Kong Telegraph*, 3/12/1910, p.4; 22/12/1910, p.5; *Hong Kong Daily Press*, 11/11/1910, p.3; 17/11/1910, p.2; 18/11/1910, p.3; 25/11/1910, p.2; 28/11/1910, p.2;葉元邁修、陳伯陶纂，《東莞縣志》(方志・華南，第52號，台北：成文出版社，民國56年，據民國十年鉛印本影印)，卷36，〈前事略〉八，頁13-15；USDS893.00/501, No.739, pp.5-6．劉冕卿等人的申辨，見《華字日報》，宣統二年十月廿三日，〈否決議員乃以報館爲淆亂是非耶〉；《順天時報》，第2661號，宣統二年十一月廿一日，〈時事要聞・廣東諮議局議員致同鄉京官函〉；*Hong Kong Telegraph*, 21/12/1910, p.5.有關這次風潮的弛、禁兩派要角如易學清、吳霏、蔡念謨、劉冕卿和區贊森等人的身份背景，參考張朋園，〈立憲派的「階級」背景〉，《中央研究院近代史研究所集刊》，廿二期上冊(民國82年6月)，頁224-26。

增祺以賭博禁絕，粵省財政收入失去大宗的款，必須籌措其他款餉抵補。陳伯陶等認爲「賭餉爲立憲國所無，國家稅所不當有。……賭害爲粵東所獨，粵人請禁，先後三年，以籌抵之故，宣示無期，使粵人疑疆吏以此爲延宕之文，尤非所以慰輿情而宣德意。」他們向增祺及憲政調查館稟陳「禁賭不應籌抵。」清廷的答覆是粵省每年須籌抵六百萬兩，賭禁才可實施。陳伯陶與省中士紳商量結果，議定於鹽餉三百萬兩外，鴉片商人每年認餉二百萬兩，酒商認餉一百萬兩。[208]

宣統二年底廣西巡撫張鳴岐遷任爲兩廣總督。爲抵撥因禁賭而造成的財政損失，他試圖在廣東募集公債而不果行。從宣統元年開始，清廷著手清理財政，積極加強對地方財政的控制。[209] 張鳴岐募集公債的計劃因此爲清廷否決，[210] 粵省官紳只好指望於整頓稅收來籌措抵款。[211]

張鳴岐指望從別的財源籌措帑項，抵撥賭餉，遇到重重障礙。粵省酒捐由外地商人梁國春等以康濟公司名義承辦兩年，每年認餉百萬兩。[212] 康濟公司擬於宣統二年八月初一日開始抽捐，引起零售酒商強烈反對，群起杯葛，只好暫緩開徵。[213] 宣統三年正月該公司舊事重提，打算即時開徵酒捐。[214] 酒米店一如去

208 《東莞縣志》，卷九，〈輿地略〉八，頁4，〈風俗〉；卷36，〈前事略〉八，頁13-14。*Hong Kong Telegraph*, 30/12/1910, p.4 載鹽餉爲二百萬兩。

209 詳見拙著，"A Final Attempt at Financial Centralization in the Late Qing Period, 1909-11," *Papers on Far Eastern History* (Canberra: Department of Far Eastern History, Australian National University), 32 (September 1985).

210 張鳴岐請求，見《時報》，宣統二年十二月十五日，頁5；清廷拒絕，見《政治官報》，第1191號，宣統三年正月八日，頁5。

211 如鄭觀應即向張鳴岐建議：「所有籌補餉項，即懇批行諮議局官紳會同七十二行、九善堂商董磋議，如房捐、鋪捐、沙捐……等項，苟經理得人，餘款未嘗不可以彌補。」見《危言後編》，卷四，〈政治〉，頁36，〈上粵督張安帥請禁賭書〉。

212 《華字日報》，宣統二年九月廿四日，〈籌辦酒捐以抵賭餉議草督部堂交議〉。按梁國春最初承辦粵省酒捐之條件爲每年認餉八十萬圓；後因另一馮姓商人願意每年繳餉一百萬圓，包攬全省酒捐，餉額遂增至每年一百萬兩。見 *Hong Kong Telegraph*, 14/3/1910, p.4; 4/5/1910, p.4; 17/8/1910, p.5. 另參考 *South China Morning Post*, 20/5/1910, p.7; 11/7/1910, p.7.

213 《華字日報》，宣統二年七月廿五日，〈酒米行反抗酒捐〉；《順天時報》，第2517號，宣統二年八月十三日，頁4，〈時事要聞·廣東反對酒捐風潮彙誌〉；《時報》，宣統二年八月九日，頁3；*South China Morning Post*, 5/9/1910, p.11; 8/9/1910, p.7; 19/9/1910, p.10.

214 《大公報》（天津），第3074號，宣統三年正月廿三日，第二張，頁2下，〈廣東·

年紛紛出面反對，以罷市或招頂作對抗手段。[215] 香山、清遠、順德、佛山等地甚至有人以酒捐苛擾，聚衆喧鬧搗毀酒捐局，乘機大肆劫掠。新會縣城群衆千人藉酒捐擾民鬧事，衝擊警署，被殺者三人，傷者甚衆。[216] 同年閏六月廣東當局以鬧捐風潮到處蔓延，「各子廠延不解繳，地方官吏又復不肯認眞代追，」以致出現短解認繳正餉情形；有見及此，奏請把酒捐改爲官督商辦。[217] 張鳴岐又打

續誌關於禁賭之片片〉；《華字日報》，宣統二年正月十六日，〈酒捐先期開抽之轇轕〉；*South China Morning Post*, 25/1/1911, p.7. 按該公司於二月初一起餉，而開抽則早至一月十五日，因此引起酒米行中人不滿。這次事件也可視爲粵省酒米行與省外商號康濟公司之爭；蓋省內酒行以酒捐由省外商人包辦，實不洽輿情，且康濟預繳餉銀208,000（十）元，尚未繳足，恐不殷實，因此群起杯葛。見《順天時報》，第2705號，宣統三年正月廿四日，頁4，〈時事要聞·粵省酒商承餉之激鬥〉。

215 《華字日報》，宣統三年一月廿九日，〈酒米店罷市之小風潮〉；一月三十日，〈廣東新聞·酒捐風潮續記〉；四月初一日，〈佛山酒戶仍未遵抽〉；*Hong Kong Daily Press*, 21/2/1911, p.2; 23/2/1911, p.3; 2/3/1911, p.2; 14/4/1911, p.2; *Hong Kong Telegraph*, 18/2/1911, p.1; *South China Morning Post*, 22/2/1911 p.7; 25/2/1911, p.7; 27/2/1911, p.7.

216 《華字日報》，宣統三年四月廿五日，〈新會酒捐又起風潮〉；五月十八日，〈嚴辦藉鬧搶掠之匪徒〉；五月廿五日，〈香山酒捐鬧事〉；《順天時報》，第2806號，宣統三年五月廿三日，頁4，〈時事要聞·佛山大鬧酒捐之惡風潮〉。*Hong Kong Telegraph*, 21/4/1911, p.1; 1/8/1911, p.5; *Hong Kong Daily Press*, 26/4/1911, p.3; 10/6/1911, p2; 12/6/1911, p2; *South China Morning Post*, 19/4/1911, p.7; 9/6/1911, p.7; 14/6/1911, p.7; *China Mail*, 15/6/1911, p.6.

217 《華字日報》，宣統三年閏六月十六日，〈酒捐擬改爲官督商辦〉；閏六月十八日，〈酒捐改爲官督商辦〉；*Hong Kong Telegraph*, 31/8/1911, p.4; *North China Herald and Supreme Court and Consular Gazette*, 2/9/1911, p.582. 根據新辦法，康濟公司幾乎無利可圖。蓋公司認餉125萬元，抽足此數後，餘利則按官七商三的比例分配，而公司又須以其中的二成半給各分商作津貼，公司所得僅有半成。「然該總商仍樂爲此者，實因舊公司商人爲脫身計也。」見《華字日報》，宣統三年七月十四日，〈康濟酒捐官督商辦〉。按較早前，康濟公司以鬧捐頻繁，懇請把餉銀儘收儘解而爲粵省當局拒絕。見《華字日報》，宣統三年五月廿一日，〈不准康濟減餉〉。又《順天時報》，第2862號，宣統三年七月初二日，頁4，〈時事要聞·廣東酒捐改爲官督商辦〉則載改良章程爲正餉一百萬兩，另給總商公費三十萬兩，共130萬兩，與《華字日報》所載不符，待考。該報又謂截至宣統三年六月底止，康濟公司欠繳餉項已達銀廿八萬餘兩。至於酒捐官督商辦章程，參考《兩廣官報》（沈雲龍主編，《近代中國史料叢刊三輯》，台北：文海出版社，民國78年），第十九期（辛亥八月），〈財政〉，頁186-89。

算增加屠宰稅，從宣統元年的356,855兩增至一百萬元（約七十萬兩）。事實證明這構想不過是空中樓閣。[218] 由於禁煙運動雷厲風行，原定由熟膏商人認捐的熟膏牌照捐年餉二百萬兩，頓成無著之款。[219] 幸而中央政府把洋藥進口加徵收益部份劃撥給廣東，作爲抵補因禁賭而造成的財政損失。可是，扣除了用於應付其他各項緊急要需的部份外，餘下來可作抵撥賭餉的款項大約只有1,528,000兩。由於舊商增餉承辦粵鹽的二百萬兩額外收入要到宣統三年七月方能動用，張鳴岐預計宣統三年下半年因鹽稅增餉而得的額外部份僅有923,118兩。宣統三年五月粵省當局讓商人每年認餉252,000兩，作爲承辦省內煙絲捐的條件。因商人認餉已在五月，該年認繳煙絲捐數目相應地減至189,000兩。扣除各項支出後，煙絲捐僅剩下119,000兩可用作抵撥賭餉。宣統三年正月張鳴岐履任粵督不久，還滿懷希望地預計在扣除各項必要支出後，從酒捐和土膏牌照捐等稅源可實籌年餉414萬兩。到了年中，粵省當局從各方籌得款數僅2,570,118兩；相抵之下，赤字約爲二百萬兩。[220]

財政既然是點金乏術，在別無抉擇的情況下，張鳴岐只有乞靈於增發鈔票。宣統三年三月他向度支部奏請發行爲數達350萬元的鈔票。[221] 度支部對地方督撫漫無節制地發行鈔票，正思有所矯正，[222] 惟鑑於廣東財政支絀，只好勉予所

218 張鳴岐原先打算，見《時報》，宣統三年月廿三日，頁4；結果見《政治官報》，第1366號，宣統三年閏六月廿五日，頁7。

219 《大公報》（天津），第3073號，宣統三年正月廿二日，第二張，頁2下，〈關於禁賭之片片〉；*Hong Kong Daily Press*, 21/2/1911, p.2. 按膏商以「近日雲南等省土膏來源短少，已收不敷解」，極不願意承擔這項稅捐。見《華字日報》，宣統二年十一月廿六日，〈政界傳集膏行會商牌照捐籌抵賭餉〉。另較早前該報載；「查洋藥進口總稅及土藥共計每年應可抽銀三百餘萬元，實爲藉抵賭餉一大宗，但現辦之廣元公所票商自〔宣統二年〕五月開辦至九月底止，五個月內共僅收捐三十餘萬元，每年尚不及百萬，何能有濟？」見宣統二年十月廿五日，〈行商大集總商會斥逐區贊森並籌議禁賭情形〉。可知土捐早已不是可靠財源。

220 《政治官報》，第1366號，宣統三年閏六月廿五日，頁5-7。實籌撥抵賭餉銀414萬兩之估計，見《大公報》（天津），第3073號，宣統三年正月廿二日，第二張，頁2下，〈廣東・關於禁賭之片片〉；《華字日報》，宣統三年正月廿七日，〈張督禁賭示〉。

221 《時報》，宣統三年三月廿六日，頁3；*South China Morning Post*, 24/4/1911, p.8.

222 詳見註209，頁17。

請。清廷只同意廣東發鈔數目定限爲一百萬元，與張鳴岐原議出入頗大。接著，革命黨人在黃花崗起義，雖爲清兵鎮壓，但人心惶惶，省官銀號出現擠提，人民對鈔票全無信心。粵省當局企望要從這途徑來籌款幾不可能，發行鈔票的方案從而擱置。[223] 無可奈何之中，張鳴岐被迫借洋債來擺脫難局，即使與度支部前議地方當局借外債，須由中央從中主持發生抵觸，亦在所不計。[224] 宣統三年五月張鳴岐與日本橫濱正金銀行訂借兩筆總數達160萬日圓的款項。大約兩個月後，他又與一個由香港上海匯豐銀行、東方匯理銀行和德華銀行所組成的銀行團訂借港幣五百萬元。[225]

Meribeth Cameron 嘗謂：「在滿清所有改革中，以根除鴉片的種植及使用最爲成功。」[226] 清廷雷厲風行禁種鴉片，雖博得中外輿論稱許，但對依賴鴉片貿易爲經濟主體的西南各省如四川、雲南和貴州等卻造成嚴重的經濟失調，埋下了政治社會動蕩的伏線。[227] 類似的情況也見於滿清政權覆亡前夕的廣東。宣統三年三月初一日開始，廣東正式全面禁賭。[228] 除在一些警力不及的地區，紳弁仍

223　《政治官報》，第1366號，宣統三年閏六月廿五日，頁7。《時報》及 *South China Morning Post* 則載清廷准許廣東發鈔二百萬元。見《時報》，宣統三年三月三十日，頁3；四月廿八日，頁3；註215。

224　度支部立場，見註218。

225　詳見徐義生，前引書，頁50-53，2.表1。按港幣五百萬元借款，粵省實收只有廿萬元。惟《順天時報》載宣統三年五月廿九日匯豐銀行先墊銀二百萬元，交官銀錢局領用。見第2815號，宣統三年六月初六日，頁4，〈時事要聞・粵省市面自可漸次回復矣〉。詳情待考。據 *China Mail* 報導，這兩筆借款中，用於粵省內的款項只有260萬元，餘下的則解交中央支配。見6/7/1911, p.6.

226　氏著，*The Reform Movement in China 1898-1912* (New York: Octagon Press, 1963, reprinted ed.), p.136.

227　*Decennial Reports, 1902-1911* (China, The Maritime Customs), 1:263; S.A.M. Adshead, "The Opium Trade in Szechwan 1881 to 1911," *Journal of Southeast Asian History*, 7:2 (September 1966), pp.97-98.

228　按度支部以籌措抵撥賭餉的財源需時，主張到宣統三年六月初一日才全面執行賭禁，較爲穩當。見 *Hong Kong Daily press*, 9/2/1911, p.2; 另參考 *South China Morning Post*, 9/2/1911, p.7. 除於轄境禁賭外，粵督張鳴岐以葡萄牙管治之澳門爲各賭所習之區，故通過香港總督向英政府對葡人轉達禁賭之意，獲港督答允襄助。張氏又請外務部電駐法公使劉式訓向葡萄牙展開交涉。見黃福慶主編《澳門專檔(二)》(《中國近代史資料彙編》，台北：中央研究院近代史研究所，民國82年)，頁682，文625；頁685，文629。

得規包庇私賭致賭風未替外，[229] 大體上，賭禁尚能嚴格執行。根據1911年八月美國駐華外交官在潮汕地區的報導云：「甚至在遠離統治中心的市場和廟會，那裏由村人支持的賭攤一度數近二十，近來這些賭攤折疊蓬帳偷溜掉。」[230] 事實上，清末廣東禁賭是富重大意義的事件。[231] 賭博這一社會問題在廣州終以極高代價來根絕。一旦道德關注壓倒現實考慮，粵省當局終於失卻一項重要財源，事事因之一籌莫展。

五、清末廣東賭博和賭稅在省財政和經濟中的重要性

除非我們能掌握以下的變數，諸如：賭徒的背景來源怎樣？各種不同的賭博是否吸引不同的賭徒？有多少人經常賭博？賭注的數目有多少？勝算如何？作爲衡估的尺度，方可切實了解賭博在清末廣東經濟活動中所扮演的角色。遺憾的是，由於資料性質所限，確實數據難得，實無法就以上問題作肯定的答覆。道光年間

229 按南海縣、佛山鎮、東莞、新安、饒平、長寧等處賭風仍未全息，賭徒拒捕釀成嚴重衝突的情形，間有所聞。見 *Hong Kong Daily Press*, 10/4/1911, p.3; 13/7/1911, p.2; 30/8/1911, p.2; *South China Morning Post*, 6/6/1911, p.7; 12/6/1911, p.8; 最著者，如東莞賭商房吉等人糾衆三、四百人，將兵勇捕獲之賭犯三人奪回，並拒傷勇丁二名，搶去槍枝、彈藥等物，擄捉隊目，勒寫收據。長寧縣賭犯胡必治等糾衆持械，將哨兵拿獲之賭犯四人奪回，並毆勇丁四人成傷。當時賭犯「遇有兵差查詢，人多則群相抗拒，人少則相率逃匿。」署南海縣令王思章、署番禺縣令顏輅即因轄境私賭成風，而各記大過三次，並摘去頂戴示懲。因賭犯拒捕，傷斃差勇事件迭見，粵省當局下令如出現上述情況，兵勇得按律格殺勿論。以上參考《兩廣官報》，第三期(辛亥五月)，總頁526-28，〈民政〉；第五期(辛亥六月)，總頁927-32，〈民政〉；第六期(辛亥六月)，〈民政〉，頁80-86；第七期(辛亥六月)，〈民政〉，頁93-98；第九期(辛亥閏六月)，〈民政〉，頁122-29；第十期(辛亥閏六月)，〈民政〉，頁130下-134；第十二期(辛亥七月)，總頁2129-30，〈民政〉；第十四期(辛亥七月)，〈民政〉，頁193-94。

230 轉引自J.E.M. Rhoads, *China's Republican Revolution: The Case of Kwangtung 1895-1913* (Harvard East Asian Series 81, Cambridge, Mass.: Harvard University Press, 1975), p. 171. 另參考 *South China Morning Post*, 29/8/1911, p.7.

231 J.E.M. Rhoads 認爲「厲行賭禁是兩年艱苦奮鬥的巔峰，其勝利是多方面的：即協商會議戰勝行政機關；土著居民戰勝外來官員；發動起來的輿論戰勝墨守的官僚政治；道德原則戰勝財政考慮。」見同上。

周壽昌即說過：

〔粵省〕趣窮之具，聚盜之囮，率斯二者〔賭博和妓館〕。顧游民仰給不下千萬人。積重之勢，良有司不能挽也。[232]

民國《佛山忠義鄉志》載：「各館〔闈姓〕以省、佛爲盛，豆鼓巷一街至有十餘家，奢麗甲於他埠，門前車馬，幕後笙歌，幾不知人間何世。」[233] 宣統二年正月清廷駐比利時公使楊樞就廣州賭業景況所提出的奏摺中，總算在數字方面提供一點線索。據他指陳：

查廣州城廂內外合大小番攤賭館不下四千間，大館需賭徒三十五人，中館二十人，小館十人。今以中館之數均計，已萃賭徒八萬餘人。其餘所屬各縣及各府、廳、州、縣更難悉數，豈能革薙而會彌之？抑尙有紙煙、果餅、麵食、粉食諸小販倚賭廠爲生者？有妓寮、茶館、飯館、戲園諸坐賈仰賭徒爲生計者，胥受賭禁之影響，窮無所歸，志將胡底？……查賭商資本大館十數萬金不等，中館三、五千金不等，即小館亦非千金不能開館。[234]

另據 *Hong Kong Daily Press* 報導，賭禁實施前夕廣州省城內外的番攤賭館共有 368 家，分爲三等：頭等十八家、二等廿七家、三等 323 家。這些賭館所僱用的員工人數不少於 4,483 人。[235]

這兩種記載數字出入差距頗大，含糊失實在所難免。值得注意的是其中所提及的賭博，僅有番攤一種；其他大多數賭博的投買，賭徒不必親赴賭場。扣除兩者之間重疊部份，粵省賭徒總數當較上列所示爲高。賭博在促進地方繁榮方面，起了一定的作用，不少行業的發展都寄生於賭場。賭業榮枯盛衰，一舉一動，可能關係寄生行業的消長至鉅。據廣東自治會人員記載，省城因賭禁實施而失業的

232 《思益堂日札》，總頁 253，卷九，〈廣東雜述〉。

233 卷 11，〈鄉事〉，頁 17。

234 軍機處檔，第 186171 號。據 *Hong Kong Telegraph* 記者採訪廣州河南十家賭館所得，大館三十六人，小館十人，與楊樞所載相近。見 25/12/1909. p.3.

235 *Hong Kong Daily Press*, 21/3/1911, p.5. 據一年半以前該報記載，廣州城各類賭館數目爲 259 家。見 25/10/1909, p.2. 較早前，該報估計番攤館數目爲三百家。見 30/11/1905, p.2.

人，充塞於途，致治安堪虞。[236] 不少因賭場結束而生計頓絀的人紛紛加入革命組織。[237] 由此足見依附賭博應運而生的經濟活動規模之龐大；清代覆亡前夕厲行賭禁所引起的經濟失調，也於此可見一斑。

至於賭注確實數目有多寡，這問題恐怕不易解答。賭餉固然出於賭注，惟只佔賭注一少部份。據 *Hong Kong Daily Press* 估計，清末每年大概二億圓流入省內各賭館，[238] 這數目可能較爲偏低。作者茲從零散不全的資料中，爬梳整理，對番攤、闈姓、山、鋪票的賭注總額作極爲粗略的估計。根據光緒三十一年粵督岑春煊的估計：「查番攤每承餉三百萬元，公家所得雖止此數，而承餉之商人與夫官紳、兵役中飽分肥之數，約計當又倍之。今姑以承餉及中飽分肥總數六百萬計，十中取一，則每年賭博出入之數，當有一萬二千萬至一萬八千萬矣。」[239] 折中估算，則番攤每年投買總額約爲 1.5 億元。至於闈姓賭注款數，光緒廿一年粵撫馬丕瑤厲行賭禁，闈姓以外的其他賭博悉予取締，闈姓遂一枝獨秀。當時每廠約收三百餘卷，合省垣十廠計，共收三、四千卷。每卷勾計値二千兩。[240] 若以四千卷算，則每場闈姓投買數値約八百萬兩。每年以舉辦三場算，共銀 2,400 萬兩，

236 *Hong Kong Telegraph*, 21/8/1911, p.4.

237 *Hong Kong Daily Press*, 26/4/1911, p.3.

238 同上，25/12/1907, p.3.

239 註 190。據 *Hong Kong Telegraph* 記者所載，就廣州河南十家攤館所見，賭注最低爲二角，最高爲廿五元。二角相當於很多人的每日薪資。見 25/12/1909, p.3.

240 《申報》，第 8082 號，1895 年 9 月 19 日，〈粵客談賭〉；《華字日報》，光緒三十年二月三十日，〈提抽圍姓銀水〉。至於闈姓每場投買賭注之前後演變，僅就所見的一鱗半爪略述如下：道光十八年（1838）李潤澤被控觸犯賭禁，私營闈姓，當局依白鴿票例判他充軍邊瘴，當時李氏所收賭銀只不過數千兩。見《申報》，第 288 號，1873 年 3 月 27 日，〈論粵東闈姓事〉。原文爲「查道光十八年李潤澤一案，審辦時照白鴿票例問擬軍罪，然在爾時所受銀不過數千，若如今日之倍蓰其數，當必遣戍遐荒矣。」江口久雄把此款解釋爲納贖，蓋與天和號罰款同類，疑誤。見氏著，前引文，頁 65-67。光緒十一年惠州科考發現舞弊，粵省當局將彩銀 313,836 兩悉數充公。見《彭奏稿》，卷四，頁 16 下，〈會查廣東學政參款摺〉。以此類推，投注額當遠超此數。光緒廿一年兩廣總督譚鐘麟奏革命黨人孫文、楊衢云等，「聞闈姓廠在省城西關收武會試闈姓費數百萬，該處爲殷富聚居之區，欲謀搶劫。」見《譚奏稿》，卷 17，頁 25 下，〈覆陳廣州拏獲土匪情形摺〉。可見投買增加之速。

約合3,400萬元。據估計，山票每月開四場，每場能收票百萬，[241] 每票賭注最低爲一角五分，最高爲五元。[242] 鋪票則每月三期，投注情形與山票大同小異。今姑以每票五角扯算，則山票每年投買總數約爲2,400萬元。鋪票約爲1,800萬元，合共4,200萬元。估計番攤、闈姓和山、鋪票每年投注總額約爲2.26億元；若加上小闈姓、彩票和花會等，則全省賭注總額或接近三億元。[243]

當日很多人從道德角度立論，把廣東境內多種社會治安問題歸咎於賭博泛濫。另一方面，我們也必須正視賭博帶給廣東當局的實際經濟效益。賭餉所入，或用於建設實業，鞏固國防，維持法治和興辦教育等。就實業建設和強固海疆來說，張之洞興辦漢陽鐵廠，即利用闈餉墊還匯豐借款131,670兩。[244] 光緒十年張氏又於闈姓賭餉內提銀二十萬元，建造淺水輪船四艘（廣元、廣亨、廣利、廣貞）以保衛海疆。[245] 二年後，張之洞奉旨籌設海軍，他即以四成報效賭規中的42萬兩，用作製做兵輪專款。[246] 此外，張之洞在廣東購辦鑄錢機器，俱賴闈商捐銀八十萬元備用。[247] 光緒十四年，張氏籌劃在省內建織布局。當時廣東適有

241 《華字日報》，光緒廿九年十一月廿七日，〈欲爭回小票〉；《南海縣志》，卷四，〈輿地略〉三，頁22下，〈風俗〉。按光緒廿九年湖北籤捐彩票銷額爲五萬張（《大公報》[天津]，第233號，光緒廿九年正月十八日，頁5，〈湖北・增設票額〉），此與廣東山、鋪票投買數目相較，規模顯然小得多。

242 USDS893.00/501, No.739. American Consulate General to the Secretary of State Canton, January 10, 1911, p.5. 按四川於光緒三十二年試辦彩票，每張一律售洋五元。見《申報》，第11775號，光緒三十二年正月初七日，第二張第九版，〈川中亦興彩票〉。與廣東相較，四川彩票所需之賭注遠高於廣東山、鋪票，如是對賭徒之吸引力也相應減低。另參考註53。

243 道光二十年清遠縣差何孖耳開設白鴿票廠，每日收票三十餘萬，以每票投注額銀三厘算，每日投注總額爲九百兩以上。一年360日算，則每年投注額逾324,000兩。見註59。這只是清遠一地的情況。衡諸全省，考慮到本世紀初廣東賭博全面解禁，而小闈姓認餉數略逾闈姓，則把道光年間清遠的投注額承85倍，作爲全省小闈姓投注額，或是可行的估算途徑。如此，全省小闈姓的投注額爲2,592萬兩，相當於四千萬元。

244 全漢昇先生，《漢冶萍公司史略》（香港：中文大學，1972年），頁29。

245 江口久雄，前引文，頁85；商衍鎏，前引文，頁221。

246 註126，頁186-87。

247 《張集》，卷134，〈電牘〉13，頁5，〈致廣州王藩台〉（光緒十六年正月初十日刻發）：「至上屆錢機捐款八十萬元，乃鄙人憑空設法搜羅而得有此成案，於闈餉正項絲毫無涉。」

鄉、會試恩科的額外考試，闈姓投買熱烈，他即向闈商勸令認捐銀四十萬兩。[248] 光緒十五、六年之交，是時張之洞已調任為湖廣總督，他得到繼任為兩廣總督的李瀚章同意，把他在粵督任內訂購的織布機器移往湖北。張之洞估計湖北織布局的建廠經費約需廿餘萬兩，布局投入生產後常年經費約四十萬兩。他計劃在首屆闈商經營權屆滿時，要接辦第二屆闈姓的賭商報效八十萬元。[249] 經一番電訊往返交涉，[250] 李瀚章終於答應把這筆報效挪借鄂省。[251] 這些報效及苛索的存在，足證賭商與省政府之間的微妙關係，對其日後發展自有不利影響。不過，賭餉有助於省內以至省外的經濟建設，卻是事實。闈姓最初由省當局專用，[252] 稍後，中央政府通過攤派措施，亦可染指這項財源。例如甲午戰後，廣東闈姓稅入中，每年即指撥48萬兩，償付俄法和英德借款。[253] 二十世紀初，廣東賭餉又有一項新用途。光緒廿九年粵督岑春煊籌劃以賭稅用作發行公債的抵押。他奏陳清廷，擬以闈姓、番攤賭規、山、鋪票和彩票所入，撥作抵款，用以籌措為數達三百萬兩的公債。[254] 省庫以外，賭稅也撥給州縣作各種新政用途，包括監獄改良

248 《張集》，卷29，頁4下，〈粵省訂購織布機器移鄂籌辦摺〉（光緒十六年閏二月初四日）。

249 《張集》，卷133，〈電牘〉12，頁37，〈致廣州李制台〉（光緒十五年十二月廿八日發）。在另一電中，張氏說：「惟此款係前年捐鑄錢機器成案，鄙人費盡心力，始肯認捐，並非闈姓正餉常例所有。」見卷133，〈電牘〉12，頁37下，〈致廣州李制台〉（光緒十六年正月初七日發）。

250 張之洞對李瀚章動之以情，舉出他為粵省著想，防止海軍衙門插手闈餉作例證。見註147。李瀚章表示「其商語甚游移，此款有無不能預決。」見《張集》，卷134，〈電牘〉13，頁3，〈李制台來電〉（光緒十六年正月初十日巳刻到）。張之洞認為「此款無論何堂承辦，必肯照案認捐，只在加餉爭充，斷無求減之理，確係有著之款。此款粵係額外增出，在常年收支之外，總是存放匯豐。況鄂借利息六釐，比匯豐較勝？」見卷134，〈電牘〉13，頁4下，〈致廣州王藩台〉。

251 《張集》，卷134，〈電牘〉13，頁8，〈致廣州李制台〉（光緒十六年正月十六日發）。

252 張之洞在洽商李瀚章，請李氏把第二屆闈姓報效八十萬兩借給他辦湖北織布局時，即作如下承諾：「將來入奏時當聲明係粵商捐借之款，與庫款無涉，則本息仍歸粵省外銷，與粵省存款不致有礙。」見《張集》，卷134，〈電牘〉13，頁4，〈致廣州王藩台〉。

253 註169。

254 軍機處檔，第159922號；Enclosure in Mr Campbell's No.45 of June 17 1904,

和警力加強等。[255] 此外，賭餉又用於「水陸防營勇餉，或爲添練新軍」和其他一切雜雜費。[256] 因資料闕如，我們無法知悉賭餉用於以上各項的實際數目。

賭博稅入在廣東整個財政結構中佔頗爲突出的地位。清末最後十年間，廣東賭博稅入中，番攤賭規和山、鋪票是最重要的兩個項目。闈姓和白鴿票賭餉雖亦可觀，但因科舉廢除和光緒三十年之厲禁而式微枯萎。彩票收入最少。光緒廿六年賭商中和公司初承辦時，每時認繳餉銀132,000元。「嗣後承辦之商，因滯銷減餉，屢有變更，」到宣統元年，賭餉降至每年57,500（十）元。同年，廣東賭稅總入達4,355,593兩，其中2,952,420兩來自番攤賭規，112萬兩來自山、鋪票。[257] 這兩類賭博稅入佔廣東賭稅總入的93.5%。同時，粵省雜稅總收入估計爲770.5萬兩；[258] 全省收入約爲37,275,000兩。[259] 如是，賭稅佔雜稅總入的56.53%，佔全省收入的11.69%。

至於賭博稅在其它省分的財政地位，我們只知道宣統元年湖北賭稅收益爲一百萬元，而全省稅入約爲17,180,310兩。[260] 如把賭稅所得從元轉換成兩，則賭稅僅佔鄂省總入的4.19%。廣西全省歲入爲5,262,040兩，而賭稅所入厥爲270,144元。[261] 如把元換算成兩，則賭稅僅佔桂省總入的3.7%。賭博稅在鄂、

Viceroy's Memorial to Throne-Undated Provincial Loan of Tls. 3,000,000 Property, FO228/1509; *Hong Kong Telegrpah*, 27/9/1905, p.4.

255 《廣東全省財政說明書》，〈歲入部・正雜各款〉，頁31-38；Edward J.M Rhoads, 前引書，頁155-56。

256 注6，頁103。

257 《廣東全省財政說明書》，〈歲入部・正雜各捐〉，頁27-28。

258 Yeh-chien Wang, *Land Taxation in Imperial China 1750-1911* (Harvard East Asian Series 73, Cambridg Mass.: Harvard University Press, 1973), p.79.

259 宣統元年廣東歲入，見《清朝續文獻通考》，考8235，卷68，〈國用考〉六，〈用額〉。

260 賭稅數字採自《時報》，宣統二年四月十二日，頁5；省歲入數字，見同上註。

261 賭稅數字採自《廣西全省財政說明書》（北京：經濟學會，民國四年），〈各論・省稅部〉，頁110-12；省歲入數字，同註259。按廣西初開徵賭稅時，申明賭商可在省內十府開賭，年餉爲43.1萬兩，另按餉額增收21%之報效。見 "Intelligence Report for the Quarter Ending June 30, 1902," H.A. Little to Satow, Wuchow, July 10, 1902, FO228/1461, p.361. 到1906年，廣西當局逐步實施賭禁，賭商只限於在梧州營

桂兩省的財政地位，根本不能與廣東相提並論。

至於賭博稅在全國整個稅收體系中的財政重要性，我們只知道滿清覆亡前夕，粵、桂、鄂三省賭稅總入爲530萬兩上下。據Chen Shao Kwan估計，廣東以外，清末全國賭稅歲入約爲數百萬兩。[262] 我們姑且假定清末全國賭稅總入爲廣東（4,355,593兩）及其他各省（三百萬到九百萬兩之間）賭稅收入之和。王業鍵教授嘗估計清末全國稅入約爲2.92億兩，[263] 則賭稅在整個財政結構中的比重，約爲2.54到4.59%之間。

從十九世紀八十年代到滿清覆亡的三十年間，廣東賭稅由每年五十萬兩上下（闈姓）增至宣統元年近440萬兩（各種賭稅所入），增幅幾近九倍。自光緒三十二年開始，科舉制度退出歷史舞台，闈姓在賭餉中無足輕重，更顯出這種現象的不尋常意義。

六、餘　論

和中國歷史上其他王朝一樣，清政府視賭博爲稗政，乃盜賊之源和社會風氣敗壞之罪魁禍首。加上自嘉、道以降，政治腐敗，民變迭起，政府官員咸視賭風彌熾，嚴重腐蝕地方之治安秩序，對此無不疾首痛心。其實，對賭博持否定態度的情況，也不單限於中國。猶太教、回教、以至基督教俱視賭博活動爲不勞而獲，浪費時間、金錢，漠視社會公益；這些宗教都奉世界自始至終俱由上帝主宰爲守則，堅拒榮辱取決於意外或機會之可能。當世變日亟，過去奉爲圭臬的信守爲人所揚棄，宗教團體以至軍政統治集團的地位受挑戰時，出於維持現狀的考慮，統治階層視賭博爲社會不安之源，影響財富的重新分配，對之極其敵視，亟思立法以防止人民沉迷賭博。[264] 這種基於道德和威權的反對賭博立場，深入人心，被

賭，賭餉劇降爲14.5萬兩（約20.5萬元）。見"Wuchow Intelligence Report for the Quarter Ended December 31, 1906," FO228/1633, p.260.

262　Chen Shao-Kwan, 前引書，頁46。

263　註258，頁78-79。

264　Reuven Brenner, Gabrielle A. Brenner，前引書，頁51-55, 58-60; David Dixon, *From*

視爲理所當然。即使是縱橫兩廣的劇盜陸蘭清在致廣州報章的公開函中也聲言賭爲盜源，賭博不息則匪患不絕；官抽賭稅與盜匪搶掠的分別在於或暗或明而已。如廣東官吏能切實禁絕全省賭博，則他願與其黨羽向政府輸誠。[265]

就清末廣東賭博或禁或弛約可分爲三時期：一、十九世紀中葉到中法戰爭（1850前後－1884），二、中法戰爭至庚子事變（1884－1900），三、清末最後十年間（1901－1911）；其中的轉折點厥爲中法戰爭、甲午戰爭和清末立憲運動。這三時期內，廣東賭博弛禁的最大動力，厥爲財政壓力。從中央到省當局，對賭博或弛或禁，議論紛紛。在第一期中，粵省當局基本上堅守一向賭禁的立場，對闈姓則因財政考慮而網開一面。「其始則借罰款爲名，繼則以抽收成例，在該督撫〔毛鴻賓、郭嵩燾〕之意，不過以當日餉項支絀，藉資津貼耳。」[266] 期間闈姓一度因禁賭派得勢，而被迫遷往澳門營賭。禁賭派可以鄧承修和張樹聲爲代表人物。値得注意的是張樹聲雖主張禁賭，但他也承認弛禁派所言不無道理，也了解執行賭禁障礙重重，這是他和鄧承修不同之處。弛禁派則可以鍾孟鴻爲代表。第二期的特點爲從局部到全面弛禁，這局面的出現，中法戰爭和甲午戰爭實起了決定性作用。當中法戰事如火如荼時，彭玉麟、張之洞奏稱：「粵防費繁餉竭，九月來砲臺停工，十月來各營月餉麟〔彭玉麟〕等同切憂危，年關難過，」「事益急而餉益枯，始則停工，繼則欠餉，」「此款〔闈姓〕得稍資補苴。」[267] 對他們來說，軍餉籌措，刻不容緩；加稅、發內債種種辦法行之有礙，不若賭餉之易於徵收及較爲可靠。甲午戰後，賠款、洋債紛至沓來；剛毅來粵搜刮，更是雪上加霜。粵督李鴻章在庫藏懸罄的情況下，毅然全面弛禁。遺憾的是，我們沒有看到李氏弛禁的史料，因此無法析論其基本主張。此期或弛或禁的論爭中，張之洞的弛禁言論，較諸同時的主禁派通達而得要領。他從經濟民族主義角度出發，力言闈姓弛禁，避免利歸他族，就事論事，並非信口開河。揆諸1930年前的瑞典

Prohibiton to Regulation-Bookmaking, Anti-Gambling and the Law (Oxford: Clarendon Press, 1991), pp.48-53.

265 *Hong Kong Telegraph*, 8/12/1910, p.5.

266 《語冰閣奏議》，卷一，頁1下。

267 註131、134。

和十八世紀末大革命時期的法國，政府實施賭禁的結果，這兩國人民或投買英國足球賭博，或投買外國彩票，徒然造成本國通貨外流，政府稅收受損。[268] 他又言闈姓在廣東行之有年，欲通過法律制裁以根絕之的想法過於單純，賭禁徒然把闈姓化明爲暗，使管制更爲困難，不肖的執法官員適足以藉賭禁收受賄賂，貪墨成風。事實上，執行賭禁之困難，中外皆然。賭博經營常在有組織的貪污集團掩護下而日益壯大。[269] 爲了禁賭而加強執法，行政當局通常被迫加稅或減少其他支出以支持這方面的費用。[270] 警力不足，禁不勝禁，治療之方不在厲禁而在疏導，禁絕（ prohibition ）終由行政節制（ administrative regulation ）所取代，賭博不再視爲犯罪行爲。本世紀前六十年英國場外投注或禁或弛的爭議，一波三折，最後在 1960 年才由政府通過法案，將之合法化，即爲最明顯的例子。[271] 粵省在張之洞和李鴻章主政下，賭博從局部到全面弛禁的過程，堪與英國上述例子相比照。相對於張、李二人，主禁派的代表人物如李瀚章、馬丕瑤和譚鐘麟等，言

268 Renven Brenner, Gabrielle A. Brenner, 前引書，頁 121。

269 對這問題作較有系統的論述爲 David Dixon, 前引書，特別是頁 220-48。Dixon 指出對警方來說，根絕賭博既不可能，則警察之主要作用不在執法，而在節制不法活動。在此情況下，貪污可視爲對執法困難，警力不足的務實解決辦法；通過與職業賭徒的談判、控制、圍堵，取代取締而成爲警方對街頭賭博政策之目標。在這種安排之下，出現一種以賄賂或罰金作爲牌照費，以警察承認作爲註册之非官方的行政節制。見頁 226-29。以上情形，堪與清末廣東的景況，作一對比。又據 1823 年後駐節新加坡的英國官員 John Crawfurd 指出賭博對當地華人來說，並不如歐洲人所想像那樣是一種惡習。事實上，華人中最爲刻苦耐勞的俱慣於以賭博作爲娛樂或消遣。他堅信賭禁只意味著賭博無節制地轉到地下經營；對警隊屬員來說，賭博是誘惑及貪污之源，大宗稅入會因假想的利益而犧牲掉。見 Victor Purcell, *The Chinese in Malaya* (London, New York & Tornto: Oxford University Press, 1948), pp.77.78. 另十九世紀六十年代香港總督 Richard G. MacDonnell 爵士向英廷報告，謂超過一半的督察按月收受賭規。賭禁因警方受賄而成爲具文，警隊改革即因這貪污之源存留而不可能展開。爲改善警政，提高警隊效率，他於 1867 年 7 月採取發執照制度，讓賭商在註册總署控制下營賭。見 G.B. Endacott, *A History of Hong Kong* (Hong Kong, London & New York: Oxford University Press, 1973, revised ed.), pp.149-50.

270 Reuven Brenner, Gabrielle A. Brenner, 前引書，頁 125-26。

271 詳見 David Dixon, 前引書，第十章。據 Dixon 的定義，選擇性施禁，而非完全禁絕爲取締之政策目標；行政節制則指國家對私人商業活動利用諸如發牌照、徵稅或註册登記種種方法來調節。見頁 2。

論株守於法律和倫理的立場，咸視賭風彌熾，促成社會秩序解體、道德淪喪，似未能在前期厲禁派的立論基礎上，進一步提出更具說服力的論據。面對殘酷的歷史現實，禁賭派的防線終被壓垮。清末最後十年間，全面禁賭成爲省內官民之共識，所爭者在賭禁的遲速和緩急而已。

清末廣東的賭博可說是滲透到社會每一階層而不覺有明顯的階級色彩。賭徒沒有因身份或地位之不同而在賭博中表現不同的價值取向：如具身份與地位的人以「展示自我和文化心態上的認同爲主」，而一般民衆則以求財爲要；前者多嗜技巧或策略型賭博，後者則趨於機遇型賭博。這種現象在士庶分明的魏晉南北朝時期至爲鮮明。[272] 清末廣東的賭博並沒有因政府的道德管制而像十九世紀英國賽馬那樣，帶有階級岐視的色彩。[273] 至於賭徒的背景來源，我們因資料闕如，不能進一步加以分析。不過從鄧承修下面那段話：「〔闈姓〕其投票之人，則自搢紳士夫，以及農、工、商賈、婦孺、走卒，莫不罄其所有。」可知闈姓賭博深入人心，社會各階層人士，不論身份地位之高低，無不趨之若鶩。與其他賭博相較，闈姓表面上較爲高雅，「若番攤、花會、白鴿票各賭具，率皆市井無賴之尤，稍知自愛者猶不肯爲。」[274] 可是，甲午戰爭以後，稟請承辦粵省番攤的，不乏功名仕宦之人。一葉知秋，可知粵省當日無論士紳和一般民衆都在賭博中取得共鳴和強烈感受，社會各階層之間的區別因賭而顯得含糊不清，儘管上下尊卑並不因此而倒置。從士紳以至愚夫愚婦群趨於賭的結果，賭博無形中也爲廣東社會各行業提供一社交機會。[275]

272 羅斯本、許蓉生，〈賭博與文化－魏晉南北朝參賭者社會、文化、心態分析〉，《社會問題的歷史考察》，特別是頁243、249。

273 F.M. Thompson, *The Rise of Respectable Society* (London: Fontana Press, 1988), pp.298-99. 十九世紀中葉英國政府通過法案，禁止賽馬在場外投注，這樣使較爲窮困而又要下賭注的工人被迫依賴飽受警察驅擾的收賭帶票人；反之，紳士階層卻可在私人會所或俱樂部下賭注而不受任何懲罰。當時的賽馬場都有圍牆包繞；看台部份，紳士和平民涇渭分明。對熱愛賽馬的工人階級來說，這種種措施，無一不帶有鮮明之階級岐視。另參考 David Dixon，前引書，頁262-68。

274 《語冰閣奏議》，卷一，頁1。

275 據葛承雍，〈論唐代社會中的賭博濁流〉所載，唐代賭博花樣多，成爲官場浮沉中一種政治交際的媒介手段，並在賭博中，藉感情的交流，使參與者得以調和並籠絡清末廣東各種賭稅正餉所入，前後多寡不一。前三屆闈姓，每屆（六年）賭商須繳正餉440萬元，平均每年繳餉733,333（十）元。番攤初辦時，年餉爲二百萬元，到宣統元年劇增至近三百萬兩（約4,166,666元）；同期，山、鋪票每年稅入從425,000元激增至112萬兩（約1,555,555元），小闈姓年餉八十萬元。相較於其他賭博稅入，彩票所得可算微不足道，而且每況愈下，從初辦時的132,000元劇跌至宣統元年的57,500（十）元。就課稅的可能性來說，番攤營業不分晝夜，小闈姓則每日開彩，較諸其他賭博，賭徒人數可能更多，相應地亦繳餉較多。闈姓是最早弛禁的賭博，賭徒不必顧慮抵觸法律，惟闈姓投買局限於科考之年，課稅潛力從而減折。山、鋪票最初的稅入，遠遜於闈姓和白鴿票。隨著光緒三十年永罷小闈姓及翌年停罷科舉考試，賭徒群趨與這兩種賭博性質相近的山、鋪票，理所當然。大勢所趨，山、鋪票投買自然增加；水漲船高，認餉數也隨而提升。不過較諸晝夜營業的番攤，每月開彩三或四次的山、鋪票，賭徒投買容有未逮，故款餉亦較稍遜。彩票課稅可能性最爲低下，實因省內已有多種行之已久，習以爲常的賭博存在，加上外地彩票如來自呂宋和湖北者，皆可在省內投買，競爭之下，業務萎縮可期，賭餉較諸前述各種賭博，自亦相形見絀。

十八、九世紀英國有產階級最關切者厥爲遊惰與犯罪率，他們常把賭博與這兩者混爲一談。他們視有閒的工人階級爲社會秩序之大敵，認爲群衆在彩票開彩時聚合在一起實爲暴動或革命的起點。[276] 人口劇增，人民流動性較大，過去作爲社會控制形態的風俗習慣崩潰，更使新興中產階級對工人階層之文娛選擇，包括賭博在內，懷有戒心。[277] 據Ross Mckibbin之研究，本世紀初英國反對賭博最力者來自三方面：新教教會、專業中產階級內部之有組織團體、勞工運動之政治領導層。教會立場無足深論。行政專業中產階級宣稱賭博會削弱紀律，利令智昏，

人際關係，取得別人的認同。該文載《社會科學戰線》，1991年4期，參考頁186-187。唯就該文所述的情況看來，以上情況只局限於上層士大夫階段，似未如葛氏所說唐代賭博廣泛深入到社會各階層，造成社會風氣之逆轉。此與清末廣東群趨於賭，無形中爲社會各行業提供一社交機會，不可同日而語。

276 Reuven Brenner, Gabrielle A. Brenner, 前引書，頁64。

277 前引書，頁66-67。

降低工作效率，最後把工業弄垮。勞工領袖則對工人求財心切疾首痛心，認爲工人把太多時間耗於賭博，則工人階級之教育和文化水平會爲之拖累。[278] 清末廣東禁賭運動的成員多來自諮議局。一般來說，這些諮議局員大多爲士紳階層出身，家貲較厚，部份且曾留學日本及接受新式教育，並曾在政府任官。[279] 就心態來說，他們負起禁賭運動的旗幟及使命，並不偶然。他們禁賭的熱誠不容置疑。可是，我們卻不能說他們之所作所爲並無私利夾雜其中，他們藉禁賭來擴充諮議局權限，不惜和粵督袁樹勛針鋒相對，即爲最明顯的例子。

賭博促進廣東地方繁榮，其稅入在省財政中扮演頗爲重要角色，我們在前面已談過。值得一提的是光緒廿八年六月廣西開徵賭稅，巡撫丁振鐸奏稱：「廣西地接廣東，賭風相沿成習，……近亦私賣闈姓，且有代東省公司攬收者，踪跡詭密，難於查禁。……旣已不能禁絕，不如化私爲公，仿照廣東章程召商繳餉。」[280] 廣東賭博影響鄰省，於此可見一斑。即使到本世紀二十年代（1925年十月至1926年九月），廣東財政經宋子文之整頓，賭稅總收入從五十萬元增爲1,155萬元，佔省財政總收入的14.4%，僅次於厘捐[281] 三十年代陳濟棠主粵時，廣東每年賭餉收入在1,600萬元以上。煙、賭稅入增強其實力，鞏固他南天王的地位。[282] 二十年代末期，樂昌縣國家費部份，賭稅所入（86,400元）超過田賦、禁煙稅和雜稅，佔國家費收入之42.3%。[283] 事實上，清代賭稅在政府稅入中之

278 氏著，前引文，頁175-76。

279 立憲派之一般分析，見張朋園，《立憲派與辛亥革命》（台北：中國學術著作獎助委員會，《叢書》之40，民國58年），頁26-32；〈立憲派的「階級」背景〉，頁286-89。

280 《光緒朝東華錄》，總頁4888，光緒廿八年六月乙未。

281 李國祁，〈宋子文對廣東財政的革新（一九二四至一九二六）〉，載中央研究院近代史研究所編，《近代中國區域史研討會論文集》（台北，民國75年），頁491、493。

282 廣州市政協文史資料委員會編，《南天歲月－陳濟棠主粵時期見聞實錄》（廣東人民出版社，1987年），頁357。按是時每年煙稅所入爲1,200萬元。另一記載謂單是山、鋪票賭餉，每月即多達四十萬元。見余炎光、陳福霖主編，《南粵割據－從龍濟光到陳濟棠》（廣東人民出版社，1989年），頁358。

283 劉運鋒修、陳宗瀛纂，《樂昌縣志》（方志・華南，第192號，台北：成文出版社，民國63年，據民國22年鉛印本影印），卷六，〈財政〉，頁8下-9。

比重，遠高於十九世紀初英、法二國。[284]

過去學者認爲中國工業化成績不良，資本不足是其中主因。資金不足則由以下三因素所左右：一、國民生計貧乏，致儲蓄微薄；二、信用機構不健全；三、賠款負擔。[285] 惟據 Carl Riskin 之研究所示，1933 年中國農業及非農業部門運用不足和未運用的潛在剩餘，約相當於國內淨生產額的 27.2% ，其中三份二來自農業部門，餘下三份一來自非農業部門。他認爲只要小部份人口改變其特權性消費習慣，並不致牽涉過多機會成本，中國即有餘資從事建設。[286] 他所指的小部份人口，當然是家貲富厚的。惟就「其投票之貲，則自一分一錢，以至盈千累萬；其投票之處，則自省會以及各府、州、縣窮鄉僻壤，」[287] 而賭博又滲透至當日廣東社會每一階層的事實看來，可知大量金錢耗用於賭博。這點和清季全國吸食鴉片的驚人數量，[288] 以及鴉片在全國區與區之間的鉅額貿易數值，[289] 合而觀之，個人認爲 Carl Riskin 的分析較前人成說更爲言之成理。

對於人類賭博動機的探究，有關論著爲數甚夥，其中以 Reuven Brenner 及

---

284 按 1802-26 年英國從彩票所得之淨收入約在政府淨稅入的 0.3-1% 之間；1815-28 年間法國彩票淨收入約爲政府總稅入的 1% 。見 Reuven Brenner, Gabrielle A. Brenner, 前引書，頁 114 。

285 全漢昇先生，〈清季鐵路建設的資本問題〉，載氏著，《中國經濟史研究》（香港：新亞研究所，民國 65 年），下册，頁 235-43 。

286 詳見 Carl Riskin, "Surplus and Stagnation in Modern China," in Dwight H. Perkins ed., *China's Modern Economy in Historical Perspective* (Stanford University Press, 1975), pp. 64-81.

287 《語冰閣奏議》，卷一，頁 1 。

288 據 1906 年國際鴉片委員會估計經常吸食鴉片者，相當於全國總人口的 2.5-5% 。見王宏斌，前引文，頁 39 。另據 Dr.William Lockhart 及 James Legge 的估計，1890 年代吸食鴉片者，約佔全國總人口的 10% ，癖癮深者則佔 3-5% 。見 Jonathan Spence, "Opim Smoking in China," in Frederick Wakeman Jr., Carolyn Grant eds, *Conflict and Control in Late Imperial China* (Brekeley, Los Angeles, & London: University of California Press, 1975), p.154.

289 S.A. M. Adshead 估計 1901 年中國國內生產商品區與區之間的貿易總值：鴉片 1.3 億兩、鹽、米各一億兩。見氏著，*The Modernization of the Chinese Salt Administration 1900-1920* (Harvard East Asian Series 53, Cambridge, Mass.: Harvard University Press, 1970), p.1.

Gabrielle A.Brenner 的近著所提出的論點，最值得我們注意。就其研究所示，「相對地較貧困的人」(relatively poor)比「相對地較富有者」更願意花較多的財富於賭博。從前沒有沾染賭習的人，一旦發覺因被開除或飽受失業威脅困擾，致部份財富喪失掉，經濟景況從而較他人落後時，便會心存僥倖，藉賭博來改善他們的際遇。[290] 本世紀二、三十年代經濟大蕭條中，賭氛彌漫，人民消耗於賭博之支出大增；[291] 踏入七、八十年代，通貨膨脹、經濟衰退、失業率上升，收入高低不定，歷時越十年以上，使人們期望破碎。生活不安定，愈益使人相信致富之途，不單取决於勤奮和洞見，也繫於際遇和運氣。賭博大行其道和這種心態息息相關。[292] 反過來看清代道、咸之交的廣東，表面情況與此頗爲相類。經康、雍、乾百多年的休養生息，全國人口到道光末世己多達3.8億，[293] 人口壓迫爲當日最嚴峻的現實問題。[294] 從1787到1850六十多年內，估計廣東人口增幅超過75%。[295] 是時，鴉片源源輸入，白銀外流估計多達四成，加上私鑄和私銷盛行，銀貴錢賤不可避免。影響所及，物價下跌，商業蕭條，人民的田賦負擔較昔加倍，尤以南方爲甚。[296] 鴉片戰後五口通商，中國外貿重心逐步從廣州轉移到上海，梅嶺商路日見沒落，路上的挑夫及船戶生計頓困。鄧承修奏稱「伏思粤東素稱富庶，自紅匪構亂以來，迭經兵燹，賈肆蕭條，民生凋耗，」闈姓即在這環

290 Reuven Brenner, Gabrille A. Brenner，前引書，頁22, 27, 32-33; Reuven Brenner, *History — The Human Gamble* (Chicago and London: The University of Chicago Press, 1983), pp.5, 11.

291 Reuven Brenner, Gabrille A. Brenner, 前引書，頁83-87。

292 前引書，頁88-89。

293 G. William Skinner, "Sichuan's Population in the Nineteenth Century: Lessons from Disaggregated Data," *Late Imperial China* 8:1 (June 1987), pp.68-76.

294 參考羅爾綱，〈太平天國前的人口壓迫問題〉，《中國社會經濟史集刊》，八卷一期，特別是頁20-49、63-76。

295 1787年廣東人口爲16,014,000人；1850年則爲28,182,000人。見 Ping-ti Ho（何炳棣），*Studies on the Population of China 1368-1953* (Harvard East Asia Series 4, Cambridge, Mass.: Harvard University Press, 1959), p.283, Appendix 2. 儘管這些數字不盡可靠，但卻反映廣東人口在這期激增之實況。

296 Yeh-chien Wang, 前引書，頁114-15；另參考王業鍵，《中國近代貨幣與銀行的演進(1644-1937)》（南港：中央研究院經濟研究所，民國70年），頁27-32。

境下發榮滋長，官吏也藉抽收闈姓罰款彌補餉項之不足。[297] 陸蘭清亦謂廣東不少人因窮而碰運氣賭博，因賭而淪爲盜匪。[298] 據此，我們是否能引申出道、咸之交，廣東賭風興盛，肇始於五口通商後，上海取代廣州成爲全國最主要之貿易港，廣東經濟地位從盛轉衰，用以支持 R.Brenner 相對貧窮與賭風興盛密切相關的論據，從而說明並解釋賭博現象在廣東特別突出？我們的答案是賭博之盛與賭博動機二者之關係，錯綜複雜，茲事體大，在未有更爲深入探究前，不宜妄斷，不然徒起爭議。事實上，廣東在清末雖然經歷社會動亂，惟相對於其他省分，仍屬相當富裕，尤以珠江三角州爲然。粵省當局在內憂外患的財政壓力下，愈益倚重賭稅，從而壯大賭業的發展，適足證明了政府庫藏困乏，廣東社會仍有大量閒錢可供支使。如是，則 R.Brenner 所言是否能與當日廣東的現象相印證，尙不無疑問。再者，廣東賭風最盛爲省內最富之省、佛地區，足見富裕與賭風彌熾正相關。如要以窮化過程來分析廣東賭博現象特別突出，說服力仍待加強。

本文蒙王業鍵、劉石吉兩教授及柳立言博士賜正，又蒙三位審查人提示修改意見，謹此誌謝！

後記：近閱陳盛韶《問俗錄》（北京：書目文獻出版社，1983年，《蠡測匯鈔》合刊本），卷一，〈建陽縣・花會〉條載道光四、五年間，「漳、泉流害，上四府花會其尤也。……花會合富貴貧賤，內外老少，一網打盡。邑令會營嚴拿，動費多金。……兵差迫近，彼火其茅廠而去；兵差甫退，彼率其伴侶而來。」(頁58) 悉福建漳州地區花會之盛及官府對之無可奈何，早於桂超萬任官該地(參註37) 二十多年前已然。

297 《語冰閣奏議》，卷一，頁1下。

298 註265。

Gamble and Gambling Taxes in Late Ch'ing Kwangtung

Ho Hon-wai

Throughtout Chinese history, governments, considering gambling injurious to mores and a hotbed of crime, have rigorously prohibited it. For a long time the Manchu-Ch'ing regime followed the precedents of earlier periods in their policy of banning gambling, despite the ban's limited efficacy. From the 1860s the Ch'ing govemment, in accord with changes in the historical situation, graduallly reevaluated its policy of banning gambling. This paper discusses the waxing and waning of gambling, policy changes, and the place of the gambling tax in provincial fiscal administration in Kwangtung from the latter half of the nineteenth century. By penetrating the reasons behind the relaxation and tightening of controls on gambling and the commencement of its taxation, this paper aims, on the one hand, to explain the prevalence of gambling and the difficulties of local fiscal administration in Kwangtung in the late Ch'ing and, on the other hand, to expose the reciprocal relationships between the center and regions, and among officials and gentry. The entire paper focuses on gambling in people's daily lives, looking at it in the context of the particular characteristics of the responses of the government and society delimited by this period.

This paper takes Kwangtung as the object of research for the following reasons. Given the importance of fiscal administration, the gambling tax, as an element in the structure of Kwangtung fiscal administration, was a source of funds not to be ignored. Whether or not you look at it in terms of its absolute figures and relative proportion of revenues, the gambling tax held a position in the structure of Kwangtung provincial fiscal administration with which similar categories of tax in other provinces could not compare. Gambling, on the one hand, gave Kwangtung a considerable income. On the other hand, it created numerous social problems. With the establishment of the constitiutional movement at the end of the Ch'ing, the Kwangtung Provincial Assembly launched a frontal assault on the popularity of gambling in the province. The Kwangtung Provincial Assembly discovered, once they considered the fiscal consequences of their moral victory, the loss of an important source of revenue to the provincial treasury, and the hindrance of the operation of government administration. Learning more about the relaxing and tightening of controls on gambling in Kwangtung at the end of the Ch'ing may help us to understand more deeply the benefits and harms of gambling to local governance and, whether gambling is accepted or rejected, the extent to which it can be controlled under bureaucratic administration.

出自第六十六本第二分(一九九五年六月)

明清間美洲白銀輸入中國的估計

全 漢 昇

一四九二年，西班牙船隊由哥倫布率領，橫渡大西洋，發現美洲新大陸。其後西班牙人移殖美洲，開發那裡的天然資源。由于祕魯、墨西哥銀礦的開採，自一五五〇至一八〇〇年，墨西哥及南美洲的銀礦約共出產世界銀產額的百分之八十以上。

在太平洋彼岸的中國，約明朝(1368-1644)中葉前後，因普遍用銀作貨幣，銀求過于供，價值高昂，購買力越來越大。從事國際貿易的商人，自然把美洲白銀大量運往中國，以賺取厚利。

西班牙海外帝國自美洲擴展至菲律賓後，因爲須以美洲作基地來統治菲島，自一五六五至一八一五年，每年都以一至四艘（以二艘爲多）大帆船，橫越太平洋，航行于墨西哥阿卡普魯哥(Acapulco)與菲律賓馬尼拉之間。自美洲對菲的出口貨，以白銀爲主。這些白銀，自中國商人看來，購買力很大，故努力對菲輸出，把銀賺回中國。

法國學者索魯(Pierre Chaunu)認爲，在新大陸發現後的長期間內，產額佔全球總額百分之八十以上的美洲白銀，約有三分之一強，由美洲經太平洋運往菲律賓，及經大西洋運往歐洲，再轉運至亞洲，而其中大部分最後流入中國。鑒于西班牙大帆船大量白銀運往菲律賓、葡、荷及其他歐洲國家商人先後運銀東來，而中國對外貿易又長期出超，我們有理由接受他的判斷。

一

一四九二年，西班牙政府派遣哥倫布在大西洋航行，發現美洲新大陸。其後西班牙人紛紛移殖美洲，開發那裡豐富的天然資源。由于祕魯、墨西哥銀礦的開採，十六世紀美洲白銀產額約佔世界總額四分之三，十七世紀約佔百分之八四·四，及十八世紀更多到佔百分之八九·五。[1] 自一五五〇至一八〇〇年，墨西哥

1 Harry E. Cross, " South American Bullion Production and Export 1550-1750, " in J. F. Richards, ed., *Precious Metals in the Later Medieval and Early Modern Worlds*, Durham, N. C., 1983, p.403.

及南美洲的銀礦，約共出產全球白銀總產額百分之八十以上。[2]

當十六、七世紀間，祕魯南部的波多西（Potosi，今屬Bolivia）銀礦，每年產銀多至佔世界銀產額百分之六十以上，銀被人看成像街上的石頭那樣低賤的時候，[3] 明朝（1368-1644）中葉前後的中國，銀卻因被普遍用作貨幣，求過于供，價値特別高昂，被人視爲至寶。明代中國流通的貨幣，本來以"大明寶鈔"爲主。寶鈔于明太祖洪武八年（1375）開始發行，初時價値穩定，流通狀況良好。可是後來發行額激增，寶鈔價値低跌，大家爲著保護自己利益起見，市場交易，都爭著用銀而不用鈔。另一方面，中國銀礦蘊藏並不豐富，銀產有限，供不應求，結果銀的價値或購買力越來越增大。同樣數額的銀子，在中國的購買力，旣然遠較在美洲爲大，從事國際貿易的中外商人，自然把美洲白銀大量運往中國，以獲取厚利。

自明季至清中葉，或自十六世紀中葉以後的長期間內，由于銀價高下的懸殊，美洲盛產的白銀，到底總共有多少流入中國？對于這個問題，因爲文獻有闕，我們不能得到準確的數字來加以解答；本文現在只能把各有關記載加以整理比較，作一近似的估計。

二

由于西班牙人在祕魯、墨西哥等地投資開採銀礦，西屬美洲于一五四〇至一七〇〇年至少產銀四萬噸，可能多至六、七萬噸。[4] 自十六世紀中葉至殖民時期終了前夕（1810），美洲約共產銀十萬噸，或三十億至三十五億盎斯。[5] 美產

2 Harry E. Cross，前引文，in J. F. Richards, 前引書，p. 397.

3 E. H. Blair and J. A. Robertson, eds., *The Philippine Islands, 1493-1898*（以下簡稱*Phil. Isls.*, 55 vols., Cleveland, 1903-09）, Vol.27, p.153；拙著〈明代的銀課與銀產額〉，《新亞書院學術年刊》第九期（香港九龍，1967），頁一七，又見于拙著《中國經濟史研究》（新亞研究所，1976）中册，頁二二五。

4 Harry E., Cross, 前引文，in J. F. Richards, 前引書，p.404.

5 Richard L. Garner, " Long-Term Silver Mining Trends in Spanish America: A Comparative Analysis of Peru and Mexico, " in *The American Historical Review*, Vol. 93, no. 4, October 1988, p. 898.

白銀的大部分，每年都一船一船的運往西班牙，再通過貿易關係轉運歐洲各地。

除經大西洋運往歐洲外，美洲出產的白銀又經太平洋運往菲律賓，再轉運往中國。西班牙海外帝國自美洲擴展至菲律賓後，因爲須以美洲作基地來從事對菲島的統治與殖民，自一五六五至一八一五年，每年都派遣一艘至四艘（以兩艘爲多）載重由三百噸至一千噸（有時重至二千噸）的大帆船（Galleon），橫越太平洋，航行于墨西哥阿卡普魯可（Acapulco）與菲律賓馬尼拉（Manila）之間。當日航海技術遠不如現代進步，大帆船在廣闊的太平洋上航行，自然遭遇許多風險和困難，從而運費特別昂貴。在美洲對菲輸出的各種物產中，白銀因爲本身價值較大，體積、重量較小，能夠負擔得起昂貴的運費，自然成爲美洲最重要的輸出品。

位于大帆船航線西端的菲律賓，在十六、七世紀間，因爲土人文化水準低下，經濟落後，既不能滿足在菲西班牙人生活上的需要，也沒有什麼重要物產，用來大量輸往美洲。幸而鄰近菲島的中國大陸，資源豐富，生產技術進步，有能力大量輸出各種物產，來供應菲島西人日常生活的消費，此外又對菲輸出生絲、絲綢等貨物，由西人轉運往美洲出售獲利，同時大帆船也可因此而獲得運費收入，在太平洋上來回航運，長達二百五十年之久。

菲島西班牙人自美洲運來的鉅額白銀，從生活在銀價高昂地區的中國商人看來，是非常強大的購買力，故努力擴展對菲出口貿易，把銀賺回中國，獲取厚利。可是，另一方面，美洲白銀的源源流入菲島，卻影響到西班牙輸入美銀的減少，對西班牙經濟諸多不利。因此，西班牙政府對于美銀的大量輸往菲島，曾經加以限制。在一五九三年正月十一日，及一五九五年七月五日和九日，西班牙國王都先後發佈敕令，規定每年自墨西哥運菲的白銀，以五十萬西元（peso）爲限。[6]

6 Alonso Fernandez de Castro, "Principal Points in Regard to the Trade of the Filipinas" (undated, 1602?), in *Phil. Isls*, Vol. 12, pp. 44-47; Hernando de Los Rios Coronel, "Memorical and Relation of the Filipinas" (Madrid, 1621), in *Phil. Isls.*, Vol. 19, pp. 239-240; 拙著，〈明清間美洲白銀的輸入中國〉，《香港中文大學中國文化研究所學報》（以下簡稱《中國文化研究所學報》），第二卷第一期（香港九龍，1969），又見于拙著《中國經濟史論叢》（新亞研究所，1972），第一册，頁四三九。按"西元"即西班牙銀元，其購買力在十六世紀及十七世紀初期，約爲二十世紀

可是，因爲把美洲白銀運菲購買中國絲貨，再運往美洲出賣，獲利甚大，西國王這種規定限額的敕令，事實上並沒有切實執行；因爲利之所在，墨西哥與菲律賓之間的白銀走私，非常猖獗。在一五九七年，由墨西哥運往菲島的白銀，包括合法的及非法走私的在內，據說多至一千二百萬西元（約 307,000 公斤，或 345,000 公斤），超過西班牙船隊自美洲運回本國的白銀與貨物的總值，[7] 比明代中國半個世紀出產的白銀還要多。[8] 這個遠超過西班牙國王敕令規定限額的數字，可能有些誇大，以致被人懷疑；[9] 但根據一六〇二年墨西哥城（Mexico City）市議會的估計，每年由墨西哥運往菲律賓，再轉運往中國的銀子，仍然多至五百萬西元（約 128,000 公斤，或 143,750 公斤），約爲西王敕令規定限額的十倍。[10]

初期的十倍；在十八世紀中葉，約爲二十世紀初期的五倍。參考上引拙著〈明代的銀課與銀產額〉，註二五。

7 Woodrow Borah, *Early Colonial Trade and Navigation between Mexico and Peru*, Berkeley, 1954, p. 123; J. H. Parry, " Transport and Trade Routes " in E. E. Rich and C. H. Wilson, eds., *The Cambridge Economic History of Europe*, Vol. IV, Cambridge University Press, 1967), pp. 209-210; C. R. Boxer, " Plata es Sangre: Sidelights on the Drain of Spanish-American Silver in the Far East, 1550-1700, " in *Philippine Studies*, Manila, July 1970, Vol. 18, p.464; William S. Atwell, " Notes on Silver, Foreign Trade, and the Late Ming Economy, "（以下簡稱 " Notes on Silver "), in *Ch'ing-shih wen-t'i*, Vol. III, no. 8, December 1977, p. 2; William S. Atwell, " International Bullion Flows and the Chinese Economy circa 1530-1650, " in *Past and Present: A Journal of Historical Studies*, no. 95, May 1982, p. 74; John J. TePaske, " New World Silver. Castile and the Philippines 1590-1800, " in J. F. Richards, 前引書，p. 436; Lyle N. McAlister, *Spain and Portugal in the New World, 1492-1700*, Minneapolis, 1984, p. 375. 按John T. TePaske 把一千二百萬西元折算爲銀 307,000 公斤，而 William S. Atwell 則折算爲 345,000 公斤，這是因爲前者把西元所含的純銀 (pure silver) 來折算，而後者則按西元本身的重量來折算的原故。

8 Frederic E. Wakeman, Jr., " China and the Seventeenth-Century Crisis, " in *Late Imperial China*, Vol. 7, no. 1, June 1986, pp.2-3; James Peter Geiss, " Peking under the Ming (1368-1644), " Ph. D. thesis, Princeton, 1979, pp.157-158.

9 Brian Moloughney and Xia Weizhong, " Silver and the Fall of the Ming: A Reassessment, " in *Papers on Far Eastern History*, The Australian National University, September 1989, no. 40, p. 62. 按此文的中譯文，見倪來恩，夏維中〈外國白銀與明帝國的崩潰——關于明末外國白銀的輸入及其作用的重新檢討〉，《中國社會經濟史研究》，廈門大學，一九九〇年第三期，頁四六－五六。又參考 O. H. K. Spate, *The Spanish Lake*, Canberra, 1979. p.201.

10 參考註 4。

一九八六年，英國劍橋大學索札（George Bryan Souza）博士在他出版的著作中，對西班牙大帆船自美洲運銀往菲島的數額，細加研究。他估計自一五九〇至一六〇二年，大帆船自新西班牙（墨西哥及其附近廣大地區）運往菲律賓的白銀，共約六千七百萬西元（2,010,000公斤），自一六〇二至一六三六年，共約八千萬西元（2,400,000公斤）；自一六三六至一六四四年，共約七百萬西元（210,000公斤）。把以上三個數目加在一起，自一五九〇至一六四四年，菲島約共輸入美洲白銀一億五千四百萬西元（4,620,000公斤，或4,620公噸）。[11]

到了一九八七年六月，美國加州太平洋大學（University of the Pacific）經濟學系符臨（Dennis O. Flynn）教授，在日本東京慶應大學舉辦的貴金屬歷史研討會中，宣讀一篇論文，也對十七世紀大帆船自美運菲銀數，加以估計。他說在十七世紀初期，每年自美運菲的銀子，包括官方登記及走私瞞稅的銀子在內，每年共約一百二十八公噸；由此推算，在十七世紀，自美洲運往菲島的銀子，可能多至一萬三千公噸，或一千三百萬公斤。[12] 他這個估計數字，可能有些誇大。

在十六世紀中葉以後的長期間內，每年自美洲運抵菲島的白銀，由于中國對菲貿易的鉅額出超，絕大部分都流入中國。在十六、七世紀之交的數十年內，馬尼拉海關向中國貨物課徵的入口稅，每年在入口稅總額中都佔很高的百分比，有時更高至佔百分之九十以上。由此可以推知，在馬尼拉每年輸入外國貨物總值中，中國貨物所佔的百分比，一定非常之大。不特如此，輸入菲島的中國貨物，並不都要繳納關稅，例如糧食（甚至各種食物）、軍需品等，自一五八九年起都免稅輸入。而這些貨物，既然和菲島多數人日常生活及軍事上的防衛有密切關係，其輸入量可能非常之大。如果把這許多免稅入口貨物包括在內，中國貨物在馬尼拉入口總值中自然要佔更高的百分比，從而菲島對華貿易的鉅額入超，自然要影響

11 George Bryan Souza, *The Survival of Empire: Portuguese Trade and Society in China and the South China Sea, 1630-1754*, Cambridge University Press, 1986, pp. 84-85.

12 Dennis O. Flynn, " Comparing the Tokugawa Shogunate with Hapsburg Spain: Two Silver-Based Empires, " preliminary draft prepared for the Keio Conference on Precious Metals, June 1987.

到大量白銀流入中國。[13]

關于美洲白銀流入中國的估計，法國歷史學者布勞岱（Fernand Braudel）在他的著作中，曾經引用兩位法國學者的研究。其中一位為杰納特（J. Gernet），他認為在一五二七至一八二一年間，自美洲銀礦採煉得來的白銀，至少有一半流入中國。另外一位法國學者索魯（Pierre Chaunu），認為這個估計過高，大約只有三分之一強，由美洲經太平洋運往菲島，及經大西洋運往歐洲，再轉運往亞洲，而其中的大部分最後都流入中國。[14] 索魯這個估計，顯然比較接近事實。

三

西屬美洲出口的白銀，一方面橫渡太平洋，經菲律賓流入中國；他方面經大西洋運往西班牙，再由歐洲運往亞洲，其中有許多最後流入中國。

西班牙人在美洲投資採礦得到的銀子，一部分作為政府稅收，一部分通過貿易關係，每年都一船一船的運回本國。根據官方的登記，由一五〇三至一六六〇年，西班牙共自美洲輸入白銀16,886,815公斤，或16,886（十）公噸，每年平均輸入一百公噸多點。[15] 但事實上，美洲白銀走私出口，數額很大。把官方登記數字及走私估計數字加在一起，阿特曼（Artur Attman）教授判斷，在十七世紀，每年由美洲運往歐洲的白銀，約為308噸至325噸。[16] 美洲于一五四〇至一七〇〇年，

13 Souza, 前引書，p. 82；拙著〈明季中國與菲律賓間的貿易〉，《中國文化研究所學報》第一卷，第三表，又見于拙著《中國經濟史論叢》第一冊，頁四三一－四三二。

14 Fernand Braudel, *The Wheels of Commerce: Civilization and Capitalism, 15th-18th Century*, New York, 1982, Vol. II, p. 198; Pierre Chaunu, *Les Philippines et Le Pacific des Ibériques* (XVIe, XVIIe, XVIIIe *Siècles*), Paris, 1960, pp.268-269; Frederic E. Wakeman, Jr, 前引文，in *Late Imperial China*, Vol. 7, no. 1, pp. 2-3; Brian Moloughney and Xia Weizhong, 前引文，in *Papers on Far Eastern History*, no. 40, p.52.

15 Earl J. Hamilton, *American Treasure and the Price Revolution in Spain, 1501-1650*, Cambridge, Mass., 1934, p.42.

16 Artur Attman, *American Bullion in the European World Trade, 1600-1800*, Goteborg, 1980, p. 78; Dennis O. Flynn, 前引文。

至少產銀四萬噸，可能多至六、七萬噸，其中約百分之八十運往歐洲。[17]

由于美洲白銀的大量輸入，西班牙國內流通的銀幣因數額激增而價值下跌，物價上漲，在十七世紀頭十年約爲十六世紀頭十年的三．四倍，[18] 物價水準遠較歐洲其他國家爲高。[19] 看見西班牙物價那麼昂貴，歐洲其他國家的商人，都乘機把貨物運西出售獲利，結果西班牙對外貿易長期入超，白銀大量流出國外。[20]

葡萄牙和西班牙距離最近，後者因貿易逆差而輸出的銀子，自然有不少流入葡國。除一般貨物外，葡人又由于胡椒貿易與奴隸貿易的經營，賺到鉅額白銀。新航路發現後，航行于歐、亞間的葡船，自印度運載價值大、獲利多的胡椒回國，[21] 然後分別銷售于歐洲各地。早在十六世紀初期，葡人已經控制歐洲許多國家（包括西班牙在內）的胡椒市場，[22] 故自貿易利潤中賺到許多銀子。復次，當探尋新航路的時候，葡人沿著非洲西岸探險，在那裡擁有根據地來收購奴隸，轉售與西班牙來獲利。另一方面，美洲本土的印第安人，自舊大陸各種傳染病菌傳播到那裡以後，缺乏抵抗能力，死亡人數甚多。由于勞動力供應的不足，爲著要開發美洲天然資源，西班牙人須長期向葡人購買大批黑奴，故他們持有的銀子，有不少爲葡人賺取了去。[23]

葡人自西班牙人那裡賺取的美洲白銀，並不長期停留在國內，而沿著新航路運到東方來。葡人經營歐、亞間貿易，發現由歐洲前往中國，銀越往東方去，購買力越大。由于歐、亞間銀價高下懸殊，葡國商人開船前往印度，多半載運鉅額

---

17 Harry E. Cross, 前引文，in J. F. Richards, 前引書，p.404.

18 Earl J. Hamilton, 前引書，p. 207.

19 J. H. Elliott, *Imperial Spain 1469-1716* (Penguin Books, reprinted 1975), pp. 195-196.

20 拙著〈三論明清間美洲白銀的輸入中國〉，《中央研究院第二屆國際漢學會議論文集》（以下簡稱《第二屆國際漢學會議論文集》），台北，民國七十八年，頁八五一八六。

21 C. R. Boxer, *The Portuguese Seaborne Empire 1415-1825*, London, 1969, p. 52.

22 Fernand Braudel, *The Mediterranean World in the Age of Philip II*, London, 1976, Vol. I, p. 544.

23 拙著〈三論明清間美洲白銀的輸入中國〉，《第二屆國際漢學會議論文集》，頁八六一八七。

白銀出口。這些白銀運抵印度西岸果亞(Goa)後,大部分都轉運往澳門去。曾經于一五八五至一五九一年在東印度遊歷的一位英國人,說葡人每年約運銀二十萬葡元(crusadoes,約6,000至7,000公斤)往澳門。[24] 他報導的這個數字可能偏低,因爲近年有人根據有關資料計算出,在十六世紀八十年代,葡人每年運往遠東的銀子,多至一百萬篤卡(ducat,過去歐洲許多國家通用的貨幣),或約32,000公斤。[25]

關于萬曆(1573-1620)中葉左右,葡船由印度果亞附近運銀至澳門,再轉運至廣州購買貨物的情況,王臨亨《粵劍編》(《筆記續編》本,廣文書局)卷三,頁一九下至二〇說:"西洋古里【Calicut,在印度西岸果亞之南】,其國乃西洋諸番之會,三四月間入中國市襍物,轉市日本諸國以覓利,滿載皆阿堵物也。余駐省【廣州】時,見有三船至,舟各齎白金三十萬。投稅司納稅,聽其入城與百姓交易。"又說:"西洋之人往來中國者,向以香山澳中爲艤舟之所,入市畢則驅之以去。日久法弛,其人漸蟻聚蜂結,巢穴澳中矣。當事者利其入市,……姑從其便。……夷人金錢甚夥,一往而利數十倍。……"[26] 文中說"白金三十萬",意指銀三十萬兩,也泛指三十萬葡元,或三十萬篤卡。[27] 由此可見,這三艘葡船約于十七世紀初運往澳門、廣州購買貨物的銀子,和上述十六世紀八十年代葡船每年運往遠東貿易的銀數,差不了多少。又據阿特韋爾(Willian S. Atwell)教授的研究,一六〇一年,有三艘葡船由印度啓航往中國,其中一艘在

---

24 C. R. Boxer, *Fidalgos in the Far East 1550-1770,* Oxford, 1968, p. 6; C. R. Boxer, 前引文,in *Philippine Studies,* Vol. 18, no. 3, pp. 435-460; William S. Atwell, "Notes on Silver," in *Ch'ing-shih wen-ti,* Vol. III, no. 8, p. 3; Bal Krishna, *Commerical Relations between India and England (1601 to 1757),* London, 1924, pp. 44-45.

25 Geoffrey Parker, "The Emergence of Modern Finance in Europe, 1500-1730," in Carlo M. Cipolla, ed., *The Fontana Economic History of Europe: The Sixteenth and Seventeenth Centuries,* Glasgow, 1974, p. 528.

26 王臨亨于萬曆二十九年(1601)在廣州閱獄辦理案件,他的《粵劍編》當撰于此時或稍後(見該書敘)。

27 C. R. Boxer, *The Great Ship from Amacon: Annals of Macao and the Old Japan Trade, 1555-1640,* Lisbon, 1963, p.336.

廣東海岸附近失事，船上載有香料及約值三十萬葡元的銀幣，或約銀九千至一萬一千二百五十公斤。[28] 此外，根據索札博士著作的記載，可知在一六二一年之前，有一艘葡船載運約值三十萬兩的銀子，在自印度向澳門航行途中，爲海盜所劫掠。[29] 有人估計，直至一六三九年，葡人經印度果亞及馬尼拉運往澳門的銀子，多至五十萬公斤。[30]

由此可見，原來由美洲運返西班牙的白銀，有不少爲葡人賺取了去，由葡船載運往果亞，再運往澳門、廣州，採購中國貨物，轉運往歐、亞各地出售獲利。可是，到了十七世紀，由于荷蘭海上勢力的崛起，葡人不復能獨佔自歐洲到東方來的新航道。位于印度洋、太平洋間交通要衝的滿剌加，在葡人佔據一百三十年後，于一六四一年爲荷人攻佔。此後航經馬六甲海峽的葡船，便常受騷擾，澳門、果亞間的貿易跟著衰落，從而葡船自本國運往果亞的銀子，便不能順利運往中國了。

四

當葡人因果亞、澳門間航路受阻，而不能自歐順利運銀來華的時候，西班牙自美洲輸入的銀子，又由荷人轉運到東方來。早在一五九五年，荷蘭航海家已經打破葡人對好望角航線的壟斷，率領船舶四艘東來，次年抵達爪哇下港（一作萬丹，Bantam）。到了一六〇二年，荷蘭東印度公司成立，在下港設立商館，其後更在爪哇巴達維亞（Batavia）建立貿易基地，經營歐、亞間廣大地區的貿易。

荷蘭水道交通便利，商業發達，和西班牙貿易，經常保持鉅額出超的紀錄，把西班牙自美洲輸入的白銀，大量賺回本國。十七世紀中葉前後，由于荷對西貿易出超，阿姆斯特丹（Amsterdam）的運銀船隊（silver fleet），每年都有三十至五十艘船隻，駛往西班牙港口，把銀運走。[31] 每年荷船運走的銀子，約佔西

28 William S. Atwell, 前引文，in *Ch'ing-shih wen-t'i,* Vol. III, no. 8, p. 3.

29 George Bryan Souza, 前引書，p. 196.

30 Brian Moloughney, and Xia Weizhong, 前引文，in Paper on Far Eastern History, no. 40, p.59.

31 Kristof Glamann, " The Changing Patterns of Trade, " in E. E. Rich and C. H. Wilson, eds., *The Cambridge Economic History of Europe*, Vol. V (Cambridge University Press, 1977), p. 260.

船自美洲運回總額百分之十五至二十五，有些估計更高至佔百分之五十。[32]

荷人在歐、亞間往來貿易，看見銀在東方的購買力，遠較在歐洲爲大，便大量輸出白銀，使銀在對東印度的出口貿易總值中，佔有很大的比重。一六〇三年，荷向東印度輸出的白銀，其價值爲輸出貨物的五倍；及一六一五年，更多至爲輸出貨物的十五倍。[33] 由一七〇〇至一七五〇年，荷向東印度輸出貨物價值，約佔輸出總值三分之一少點，輸出貴金屬(以銀爲主)則佔三分之二有多。[34] 有人估計，自一五七〇至一七八〇年，西班牙大帆船自美洲運銀至菲律賓，共約 400 百萬盾；約在同一時期，由荷蘭運往亞州的金、銀(以銀爲多)，多至 590 百萬盾以上。[35] 荷蘭東印度公司在十七世紀運往亞洲的金、銀，共值 125 百萬盾；及十八世紀，激增至 448 百萬盾。[36]

荷人以巴達維亞爲基地來經營東至日本、西抵波斯灣的廣大地區的貿易，他們自歐洲東運的銀子，分別用來在亞洲各地採購貨物，並不以在中國爲限。但明、清間中國銀價高昂，物產豐富，視銀如至寶的中國商人，看見荷人帶來那麼多銀子，購買力很大，自然努力拓展對荷輸出貿易，把銀賺取回國。在一六二五年，

---

32 同上；Violet Barbour, *Capitalism in Amsterdam in the Seventeenth Century*, Baltimore, 1950, p. 51；C. R. Boxer, 前引文，in *Philippine Studies*, Vol. 18, no. 3, pp. 469-470.

33 M. A. P. Meilink-Roelofsz, *Asian Trade and European Influence in the Indonesian Archipelago between 1500 and about 1630*, The Hague, 1969, p. 378.

34 Ivo Schöffer and F. S. Gaastra, " The Import of Bullion and Coin into Asia by the Dutch East India Company in the Seventeenth and Eighteenth Centuries, " in Maurice Aymard, ed., *Dutch Capitalism and World Capitalism*, Cambridge University Press, 1982, pp. 222-223.

35 同上，p. 230. 按在十七世紀六十年代，每兩銀等于 3.5 盾；到了八十年代，等于 4.125 盾。(見 John E. Wills, Jr., *Pepper, Guns and Parleys : The Dutch East India Company and China, 1662-1681*, Cambridge, Mass., 1974, p. 27.)到了十八世紀，在一七二九年，每兩銀等于 3.64 盾；一七三一年，3.57 盾；一七三二年，3.64 盾；一七三三年，3.55 盾。(見 C. J. A. Jörg, *Porcelain and the Dutch China Trade*, The Hague, 1982, p. 325.)

36 F. S. Gaastra, " The Dutch East India Company and Its Intra-Asiatic Trade in Precious Metals, " in Wolfram Fischer, R. Marvin McInnis and Jügen Schneider, eds., *The Emergence of a World Economy 1500-1914: Papers of the IX International Congress of Economic History*, Wiesbaden, 1986, p.99.

駛抵巴達維亞的中國商船，其噸位有如荷蘭東印度公司回航本國的船隊那麼大，或甚至更大。在一六四四年，航抵巴達維亞的八艘華船，共輸入中國貨物三千二百噸，但它們自那裡運返中國的貨物，每年不過八百至一千二百噸。[37] 由于貿易順差，中國商船離巴達維亞返國，經常運走鉅額白銀。因爲華船繼續把銀運走，到了一六五二年八月，巴達維亞市場上深以交易籌碼不足爲苦，政府被迫准許使用已被剝奪貨幣資格的錢幣來交易。[38]

中國對荷輸出的貨物，種類甚多，而以生絲、瓷器及茶葉爲最重要。荷蘭東印度公司自創辦時開始，即把生絲與胡椒及其它香料並列爲最能獲利的商品來經營。[39] 在荷蘭市場上，中國生絲要和波斯生絲競爭，但在一六二四年二月廿七日阿姆斯特丹生絲價目單上，因爲品質較優，中國產品被評價較高。[40] 在十七世紀三十年代，荷人自波斯運生絲赴阿姆斯特丹出售，利潤爲投資的百分之一百，中國生絲的利潤則高至爲百分之一百五十。[41]

除生絲外，東來貿易的荷人又爲中國瓷器在歐洲開闢廣大的市場。自一六〇二至一六八二年，荷蘭東印度公司輸入歐洲的瓷器，共達一千二百萬件；如加上運往亞洲各地出賣的瓷器數百萬件，則在這八十年間，中國通過該公司輸出的瓷器，超過一千六百萬件。[42] 荷蘭東印度公司經營中國瓷器出口貿易，主要以台灣、巴達維亞爲轉接基地。自一七二九年開始，該公司開闢荷蘭、廣州航線，在

---

37 Leonard Blussé, "Chinese Trade to Batavia during the Days of the V. O. C.," in Centre for the History of European Expansion, *Inter-disciplinary Studies on the Malay World*, Paris, 1979, *Archipel* 18, pp. 195, 205.

38 Kristof Glamann, *Dutch-Asiatic Trade, 1620-1740*, The Hague, 1958, pp. 54, 56-57.

39 同書，p.112; Niels Steensgaard, *The Asian Trade Revolution of the Seventeenth Century : The East India Companies and the Decline of the Caravan Trade*, Chicago, 1973, p. 158.

40 Kristof Glamann, 前引書，p. 113；陳小冲〈十七世紀上半葉荷蘭東印度公司的對華貿易擴張〉，《中國社會經濟史研究》，一九八六年，第二期。

41 M. A. P. Meilink-Roelofsz, 前引書，p. 263.

42 T. Volker, *Porcelain and the Dutch East India Company*, Leiden, 1954, pp. 48, 227-228; 林仁川〈試論明末清初私人海上貿易的商品結構與利潤〉，《中國社會經濟史研究》，一九八六年，第一期；陳萬里〈宋末清初中國對外貿易中的瓷器〉，《文物》，一九六三年，第一期，頁二二。

廣州瓷器市場上成爲最大主顧之一，[43] 中國瓷器出口貿易遂呈現出一個新局面。荷船自廣州直接航行返國，由一七三〇年至一七八九年，共自廣州輸出中國瓷器四千二百五十萬件，每年平均七十二萬件，將近爲十七世紀的五倍。[44]

除絲、瓷外，近代中國茶葉對歐輸出貿易，在歐洲各國商人中，首先由荷人經營。早在一六一〇年，荷蘭東印度公司已經運茶往歐洲出賣，比英國東印度公司于一六六九年纔第一次運茶赴英，要早半個多世紀。荷人壟斷華茶對歐輸出貿易，約于一六三五年轉運往法國出售，于一六四五年運銷于英國，于一六五〇年運銷于德國及北歐各地。[45] 在一七二九年荷蘭輸入華貨總值中，茶佔百分之八五・一，一七六〇年佔百分之八九・六，直至一七九三年每年多半佔百分之七十以上，成爲輸荷華貨價值最大的商品。[46] 自一七三九年開始，華茶已經成爲荷蘭東印度公司自東方運回歐洲的價值最大的商品。[47] 到了一七四〇年，該公司自東方輸入貨物總值中，華茶和咖啡約佔四分之一。[48]

在十七、八世紀中、荷貿易中，中國既然因絲、瓷、茶及其它貨物的輸出而貿易出超，上述荷人自歐洲運到東方來的銀子，自然有不少輸入中國。在乾隆六年（1741）左右，在籍侍郎蔡新估計，由于中國貨物對荷大量輸出，"閩、廣兩省所用者皆番錢，統計兩省歲入內地約近千萬【兩？】"，[49] 數目可能有些誇大；但我們不能否認，當日中國因爲對荷貿易出超，每年有鉅額白銀輸入中國這一事實。

---

43 C. J. A. Jörg, 前引書，p. 194.

44 C. J. A. Jörg, 前引書，p. 149. 據同書，p. 359，荷蘭東印度公司由一七三〇至一七八九年，共售出瓷器42,689,898件。

45 T. Volker, 前引書，pp. 48-49；G. B. Masefield, "Crop and Livestock," in E. E. Rich and C. H. Wilson, eds., 前引書，Vol. IV. pp. 297-298. 又 Walter Minchinton, "Patterns and Structure of Demand 1500-1750," in Carlo M. Cipolla, ed., 前引書，p. 126, 說荷蘭東印度公司于一六〇九年第一次自中國運茶往歐洲。

46 C. J. A. Jörg, 前引書，p. 217-220.

47 C. R. Boxer, *The Dutch Seaborne Empire 1600-1800*, London, 1965, p.177.

48 Kristof Glamann, "European Trade 1500-1750," in Carlo M. Cipolla, 前引書，p. 447.

49 《漳州府志》（台南市，民國五十四年影印本）卷三三，人物六，頁六四一六五，〈蔡新傳〉；蔡新《緝齋文集》（原書未見，茲引自許滌新、吳承明主編《中國資本

五

上述法國學者索魯認爲，在新大陸發現後的長期間內，產額佔世界總額百分之八十有多的美洲白銀，約有三分之一強，由美洲經太平洋運往菲律賓，及經大西洋運往歐洲，再轉運至亞洲，而其中的大部分最後流入中國。鑒于西班牙大帆船大量運銀往菲律賓，葡、荷及其他歐洲國家商人先後運銀東來，而中國對外貿易又長期鉅額出超，我們有理由接受他這個判斷。

除美洲白銀外，因爲日本在十六、七世紀之交銀產豐富，葡、荷商人又自日本輸出白銀來應付國際貿易上的需要。自十七世紀初期開始，葡人在亞洲各地貿易，需銀甚多，他們由歐洲運來的銀子，約只能滿足所需數額的三分之一，其餘三分之二主要來自日本。[50] 自一六三九至一六六八年，荷人在亞洲貿易所需的銀子，約有二分之一至三分之二來自歐洲，其餘三分之一至二分之一，則來自日本。[51] 這些經由葡、荷商船及其它途徑自日本輸出的白銀，由于中國對外貿易出超，也有不少輸入中國。

主義發展史》，第一卷，《中國資本主義的萌芽》，北京，一九八五年，頁四〇七），卷四；田汝康〈十七世紀至十九世紀中葉中國帆船在東南亞洲航運和商業上的地位〉，《歷史研究》，一九五六年，第八期。又《清朝文獻通攷》（修于乾隆末年）卷一六乾隆十年（1745）項下說："福建、廣東近海之地，又多行使洋錢。……閩、粵之人稱爲番銀，或稱花邊銀。凡荷蘭、佛郎機〔葡萄牙〕諸國商船所載，每以數千萬圓計。……而諸番向化，市舶流通，內地之民咸資其利，則實緣我朝海疆清晏所致云。"

50 Seiichi Iwao, "Japanese Gold and Silver in the World Hsitory," in *International Symposium on History of Eastern and Western Cultural Contacts,* Tokyo: Japanese National Commission for UNESCO, 1959, p. 64.

51 Kristof Glamann, *Bullion Flows and World Trade in the Sxiteenth-Eighteenth Centuries* (Hong Kong-Denmark Lectures on Science and Humanities, 29 April 1981, Hong Kong University Press, 1984)；同上作者，"The Changing Patterns of Trade," in E. E. Rich and C. H. Wilson, eds., 前引書，Vol. V. p. 258.

Estimate of Silver Imports into China from the Americas in the Ming and Ch'ing Dynasties

Ch'üan Han-sheng

In 1492, Spanish frigates under the command of Christopher Columbus crossed the Atlantic Ocean and discovered the new continent of America. Soon thereafter, Spaniards emigrated to the Americas and began to exploit the natural resources they found there. From 1550 to 1800, silver extracted from Peruvian and Mexican mines accounted for more than 80 percent of the world's production of silver.

In China, on the other side of the Atlantic Ocean, from the middle of the Ming dynasty (1368-1644) on, silver was commonly used as currency. As the demand for silver exceeded supply and its price rose, its purchasing power became increasingly greater. Merchants engaged in international trade naturally began to import silver in large quantities into China in order to profit from it.

After the Spanish overseas empire expanded to the Philippines, the Americas became the base from which the Philippines were ruled. Therefore, from 1565 to 1815, every year one to four large ships (usually two) made the Atlantic crossing from Acapulco to Manila. The main American export to the Philippines was silver. Because Chinese merchants greatly valued the purchasing power of silver, they went to considerable lengths to export products in exchange for it.

The French scholar Pierre Chaunu has estimated that long after the discovery of the new continent, American silver production accounted for more than 80 percent of the world's output. More than one third of this silver was transported from the Americas to the Philippines; the remainder was transported across the Atlantic to Europe, and from there on to Asia. The final destination of most of this silver was China. Large quantities of silver were exported from Mexico to the Philippines by Spanish ships, and brought to China by Portuguese, Dutch and other traders, leading to a long-term favorable balance of foreign trade for China. There are, therefore, sound reasons to accept Chaunu's estimate.

出自第六十六本第三分(一九九五年九月)

明代江西兵制的演變

于　志　嘉

有關明代兵制的研究，至今仍以通論性的文章居多。但明代幅員廣闊，腹裡與邊地、沿邊與沿海本應有所分別。明清兩代遺留的地方志數量龐大，以方志爲材料做區域史的研究應有其意義。本文即以乾隆以前刊行的江西地志爲主，討論有明一代江西地區衛所、兵營的設置，兼及民兵制度的演變。對江西地區因應軍事需要陸續增設的督撫兵備及將領，亦儘資料所及加以介紹，以作爲日後比較研究的基礎。

一、前　　言

相對於明代社會經濟史研究的活潑煥發，明代兵制史研究一直都未能得到應有的重視。近60年前吳晗與梁方仲對明代軍與兵的說法，至今仍有其參考的價值。五十多年來學者對明代兵制史研究所作的累積仍非常有限。一些通論性的文章難以掌握各地區之地域性差異，少數嘗試以區域爲對象的研究又受限於史料，常失之於過簡。這其中遼東地區因爲史料遺留的較多，相關的研究成果也最爲豐頑。[1] 筆者近年來從事明代軍戶的研究，對軍役之演變問題深覺地域差異所帶來的影響不容忽視，因此有志於地域史的研究。1993年發表〈明代兩京建都與衛所軍戶遷徙之關係〉一文，以兩京地區爲中心，但所討論的時代僅限於兩京建都前後，涵蓋面相當有限。本文繼前文之後，以江西地區爲對象，涵蓋時代則自元末至明亡，是筆者首篇以地方兵制爲主題的研究。參考資料以方志爲主，盡量查閱

1　詳細討論請參見于志嘉（1992）、趙明（1993）。

了乾隆以前刊行的各種江西地志。選擇江西作爲研究對象，一是因爲江西地處腹裡，受北虜南倭等外患的影響較小，其兵制與具有邊防或海防任務之地區本應有所不同，卻多爲過去的研究所忽略；再者則是因爲江西衛軍多被用於漕運，至清代仍發揮了不少的功用，因此方志中殘留了較多有關軍役、軍籍等問題的資料，有助於吾人對衛所制度的深入了解。軍役問題筆者將另撰文詳細討論，本文僅就明代江西地區兵制之演變，加以論述。一方面爲筆者最關心的軍役演變問題準備一些背景資料，同時也就史料所呈現之若干現象，對目前學界通行的一些說法提出修正意見。

二、明代江西衛所的設立

明代江西地區所設都司、衛所據乾隆《吉安府志》卷34，〈賦役志・屯政考〉引「安志」云：[2]

> 江西都指揮使司，明初建，隸中軍都督府。以都指揮使、同知、僉事各一人領之。其幕：經歷司、斷事司、司獄司。其轄衛四：曰南昌衛、曰九江衛、曰贛州衛、曰袁州衛。千戶所十二：曰饒州所、曰撫州所、曰建昌所、曰廣信所、曰鉛山所、曰吉安所、曰安福所、曰永新所、曰南安所、曰會昌所、曰信豐所、曰龍泉所。

按：《明史・兵二》及萬曆《大明會典・兵部七・都司衛所》「江西都司」下均只列三衛十一所，不見九江衛與龍泉所之名；二書且均以江西都司隸前府，以九江衛爲直隸前府之衛。據《明太祖實錄》，洪武3年12月陞江西衛爲江西都衛指揮使司，8年9月改江西都衛爲江西都司，隸大都督府。13年正月改大都督府爲五軍都督府，以陝西、四川、江西三都司隸右軍都督府。[3] 是有關江西都司之

2 乾隆《吉安府志》凡例中記載是書修纂時曾參考舊志及各廳邑志、通志、一統志、豫章書等，其中提到白志、謝志、安志等（1b、2b），但未明所指。雍正《江西通志・凡例》1b載有：「江西省志（中略）康熙二十二年巡撫安世鼎修之，是爲安志。」

3 史料出處見附表1者不再舉，下同。

所屬，最少有三種不同的說法。《明史》、會典俱以《諸司職掌》爲本，[4] 該書作成於洪武26年，而洪武13年五軍都督府成立以後，明朝政府又陸續添設了中都留守司、貴州、雲南二都司與北平行都司等；[5] 相應於此，對五府所轄都司的內容勢必要做一些調整。江西都司當因此而由右府改爲前府所轄。唯其間是否一度改屬中府，以實錄不載，難以考訂。洪武26年以後，政府又先後增設了四川行都司、萬全都司、湖廣行都司及興都留守司，並改北平行都司爲大寧都司、廢北平都司；[6] 但對原有都司之所屬未再作更動，故此後江西都司即屬前府，九江衛仍爲直隸前府之衛。[7]

九江衛因地處江西行省之內，本文亦一併討論之。該衛設置於洪武22年4月，康熙《九江府志》卷2，〈城池〉，「九江府城」條下謂：

明洪武二十二年，調京軍于茲，設直隸九江衛。

可知九江衛最初是調京軍而設的。九江設府早在辛丑（1361）年，[8] 其地因「元季爲徐壽輝、陳友諒所據以爲都會」，殺戮甚慘，「一郡止留七戶耳」。[9] 可能因爲地方上的反對勢力都被勦滅一空，又缺乏可充作兵源的人力，因此遲至洪武22年才設衛。23年9月，又置中左所，以本衛餘軍及達達軍士隸之。計九江衛下共設六所。[10]

龍泉縣屬吉安府，乾隆《吉安府志》〈賦役志・屯政考〉將府內吉安、安福、

4 見《諸司職掌・兵部・職方部・城隍》16b、17b-18a。

5 參見《明太祖實錄》139:3a，洪武14年9月丁酉條、同書141:3b，洪武15年正月丁亥條、同書142:1b，洪武15年2月癸丑條、同書185:2a，洪武20年9月癸未條。按：北平行都司初設時名大寧都司，洪武21年7月改稱北平行都司，見同書192:2b，甲申條。

6 參見《明太祖實錄》234:4a，洪武27年9月丁未條、《明宣宗實錄》67:5a，宣德5年6月壬午條、《明憲宗實錄》160:4a，成化12年12月己丑條、《明世宗實錄》224:14a，嘉靖18年5月丙子條、《明太宗實錄》18:1b，永樂元年3月壬午條、同上書17:1a-2a，永樂元年2月庚戌條。又，有關北平都司的廢置，可參考于志嘉（1993:152）。

7 參見《明史・兵二・衛所》90:2214、2217；萬曆《大明會典・兵部七・都司衛所》124:20a、25b。

8 參見《明史・地理四・江西》43:1056。

9 參見康熙《九江府志・藝文・太守江公蠲免兩衛屯糧碑記》15:17a-18b。

10 九江衛下設有六所，見茅元儀《武備志・占度載・江西敘圖說》192:15a、乾隆《德化縣志・建置・九江衛分軍册序》4：52b。六所爲前、後、左、右、中、中左六所。

永新、龍泉四所並稱，[11] 但龍泉實爲百戶所。同書卷35，〈軍政志・營署〉有云：

龍泉舊守禦百戶所，在縣治東。明洪武七年甲寅建，三十一年戊寅裁回贛州衛。永樂元年癸未復設，隸贛州衛左千戶所。

龍泉所雖在吉安府境，卻隸屬於贛州衛左所，可能是因爲地理位置上較爲近便之故。[12] 洪武31年雖一度奉裁，但在永樂元年復設以後，一直要到清順治10（1653）年創修營制後，才與府下其他三所一起被裁汰。[13] 因其設所久，且地位重要，本文亦一併討論之。

「安志」所云江西都司所轄四衛十二所，去除九江衛及龍泉所後，實際只有三衛十一所。此即明代江西都司轄下所有之衛及守禦千戶所。[14] 附表1按《明史》、會典等書之順序，羅列南昌衛以下各衛所設置之相關資料。但本文受限於有限之資料以及資料間之關係，爲敘述方便，未能完全按照表中所排之順序。又，附圖1爲明代江西地區衛所分布圖，以下即參照圖、表，略論江西都司各衛所設置之概況。

附表1：明代江西地區都司衛所設置表

都司衛所名	時　間	相　關　記　事	出　處
江西都司	洪武3年12月辛巳	陞杭州、江西、燕山、青州四衛爲都衛指揮使司	《明太祖實錄》59:9b
	洪武8年9月癸丑	（改）江西都衛爲江西都指揮使司。（中略）隸大都督府	《明太祖實錄》101:4a-b

11　見是書34:1a-2b，史文謂：「府屬四所」、「吉安四所五廳縣」。

12　乾隆《吉安府志・藝文志・乞專官分守地方疏》66:5b-7a謂：「臣竊照：江西南安、贛州二府所屬各縣，與吉安府所屬萬安、泰和、永豐、永寧、龍泉等縣，并撫州府樂安縣，地壤經畫，彼此相交。」可見龍泉在地勢上與贛州府的關係較吉安府更爲密切。又，《大明一統志》記龍泉所設於「甲辰二年」，不知何所指。疑誤。

13　同上書34:1b，〈賦役志・屯政考〉。但同書34:11b，〈賦役志・漕運考〉又謂龍泉所於順治14年裁汰歸併吉安所，乾隆31年合併永新所與建昌所爲永建所，實際情況待考。

14　江西都司轄下另有寧府、淮府、益府三儀衛司及淮府、益府二群牧所，因屬藩王系統，且相關資料更少，本文從略。

	洪武13年正月癸卯	罷中書省，陞六部，改大都督府爲五軍都督府。（中略）右軍都督府統屬在京虎賁右、水軍右、留守右、武德、廣武五衛，在外陝西、四川、江西三都司并所轄衛所	《明太祖實錄》129:5a-b
九江衛	洪武22年4月丙辰	置安慶、九江二衛指揮使司	《明太祖實錄》196:2a
	洪武23年9月乙巳	置九江衛中左千戶所，以本衛餘軍及達達軍士隸之，各設正、副千戶二人，百戶十人，鎮撫一人	《明太祖實錄》204:3b
		在府治東。洪武二十二年建，隸前軍都督府	《大明一統志》52:21a
南昌衛		南昌前衛，在府治東，洪武十九年建。南昌左衛，在府治南羊巷，洪武八年建。永樂初改爲護衛，天順初復舊	《大明一統志》49:9a-b
		舊有左、前二衙門，左衛在今都司之西，領左、右、中、前四千戶所，即李寅故宅。永樂間改爲寧府護衛，自宸濠叛後裁革。前衛在府治東，洪武年建，五千戶所列堂之左右	萬曆《南昌府志》16:36a
	吳元年10月甲子	命中書平章胡廷瑞爲征南將軍、江西行省左丞何文輝爲副將軍，率安吉、寧國、南昌、袁、贛、滁、和、無爲等衛軍由江西取福建	《明太祖實錄》26:7b
	洪武8年9月癸丑	置南昌左衛指揮使司	《明太祖實錄》101:4b
	洪武13年3月丁巳	罷南昌衛指揮使司，以其將士置袁州衛指揮使司	《明太祖實錄》130:9b
	洪武19年11月己卯	置南昌前衛指揮使司	《明太祖實錄》179:6b
	永樂元年2月丁卯	改南昌左衛爲南昌護衛，隸寧王府	《明太宗實錄》17:6a
	天順2年7月	（寧靖）王違法，多護衛官校	《明英宗實錄》

	辛卯	所誘，其即改爲南昌左衛，以隸都司	293:2b-3b
	正德2年5月己巳	寧王宸濠奏：封國以來，原設護衛，臣祖寧靖王於天順初偶因微事干冒朝廷，所司深文，奏革爲南昌左衛。今臣府止有儀衛司校尉，缺人供役。乞仍改南昌左衛爲護衛，賜府管轄。（中略）得旨：王旣奏本府缺人供役，原革護衛准回本府供役。蓋劉瑾受濠重賂而陰主之也	《明武宗實錄》26:6b-7a
	正德5年8月丁未	復革寧府護衛。（中略。先是，）劉瑾納宸濠賂，矯詔復其護衛。至是，科道以爲言，兵部請改正，故再革云	《明武宗實錄》66:12b
	正德9年4月丁酉	復寧府原革護衛及屯田。（中略）濠未上奏時，密遣人齎金帛數萬，遍賄當路	《明武宗實錄》111:1b-2a
	正德14年5月丙辰	遣太監賴義、駙馬都尉崔元、都御史顏頤壽往江西宣諭寧王宸濠。（中略。諭）以原革護衛并屯田獻還。（中略）冀以寢其謀，而不知濠惡已稔，非空言所能制也。義等未至，變遂作	《明武宗實錄》174:5a-7a
	正德16年3月乙丑	併江西南昌前、左二衛爲南昌衛。宸濠之變，軍士從逆者死亡殆盡，而左衛公署又燬于火，巡撫都御史王守仁請以左衛所存軍餘併歸前衛，總爲南昌衛。掌印、佐貳官俱聽撫按官隨宜委用。從之	《明武宗實錄》197:4a
袁州衛		在府治東。本朝洪武元年建	《大明一統志》57:19b
		洪武元年建衛指揮使司、經歷司、鎭撫司，領左、右、中千戶所三。至十三年增置前、後	嘉靖22年刊本《袁州府志》6:21b

		二所，爲五千戶所。永樂二年立屯田	
	洪武元年6月	以江西山寨藪諸逋逃滋爲患，詔（黃）彬招徠之。彬開鎮袁州，令諸來歸者從軍聽入伍，給糧仗以資，餘悉縱免歸農。由是遠近咸附，遂置袁州衛以守	嘉靖22年刋本《袁州府志》6:25b
贛州衛	洪武5年2月庚寅	置贛州衛	《明太祖實錄》72:2b
	洪武辛亥	立贛州衛。（中略）左、右、中、前、後五所	天啓《贛州府志》12:2a
		贛州衛，在府治東南。會昌守禦千戶所，在會昌縣治東。信豐守禦千戶所，在信豐縣治西北。俱洪武中建	《大明一統志》58:6b
吉安所		在府治後，即宋相周必大故居。本朝洪武二年改爲所。（中略）隸江西都司	《大明一統志》56:10a
		明初於吉安立衛，（中略）洪武二十六年更定衛所，江西四衛省吉安衛，以臨江千戶所改爲吉安守禦千戶所，與安福、永新分立，凡三所	乾隆《廬陵縣志》15:2b
		至正二十二年，明太祖取江西諸路，於臨江設守禦千戶所，統卒一千一百二十人，以屯以守。洪武二十六年更定天下衛所，而臨江所改置吉安	乾隆《清江縣志》10:2b-3a
饒州所		在城西南隅。洪武初總制宋炳即總管府署事，明年千戶白榮修繕	正德《饒州府志》2:6a
安福所		在治東一里許。吳元年千戶夏杭建	萬曆《吉安府志》14:10b
		在縣治東。洪武元年建。（中略）隸江西都司	《大明一統志》56:10a
會昌所		在縣東六十武。（中略）洪武甲子，知縣黃六八、行軍斷事馮忠奏設	天啓《贛州府志》12:32a-b

永新所	乙巳年10月戊辰	立永新守禦千戶所	《明太祖實錄》18:4b
		在縣治西北。吳元年建。(中略)隸江西都司	《大明一統志》56:10a
南安所		洪武二十一年知府董恕奏請開設，二十二年副千戶王福先領軍署民間，二十八年副千戶夏保始剏建於府城西街	嘉靖《南安府志》15:20b
		在府治西。洪武二十四年建	《大明一統志》58:17a
建昌所	洪武元年正月辛丑	置建昌衛	《明太祖實錄》29:15a
	洪武2年2月壬辰	改建昌衛爲守禦千戶所	《明太祖實錄》39:9a
	洪武2年4月癸巳	設建昌衛爲建昌守禦千戶所	《明太祖實錄》41:6b
		在府治南。舊在府城內東南隅，宣德間以其地入荆王府，故建於此	《大明一統志》53:6b
撫州所		在城東南隅老龍坊。癸卯歲，元帥金大旺領軍來守。丙午春，建撫州衛於今處，尋改爲所，領百戶十一。其廨舍實大旺創始	弘治《撫州府志》16:5a
		在府治東南。本朝洪武初爲撫州衛，尋改爲所	《大明一統志》54:8a
鉛山所		在縣治西。洪武九【元】年二月千戶蔣奎建	嘉靖《鉛山縣志》4:7b
		在縣治西。(中略)洪武元年建	《大明一統志》51:6a
廣信所	洪武元年3月辛未朔	置廣信守禦千戶所	《明太祖實錄》31:1a
		在府治東北。(中略)洪武元年建	《大明一統志》51:6a
信豐所		在縣西北。(中略)洪武甲子，縣丞李子昭奏設	天啓《贛州府志》12:32a
龍泉百戶所		在縣治東。元萬戶府舊址。本朝甲辰二年建，隸贛州衛	《大明一統志》56:10a

附圖一：明代江西地區衛所分佈圖

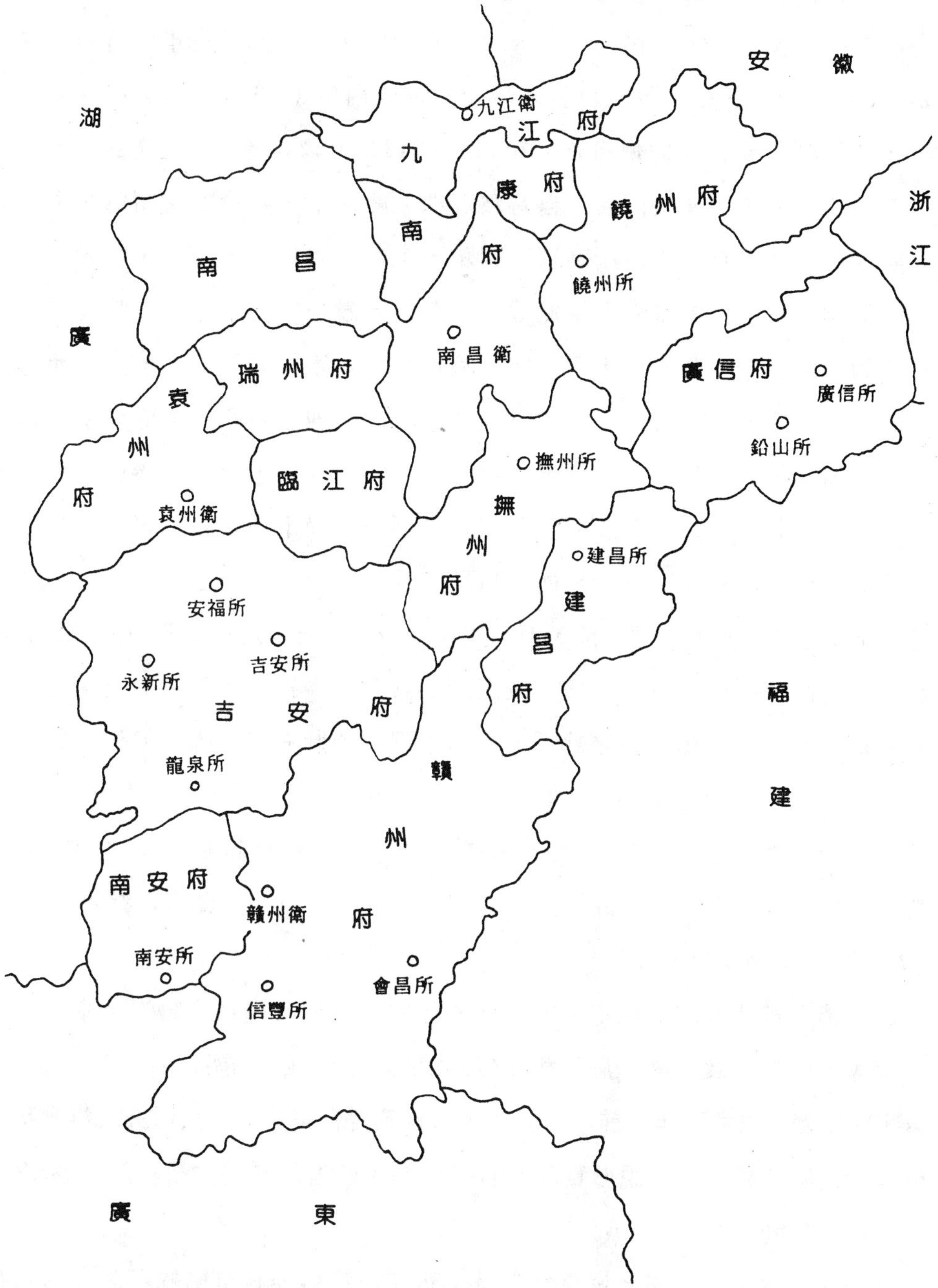

* 《大明一統志》49:9a-b、50:7a、51:6a、52:21a、53:6b、54:8a、56:10a、57:19b、58:6b・17a。
* 據譚其驤《中國歷史地圖集》第七冊，64-65。

袁州衛的設立有異說。一說以爲係洪武元（1368）年六月黃彬受詔招徠江西山寨逋逃者爲軍設置者，初僅左、右、中三千戶所，至洪武十三年增置前、後二所，始備爲五所。[15] 另一說則將設衛時間上推至丙午（1366）年，並以歐文顯爲始設者。嘉靖40年刊《袁州府志》卷18，〈藝文〉譚九齡〈重建衛碑記〉云：

袁居江西上游，連接湖廣，自昔爲藩郡。歲丙午，始命歐文顯爲僉事，開衛置司，俾十有二千戶所隸焉。明年，千戶韋富以功陞僉事，繼陞副使。時征討方殷，公署未立。洪武改元，韋侯始建公宇治事，而一時權宜，未盡如制。三年，朝廷以天下大定，論賞功臣，韋後擢陞同知，而淮西王侯仍、濟寧馬侯英來會衛事。二侯久歷兵務，至則議新政令，而舊所隸兵悉分代閩建，惟千戶王用所轄千人存焉。會朝廷籍兵士之餘丁義屬者爲兵，三侯閱其壯勇者二千人以聞。明年，命下，增設千戶、百戶等以率之，併舊兵分爲左、右、中三千戶所。自是，兵勢益勝。

譚九齡此記成於前、後所設置之前，但有關左、右、中三所之記載即與前說大異。據此記，袁州衛初設時共有十二所，後因所隸兵多改調福建，至洪武三年時僅餘一所。爲補充兵源，乃由軍士之餘丁、義子中選取勇壯者二千人，於洪武四年合舊兵千人分立爲左、右、中三所。

譚記之作，受託於王仍、馬英，所述當爲事實；然府志雖收錄此記，卻於〈武衛志〉中略去其中細節，致後人不得其詳。按：《明太祖實錄》卷26，吳元（1367）年10月甲子條謂：

命中書平章胡廷瑞爲征南將軍、江西行省左丞何文輝爲副將軍，率安吉、寧國、南昌、袁、贛、滁、和、無爲等衛軍由江西取福建。

可知袁州衛確實在洪武元年以前已經成立，並且確實在吳元年被派遣去攻打福建。而袁州衛設衛時間異說，二說於實錄均有跡可循。前者見《明太祖實錄》卷32，洪武元年6月壬寅條：

上聞江西諸山寨逋卒多逃竄爲民患，詔江西行省參政黃彬統所部兵鎮袁州

15 見附表1。又參見嘉靖40年續刊本《袁州府志・兵衛》3:22a、〈武勳・黃彬〉8:38a-b、乾隆《袁州府志・屯運・衛址》10:2a。

以招集之。

後者則見於同書卷10，壬寅（1362）年正月戊辰條：

袁州歐普祥遣其子文廣來見。上厚賜遣之，令普祥仍以本部守袁州。

歐普祥卒於甲辰（1364）年六月，[16] 歐文顯或爲歐文廣之誤。[17] 由壬寅至甲辰短短兩年的時間內，歐普祥率所部兵取撫州、克武昌、平贛州，這些部隊應即是丙午年設衛的班底。但在設衛以前究以何種形式存在，卻史無明文。僅知歐普祥係以袁國公銜「守舊鎭，加兵權」。歐普祥死後又兩年，袁州衛成立。但實錄中所載袁州衛的設衛，卻遲至洪武13年。同書卷130，洪武13年3月丁巳條：

罷南昌衛指揮使司，以其將士置袁州衛指揮使司。

13年是爲袁州衛前、後所設置之年。綜上可知，早在丙午年袁州衛即已設立，初時有12所，吳元年因被派至福建征討，此後大部分衛軍即留在福建。洪武4年經過初步重建，13年復吸收南昌衛軍完成一衛五所的體制。不難想見，南昌、贛州二衛的設置極可能也經歷了相同的過程，唯以史料缺乏，無法復原出完整之形貌。

南昌衛據前引實錄，曾在吳元年10月與袁州衛軍一同被派去攻打福建，到洪武13年被罷廢並以其將士置袁州衛，但此一南昌衛並非《明史》或會典中所謂的南昌衛。《明史》卷90，〈兵二・衛所〉「南昌衛」條下記有：

正德十六年，以左、前二衛并改。

可知該衛在正德16年以前是分爲二衛的。其中南昌左衛成立於洪武8年9月，南昌前衛成立於洪武19年11月。南昌左衛在合併前曾數度被改爲寧王府護衛，根據實錄的記載，最早的一次在永樂元（1403）年2月，「改南昌左衛爲南昌護衛，隸寧王府」。到天順2（1458）年7月，因寧靖王違法「多護衛官校所誘」，復改爲南昌左衛。正德2（1507)年，寧王宸濠以「缺人供役」爲由，請復護衛，因重賄劉瑾，得以成功。但在正德5年8月劉瑾失勢後再度被革廢。

16　參見《明太祖實錄》15:2a-b，甲辰年6月丁巳條。

17　嘉靖40年刊本《袁州府志》卷8，〈武勳〉有歐祥（即普祥）、黃彬、韋富傳，但對建衛之歐文顯卻隻字不提。歐祥傳記攻討贛州事，袁國公手下諸將係由「平章歐文廣親行統領」（8:37a）。歐祥死後，部隊由其子暫行接管當不無可能。以下有關歐祥之記事，參見府志歐祥傳。

正德9年，宸濠再度以「金帛數萬，遍賄當路」，得復護衛及屯田。當時宸濠反狀已顯，但因與朝中權倖密相勾結，又善于取悅武宗，其事得以不發。後以太監張忠語，漸爲武宗所疑。[18] 正德14年，御史蕭淮疏言宸濠諸罪，大學士楊廷和建議「如宣宗處趙府事，遣勳戚大臣宣諭，令王自新」。[19] 武宗遂遣駙馬都尉崔元等往諭，令獻還護衛及屯田。宸濠得訊，乃於翌月（6月）正式發動武裝叛亂。

宸濠之亂由於汀贛巡撫僉都御史王守仁的迅速應變，僅月餘即被平定。正德16年3月，併南昌前、左二衛爲南昌衛。理由是宸濠之變，軍士從逆者死亡殆盡，左衛公署又燬于火。合併前的南昌左衛有左、右、中、前四千戶所，前衛有左、右、中、前、後五所，合併後沿用前衛公署，分作五所。[20] 很明顯的，此南昌衛與吳元年時的南昌衛並無任何關係，惜方志中對早期南昌衛的存在形態亦未提供任何資料。僅能推測原南昌衛的衛軍也與袁州衛軍一樣，大部分在福建平定後留戍福建，剩餘的部分則在洪武13年被併入袁州衛。是時南昌左衛已經成立，原南昌衛遂被裁撤。

贛州衛的情形可能也很類似。實錄所載贛州衛正式設衛的時間在洪武5年2月，天啓《贛州府志》作洪武辛亥（1371），早於實錄一年。但府志中的一段話或許有助於對元末時期的了解，援引如下：[21]

> 元至正戊戌，熊天瑞據城，即故館驛置兵衛。國朝洪武辛亥，指揮楊廉、王勝議建衛所，遂因之。

按：衛所本爲元代既有之兵制，元末割據群雄以之區分手下軍隊亦不足爲奇。熊天瑞初從徐壽輝攻略江湘間，後以陳友諒命，攻陷臨江、吉安、贛州等地，遂據有贛州、吉安、南安、南雄、韶州諸郡，「自稱金紫光祿大夫司徒平章軍國重事

18 有關宸濠之變的詳細經過，參照湯綱・南炳文（1985:310-317）、奥崎裕司（1985）。另外，奥山憲夫（1983）則就變亂中王府軍與政府軍的構成、兵源加以討論。

19 參見《明史・諸王列傳・寧王權》117:3595。

20 參見萬曆《南昌府志・武職》16:36a-37a、40a。

21 參見天啓《贛州府志・兵防志・軍署》12:31a。

兼侍衛親軍都指揮使」。[22] 贛州府城所置兵衛究何以名之，史文不載，但由熊天瑞的封號推測，很可能即是某某衛或某某親軍衛。甲辰（1364）年8月，常遇春兵至贛州，朱元璋遣汪廣洋諭之以勿殺，其言曰：[23]

要當以保全生民爲心，一則可爲國家用，一則爲未附者勸。（中略）鄱陽湖之戰，陳友諒既敗，生降其兵，至今爲我用。縱有逃歸者，亦我之民。

遇春既受命，「乃浚濠立柵以困之」，凡五閱月，天瑞援絕糧盡而降。朱元璋以遇春能克贛不殺，特「遣使褒諭之」。這些因不殺而得以保全性命的將士，推測應爲元璋所用，天瑞養子元震且被授以指揮之職。[24] 吳元年時代的贛州衛或許即是以這些人爲班底形成的。

建昌所據實錄初爲建昌衛，置於洪武元年正月，翌年2月（一說爲4月）改設所。乾隆《建昌府志》卷17，〈武備考・歷代兵制〉謂：

至元二十一年春，置建昌戍兵，改指揮等營爲翼萬戶府。（中略）洪武元年改翼萬戶府爲指揮司，三年改守禦千戶所。

三年應爲二年之誤。所謂「改翼萬戶府爲指揮司」，其意不詳。按：建昌在元末爲陳友諒平章王溥所據，辛丑（1361）年9月降於元璋，《明太祖實錄》卷9，是月辛亥條記此事謂：

時溥以其弟漢二兵敗被執，又聞友諒失九江敗走，勢孤不能自支，漢二又以書招之。溥遂（中略）遣萬戶羅康榮奉書來請降。上命各復其官，俾仍守建昌。

既「各復其官」，則原有之萬戶府似應維持原狀。但當時朱元璋已在江浙一帶設置不少翼元帥府，江西地區也已有廣信之龍虎翼元帥府，[25] 建昌之翼萬戶府在洪武元年改設爲衛之前，是否能持續七年維持舊有體制，仍不無疑問。

撫州所亦由衛改。弘治《撫州府志》記癸卯（1363）歲元帥金大旺領軍來守，

22 參見《明太祖實錄》16:1a，乙巳年正月己巳條。

23 參見《明太祖實錄》15:4a-b，甲辰年8月條。

24 以上見《明太祖實錄》16:1b-2a，乙巳年正月己巳條。

25 龍虎翼之設詳下文。又，有關朱元璋設立翼元帥府事，參見南炳文（1983:138-142）。

丙午春建撫州衛，尋改為所；《大明一統志》則作「洪武初」。查實錄，金大旺來守撫州應在甲辰（1364）年3月。[26] 撫州原為陳友諒右丞鄧克明所據，辛丑（1361）年11月，鄧愈下撫州，克明降而復逃，被擒囚送建康。其弟志明於從征贛州途中，據新淦之沙坑、麻嶺等寨而叛。[27] 壬寅年正月，改撫州路為臨川府，尋復其舊名。[28] 又二年，金大旺來守。同年8月，常遇春、鄧愈平新淦諸寨，志明被擒，遂與克明俱伏誅。[29] 撫州因克明兄弟叛逃，因此須另派守將。金大旺來守後不久，撫州發生克明舊伍叛亂事。《明太祖實錄》卷15，甲辰年11月壬申條：

> 故鄧克明部卒羅五叛寇撫州，守將金大旺討斬之。羅五者，撫之崇仁縣人。克明兄弟既敗，常遇春籍其散卒三千七百餘人分置撫州部伍中。羅五因糾集克明餘卒，謀入撫州為亂，密使人持書約城中舊卒為應。書為大旺所得，大旺乃盡縛其卒，嚴兵以待之。既而果來攻城，大旺盡殺所縛卒，開門出擊，遂破之。境內悉平。

可知克明舊部有不少初仍留戍撫州各地。金大旺能在亂發之前盡縛其卒，是其手下另有足以對抗之其他部隊。亂平之後年餘新設的撫州衛，恐怕已經沒有克明舊人了。

吉安所初亦為衛。但其由衛改所的情形與建昌、撫州不同，乃是在洪武26年更定衛所時全衛被廢，另移臨江所改置而成。吉安衛設衛時間實錄、府志俱不載，乾隆《廬陵縣志》謂在明初，《大明一統志》謂「洪武二年改為所」，「所」應為「衛」之誤。臨江設所據乾隆《清江縣志》，當在至正22（1362）年以後。按：吉安設府在壬寅年，[30] 是年正月，守吉安土軍元帥孫本立、曾萬中等納款，2月，以軍民錢穀之數來報。8月，陳友諒將熊天瑞陷吉安，以其知院饒鼎臣守之。12月，朱文正遣裨將率軍取吉安，遂以朱叔華知府事。癸卯（1363）年5月，

26 參見《明太祖實錄》14:4a，甲辰年3月丁卯條。

27 參見《明太祖實錄》9:6b，辛丑年11月己未條、同書15:3a-b，甲辰年8月壬辰朔條。

28 參見《明太祖實錄》10:1a，壬寅年正月乙卯條。

29 參見《明太祖實錄》15:3a-b，甲辰年8月壬辰朔條。

30 參見《明史・地理四・江西》43:1062。

饒鼎臣等復陷吉安，此後一直要到翌年8月，吉安才由常遇春、鄧愈克復。[31] 臨江設府在癸卯年，[32] 是年5月，饒鼎臣陷吉安後不久又攻破臨江，臨江府同知趙天麟不屈死。甲辰年朱元璋軍克臨江。[33] 翌年2年，朱元璋派遣親故將領分守二地。《明太祖實錄》卷16，乙巳年2月辛丑條：

> 命千戶夏以松守臨江，張信守吉安，單安仁守瑞州，悉屬江西行省節制。將行，上召以松等諭之曰：汝皆吾親故有功之人，故命以專城之寄。夫守一郡必思所以安一郡之民，民安則汝亦安矣。昔者喪亂，未免有事于征戰；今旣平定，在于安輯之而已。

吉安、臨江歷經攻防，數易其主，至此終告平定。夏以松、張信雖以千戶武職分守二地，但所負起的，主要是安民的任務。這在元末明初的朱政權下，並不是特別的例子。[34] 吉安衛與臨江所之設應在此之後，惜實錄與方志俱不載其經過。值得注意的是，吉安、臨江、瑞州三地到了明初一設衛一設所一卻不設衛所，及至洪武26年重定衛所，又撤吉安衛，改臨江所爲吉安所。臨江廢所的原因據嘉靖《臨江府志・田賦志・兵議》，乃是因爲「郡處江右之中」；瑞州亦居腹裡，不設衛所的理由當亦在此。但同屬腹裡的撫州卻有撫州所，可見明朝政府的考量絕不僅限於此。這些問題若能釐清，對明代衛所之設置理念當能提供一合理之解釋。

永新所的設置，實錄中有明確日期，即乙巳（1365）年10月戊辰。永新於元末爲周安所據，安「立山寨，重歛厚賦，恣睢殺人，暴橫日甚」。陳友諒敗亡後，一旦歸降於朱元璋，不久「疑而復叛，仍與諸山寨相結拒命」。10月戊辰，

---

31 參見《明太祖實錄》10:2a，壬寅年正月癸酉條、同書10:6a，同年12月己丑條、同書11:3b-4a，同年8月癸巳條、11:4a-b，同年12月丁亥條、2:4a，癸卯年5月己巳朔條、15:4a，甲辰年8月戊戌條。

32 參見《明史・地理四・江西》43:1063。

33 參見《明太祖實錄》12:4a，癸卯年5月己巳朔條。又，16:1b，乙巳年正月己巳條記熊天瑞事，繫朱元璋軍之克臨江於甲辰年。

34 此類例甚多，本文不備舉。事實上，洪武中尚有以武官轉任文職的，如《明太祖實錄》142:5b，洪武15年2月乙亥條：

> 起致仕濟寧左衛鎮撫胡溥爲山東布政使司右布政使，濟州衛百戶周景爲左參議，永平衛百戶范誠爲右參議。（下略）

這一次的人事命令，計有十一名致仕武官改任文職。

「平章湯和克永新」，遂立千戶所守禦之。[35]

康熙《永新縣志》的記載則與實錄不同。該書卷1，〈建置〉，「舊制所署」下謂：

> 千戶所之建，始吳元年丁未。明兵旣平周安，始立守禦千戶所鎭焉。其時正千戶兪茂、副千戶方梅山首擇地於縣西北隅，建所廳署及幕司庫獄，最稱恢壯。

同書卷4，〈官績·武勳〉亦謂兪茂「吳元年任永新守禦正千戶，剛果有才略，修城池，練軍實，始建所署，規制悉由經畫。」吳元年或爲所署修建之年，永新設所應仍在乙巳年。

安福所據萬曆《吉安府志》，建於吳元年；《大明一統志》則記在洪武元年。安福在元代爲安福州，屬吉安路。[36] 甲辰年8月，常遇春、鄧愈進兵吉安，饒鼎臣夜棄城走安福。乙巳年正月，鄧愈遣兵討饒鼎臣于安福。6月，克安福州。[37] 安福所與永新所明初俱轄屬於吉安衛，洪武26年吉安衛改爲所，安福與永新亦各分立爲守禦千戶所，直隸江西都司。[38] 永新所據萬曆《吉安府志》亦建於吳元年，但由前文可知，其設所當在乙巳年永新平定之同時，吳元年實爲建署之年。安福所是否與永新所情況相同，尙有待考察。

饒州所設所時間不詳。前引《明太祖實錄》卷16，乙巳年2月辛丑條記以千戶夏以松、張信守臨江、吉安事，其後又謂：

> 又命千戶宋炳守饒州，參軍詹允亨總制辰、沅、靖、寶慶等處州郡，聽湖廣行省節制。

據正德《饒州府志》，宋炳當即最初署所事之人。但府志以「總制」爲宋炳官銜，

35 參見《明太祖實錄》17:4b，乙巳年7月丁巳朔條、同書18:2b，乙巳年10月丙午條、同書18:4b，同月戊辰條。

36 參見《元史·地理五·江西》62:1509。

37 參見《明太祖實錄》15:4a，甲辰年8月戊戌條、同書16:2b-3a，乙巳年正月甲戌條、同書17:2a，乙巳年6月丁酉條。

38 參見乾隆《吉安府志·軍政志·軍政考》35:2a。

或爲誤讀實錄所致。[39] 饒州元末爲陳友諒平章吳宏所據，辛丑（1361）年8月，吳宏降，「命仍其官守饒州」。是月，改饒州路爲鄱陽府，隸江南行省。「尋曰饒州府，來隸」江西。[40] 饒州路在元代本屬江浙行省，[41] 初降於朱政權時被編入江南行省轄下本不足爲怪，可怪者其軍政系統卻由湖廣行省節制。實錄資料是否有誤，有待進一步查考，但即使無誤，這樣的編制也沒有持續很久，至遲到《諸司職掌》成書的時代，饒州所已改由江西都司轄屬了。

廣信所的設置亦見於實錄，即洪武元年3月辛未朔。但廣信之平定在庚子（1360）年5月，是月甲申，改信州路爲廣信府，並立龍虎翼元帥府。[42] 翼元帥府爲衛的前身，甲辰（1364）年3月庚午罷諸翼而設衛，[43] 龍虎翼很可能即改設爲廣信衛。《明太祖實錄》卷17，乙巳年5月庚申條：

廣信衛指揮王文英率師趨鉛山。

可知在洪武元年廣信所設所之前，確曾有廣信衛存在過。但後來如何改置，史無明文，無由考證。

信豐設所據天啓《贛州府志》，應在洪武甲子（1384）年，奏設者爲縣丞李子昭。但乾隆《信豐縣志》載有李子昭〈請建守禦千戶所疏〉，上疏的日期卻在洪武21（1388）年3月初4日。[44] 按：信豐「所屬地方僻在江西窮源之地」，

39 宋炳官銜問題，蒙黃彰健先生見告，宋炳之名兩見於《明太祖實錄》(16:4b、18:3a)，其官銜俱爲「千戶」。《饒州府志》作「總制」，或係誤讀上引史料，將其後之詹允亨官銜（「總制辰、沅、靖、寶慶等處州郡」）誤植所致。詹允亨事跡另見《明太祖實錄》17:5a、17:6a、22:1a、22:6b，其官銜爲「總制辰沅等州參軍」。謹此特向黃先生致謝。

40 參見《明太祖實錄》9:5b，辛丑年8月戊申條、《明史・地理四・江西》43:1057。又，康熙《饒州府志・輿地志・沿革》1:3a-b謂鄱陽府改曰饒州府在洪武2年，改隸江西布政司在洪武9年；然《明太祖實錄》16:2b，乙巳年正月甲戌條謂：「調黃州知府陶安知饒州府。」是在乙巳年時已稱爲饒州府。而洪武9年則是改行中書省爲承宣布政使司之年（參見《明太祖實錄》106:5b，洪武9年6月甲午條）。故此處姑從《明史》之說。

41 參見《元史・地理五・江浙》62:1500。

42 參見《明太祖實錄》8:8b-9a，庚子年5月戊寅條、甲申條。

43 參見《明太祖實錄》14:6a。

44 參見乾隆《信豐縣志・藝文志・奏疏》12:3a-4b。

「因地接廣東峒獠，素習狠兇」，自前元丙子（1336）以來，即多次爲廣寇所擾。乙巳年正月，常遇春、鄧愈克復贛州府城，[45] 信豐縣官庶亦納款歸順。到洪武18年，又有廣寇周三官、楊烈侯之亂。及亂平，「官軍回兵，其潰散賊徒仍于四境不時出沒」，「若以進兵討捕，其廣東地方山林深遠，殘賊竄伏，無由擒獲」，因而有在當地置兵設所之議。李子昭之疏及信豐設所事實錄俱不載，乾隆《信豐縣志》對所署之設亦有洪武甲子及洪武24年二說，[46] 但同書〈兵防志・鎮戍〉記「明設守禦千戶所正千戶」，於「陶鑄」條下註有：「贛州衛左所，洪武二十二年開所時委署所事」，與李疏時間相符。故信豐所應設於洪武22年，所署則成立於24年。

會昌所據天啓《贛州府志》亦設於洪武甲子。乾隆《會昌縣志・武備》沿襲此說，但由李子昭前引疏中所謂：

> 如蒙設法相度地方，在于本縣、龍南、安遠、會昌及廣東等處，于賊人經行水陸截要處，分設屯營，布種田土，且守且耕，毋令入境，不戰而息。

似乎在洪武21年此疏上時會昌尚未設所。會昌所之設置起因於知縣黃六八、行軍斷事馮忠之議，與李疏並無直接關聯。可惜的是，縣志雖有黃六八之傳，卻不記其出任知縣之年。[47] 會昌設所之年仍有待查考。

南安所設置經過詳見嘉靖《南安府志》。〈建置志・公署〉記該所於洪武21年由知府董恕奏請開設，翌年由副千戶王福借民居設署，至28年始正式創建所署。《大明一統志》謂南安所設於洪武24年，不知何所指，但與府志之說大體相符。唯康熙《南安府志》仍有異說。卷16，〈事考志・郡事〉：

> 明洪武元年三月，遣贛州衛指揮使陸仲亨、胡通統本衛及南安千戶所軍取廣東。[48]

---

45 參見《明太祖實錄》16:1a，乙巳年正月己巳條。李子昭疏有「甲子年間，幸蒙皇上命常國公統率雄師，克復贛州府城池」（12:4a）一語，甲子應爲甲辰之誤，參見《明太祖實錄》15:4a，甲辰年7月戊戌條。

46 分別見於是書6:8a，〈兵防志・軍署〉及16:8b，〈外志・雜祀〉。

47 參見乾隆《會昌縣志・宦績》19:3b-4a黃六八之傳、同書17:4b，〈職官・知縣〉。

48 《明太祖實錄》30:12b，洪武元年2月壬戌條記此事，謂：「敕贛州衛指揮使陸仲是早在洪武元年南安所即已存在。南安在元末與贛州、吉安、南雄、韶州諸郡同屬陳友諒手下熊天瑞所據，乙巳年正月常遇春克贛州，天瑞出降，遂「盡獻其地」。[49] 同月甲戌，常遇春進師南安，「遣麾下危止踰嶺南招諭韶州諸郡未下者」，于是韶州守將張秉彝等、及南雄守將孫榮祖等「各籍其兵糧來降」。遇春乃以指揮王璵守南雄、令張秉彝仍守韶州。[50] 當時由於廣東未平，贛州、南安與南雄、韶州同居前哨地位，所留重兵或即以衛所稱之。及廣東平定，駐兵調遣他地，南安所或亦隨之消失。要等到洪武21年董恕奏請開設，南安所才成爲固定永久的存在。

鉛山所據嘉靖《鉛山縣志》爲「洪武九年二月千戶蔣奎建」。嘉靖《廣信府志》亦以爲在洪武9年。[51] 但縣志卷1，〈城池〉謂：

鉛山舊無城池，洪武元年二月千戶蔣奎築城。

同書卷6，〈祀典・旗纛廟〉亦謂：

在千戶所廳後，洪武二年千戶蔣奎創立。

查縣志中「九」字字體不清，應爲「元」年之誤。《大明一統志》亦作洪武元年。且洪武元年12月令天下衛所於公署後立旗纛廟，[52] 鉛山所之廟既設於洪武2年，則設所應在2年以前。鉛山所與廣信所同在廣信府，廣信所設於洪武元年3月，鉛山設所約與之同時。

綜上可知，明代江西地區衛所除少部分例外，其設置時間大致集中於兩個時段。第一是乙巳年到洪武2年之間，包括永新所（乙巳）、袁州衛、撫州衛（以上丙午）、安福所（吳元年）、建昌衛、廣信所、鉛山所（以上洪武元年）、吉安衛（洪武2年）等設置時間較確定者，以及設置時間雖不詳，但在乙巳年已派

亨、副使胡通帥本衛及南雄、韶州等衛軍馬，會征南將軍廖永忠等征廣東。」略去南安所，另舉出南雄、韶州等衛。府志之「南安所」是否爲「南雄衛」之誤，難以考訂。但南安所地近南雄衛，且在由贛州往廣東之途中，同時被派遣本不足爲怪，因此本文仍府志之說。參見譚其驤（1982:64-65）。

49 參見《明太祖實錄》16:1a-2a，乙巳年正月己巳條。

50 參見《明太祖實錄》16:2b，乙巳年正月甲戌條。

51 見是書 10:16a，〈職官志・公署〉。

52 參見《明太祖實錄》37:21a，洪武元年12月庚寅條。

有千戶駐守的臨江、饒州二地。如果再加上吳元年以前確曾存在,後來一度撤廢,又再重設的舊南昌衛、舊贛州衛、舊南安所等,可以說江西地區的衛所在這個時段已經粗具規模了。這個時段設置的衛所,吸收了不少原割據者的兵力,但因大多也肩負了攻城略地的任務,兵力的流動量不小,因此衛所的規模並不穩定。最明顯的例子就是袁州衛。此外,舊南昌衛、舊贛州衛與舊南安所的消失,建昌衛、撫州衛、廣信衛的改所,都可能基於同一種考量。

第二個時段在洪武17年到22年之間。新設的衛所包括會昌所(17年)、南昌前衛(19年)、信豐所、南安所(俱洪武21年奏設,洪武22年開署)與九江衛(22年)。其中會昌、信豐與南安三所俱因地方上的需要,由地方官奏請設立。此後,江西地區不再增設衛所,洪武26年甚且廢吉安衛,移臨江所為吉安所。江西地區衛所的分布於焉確立。

明代衛所設置的原則,據《明史・兵二・衛所》云:

> 天下既定,度要害地,係一郡者設所,連郡者設衛。

江西在明代計設有13府(參見附圖1)。其中,設衛者僅九江、南昌、袁州、贛州四府,設所者有吉安、南安、贛州、建昌、撫州、饒州、廣信七府。一府中不只一衛或一所者有吉安府,下設安福所、吉安所、永新所及龍泉百戶所;有贛州府,下設贛州衛、信豐所、會昌所;有廣信府,下設廣信所、鉛山所。府下全不設衛所者則有南康府、瑞州府、臨江府。

南康、瑞州、臨江三府俱屬江西內地,不與他省相鄰。同處內地而設有衛所者僅撫州一府。整體看來,江西衛所的分布呈西重東輕,尤其偏重西南隅的局面。關於此,萬曆《江西省大志》卷6,〈險書〉云:

> 國家初定天下,更置衛所藩屏之。凡自西而南皆設衛,如袁、如九江、如贛,而東皆設所,如信、如饒,豈非以楚有洞庭、長沙、郴、衡之險,為江上流盜所根盤,而東則浙與徽皆平安號無事者,可稍簡易為防哉。

即指出湖廣多盜賊,而浙江、安徽較安定的局勢,是影響江西衛所分布的重要因素。康熙《分宜縣志》卷2,〈風土考・兵衛〉亦云:

> 袁地竟江以西,交湖湘、瀏陽、上高諸境,盜警不?,略與贛同,故上游

惟袁、贛設衛。

江指贛江，其上源爲章水及貢水。匯合於贛州後，縱貫江西南北境流入鄱陽湖。其南界雖有庾嶺與北江相隔，「然水陸相繼，自長江入鄱湖，沿贛江溯航贛州，改陸行，越梅嶺，再換舟循北江而達廣州，即與海上相溝通。」[53] 故自秦漢以來就是中原與嶺南之間的交通幹線。贛江上游地區設衛者僅袁、贛二府，而贛府地形據天啓《贛州府志》卷12，〈兵防志・阨塞〉云：

贛當五嶺要會，閩之汀漳、楚之郴桂、粵之潮惠雄韶，皆連壤也。層巒叠嶂，密箐深林，封豕長蛇，最易窟穴。而龍南之東桃隘，鄰翁源；信豐之平岡隘，鄰始興，尤爲廣寇出沒之區。

同書卷20，〈紀言志〉，羅欽順〈重修府城記〉亦云：

贛之爲郡，宅江西之上游，當五嶺之要會，其地與閩廣湖湘諸郡邑犬牙相錯。地旣嵒險，故其民或不盡馴。

可知贛州府因境內多山，又位居閩廣湖湘諸郡犬牙交錯之區，常成爲盜賊窩藏之地。贛州的外患來自多方，加以贛江水運之利，流竄較易，因此需設重兵。相形之下，袁州的外患主要來自湖廣，又以河道艱險，故僅袁州一衛即足以衛安吳越。康熙《萍鄉縣志》卷7，〈藝文〉，袁一唯〈湘東營房記〉謂：

昔高皇帝於袁置衛，武職繁森，非袁多故，惟接滇南、楚、蜀之衝，是故以袁爲塞邑。（中略）南贛必設重軍，而袁僅制衛者，自陸口入袁，亦流逆而河高，僻險而舟楫艱。此袁之可以衛安吳越，而湘東之可以營房安袁，而非迂也。

即明確指出袁、贛二地地理形勢與衛所設置之關係。可惜這類的資料實在太少，無法解決的問題仍然居多。例如同屬贛江上游的吉安衛，洪武26年何以面臨撤衛改所的命運？即不易解釋。

吉安在軍事防衛上的重要性，據乾隆《吉安府志》卷35，〈軍政志〉云：

江西上游六郡，吉安居其衝，有事亦受四面之敵。故帥府開於贛州，其下

53 參見許懷林（1993: 序2-3、緒論3）。

即倚吉安爲重。

吉安在洪武7年時已設有一衛二千戶所一百戶所，軍力居江西各府之冠。儘管如此，由於其多山地形，盗賊時發，仍有不足之嘆。《明太祖實錄》卷158，洪武16年11月癸未條即曰：

江西布政使司參議胡昱言：所屬永新、安福、龍泉、萬安諸縣，地多山林，盗賊時發，請增設兵衛以禦之。上諭兵部臣曰：民所以爲盜者，豈其本心？皆由長民者不能撫字，使衣食不給，以致然耳。豈爲兵少邪？是但知其末，不知其本也。

是時永新、安福俱設千戶所，龍泉亦設有百戶所，胡昱猶議請增設兵衛，乃是因爲這時在永新、龍泉一帶發生了大規模的反亂。同書卷156，洪武16年9月癸亥條謂：

命中國公鄧鎮爲征南副將軍，臨江侯陳鏞、濟寧侯顧敬爲左、右副將軍，率兵討江西龍泉等縣山寇。時廣東猺賊作亂，剽掠旁近，由是江西永新、龍泉山民互相扇動，結聚徒黨，自稱順天王，勢甚猖獗。江西都指揮同知戴宗率兵剿捕不克。至是，命鎮等將兵往討之。

鄧鎮平寇亂在洪武17年3月，[54] 歷時半載。胡昱之議在亂平之前，應與戴宗窮江西一省兵力剿捕失敗有關。但朱元璋並未應允。非但不許，洪武26年時更削減吉安衛的兵力，其原因即無法究明。此一安排與前引「係一郡者設所，連郡者設衛」之大原則究有何關連，尙待進一步研究。

三、明代江西各府兵制的演變

明代衛所軍數，通說皆引《明史・兵二・衛所》的說法，以爲「大率五千六百人爲衛，千一百二十人爲千戶所，百十有二人爲百戶所。」但由上文可知，明代的衛並非皆爲五所。那麼，江西各衛所實際上究竟有多少軍力呢？本節首先討

54 參見《明太祖實錄》160:9b，洪武17年3月庚子條。

論各衛所軍數，有原額記錄者皆收錄之，無原額者則記其後「現存」之數。但因方志所留資料有限，各地志中所謂「現存」的時間又不一致，因此將嘉靖《江西通志》與萬曆《江西省大志》中的記錄整理成附表2、附表3，俾讀者能就嘉靖、萬曆間各衛所見存軍數做一比較。明代衛軍役占、逃亡情形嚴重，附表2、3中各項數字俱包括舍人餘丁，[55] 其役占情形筆者將另撰專文介紹，本文特別注意的，僅是其中操守軍的部分。衛所軍有時會以百戶所爲單位，被派遣到鄰近戰略位置駐防，稱作「隄備所」。本文亦儘資料所及，詳加列舉，俾能充分掌握江西衛所軍力的配置。

附表2：嘉靖間江西各衛所旗軍舍餘數及各府民壯人數表

	旗軍舍餘共	操練旗軍舍餘	屯種旗軍舍餘	運軍	民壯	出處
九江衛	9891	3800	4448	1616	295	14:21b-22a
南昌衛	4037	986	2909	2336	4593	4:22a
袁州衛	2906	327	790	1384	3749	32:23a-b
贛州衛	4787	1344	2769	674	7274	34:25b-26a
吉安所	2286	580	314	1152	3990	24:29a-b
安福所	2550	220	320	655		24:29a-b
永新所	1569	434	282	410		24:29a-b
會昌所	1345	586	759			34:25b-26a
信豐所	1638	741	897			34:25b-26a
南安所	1206	670	529		1658	36:22a
饒州所	3752	1269	800	807	3548	8:23b-24a
撫州所	2196	317	805	782	3280	18:27b-28a
建昌所	1242	331	256	530	2551	16:31b
廣信所	2157	503	755	504	2465	10:19b
鉛山所	965	687	274	504		10:19b
瑞州府					1800	30:14a
臨江府					4000	22:17a
南康府					1542	12:18a
都司	32028 (32636)	7995 (8995)	12359 (12459)	9733 (9738)	41145 (40745)	1:15a-16a
總計	42527	12795	16907	11354	40745	

*資料來源：嘉靖《江西通志》

55 軍戶戶下應充軍役者稱作「正軍」，其餘戶丁則稱作「餘丁」；衛所官隸籍「官戶」，除衛官本人外，其餘戶丁稱作「舍人」。舍人餘丁在衛所官軍出缺時有補役之責，平時則需幫貼軍役。詳見于志嘉（1986）。

附表3：萬曆間江西各衛所官旗軍舍餘人數表

	食糧官	操守旗軍	運糧旗軍	餘丁	把關旗軍	紀錄老幼	屯種軍舍	小計
南昌衛	46	1443	2336	195		38	4194	8252
袁州衛	38	336	812	674			790	2650
贛州衛	56	879	625	682		40	2765	5047
吉安所	16	818	1150	966		26	314	3290
安福所	10	554	655	6			550	1775
永新所	16	500	426	103		19	597	1661
會昌所	10	518		200		14	761	1503
信豐所	12	600		90		3	678	1383
南安所	12	353		203		28	553	1149
饒州所	23	446	807	78		12	800	2166
撫州所	17	389	781	103			?	1290
建昌所	20	585	530	72			356	1563
廣信所	17	773	563	81		59	756	2249
鉛山所	14	445	506	1069	36	9	730	2809
總計	307	8639	9191	4522	36	248	13844	36787

*資料來源：萬曆《江西省大志・實書》5:1b-5a。

地方軍力的不足，須藉民兵、鄉兵、義勇之力以補足。明代江西各府均設有民兵，部分民兵且被編入兵營，與衛軍一同團操以備戰守。江西地方的民兵據乾隆《廬陵縣志》卷15，〈兵防志・民兵附〉云：

> 民兵之制或由編僉，或由召募。其目有四：曰機兵，以習火器名；曰弓兵，以習射名；曰捕兵，以伺緝名，皆由丁糧計戶編僉。其召募而充者曰民壯，迨後機、弓、捕三兵編派徵銀，則均由召募矣。

可分作機兵、弓兵、捕兵、民壯四種。其中弓兵屬巡檢司，捕兵領於知縣，專司捕緝，功能都非常清楚，本文不特別討論。民壯與機兵在制度上有先後關連，機兵又是營兵的主要來源之一，故本文於方志中有關民壯、機兵之記事盡量羅列，期能如實地呈現出明代民兵制度分歧複雜的現象。有關民兵的記事各地志詳略不一，附表4取《敬所王先生文集》中所舉嘉靖40年機兵現額及同年王宗沐爲緊急賊情建議挑選精兵數列表，以爲資料不足者之補充。民兵後漸趨徭役化，[56]

56 參見佐伯富（1957:53-63）、山根幸夫（1966:157-159）。

有事時不能用，因此又須另募義勇；或藉保甲制之推行，儲備民間防衛力量。這方面討論的文章較多，[57] 本文不贅論。僅就資料所及，列舉其事實以供讀者參考。

附表４：嘉靖間江西各府機兵人數統計表

	州　縣　數	機兵總數*1	精兵*2
南　昌　府	7	3244	1000
瑞　州　府	3	1370	400
臨　江　府	4	3482	700
袁　州　府	4	1756	400
吉　安　府	9	3278	1000
撫　州　府	6	2244	700
建　昌　府	4	1584	600
廣　信　府	6	1846	500
饒　州　府	7	2863	800
南　康　府	4	998	300
九　江　府	4	742	300
南　安　府	4	1230	400
贛　州　府	10	5277	2000
總　　　計	72	29914	9100

*1　王宗沐《敬所王先生文集・江西公移・爲緊急賊情事》29:35a-b。嘉靖40年機兵現額。

*2　同上書。嘉靖40年爲緊急賊情建議挑選精兵數。

民兵的徵集、訓練本由地方佐貳官擔任，但一旦編入兵營，營官須由武職轉任。營官官稱或爲總兵、參將，或爲守備、把總，屬於戰時軍事體制。其上則有文臣之總督、巡撫，兼制一方民事、軍務。[58] 此一體制過去習以「鎮戍制」稱之，近年則傾向於稱之爲「營兵制」。[59] 本文於江西地區先後設置之督撫兵備

57　參見吳晗（1937:185-190）、梁方仲（1937:213-219）、李光濤（1964）、陳寶良（1993）、曹國慶（1993:69-72）。

58　詳見吳晗（1937:156-158）、王莉（1991:85-90）、毛佩奇・王莉（1994:129-130）、方志遠（1993:43-44）。

59　參見王莉（1991:86）、方志遠（1993）。

以及兵營、將領，皆盡資料所及詳細陳述，期能豐富對「營兵制」的認識，凸顯腹裡地方不同於邊防、海防地區之特色。

本節以府爲單位，配合江西地區各府在軍事上的實際需要，介紹各府爲整頓兵備所做的努力。敘述的順序是以贛州府爲首，按順時針方向由外向內，終於腹裡之南康府。各府之敘述順序則是先軍後兵，兼及營制及相關職官之置廢。

(1) 贛州府

贛州府下有一衛二所，各衛所軍原額僅知贛州衛爲5034名，[60] 其餘不詳。天啓《贛州府志·兵防志·軍制》記天啓間各衛所官軍數，計贛州衛有指揮19員、衛鎮撫1員、五所正千戶7員、副千戶23員、百戶29員、所鎮撫2員、旗軍1114名；信豐所正千戶2員、副千戶6員、百戶9員、旗軍447名；會昌所正千戶3員、副千戶2員、百戶5員、旗軍730名。其用於操守的人數，據表2、3可知嘉靖間爲贛州衛1344人、信豐所741人、會昌所586人；萬曆間爲贛州衛879人、信豐所600人、會昌所518人，這些都是包含舍餘後的數字。

贛州因境內多山，又位居四省之會，故需設重兵已如前述。事實上，終明一世，贛州府確也紛擾不斷，尤其以成化以後至萬曆初年爲著。[61] 乾隆《贛縣志》卷11，〈兵防志·戎事〉，黃文澍〈贛州兵寇志後序〉云：

> 贛自洪武間周三官之亂，至萬曆初始大定。議者謂非立崇義於橫水，建和平於浰頭，設定南於高砂，置長寧於蹄江，奪其險阻，則長山邃谷，終爲藏垢納汚地。

崇義屬南安府，正德14年置；和平屬廣東惠州府，正德13年置，二者皆王守仁巡撫南贛時奏設。[62] 定南、長寧俱屬贛州府，分別置于隆慶3（1569）年與萬曆4（1576）年。四縣之外，另有平遠縣亦係贛南山區新置縣，乃嘉靖41（1562）年以廣東潮州府程鄉縣豪居都之林子營置，析福建之武平、上杭，江西

60　參見天啓《贛州府志·兵防志·軍制》12:4b。

61　參見天啓《贛州府志·紀事志·郡事》18:24b-36b。

62　參見《明史·地理四·江西》43:1067、《明史·地理六·廣東》45:1141。崇義、和平二縣設縣始末參見乾隆《贛縣志·兵防志·戎事》11:18a-22a。

安遠，惠州府之興寧四縣地益之。初屬江西贛州府，42年正月還三縣割地，止以興寧、程鄉地置縣，改屬廣東潮州府。[63] 設置新縣，可以收容群聚山區爲盜的流民，加強地方的統治，是亂事平定後常採用的善後策。但在亂事未定之際，則需加強軍事鎮壓。爲提昇軍力，明朝政府在贛州一地做過不少努力，以下即分項加以說明。

贛州府首度大量增設軍備，在成化末年。天啓《贛州府志》卷12，〈兵防志·軍制〉謂：

> 成化十九年，以閩廣交界盜賊生發，于會昌、龍南、石城設守備行司，安遠、瑞金設隄備行所，又于會昌設長沙營、設羊角水隄備所，龍南又設隄備行所。成化二十三年，流賊攻破信豐縣城，江西巡撫李都御史昻請罷原設會昌守備，改設參將，統領汀州及武平、上杭各衛所官軍，并贛、雩、興、寧民兵共七千員名，駐箚會昌防禦。

此段話不甚精確。首先是守備行司。順治《石城縣志》卷8，〈雜志·紀事〉云：

> 成化十九年癸卯，以閩廣交界盜賊生發，於會昌、龍南、石城設守備行司，本邑未果設。
>
> 成化二十三年丁未六月，石口賊陽九龍糾合武平賊劉昻流劫信豐。（中略）議設守備官於龍南、石城要害諸處。石城未果設，惟委百戶二員，領兵一百五十名隄備。

可知石城在成化19年、23年兩度有設守備、守備行司之議，但終於沒有成功。龍南的守備行司據康熙《龍南縣志》卷1，〈輿地志·兵防〉：

> 守備行司，舊在縣治西南隅，爲府館。（中略）成化八年推官危壽署縣，始改爲守備行司，以寓軍衛部使，後罷。

既設於成化8年，則與府志中所稱者不同。此行司後經罷廢，但時代不詳。龍南的守備官兵據同縣志同卷又云：

> 縣初無守備官兵，成化改元，因寇攻劫縣治，始撥贛州衛指揮千百戶各一

63 參見《明史·地理六·廣東》45:1142。乾隆《贛縣志·疆域志·沿革》1:24a。

員，領旗軍三百名。後平，止留官一員，旗軍五十名。又撥信豐守禦千戶所官一員，領旗軍一百名，各輪班操守。至成化二十三年，都御史李公昂奏奉於民戶內編僉機兵二百名。正德間，都御史王公守仁加編爲六百，每歲定期與同守備官軍演習武藝。後守備官罷，民兵亦減作三百名。今裁，止留五十名，改爲民壯。

龍南本無軍，[64] 成化元年，流賊攻掠縣治，[65] 始撥贛州衛官軍守備。事平後，減守軍人數，另撥信豐所官軍輪班操守。按同書同卷另有贛州隄備所、信豐隄備所，當即爲此而設者。但所撥衛所官是否冠有守備之官稱，卻史無明文。康熙《龍南縣志・紀事志・紀事》謂成化23年巡撫江西都御史李昂於擒斬陽九龍後，「議設守備官於邑境要害處，方域以寧」，可知龍南守備官之設應在成化23年。19年時或議設而未果設。不過，守備官本屬因事而設，興廢旣無常，在史料有限的情況下，很難窺知全豹，本文所能考訂者或僅爲部分。

會昌、龍南、石城三地中，確實在成化19年設立守備官的，僅有會昌一地。天啓《贛州府志》卷18，〈紀事志・郡事〉「成化十九年」條云：

長河洞餘孽朱紹綱反，總兵官率兵討平之。即其地立長沙營，添設守備官一員，統兵千人，駐箚其地。又於羊角水置堡，屬會昌千戶所領軍五十人常川防守。

會昌原有會昌所，成化19年增立長沙營，設守備官一員，統兵千人。羊角水「介谿谷萬山之處」，「壤接甌閩百粵之區」，因爲「咽喉要地」，故設隄備所，[66] 以會昌所軍50人常川防守。

羊角水隄備所之外，天啓府志記成化19年設立隄備行所的尙有安遠、瑞金、龍南三縣。龍南有贛州、信豐二隄備所已如前述，但贛州隄備所設於成化元年，信豐隄備所設置於稍後，或非成化19年。安遠縣情況不明，瑞金則見《明憲宗實

64 上引文謂龍南縣初無官兵守備，但嘉靖《江西通志・贛州府・建置沿革・城池》34:17b謂：「洪武壬戌，廣寇侵邑，勦平，歲撥贛州衛百戶二員領軍戍守。」似自洪武以來即有贛州衛軍隄備。唯此事不見於縣志與府志，不詳，待考。

65 參見康熙《龍南縣志・紀事志・紀事》11:1b。

66 參見康熙《會昌縣志・兵防志・羊角營》4:2b。

錄》卷275，成化22年2月庚子條：

> 巡撫江西右僉都御史閔珪奏：贛州府瑞金縣累被福建長汀等處流賊越境攻劫。（中略）乞於贛州衛撥一百戶所軍防守縣境并附近石城縣等處。事下兵部議：宜如珪等所言，但一所軍士多【名？】存實亡，宜撥贛州衛軍一百名，無則於餘丁內三丁取一，以足其數。（中略）從之。

另外，石城於成化23年以百戶2員領兵150名隄備事已見前述。前二年的成化21年，即曾「因閩廣賊出沒無常，遣贛州衛指揮一員，領軍一佰名往來巡視石城」，[67] 成化23年以後，改爲長久性的駐防。

成化23年流賊攻陷信豐縣城，促使明朝政府對贛州軍備又做了一番調整。《明孝宗實錄》卷8，成化23年12月癸酉條：

> 設分守參將、兵備副使各一員於江西贛州之會昌縣。初巡撫副都御史李昂言：贛州界福建、廣東、湖廣之間，流劫之賊動以千計，雲合烏散，去來無常。將殄之以威，則道路崎嶮，不便用武；將守之以兵，則士苦暴露，飛輓爲難。請於本府之會昌縣設行都指揮使司，分福建之上杭、武平、汀州前三千戶所，陞江西會昌、信豐二千戶所爲衛，併南安一所隸之。分兵瞭守，使犬牙相制。設巡檢司於安遠縣之雙橋、龍南縣之下歷，並隸行都司，使互爲犄角，庶盜賊可除而地方以安。兵部覆議謂：江西地狹兵寡，難以置司，請如梧州中制兩廣之意，設分守參將、兵備副使各一員於會昌縣，以福建三千戶所、江西南安、瑞金二千戶所隸之，益選民快六、七千人分屯操守，於事爲宜。其雙橋、下歷二巡司如議開設。奏上，悉從之。

李昂建議增設江西行都司於會昌，陞會昌、信豐二所爲衛，並添置巡司以隸於行都司，可見此區兵災之重，其兵力亟需加強。然兵部以江西地狹兵寡，難以置司，最後議准設分守參將、兵備副使各一員於會昌，以福建上杭·武平·汀州前三千戶所、江西瑞金·南安二千戶所隸之，并贛、雩、興、寧民兵共七千員名，駐箚會昌守禦，是爲贛營。原設會昌守備罷廢。此一體制直到弘治4（1491）年「地

67 參見順治《石城縣志·雜志·紀事》8:6a。

方寧息」，始裁參將，「照舊設守備官」。[68]

弘治8年，閩廣邊界盜賊又起，鎮守江西太監鄧原奏請增設巡撫都御史一員，遂陞廣東左布政使金澤為都察院右副都御史巡撫江西南贛等處。以贛州為治所，兼理南安、贛州、建昌三府，及廣東之潮、惠、南雄，福建之汀州，湖廣之郴州等處捕盜事。原南贛兵備副使暫為裁革。[69]

金澤任南贛巡撫凡七年，始得代去。不久以事寧議革。[70] 正德元（1506）年，巡按江西御史臧鳳以南、贛二府接連三省，流賊出沒，東西北方不相統攝，文移約會動淹旬月，以致賊多散逸，事難就緒，請命都御史兼制四省接境府州，隨宜調度。[71] 5年，御史沙鵬復奏，乃復設南贛巡撫，命南京右僉都御史王哲巡視江西。[72]

正德11年，南中盜賊蜂起，巡撫文森托疾避去。8月，擢王守仁為右僉都御史巡撫南贛。翌年正月，守仁親率銳卒討福建大帽山賊，連破四十餘寨，俘斬七千餘人。疏言權輕，無以令將士，請給旗牌，提督軍務，得便宜從事。兵部尚書王瓊奏從其請。乃更兵制：二十五人為伍，伍有小甲；二伍為隊，隊有總甲；四隊為哨，哨有長，協哨二佐之；二哨為營，營有官，參謀二佐之；三營為鎮，陣有偏將；二陣為軍，軍有副將。皆臨事委，不命於朝。13年，遂以此蕩平諸寨，「所將皆文吏及偏裨小校」。[73]

---

68 參見天啓《贛州府志・兵防志・軍制》12:3a。又，瑞金並無千戶所，此處或為隄備所之誤。瑞金除前引憲宗實錄所述，於成化22年撥贛州衛軍百名防守縣境外，據嘉靖《江西通志・贛州府・建置沿革・城池》34:17a，自洪武24年始，即由會昌所歲撥軍守鎮。又見萬曆《瑞金縣志・建設志・兵防》4:21b-22a。其中，贛州衛軍係由千戶領軍輪班防備。二者在萬曆間均已革除。

69 參見《明孝宗實錄》99:10a-11b，弘治8年4月辛巳條。

70 參見天啓《贛州府志・紀事志・郡事》18:26b-27a。

71 參見《明武宗實錄》20:4a-b，正德元年12月乙丑條、天啓《贛州府志・紀事志・郡事》18:27a-b。府志記臧鳳所上言，其後謂：「奏可施行」，但實錄僅謂：「詔所司知之」，應從實錄。

72 參見《明武宗實錄》61:9a-b，正德5年3月乙酉條。又，乾隆《贛縣志・兵防志・軍制》10:5b-6a 謂南贛巡撫乃是正德5年「用福鎮守太監張俊、巡按御史賀泰議」而復設，與實錄異說，附記於此。

73 參見《明史・王守仁傳》195:5160-2。

南贛巡撫又稱虔院，以南贛巡撫提督軍務自王守仁始。嘉靖36（1557）年增設分守嶺北、嶺東、嶺南、漳南四道，統於虔院。45年，仍改提督爲巡撫。[74]

贛州軍備到了嘉靖年間又面臨了一次大考驗。嘉靖21年，安遠縣黃鄉保新民葉廷春恃衆生變；30年，和平縣岑岡賊李文彪稱亂；36年，龍南賊賴清規又據下歷保以叛；40年，饒平賊張璉稱亂，閩廣諸巢賊附之。[75] 相應於此，明朝政府首先在嘉靖15年設坐營官於贛州，專司團練；36年，復參將；40年，改南贛參將爲伸威營副總兵，原統部下南、贛、雄、韶、惠、潮、汀、漳、郴、桂、撫、吉各府、衛、州、縣軍兵三千，駐箚平遠縣以便調度。廢南贛參將，改設守備；長沙營、羊角水各添設把總一員，領兵500人。41年，又改副總兵爲鎮守總兵以重其事權，仍駐平遠。後因兩廣軍門急在防倭，移鎮潮州。

嘉靖43年，都御史吳百朋以潮州相距南韶諸郡甚遠，若水陸二寇俱發，總兵無法倅應南贛內地，請復設參將，統攝贛營、汀、漳、南、韶、郴、桂、長沙營、羊角水堡等處守備、坐營、把總等官，專一防禦山寇，仍聽總兵節制。裁南贛守備。南贛設參將遂爲定制。嘉靖末，因三巢未靖，南贛參將蔡汝蘭暫駐信豐，事平仍復原鎮。隆慶5年，改建參將府于鎮城。[76]

嘉靖中期以來的亂事一直延續到萬曆初始告平定。萬曆4年，都御史江一麟剿平黃鄉賊巢，奏設長寧縣，議將長沙營把總調守長寧，建營安插。天啓間，贛州府內官兵屬虔鎮所轄者除一衛二所外，尚有分守參將一員、坐營一員、把總二

74 參見《明史・職官二》73:1778、乾隆《贛縣志・疆域志・沿革》1:24a、乾隆《贛州府志・地理志・沿革攷》2:12b。又，嶺北道在江西，嶺東、嶺南道在廣東，漳南道在福建。參見《明史・職官四・各道》75:1843。

75 參見天啓《贛州府志・紀事志・郡事》18:28b-34b。新民者，正德6年程鄉賊鍾仕錦等作亂，事平後，安插降賊葉芳等於黃鄉堡耕住，稱作新民。見同上書18:27b-28a。

76 參見天啓《贛州府志・兵防志・軍制》12:3a-4a、康熙《會昌縣志・兵防志・羊角營》4:3a。又，《明史・職官五・總兵官》76:1871有「分守江西參將一人」，下註：「曰南贛參將，嘉靖四十三年改設，駐會昌縣。」但據天啓府志及乾隆《贛縣志・兵防志・軍署》10:8a「南贛參將府」，應在府治東南。按：南贛初設參將在成化23年，時由會昌守備改，駐在會昌。嘉靖43年復設時，可能仍在會昌，後據乾隆《信豐縣志・兵防志・防守》6:2a-b，嘉靖末，因三巢未靖，南贛參將曾暫駐信豐，事平後仍復原鎮。隆慶5年以後，當改駐鎮城。

員、南贛團操坐營標下官兵2188名、羊角水堡把總標下客土目兵410名、長寧把總標下客土目兵495名。[77]

崇禎年間，贛州府下又增添了若干營，如瑞金之桃陽營，崇禎4年爲抵禦廣賊鍾三舍議設，額兵500名。會昌縣小密營，崇禎年建。[78] 又如定南縣的下歷太平營，乃是因崇禎元年廣賊蘇丫婆之亂，移安遠太平營兵五百名守下歷而成。[79] 興國縣三峰營，崇禎末年設於衣錦鄉，有把總官一員，官兵200人。[80] 由於資料缺乏，所知相當有限。但各營官兵除少數客兵外，大抵皆由地方上之民兵充任。以下即就贛州府的民兵加以討論。

贛州府屬有12縣，即贛、雩都、信豐、興國、會昌、安遠、寧都、瑞金、龍南、石城、定南、長寧。贛縣爲附郭，額設機兵220名，弓兵50名。[81] 雩都以下11縣民兵數據天啓《贛州府志・兵防志・民兵》，爲雩都機兵138名、弓兵25名，信豐機兵138名、弓兵25名，興國機兵118名、捕兵10名、弓兵50名，會昌機兵88名、弓兵50名，安遠機兵148名、弓兵25名，寧都機兵196名、弓兵25名，瑞金機兵138名、弓兵50名，龍南坊內里上塘・象塘鄉兵各100名、上蒙・大龍・太平等隘共鄉兵420名，石城機兵150名、弓兵25名，定南城操兵298名、弓兵30名，長寧機兵150名、弓兵50名。可以看出一府內的各縣民兵名目相當分歧。事實上，各縣民兵的沿革以及其任務輕重也很不一致。撇開弓兵、捕兵不論，雩都曾「於里甲內歲編民兵協助會昌防禦」，後因縣人謝祐赴闕上書，又遍控院司等衙門，始得覆奏允除。[82] 贛縣機兵「原以爲捕盜防災之備，爲知縣禦侮之瓜牙」，後以「承平無事，僅供勾攝」。[83]

石城縣初於弘治元年照丁糧科派民兵得700名，爲增設縣丞一員領之操練防

77 參見天啓《贛州府志・兵防志・軍制》12:4a-5a。

78 參見康熙《瑞金縣志・建設・兵防》3:24a-b。

79 參見順治《定南縣志・兵防・下歷太平營始末》9:8a-b。

80 參見康熙《瀲水志林・兵防》11:3a。

81 參見乾隆《贛縣志・兵防志》10:1b-2a、10:9a-10a。

82 參見康熙《雩都縣志・鄉賢志・質行・謝祐》9:45b-46a。其時當在成化末年。

83 參見乾隆《贛縣志・兵防志》10:1b-2a。

守；2年，減二百餘名，定額484名，以義官4員領之；3年，裁革縣丞，以主簿領之。正德間，都憲王守仁分爲四班，四季輪班赴府團營上操，每班以義官領之，歇操之三班留本邑守衛。不久，汰去機兵，以其傭直募新民之任戰者。嘉靖24年，都憲顧遂又復舊額484名，選三分之一赴府常川操練，名爲長操；以三分之二專在本邑守衛，名爲存操。嘉靖31年，都憲張烜仍用四季輪班赴府操練。37年，兵憲朱應奎議各縣機兵四名抽一名長操，三名存操。39年，都憲楊伊志止留兵之銃手，其餘常操兵俱發回縣。40年，都憲陸穩以一半赴府長操，其半按季輪換。44年，都憲吳百朋裁減50名。隆慶2年，都憲劉光濟、兵憲董世彥又行裁減，編定長操兵200名，存操兵150名。不久，又復爲舊額484名，但每年不用長操兵赴府，改爲解銀若干，給募長操兵334名。[84]

寧都明初因地「鄰閩廣，間多寇警」，額設民兵1300名，操兵主簿一員。後裁至900名，復裁至350名，餘徵銀解作募兵之費。350名中，以200名住府團操，150名守縣城，萬曆間又增30名。及「明末亂興，郡邑相保聚，市民有以勇藝多徒衆爲練長」。[85]

興國機兵原額1100名。成化間減至900名，分番守會昌長沙營，每季225名，以義官一人率之。正德間，精選得552名歸衛團操，每季限138名由本縣巡捕官率領不時操演，有警聽用。隆慶間，裁減至130名，每兵編工食銀六兩二錢。萬曆以後，機兵工食陸續被扣作贛院募兵銀及充遼餉，「於是各兵告退歸農」。後雖奉部文，大縣止機兵50名，小縣止30名，「而防禦之道，已非其故矣」。[86]

瑞金額設機兵450名，後奉文裁減32名，又取工食銀解府給募長操兵280名府營團操，留縣守城者僅138名。因兵少可虞，嘉靖時將近城32排居民併八鄉之民選精壯者充爲鄉兵，共1600名守城禦敵。事定後發回歸農，止存浮鄉一里及

84　參見順治《石城縣志・雜志・紀事》8:6b、同書〈營建志・兵防〉2:13a-14a。

85　參見萬曆《寧都縣志・田賦志・差役》3:21b-22a、乾隆《寧都縣志・秩官・營鎮》4:1a。

86　參見康熙《瀲水志林・兵防・宋元明兵制》11:2b-3a。

浮鄉三里(按:二里皆在縣治)兵之在縣城者450名,以百長4名、隊長14名統之,與官兵一同操練,免其雜差。鄉兵又稱排門義勇,操練時歲支銀七兩二錢爲新衣甲旗幟弓箭之需,平時則無工食之資,僅得免火夫之役及各項雜差。萬曆以後,人習太平,排門義勇備而不用。崇禎間,賊又復熾,乃又鳩集排門力士及鄉間勇夫,用以勦賊,由是瑞金義勇四方有名。後乃編爲黃白二哨,哨有長,例得免差徭;春秋二操,由縣官率而訓練之。明清變革時,各賊攻城,皆藉其力。舉凡「輪班城上守夜及教場操練,皆是此二哨鄉兵」。[87]

定南爲隆慶3年新置縣。隆慶2年招撫各巢後,都御史吳百朋題奉欽依,於下歷築城建館,移置捕盜通判、主簿,統兵500名并土兵專一駐箚。設縣後,將原調鎮守下歷通判、主簿發回原任管事,原發機兵、土兵盡行裁革,另於土兵數內揀選民壯188名、捕兵12名,合計200名,分春夏秋冬四隊,每隊設哨長2名、隊長4名,每歲四季操練。萬曆6年,因廣東惠州時有警報,添設民壯一百名。內立哨長一名、隊長一名,通營操兵300名。8年,龍川猴嶺賊鮑時秀出巢,將犯縣境,知縣劉世懋申請贛營教師徐勇來縣訓教團練。11年,知縣章嵤抵任閱操,因見隊伍無紀,汰去弱兵,選壯丁頂補。又立副總一名,管領299名,分作五營操練,「其操俱照贛營兵制」。

定南民壯、捕兵又稱機兵,因縣治去各鄉甚遠,「機兵之設僅可以守城池」,故另有「鄉兵之練,所以濟機兵之所不及」。定南鄉兵始設於隆慶6年,時廣東翁源賊潘子正、官三仔叛,都御史李棠親督兵由龍南過翁源,駐韶州府,檄定南知縣陳時範團練鄉兵防禦。乃以高砂保附郭鄉兵150名、下歷保鄉兵100名、橫江保鄉兵100名、潭慶保鄉兵100名、大石・小石・伯洪三保鄉兵300名各練於地方之操場。7年,並爲之修建四處操場以便團練。鄉兵平時「止在鄉防守大盜」,每年二、八兩月大操,則取鄉兵分作十營,以機兵爲中軍,共同操練。[88]

87 參見萬曆《瑞金縣志・建設志・兵防》4:21b-22a、康熙《瑞金縣志・建設・兵防》3:22a-24a。

88 參見順治《定南縣志・兵防・機兵》9:1a-b。同書〈兵防・鄉兵〉9:2b-4b、同書〈兵防・隊伍〉9:5a-7b、同書〈藝文・建定南疏〉10:15b。

會昌有會昌所，由於「賊犯江西，必從此入」，成化以後陸續添設會昌守備所、長沙營、羊角水隄備所等。其後又改守備爲參將，統領附近衛所軍旗及州縣民兵七千名。其興置沿革已見前述。及明末，長沙營改調長寧，小密營亦改調瑞金，會昌止設羊角水堡把總一員，標下客土目兵410名，專一防禦山寇。[89]

信豐亦有守禦所，嘉靖末一度移贛營於此，但不久又復原鎮。信豐民兵除機兵138名、弓兵25名外，尙有石背營兵500名、黃陂營兵200名、龍洲營兵300名。石背營之設，應溯源於宣德7年朱南鄭、劉伯昂之亂。其時二賊據石背爲巢，出沒不常，粵閩九司會請征勦，上命東廠太監葉某督軍，後以師老無功，出榜招勇敢破賊。武平人邱景崇應募，於正統4年7月15日潛入賊營，以11戶親族子弟五百人爲外援，30日就筵間擒朱、劉二賊。石背平。事聞於上，命石背土田分賜11戶，世襲把總。無事歲操，霜降及有警時分守城雉，從征以資護衛。黃陂營民兵180名、火夫兵20名，始於鄉設長關以禦賴清規，原額練總一名。每歲聽操，霜降有警守城。龍洲營始於郭紹敏，敏起莊戶爲鄉勇，以衛居宅。後以妹婿與敏弟爭家私，二造俱告御狀，奉旨籍沒其家，得鄉勇守夜册一本，遂編爲民兵。無事聽操，霜降有警守城如黃陂營。[90]

長寧爲萬曆4年新置縣。設縣時，調長沙營把總於此設防，並定機兵額爲150名。時長寧全縣成丁不過五百五十有奇。[91]

龍南除有贛州衛及信豐所各設一隄備所於此外，成化23年都御史李昂奏奉於民戶內編僉機兵200名。正德間，都御史王守仁加編爲600，每歲定期與守備官軍一同演習武藝。後守備官罷，民兵亦減作300名。[92]

(2) 南安府

南安府有南安所，設正千戶1人、副千戶4人、鎮撫1人、百戶10人。後增

---

89 參見康熙《會昌縣志・兵防志》4:2b-3a、4:4a-b。

90 參見乾隆《信豐縣志・兵防志》6:2a-b、3b、10a-11a。

91 參見乾隆《長寧縣志・軍制》3:31a-b、同書〈藝文・報功祠碑記〉5:24a。

92 參見康熙《龍南縣志・輿地志・兵防》1:34b-35b。

至正千戶2人、副千戶7人、所鎮撫1人、百戶12人、試百戶1人。[93] 旗軍原額564人，[94] 嘉靖間參與防務的，有總旗1人、小旗1人、正餘操軍602人，另隄備崇義縣軍50人。[95] 按：崇義縣設隄備所，始於正德己卯（1519）。是年，以上猶縣之崇義里置崇義縣，析大庾、南康二縣地益之。縣既設，從都御史王守仁奏請，遷上猶隄備於崇義，計百戶1人、軍50人。[96]「嘉靖間題撥南安所千百戶官一員、屯軍四十名操練防守，更番替換。萬曆癸卯（1603），始議專定軍人，撥屯田常戍」。[97]

南安所之外有南安營，「原名長沙營，駐會昌。嘉靖四十三年，知府汪弘議本郡地鄰湖粵，賊寇不時侵掠，牘上南贛都御史吳百朋，題准以長沙把總改之南安，爲南蔽」。[98] 額設營把總一員，客兵600名，民兵700名。隆慶間客兵減至427名，萬曆12年題准銷兵，「客兵、土著共以三百名爲率」。[99] 南安營把總除所屬客、土兵外，亦負責南安所軍的操練，但「若有收領軍旗，則府清軍暨該所核定；其營中兵目若選點，仍聽清軍練兵廳節制」。[100]

南安營之土著兵係由府屬四縣分派。除此之外，四縣又各有民兵。嘉靖《南安府志・經略志・兵防》記南安府四縣除弓兵外，有民兵共1723人，其中大庾縣爲544人、南康縣552人、上猶縣352人、崇義縣275人。康熙《南安府志・建置志・兵防》則謂明制大庾縣機兵爲192名、南康210名、上猶200名、崇義200名。二者之差異應來自時間上的不同。

---

93 參見嘉靖《南安府志・職制》13:16b-17a、乾隆《大庾縣志・職官志・武秩》10:11b。

94 參見康熙《南安府志・建置志・兵防》5:1a。

95 參見嘉靖《南安府志・經略志・兵防》19:14a。

96 參見嘉靖《崇義縣志・武備志・兵防》後:3b、同書〈藝文〉後:38b、《明史・地理四・江西》43:1067。

97 參見康熙《南安府志・建置志・兵防》5:5a。

98 參見康熙《南安府志・職官志・武秩》9:11a。

99 參見康熙《南安府志・建置志・兵防》5:1b、乾隆《大庾縣志・建置志・兵防》5:19a。南安營兵數，康熙《南安府志・職官志・武秩》9:11a謂初設時「招土著及客兵共四百二十七名」，「後因承平，土客兵銷至三百名爲額」，與前說不同，應從前者。

100 參見康熙《南安府志・職官志・武秩》9:11a。

(3) 吉安府

吉安府內設有吉安、安福、永新三守禦千戶所與龍泉百戶所。萬曆《吉安府志》卷 14，〈建置志〉記各所旗軍舍餘數爲吉安所 2313 名，安福所 2550 名，永新所 1569 名，龍泉所條下則僅記有屯軍 59 名。三所操軍人數嘉靖間爲吉安 580 人，安福 220 人，永新 434 人；萬曆間爲吉安 818 人，安福 554 人，永新 500 人。

吉安在洪武 16 年胡昱上言請增設兵衛以後，仍不時有寇亂發生。[101] 然而，府志或府屬各縣志中有關軍政的記事卻多集中於漕運及屯田上；有關民兵的記載非常空泛，其他方面觸及的也非常有限。目前僅知吉安府屬泰和、萬安、龍泉、永豐、永寧等縣於嘉靖 8 年因南贛都御史周用之請改屬虔臺，「除一應民情不敢干預外，但係盜賊人命重情，與南、贛等府地方事有干涉者」，聽南贛巡撫行移督責。江西布政司以「該司參政一員，分守責任，兼管湖西、嶺北二道，聽攜家屬前來吉安府駐札，巡歷地方，分理詞訟」。[102] 嘉靖 40 年，萬安設守備府，守備奉璽書以都指揮體統行事，府內「九縣民兵、三所官軍俱屬管轄」。胡松設三營，萬安即其一。後「廬陵、永豐民兵屬兵道團操」，其餘七縣民兵暨三所操軍於萬曆間不滿八百，「水哨、陸巡居其大半，常操者率羸孱，具名數耳」。[103]

萬安守備營另有分營設在白羊坳，乃嘉靖 42 年因「閩粤寇犯，悉從白羊入」而設。白羊坳在泰和、興國（贛州府屬）間，營設兵百人。「後人不知設兵之意，漸次減去。不無汎單之慮」。[104]

吉安府在崇禎末至少設有府營、義營、龍泉、萬安、泰和等營，[105] 惜以缺乏相關史料，實際情形不詳。崇禎 16 年，張獻忠陷袁州，左良玉遣吳學禮復之。時江西袁、臨、吉三郡人民多徙山谷，官兵淫殺俘虜，三郡苦之。「所在屯結，以拒官軍。巡撫郭都賢檄撤左兵回九江，招土著以戍三郡」。不久，吉安諸縣同

101 參見乾隆《吉安府志・軍政志・寇變》35:40b-43a。

102 參見乾隆《泰和縣志・官師志・武備》11:12b、乾隆《吉安府志・藝文志・乞專官分守地方疏》66:5b-7a。

103 參見萬曆《吉安府志・建置志》14:14a-b、乾隆《吉安府志・軍政志・營署》35:17b。

104 參見乾隆《泰和縣志・輿地志・官廨》2:24b、同書〈官師志・武備〉11:13a-b。

105 參見《明清史料》辛編 5:423b-425b，〈兵科抄出江西巡撫解學龍題本〉。

日俱陷。[106]

(4) 袁州府

袁州衛軍原額6156人，嘉靖間見存2335人。[107] 袁州衛軍用於操守的人數據附表2及附表3，嘉靖間爲327人，萬曆間爲336人，不但遠較南昌、贛州二衛爲少，與江西各所相較，亦居少數。康熙《宜春縣志》卷20，〈兵衛〉云：

明初歐黃內附，師徒雲集，又招降山寨諸人，置袁衛以隸之，袁衛非守衛兵也。

同書同卷「袁州衛」條下亦云：

原設衛之制，初爲容民蓄衆起見。給以屯種，以備月糧；役以運務，以昭報效也。

似乎袁州衛受限於衛軍的性質，自始即不以守衛疆土爲目的。此說與前述袁州衛在地理形勢上的重要性顯有矛盾。但袁州府在明末以前極少動亂，卻是事實。[108] 同書〈兵衛〉續云：

後承平日久，設民兵若干爲守禦，廩食有常額。平時除閱操登城外，無所事事。一遇有警，調遣不能用命。

承平時袁州府的團練民兵僅有318名，分防於「郡縣以及插嶺、慈化兩隘，每名工食歲八兩六錢四分」，由郡縣守令提調。[109] 團練民兵之外，袁州府屬各縣應另有常兵或民快，然僅萬載一縣約略提及，詳下文。

插嶺隘在萍鄉縣西60里插嶺舖，西鄰楚省，爲萍鄉第一關隘。嘉靖38(1559)年始設營房、置關樓；43年，知縣蔣世謨議移草市巡檢司防守之。萬曆22年，知縣陸世勣條陳重修，「移袁州衛官一員，請回守府城，本縣精兵二十名并袁州衛軍牢十名防禦」。明末盜風四起，知府田有年以「萍之接楚境也，計體

106 參見乾隆《泰和縣志・官師志・武備》11:13b。

107 參見嘉靖(22年刊本)《袁州府志・武衛志》6:22a。乾隆《袁州府志・屯運・軍數》10:2b 謂：「原額軍二千戶，舊志見在操運精局門哨各差正餘軍共一千六百四十三名」，其原額明顯有誤，「見在」1643名亦不知爲何時之數，姑存疑備考。

108 參見乾隆《袁州府志・武備・兵氛》15:12a-15b。

109 參見乾隆《袁州府志・藝文・兵議》30:20b-21a。

陵至揷嶺不逾半晌，萬一揷嶺不及禦，而四十里至湘東有備，可以無虞」，於湘東黃花橋設石灰營，增立把總一、哨官二，統領標兵百名，以防揷嶺。同時又編僧兵百名，更番以防慈化喝斷山；挑選衛軍之壯者，給以雙糧，使互相城守。[110]時在崇禎6年。

袁州府下另有黎源哨，在萬載縣北120里。萬曆3年寧新山賊猖熾，有楊青山一夥逃匿黎源洞天井窩。事平後，撫院潘季馴題請置立黎源哨，由袁州衛官中擇千、百戶一員，統精兵百名防守。萬曆5年初設哨時，於袁州府精兵撥一百名防守黎源哨，另撥一百名添守南昌府寧州銅鼓營。兩地兵俱由袁屬四縣分撥，每年更番出戍。崇禎6年，楚寇發難，撫院檄行道府查議兵制，知縣韋明傑申請黎源兵就近撥戍，始改由萬載兵專守黎源。計哨官一員兼隊長，塘報兵2名、藍旗2名、什長兼教師8名、散兵72名。萬載原分撥兵共74名更戍黎源、銅鼓二處；專撥黎源以後，其他三縣亦不再撥兵守黎源，因兵不足數，乃於守城精兵26名內撥13名添守黎源，仍每年更番互換，「自此（萬載）城守止精兵一十三名」。[111]

萬載另有守城哨兵71名，內吹手（司更）9名，餘各分守關哨：東關7名、西關7名、大南關7名、小南關5名、大北關7名、小北關5名、仁和哨6名、龍河哨6名、前哨（司門）5名、後哨（巡夜）7名。每哨一名為總，每名工食銀5兩2錢，「從防守操練兵快內支給」。精兵13名中有隊長1名，其工食銀皆為8兩6錢4分。[112]

袁州府因長期處於承平狀態，其地方防務也乏善可陳。一直要到崇禎6年流賊四起之後，才陸續添設兵防。繼前述知府田有年的增兵開其端，崇禎10年流寇犯袁州，以「舊額精兵數百，星散各邑，統無專閫，故武備弛而緩急靡恃」，議募義兵一千，宜春、萍鄉各三百，分宜、萬載各二百，由士民照糧助餉。「後創設守備一員，挑選民兵及招募壯勇共八百名，駐札（宜春）東關教場南邊大街之

110 參見嘉靖（40年刊本）《袁州府志・公署》3:6b、康熙《萍鄉縣志・署宇》2:6a-b、乾隆《袁州府志・藝文・湘東營房記》33:58b-60a、同書〈藝文・兵議〉30:20a。

111 參見嘉靖（40年刊本）《袁州府志・公署》3:又6b、康熙《萬載縣志・武備》5:41a-44b。

112 參見康熙《萬載縣志・武備》5:44b-45b。

右」。崇禎11年,撫院解學龍發省營兵四百名,使把總一員、哨官4員總之,屯於萍鄉西城外。17年,添設參將、都司二員駐札兆關,[113] 但已於事無補。不久,明亡。

(5) 南昌府

南昌前、左二衛原額正軍11200名。合併爲南昌衛後,萬曆間見存食糧正軍3546名,餘丁總數則達10104丁。負責操練守城的旗軍舍餘人數,嘉靖間爲986人,萬曆間爲1443人。衛所官人數萬曆間爲現任世襲指揮9員、現任納級指揮2員、衛鎮撫1員、千戶10員、所鎮撫3員、百戶6員。[114]

南昌有分巡道。萬曆5年,因流賊劫掠,且寧州境與湖廣聯壤,兩境之民爭訟,連年不結,兩省議題,以分巡南昌道駐劄寧州,兼制興通崇瀏咸平等處,是爲分巡南昌兵備道。又改定江巡檢司爲守備府,統哨官5員、兵400,分立黃岡、沂源、黃竹、雙坑、百丈五哨。其中,黃竹哨在武寧縣清江坪,由哨官1員領兵防禦,管哨把總1員、守哨隊長3名、團練精兵100名。雙坑洞哨在靖安縣,守哨精兵有37名爲武寧籍。哨兵「奉縣宰提調,固守城池而已」。崇禎7年,流氛蹂躪襄黃吳楚等處,撫院解學龍、巡道潘曾紘檄武寧知縣寇可教練兵防禦,寇懼

113 參見乾隆《袁州府志・藝文・郡伯解公鼎建各營哨碑記》33:56b-58b、同書〈藝文・兵議〉30:20a-b、康熙《宜春縣志・兵衛》20:1a-b。由於府、縣志內容均過于簡略,要釐清彼此關係並不容易。正文中所引「後創設守備一員」云云,見於《宜春縣志》,其所謂「挑選民兵及招募壯勇」800名,似應與議募義兵千人爲一事。府志〈郡伯解公鼎建各營哨碑記〉記議募義兵事後,謂「今自(宜春)東郊卜築郡營,外復謀所以控扼湘楚者,以防洞庭,旋擇險于萍邑之西關,刱建營署」。既稱「郡營」,應集各縣兵於一處防操,但原議募義兵千人卻是以分散四縣爲原則(「用六百均隸郡、萍,而分隸分、萬者各二百」),以把守關隘爲要務(「一時帥閫兵營,以暨諸關哨塞堡,星羅碁布,煥然畢舉」)。或以部分守關隘,部分團操郡營亦未可知。又,萍鄉西關營房應用以屯省營兵,所設官據府志〈兵議〉僅提及把總一員、哨官四員,但康熙《萍鄉縣志・署宇》2:6b「西關外營房」項下,卻指出崇禎12年在此地除營房數十間外,又建造了守備府,「時守備萬高始居于此」。此「守備」或即《宜春縣志》中所提之守備。若如此,則《宜春縣志》之設守備與招募壯勇應爲二事。

114 參見萬曆《南昌府志・典制類・軍差》9:15a-16a。

不敢任，於是僉議疏請建立武寧營，設守備官一員；改黃竹哨為龍哨，添立虎哨、中哨，各設哨官一員，又外設三汛，由哨官帶兵防守。[115] 崇禎末，靖安、奉新俱有營，但始設年與營官、營兵數皆不詳。[116]

武寧營之外，南昌府尚有省營，始設年不詳，有「軍正餘兵」共525名。其中，應操軍兵并老隊軍人、雜役實存308名，與民精兵、民常兵、及浙省客兵一同「在省聽大操」。另以軍兵203名、跟官軍伴14名，與民兵210名、浙省客兵74員名共同撥巡各汛。[117]

省營兵的來源包括衛所軍餘、民兵與浙省客兵。萬曆《南昌府志》卷8，〈典制類・差役・民兵〉記有南昌府屬一州七縣的民兵數，詳見附表5。其中「團操民兵」一項於豐城、進賢二縣下分列有「省營」、「在縣防守」二小項，是即縣屬民兵派至省營之例。其他各州縣是否亦有省營兵並不清楚，但以武寧為例，縣下137名團操精兵有100名駐守黃竹哨，37名湊守靖安縣雙坑洞哨已如前述。

附表5：萬曆年間南昌府各州縣民兵兵役分配表

	南昌	新建	豐城	進賢	奉新	靖安	武寧	寧州
民兵（總計）	866	346	429	382 (384)	326 (328)	190	239	377
解按察司進表應朝作盤纏兵	14	6						
戰船水手		3				1		
隊長	7	3	4	4	2	1	3	4
團操民兵：	369	132	183	206	107	26	137	196
省營：			123	188				
在縣防守：			60	18				

115 參見萬曆《南昌府志・署宇》4:18b-19a、康熙《武寧縣志・營署》2:42a-43a。

116 參見《明清史料》辛編10:924a-925a，〈吏科外抄江西巡撫張鳳翮題本〉。

117 參見康熙《新建縣志・兵防志》16:2b-3a。

民快：	453 (454)	184	230	162	207	150		
撥各司道役用：	37	17	7	4	3			
州（縣）差操：	417	167	223	146	204	134	87	165
民兵降充勻募：						16		
充弓兵：				12				
應捕兵：府	10	6						
（州）縣	12	12	12	12	12	12	12	12
奉府院批充增復民兵					14			

*資料來源：萬曆《南昌府志・典制類・差役・民兵》8:25a-27a。

南昌府民兵之設，似「自華林之役始」，亦即正德5年以後。贍兵之費取辦丁糧，以「丁糧多者爲籍首，諸小戶附益之。每兵給一由票，聽其自充，或募人而徵銀於編戶」，大率十年更編。嘉靖22年，分上下班，始定工食銀爲3兩6錢，戎裝銀1錢。翌年，罷更番之令，增工食銀至4兩8錢。24年，增至5兩4錢，戎裝銀加倍。嘉靖35年，巡撫蔡克廉以兵冗費繁，簡練無法，而內儲適告乏，於是視額數過三百者十裁其一，就存者中再選十分之二爲精兵，餘爲常操兵。衛所軍餘亦十選其一，並練於各府。增工食銀爲7兩2錢，將所裁兵額銀全徵輸部充餉，存兵則俱扣銀2兩，貯府庫以充精兵按月給賞費以示優異。其後，巡撫馬森又以省城兵寡，裁各縣額兵，以其銀解省，募兵三百名。巡撫何遷參酌前規，以各次續減之額爲據，大抵每兵百名選20名爲精兵，裁10兵徵解部銀，裁一兵徵解募兵銀，常操兵仍扣銀2兩存庫，精兵則盡給爲工食。隆慶2年，巡撫劉光濟將民兵改入一條鞭，徵銀當官雇直，精常兵工食如故。6年，巡撫徐栻更定爲各州縣每兵一名，正編銀7兩6錢，各兵工食悉仍舊例，各州縣額兵量增損之。[118] 萬曆間南昌府民兵工食銀，隊長爲9兩6錢，團操民兵爲8兩9錢，民快5兩2錢，戰船水手8兩，其餘爲7兩2錢，俱遇閏增給。[119]

118　參見萬曆《南昌府志・典制類・差役・民兵》8:27b-28b。

119　參見萬曆《南昌府志・典制類・差役・民兵》8:25a-27a。

(6) 九江府

九江衛軍原額5700名。明末自指揮以下至軍舍餘丁，總計6946員名。其中指揮使5員、指揮同知2員、指揮僉事7員、正千戶12員、副千戶14員、衛鎮撫1員、所鎮撫4員、百戶20員。[120] 衛所軍役的分配情況大致可參考附表6，但因原史料缺漏，表6內容並不完整。九江衛操軍人數根據附表2，可知在嘉靖間有3800名。

附表6：明末九江衛軍役分配狀況表（不全）

掌印指揮1員	掌印千戶6員	掌印百戶58員	
僉書指揮1員			
管屯指揮1員	管屯千戶6員	管屯百戶6員	屯軍?
管操指揮1員	?	?	操軍?
管造軍器指揮1員	造器械軍53名		
管運指揮下江1員、本省1員	管運千戶2員 運糧軍1716名	管運百戶2員	
巡捕指揮旱巡1員、總巡江1員	巡捕軍24名		
	總小旗軍2135名	舍人407名	
守門軍100名			
巡城守舖軍餘108名			
		總數6946員名	

*資料來源：乾隆《德化縣志・建置・兵防》4:54a-b。

九江因據金陵上游，襟帶川陝湖滇閩廣，成化13年議設武臣一員守備。正德6年，盜起旁午，江南尤甚，兼流寇出沒江漢，九江知府李從正以守備權輕，乞奏敕憲臣一人整飭兵務。疏上報可，於是改守備於安慶，兼制九江、建陽等處，另添設兵備道於九江。嘉靖41年，江湖多盜，乃又議設南湖觜守備於湖口，以都指揮體統行事，隸九江兵巡道。初建署於南湖觜，稱南湖營，後移建湖口，仍稱南湖營。「所統兵士，多屬衛卒及湖、彭二邑民兵。所轄地方，上自蘄黃南康，

120 參見乾隆《德化縣志・建置》4:41b、54a-b。後者未說明爲何時之數字，且其下所列各項軍役細目不全，各數合計較總數6946員名尚差二千餘名，詳見附表6。由於文字敘述缺漏太多，實際情況甚難揣度。本文只有從略。

下至安慶等處」。[121] 天啓癸亥(1623)、甲子間，九江兵巡道陸夢龍以承平日久，人不知兵，預召募健兒五百教之技擊，號稱標兵，設道標中軍一員。[122] 崇禎中，寇來江上，又增設遊擊一員駐郡城，而衛卒與南湖營咸聽節制。8年，以流賊猖獗，立八里江營與南湖營互為犄角，設哨官一員，衛兵百名。湖口另有凰山嶺營，原設精兵10名，萬曆間增2名，領以把總。崇禎11年，裁入南湖營。至壬午(1642)、癸未間，盜益熾，乃設總督九江地方兼制江西、湖廣軍務一員，駐節九江。調中邊精銳萬有餘人，設五裨將以統之。並增副總兵駐城中。[123] 又二年，明亡。

南湖營所統兵士，包括九江衛軍與湖口、彭澤二邑的民兵。九江府所遺有關民兵的記錄並不多，所屬五縣中，僅德化、湖口二縣留有簡單的記事。德化民兵始於正統以後，初名快手，後稱民壯，皆無定制，乃隨時糾集下戶充任。正德以後置機兵，「通以丁米均排，首戶出身從事戎行，餘為貼戶，年貼衣裝，十年一替」，計本縣操備機兵一百名。[124] 湖口民兵始於成化間，「限於糧，不限於戶」，每名雇募銀7兩2錢。嘉靖初，額編120名，27年，加編30名，共150名，以十年一編為定。及萬曆年間，編團練民兵53名，防守差操民兵119名，共172名。[125] 總計九江府下五縣防守民兵共511名。[126]

(7) 饒州府

饒州所設指揮同知1員、指揮僉事2員、正千戶5員、副千戶4員、百戶14

121 參見康熙《九江府志・公署》6:1a、同書〈職官・武職〉5:29a-b、康熙《湖口縣志・建置志・兵防》5:41a-b、43a。

122 參見康熙《九江府志・名宦・陸夢龍》8:45a、同書〈職官・武職〉5:29a-b、同書〈兵防〉2:28a-b、同書〈藝文・重建九江衛并新創標營記〉15:5b。標兵人數，8:45a作500名，2:28b作250名，但後者另外記有舊兵150名「在城役于官」，及水兵由水手改者72名，由弓兵改者33名。500名或指諸項之和。參見15:5b。

123 參見康熙《湖口縣志・建置志・兵防》5:41b-42a，44a-b、嘉慶《湖口縣志・建置志・兵防》2:19b、《明史・職官二》73:1775。

124 參見嘉靖《德化縣志・民兵》4:25a-b。

125 參見康熙《湖口縣志・建置志・兵防》5:44b-45a。

126 參見康熙《九江府志・兵防》2:28b。

員、所鎮撫1員。[127] 額軍人數不詳，康熙《饒州府志》卷16，〈武備志・所制〉記「明額」操軍776名，屯軍117名，運軍807名，不知爲何時之額。饒州所操守軍餘嘉靖間爲1269人，萬曆間爲446人。

饒州府有鄱陽、餘干、樂平、浮梁、德興、安仁、萬年七縣。其中，樂平縣於元時曾設有文山千戶所，明初改爲百戶所。後併入饒州所，歲遣饒州所百戶鎮守，不久又改爲鄉戍。[128] 浮梁縣於洪武初以饒州所百戶領兵巡守，18年罷去。[129]

饒州府有兵備道。初設於正德7年，時姚源盜將平未平，總制都御史陳金倡招撫立縣之議，於是立東鄉縣隸撫州，萬年縣隸饒州。二府又各設按察司副使一員整飭兵備。[130] 唯事平即革。嘉靖元年，以警備難弛又復，以范輅爲江西按察司副使整飭饒州等處兵備，「降敕諭、關防，俾駐饒制撫，以便緩急」。[131] 15年，以「饒州府鄱陽縣與池州府建德縣爲鄰，寔惟盜藪，以隔省故，不可致詰」，命以建德及新建、進賢（二縣隸南昌府）、星子、都昌（二縣隸南康府）五縣俱隸饒州兵備。同時又以建昌（隸南康府）、寧州、武寧、靖安、奉新（以上隸南昌府）隸九江兵備，萬安、龍泉、永豐（以上隸吉安府）、廣昌、新城、南豐（以上隸建昌府）隸贛州兵備。俱換給敕書，聽其兼制。[132]

饒州府有饒州營，設置時間不詳。營設守備一員，「以武甲榜爲之，或外衛指揮千戶等官陞任」；中軍一員，「皆本所千百戶爲之」。精兵五百名，「皆募市人爲之」。明末又設義營，守備一員，亦以武榜及他衛所等官陞任；精兵五百名，亦皆募市人爲之。[133]

127 參見康熙《饒州府志・武備志・所制》16:2a。
128 參見乾隆《樂平縣志・建置志・兵衛》2:13a、同書〈祥異志・武事〉9:5b。
129 參見康熙《浮梁縣志・建置志・武備》3:24a。
130 參見康熙《餘干縣志・平姚源傳》10:13a-15a、康熙《饒州府志・建置志・署解》3:7b-8a、《明武宗實錄》91:10b，正德7年8月庚午條。
131 參見康熙《饒州府志・建置志・署解》3:8a、《明世宗實錄》14:3b，嘉靖元年5月丁巳條。
132 參見《明世宗實錄》192:5b，嘉靖15年10月甲申條。
133 參見康熙《饒州府志・武備志・營制》16:2b-3a。

饒州府境有鄱陽湖，其湖防由「鄱陽等七縣按季輪發官兵分守」各寨，或以所官一員，領官船一隻、巡船一至三隻；無官者則僅巡船一二隻不等。瑞洪等四處則由浙兵防守，各哨船一隻。[134]

饒州府曾一度有浙兵駐守。浙江以征倭募兵，事寧後無所歸，乃以一千人駐饒，時爲嘉靖45年。然以桀驁難制，後爲守臣漸以計遣去。[135]

饒州府民兵僅樂平、浮梁二縣留有記錄。樂平縣於景泰間由都御史韓雍置民快42名，供本縣調遣，後革廢。成化間，都御史李蕙編機兵300名；後改爲隊長4名、團操兵192名、本縣防守差操兵173名、府縣捕兵14名。[136] 浮梁機兵編於正德間，由巡捕官掌之，以備防守調發。後以地方無事而裁省。機兵舊額250名，後增350名，其後又于內揀75名赴府團操，謂之精兵。後精兵又增至130名，分班赴府；常兵126名，捕兵12名。[137]

饒州府亦有鄉兵，康熙《浮梁縣志》卷3，〈建置志·武備〉謂：「鄉兵編于家甲，團操時，同精常兵操練」。乾隆《樂平縣志》卷2，〈建置志·兵衛〉則謂：「城市、鄉村各立鄉約、保甲之法，以備不虞」。實施地區或相當廣泛。

(8) 廣信府

廣信府下有廣信、鉛山二所。廣信所官軍原額不詳，嘉靖《廣信府志》載該所「官旗軍舍人餘丁并奉例充補軍」共2157員名，乃是嘉靖時「見在」的數字。其中，舍人有199名，餘丁1447名，實在官旗軍人僅507名。[138] 嘉靖間廣信所的「操練官旗軍餘丁」計500名，由管操千戶一員管領。萬曆年間操守旗軍的人數增加到773人，此一數字當包含餘丁在內。

鉛山所原額官軍共1222員名，「額外奉例注選官并改發充役正補軍」共327

134 參見康熙《饒州府志·武備志·防汛》16:4a。

135 參見康熙《鄱陽縣志·雜志·事考》15:15a。

136 參見乾隆《樂平縣志·建置志·兵衛》2:13a-b、同書〈食貨志·民兵〉5:16a。二者所記細目略有不同，因〈食貨志·民兵〉各項均記有工食銀數，故從之。

137 參見康熙《浮梁縣志·建置志·武備》3:24a-b。

138 參見嘉靖《廣信府志·職官志·兵防》9:24a。但府志中的數字不夠精確，所列各官、旗、軍、舍、餘人數總合爲2153員名，略少於2157。

員名，扣除「事故官旗軍」584員名，嘉靖間「實在正幼官旗」爲965員名。[139] 此即附表2中所列鉛山所嘉靖間軍數。但表2所列鉛山所操練、屯田、漕運軍人數總和遠超過965，乃是因爲各項軍役均由正軍、餘丁共同負擔之故。嘉靖《鉛山縣志・城池・武備附》載有嘉靖間鉛山所軍役分配額數，經整理作成附表7。與附表2比較，可知附表7中管操、管屯二項下官旗軍舍餘的總和（但不包括千戶）與附表2相符。但運軍一項表2僅計百戶以下至軍人人數，餘丁131名並未被計入。至於巡捕以下各項更全被省略，史料數字之不精確性由此也可見其一斑。又，附表3鉛山所軍較其他衛所軍多了「把關旗軍」一項，此應即附表7之「守隘」軍。總計嘉靖間鉛山所的操守軍力計有812人，萬曆間降至481人。

附表7：嘉靖間鉛山所軍役分配狀況表

				小計
掌印千戶1員				1
簽書千戶1員				1
管操千戶1員 軍人250名	操練百戶6員 舍人70名	總旗15名 餘丁290名	小旗56名	688
管屯千戶1員	屯田舍人7名	餘丁267名		275
管運千戶1員 軍人477名	百戶2員 餘丁131名	運糧總旗9名	小旗16名	636
巡捕千戶1員 餘丁18名	巡捕總旗1名	小旗2名	軍人22名	44
成造軍器小旗1名	軍人46名	餘丁5名		52
守隘小旗3名	軍人11名	舍人22名	餘丁89名	125
公差等項官旗533名				533
守把門軍29名				29

139 參見嘉靖《鉛山縣志・城池・武備附》1:4a-5a。此志列有多項數字，但彼此不符，甚難解讀。如原額官軍1222員名下列其細目，僅軍人一項即有1607名；在「額外奉例注選官并改發充役正補軍」一條後，又列有「續奉發充改三［正？］補運軍餘三百一十六名」，但此一數字與其他數字之關係完全無法掌握。同卷5a-6a列有「軍政考格」，經整理爲附表7，但其總數2530亦不見於此書此卷。本文對所見各數字皆儘量考証，但不明之處仍多，故所有數字均只供參考用，並非爲「絕對」。

看養騎操馬匹軍人2名	2
火藥匠軍人2名	2
看監守造册等項軍餘19名	19
辦料餘丁57名	57
辦脯餘丁66名	66
總計	2530

*資料來源：嘉靖《鉛山縣志・城池・武備附》1:5a-6a。

廣信府永豐縣有平洋坑，其「東南與閩粤接界，以鑛招盜，爲害最熾」。初曾調廣信、鉛山二所官軍202員名輪番守之，弘治間奉例裁減官軍120員名。正德間奉撫按明文盡行裁革，移其糧予民壯固守。鉛山縣有溫林關，「爲閩楚衝要」，弘治間盜起，委軍官一員領軍50名守之，後裁革。[140] 又，弋陽縣似亦曾有衛所軍協守，但實際情況不明。[141]

廣信府原僅鉛山把總一員，係嘉靖間所設。鉛山「南跨崇安，東距浦城，西接光澤，爲閩咽喉地」，設把總所以「召集團練」。崇禎7年始抽調各縣精常兵設廣信營，初僅兵250名，崇禎12年兵部奉旨召募里兵，遂以舊營兵與里兵共爲一營，另新設分守湖東道中軍欽依守備一員。[142] 弋陽有漆王鎮，「界連德平（饒州府德興、樂平），叢山險阻」，崇禎14年茅源寇平之後，知縣王萬祚議立「防營」，調鷹潭兵70名、軍50名，設把總一員防守。後廢不設。[143]

廣信府屬各縣機兵，成化間係由丁糧近上之戶編取，正德間「合計槩縣糧數通融均編」，每糧25石，編僉一名。每名歲雇銀7兩2錢，「其數倍于成化年間」。隆慶2年行條鞭法後，「量減歸農。復改名精常兵，工食亦減數扣給」。[144] 廣信府屬各縣機兵人數，據康熙《廣信府志》卷9，〈職官志・民

140 參見康熙《廣信府志・職官志・關隘》9:53a-b、55a。

141 康熙《弋陽縣志・凡例》4a謂：「弋地四衝，每爲兵鋒所及。前代設有精、常兵，又有衛所軍協守，爲制頗周。」

142 參見康熙《鉛山縣志・職官志・附武備志》4:27a、同書〈地輿志・疆域〉1:5a、《明清史料》辛編5:465a-b，〈兵部行「江西巡撫解咨」稿〉。

143 參見康熙《弋陽縣志・官師志・兵防》2:24a。

144 參見康熙《廣信府志・職官志・民兵》9:36a-b。

兵〉所載，上饒縣爲400名、玉山縣350名、永豐縣300名、鉛山縣350名、弋陽縣430名、貴溪縣450名。新設於嘉靖39年8月的興安縣不載其數，[145] 故此數字當爲嘉靖39年以前之數。廣信府屬各縣縣志中有關民兵的記事多不完整，各縣之間發展也不一致。乾隆《廣豐縣志》卷6，〈武備・阨塞〉謂廣豐於「明初額設民兵防守各隘，計精常兵共二百三十四名，精兵哨官二名，常兵哨官一名，捕兵一十二名」。萬曆間，知縣吳雲程議裁精兵，存80名爲垛夫，常兵裁存58名爲馬步快。36年，知縣盧謙詳請復額未成。弋陽縣民兵嘉靖前原設430名，後增減不一，隆慶6年奉巡撫徐栻命，編定精兵124名，分作二班輪流操演守護，常兵83名聽差，餘兵134名追銀解司，以備軍餉。其工食銀兩精兵每名7兩6錢、常兵5兩2錢，另設隊長3名，每名工食銀9兩；府縣捕兵13名，每名7兩2錢。後裁去精兵54名，止存70名改名垛兵，又裁去常兵33名，止存50名改名民壯。[146] 貴溪縣於嘉靖中因地方多事，選民間勇壯70名爲精兵，每名歲工食銀7兩2錢；民快58名，工食銀5兩2錢。精兵「撥隸鉛、廣二所聽調，按季更番換班；民快則在本縣任使巡河之役」。[147] 永豐在萬曆間有精兵145名、常兵82名。[148] 鉛山舊額編兵380名，嘉靖間新編220名，隆慶2年以後定爲350名。[149]

廣信府下有關民兵的記錄雖不完整，但府屬各縣民兵在地方防務上卻責任匪輕。例如前文已經提到的，貴溪縣精兵隸所聽調，民快任使巡河；廣豐縣民兵用以防守各隘；永豐縣平洋坑的防守責任在正德以後完全轉移到民壯等，均是其例。弋陽的河防亦復如此。萬曆《弋陽縣志》卷8，〈防圉志・兵防〉云：

按弋承平日久，上玩下縱，湖江之賊，採入近境，官商受害者屢矣。本縣

145 參見《明史・地理四・江西》43:1059。

146 參見萬曆《弋陽縣志・防圉志・兵防》8:3a-b。康熙《弋陽縣志・官師志・兵防》2:23a-b。隆慶以後裁精常兵爲垛兵、民壯，或爲入清以後事，也有可能與廣豐縣一樣，爲萬曆年間事。實際情況不明。

147 參見康熙《貴溪縣志・職官誌・兵制》3:52a。

148 參見康熙《廣信府志・職官志・關隘》9:54b。

149 參見嘉靖《鉛山縣志・城池・武備附》1:6b、康熙《鉛山縣志・建置志・兵防》2:39a。

於沿河上下，十里設巡舡一隻、五里設窩舖一所，撥精兵更番守之，以譏察非常。舟舡不得夜行，溪路可安矣。

即指出當地河防全賴精兵維持。此外，民壯在正統年間葉宗留之亂時，也發揮了相當的作用。康熙《鉛山縣志》卷1，〈地輿志・災異〉云：

浙東葉宗留反，僉都御史張楷討之。先是，正統七年，浙江處州賊王能、鄭祥四、蒼大頭、葉宗留聚衆千餘人入山盜礦。十年，掠永豐。按院乃會同都司調南昌衛、廣・鉛二所官軍及六縣民壯，與王能等戰。官軍被殺者甚衆。永豐令鄧顒、老人余斌入山招撫，王能三十五人聽命，給與劄付，將永豐二十四都瘠荒田地給與耕種，以充快手，協同六縣民壯，于永豐之橫山頭設敎場。都司翁統集二所官軍，以時操閱，實所以鈐制之也。

正統10年礦賊之亂，六縣民壯與衛所官軍同樣站在第一線上。王能降後，且以民壯、官軍一同操練。後宗留勢復振，流毒地方，閩賊鄧茂七亦起，東南大震，六縣民快又與衛所官軍一同聽調。唯以賊勢已熾，後藉京營及南直江浙等兵始得勦平。[150]

(9) 建昌府

建昌所原設正千戶5人、副千戶4人、所鎭撫1人、百戶10人，旗軍原額1700人。萬曆間，實在正千戶5員、副千戶6員、百戶7員、鎭撫1員、總旗4員、小旗8員、千長1名、哨官1名，軍840人。其中，操軍原設有508名，萬曆38年，爲知府鄔鳴雷汰革131名，其後額設操軍377名。[151]

建昌府曾於成化23年「添撥提備廣昌官二人，領兵一百二十名，分二班更戍」，但官與兵之來源俱不詳。建昌府兵備之強化最明顯是在嘉靖36年以後，時閩廣賊犯南豐，巡撫都御史何遷奏設撫建守備司於南城，以饒州千戶王址爲守備

150 參見康熙《鉛山縣志・地輿志・災異》1:16a-19a。

151 參見康熙《南城縣志・兵防》6:82b-84a、萬曆《建昌府誌・武備》7:2b-4a，及乾隆《建昌府志・武備考・歷代兵制》17:2b。本文所記萬曆間操軍人數，係據萬曆《建昌府誌》所載。康熙《南城縣志》則以318爲萬曆初操守旗軍人數，少於萬曆府誌。又，乾隆府志記建昌所操守旗軍數爲585名，不知爲何時之數，但推測應爲諸數字中最早者，亦即該所操軍人數應呈一路下降之趨勢。

署指揮僉事，許都指揮體統行事。不久改設遊擊一員。41年，巡撫胡松奏革守備司，改設參將府於南豐，統撫建浙兵三千人。置建撫參將一人，由江西都司署指揮僉事梁守愚陞任之，中軍把總一人，哨官一人，以鉛山把總聽調度。又建中營於省城，東營於南豐，西營於萬安，「三方鼎峙，以爲諸郡之鎮壓；於各兵備、守巡諸道常駐之地各練兵千餘人，以爲三營之羽翼；於州縣村鎮則推行保甲遺意，名爲守望親兵，各相團結，以爲諸營兵之聲援嚮道」，「而建撫遂爲江藩雄鎮」。不久，罷中西兩營，止留東營。[152]

東營位在南豐縣八都太平岡，故又稱太平營。原用以屯練客兵，以備閩廣流寇。及寇平，浙兵大爲民害，萬曆2年，知縣鄭秉厚請於朝，東營遂撤。於是罷參將，於撫、建兩府各設把總，以土著之兵隸之。先是，嘉靖40年以寇警移分巡湖東道僉事坐鎮建昌，至是加兵備銜，以約束湖東官兵。[153]

東營尙在之時的軍事體制，是以客兵爲主，民兵、鄉兵（保甲）爲輔。隆慶元（1567）年，僉事張址以四郊多盜，設四營房以居精兵，輔以鄉兵；3年，僉事陳成甫增設營房於校場，居浙兵以教習南城之兵。萬曆2年，旣革南豐參將，3年，改設建昌把總司於南城，立把總1人，統精兵544名。其中南城兵204 名、南豐兵150名、新城兵150名、廣昌兵40名。南豐以下三邑兵係分班赴府操練，南城兵則不分班。又因水寇時出劫掠，造哨船四號，每號用精兵7名，分泊楊家渡、伏牛港。委千戶一員，同巡捕官督兵巡緝，而「時與撫州官兵會」。崇禎5年，設把總一人於廣昌，立營城外山川壇，是爲廣昌營。11年春，巡撫解學龍移鎮建昌，都司倪越素駐兵南豐，討密密教妖賊。4月，賊平，乃罷，奏添設湖東守備一人於南城。[154]

152 參見乾隆《建昌府志・武備考・歷代兵制》17:2b-3b、萬曆《建昌府誌・武備》7:1b、康熙《南豐縣志・藝文・新設建撫參將碑記》16:31a-32b、同書〈官師年表・明兵官〉4:41a、康熙《南城縣志・兵防》6:82b-83a。

153 參見萬曆《南豐縣志・規建志》2:又39b、康熙《南豐縣志・藝文・笑清郊壘頌》15:13a-14a、同書〈倉庫舗鎭〉2:15a-b、乾隆《建昌府志・武備考・歷代兵制》17:3b。

154 參見乾隆《建昌府志・武備考・歷代兵制》17:3b-4a、康熙《南城縣志・兵防》6:83a-b、康熙《廣昌縣志・形勝・營制》1:11a。

建昌府民兵之設，各縣志說法很不一致，其名稱尤其分歧。康熙《廣昌縣志》卷1，〈形勝・機兵〉云：

> 明初以撫按會議垛集民兵及四境隘口，名爲團練。編戶出丁，名曰民壯。正德間照糧編之，每糧二十五石，或編充、或朋充機兵一名。

「團練」一詞不見於他處，其眞象不明。「編戶出丁」據康熙《南城縣志》卷3，〈民兵〉：

> 弘治中罷民壯，僉民爲機兵，其制編戶朋充，不計丁糧，如里甲之法。其兵計九百九十三名，每兵二十五名，設總甲一人，小甲二人；百名則設百總一人。每名給銀七兩二錢，通計銀七千一百四十九兩六錢。每總甲一人，備馬一匹，即舉機兵一名銀給之，謂之養馬機兵。自是民始有養兵之費矣。

南城縣編戶充機兵在弘治年間。據此志，南城縣初招募民兵在正統14年，[155] 稱爲民壯，弘治中罷，改僉機兵。然乾隆《建昌府志》卷17，〈武備考・歷代兵制〉記弘治10年審編民兵，計南城縣993名、南豐縣461名、新城縣734名、廣昌縣763名，其後又云：

> 始稱民壯，後稱快手，已復稱民壯，其後又稱機兵。分春秋二班操演，皆民兵也。

似乎在弘治10年審編時仍稱民壯，其後才改稱機兵。初僅編戶出丁，至正德10年，「始計丁糧僉編」。僉法在廣昌縣爲每糧25石編充或朋充一名，在南城則「以二丁準糧一石，其例可優免。丁糧多者爲頭戶，寡者爲貼戶」。[156]

前引康熙《南城縣志・民兵》又提到南城縣在弘治中僉民爲機兵後，每兵25名，設總甲一人，小甲二人；康熙《新城縣志》卷7，〈武備志・民兵〉將之繫於成化初。機兵分春秋二班操練，新城志繫於弘治10年以後，南城志則明記爲正德12年，其後並說明：「每名追歛操銀六錢，收貯各官，以備衣甲調賞之需」。這些差異或來自縣志記載的疏略，亦有可能各縣實施時間本即不同。值得注意的

155　康熙《南城縣志・賦役考・民兵》3:43a作「正德十四年」，但由前後文推斷，明顯是正統14 年之誤。

156　參見康熙《南城縣志・賦役考・民兵》3:43b。

是，同府內的各縣縣志竟會留下如此分歧的記錄，明代民兵制度的混亂情形可見一斑。明代建昌府下共有南城、南豐、新城、廣昌、瀘溪五縣，除瀘溪係萬曆6年新設，「以縣治初分，規制未定」，[157] 故其兵制不載於縣志外，南城、新城、廣昌三縣志都有關於民兵的記載。廣昌縣機兵在正德間已裁至363名，嘉靖間又裁90名，止餘273名分班操演。[158] 南城縣民兵至嘉靖2年，先後遞減至600名，每名工食戎裝銀4兩9錢。23年罷分班之令。35年以巡撫蔡克廉之令挑選精兵，又革十分之一輸其銀於兵部。[159] 新城縣民兵嘉靖初遞減至450名，41年，因連年寇警，奉軍門都察院議添編500名，後又革121名。隆慶間改額精兵149名，常兵180名。萬曆間編精兵145名，分上下兩班往府操練，常兵142名在縣防守城池。「但中多脆弱，包攬占役，宿弊相仍，不堪實用」。[160]

建昌之鄉兵在多次戰役中都很活躍。根據乾隆《建昌府志》卷17，〈武備考·歷代兵事〉的記錄，洪武元年新城桐林鄉寇饒馬、妖僧周道作亂時，已有邑民許姓者率衆守禦。正統14年鄧茂七之亂，亦有知縣江浩招義勇萬餘人樹濠柵爲守禦計。正德6年，粵寇犯南豐，知縣秦慶遯邑人朱銓糾義旅禦之。9年，廣東大帽賊寇廣昌，守兵逃，新城民楊諫等率農兵赴援，典史王良弼亦募鄉勇擊之。嘉靖36年，閩廣流寇薄南豐，城中籍丁壯分門防守。其後巡撫都御史胡松議各縣立守望親兵，與客兵、民兵相互爲用事已見前述。其法「用十家爲一保，五保爲一黨，立黨正、黨副、街長、村長、鄰長以相維屬。每夜設保夫十名，更班鳴鑼繞村巡邏，稽防奸宄，救應夥盜。一家有警，保正、保副即率衆救援」。隆慶5年，巡撫徐栻復申其令，「十家爲甲，立甲長；十甲爲保，立黨正」，「地方賴之」。[161] 崇禎5年妖賊周八、江義起宜黃封山，11年密密教之亂，鄉兵都發揮了很大的作用。[162]

157 參見乾隆《瀘溪縣志·規建志·武備》2:13a-b。
158 參見康熙《廣昌縣志·形勝·機兵》1:10b-11a。
159 參見康熙《南城縣志·賦役考·民兵》3:44a-b。
160 參見康熙《新城縣志·武備志·民兵》7:2a-b。
161 參見康熙《新城縣志·武備志·保甲》7:3b-4a。
162 參見乾隆《建昌府志·武備考·歷代兵事》17:19b-20b。

(10)撫州府

撫州府爲腹裡四府中，唯一設有守禦所者。撫州府原設正千戶6人、副千戶4人、百戶11人。嘉靖間有正千戶6人、副千戶6人、百戶7人、鎮撫1人。[163] 旗軍人數洪武初爲2284名，其後新收「發充終身幷寄操等項」共394名，又陸續扣除「逃亡、改調、取回幷沙漠故絕、釋放新軍」等項目，實在軍士人數大概維持在千人上下。[164] 統計弘治、嘉靖、崇禎三朝府志及萬曆《江西省大志》的資料，可以表列撫州所軍人數變動情況如下：

附表8：明代撫州所軍人數變動表

時間	人數	備註	出處
原額	1969		弘治《撫州府志》16:14a
洪武初	2284		嘉靖《撫州府志》9:兵6a
弘治	1091	見操 253　巡捕 43 運糧 605　守門 48 局匠 55　措料 4 養馬 20　解册 2 紀錄 7　實屯 54	弘治《撫州府志》16:14a
嘉靖	1158	另新軍94、總旗32、小旗69	嘉靖《撫州府志》9:兵6b
萬曆	1170	操守 389　運糧 781 另餘丁 103	萬曆《江西省大志》5:4a
崇禎	1100 (1077)	故絕 103　操守 193 運糧 781　另餘丁 31	崇禎《撫州府志》13:64a

嘉靖、萬曆間撫州所的操守軍數尙有三百餘人，崇禎間已降至兩百以下。操守軍力旣極有限，一旦有事勢必得仰賴民兵。如正德9年，贛州賊起，曾選機兵四百名赴廣昌防守。14年宸濠反，撫州府亦曾以機兵六百名赴軍前調用。[165] 撫州府僉民爲民壯始於正統14年。弘治5年，復奉都察院勘合罷民壯，僉民爲機兵。其法「每里一名，以糧五石以上者充，每十名爲一甲，十甲又以一人爲總。各縣

163 參見嘉靖《撫州府志・人道志・兵衛籍》9:兵1b。

164 有關撫州所軍人數的記載，俱見表8所引各條。但弘治府志中所謂的「額」，與嘉靖府志中所載「洪武初」的軍數不符，不知其何所指？姑存疑。

165 參見康熙《金谿縣志・雜志・災異兵氛》13:13b-14b。

以佐貳官一員統之」，負責擒捕盜賊，防守地方。各縣機兵人數，臨川620人、崇仁250人、金谿200人、樂安230人、宜黃70人，[166] 全府計1370人。

嘉靖以後，機兵人數調整爲臨川600人、崇仁360人、金谿380人、宜黃360人、樂安450人，加上正德7年新設的東鄉縣400人，總計達2550人。[167]

撫州府曾設兵備一員於東鄉，時爲正德7年8月，其事已見前述（饒州府）。正德末，「邑人御史吳華以地方既寧，奏裁革東鄉兵備」。[168]

撫州府設營始於萬曆2年。崇禎《撫州府志》卷13，〈官師表·兵衛官〉云：

> 撫州在豫章之東，地瘠民稠，兵革罕習。流寇突入，閭左被虐，司牧者懲焉。迺募民壯爲兵，請欽設總司守備一員，爲撫州營。則萬曆二年添設也。

撫州營共有精兵818名，由各縣分派，其額爲臨川194名、金谿122名、東鄉138名、崇仁127名、樂安121名、宜黃116名。精兵每歲工食銀8兩9錢，分班按季，「歲以一半守縣，一半赴營操練」。後以「承平日久，人不知兵，漸與差役等」。[169] 崇禎5年，流寇從吉安、永豐入樂安，撫州驟遭鉅變，竟無可恃之軍兵。知府蔡邦俊記當時窘狀云：[170]

> 撫兵八百餘名，皆湊撥於六縣，每歲分班赴府操練。今崇仁兵守崇仁，樂安兵守樂安，宜黃兵守宜黃，又調三百名救崇仁，又省操六十九名未蒙發回，[171] 東鄉、金谿又請留數十名防守。其在府者，只有百余名耳。則兵未可恃也。撫軍九百余名，七百余名運糧於京，只有一百八十名派守城舖及關門耳。則軍未可恃也。

偌大撫州府城，危難時僅有兵力二、三百人，無怪乎「士紳震恐，擁聚道路，日請募兵」了。這一役，藉募兵及鄉兵義勇之力渡過難關。[172] 寇退後，乃定撫州

---

166 參見弘治《撫州府志·武衛》16:7a-b。

167 參見嘉靖《撫州府志·人道志·戶役籍》7:戶5a-6a、崇禎《撫州府志·人道志·戶役籍》11:6b-7b。

168 參見康熙《東鄉縣志·地理志·行署》1:3b。

169 參見崇禎《撫州府志·官師表·附兵制》13:59b-60a。

170 參見崇禎《撫州府志·天文志·災祥考·附禦寇情緜略》2:18a-b。

171 「省操六十九名未蒙發回」一事，詳見崇禎府志〈官師表·附兵制〉13:60a。

172 參見崇禎《撫州府志·天文志·災祥考·附禦寇情緜略》2:15a-23b。

營兵爲800名，以400名宿撫營，以200名駐招攜，營臨川附郭，其余200名則於臨川以外五縣各留40名，聽撫營官節制。招攜營設把總一員。同年（崇禎7年），又於樂安置標外營，「以巡撫標兵置把總一員」，哨官四員，募兵400名，「防守樂安，而實與省城標兵相爲表裡」。合撫州營、招攜營與標外營，「共計撫州一千二百兵，防衛肅然」。[173] 此即明末撫州最主要的兵力。

(11)臨江府

臨江府明初設有守禦千戶所，後「以郡處江右之中，改置吉州」。[174] 臨江既無衛所，「恃以備守禦者民兵而已」，[175] 故地志中有關民兵的記載較他府爲多。惟於制度沿革，仍不能交待的十分清楚。臨江府屬清江、新淦、新喩、峽江四縣，以清江所留記載較詳，以下即以清江爲例，試加說明。

清江民兵始編於景泰年間。乾隆《清江縣志》卷7，〈賦役〉謂：

> 景泰間令郡縣招募民壯，宏治間僉民爲養馬機兵。清江機兵八百餘名，派銀五千八百有奇。亦計丁糧僉編，多者爲頭戶，少者爲貼戶。後遞裁減兵額，以其銀輸部，號革兵銀。後又以派費盡徵於官，皆取盈於頭戶，殊用爲苦。（中略）至隆慶二年更立一條鞭法，統計四差之銀，按丁糧而分攤之。身一丁徵銀一錢四分有奇，稅一石徵銀一錢八分有奇，謂之四差銀。銀輸官，官僱役。

養馬機兵事已見前述。清江機兵原額乾隆《清江縣志》有不同說法。卷10，〈武備·兵制〉謂爲867名，但同卷又引崇禎間「秦鏞縣志民兵考」，其中兩處提到清江額兵爲800名。[176] 前引文謂清江機兵八百餘名，派銀五千八百有奇，與嘉靖

173 參見崇禎《撫州府志·官師表·兵衛官》13:59a-b、同卷〈附兵制〉13:60b、康熙《撫州府志·兵衛考》13:2a。標外營及招攜營之設，康熙府志俱作崇禎7年，康熙《臨川縣志·武備》11:2b則以標外營設於崇禎2年，招攜營設於崇禎7年。但崇禎府志〈附兵制〉將之列爲寇退後知府蔡邦俊之善後策，蔡任知府始於崇禎4年（見崇禎《撫州府志·人道志·官師表·皇明知府》13:2b），可知《臨川縣志》之「二年」爲「七年」之誤。

174 參見嘉靖《臨江府志·田賦志·兵議》4:80b。

175 參見乾隆《清江縣志·武備·兵制》10:3a。

176 參見是書10:7a-b。但該二處引用的史料，一爲嘉靖己未（38年）王宗沐《七書》，

《臨江府志》卷4，〈田賦志·機兵〉記清江機兵816名，共銀5875兩2錢相符。清江兵數幾經裁減，上舉各數字或代表不同階段，但總之在八百名左右。機兵編僉方法據嘉靖《臨江府志》卷4，〈田賦志·機兵〉的記載，整理可成附表9：

附表9：臨江府機兵編僉情況表

縣　名	清　江	新　淦	新　喩	峽　江
機兵額	816名	800名	816名	600名
每名編糧	40石	40石	40石	40石
每名編人丁	12丁	7丁	8丁	9丁
共銀	5875.2兩	5760兩	5875.2兩	4320兩

峽江縣設於嘉靖5年4月，[177] 此表所載應爲嘉靖5年以後的數字。是時各縣機兵「俱十年一編，丁糧相兼，每名編糧有定，人丁各計縣數多寡不一，每年工食銀七兩二錢」。「正戶壯丁自充者聽，外此則募鄉市勇有武力者爲之」。[178] 但嘉靖以前機兵幾無作戰能力，康熙《臨江府志》卷9，〈防圉·附明兵制議〉云：

國初設千戶所守之，所廢，已乃議設兵。民兵即武禦也。時寧士鮮譚武，民不識盾，兵亦苟且，徒手尺箠而已。正德初，華林賊起，賊入城，白晝磔人于市，未聞有斷賊一指者。此我與賊不敵之明驗也。

民兵旣怯不能用，於是有抽銳汰羸之議。

清江機兵抽銳汰羸實不止一次。乾隆《清江縣志》卷10，〈武備·兵制〉云：

正德六年，華林賊侵掠府城，當事以民兵怯，乃議抽銳汰羸。每機兵百，練兵二十名，曰精兵；餘以其半歸農，以其半備府縣差役，曰常兵。清江團練精兵實存二百三十六名。其新淦、新喩、峽江三縣精兵除防守本城外，俱撥赴府團操，以同知爲專督團練官，故稱曰清軍廳。統團練精兵五百九十八名。

一爲隆慶郡志，二書撰寫時機兵制度已經過數度沿革，八百之額或爲某次改變以後的定額亦未可知。

177　參見《明史·地理四·江西》43:1064。

178　參見同書4:80b-81b。

似乎在正德6年華林亂事以後即一舉將機兵裁爲精兵236名，常兵、歸農兵各若干。但同書又引隆慶郡志，指出清江民兵800名，內革退歸農兵192名，實存精兵290名、常兵318名。後又於精兵中革退54名，解銀貯府庫專備軍餉，實存團練兵236名；常兵內革扣80名追銀解司，實存在縣走差兵238名。其後又議復新增兵20名，與常兵一同在縣走遞。同書並引嘉靖己未王宗沐《七書》，謂清江額兵800名，內選精兵140名，徵解部銀70名，徵募兵銀14名，餘爲常兵576名。[179] 單就這些數字來看，隆慶以前清江機兵至少應有四次數字上的變化。而且，乾隆《清江縣志》中之精兵236名，也絕非一次裁汰後的結果。那麼，以四縣精兵團操，以同知爲專督團練官究竟始於何時呢？

康熙《新淦縣志》卷8，〈防圉志・兵制〉記新淦機兵沿革云：

> 本兵旣弱，而機兵之議起。編僉之法十年一更，共計機總一千四百名。嘉靖五年分置峽江縣，割去機兵六百名，實存八百名。分爲十六總，每名編工食銀柒兩貳錢。後奉例裁革民兵九十六名。嘉靖四十一年因寇亂設分守道，駐箚本府內，練精兵二百五十二名，赴道操練。每名工食銀八兩九錢。

179　參見同書10:7a-b。《七書》應即指王宗沐《江西省大志》。是書分作賦書、均書、藩書、溉書、實書、險書、陶書七部分，收入《敬所王先生文集》卷26。成文出版社《中國方志叢書》779種爲萬曆25年刊本之《江西省大志》，乃萬曆間陸萬垓據王書增修者，所收記事最晚至萬曆24年（見是書1:49a），並於七書外另增楮書一卷。七書撰寫緣起據《敬所王先生文集》26:1a 云：

> 先是，嘉靖丙辰（1556），其被命督江西學政，再按列郡。講業之暇，頗採其俗產山川賦役，大都時札。留篋中三年，移參藩政。間取讀之，雖一方大故，可按胝在目。而以文鄙，輒棄去。久之已復念國家張設官吏，與仕者所蘄建立，凡爲民也。（以下略）

丙辰之後三年是爲己未，期間宗沐由江西提學副使陞按察使歷右布政使（參見康熙《西江志・名宦》58:27a），是年應即《七書》始刊之年。《敬所王先生文集》中所收七書不載本文所提機兵數字，成文本《江西省大志》所收又俱爲萬曆間數額，因此無法查對秦鏞縣志所引七書之正確性。但七書中所列之800、140、70、14，若將800改爲700，則其後三數字各爲其2/10、1/10、2/100，與嘉靖35年以後巡撫蔡克廉、馬森、何遷等先後革冗兵，挑選精兵事略合符節（參見南昌府）。又，乾隆《峽江新志・賦役志》3:15b-16a記峽江機兵，其原額減去一百後，與挑選精兵數、裁革解部機兵數、解南昌府募兵數的比例亦爲(600 − 100)：100：50：10 = 1：2/10：1/10：2/100。故推測《七書》所載應爲嘉靖35年～38年間之數字。

又革常兵一百六十八名，縣存機兵二百八十四名，守禦差練，每名工食銀八兩九錢。嘉靖四十四季，編僉機兵七百名，精兵二百五十二名赴府團操，每名工食銀八兩九錢。明末設隊長三名，團練兵一百二十五名。內哨長一名，教師二名。

嘉靖40年，倭寇毒閩廣，閩廣惡少乘時煽亂，流劫旁郡。臨江各縣受害頗深，後賴土、客兵敗之。[180] 41年，以布政司參政備兵，分守湖西道，駐箚清江，轄本府團練精兵。[181] 以四縣精兵團操或始於此時。44年改「赴道團操」爲「赴府團操」，事實上清江爲臨江府附郭，分守湖西道既駐於清江，「赴道」亦即「赴府」；《新淦縣志》此一文字上的區別，或指團操兵的管轄權由道移至府。若如此，則以同知專督團練應在嘉靖44年以後。

以同知專督團練以後的兵制，方志記載頗詳。精兵 598名中，設營總 1名、哨長5名、教師11名、隊長22名。餘兵 559名分爲22隊，其中有9隊爲每隊26名、13隊爲每隊25名。各兵分用於守城、巡哨，計城門10座，每門用守城兵35名、巡兵11名，共460名；城外宿房4座，每座宿兵11至16名，共49名；巡河哨船5隻，每船用兵10名，逐月更換河上巡邏，共50名，合計559名。[182]

臨江府團練精兵在萬曆38年一度議汰冗兵抵祿，實存額兵爲537名。崇禎7年，巡撫解學龍新立營制，官兵497名以88名分撥水陸九哨，400名分作四哨，另設書記2名、宣令2名、藍旗4名、把總1員。四哨各百人，每哨計哨官1員、教師1名、塘報2名、隊長2名、什長9名、散兵85名。是爲臨江精兵營。11年，更定營制，合併水陸哨兵歸本營，添立中哨爲五哨，每哨什長10名、散兵90名；各以哨官1員、隊長兼教師2名統之。計兵529人，統以營官一員。「營官初由箚授，後以部選守備統領操練」。是時，流寇充斥，袁州用兵，臨江精兵悉赴援調，郡城空虛，於是又有召募土著義兵之令。[183]

---

180 參見康熙《臨江府志・防圉・附明兵制議》9:7b。

181 參見乾隆《清江縣志・武備・兵制》10:3b。

182 參見康熙《臨江府志・防圉》9:3b-4a、乾隆《清江縣志・武備・兵制》10:3a-b。

183 參見康熙《臨江府志・防圉》9:4a-b、乾隆《清江縣志・武備・兵制》10:4b。

義兵之募每縣以200名爲額。清江義兵營設把總一員、哨官2員、隊長兼教師4名、塘報4名、什長20名、散兵180名。除把總係由府營官兼領外，共弁目210員名。新喻義兵共募209名，內設教頭2名、管隊4名、什長20名、宣令1名。營兵分撥城樓、窩舖，晝夜邏守。崇禎12年3月，清江又補募義兵30人，與精兵10人巡守樟樹鎮水哨，以水哨官一員統之。14年，兵部箚授把總爲樟樹鎮營官，「此樟樹立營之始也」。[184]

臨江精兵營設在清江，清江以外三縣原各有守城兵。嘉靖間新淦守城兵爲140名、新喻150名、峽江100名。三縣精兵分爲四隊，設隊長4人，專委佐貳一員操練。崇禎11年添設義兵時，新喻守城兵已減至百名，與義兵一同操練，固守地方。[185]

臨江府四縣又各有保甲兵，「各鄉村並隨民居多少，十家立甲長一名，五十家立保甲一名，百家立團長一名或二名」。嘉靖40年，「廣寇荼毒郡境，撫院行文民居五百家立黨正、副各一人，統五村長；每村長一，統十鄰長；每鄰長一，統十家。大小相維，有保障功」。[186]

(12) 瑞州府

瑞州府亦不設衛所。康熙《高安縣志・除戎》謂：「瑞于西江爲腹，非鼎革之交，不帶甲荷戈。明盛二百八十年，祇華林一亂耳。而旋就底定。然不可以無事之時，廢有事之慮」。故倚民兵爲防守主力。不過，在弘治6（1493）年定民壯之制以前，成化間因鄰近土寇流劫，曾有調發南昌衛官軍駐防之議。當時的都御史閔珪以省會爲根本之地，不宜調發，且更戍煩擾，奏調袁州衛軍84戶挈家來戍，以百戶張節領軍，新昌縣爲建營房居住。弘治6年，巡按鄧輔奏撤回本衛，此後終明之世，不再有客兵屯駐。[187]

184 參見康熙《臨江府志・防圉》9:4b、乾隆《清江縣志・武備・兵制》10:5a-b、12a、康熙《新喻縣志・防圉・兵制》9:2b、康熙《新淦縣志・防圉志・兵制》8:2b。

185 參見康熙《臨江府志・防圉》9:4b、康熙《新喻縣志・防圉・兵制》9:2b。

186 參見康熙《臨江府志・防圉》9:3b。

187 參見康熙《新昌縣志・兵防志・客兵》2:103a-b、同書〈規制志・縣署〉1:56a。

瑞州府於正統初抽編民壯，弘治時令州縣於丁糧相應之家選取民壯，免本戶糧五石，復雜役二丁。民不任役者上其值於官爲召募，稱爲機兵。新昌機兵原額600名，「前後鄧遲八、周番天諸盜起」，皆藉以撲滅。正德時，高安華林山賊陳福一陷府，羅長一、李正巒等所在蜂起，而新昌終得保全，亦賴機兵捍禦之功。事平後，減爲500名。宸濠兵變，瑞州府判胡堯元率府屬高安、上高、新昌三縣機兵，克復章江門。嘉靖初，新昌機兵再裁百名，6年，復裁各處機兵，分爲上下班，攤其工食。然巡按儲良材以瑞州山縣孤懸，且無衛所，照舊存留。至巡按穆相時始減去100名，裁工食爲3兩6錢。「工食既薄，精壯者不屑於應役，僅羈縻游閑，供有司役使而已」。嘉靖22年，復州縣民壯額。

瑞州府機兵分精、常兵在萬曆間。精兵團操，每年工食銀8兩9錢；常兵亦稱快手，每年工食銀5兩2錢。[188] 崇禎《瑞州府志・兵防志》記瑞州府兵制云：「在府有營官一員，在高、上、新三縣有哨官三員，總精兵五百一十七名、常兵五百九十二名，俱轄本府廳」，應爲崇禎元（1628）年以前之制，推其源應不早於萬曆。在高安縣者爲高安營，哨官一員，管精兵188名、常兵342名。隔城60里另有習牙哨，哨官一員，管精兵100名。在上高縣者爲羊坡哨，哨官一員，管精兵125名、常兵126名。而在新昌縣者爲黃崗哨，哨官一員，管精兵104名、常兵124名。三縣機兵各有部分防守本縣城池，餘則在哨操練，或出戍附近寨哨。其中出戍銅鼓者有高安縣精兵48名及上高縣精兵28名。[189] 寧州銅鼓石設守備始於萬曆5（1577）年，乃是因隆萬間李大巒踞黃岡洞爲巢穴，流毒地方，勦滅後爲「恐遺孽未盡，猝有不虞」而設，約同時又設黃岡哨於洞口，受節制於寧州銅鼓守備。黃岡哨初設時僅哨兵106名，由哨官一員統之。「承平日久，洞口營房倒塌，兵寄宿村舍，無會集所」。萬曆38年一旦撤兵，在汛者不踰40人。至明季四封多事，復撥汛如舊。崇禎8年，新昌知縣胡維嶽捐建營房，始復有舊觀。後升哨爲營，哨官升爲名色把總。[190]

188　以上參見康熙《新昌縣志・兵防志・兵制》2:100b-101b。縣志所記爲月餉額，經換算爲年餉額，與下引崇禎《瑞州府志・兵防志》13:14b-15a所記相合。

189　詳細內容參見崇禎《瑞州府志・兵防志》13:14b-16a。

190　以上參照乾隆《新昌縣志・武備》7:3a-b、同書〈分汛〉7:15a-16a、康熙《新昌縣明末流寇擾楚，鄰近各地皆添設營衛。瑞州府於崇禎7年增建瑞州營於府治瑞豐倉地，初設把總一員，哨官三員，分左、右、中三營以統高安縣機兵。崇禎12年又易把總爲守備。[191] 上高縣則於崇禎間添設離婁營於袁、瑞府界之離婁橋，設守備一員，三縣各增兵百人，分左、右哨，統以名色把總。[192] 及明將亡，袁萬山賊盤踞，張獻忠亦遣僞官來踞，乃有團練鄉勇之議，以練總董之。邑中喜事者亦自結義勇以守，發揮了不少功效。[193]

(13) 南康府

臨江、瑞州以外，江西另一不設衛所之腹裡府爲南康。南康府轄有星子、都昌、建昌、安義四縣，府治在星子。南康亦有兵，嘉靖40年賊張璉、袁三等寇掠臨江等處，即曾調南康兵往征。[194] 按：南康有南康營，乃嘉靖18年因南康濱湖，爲便守禦而設，立守備一員。41年改於康郎山。[195] 前所謂南康兵，應即指此。南康另有鄱湖營，始設年不詳，嘉靖18年改設守備1員，駐箚都昌縣。負責專練舟師，控制九江一路。[196] 但地志中所遺有關民兵的記事極少，僅康熙《都昌縣志・規建志・兵防》載都昌原編民兵250名，後裁50名，所餘200名中，以48名充弓兵，分隸柴棚、左蠡二巡檢司；[197] 以45名充民壯；以11名充捕兵；以10

志・規制志・縣署》1:56a。

191 參見康熙《高安縣志・除戎》5:2a-b。同卷1b-2a先引郡志指出高安有高安營及習牙哨等兵，其後于「瑞州營」處又謂「分統前兵」，故瑞州營所統應即前述高安縣機兵。高安爲瑞州府附郭。

192 參見康熙《新昌縣志・兵防志・兵制》2:101b、乾隆《新昌縣志・兵防》7:9b、同書〈分汛〉7:16a。設營時間不詳，縣志僅說明爲「崇禎時知府楊大名署兵備道事」時所設，據康熙《西江志・名宦》60:13b-14a，大名任瑞州府同知凡13年，曾三署兵道印，故很難判斷出設營之確切時間。

193 參見康熙《上高縣志・人物志・義勇》5:1a-2a、康熙《新昌縣志・兵防志・兵制》2:102a-b。

194 參見康熙《南康府志・雜志・紀事》11:25b。

195 參見同治《南康府志・武備・兵制》11:1a-b。

196 參見附表11，「鄱陽湖守備」一項。又，《明清史料》辛8:771b謂左蠡巡檢司「原屬都昌縣，而所轄巡守則隸鄱湖營。」可知鄱湖營與鄱陽湖守備應指一事。

197 縣志原文謂：「以四十八名充弓兵，隸柴左」。查康熙《南康府志・建置・公署》2:6a，都昌縣有柴棚、左蠡二巡檢司。

名充精兵，守凰山嶺；以一名充哨長，餘精兵85名供縣用，立兵馬司五，分駐五門。民兵之外，另設水手14名，分哨七水寨。又，康熙《南康府志・建置・營汎》於「都昌縣防守營廨」下記有：「舊額奉編土著精兵一百名，內將一名輪充兵長約束，分為四門盤詰巡更，防守城池」。二志所記皆以留守地方之兵力為主，雖未記明時代，但亦可由之推測，都昌縣守城精兵大約始終維持在百人上下。由表4可知，嘉靖40年南康府機兵總數為998名，僅略多於九江府。而九江本有九江衛，兵力雄厚，非南康所能比。南康應為江西全境兵力最單薄之府。

四、討　　論

江西地志中殘存有關衛所軍原額的記載非常有限，所幸萬曆《大明會典・鎮戍六・各鎮分例》中留有原額總數，計「正軍三萬九千八百九十三名」。同書同卷另有「南直隸」一項，因此上舉數字應不包括九江衛軍原額。江西衛軍用於屯田、漕運的比例很大，加之軍伴、軍匠等雜差，嘉靖、萬曆間用於操守的旗軍舍餘僅占全人數的四分之一上下。因此有事時「往往藉外兵。成化間藉福建，嘉靖間藉浙江」，萬曆間則「廣東、福建、湖廣各以其卒戍守」。萬曆間屬於南贛巡撫轄下的，有江西官軍9148員名、福建官軍8171員名、廣東官軍829員名、湖廣官軍1928員名，[198] 合計共20076員名。

南贛在有明一代，為江西各府中動亂最多之地，因此有不少外兵駐守。但外兵於戰時固為可恃，平時則不免為民擾，建昌府東營之撤是為其例。因此仍有賴民兵的力量。

明代江西各府皆設有民兵，但名稱與制度沿革非常分歧。民兵的來源，地志中常見的說法是以至正18(1358)年立管理民兵萬戶府，或正統14年僉民為民壯事作為起始，但實際上正統以前的記錄非常少，成弘以後才有較多的資料遺留下來。民兵萬戶府之設據佐伯富指出僅在「要害須兵之處」，[199] 江西地區究有多

198　參見萬曆《大明會典・鎮戍六・各鎮分例》131:19b-20a。
199　佐伯富（1957:35）。

少地方實際設過已無法考訂，地志之說可能只是徵引通說聊備一格。至於民壯制度的起源，川越泰博（1976）修正佐伯富的說法，認爲應在正統2年。是時首度以全國性規模召募民壯，主要功能在於巡捕。正統14年土木之變後，民壯被利用於北邊防衛，其機能漸趨多樣化。原有額數漸顯不足，召募法對國家財政的影響也大，遂改爲徵集法。景泰、成化間爲召募、徵集二法並用期，弘治七年以後，徵集法確立。

川越氏所謂的徵集法，見《明孝宗實錄》卷93，弘治7年10月己未條：

兵部覆奏禮科給事中孫孺所陳民壯事，請令州縣至七八百里以上者，百里僉民壯二名，五百里者三名，三百里以上四名，百里以下者五名。若原額數多者，仍因舊俱於丁糧相應之家，選年力精壯者以充籍。

以丁糧爲準編取精壯者爲民兵的方法，江西地區自成化以後即陸續出現（如廣信府、九江湖口），弘治以後更擴及贛州府（石城，弘治元年）、撫州府（弘治5年），臨江府（弘治間）及瑞州府（弘治6年）。但建昌府則在弘治間採編戶朋充的方法，初不計丁糧，至正德10年，始計丁糧僉編。九江府德化縣、南昌府在正德以後，也都以丁糧爲編僉的標準，排定首戶、貼戶。首戶出丁任役，貼戶年貼衣裝；不願任役者得募人代役而徵銀於編戶。在這種情況下，民兵成爲徭役的一種，雖可募人代役，但與募兵制下的兵性質完全不同。[200] 江西民兵的名稱因時因地也有不同。但弘治以後大多稱爲機兵，嘉靖以後因機兵不堪實用，各地先後有挑選精兵之議。應選者或稱爲長操兵（如贛州府石城縣，嘉靖24年），或稱爲團練（如九江府湖口縣，萬曆間）、精兵（如南昌府，嘉靖35年、建昌府新城縣，隆慶間）、垛夫（廣信府廣豐縣，萬曆間）；其餘則稱爲存操（常操）兵、防差兵、常兵、馬步快等。嘉隆以後，又有將民兵工食銀扣作募兵銀者，一部分

200 民兵的徭役性質，是區分「募兵制」下的兵與民兵的重要指標。日本學者就此點辨之甚明（如佐伯1957、山根1966、川越1976），吳晗（1937）與梁方仲（1937）亦將民兵（地方的，或雖屬中央而非正規與經常的）與募兵制下的兵（屬於國軍系統，正規的常備兵）加以明確的區分。但李渡（1986）卻將正統、景泰、弘治間召募民壯、抽編民丁事視爲過渡階段的募兵制，易造成混淆。事實上，抽編民丁爲民兵制至明末仍繼續存在，與募兵制並行不悖，並未消失，此由本文應能理解。

解兵部充餉，另一部分則留做募省營兵之用。機兵衙役化的現象普遍存在。然而，儘管如此，民兵在明末江西的兵營中仍然扮演了重要的角色。

營兵的來源，方志遠（1993）僅提及衛軍，毛佩奇·王莉（1994:131）則以爲是募兵及衛所軍。由於王莉（1991）一文中所引的各項實例多集中於邊防、海防地帶，募兵的重要性顯得特別凸出。江西地區則有完全不同的結果。附表10羅列本文第三節中提及的各營，由「營兵」一項可以了解，江西民兵即使到崇禎年間仍是營兵的大宗。

附表10：明代江西地方設置兵營表

兵營名	設置時間	地點	營官	營兵
長沙營	成化19年	贛州會昌	守備1員。成化23年罷，弘治4年復	統兵1000人
	嘉靖40年		添把總1	領兵500人
贛營	成化23年	贛州會昌	分守參將1 兵備副使1	福建上杭、武平、汀州前三千戶所軍，江西瑞金、南安二千所軍，并贛、雩、興、寧民兵共七千員名
	弘治4年		裁參將	
	弘治8年		設南贛巡撫 裁兵備副使	
	嘉靖36年		復參將	
	嘉靖40年		廢參將	
	嘉靖43年		復參將	統攝贛營、汀漳南韶郴桂、長沙營、羊角水堡等處守備、坐營、把總等官
	嘉靖末	暫駐信豐		
	隆慶5年	改於贛縣		
伸威營	嘉靖40年	贛州平遠	改南贛參將爲伸威營副總兵	統軍兵3000人
	嘉靖41年		改副總兵爲鎮守總兵	
	?	移鎮潮州		
長寧營	萬曆4年	贛州長寧	把總1，由長沙營調守	客土目兵495名（天啓間）

羊角水營	嘉靖40年	贛州會昌	把總1	領兵500人
桃陽營	崇禎4年	贛州瑞金		額兵500人
小密營	崇禎間	贛州會昌		
下歷太平營	崇禎元年	贛州定南		營兵500名
三峰營	崇禎末	贛州興國	把總1	官兵200人
石背營	正統4年	贛州信豐	世襲把總1	邱景崇親族子弟500人
黃陂營		贛州信豐	練總1	民兵180人、火夫兵20人
龍洲營		贛州信豐		鄉勇(郭紹敏庄戶)300人
南安營	嘉靖43年	南安	把總1,由長沙把總改	客兵600名,民兵700名。萬曆12年共減至300名
吉安府營		吉安		
吉安義營		吉安		
龍泉營		吉安龍泉		
泰和營		吉安泰和		
萬安營	嘉靖40年	吉安萬安	守備1	府內9縣民兵、3所官軍
白羊坳營	嘉靖42年	吉安泰和	(萬安營分營)	兵100人
黎源哨	萬曆5年	袁州萬載	袁州衛官1	精兵100名,4縣分撥
	崇禎6年		哨官1	萬載兵87名
石灰營	崇禎6年	袁州萍鄉	把總1、哨官2	標兵100人
袁州營	崇禎10年	袁州宜春	守備1	民兵及招募壯勇共800人
?	崇禎11年	袁州萍鄉	把總1、哨官4	省營兵400名
武寧營	崇禎7年	南昌武寧	守備1	
靖安營		南昌靖安		
奉新營		南昌奉新		
銅鼓石營	萬曆5年	南昌寧州	守備1	
省營	?	南昌南昌		衛所軍餘、民兵、浙省客兵
中營	嘉靖41年	南昌南昌		(不久即廢)
沂源哨	萬曆5年	?	哨官1	以下4哨合瑞州黃崗哨,共兵400
黃竹哨	萬曆5年	南昌武寧	哨官1、管哨把總1	守哨隊長3名、團練精兵100名
雙坑哨	萬曆5年	南昌靖安	哨官1	武寧精兵37名、其他
百丈哨	萬曆5年	?	哨官1	
南湖營	嘉靖41年	九江湖口	守備1	九江衛卒及湖、彭二邑民兵
標營	天啓4年	九江	道標中軍1	召募健兒500名
八里江營	崇禎8年	九江	哨官1	兵100人
凰山嶺營	萬曆以前	九江湖口	把總1	原設精兵10名,萬曆間增2名,崇禎11年裁

饒州營	?	饒州	守備1 中軍1	募市人爲兵，計精兵500名
義營	崇禎間	饒州	守備1	募市人爲兵，計精兵500名
廣信營	崇禎7年	廣信		各縣精常兵250名
	崇禎12年		守備1	合舊營兵與里兵爲一營
?	嘉靖間	廣信鉛山	把總1	召集團練
漆王鎮營	崇禎14年	廣信弋陽	把總1	鷹潭兵70名、軍50名
東營（太平營）	嘉靖41年	建昌南豐		浙兵。萬曆2年撤
建昌營	萬曆3年	建昌南城	把總1	四縣精兵544名
廣昌營	崇禎5年	建昌廣昌	把總1	
撫州營	萬曆2年	撫州	守備1	精兵818名，由各縣分派
	崇禎7年			定爲800名
招攜營	崇禎7年	撫州臨川	把總1	以撫州營兵200名駐之
標外營	崇禎7年	撫州樂安	把總1	募兵400名
臨江營	嘉靖41年	臨江清江	營總1	4縣精兵598名
	崇禎11年		守備1	兵529人
義兵營	崇禎11年	臨江四縣	把總1，由府營官兼領	4縣均設，各募兵200人
樟樹鎮營	崇禎14年	臨江清江	把總1	義兵30人、精兵10人
高安營	萬曆間？	瑞州高安	哨官1	精兵188名、常兵342名
習牙哨	萬曆間	瑞州高安	哨官1	精兵100名
羊坡哨	萬曆間	瑞州上高	哨官1	精兵125名、常兵126名
黃崗哨	萬曆5年	瑞州新昌	哨官1	精兵104名、常兵124名
瑞州營	崇禎7年	瑞州高安	把總1	統高安縣機兵
	崇禎12年		易把總爲守備	
離婁營	崇禎間	瑞州上高	守備1	
南康營	嘉靖18年	南康	守備1	
鄱湖營	嘉靖18年	南康都昌	守備1	

江西地區先後設置的督撫兵備及將領，據萬曆《大明會典》整理可以成下表：

附表11：萬曆間江西地方設置督撫兵備、將領表

督撫兵備：		
巡撫江西地方兼理軍務一員		
	南昌兵備一員	駐劄寧州，整飭南昌兵備，專飭南昌、瑞州二府戎事，訓練營、鄉等兵。兼制湖廣興國、通城、崇陽、瀏陽、

		咸寧、平江等六州縣,扼險捕盜。如有盜賊逸過寧武湖新等,聽守巡武昌道移文會勦
	九江兵備一員	駐劄九江,分巡饒州、南康、九江,管理兵備,督理南康湖防。仍提調上江船廠,轄安慶府
	撫建廣兵備一員	分巡湖東道,夏秋駐劄建昌,冬春駐劄撫州。整飭撫州、建昌、廣信三府各屬縣額設精兵,并鉛山及撫建二府各守禦所官軍
	袁州兵備一員	駐劄吉安,分巡湖西道,兼管轄湖廣茶攸郴桂瀏陽等處,不妨控制萬安,往來巡歷
巡撫南贛汀韶等處地方提督軍務一員		所轄江西嶺北贛州道,及廣東嶺東惠潮道、嶺南韶南道、福建漳南道、湖廣上湖南郴桂道,俱聽節制
	贛州兵備一員	駐劄會昌縣。整飭贛州地方兵備,兼分巡嶺北道
將領:		
	分守一員: 南贛參將	舊係守備,嘉靖四十三年改設,駐劄會昌縣。將福建上杭、武平二所、汀州衛前所,并江西瑞金、南安二所官軍、各府民壯,常川操練。所屬:團操、汀漳·南韶·郴桂三守備、長沙營·羊角水堡二把總
	守備四員: 南湖嘴守備	嘉靖四十一年添設,駐劄湖口。撥九江衛兵船操駕,與鄱陽守備留守,專備江湖寇賊
	鄱陽湖守備	嘉靖十八年改設,駐劄都昌縣。責令專練舟師,控制九江一路
	萬安守備	嘉靖四十年添設。吉安、永新、安福三所官軍,并泰和等縣機兵俱聽節制
	寧州銅鼓石守備	萬曆四年添設。與該哨營兵協力防守寧州六州縣
	南贛團操一員	嘉靖十五年添設。以都指揮專管操練兵馬
	把總六員: 鉛山把總	此下三員,俱嘉靖四十一年添設。管領存留操軍及附近弓兵、機兵,專備邵武、建寧流寇
	長沙營把總	駐劄南安府
	羊角水堡把總	
	建昌把總	萬曆二年添設。駐劄府城
	撫州把總	萬曆二年添設。駐劄府城。舊係守備,統制建、撫二守禦所官軍,并各縣團操兵壯
	長寧把總	萬曆四年添設,駐劄本縣。於贛州營內分兵一枝,該縣增編民兵,統領訓練

*資料來源:萬曆《大明會典·鎮戍》127:13b-15a 、 128:11a-12a 。

本文以方志資料爲主，下限至崇禎末年。雖因各方志所載詳略不一，致本文於江西巡撫、撫建廣兵備等官未能觸及，但對上表仍有相當程度的補充。唯官制的演變問題非筆者目前所能掌握，因此不做討論，希望在累積了較多的區域史研究成果後，再進行分析比較的工作。

徵引書目

一、江西方志

嘉靖《江西通志》37卷,明・林庭棉、周廣等纂修,明嘉靖4年刊本,成文780。

萬曆《江西省大志》8卷,明・王宗沐纂修,陸萬垓增修,明萬曆25年刊本,成文779。

康熙《西江志》207卷,清・白潢等修,查愼行等纂,清康熙59年刊本,成文783。

雍正《江西通志》162卷首3卷,清・謝旻等修,陶成等纂,清雍正10年精刊本,文淵閣四庫全書本513-518。

1・贛州府

天啓《贛州府志》20卷,明・余文龍修,謝詔纂,明天啓元年刊本,成文960。

乾隆《贛州府志》44卷,清・朱扆等修,林有席等纂,清乾隆47年刊本,成文961。

乾隆《贛縣志》35卷,清・沈均安修,黃世成、馮渠纂,清乾隆21年刊本,成文963。

康熙《雩都縣志》14卷,清・李祐之等修,易學實等纂,清康熙元年刊本,成文856。

乾隆《信豐縣志》16卷,清・游法珠修,楊廷爲等纂,清乾隆16年刊本,成文805。

康熙《瀲水志林》26卷,清・張尙瑗撰,清康熙50年刊本,成文957。

康熙《會昌縣志》14卷,清・賈還朴修,董喆纂,清康熙14年刊本,成文902。

乾隆《會昌縣志》34卷,清・戴體仁等修,吳湘皋等纂,清乾隆16年刊本,成文903。

萬曆《寧都縣志》8卷,明・莫應奎、王光蘊修,吳天德纂,明萬曆20年刊本,成文880。

乾隆《寧都縣志》8卷，清・鄭昌齡等修，梅廷訓等纂，清乾隆6年刋本，成文881。

萬曆《瑞金縣志》11卷（存9卷），明・堵奎臨等修，鍾譔等纂，明萬曆31年刋本，成文900。

康熙《瑞金縣志》10卷附續志11卷，清・朱維高等纂修，楊以兼等續纂，清康熙22年、48年刋本，成文901、稀見30。

康熙《龍南縣志》12卷，清・閆士傑等修，王之驥等纂，清康熙48年刋本，成文940。

順治《石城縣志》10卷，清・郭堯京等修，鄧斗光等纂，清順治17年刋本，成文764。

順治《定南縣志》10卷，清・祝天壽、張映雲等纂修，清順治14年刋本，成文786。

乾隆《長寧縣志》6卷（缺卷1），清・沈濤、沈大中等纂，清乾隆14年刋本，成文802。

2・南安府

嘉靖《南安府志》35卷首1卷，明・劉節纂修，明嘉靖15年刋本，天一續50。

康熙《南安府志》20卷，清・陳奕禧等修，劉文叒等纂，清康熙49年刋本，成文808。

乾隆《大庾縣志》21卷，清・余光璧纂修，清乾隆13年刋本，成文745、稀見31。

嘉靖《崇義縣志》2卷，明・鄭喬纂修，明嘉靖32年刋本，史語所藏微捲R422。

3・吉安府

萬曆《吉安府志》36卷，明・余之禎、王時槐等纂修，明萬曆13年刋本，成文768、稀見30。

乾隆《吉安府志》75卷，清・盧崧等修，朱承煦等纂，清乾隆41年原刊本，成文769。

乾隆《廬陵縣志》46卷，清・平觀瀾等修，黃有恒等纂，清乾隆46年刊本，成文952。

乾隆《泰和縣志》41卷，清・冉棠修，沈瀾纂，清乾隆18年刊本，成文838。

4・袁州府

嘉靖《袁州府志》10卷，明・陳德文等修，明嘉靖22年刊本，天一續49。

嘉靖《袁州府志》20卷，明・嚴嵩原修，李德甫增修，明嘉靖40年刊本，成文843。

乾隆《袁州府志》39卷，清・陳廷枚等修，熊日華等纂，清乾隆25年刊本，成文844。

康熙《宜春縣志》22卷，清・江爲龍等纂修，清康熙47年刊本，成文789。

康熙《萍鄉縣志》8卷，清・尙崇年、熊大彬等纂修，清康熙22年刊本，成文855。

康熙《萬載縣志》16卷首1卷，清・常維楨等修，姚因校等纂，清康熙22年刊本，成文869、稀見26。

5・南昌府

萬曆《南昌府志》30卷，明・范淶修，章潢纂，明萬曆16年刊本，成文810。

康熙《新建縣志》32卷，清・楊周憲等修，趙日冕等纂，清康熙19年刊本，成文884。

康熙《武寧縣志》11卷，清・馮其世修，汪克淑等纂，清康熙6年刊本，成文794。

6・九江府

康熙《九江府志》18卷，清・江殷道等修，張秉鉉等纂，清康熙12年刊本，成文736。

嘉靖《德化縣志》10卷，明・許仁、蔣孔煬纂修，嘉靖間刻本，史語所藏微捲R426。

乾隆《德化縣志》16卷，清・高植纂修，沈錫三續修，羅爲孝續纂，清乾隆45年刊本，成文921。

康熙《湖口縣志》10卷，清・范之煥等修，陳啓禧等纂，清康熙12年刊本，成文864。

嘉慶《湖口縣志》19卷，清・宋庚等修，洪宗訓等纂，清嘉慶23年刊本，成文866。

7・饒州府

正德《饒州府志》4卷，明・陳策等纂，明正德6年刊本，天一續44、成文958。

康熙《饒州府志》40卷首1卷，清・黃家遴、佟淮年等纂修，康熙22年刊本，成文959。

康熙《鄱陽縣志》16卷，清・王克生、黃國瑞等纂修，清康熙22年刊本，成文932。

康熙《餘干縣志》13卷，清・呂瑋等修，胡思藻等纂，清康熙23年刊本，成文935。

乾隆《樂平縣志》33卷附續志4卷，清・王猷、楊人傑等纂修，清乾隆17年刊本，成文929。

康熙《浮梁縣志》9卷首1卷，清・王臨元纂修，陳淯增修，清康熙12年刻增修本，稀見26。

8・廣信府

嘉靖《廣信府志》20卷，明・張士鎬修，江汝璧纂，明嘉靖5年刊本，天一續45。

康熙《廣信府志》20卷，清・孫世昌纂修，清康熙22年刻本，稀見28、成文

918。

萬曆《弋陽縣志》12卷，明・程有守、詹世用等纂修，明萬曆9年刋本，成文749。

康熙《弋陽縣志》8卷，清・譚瑄等纂修，清康熙22年刋本，成文750。

康熙《貴溪縣志》8卷，清・高駿升等纂修，清康熙22年刋本，成文872。

嘉靖《鉛山縣志》12卷，明・朱鴻漸修，費寀纂，明嘉靖4年刋本，天一續46。

康熙《鉛山縣志》8卷，清・潘士瑞等修，詹兆泰等纂，清康熙22年刋本，成文908。

9・建昌府

萬曆《建昌府志》15卷，明・鄔鳴雷、趙元吉等纂修，明萬曆41年刋本，成文829。

乾隆《建昌府志》65卷，清・孟昭等修，黃祐等纂，清乾隆24年刋本，成文830。

康熙《南城縣志》12卷，清・曹養恒等修，蕭韻等纂，清康熙19年刋本，成文817、稀見29。

萬曆《南豐縣志》7卷，明・王璽、程三省等纂修，明萬曆14年刋本，成文824。

康熙《南豐縣志》16卷，清・鄭釴修，劉凝等纂，清康熙22年刋本，成文825。

康熙《新城縣志》10卷，清・周天德等纂修，清康熙12年刋本，成文895。

康熙《廣昌縣志》6卷，清・王景升等修，魏宗衡等纂，清康熙22年刋本，成文916。

乾隆《瀘溪縣志》14卷，清・朱崧等修，周立愛等纂，清乾隆16年刋本，成文956。

10・撫州府

弘治《撫州府志》28卷，明・胡企參等修，黎喆纂，明弘治15年刋本，天一續47-48。

嘉靖《撫州府志》16卷，明・徐良傅等纂修，明嘉靖33年刊本，成文925。

崇禎《撫州府志》20卷，明・蔡邦俊等纂修，明崇禎7年刊本，成文926。

康熙《撫州府志》36卷，清・曾大升等纂修，清康熙27年刊本，成文927。

康熙《臨川縣志》30卷，清・胡亦堂等修，謝元鍾等纂，清康熙19年刊本，成文944。

康熙《金谿縣志》13卷，清・王有年纂修，清康熙21年刊本，成文798、稀見29。

康熙《東鄉縣志》8卷，清・沈士秀等修，梁奇等纂，清康熙4年刊本，成文792、稀見29。

11・臨江府

嘉靖《臨江府志》9卷，明・徐顥修，楊鈞等纂，明嘉靖15年刊本，成文947。

康熙《臨江府志》16卷，清・施閏章等修，高詠等纂，清康熙7年刊本，成文948。

乾隆《清江縣志》33卷，清・鄧廷輯等修，熊爲霖等纂，清乾隆45年刊本，成文853。

康熙《新淦縣志》15卷，清・董謙吉、李煥斗等纂修，清康熙12年刊本，成文886。

康熙《新喻縣志》14卷，清・符執桓纂修，清康熙12年刊本，成文886、稀見28。

乾隆《峽江新志》15卷，清・喬大椿等修，王金英等纂，清乾隆32年刊本，成文836。

12・瑞州府

崇禎《瑞州府志》24卷，明・陶履中等纂修，明崇禎元年刊本，成文897。

康熙《高安縣志》10卷，清・張文旦修，陳九疇等纂，清康熙10年刊本，成文846、稀見27。

康熙《上高縣志》6卷，清・劉啓泰等修，李淩漢等纂，清康熙12年刊本，成文738。

康熙《新昌縣志》6卷，清・吉必兆等纂修，清康熙22年刊本，成文893。

乾隆《新昌縣志》25卷首1卷末1卷，清・楊文峰等修，萬廷蘭纂，清乾隆58年刻增修本，稀見27。

13・南康府

康熙《南康府志》12卷，清・廖文英等修，熊維典等纂，清康熙15年補刊本，成文819。

同治《南康府志》11卷，清・盛元等纂修，清同治11年刊本，成文98。

*稀見：《稀見中國地方志彙刊》，中國科學院圖書館選編，北京：中國書店，1992。

*天一續：《天一閣藏明代方志選刊續編》，上海：上海書店，1990。

*成文：《中國方志叢書》，台北：成文出版社，1970、1989。

二、其他

《明實錄》。台北：中央研究院歷史語言研究所據國立北平圖書館紅格鈔本微捲影印，黃彰健校勘，1962。

《明清史料》辛編。台北：中央研究院歷史語言研究所刊行，1962。

山根幸夫

1966 《明代徭役制度の展開》。東京：東京女子大學學會。

川越泰博

1976 〈創行期の民壯制について——明代軍制史研究の一齣——〉，《社會文化史學》13號：20-33。

于志嘉

1986 〈試論族譜中所見的明代軍戶〉，《中央研究院歷史語言研究所集刊》57本4分：635-667。

1992 〈明代軍制史研究的回顧與展望〉，《民國以來國史研究的回顧與展望研討會論文集》：515-540。台北：國立台灣大學，1989年8月1日至3日。

1993 〈明代兩京建都與衛所軍戶遷徙之關係〉，《中央研究院歷史語言研究所集刊》64本1分：135-174。

毛佩奇・王莉

1994 《中國全史・中國明代軍事史》。北京：人民出版社。

王　莉

1991 〈明代營兵制初探〉，《北京師範大學學報》（社會科學）1991年2期：85-93。

王宗沐

1574 《敬所王先生文集》。東京：內閣文庫藏，明萬曆間福建巡撫劉良弼校刊本，萬曆2年序。傅斯年圖書館藏紙燒本。

方志遠

1993 〈明朝軍隊的編制與領導體制〉，《明史研究》第三輯，合肥：黃山書社：35-44。

李東陽等奉敕撰、申時行等奉敕重修

1587 萬曆《大明會典》。台北：新文豐出版社，1976年影印萬曆15年刊本。

李賢等奉敕撰

1461 《大明一統志》。台北：文海出版社，1965年影印中央圖書館藏清初本。

李光濤

1964 〈記明季的鄉兵〉，《大陸雜誌》29卷10、11期合刊：37-39。

佐伯富

1957 〈明清時代の民壯について〉，《東洋史研究》15卷4號：33-63。

吳 晗

1937 〈明代的軍兵〉，《中國社會經濟史集刊》5卷2期：147-200。

宋濂等撰

(1310-1381) 《元史》。台北：鼎文書局，新校標點本，1977。

南炳文

1983 〈明初軍制初探〉，《南開史學》第1期：138-158。

茅元儀

1621 《武備志》。台北：華世出版社，1984年影印本。天啓元年序。

梁方仲

1937 〈明代的民兵〉，《中國社會經濟史集刊》5卷2期：201-234。

許懷林

1993 《江西史稿》。南昌：江西高校出版社。

陳寶良

1993 〈明代的保甲與火甲〉，《明史研究》第三輯，合肥：黃山書社：59-66、134。

曹國慶

1993 〈王守仁與南贛鄉約〉，《明史研究》第三輯，合肥：黃山書社：67-74。

張廷玉等撰

(1672-1755) 《明史》。台北：鼎文書局，新校標點本，1975。

湯綱・南炳文

1985 《明史》。上海：上海人民出版社。

奥山憲夫

1983 〈正德宸濠の亂について〉，《佐久間重男教授退休記念中國史・陶磁史論集》。東京：燎原：99-115。

奥崎裕司

1985 〈寧王宸濠の亂小考〉，《三上次男博士喜壽記念論文集・歷史編》。

東京：平凡社：135-148。

翟 善

1393 《諸司職掌》。台北：正中書局，1981年據國立中央圖書館藏明刊本影印，玄覽堂叢書初輯。

趙 明

1993 〈明代兵制研究六十年之回顧〉，《中國史研究動態》1993年8期：14-20。

譚其驤

1982 《中國歷史地圖集》第七册，元・明時期。上海：地圖出版社。

The Evolution of the Military System in Chiang-hsi during the Ming Dynasty

Yue Chih-chia

Research on the Ming dynasty's military system has, to this point, consisted largely of general surveys. The Ming empire covered a large territory, however, so distinctions must be made between its heartland and frontier, as well as land-locked and coastal regions. Fortunately, numerous local gazettecrs dating from the Ming and Ch'ing dynasties provide a wealth of source material for the study of the Ming military system at the regional level. This paper, based mainly on local gazetteers from Chiang-hsi province published before the Ch'ien-lung reign, examines the establishment there of Guards and Chiliads (*wei-so* 衛所) and Military Battalions (*ping-ying* 兵營), as well as the development of the province's militia system, during the Ming dynasty. In addition, I will also examine the gradual establishment of the supervisory high-ranking officers in accord with Chiang-hsi's military needs. This study should provide a good foundation for comparative research in the future.

出自第六十六本第四分(一九九五年十二月)

清末廣東的賭商

何漢威*

有關清末廣東賭商之學術研究，似不可一睹，此或與以下因素有關：一、過去學者所注意的，厥爲活躍於歷史舞台的顯赫商業勢力，諸如山西、徽州商人、揚州鹽商和廣東洋商等，或爲這些商業勢力以外，漸露頭角的商幫。與上述活動範圍遼闊的商人群相較，清季廣東賭商顯得相形見絀，故不爲學者所重視。二、賭博爲當日社會輿論所非議，道德價值所不容，人所諱言，是以有關賭商經營及活動的資料，實如鳳毛麟角，賭商的研究亦因資料缺乏而不易著力。

本文撰寫的目的，一方面在彌補上述的缺陷；更重要的，是希望以清末廣東賭商爲中心，藉此具體而微的反映時代的政治社會特色，俾有助於進一步體認清季官商之實質關係。至於本文面對之最大困難，厥爲文獻不足徵。是以作者僅能把零星片段的史實貫串起來，重建一略爲完整的歷史面貌，俾後繼者在此基礎上，能對此問題作更深入之討論。本文除探究認餉承賭的鉅商外，對其他粵籍以賭爲生者在省外之活動，也有所論及。

壹. 前言

賭博稅在清季廣東財政結構中，爲一項不可或缺的財源。以宣統三年（1911）的省預算爲例，粵省當局估計從賭餉抽取的稅收達440萬兩，佔全省稅入的第三位。另據宣統元年（1909）兩廣總督袁樹勛奏稱，廣東每年從闈姓、

傅斯年先生百歲誕辰紀念論文

* 中央研究院歷史語言研究所

番攤、山鋪票和彩票四項賭博稅入超過四百萬兩,約佔全省總歲入一成以上。[1] 無論從絕對數目及相對比重來說,賭博稅在廣東所佔的地位,實非該省田賦以外其他稅入或他省同類稅入所能望其項背。[2] 賭博一方面給廣東帶來可觀的稅入,另一方面,也引發出很多社會問題。隨著清季立憲運動的興起,廣東諮議局對省內賭博風行的現象展開正面攻擊。議員動員輿論,迫使當局禁賭。廣東當局發現一旦道德原則戰勝財政考慮時,省庫從此失去一項可觀的財源。新政在在需財,行政機器的運作因賭餉驟失而大受妨礙。[3]

作者嘗撰〈清末廣東的賭博與賭稅〉一文,討論十九世紀後半以降,廣東賭博的盛衰消長、政策或弛或禁之演變和賭博稅在省財政中的地位,目的在透過對於賭博應否弛禁以及開徵賭稅,一面說明清末廣東賭風彌漫和地方財政困窘,一面揭示當日中央和地方之間及官紳之間的互動關係。由於顧及行文結構及篇幅限制,作者在文中並沒有探討清末廣東賭商所扮演之角色。事實上,清末廣東官員莫不指陳若聽任賭博弛禁而不加取締,對憲政實施妨礙甚大,且與國家籌備立憲的精神格格不入,其中賭商尤為眾所指摘之目標。宣統元年粵督袁樹勛對此有如下的描劃:

> 如諮議局章程,營業不正,不得有選舉權,而粵省開賭者號稱賭商,且有貿然赴部註册,自比於公司者,妨礙一也。地方自治方在萌芽,他日實行,對於此項賭博,必應在驅除之列;粵省則凡此項賭博,區分地段,招人承充,既至其地,則事屬餉需,官長亦不得阻止,奚論紳士?妨礙者二。[4]

---

[1] 詳見拙著,〈清末廣東的賭博與賭稅〉,《中央研究院歷史語言研究所集刊》66.2(1995):490-91。

[2] 1908年廣東賭稅稅入為435.5萬兩,而田賦(連浮收合算)收入為462.8萬兩,賭餉收益幾與田賦相埒(為後者的94.1%),高於宣統元年該省之鹽餉(376萬兩)。見Yeh-chien Wang (王業鍵), *Land Taxation in Imperial China 1750-1911* (Havard East Asian Series 73, Cambridge, Mass. : Harvard University Press, 1973), 75, Table 4.4; 79, Table 4.7; 拙著,前引文,491,註7;546-47。

[3] 拙著,前引文,537-40。

[4] 袁樹勛,《抑戒齋奏牘輯存》,載袁榮法編,《湘潭袁氏家集》(沈雲龍主編,「近代中國史料叢刊續編」,21輯,201册,台北:文海出版社,1975),册一,102-3,〈覆

可是，有關清末廣東賭商的學術研究，似不可一睹。這種情形顯與以下的因素有關。一、過去學者所注意的，或爲活躍於歷史舞台的顯赫商業勢力，諸如山西商人，徽州（新安）商人、揚州鹽商和廣東洋商等，[5] 或爲雄峙南北的兩大商業勢力（山西和新安商人）以外，漸露頭角的商幫，諸如江蘇洞庭商人、福建海商、陝西商人、山東商幫、江右商幫、寧波商幫、龍游商幫、廣東商幫，以至清代前期的東南洋銅商及廈門洋商等。[6] 與上述活動範圍遼闊的商人群相較，

陳粵省賭餉籌辦情形摺〉。

5 對山西商人最爲詳盡的研究，當推寺田隆信，《山西商人研究》。本書有張正明、道豐等中譯本（太原：山西人民出版社，1986）。另參考張海瀛等，〈山西商幫〉，載張海鵬、張海瀛主編，《中國十大商幫》（合肥：黄山書社，1993）。徽州商人研究的翹楚，當推藤井宏，〈新安商人的研究〉。本文有傅衣凌、黄煥宗中譯，收入《江淮論壇》編輯部，《徽商研究論文集》（合肥：安徽人民出版社，1985）。按本書收入多篇有關徽商論文，甚便研究。另參考秦佩珩，〈徽商考略〉，載氏著，《明清社會經濟史論稿》（中州古籍出版社，1984）；王廷元等，《徽州商幫》，載《中國十大商幫》。揚州兩淮鹽商最傑出之研究，厥爲Ping-ti Ho (何炳棣)，"The Salt Merchants of Yang-chou: A Study of Commercial Capitalism in Eighteenth Century China," *Harvard Journal of Asiatic Studies,* 17 (1954). 另參考王思治、金成基，〈清代前期的鹽商〉；蕭國亮，〈清代兩淮鹽商的奢侈性消費及其經濟影響〉；薛宗正，〈清代前期的鹽商〉；俱載《徽商研究論文集》。廣東洋行商人，參考梁嘉彬，《廣東十三行考》（台中：私立東海大學，1960）；Kuo-tung Anthony Ch'en (陳國棟), *The Insolvency of the Chinese Hong Merchants, 1760-1843* (Monograph Series, No. 45, Nankang: The Institute of Economics, Academia Sinica, 1990).

6 傅衣凌撰有〈明代江蘇洞庭商人〉、〈明代福建海商〉、〈明代陝西商人〉、〈清代前期東南洋銅商〉、〈清代前期廈門洋行〉，俱載氏著，《明清時代商人及商業資本》（北京：人民出版社，1956）。另參考田培棟，〈陝西商幫〉；林樹建，〈寧波商幫〉；李華，〈山東商幫〉；陳支平、胡剛，〈福建商幫〉；黄啓臣、鄧開頌、蕭茂盛，〈廣東商幫〉；方志遠，〈江右商幫〉；陳學文，〈龍遊商幫〉，俱載《中國十大商幫》；Susan Mann Jones, "The Ningpo Pang and Financial Power at Shanghai," in Mark Elvin & G. William Skinner eds., *The Chinese Cities between Two Worlds*(Stanford: Stanford University Press, 1974); Wang Gungwu (王賡武) ,"Merchants without Empire: the Hokkien Communities," in James Tracy ed., *The Rise of Merchant Empires: Long Distance Trade in the Early Modern World* (Cambridge, New York, Port Chester, Melbourne, Sydney: Cambridge University Press, 1990).

清季廣東賭商顯得相形見絀，故不爲學者所重視。二、賭博爲當日社會輿論所非議，道德價值所不容，人所諱言，是以有關賭商經營及活動的資料，實如鳳毛麟角。反之，新安商人之研究，因有汪道昆《太函集》等珍貴史料而得以展開；對於廣東洋商之經營角逐，學者亦藉東印度公司檔案及馬士（H. B. Morse）五巨冊之《東印度公司對華貿易編年史》（*The Chronicles of the East India Company Trading to China, 1634-1833*）爲基礎，進行更進一步之探討。猶有甚者，部份顯赫商人因資料豐富，使學者對個別商人家族盛衰興替的歷史，可作更爲深入的討論。清代著名皇商山西介休范氏、廣東十三行洋商中之潘有度（潘啓官二世）及伍怡和家族，即爲其中最明顯的事例。[7] 相形之下，賭商的研究遂因資料缺乏而不易著力。

本文撰寫的目的，一方面在彌補上述的缺陷；更重要的，是希望以清季廣東賭商爲中心，藉此具體而微的反映時代的政治社會特色，俾有助於進一步體認清季官商之間的實質關係。賭博稅是雜稅中之一種特許經營稅（franchise），賭商於稅額以外，還須面對地方官員何種苛索？要是賭商不如所願，則可能會出現何種局面？賭商組織的實況怎樣？政府之介入對賭商營業有何負面影響？凡此皆爲本文所要討論的。至於本文面對之最大困難，厥爲文獻不足徵。本文取材在相當大的程度上，蓋爲當日報章；作者雖逐年逐日爬檢資料，惟沙裏淘

---

[7] 韋慶遠、吳奇衍，〈清代著名皇商范氏的興衰〉，載韋慶遠，《檔房論史文編》（福州：福建人民出版社，1984）；松浦章，〈山西商人范毓馪家族的譜系和事跡〉，本文有張正明中譯本，收入中國譜牒學研究會編，《譜牒學研究》2（北京：文化藝術出版社，1991）；商鴻逵，〈清代皇商介休范家（《紅樓夢》故事史證之一）〉，《明清史國際學術研討會論文集》（天津人民出版社，1982）；劉序楓，〈清日貿易の洋銅商について—乾隆～咸豐期の官商・民商を中心に〉，《九州大學東洋史論集》15（1986）；陳國棟，〈潘有度（潘啓官二世）：一位成功的洋行商人〉，載張彬村、劉石吉主編，《中國海洋發展史論文集》5（南港：中央研究院中山人文社會科學研究所，1993）；章文欽，〈從封建官商到買辦商人—清代廣東伍怡和家族剖析〉（上、下），《近代史研究》21/22（1984）。另梁嘉彬及陳國棟也對廣東十三行洋商事蹟作較爲全面的考證。參考梁書，第三章；陳書，Appendix。按梁嘉彬及章文欽的基本史料爲馬士之《東印度公司對華貿易編年史》，二人間有誤讀馬士原文之處。

金，所得者僅一鱗半爪的記載。職是之故，作者僅能把零星片段的史實貫串起來，重建一略爲完整的歷史面貌，俾後繼者在此基礎上，能對此問題作更深入之討論。在餘論中，本文除探究認餉承賭的鉅商外，對其他粵籍以賭爲生者在省外之活動，也有所論及。

貳．包賭制、賭商之組織型態及身份背景

清末廣東賭商承辦省內各種賭博，大多由數位合夥人以某「公司」名義認餉承賭。（詳後）賭商經營的公司與起源於閩、粵而盛行於十八、九世紀東南亞地區，特別是西婆羅州、新嘉坡和馬來亞，華人社會中的自治團體 Kongsi 頗相類似。[8] 有關公司一詞起源最早的年代，據新嘉坡學者王大鵬及日本學者松浦章

[8] 對東南亞華人社會內Kongsi作較爲全面之先驅性研究，爲Wang Tai-peng (王大鵬), *The Origins of Chinese Kongsi*（Selangor Darul Ehsan : Pelanduk Publications, 1994，按本書乃王氏據其於1978年呈交澳洲國立大學之碩士論文稍加修訂而成）。Carl A. Trocki 在王大鵬的研究基礎上對Kongsi作更爲深入之申論。見氏著，*Opium and Empire: Chinese Society in Colonial Singapore 1800-1900* (Ithaca & London: Cornell University Press, 1990). 綜合二人的看法，公司本質上爲中國獨有之合伙關係及拜把兄弟之延伸結合，並在這基礎上形成自治團體，目的在保障經濟利益和抗拒外力壓迫。十八世紀在東南亞華人移居地出現的公司根本上爲工人組織，而其核心則爲經濟上的手足關係。公司組織形式是以平等原則爲基礎，眾皆兄弟及股東的觀念爲指導原則。公司除使成員得以分紅及合伙注資外，也制定成員之間的社會關係，並提供各方面的福利。秘密會社傳統結義的儀式把成員約束，成爲團結的基礎。公司也是中國移民的工具，爲移民承擔社會、經濟、軍事，以至宗教的職能。公司是經濟冒險家武裝起來及有組織的兄弟結義團體。在一相對地敵對和不穩定的環境中，這些海外移殖團體必須自衛，而這任務即由公司承擔。由於公司的發起人已立足穩固，遂能吸引來自中國的族人依附。不同的情況導致不同的公司組合。在某些情勢下，除手足結義外，公司也以語群或親屬關係和地緣爲基礎而加以區分。由於公司的功能爲經濟的，公司遂於某種職業周圍發榮滋長。在不同的時空，公司與外部的政治結構維持多樣的關係。要在社會上或經濟上生存，中國移民須在一特定地區設立大規模的組織把他們團結起來，讓他們可以更爲有效地與當地富組織性的歐洲人及巫人政治實體打交道，公司因此應運而生。追源溯始，公司這種中國草根性民主的自治形式久遠，見於十五世紀以降，以至更早時的雲南小礦及福建海舶。參考Wang Tai-peng，前引書，4-6、22、47；Carl A.Trocki，前引書，第一章，特別是頁12-19、27-28。另Barbara E.

考證，見於清康熙廿二年（1683）閏六月，清兵捕獲反清勢力鄭克塽所遣，從台灣赴海外貿易之船隻，載運貨物分為「公司貨物」、「附載貨物」及「目梢貨物」一事。[9] 松浦章進一步指出：據《瓊浦偶筆》所載，安永三年（清乾隆卅九年〔1774〕），日本對前來長崎貿易的中國船船主，名冊稱為「管公司、主船主事務，公司即船主也。」因之，他認為公司一詞，「與海船的職務構成有密切關係。」公司出現的理由在於：「海船的航行，特別是作為大型外洋航行的帆船，為了短時間內完成升帆船等操作，大量的人力乃不可少，并需要組織的協作配合。為此，細緻的業務分工及能相互默契配合的同鄉伙伴關係，在諸多方面都對航行十分有利。基於這原因，在海船的航運中，產生了一種對企業式組織的要求，並促成了具有這一色彩的企業集團式組織的形成。」[10] 田汝康則認為福建和廣東乃「公司」一詞之發源地。他說：「公司是粵閩農村中一種傳統經濟組合的通稱。漁民和航海人員對所積累的公積金稱之為公司，農村中族姓人員輪流管理公產的制度，也叫做公司。」[11] 羅香林更指出公司的出現與賭博有關。他說：「中國南方如客家等地，早有稱為公司之組合，其制由若干意志相投之人士，合力創業，依各人資本或能力之大小，公認各佔分數或分頭若干，其盈虧與責任，亦照分頂攤派，或分配，尤以賭攤之組合，俗稱攤館，

Ward, "A Hakka Kongsi in Borneo," *Journal of Oriental Studies* 1:2 (Hong Kong University Press, 1954), esp. 360. Mary Somers Heidhues 則謂十九世紀以降，公司一面因殖民地政府擴展控制權的影響，一面隨著時間的推移，其組織愈益龐大，所需的資本及勞力益多，公司的領導層不再輪流交替，而流露出獨裁專制的性格。公司之間且出現弱肉強食的情況。見氏著，"Chinese Organizations in West Borneo and Bangka: Kongsi and Hui," in David Ownby &Mary Somers Heidhues eds., *"Secret Societies" Reconsidered: Perspectives on the Social History of Modern South China and Southeast Asia* (Armonk, New York &London: M. E. Sharpe, 1993), esp. 68, 70, 74-78, 80-85.

9 Wang Tai-peng, 前引書，46-47；松浦章，〈清代"公司"小考〉，華立譯，《清史研究》10（1993）：95-97。目梢貨物即屬鄭氏家族或該船船主之商貨。

10 氏著，前引文，95-97。有關海船合伙制的論述，參考 Wang Tai-peng，前引書，26-35。

11 田汝康，〈十八世紀末期至十九世紀末期西加里曼丹的華僑公司組織〉，載氏著，《中國帆船貿易與對外關係史論集》（杭州：浙江人民出版社，1987），60。

多書作公司。」[12] 據上述研究所示，可知賭商以公司名義認餉承賭，實有跡可尋，非一朝一夕之事。

對廣東當局來說，境內賭博合法化是前所未有之創舉。然競價包稅在中國歷史上自有其淵源。據楊聯陞教授的研究，早在南北朝時代便有包稅制；到宋代，更出現競價包稅，主要之包項爲官專賣稅，如酒、茶、鹽稅等類目。包稅先就稅項設一定額，由人按各州、各縣分包。[13] 稍早於弛賭禁，招商充餉承賭，粵省當局即爲籌備海防，招商包抽通省洋藥捐銀。[14] 除這一傳統歷史淵源外，就若干蛛絲馬跡所示，光緒十一年（1885）粵省讓闈姓招商承賭時，很可能參考過澳門及東南亞地區（特別是暹羅）的包稅制。遠在歐洲人來到東南亞前，當地土著統治者已廣泛利用包稅制度開闢財源；歐人到來後，先是荷蘭人，接著是英國人，都加以仿效。約在十八世紀六十年代初葉，移居於暹邏的潮州人鄭昭即靠包攬賭博而致富。[15] 東南亞地區華人嗜賭的狂熱，因移民社會及海外環境的影響而大大發展起來。[16] 當地華人嗜賭特性很快爲東道國統治者

---

[12] 氏著，《西婆羅州羅芳伯等所建共和國考》（香港：中國學社，1961），29，註6。

[13] 包稅最早見於公元486年竟陵王（蕭子良）之奏摺。參考Lien-sheng Yang, "Buddhist Monasteries and Four Money Raising Institutions in Chinese History," 載氏著, *Studies in Chinese Institutional History* 2 (Cambridge, Mass. : Harvard Yenching Institute, 1961), 198-99; 另參氏著，《中國文化中報、保、包之意義》（錢賓四先生學術文化講座）（香港：中文大學出版社，1987），18。

[14] 光緒初年粵省當局招商黃近源包抽通省洋藥捐銀，五年爲期，首年認交洋銀42萬圓，以後按年遞加二萬圓。光緒六年，這項包抽由新商李玉衡接辦，仍以五年爲期，每年包抽洋銀九十萬圓。見劉嶽雲纂，《農曹案彙》（有光緒癸卯〔1903〕戴鴻慈序）（下冊），頁34，〈洋藥稅釐〉。

[15] G. William Skinner, *Chinese Society in Thailand: An Analytical History* (Ithaca, New York: Cornell University Press, 1957), 20.

[16] 當地華人嗜賭的根源實繫於社會及環境的條件。移民社會的主要特色爲男性人口佔絕大多數。過客心態，加上工作欠穩定，遂使移民產生挫折感、悲困及心理不安等現象。同時，移民多爲年青力壯之輩，初到新環境，沒有父母管束及社會壓力規範。凡此種種都驅使華人沈迷賭博。另一項值得注意的心理層面爲華人移民企盼盡速賺夠金錢，衣錦還鄉。對這些移民來説，賭博不失爲一賺錢捷徑，也是他們在艱困的新生活中一項娛樂消遣。見Yen Ching-hwang (顏清湟), *A Social History of the Chinese in Singapore and Malaya*

發現而加以利用，以特許經營稅方式來徵收賭餉遂成爲該地區政府的主要收入。當地政府讓出價最高的承賭人以鉅款作保，在一定限期內，包攬某一地區的賭博，而其轄下賭館數目及營業時間則設有定限。對當地統治者來說，包賭制既可提供它們穩當的財源，也不用它們負擔管理的費用。[17] 在包賭制下，包商爲使賭博深入各階層，藉以彌補各種費用開支，並盡可能發財致富，遂把子廠分發給向他領取執照的小賭商來經營。[18] 以暹邏爲例，在十九世紀該國經濟中，主要由華人經營的包賭、鴉片和酒的專賣，扮演了極爲重要的角色。[19] 其中花會在當地賭博中所佔的特殊地位，尤其值得注意。花會於1835年由中國引進曼谷。暹邏政府很快便把這種賭博合法化。在包商之下，曼谷及其鄰近分作卅八區，每區有一人經理，其下並有多人沿街逐屋誘人投買。包商另僱用約二百人管理花會開彩事項。花會包賭開始時稅餉爲二萬 baht，以後逐年上升，到 Rama 四世（1851-68）時，賭餉年約二十萬 baht。[20] 光緒十年（1884）鄭觀應奉派到東南亞調查敵情。他於同年六月抵暹邏，目睹當地花會之盛而有如下描述：「暹之博戲有字花賭，約略與粵東白鴿票相似。其風甚盛，每年約規費九十五石，每石計八千疋〔baht〕，每疋四錢，合華銀三十萬零四千兩。每日有兩次，每次入注者可收七千疋或一萬疋之多。」[21] 同年底，正在廣東督辦防務的兵部尚書彭玉麟派遣鄭氏調查闈姓賭規中飽情形，並細商闈姓弛禁後，應如何

1800-1911 (Singapore & New York: Oxford University Press, 1986), 240.

[17] 前引書，121。

[18] 前引書，241。

[19] G. William Skinner, 前引書，125。按暹邏政府的政策是吸引更多華人來暹，留住他們，並壓抑他們匯款回中國。在某一程度上，華人人頭稅、特許經營稅和匯款爲互相依賴關係之變數。暹邏政府在這三種變數中力求平衡；拓展暹邏經濟所必需的華人勞動力及商業資本的供應遞增，間接徵自華人的高稅入及匯款回華的低數額。較高的人頭稅會限制華人入境，從而減少包賭等特許經營稅的收入；限制或厲禁賭博或吸食鴉片等，則較少華人願意長久居留，而匯款回華數目也因之大增。華人若忍耐不住賭博或鴉片的引誘而耗盡積蓄，則匯款必會減少，離暹回國的日期也會因之延後。

[20] 前引書，122。

[21] 鄭觀應，《南遊日記》，頁45，載《中山文獻》（吳相湘主編，「中國史學叢書」11種，第八冊，台灣：學生書局，1965）。

交由賭商承辦。其時，廣東當局厲行賭禁，闈姓等賭博遂移往澳門營業。澳葡當局每年所收賭餉達數十萬圓。鄭觀應為毗鄰澳門之香山人，對此觀察入微，嘗撰〈論稅務〉及〈澳門窩匪論〉討論此事。[22] 經一番考慮後，鄭氏認為最佳辦法，莫如仿照西例，由賭商投票，價高者得，投票作業應保密，賭商須繳銀號保單作按金，不讓書役有插手機會。[23] 鄭氏所謂「仿照西例」，或有可能親歷澳門和東南亞地區（特別是暹邏）目睹當地包賭運作，從而斟酌損益所制訂的措施。要之，粵省賭權授受的方式，乃糅合中國包稅之歷史傳統及澳門與東南亞模式而來，應是不太背離歷史事實的猜想。

至於廣東包賭制下賭業的經營型態，就零散不全的資料所示，簡介如後。賭商取得省內賭博經營權，取決於能否滿足當局所設之稅額及報效之定限，只有彩票一項稍為例外。彩票「每月售二萬張，每張十則收洋銀五元，每月開彩一次，以一成抽餉。」[24] 賭商獲准經營賭博的年限，各有不同。闈姓及彩票各為六年一屆，小闈姓（白鴿票）四年一屆，番攤賭規則三年一屆，最長的是山、鋪票，八年一屆。賭館開設的地點也有所限制。光緒廿六年（1900）兩廣總督李鴻章一口氣把番攤、小闈姓等賭博弛禁充餉；[25] 可是，他在章則中規定：「向無開票之處，仍應飭禁，不得紛紛增開，致滋隱患。」[26] 因此以後兩年賭商欲在新興、南海兩縣及嘉應州設白鴿票廠收賭，地方官以該三處地方從沒有票

[22] 拙著，前引文，513。

[23] 拙著，前引文，518。

[24] 《申報》，第9704號，1900年四月廿四日，〈准開彩票〉。彩票在清末廣東賭博稅入中，收益最少。光緒廿六年彩票初開辦時，賭商中和公司每年繳餉銀132,000元，到宣統元年，賭餉降至57,500(+)元（同年廣東賭稅總入為4,355,593兩）。見拙著，前引文，546。因彩票賭餉所佔賭稅總入之比例微不足道，加上有關彩票賭商之史料難尋，故本文不擬討論彩票賭商。按中和公司似與闈商韋崧有關；光緒卅一年韋崧稟請退辦，「改歸商人客尚恭等認餉試辦，亦以銷路不暢求退，又改歸商人楊貴榮承辦。」見廣東清理財政局編訂，《廣東財政說明書》（有民國17年馮祝萬、李玉光序，據宣統三年刊本重刊），卷七，頁14b，〈正雜各捐・彩票餉項〉。

[25] 拙著，前引文，526-28。

[26] 《申報》，第9785號，1900年七月十四日，〈准開小票〉。

廠存在爲理由，稟請善後總局飭令總廠「毋得招人領辦。」[27] 光緒廿八年（1902）年底兩廣總督陶模重申前禁，「凡向無開賭之處，不准設賭。」[28]

賭商在省城設總公司，於省內其他地方則設分號，稱爲子廠，招人領辦。粵省當局並不承認子廠地位，只願意與總商打交道。光緒廿二年（1896）底，廣東第三屆闈姓招商承辦，賭商蔡紹德、鄭景福等僅交銀58萬兩，遠未符合協議規定，計尚欠銀102萬兩，從而被粵省當局革退，所繳餉銀悉數充公。（詳後）這項行動引起子廠賭商不滿。他們糾眾稟陳善後局，謂蔡紹德等被充公款項內有子廠所出之款，要求善後局退還。群情洶湧，搗毀蔡紹德等所擬經營的闈廠，迫使善後總局及粵督譚鐘麟不能坐視。譚鐘麟在批示中申明：「查闈姓商人應繳餉項及報效銀兩，〔善後〕局中祇問總商，不問子廠。……蔡、鄭之不可靠，局中耳目未周，豈爾等耳目亦未周耶？局中收繳總商之銀，未收子廠。出資若干，先未報局有案，事後混聞，豈能作准？」[29] 由此可見粵省當局不以子廠爲交涉對象，而總商所繳賭餉中，不乏來自子廠賭商。

光緒廿七年（1901）廣東善後總局以番攤賭規及小闈姓招商承辦以來，各子廠遇事與地方官員協商時，經常越過總商，逕向該局交涉，被認爲於例不合。善後總局對這種情況作如下的批示：「子廠收餉解局各事宜，均由該〔總〕商經理。各該子廠商人如有與地方交涉事件，亦應投知總公司，由總商覆查明確，具稟本局，聽候批示。乃近來子廠商人，遇有事故，輒行來局巡稟。究竟該廠商是否果向總商領辦，本局無案可稽，即未便據一面之詞，概行准理。仍須諭該總商查覆，徒煩案牘，每致遲延。」如子廠與總商發生爭議，方准子廠

---

27 《華字日報》，光緒廿七年二月十四日，〈羊城新聞·鄉禁可嘉〉、〈見害即除〉；《申報》，第10499號，1902年五月十八日，〈禁開闈姓〉。

28 《華字日報》，光緒廿八年十二月一日，〈中外新聞·論翠微宜禁賭〉。按翠微乃香山縣一鄉鎮，爲香山往澳門之要衝。

29 《申報》，第8656號，1897年五月廿四日，〈批示闈商〉；另參考第8621號，1897年四月十九日，〈闈廠被毀補述〉；"Canton Intelligence Report for the Quarter Ended 31 March 1897," Fraser to MacDonald, April 5, 1897, Great Britain, Foreign Office Embassy and Consular Archives (以下簡稱 *FO*／228), 1249.

直接來局稟陳。[30] 三年後，善後總局再向番攤賭規子廠賭商作類似的指示；子廠即使以郵遞寄呈言事，該局亦不予受理。[31]

子廠相對於總廠具從屬關係，而子廠亦不限於廣東境內，省外也有子廠存在，從以下例子可見一斑。光緒廿九年（1903）番攤賭規由兩年前成立的緝捕警費總局管理，以官督商辦方式經營。善後總局無形中扮演總公司角色，飭令原來子廠賭商來局具稟增餉接辦。省內及近省子廠限三日內辦理，省外的則另電飭前來洽辦。如猶豫觀望致逾限不到的，則另招新子廠賭商充餉承辦。[32]

子廠並不全由當地人士主持。光緒廿七年即有人認爲廣東各地子廠主持人，並非土著，不大熟悉當地環境民情，容易別生枝節；如由本地人經營，駕輕就熟，事半功倍。[33] 一般而言，總商只在省城及其附近和某些指定地區營賭；如要在此限制外擴大營業範圍，他們便須向省當局繳納額外稅餉。在闈姓和番攤賭規中，這都有跡可尋。[34]

最令我們困擾的，莫過於賭商的身份背景，因史料缺乏，文獻不足徵所限而隱晦不彰。[35] 我們只能就看到零散不全的資料，加以拼湊，整理出部份賭商的

---

30 《華字日報》，光緒廿七年八月九日，〈總商是問〉。

31 《華字日報》，光緒三十年八月廿九日，〈不准賭商以郵寄言事〉。

32 《華字日報》，光緒廿九年十二月五日，〈私規濟公〉。又光緒廿八年六月廣西巡撫丁振鐸奏稱：「廣西地接廣東，賭風相沿成習，…近亦私賣闈姓；且有代東省公司攬收者。」見朱壽朋編，《光緒朝東華錄》（北京：中華書局，1957），4888，光緒廿八年六月乙未。這些代東省公司攬收賭款的，極可能是子廠。

33 《華字日報》，光緒廿七年一月廿八日，〈紳承賭廠〉。

34 如宏豐公司承辦粵省第三屆闈姓，賭約即規定「至潮、韶兩府歲科院試，仍請悉照舊章，歸商等辦理，每場繳餉一萬五千元。」見《華字日報》，光緒廿三年五月廿五日，〈告白〉。至於番攤賭規，商定總商外，「惠、潮、嘉三屬，另有商人承認每年繳洋銀四十萬元，陽江府屬繳洋銀五千元，香山縣繳洋銀十三萬元。」見《申報》，第9892號，1900年十月廿九日，〈番攤認餉〉。

35 例如承辦粵省第一屆闈姓之賭商張榮貴（見拙著，前引文，518）及粵督張之洞所說：「洞在粵與誠信、敬忠兩堂商人議定該商認捐此經費八十萬元。」（詳後）張榮貴及這兩堂賭商因資料闕如，以致我們無從知悉其中有無個別官員參與？兩堂之實際組織運作和活動如何？怎樣包容賭博和其他事業？眞正的幕後操縱者是誰等關鍵問題。又如承辦粵省山、鋪票的賭商周永福，我們對其本人資料，一無所悉，只知他的伯父或叔父爲

一鱗半爪，稍加介紹，深入翔實的探討仍須俟諸異日。

在沙裏淘金的過程中，我們清理出承辦粵省第三屆闈姓的宏豐公司，作爲實例，稍加說明。該公司的大股東包括：劉學詢（慎初）、劉渭川（國祥，又名劉西）、韋玉（寶珊）、韋崧（朗山）、盧九（廉若）、Ma Fat-ting 及 Leong Cheong-shui 等。劉學詢、劉渭川及韋玉、韋崧兄弟俱爲廣東香山縣人。劉學詢爲一具功名出身的大資本家，在廣州、澳門經營番攤和山、鋪票等賭博，數年間積資百萬。他於1879年取得舉人資格，1886年（丙戌）中進士，爲三甲第183名。他曾投得第二屆闈姓的經營權。可是，他欠交的賭餉爲數多達130餘萬元，被粵督譚鐘麟參奏，革去候選道台銜，方陸續把欠款繳清。（詳後）1895年，劉學詢與香港和澳門紳富七人合夥，由韋崧出面，組成宏豐公司，經營粵省闈姓；他則退隱幕後，離粵赴上海、華北發展。公司資本額定爲72萬兩，分作廿股，其中劉學詢佔十股，三位總理各佔二股，四位協理各佔一股。七位總、協理中，兩位來自澳門，其一即爲在澳門獲有鴉片及賭博經營專利權的鉅富盧九（按盧氏家族於光緒廿六年，獲粵督李鴻章批准，以宏遠公司名義認餉承辦省內小闈姓，詳後）。餘下的四名股東全爲香港居民。劉渭川是香山縣前山人，其家族於十九世紀八十年代充沙宣洋行買辦；他年輕時嘗赴加拿大溫哥華學習海外商業，從中汲取經驗。從1884到1893年，他兩度獲任爲東華醫院總理；1891年他歸化英籍，獲香港政府任爲太平紳士。翌年，他出任匯豐銀行買辦。同時，他並出任衛生局及區域守望會（District Watch Committee）成員。韋玉及韋崧兄弟亦爲香山縣前山人，其父爲有利銀行買辦韋亞光（又名魯欽、應華及廷甫）。韋崧於1882年爲上海一家洋行的助理買辦。稍後，他返回香港，投資地

Tung-shang, Tung-shang 之父嘗任粵海關要職，牽涉於挪用公帑案內。粵督岑春煊於光緒三十年整頓粵海關時，發現海關被侵吞的款項數近二百萬元。時 Tung-shang 之父已死，兄Tit-sai掌管省庫，遂被提問，未幾亦去世。Tung-shang 本從商，盛傳他在其姪永福經營之山票公司內，即有股款十萬元。後來他有意從政，多方活動下，被內定爲駐英公使人選。惟其父舞弊案發後，清廷打消此意，Tung-shang 名下財產亦爲岑春煊下令查封變賣，家人則被收押。清廷拒絕岑春煊把變賣所得留於粵省的請求，飭令他應把該款解京，而兵部則請作練兵經費。見*China Mail*, 7/10/1905, p. 5; 17/10/1905, p. 5; *Hong Kong Daily Press*, 4/1/1906, p. 3; 9/10/1906, p. 2.

產，並於1885-95年任匯豐銀行及大東電報局買辦，1893年被任爲太平紳士。韋玉是宏豐公司股東中，地位最爲顯赫者。他生於1849年，先在私塾接受中文教育十年，再入官立中央書院受英文教育。十八歲時，赴英國留學，歷時五年，1872年返回香港，隨即進入有利銀行工作，並與香港第二位出任爲立法局華人議員的黃勝（也是香山縣人）的女兒締親。1879年其父去世後，他繼任爲有利銀行買辦，於1883年獲任爲太平紳士。他於1881-83、1888-90年間兩度出任東華醫院主席，並從1893年起，任保良局永遠總理。從1896到1917年他任立法局非官守議員逾二十年。1907年他獲英廷頒授C. M. G. 勳章（Companionship of the Order of St. Michael and St. George），並於1919年受封爲爵士，1922年去世。劉渭川家族與韋亞光家族藉著子女通婚而加強雙方聯繫；劉渭川的部份買辦保金即由韋亞光家族提供。[36] 宏豐公司的股東每月可按每股五百元的比率領取薪

---

[36] 以上所載考劉付靖、王明坤，《舊廣東煙賭娼》（中華書局〔香港〕有限公司，1992，《城市文庫》本），103；Carl Smith, *Chinese Christians, Elites, Middlemen and the Church in Hong Kong* (Hong Kong, Oxford, New York: Oxford University Press, 1985), 67-68, 135-36,162,165,167; "Compradores of the Hong Kong Bank," in Frank H. H. King ed., *Eastern Banking, Essays in the History of the Hong Kong and Shanghai Banking Corporation* (London : The Athlone Press, 1983), 103-6; Arnold Wright ed., *Twentieth Century Impression of Hong Kong, People, Commerce, Industries and Resources* (Singapore: Graham Brash, 1990), 109. 按本書摘取1908年出版之*Twentieth Century Impression of Hong Kong, Shanghai and Other Treaty Ports of China* 有關香港部份編集而成。《舊廣東煙賭娼》謂劉氏爲「前清翰林」；Carl Smith，前引文，104 把劉氏登進士第繫於1896年，俱誤。今按朱保炯、謝沛霖，《明清進士題名碑錄索引》（上海：古籍出版社，1980），2864更正。據Frank H. H. King的研究，劉渭川被選任爲匯豐銀行第三任華籍買辦，乃該銀行董事會在選任買辦問題上首次扮演重要角色。劉氏能出任該職，很可能與來自沙宣洋行，甫從匯豐銀行董事會主席退下，但仍留任於董事會內的 J. S. Moses支持有關。見氏著, *The History of the Hong Kong and Shanghai Banking Corporation,* Vol. 1, *The Hong Kong Bank in Late Imperial China 1864-1902: On an Even Keel* (Cambrridge, New York, New Rochelle, Melbourne & Sydney: Cambridge University Press, 1987), 444, 516. 有關買辦保金制及買辦上下其手，參考Yen-P'ing Hao (郝延平), *The Comprador in Nineteenth Century China: Bridge between East and West* (Harvard East Asian Series, 45, Cambridge , Mass.: Harvard University Press, 1970), 93, 159-61, 169.

酬。公司的股東如劉渭川、韋崧和 Ma Fat-ting 等，或藉本身經營錢莊、銀號，或藉身爲外商銀行買辦的關係，墊款給公司周轉。如劉渭川及韋崧即從台灣銀行香港分行借款四萬元，交宏豐公司支用。Ma Fat-ting 乃數家錢莊或銀號之經理人，包括墊款給宏豐公司的 Lai-hing 銀號在內。他投資於 Lai-hing 銀號的股款達二萬兩，並於1898年以每股五百兩的價格收購該銀號每股原値百兩的股票。在他運作下，Lai-hing 銀號約墊款卅一萬圓（月息1.2%）給宏豐公司。他又與劉渭川及公司其他股東勾結，成立一影子錢莊，把得自香港一些商號的匯票，轉售給匯豐銀行及香港數家銀行，從而籌得鉅款。宏豐公司在香港設有分支，除便於聯絡在港股東外，當廣州總公司乏錢周轉，香港分支即備款挹注。[37] 至於來自澳門的股東盧九，其父華紹於年少時從家鄉新會潮連前往澳門，經營銀錢找換，開設寶行錢號，財雄一方，並獲清廷賞戴花翎，授二品頂戴，鹽運使銜，廣西特用道。盧九則以廩貢生出身，亦獲清廷賞戴花翎，授浙江補用道。他歷任澳門鏡湖醫院總席、澳門商會總席。民國四年（1915）獲總統袁世凱頒授三等嘉禾章；他並出任澳門議例局議員，葡萄牙政府特授他基利斯篤一等爵士勳章。[38] 據當日報章記載，盧九於本世紀初，嘗用其姪名義以每年86萬元，投得澳門闈姓（小闈姓？）的營賭權。[39]

除宏豐公司這較爲完整的實例外，我們亦於不完整的片段紀錄中，對當日兩位賭商，李世桂及蘇秉樞的身份及事跡，略知一二。

番攤賭商李世桂，江蘇人，武員出身，歷任右哨千總左營都司。粵督譚鐘麟稱其「以緝捕見長，各案破獲首要，皆能得力。」[40] 光緒廿六年粵省番攤賭規獲准先改名爲緝捕經費，由武員承繳，後則改由商認繳年餉二百萬元承辦（詳

---

37 *South China Morning Post*, 14/7/1905, p 2.

38 《新會潮連蘆鞭盧氏族譜》（香港大學馮平山圖書館藏），册一，24，〈焯之公〉；〈廉若公〉，36；册十二，〈二十世焯之公〉。

39 *Hong Kong Daily Press*, 29/7/1905, p. 2.

40 譚鐘麟，《譚文勤公奏稿》（「清末民初史料叢書」，第12種，台北：成文出版社，1968，據宣統三年刊本影印，以下簡稱《譚奏稿》），卷十八，頁17b，〈會奏查明廣東被参員弁據實覆陳摺〉。

後）；李世桂在這事中扮演了重要的角色。光緒三十年（1904）他因侵吞番攤賭餉及在科考中，賄賂考生隱姓埋名或改名換姓而被捕；蓋李氏以鉅款投買闈姓，圖以作弊來贏取賭款。粵督岑春煊迫他繳納罰款五十萬元（一說十四萬兩）贖罪。他繳過逾十萬元的罰款後，即越獄從港澳逃往暹羅曼谷（一說新嘉坡），而他留下的財產（約值廿五萬元），則由粵省當局作爲發行彩票（每票六元）之彩金。直到張人駿出任粵督時，念及其過往勞績，並經其下屬多方關說後，他才獲有回國。[41]

蘇秉樞，字域農，是經營山、舖票賭博的紹榮公司之大股東；他藉捐官而獲三品銜，並任粵省諮議局議員。宣統二年（1910）九月廣東諮議局爲紹榮公司變通山票開彩辦法，轉批安榮公司承辦事，展開激辯。議員吳霏等人力主嚴禁。蘇秉樞則以每人銀五百兩的賂金行賄部份議員。表決結果，禁賭議案雖獲十九人支持；可是，反對者卻多達卅五人，終於引起省內一場大風波而未將表決案通過。[42] 蘇秉樞在省城開設銀號，又在佛山開設藥店，後因買空賣空投機失手，而未完賭餉，數達130萬兩，爲政府下獄，財產（少於五十萬兩？另參註136）充公。他被收押時，廣州市面謠傳由於其業務範圍過於廣泛，一旦宣告破產，當會波及市面，並謂他若無法如數完餉，廣東省庫的財政狀況會更形緊張。[43] 蘇氏影響力之大，於此可見一斑。

---

[41] 《舊廣東煙賭娼》，103-4；*Hong Kong Telegraph*, 20/2/1907, p. 4; 4/9/1908, p. 322; *Hong Kong Daily Press*, 24/4/1904, p. 3; 16/5/1904, p. 2; 30/6/1904, p. 2; 3/3/1905, p. 3; 4/1/1907, p. 2; *South China Morning Post*, 22/2/1904, p. 5; 21/4/1904, p. 5; 9/3/1907, p. 7.《舊廣東煙賭娼》載粵省番攤賭規於光緒廿六年獲准以官督商辦形式開辦，誤。按番攤賭規以官督商辦方式經營，實始於光緒廿九年（詳後）。

[42] 參考拙著，前引文，535-36。

[43] *Hong Kong Telegraph*, 25/1/1911, p. 4; 27/1/1911, p. 5; 28/1/1911, p. 5; 9/2/1911, p. 3; 1/3/1911, p. 5; 18/3/1911, p. 9; *Hong Kong Daily Press*, 27/4/1911, p. 3; 28/8/1911, p. 3; *South China Morning Post*, 23/1/1911, p. 8; 24/3/1911, p. 7. 按蘇秉樞除欠政府鉅額賭餉外，尚欠源豐潤銀號超過九十萬兩、交通銀行六十萬兩、大清銀行二十萬兩、厚德銀號逾十萬兩，另欠多家商號債款，每家數以千兩計，總計他所欠的商務債項爲數達280萬兩上下。雖然部份債款有田房契據股票作抵押，惟數目不及商務債款之半。

（按：劉學詢、李世桂、蘇秉樞等於宣統元年十一月組成新商，欲認餉承辦粵省鹽務，抵償省庫因禁賭所損失之鉅餉，引起舊商激烈反彈，掀起一場大風波。）[44]

就以上零散資料所披露，我們可作如下觀察：一、當日認餉承賭者，在相當程度上，既有來自文武仕宦階層，甚至有發跡於香港的買辦士紳，以至澳門的賭商參預其中。早在粵省賭博弛禁前，營賭者即已與豪紳及文武官員結成共棲關係，官紳庇賭，習以爲常。[45] 賭博弛禁，雖無異黑道漂白，官方的著眼點只是財政的好處，亦即稅餉與報效的多寡，似賭權的取得與賭商身份無必然的關係，可是，深究一層，賭商如具官銜或實職，與官方打交道當會事半功倍。[46] 如劉學詢「自接充闈姓廠商，交通官府，倚勢凌人，」[47] 而廣東清鹺局幫辦、山西已革知縣王性存即「因干預闈姓賭事」而被請離職。[48] 他介入闈姓賭事，恐怕是和賭商請託有關。光緒廿六年李鴻章把番攤賭規改名緝捕經費，由武員承繳（詳後），其中李世桂實起了舉足輕重的作用。是以粵督譚鐘麟雖認爲「查劉學詢以甲科出身，充闈姓廠商，營私牟利，已屬不自愛惜，」[49] 惟利之所在，這種現象實由來有自，豈淸議人言所能遏止？二、賭商以合夥方式，組成公司，充餉承賭，其中宏豐公司尤其値得注意。該公司股東中，同鄉結合相當重要，如劉學詢、劉渭川、韋崧昆仲俱爲香山縣人，而劉渭川及韋氏兄弟更是同出前山。劉渭川和韋氏家族子女間互通婚媾，從而加強雙方之地位。是以該公司實具有本節開首所提及田汝康及羅香林所列舉閩、粵「公司」之特點，而

---

[44] 詳見拙著，前引文，532-35。

[45] 前引文，503-4，515。

[46] 不單賭商如此，其他商人如廣東十三行洋商、清末天津總商會、蘇州商務總會及上海商務總會的領導階層，亦有類似情況。見Kuo-tung Anthony Chén，前引書，112-14；李達嘉，〈上海商人的政治意識和政治參與（1905-1911）〉，《中央研究院近代史研究所集刊》22（上）（1993）：182。

[47] 《大清德宗景（光緒）皇帝實錄》（台北：華聯出版社，1964），卷三七二，頁5b-6，光緒廿一年秋七月丙午。

[48] 《譚奏稿》，卷十七，頁21b-22，〈查覆前撫臣被參各款摺〉。

[49] 《譚奏稿》，卷十七，頁14，〈被參劣紳請革職歸案審辦摺〉。

賭商以「公司」名義認餉承賭，亦自有其歷史淵源。三、宏豐公司股東中，韋崧昆仲、劉渭川藉外商銀行買辦身份，遂得以假公濟私，備款挹注公司需款。這是當日買辦制的普遍現象，不足爲病。他們於正業之外，認餉承賭，適足說明買辦雖有現代性的一面，惟在經濟活動中，很多時還承襲傳統方式，從事投機性的業務；他們所追求的，只是目前的利潤。[50] 四、如果說清末廣東闈姓認餉承賭的辦法，除中國固有之歷史淵源外，還可能據暹邏地區的包賭制作基礎，加以斟酌損益而制訂；則賭商李世桂以江蘇籍武員，因貪瀆舞弊而被捕，終而逃奔暹邏，如此是否意味著清季粵省賭博經營，與東南亞地區，特別是暹邏，華人社會中的賭博業，或多或少存在某種關係？當然，目前因資料所限，要對這值得作進一步探討的問題予以肯定的答覆，實不大可能。

以上是從賭商組織及身份背景的探索中所引發出的一些觀察及疑問。

參. 官商關係

一、賭餉

清季粵省賭商認餉承賭，當局最爲關切的，厥爲賭商必須履行各種規定，而最嚴格者，莫過於賭餉、報效等必須如期繳清。如光緒廿三年（1897）韋崧等人以宏豐公司名義，認餉承辦省內第三屆闈姓，約中即清楚列明「嗣後應繳各餉餉銀，務須依限按場分別清繳，不待稍有延欠。」[51] 光緒廿六年賭商韋廷勳以宏發公司名義出面承辦省內山、鋪票，約內明示「嗣後餉項務須按季分兑，勿得延欠干咎。」[52] 廣東當局在這方面確是言出必行，賭商未能如約履行清繳賭餉而遭革退的例子，不一而足。粵省當局特別重視這點，除餉源尤關外，還

---

[50] Yen-p'ing Hao，前引書，93-94、112-13、149-50、152、210。

[51] 《華字日報》，光緒廿三年五月廿五日，〈告白〉。

[52] 《華字日報》，〈批詞〉，光緒廿九年十二月三日。

有一層過濾作用。以第三屆闈姓招商認餉承辦時爲例，「當時具呈求充闈商者十數輩，類皆無賴，詭名假充，不名一錢。」[53] 廣東當局嚴格執行催繳餉按，對「詭名混跡，希圖罔利」[54] 的投機份子，不無阻嚇作用。

二、查禁私商、調整考期遷就闈商

賭商既認餉承賭，對切身權益自然極爲在意。包賭本具壟斷性質，賭商力加防範其他競爭力量出現，向其既得利益挑戰。光緒廿五年（1899）六月，承辦粵省第三屆闈姓的賭商韋崧等鑒於「溯自接辦以來，各屬地方棍徒託名修廟築堤，開設私票，名目尤多，甚至藉口團費，公然設收。…若再不請嚴禁，則四處匪徒相率效尤，必致盡奪闈姓，阻塞餉源。」因此開列私廠票名，稟請粵督查封。廣東善後局隨即飭令南海、順德、番禺和三水等縣，出示嚴禁。[55] 小闈姓開辦後，承賭商盧華富以潛入內地，設廠開收賭款的私商不少，認爲他們「攘奪利權，有礙餉項，」於是稟請當局出面查禁。[56] 彩票初開辦時，即明示「期內別人不得另變名目承充，以免攘奪，如有私票及仿售小票，均請一律查禁。」[57] 宏發公司承辦省內山、鋪票，也訂有類似條文。光緒三十年科舉考試廢除在即，闈姓頓成強弩之末。當時盛傳闈商會改辦籤捐。承辦山、鋪票之賭商即視爲與之競爭，以有礙餉源爲理由，請求當局注意此事。[58] 光緒廿七年包攬番攤賭規的惠泰公司以私攤開設甚多，爲保障其利益，稟請當局取締，把私攤主人逮捕歸案。[59] 宣統二年四月，經營廣州省城山票的名利公司，鑒於一種名爲「古勞阜誠公司山票」到省城發售，「每月逢五日開彩，每條售銀五

[53] 《譚奏稿》，卷十八，18b頁，〈廣東闈商無力繳捐革退另招摺〉。
[54] 前引書，卷十九，24頁，〈查明番攤提捐情形片〉。
[55] 《申報》，第9446號，1899年八月二日，〈示禁私票〉。
[56] 《華字日報》，光緒廿七年二月十六日，〈嚴查私廠〉；九月六日，〈旗界護符〉。
[57] 《申報》，第9704號，1900年四月廿四日，〈准開彩票〉。
[58] 《華字日報》，光緒三十年七月廿六日，〈山票與籤捐競爭〉。
[59] 《華字日報》，光緒廿七年七月十三日，〈私攤難開〉。

仙，」售價遠輕於名利公司之每條一毫五仙，故婦孺紛紛投買，銷路甚爲暢旺。名利公司的業務因而損失甚鉅。同年七月，該公司一面稟請將山票售價減低，一面請當局嚴禁古勞山票到省城收帶。粵省布政使陳夔麟札行南海縣查禁，並准該公司把山票售價減爲每條一毫。[60] 除避免私商競爭外，闈姓賭商也密切關注考試時間的安排。光緒十九年（1893）爲慈禧太后六十大壽，廣東特准額外多辦一場恩科考試，八月取文士，十月考武試，原有之秀才考試則在七、八月舉行。闈商以試期如此逼近，會影響賭徒投買，從而不利他們的業務利益。有見及此，他們向粵督李瀚章稟請把秀才考試延後數月舉行，竟然獲得粵督首肯。[61] 這是個相當突出的例子。

三、額外規費

爲吸引賭商認餉承辦省內賭博，消除他們的疑慮，廣東當局總是表明嚴禁額外規費及其他苛索。如光緒十一年闈姓弛禁時，粵督張之洞即奏稱「臣等即懸牌揭示禁絕官吏使費，與受同科責，令該商將向來各衙門規費數十萬盡數歸公，加入正項。」[62] 又譚鐘麟爲招徠賭商承辦第三屆闈姓，「懸牌曉諭將文武

60 《順天時報》，第2483號，宣統二年四月廿三日，頁4，〈各省新聞・粵省之賭與反高〉；《華字日報》，宣統二年四月十一日，〈廣東新聞・諮議員關心紹榮公司山票〉；六月廿七日，〈古勞山票允查禁乎〉；七月廿五日，〈果實行干涉古勞山票來省銷售耶〉；*Hong Kong Telegraph*, 2/8/1910, p. 5; 15/8/1910, p. 4. 按古勞爲鶴山一市鎮，據報導當地山票每次開彩時，售於全省的票數超過百萬張。見*Hong Kong Daily Press*, 5/5/1909, p. 2. 就作者能閱及的資料所見，並沒有提及到名利公司，證諸該公司經辦人蘇秉樞亦爲是時經營省內山、鋪票之紹榮公司負責人，則該兩家公司具千絲萬縷之關係可以想見，抑名利爲紹榮之子公司，亦極有可能。

61 "Pakhoi Intelligence Report to 21 October 1893," Fraser to O'Connor, 21/10/1893, *FO* 228/1132.

62 張之洞，《張文襄公全集》（台北：文海出版社，1963，據丁丑〔1937〕北平楚學精廬藏版影印，以下簡稱《張集》），卷十一，頁6b，〈籌議闈姓利害暫清弛禁摺〉（光緒十一年四月二十日）；俞樾編，《彭剛直公（玉麟）奏稿》（沈雲龍主編，「近代中國史料叢刊」，四輯，33册，台北：文海出版社，1967），卷四，頁2b，〈會議廣東闈姓摺〉（光緒十一年四月二十日）。另張之洞在〈批東善後局詳請截緝闈姓〉（光緒十年

各衙門暗費一律裁革，令繳報效銀一百六十萬兩，此外無絲毫使費。」[63] 賭商周永福以裕源公司名義接辦粵省山、舖票，善後局即示諭「如有匪徒私開及文武衙門兵差人等藉端需索，定即分別查封，嚴懲不貸。」[64] 事實上，光緒廿七年六月省城康公廟十約的團練勇丁即以賭規無著，四出滋擾，並劫掠城西的小闈姓子廠。[65]

賭商願意認餉承賭，當然是利字當頭，企望一本萬利。「祇繳數十萬，所收何止數百萬？」[66] 譚鐘麟短短二句話，道盡賭商躍躍欲試的心態。可是，賭商從主觀願望出發所作的美夢，卻常經不起客觀事實的考驗而破滅。最後，他們經常發現身陷進退維谷的困境。以闈姓爲例，張之洞在初開辦時，聲明把向來存在的各種規費悉數歸公，「於是正項由三百萬加認一百四十萬。」[67] 這440萬元即爲以後每屆闈姓的餉額。表面上，闈商只須於一屆六年內認餉440萬元，即每年解過正餉約73萬元後，其他一切非正當苛索即可避免。可是，實際情況與官樣文章卻完全兩回事。除正餉外，闈商尙須繳交報效銀八十萬元。張之洞是這成例的始作俑者。光緒十四年（1888）張之洞在粵購辦機器鑄造制錢，便對闈商打主意，令他們捐銀八十萬元備購置鑄錢機器之用。此例既開，張之洞遂視之爲闈商承賭時必須履行之條件；八十萬元報效是一成例，而非權宜之舉。光緒十五、六年之交，當時張之洞已調任爲湖廣總督；他得到繼任爲兩廣總督的李瀚章同意，把他在粵督任內訂購的織布機器移往湖北。張之洞估計湖北織布局的建廠費約需廿餘萬兩，織布局投入生產後常年經費約四十萬兩。他計劃在首屆闈商經營期快將屆滿前，援引前例，要接辦第二屆闈姓的賭商報效銀八

九月初四日）中也說：「必須將中飽積弊划除淨盡，不得有私費一毫。倘日後仍查出有使費等名目，惟該司道等是問。」見《張集》，卷一一四，〈公牘〉29，頁10。

63 同註53。

64 同註52。

65 《申報》，第10145號，1901年七月十七日，〈珠海濤聲〉。

66 《譚奏稿》，卷十九，頁23b，〈查明番攤提捐情形片〉。

67 《張集》，卷十一，頁6b，〈籌議闈姓利害暫請弛禁摺〉；《彭剛直公奏稿》，卷四，頁2b，〈會議廣東闈姓摺〉。

十萬元，備鄂省織布局動用。[68] 他致電李瀚章說：「洞在粵與誠信、敬忠兩堂商人議定該商認捐此經費八十萬元，合銀五十六萬兩，稟詳批准有案。此係另籌專款，不與常年正餉相涉。即使明年〔光緒十六年，1890〕闈姓另換他商承辦，亦必照捐，毫不爲難。」[69] 可見報效已成常例，不以闈姓易主爲轉移。李瀚章不大願意已調離粵省的張之洞插手此款，砌詞搪塞。[70] 經一番電訊往來交涉，李瀚章終於答應在光緒十六年秋冬之間，新商承辦第二屆闈姓時，將這些報效撥借鄂省。除報效外，闈商尚須面對一些突發的需索。光緒十四年張之洞在粵督任內，籌劃在省內建織布局。當時廣東適有鄉、會試恩科的額外考試，闈姓投買熱烈，他即向闈商勸令認捐銀四十萬兩。[71] 由此可知賭商認餉承賭，雖或可在省府蔭護下，使一般兵丁、員弁和書役知難而退，但這樣一來，他們又成爲省府每有興作時，予取予攜的宰割對象，終而得不償失。

四、賭商面對的難題——以闈商宏豐公司爲例

即使沒有報效或其他需索，對闈商來說，賭餉本身即爲一沈重負擔。闈姓餉額440萬元，以六年爲期，第一屆分年清繳，第二屆則按場認交；期內如遇恩科考試，「文武鄉、會四場加繳餉銀七十萬元。」[72] 按張之洞的說法，這440萬元

[68] 《張集》，卷一三四，〈電牘〉13，頁5，〈致廣州王藩台〉（光緒十六年正月初十日亥刻發）：「至上屆錢機捐款八十萬，乃鄙人憑空設法搜羅而得有此成案，……於闈餉絲毫無涉。」

[69] 《張集》，卷一三三，〈電牘〉12，頁37，〈致廣州李制台〉（光緒十六年正月初十日亥刻發）。張氏在致李瀚章的另一電函中也說：「惟此款係前年捐鑄錢機器成案，鄙人費盡心力，始肯認捐，並非闈姓正餉常例所有。」見卷一三四，〈電牘〉13，頁2，（光緒十六年正月初七日發）。

[70] 《張集》，卷一三三，〈電牘〉12，頁37b，〈李制台來電〉（光緒十五年十二月九日亥刻到）：「前議認捐經費，誠信、敬忠兩堂闈議現尚未定，且爲期亦遠，他款應付之項甚多，皆須指用，難以分給。此事固爲收利起見，然利尚難必。公從容布置，即機器到鄂，或招商集股，或裕餉後圖，似可毋庸汲汲，公意何如？」。

[71] 拙著，前引文，544-45。

[72] 同註51。

的闈餉，已包括向來之各種規費在內。可是，譚鐘麟在招商承辦第三屆闈姓時，明言前兩屆的闈商，除付賭餉、報效外、使費及其他需索集於一身的結果，承辦第一、二屆闈姓的賭商，都弄得焦頭爛額，狼狽不堪。據譚鐘麟奏稱：「再廣東闈商，向來狡黠，餉多拖欠。初屆商人張榮貴經前督臣李瀚章押追始清，二屆劉學詢欠至一百三十餘萬，經臣參革後，始陸續繳足。」[73] 劉學詢未繳清賭餉前，「逃匿香港，屢傳不到，」致被革候選道職，「歸案審辦。」[74]

光緒廿二年廣東當局以第二屆闈姓屆滿，即著手招徠新商承辦第三屆闈姓。譚鐘麟把各衙門使費攤入報效一款內，禁止再向賭商索取此款，報效因之從八十萬元增至160萬兩。[75] 爲避免重蹈第一、二屆闈商欠餉覆轍，譚鐘麟明示新商須預繳160萬兩，方准承辦第三屆闈姓。由於款額不貲，遲遲乏人問津。當時盛傳粵省當局議定，「如始終無商接充，即改歸官辦，決不肯將餉項議減，稍爲遷就，至爲奸商挾制云。」[76] 是年四月，以萬安、孚信兩堂名義出面的蔡紹德、鄭景福願先繳銀三十萬兩，並表示其餘賭餉會陸續清繳。粵省當局同意其請求；可是，蔡、鄭二人所作的承諾未能兌現。[77] 粵省當局雖然對此不滿，但環顧四周，並無任何財力雄厚的商人願意出來認餉承賭。六月間，忽有恒豐、豫泰兩堂商人陳瑞璋等稟請接辦闈姓，並面繳銀單一紙六十萬兩作保證。經粵省當局調查，證明銀單是僞作的，[78] 於是蔡紹德，鄭景福又被列爲談判對象。

---

[73] 《譚奏稿》，卷一八，頁21，〈奏闈捐擬辦情形片〉。按劉學詢虧欠公款130餘萬元，經粵省當局催迫，陸續繳過四十餘萬元。劉氏舉韋崧（承辦第三屆闈姓賭商）於善後局具結，答應在四棚考試後把尚短之八十餘萬元繳清。見註40；另參考"Canton Intelligence Report Quarter Ended March 1896," Fraser to Beauclerk (Charge d'Affaires), April 1, 1896, *FO* 228/1223, 255b.

[74] 同註49。

[75] 同註53; "Canton Intelligence Report Quarter Ended March 1896," Fraser to Beauclerk, April 1, 1896, *FO* 228/1223, 255b.

[76] 《申報》，第8236號，1896年三月廿五日，〈海幢晚鐘〉。

[77] 《申報》，第8234號，1896年八月二十日，〈粵海秋濤〉；另參考註49。

[78] 《申報》，第8236號，1896年八月廿二日，〈珠江秋色〉。

八月間，蔡紹德等向廣東善後局表示願續交銀六十萬兩充餉，而實際情況又是另一回事。「祠是屢催屢展，或繳一、二萬，或三、四萬，並無鉅款。」到十月間，粵省當局考慮把二人革退，而他們則作出承諾，會於年底繳足一百萬兩，餘下的六十萬兩於翌年內悉數清繳。可是，期限屆滿，他們僅交過58萬兩，尚欠102萬兩。蔡、鄭二人再請展限一月。光緒廿三年初，粵省當局飭令他們務須於元月十三日將餘款繳納。二人無法籌措欠餉，終被革退，所繳過之58萬兩亦全被充公。[79]

鑑於闈姓招商認餉承賭，情況未如理想，爲了減輕有意承辦第三屆闈姓賭商的負擔，粵省當局把預繳款額從160萬兩減爲一百萬兩，並表明如在二月底前，闈姓仍無人認餉承賭，則全改由官辦。[80]

接著，賭商韋崧和盧元杰等以宏豐公司名義洽商接辦第三屆闈姓，並於光緒廿二年四月取得經營權。按雙方所訂之協議，宏豐公司認辦期限自丁酉年（1897）文鄉科場起至癸卯年（1903）武鄉科場止，認繳正餉440萬元，另加繳餉銀45萬元，按場分繳，報效160萬兩，該公司先交匯豐銀行現銀票一百萬兩，其餘六十萬兩悉於光緒廿四年繳清。如遇恩科，則仍照一、二屆前例，加認餉銀七十萬兩。[81] 經一番波折，第三屆闈姓經營權終於塵埃落定。

譚鐘麟聲言把各衙門使費一律裁革，併入報效一款內。這樣一來，賭商負擔

---

[79] 《譚奏稿》，卷十八，頁18b-19，〈廣東闈商無力繳捐革退另招摺〉；《華字日報》，光緒廿三年正月九日，〈催繳圍餉〉；"Canton Intelligence Report for the Quarter Ended 31 March 1897," Fraser to MacDonald, April 5, 1897, *FO* 228/1249. 按蔡紹德等被充公款項內有不少出自有意承辦子廠的人。當時盛傳他們出資誘使廣東在京言官糾彈譚鐘麟充公蔡、鄭所繳過58萬兩之舉。具英籍身份的香港華人，亦要求英領事出面索還他們繳給蔡、鄭之款。見"Canton Intelligence Report for the Quarter Ended 30 June 1897," R. Renan to Sir Claude M. MacDonald, Canton, 1st July 1897, *FO* 228/1249, 413-14.

[80] 《譚奏稿》，卷十八，頁19，〈廣東闈商無力繳捐革退另招摺〉；頁21b，〈奏闈捐擬辦情形片〉。

[81] 同註49。按宏豐公司所交一百萬兩，部份爲劉學詢授權公司股東，匯豐銀行買辦劉渭川，以他名下的卅四張房地契（約少於五十萬兩）抵押給匯豐銀行來籌款。見*China Mail*, 19/9/1908, p. 4.

比從前更是有增無已。宏豐公司於認餉承辦時即表示：「第報效一款，業奉督憲增至一百六十萬兩，比前兩屆加多百萬兩以外，數目過重，辦理殊非易易。」[82] 更何況使費未必能完全根絕？[83]

宏豐公司認餉承賭後，業務開展並不暢順。各種使費陋規攤入報效一款後，兵勇吏役不能像從前那樣廣沾這項利益，遂默許私商設立私廠，推銷與闈姓相競爭的基票，而他們則收取私商賄賂，作爲補償。[84] 宏豐公司以私票盛行，危及該公司利益，關繫餉源，善後總局實不應坐視。光緒廿六年五月該公司稟請善後總局嚴禁私廠。在稟陳中公司鄭重指出：「凡設私票，必聯絡地痞，以不肖紳耆爲護符，以衙門吏役爲耳目，消息靈通，旋禁旋開，人犯到案即釋，何能刁風禁絕？比來闈捐已成弩末，歲科場期尤爲淸淡。商堂所抽經費，往往收不敷繳；上年廣、肇、惠歲考正餉，均由商等籌款賠補。……然各屬私票日多，即各處闈捐日絀。目前就查確附近私票已有二十五處，距省較遠各屬尙不知凡幾。」[85] 由此可見前此善後總局未能有效地遏止私廠的發展，亦可見私廠之潛力及其對闈商生存的威脅。這樣，善後總局不得不飭令各縣對轄境內的私廠作一次較爲認眞的整肅。

光緒三十年宏豐公司第三屆闈姓的承辦權剛於是年會試舉行後屆滿，善後總局探詢該公司是否願意繼續接辦。宏豐公司以「時局變遷，科舉已有停止之諭」而拒絕。善後總局以廣州府考試快要舉行，令該公司承辦該場闈姓，按場繳餉。宏豐公司不爲所動，蓋「爲日無多，收票有限，」拒作任何承諾。[86] 究其實，這可能只是拒辦的部份理由。更重要的是宏豐公司這時欠債累累，周轉不靈，財政危機一觸即發。由於要承擔鉅額的賭餉及報效，公司不勝負荷。光

---

[82] 同註51。

[83] 據傳蔡紹德等在獲得善後總局同意讓他們認餉承辦第三屆闈姓前，已用過使費銀五十萬元。見"Canton Intelligence Report for the Quarter Ended 31 March 1897," Fraser to MacDonald, April 5, 1897, *FO* 228/1249, 259b.

[84] 同註55。

[85] 同註26；《申報》；第9802號，1900年七月卅一日，〈照錄李傅相保疆籌餉摺稿〉。

[86] 詳見拙著，前引文，528-29。

緒廿六年，公司又以宏發公司名義認餉承辦粵省山、鋪票，爲此又須繳納鉅額賭餉及報效，對公司財政來說，更是百上加斤（詳後）。部份股東如劉渭川、韋崧及 Ma Fat-ting 等，藉著匯豐銀行辦或銀號合夥人的身份，一向利用華人在日本或東南亞經營商號所發行的匯票，將之轉售匯豐銀行，從中上下其手，爲飽受資金短絀困擾的宏豐公司籌措款需。劉渭川並以保人身份爲公司借款。光緒三十年數家香港銀行收購了上述匯票，將之拿到海外如檳城、新嘉坡和仰光等地收款時，卻出現票據被拒收的情況。發出匯票的商號因抵押拍賣而被迫宣布破產。翌年初，劉渭川等人假公濟私亦因此而被揭發。當時劉渭川存於匯豐銀行作買辦保金的抵押估價爲一百萬元。此外，劉學詢爲接辦第三屆闈姓，將其部份房地契（價值五十到六十萬元，一說150萬元）授權劉渭川存於宏豐公司，而劉渭川則將之轉押給匯豐銀行作借款擔保。至於劉渭川在東窗事發後的負債及資產，則眾說紛芸，莫衷一是。據 Carl Smith 的研究，劉渭川欠下匯豐銀行的債務估計爲115萬元，另其他債權人之欠22.1萬元（內欠台灣銀行香港分行四萬元）。除台灣銀行欠款外，對於其他債權人之欠款，劉渭川希望透過協調讓步，將債務折半（約九萬元）償還。爲避免信譽受損，匯豐銀行盡一切努力幫助劉渭川脫離困境，包括對他加薪和貸款等。可是，雪上加霜，他所擔保的另一名收賬員捲款約52,742元潛逃。[87] 其時，劉渭川的資產只有66,554元。[88] 另據 *Hong Kong Telegraph* 記載劉渭川證供所提出欠款數目，較爲保守，只有503,657元；內六萬元爲他本人所借，其餘的爲他與另外一些人聯名作保，墊給宏豐公司和其他商號，而借自 Lai Hing 銀號的七萬元，則以他在香港和 Ma Fat-ting 聯名所有的物業作抵押。惟據代表債權人利益的 C. F. Dixon 指稱，劉氏所欠債項數達2,160,725元，資產則只有166,160兩，且有54,000兩爲無擔保之

[87] Carl Smith，前引文，104-5。有趣的是劉渭川遭 Yee Fat 銀號追控欠款二萬元，唯該銀號所擔保任職於匯豐銀行之收賬員捲款潛逃，而劉氏身爲銀行買辦，即須抵償這項損失。Yee Fat 銀號亦因案發而揭示出本身財力不繼，陷於破產邊緣。見*South China Morning Post*, 8/8/1906, p. 5. 有關買辦爲屬員作保事例，見Yen-p'ing Hao，前引書，160；買辦虧空後果，見同書，168-69。

[88] Carl Smith, 前引書，165。

長期呆賬，餘下的欠款估計只有10%可望收回。[89] 稍後《南華早報》更揭示出劉渭川負債多達310萬元，相形之下，資產則微不足道，只有700元。[90] 對於上述資料所載劉氏資產及負債數目，各不相同，出入頗大之複雜現象，本文無法一一細考，唯劉渭川資產相對於負債過於懸殊而泥足深陷，卻是不爭之事實。1906年三月匯豐銀行的法律顧問主張劉渭川應申請破產，並辭去買辦職務。劉渭川周轉不靈而身敗名裂，在一定程度上，也和宏豐公司有關。法庭申請劉渭川破產時，劉氏的證供謂他把匯豐銀行交他收購商號匯票的款項墊給宏豐公司，宏豐公司並由另一股東盧九作保證人，通過他而借得的五十萬元尚未歸還，另該公司欠他的十五萬元，則成爲呆賬。[91] 劉渭川事案發後，匯豐銀行向南海縣申請把劉學詢抵押給該銀行的房地產讓渡；英駐廣州領事並請粵督致電兩江總督，把居留於上海的劉學詢逮捕歸案。劉學詢則聲言劉渭川未經他同意，擅自把他的房地契抵押給匯豐銀行，要求把該批房地契收回。英領事力促劉學詢在一定期限內回穗處理此訴訟；否則，他所抵押的財產應由匯豐銀行接收。劉學詢遂委託一名在上海執業之英籍律師，代他前往香港訴訟。劉渭川宣布破產後，香港法院判劉學詢勝訴。[92] 宏豐公司另一股東韋崧亦因公司周轉不靈而被波及。他本人因欠下台灣銀行香港分行債務而被粵督通緝歸案。[93] 匯豐銀行把他抵押給該行的房地產接收，用來償付未清債務。韋氏家族爲此起訴匯豐銀行，雙方經協調後相互讓步，事件才得以平息。[94] 可是，韋崧仍因此破產，並從此隱居澳門。[95] 至於宏豐公司股東之一的 Ma Fat-ting 所經營的 Lai Hing 銀號，資產本爲120萬元，負債則爲988,416元（主要爲客戶存款），終於因放款過多而未能收回，一蹶不振，其中宏豐公司即爲該銀號貸款最多的商

---

[89] 27/4/1906, p.3；原文未見，轉引自Carl Smith，前引文，107-8。

[90] *South China Morning Post*, 26/7/1906, p. 5.

[91] Carl Smith, 前引文，107。

[92] 前引文，106；*China Mail*, 14/7/1908, p. 4; *Hong Kong Daily Press*, 18/8/1905, p. 2; 15/1/1906, p. 3; *South China Morning Post*, 10/4/1906, p. 5.

[93] *Hong Kong Daily Press*, 11/12/1905, p. 2.

[94] Carl Smith, 前引文，106。

[95] Carl Smith, 前引書，167。

號。[96] 1905年底宏豐公司終因負債累累而倒閉，惟粵督對公司欠繳之部份餉項，依然毫不放鬆，下令把公司經理人Leong Cheong-shui 逮捕歸案，並沒收其財產入官。梁氏於事前獲得密報，遂盡攜所有，逃往香港。[97] 在宏豐公司倒閉風潮中，唯一未被波及，得以逃脫破產厄運的香港股東，只有韋玉一人。[98]

五、賭約與承諾之毀棄

清末最後十年間，政府財政狀況比前更形惡化。就地方督撫來說，中央有增無已的攤派和省內推行的新政，使本已捉襟見肘的省財政，至此更是百上加斤。賭餉既爲廣東收入大宗，基於財政上的考慮，當局對這項財源自然不會輕易放過，接連解除小闈姓、番攤和山、鋪票的禁制，讓賭商投餉承充。在此以前，粵省當局雖鄙視賭商，但對雙方達成的協定，基本上還是相當尊重。相形之下，這時粵省大吏對賭商的措置，幾近錙銖必較，竭澤而漁的地步；他們視賭約爲具文，利之所在，罔視條文內容，動輒以更易賭權爲威脅手段，並視之爲理所當然。賭商地位全無法律保障。

1. 小闈姓

光緒廿六年賭商盧華富以宏遠公司名義，向粵督李鴻章稟請認餉承辦省內小闈姓。經雙方討價還價後，宏遠公司以每年繳餉銀八十萬元，四年爲期，另繳報效銀四十萬元，四年屆滿後，除正餉外，得另繳報效銀四十萬兩，續辦四年爲條件，認餉承賭。[99] 接著，其他商人紛赴善後總局稟陳願意認餉承辦粵省小闈姓，並提出遠較宏遠公司更爲優厚的條件。善後總局則採取兩面手法。一方

---

[96] *South China Morning Post*, 14/7/1905, p. 2; *China Mail*, 7/7/1905, p. 5.

[97] *Hong Kong Daily Press*, 6/11/1905, p. 2.

[98] 按韋玉亦與劉渭川、韋崧及Ma Fat-ting遭Kwong Yan行控告欠債18,480.1(+)元，加上利息及其他費用513(+)元。見*South China Morning Post*, 17/1/1906, p. 5.

[99] 參考拙著，前引文，527。

面與這批商人互通聲氣，而對外則聲明「查悉此事與前案不符，亦無此政體，斷難照准；」[100] 另一方面則向宏遠公司施壓，謂認餉銀數過少，如要繼續辦下去，必須加認賭餉。宏遠公司雖願認加餉銀二、三十萬兩，但不爲善後總局接受。[101] 光緒廿六年底善後總局終於毀棄前約，把省內小闈姓改由福泰公司商人陳榮標、黃志等接辦。福泰公司每年認繳正餉銀160萬元，另認繳報效費120萬元，剿匪經費銀十萬元；光緒廿七年正月前先繳八十萬元，其中四十萬元爲報效，另四十萬元爲押櫃，爲期八年。[102] 這些條件顯然遠比宏遠公司所承諾的優厚。可是，福泰公司無力如約繳款，致爲善後總局革退，並將已繳的餉項充公。宏遠公司乘機向時在北京與聯軍談判的直隸總督李鴻章求助，經李氏插手干預，該公司以「稟擬加餉」作條件，終而重獲小闈姓的承賭權。[103] 經此番波折，宏遠公司的承賭權即常有易主之虞。商人紛至沓來向善後總局提出較宏遠公司更爲優厚之條件，以求接辦省內小闈姓。[104] 光緒三十年初，宏遠公司以四年試辦期快要屆滿，鑒於認餉承賭波折重重，已作好「餉重難辦，自行辭退」的心理準備。[105] 接著，粵督岑春瑠出示嚴禁小闈姓，[106] 間接替宏遠公司解決繼續承賭抑讓賭權易手的兩難。

---

[100] 《申報》，第9885號，1900年六月廿一日，〈東粵談資〉。

[101] 《申報》，第9831號，1900年八月廿九日，〈粵海秋濤〉；第9934號，1900年十二月十日，〈諭加認餉〉。

[102] 《申報》，第10004號，1901年二月廿六日，附張，〈准充闈商〉。

[103] 《申報》，第10043號，1901年四月六日，〈五羊仙蹟〉。按宏遠公司以加餉爲條件來保護小闈姓承賭權的結果，賭餉每年由八十萬元增至一百萬元。見《申報》，第10742號，1903年三月十九日，〈西樵山色〉。

[104] 認餉條件從每年正餉1,325,000元增至二百萬元；正餉以外，另有報效現銀及軍械，爲數高達六十萬元。見《申報》，第10742號，1903年三月十九日，〈西樵山色〉；第11103號，1904年三月十八日，〈爭承賭餉〉；《華字日報》，光緒廿九年十二月初三日，〈加餉請承小闈姓〉。

[105] 《申報》，第10043號，1904年三月十八日，〈爭承賭餉〉。

[106] 詳見拙著，前引文，529-30。

2. 番攤賭規

光緒廿六年粵督李鴻章把番攤賭規改名緝捕經費，讓攤館納規後，可合法營業。爲體恤省城內外營中官兵，賭規由武員承繳，省城每年認繳餉銀七十萬元，各屬繳餉銀五十萬元。是年九月惠泰公司張永圖、陳國華，保商局紳士蘇元緒、盧紹勳等稟請承辦省內番攤賭規，願意每年認餉二百萬元，公禮八十萬元，經由善後總局核准。[107] 翌年正月蘇元緒、盧紹勳相繼退出，惠泰公司按約繳餉出現困難，只繳過賭餉按金二十萬元。善後總局對此大表不滿，催使該公司「應照稟按月上期呈繳，不得延欠，以重公款。」[108] 七月，惠泰公司以「各鄉埠賭館抽收經費，不能劃一；所抽不敷繳餉，以致虧空三十萬兩，」因此向善後總局稟請退辦。善後總局雖一度有意把番攤賭規收回官辦，[109] 但結果還是要惠泰公司接辦下去。

光緒廿九年底，惠泰公司內部種種問題紛紛暴露，善後總局再不能漠視不顧。惠泰公司雖由張永圖等出面認餉承辦省內番攤賭規，但實際由李世桂居幕後操縱。李氏利用其職權，在各子廠安插黨羽，向賭館多收私規。番攤賭規初開徵時，根據緝捕經費原定章程，文武公費按二成比例收取，此外不准多收，而李世桂竟收至三、四成到五、六成不等，並把多收的私規中飽自肥。這顯然與粵省當局的利益有所抵觸。同年十一月，廣東全省番攤賭規改以官督商辦方式經營，並由兩年前成立的緝捕警費總局統籌一切。全省各地均派員督理，分商承辦。除原來文武二成公費外，其他私規及多收之款均攤入正餉，藉以化私爲公。[110] 經這番整頓，粵省番攤賭規每年認餉數目劇增至三百萬元。[111]

光緒廿九年廣西兵勇譁變，兩廣當局爲避免星火燎原，遂傾力鎭壓，而軍餉幾全賴粵省接濟。番攤賭規既經整頓，遂成爲粵省當局張羅的目標。翌年九月，兩廣總督岑春瑠飭令承辦省城西關一帶番攤賭規的賭商梁德業補繳三個月

---

107 同註99。

108 《華字日報》，光緒廿七年一月廿六日，〈牌示賭商〉。

109 《華字日報》，光緒廿七年七月廿七日，〈攤歸官辦〉。

110 《華字日報》，光緒廿九年十一月廿八日，〈改辦海防〉；《廣東財政説明書》，卷七，頁14，〈正雜各捐・緝捕經費〉。

111 袁樹勛，前引書，冊一，頁102，〈覆陳粵省賭餉情形摺〉。

按餉，並今認借廿萬元供廣西軍需，聲明如梁氏不能遵辦，則另招新商取代。梁德業只願認借十五萬元，而另一有意接辦者則願如命認借二十萬元。善後總局於是去電時在廣西督師的粵督岑春煊，請由新商接辦西關番攤賭規。[112] 對於這項措置，《華字日報》有如下評論：

> 按官督局承商定章，承辦三年，試辦一年。今該賭商辦未滿居，且允補繳按餉，認借鉅款。如牌示所云，不過舊商較新商少借五萬，若執定此數，知舊商不再認借？而遽行強迫易商，似失官局之信用。[113]

面臨事業易手的危機，梁德業只能加認借款。新舊賭商爭承借款的結果，若舊商願借銀三十萬元，較新商願借的廿五萬元多出五萬元，從而保住了番攤賭規的承辦權。[114]

光緒卅一年（1905）廣東緝捕警費總局併入善後總局內，番攤賭規亦由善後總局監督管理，緝捕經費餉額亦從三百萬元增至4,307,700元（約280萬兩）。[115] 水漲船高，西關一隅的番攤賭規認餉數目，亦從每年85萬元增為92萬元。[116] 南海一處番攤賭規因新商願出較舊商更多的賭餉給善後總局而取得承辦權。失去承包賭規的舊商心存報復，雙方武裝對峙，南海縣當局為防範流血衝突，出而干預，唯暴動仍無法避免。[117] 同年年底，西關番攤賭規餉數多增十萬兩。[118]

4. 山、鋪票

比諸認餉承辦小闈姓及番攤賭規的賭商景遇來說，認包山、鋪票的賭商遭遇便坎坷不濟得多了。從光緒廿九年到宣統元年六年內，山、鋪票賭權凡三易；

---

112 《華字日報》，光緒三十年九月十八日，〈西餉謀及賭商〉；九月十九日，〈番攤加餉易人〉；《申報》，第11336號，光緒三十年九月廿九日，〈賭商認餉〉。

113 《華字日報》，光緒三十年九月十九日，〈番攤加餉易人〉。

114 《華字日報》，光緒三十年九月廿四日，〈賭商爭承借款〉。

115 同註111。

116 《華字日報》，光緒卅一年七月十九日，〈西關認餉至九十二萬〉。

117 *Hong Kong Telegraph*, 22/12/1905, p. 4.

118 *Hong Kong Daily Press*, 4/1/1906, p. 3.

一方面是賭商任人漁肉，另一方面則反映出粵省當局殺雞取卵，利害無擇。政府對賭餉的措置可說是具掠奪性質的。在這背景下，認餉承辦山、鋪票賭商的產權毫無法律保障；賭商有因欠餉而致產業被查封，並身陷牢獄的。

山、鋪票於光緒廿六年招商認餉承賭。善後總局以山、鋪票與闈姓牽連較多，雖有廣榮公司鄧汝堂、陳崇德兩商最先表示願意認餉承賭，但仍以正承辦省內闈姓的宏豐公司列為優先考慮對象。於是，宏豐公司以宏發公司名義，每年認繳正餉銀425,000元，另一次過繳報效銀十萬元，為期八年的條件，承辦粵省山、鋪票。同年十一月宏發公司繳過報效銀十萬元，並於認繳的正餉銀中，先繳146,250元。[119] 公司原以為繳過兩款後，可以於八年之內安穩地承辦省內山、鋪票。可是，事與願違，三年後，粵省當局即剝奪宏發公司之賭權，改由裕源公司充餉接辦。這只是連串類似事件的開端。光緒廿九至卅三年短短四年之內，山、鋪票賭權凡三易，茲列表說明如下：

光緒廿六至卅三年廣東山、鋪票賭權之轉換（除特別註明外，單位俱以元表示）

時間	賭商	承賭條件			期限(年)
		每年賭餉	報效	認繳官業股份	
光緒26年11月—29年11月	宏發公司韋廷勳	425,000	100,000		8
光緒29年11月—30年11月	裕源公司周永福	1,000,000	200,000		8
光緒30年12月—33年 3月	裕源公司易啓康	1,300,000	1,000,000兩＊	360,000	8
光緒33年 3月—33年10月	永和公司盧邦元	1,500,000	600,000兩□	480,000＋	6
光緒33年10月	紹榮公司蘇秉樞等	1,600,000	600,000兩△	480,000	6
宣統元年八月	紹榮公司蘇秉樞、易啓康	2,000,000	600,000兩	每年384,000兩#	6

[119] 同註52。按英國駐廣州的外交人員把山、鋪票正餉425,000元，報效十萬元，誤作鋪票正餉42.5萬元，山票正餉十萬元。見"Intelligence Report for March Quarter," B.C. Scott to Satow, Canton, 15 April 1901, *FO* 228/1384, p. 171.

資料來源：〈基鋪山票換承商〉，《華字日報》，光緒廿九年11月17日；〈善後局牌示〉，11月18日；〈批詞〉，12月3日；〈山鋪票已批准換商〉，光緒卅三年3月13日；〈基鋪山票換商之牌示〉，10月17日；*Hong Kong Telegraph*, 9/10/1909, p. 5.

附注：*〈山鋪票已批准換商〉條內誤作三百萬兩。

□按永和公司答允每年代粵省償還三井洋行欠款三萬兩，未悉是否包括在這筆報效內。見*Hong Kong Telegraph*, 20/9/1907, p. 4.

+包括每月認繳農工商局股銀三萬元，每年認繳官紙價12萬元。

△不包括另繳之圍捐報效銀四十萬兩。

○按*Hong Kong Telegraph*, 4/6/1909, p. 4 嘗載易啓康等承賭條件爲年餉二百萬元，另六十萬兩交廣東兵工廠，十二萬元交士敏土廠。按是時前闈姓商人韋崧亦思染指山、鋪票（詳註132），粵省當局或以此爲要脅，使易啓康就範。

#計每年12萬兩予造紙廠，24萬兩予農工商局，2.4萬兩予道台作發展實業用途。

就上表所示，光緒廿九年到宣統元年六年內，山、鋪票賭權凡三易，其中永和公司壽命最短，認餉承辦半年內，即爲紹榮公司取代。裕源公司的情況最爲突出，活動期間歷時三年四個月，而光緒卅三年十月以後接替永和公司認餉承賭的紹榮公司，實際爲裕源公司改組而成。長短相間，對照鮮明。賭商因承賭而認充餉額往後愈來愈高，承賭期則愈來愈短，由八年降至六年。光緒廿六年十一月粵省善後總局將省內山、鋪票交由宏發公司承辦；三年後，承賭期限尚未及半，即有裕源公司賭商周永福願意每年認餉九十萬元，另繳報效銀廿萬元，承辦省內山、鋪票。善後總局以裕源認餉和報效較宏發加倍，便據之以要脅，迫使宏發就範。該局一面對裕源公司諉稱舊商宏發公司承賭期限尚未屆滿，另一面則藉此諷諭宏發公司認加賭餉。經詳細考慮後，宏發公司以增餉不合化算，加上公司財政周轉不靈而予以拒絕。[120] 裕源公司則答應再加餉銀十萬

[120] 按宏發（宏豐）公司除認餉承辦粵省山、鋪票外，同時也承辦省內第三屆闈姓，賭餉和報效負擔極爲沈重（見前），其無力增餉續辦山、鋪票，實非偶然。

元，勝負於是立決。善後總局冠冕堂皇地以「迭次傳諭該原商到公所熟商兩旬之久，該商仍以虧賠，不願加餉，現值餉項支絀，該原商既無急公之忱，似應改商接辦，以濟餉需」作理由，把山、鋪票給裕源公司經辦。宏發公司以善後總局失信，便向粵督岑春煊陳情求助。岑春煊拒不受理，並斥責宏發公司自招咎尤，「如果該商遵照加餉，該局何致改商周永福承辦？」[121] 他並說：「因該公司堅不承認加餉，已准周永福承辦基、鋪、山票，該公司慳吝自誤，夫復何尤？」[122] 「慳吝自誤」四字，即充分道出粵省當局全以餉源爲重之著眼點。

光緒卅年底裕源公司認餉數目突然大幅加增，而報效款數劇增五倍。（見前表）因材料所限，我們未能就此事作出任何肯定的判斷，然就往例及日後事態發展推斷，大概不出粵省當局催迫餉項或招徠新商增餉接辦二種情況。光緒卅一年，因庫藏支絀，善後總局再令裕源公司墊款五十萬元，而爲裕源公司拒絕。經一番爭持，裕源公司終於同意墊款三十萬元。[123] 翌年，裕源公司賭餉再增五十萬兩，另認借一百萬兩給善後總局。即使裕源公司如命認繳激增之賭餉及報效，可是，不到兩年半，歷史重演，該公司也難逃被揚棄的命運，山、鋪票承賭權轉移到新賭商永和公司盧邦元名下。善後總局對於這次賭權的轉換作出如下辯白：「現查裕源公司舊商應繳本局正、二月分餉項，尙欠銀五萬七千餘兩，其認繳農工商局股分銀兩，迭次諭催未據解繳分文，又應繳官紙局罰款復敢違抗不遵，實屬辦理竭蹶，自應撤換，以期毋誤餉需。」永和公司除認餉高於裕源公司外，還要代該公司清還廣東當局向三井洋行所借款項廿九萬兩，以免滋生任何糾葛。[124] 裕源公司對善後總局換商事，極爲不滿，逕向北京農工商部投訴，指稱善後總局爲了要由永和公司接辦山、鋪票，不惜誣揑該公司欠交餉銀，並拒收應繳的三月份餉銀五萬餘兩；裕源公司承辦粵省山、鋪票的構想是以八年期限作基礎，若僅辦過兩年即遭撤換，會有血本無歸之虞。農工商

---

[121] 同註52。

[122] 《華字日報》，光緒廿九年十二月初三日，〈中外新聞・論守信則籌餉易〉。

[123] *Hong Kong Daily Press*, 27/12/1905, p. 3.

[124] 《華字日報》，光緒卅三年三月十三日，〈山鋪票已批准換商〉。

部命兩廣總督周馥調查覆奏。[125] 半年多以後，情況又出現戲劇性的變化。裕源公司重新組合，改稱紹榮公司，向善後總局提出較永和公司更爲優厚的條件，稟請接辦粵省山、鋪票。善後總局傳諭永和公司賭商盧邦元到局，詢問他能否按同樣條件充餉承賭。永和公司表明立場：「加餉未能遵認，倘有新商加餉請承，但求將職商還過三井洋行借款及繳過報效銀兩，按照承辦日期攤算，餘款發還，職商情願退辦。」善後總局則表示「祇認按月攤扣餉項，」三井洋行還款應由永和及紹榮公司自行清理。[126]

「本局以餉源爲重，應即歸多餉者辦理。」[127] 善後總局毫不諱言屢易賭商的動機是基於餉需的考慮。粵省財政因各方需索本已羅掘俱窮。光緒卅一年以後，清廷取消科舉考試，對利用科舉營賭的闈姓賭商自然是致命的打擊，闈姓退出歷史舞台已成定局。加上一年前，粵督岑春煊毅然禁絕小闈姓，賭餉驟然失去大宗財源。此消彼長，籌餉的壓力全加於番攤賭規和山鋪票兩種財源。儘管認餉及報效爲數不貲，賭商仍此仆彼興，充餉承賭，顯然認爲業賭有利可圖。他們的估算亦非全無根據。蓋山票每票投注額有限，而「得標者可獲利至數十萬倍，」致投買極爲踴躍。「廣州極貧之人或有不入番攤館者，而山票則無人不買。」[128] 據 *Hong Kong Daily Press* 報導，1905年裕源公司每月從山、鋪票所獲之盈利，分別爲九萬及十萬元。[129] 可是，賭餉及報效款數不斷提高，連裕源公司擁有巨資的賭商易啓康（？）（個人開設十四家銀號廣州、三家於香港）也感難以爲繼。[130] 據當日報章記載，光緒卅一年底，裕源公司已有兩、

---

[125] 《華字日報》，光緒卅三年五月初八日，〈部咨查辦山鋪票換商事〉。

[126] 《華字日報》，光緒卅三年十月十七日，〈基鋪山票換商之牌示〉；另參考*South China Morning Post*, 26/11/1907, p. 7. 按當日除紹榮公司外，尚有賭商Leung Sui-tan 以 Sun-yi 公司名義，表示願意認餉160萬元，另代粵省當局清還三井洋行餘下借款卅二萬元。見*Hong Kong Telegraph*, 20/9/1907, p. 4.

[127] 《華字日報》，光緒三十三年十月十七日，〈基鋪山票換商之牌示〉。

[128] 徐珂，《清稗類鈔》（北京：中華書局，1984），總頁4894，〈稗〉76，〈賭博類・山票〉。

[129] 同註123。

[130] 同註118。按該報並沒有列出賭商姓名，惟考慮到此時裕源公司由易啓康出名認餉承賭，

三個月停發彩金給中彩者。[131] 就前表所見，繼裕源公司之後，從光緒卅三年四月到十月半年內，永和及紹榮公司之間的興替，認餉固然是所增無幾，報效則呈現萎縮不前。當然，我們必須要注意到其他新名目如認繳農工商局股份的冒現，但賭商不顧一切地加餉爭辦山、鋪票的可能性愈來愈微，至此已是相當明顯。宣統元年四月一家公司表示願意認餉240萬元、報效九十萬元爲條件，承辦全省山、鋪票。表面上，新商所提條件較原辦的紹榮公司優厚；可是，仔細比較之下，善後總局卻另有不同的看法。「新商則比舊商加多八十萬及加多報效三十萬，但新商報效九十萬係分六年勻繳，又祇繳按餉一月，不繳預餉。」有見及此，善後總局分別向紹榮公司及新商開列條件。該局要求新商把報效一次繳清，並完繳官紙局、農工商局等股份，如紹榮公司要續辦山、鋪票，須增餉四十萬元，即年餉爲二百萬元，並悉數繳清各項官商欠款。對於善後總局這些條件，新商和紹榮公司的反應非常冷淡，俱未肯作切實承諾。紹榮公司堅持「加餉過多，不若自行退辦」的立場；新商以承餉條件過高，亦萌退意。[132] 最後，紹榮公司雖接受粵省當局提出之承諾條件，但這事例卻充分顯示出賭商認餉承賭的能力已達極限，善後總局要想在這項財源上打主意，機會愈益渺茫。

從上述的事態發展中，我們可以瞭解裕源（包括改組後之紹榮）公司包賭時間，較其他公司長的因素所在。裕源公司的股東如周永福、易啓康和蘇秉樞，或富於財力，或具豐厚的政治人脈（如周永福的叔伯 Tung-shang 被清廷內定爲駐英公使人選〔見註35〕及蘇秉樞運用金權影響廣東諮議局禁賭議案〔見註42〕，即爲其中顯例），故他們在善後總局撤換公司之山、鋪票營賭權，將之轉移到新商永和公司時，可逕向北京農工商部投訴，而農工商部命粵督周馥調查覆奏，凡此顯示了該公司之不尋常背景。這也說明了當事人身份背景之重要。不過更爲重

姑猜想爲易氏。

131 *Hong Kong Telegraph*, 16/1/1906, p. 4.

132 《華字日報》，宣統元年四月九日，〈加餉承辦山鋪票詳情〉。按前宏豐公司已破產的闡姓賭商韋崧亦使用 Chan Kwok-kwong 之假名，以 Tai-tak 公司名義，申請承辦山、鋪票，並於申請內附上支票一紙十萬元。惟是時韋崧尚欠台灣銀行債款二萬元，該銀行遂請日本領事，要求粵督下令把韋崧逮捕歸案。見*Hong Kong Daily Press*, 3/7/1909, p. 2.

要的是政府純粹爲了財政目的，不斷增加賭餉報效，殺雞取卵的結果，從永和及紹榮公司之興替可看出，認餉所增有限，而報效則停滯不前，顯示了賭商充餉的能力已達極限；連財力豐厚的裕源公司也感到難以爲繼，更遑論其他財力較爲薄弱的賭商了。

賭商認餉承辦山、鋪票，正餉之外，還要認繳省內各官辦企業的經費；加上承賭期限尙未屆滿，賭權即有易手之可能，原來計劃及構想無法落實。山、鋪票利潤雖或不貲，但出入相權，賭商仍有入不敷支之虞。紹榮公司便是明顯的例子。宣統二年八月至十二月五個月內，紹榮公司山、鋪票所入盈利共六十餘萬元。[133] 可是，這數目還不到虧欠官款數的一半。截至宣統二年十一月底止，該公司欠繳賭餉達104萬餘兩，另積欠其他官辦企業，如勸業公所、士敏土廠經費共263,300兩，共1,303,300兩。紹榮公司除要繳報效六十萬元外，又被勸諭認繳圍捐報效四十萬元，作爲承辦廿八場賭博之交換條件。由於虧欠壘壘，紹榮公司請求善後總局把圍捐報效發還，劃抵積欠；可是，善後總局以「圍捐報效向無發還成案」爲理由而絕，惟該公司擬承辦之廿八場山、鋪賭票，僅辦過一場，攤銀14,000餘兩，尙存銀385,000餘兩，應俟六年承賭期內能否辦足，再行清理。粵省當局表明立場：「按照定章因辦理不善，或延欠餉項，以致奉飭革退，壹概不准發還報效，又豈能再將餘存報效劃抵欠款？」至於報效士敏土廠等企業經費，「現已認繳於前，即不容諉於後，」並聲明這些項目「非一時特別報效。」「將來〔紹榮公司〕期滿接辦，仍當援照辦理；如期滿他商接充，亦應照案報效。」[134] 紹榮公司被粵省當局局部接管，公司賭商蘇秉樞被革去三品卿銜，並被扣押起來，所欠賭餉限一個月內繳清；當局並威脅要充公他的財產來抵補欠餉。其子逃往香港。粵督張鳴岐因蘇秉樞欠餉累累，嚴責善後總局

---

133 《華字日報》，宣統三年一月十三日，〈蘇大闊匿存之傳聞〉。按是時粵省境內已展開如火如荼的禁賭運動，由此可想見在此之前，利潤當會更高。

134 《華字日報》，宣統三年一月十六日，〈三品京堂將不免爲囚犯〉。按*North China Herald and Supreme Court and Consular Gazette*謂紹榮公司欠餉近三百萬元，未審何據。見13/1/1911, p. 83.

有關官員疏於職守，奏請清廷予以降革處分。[135] 最後，蘇秉樞被迫開列家產清值共值130餘萬元抵撥欠款，方免淪爲階下之囚。[136]

當時輿論對賭商雖不表同情，但對粵省當局只知重餉源而罔顧信用也不以爲然。針對這問題，《華字日報》有如下評論：

> 若中官如善後局之對於承餉商人，…其承商如虧本也，則減餉極難，即退辦亦自不易。…不信吾言，曷不觀於基鋪山票之承商不及期月已由易商〔啓康〕而換盧商〔邦元〕，今又由盧商而換易商矣？…以承辦基鋪山票之賭局，一旦獲利，宜其爲別商所垂涎，競思鑽營以作爭食之計，故善後局之屢失信於承賭商人，一年數換，惟視餉源之多寡、報效之輕重，與夫代借之有無。…今以賭商競競，利攙奪之，故加價爭承，其於目前餉源，吾知必有所加增而裨益也。但「虎頭牌生意惡造」，粵諺已成格言，此語固已隱含有官場無信之意義矣。[137]

肆. 賭商困境與揚州鹽商、十三行洋商、皇商和新興企業遭遇之比較

其實，上述情形的出現，並不局限於清末廣東的賭商，類似的情況也見於較早以前的揚州兩准鹽商、廣東十三行洋商及著名皇商范氏，以至新興的洋務企

135 *Hong Kong Telegraph*, 25/1/1911, p. 4; 27/1/1911, p. 5.

136 《華字日報》，宣統二年十二月廿一日，〈藩司張貼紹榮公司門首之示〉；《大公報》（天津）第3074號，宣統三年正月廿三日第二張，頁3-4，〈廣東·續誌關於禁賭之片片〉。按較早前，蘇秉樞將前存香港洋銀六萬元、鋪業約16萬元，田業13.59(+)萬、當押業值18萬，共53.5萬餘元，改換於某堂名下。見註133。另參考《華字日報》，宣統三年正月十三日，〈預備將蘇秉樞發縣監追〉；正月十三日，〈札查蘇秉樞延繳欠餉近情〉。據註43謂蘇秉樞財產少於50萬兩（約相當於70萬元），疑未把他已轉於某堂名下之資產計算在內。

137 《華字日報》，光緒卅三年十月十八日，〈論善後局但知以餉源爲重〉。*Hong Kong Daily Press*亦載當新粵督蒞任，幾乎所有的認餉承賭權都易手，適足爲新任粵督及其隨員提供榨取新賭商鉅餉的機會。（25/12/1907, p. 3）

業，如輪船招商局和漠河金礦等。據何炳棣教授估計，十八世紀後半揚州兩淮鹽商中，運商每年平均總利潤爲2.5億兩，[138] 而場商每年平均總利潤約在150萬至二百萬兩之間。[139] 可是，從1738到1804年間，兩淮鹽商共報效36,370,968兩。[140] 除了皇室無休止的需索外，官吏的貪婪勒索對淮商來說，又是另一筆大負擔。官員巧立名目，肆無忌憚，以湖廣的匣費（兩淮鹽商爲應酬該地區口岸官員的費用）爲例，雍正十年（1732）定額爲十二萬兩，到乾隆五年（1740）增爲廿五萬兩，乾隆末這項支出更遠超百萬兩。連雍正皇帝也說：「官無論大小，職無論文武，皆視〔淮商〕爲利藪，照引分肥，商家安得不困！」隨著資本大部份挪用於非經濟用途，到嘉慶、道光之交，淮商大多資財消乏，紛紛破產。[141]

廣東十三行洋商在報效捐輸方面，遠比不上揚州兩淮鹽商。從乾隆卅八年（1773）至道光十五年（1835）六十二年間，洋商共捐輸報效銀508.5萬兩。[142]

---

[138] Ping-ti Ho，前引文，149，168。

[139] 前引文，152。

[140] 前引文，154。另據劉雋就乾、嘉兩朝淮商報效統計所示，兩淮鹽商在乾隆一朝共報效銀28,494,951兩；在嘉慶朝（四至九年）共報效銀890萬兩，二朝合共報效銀37,394,951兩。見氏著，〈道光朝兩淮廢引改票始末〉，《中國近代經濟史研究集刊》1.2（1933）：134，表二。又葉顯恩據嘉慶《兩淮鹽法志》對兩淮鹽商從康熙十年（1761）到嘉慶九年（1804）就軍需、河工、災賑和備公等方面之報效作出統計：軍需報效銀2,203.5萬兩、米2.15萬石；河工項報效銀517.6萬兩，穀十萬石；災賑計報效銀2,779,596兩、穀229,460石；備工報效銀972萬兩，四項共計報效銀39,802,196兩、米2.15萬石、穀329,460石。見氏著，〈試論徽州商人資本的形成與發展〉，《徽商研究論文集》，384-86，表1-4。韋慶遠、吳奇衍據汪喜荀《從政錄》謂淮商捐輸，在雍正時只有二十餘萬兩，迄嘉慶廿一年（1816）「累至五千萬之多。」見氏著，前引文，59-60。

[141] 王思治、金成基，前引文，471-75。引文見頁472。有關匣費之釋義，見Ping-ti Ho, 前引文，142，註28。

[142] 以往學者如梁嘉彬據《兩廣鹽法志》之不完整資料，推斷自乾隆卅八年到道光十二年（1832）六十年內，洋行商人共捐輸報效銀395萬兩。見氏著，前引書，318-20。最近陳國棟據東印度公司檔案，作出如上統計。他指出十八世紀內洋商報效只有92萬兩，到十九世紀前卅五年之報效總數激增到416.5萬兩，每年平均捐輸報效數逾十萬兩。見氏著，前引書，93-95。

可是，除此以外，洋商常被粵關勒令代辦備貢物品，官吏藉此大施勒索，橫征暴歛，洋商欠餉賠累，時有所聞。洋商如有拖累，動輒爲政府查抄家產，禁錮下獄，甚至充軍伊犁；商號破產之事，層出不窮。[143] 據1779年英人記載，謂「行商破產之一部份原因雖由於驕奢淫逸，無可避免債務之桎梏，然根本原因則在飽受政府大吏之苛歛勒索所致。」[144] 洋商因不堪剝削，多有中途退辦行務者。惟洋商必須先淸償債項及歷來的罰金欠餉，方可獲准。有時粵海關以其他洋商信用不足，還會勒令已退辦而信用孚著的洋商重作馮婦，強其出任。洋商須賄賂海關監督，方能批准歇業。如道光六年（1826）怡和行伍浩官（元薇）爲此而行賄，即多達五十萬元。[145] 洋商即使獲海關監督允准歇業，卻隨時可被

---

[143] 據陳國棟研究所示，洋商在十九世紀頭三十年間每年代辦備貢物品款數，平均爲十萬兩，另爲備貢而自願捐輸平均每年5.5萬兩；粵海關藉此而向洋商需索每年數達二、三十萬兩。見氏著，前引書，97-100、136。另參考頁121-31、143-45、157-58。就梁嘉彬，前引書所見，嘉慶六年（1801）華北雨災，粵海關佶山以同文行潘致祥家財豐厚，勒令獨捐銀五十萬兩，潘氏只允捐十萬，遂遭佶山斥責，令至少亦須捐銀卅萬兩。潘氏不允，佶山於是上章參奏，並令各商加繳294種貨物稅餉（頁118-19、208）。洋商被查抄家產或充軍伊犁事例，最著者如道光三年（1823）麗泉行潘長耀身故，未完繳餉及拖欠外商款項達卅餘萬兩，當局遂查封其家產（頁136、187-88，註69）。道光十三年（1833）萬源行李應桂未完銀195,783(+)兩，粵督盧坤即將其家產查封（頁151-52、269）。道光九年（1829）福隆行關成發欠餉銀345,311兩，家產被查抄拍賣，並發伊犁充當苦差（頁188，註70）。道光十二年新設之福順行尚未與外商有任何交易前，其財產即已爲粵海關多方需索所剝奪，店東王大同（？）且因欠款被逮下獄（頁275）。道光七年（1827）西成行黎顏裕店號倒閉，本人亦被充軍伊犁（頁292）。乾隆六十年（1795）而益行石中和欠餉十六萬餘元，本人被逮鎖下獄，並因不堪刑求，瘐死獄中，其弟則被判充軍伊犁（頁113-14、226、308），另參考頁165-66、238、271-74、276-77、295-97；陳國棟，前引書，301-6、345、351、364。

[144] 梁嘉彬，前引書，109。

[145] 前引書，317；陳國棟，前引書，126。東印度公司檔案透露一位洋商説過如獲准退辦，則他本人願意把家產五份之四獻給政府。陳國棟認爲這商人即伍浩官之父秉鑑（頁255-56）。據章文欽的研究，1806-42年伍氏家族報效、賄賂和捐輸官府的錢財，數達1,607,500兩（氏著，前引文〔上〕，174-75，表一）。按梁嘉彬及章文欽俱誤以怡和洋行始創人伍國瑩於乾隆53年（1788）因欠負關餉綦重，嘗匿避數年之久（梁書，227；章文〔上〕，168-69）。惟據陳國棟之考證，1788年欠餉逃亡的Howqua不是伍國瑩，而是

較高級的官吏撤回。如嘉慶十九年（1814）兩廣總督蔣攸銛以商務疲滯，奏請以同文行退商潘致祥（有度）仍充洋商。他奏陳潘氏「其身家素稱殷實，洋務最爲熟練，爲夷人及內地商民所信服。從前退商，本屬取巧。現當洋行疲敝之時，何得任其置身事外，私享厚利？應飭仍充行商，…俾各殷實商人不致效尤告退，以杜規避。」[146] 當時洋商的處境，確如天寶行梁經國所說：「故事欠餉不可，告退亦不可，拚檔支撐，家累因之頓積。」[147] 清廷雖亦知洋商捐輸報效，疲累不堪，[148] 惟利之所在，猶不肯放鬆對洋商之苛索。無怪潘有度的兒子潘正亨在與英東印度公司通譯 Robert Morrison 談話時表示：「寧爲一隻狗，不爲洋商之首。」[149] 一針見血道出洋商的苦處。

皇商范氏的衰敗，也和清統治者的勒索榨取分不開。據韋慶遠、吳奇衍研究所示，皇商范氏「行賄的對象，從內務府總管大臣到鹽運使，行賄的數量，一次從數百兩到四、五萬兩，即使臨於覆敗前夕，經濟極度拮据的時刻，也還得照樣向當權的官員行賄，否則，就什麼事也辦不成。」[150] 范氏過去靠著滿清王朝的支持和庇蔭，千方百計取得承充銅、鹽業的運銷特權，有百多年的顯赫歷史；可是，到乾隆初年，這些獨佔的優惠卻成爲沈重的枷鎖。乾隆廿七年（1762）皇商范清洪意識到續充皇商的後果，遂提出「棄產變價，告退招商」的請求，但爲清廷所拒絕。范氏家族雖然苦掙苦札，但到乾隆48年（1783）終於無法支撐下去。清廷以局面挽回無望，亦採取斷然措施，查封范氏家族分寄各

林時懋。怡和行的創始人並非伍國瑩，而是伍秉鈞（沛官）。不過，伍國瑩兄弟國釗曾於1782-98年開設源順行，破產時由伍秉鈞替他清理債務。見陳書，頁20、279-83、311-12。行商中途退辦而獲准者，僅有嘉慶七年（1802）義成行葉上林。嘉慶年間廣利行盧觀恆、道光九年（1819）東生行劉承澍俱願退而未果。見梁書，239、244；陳書，315。

146 嘉慶十三年同文行潘有度援引義成行葉上林求退獲准之例，以十萬兩之代價，請暫停行務（梁嘉彬，前引書，209）。蔣攸銛奏，見頁130-31、212、287；另參考陳國棟，前引書，316。

147 梁嘉彬，前引書，226，註4。

148 前引書，121。

149 陳國棟，前引書，255；前引文，250。

150 韋慶遠、吳奇衍，前引文，62。

省的全部財產，並逮捕范清濟父子入獄。[151] 范氏垮台後，由另一皇商王世榮接替。不久他也和范氏一樣，終以被查抄家產來抵償債務為結局。[152]

新興企業輪船招商局和漠河金礦向清政府提供各種報效的結果，對這兩企業的發展造成極大的損害。光緒十七年招商局從官款提報效銀十萬兩，指定預作賑濟用途。三年後，因萬壽慶典，該局又報效銀55,200餘兩。光緒廿五年清廷派欽差大臣剛毅南下「理財」，更把招商局的報效制度化。從此，招商局每年除報效南洋、北洋公學常年經費八萬兩外，另報效實業銀六萬兩（主要用於北洋兵輪費），合計十四萬兩，並規定如餘利超過七十萬兩，照數加捐。實際上，不管盈餘是否足額，也不論盈虧，報效都不能豁免，只不過遇上虧損時則延期補繳。如1899至1901三年內，該局每年餘利二成都不足報效額，但每年的報效都在輪船折舊項下墊足。「自光緒25年起至29年止，（折舊項下）共已墊支銀38萬餘兩。」1902年折舊銀雖已無著落，但招商局仍須照數報效。1910年該局在「股商官利實不得一厘，更無餘利可提」的情況下，為湊足報效款額，只好以高息「設法向莊號息備，另行湊解。」[153] 固定的報效以外，該局在光緒卅年報效出洋肆業規銀二百萬兩，另從該年起每年報效商部銀五千兩。據朱蔭貴的統計，「從1890年至1911年的21年期間內，招商局就無償向清政府直接報效了總數高達162.84萬餘兩的白銀，相當於同期招商局資本總額的41%。」[154] 除明

---

151 前引文，55-57、65-66；劉序楓，前引文，124-30。

152 韋慶遠、吳奇衍，前引文，68；劉序楓，前引文，130-31。

153 朱蔭貴，《國家干預經濟與中日近代化》（北京：東方出版社，1994），129-33；另參考張維安，〈政治與經濟——中國近世兩個經濟組織之分析〉（台北：桂冠圖書公司，1990），122；Albert Feuerwerker, *China's Early Industralization: Sheng Hsuan-huai (1844-1916) and Mandarin Enterprise* (New York: Atheneum, 1970, College ed.), 173-76.

154 氏著，前引書，134；另參考頁130-31，表3-10。張維安據汪熙的研究成果，謂從1891至1911年間該局共向清政府報效銀1,353,960兩；如加上漕運的損失（實質上為變相的報效）共計235萬兩，相當於該局1907年資本總額四百萬兩的58.8%。見氏著，前引書，122。另他在書中頁124，表4-C據范振乾的研究，表列1891-11年該局報效總數為1,918,360兩。Albert Feuerwerker認為1891-1909年間招商局報效總數為1,532,400兩。見氏著，前引書，176，表15。

文規定的報效外，該局還須肩負諸如承擔軍運和承運官物等官差的變相報效。[155]朱蔭貴估計該局「直接報效加上漕糧運輸虧損即已達260多萬兩，再加上其它各種勒索，直接報效與變相報效的總額即使不到商局資本總額400萬兩，也應相差無幾。」[156] 這樣，終於使招商局的經營規模停滯不前。

漠河金礦的命運亦與輪船招商局類似。從光緒廿一年起，清廷一再修改金礦章程，提高報效軍餉成數；光緒廿五年終於使負責經辦該礦的直隸總督裕祿等認識到新章的流弊，從而提出折衷辦法，降低報效成數。他認爲「國家得餉稍多，亦僅一時之利，而非久遠之謀。此後局用愈窘，措手尤難，…勢必停辦而後已。漠礦本係招集商股，而辦礦尤資人力，必有股利花紅，始足振興商務，驅策群力。新章專以漠廠糧貨餘利作爲股利花紅，無論貨利未必可靠，即使有利，而局用尙難彌補，更何況股利花紅之有？無股利則股商觖望，商務有礙；無花紅則人心解體，誰共圖存？」[157]

在政府心目中，賭商的地位根本不能和鹽商、洋商、皇商，以及輪船招商局及漠河金礦相提並論。賭商被大多數官員視作不以正業爲取給的社會游離分子。即使主張弛賭禁的官員，從行政責任及清議壓力的角度考慮，也不過把弛禁視作權宜之計，而非常經。官方在乎的是財政利益。因此，在賭商不能及時繳清賭餉和增加報效等場合，或有新的競標者提出較佳的條件時，政府都會毫無顧慮地毀棄賭約及承諾。僅在較爲次要的問題上，政府才會遷就配合賭商，如加強查禁私廠，乃至延後額外恩科考試的時間等。粵省當局可以毫不遲疑及理直氣壯地向賭商予取予求，而賭商則只有帖然就範，否則另由他商接替。與鹽商、洋商和皇商相比，賭商有一點較他們幸運。賭商充其量只是省級商人，

---

155 詳見朱蔭貴，前引書，134-38。

156 前引書，138。

157 按漠河金礦自光緒十五至廿六年共報效軍餉1,147,101兩。光緒廿一年該礦並以歷年積蓄起來的糧貨底本等撥銀十萬兩，報充北洋海防經費。翌年，漠礦又報效黑龍江及北洋賑需銀共15.6(+)萬兩。詳見拙著，〈清季的漠河金礦〉，《香港中文大學中國文化研究所學報》8.1（1976）：245，表四、253，表八、255、257。引文見頁257。按另一官督商辦企業電報局在1884-1902年間的報效數目，Albert Feuerwerker估計約在124萬至143.8萬墨圓之間。見氏著，前引書，204，表20。

可以中途退出，而他們則名列戶部冊籍，退出困難。[158]

清末最後十年間，重商為朝野議論的中心課題之一。為獎勵工商業發展，政府對大量投資於工商業的人，不惜打破成例，破格嘉獎，並派遣大員前往南洋各地，招徠僑資回國興辦實業。對於設立商會，政府也一反歷來對結社的嫉視壓抑態度，積極地加以支持和鼓勵。[159] 在全國重商意識日漸抬頭時，賭商的曖昧身份及社會邊緣人的性格，並沒有因全國以共趨振興實業為目標的重商運動奔騰地展開而沾益；反之，更因此而為地方當局垂涎覬覦，終而無法擺脫任人漁肉的困局。總之，包賭制的結局對賭商是負面不利的。清末最後二、三十年間廣東賭商與省當局的一段交往，或許會對當日官商的實質關係提供重要的線索。

伍. 餘論

近來西方部份學者認為到中華帝國晚期，類似於近代歐洲早期的市民社會（civil society，或稱公民社會）已在中國出現；在經濟上，擺脫於國家干預或監護，自主獨立於國家以外的組織開始形成。固然也有學者對這種說法持保留態度。[160] 我們認為從清末廣東賭博所見之官商關係，或能提供一些線索來驗證上

---

158 東印度公司代表船主的理貨專員即說："When once a man entered the Hong, he became a prisoner for life." 見Kuo-tung Anthony Chén, 前引書，316。

159 李陳順妍，〈晚清的重商主義運動〉，《中央研究院近代史研究所集刊》3（1972）：219-220；朱英，《中國早期資產階級概論》（開封：河南大學出版社，1992），148-67；Michael R. Godley, *The Mandarin-Capitalists from Nanyang: Overseas Chinese Enterprise in the Modernization of China 1893-1911*(Cambridge, London, New York, New Rochelle, Melbourne, Sydney: Cambridge University Press, 1981), ch. 4; "The Late Ch'ing Courtship of the Chinese in Southeast Asia," *Journal of Asian Studies*, Vol. XXXIV: 2 (February 1975), 373, 379-81; Edward J.M. Rhoads, *China's Republican Revolution: The Case of Kwangtung 1895-1913* (Harvard East Asian Series 81, Cambridge, Mass.: Harvard University Press, 1975), 24, 58; 馬敏，《官商之間》（天津：人民出版社，1995），77-79；黃克武，〈清季重商思想與商紳階層的興起〉，《思與言》21.5（1984）：25-35，特別是頁32-35。

160 有關的討論，參考Frederick Wakeman, Jr., (魏斐德) "The Civil Society and Public Sphere Debate: Western Reflections on Chinese Political Culture"; William T. Rowe, "The Problem of

述說法的可靠程度。就本文研究所示，清末廣東的賭商，像較早前的兩淮鹽商、廣東十三行洋商和皇商那樣，成爲官員一貫的榨取對象。賭商營賭的一項重要條件，就是要交納鉅額的報效。這些報效終於成爲賭商有苦難言的沈重負擔。張維安認爲「當政府需要費用時，便要求鹽業經營者對政府奉獻和報效；對政府而言也是自然的現象，就像父親要在外頭工作的子女送錢回家一樣的自然。…站在以父位自居的政治立場上，子女對家長的孝敬乃是自然之事。這種父道政治對商業經濟的需索，不只在鹽政如此，在晚清所辦的新式企業中也有這種現象。」「相同的輪船招商局也因從政府那邊取得專利和支持，而付出相當代價。這是一種交換，也是一種合作與勾結。」[161] 他又說：「在承商體制下，政府把經營的權利賦予某些特定的商人，因此會要求回報，這原來只是一種合作與交換的關係。」[162] 可是，他也承認「這些政府對商業或商人的需索，從經濟的角度而言是一種勒索、壓抑或控制，…經濟只是附屬於政治的一個系統，他未曾充分獨立自主。」[163] 「由於交換雙方地位並不平等，所以政府向商

'Civil Society' in Late Imperial China"; Mary Backus Rankin, "Some Observations on a Chinese Public Sphere"; Philip C. C. Huang (黃宗智), "'Public Sphere'/'Civil Society'in China? The Third Realm between State and Society"; 俱載於*Modern China*, 19:2 (April 1993); Thomas A. Metzger, "Modern Chinese Utopianism and the Western Concept of the Civil Society", 載陳三井主編，《郭廷以先生九秩誕辰紀念論文集》（下册）（台北：中央研究院近代史研究所，1995），特别是頁273-302；杜贊奇（Prasenjit Duara），〈中國近代史上的國家與公民社會〉，劉永濤譯，載汪熙、魏斐德主編，《中國現代化問題——一個多方位的歷史探索》（上海：復旦大學出版社，1994）；石元康，〈市民社會與重本抑末——中國現代化道路上的障礙〉，《二十一世紀》6（1961）。按Charles Taylor把公民社會解釋爲「一種建立獨立的來自底層的社會生活形式的綱領，它完全不受國家的監護。」見魏斐德，〈清末與近代中國的公民社會〉，謝毅譯，載汪熙、魏斐德主編，前引書，23。按本文即Wakeman Jr.前引文之中譯。另内涵更廣的定義，見Thomas A. Metzger, 前引文，274-82。有關市民社會涵義之歷史演變的簡明論述，參考王紹光，〈關於「市民社會」的幾點思考〉，《二十一世紀》8（1991）。Wakeman, Jr.乃對公民社會已在中華帝國晚期形成的説法持保留態度色彩至爲鮮明的學者。

[161] 氏著，前引書，190-91。

[162] 前引書，194。

[163] 前引書，191。

人需索，很容易超出商人所樂於交付的範圍。」[164] 事實上，即使到國民政府北伐成功，定都南京，經濟從屬於政治的情況依然牢固。[165] 就本文所示，賭商若

[164] 前引書，194-5。

[165] 何炳棣教授認爲「中國傳統經濟未能發展出眞正資本主義體系的一項原因厥爲國家對經濟的強有力控制。……即使到清末民初，由國人開辦寥寥可數的新企業，幾乎一律都由官僚資本家斥資。……國民政府北伐成功，幾位獲蔣介石信任的大員，藉四家主要現代銀行這種無可比擬的優勢，更爲有力的控制國民經濟的現代部門。在近代中國以私人企業爲基礎的眞正資本主義，從來沒有成功的機會，而只能在官僚資本主義或官僚集體主義之間二者選一。」見氏著，*Studies on the Population of China 1368-1953* (Harvard East Asian Series 4, Cambridge, Mass.: Harvard University Press, 1959), 206. 據 Lloyd Eastman 研究所示，南京政權領導人把全國軍政統一列作最優先考慮的事，他們視商人階級爲財源。財政壓力使國民政府對商業資本家的需索層出不窮，商人稍不如命，政府即採取勒索或綁架等匪幫犯罪行爲來對待。政府的壓榨造成輪船招商局破產。1928年後此風雖稍替，但政府對商人的基本態度，卻因深遠的歷史根源絲毫未改；政府犧牲私人資本支配經濟的傾向更因南京政權的意識型態、本世紀三十年代法西斯主義及威權主義的吸引而加強，並在一定程度上予以合法化。國有企業與私人資本競爭，政權的政策公然不利於私人企業家。1935年孔祥熙改組銀行的突然一擊，使私人銀行領袖感到政府之巧取豪奪，卻一籌莫展。Eastman 因而認爲南京政權並不對政府以外的政治或事業機構負責，實際上成爲只爲其成員利益而統治，並無社會基礎的自主團體。政府管治的活動爲擴大官僚權力、聲望及財富至最高限度所支配。見氏著，*The Abortive Revolution: China under Nationalist Rule 1927-37* (Harvard East Asian Series 78, Cambridge, Mass.: Harvard Universtiry Press, 1974), 228-30, 237-38, 240, 286. 更深入詳盡闡釋上述論點者，厥爲Parks M. Coble, Jr. *The Shanghai Capitalists and the Nationalist Government 1927-1937* (Harvard East Asian Monograph 78, Cambridge, Mass.: Council on East Asian Studies, Harvard University, 1980). 王賡武教授指出十九、二十世紀之交，「企業界曾經得到鼓勵爲國家和公營組織效力，但在條件上一直是相反的。私人企業家仍然受到懷疑，中國沒有一個政府奉行過自由企業的原則。也從未有任何體制給過中國企業界以鼓勵和推動，來創造一個成熟的現代階級，那種階級爲開創商業帝國和建立跨國企業所應有的自主權利是與根深蒂固的傳統相對立，這個傳統主張由官方或官僚幹部控制所有企業。整個二十世紀中，這一傳統在南京和北京都是牢固的。」見王賡武，〈華商文化〉，載氏著，《中國與海外華人》（天津編譯中心譯）（商務印書館〔香港〕有限公司，1994），222。不過，Tim Wright 對國民政府是否有足夠力量在全國實施經濟統制，表示懷疑。他認爲國府之影響力在長江下游的省分最強，在華北則相對地薄弱，故以戰時或戰後國家力量控制經濟之程度來追溯到戰前，視爲一脈相承，頗爲謬誤。見氏著，"The Nationalist State and Regulation of Chinese Industry during the Nanjing Decade: Competition and Control in Coal Mining," in

不能滿足政府的規定，便會驟然被撤換，另由他商充餉承賭；尤有甚者，更有賭商欠餉而被沒收家產以抵償。從賭商、兩淮鹽商、廣東洋商及皇商等與政府之間的關係來看，我們對市民社會在中華帝國晚期已形成的說法，還有相當大程度的保留。[166]

談過清末粵省內認餉承賭的大賭商後，我們也應指出由於獨特之歷史背景及傳統，當日粵籍賭商之活動範圍，並不局限於粵省境內。當然與前述的大賭商相比，這些在粵境外活動的賭商之經營規模，大多小於前者。據同治四年（1865）赴廣西北流辦理刑名錢穀，兼管稅關的楊恩壽記載潯洲府城，「風土人情，與粵東相似，…而賭館充斥焉。粵人垂布簾於外，懸大燈如桶，內設大席，主人隨手掬錢約百餘，覆碗下，任人猜單雙爲勝負，竟有以千金爲孤注者；土人稱爲『番攤館』，地方官按戶取稅。」[167] 清末廣西、浙江杭州，以至上海的開賭，無不有粵人插足其間。[168] 入民國後，上海賭業之盛，堪與廣東相抗衡。惟值得注意的是粵幫在上海舉足輕重的地位。滬幫雖依靠杜月笙等有勢

David Pong (龐百騰) & Edmund S. K. Fung (馮兆基) eds., *Ideal and Reality: Social and Political Change in Modern China 1860-1949* (Lanham, London, New York: University Press of America, 1985), 147-48. Thomas A. Metzger 亦認爲晚期之中華帝國雖在法律上是力量無邊，但在組織上卻是一抑止的（inhibited）中心，故社會相當大的部份仍在其直接支配控制之外。見氏著，前引文，283-88、300。

166 同事朱鴻林博士認爲就賭商所見之官商關係，或爲特例而非典型，是否具足夠代表性說明市民社會之形成與否，不無疑問。管見與朱先生稍有不同。與其他商人比較，賭商確爲特殊之例子。惟文中所引兩淮鹽商、廣東洋商之結局命運，無不與賭商類似。如是，則賭商與政府關係中所反映當日私有財產制度下，產權之不清楚明確，實具一定程度之普遍性。當然，這一複雜的命題，尚待發覆之處仍多，文中所言是否足成定論，仍有待學者作更深入之討論。

167 氏著，《坦園日記》（上海：古籍出版社，1983），卷三，總頁115，同治乙丑四月十九日。

168 清末粵人在廣西及杭州開賭所扮演之角色，分別參考《華字日報》，光緒廿八年五月四日，〈中外新聞・論粵西開賭〉；光緒廿七年十月十六日，〈杭州開賭〉。粵人在上海經營彩票及花會，分別見《清稗類鈔》，總頁4822，〈稗〉76，〈賭博類・籤票捐〉：「我國之有發財票，自粵商江南票始。」總頁4914，〈稗〉76，〈上海有花會〉：「上海之有花會也，始爲廣州、潮州、寧波之郡人所倡。」

力的地方聞人出面向粵幫施壓，迫其稍爲收斂，不過杜月笙等人亦須依賴粵人爲其經營賭業。[169] 即使在海外，粵人經營賭業之盛，也見於記載。光緒廿九年梁啓超到美國和加拿大活動。他在遊記中記載：「在美洲之華人，幾無復以業賭爲恥者，謹厚君子亦復爲之，眞可異矣！」[170] 據他報導，加拿大溫哥華「商於此者，以賭博爲一專門，幾於無家不賭，以區區之溫哥華埠，而番攤館有二十餘家，白鴿票廠有十六、七家。他埠亦稱是。」他估計「是每年溫哥華一埠之資本蝕於賭者將至三十萬，合計哥倫比亞全省，歲蝕至百萬矣。」[171] 考慮到當日居於加拿大的華人，大多來自粵省的事實，[172] 則我們不難想像，在這些地區營賭者亦以粵人佔大多數。

本文荷蒙兩位審查人提示修改意見，謹此致謝！

---

169 平襟亞，〈舊上海的賭博〉；秋翁，〈一八一號大賭窟內幕〉，分別見上海市文史館編，《舊上海的煙賭娼》（上海：百花出版社，1988），74-76；136-37。按抗戰爆發後，在滬粵人營賭之風仍未稍替，見Frederick E. Wakeman, Jr., "The Shanghai Badlands: Wartime Terrorism and Urban Crime",《郭廷以先生九秩誕辰紀念論文集》（上冊），366。

170 梁啓超，《新大陸遊記節錄》，110。收入氏著，《飲冰室專集》，冊七（台灣：中華書局，1971）。

171 前引書，4-5。

172 據1884-85年加拿大政府對居於英屬哥倫比亞的五千名華人的原籍所作調查顯示：近64%來自台山、開平、新會及恩平（合稱四邑），約18%來自南海、番禺和順德，約8%來自鶴山及中山，6%來自增城、東莞及寶安，餘下4%則來自廣東其他縣分。來自四邑的華人中，以台山籍人數最多，竟佔全部華人中五千名的二成（按1881年加拿大全國人口普查所示，居於英屬哥倫比亞的華人數目〔4,350人〕，即佔全部華人總數〔4,383人〕的99%）。又據1892-1915年加拿大華人對醫院捐獻所留存根顯示：來自四邑的華人佔近73%（台山34%、新會18.4%、開平15.7%、恩平4.6%），來自番禺的佔9.1%，來自中山的佔6.7%，而來自鶴山及其他縣分則分別佔2.2%及9.3%。見David Chuen-yan Lai(黎全恩), *China Towns: Towns within Cities in Canada* (Vancouver: University of British Columbia Press, 1988), 33, 38, Table 10; 另參考 203-5.

Gambling Farmers in Late Ch'ing Kwangtung

Ho Han-wei

Institute of History and Philology, Academia Sinica

Few serious scholarly studies have been undertaken regarding the gambling farmers of Kwangtung in the late Ch'ing dynasty. There are two principal reasons for this. First, most scholars have heretofore focused on prominent mercantile forces that played an active role in history, such as the Shansi merchants, the Hui-chou merchants of Anhui, the salt merchants of Yang-chou and the Co-hong merchants of Kwangtung, as well as other merchant groups that displayed signs of growing vitality. Consequently, scholars have paid comparatively less importance to the gambling farmers of the late Ch'ing. Secondly, in the past gambling was censured by public opinion because it was considered to have a corrupting influence on public morals. Since gambling was regarded as taboo it was seldom mentioned. Therefore, source materials on gambling operations are rare, making the study of this area a difficult undertaking.

This article aims first to fill an existing historiographical gap and, more importantly, to employ the case study of gambling operations in Kwangtung, with particular reference to the responses they elicited from both government and society, to provide a better understanding of official-merchant relations during the late Ch'ing dynasty. The most serious obstacle to conduct this study is the paucity of available written materials. Therefore, the author limits himself to threading together available fragments of historical information in order to outline the essential features of gambling operations in late Ch'ing Kwangtung. It is hoped that this study will encourage further debate regarding this issue.

In addition to discussing the large investments of gambling farmers within Kwangtung, this article also examines the activities of Kwangtung natives outside of their province.

出自第六十七本第一分(一九九六年三月)

明代江西衛所的屯田

于志嘉*

前人研究明代軍屯，認爲弘治年間全國各地軍屯普遍荒廢了明初總額的一半，要到萬曆清丈才又恢復明初原額。萬曆《大明會典》所載江西軍屯原額大於現額，究竟會典中所謂的原額與現額代表的是哪一個時代的數額？江西軍屯的發展與其他地區有何相異之處？本文參照《萬曆會計錄》、《江西賦役全書》及多種方志資料中的相關記事，嘗試就上述問題提出解答。並且指出弘治十六年江西軍屯的清丈，是爾後江西軍屯益趨敗壞的關鍵。清丈後添設的「新增」一項，深化了軍民衝突。而「軍屯民佃」的趨勢，也使得軍民之間不可避免的產生許多互動關係。隆慶以後，由於虛糧擾民，地方官開始積極介入衛所事務。萬曆以後，更多的軍屯改革經由地方官之手被推動。另一方面，由於江西衛所的屯田肩負了幫貼漕運的任務，爲使漕運工作能順利推行，上級文官的態度有時就不能和站在第一線面對群眾的縣官一致。本文以實例說明衛所與州縣、上級文官與基層地方官間的對立與互動。對萬曆間江西衛所屯糧供軍比例及其與官軍俸糧額數間的關係亦有闡述。

關鍵詞：明代 江西 衛所 軍屯

---

* 中央研究院歷史語言研究所

一、前言

筆者研究明代軍戶多年，一貫主張將軍戶區分爲「衛所軍戶」、「原籍軍戶」與「寄籍軍戶」三部分來討論。然而受到既有資料的限制，過去發表的論文多爲有關「原籍軍戶」的部份。[1]「寄籍軍戶」僅在一篇討論「幫丁」的文字中約略介紹過其概念，[2] 這部份因爲資料的收集特別困難，尚有待進一步的努力。至於「衛所軍戶」的部分，由於明代各地區衛所之功能不盡相同，實有分區域進行研究的必要。十年前筆者就曾嘗試從方志資料入手，針對某一地區進行研究，可是當時乾隆以前明清方志的查閱頗爲不易，以致有關工作不得不半途而廢。近年來各種方志叢書的大量出版使區域研究的環境大爲改善，筆者乃重新出發，以江西地區作爲個人展開區域史研究的第一步。

江西地居腹裡，就軍事地位而言，在明代並無特別重要之處。江西地區衛所在軍事上的功能，自然也無法與沿邊或沿海地區衛所相提並論。然而，選擇江西地區作爲研究的對象，除了方志資料容易取得的優勢外，江西衛所參與漕運以致入清以後仍有不少相關記事殘留也是原因之一。筆者注意軍戶問題，尤其留心軍役內容的演變，認爲是影響衛軍功能的重大因素；對所謂「衛所軍戶」的研究，主要目的也就在探討衛所軍役的變化，期能藉以釐清衛所的功能。就此點而言，腹裡衛所的研究同樣有其重要性，甚至還有可能透過對腹裡衛所的瞭解，修正過去通論性研究中因偏重沿邊沿海地區發展而引發的許多以偏蓋全的說法。不過，在目前有關明代衛所或地方兵制的基礎研究都非常有限的情況下，要以區域研究的方式作細部分析實有其困難。筆者乃先就明代江西地方兵

---

[1] 于志嘉，〈試論族譜中所見的明代軍户〉，《中央研究院歷史語言研究所集刊》57.4（1986）：635-67；〈再論族譜中所見的明代軍户——幾個個案的研究〉，《中央研究院歷史語言研究所集刊》63.3（1993）：639-78。另外，于志嘉，〈試論明代衛軍原籍與衛所分配的關係〉，《中央研究院歷史語言研究所集刊》60.2（1989）：367-450；〈明代兩京建都與衛所軍户遷徙之關係〉，《中央研究院歷史語言研究所集刊》64.1（1993）：135-74，討論的則是原籍軍户與衛所軍户間的關係，唯後者偏重於衛所軍户。

[2] 于志嘉，〈幫丁をめぐって——明代の軍户において——〉，《西嶋定生博士頌壽記念論文集・東アジア史の展開と日本》（東京：山川出版社，印刷中）。

制的演變加以討論，[3] 再以之爲基礎，探討江西衛所軍役的變化。又因爲軍屯是江西軍役中重要的一環，因此從江西衛所的屯田開始討論，以作爲相關研究之楔子。[4]

二、明代江西衛所屯田數額的檢討

明代江西軍屯肇始於洪武，至永樂而大備。[5] 各衛所的軍屯數額散見於各書，但彼此間歧異頗大，有時不能以時代差異來解釋。關於明代軍屯數額的問題，前輩學者如清水泰次、梁方仲、王毓銓等均作過或多或少的討論，近年來顧誠、張德信、林金樹等也從不同的角度進行了考察。[6] 唯所依據的史料包括正

[3] 于志嘉，〈明代江西兵制的演變〉，《中央研究院歷史語言研究所集刊》66.4（1995）：995-1074。

[4] 相對於明代軍制史研究的其他課題，有關軍屯的研究一向是比較熱門的。這是因爲明代軍屯所佔土地相當廣闊，軍屯研究常被視爲土地制度史研究的一環，受到社會經濟史家的重視。有關明代軍屯的區域性研究也是軍制史相關領域中最有成果的，但研究區域偏重遼東、河西、雲南等實土衛所地區，腹裡衛所的研究相當缺乏。1989年以前的研究狀況可參考于志嘉，〈明代軍制史研究的回顧與展望〉，《民國以來國史研究的回顧與展望研討會論文集》（台北：國立台灣大學，1992），528-31。

[5] 江西各衛所軍屯設置時間詳見本節的討論，顯然永樂二年是重要關鍵。松本隆晴，〈明代屯田子粒統計の再吟味——永樂年間を中心にして〉，《史滴》3（1982）：51，討論實錄中自洪武以來有關屯田子粒的統計，認爲明初的屯田子粒之所以由洪武二十一年的五百萬石躍升至永樂初年的二千三百萬石，完全是因爲洪武三十五年屯田科則的改變所致，否定了過去認爲在洪武末永樂初因屯田規模擴大、生產力上昇，導致屯田子粒激增的說法。松本的說法顯然未能考慮到各地區實際的發展，例如江西地區的衛所在洪武二十一年時尚未設置完成（于志嘉 1995），江西軍屯的全面推展是在永樂二年以後。松本的錯誤也進一步證明了區域研究的重要及其必要性。

[6] 參見清水泰次，〈明代の軍屯〉，《東亞經濟研究》8.2（1924），收入《明代土地制度史研究》（東京：株式會社大安，1968），本文所引頁碼爲《明代土地制度史研究》之頁碼；梁方仲，《中國歷代户口、田地、田賦統計》（上海：上海人民出版社，1980）；王毓銓，《明代的軍屯》（北京：中華書局，1965）；顧誠，〈明前期耕地數新探〉，《中國社會科學》4（1986）：193-213；張德信、林金樹，〈明初軍屯數額的歷史考察——與顧誠同志商榷〉，《中國社會科學》5（1987）：187-206。

德及萬曆版的《大明會典》、《明實錄》、《明史》、傅維鱗《明書》、王鴻緒《明史稿》、王圻《續文獻通考》、茅元儀《武備志》及孫承澤《春明夢餘錄》等，其詳略雖互見，但最詳細的也不過止於各都司總數原額與現額之陳述，對都司所屬各衛所的細數則均未能提及。本文因此藉助《萬曆會計錄》、萬曆《江西省大志》及《江西賦役全書》等資料，再配合會典及各種方志的相關記述，期能對江西地區各衛所屯田數額作一檢討。

明代江西軍屯的原額，據萬曆《大明會典》卷十八，〈戶部五・屯田〉、《萬曆會計錄》卷三十八，〈屯田〉、茅元儀《武備志》卷一三五，〈軍資乘・屯田今制〉、欽定《續文獻通考》卷五，〈田賦五〉皆作5623頃41畝2分5釐。現額屯地則不論各書編成年代爲何，眾口一詞，都是5471頃38畝4分3釐，僅《續文獻通考》註明其爲「嘉靖中額」。現額子粒數《萬曆會計錄》作101546石4斗2升5合，會典誤植爲21546石4斗2升5合，《武備志》、《續文獻通考》皆沿襲其誤。

關於會典所謂原額與現額所代表的時代問題，清水泰次認爲原額應指永樂以後數額，現額則爲嘉靖四十一年清查數。理由是諸數據中有「在京錦衣等五十四衛并後軍都督府」一條，在京錦衣衛既不存在於洪武朝，相關數據自應爲永樂以後。而該條於現額屯田數後既已清楚註明爲「嘉靖四十一年清查數」，則其他各條亦應準此而爲嘉靖四十一年的數據。[7] 推想欽定《續文獻通考》將萬曆會典所載現額明記爲「嘉靖中額」，也是基於同樣的想法。梁方仲亦認爲原額是指永樂以後額數，但對所謂現額則認爲是「萬曆初年查報冊數」，僅承認「在京錦衣等五十四衛并後軍都督府」一條爲「嘉靖四十一年清查數」，顯然他也注意到了這條史料，但不認爲可以之概括於所有地區。[8] 王毓銓則懷疑「在京錦衣等五十四衛并後軍都督府」以外各條爲萬曆九年清丈以後的現額數字，但也不排除有可能是抄襲了萬曆六年的《會計錄》。至於原額，王氏認爲應是弘治會典修纂時各處屯田的現在總額，「也就是弘治十五年的見額，或臨近弘治十五年時的數額」。他並且修正弘治初修會典時全國屯田總額爲28萬餘頃，認

---

[7] 清水泰次，〈明代の軍屯〉，262-67。

[8] 梁方仲，《中國歷代户口、田地、田賦統計》，364。

爲明初屯地總額應接近萬曆間的63萬餘頃。[9]

王毓銓所稱弘治間所修會典，後於正德間刊行，是爲正德《大明會典》。但正德會典所載，是否就是弘治末年的數據？仍不無疑問。如顧誠即認爲：[10]

正德《大明會典》記載的"各處屯田總數"資料來源很值得懷疑。它們既不是洪武年間的原額，也不是弘治、正德年間的實有屯額。

王氏自己亦曾指出，弘治年間全國軍屯總額大體維持在29萬頃上下，「估計爲明初全國屯地總額的一半」，已是對明初總額的「最低估計的最低限度」。換言之，他認爲弘治間各地屯地普遍荒廢了明初總額的一半以上，至萬曆清丈才又恢復明初原額。他以四川、遼東爲例，肯定正德會典所載爲弘治間數據，但由上舉江西的數字來看，正德會典的數額甚至大於萬曆會典的現額。是江西地區軍屯發展情況特殊？還是史料中的數據另有所指？顯然仍有討論的餘地。以下即將《萬曆會計錄》等三書中的相關數據分別列表於下，以資比較。

附表1：萬曆十年《萬曆會計錄》所載江西各衛所屯田子粒額數表

衛所名	屯田地	糧	衛所名	屯田地	糧
南昌衛	160696.055畝	29146.0474石	袁州衛	25017.860畝	4997.7120石
贛州衛	117420.000畝	19934.4682石	吉安所	11206.574畝	2241.3148石
安福所	13171.680畝	3416.0000石	永新所	12889.230畝	3582.0000石
撫州所	39565.540畝	6688.8934石	建昌所	11647.500畝	2462.4490石
廣信所	22692.691畝	4407.8382石	鉛山所	24420.000畝	4884.0000石
饒州所	31032.000畝	5749.1670石	南安所	25800.000畝	4190.2649石
會昌所	22790.000畝	4558.0000石	信豐所	26910.000畝	4911.7350石
龍泉所[11]	1879.300畝	384.3350石	合計	547138.430畝	101546.4250石

*資料來源：《萬曆會計錄・屯田》38：44b-46b。

[9] 王毓銓，《明代的軍屯》，98-113。

[10] 顧誠，〈明前期耕地數新探〉，209-10。

[11] 《萬曆會計錄・屯田》38：46b作「龍泉守禦千户所」，應爲百户所之誤，見于志嘉，〈明代江西兵制的演變〉，997-98。

附表2：萬曆二十五年《江西省大志》所載江西各衛所屯田子粒額數表

南昌衛	原額幷丈增屯田1504頃68.836畝		該子粒正米 23626.629石	折銀 441.042兩	麥豆折銀 578.476兩	屯種軍舍 4194名
袁州衛	原額屯田273頃	該子粒正米 4740石	新增田13頃 55畝	該折色米 257.712石	折銀 52.122兩	屯種軍舍 790名
贛州衛	原額屯田815頃 55.05畝	該子粒正米 16310.01石	新增田181 頃21.29畝	該子粒正米 3624.458石		屯種軍舍 2765名
吉安所	原額屯田112頃 29.81畝	該子粒正米 2157.884石	新增田5頃 66.53畝	該折色米 83.424石	折銀 16.686兩	屯種軍舍 314名
安福所	原額屯田127頃 77.6畝	該子粒正米 3318石	新增餘糧田 3頃94.08畝	該折色米 98石	折銀19.6兩	屯種軍舍 550名
永新所	原額屯田126頃 63.535畝	該子粒正米 3519石	新增田2頃 26.695畝	該折色米 63石	折銀12.6兩	屯種軍舍 597名
會昌所	原額屯田143頃 50畝	該子粒正米 4785.9石	新增田84頃 40畝	該子粒正米 1684石		屯種軍舍 761名
信豐所	原額屯田203頃 40畝	該子粒正米 4275.4石	新增田64頃 20畝	折米 813.73石	折銀 162.747兩	屯種軍舍 678名
南安所	原額屯田158頃 70畝	該子粒正米 3174石	新增田93頃 30畝	該折色米 1016.17石	折銀 203.252兩	屯種軍舍 553名
饒州所	原額屯田191頃 26.265畝	該子粒正米 4692.648石	新增田75頃 36.51畝	該折色米 1056.519石	折銀 211.303兩	屯種軍舍 800名
撫州所	原額幷新增屯田 共390頃15.22畝	該子粒正米 5478.974石			折銀 1950.043兩	
建昌所	原額屯田75頃 15畝	該子粒正米 1806石	新增餘糧田 13頃75畝	該子粒正米 227.425石	折銀 45.485兩	屯種軍舍 356名
廣信所	原額屯田207頃 60畝	該子粒正米 4152石	新增田19頃 38.441畝	該子粒正米 252.724石	陞科餘糧 折銀0.622兩	屯種軍舍 756名

鉛山所	原額屯田219頃	該子粒正米 4380石	新增田25頃 20畝	折色米504石	折銀100.8兩	屯種軍舍 730名

*資料來源：萬曆《江西省大志·實書》5：1b-5a。

**附表中各數取至小數點以下三位。九江衛因不屬江西都司，數字從缺。另外，建昌所項下尚有「廣昌縣民種二十七頃四十七畝五分，該子粒正米四百二十九石二升四合，該縣徑【逕】自徵解。」其意義將於下文詳細討論。

附表3：萬曆三十九年《江西賦役全書》所載江西各衛所屯田子粒額數表

衛所	屯糧子粒米	折銀	餘糧、新增、其他
南昌衛	實23914.958石（24002.957石）	9565.983兩	
袁州衛	4740石（本色米2370石，該銀948兩，又折色米銀948兩）	948兩	◎餘糧銀52.122兩
安福、永新二所	共6817石（安福3318石、永新3519石）	共2382.9兩（安福1327.2兩、永新1055.7兩）	
撫州所	約計5858.401石	2353.216兩	
廣信所	◎正耗米4536.865石	◎1814.746兩	◎陞科輕齎銀0.622兩
鉛山所	◎正耗米4445.7石	◎1778.28兩	◎新增折銀100.8兩
饒州所	約計2801.099石	1126.039兩（1010.943兩，幷餘糧在內爲1126.039兩）	◎外建德縣民佃本所屯田該子粒米2491.581石，該銀1001.032兩
贛州衛	◎15913.877石	◎6365.055兩	
會昌所	4740.32石（4785.9石）	◎1896.128兩	
信豐所	◎4277.8石	◎1711.12兩	◎外餘糧折銀162.747兩
吉安所	◎2265.774石	◎906.309兩	
建昌所		893.893兩	又外增公費徭銀88.5兩

南安所	3269.22石	1307.688兩	又輕齎餘糧扣用外，餘銀180.753兩

*資料來源：《江西賦役全書》〈省總・屯糧〉61a-62a。

**各〈府總〉或各縣之數字與〈省總〉所列不同者，以（ ）示之於後。數字相符者以◎示之於前。參照〈南昌府總〉32a、〈袁州府總〉6b-7a、〈吉安府總〉27a-b、〈廣信府總〉23a-b、〈贛州府總〉25b、〈饒州府總〉27b-28a、〈會昌縣〉11b。南安、建昌、撫州三府《江西賦役全書》不錄，疑爲現存本不全所致。

在檢討三表中所載數據的時代問題之前，有必要對其資料來源的性質加以釐清。正巧先學何炳棣氏在《中國歷代土地數字考實》一書中對上舉三書的利用價值皆有所評價，本文亦附其說於後以供參考。

首先是《萬曆會計錄》。是書刊行於萬曆九年底十年初，據首卷所收戶部尙書張學顏的題本，該書乃是「於前書恭進（萬曆九年四月二十日）之後，恐有遺缺差訛，復將本部新題事例、各省直續報文冊，督率司屬郎中等官曹樓等再行檢閱，重加磨算，訂其未確，增其未備」而成的。由於刊行之日正值萬曆九年大規模淸丈如火如荼進行之際，張學顏的題本也特別說明了「除淸丈田糧候各省直奏報通完之日，另爲一書，續輯刊布外，所據刻完萬曆會計錄」。[12] 由此推斷，是書所載似應爲萬曆淸丈前的最新數字。賴建誠以爲此書所記載的數據，「大多是萬曆六年的資料，但由於國土龐雜，某些地方是用其他年份的資料」，如卷五的福建就是用「萬曆八年淸丈田糧數」。[13] 唯何氏則有不同的看法。何氏論該書「對明初數字十分尊重不敢改正」，但並未就此點作進一步的說明。[14]

12 《萬曆會計錄》1：又8b-又又8a。

13 賴建誠，〈《萬曆會計錄》初探〉，《漢學研究》12.2（1994）：137-56。

14 何炳棣，《中國歷代土地數字考實》（台北：聯經出版事業公司，1995），124。爲瞭解《萬曆會計錄》的數字究竟是何時的數字，筆者曾翻閱張海瀛，《張居正改革與山西萬曆淸丈研究》（太原：山西人民出版社，1993）一書所附《山西丈地簡明文冊》，785-94

其次是萬曆《江西省大志》。《江西省大志》原爲嘉靖三十五年至三十八年間王宗沐任江西提學副使至右布政使期間所纂，一稱《七書》。萬曆間經巡撫陸萬垓增修後刊行，現存通行本爲萬曆二十五年刊增修本。由於書中收有萬曆二十四年的記事，有關屯田數額的記載又分列原額、新增兩項，很容易被期待爲萬曆清丈以後的數字。但在以此書與其他方志資料比對後，問題似乎也最大。何氏認爲該書「板刻印刷甚好，但賦役方面只有流水式的表格，沒有絲毫制度淵源及內涵的討論」，實爲確論。[15]

《江西賦役全書》刊布於萬曆三十九年，所收均爲當時確數。由於距離萬曆清丈已近20年，數據較甫清丈後的數額可能已有若干變化。不過，最大的變化還是在子粒米數後記載的「折銀不等，併餘糧各項，共銀」34635兩4錢6分6厘9毫，顯示在萬曆中期江西屯米已由最初僅新增部份折銀，改爲全面改折納銀。何氏對晚明及清代《賦役全書》的評價很高，認爲是整個明清賦役制度中最重要的材料，其數據具有官方權威性。[16] 但由附表3所示〈省總〉與各府縣總間之若干差異可知，《賦役全書》的數據也未必完全精確，不過因爲差額甚小，對大局的影響有限。

瞭解了以上三書的性質，再來比較三表間各項數字的關係，可以看出其中存

中有關山西都司萬曆清丈前後的記錄，發現就山西一地而言，《萬曆會計錄》的數字絕非明初數字，事實上是相當接近萬曆九年的現額的。《山西丈地簡明文册》中所列數字，包括地與糧，其中有關屯牧地額的部份簡略如下：a.「嘉靖三十八年原額」36126頃91畝2分、b. 節年失額地（開除）9884頃90畝8分、c. 節年新增地（新增）6366頃42畝4分、d. 萬曆六年丈出地1258頃41畝9分、e. 萬曆九年實在地33866頃84畝9分等項，各數字間的關係爲：a－b＋c＋d＝e。《萬曆會計錄》所載山西都司屯田原額爲12963頃8畝，山西鎮現額爲33714頃88畝7分。何氏此説或仍有商榷餘地。

15 何炳棣，《中國歷代土地數字考實》，99。何氏記其所見爲嘉靖三十五(1556)年版的《江西省大志》，筆者未見。但王宗沐《敬所王先生文集》26：1a記有是書撰寫緣起云：「先是，嘉靖丙辰(1556)，其被命督江西學政，再按列郡。講業之暇，頗採其俗產山川賦役，大都時札。留篋中三年，移參藩政。間取讀之（下略）」。嘉靖三十五年似爲是書始撰之年，但最快要到嘉靖三十八年才刊行。何氏對所依據之版本未多加著墨，但他的評語基本上是適用於萬曆版的。萬曆版收有萬曆二十四年的記事，如1：49a即是一例。

16 何炳棣，《中國歷代土地數字考實》，74-75。

在了不少問題。例如，以表1與表2相較，如果張學顏之言爲可信，表1確爲萬曆清丈前的數字，而表2代表的是萬曆清丈後的數字，則以萬曆清丈的效率，讀者一般傾向於預期表2的數字應大於表1。而實際上表2中絕大多數衛所的原額籽粒正米與新增折色米之和等於表1，撫州所的原額新增和甚至小於表1清丈前的糧額。從屯田頃畝數來看，表2的原額與新增和較表1的屯田地額不增反減的衛所更有七個之多。[17] 又如果附表2所謂的原額爲洪、永間的原額，新增是萬曆九年以後的新增，則明代江西衛所屯田在萬曆清丈前的數額已超出原額甚多，這種現象是否符合該地區實際的發展狀況也有待商榷。按：潘季馴《督撫江西奏疏》卷二，〈報丈勘各衛所屯田疏〉有云：

> 該本道查得：江西衛所屯田坐落本省各府屬縣及直隸東流、建德貳縣地方。洪武、永樂年間撥軍下屯開墾。每軍領種壹分，每分參拾畝，歲納子粒米陸石。弘治拾陸年，奉欽差科道親臨丈量，額外多餘者作爲新增餘田，陞納輕齎折銀，遞年照數催徵，給作官軍糧餉。大約田有定區，人有定畝，糧有定則，册有定籍。失額者千無貳參，拖欠者石不升合。（中略）本省屯田，軍民錯雜，山灣水曲，峻嶺斜坡。大段不過數畝，即間納糧民田。如贛州壹衛田地，坐落興國等陸縣，散落四郊，不在壹區。總括乘除之法，較之邊壤，勢自懸殊。非但畫圖不易，抑亦丈量爲難。呈乞俯念南北異宜，移文轉達，止遵敷陳末議，後案册報。及經督委各府清軍同

---

[17] 將附表1之屯田地數設爲x，屯糧數設爲y，附表2之原額屯田設爲a、新增田設爲b、原額子粒正米設爲c、新增米設爲d，比較x與a+b、y與c+d的關係，可列表如下：
南昌衛：x＞a+b、y？c+d　袁州衛：x＜a+b（經修正後，x約等於a+b，參見下文）、y=c+d　贛州衛：x＞a+b、y=c+d　吉安所：x＜a+b、y=c+d　安福所：x=a+b、y=c+d　永新所：x=a+b、y=c+d　會昌所：x=a+b、y＜c+d　信豐所：x＞a+b、y＜c+d　南安所：x＞a+b、y=c+d　饒州所：x＞a+b、y=c+d　撫州所：x＞a+b、y＞c+d　建昌所：x＞a+b、y=c+d+e　廣信所：x＜a+b、y=c+d+f　鉛山所：x=a+b、y=c+d　（e爲廣昌縣民種田所收子粒米、f爲陞科餘糧折銀）　由上可知，除南昌衛難以比較，撫州所爲y＞c+d外，其餘各衛所都是y=c+d或y＜c+d，即清出之屯糧額等於或大於清丈前。相較於此，x＞a+b的衛所有7個之多，顯示清丈後的田畝數字有許多反少於清丈前。

知南昌府顧其志、袁州府林萬韶、吉安府戴桂、撫州府徐楠、建昌府錢捧盈、廣信府林敬冕、饒州府蔣建、南安府康誥、贛州府李梧，督同各該衛所掌印管屯官，弔取食糧屯田册籍，親臨地方，將各原額官軍幷田地頃畝額數，逐一清勘明白，重覆逐段丈勘。得江西都司所屬南昌等參衛，幷吉安等拾壹千户所，及額撥守禦龍泉百户所各原額幷新增田地，通共伍千肆百柒拾壹頃參拾捌畝肆分參釐，該納子粒米麥壹拾萬壹千伍百肆拾陸石肆斗貳升伍合伍抄陸撮玖圭。原額、新增俱存，糧石歲徵無欠。合將丈勘過各衛所原額、新增及坐落地方屯田頃畝總散各數，幷見今承種軍舍姓名，造册繳報。

即指出明代江西屯田在弘治十六年曾有過一次大規模的清丈。當時由欽差科道親臨丈量，將「額外多餘者作爲新增餘田，陞納輕齎折銀」。其後因「失額者千無貳參，拖欠者石不升合」，故此在萬曆初潘季馴奉命重勘時，[18]「原額、新增俱存，糧石歲徵無欠」。值得玩味的是，潘疏以弘治清丈以後「額外多餘者作爲新增餘田」，以「原額、新增」兩項作爲重勘時的依據，而疏中所列重勘後江西地方的屯地總數與該納籽粒米麥數，正與附表1萬曆九年清丈以前的數字相同。推而言之，如果弘治清丈以後江西屯田確如潘季馴所云全無失額或拖欠，則附表1的數字（亦即潘疏中的數字）就應該非常接近弘治清丈以後的數字。然則，附表2的原額是否可解釋爲弘治清丈時的原額？新增是否爲弘治清丈後的新增呢？若然，則附表2的原額與新增之和，宜等於附表1的總數減龍泉所之額。不幸的是，附表2的原額與新增之和不但較附表1的總數小，較正德會典所列弘治十五年以前的數字更少。究竟附表2的數字代表的是哪一個時代？以下即以方志資料爲主，一方面考察各衛所置屯時間及各屯所在位置，另一方面對資料中出現的各項數字所代表的意義，也盡可能加以檢討。

首先是九江衛。九江衛因不屬江西都司，各表均缺乏相關數字。康熙《九江府志》卷十五，〈藝文〉，文德翼〈太守江公蠲免兩衛屯糧碑記〉云：

九江之有三衛屯也，自明洪武昉也。是郡元季爲徐壽輝、陳友諒所據以爲都

[18] 據《明史·潘季馴傳》223：5870，潘季馴任江西巡撫在萬曆四年至五年間。

> 會，殺其民殆盡，號以紅巾，土人至今稱紅頭軍。一郡止留七户耳。明高皇既滅之，以其地曠，故使戰勝之軍落屯以居。江南衛曰九江，江西衛曰南昌，湖廣衛曰蘄州，各以指揮使、千百户等職官轄之。厥屯皆錯在九江。歷建文至永樂，乃招民以來，軍爲主而民爲客，屯則良而田則楛，勢也。

據此，九江府之有三衛屯，應始於洪武年間。按：九江衛設於洪武二十二年，南昌衛在正德十六(1521)年以前原分爲南昌左衛及前衛，二衛分別設立於洪武八年及十九年。蘄州衛屬湖廣都司，設於洪武十二年。[19] 九江府因受元末戰亂破壞極鉅，明初人口非常稀少。洪武二十二年設衛時，還是調京軍才得以成立的。大約設衛後不久，即開始屯田。由於民戶僅少，膏腴之地盡爲屯軍所佔。又因以九江一衛軍仍不足以盡墾其地，又分與南昌二衛及蘄州衛。蘄州衛不屬江西都司，本文姑不論。南昌二衛軍屯據萬曆《南昌府志》應始於永樂二(1404)年。[20] 不過，不論是九江衛屯或南昌二衛屯，其所分佈的位置，都不限於九江一府。

九江府下計有德化、德安、瑞昌、湖口、彭澤五縣。九江衛之屯田除散佈於府下五縣外，還有一部份分佈在南康府星子縣、湖廣黃州府之黃梅縣及南直隸安慶府之宿松縣。九江衛屯田洪武間原約有5800餘分，「當時募軍開墾，多寡悉隨其力，或二三十畝、或五六十畝、或八九十畝。凡一軍所墾，即爲一分」，[21] 總計原額屯田地共1439頃5畝8分，該糧28790.16石。其中水田有1123頃1畝1分，該糧32460.22石，陸地有316頃49畝7分，該糧6329.94石。嘉靖間除崩坍沙壓荒蕪外，現額共1318頃9畝8分餘，該糧26373.965石，其中水田有1090頃27畝2分餘，該糧21805.544石，陸地有227頃82畝6分餘，該麥糧4568.421石。[22]

南昌二衛則其「屯多坐落九江五屬；其在江南（南直隸池州府）之東流、建

[19] 江西地方衛所設置的詳細情況參見于志嘉，〈明代江西兵制的演變〉，本文不再引。蘄州衛設置的時間參照《大明一統志・湖廣布政司・黃州府》61：24a。

[20] 萬曆《南昌府志・封爵類・武職傳》16：40a-b。

[21] 乾隆《德化縣志・建置・軍衛》4：42b、49b、50a。

[22] 嘉靖《九江府志・食貨志・屯田》4：12b-13b。

德，及南康之星子等縣者，不及十分之一」。[23] 乾隆《彭澤縣志》卷四，〈建置志・軍衛〉謂南昌衛屯在彭澤縣及東流、建德二縣者隸南昌衛前屯，在德化、德安、瑞昌及星子縣者隸南昌衛左屯。萬曆《彭澤縣志》則詳記萬曆間彭澤縣下各衛所屯田分佈的位置、屯軍人數及屯種頃畝數等，羅列於下以見其分散之狀。

※南昌前衛

左千戶所屯：坐落二十等都，旗軍舍餘325名，共屯種田地97頃50畝

右千戶所屯：坐落三十等都，旗軍舍餘495名，共屯種田地148頃50畝

中千戶所屯：坐落二十五等都并磨盤洲，旗軍舍餘400名，共屯種田地120頃

前千戶所屯：坐落第四等都，旗軍舍餘120名，共屯種田地36頃

※九江衛

中左千戶所百戶張英屯：坐落二十等都、寶梁南山等坂，旗軍舍餘78名，共種水田23頃40畝

中左千戶所百戶王清屯：坐落十二都寶梁坂，旗軍舍餘52名，共種陸地15頃60畝

中千戶所百戶劉聚所屯：坐落五都新橋、烏沙、東庄、橫山等坂，旗軍舍餘54名，共種水田16頃30畝

中千戶所百戶喬清所屯：坐落建安鄉南田、觀庄、太平等坂及望夫山，旗軍舍餘71名，共種田21頃30畝

由上可知，彭澤縣境內共有屯田478頃60畝，分屬於二衛六千戶所。[24] 屯田每分平均爲30畝，但九江衛中所劉聚所屯平均爲每分30.185畝。各所屯田常非集中一區，而是散佈於數處。同區內又時有數屯雜處的情形，如二十都同時有南昌前衛左千戶所屯及九江衛中左千戶所百戶張英屯；寶梁坂則並有九江衛中左所百戶張英屯及王清屯等俱是其例。更有甚者，九江府荒地雖多，九江衛屯卻地跨

[23] 乾隆《德化縣志・建置・軍衛》4：41b-42a。

[24] 萬曆《彭澤縣志・食貨志・屯田》3：24a-25b。屯田總數478頃60畝係按各所項下細目合計得出，與原書之487頃50畝略有出入。又，南昌左衛與南昌前衛早在正德十六年已合併爲南昌衛，史文此處稱前衛，乃是因襲正德以前的說法，合併以後當以南昌衛左屯、前屯稱之。

四府（按：宿松在湖口之北；黃梅在宿松之西，德化之北；星子則在德化之南。五縣雖分屬四府，實則彼此相鄰，位置相近）。這種錯綜複雜的情形究竟是如何形成的已不可考，但由當時地方殘破、百廢待舉的情況推測，倒也不無可能是在半無政府的狀態下，自然形成的。只是各屯位置雖然相近，由於所屬行政區域不同，這種分隔的情況勢必會造成管理上的困擾，事實上其後確也帶來不少問題，這在下文還會討論。

南昌二衛屯田共分48處。其中屬左屯者32處，屬前屯者16處。[25] 萬曆《南昌府志》卷十六，〈封爵類・武職傳〉記載各屯名如下：

◎南昌衛左屯

※九江府屯30處（今查止28處）：

陳家灣屯	新市板屯	小口隴屯	庄前隴屯	馬口隴屯
鬼田阪屯	藕城墩屯	泗溪阪貳屯	青竹坂屯	查埠塘屯
大禾坂屯	倖枋坂貳屯	高塘坂屯	大湖坂屯	南庄坂屯
石門坂屯	白楊墩屯	鄒家埠屯	易家隴屯	城門山屯
洞雷觀屯	荆陂坂屯	書院坂屯	堯家坂屯	常溪山屯
桑落洲屯				

※南康府屯2處：

西山舖屯　章平坂屯

◎南昌衛前屯

※九江府屯14處：

楊子橋貳屯	楊樹灣貳屯	定山參屯	烏山貳屯	柏山貳屯
會田屯	陶宅屯	磨盤洲屯		

※池州府屯2處：

磨盤洲屯　管山屯

---

[25] 萬曆《南昌府志・封爵類・武職傳》16：40a-b記左屯共田32處，前屯共田26處。但由其下所列細目，前屯實則只有16處。詳下。

南昌二衛原額屯田地基山塘堰據乾隆《彭澤縣志》共1722頃61畝餘。[26] 但萬曆《南昌府志》記永樂二年開種左屯田共902頃10畝，開種前屯田共96頃，總計不過998頃10畝。弘治間，左屯田數甚至降到72頃。至萬曆間丈量過左屯田地基塘山堰共885頃0.654畝，實徵子粒正米15024.629石，兼徵餘糧折銀200.815兩，洲地218頃3.211畝，實徵麥豆折銀490.476兩；前屯丈量過田地基塘山堰共588頃73.19畝，實徵子粒正米8602石，兼徵餘糧折銀240.227兩，洲地30頃95畝，實徵麥豆折銀88兩。總計二屯共田地基塘山堰1473頃73.844畝，實徵子粒正米23626.629石，兼徵餘糧折銀441.042兩，洲地248頃98.211畝，實徵麥豆折銀578.476兩。有趣的是，萬曆《南昌府志》中所載子粒正米數、兼徵餘糧折銀數以及實徵麥豆折銀數與附表2是完全相符的；但有關土地的部份，附表2很明顯的略去了洲地畝數，而所謂的「原額幷丈增屯田1504頃68畝」，較萬曆《南昌府志》所載二屯田地基塘山堰的總數略多，但較府志田地基塘山堰與洲地的總和（1722頃72.055畝）則略少，後者的數字約等於乾隆《彭澤縣志》的數字。

袁州衛屯田據嘉靖二十二年刊《袁州府志・武衛志》，應始於永樂二年。[27] 但正德《袁州府志・藝文志・譚九齡・重建衛碑記》記袁州衛於設置左、右、中三所後即「立屯田」，袁州衛三所既設於洪武四年，故其最初開始屯田也應在洪武間。所謂永樂二年云云，應是全面拓展屯田的時間。

袁州衛屯田據嘉靖二十二年刊《袁州府志・武衛志》計有13處，分佈於府下宜春、分宜、萍鄉、萬載四縣。原額田2870頃，歲積子粒原額11850石。嘉靖間現存屯種之戶790，屯田子粒4700石。此數字與附表2所列原額屯田273頃，該子粒正米4740石相較，差異立見。又，乾隆《袁州府志・屯運》謂：「原額屯田坐落宜、分、萍、萬四縣地方，總共田二百三十七頃，內有田九十畝，坐落瀏陽、上高等處」；《江西賦役全書》〈袁州府總〉亦謂袁州衛原額屯田爲237

---

[26] 乾隆《彭澤縣志・建置志・軍衛》4：22b。

[27] 嘉靖二十二年刊《袁州府志・武衛志》6：21b、正德《袁州府志・藝文志》14：58b-61b。蓋袁州衛至洪武十三年復增置前、後二所，故可判斷譚九齡之記應成於洪武十三年以前，而袁州衛最初開始屯田也應在洪武十三年以前。參見于志嘉，〈明代江西兵制的演變〉，1004-5。

頃，而237頃之數正合於屯軍790戶每戶30畝之額，推想附表2的原額273頃應爲傳鈔時的筆誤。袁州衛屯田亦分散各縣，在萬載一縣即分爲五處，分別在縣東十里的大樂崗、縣東北五十里的游家嶺、縣北六十里的陪下、高村，及縣西五十里的和尙橋。[28] 另外，瀏陽、上高在隔鄰的湖廣，屯田畝數雖然不多，但在管理上的困擾卻不因之減少。

袁州衛屯田至正德間已「類以老弱孥幼耕，牛具穀種弗備，荒落無廢」，因此常以低價出典給富豪家。富豪家喜其價廉，又無徭賦輸納之責，屯軍則樂爲富豪家奴役，如此「佃貨相踵」，久之，竟莫可究詰。[29] 《江西賦役全書》〈袁州府總〉謂袁州衛屯田237頃中，由宜春縣民人帶種者1770畝、分宜縣民人帶種者750畝、萍鄉縣民人帶種者5370畝、萬載縣民人帶種者15810畝，是在萬曆間已全數由民人帶種。

袁州衛屯糧催徵情形見康熙《宜春縣志》卷二十，〈兵衛・屯田〉：

> 初制五所爲五十五【伍】，每一伍爲一甲。後以十户編爲一甲，催趲屯糧。舊例每户納米六石，共四千七百四十石。後例每户追折色銀一兩二錢，徵本色米三石，共銀九百四十八兩，米二千三百七十石。尚不敷一年軍餉。

以五所爲五十伍，每一伍爲一甲，是以一百戶所爲一甲。後以十戶編爲一甲，應是配合里甲制所做的改變。上引文謂舊例每戶納米6石，由於明代屯田應納子粒自洪武三十五(1402)年定例爲每軍徵收正糧12石、餘糧12石以來，經過永樂十二(1422)年的詔免餘糧一半，洪熙元(1425)年著爲定例，以及宣德十年的恩詔免正糧盤量，一直要到正統二(1437)年，才改爲率土皆免正糧上倉，止徵餘糧6石，[30] 因此有關的陳述最早不會早於正統二年。屯糧子粒共4740石，是袁州衛屯軍共790戶，應編爲79甲，此一數字約合於嘉靖間的現額，永樂間的原額則絕

---

[28] 嘉靖二十二年刊《袁州府志・武衛志》6：21b-22a。嘉靖四十年刊《袁州府志・兵衛》3：22a-b所載原額相同，但此數字與附表1、2、3中所列原額有極大差距。又參見乾隆《袁州府志・屯運》10：4a、康熙《萬載縣志・武備・附軍屯》5：45b-46a。

[29] 嘉靖二十二年刊《袁州府志・武衛志》6：21a。

[30] 王毓銓，《明代的軍屯》，130-32。

不僅限於此。[31] 若以嘉靖府志所記原額田2870頃來計算，每分地30畝，應有9566.66戶，約可分爲956甲。[32] 屯糧的催收以甲爲單位，大抵亦如州縣下的里甲制，每十年一輪。不過在屯地銳減的情況下，如何調整屯甲，以利屯糧催收，應是相當有趣的問題。唯此點也因爲史料缺如，無從探討。

贛州府下有贛州衛及會昌、信豐二所。嘉靖《贛州府志》記府下屯田，計有贛州衛屯田83210畝，歲納籽粒16664石1升；雩都屯田12000畝，歲納籽粒12000石；信豐所屯田27720畝，歲納籽粒4911石73升；興國屯田33000畝，歲納籽粒33000石；會昌所屯田56000畝，歲納籽粒34400石；瑞金屯田6000畝，歲納籽粒6000石。屯軍人數贛州衛2765人、雩都400人、信豐897人、興國1100人、會昌800人、瑞金200人。[33]

嘉靖《贛州府志》的數字與附表2所列出入甚大。表2中贛州衛、信豐所與會昌所的屯田原額各爲815頃55畝餘、203頃40畝、143頃50畝；新增田畝數則各爲181頃21畝餘、64頃20畝與84頃40畝。嘉靖《贛州府志》的數字除贛州衛尙接近附表2之原額外，信豐所的數字約等於表中原額與新增的和，會昌所則遠大於表中原額與新增的和。贛州衛、信豐、會昌之外，又另有雩都、興國、瑞金等處屯田。按：乾隆《贛州府志》卷十八，〈賦役志・軍屯〉謂贛州衛原額并陞科屯田坐落贛縣、雩都、興國、瑞金、崇義等縣，共田815頃50畝；信豐所原額屯田坐落信豐縣桐木堡，共田204頃91畝；會昌所原額屯田則坐落於會昌縣東北坊等地方，共田228頃30畝。康熙《會昌縣志》卷六，〈賦役志・解款〉更明記會昌所原額屯田761分，其中坐落於會昌縣東北坊者有516分，瑞金縣浮鄉四里有

---

31 又據康熙《萬載縣志・武備・附軍屯》5：46a，「永樂二年，奉泰字四十六號勘合，撥袁州衛軍五百員名屯種。」僅萬載一地五處即有屯軍500員名，則全府四地十三處總數必不只790户。

32 袁州衛在丙午(1366)年初設衛時原有12所，其後數經變化，至洪武十三年始改爲5所。參見于志嘉，〈明代江西兵制的演變〉，1004。袁州衛軍原額據嘉靖二十二年刊《袁州府志・武衛志》6：22a爲6156人，此或爲改爲五所後的人數，明初袁州衛軍人數曾一度超過一萬也未可知。但屯田制在當時尚未稱完備，本文的估算僅備參考。

33 嘉靖《贛州府志・戎衛》6：21b-26b。天啓《贛州府志・兵防志・軍屯》12：33a所記與此相同。

189分，安遠縣北二圖有56分。每分計田30畝，共田228頃30畝，該子粒米4740石3斗2升。由此推斷，附表2會昌所的原額143頃50畝，可能是漏記該所在瑞金及安遠的屯田所致(30×516＝15480)；而嘉靖《贛州府志》中超額的數字，則有可能是在分別列出各縣屯田數後，又將之重複記入贛州衛的結果。不過，這樣的解釋或能適用於贛州衛、雩都、興國、瑞金等地，對於會昌一地屯田竟高達560頃，較該地屯軍800人所能耕種的240頃超過一倍以上的現象，仍難以說明。究竟這麼龐大的數字是如何產生的呢？

乾隆《贛州府志・賦役志・軍屯》在會昌所及信豐所條下各列有「閩省軍廳寄庄屯田」一項，乃是在雍正十三年題准改歸就近徵解屯糧折銀的。推測應是福建都司所屬衛所在江西地方的屯田，會昌所項下超額的部分，大概都是鄰省福建各衛所的軍屯。[34]

吉安府下有吉安、安福、永新三千戶所及龍泉百戶所，其屯田皆始於永樂間。萬曆《吉安府志・建置志》載吉安所屯田子粒爲2265.774石，新增98.047石。安福所屯田子粒原額3318石，新增98石，計軍屯6所，萬曆九年丈過田地109頃24.9畝，餘田3頃94.08畝。永新所屯田子粒原額3519石，新增63石。龍泉百戶所隸贛州衛左所，屯田有四處，共17頃70畝，歲納子粒354石。各所屯田分佈位置爲吉安所屯田坐落廬陵、龍泉二縣，安福所屯田坐落安福縣，永新所屯田坐落永新縣，龍泉所屯田則位於縣內二十二都大沙、水口等處。萬曆間永新所有屯軍282名，龍泉百戶所有屯軍59名。[35]

萬曆《吉安府志》中三所的數字似乎不屬同一來源，尤其是吉安所的數據像是另有所本。不過由於安福所的數字是唯一明確指出爲萬曆清丈過後數字者，

---

[34] 儘管如此，天啓《贛州府志》的數字仍有難解之處，這就是屯田子粒徵收額度的問題。雩都、興國、瑞金三地均每畝徵子粒一石，若每分地爲30畝，則需納30石；若每分以納6石計，則每分地僅6畝。這樣高的稅額僅見於江南水稻地區，而這樣小畝數的屯田分地卻是不見於明代記載的。參見王毓銓，《明代的軍屯》，72-73，130。下一節在討論興國縣虛糧問題時，引康熙《興國縣志・賦役志・屯糧》謂興國軍屯「初間每分租叁十石」，天啓府志或誤租爲糧也未可知，姑存疑。

[35] 萬曆《吉安府志・建置志》14：12b、16a；乾隆《吉安府志・賦役志・屯政考》34：1b、5b-6b。

在與表2比對時就顯得彌足珍貴。與附表2相較，可知表2中安福所的新增餘田數與萬曆九年清丈過的餘田數相同，二者的新增折色米數亦相同，但表2的原額田畝數大於萬曆九年丈過田地數，二者的子粒正米數卻又同爲3318石。永新所的原額、新增子粒數是二者相符的，至於吉安所則府志之屯田子粒額大於表2之原額加新增，府志之新增亦大於表2之新增。上文提到弘治十六年清丈以後定有新增餘田名色，站在這個基礎上考慮安福所、永新所的數字，表2的原額既非萬曆清丈前的現額，就也不無可能是弘治清丈前的現額，新增很可能是弘治清丈後的新增。萬曆《吉安府志》謂安福所萬曆九年丈過田地若干、餘田若干，其中的餘田應解釋爲弘治清丈以來具有「餘田」名色的田，經萬曆九年丈過後現存若干，而非萬曆九年丈後較原額多餘的田。

饒州千戶所屯田在鄱陽、建德（屬南直隸池州府）界，康熙《饒州府志》卷十一，〈賦役志・屯政〉謂其原額屯田共264頃97畝餘，共科子粒米5303石餘。[36]康熙《浮梁縣志》謂饒州所屯田始於洪武間，但據乾隆《建德縣志》，應與南昌前衛、撫州所同始於永樂二年。其初派在建德的屯軍計有467名，屯地有14010畝，該籽粒2802石。[37]

饒州所屯田據附表3約有半數屬建德縣民佃，查乾隆《建德縣志》卷六，〈食貨志・屯稅〉有「饒補」、「撫補」及「南補」，其後附有說明：

> 以上饒、撫、南三所補軍，原係民田，因萬曆九年清丈，軍田缺額，撥民田以補之，故名曰補軍。每年止納軍糧，不當軍差，故不造不運。（中略）前志序所謂民人頂種者，此之謂也。

乾隆縣志所載饒補的數額爲「原撥民田壹萬貳千捌拾玖畝貳分捌厘伍毫」，應徵子粒米爲2417.897石，與附表3「建德縣民佃本所屯田」的子粒數相去不遠。根據乾隆縣志的說法，補軍田的產生乃是在萬曆九年清丈以後，以民田補軍田缺額而成。饒補的數額約與現存軍屯數同，可知萬曆初饒州所屯荒廢的情況嚴重。康熙《浮梁縣志》卷四，〈賦役志・附記〉謂：

---

36 正德《饒州府志・公署》2：6a、康熙《饒州府志・賦役志・屯政》11：75a。

37 康熙《浮梁縣志・賦役志・附記》4：38b、乾隆《建德縣志・食貨志・屯稅》6：18b。

屯軍之制，洪武間每名給建德縣沒官田若干畝，屯種充餉，守禦郡邑。至成弘中方領漕運，享此屯利，承彼重役，固裕如也。而建德路遙，且隔省屬，日久失業，屯田爲巨族占沒。隆萬以來已有逃亡，明末土兵之亂，軍民十去八九。

其屯田占沒的實際數量大概就是其後撥補軍田的額數，約爲全額的一半。主要原因即在屯田位置隔省，不便管轄。這在同樣具有此一不利因素的南昌衛與撫州所，也都不可避免的發生同樣問題。然而《江西賦役全書》卻僅列出饒州所的部份，「南補」1947.840畝及「撫補」3851.526畝均不載，亦可見晚明《賦役全書》雖具有官方權威性，但仍不免有疏漏之處。

南安千戶所屯田據嘉靖《南安府志・食貨・屯田》計有17所，分在大庾縣嘉善、峰山、雙秀三里之背村、瓦崗、蛇坑、陳塘坑、羊裏坑、助田坑、荆州等地，及上猶縣龍下、振德二里之上稍、中稍、下稍、峰崗、南村、北村、蔡家橋、水陂寨、袁坑、勒江坑等地。凡158頃70畝，該子粒米3174石，歲輸府大備倉。康熙《南安府志・賦役志・屯田》謂南安原額所軍564名，屯田636分，在大庾者450分，在上猶者186分，每分計田30畝，共190頃18畝，子粒糧3269石有奇，共折銀1307兩6錢有奇。後節次荒田118頃42畝，崇禎間題定實在屯田72頃37畝有奇，應徵子粒米1324石9斗3升有奇，折徵銀529兩9錢7分。[38] 嘉靖府志所載158頃70畝與附表2原額同；康熙府志之190頃18畝，以屯田636分每分30畝計，應爲190頃80畝之誤。附表1謂南安所屯田有258頃，較附表2原額屯田158頃70畝與新增田93頃30畝之和仍多，其數據頗爲可疑。

南安所屯額的減少，據康熙《南安府志》卷六，〈賦役志・屯田〉謂：

明洪武初設立南安所，千百户、鎮撫等官統轄旗軍五百六十四名，耑司守禦。於大庾、上猶兩處地方，令各墾荒田自膳。(中略)與他郡職兼運糧者迥别也。厥後時漸昇平，民間業主多持券認回原田者。正德間交趾之

[38] 嘉靖《南安府志・食貨・屯田》20：10a-b、康熙《南安府志・賦役志・屯田》6：11a-b、乾隆《大庾縣志・賦役志・屯田》9：28b-29a、康熙《上猶縣志・食貨志・屯田》4：13b-14a。

> 役，又調所軍三百名隨征，成熟之田聽其轉售民間，補芻茭糗糧之不足。蓋至是而兵與田較原額皆缺過半矣。兩邑田偪處山谷，洪水衝決之不時，節次荒蕪，所在多有。至崇禎間，實在屯田僅存七十二頃三十有餘畝，照數題定完糧。

「正德」應為「宣德」之誤。[39] 由府志這段文字可知，南安所屯田在承平以後即開屯後不久，已漸為原業主持券索回。宣德間交阯之役時，調取所軍出征，又因兵糧不足，同時默許所軍售田與民，以充糧餉，致軍額、田額都大幅減損。這個說法如果確實，則南安所的屯田自明初以來即應呈一路下降的趨勢，即使弘治清丈時能丈出若干新增餘田，在原本軍民間的糾葛仍然存在的情況下，絕不可能到萬曆初潘季馴重勘時或《萬曆會計錄》成書時還保持了258頃的高額。事實上，崇禎年間南安所的實存畝數已不及明初的四成，另外六成也不可能是萬曆清丈以後才一起喪失的。《萬曆會計錄》的高數據，就南安所來看是頗有疑問的。

建昌千戶所屯田始於永樂二年，其地皆在建昌府廣昌縣境內。按：洪武末年廣昌縣地「因兵瘼拋荒，官民田地之有額者，租賦無所納」，故於永樂二年差官取勘，將荒田撥軍屯種。原額田地75頃25畝，歲納籽粒米1806石，運送建昌府豐盈倉上納。其後因軍民間多爭訟，弘治十六年，乃差科道部官蔚春等，督同建昌府同知沈景、管屯千戶王嶅等清丈屯田。[40] 結果清出田地41頃20畝5分，其中13頃75畝應收籽粒米折銀45兩4錢8分5釐，解送建昌府庫收貯，此即附表2所列之「新增餘糧田」。所餘26頃97畝5分，由廣昌縣募得民人吳六等110名自願承種，此即附表2下補註之廣昌縣民種田。這一條史料更進一步的確定了附表2所謂的新增，應指弘治清丈以後的新增。

---

[39] 正德間無交阯之役，宣德間調江西衛所軍征交阯事見《明宣宗實錄》23：10a，宣德元年12月乙酉條：「敕調南北二京諸衛、中都留守司、武昌護衛、湖廣・江西・福建・浙江・山東・河南・廣東・廣西・貴州都司、福建行都司及南直隸諸衛官軍從安遠侯柳升等統領，（中略）往征交阯。」及《明宣宗實錄》26：2a，宣德2年3月庚寅條。

[40] 以上參見正德《建昌府志・武備》8：25a-26a、乾隆《建昌府志・屯運考》11：1a-b。有關建昌所屯弘治間清丈事，詳見下節的討論。

撫州千戶所屯田在南直隸池州府建德縣，係「永樂初撥所官領軍八百零五名開墾」而成。[41] 弘治《撫州府志・武衛》謂其原額爲241頃50畝，成化中續開98畝5分，通共242頃48畝5分，歲納籽粒米4850石。乾隆《建德縣志・食貨志・屯稅》則謂：「撫州所屯軍陸百零伍名，屯本縣田地壹萬捌千壹百伍拾畝」，與弘治府志頗有出入。[42] 唯二者皆是以每分30畝機械式的乘以屯軍數，乾隆《建德縣志》更明確指出：

> 當日開徵、起解俱屬屯官，在縣止列地土，既無職掌，不煩過問。所以舊志之田地籽粒與現在之田地籽粒迥不相侔。

顯見方志作者對所引用的數字缺乏信心。本文姑採弘治府志之說。附表2撫州所下將原額、新增併做一條，其額數高達390頃有奇，較弘治府志所載高出百餘頃。上文提到撫州所屯田於萬曆九年清丈後有因軍田缺額而以建德縣民田撥補事，又康熙《撫州府志》卷七，〈版籍考・田畝〉云：

> 屯糧在池州府東流、建德二縣。原額幷清出、新增田地通計叁百玖拾叁頃壹拾柒畝貳分。內先年割除叁拾陸頃陸拾陸畝與餘干、安仁民佃種，該子粒米叁百伍拾捌石零壹升叁合伍勺，係二縣徑自解徵撫州府收納。弘治末年以來，建德縣民徐允清等傳種貳拾伍頃伍拾畝零壹分五厘，見奉勘合，行兩省委官查勘未結停徵外，實在田地叁百叁拾壹頃零壹畝伍厘，共該納子粒米伍千玖百肆拾石柒斗陸升貳合壹勺，每石折銀肆錢，遞年管屯官解送撫州府交收，俱備助給官軍俸糧。

同書卷十三，〈兵衛考〉亦云：

> 永樂初，撥所官領軍八百零五名開墾江南池州建德，屯田三萬餘畝，歲徵屯糧銀一千九百五十兩三錢五分八厘。又建德、安仁、餘干三縣補軍糧銀

---

[41] 康熙《臨川縣志・武備》11：2a。

[42] 弘治《撫州府志・武衛》16：5b-6a、乾隆《建德縣志・食貨志・屯稅》6：18b。本文暫採弘治府志的說法，乃是因爲這是諸史料中最早出的，可信性應較高。而乾隆《建德縣志》則在列舉南昌前衛、饒州所、撫州所在建德之屯軍額與屯田數後，一方面指出三衛所除屯軍之外，「通共管屯指揮使、千户、百户壹拾柒員」，另一方面又對這些人所領有的屯田略而不計，顯示其疏漏的一面。

共四百零二兩八錢六分六厘，遞解本府，以濟運費。今解司道。

可見建德、安仁、餘干三縣皆有補軍田，[43] 撫州所390餘頃的額數或許即是屯田與補軍田之和。但《建德縣志》所列「撫補」數額僅38頃51畝餘，餘干、安仁的補軍田據康熙《撫州府志》總額亦不過36頃66畝，附表2的數字仍偏高。且《撫州府志》所謂弘治末年以來建德縣民傳種之田僅25頃50畝餘，與《建德縣志》所列「撫補」數額亦不符，或許在萬曆九年清丈後內容有所改變。至於餘干、安仁的補軍田，究竟是萬曆九年清丈後因軍田缺額撥民田所補？抑或爲先年割除與民佃種之田？更是難以查考。或可視爲府縣官因不得參與衛所事而造成的理解上的誤差。這段文字同時指出，「補軍」田的收入是用以濟助運費的，而其他所有軍屯收入則用以「備助給官軍俸糧」。另外，康熙府志提到撫州所屯糧在東流、建德二縣，經查東流縣並無撫州所屯田。[44]

鉛山千戶所屯田據嘉靖《廣信府志・食貨志・屯田》，原額爲229頃，該納籽粒4380石；新陞25頃20畝，該納籽粒504石。同書又云廣信千戶所屯田原額爲207頃50畝，該納籽粒4152石；新陞19頃20畝，該納籽粒252石。此數字與附表2大體相同。嘉靖府志所載自不可能爲萬曆以後的數字，此點亦顯示附表2的新增不可能是指萬曆清丈以後的結果。鉛山所屯田分佈於鉛山、弋陽、貴溪、興安四縣，俱屬廣信府。廣信所屯田分佈於上饒、玉山、永豐、興安四縣，亦俱屬廣信府。[45]

江西衛所屯田分佈情形略見附圖1。經過上述的討論，我們已經相當確定附

---

[43] 又參見康熙《餘干縣志・賦役志・附載》4：47b、同治《安仁縣志・兵制・漕運屯田附》20：4a。

[44] 萬曆《池州府志・食貨・屯田》3：12b載東流屯田僅安慶、南昌二衛，乾隆《東流縣志・民事・田賦》5：35a-b亦僅錄安慶及南昌二衛屯田。但乾隆《東流縣志・地理・疆域・軍屯》2：4b除安慶衛三屯及南昌衛二所外，另列「撫州衛一所」，唯其後的說明爲：「處縣域之東六十里青峰嶺等處，其田開屯于建德，田糧、戶口、籍貫俱隸建德縣管轄。」或許東流縣境內有若干撫州所屯，但因全不歸其管轄，故不錄於〈田賦〉之下。

[45] 嘉靖《廣信府志・食貨志・屯田》5：14a、康熙《廣信府志・食貨志・屯田》5：又29b-30b。

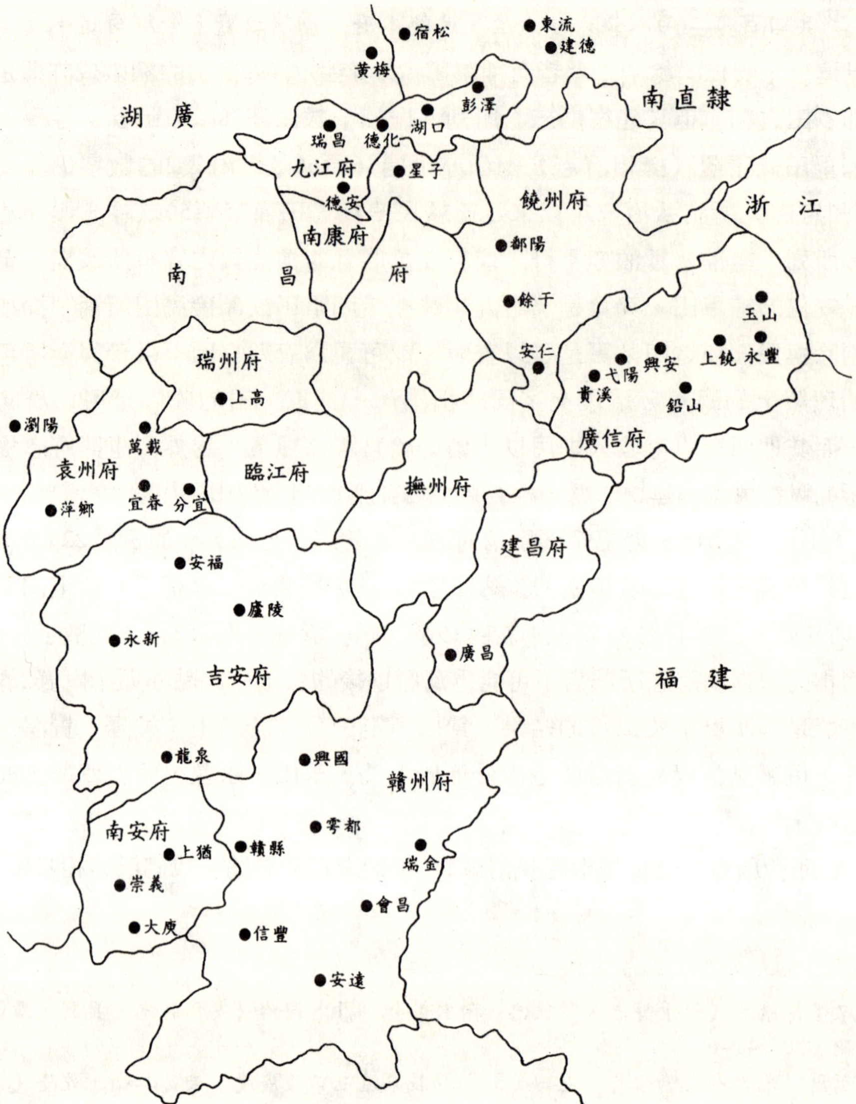

附圖一：江西衛所屯田分佈略圖（以縣為單位）

表2所謂的「新增」，代表了弘治清丈以後的新增；但對表中「原額」一項之所指，仍存在不少疑問。有些衛所可以確定絕對不是明初的原額，但另一些也有可能相當接近明初原額。這個問題最後也許只能歸結到明代有相當長時期地方官因不能干預衛所事務所造成的隔閡，這一點倒是有充分證據可以支持的。上引乾隆《建德縣志》所云：「當日開徵、起解俱屬屯官，在縣止列地土，既無職掌，不煩過問。所以舊志之田地籽粒與現在之田地籽粒迥不相侔。」就是最有力的證據。[46]

另外一點應該指出的是，以原額、新增兩大項來區分屬內屯田的用法或許僅適用於江西，至少不是全國通用的。筆者爲瞭解《萬曆會計錄》的數字是否可信，曾以張海瀛《張居正改革與山西萬曆清丈研究》一書後所附《山西丈地簡明文冊》中所載山西都司清丈前數字與之比較，發現山西地區有關屯地數額的記錄完全依循了黃冊標準的四柱冊方式，基本上分爲舊管、新收、開除、實在四大項，與江西地區普遍採用的原額、新增方式不同。這點或亦可凸顯出江西地區弘治末年清丈屯田的重要性與特殊性，甚至可用以說明《江西省大志》中所收錄數字所以會產生如是錯亂的情形，部份也是因爲弘治清丈以後「新增」項目的成立導致原本就不熟悉衛所情形的地方官在數字的掌握上更是難上加難。不過，由於筆者對江西以外地區的瞭解有限，只能姑提此說以備後日比較研究之用。

---

[46] 顧誠，〈明前期耕地數新探〉，210，有類似的看法。他從「明代較早修纂的方志一般不記載軍事系統的具體狀況」，反過來推論明初軍事系統與行政系統間有相當嚴密的「分權制和對軍務的保密」，可爲參考。不過，由於顧文中舉證有限，其說仍有籠統之嫌。如顧文在頁210前引文後繼續說道：「大約到嘉靖年間由於地方行政官員已凌駕於都司衛所官員之上，一部分方志才載入都司衛所的軍士、屯田數字，但仍有一部分方志拘泥於舊例依然付之闕如。」事實上本節所引弘治《撫州府志・武衛》16：5b-6a就有關於撫州所屯田的詳細數字，原文如下：

> 本所屯田在直隸池州府建德縣，計二百四十一頃五十畝。成化中續開九十八畝五分，通二百四十二頃四十八畝五分，歲納子粒米四千八百五十石。

可見弘治中的方志有些已有關於屯田數字的記載，並不需等到嘉靖以後。由此亦可見分區域爬梳方志的重要性。

綜合上述，不難理解明代史籍中有關江西軍屯原額的記載大多是不可靠的。職是之故，根據這些可疑的數字進行推算，似乎就沒有多大意義。如果一定要指出明代江西都司屯地的總數，也只能粗略的說，大抵終明一世約以5700頃左右爲上限，再加上九江衛，明代江西地區軍屯最盛時約達7000頃。[47] 萬曆《大明會典》中江西都司原額雖大於現額，在會典所載全部20個地區中，另外僅在京衛所、四川、貴州有相同的情形，但四川數字之不可信已經過王毓銓氏的考證，[48] 江西地區從弘治清丈之不得不實施，以及下節將介紹的各種問題，推想其屯田數額的增減趨勢應與全國其他地區相類，只是未能正確反映出來罷了。

三、明代江西衛所屯田的弊害與改革

由於資料的殘缺，上一節的討論並未顯示明代江西衛所屯軍所佔的比例。根據王毓銓氏的研究，明初旗軍守屯分數並沒有一定的嚴格準則，一直要到洪武二十一(1388)年五軍都督府更定屯田法，才規定衝要都衛及王府護衛軍士以十之五屯田，其餘衛所以五之四屯田。洪武二十五年，復令天下衛所軍卒自今以十之七屯種，十之三守城，但這個比例似乎僅限於邊地，與腹裡衛所無關。永樂二年，再次更定屯田法，此後屯守軍比例端視「其地之夷險要僻」而定。不過，大體說來，洪、永之間大致是維持了沿邊衛所三分守城、七分屯種，腹裡衛所二分守城、八分屯種的局面。[49] 王氏曾收集相關記事作成「明代歷朝軍士守屯比例分數表」，唯其中不見任何有關江西的資料。

---

47 前引嘉靖《袁州府志》謂袁州衛原額屯田2870頃，即使曾經存在，也應只是曇花一現，故不計入。又，江西都司雖有部份衛所屯地在鄰近的湖廣、南直隸，但境內也有若干福建都司的屯地，難以精確區分，這部份的出入亦不計入。

48 王毓銓，《明代的軍屯》，104-7。

49 王毓銓，《明代的軍屯》，39-51。書中引況鍾《況太守集・請軍田仍照例民佃奏》，謂永樂新法爲「沿邊衛所七分守城，三分屯種」；張海瀛，《張居正改革與山西萬曆清丈研究》，310同此說。但王氏在引用況鍾的說法後，立刻又引楊一清及《明宣宗實錄》所載行在户部言，指洪、永間例爲「邊境衛所什三守城，什七屯種」（頁44-45）。由所附「明代歷朝軍士守屯比例分數表」看來，洪、永間邊衛以守三屯七者居多，本文因採此說。

江西既屬腹裡，屯軍比例原則上可達十分之八。上節附表2中有「屯種軍舍」一項，雖是後出的數字，且屯種者多屬舍餘、佃戶，與明初屯軍墾田自贍的情形大相逕庭；但若從「屯田分數」的觀點來考量，則表2所載「屯種軍舍」數，其意義應等同於明初的屯田分數。如果再考慮到屯地整體說來趨於減少的趨勢，則明初的屯軍人數應等於或大於表2的屯田分數，而明初的屯軍比例就也可以由此推算得出。附表4所錄衛軍原額係根據筆者過去的考證，另外，除表2所載屯種軍舍數外，嘉靖《江西通志》亦載有江西各衛所嘉靖間屯種軍舍數，整理後表列如下。

附表4：江西衛所屯軍人數變動表

衛所名	衛軍原額	附表2所載屯種軍舍數	嘉靖通志所載屯種軍舍數（出處）
九江衛	5700	（5800）	4448（14：21b-22a）
南昌衛	11200	4194	2909（4：22a）
袁州衛	6156	790	790（32：23a-b）
贛州衛	5034	2765	2769（34：25b-26a）
吉安所	?	314	314（24：29a-b）
安福所	?	550	320（24：29a-b）
永新所	?	597	282（24：29a-b）
會昌所	?	761	759（34：25b-26a）
信豐所	?	678	897（34：25b-26a）
南安所	564	553	529（36：22a）
饒州所	?	800	800（8：23b-24a）
撫州所	2284	（805）	805（18：27b-28a）
建昌所	1700	356	256（16：31b）
廣信所	?	756	755（10：19b）
鉛山所	1222	730	274（10：19b）

*資料來源：參見于志嘉，〈明代江西兵制的演變〉，1020、1030、1032、1034、1037、1040、1044、1048；附表2；嘉靖《江西通志》。附表2所缺據上節考證補。

與附表2相較，嘉靖間除贛州衛小增4人，信豐所有顯著成長外，其餘衛所或維持不動，或呈減少趨勢。上一節曾提到萬曆間永新所有屯軍282名，此一數字與嘉靖間相同，尙不足附表2之半。考慮到弘治以後江西屯田持續荒廢的情形，這個證據也使我們相信附表2的屯種軍舍數很可能是弘治清丈時的現額。若如此，其屯田分數也應更接近洪、永間的原額。比較「衛軍原額」與附表2所載屯田分數，可知明初九江衛與南安所幾乎是全所屯田，其餘則比例各有差。這顯示腹裡衛所雖有較多的人力可以用之於屯田，但受限於各地土地所有的現況，若能夠用於屯田的土地數量實在有限，自然難以達到八分的要求。上一節提到江西衛所屯田有不少位在隔省，多少也反映了這個事實。

屯田位在隔省，在管理上必然帶來很大的困擾。侯方域《壯悔堂文集》卷四收有崇禎七年代其父所撰之〈代司徒公屯田奏議〉，在討論到腹屯之弊時即指出：

> 國初開設屯田，派坐甚遠，幅員甚廣。名隸本衛，地落他處。有相去數百里者，有相去數千里者。軍產民產，相錯其間。屯伍之官不能照管，大半爲豪民所占。蓋地廣而賦輕，故豪民喜得入手，即報新墾於州縣，而屯田自此消滅矣。除同省而越府者清察猶易，如江西之南昌衛、饒州、撫州等所屯田坐落南直地方，河南潁川衛、潁川所亦然。似此類者，恐難勝數。鞭長不及，漁侵莫問。

可知腹裡屯田常因派坐甚遠，又與民產相雜，屯官照管不易，易爲豪民所占。其中「同省而越府者清察猶易」，若江西之屯坐在南直者，則因清察困難，以致「漁侵莫問」。顯然，屯田隔省的問題以江西爲最著，這在方志中自然也有所反映。

例如撫州所，康熙《臨川縣志》卷十一，〈武備〉云：

> 顧今日之爲害有三：屯田寓坐江南建德，半爲豪民侵占，屯軍僅獲虛名。隔省追呼，鞭長莫及。緩則擲同故紙，急則浮江遠遁；按籍則有屯，著役則無軍，其害一也。

屯田爲豪右所佔，衛所徵糧，鞭長莫及。其結果不但無糧可徵，亦無軍可用。饒州所的情形如上節所引康熙《浮梁縣志》卷四，〈賦役志·附記〉云：

而建德路遙，且隔省屬，日久失業，屯田爲巨族占沒。

與撫州所如出一轍。不過，這是站在衛所的立場，如果從州縣的立場來看，問題似乎又不太一樣。道光《建德縣志》卷十九，〈藝文〉，李一元〈答邑尊譚少川論兵書〉云：

我建編民，大約與屯軍相半。夫他邑之屯民皆按堵，而建民獨受其害者，何哉？惟南昌、饒、撫官軍懸寄茲土，勢無所鈐轄則肆，情無所洽比則爭。永樂初，新軍屯集，民已受其積威。及弘治間，因利乘便，而升科、安插、新增之訟，攘攘至今。惟隸於隔省故也。

同卷，李一元〈答朱東原巡撫書〉亦云：

我下邑膏腴之地，在國初先儘屯軍，所遺瘠薄者方付之民。邇來累起重科，縱豐歲不能完稅。加以軍日強梁，併吞得計，訟連隔省，完結尤難。民之積苦於是也非一日矣。

從「民」的角度來看，江西衛軍從初始就佔去了縣內膏腴之地，又因不受縣官管轄，肆無忌憚，併吞了不少民田。弘治清丈以後，所佔民田以「升科、安插、新增」名目納入屯田冊籍，因此而引發的與民戶間的訟案，「攘攘至今」。而又以隔省故，爭訟難結，建民頗受其害。

李一元強調的是軍屯盡佔膏腴，以及軍、民田相混雜所導致軍屯對民田的威脅。事實上，這種威脅普遍見於腹裡各地，即使屯地俱在同省同府者也不能倖免。如乾隆《贛州府志》卷十八，〈賦役志・軍屯〉講到屯政之弊，就將之區分爲二型：

按：明制每正田三十畝爲一分，一丁止許一分，一户止許二分。有占種、典賣至五十五畝以上者，[50] 軍發邊衛，民發口外。此定律也。其後奸軍占田或二三分，或五六分不等。又其甚者，輒指鄰近民田以爲己田。及至按分勘驗，每屯多餘六七十畝，少者亦不下四五十畝。通約餘田，遂至盈萬。於是軍有餘田，民有虛糧，此屯政之壞於奸軍者也。若軍之貧乏者，

[50] 55畝應爲50畝之誤，參見黃彰健，《明代律例彙編》上下册，《中央研究院歷史語言研究所專刊》75（台北：中央研究院歷史語言研究所，1979），486-91。

債主既奪其田，復重其息，糧則令之代納，差則令其白當，追呼逼迫，駕運費勞。於是有逃亡之軍，抛荒之田，此屯政之壞於貧軍者也。

李一元所喟歎的，即是《贛州府志》所謂的「奸軍」。奸軍壞屯，壞在無視於法令之嚴禁，大量占種屯田。甚者妄指鄰近民田爲己田，以致軍有餘田，而民有虛糧。但屯軍不盡爲奸軍，尚有許多「貧軍」。[51] 貧軍力不足以維生，求助於高利貸的結果，最後連田地都爲債主所奪。即使如此，龐大的債務仍然尾隨著他，田雖去仍被迫納糧當差，末了也僅剩逃亡一途，屯地也因之消滅，這才是侯方域所說的豪民占田之弊。而貧軍之所以貧，主要是爲重役所困，在江西，漕運可說是重要關鍵。

乾隆《贛州府志》卷十八，〈賦役志・軍屯〉記漕運與屯田的關係云：

至成化間，各省漕糧改民運爲軍運，守禦之丁僉爲造運之丁。其初立法綦嚴，及乎末流，丁多逃亡，田半蕪萊。不得已清丈之，分爲活、絶二種。絶田召民開墾，活田仍屬軍產。然先世受田者習知田之所在，地方無事，租石所入，坐享其成。歷年久遠，子孫生長城市，主佃生疏，以致互相欺詐，百弊叢生，而屯政日淆矣。

即指出以衛軍參與漕運，致軍役負擔沈重，是導致屯丁逃亡，屯地荒蕪的主因。不過，《贛州府志》此言甚簡略，特別是文中所謂以「守禦之丁僉爲造運之丁」，究竟與屯丁逃亡、屯田荒蕪有何直接關連？在理解上有相當的困難。按：康熙《撫州府志》卷十三，〈兵衛考〉有云：

撫所軍丁有有屯、無屯之分。其有屯者，原膺造運之責，無屯者只任操守之事。此操軍、運軍之别也。按：自永樂二年調軍八百餘名赴江南建德墾屯三萬餘畝，至末年始派領運，是計田起運，屯軍承造，原自無辭。

文中只有操軍、運軍之别，至於軍屯之有無，則是用以區分運軍、操軍的標準。所謂「計田起運」，《撫州府志》並未做進一步的說明。其意義應指永樂末年派運時，以各衛所現有屯田分數爲準，每十分派領漕船一隻，屯軍因此轉

[51] 屯軍分奸軍與貧軍，是當時人的普遍認識。如《天下郡國利病書・江西二・九江府・事宜志》80：15b即謂：「久而衛官幷吞其業，貧軍鬻其業，奸軍展轉其業。」是爲一例。

任漕運，屯田收入則除原有用途外，更需用以承造漕艘，幫貼運糧。[52] 而屯軍在轉任漕運以後，屯田重任也轉由餘丁承擔，至於無餘丁可耕種者，則只有招佃一途。《贛州府志》所謂「先世受田者習知田之所在」、「歷年久遠，子孫生長城市，主佃生疏」的情況，就是在這樣的背景下產生的。

無論是屯田爲豪民隱占，或是奸軍併吞軍民田產，乃至於屯丁逃亡，屯地荒蕪，都只有藉助清丈一法代以解決。但前引道光《建德縣志》即指出，弘治清丈帶來的是許許多多紛擾經年無法結案的訴訟。就中牽涉的即是所謂的「升科、安插、新增」田。亦即附表2所列的「新增田」。

關於「新增田」，王毓銓曾有如下的見解：[53]

> 萬曆年間大量屯地中有“新增”一項，凡屬衛所新增屯地都是正軍户下餘丁開墾成業的土地。（中略）餘丁所開種的土地，也是國家聽許他們開墾的荒閑田。不過他們開荒布種的土地和屯軍開荒布種作爲軍屯的土地不同。“軍田五十畝爲一分，一軍承之。餘丁則田無定數，許其過割。”這話所説的雖只是寧夏的辦法，其實也是全國通行的辦法。

王氏把萬曆間的新增視爲餘丁開墾成業的荒閑田，事實上，由上一節的討論及道光《建德縣志》的陳述也可瞭解，至少在江西地區，所謂的新增是特別用來指弘治清丈以後的新增田；而弘治清丈以後的新增，有些是佔據成熟民田的結果。而且江西地區大部份衛所在實施計屯起運之後，耕屯者非餘丁即佃戶，也很難以正軍、餘丁的觀念來區分新墾土地的性質。王氏又謂：

> 我們可以這樣扼要的説，軍餘在營也是耕種土地的。他們所耕種的土地就是明代文獻中常見到的“地畝地”、“起科地”、“科地”或“改科”地。這宗土地雖也受自官府，但餘丁老疾事故可不將土地還官（屯田須還官），可以長期占有管業；因此可以“過割”（賣買），一如農民所占有的土地一樣。餘丁的地畝雖然也和軍屯土地有關，但非嚴格的軍屯土地。雖也交納税糧，和屯軍的屯田子粒統行交給管屯官，但他們交納的只是税

[52] 有關「計田起運」的詳細內容，筆者擬另撰專文，與明清兩代江西衛所的漕運一起討論。

[53] 王毓銓，《明代的軍屯》，53。

> 糧，不是屯田子粒。如南京各衛軍屯土地每分（五十畝）納子粒六石（正統後租率），畝合一斗二升，而餘丁所種"改科"地則畝納五升三合五勺，是一般"官田"科則（租率），僅僅是屯田子粒的一半。在管理關係上，餘丁地畝屬於衛所，但土地性質則近於有占有權的"民田"。

餘丁耕種的地畝地、起科地或改科地也許並不都算作新增，但因王氏的這段敘述緊跟在前引有關新增田的敘述之後，容易被認作是同一件事，因此有必要加以釐清。以附表2爲例，新增田所應繳納的或稱爲「折色米」或稱爲「子粒正米」；與原額田相較，其科則雖亦有低於原額田者，但如袁州衛則高於原額田，贛州衛、安福所、永新所、鉛山所則大致等於原額田。顯示新增中也有各種不同性質，有些部份與原額田或無差異。由於江西地志中缺乏有關王氏定義下的餘丁起科地之相關資料，本文只能針對史志中所謂的新增、餘田作一討論。

新增若非得自開墾荒田，則必佔自民田。一縣中的土地本有定額，此既增則彼必減。軍屯的新增佔自民田，軍屯的餘田越多，民戶的虛糧也越多。軍與民的糾紛也因之層出不窮。有關餘田的爭議在贛州府興國縣最爲嚴重，以下即以興國爲例，介紹其經緯。

興國縣屯田屬贛州衛。[54]「自永樂二年奉例撥屯田九百九十九分，每分正田三十畝」。[55]據海瑞〈興國八議〉，[56]興國縣的屯田自永樂至嘉靖，先後經歷了幾個不同階段的變化。其言曰：

> 永樂二年撥軍下屯，大造屯田黃冊。軍民各有定分，誠足兵足食良法也。自是而後，軍無耕作之勞，倍收子粒之利，事猶可言。弘治末年，因出清查事例，各軍生奸，指鄰近民田，報作己力開墾，遂增餘田名目。查得屯

[54] 康熙《興國縣志・賦役志・屯糧》3：15b。又，康熙《瀲水志林・兵防・宋元明兵制》11：2a亦謂：「興國原設屯田三萬三千畝，屯軍一千一百人，隸贛衛。」

[55] 康熙《瀲水志林・志政・明文移・清丈事宜》12：11b。

[56] 《海瑞集》上編，202-3。

田原一千分，每分三十畝，[57] 今餘田數約六千餘畝，當正田三分之一。查得隅都虛糧一千八百石，以田多人少，自國初至今，無一畝一坵開墾。民坐都坐里，有虛糧；屯軍原不住屯，佃户何利？何取工食，獨為之開墾，致有餘田若是耶？軍田大率間雜民田中，四旁非盡山地，何自開墾？軍之餘田，乃民之虛糧。冊籍已成，徵收日久，小民賠糧，無能辯訴。猶曰往事可諉也。目今軍人生奸得慣，沿襲而來，凡屯田係是水衝沙漲、水涸拋荒，往往指鄰近田為己田原有之數。一佃其田，百端生害。無事則子粒倍收，萬一花費拖負，運兑損數，軍糧重事，料上司必為追理，又捏訟佃户拖欠己糧。一年不完，佃户拖害一年不已。是屯田之為害於民，自有屯至今，無止日也。

海瑞任興國縣知縣自嘉靖四十一(1562)年十二月始，至四十三年十月止。〈興國八議〉上於嘉靖四十二年，翌年，並清丈田畝，惜尚未舉行即報陞戶部主事。[58] 根據他的觀察，興國縣自永樂二年撥軍下屯以後，起先經歷了一段足食足兵的日子。不久，軍屯俱改由民佃，屯軍不居於屯所。其時屯租雖爲子粒之倍，但所害於民者尚小。弘治末年清丈屯田，因奸軍指稱鄰近民田爲己所開墾之田，遂有所謂之「餘田」。興國縣原額屯田不過三萬畝，丈出餘田竟達六千畝。興國本爲田多人少之縣，國初以來從無民戶開墾荒田之事；而屯軍又非自種其田，佃戶既無工食之給，亦不可能爲之開墾荒田。興國隅都有虛糧1800石，是即軍屯侵佔民田的結果，也就是軍屯餘田之所出。弘治間的清丈，由於作成冊籍，年年按籍徵收，積非成是，小民年年賠糧，有冤無處可伸。而軍戶一旦食髓知味，其後每遇天災事故，田地拋荒，即指鄰近民田爲己田。至於佃種軍屯的百姓，更是飽受屯軍壓榨。平時即需忍受過重的屯租負擔，若有運糧飄失等情，還需代軍墊補。否則被屯軍捏控欠糧，上司礙於軍糧重事，必代爲追索，佃戶將更受拖害。海瑞因此感嘆屯田之危害於民，「自有屯至今，無止日也」。

---

57 《海瑞集》原文為「查得屯田原一千餘分三十畝」，詞義不明，今據乾隆《贛州府志·賦役志·軍屯》18：26b改。《海瑞集》與乾隆《贛州府志》所錄文字略有差異，本文主要依據《海瑞集》。

58 《海瑞集·附錄·傳記》586-7。

海瑞以弘治間的清丈作爲屯政敗壞的關鍵，不過，興國縣屯田在弘治間清丈的情形，史志中並未留下任何記錄。只知道在稍早的成化八(1472)年時，興國縣的虛糧已不下七八百石。當時的知府姜璉爲「攢造弔審圖眼」冊，因見興國多虛絕糧戶，「將各圖里銷并爲五十七里」。[59] 唯此舉或有助於實際戶數的掌握，對虛糧害民的事實卻於事無補。

興國縣虛糧害民的問題既如此嚴重，要求清丈的呼聲便也時有所聞。現存有關興國縣丈量的記事最早見於嘉靖元(1522)年。康熙《潋水志林》卷十二，〈志政・明文移〉，盧宁〈清丈事宜〉記其事謂：

> 嘉靖元年大造黄册，百姓告請丈量。已蒙撫按各衙門詳允通縣鱗册丈量。知縣黄以册限緊迫，但拘集各排，強使認收。然承認之後，卒又派賠。蓋以處之原非其分故也。

也就是說，嘉靖元年的丈量由於時間緊迫，當其事的知縣又不肯用心，完全沒有落實。只是爲使虛糧有人應承，強拘里排，迫使認頂。這樣的作法自然不能解決問題，因而不久便又賠糧累累，需重新指派里排賠納了。

盧宁在嘉靖丁未(1547)任興國縣知縣時，興國縣的虛糧已經增加到1800石了。他「毅然履畝清丈，正經界而平等則」。[60]〈清丈事宜〉中詳細記載了丈量方法，並且規定於丈完後立碑造冊。其中有關軍田的部分說到：

> 軍刁民頑，年深業變。四至率皆非舊，遂至互相爭訐。或以界至不明，或以影射侵佔。間有新軍不知田所，聽憑老佃指報。又或新舊管租稍有變故，乘機埋沒，致軍具告。今日將趙甲田認告訐虛，明日又將錢乙田認告□□。甚則均告一錢乙，而東原西壟，前後互異，更迭勘丈，殆無虛日。見奉提督衙門清查軍田，本職吊取衛册，逐一查理。但有影射互異不明之處，即并丈量。爲之辯正土名坵畝，稽查新舊四至。丈畢之日，即於該里本土名下豎立額碑，上鐫某峒原民田若干，載糧若干，田主某若干，某若

[59] 康熙《潋水志林・志政・盧宁・清丈事宜》12：8a。姜璉任贛州府知府始於成化七年，參見天啓《贛州府志・職官志》9：16b。

[60] 康熙《潋水志林・官師》5：11b-12a。但原文謂「縣有虛糧千六百石」，今據同書12：6a改。

干；軍田若干，該籽粒若干，屯軍某若干，某若干。就於本里流水歸户册後，造入某字號糧畝四至，一如民田。但要開某軍係某衛所幾缺下，原撥屯租【祖】，[61] 今頂種故軍某名下田。仍另造屯册一本，解衛存縣，庶影佔紛爭或者其稍息也。

盧宁的觀察，與海瑞頗有不同。他認爲屯政之弊，起因於刁軍頑民互相爭訐，倒不能完全諉過於軍。尤其是管租、佃戶欺新軍不知田所，隨意指報，甚或乘機埋沒，紛爭自不可免。因此他在清丈時，對軍田、民田有明確的區分；至於清丈的結果，則不但要立之於碑，還要明諸於冊。不過，他的這番努力對於削減興國縣的虛糧顯然沒有任何助益。15年後，海瑞任興國知縣，虛糧之額仍舊，海瑞乃將虛糧之產生完全歸罪於軍屯影佔，並且提出非常強烈的改革手段。〈興國八議〉有云：

竊以爲請前日之餘田，補民田之虛賠，此其善之善者也。次之若於事體無妨，革去軍人名目，止此佃田之人輸納子粒。而其輸納也，或併於縣官，或上之衛所，隨宜行之。下之小民無軍人之擾，上之屯糧無虧欠之累，一舉無不利焉。

海瑞想要以軍屯之餘田，補民戶之虛糧；不然，則請革去屯軍之名，直接由佃田之人輸納子粒。更有甚者，他還希望由縣官來督理有關輸納事宜。不過，這些建議都沒有能實現。

興國縣的屯田到了隆慶年間(1567-1572)有了初步的改革，起因是「旗丁抗糧，追比佃戶」。虔院某乃將屯田丈量清查，將縣下所屬贛州衛屯田999分，分作活、絕兩戶，活戶田500分撥給軍丁贍運，絕戶田499分則改由興國縣召民墾

---

[61] 本文所引見該書12：11b-12a，今據同書12：5b改「租」爲「祖」。「屯祖」係指永樂二年最初分軍立屯時撥定屯田的祖軍，其姓名載在册籍，至明末仍爲追徵屯糧時決定屯田誰屬的依據。不過由下文「今頂種故軍某名下田」可知，某屯祖之田經數代之後，雖子孫猶存，頂種者亦有可能易人。其子孫則頂種他人之屯。這種現象的形成，可能是爲收租方便私自更換田所，或因私自典賣所致。

種，給帖為業，並就近於縣廳完糧，解送贛州府支給衛軍充作月糧。[62]

所謂「絕屯」，據萬曆末兵巡嶺北道梅國樓所稱，[63] 是指「丁倒戶絕，無人耕種荒蕪之田」；「活屯」（或稱「存屯」）則是指「軍丁承頂之田，有人耕種成熟之田」。隆慶間的清查，絕、存兩屯的屯田分數總和並未超過明初原額，且荒廢者幾達總數之半，這種情況與海瑞所稱「軍有餘田，民有虛糧」的景況實在難以聯想。梅國樓與海瑞對軍屯問題認知上的差異在下文還會提及，但若由海瑞在〈興國八議〉中所反映的強硬態度來解讀「絕屯」的意義，田之荒蕪與否恐怕不是問題。所謂「絕屯」，至多代表了原頂種軍戶已丁盡戶絕，其應納子粒無人承納；事實上則很可能為奸軍隱占，拒納子粒。如果再考慮到海瑞所稱，屯軍遇水涸拋荒輒指鄰近民田為己田事，則清出的999分絕、活田中，應不乏移坵換段者，其實質內容與明初已大不相同。

以絕屯召佃的方法施行了沒有多久，又引發了不少軍民間的紛爭。原因是衛舍「具告混頂，挾佃收租，意圖拖負子粒」。康熙《興國縣志》卷三，〈賦役志・屯糧〉記隆慶清丈改革後的情形謂：

> 相沿日久，刁軍復生兼併。有臨軍田稍近者，壓佃強收。初間每分租參拾石，今收至伍陸拾石，柒捌拾石不止。所收皆係民田，軍田日增，則民田日減。將原田肆百玖拾玖分，占據過半，人莫敢言。上司以漕務為重，往往中其狡謀。此興民之大害，牢不可破者也。

---

[62] 乾隆《贛州府志・賦役志・軍屯》18：28a-b、康熙《興國縣志・賦役志・屯糧》3：15b。「歸併贛縣完糧」之田，府志作絕田，縣志作活田。但縣志3：12b-13a記萬曆四十年賦役全書「附載興國實徵絕户屯糧，（中略）俱耕屯佃户辦納」，可見歸併贛縣完糧的應是絕户田。又，負責丈量者《興國縣志・賦役志・屯糧》3：15b謂為「前虔院潘」，虔院是南贛巡撫的另稱，但查天啓《贛州府志・統轄志・督撫都御史》8：6a-b，隆慶間先後任南贛巡撫分別是吳百朋、張翀、殷從儉、李棠、劉思問等，並無潘姓者。潘姓而為南贛巡撫者，隆慶以前有潘希曾，係嘉靖四年任(8：2b)。《興國縣志》或誤以之與萬曆初年江西巡撫潘季馴的丈量為一事。另外，乾隆《信豐縣志・兵防・屯糧》6：17a謂信豐所於隆慶間丈量清查，分活絶兩户。可能在隆慶年間，贛州全府皆有丈清屯田的舉動。

[63] 乾隆《贛州府志・賦役志・軍屯》18：29a在蔡鍾有〈屯田條陳〉後載有「本道梅批」，據天啓《贛州府志・統轄志・兵巡嶺北道》8：18b，應指梅國樓。

這種情況並且一直延續到萬曆二十七(1599)年都沒有任何改善。是年，興國縣丞薛雲綬作〈屯田條陳〉，敘述他經手催徵召佃絕屯屯糧時所遭遇的困境，其言曰：[64]

> 孰意催徵之日，徑仍冒佔。有稱爲鄉官家屬者；有稱爲各衙門書辦者；有明係數百里外異縣異籍，而陡稱爲故軍餘丁者。糧册有成式矣，而彼不恤，必欲更改之；故軍有定名矣，而彼不知，必欲冒頂之。持銖兩之糧，即欲席捲數十畝之熟田；執衛所之票，即欲寢閣諸上司之明文。

薛雲綬的條陳指出，絕屯召佃以後，佃戶姓名雖載在糧册，不容竄改，但每至催徵之日，仍有許多人藉鄉宦家屬、衙門書辦或故軍餘丁之名，冒頂絕屯。而他們手中做爲證據的，則是衛所發給的票。本來，在州縣文官系統介入屯田管理之前，衛所的票是證明屯地誰屬的主要依憑，有意冒頂者大可經由賄賂衛官一途，取得絕軍屯地。絕屯改爲召佃以後，衛官可掌握的屯田分數大爲減少，在有利可圖的情況下，自然很願意爲賄賂者提供衛票以爲僞證。而冒頂者一旦取得衛票，即不顧「糧册有成式」、「故軍有定名」，爲催徵者帶來極大困擾。

刁軍奪頂召佃絕屯之弊在萬曆二十七年經薛雲綬條陳後，受到知縣何應彪的重視。由於他的大力支持，不久就請得都御史李汝華立石垂禁，「佃戶聊生者二十餘年」。唯日久法弛弊生，及萬曆末年，興國縣絕屯數僅剩約260分，存屯則增爲七百餘分。可知隆慶以來絕屯被屯軍復佔者，已有239分，約爲原絕屯數的一半。於是有知縣蔡鍾有的再度條陳。蔡鍾有〈屯田條議〉謂：

> 卑職蒞任以來，歷見承種屯田佃人紛紛告退，無慮百十家。詢厥所由，一則曰無幸承墾。絕軍荒田竭力墾熟，遂被刁軍垂涎，朋謀迭告，不奪不休。一爲其佃，輿馬塡門，大桶加量，科噀百端。既派傳餐，又索下程；既租到舩，又索夫價。一物稍當意，挾以必得，與之則後遂爲例，不與之

[64] 薛雲綬及蔡鍾有的條陳及相關批示參見乾隆《贛州府志・賦役志・軍屯》18：27b-29b、康熙《瀲水志林・志政・明文移》12：19b-24b。二者又以後者爲詳。又，薛、蔡二人的傳，可參見康熙《瀲水志林・官師》5：17a-b、19a。

則倄郄府告，殆無虛日。民亦何辜，而耕此絕田也。一則曰無辜承耕。攙運軍田之科索，大桶加租，猶其餘者。飲食不當意，碎及器用，辱及妻孥；丢糧不納，帶告上司，勾提到府，先制縛之衛。拷打勒騙之多方，遷延不與審結，雖有得直，而農務廢棄，使費不貲，甚且身家為是傾隕。民又何辜，而耕此屯田。

蔡鍾有的條陳著重的是承種絕屯以及承耕活屯的佃戶之苦，這一部份是薛雲綬未及說明的。絕屯一經墾熟，輒為刁軍冒奪，承種者淪為其佃戶，飽受大桶收租，或額外需索下程、夫價之苦。活屯佃戶則在此之外，更要忍受衛軍的百般污辱，有時衛軍於收租後拒不納糧，承佃民戶還要忍受府、衛雙方的拷問；若因之遷延不能結案，更荒廢了農務。這些都促使承佃民人紛紛退佃。蔡鍾有因此要求就刁軍奪頂召佃絕屯之弊再伸嚴禁之令；另外，對於活屯的部分，他也提出了解決的辦法。〈屯田條議〉曰：

合無請乞遵照前院嚴禁，此後不許軍人奪頂，從前目帖，盡行追奪。萬不能然，寧可租聽軍收，而糧不可不令本軍就縣完納。其於攙運屯田，查陞任楊知府買租贍運之法既已不行，合無請乞照糧折租。如糧該銀一兩，折租該穀六石，其穀存佃，著令就縣完糧，解府聽支。務令先盡糧銀，其餘租穀乃不論多寡，悉聽軍收贍運。倘有頑佃拖租，就縣告理。

所謂「目帖」，與衛票應為一事。衛票只要存在一天，衛官的介入就一日不可免，而縣官的任何努力也終究沒有落實的一天。蔡鍾有希望廢目帖之制，再不然，也要改令屯軍就縣完糧。至於存屯收入，本擬撥給軍丁贍運，蔡鍾有所謂「陞任楊知府買租贍運之法」，見於條議後所附梅國樓的批文，其法將存屯分為「上中下三班，上中攙運，最下納徭」。而「攙運則一旗九軍，出餘租為漕運之費用；納徭則輸貲存庫，為武弁軍健之工食」。蔡鍾有謂其法已不行，梅國樓則曰「行之既久，法亦良善」。或許又是「有治人，無治法」之一例。而針對此一部份，蔡鍾有亦主張由佃戶直接將屯租全數繳縣，解府貯庫，於扣除應納糧銀之後，所有餘租臨運給軍，用贍運費。也就是將屯田所入全數充作公用，原有之「以屯贍軍」的功能至此被完全否定。

蔡鍾有的態度反映了在現場徵收者因不堪其擾而提出的破釜沈舟之計。但一如前引康熙《興國縣志》所云，在上者由於同時還得面對漕務的壓力，對問題的考慮就不能如此單純。〈屯田條議〉後附有知府金汝嘉的詳文，其文曰：

> 本府覆詳：該縣於屯田之弊，固洞於觀火，而其爲佃人請命，亦急於救焚矣。衛弁嘖有煩言，固無足異，而揆之亦微有不便者。蓋軍人之奪頂，雖屬承詭，而既已告給，亦屬其贍運之產矣。今欲追奪原帖，盡歸縣官，一不便也。餘租雖曰贍運，不無藉爲生計，今欲其解府貯庫，臨運給軍，將有田者不得需一粟，二不便也。人情叵測，固有以刁軍而魚肉佃人者，亦豈無頑佃而賴其租穀者？今不勝其務，憐佃户之意，而概抑屯軍，左袒佃户，亦似稍偏，何怪其呶呶也。或于今後屯軍往收租者，於府告給一帖，明載姓名、斗擔，詣縣告投。縣給一單，出示諭令，各佃據單交付。其軍人改桶多勒，分外需求，及佃人愆期短少者，並以法治之。即令完納屯糧，方給還原帖，載租出境。庶佃不受害，糧無掛欠矣。

就從三方面來駁斥蔡鍾有的意見。首先，軍人即使是承詭奪頂，一經衛官告給，即屬贍運之產。其時漕運負擔沈重，軍以奪頂之產供贍漕運並不爲過，遽爾奪歸縣官，一不便。屯租雖主要用以贍運，但以造運費用龐大，屯軍生活困苦，若能以屯租補充生計，漕運亦將較易完成。將屯租全數解府，臨運給軍，是有田者不能得一粟，也失去當初計屯起運的本意，二不便。金汝嘉因此批評蔡鍾有一意偏袒佃戶，對於頑佃賴租以致軍受其害的情形卻未能顧及，對屯軍藉屯田以爲生計的現實狀況更是全未考慮。

金汝嘉的建議是維持屯軍自行收租的舊例，但在收租時應受府縣約束。由府發帖，載明姓名、數量，到縣後以帖投縣，另由縣出單告諭佃戶照額繳納。屯軍收得租穀，需先赴縣完納屯糧，始可由縣取回原帖，載餘租出境。期間若有軍人分外需求，或佃人愆期短少，俱治之以法。他並且建議嚴禁屯田私相買賣，認爲屯田私售是造成欺詐朘削之源，這一點則是蔡鍾有未能慮及的。

金汝嘉的建議有一點值得注意的，就是屯帖由府而非縣發一事。本來，蔡鍾有的提案既限於興國，在縣的層次內加以解決似也不失為方法之一。[65] 但贛州衛衛址在贛州府府治（與贛縣同治）東南，其屯田散在各縣。軍屯改為民佃以後，屯軍多居於府城，因此對有關軍屯管理事宜，由府出面自無不恰當之處。對於蔡鍾有與金汝嘉不同的意見，兵巡道梅國樓批示：

> 絶屯之議，宜守舊章，蔡知縣之議可行也。（中略）仍令三班存屯各照府議，於府各給一帖，投之該縣，即照帖給單。內開屯田一分，計租若干，更較定火印，畫一官桶，不得多寡升合。軍自召佃，軍自完糧，軍自贍運，各軍屯糧，令於督糧廳照例上納。

分守道王化行批示：[66]

> 軍以奪田增租累耕，民以愆期短少抗刁，軍民兩相呶呶。府議收租告給一帖，明載軍人姓名、斗擔，縣即給單，示各佃如數如期交納，即令完糧。佃無措而糧亦不得以後時，均便之術無踰此者。

巡按江西監察御史張銓則批示：[67]

> 屯田見存，衛軍聽其自收為便。若凌虐多取，佃户即將原田退還本軍，誰能強之？至絶户屯田，原係招墾，豈容佔奪？即衛官給帖，發給與於何人？若屯田私鬻，尤屬不法。查果有之，如律究治。

有關興國縣絕、活軍屯的爭議，到此算是告一段落。蔡鍾有以地方父母官的身分為佃戶力爭，可是，存屯田租既是以供贍漕運為主要目的，站在漕運優先的立場，知府、兵巡道、分守道與巡按御史還是堅持由衛軍自收，只是由贛州府統一發帖給軍，其上註明租額，使屯軍無法超收，佃戶也有所依憑。值得注意的是，爭議中府、縣雙方對問題產生的原因雖有歧見，但包括兵巡道、分守道在內，基本上均承認有衛官發帖、刁軍奪佃的事實，而巡按江西監察御史張銓的批示，卻以幾近霸道的口氣，一筆抹煞。這也顯示明代江西衛所是以漕運為其最大功能，除屯糧需用以供應衛軍月糧外，連屯租都另外負有為漕運服務

[65] 事實上，明代江西地方的民兵制度就顯現了一府下各縣各行其是的現象，參見于志嘉，〈明代江西兵制的演變〉。

[66] 王化行之名參見天啓《贛州府志·統轄志·分守嶺北道》8：12b。

[67] 張銓之名參見雍正《江西通志·秩官》47：14a。

的任務。康熙《臨川縣志》卷十一，〈武備〉謂撫州所「其後所職專司漕運，而軍額日蹙，寄操、城守，聊應故事」，亦可爲證。

虛糧的問題尚見於贛州府瑞金縣。瑞金縣屯田屬會昌所，萬曆《瑞金縣志》卷三，〈食貨志・里甲〉載虛糧始末云：

> 洪武年間，本縣膏腴田業被軍占爲七十二屯，而不載糧，以致虛糧重累。浮鄉一里民楊景華因充糧長經解，奮然漆頭奏聞。命未下而歸，卒於采石。其子仕隆、仕忠復題結正，欽差官臨縣踏勘，遂將虛糧派入軍屯，以納子粒。因併圖分作五鄉八里，民始得甦。

楊景華詣闕奏聞的時間不詳，康熙《瑞金縣志》卷八，〈鄉賢志・義行〉有「楊景華傳」，但亦不記其時，只提到所派欽差官爲「將軍張可大」，而楊景華以糧長經解赴京上奏，其後又卒於采石，可能是國都尚在南京的時候。若如此，則瑞金縣虛糧的問題並沒有困擾縣民太久，即因楊氏父子的努力獲得解決。當然，瑞金的虛糧問題與興國的情形並不完全相同，前者是在立屯之初佔田而不載糧致民戶代賠，後者則是在興屯之後屯軍侵佔民田以致民納虛糧。瑞金縣據縣志「楊景華傳」原有四鄉十七里，併圖後分作五鄉八里。因將虛糧改派子粒，民始得甦。萬曆三年奉道府詳明，將絕戶阮祥等屯田24分發縣召佃耕種，遞年屯糧折銀上納。18年，奉府命吊回3分，其後又陸續發下趙貴等絕屯6分，共27分，「俱赴縣折銀完糧，本縣轉行典史追徵，呈縣解府」。[68] 這一部份的發展與隆慶以來興國縣以絕屯召佃的情況相似。

佔田而不載糧致民戶代賠的問題亦見於建昌府。康熙《廣昌縣志》卷二，〈籽粒〉謂建昌所之屯曰：

> 廣昌籽粒一款，無田認畝，始於明永樂二年。以荒田磽地，勒民虛賠之錢糧也。因建昌所軍每每占民田之成熟者爲屯田，民心不甘。至明宏治七年，始編爲一百一十篷，每篷虛認租四石一斗二升，共折銀八錢二分七釐。逮後兵荒，洊至逃亡死絕者多，止得八十三篷，復收入册，相沿迨今，每篷民屯子粒銀八錢二分七釐，照舊徵收。

---

[68] 萬曆《瑞金縣志・食貨志》3：14b-15a。

同卷，〈屯田〉又謂：

> 觀今之屯者，籍非邑編，悉住府城，田尚召人爲承佃。（中略）其恣擾侵疆，挾爭搆訟屢。幸上人明直之，稍就寧止。而流毒終未之塞。嗟嗟窮氓，不惟兩賦之輸艱，抑且數端之罹害也。（中略）考明洪武間，止有官民田，無屯田。永樂間，以官民田之荒者撥軍屯種，遂有屯田。而此田竟爲軍有。爲軍有尚可言也，久之苦民佃矣，軍影占矣，所弁科派矣。而今且當事者又疏請照浙省例加徵折色矣。況今年改見運，明年改缺船，納户無所適從，所軍惟知網利。後來之憂，又寧有底哉？

上節曾提及洪武末年廣昌縣地「因兵瘼抛荒，官民田地之有額者，租賦無所納」，故於永樂二年差官取勘，將荒田撥軍屯種。但由上引文可知，建昌所軍於永樂二年撥屯時原應以官民田之荒者爲屯田，但卻多占民田之成熟者，而原撥荒田亦本屬民戶耕種之田，改爲軍屯以後，與民戶間的糾紛也特別多。正統、天順、成化年間節次清查，「致軍民訐訟，官司會踏」，不勝其擾。弘治十六年，乃差科道部官蔚春等，督同建昌府同知沈景、管屯千戶王嶅等清丈屯田。同年，又有廣昌縣主簿陳天敘刊籍定冊。[69] 不過，對於這次清丈的結果，方志中的記載卻多彼此不符之處，其間的矛盾似頗堪玩味。

據正德《建昌府志·武備》，蔚春等履畝清丈的結果，計清出田地41頃20畝5分。其中13頃75畝應收籽粒米折銀45兩4錢8分5釐，解送建昌府庫收貯。所餘26頃97畝5分，由廣昌縣募得民人吳六等110名自願承種。民種田應納籽粒米計429石餘，因陳天敘的建議，將其折銀85兩8錢餘送納廣昌縣收貯，以備建昌所隄備官軍口糧支用。乾隆府志〈名宦傳〉並指出陳天敘與此同時，還針對屯政

---

[69] 以上參見正德《建昌府志·武備》8：25a-26a。其中記載蔚春與陳天敘的清丈定制，文字敘述並不清楚。徵引如下：

> 弘治間，欽差科道部官蔚春等，督同建昌府同知沈景、管屯千户王嶅等履畝。（中略）弘治間，本縣主簿陳天敘建議刊籍定制。

據乾隆《建昌府志·名宦傳》35：31b-32a，陳天敘任廣昌主簿始於弘治十四年，同書35：32a則謂沈景同知建昌亦始於弘治十四年。上節提到弘治十六年江西地區曾奉欽差科道大規模清丈屯田，因此定沈之清丈屯田與陳之刊籍定冊爲此年。

缺失，定例11條。是爲1、清屯事例，2、管屯事例，3、折銀事例，4、屯田定制，5、屯田始末，6、發民佃種，7、定派新糧，8、屯田奸弊，9、查勘餘田，10、造冊始末，11、冊籍數目等。可見在清丈之餘，還設計有一整套管理的制度。而其中最重要的，即是冊籍的制訂。〈名宦傳〉謂「由是宿弊悉剖，人爭繕而藏之，至今受其賜」，可說是陳天敘的最大貢獻。

康熙《廣昌縣志》的記載則頗有不同。卷二，〈籽粒附〉引舊志，謂弘治間因賦額不足，軍民告訐，差科道清查。遂以實在成熟田地116頃歸所，稱做「有崙田」，收其租贍運。其餘荒山河地，磽确不堪耕種者27頃47畝，則委由官民田地之相近者代賠錢糧，「歲供贍丁」，裨免爲軍舍影占。其田稱作民屯，其糧稱爲籽粒；但只有畝之名，而無畝之實。至弘治七年，因其糧徵收不繼，知縣勸諭十排糧長，以五六家爲一篷，將前項荒山地畝分爲110篷，每篷應科籽粒改納折色銀8錢2分7釐，共該歲納銀90兩9錢7分。因屬虛納籽粒，稱爲「無崙戶」。[70]

康熙《廣昌縣志》中的「無崙戶」110篷，與正德《建昌府志》中所謂的民人吳六等110戶應爲一事。二志所記之田畝數字雖略有差異，但大致仍相符。「無崙戶」代賠之錢糧縣志稱其用途爲「歲供贍丁」，與府志之充作隄備軍口糧不同；但縣志所載爲弘治七年前後的情形，弘治十六年以後自有可能改作他用，因此這些都不成問題。問題是這110戶的性質應該如何去認定？「無崙戶」所認之田稱作民屯，其田俱屬磽确不堪耕種之類，只因地在軍屯與己田之界，而被迫認納其糧。對民戶來說，自是額外的負擔。因此於清出後不久，即因徵收不繼改由各戶朋充。然則，府志中的民人110戶又如何呢？

正德《建昌府志》卷八，〈武備〉載有正德十(1515)年兵備副使胡世寧之言，乃是針對陳天敘以民戶承種屯地糧充作隄備官軍口糧一事所做的討論。(按：廣昌縣設「隄備官軍」，始於成化二十三年，有官2人，領兵120名，分二

---

70 康熙《廣昌縣志・籽粒附》2：46a-b。47a以下缺頁，參照同治《廣昌縣志・賦役志・籽粒》2：62b-63b。

班更戍。)[71] 其言如下：

> 查得本所原有屯地三百零一分，以後清出軍民侵占迷失屯田一百六十五分，每分皆二十五畝，俱坐落廣昌縣地方。其田鄉里每分上者每年收租谷七十餘石，次者收五十餘石，下者收二十五石。其田多係原籍在彼住坐富軍，幷府城有力舍餘共三百五十六名，及原占豪民一百一十戶承種。每年坐收租利，出半其息，或分之一，以納子粒六石。其清出新田，又止折徵價銀一兩二錢。彼既坐享田利，影射正差，卻又令撥在城旗軍在彼隄備，重支口糧、月糧。因無家小在彼係累，聞賊即逃，累國誤民，莫此爲甚。

在胡世寧眼中，這110戶承種軍屯的民戶乃是豪民，承種的110分軍屯乃是租利甚豐的膏腴之地，或至少與其他356分軍地地利不相上下。[72] 從弘治七年到正德十年，期間不過21年，磽确之地似不易立即轉成膏腴，這種認知上的差距究竟是如何產生的呢？

康熙《廣昌縣志》卷二，〈屯田附〉記弘治間蔚春等清丈事，其後謂：

> 已上屯田頃畝數目，具載郡志。東州夏先生必據千戶所冊查書，今俱因之，但與縣簿陳天敘刊定告示小冊差有不同。

由此可知，廣昌清屯之後，建昌千戶所及廣昌縣各有冊籍記錄，且二者所記內容是「差有不同」的。方志作者因所依循的史料不同，而有若是差異的記載。上述對「無耑戶」的兩種極端看法，或許即分別存在於千戶冊與縣冊之中，代表了軍政系統與民政系統的不同認知。

現在再回頭來看胡世寧的意見。他反對陳天敘以民戶承種屯地糧充作隄備官

---

71 正德《建昌府志・武備》8：26a-b。

72 同治《廣昌縣志・賦役志・漕運附》2：65b謂：「明正德間清查建郡屬屯地實有三百零一分，以後清出軍民侵占迷失屯田一百六十五分，每分各二十五畝，俱坐落廣邑揭坊等鄉里，皆膏腴之區。係豪民吳六等一百一十戶原佔耕種，情願納租料籽粒以供貧丁出運之用。」很明顯的是引用了胡世寧的說法，但誤以胡世寧所在之正德年間爲清丈之年。不過，除了時間上的訛誤以外，卻也相當正確的反映出胡世寧對這些豪民所佔之地作何理解。又陸鍵〈屯田說〉謂：「建所之有屯田也，皆境內膏腴之區，爲有力者所必爭。而近屯民田被其侵齧，又地名雷同，影射妄認，民莫敢誰何。故屯比民田獨寬數倍。」代表的是同一看法。參見萬曆《建昌府誌・附乘八說》2：48b。

軍口糧，乃是因爲廣昌地方屯租之利甚厚，屯糧負擔卻極有限。屯軍舍餘乃至佔田豪民坐享其利，卻要另撥旗軍代爲隄備。以致隄備旗軍因外調而重覆支糧，又因無家小在彼而無固志，遇賊即逃，全無實效。因此他主張由「本處委官一員，將廣昌縣新舊屯田四百六十六分再行踏看高低，品搭美惡，均平所有」，使建昌所正軍除上運者外，其餘盡數撥予廣昌屯田。若正軍不足數，再以舍人餘丁補數。分得屯田者不論是招佃收租或自己耕種，「各隨所便」。而屯田所「該納籽粒及收徵價銀，就與准作該關月糧，免其納官」。原隄備官軍全數裁撤，僅需由建昌所委官一員，統領屯田軍舍，「令其常川在彼操守」。至於以百姓佃種者，亦不需繳納折徵銀兩，但須由承佃百姓「認當民社一名」，與屯軍一同操練。如此每年不過減徵籽粒米1806石、折徵銀198兩，卻可得常操軍士466名。又因裁撤隄備官軍120名，節省官糧6990石，所省遠超過所虧。而屯軍愛其土地，有事時必全力以赴，則所獲更有大於前者。胡世寧同時建議將建昌在城舍人餘丁盡數查出，令每二丁或三丁朋充一軍，與南城縣機兵一同常川操守建昌府城池。對於各項無用差使，則令盡行革去，不許多占食糧正軍。可以說他所有的主張都是以節餉增兵爲主要目的的。

胡世寧的建議完全以軍事目的來考量，然而站在民政的立場，卻有其窒礙難行之處。由廣昌縣知縣張璨的覆議申狀可知，當時屯軍由於「久處府城，固不願遷來耕種」；而承種百姓也因「瘡痍甫定，情願照舊辦納籽粒，亦不肯充當民兵，比軍常操」。此外，胡世寧的主張需以重新清丈爲基礎，張璨也以過去曾兩次委官丈量，[73] 不宜再行踏看爲由，婉轉拒絕。最後決議令原種屯田民人吳六等110戶每年該納籽粒米429石餘仍照例每石折銀貳錢，將全部折銀85兩餘「准作前該輪班官軍每班六十一員名月糧」，不必另行繳官。另外再以廣昌縣遇例放回屯軍29名留縣隄備，不必赴所操練。其月糧由屯糧中直接支給，免其赴所交納。同時又由屯軍356名中「每歲添撥五十名來縣」，減免屯田每分所納籽粒歲六石爲四石，所減部分「准作新添在縣防守屯軍五十名內月糧支用」。加

[73] 所謂「兩次」，或指康熙《廣昌縣志・籽粒附》2：46b中的弘治初爲一次，乾隆《建昌府志・屯運考》11：1a-b中的弘治十六年爲一次。

上輪撥正軍、廣昌縣遇例放回屯軍、白水鎮弓兵及原編機兵，總計廣昌縣兵力可達602名。[74]

建昌所的屯田到了嘉靖以後，又逐漸爲勢豪所影佔。由上引胡世寧之言可知，建昌所屯地合「原有」及「以後淸出軍民侵占迷失屯田」共計466分。其中有110分係由豪民承種，所餘356分則多爲原籍建昌的富軍，[75] 或居於府城的有力舍餘所占。及萬曆中期，356戶的屯田中僅289戶爲「成熟大糧」戶，每戶額田25畝，應納正耗米6石4斗，折銀2兩5錢6分；53戶爲「折徵屯田」戶，應納正耗米3石2斗，折銀1兩2錢8分。另有14戶因水打沙堆，無人承種，稱作「事故屯田」戶，其應納正耗米折銀由成熟大糧戶及折徵屯田戶內派納。總計歲收屯田籽粒共正米1806石，耗米99石3斗3升，奉例改折徵銀每米一石折銀四錢，共銀762兩餘，另新增餘糧折徵銀45兩餘，共銀807兩餘。[76] 萬曆三十七年，乃有署府事推官陸鍵又一次清理屯田，翌年，經知府鄔鳴雷覆覈詳允，軍政爲之一淸。

萬曆三十七年的淸理屯糧，起因於屯田負擔不均及豪強侵佔屯田。萬曆《建昌府誌》卷七，〈武備・附知府鄔鳴雷均糧節略〉云：

> 看得該所屯田，大糧一分，納銀二兩八錢〔按：應爲五錢之誤〕有奇；折徵一分，納銀一兩二錢有奇；而事故屯銀併於大糧、折徵內派納。第查大糧、折徵，俱有上、中、下田，有大糧而租反少，折徵而租反多，乃其納

74 正德《建昌府志・武備》8：26b-29b。所謂減免屯田籽粒，似指減免其上納建昌所的數額，由於所減部份仍須供作防守屯軍月糧，每分屯田的實際負擔應是不變的。

75 按：原文爲「原籍在彼住坐富軍」，究指原籍建昌，分派外衛之軍户户丁？抑或原籍、衛所俱在建昌之軍丁？不詳。

76 萬曆《建昌府誌・武備》7：5a-b。按：府誌所載數字一如上述，但仔細計算後可知問題並不如此單純。據府誌，成熟大糧户與折徵屯田户應納正耗米總和爲6.4石×289＋3.2石×53＝2019.2石，應納折徵銀應爲2.56兩×289＋1.28兩×53＝807.68兩。但府誌又載歲收正耗米總計1806石＋99.33石＝1905.33石，較上舉2019.2石略少。1905.33石折徵銀共762.132兩，加上新增餘糧折徵銀45.485兩，總數爲807.617兩，此數方合於上列成熟大糧户與折徵屯田户應納折徵銀總和。可見萬曆年間屯田子粒總額是由「成熟大糧户」與「折徵屯田户」定額分擔，但所謂「折徵屯田户」是否即弘治中的「新增」則不詳。

糧不啻懸隔。今查該所所定兑價，每租一石，議銀五錢，既可據租以定價，獨不可據租以定糧乎？緣是本府通查屯租之數，不論大糧、折徵，每屯田若干叚，收租若干石，每石輸糧若干，兑價若干，印給小票，粘于屯帖之上。仍用印鈐蓋，發軍舍收執。復行文廣昌屯户知悉，照票交租，不許軍舍分外勒索。又況事故屯田亦經本府查出，俱係所官影占，藉口事故。内有田極膏腴，而收租之多，反在大糧、折徵之上者，業已將一十四屯盡數查明，給與無田軍舍佃種，則該所三百五十六分之屯，頃且盡還故物矣。

改革的要點第一是「據租以定糧」。當時建昌所的軍屯絕大多數是由佃戶承種；軍舍收租，其田租由所方統一兌價爲每租一石折銀五錢。大糧成熟戶每分屯田應納正耗米較多，但實際上因田分等則，其應付租銀有少於折徵戶的情形。租銀最能反應屯田的實際狀況，爲免負擔不均，首先改以租額定糧額。萬曆三十七年清查各屯租谷共計11756.72石，以每屯租一石納銀6分8厘6毫餘，將可合糧額807.617兩之數。於是廢大糧、折徵之分，每分屯田應納屯租及應兌折糧銀之數均印於小票之上，再黏於屯帖，交軍舍收執。佃戶照票交租，亦可免除受軍舍額外勒索之苦。此外，原列爲事故屯田的14戶也全數清查而出。其中有十屯是爲所官影占的膏腴田地，由官府另招佃戶承佃完糧；另四分則於清出後給軍舍開墾，於三年後照例起科。經此一清，建昌所所有356分由軍舍屯種之屯乃盡復舊觀。而過去屯糧子粒以每分田爲單位不論肥瘠均收6石的徵收方式，也有了革命性的改變。糧額依租額而定，如果租額定的合理，則糧額亦能充分反映田地的狀況；否則即使有刁軍多取屯租的情形，因所納糧額亦相對提高，站在政府的立場，便也無意多加干涉。另外一點值得注意的是，鄔鳴雷清屯的對象僅是356分軍屯地，前述110分爲「豪民佔種」的土地，是不在此次清丈之列的。

鄔鳴雷〈均糧節略〉後附有「清屯凡九款」。[77] 其內容如下：

1、清出爲勢豪影占屯田99分，給予無田軍舍佃種。

[77] 萬曆《建昌府誌・武備》7：8a-b。

2、清出事故屯田戶14分，其處置方法已如上述。

3、屯帖過去向由管屯官發給，內容朝更夕改，常被引爲需索之資。今則改由建昌府頒定格式，重新刊印。軍舍有欲退佃或頂種者，赴府呈名，由府發給屯帖。盡革所官換帖常例。

4、由建昌府較定收屯租桶大小，親筆花押，不許參差。另給小票爲驗。如有以舊桶收租，或無小票爲據者，即係軍舍詐僞勒索，許各佃稟究。

5、屯糧過去向由所官徵收，常因奸舍影占，至多逋賦。今後改行自封投櫃，設櫃於儀門右側耳戶，聽軍舍自行封號投櫃。[78] 管屯官止許監收籍記，夜間連櫃封貯府庫。完納之日當堂拆封，如有短少，照名提究。

6、徵糧仍分三櫃徵收，八月徵頭櫃，九月徵二櫃，十月徵三櫃。每櫃又分三限，逢月初五完頭限，十五完二限，二十五完三限。一櫃徵完，即於月盡日當堂拆封，發做操軍月糧。盡革所官勒取火耗及對支之弊。

7、三櫃已完，即於十一月初旬例報屯道。如有奸刁軍舍過期拖欠，不能完納者，除重究經催人員及本犯外，並奪其屯，招人另佃；沒其糞土銀兩以抵欠糧。

8、除糧額照租額訂定外，每屯租一石，另定「糞土銀」五錢。與屯租、糧銀數俱刊於浮票，明貼於屯帖之上，用印鈐蓋。照數輸糧，亦照價頂兌，永除不均及紛爭之弊。

9、過去建昌所的公費（18兩），及都司徭銀（12兩）、吏目柴薪（12兩）等項費用，俱係由大糧內幫貼。此次均糧之後，不得獨累大糧，聽所官照例通融均派取用。

九款中，除少數項目外，均可明顯看出地方政府勢力的介入。如第一、二款，所官、勢豪影占之屯，由官府另行召佃；第三、八款，過去由管屯官發給的屯帖，改由建昌府定式刊印發給，有關軍舍退佃或頂種事宜，改由建昌府管

[78] 按：萬曆《建昌府誌・武備》7：5b謂：「萬曆三十六年，郡守鄔公置櫃于儀門之右側，收貯府庫。」但據乾隆《建昌府志・名宦傳》36：18a-b，鄔鳴雷由刑部員外郎出守建昌在萬曆三十七年，因此不可能早於萬曆三十七年。

理；第四款，收屯租桶大小由建昌府較定、檢驗；第五、六、七款，過去由所官徵收的屯糧，改以自封投櫃的方式由建昌府監管、發放，管屯官僅有監收記錄之責等都是。另外，鄔鳴雷淸屯九款中第六款有所謂「對支之弊」，這一點留待第四節再討論。

江西尙有若干衛所無漕運之責，即南安所、會昌所與信豐所。南安所屯田大幅減少的原因有二。其一爲人爲因素，另一則爲自然因素。實際情況已見上節的討論。簡而言之，明初南安所開屯的情況與建昌所相近，有不少原是有主之田。承平以後，漸爲原業主持劵索回。交阯之役時又因兵糧不足，調取所軍出征，同時默許所軍售田與民，以充糧餉，軍額、田額遂俱大損。而屯地逼近山谷，洪水爲患，亦使屯多荒蕪。崇禎時，實存畝數已不及明初的四成。南安所軍以守禦爲專職，不事漕運，因此屯田收入以「贍軍」爲要，而竟減損至此，明末屯田功效之低，亦由此可見一斑。

本節最後想要討論的，是有關屯田賦重或輕的問題。前引侯方域〈代司徒公屯田奏議〉謂腹屯「地廣而賦輕」，王毓銓則謂南京各衛餘丁改科地之科則與官田同，僅是屯田子粒的一半。道光《建德縣志》卷五，〈食貨志・屯稅〉載有孔貞運〈屯田條議〉謂：

> 建德屯田之苦，有不堪縷述者。每額田一畝，實算一畝，非若民田折册起科也。所弁按册徵收，不論水推砂積，下則概輸上則之糧；不論軍逃田蕪，虛田亦納實田之賦。計弓一畝，正餘籽粒納銀七分二厘，加之都司柴薪、夫馬、管屯供應、編扛新例、濟漕雜項，每年四五分不等，較民間田賦，已重十之二矣。比安慶衛田之隸東流，每户三十畝，納籽粒一兩者，又不啻歲倍取其三。然一經領運，世代相承。十年大造，費近千金。每歲襯運，需亦百兩。比之民羌十年一役，較之他衛輪流更運，苦又十倍矣。至追漕欠，則開報全憑運弁，而實數不可稽征；雜項則名色只憑撫府，而額數無定據。倘奸猾朋比，以少作多，以完作欠，西省固隔越難控，南都又痛養不親，無怪十軍九困也。

建德屯地分屬江西南昌衛、饒州所與撫州所。據縣志，建德屯田應納子粒科則較隔鄰東流縣所屬安慶衛屯田子粒科則已爲一倍以上，如果加上「都司柴薪、夫馬、管屯供應、編扛新例、濟漕雜項」，則所出更爲安慶衛的三倍，較建德民間田賦也高出十分之二。顯然各衛的情況並不一致，絕對不可一概而論。這一部份因資料有限，不擬深論。

綜合上述，明代江西地區因地處腹裡，雖有較多軍力可投入屯田，但受限於土地開發的現況，明初除九江衛、南安所爲全衛所屯田外，其餘衛所屯田的比例多寡不一，並無法達到一律八分的標準。又因爲這些地區本多有主之田，即使在明初因戰亂呈一時荒廢之勢，承平後原主復業，與屯軍間的紛爭勢所不免。而若干地區因可領種荒田數量不足，甚至佔用到隔省土地，也是江西屯田的一大特色。先天不足導致江西軍屯從一開始就注定了失敗的命運，永樂末年實施計屯起運以後，屯軍投入漕運，軍屯耕種仰賴餘丁、佃戶，更加速了軍屯的敗壞。貧軍不堪重役之苦，典賣屯地；部份奸軍則大量兼併屯地，隱匿屯糧。軍屯民佃使屯軍不知田所，造成佃戶隱佔軍屯的絕好條件；而與軍屯鄰近的民田，也時有被奸軍侵佔之虞。於是一方面有豪民侵佔屯田，另一方面則是軍有餘田，民有虛糧。要求軍屯清丈的呼聲便也時有所聞。

弘治十六年的大規模清丈，以欽差科道爲首，由府州縣官與衛所管屯官一體施行。清丈的結果雖載在冊籍，卻是州縣與衛所各有一冊，其內容亦不盡相同。這使得弘治清丈反而成爲江西屯政敗壞的關鍵，尤其是清丈後另立的「新增」一項名目，更是紛亂之源。軍民爭議的擴大，促使地方官開始嘗試採取更積極的手段來解決稅糧徵收的問題。萬曆中期以後，至少在贛州衛及建昌所，有關屯地管理與屯糧徵收事宜，已由衛所官之手移至府州縣官的掌控中。移轉的過程不一定很順利，衛所官濫發衛票是使問題複雜化的一大因素，但是透過兼管民事與軍務的巡撫、巡按監察御史的同意，府州縣官在軍屯的監管上逐漸取得合法的地位。入清以後非漕運衛所的裁撤，屯糧徵收完全納入府州縣系統，就是在這個基礎上發展出來的。[79]

---

[79] 楢木野宣，〈衛所の行方〉，《東京教育大學東洋史學論集》3（1954），收入《清代重要職官の研究》（東京：風間書房，1975），369-77，本文所引頁碼爲《清代重要職官の研究》之頁碼；郭松義，〈清朝政府對明軍屯田的處置和屯地的民地化〉，《社會科學輯刊》4（1986）：46；顧誠，〈衛所制度在清代的變革〉，《北京師範大學學報》2（1988）：116-21。

四、明代江西衛所屯田籽粒供軍的比例

明代推行屯田，其目的本是爲了贍軍自給，但所謂「養兵百萬，不費朝廷一錢」的盛況，僅見於永樂間極短的時間。[80] 關於明初江西衛所屯田的功效，由於屯田原額及祖軍人數已不能完全掌握，無法討論。本節擬利用《江西賦役全書》中的相關資料，探討萬曆末年江西衛所屯糧供軍的實際狀況。

現存《江西賦役全書》缺南安、建昌、撫州三府資料。另外，除九江府部份似有缺漏致內容不完整外，其他各府縣記錄的方式亦有詳略互見的情形。儘管如此，除南安、建昌、撫州三所情況不明外，其他各衛所官軍俸糧支給的情形已大略可見，由之亦可知其間之歧異甚大。以下即按第二節排列的順序，介紹江西地區各衛所官軍俸月糧額及其來源，藉以明瞭屯糧供軍的比例。

1. 九江衛：

九江衛資料不全。僅知該衛運官、經歷俸銀，令典吏糧銀，上江幫、下江幫官軍行糧銀共歲支銀2887.312兩，合經歷・令典吏三年攤閏銀每年該銀1兩（運官俸銀、運軍行糧遇閏不派），共歲支銀2888.312兩。由府倉米銀1333.589兩儘支外，尙少銀若干，於夏稅存留府倉麥米銀內支湊。衛官鈔銀另額支給，不在府倉米之內（〈九江府總〉6a-b）

九江衛運官以外衛官俸、鈔，操、運軍月糧均不見載，或另項由屯糧支付。唯九江衛屯糧資料亦缺，僅能確定九江衛官軍俸月糧至少有2888.312兩需仰賴屯糧以外的其他收入。

附表5：九江衛官軍俸月糧額表（不全）

職稱	俸月糧銀	遇閏加銀
運官6員	共俸糧銀267.312兩	遇閏不派

[80] 吳晗，〈明代的軍兵〉，《中國社會經濟史集刊》5.2（1937），收入《讀史劄記》（北京：生活・讀書・新知三聯書店，1956），133。本文所引頁碼爲《讀史劄記》之頁碼。

經歷1員	俸13.2兩	遇閏加銀1.1兩
令典吏	共糧銀23.8兩	遇閏共加銀1.9兩
下江幫官軍	行糧銀972兩	遇閏不派
上江幫官軍	行糧銀1611兩	遇閏不派

*資料來源:《江西賦役全書》〈九江府總〉6a-b。

2.南昌衛:

南昌衛屯糧據〈南昌府總〉32a,二屯共子粒米24020.629石,內前屯8908石,又樣田米88石,左屯15024.629石。內除衝崩米17.671石,餘實存屯米24002.957石。

南昌衛指揮使4員、指揮同知5員、指揮僉事12員、經歷1員、知事1員、正千戶5員、副千戶9員、已故副千戶妻1口、署所鎮撫4員、所鎮撫1員、衛鎮撫2員、正百戶10員、試百戶13員、總小旗27名、軍門旗牌8名、令史2名、典吏11名。歲支俸銀共一千餘兩、遇閏加銀一百餘兩(因未列細數又與王府官合計,不得其詳)。又,運旗散軍催運2274名,7個月月糧銀共5093.76兩。以上俱由府倉米銀10780.91兩內支應。如遇武科新中進士除授鎮撫者俸糧,及告襲千百戶各加增數目不等,俱照數於此內支用。(以上見〈南昌府總〉9b-10a)

附表6所列南昌衛運旗散軍催運以下各軍月糧共該支米20923.2石,俱由南昌衛二屯子粒米24002.957石中支用。其中,運旗散軍催運2274名、門舖常操巡捕軍禁催糧看倉正軍464名,每名照近酌議各扣船料幷軍器二項軍三料米0.9913石,該扣米2714.179石,每石徵銀4錢,該銀1085.671兩,徵銀解府,以備造船及軍器軍三料銀之用,實給各軍米18209.020石。尚餘米3079.757石(24002.957—20923.2=3079.757),合徵貯庫,以備五年兩閏各官軍月糧支用。有餘留濟軍需。(以上見〈南昌府總〉32a-33a)

南昌衛除衛官及運軍由府倉米支付部份爲支銀外,由屯糧支付部份似仍保持以本色糧支付之形式。唯據《江西賦役全書》〈省總・屯糧〉61a,可知南昌衛屯糧亦係折銀徵收,每石4錢,共計9565.983兩。〈省總〉與〈南昌府總〉所記南昌衛屯糧數額略有差異，若依後者則應折銀9601.182兩（0.4×24002.957＝9601.182）。南昌衛軍閏銀數不見載，僅知屯糧支付月糧後餘銀用支閏銀，再有餘則留濟軍需。而南昌衛官俸銀、閏銀之和最低亦在1100兩以上，以此補彼，取其約數，大致可得以下之數。

南昌衛官軍俸月糧由屯糧支付的比例大約爲9601.182÷（9601.182＋5093.76＋1100）＝60.78%。

附表6：南昌衛軍月糧數額表

軍役內容	人數	月糧數額	小計	附註
運旗、散軍、催運	共正軍2274名	每名除支府倉7個月，每月0.32兩外，各支屯糧5個月，每月8斗	該支米9096石、支銀5093.76兩	內每名照近酌議，各扣船料幷軍器二項軍三料米0.9913石，該扣2254.216石，徵銀解府
門舖、常操、巡捕、軍禁、催糧、看倉	共正軍464名	每名每月8斗	該米4454.4石	內每名照前扣米0.9913石，該扣米459.963石，徵銀解府
護印鄱湖正軍	共103名	每名每月8斗	該支米988.8石	
吹手、局匠、火藥、馬軍	共正軍162名	每名每月1石	該支1944石	
新改收伍運乏舊旗雜軍	13名	每名每月8斗	該米124.8石	
裁革總旗改作正軍	5名	每名每月8斗	該米48石	
紀錄軍	14名	每名每月3斗	該米50.4石	
老疾食糧軍	18名	每名每月3斗	該米64.8石	
功陞總旗	4名	每名每月1石	共支米48石	

正軍兵	165名	每名每月8斗	該米1584石	近議每季酌定分撥巡湖兵94名，每名季加米0.9石，該加米338.4石，連額共支米1922.4石
餘丁兵	200名	每名每月8斗	該米1920石	近議每季酌定分撥巡湖兵109名，每名季加0.6石，該加米261.6石，連額共支米2181.6石

*資料來源：《江西賦役全書》〈南昌府總〉9b-10a、32a-33b。

3.袁州衛：

袁州衛屯田據〈袁州府總〉22a-b，原額屯田23700畝，全數由民人帶種（宜春縣1770畝、分宜縣750畝、萍鄉縣5370畝、萬載縣15810畝）。計每分30畝，每畝該米0.2石，共該米4740石。內本色米2370石，屯官徵收府倉，候給官軍俸月糧。折色米2370石，每石折銀4錢，共銀948兩；外餘糧銀52.122兩，屯官徵解府庫，候給各官軍俸月糧。王毓銓氏據此謂「江西各衛屯糧，在那時幾乎全部改折徵銀，只袁州一衛本、折兼半」。[81] 但〈袁州府總〉6b謂袁州衛屯糧本色米2370石，每石俱以4錢約算，該銀948兩。總計本折色米及餘糧銀共1948.122兩。

袁州衛官軍應歲支銀7296.868兩，合三年攤閏銀每年該銀202.690兩，共歲支銀7499.559兩。先儘支屯糧折銀1948.122兩，不足，由府倉米6858.833兩內找支。（見〈袁州府總〉6b-9b）

袁州衛官軍俸月糧由屯糧支付的比例是1948.122÷7499.559＝25.97%。

附表7：袁州衛官軍俸鈔月糧額表

職稱	歲支俸銀	歲支鈔銀	遇閏加俸銀	遇閏加鈔銀	附註
指揮使	37.8兩	7.2兩	3.15兩	0.6兩	

[81] 王毓銓，《明代的軍屯》，162。

署指揮使	28.08兩	5.3484兩	2.34兩	0.4457兩	近本官降俸少支，應存原額
指揮同知3員	28.08兩	5.3484兩	2.34兩	0.4457兩	
署指揮同知	25.92兩	4.9368兩	2.16兩	0.4114兩	
指揮僉事6員	25.92兩	4.9368兩	2.16兩	0.4114兩	
署指揮僉事	17.28兩	3.29112兩	1.44兩	0.27426兩	
納級指揮僉事	8.1兩	0.9兩	0.675兩	0.075兩	
正千戶3員	17.28兩	3.29112兩	1.44兩	0.27426兩	
副千戶4員	17.28兩	2.77704兩	1.44兩	0.23142兩	
百戶14員	16.2兩	1.8兩	1.35兩	0.15兩	
衛鎮撫	17.28兩	2.77704兩	1.44兩	0.23142兩	
試百戶2員	8.1兩	0.9兩	0.675兩	0.075兩	
所鎮撫2員	12.96兩	1.3371兩	1.08兩	0.1113兩	
令史2名	歲支銀1.62兩	0.4371兩	遇閏各加銀0.135兩	0.0363兩	
典吏11名	歲支銀1.62兩	0.18兩	遇閏各加銀0.135兩	0.015兩	
正軍1050名		0.051428兩		0.0042856兩	
銅鼓石軍人10名		每名歲支行糧銀2.88兩		遇閏各加銀0.24兩	
運糧旗軍并催運軍伴共1269名		每名歲支月糧銀3.84兩		遇閏各加銀0.32兩	本府給發，解赴水次
存衛操備軍人373名		每名歲支糧銀3.84兩		遇閏各加銀0.32兩	

*資料來源：《江西賦役全書》〈袁州府總〉6b-9b。

4.贛州衛：

贛州衛屯糧據〈贛州府總〉25b，每年共屯田子粒米15913.877石，約該銀6365.555兩。

除總小旗軍月糧閏銀不載，衛官鈔銀另額支給，不在府倉米內支付，致不詳其額外，應歲支銀7310.132兩，合三年攤閏銀每年該銀兩67.604兩，共歲支銀7377.736兩。

贛州衛衛官經歷、知事以上俸銀、鈔銀、閏俸、閏鈔，衛令史吏糧銀、遇閏加派，總小旗軍月糧等共銀7377.736兩。先儘屯糧銀6365.555兩內支用外，不足1012.181兩，由府倉米1286.489兩幷南安府屬協濟銀1291兩內湊支。餘銀留備軍旗等閏月支用。（以上見〈贛州府總〉6b-8a）

設旗軍閏銀與衛官鈔銀爲α，則贛州衛官軍俸月糧由屯糧支付的比例是6365.555÷（7377.736＋α）＝86.28% －β。

附表8：贛州衛官軍俸鈔月糧銀額表

職稱	人數	俸銀	鈔銀	遇閏加銀
指揮使	5員	各42兩，共俸210兩	各10.08兩，共鈔50.4兩	指揮使、同、僉共15員，共閏俸鈔52.204兩
指揮同知	3員	各31.2兩，共俸93.6兩	各7.488兩，共鈔22.464兩	
指揮僉事	7員	各28.8兩，共俸201.6兩	各6.912兩，共鈔48.384兩	
正、副千戶幷衛鎮撫	共20員	各19.2兩，共俸384兩	各4.068兩，共鈔81.36兩	千・百戶、經歷、知事共43員，共閏俸鈔70.3542兩

署副千戶幷實授百戶	13員	各18兩，共俸234兩	各2.52兩，共鈔32.76兩	
所鎮撫	1員	俸14.4兩	鈔2.016兩	
試百戶	6員	各9兩，共俸54兩	各1.26兩，共鈔7.56兩	
署試百戶	1員	俸6兩	鈔0.18兩	
衛經歷		俸12.6兩	鈔1.764兩	
知事		俸12兩	鈔1.62兩	
衛令史六房及鎮撫司五所吏	共12名	各2.112兩，共銀25.344兩		共閏2.112兩
總小旗	20名	共115.2兩		閏銀不載
操軍	940名	各3.84兩，共銀3609.6兩		閏銀不載
無妻新軍	3名	各2.4兩，共7.2兩		有無閏銀不詳
紀錄軍人	57名	各1.44兩，共銀82.08兩		閏銀不載
運軍	625名	各3.2兩，共2000兩		閏銀不載

*資料來源：《江西賦役全書》〈贛州府總〉6b-8b。

5.信豐所：

信豐所屯糧據〈贛州府總〉25b，共屯田子粒米4277.8石，該銀1711.12兩；外餘糧銀162.747兩。

信豐所千百戶共11員，春夏二季共支銀102兩。總小旗、旗軍、紀錄、餘丁共541名，共支銀2028.48兩。總計2130.48兩，由屯糧1711.12兩，寧、雩、興三縣協濟信豐倉米銀2205兩內支給。餘銀1785.64兩，聽備官軍閏月支用。

千百戶秋冬二季銀由信豐所屯田餘糧銀162.747兩內支給。

又，信豐所旗軍543名，每年二個月月糧共339.546兩，由縣倉米銀533.219兩中支給。（以上見〈贛州府總〉8a-b、〈信豐縣〉4b-5a）

假設信豐所千百戶秋冬二季銀亦爲102兩，官軍遇閏加銀爲α，則信豐所官軍俸月糧由屯糧支付的比例是（1711.12＋162.747）÷（102＋2130.48＋339.546＋α）＝72.85% －β。

6.會昌所：

會昌所屯糧據〈會昌縣〉11b，每年屯糧子粒米4785.9石；但〈贛州府總〉25b作4740.32石，該銀1896.128兩。

會昌所千百戶11員、司吏1名，共支銀196.8兩。總小旗、正軍、紀錄、餘丁共714名，歲該支銀2417.28兩。總計2614.08兩，由屯糧1896.128兩，興、石、龍、定四縣協濟會昌倉米銀1506兩內支給。餘銀788.048兩，聽備官軍閏月支用。（以上見〈贛州府總〉8b、25b）

設官軍閏銀爲α，則會昌所官軍俸月糧由屯糧支付的比例是1896.128÷（2614.08＋α）＝72.53% －β。

7.吉安所：

吉安所屯糧據〈吉安府總〉27a-b，共屯田子粒米2265.774石，每石折銀4錢，共銀906.309兩，聽操軍月糧支用。

吉安所官軍月糧總額7852.08兩，由吉安府倉米折銀1583.511兩（內廬陵派府倉米每石折銀5錢，共銀1394.511兩；泰和協永新改出189兩）、萬載縣協濟銀1574兩、吉安所額派屯米銀906.309兩、清江、新喻、新淦、峽江、萬載五縣協濟倉米共銀3730兩，連前共倉米屯米并協濟共銀7793.801兩內支用。又除銀189兩改永新所湊給官軍月糧，儘數額外實少銀247.259兩，于前府倉麥米餘銀內湊給。（以上見〈吉安府總〉10a-b、〈廬陵縣〉10a）

吉安所官軍遇閏似不派銀。其官軍俸月糧由屯糧支付的比例是906.309÷7852.08＝11.54% 。

又，所謂協濟銀，據〈萬載縣〉8a、〈清江縣〉8a-b、〈新喻縣〉8a、〈新淦縣〉9b、〈峽江縣〉8a，萬載縣協濟吉安府倉米4250石，每石折銀5錢，該銀2125兩。內551兩解司，湊給吉安所運軍月糧，又1574兩解吉安府，支給該所操軍月糧。清江縣協濟吉安府倉米978石，折銀489兩；新喻縣協濟吉安府倉米

2797石，折銀1398.5兩；新淦縣協濟吉安府倉米1871石，折銀935.5兩；峽江縣協濟吉安府倉米712石，折銀356兩，俱解司支給吉安所運糧官軍。可知運軍月糧係由司支放，操軍月糧則由府支放。

附表9：吉安所官軍糧銀表

職稱	支銀	共銀	職稱	支銀	共銀
指揮1員、	31.2兩	31.2兩	正千戶3員	19.2兩	57.6兩
副千戶5員	19.2兩	96兩	百戶3員	18兩	54兩
實授鎮撫1員	14.4兩	14.4兩	試鎮撫1員	9兩	9兩
司吏	1.8兩	1.8兩	操練舍健旗軍共815名	3.84兩	3129.6兩
幼軍12名	1.44兩	17.28兩	運軍1150名	3.84兩	4416兩
又增設所鎮撫1員	18兩	18兩	試鎮撫1員	7.2兩	7.2兩

*資料來源：《江西賦役全書》〈吉安府總〉10a-b。

8.安福所：

安福所屯糧據〈吉安府總〉27a，共子粒米3318石，每石折銀4錢，共銀1327.2兩，給安福所操軍。但〈安福縣〉21a謂安福所屯糧係用以兌給安福所操、運旗軍秋冬二季月糧，應以後說爲是。

安福所運糧軍月糧由泰和縣協濟永新倉米改解司（每石折銀5錢）銀554.5兩、永寧縣協濟永新倉改解安福縣倉米銀258兩、吉水縣協濟安福縣倉米銀1100兩、永豐縣協濟安福縣倉米銀127.5兩解司支放（以上見〈泰和縣〉9b-10a、〈永寧縣〉6b、〈吉水縣〉8a、〈永豐縣〉9a）。

安福所官吏俸鈔銀、在所旗軍部份月糧銀、遇閏加銀由安福縣倉米（每石折銀5錢）銀1941.160兩內支給。通共歲支俸鈔月糧銀1397.470兩，合三年攤閏銀每年該銀38.818兩，共歲支銀1436.289兩。遇缺扣報，餘銀504.870兩，存縣正支。（見〈安福縣〉8b-9a）

假設安福所屯糧全數用支操運軍月糧，則安福所官軍俸月糧由屯糧支付的比例是1327.2÷（1436.289＋1327.2）＝48.02%。

附表10：安福所官軍俸鈔月糧額表

職稱	俸鈔銀	遇閏加銀	職稱	俸鈔銀	遇閏加銀
指揮1員	23.808兩	1.984兩	副千戶3員	23.088兩	1.9073兩
百戶5員	20.52兩	1.71兩	試百戶2員	10.26兩	0.855兩
鎮撫1員	16.416兩	1.368兩	吏目1員	13.08兩	1.09兩
所吏1名	2.052兩	0.171兩	旗軍在所526名	每名歲抵該所屯米外，應給縣倉米銀2.1858兩，該銀1149.730兩	0.1021兩

*資料來源：《江西賦役全書》〈安福縣〉8b-9a。

9.永新所：

永新所屯糧據〈吉安府總〉27b，原額子粒本色正米3519石，每石折銀3錢，共銀1055.7兩，聽操軍支作月糧。但據〈永新縣〉20a-b，徵完聽支操運旗軍作月糧。應以後者爲是。

永新所管運官2員俸糧、運軍410名・書件吹手16名月糧，由永新縣府倉米（每石折銀5錢）銀189兩奉文改作協濟永新所倉米、永新縣協濟安福倉米改存本縣倉米銀1215.5兩解司支放。

永新所內除運官以外各官吏俸銀、遇閏加俸、操正軍、老幼軍6個月月糧、遇閏加給半個月，俱由永新縣倉米（每石折銀5錢）銀1620.585兩內支給。

永新所官軍鈔銀向來解府另給、吏目鈔銀例於鹽鈔內解府另給。

永新所操正軍、老幼軍6個月月糧，遇閏加給半個月；運軍、書件、吹手2個月月糧；鎮守萬安營餘丁12個月月糧、遇閏加給1個月，俱由屯田子粒銀1055.7兩聽支。共支去額銀954.72兩，應剩額銀100.98兩。遇閏共該支銀62.52兩，五年兩閏，共該支閏銀125.04兩。每年應於剩存額銀100.98兩內，預扣存銀25.008兩，五年共存銀125.008兩，抵準五年兩閏支數外，每年尙應剩額徵屯銀75.972

兩，依限解貯縣庫，聽詳支用。并另給新僉運旗，以濟漕運造船之苦。如該所奉有問發新軍，即以操軍內不等缺支應存屯月糧銀照數給養。或數支不敷，費出不已，聽請詳明文另行設處。其操軍餘丁每年應給屯糧，照限解縣，親詣千戶所點名散給。毋得含糊私兌，各軍餘仍具冊結領狀，附卷查盤。（以上見〈永新縣〉8b-又9b）

假設永新所官軍鈔銀爲α，運官赴司支領糧額與其他同級衛所官同，運軍、書件、吹手赴司支領的十個月份糧爲每名每月8斗，每斗以4分折算，遇閏由使司加給一個月，每名0.32兩，則永新所官軍歲支俸月糧爲3534.48兩，遇閏加銀300.22兩，五年兩閏，每年攤閏銀120.088兩，計歲支銀3654.568兩。而永新所官軍俸月糧由屯糧支付的比例是1055.7÷（3654.568＋α）＝28.88% －β。

附表11：永新所官軍俸月糧額表

職稱	俸銀	遇閏加俸
指揮2員	各28.8兩，共57.6兩	各2.4兩，共4.8兩
正、副、納級千戶9員，內每年例有1員管運，赴使司領糧外，實在8員	各19.2兩，共153.6兩	內除1員管運使司加給外，遇閏各加1.6兩，共加12.8兩
百戶9員，內每年例有1員管運，赴使司領糧外，實在8員	各18兩，共144兩	內除1員管運使司加給外，遇閏各加1.5兩，共加12兩
吏目1員	12兩	1兩
操正軍420名	每名縣給6個月月糧，每月該米8斗，每斗以4分折算，各該月糧銀1.92兩，共銀806.4兩☆每名所給屯米6個月，每月8斗，每斗以3分折算，各該銀1.44兩，共銀604.8兩	遇閏縣給半個月，每名加銀0.16兩，共加銀67.2兩☆遇閏每名所給半個月屯糧，各該加銀0.12兩，共加銀50.4兩

老幼軍8名	每名縣給6個月月糧，每月該米3斗，每斗以4分折算，各該月糧銀0.72兩，共銀5.76兩☆每名所給屯米6個月，每月3斗，每斗以3分折算，各該銀0.54兩，共銀4.32兩	遇閏縣給半個月，每名加銀0.06兩，共加銀0.48兩☆遇閏每名所給半個月屯糧，各加銀0.045兩，共加銀0.36兩
運軍410名，書伴、吹手16名，共426名	赴使司領糧（十個月，設為每月8斗，每斗以4分折算，各該銀3.2兩，共銀1363.2兩）。另每名補給屯米2個月，每月8斗，每斗以3分折算，各該補銀0.48兩，共銀204.48兩	由使司加給，數額不詳（假設遇閏每名俱於使司全支一個月，各該加銀0.32兩，共加銀136.32兩）
鎮守萬安營餘丁49名	每年照依於420名操正軍戶下挨僉精壯餘丁，輪流更撥，循環鎮守。每名每月應食本所屯米8斗，每斗以3分折算，12個月各該銀2.88兩，共銀141.12兩	遇閏每名俱於所屯糧全支一個月，各該加銀0.24兩，共加銀11.76兩

*資料來源：《江西賦役全書》〈永新縣〉8b-又8b、又9a-b。

10.龍泉守禦百戶所：

龍泉所屯糧據〈吉安府總〉27a，屯糧子粒米354石，每石折銀4錢，共銀141.6兩。

龍泉百戶所官俸向在贛州衛支領。百戶所旗軍月糧由屯糧子粒銀141.6兩，及龍泉縣倉米（每石折銀5錢）銀487.698兩內支用。已上俱遇缺扣報。（見〈龍泉縣〉8a）

龍泉百戶所官軍俸月糧由屯糧支付的比例不詳。

11.饒州所：

饒州所屯糧據〈饒州府總〉27b-28a，幷餘糧在內共折銀1126.039兩；又建德縣民佃屯糧折銀1001.032兩，二項合計共2127.071兩。但〈饒州府總〉8a「饒州府倉米」項下不列餘糧，是否屯田餘糧不需繳送府倉？或不被算入屯米支給官軍？不詳。

饒州所官軍應歲支銀5548.08兩，合三年攤閏銀每年該銀154.113兩，共歲支銀5702.193兩。

其所官俸銀、閏俸，操運軍月糧銀、遇閏加銀，俱先儘支屯米（千戶所屯糧折銀1010.943兩，又建德縣佃子粒折銀1001.032兩），不足3690.218兩（若屯田餘糧亦用以支付官軍月糧，則不足3575.122兩），由府倉米1276.303兩連前府倉麥米10889.136兩內支給。（〈饒州府總〉7b-9a）

〈饒州府總〉未列饒州所官鈔銀及閏鈔數，不知何故。去除這些項目不計，饒州所官軍俸月糧由屯糧支付的比例是（1010.943＋1001.032）÷5702.193＝35.28% 或2127.071÷5702.193＝37.30% 。

附表12：饒州所官軍俸月糧銀表

職稱	人數	俸銀	閏俸	職稱	人數	俸銀	閏俸
指揮同知	1員	28.8兩	2.4兩	指揮僉事、正副千戶	10員	19.2兩	1.6兩
署副千戶4員、百戶5員、鎮撫1員	共10員	18兩	1.5兩	試百戶	5員	9兩	0.75兩
冠帶總旗	2員	6兩	0.5兩	吏目	1員	12兩	1兩
吏	1名	1.8兩	0.15兩	操運軍	1322名	每名月糧銀3.84兩	0.32兩

*資料來源：《江西賦役全書》〈饒州府總〉7b-9a。

12.廣信所：

廣信所屯田據〈廣信府總〉6b、23a-b，共有756分，額徵屯糧正耗米4536.865石，折銀1814.746兩；又陞科輕齎銀0.622兩。屯糧由管屯官徵完，運赴廣濟倉上納，支給軍糧；銀解府貯庫。

廣信所官軍應歲支銀6149.352兩，合三年攤閏銀每年該銀146.683兩，共歲支銀6296.035兩。

其所官俸鈔銀、閏俸、閏鈔，廣信所操運軍月糧銀、遇閏加銀，廣信所運軍行糧銀，例不支閏，俱由屯糧子粒折銀1814.746兩儘支外，尚該找支府米銀4481.289兩，由府倉米（972.576兩）并大各祿改抵府倉米銀（3946兩）項下支用。（〈廣信府總〉6b-8b）

廣信所官軍俸月糧由屯糧支付的比例是1814.746÷6296.035＝28.82%。

附表13：廣信所官軍俸鈔月行糧銀表

職稱	人數	俸銀	鈔銀	閏俸	閏鈔
正千戶	3員	19.2兩	4.608兩	1.6兩	0.384兩
署副千百戶	8員	18兩	2.52兩	1.5兩	0.21兩
試百戶	1員	14.4兩	2.016兩	1.2兩	0.168兩
所司吏	1名	1.8兩	0.252兩	0.15兩	0.021兩
副千戶	5員	19.2兩	3.888兩	1.6兩	0.32兩
操守運旗軍	1279名	每名月糧銀3.84兩		加閏0.32兩	
運軍		行糧銀共868.5兩		例不支閏	

＊資料來源：《江西賦役全書》〈廣信府總〉6b-8b。

13.鉛山所：

鉛山所屯田據〈廣信府總〉23b，共有730分，額徵屯糧正耗米4445.7石，奉例每石折銀4錢，該銀1778.28兩；又新增折銀100.8兩，二項共銀1879.08兩。由管屯官徵完，解貯鉛山縣庫，支給所軍月糧。

鉛山所官軍應歲支銀4428.012兩，合三年攤閏銀每年該銀101.717兩，共歲支銀4529.729兩。

其中，所官鈔銀、閏鈔，係由廣信府倉米并大各祿改抵府倉米銀4918.576兩內支給。所官俸銀、閏俸，總小旗、哨隊長、操運軍月糧，運官、旗軍行糧銀等則是由屯糧正耗米銀1879.08兩內先儘支給。不足者由鉛山縣倉米銀701.320兩及玉山、永豐、弋陽、貴溪、興安、東鄉各縣協濟鉛山縣倉米銀共2660.999兩內支給。

所官中有優給未食俸者，其俸銀扣報，循環至下年度支放。另鉛山縣存縣本縣庫鈔518錠3貫378文，該銀12.966兩，貯縣聽鉛山所糧餉、軍三等用。（〈廣信府總〉8a-b、23b、〈鉛山縣〉4b、8b-9b、21b）

鉛山所官軍俸月糧由屯糧支付的比例是1879.08÷4529.729＝41.48% 。

附表14：鉛山所官軍俸鈔月行糧額銀表

職稱	人數	俸銀	鈔銀	閏俸	閏鈔
正千戶	1員		4.608兩		0.384兩
正千戶	4員	19.2兩		1.6兩	
副千戶	6員		3.888兩		0.324兩
納級副千戶	3員	18兩		1.5兩	
百戶	1員	18兩	2.52兩	1.5兩	0.21兩
鎮撫	1員	＊＊14.4兩？	2.016兩	2.85兩？	0.168兩
優給正千戶舍人	1名	19.2兩	4.608兩	1.6兩	0.384兩
優給百戶舍人	1名	18兩	2.52兩	1.5兩	0.21兩
吏目		12兩	1.08兩	1兩	0.09兩
柴薪		24兩		例不派閏	
司吏	1名	1.8兩	0.252兩	0.15兩	0.021兩
總小旗、哨隊長、操運軍	共882名	每名月糧銀3.84兩		0.32兩	
運官、旗軍	508員名	每員名支行糧銀1.5兩			

＊資料來源：《江西賦役全書》〈廣信府總〉6b-8b、〈鉛山縣〉8a-9b。

＊＊鎮撫俸銀及閏俸數額不載，但〈鉛山縣〉9b謂所官軍三年攤閏銀100.58兩，共所官軍應歲支銀4487.66兩，較上表所列各項總額多了15.35兩，閏俸額則多了0.95兩。因此暫定鎮撫俸銀為（15.35－0.95＝）14.4兩，閏俸（0.95×3＝）2.85兩。

以上的討論經整理可成下表。

附表15：萬曆末年江西衛所屯糧供軍比例表

南昌衛	60.78%	袁州衛	25.97%	贛州衛	86.28% －β	信豐所	72.85% －β
會昌所	72.53% －β	吉安所	11.54%	安福所	48.02%	永新所	28.88% －β
饒州所	37.30%	廣信所	28.82%	鉛山所	41.48%		

供軍比例在50% 以上的僅有南昌衛、贛州衛、信豐所、會昌所等四衛所，不足三成的則有袁州衛、吉安所、永新所、廣信所等四衛所。屯糧供軍比例的多寡對衛所官軍俸月糧額是否會產生影響？萬曆末年衛所官軍俸月糧額較萬曆以前有何變化？本節以下要探討的，就是這些問題。

在討論衛官俸額之前，首先要瞭解武官資格。明代衛所武官資格爲指揮使正三品、指揮同知從三品、指揮僉事正四品、衛鎮撫從五品、正千戶正五品、副千戶從五品、所鎮撫從六品、百戶正六品。永樂十五年以後百戶、所鎮撫有試職，作一級，支半俸。另外，指揮使、同知、僉事、正副千戶、試百戶、試所鎮撫各有署職。凡署職遞加本職一級，署副千戶以實授百戶，署試百戶、試所鎮撫俱以冠帶總旗。署職起自景泰元年，作半級，不支俸。[82] 武官歲支俸米曰祿，正三品月支祿米35石，歲該420石；從三品月支祿米26石，歲該312石；正四品月支祿米24石，歲該288石；正五品月支祿米16石，歲該192石；從五品月支祿米14石，歲該168石；正六品月支祿米10石，歲該120石；從六品月支祿米8石，歲該96石。[83] 萬曆《大明會典》卷三十九，〈戶部・廪祿・俸給〉謂：

> 武職府衛官俸級視文職。惟本色米折銀例每石二錢五分，其月米、折絹布鈔俱與文職同。

同卷記「官員俸給」，謂：

---

[82] 萬曆《大明會典・兵部・銓選・官制》118：2a-3a，本文只討論都司以下衛所官的部份，故有關武官資格的介紹亦限於衛所以下。

[83] 萬曆《大明會典・兵部・銓選・勳祿》118：3b-5a。

> 凡官員俸給，有本色，有折色。本色三：曰月米，每月一石；曰折絹米，歲兩月；曰折銀米，歲十月。後定絹一疋折銀七錢。折色二：曰本色鈔，曰絹布折鈔。後又分上下半年之例，上半年支本色鈔錠，下半年以胡椒、蘇木折鈔關支。後又以綿布折支，每俸一石，該鈔二十貫，每鈔二百貫，折布一疋。後又定布一疋，折銀三錢。其本色鈔錠不敷，或將贓罰、廣盈等庫附餘綾羅絹布衣物等件折支。先後事例不一。

其下開列事例，如文職正三品爲：

> 歲該俸四百二十石。内本色俸一百四十四石，折色俸二百七十六石。本色俸内除支米一十二石外，折銀俸一百一十石，折絹俸二十二石，共該銀八十四兩七錢。折色俸内，折布俸一百三十八石，該銀四兩一錢四分；折鈔俸一百三十八石，該本色鈔二千七百六十貫。

如此算來，正三品的文官每年應支米12石、銀88.84兩、鈔2760貫。[84] 準此，再將正三品以下衛所官俸糧整理後可得附表16。

附表16：明代衛所官俸糧表

	正三品	從三品	正四品	從四品	正五品	從五品	正六品	從六品
歲俸	420石	12石	288石	252石	192石	168石	120石	96石
本色俸：	144石	111.6石	104.4石	93.6石	75.6石	68.4石	66石	56.4石
1.月米	12石	12石	12石	12石	12石	12石	12石	12石
2.折銀俸	110石	83石	77石	68石	53石	47石	45石	37石
2該銀	27.5兩	20.75兩	19.25兩	17兩	13.25兩	11.75兩	11.25兩	9.25兩
3.折絹俸	22石	16.6石	15.4石	13.6石	10.6石	9.4石	9石	7.4石
3該銀	7.7兩	5.81兩	5.39兩	4.76兩	3.71兩	3.29兩	3.15兩	2.59兩
2＋3共該銀	35.2兩	26.56兩	24.64兩	21.76兩	16.96兩	15.04兩	14.4兩	11.84兩
折色俸：	276石	200.4石	183.6石	158.4石	116.4石	99.6石	54石	39.6石

[84] 萬曆《大明會典・户部・廩祿・俸給》39：3a-5b。

4.折布俸	138石	100.2石	91.8石	79.2石	58.2石	49.8石	27石	19.8石
4該銀	4.14兩	3.006兩	2.754兩	2.376兩	1.746兩	1.494兩	0.81兩	0.594兩
5.折鈔俸	138石	100.2石	91.8石	79.2石	58.2石	49.8石	27石	19.8石
5該本色鈔	2760貫	2004貫	1836貫	1584貫	1164貫	996貫	540貫	396貫

＊資料來源：萬曆《大明會典・户部・廩祿・俸給》39：3a-5b。

上表中，折銀俸以每石0.25兩計；折絹俸以每俸糧二石折絹一疋（詳下《萬曆會計錄》），每絹一疋折銀0.7兩計；折布俸則比照文職，每200貫折布一疋，每布一疋折銀0.3兩。另外，《萬曆會計錄》卷三十七，〈營衛官軍俸糧〉內有「五軍都督府幷京衛武官俸糧則例」，將指揮使以下衛所官俸糧整理後可成下表。

附表17：萬曆初五軍都督府幷京衛武官俸糧則例

	指揮使	指揮同知	指揮僉事	正千戶	副千戶衛鎮撫	實授百戶	所鎮撫	試百戶	署試百戶
歲俸	420石	312石	288石	192石	168石	120石	96石	60石	36石
本色米	12石	12石	12石	12石	12石	12石	12石	12石	12石
折銀米	110石	83石	77石	53石	47石	45石	37石	20石	10石
該銀	27.5兩	20.75兩	19.25兩	13.25兩	11.75兩	11.25兩	9.25兩	5兩	2.5兩
折絹米	22石	16.6石	15.4石	10.6石	9.4石	9石	7.4石	4石	2石
該銀	7.7兩	5.81兩	5.39兩	3.71兩	3.29兩	3.15兩	2.59兩	1.4兩	0.7兩
折布米	138石	100.2石	91.8石	58.2石	49.8石	27石	19.8石	12石	6石
該銀	4.14兩	3.006兩	2.754兩	1.746兩	1.494兩	0.81兩	0.594兩	0.36兩	0.18兩
歲共折銀	39.34兩	29.566兩	27.394兩	18.706兩	16.534兩	15.21兩	12.434兩	6.76兩	3.38兩
折鈔米	138石	100.2石	91.8石	58.2石	49.8石	27石	19.8石	12石	6石
該鈔	2760貫	2004貫	1836貫	1164貫	996貫	540貫	396貫	240貫	120貫

＊資料來源：《萬曆會計錄・營衛官軍俸糧》37：2b-5b。

顯然，京衛武官的俸糧數額是完全符合會典規定的。[85] 而「五軍都督府幷京衛武官俸糧則例」對武官各俸支領情形所作的說明，更可補充會典敘述的不足。其言謂：

以上各官俸糧，本色米每月隨軍士月糧關支，折銀米每年拾個月，每石折銀貳錢伍分，於内承運庫關支。折絹米夏季肆月、伍月，每俸貳石，准絹壹疋，每疋折銀柒錢；上半年陸個月折鈔，每俸壹石，折本色鈔貳拾貫；下半年陸個月折布，每俸壹石，折鈔貳拾貫，每鈔貳百貫，准布壹疋，每疋折銀叁錢。本色鈔於内庫關支，折絹布銀俱於太倉銀庫關支。

由此可知，萬曆會典所載文武官各俸折銀數正是萬曆初年的折銀數；而在萬曆初，至少在京衛所武官支領的俸糧仍是米、銀、鈔三種形態同時並存的。相形之下，萬曆末年江西衛所武官俸糧支領的情況就益發顯出其特別之處。上文引《江西賦役全書》介紹過江西都司各衛所官旗俸鈔銀額，整理後可得附表18。

附表18：江西都司各衛所官旗俸鈔銀額比較表

	袁州衛(俸/閏俸鈔/閏鈔)	贛州衛(俸/閏俸鈔/閏鈔)	吉安所(俸)	安福所(俸鈔合計/閏俸鈔)	永新所(俸/閏俸)	饒州所(俸/閏俸)	廣信所(俸/閏俸鈔/閏鈔)	鉛山所(俸/閏俸鈔/閏鈔)
指揮使	37.8/3.15 7.2/0.6	42/？ 10.08/？						
指揮同知 署指揮使	28.08/2.34 5.3484/ 0.4457	31.2/？ 7.488/？				28.8/2.4		

[85] 川越泰博，〈『大明會典』にみえる明代衛所官の月糧額をめぐって〉，《汲古》15（1989）：37-42質疑會典中有關衛所武官月糧額的記載與事實不符，是因爲未注意到武官俸糧除本色俸與折色俸的基本區分外，其下更細分爲月米、折銀俸、折絹俸、折布俸與折鈔俸等不同項目，且各項目折銀率本就不同所致。另外，同級文、武官俸額雖同，但因文、武官「折銀俸」的折銀率不同，實際支領的俸糧額數仍有差異。折銀率的多寡可能因時而異，亦不無可能因地而異，這就需要累積區域史研究的成果來加以證明。

指揮僉事 署指揮同知	25.92/2.16 4.9368/ 0.4114	28.8/？ 6.912/？				19.2/1.6		
指揮			31.2	23.808/ 1.984	28.8/2.4			
正千戶 署指揮僉事	17.28/1.44 3.29112/ 0.27426	19.2/？ 4.068/？	19.2		19.2/1.6	19.2/1.6	19.2/1.6 4.608/ 0.384	19.2/1.6 4.608/ 0.384
署指揮僉事								
副千戶	17.28/1.44 2.77704/ 0.23142	19.2/？ 4.068/？	19.2	23.088/ 1.9073	19.2/1.6	19.2/1.6	19.2/1.6 3.888/ 0.32	
納級副千戶					(19.2/1.6)			18/1.5 3.888/ 0.324
衛鎮撫	17.28/1.44 2.77704/ 0.23142	19.2/？ 4.068/？				18/1.5		
百戶	16.2/1.35 1.8/0.15	18/？ 2.52/？	18	20.52/1.71	18/1.5	18/1.5	18/1.5 2.52/0.21	18/1.5 2.52/0.21
署副千戶		18/？ 2.52/？				18/1.5	18/1.5 2.52/0.21	
試百戶	8.1/0.675 0.9/0.075	9/？ 1.26/？		10.26/ 0.855		9/0.75	14.4/1.2 2.016/ 0.168	
納級指揮 僉事	8.1/0.675 0.9/0.075							

所鎮撫	12.96/1.08 1.3371/ 0.1113	14.4/？ 2.016/？	實授鎮撫1員14.4 增設所鎮撫1員18	16.416/ 1.368				14.4/ 2.85？ 2.016/ 0.168
試所鎮撫			試鎮撫 1員9 增設試鎮撫1員7.2					
署試百戶		6/？ 0.18/？						
吏目				13.08/1.09	12/1	12/1		12/1 1.08/0.09
令史	1.62/0.135 0.4371/ 0.0363	2.112/？						
典吏、司吏、所吏	1.62/0.135 0.18/0.015	2.112/？	1.8	2.052/ 0.171		1.8/0.15	1.8/0.15 0.252/ 0.021	1.8/0.15 0.252/ 0.021
冠帶總旗						6/0.5		

附表18顯示的第一個問題，是對所謂「俸銀」與「鈔銀」的解釋。從會典中所載武官俸糧的項目，推想《江西賦役全書》中所謂的「俸銀」，大概包括了月米、折絹米及折銀米等原屬本色的部份，所謂「鈔銀」或指本色鈔及絹布折鈔等原屬折色各部份。這些部份除月米一項定支本色外，其他各部份的折銀數本來各有規定，未必能反映實際市場價格。但萬曆末年江西衛所官似乎連月米一項都改折支銀，若果如此，由於所有支出都要仰賴有限的俸銀，月米折銀數如果較實際米價偏低，武官實質收入將大爲減少。明代米價據全漢昇氏指出，在

萬曆十七(1589)年的松江，每石需銀1.6兩；而整個江南地方的平均米價，大約維持在每石0.94兩左右。鈔價則在嘉靖八(1529)年時爲每兩銀換1250貫，至嘉靖十九(1540)年前後每兩銀約可換到10000貫以上。[86] 如果萬曆末江西衛所官「俸銀」中包括了月米，顯然其折銀率相較於實際米價是過低的，但這一部份在折色鈔的折銀數上得到若干補償。不過，萬曆末江西衛官俸糧額數究竟如何算出已無從得知，「鈔銀」的性質亦不是很清楚，許多衛所或缺鈔銀資料或載明「向來解府另給」。以上只能指出其特色，作爲日後比較研究之基礎。

附表18另一點引人注目的是同官不同俸的情形。特別是袁州衛，各級官俸銀與閏俸之和甚至低於贛州衛同級官俸銀額數，其鈔銀與閏鈔之和亦低於贛州衛同級官鈔銀之額。又如吉安所，有實授鎮撫1員，歲支銀14.4兩，試鎮撫1員，歲支銀9兩；又增設所鎮撫1員，歲支銀18兩，試鎮撫1員，歲支銀7.2兩。關於後者，《萬曆會計錄》卷二十七，〈寧夏鎮·俸糧·俸給則例〉在陳述各級官俸糧額數之後說到：

> 中間有品級同，俸不同，係比試未中及衰老減支。

這個解釋應能適用於吉安所。至於前者，問題就不是這樣單純。顯然，袁州衛官俸糧偏低的情形是全衛性的。這種現象的產生似乎可以從兩個方向來考慮。其一是衛所屯糧供軍比例的多寡。上文提過，袁州衛屯糧供軍比例僅25.97%，贛州衛則爲86.28% $-\beta$，劣勢的屯糧供軍比例確實很有可能是影響袁州衛官俸糧偏低的最大因素。另一種可能則是受到各地方財政狀況優劣的影響。這一點在下文討論各衛所軍月糧額時還會再加闡述，但在比較贛州衛與袁州衛官俸糧時並不適用。因爲相對於袁州府倉米的不假外求，贛州府的府倉米銀甚至需要南安府屬各縣倉米協濟，顯示其地方財政狀況絕非良好。不過，贛州衛官俸額雖高於袁州衛，與其他各所相較，只能說是維持在基本線上，並未因其屯糧供軍比例居各衛之冠而提高俸額，這也許可以看作是受到地方財政狀況影響的另一種表現。

附表18顯示的第三個特色，是衛所官俸級的簡化。如贛州衛正、副千戶、衛

---

[86] 全漢昇，〈宋明間白銀購買力的變動及其原因〉，《新亞學報》8.1（1967）：164-5，173。

鎮撫俱為俸19.2兩，鈔4.068兩；饒州所署副千戶4員、百戶5員、鎮撫1員，俱歲支俸銀18兩，閏俸1.5兩等等都是。正、副千戶俸、鈔銀額完全一致的情形僅見於贛州衛，其他如袁州衛、廣信所皆以鈔銀多寡來區分二者。即使如此，與附表17相較，正、副千戶俸銀一元化的現象仍是值得注意的。萬曆初年在京衛所的正千戶、副千戶（＝衛鎮撫）、實授百戶、所鎮撫、試百戶、署試百戶的俸糧不但各不相同，而且因為各官所領取的俸糧除月米一項外，所有各項額數均不相同，因此各級官所支領的銀、鈔額數也是各不相同的。江西地區武官俸級的簡化不知始於何時，但從附表19所錄正德《饒州府志》中有關正德間饒州所官俸米的記錄來看，至少到正德年間，即使在饒州所各級武官官俸仍維持了中央所定的標準，正、副千戶、百戶、鎮撫是各成一級的。[87]

附表19：正德間饒州所官俸米表

職稱	人數	每員歲給俸米	職稱	人數	每員歲給俸米
正千戶	無定員	192石（月16石）	副千戶	無定員	168石（月14石）
鎮撫	1員	90石（月7.5石）＊＊	百戶	10員	120石（月10石）
吏目	1員，文臣為之	36石（月3石）			

＊資料來源：正德《饒州府志・公署・饒州守禦千户所》2：6a。

＊＊90石疑為96石之誤。

地方財政狀況對衛所官軍收入的影響，在觀察江西都司各衛所軍月糧額數時表現得特別明顯。

[87] 萬曆以前官軍俸糧額數另見於弘治《撫州府志》，由於《江西賦役全書》缺撫州所的資料，故亦附記其資料如下。

職稱	人數	糧額	職稱	人數	糧額	職稱	人數	糧額
正千户	5員	月俸16石	副千户	2員	月俸14石	百户	7員，舊11員	月俸10石
鎮撫	1員	月俸8石	吏目	1員	月俸5石	司吏	1名	月糧1石
旗軍	1091名	月糧1石						

＊資料來源：弘治《撫州府志・職制・祿秩》16：13b-14a。

附表20：江西都司各衛所軍月糧比較表

	袁州衛 歲支月糧/鈔銀/遇閏加銀/閏鈔	贛州衛 月糧(閏銀不載)	吉安所 月糧(遇閏似不派銀)	安福所 月糧/遇閏加銀/屯米	永新所 月糧/遇閏加銀	饒州所 月糧/遇閏加銀	廣信所 月糧/遇閏加銀	鉛山所 月糧/遇閏加銀
運糧正軍	3.84/0.051428/0.32/0.0042856	3.2	3.84		3.68/0.32？	3.84/0.32	3.84/0.32	3.84/0.32
操備正軍	同上	3.84	3.84	2.1858/0.1021/若干	3.36/0.28	3.84/0.32	3.84/0.32	3.84/0.32
無妻新軍		2.4						
紀錄軍人		1.44	1.44(幼軍)		1.26/0.525(老幼軍)			

附表20是江西都司各衛所軍行、月糧額的比較。除永新所整體偏低，贛州衛運軍月糧偏低，安福所另支屯米額數不詳，無法比較外，其他衛所不論操軍、運軍，俱都支銀3.84兩。永新所的屯糧供軍比例爲28.88% $-\beta$，在諸衛所中本來就偏低；贛州衛屯糧供軍比例雖高，但府倉收入嚴重不足，相信是影響運軍收入的主要原因。事實上，永新所軍的月糧本爲每月8斗，只因由屯糧支付的部份每斗折銀3分，低於支縣倉米時的每斗4分，以致總額低於其他衛所。贛州衛運軍月糧也有可能是因爲由府倉米支付部份折銀率偏低，以致其總額偏低。永新所的例子也證明了屯糧不足是會影響到軍人收入的，只是袁州衛屯糧不足殃及衛官，永新所屯糧不足卻殃及軍人，顯示明末地方自主性已相當高，各衛所已

能在某種程度上自行調整其官軍俸額。[88]

另外有關行糧銀的記載，僅鉛山所明記為運官、旗軍每員名支1.5兩，九江衛、廣信所載明運軍行糧例不支閏。其餘衛所除若干特殊軍種有關於行糧的記錄外，有關運軍行糧的部份均失載。運軍行糧應為統一給付的項目，同一都司內各衛所給付的金額亦應一致，[89]《江西賦役全書》何以缺漏至此？甚難理解。

還有一點值得注意的是，操軍、運軍月糧有時不在同一地方支領。最顯著的例子是吉安府下各所。按：吉安所運軍月糧係由萬載、清江、新喻、新淦、峽江等縣協濟吉安府倉米銀解司支給，操軍月糧由府支放；安福所運軍月糧由泰和協濟永新倉米改解司銀、永寧協濟永新倉改解安福縣倉米銀及吉水、永豐協濟安福縣倉米銀等解司支放，操軍月糧由縣倉米銀支給；永新所運軍10個月月糧由永新縣府倉米奉文改作協濟永新所倉米、及永新縣協濟安福倉米改存本縣倉米銀解司支放，另2個月月糧由屯糧聽支，操軍月糧則有6個月由屯糧聽支，6個月由縣倉米銀支給。也就是說，操軍月糧分別在三所所在地的府城或縣城內即可支領，運軍月糧卻集中在「使司」支領。「使司」不知何所指，江西都指揮使司、布政使司俱設在南昌府，但萬曆末年的江西都司恐怕是沒有獨自的收入來源，因此很可能是指布政使司。我們再看《江西賦役全書》中其他衛所運軍月、行糧支領的地點，如九江衛運軍行糧由府倉米銀支給；南昌衛運軍月糧有7個月由府倉米支付，5個月由屯糧支付；袁州衛運軍月糧銀「由府給發，解赴水次」；贛州衛運軍月糧先儘屯糧銀內支用，不足者由府倉米幷南安府屬協濟銀內支用；饒州所運軍月糧先僅屯米支付，不足，由府倉米及府倉麥米支用；廣信所運軍月糧、行糧俱由屯米儘支，不足，由府倉米幷大各祿改抵府倉米銀支用；鉛山所運軍月糧、行糧俱由屯糧正耗米儘支，不足，由鉛山縣倉米幷玉山等縣協濟鉛山縣倉米銀支用等等，基本上似都在衛所所在地發放，只有

---

[88] 不過，衛所官軍俸額的多寡究竟是在都司衛所系統內即可決定？抑或需會同布政司府州縣一同討論決定？仍是值得爭論的課題。

[89] 星斌夫，《明代漕運の研究》（東京：日本學術振興會，1963），187-89。

袁州衛註明「由府給發，解赴水次」。或許其財源雖由各府縣籌措，但爲確保運軍赴役，特別規定臨運才能領取，因此才有「解赴水次」、「赴使司領糧」等限制產生也未可知。若如此，這項規定應也同時適用於其他衛所，只是資料失載，不見於記錄罷了。

本節最後擬就所謂的「對支法」略做說明。第三節介紹建昌所屯田的改革，其中提到「對支之弊」。按：《諸司職掌》〈戶部・度支科・經費・月糧〉有云：

> 凡內外衛所正伍旗軍歲用糧米，已行各該有司編置勘合對撥，著令人户自行依期送納外；其在京有未對軍人及未入正伍等項帶支人數，如遇按月支糧，百户所將所管軍人造册申繳千户所，本所類總繳申本衛，該衛類總具解申繳合干上司，轉達本部。磨算相同，明立文案，編給半印勘合字號。仍定奪合於本衛倉某年分、某字廒、某糧米內支給，將文册繳回原行衙門，轉下該倉，眼同該衛委官及本倉官攢，照數放支。如有事故，扣除還官。支畢，將實支扣除數目申達本部知數，仍於原編字號底簿內，注寫實支扣除數目，以憑稽考。其支過糧數，另於內府糧册內明白注銷。其在外衛所軍人支糧，亦合一體造册，編給勘合放支。

顯示旗軍月糧有兩種支領方式。一爲「對撥法」，由納糧「人戶自行依期送納」；另一則爲「按月支糧」，由衛所造冊經兵部稽核後，確定由衛倉某年某廒之某項糧米支用。「對撥法」在北邊軍事地帶曾被廣泛利用，如嘉靖、萬曆間遼東鎭軍糧由北直隸、山東，宣府鎭軍糧由河南、山東、山西、北直隸，大同鎭軍糧由山西、河南，延綏鎭軍糧由陝西、河南人民輸納等都是其例。[90] 但在腹裡地區實施範圍及時間均不詳。建昌所的「對支法」與上述「對撥法」內容上似有不同，主要是指軍人月糧直接由軍屯耕種者處領取，免去屯戶上納後再發給軍人的麻煩。萬曆《建昌府誌》卷二，〈田賦・賦役全書條陳〉推官陸

---

[90] 寺田隆信，〈民運糧と屯田糧——明代における邊餉問題の一側面（二）〉，《東洋史研究》21.2（1962），收入《山西商人の研究》（京都：同朋舍，1972），28-44。本文所引頁碼爲《山西商人の研究》之頁碼。

鍵的條議中，有關於對支的部分，徵引如下：

> 旗舍軍健在各衙門效勞，自合優異，況相習已久，頓責其執票對支，勢決難行。顧其中無人不承頂數屯，而別籍異名，不可窮詰。試按籍挨户而查，幷查其一一自首；倘自不首，如他人首出，即奪其屯與首實之人，則屯必出矣。以自有之屯，對自支之糧，比執票往別户對支者不同。即官軍中亦有一人而承屯數多者，免其追奪，責其自對名下之俸糧。使已徵之子粒不致缺支，則常年之屯糧可以儘數，而倉米無憂渾淆矣。

同書卷七，〈武備・附推官陸鍵公案節略〉又云：

> 種屯食糧，原是寓兵於農之意。今有一等舍人，種屯不受所官鈐制，往往托勢賴糧。又有一等操運軍人，種屯十餘户或七八户，子弟納吏入泮，投入公門，即以家人食糧伍中，而不當差。印官查點，則張名李替，可恨也。今當嚴行痛革，種屯者不許食糧，食糧者必須發操。至於對支之法，雖曰兩便，然貧軍持票支糧，而種户以強不給，致令受低銀一錢五六分，即作三錢二分月糧之數，爲害不小。今後種屯之家，遇對支勒掯短少者，許令受害人告發，奪屯另佃。此其裨軍政者一也。

同書卷二又載陸鍵〈屯田說〉，謂：

> 自種屯不許食糧之法行，而軍始名名著伍；自納粒一概論穀之法行，而屯始粒粒出餉。有力者計無復之，乃積漸逋負，希復對支之舊。此則何可縱也？

陸鍵的這些敘述並無法讓我們瞭解「對支法」自何時開始施行？施行範圍有多廣？但由這些文字勉強可以整理出以下數點：

1、所謂「對支」，是指官軍執票往種戶家（「種屯之家」）支取俸糧。

2、官軍中有一人承頂數屯者，許其自首，免其追奪，應令其以自有之屯，對自支之糧。否則即奪其屯與首實之人。

3、官軍占屯多者，常以子弟投入公門，或托勢賴糧，或食糧而不當差。今後種屯者不許食糧，食糧者必須發操。

4、由於旗軍執票支糧時種戶常恃強勒掯，致旗軍不能領足3錢2分月糧之數，今後遇有此種情形，許被害人告發，由官府奪原種戶之屯另行招佃。

按：萬曆間建昌所軍每名月支口糧3錢2分，除正月、二月兩月份糧銀抵作軍器、淺船料價軍三銀外，無閏年份實支糧十個月，共該支銀1625.6兩；閏月加支一月份，共該支銀1788.16兩。建昌所屯田歲徵籽粒米折徵銀共807.617兩，即全數供作月糧之用，不足者再由建昌府各縣坐派府倉米銀內動支湊給。[91] 這時建昌所的軍屯已大部分由佃戶承種，屯軍多久居府城坐收屯租。所謂以一人承種七八屯或十餘屯，並非親身承種，而是以一人影占數屯，侵有其地。正德間胡世寧建議建昌所正軍除上運者外全數撥與屯田，有屯者即需操練，屯田籽粒不需納官，就准作該關月糧，結果未爲廣昌縣知縣張璨接受。但在張璨最後作成的決議中，仍有部份官軍的月糧是由屯糧直接支給的。這包括了隄備官軍月糧由110戶民戶支付，29名遇例放回屯軍月糧由屯糧中直接支給，以及50名新添在縣防守屯軍月糧由屯田每分減納籽粒支應等都是。這些部份既不必赴所交納，應即是以對支的方式使旗軍直接至種戶家領取。而所謂的種戶便也包括了自種的屯軍、承種的佃戶，以及那110戶「無耑戶」。對支法在萬曆三十七、八年實施自封投櫃法之後是否仍繼續施行，並無明確資料可供查證，但由陸鍵〈公案節略〉所云：「今後種屯之家，遇對支勒措短少者，許令受害人告發，奪屯另佃」一語來看，大約是與自封投櫃法同時並存的。

江西都司下另一實施過對支法的是袁州衛。康熙《宜春縣志》卷20，〈兵衛·屯田〉謂：

> 明萬曆戊子(1588)，水旱拋荒，屯道行府，扣各軍月糧抵對完屯。屯軍節年援例，名曰對支。在軍爲便，而屯田因之埋沒，後益失考。

袁州衛的對支起因於水旱拋荒，屯田無收。由於屯糧收入本以供衛軍月糧，因此以扣糧方式抵充屯糧。此後耕屯者以此爲便，不再上納屯糧，衛軍月糧改以對支法直接向種戶支領。弊之所及，屯田疏於管理，終至埋沒失考。[92] 袁州衛

---

[91] 萬曆《建昌府誌·武備》7：6a。

[92] 康熙《萬載縣志·武備》5：42b-43a 記有另一種對支，附記於下，以供參考。其文曰：「黎源洞原有坐落屯田七十二户，土曠人稀，軍餘不便管業，多招流民佃種，因而縱其劫財分用，爲患地方不小。議即令該哨官就近管理，約束屯軍。後法久弊生。黎源爲本縣二十四都三圖，向來三百六十餘户，膏腴田產盡爲豪右兼并，收歸己户。本圖錢糧遂爲奸刁躲糧之藪。崇禎六年，撫院清理兵餉，知縣韋明傑申請將詭户逐名詳查，發回原

行對支法已在萬曆中期，至於江西地區其他衛所是否也有類似的情形？仍不詳待考。不過，據前引《江西賦役全書》，如袁州衛屯糧本色米由屯官徵收府倉，折色米與餘糧銀由屯官徵解府庫，候給各官軍俸月糧；廣信所屯糧由管屯官徵完，運赴廣濟倉上納，支給軍糧；鉛山所屯糧由管屯官徵完，解貯鉛山縣庫支給所軍月糧；永新所操軍、餘丁每年應給屯糧照限解縣，親詣千戶所點名散給等例看來，至少在萬曆末年，以「對支」方式兌領屯糧的例子尚不多見，衛所屯糧的徵收主要仍由管屯官負責。

五、結論

綜合上述，可知弘治十六年的清丈對江西軍屯的發展實有莫大的影響。軍屯的敗壞是導致弘治清丈的主因，可是，清丈的結果更被視爲江西軍屯敗壞的關鍵。這與江西地居腹裡，其軍屯發展受原有土地開發狀況所限，先天已有不足的現實因素有關。江西軍屯肇始於洪武，至永樂而大備。但從初始各衛所屯軍比例就有不能達到八分者。衛軍開墾的荒田許多原是有主之地，承平之後原主復業，軍民間的紛爭便不可免。此外，衛所屯田多與民產相雜，或因位居隔省管理不易，都是促使軍屯敗壞的重要因素。

有關江西軍屯數額的估算，由於明初以來軍政系統與民政系統間相當程度的保守了嚴格的分際，方志作者在資訊缺乏的情況下，收錄的數字往往連自己都不相信。尤其是江西地方經歷弘治十六年的清丈，添設的「新增」一項使熟悉於四柱式黃冊記載方式的州縣官更是莫名其妙。這使得方志中有關屯田數額的記錄格外難解，相形之下，相關數額的推算便也不具太大意義。萬曆會典中江西軍屯原額大於現額，這種現象在全部20個地區中居於少數，但會典所收江西

籍。吊取本圖原額米一千二百五十八石三斗零，實該糧銀七百餘兩，撥兵兑銷。如有藉口荒蕪，不肯兑銷，即聞申上司，著各兵開墾。寓兵於農，使兵無離伍，亦庶幾原初設哨之遺意也。」此法支糧者爲兵而非軍，對支之糧亦不僅屯田而爲全圖之糧，但以本地之糧直接供應本地之兵，不煩官司徵收，其意義與袁州衛、建昌所之對支是完全相同的。

軍屯「原額」究竟代表那個時代已不可考，只能從方志中所反映的實際狀況以及弘治十六年清丈的實施，指出江西軍屯發展趨勢大體上與其他地區無異，永樂以後即一路下滑。弘治清丈只有帳面上的成績，對軍屯的發展並無助益，相反的更深化了軍民衝突。至於萬曆清丈也許在數字上獲得相當成效，但實質上耕種者多爲餘丁、佃戶，萬曆末年如袁州衛軍屯甚至已全數由民戶帶種。

「軍屯民佃」的現象自永樂末年「計屯起運」後已成爲主要趨勢，這使得軍民之間不可避免的會產生許多互動關係。另一方面，受到正統以後長期重文輕武的趨勢影響，尤其是在巡撫成爲固定官名，兼治一方民事與軍務後，都、布、按三司俱成其下屬，久而久之，便爲州縣官製造了介入衛所事務的機會。弘治清丈在欽差科道的主導下，由府州縣官與衛所官併力完成。但當時屯田子粒的徵收仍由衛所負責，州縣官甚難一窺堂奧。隆慶以後由於虛糧擾民，府州縣官開始積極介入軍屯的管理。軍屯中的「絕屯」改由府州縣官召民佃種，給帖爲業，這就侵犯了衛所管屯官的權益。

萬曆以後，越來越多的軍屯改革經由府州縣官之手被推動，起因或在軍佔民田影響地方稅糧收入；或因軍虐民佃引起佃戶抗議，地方官基於保護人民的立場出面干涉。改革的要求常由縣而府向上推行，但因爲江西地區衛所屯田除支應部份衛軍月糧外，更重要的任務在幫助漕運工作的達成，站在漕運第一的立場，上級文官的態度有時就不能和站在第一線面對群眾的縣官一致。贛州府興國縣的虛糧爭議是一個很好的例子，而這類實例若能適度累積，當有助於我們對明末社會軍民關係、州縣衛所間互動關係以及地方政府運作方式的瞭解。以區域史研究爲目的爬梳明清方志，應是可行的方向。

另外一點值得一提的是，萬曆三十八年建昌府在清屯的同時甚至還清理了軍伍。萬曆《建昌府誌》卷七，〈武備〉云：

> 操軍原設五百零八名。萬曆三十八年知府鄔鳴雷汰革一百三十一名，見在額設操軍三百七十七名。

知府介入軍務，理由是「該所操軍五百零八名多係影占冒餉」。[93] 這時江西地

---

[93] 萬曆《建昌府誌・武備》7：8b。

區由於「營兵制」的推行，衛所軍有被編入兵營者，營兵的另一大來源是民兵，民兵的操練由地方官負責，[94] 這也為地方官製造了過問軍務的機會。地方官參與清軍的問題牽涉到明代軍政系統與民政系統間勢力的消長，筆者將另撰專文檢討。

萬曆間江西各衛所屯糧供軍的比例從百分之十幾到百分之八十幾差異極大。除建昌所已改為自封投櫃的方式，管屯官只許「監收籍記」外；其他各衛所基本上還是維持了由管屯官徵收的局面。徵得的屯糧集中送至府倉或縣倉，領糧軍餘需「親詣千戶所點名散給」。但也有少數衛所採用「對支法」，由衛軍直接向種屯者支領月糧。萬曆間江西衛所軍月糧大致為每月米8斗，每斗折銀4分，計歲支銀3.84兩。但不論是衛軍月糧或武官俸糧，各衛所並不完全一致，其多寡似乎受屯糧供軍比例以及各地方財政狀況的影響，顯示當時各衛所對官軍俸月糧額似已有某種程度的自主裁量權。萬曆末江西衛所屯糧是否已全數改折徵銀？抑或保有極少部份仍徵本色？衛所官俸糧是否已全數改折支銀？其折銀率如何算出？都是本文未能解決的問題。今後將配合明代江西整體經濟的發展，繼續探討。

---

[94] 于志嘉，〈明代江西兵制的演變〉。如嘉靖四十四年以後的臨江府即以同知專督團練，見前引文頁1053。

參考書目

一、方志

嘉靖《江西通志》三十七卷，明・林庭㭿、周廣等纂修，明嘉靖四年刊本，成文780
萬曆《江西省大志》八卷，明・王宗沐纂修，陸萬垓增修，明萬曆二十五年刊本，成文779
雍正《江西通志》一六二卷首三卷，清・謝旻等修，陶成等纂，清雍正十年精刊本，文淵閣四庫全書本513-518
嘉靖《九江府志》十六卷附圖，明・何棐、李泛纂，明嘉靖刊本，天一36、成文735
康熙《九江府志》十八卷，清・江殷道等修，張秉鉉等纂，清康熙十二年刊本，成文736
乾隆《德化縣志》十六卷，清・高植纂修，沈錫三續修，羅爲孝續纂，清乾隆四十五年刊本，成文921
萬曆《彭澤縣志》九卷（存七卷），明・葉朝榮修，戴震亨纂，明萬曆十年刊本，成文860
乾隆《彭澤縣志》十六卷，清・吳會川，何炳奎等纂修，清乾隆二十一年刊本，成文861
萬曆《南昌府志》三十卷，明・范淶修，章潢纂，明萬曆十六年刊本，成文810
正德《袁州府志》十四卷，明・嚴嵩纂，明正德刊本，天一37
嘉靖《袁州府志》十卷，明・陳德文等修，明嘉靖二十二年刊本，天一續49
嘉靖《袁州府志》二十卷，明・嚴嵩原修，李德甫增修，明嘉靖四十年刊本，成文843
乾隆《袁州府志》三十九卷，清・陳廷枚等修，熊日華等纂，清乾隆二十五年刊本，成文844
康熙《宜春縣志》二十二卷，清・江爲龍等纂修，清康熙四十七年刊本，成文789
康熙《萬載縣志》十六卷首一卷，清・常維楨等修，姚因校等纂，清康熙二十二年刊本，成文869、稀見26
嘉靖《贛州府志》十二卷，明・董天錫纂修，明嘉靖刊本，天一38
天啓《贛州府志》二十卷，明・余文龍修，謝詔纂，明天啓元年刊本，成文960
乾隆《贛州府志》四四卷，清・朱扆等修，林有席等纂，清乾隆四十七年刊本，成文961
乾隆《信豐縣志》十六卷，清・游法珠修，楊廷爲等纂，清乾隆十六年刊本，成文805

康熙《瀲水志林》二十六卷，清・張尙瑗撰，清康熙五十年刊本，成文957
康熙《興國縣志》十二卷，清・黃惟桂，王鼎相等纂修，清康熙二十二年刊本，成文936
萬曆《瑞金縣志》十一卷（存九卷），明・堵奎臨等修，鍾譔等纂，明萬曆三十一年刊本，成文900
康熙《瑞金縣志》十卷附續志十一卷，清・朱維高等纂修，楊以兼等續纂，清康熙二十二年、四十八年刊本，成文901、稀見30
萬曆《吉安府志》三十六卷，明・余之禎、王時槐等纂修，明萬曆十三年刊本，成文768、稀見30
乾隆《吉安府志》七十五卷，清・盧崧等修，朱承煦等纂，清乾隆四十一年原刊本，成文769
嘉靖《南安府志》三十五卷首一卷，明・劉節纂修，明嘉靖十五年刊本，天一續50
康熙《南安府志》二十卷，清・陳奕禧等修，劉文叒等纂，清康熙四十九年刊本，成文808
乾隆《大庾縣志》二十一卷，清・余光壁纂修，清乾隆十三年刊本，成文745、稀見31
康熙《上猶縣志》十卷，清・章振萼修輯，清康熙三十六年刊本，成文740
正德《饒州府志》四卷，明・陳策等纂，明正德六年刊本，天一續44、成文958
康熙《饒州府志》四十卷首一卷，清・黃家遴、佟淮年等纂修，康熙二十二年刊本，成文959
康熙《餘干縣志》十三卷，清・呂瑋等修，胡思藻等纂，清康熙二十三年刊本，成文935
康熙《浮梁縣志》九卷首一卷，清・王臨元纂修，陳淯增修，清康熙十二年刻增修本，稀見26
同治《安仁縣志》三十八卷，清・朱潼等修，徐彥楠等纂，清同治十一年補刊本，成文770
弘治《撫州府志》二十八卷，明・胡企參等修，黎喆纂，明弘治十五年刊本，天一續47-48
康熙《撫州府志》三十六卷，清・曾大升等纂修，清康熙二十七年刊本，成文927
康熙《臨川縣志》三十卷，清・胡亦堂等修，謝元鍾等纂，清康熙十九年刊本，成文944
正德《建昌府志》十九卷，明・夏良勝纂，明正德刊本，天一34
萬曆《建昌府誌》十五卷，明・鄔鳴雷、趙元吉等纂修，明萬曆四十一年刊本，成文829
乾隆《建昌府志》六十五卷，清・孟昭等修，黃祐等纂，清乾隆二十四年刊本，成文830
康熙《廣昌縣志》六卷，清・王景升等修，魏宗衡等纂，清康熙二十二年刊本，成文916
同治《廣昌縣志》十一卷，清・曾毓璋纂修，清同治六年刊本，成文917

嘉靖《廣信府志》二十卷，明・張士鎬修，江汝璧纂，明嘉靖五年刊本，天一續45
康熙《廣信府志》二十卷，清・孫世昌纂修，清康熙二十二年刻本，稀見28、成文918
萬曆《池州府志》十卷，明・李思恭等修，丁紹軾等纂，明萬曆四十年刊本，成文635
乾隆《東流縣志》二十七卷，清・蔣綬修，汪思迴纂，清乾隆二十三年刊本，成文608
乾隆《建德縣志》八卷，清・許起鳳纂修，清乾隆四十三年刊本，成文656
道光《建德縣志》二十一卷，清・陳葵等修，管森等纂，清道光五年刊本，成文657
*稀見：《稀見中國地方志彙刊》，中國科學院圖書館選編，北京：中國書店，1992。
*天一：《天一閣藏明代方志選刊》，上海：上海古籍書店，1962-1964。
*天一續：《天一閣藏明代方志選刊續編》，上海：上海書店，1990。
*成文：《中國方志叢書》，台北：成文出版社，1989。

二、其他

于志嘉，〈試論族譜中所見的明代軍戶〉，《中央研究院歷史語言研究所集刊》57.4（1986）：635-67。

于志嘉，〈試論明代衛軍原籍與衛所分配的關係〉，《中央研究院歷史語言研究所集刊》60.2（1989）：367-450。

于志嘉，〈明代軍制史研究的回顧與展望〉，《民國以來國史研究的回顧與展望研討會論文集》，台北：國立台灣大學，1992，515-40。

于志嘉，〈再論族譜中所見的明代軍戶——幾個個案的研究〉，《中央研究院歷史語言研究所集刊》63.3（1993）：639-78。

于志嘉，〈明代兩京建都與衛所軍戶遷徙之關係〉，《中央研究院歷史語言研究所集刊》64.1（1993）：135-74。

于志嘉，〈明代江西兵制的演變〉，《中央研究院歷史語言研究所集刊》66.4（1995）：995-1074。

于志嘉，〈幫丁をめぐって——明代の軍戶において——〉，《西嶋定生博士頌壽記念論文集・東アジア史の展開と日本》，東京：山川出版社，印刷中。

川越泰博，〈『大明會典』にみえる明代衛所官の月糧額をめぐって〉，《汲古》15（1989）：37-42。

不著編人，《江西賦役全書》不分卷，《明代史籍彙刊》25，台北：台灣學生書局，據明萬曆三十九年江西布政司刊本影印，1970。

王宗沐，《敬所王先生文集》三十卷目錄一卷，東京：內閣文庫藏，明萬曆間福建巡撫劉良弼校刊本，萬曆二年序。傅斯年圖書館藏紙燒本。

王毓銓，《明代的軍屯》，北京：中華書局，1965。

全漢昇，〈宋明間白銀購買力的變動及其原因〉，《新亞學報》8.1（1967）：157-86。

寺田隆信，〈民運糧と屯田糧——明代における邊餉問題の一側面（二）〉，《東洋史研究》21.2（1962），收入《山西商人の研究》，京都：同朋舍，1972。本文所引頁碼為《山西商人の研究》之頁碼。

李東陽等奉敕撰，正德《大明會典》一八〇卷，東京：汲古書院，據東京大學附屬圖書館藏本影印，山根幸夫解題，1989。

李東陽等奉敕撰、申時行等奉敕重修，萬曆《大明會典》二二八卷，台北：新文豐出版社，據萬曆十五年刊本影印，1976。

李賢等奉敕撰，《大明一統志》九十卷，台北：文海出版社，據中央圖書館藏清初本影印，1965。

吳　晗，〈明代的軍兵〉，《中國社會經濟史集刊》5.2（1937），收入《讀史劄記》，北京：生活・讀書・新知三聯書店，1956。本文所引頁碼為《讀史劄記》之頁碼。

何炳棣，《中國歷代土地數字考實》，台北：聯經出版事業公司，1995。

松本隆晴，〈明代屯田子粒統計の再吟味——永樂年間を中心にして〉，《史滴》3（1982）：44-63。

茅元儀，《武備志》二四〇卷，台北：華世出版社，據天啓元年刊本影印，1984。

星斌夫，《明代漕運の研究》，東京：日本學術振興會，1963。

侯方域，《壯悔堂文集》十卷遺稿一卷年譜一卷，《四部備要・集部》2128-130，上海：中華書局，據通行本校刊，1936。

海　瑞，《海瑞集》上下冊，北京：中華書局，1962。

清水泰次，〈明代の軍屯〉，《東亞經濟研究》8.2（1924），收入《明代土地制度史研究》，東京：株式會社大安，1968。本文所引頁碼為《明代土地制度史研究》之頁碼。

清高宗敕撰，欽定《續文獻通考》二五〇卷，清乾隆十二年奉敕撰，四十九年恭校上，台北：台灣商務印書局，據清光緒間浙江刊本縮印，1987。

郭松義，〈清朝政府對明軍屯田的處置和屯地的民地化〉，《社會科學輯刊》4（1986）：45-53。

張廷玉等撰，《明史》三三二卷，台北：鼎文書局，新校標點本，1975。

張海瀛，《張居正改革與山西萬曆清丈研究》，太原：山西人民出版社，1993。

張德信、林金樹，〈明初軍屯數額的歷史考察——與顧誠同志商榷〉，《中國社會科學》5（1987）：187-206。

張學顏等，《萬曆會計錄》四三卷缺卷六，《北京圖書館古籍珍本叢刊》52-53，北京：書目文獻出版社，據明萬曆十年刻本縮印，1988-。

梁方仲，《中國歷代戶口、田地、田賦統計》，上海：上海人民出版社，1980。

黃彰健，《明代律例彙編》上下冊，《中央研究院歷史語言研究所專刊》75，台北：中央研究院歷史語言研究所，1979。

楢木野宣，〈衛所の行方〉，《東京教育大學東洋史學論集》3（1954），收入《清代重要職官の研究》，東京：風間書房，1975。本文所引頁碼爲《清代重要職官の研究》之頁碼。

翟　善，《諸司職掌》十卷，《玄覽堂叢書》初輯12-13，台北：正中書局，據國立中央圖書館藏明刊本影印，1981。

潘季馴，《督撫江西奏疏》四卷，台北：國立故宮博物院藏，明萬曆六年豫章郡守王氏編刊。傅斯年圖書館藏縮微膠片。

賴建誠，〈《萬曆會計錄》初探〉，《漢學研究》12.2（1994）：137-56。

顧炎武，《天下郡國利病書》一二〇卷，台北：傅斯年圖書館藏，清道光十一年成都敷文閣排印本。

顧　誠，〈明前期耕地數新探〉，《中國社會科學》4（1986）：193-213。

顧　誠，〈衛所制度在清代的變革〉，《北京師範大學學報》2（1988）：15-22。

Military Colonies of the Chiang-hsi Garrisons During the Ming Dynasty

Yue Chih-chia

Institute of History and Philology, Academia Sinica

Previous studies of Ming military colonies have suggested that by the Hung-chih period(1488-1506) military colonies across the country had generally lost half of the acreage allotted to them in the early Ming, and that the original acreage was not restored until the land survey of the Wan-li reign (1573-1620). The original acreage of the military colonies in Chiang-hsi listed in the *Ta Ming hui-tien* (Collected Statutes of the Great Ming) is larger than the contemporary acreage. But exactly which periods do these two figures in the Collected Statutes represent? How did the changes in the military colonies in Chiang-hsi differ from those in other regions? The present study attempts to answer these questions, relying on the *Wan-li k'uai-chi lu* (Financial Statistics of the Wan-li Period), the *Chiang-hsi fu-i ch'üan -shu* (Comprehensive Statutes of the Chiang-hsi Taxation & Corvée), and relevant data in a variety of local gazetteers. It shows that the 1503 land survey of the Chiang-chi's military colonies was a turning point leading to the continual deterioration of the military colonies thereafter. The "newly added" (*hsin cheng*) category, established after the survey, deepened the conflicts between the military and the common people. Furthermore, the increase of "employing civil tenants to farm military colonies" inevitably led to a number of interactions between the military and commoners. After 1567, when disturbances arose among people who still had to pay their land taxes after their land was taken away by the military, local officials began actively interfering with garrison affairs. After 1573, an increasing number of military colonies underwent reform at the initiative of local officials. Whereas, in order to make sure that the military colonies of the Chiang-hsi garrisons could smoothly perform their duties of transporting grain to the capital, the attitudes of top-level civil officials often differed from those of the low-level officials who had to confront the common people. The present study cites concrete examples to lay out the conflicts and interactions between garrisons and civil administrative units, and between top-level civil officials and bottom-rung local officials. It also elaborates on the relationship between the supply ratio of the Chiang-hsi garrisons to the military and the amount of grain paid in salary to military personnel during the Wan-li period.

出自第六十七本第三分(一九九六年九月)

天主教徒孫元化與明末傳華的西洋火砲

黃一農*

明末融通西學最成功的一位學者應屬徐光啓，隨著流寇和後金侵擾的擴大，徐氏乃積極投入兵事，且在李之藻等人的協助之下，多次自澳門募集大銃和砲師。由於徐光啓在軍事改革方面的努力，主要是透過其入室弟子孫元化來實行，故本文乃選擇孫元化的事跡爲主軸，首先闡明孫氏如何以文士和舉人的身份成爲軍隊中的方面大員，並如何在其他奉天主教士人和葡萄牙籍軍事顧問的協助之下，於山東練成一支使用西方火器爲主的精鋭部隊，接著論及由此一部隊所掀起的吳橋兵變如何使天主教徒在軍中發展的美麗遠景破滅，並影響及明與後金間的軍力消長。

從孫元化的一生，我們也可以很清楚地發覺師生、同年、同社和同鄉等關係，對其宦途曾產生相當密切的影響，這些人之間還往往透過聯姻以加強彼此的關係，且更將這層關係延伸至後輩。類此的交游網絡本爲當時士大夫階層所習見，然而在孫元化的個案中，最特出的一點，則是另出現同教的關係貫穿其間。徐光啓可以説是此一天主教士人社群的核心，而楊廷筠、李之藻、王徵等人以及光啓的門生孫元化等則爲主要的份子。西學西教在明末的影響力，即是透過這些奉教士大夫的人際網絡，而成功地在知識界擴展開來，其程度或許遠超過先前學界的了解。

關鍵詞：天主教史 明史 孫元化 西洋火砲 知識社群

---

* 國立清華大學歷史研究所
筆者感謝黃寬重教授提供相關資料。本文部分內容曾於1995年3月在法國巴黎舉行的「Xu Guangqi (1562-1633), Chinese Scholar and Statesman」會議上宣讀。此研究受國科會計劃「明末清初西洋火砲傳華史研究」(NSC86-2411-H-007-006) 之支持，特此誌謝。

一、前言

明末國勢衰頹，後金的崛起和流寇的猖獗，更使得許多有識之士大力提倡實學，希冀能透過此類經世致用之學以富國強兵。入華開教的耶穌會士在此一澎湃的思潮之下，也積極將西方的物質文明傳入，吸引了知識界的廣泛注意，並進而促使一些士大夫對天主教產生興趣，甚至因此領洗。徐光啓(1562-1633)即是當時奉教士人中的佼佼者，他爲了挽扶衰弱的國勢並擴大天主教的影響力，更積極引介入西方當時先進的火器和曆算。

萬曆四十七年(1619)，明軍在薩爾滸之役大敗後，徐光啓即以「曉暢兵事」的風評，開始以其從耶穌會士習得的西洋火砲知識，在政府中戮力推行軍事改革，並積極自澳門引進葡萄牙軍事顧問。[1] 但很不幸地，徐光啓在練兵製器方面的努力，於崇禎五年(1632)其門生孫元化(1581-1632)因吳橋兵變而遭斬首之後，即以失敗告終。至於治曆方面，徐光啓是在崇禎二年奉旨督領修曆事務後，始積極投入，直到崇禎六年臨死之前，他仍率同曆局中的天主教天文家，大量編譯西方的曆算書籍並進行天象的推步測驗。

有關徐氏的改曆運動，學術界的討論已相當多，[2] 至於其費心費時更多的軍事改革，雖亦見學者論及，[3] 但或爲一概略性的介紹，或較偏重於西洋火砲的引進，對奉教人士如何藉此以擴展天主教在軍中的影響力及其所遭受的反彈，則較少著墨，對此一改革如何以失敗告終的過程，也未見詳盡的討論。

---

[1] C. R. Boxer, "Portuguese Military Expeditions in Aid of the Mings Against the Manchus, 1621-1647," *T'ien Hsia Monthly* 7.1 (1938): 24-36. 惟因此文中僅引用西文資料，而未能比對中國方面的記載，以致其中許多記事或繫年往往與史實不合。

[2] Keizo Hashimoto, *Hsü Kuang-Ch'i and Astronomical Reform* (Osaka: Kansai University Press, 1988).

[3] 施宣圓，〈徐光啓軍事實踐與軍事思想述評〉，收入席澤宗、吳德鐸主編，《徐光啓研究論文集》（上海：學林出版社，1986），172-81；張小青，〈明清之際西洋火炮的輸入及其影響〉，《清史研究集》，第四輯（成都：四川人民出版社，1986），48-106；牟潤孫，〈明末西洋大砲由明入後金考略〉，收入氏著《注史齋叢稿》（北京：中華書局，1987），415-44；馬楚堅，〈西洋大炮對明金態勢的改變〉，《明末清初華南地區歷史人物功業研討會論文集》（香港：香港中文大學，1993），11-30。

由於徐光啓在軍事改革方面的努力，主要是透過其入室弟子孫元化來實行，故本文將嘗試以孫元化的事跡爲主軸，首先闡明孫元化如何以文士和舉人的身份成爲軍隊中的方面大員。其次說明孫元化如何在其他奉天主教士人和葡萄牙籍軍事顧問的協助之下，於山東練成一支使用西方火器爲主的精銳部隊。接著論及由此一部隊所掀起的吳橋兵變如何使天主教徒在軍中發展的美麗遠景破滅，並影響及明與後金間的軍力消長，惟因篇幅的關係，有關明、後金和西洋三者在火砲技術上的發展和優劣，以及徐光啓等人在戰術思想上的改革，筆者均將另文再論。末則析探明末奉教人士如何經由師生、同年、同鄉、同社和姻親等人際網絡，以協助西學西教的開展。

至於資料方面，筆者除爬梳《明熹宗實錄》、《崇禎長編》和《明清史料》等大部頭史料外，也詳細查閱了相關的地方志（尤其是新近景印出版的鄉鎮志），以及明末抗淸諸臣的奏疏、別集，至於奉天主教人士所撰著述的使用，則以徐光啓門生韓霖在崇禎九年所編的《守圉全書》一書最爲特出，[4] 此書現藏臺北中央研究院傅斯年圖書館善本書室，先前均以爲已佚，其中收錄了許多先前學者均未曾過目的與天主教相關的文獻。

二、遼東經略孫承宗幕中的孫元化

在敘及孫元化的事跡之前，我們或有必要對明末的軍事態勢先做一概略的瀏覽。[5] 萬曆四十六年三月，奴兒哈赤以「七大恨」爲由誓師征明，四月，陷撫順（本文中所提及的地名，多可參見圖一）。[6] 四十七年三月，明遠征軍在薩爾滸之役幾乎全軍覆沒。四十八年四月，徐光啓遂以知兵奉旨訓練新兵、防禦都城，他於是函託在杭州家居的奉敎友人李之藻和楊廷筠，設法購求西銃，以備

---

[4] 有關韓霖及其兄弟韓雲、韓霞三人的奉教事跡，參見方豪，《中國天主教史人物傳》上册（香港：公教眞理學會；臺中：光啓出版社，1967），253-58。

[5] 本文中所敘及的歷史事件，如未另加註，均請參見談遷原撰，張宗祥標點，《國榷》（北京：古籍出版社，1958）。至於明與後金間的征戰，則詳見孫文良、李治亭、邱蓮梅，《明清戰爭史略》（瀋陽：遼寧人民出版社，1986）。

[6] 改繪自譚其驤，《中國歷史地圖集》第七册（北京：地圖出版社，1982）。

練兵。[7] 耶穌會士傅汎濟(Francisco Furtado, 1589-1653)嘗在其於泰昌元年(1620)寄回歐洲的一封信中，明白指出徐光啓當時頗想藉西洋火器的輸入爲煙幕，夾帶一些會士入華。[8]

泰昌元年，李之藻和楊廷筠二人合議捐貲，並由李氏遣奉教門人張燾（教名彌額爾）往澳門購得大鐵銃四門。張燾精於火器之學，嘗撰有《西洋火攻圖說》一卷。[9] 十月，澳門選派銃師四人和傔伴通事六人，護送此批火器至廣州。天啓元年(1621)二月，徐光啓以練兵事竣，陞少詹事、協理府事，尋因病乞歸。[10] 由於徐光啓甫謝事，李之藻等人因擔心「銃到之日，或以付之不可知之人，不能珍重，萬一反爲夷虜所得，攻城衝陣，將何抵當」，只得命加銜守備張燾將之暫置於江西的廣信府，並遣送銃師回澳。

天啓元年三月，瀋陽、遼陽俱陷，遼河以東盡爲後金所有，徐光啓因此於四月又被急召回京，抱病復官襄理軍務。[11] 是月，李之藻也由甫陞任的廣東布政使司右參政一職改授光祿寺少卿管工部都水司郎中事，旋奉旨調度京師十六門城樓軍器。[12] 徐光啓於是上疏主張應「多造大銃，如法建臺」，認爲此「眞國家萬世金湯之險」，並建議由李氏和工部主事沈棨等仿製西洋大砲。[13] 而李之藻也在〈制勝務須西銃，乞敕速取〉一疏中，建議應速差人將存留廣信的四門大銃運京，並訪求陽瑪諾(Manuel Dias, Jr., 1574-1659)和畢方濟(Francesco Sambiasi, 1582-1649)等耶穌會士，以協助建臺造銃。[14]

---

7 下文中所提及的此次購銃事，均請參見徐光啓撰，王重民輯校，《徐光啓集》（上海：上海古籍出版社，1984），179-83。

8 參見Juan Ruiz de Medina S. J., tran. Hohn Bridges, S. J., *The Catholic Church in Korea, Its Origins 1566-1784* (Roma: Istituto Storico S. I., 1991), 276. 此書原以西班牙文撰寫。又，下文中所提及各耶穌會士的姓名、生卒年及其生平事跡，均請參見Joseph Dehergne, *Répertoire des Jésuites de Chine de 1552 à 1800* (Roma: Institutum Historicum S. I., 1973).

9 《明史》（北京：中華書局，1975年點校本），卷九十八，2438。

10 《明熹宗實錄》（京都：中文出版社，1984年黃彰健校勘本），卷六，2，10。

11 《徐光啓集》，174。

12 《明熹宗實錄》，卷九，13-14，20。

13 《徐光啓集》，175-76。

14 《徐光啓集》，179-81。

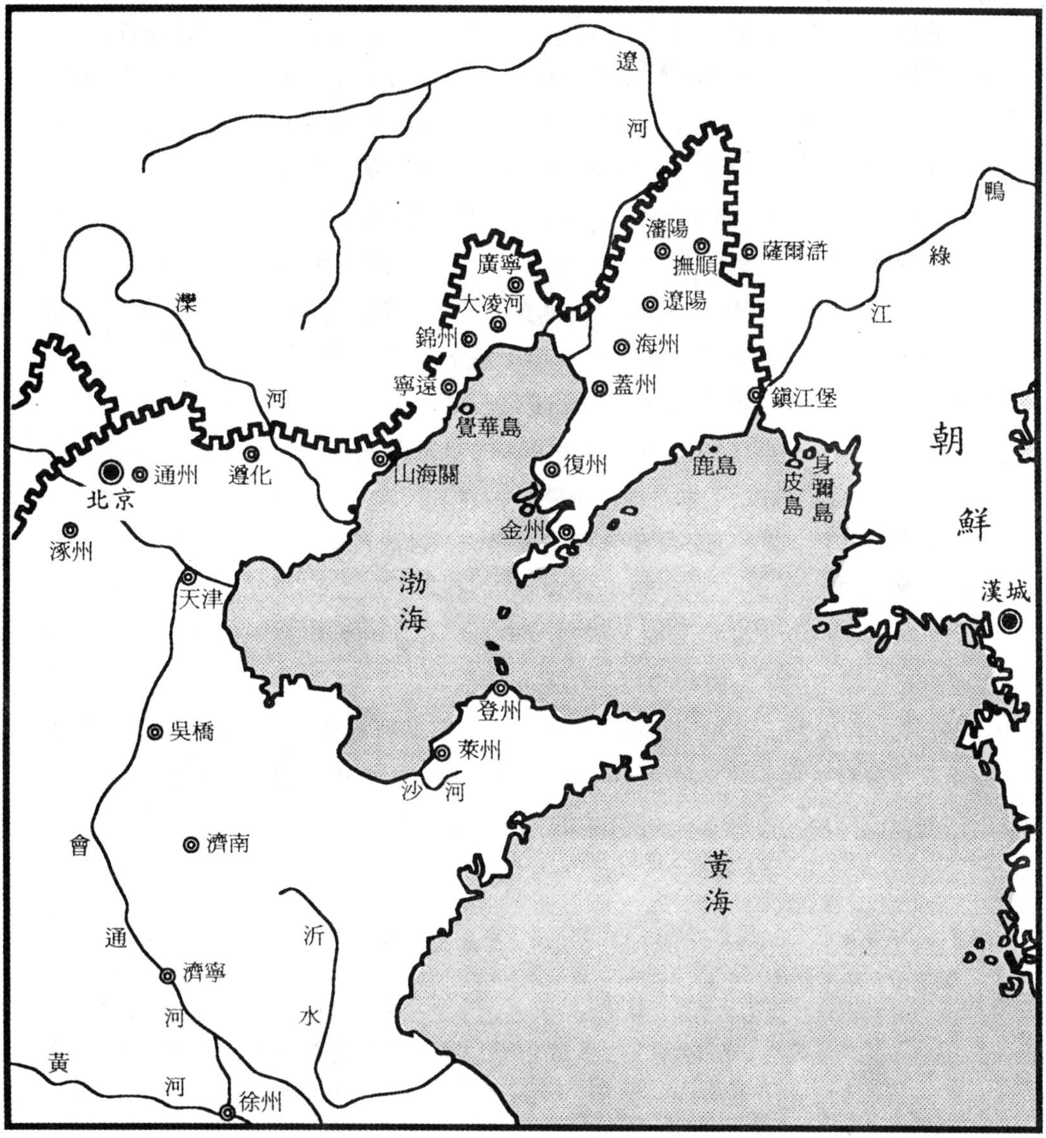

圖一：明末遼東、京師和山東一帶簡圖

雖然當時的兵部尙書崔景榮對徐、李兩人的建議十分支持，但因受到各項因素的影響，直到元年六月，建臺和造砲兩事，均仍未開始進行。[15] 至於取銃來京之事，崔景榮雖在五月即疏請派守備孫學詩（敎名保祿）於一個月之內自廣信搬運入都，也因運費不足，初僅兩門運抵京師，其餘兩門直到邊警日聞始於十二月解京。[16] 而由於軍情緊急，孫學詩旋又奉旨再往澳門購求較不易膛炸的銅銃，並選募能製造和操作火器的葡人來京。[17] 西洋火器在朝廷的地位自此益重。

天啓二年正月，明軍在廣寧一役大潰。二月，廣寧巡撫王化貞和遼東經略熊廷弼均因戰敗而奔逃入關。三月，遂起用孫承宗爲兵部尙書兼東閣大學士，入閣辦事。六月，新任遼東經略王在晉議築新城於山海關外的八里舖，眾人力爭不得。八月，先前自請閱關的孫承宗返京向皇帝面陳邊事，遂罷築新城且召還王在晉，承宗並奉旨以原官督理山海關及薊遼、天津、登萊各處軍務。[18]

孫承宗，字稚繩，別號愷陽，保定高陽人，萬曆三十二年進士，他是明末抵抗後金的首要人物之一，其門生錢謙益即嘗謂：「二十年名將，咸出高陽之門」，他於天啓初年臨危受命，經營遼東凡四年，共恢復疆土四百里，安插遼人四十萬，穩定了屢戰屢敗的軍心和民心。[19]

孫承宗在天啓二年九月抵關視事後，旋即定兵制，命「袁崇煥修營房，立功總兵李秉誠敎火器，廣寧道萬有孚募守邊夷人、採木遼人修營，兵部司務孫元化相度北山南海，設奇兵於高深之間」，[20] 其中孫元化，[21] 字初陽，號火東，

---

[15] 《徐光啓集》，181-83；沈國元，《兩朝從信錄》（臺北：文海出版社，《明清史料彙編》景印明末鈔本），卷七，2。

[16] 先前有關此四門大銃來華的詳細過程，均不甚了了，此據韓雲，〈戰守惟西洋火器第一議〉，收入韓霖，《守圉全書》（臺北中央研究院傅斯年圖書館藏明末刊本），卷三之一，105-11；《徐光啓集》，181-83。

[17] 《明熹宗實錄》，卷十七，18。

[18] 茅元儀，《督師紀略》（北京：書目文獻出版社，景印明末刊本），卷一，7-16及卷二，1-4；《明熹宗實錄》，卷二十三，19。

[19] 錢謙益，〈太常寺少卿管光祿寺丞事贈大理寺卿賜諡鹿公墓誌銘〉，收入《牧齋初學集》（《四部叢刊》本），卷五十，11-19。

[20] 茅元儀，《督師紀略》，卷二，8。

江蘇嘉定人，萬曆四十年舉人，曾師事徐光啓習火器和算法，除協助徐氏刪定《句股義》外，還撰有《經武全編》和《西法神機》等兵學書，以及《西學雜著》、《幾何用法》、《幾何體論》、《泰西筭要》等數學書。[22]

孫元化雖爲嘉定人，惟因寄居上海，嘗入上海縣學讀書，[23] 他與其師徐光啓家中的關係相當親近。[24] 孫氏或爲徐光啓入室弟子中歷官最高的一位，嘗透過其深受西學影響的軍事素養與能力，爲天主教徒在朝中開創了一個頗具發展潛力的空間。

惟先前有關孫元化的研究並不多，且對相關史料的爬梳也欠詳盡。清初歸莊(1613-1673)所撰的〈孫中丞傳〉，[25] 或許仍是目前有關孫元化生平最詳實完整的一篇紀述，然近代學者似均不曾過眼。歸莊與孫致彌（元化之孫）相交，並嘗於康熙十年(1671)爲致彌所撰的《江行雜詩》作序。[26] 筆者在下文中，將以此傳爲主體，[27] 綜合其它明清之際的文獻，嘗試對孫元化的生平事跡及其影響做一較深入的論述。

天啓二年正月，廣寧兵潰，正赴京趕考的孫元化，乃疾馳入都，二月初五

---

21 孫氏生平事跡，除另加註外，均請參閱《明史》，卷二四八，6436-37；王鴻緒，《明史稿》（臺北：文海出版社，景印敬慎堂本），列傳卷一四〇，2-7；方豪，《中國天主教史人物傳》上册，234-39；Fang Chao-Ying, "Sun Yüan-hua," in Arthur W. Hummel, ed. *Eminent Chinese of the Ch'ing Period (1644-1912)* (Washington: United States Government Printing Office, 1943), 686.

22 佚名，《江東志》（上海：上海書店，景印清代鈔本），卷七，1及卷八，13-14；程其珏修，楊震福等纂，《嘉定縣志》（上海：上海書店，景印光緒八年刊本），卷二十六，6，9；李儼，《中國算學史論叢》（臺北：正中書局，1954年臺初版），163-64。

23 宋如林修，孫星衍、莫晉纂，《松江府志》（南京：江蘇古籍出版社，景印嘉慶間刊本），卷四十五，51；應寶時修，俞樾纂，《上海縣志》（臺北：成文出版社，景印同治十一年刊本），卷二十三，10。

24 如徐光啓在萬曆三十九或四十年所寫的家信中，即稱：「初陽家書可即送」；《徐光啓集》，483-84。

25 此傳未收入新編的《歸莊集》（上海：上海古籍出版社，1984）中，筆者所見乃出自《江東志》，卷八，3-14。

26 歸莊，《歸莊集》，卷四，273-74。

27 下文中有關孫元化之事跡，如未特別加注腳，即請參閱此傳。

日，上呈〈防守京城揭〉，[28] 稱：「方今兵膽破落，非憑頓於層臺之上，則我氣不堅；非用遠鏡、精銃，以先殺於十里之外，則敵不挫」，且論及築臺造銃之法以及射擊的要領。如稱建砲臺應有一定之形勢，「面角有一定之周徑廣狹。其直、其折、其平，有繩矩；其虛、其實、其屯營、其更舍，有方位」，且強調鑄銃時應注意「銅錫之劑量，煉鐵之火候，內外徑之厚薄，前後徑之加減，彈與藥之重輕」，並指出大銃的發射有放法、涼法、衛法等操作要領，瞄準則有看法、測法、照對法、約度變通法等技巧。雖然此疏因篇幅關係而未言及細節，但相對於一般論兵事奏疏的泛泛，孫氏火器知識涵蓋面的寬廣，應予人相當深刻的印象。而由此疏的內容，亦知孫元化先前對西學應已接觸頗多。

孫元化領洗入天主教的時間不詳，方豪以其在天啓元年受洗於北京，惟未註明出處。[29] 由於孫氏在天啓二年初始自家鄉抵京參加會試，故筆者相當懷疑他前一年人也在北京並領洗。經查畢方濟於萬曆四十八年致羅馬耶穌會總會長 Muzio Vitelleschi 的信函，其中提及他在「南京教案」爆發後，曾經避居於松江舉人Sun Ko Yam Ignacio之家，[30] 此應即指孫元化（Ko Yam或為其字初陽的音譯），由於畢方濟在此信中已點明孫氏的教名為意諾爵(Ignacio)，故知元化受洗的時間必在萬曆四十八年之前。又，徐光啓曾撰文提及孫意諾爵嘗於萬曆四十六年九月二十八日參加在練川（嘉定之別名）所舉行的一場彌撒，[31] 此一孫意諾爵應亦為孫元化，也就是說孫氏入教的時間可能還在此前。

孫元化的個性頗富進取且相當自負，如在前揭中，他向當國者自薦，宣稱若能讓其「相度要害，置成數臺；鼓勵豪傑，練成萬騎；鳩集工料，造成百銃。而後翼以鳥銃、弓矢一萬，短刀、盔甲各一萬，車牌各一千，長短鎗各五千」，且在未遭撓掣的情形下，則「半年內可固都城，一年之後可巡邊邑」，末並稱：「此公務也，敢公布之，若旬日之內，莫遇同心，則蕭蕭班馬揮手自茲矣」。

[28] 韓霖，《守圉全書》，卷一，36-39。
[29] 方豪，《中國天主教史人物傳》上冊，234-39。
[30] Juan Ruiz de Medina, *The Catholic Church in Korea, Its Origins 1566-1784*, 273.
[31] 徐光啓，〈彌撒冠議〉，《辯學》（臺北：政治大學社會科學資料中心藏方豪原藏鈔本），7-9。

由於前揭發表之後，邊情稍緩，孫元化因擔心「虜緩而我亦緩」，故於二月初七日再上〈防邊關揭〉，[32] 對造臺、用兵和用銃等事提出具體的建議：

臺則容生相度九門，因牆取勢，或可省全費三分之一，省全工二分之一，相度既定，一面建築，一面巡視宣府以東諸口，宜因者因，宜改者改，宜創者創，以厚京師之腰背，掖京師之股掌。兵則容生即於京營點選，各口即於本邊就近點選，教以守臺之法，擇其忠智可恃者，教以用銃之法。銃則容生遍閱廠庫，舊貯可用者留之，不可用者改之，留者舁出教場，造合彈藥，依法試放，庶免臨陣炸裂以害我兵。

且謂在此揭之後，如其人或其言均不獲用，即「從此不復置一喙」。

是科，孫元化不幸落第。二月三十日，時任吏科給事中的侯震暘疏薦其才，稱：

中國長技在火器，然火器用以臨敵，必藉車用；以守城，必藉臺造……現有舉人孫元化，急宜留用，炤法建制……令孫元化相度地形，扼虜必繇之路，各建一臺，即以一臺之費爲諸臺式，隘口有金湯之固矣！其教練火器之法，即令元化指授方略于將領，惟造銃之人，方習用銃之法也。[33]

侯震暘的建議雖獲准依議遵行，但侯氏旋於三月十四日因疏參閹黨沈潅等人而遭降調外任，惟孫元化仍在兵部尚書兼東閣大學士孫承宗的協助之下，獲授經略衙門贊畫軍需一職。[34] 孫承宗本擬聘元化爲其僚屬，但元化卻堅持赴邊關一展抱負。

初至邊關的孫元化，相當勇於任事，嘗於天啓二年四月向遼東經略王在晉連上〈清營設險呈〉和〈議三道關外造臺呈〉兩疏，五月，又上〈乞定三道關山寨銃臺揭〉，八月，再上〈銃臺圖說〉，[35] 希冀自己在軍事方面的才學能爲當事所用。

---

[32] 韓霖，《守圉全書》，卷一，39-41。

[33] 《明熹宗實錄》，卷十九，22。

[34] 《明熹宗實錄》，卷二十，10，18。

[35] 此段中所提及的各文件，請參閱孫元化，《西法神機》（北京中國科學院自然科學史研究所圖書館藏光緒二十八年刊本），卷上，28-31；韓霖，《守圉全書》，卷二，65-70。

天啓二年九月，奉旨督理邊務的孫承宗，將孫元化題授爲兵部司務，命其擇險要之地建臺，並管理軍器、火藥。[36] 承宗對火器十分重視，認爲「練火器爲救急之著」，但由於當時全軍中熟悉操作者不過數十人，他乃「日短服，親至營中按教之……每大犒，則厚能火器者，以表異之」，並命李秉誠教授使用之法，三月之間，教成火器手八千人。[37] 元化首倡用遼人治遼事，並在幕中力倡驅遼人出關撥田耕種之議，頗爲承宗所擊節歎賞。[38] 是年，元化奉孫承宗之命鑄造西銃，然經三次試驗俱轟裂，乃引咎請罷，承宗則安慰曰：「君非冒者，但大器晚成耳」。[39]

天啓二年十月，李之藻上「以夷攻夷」之策，建議：「西洋大銃可以制奴，乞招香山澳夷，以資戰守」，奉旨：「作速議行」。[40] 三年四月，游擊張燾遂自澳門解進大銃二十六位，並募得獨命峨等銃師二十四人（含夷目七名，通事一名，傔伴十六名）隨行。[41] 兵部尚書董漢儒爲示優厚，還曾建議應「賜之朝見，犒之酒食，賚以相應銀幣」，並隨即在京營內精擇一百名選鋒，向這些外

36 茅元儀，《督師紀略》，卷二，10；《明熹宗實錄》，卷二十九，6。

37 鹿善繼，《認眞草》（《百部叢書集成・畿輔叢書》本），卷十四，13；茅元儀，《督師紀略》，卷二，13。

38 王在晉，《三朝遼事實錄》（吉林：吉林文史出版社，1990年景印《長白叢書》本），292，402。

39 此見茅元儀，《督師紀略》，卷二，15。任道斌在其〈"西學東漸"與袁崇煥〉一文中，抨擊孫元化「對西洋炮不知其所以然，以爲其炮身太薄，仿鑄時隨心所欲地加厚炮身，改短炮筒，而不察西洋炮製造時『鐵熟鍛、筒精卷』等先進工藝，往往難免罅隙，爆炸自傷，竟反歸咎於西洋砲，視爲贅物，甚至畏懼而不敢使用」，其說未註出處，筆者相當懷疑此說的可靠性。任氏之文收入《袁崇煥研究論文集》（南寧：廣西民族出版社，1984），301-9。

40 《明熹宗實錄》，卷二十七，24。

41 此批澳兵的統領之名，先前並不爲學者所習知，筆者乃自委黎多於崇禎三年正月所上的〈報效始末疏〉中獲見，委黎多在疏中自稱爲「住廣東廣州府香山縣濠鏡澳議事亭西洋商舶臣」，該疏收入韓霖，《守圉全書》，卷三之一，86-91。委黎多或爲耶穌會士Diogo Correa Valente (?-1633)之譯音，其人駐澳門，時任中國區主教。參見C. R. Boxer, edited and translated, *Seventeenth Century Macao in Contemporary Documents and Illustrations* (Hong Kong: Heinemann, 1984), 76.

籍軍事顧問學習煉藥、裝放等法，且嚴禁外人擅闖或窺視教演之所。[42] 惟因稍後在教砲過程中發生膛炸傷人的事件，而原先提議召募葡兵的李之藻也已在這支隊伍抵達都門前不久遭免職，朝廷遂藉口這些砲師「寒暑之氣不相調，燕粵之俗不相習，不堪久居於此」，將他們全部送返澳門。[43]

前述運抵京城的火砲，原爲澳門葡兵在廣東高州府電白縣所擊沈「紅毛劇賊大船隻」上的艦砲，天啓元年，葡兵會同附近廣海衛的官兵撈尋，共取得艦砲二十六門，李之藻稍後即請兩廣總督胡應台將之購募解進。[44] 今北京的中國軍事博物館以及故宮午門和端門間的廣場上，各陳列有其中乙門，砲身的刻款爲：「天啓二年總督兩廣軍門胡題解紅夷鐵銃二十二門」，上並可見英國東印度公司原鑄的盾形徽飾。[45] 至於爲何文獻中所記被解進的大砲數目不一，則待考。由於扣除領隊和通事各一人，當時實際負責運送火器之澳人，僅餘二十二名，每人如照顧一門砲的話，恰與砲身上所記由胡應台運京的砲數符合。或許其餘四門乃稍後才又解進的。

投筆從戎的孫元化，初在遼東意興風發，其友人唐時升即嘗在贈詩中稱：「憶昨初投筆，乘時試運籌。指揮憑羽扇，談笑撫旃裘。閃電生機械，連雲列戟矛。一臺當要害，千里賴綢繆」。[46] 由於遼事在經楊鎬、袁應泰、王化貞累敗之餘，人心惶惶，守備殘破，故孫元化主張在遼東應「先修實備，後勤遠略」，但孫承宗卻受命「專征布置廣遠」，看法頗爲不合，元化因而求去。會兵部當時欲引進西方火器，乃召其回部，負責監督訓練。

孫元化因未由進士出身，故其先前所授的軍銜，均屬臨時性的安排，然而元化在邊關時，經略王在晉強要其加冠帶，稍後，御賜邊臣貂皮蟒服時，元化也

---

42 《明熹宗實錄》，卷三十三，13，27。

43 韓雲，〈戰守惟西洋火器第一議〉；委黎多，〈報效始末疏〉；方豪，《李之藻研究》（臺北：臺灣商務印書館，1966），171-73；張小青，〈明清之際西洋火炮的輸入及其影響〉。

44 此據委黎多所上的〈報效始末疏〉，張小青在其〈明清之際西洋火炮的輸入及其影響〉一文中，將李之藻所解送之砲誤爲得自雷州府海康縣者。

45 周錚，〈天啓二年紅夷鐵炮〉，《中國歷史博物館館刊》5（1983）：105-9。

46 唐時升，《三易集》（臺北國家圖書館藏崇禎間刊本），卷三，14。

獲賜，亦即他當時早已釋褐，並和其他正途出身之人同樣著官服，此故當其於天啓三年回京之後，雖欲辭官重新以布衣身份參與後年的會試，惟吏部因格於例，乃題請將他實授前銜（即兵部司務）。天啓四年，再陞兵部職方司主事。

天啓四年六月，左副都御史楊漣劾魏忠賢二十四罪，遭切責。七月，首輔葉向高被指為東林黨魁，罷歸。十一月，孫承宗以賀聖壽為名，欲入覲面論魏忠賢之罪，然卻被魏氏求旨阻於通州。五年三月，魏忠賢興大獄，楊漣等二十餘大臣均被下獄或削籍。五月，自元年八月起即一直稱病在籍家居的徐光啓，以「招練無功」遭罷，並被革禮部右侍郎銜。十月，孫承宗也因忤魏忠賢而以「雖嫻于兵，而方略疏焉」的理由去職。

兵部尚書高第在新任遼東經略後，隨即以「關外必不可守」，盡驅屯兵入關，並撤錦州、寧遠一帶的軍事要塞，軍民因此死傷載道，哭聲震野，僅寧前道袁崇煥不聽命，堅持與城共存亡。眼見遼東的局勢大變，孫元化乃於天啓六年正月再上疏請用西洋臺銃法，其言曰：

> 弓矢遠於刀鎗，故敵嘗勝。我銃砲不能遠於敵之弓矢，故不能勝敵。中國之銃，惟恐不近，西洋之銃，惟恐不遠，故必用西洋銃法。若用之平地，萬一不守，反藉寇兵，自當設臺。然前隊挾梯擁牌以薄城，而後隊強弓勁矢繼之，雖有遠鏡，誰為照放？此非方角之城、空心之臺所可禦，故必用西洋臺法。請將現在西洋銃作速料理，車彈藥物安設城上，及時教練。俟敵稍緩，地凍既開，於現在城牆修改如式。既不特建而滋多費，亦非離城而虞反攻。都城既固，隨議邊口。

得旨：「西洋砲見在者，查係果否可用？及查放砲教師果否傳授？有人即當料理，以備城守」。[47]

由皇帝在前述諭旨中所提出的問題，我們可以窺知雖經徐光啓和李之藻等奉教官員的多方努力，然明廷先前對西洋火器一直都未給予足夠且持續的重視，往往只在戰情緊急時，始臨時抱佛腳，此故孫承宗即嘗謔稱好友徐光啓每逢滿

[47] 《明熹宗實錄》，卷六十七，19。

人入侵時就獲起用，一旦兵事稍緩，旋遭劾去。[48]

西洋火器的威力，直到天啓六年正月袁崇煥率總兵滿桂等人以之在寧遠力挫奴兒哈赤大軍後，始鋒芒畢露。在此一大捷中，城頭共佈置有十一門大砲，「循環飛擊，殺其貴人，每發糜爛數重」，「一炮輒殺百人」，[49] 其中威力最強者，乃爲天啓元年李之藻自廣信運往京師的四門大銃之一。李氏原屬意將該批武器交茅元儀（爲孫承宗主要的僚屬之一）運往遼東，惟因張燾「畏關不欲往」，遂置於京營。天啓三年，茅元儀曾親自向在京營教砲的葡人學習操作之法，並函請孫承宗調該批澳兵至關外協助戰守，惟公文到達時，這些人已奉旨返澳而未果，遂調取京營中曾習火器的彭簪古出關。後茅元儀取得其中一門大銃，本欲以之進取蓋州，因計劃受阻，乃將其置於寧遠，並在天啓五年遭罷歸時，將操作的方法傳授滿桂。[50] 六年三月，此砲因功被受封爲「安國全軍平遼靖虜大將軍」，而負責管砲的彭簪古也獲加都督銜。[51]

袁崇煥因寧遠大捷之功，初授都察院右僉都御史，但仍照舊駐劄寧遠等處專管軍務，六年三月，再陞遼東巡撫。[52] 由於西洋火砲在寧遠一役的優異表現，孫元化乃於六年二月奉旨多造西洋火器，以資防禦，惟元化疏稱西洋砲不必多，也不能多，因若「輔以機器（指砲車），瞭以遠鏡，量以勾股」，即可「命中無敵」，且此器「用一以當千」，故不必多，又因鑄造極爲費錢，每門往往需千百金，試放時還可能出現炸裂者，而京師的工料既貴，陋規又多，故亦不能多造。由於先前徐光啓在練兵時，澳商曾進四門大銃，再加上李之藻先前

---

48 孫銓輯，《孫文正公年譜》（傅斯年圖書館藏乾隆七年修補崇禎十五年家刊本），卷一，10。文正爲孫承宗之諡號。

49 彭孫貽撰，刁書仁等標點，《山中聞見錄》（吉林：吉林文史出版社，《先清史料》標點本），41；海濱野史，《建州私史》（北京：中國人民大學出版社，《清入關前史料選輯》標點本），278。

50 茅元儀，《督師紀略》，卷十二，13-14。

51 《明熹宗實錄》，卷六十九，20。任道斌在其〈"西學東漸"與袁崇煥〉一文中，抨擊彭簪古「排斥西洋炮，任之廢棄不用」，惟其說未註出處，也未做任何說明。

52 參見《徐光啓集》，211；《明熹宗實錄》，卷六十七，20-21、卷六十八，3、卷六十九，11、卷六十九，20。後金自承在該戰役中「糜爛失亡」者，凡一萬七千餘人。

奉旨調度京師各城樓軍器時，亦曾經手購募二十六門，其中雖有十一門調往邊外，一門炸裂，孫元化認爲以其餘的十八門（均爲西洋所鑄之砲）防禦京師，應已足夠。鑑於後金的威脅並未因寧遠大捷而完全解除，孫元化隨即奉旨兼程趕赴關外，協助袁崇煥料理造銃建臺之策。[53]

六年二月，吏部薦舉邊才，孫元化獲列名其中，[54] 三月，以兵部主事授遼東軍前贊畫，再次出關與袁崇煥共議城守事宜，且負責督製西洋砲。[55] 元化當時還曾議修中右、中後兩城，以翼山海關和寧遠，並修覺華島軍備，以衛屯糧。

熹宗鑑於「寧遠捷功，年來僅見」，遂於六年四月命兵部對先前未曾敘獎的有功人員再加議敘，被袁崇煥譽爲「識慧兩精」的孫元化，雖不曾直接參與該役，但仍獲「候陞任，加一級，賞銀十二兩」的獎勵，[56] 其原因不詳，有可能因其參與寧遠的築城築臺之功，也有可能是因其曾於天啓五年督解軍器至邊關一事。

六年六月，袁崇煥以邊事暫緩，題請將孫元化調回北京，元化當時曾將所獲的賞銀五十兩捐出助餉。[57] 由於當時的總督王之臣和總兵滿桂皆與袁崇煥不合，還朝後的元化遂請以關外事專委崇煥，此舉得罪了不少反袁之人，再加上元化與東林黨人來往密切，如他不僅曾參與起草先前九卿參劾魏忠賢的奏疏，且當東林要角魏大中被捕送京師時，元化亦曾將其子學洢匿之於邸舍，並於大中死後，「盡斥衣物，佐其歸裝」，[58] 此外，元化又拒絕閹黨的拉攏利誘，終於七年二月被閹黨矯旨控其營謀贊畫一職，而施以「冠帶閑住」的處分。

七年五月，金帝皇太極自將攻寧遠，圍錦州，袁崇煥成功地將其擊退，但袁氏卻於七月被閹黨誣其不救錦州而遭罷。[59] 至此，孫承宗及其經略遼東時的主

---

[53] 《明熹宗實錄》，卷六十八，11，30-31。

[54] 吳應箕，《啓禎兩朝剝復錄》（臺北：藝文印書館，景印《叢書菁華・貴池先哲遺書》本），卷三，6。

[55] 《明熹宗實錄》，卷六十九，16；彭孫貽，《山中聞見錄》，41。

[56] 《明熹宗實錄》，卷七十，32，37。

[57] 沈國元，《兩朝從信錄》，卷三十三，6；《明熹宗實錄》，卷七十二，18。

[58] 孫致彌，《杕左堂集》（北京首都圖書館藏清初刊本），詩卷三，14。

[59] 彭孫貽，《山中聞見錄》，49-51。

要僚屬（孫元化、鹿善繼、茅元儀、袁崇煥等）均遭閹黨斥逐，而徐光啓、李之藻、楊廷筠等奉教士人也已於先前相繼罷官。

三、徐光啓在崇禎朝中的發展

崇禎帝即位之初，力挽狂瀾，黜斥在天啓朝權傾一時的魏忠賢閹黨。天啓七年十一月，起袁崇煥爲都察院左都御史兼兵部右侍郎，十二月，起徐光啓爲詹事府詹事。崇禎元年四月，袁崇煥更陞授兵部尚書，督師薊遼。十二月，徐光啓的好友韓爌也被召還爲首輔。

在此一新的政治局勢下，徐光啓乃於崇禎二年正月自請練兵，其疏有言：

> 乞先與臣精兵五千或三千，一切用人選士、車甲兵仗、大小火器等事，悉依臣言，如法製備，再加訓練。擇封疆急切之處，惟皇上所使，臣請身居行間，或戰或守，必立效以報命。既有成效，然後計算增添……然馬步戰鋒精兵，終不過三萬人……此爲用寡節費萬全必效之計。[60]

四月，徐氏陞授禮部左侍郎，[61] 但其自請練兵的建議則未受重視。

崇禎二年六月，袁崇煥因東江（鴨綠江口眾小島之總稱，其中以皮島最大）毛文龍跋扈難制，假閱兵之名將其斬首。十一月，後金軍入關，京師戒嚴。孫承宗以知兵被復起爲兵部尚書兼中極殿大學士。孫氏先前經略遼東時的部屬，如總兵滿桂、祖大壽以及督師袁崇煥等人，多成爲防禦的主力，而原先遭閒置或入獄者（如鹿善繼、茅元儀等）亦次第獲重用。

二年十一月，崇禎帝召廷臣問方略，徐光啓即以先前遼陽和寧遠之役爲例，建議應憑城用砲，而不應冒險在北京城外列營防守，幾經討論後，遂納其議。[62] 徐光啓更奉旨與李建泰一同負責京營的「指揮訓練」。[63] 在徐氏當時所上的

---

[60] 汪楫等，《崇禎長編》（傅斯年圖書館藏清鈔本），卷十七，16-18。

[61] 《崇禎長編》，卷二十，6。

[62] 《徐光啓集》，269-71。

[63] 《崇禎實錄》（傅斯年圖書館藏舊鈔本），卷二，14-17。

〈守城條議〉中，他除細述城守應注意的事項外，還提出許多具體的建議，其中有云：

以禮房東朝爲議事所，掌詹事府尚書錢象坤願與城守謀議之事，宜令專住本所……西洋大銃弁貢目未到，其歸化陪臣龍華民(Niccolò Longobardo, 1565-1655)、鄧玉函(Johann Terrenz Schreck, 1576-1630)雖不與兵事，極精於度數，可資守禦，亦日輪一人，與象坤同住，以便諮議。[64]

此因兩廣軍門李逢節和王尊德雖於崇禎元年七月奉旨至澳門購募砲師和大銃，但這批人員和武器卻一直未抵京，徐光啓眼見局勢危急，遂建議起用在京的龍、鄧兩耶穌會士以協助城守。[65]

李逢節和王尊德在澳門所購募的砲師和大銃，乃於崇禎二年二月在都司孫學詩的督護以及耶穌會士陸若漢(Jõao Rodrigues, 1561-1633)的伴同之下自廣州進發，此一隊伍包括由公沙的西勞(Gonçlvo Teixeira Correa, ?-1632)所率領的三十一名銃師、工匠和傔伴，共攜大鐵銃七門、大銅銃三門以及鷹嘴銃三十門。[66]

惟因大銃體重難行，以致行程屢稽遲，迄二年十月，始行至山東濟寧，忽聞後金已破北直隸的遵化等城，兵部於是奉旨差官前來催趲，由於漕河水涸，公沙等乃捨舟從陸，晝夜兼程。十一月二十三日，至涿州，因聞敵兵逼近都城，公沙等亟行製藥鑄彈，預備禦敵，二十六日，知州陸燧傳達兵部所奉之上諭，中稱：「西銃選發兵將護運前來，仍偵探的確，相度進止，爾部萬分加慎，不得疎忽，欽此欽遵」，知此一部隊和火器頗受當局重視。十二月初一日，此一隊伍在抵琉璃河時，聞悉良鄉已破（從涿州至北京，須渡越琉璃河，並經過良鄉），因前無據守之地，只得回轉涿州，由於回車急迫，砲車的輪輻遭損，大銃幾至不保。比時，州城內外士民怖賊勢凶，咸思束裝逃避，公沙的西勞、陸

---

64 《徐光啓集》，272-75。

65 委黎多，〈報效始末疏〉；《熙朝崇正集》（巴黎法國國家圖書館藏，編號爲Courant 1322），卷二，15-19。

66 下文中有關此次貢銃的細節，均據韓霖《守圉全書》中所收錄的〈公沙的西勞〉、陸若漢致韓雲書、梁廷棟〈神器無敵疏〉、韓雲〈催護西洋火器揭〉、委黎多〈報效始末疏〉以及陸若漢〈貢銃效忠疏〉等文（卷一頁94-95及卷三之一頁83-95）。

若漢、孫學詩乃會同知州陸燧及鄉宦馮銓（原任大學士）商議，急將運送的大銃入藥裝彈，推車登城拒守，並在四門點放試演，聲似轟雷，敵軍聞聲因而不敢南下，隨後即北退。

二年十二月，崇禎皇帝因中後金的反間計，將袁崇煥下獄，祖大壽在憤怒驚懼之極乃率遼兵東返。新授總理關寧兵馬的滿桂，旋又力戰身亡。副總兵申甫和兵部右侍郎劉之綸所率領的新軍，也先後敗沒。[67] 在此一極爲不利的戰局下，公沙所率的銃師和大銃，終於三年正月抵京效命。[68] 明朝政府答應支付領隊公沙每年一百五十兩的薪水，每月再加十五兩的額外花費，其餘之人則年支一百兩，每月另給十兩的伙食錢，[69] 此一條件相當優渥。正月四日，京營總督李守錡和同提協諸臣奉旨在都城各要衝安置這些西洋大砲，精選將士習西洋點放法，並賜砲名爲「神威大將軍」。[70]

三年四月，徐光啓奏准遣中書姜雲龍同陸若漢等再度前往澳門置辦火器，並聘取善砲的西洋人來京。[71] 徐光啓此一積極引進洋兵的做法引起許多抨擊，五月，禮科給事中盧兆龍即疏稱：

> 堂堂天朝，精通火器能習先臣戚繼光之傳者，亦自有人，何必外夷教演然後能揚威武哉？臣生長香山，知澳夷最悉，其性悍驁，其心叵測……時而外示恭順，時而肆逞凶殘。其借銃與我也，不曰彼自效忠，而曰漢朝求我，其鳴得意於異域也！不曰寓澳通商，而曰已割重地，悖逆之狀，不可名言。

並稱招用三百澳門軍士，所費不貲，不如將此錢糧在閩粵鳩工鑄造大銃數百具，至於裝藥置彈及點放的方法，盧氏也宣稱早已備悉，無需勞駕外人指導，

---

[67] 參見拙文〈揚教心態與天主教傳華史研究——以南明重臣屢被錯認爲教徒爲例〉，《清華學報》，24.3（1994）：269-95。

[68] 委黎多，〈報效始末疏〉。有關陸若漢在華事跡，亦可參閱方豪，《中國天主教史人物傳》中册（香港：公教眞理學會，1970），34-43。

[69] Michael Cooper, *Rodrigues the Interpreter, an Early Jesuit in Japan and China* (New York: Weatherhill, 1974), 338.

[70] 《崇禎長編》，卷三十，5。

[71] 《崇禎長編》，卷三十三，28。

以免使遠夷「窺我虛實，熟我情形，更笑我天朝之無人也」。盧兆龍並將天主教比同白蓮等邪教，且誇張地稱：「京師之人信奉邪教，十家而九」。[72]

由於後金已於五月十三日出關東歸，故盧氏在前疏中更建議：

（西人）未來者當止而勿取，見在者當嚴爲防閑。如皇上懷柔異類，念彼遠來，則止可厚其賞賫，發回本澳。前日涿州運砲，壓斃二夷，但當敕地方官厚葬，以服遠人之心。若夫澳中築舍築臺、添課添米等事，彼或徼功陳乞，弗可輕許，以貽後憂也。

徐光啓隨即針對此疏上言，極力分辨紅夷（荷蘭人）和澳夷（葡萄牙人）的不同，聲稱：「紅夷之志，欲剪澳夷以窺中國；澳夷之志，欲強中國以捍紅夷」，並稱僅需招用三百葡兵即可當做「進取於東，問罪於北」的前鋒，且期約兩年就能「威服諸邊」。[73]

盧兆龍因此於三年六月再度上疏，反駁曰：

堂堂天朝，必待澳夷而後強？……臣自幼習讀孔孟之書，改過遷善、省身克己之事，經文備之矣，不識世間有天主一教與所謂唐朝景教者……臣言夷人不可用，非言火炮不可用。乞皇上責成光啓，始終力任，竟展其二年成功之志，勿因臣言以爲卸擔，則臣之言未必非他山之助也。[74]

盧氏強調己所反對者乃西人、西教，而非西洋火器，且其內心也不信徐光啓有可能在兩年之內解決東事。

盧兆龍，字本潛，廣東香山縣人，天啓二年進士，「性嚴毅，不畏權要，多所建白」，崇禎帝對其相當寵異，嘗御書「剛大精神，直方氣骨」賜贈。[75] 他嘗於崇禎初疏劾南京工部右侍郎何喬遠衰庸，迫使其自行引去，[76] 而何氏對天主教相當友善，曾序艾儒略(Jules Aleni, 1582-1649)之《西學凡》（《天學初

---

72 《崇禎長編》，卷三十四，42-44。

73 《崇禎長編》，卷三十五，18。

74 《崇禎長編》，卷三十五，17-19。

75 祝淮修，黃培芳纂，《新修香山縣志》（臺北：臺灣學生書局，景印道光七年刊本），卷六，35。

76 《明史》，卷二四二，6287。

函》本），並替天啓三年澳人進銃時因膛炸而殉職的若翰哥裏亞(Joao Correa, ?-1623)撰寫墓誌銘。[77]

盧氏在前引各疏中強烈流露出「天朝大國」的虛驕心態，然而他對澳夷的擔心，也頗可理解，如葡人在澳門多次築城的企圖，即曾引發嚴重疑忌。[78] 當時與盧氏抱持類似想法者並不乏人，如在龐尚鵬（廣州府南海縣人，嘉靖三十二年進士，歷官至左副都御史）的〈區畫濠鏡保安海隅疏〉中，即有云：「若一旦豺狼改慮，擁眾入據香山，分布部落，控制要害，鼓噪直趨，會城俄頃而至，其禍誠有不忍言者」。[79]

徐光啓雖然極力分辨澳夷與紅夷的不同，但在許多人的心目中，他們均同被視爲「非我族類」。尤其自天啓二年起，荷蘭人即竊据澎湖，屯兵千餘，且「堅城列銃，盤踞雄崖，巨艦利兵，游移內地」，致使「商漁舉遭荼毒，村落相顧驚逃」，成爲「全閩一大患害」，直至四年五月始在圍攻之下拆城乞降並夜遁。當時的福建巡撫南居益，嘗在奏疏中稱：「彭湖爲海濱要害……自紅夷弄兵其上，我兵將不敢窺左足於汛地，商漁不啻墮魚腹於重淵，浸假而數年之後，根穴日固，掃除更難。小之，則粵東香山澳；大之，則遼左撫順城也」，即將葡萄牙人佔據澳門、荷蘭人在澎湖築城以及滿人攻占撫順三事相提並論。[80] 崇禎四年正月，皇帝召問曾任廣東左布政使的陸問禮有關澳夷之事，陸氏亦回稱：「火器可用，人未可信」。[81]

崇禎三年七月，徐光啓陞授禮部尚書兼翰林院學士，其所薦舉的耶穌會士羅

---

[77] 何喬遠，〈欽恤忠順西洋報效若翰哥裏亞墓誌銘〉，收入氏著《鏡山全集》，卷六十六，轉引自方豪，《李之藻研究》，171-73。

[78] 道光《新修香山縣志》，卷四，83-90；《明熹宗實錄》，卷十一，4。

[79] 瑞麟、戴肇辰等修，史澄等纂，《廣州府志》（臺北：成文出版社，景印光緒五年刊本），卷一一七，2-4；道光《新修香山縣志》，卷四，88-89。

[80] 此段中有關荷蘭人佔據澎湖之敘事，均請參見中央研究院歷史語言研究所編，《明清史料》，乙編第七本，602-607，624-30；此書甲編乃於1930-31年間由史語所在北平出版，乙編之後則由上海商務印書館在1935年起陸續出版。另參見包樂詩(Leonard Blusse)，〈明末澎湖史事探討〉，《臺灣文獻》24.3（1973）：49-52。

[81] 談遷，《國榷》，卷九十一，5555。

雅谷(Jacques Rhó, 1592-1638)，也已於稍後朝見並派至曆局供事。[82] 八月，奉旨監砲的徐光啓以樣砲二具呈覽，帝嘉其「任事精勤」，並命其速將砲造進。[83] 當時在華的天主教會亟欲透過治理曆法和火器兩事，以爭取朝廷對西教西人的優遇。

三年十月，在陸若漢的積極奔走下，Pedro Cordeiro以及Antóio Rodrigues del Campo 合率一百多名葡國軍士（另加約兩百名的隨從）自澳門出發來華助戰。[84] 由於當時澳門的總人口不過一萬人左右，其中葡萄牙公民僅約一千人，[85] 故從此一遠征軍的人數，即可窺知澳門當局對援明之事的積極態度，他們深盼能藉此一天賜良機與在北京的中央政府建立較密切的關係。稍早，澳門當局除在啓、禎兩朝多次以大砲和銃師支援明廷外，也曾在崇禎二年海寇李芝奇侵擾廣東時，出借大銃給明朝守軍，以爲衝鋒之用。[86]

陸若漢早先一直在日本德川幕府中擔任通譯，協助處理當時頻繁的海外關係，由於他在政壇中頗具影響力，致使耶穌會得以因其協助，而從長崎和澳門間的海上貿易中賺取巨額利潤，且護持其宣教活動。惟因他在處理傳教和通商事宜時，得罪了一些異教和天主教其他傳教會的人士，也與幕府中的權貴發生利益衝突，加以荷蘭和西班牙等國的商船，從1610年起相繼進入日本，打破了葡萄牙在日本海外貿易上的長期壟斷局面，陸若漢終在對手持續且激烈的抨擊之下，於1612年被放逐至澳門。[87]

落魄的陸若漢在澳門的新環境中，甚少有可資發揮的空間，明廷向澳門借兵對抗後金一事，因此成爲其欲開創個人新事業所亟於把握的契機。由於西洋火

---

82 《崇禎長編》，卷三十六，4，23。

83 《崇禎長編》，卷三十七，29。

84 下文中有關此批葡軍援華的詳細討論，可參見Michael Cooper, *Rodrigues the Interpreter, an Early Jesuit in Japan and China*, 334-53；方豪，《中西交通史》下册（臺北：中國文化大學出版社，1983年新一版），767-87；張小青，〈明清之際西洋火炮的輸入及其影響〉。又，韓雲在〈戰守惟西洋火器第一議〉中，則稱當時入華的葡軍共四百八十人。

85 C. R. Boxer, *Seventeenth Century Macao in Contemporary Documents and Illustrations*, 15.

86 《明清史料》，乙編第七本，622-23。

87 Michael Cooper, *Rodrigues the Interpreter, an Early Jesuit in Japan and China*, 248-68.

器曾在日本諸藩與歐人接觸時扮演重要角色，[88] 深知當權者渴望借重新式武器心理的陸若漢，於是滿懷憧憬地率葡兵和火砲北上助戰，並在崇禎三年進呈明廷的奏疏中，稱己爲「西洋住澳勸義報效耶穌會掌教」，且謂「臣漢自本國與先臣利瑪竇(Matteo Ricci,1552-1610)輩，前後航海至澳已伍拾餘年」，其實，他在日本居留三十三年之後，僅在澳門待了十八年，且其亦不曾擔任「耶穌會掌教」一職，此一自抬身份且扭曲事實的現象，充分顯露出他在顯赫一時之後不甘於平凡的強烈企圖心。

教會當局也充分利用葡軍助戰的機會，突破「南京教案」以來的禁教狀態，[89] 如時任耶穌會在日本和中國視察員(Visitor)的André Palmeiro (1569-1635)，即於崇禎二年混雜在先前由公沙所率領的部隊中入華，以巡視該會在中國的傳教活動，三年十月，新募的葡軍來華時，也有五名耶穌會士被挾帶入華，[90] 禁教令在朝廷對西洋火器的倚重之下於是漸同虛設。

三年十二月，盧兆龍再度上言抨擊招募澳兵一事，[91] 指稱葡人以出兵與否多方要挾，如欲在澳門復築城臺，要求裁撤香山參將並開海禁，請求允許其多買米糧並免歲輸地租一萬兩，請撥廣州對海之地以建營房等，幸經兩廣總督王尊德堅持弗允。盧氏並稱七月間原本已撥六萬兩餉銀，且稍後亦續給糧米若干，但澳兵卻又要求另發安家銀每人三百兩。疏中對徐光啓派赴澳門處理此事的姜雲龍指斥尤厲，稱因澳兵遲至八月底仍未起程，致使王尊德以憂國而鬱卒，「通粵民心鬨然，思食雲龍之肉」，並指雲龍貪瀆冒餉，所經手的錢糧，一半爲其剋扣。姜雲龍因此被革任回籍，且命詳查議罪。

四年二月，已陞授登萊巡撫的孫元化（詳見後），因堅持起用葡兵，亦遭盧兆龍疏劾，盧氏以爲澳人「畜謀不軌」，擔心若以之爲前驅，恐其「覩釁生

---

88 C. R. Boxer, "Notes on Early European Military Influence in Japan (1543-1853)," *Transactions of the Asiatic Society of Japan, Second Series*, vol. 8 (1931), 67-93.

89 張維華，〈南京教案始末〉，《齊大月刊》1.2（1930）：93-106；1.3（1930）：191-208。

90 Michael Cooper, *Rodrigues the Interpreter, an Early Jesuit in Japan and China*, 338, 345.

91 《崇禎長編》，卷四十一，13-14。

心，反戈相向」。[92] 此一澳門遠征軍在抵達南昌後，即因戰情趨緩以及盧兆龍等人的激烈反對而遭遣返，但陸若漢仍以進貢武器爲辭，北上回京陛見，並辯解絕無築城臺、撤參將等要挾之事。[93] 徐光啓在此次葡軍遭遣返之後，或心灰意冷，即不再積極過問兵事，惟其門生孫元化則漸成爲軍中舉足輕重的人物之一。

四、孫元化在崇禎朝中的起落

崇禎元年，原遭閹黨排擠的孫元化，重被起用爲兵部武選司員外郎，[94] 未幾，陞授職方司郎中。稍後，再因督師袁崇煥之薦而獲授寧前兵備道。[95] 三年正月，孫元化隨孫承宗鎮守山海關，在城頭四周設紅夷砲五十餘具和滅虜砲二千餘具，由於佈置甚爲嚴整，令當時入關後所向披靡的後金軍隊不敢攻堅，孫元化當時除「安輯關外八城」外，還「斬獲首虜八百有奇」。[96] 三月，以「深入敵營」功，加山東按察副使。[97]

三年五月，兵部尚書梁廷棟因元化素爲跋扈的東江署前協事劉興治所憚，特破格薦用孫元化爲登萊巡撫，除巡撫登州、萊州和東江外，兼恢復金州、復州、海州和蓋州之責。[98] 七月，孫元化以病廢辭新命，其疏曰：

> 蓋内廷向以登萊爲虛撫，東島爲虛兵。今欲以臣實其虛，而户部不給全餉，工部不給軍需，兵部不給馬匹，則兵仍虛，兵虛而援恢亦虛，援恢虛

92 《崇禎長編》，卷四十三，29。

93 《崇禎長編》，卷四十四，8。

94 在歸莊的〈孫中丞傳〉中未註明時間，筆者將此事繫於崇禎元年戊辰歲，乃因孫元化嘗在記其與王徵論交始末之文中稱：「戊辰，余賜繯，道出廣陵……」，王徵時任揚州(古名廣陵)推官，而賜繯則爲臣子獲赦召還之謂。孫氏之文轉引自方豪，《中外文化交通史論叢》第一輯(重慶：獨立出版社，1944)，228-29。

95 《明清史料》，甲編第七本，712。

96 《崇禎長編》，卷三十，14-15；黃之雋等撰，《江南通志》(臺北：華文書局，景印乾隆二年重修本)，卷一四五，12；談遷，《國榷》，卷九十一，5517。

97 《崇禎長編》，卷三十二，44。

98 彭孫貽，《山中聞見錄》，61；談遷，《國榷》，卷九十一，5539-40。

而撫亦虛……且勿論島將之反側，戎索又未易言已。臣即不病，尚不可承，況病而且甚，不能跨鞍，不能捉筆者乎！[99]

但由此疏的字裡行間，知元化對此一任命並非毫無興趣，他其實較在意能否獲得充分的支援，以施展抱負。奉旨應速到任的孫元化，於是率領以遼人為主的八千名軍隊至登萊履任。[100] 公沙的西勞等人則被分派在孫元化麾下效命，張燾當時亦在鹿島擔任贊畫游擊。[101]

前引文中所謂「島將之反側」，乃指崇禎三年五月劉興治叛變一事，當時署東江各島之副總兵陳繼盛等均為叛兵所殺，元化在上任後，即建議速發餉銀並預借糧米以招撫。[102] 四年三月，劉興治因遣使與後金約降，而為島將張燾、沈世魁等所殺，負責接應劉興治的佟養性軍，亦被殺散。後金於是興師一萬二千餘人來攻，並向朝鮮借戰船，朝鮮因與明朝有深誼而加以婉拒，後金軍遂自海邊搜得船十一艘，分屯身彌、宣沙和都致等處，預備攻皮島（又名南海島，今名椵島）。其時，總兵黃龍出鎮皮島，聞後金來襲，遂命贊畫副總兵張燾出戰。六月，張燾督大小兵船百餘艘迎戰，並令公沙的西勞等十三名隨軍葡人發西洋大砲，計發射十九次，打死敵兵約六、七百名，大貝勒代善的第五子巴喇瑪亦中砲死，時人稱之為「麻線館之捷」，遼東巡撫丘禾嘉更形容此役乃「海外從來一大捷」。[103]

四年閏十一月，金國汗致書朝鮮國王，責其背盟供給皮島食糧，並暗助明軍登岸偵探，且在皮島之役中不允借船隻，皇太極稱：「莫非王意謂張燾之謀、祖帥之勇，敗我師兵，克復灣、永，所以巧作其辭，而索覓間隙？」，[104] 其言

---

[99] 《崇禎長編》，卷三十六，22-23。

[100] 《明史》，卷二七〇，6940。

[101] 《崇禎長編》，卷三十八，9。

[102] 《崇禎長編》，卷三十四，18-19；卷三十七，2。

[103] 李光濤，〈記崇禎四年南海島大捷〉，《中央研究院歷史語言研究所集刊》12（1947）：241-50；湯若望授，焦勗述，《火攻挈要》（《百部叢書集成・海上仙館叢書》本），卷中，27；韓雲，〈戰守惟西洋火器第一議〉。又，在《火攻挈要》中稱此役共「殄敵萬餘」，似有浮誇之嫌。

[104] 《仁祖朝實錄》（漢城：探求堂，《朝鮮王朝實錄》本），卷二十五，49。

將張燾與名將祖大壽相提並論，且明白承認張燾曾擊敗後金的軍隊。

先前，孫元化嘗遣人向朝鮮求買戰船，但因朝鮮爲防禦後金的軍隊，而一直未果。在後金於四年七月引兵北歸後，朝鮮乃送四十艘戰船予元化。是月，朝鮮陳奏使鄭斗源自北京歸，上獻其國王千里鏡、西砲、自鳴鐘等物，這些都是陸若漢相贈的。陸若漢或欲藉此開展與朝鮮的關係，以便將來能有機會將天主教傳入該國。鄭氏在回國後，朝鮮國王曾問詢其對孫元化的評價，對曰：「清儉疎雅，雖威武不足，可謂東門得人矣」，知鄭斗源似曾會晤孫元化。[105]

被超擢爲登萊巡撫的孫元化，初頗得皇帝支持，如其嘗以恢復遼東爲由，請馬價二萬兩，崇禎帝喜其「實心任事」，乃許以速發，雖然太僕寺卿鄭宗周於三年十月上疏詰之曰：「元化稱馬價軍需，難以急應，故先請二萬，不知今日二萬之價，即可恢金州否？……不知暫用若干馬價，方可恢遼？」，但得旨：「軍機、馬政各有攸責，宗周不必越俎代謀，致掣疆臣之肘，所請馬價，遵旨即與措發」，[106] 孫元化因此積極購置軍備。四年正月，工部尚書曹珍等以登鎮製器尚缺銀二萬兩，而庫藏如洗，更建議特准其分用戶部的加派銀，以濟急需。[107]

孫元化就任不久即更定營制，其麾下在登萊共有眾八千人，此外東江各島上的三萬餘兵，亦歸其統帥。[108] 在徐光啓的軍事改革計劃中，[109] 希望能「盡用西術」，並成立十五支精銳火器營，每營的配置如下：

> 用雙輪車百二十輛、砲車百二十輛、糧車六十輛，共三百輛。西洋大砲十六位、中砲八十位、鷹銃一百門、鳥銃一千二百門、戰士二千人、隊兵二千人。甲胄及執把器械，凡軍中所需，一一備具。

徐氏認爲「若成就四、五營，可聚可散，則不憂關內；成就十營，則不憂關外；十五營俱就，則不憂進取矣」，孫元化當時所統率的部隊即爲此類火器營的樣板。

---

[105] 此段參見《仁祖朝實錄》，卷二十五，1，5。
[106] 《崇禎長編》，卷三十九，13。
[107] 《崇禎長編》，卷四十二，12。
[108] 《崇禎長編》，卷四十，1。
[109] 《徐光啓集》，卷六，289，310-11。

然而孫元化恢遼的構想，亦引起許多負面的反應，如戶科給事中史應聘即曾於四年五月上言稱：「登萊額兵數萬，徒作河上之逍遙，東江一旅，且爲海徼之跋扈」，他以孫元化所率均屬「敲骨吸髓」的「無益之士」，認爲如能「罷不急之戍，簡無用之兵」，則雖不加賦，餉已可足。[110] 七月，戶科給事中馮元飆亦疏稱恢遼之事應以關、薊爲主，而今登萊巡撫歲費即八十餘萬，如將其裁撤，即可令百姓所承擔每年約一百四十餘萬的加派錢，大爲減輕。[111] 雲南道試御史張宸極也稱登萊設兵原爲防海之用，但後金從不曾自海路進兵，故無異將「有用之兵委之無用之地」，因此建議將半數軍隊仍守海防，餘則移往山海關禦敵。[112]

崇禎四年二月，孫元化舉薦丁憂服滿的天主教徒王徵出任遼海監軍道，信奉天主教的王徵爲天啓二年進士，他之所以願屈就爲舉人出身的孫元化的下屬，乃因兩人是以「道義相許」的好友，如孫元化於天啓七年遭罷歸時，「不避嫌忌，座視行色」的故交，僅王徵一人，王徵在贈別詩中即頗高元化，其文曰：

> 上林休休暫歸田，欲賦閒居孝敬全。堂上萱花顏色駐，林中桂樹露華偏。掄才曾識驊騮種，定策能清邊塞煙。未久明王應有夢，重修勳業勒燕然。[113]

此故孫氏在臨終前嘗記王徵答應鼎助一事曰：「翁才望高出一時，長安以勢要相許者，不亞於余之道義，而余不顧勢要之足奪與否，毅然請之，亦心知翁之自必不以勢要奪也」。[114] 當時教會中人對此一奉教官員的組合，想必抱持相當高的期望。而王徵在接任之初，亦曾起意薦舉李之藻，但李氏旋於三年九月去世而未果。[115]

孫元化在治兵時，除引用同教的王徵和張燾等人外，其親族（見圖二）也頗多隨侍左右或投身行伍者，如他的三子和鼎、和斗、和京即一直交替在側，[116] 而

---

110 《崇禎長編》，卷四十六，27。

111 《崇禎長編》，卷四十八，7-8。

112 《崇禎長編》，卷五十二，18。

113 王徵著，李之勤輯，《王徵遺著》（西安：陝西人民出版社，1987），274。

114 《王徵遺著》，329-30。

115 《王徵遺著》，143-46；方豪，《李之藻研究》，15-17。

116 聞在上修，許自俊等纂，《嘉定縣續志》（上海：上海書店，景印康熙二十三年刊本），卷五，31-33。

當孫氏於天啓年間在邊外負責造銃築臺時，亦屢攜外甥沈卜琦同往，卜琦自幼即從孫元化遊學。[117] 此外，孫和鼎的表姊夫潘雲柱和潘氏的內弟沈履素，也被元化授爲都司，分護敕印和符驗。[118] 同樣地，王徵在監軍登萊時亦多親族隨侍，如其姪永年即左右其間，而其從弟王桂，也擔任登萊撫標都司，屢立戰功。[119]

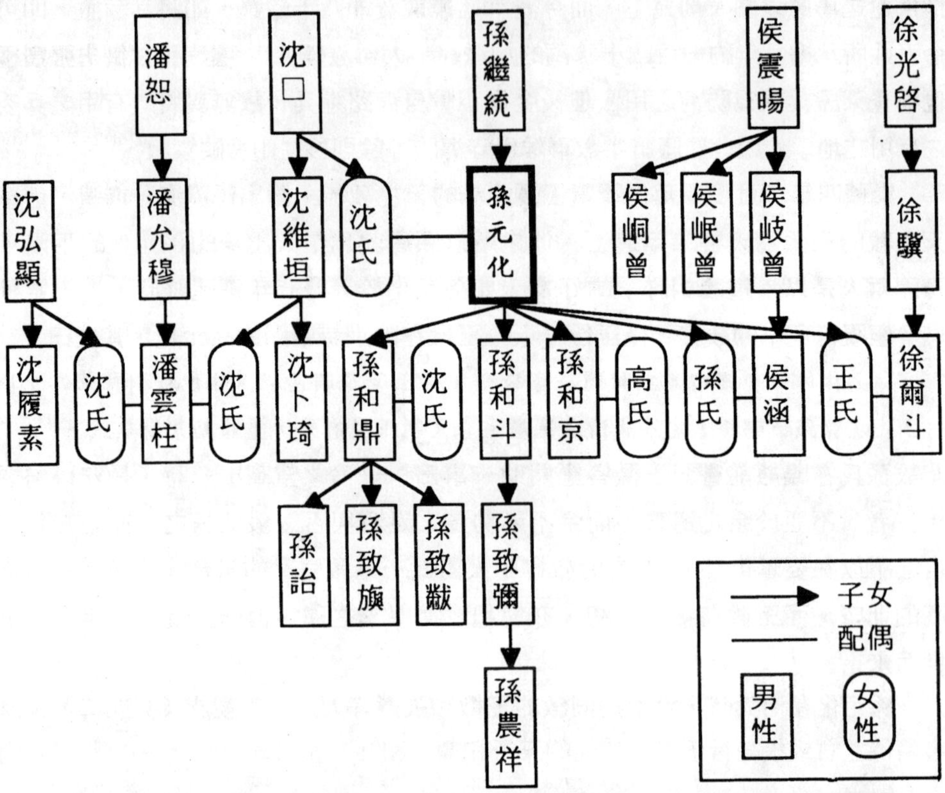

圖二：由相關方志中所整理出的孫元化家族之世系與姻親關係圖

---

117 《江東志》，卷八，17-18。

118 沈履素是潘雲柱元配的仲弟，而潘雲柱的續室沈氏則是孫和鼎的表姊；《江東志》，卷十，16-19。

119 王介，《涇陽魯橋鎮志》(南京：江蘇古籍出版社，景印道光元年刊本)，鄉賢志頁8及仕官志頁8。

王徵在出任監軍後嘗於四年六月疏奏建議：

> 計莫如收集見在遼人，令善將兵者，精擇其勇壯而訓練之……即遼人補遼兵，便可省徵調召募之費……遼兵守遼地，尤可堅故鄉故土之思……以遼地儲遼糧，亦可漸減加添節省之投。於攘外之中得安內之道，此或可爲今日東事之要著乎！[120]

此一用遼人守遼地的主張，與孫元化同出一轍。[121] 四年六月，對西學西教相當傾心的熊明遇被起爲兵部尚書，熊氏也同樣主張「關外文武將士，惟遼人可用」。[122]

四年八月，金帝親攻大凌河，圍祖大壽於城內。十月，張燾奉孫元化之命，率舟師一千三百人撤離皮島，黃龍則藉口巡視義州而遲留不去，孫元化於是命其率兵登岸牽制後金，然黃龍卻僅虛張聲勢而未發兵。黃龍個性貪墨跋扈，如在朝鮮的史料中即稱其「專廢軍政，貪黷無厭。凡除將官，必皆受賂，西來錢糧，不以給軍。孫軍門（筆者按：指孫元化）求買舡隻，送鳥銃、銅鍋等物，而亦皆自占」，[123] 十一月，黃龍因隱沒兵士的賞銀，且扣剋月餉，致引起嘩變，眾兵於是拘黃龍於私第，然因朝鮮移檄問罪，島眾擔心食糧遭斷絕，且被朝廷視做叛逆，遂殺帶頭倡亂者，扶黃龍復出視事。[124]

黃龍在崇禎三年五月收復灤州之役中戰功第一，[125] 素爲孫元化所倚重，孫元化出任登萊巡撫後，即特別要求調派黃龍以總兵官的身份至皮島，專理恢剿事宜，[126] 但他稍後的表現卻令人懷疑孫元化的知人之明。

皮島兵變令孫元化在朝中備受抨擊，如戶科給事中呂黃鍾即於閏十一月疏劾孫元化曰：

---

120 《崇禎長編》，卷四十七，4-5。

121 彭孫貽，《山中聞見錄》，63。

122 《崇禎長編》，卷四十七，11；卷五十二，25。熊明遇事跡可參見馮錦榮，〈明末熊明遇父子與西學〉，收入《明末清初華南地區歷史人物功業研討會論文集》，117-35。

123 《仁祖朝實錄》，卷二十五，39。

124 《仁祖朝實錄》，卷二十五，39-42；《崇禎長編》，卷五十二，30。

125 《明史》，卷二七一，6966。

126 《崇禎長編》，卷三十四，1。

> 登撫孫元化碌碌無能，冒兵糜餉，於敵人之西入也，絕不聞牽制之能，於島帥之見辱也，渺不見彈壓之略，則亦木偶人耳！論東海地形，原有天塹之險，只設一道臣守之，可恃以無恐，亦烏用此年年充位之人爲哉！[127]

同月，江西道試御史劉宗祥亦疏告孫元化有四罪狀：一、縱放逃兵入海；二、不禁硝黃入敵；三、淩圍日久，竟乏救援牽制之奇；四、兵嘩將辱，漫無消弭節制之略。[128]

吏科給事中熊開元也指斥孫元化「冒餉」。[129] 禮部尚書黃汝良亦質稱皮島自毛文龍開鎭以來，「十餘年間曾得其半矢之用否？」，是「徒以有限之財，填無窮之壑」，且如黃龍的冒餉跋扈，早已成例行故事，故建議將皮島、登萊撫鎭盡行罷撤。[130]

對孫元化的攻訐也成爲打擊首輔周延儒的重要藉口，如陝西道試御史余應桂即嚴辭曰：

> 如登撫孫元化者，歲費金錢八十餘萬，叱之毛文龍之舊已數倍矣！料理兩年，無論復四州、援大凌，即島兵兩變，亦且充耳無聞。且登兵號二萬之眾，調赴關寧者，止二千五百而已云。盡如此破綻，罪已滔天，業經自簡，而延儒何以堅護不休，則以同鄉入幕，參貂、白鏹每月一至耳。然臣非無據也之言也，寧遠海口副總兵周文郁，延儒之家奴也，元化敘殺劉興治之功，侈及文都【郁】，隔海敘功，不敢遺其家奴，其諂事延儒，亦何所不至乎？[131]

山西道試御史衛景瑗也稱周延儒因受孫元化所贈的貂參金珠，因此始終曲爲護持。[132]

以厚禮相贈上官，應屬當時的習尙，如孫元化即嘗於初授兵部司務時，置備

---

127 《崇禎長編》，卷五十三，6-7。
128 《崇禎長編》，卷五十三，8-9。
129 《崇禎長編》，卷五十三，23。
130 《崇禎長編》，卷五十三，25-26。
131 《崇禎長編》，卷五十三，13。
132 《崇禎長編》，卷五十三，18。

精緻的布帛贈送拔舉他的孫承宗，但承宗以元化的宦囊並不豐而婉辭，僅希望他能早日自邊外還朝，以便能「朝夕聞快語」。[133] 孫元化在出任寧前兵備道時，曾有意矯正此一官場中的惡習，在其奏疏中有云：「欲使關東將吏，自儀物迄於呈揭，自宴會迄於送迎，謝絕虛縻，惜時省費，以共圖實事」，但他仍很可能爲求辦事方便，而循俗按月送厚禮與周延儒。至於周延儒對孫元化的護持，除因元化的「孝敬」甚豐之外，也或還因兩人之間存在許多關係，如他們有同年舉江南鄉試之誼，而周延儒的親族周文郁，也與孫元化十分相熟，文郁曾於天啓間在遼東經略孫承宗幕中與元化共事多年。[134]

崇禎四年閏十一月，孫元化的下屬孔有德在吳橋叛變，對明與後金間的軍事態勢和天主教在軍中的發展，產生極爲嚴重的影響（詳見下節）。而孫承宗也以「築凌召釁，辱國喪師」的莫須有罪名，於四年十二月被罰冠帶閑住，並奪其寧遠敘功和錦衣世襲，十一年，清軍深入內地，孫氏率家人拒守家鄉高陽，城破，投繯死。[135]

五、吳橋兵變的發生與影響

在毛文龍爲袁崇煥所殺後，其下屬孔有德、耿仲明、李九成等，均自東江走登州。孫元化任登萊道時，即用以爲將，且多收遼人以補伍。[136] 崇禎四年六月，新任兵部尚書的熊明遇，因擔心防禦戰線過長，遂命在大凌河的孤軍撤還，但祖大壽以城方新築，不忍棄，仍留步騎兩萬守之。

四年七月，後金以精銳數萬圍大凌。由於大凌所在的寧前道歸登萊巡撫統轄，兵部於是命孫元化發兵由海路赴耀州鹽場（在今遼寧營口市附近）以爲牽制，九月，孫氏乃命游擊孔有德率遼兵赴援，有德詭言風汛不利而逗留不前，

---

133 孫承宗，《高陽集》（國家圖書館藏清刊本），卷二十，28。

134 周文郁，《邊事小紀》（國家圖書館藏崇禎間刊本），卷一，5。

135 《崇禎長編》，卷五十四，9；《明史》，卷二五〇，6476-77。

136 彭孫貽，《山中聞見錄》，63。

於是改命其和千總李應元率千餘人從陸路至寧遠聽候調遣。但因孔有德所統率的遼丁與山東當地人屢有摩擦，導致部隊行抵吳橋時，縣人皆閉門罷市，其中一卒與民口角，有德笞之，眾大譁，而後隊滯新城者，適強取王象春家僕一雞，王氏爲山東望族，其家科第極盛，領兵官在壓力之下，乃將該丁「穿箭遊營」，於是眾兵遂擊殺該家僕，象春之子申詳撫按，必欲查辦首亂之人，且適李應元之父九成蕩盡爲元化市馬之錢，爲恐遭譴罪，李氏父子乃率眾遼丁擁孔有德在吳橋叛變。[137]

孔有德的叛軍在山東境內連陷數城，由於孫元化力持撫議，甚至移檄各郡縣，不許截殺，遂至一發不可收拾。[138] 廣東道御史宋賢即上疏抨擊山東巡撫余大成毫無作爲，但知「持齋戒殺，閉戶誦經」，並建議應將孫元化「立賜斥譴，以昭國憲」，其疏中有云：

> 登萊撫臣孫元化侵餉縱兵，貪穢已極。其所轄士卒，數月間一逞於江東，則剿截主將；再逞于濟南，則攻陷城池，皆法之所不赦者。

其中「剿截主將」乃指黃龍之腿遭叛兵拷折且被割去耳鼻一事，而余大成更因「不禁叛亂，而禁殺生」，致被民間譏其爲「白蓮都院」。[139] 至於廣西道試御史蕭奕輔，除指責孫元化放任孔有德荼毒內地外，亦抨擊奉命率援兵救大凌的張燾，指其並無一人一騎抵凌，且又「卸罪於波濤，借詞于風汛」。[140]

四年十二月，孔有德率兵攻抵登州城外，孫元化直到此際仍未放棄招撫的念頭。五年正月，登州官兵與叛軍戰於城東南，由於副總兵張燾所率的遼兵遽引退，且半降於賊，而中軍耿仲明等遼人又內應，城遂陷。總兵張可大自縊殉國，至於孫元化的屬下，亦有潘雲柱和沈履素等十九員將吏遇害。孫元化本人

137 下文中有關吳橋之變的敘事，如未另加註，均請參閱毛霦，《平叛記》（《叢書集成續編・般禮在斯堂叢書》本），1；彭孫貽，《山中聞見錄》，62-63；文秉，《烈皇小識》（臺北：文海出版社，《明清史料彙編》景印清初刊本），卷三，12-14；光緒《嘉定縣志》，卷三十二，10；宋伯胤，〈孫元化與吳橋兵變〉，《天津益世報・人文周刊》，新32期（1947年12月15日）。

138 《崇禎長編》，卷五十四，14-15。

139 《崇禎長編》，卷五十二，30；卷五十四，16-17；卷五十五，12。

140 《崇禎長編》，卷五十四，18-19。

則自刎不成，與登州道宋光蘭、監軍道王徵等俱爲叛軍所擄。孔有德在此役中共擄獲了舊兵六千人、援兵千人、馬三千匹、餉銀十萬兩、紅夷大砲二十餘位，西洋砲三百位，其餘火器和甲仗，不可勝數。[141]

由於孫元化對遼人素頗照顧，且叛軍爲尋求招撫的可能，孔有德遂用耿仲明的建議，於五年二月將孫氏和宋光蘭、王徵、張燾等人放還，王徵在放歸後，曾具疏論及登州城陷前後的情形，中稱：

> 初三之夜，內潰外應而城破矣！叛將不肯加害，且令兵士衛守。少刻，則孫撫臺乘馬而至，見城已破，輒自刎仆地。叛兵細搜徵身，恐亦自刎，防範愈嚴。[142]

指稱孫元化在城破時曾試圖自刎，但未遂。在元化長子和鼎所撰的〈都閫潘于王暨元配兩沈碩人合葬墓碣銘〉中，也嘗提到元化欲自刎殉國之事。[143] 惟或因此舉違背天主教十誡的教律，此故在教會中人所撰的著述中，多避而不言。[144]

當時在登州負責教習火器的葡萄牙人，也有十二人在城陷時捐軀，另有十五人重傷。死難的統領公沙的西勞經兵部尚書熊明遇疏請追贈爲參將，副統領魯未略贈游擊，銃師拂朗亞蘭達贈守備，傔伴方斯谷、額弘略、恭撒彔、安尼、阿彌額爾、薩琮、安多、兀若望、伯多彔則各贈把總職銜，每名並給其家屬賞銀十兩。其餘諸人則各給行糧十兩，令陸若漢遣送回澳門，並請陸若漢再揀選數十人入京教銃。[145]

孫元化在被俘後，風傳他已爲孔有德擁戴稱王，且僭號順天，於是眾臣接連疏劾，[146] 並延及首輔周延儒和兵部尚書熊明遇。如陝西道試御史余應桂疏稱諸臣先前屢糾元化貪污欺詐，但均爲周延儒所迴護，終致有吳橋之變，此故「主登兵之叛逆者，非孔有德，乃孫元化也。成有德之叛逆者，非孫元化，乃周延

141 《崇禎長編》，卷五十四，22；卷五十五，2-3。

142 《王徵遺著》，150-51。

143 《江東志》，卷十，17。潘雲柱，字于王，上海人，爲孫元化的甥婿。

144 如方豪在其《中國天主教史人物傳》中的孫元化小傳，即未提及自刎事（上册，頁234-39）。

145 《崇禎長編》，卷五十八，5-6。

146 《崇禎長編》，卷五十六，12-19。

儒也」。而兵科給事中李夢辰也藉此一兵變指責熊明遇「調度失宜，威望既不足以服人，才幹亦不足以濟變，難以久居司馬之堂」。雖然崇禎皇帝表面上仍溫旨慰留周、熊二人，但已埋下他們未幾即遭去職的導火線。

當兵變發生後，朝中多言孫元化已反，因而將其家屬囚繫，徐光啓則上疏代其申辯，並稱如元化有反意，「臣願以全家百口共戮」。[147] 事實上，孫元化的甥婿潘雲柱在五年正月聞元化遭削籍聽勘時，確曾擬反旗，但爲元化所阻。[148]

五年三月，被叛軍放還的孫元化，被逮至京師的鎭撫司，究問其賄賂周延儒諸事，[149] 孫氏在獄中遭到嚴刑，「手受刑五次，加掠二百餘」。[150] 周延儒欲脱孫元化死罪，遂援其師徐光啓入閣兼東閣大學士，共圖之，但終無法挽回。五年七月二十三日（西曆1632年9月7日），孫元化與張燾同棄市，宋光蘭和王徵則遭遣戍。[151] 孫元化和張燾死前，湯若望(Adam Schall von Bell, 1591-1666)還曾喬裝成送炭工人至獄中爲其行赦罪禮。[152] 兵部尚書熊明遇也因吳橋兵變時力主撫議，且因替與後金私下議和的宣府巡撫沈棨辯解，而同時被解任聽勘。[153] 自此，親天主教的勢力即淡出軍中。

由於孔有德軍皆遼人，曾臨大敵，多謀敢戰，且擁有並善用西洋火器，因此屢敗內地的援兵，孔有德除四處攻城擄掠外，還誘執新任的登萊巡撫謝璉，嘗私語曰：「殺山東兵如切菜，雖數十萬，無奈我何。各鎭兵咸非吾敵，惟慮關外兵耳」，此一態勢直到四千八百名的關外兵於五年八月加入山東行營後始改

---

147 柏應理 (Philippe Couplet, 1623-1693)，〈徐光啓行略〉，收入張星曜編，《通鑑紀事本末補・附編》(Courant 1023)。

148 《江東志》，卷十，17；《崇禎長編》，卷五十五，18。

149 《崇禎長編》，卷五十六，20；卷五十七，1。

150 《王徵遺著》，330。

151 《明史》，卷二四八，6436-37；《崇禎長編》，卷六十一，24。同治《上海縣志》的孫元化小傳中，則誤以其「於遼陽抗大兵殉節」（卷二十三，10）。

152 Alfons Väth S. J., Johann Adam Schall von Bell S. J., *Missionar in China, Kaiserlicher Astronom und Ratgeber am Hofe von Peking, 1592-1666* (Cologne: J. P. Bachem, 1933), 98.

153 《明史》，卷二五七，6629-31。

觀。是月，孔有德兵敗於沙河，山東行營兵並解萊州七閱月之圍。[154] 九月，官兵圍有德於登州。六年四月，孔有德和耿仲明以船百艘載男女一萬二千餘人（含精壯官兵三千六百餘名），連同軍器、槍砲等一應物件，在明軍的堵截之下，狼狽地浮海從鎮江堡（臨鴨綠江出海口）登陸降金，[155] 令此一持續十八個月的兵變告一段落，然而叛軍在山東地區則已造成「殘破幾三百里，殺人盈十餘萬」的結果。[156]

吳橋兵變雖結束，惟朝中對周延儒的攻擊卻日益激烈，如原任兵科給事中的孫三杰即疏稱：

> 今日養叛陷城、通款辱國之事……實無一非延儒所為……明知元化、禾嘉無功而冒，節鉞不足服人，則設為復廣寧，圖金、復、海、蓋之議，既而一事無成……孫元化開府登州，結孔有德為心腹，縱遼兵肆劫，通國知其釀禍，延儒與熊明遇極力庇之……元化則實恃延儒在內，自分可以不死，乃束身歸命，以為撫局張本……皇上大奮乾綱，立置元化於法，罷明遇，逮宇烈，延儒則竟以巧言支飾得免於罪……延儒一日在位，海宇一日不寧。[157]

孫三杰雖遭切責，但仍陸續上言疏劾周延儒。[158] 當時對周延儒的持續抨擊有相當部分乃肇因於溫體仁欲陰奪其位，崇禎六年六月，周延儒終於引疾乞歸，體仁遂願繼其為首輔。[159]

至於擔任禮部尚書兼東閣大學士的徐光啓，在吳橋兵變之後，對治兵之事更是心灰意冷。轉而全力投注於他自崇禎二年即已奉命負責的修曆一事，年已逾七十的徐氏，縱然閣務殷繁，仍利用政餘在夜間從事曆法的推算和編譯工作。

---

154 《崇禎長編》，卷六十一，15-16；卷六十二，24；卷六十二，31-32。

155 第一歷史檔案館，《清初內國史院滿文檔案譯編》上冊（北京：光明日報出版社，1989），16-17，320；《清太宗文皇帝實錄》（北京：中華書局，1985），卷十三，16-17；卷十四，1-11；《明清史料》，丙編第一本，27-29。

156 《崇禎長編》，卷六十四，24。

157 《崇禎長編》，卷六十二，6-7。

158 《崇禎長編》，卷六十二，15；卷六十三，15-16；卷六十三，30-31。

159 《明史》，卷三〇八，7925-28。

六年十月，終以積勞成疾而病故。[160]

在吳橋兵變中，我們可發覺火器在兩軍交戰時已扮演一相當重要的角色，[161]如在萊州的攻防戰中，守城的官軍幾乎日耗砲彈數百斤，至於叛軍則先後將紅夷大砲十餘位和大將軍三百餘位投入戰場，且因其先前曾受葡籍軍事顧問的教導，故發射「準如設的」，而叛軍所用紅夷大砲的威力尤其驚人，每位重達二、三千斤，「鐵子每箇重六斤，觸之即折，城垛盡傾，守垛者無處站立」。

相對地，萊城守軍初對西洋火器的使用並不熟悉，每以裝藥過多而導致砲銃炸裂。而謝璉新任登萊巡撫後，任命都司鮑守正督製火器，其所製竟然還是萬人敵、轟天雷、火箭和火毬等傳統火器。此一情形直到神武左營參將彭有謨於五年二月率師入援後，始有改善，彭氏原領川兵防守旅順，頗具戰鬥經驗，入城後，即定各砲填藥的多寡，並命以紙將每斤火藥裹作一包，如此在急忙中便不致差錯，又命在裝入砲彈後，以廢紙或舊絮塞緊砲管，使砲口即便向下亦無墜脫之虞。

鑒於叛軍的火力過強，崇禎皇帝特在五年四月遣中使送紅夷大砲六位至沙河，交付由劉宇烈所率領的二萬五千名馬步援兵，然而此一部隊卻於數日後在沙河大潰，大砲等火器悉爲叛軍所擄。直到八月中旬，在關外兵的摧鋒陷陣下，萊城之圍始解，而於該役中戰功最著者，即屬靳國臣、祖寬、祖大弼、張韜等關外諸將。其中祖大弼外號「祖二瘋子」，爲祖大壽之弟，他在大凌河之役時，即以英勇而名壯一時。至於靳國臣、祖寬和張韜等將，亦曾在天啓七年的錦州之戰中，立功厥偉。這支關外軍豐富的戰鬥經驗和其對火器的善用應是造成此捷的主要因素。

滿洲人雖於天聰五年（崇禎四年，1632）正月起，已在漢軍佟養性的督造之下鑄成紅夷大砲，並於同年十月圍大凌河一役時，使用自製的紅夷大砲攻城，[162]但數量相當有限，且操作技術亦仍不精。孔有德軍的歸順，不僅令滿洲人獲得

160 梁家勉，《徐光啓年譜》（上海：上海古籍出版社，1981），192-206。
161 此段詳見毛霦之《平叛記》。
162 《清太宗文皇帝實錄》，卷八，2；卷十，3-4。

大量精良的西洋火器，[163] 而且得到由葡萄牙軍事顧問所直接傳授的彈藥製造技術以及瞄準的知識與儀具，[164] 促使明與後金在軍事力量上明顯呈現消長。

孔有德在致書皇太極乞降的手本中，有云：

> 本帥現有甲兵數萬，輕舟百餘，大砲、火器俱全。有此武器，更與明汗同心協力，水陸並進，勢如破竹，天下又誰敢與汗爲敵乎？[165]

其躊躇滿志的心情，洋溢於字裡行間。此因舟師和大砲一直是滿人所最欠缺的，而如憑船運砲，再配合優勢的馬步兵，即有可能直接對山海關等要塞攻堅。孔有德在山東的各次戰役中共奪得明軍的紅夷大砲近三十位，當其自海路撤離登州時，隨船裝載的數目雖不詳，但必是此等奇器中最精良者，且相對於後金當時所擁有之數而言，亦必然相當可觀。[166] 無怪乎，皇太極會力排眾議，出郊十里迎接，表達其對這支部隊來歸的重視。[167]

孔有德等遼將後均成爲滿洲入主中原的前鋒，並多在清朝位極人臣，或因曾受恩於孫元化，故他們對孫氏的遺嗣常亦思眷顧，但和鼎及和斗均不應，[168] 惟彼此間的關係仍相當密切，如在侯涵爲孫和鼎妻沈氏所撰的六十壽序中，即稱「當代異姓諸王及一時將相，多通門夙契」，[169] 在和斗之子致彌所撰的詩集中，亦有作品送靖南王耿仲明之孫還朝，詩中有「三世交親久更真」句。[170] 孫致彌更曾因元化部屬的推薦，而以布衣賜二品服出使朝鮮。[171]

---

163 除葡籍顧問所攜帶的火器之外，孫元化於崇禎四年六月，尚收到廣東解到的「班鳩銃二百門、鳥銃一千門，造銃匠作並放砲教師共五十三員」，這些或多流入孔有德之手。轉引自方豪，《中西交通史》下册，779。

164 參見拙文〈紅夷大砲與明清戰爭——以火砲測準技術之演變爲例〉，《清華學報》，審稿中。

165 轉引自蕭一山，《清代通史》（臺北：臺灣商務印書館，1962年修訂本），卷上，144-45。

166 如後金參將祝世昌在天聰七年（崇禎六年）七月所上的奏疏中，嘗稱當時後金總共才擁有紅夷大砲三十多位，其中還包括孔有德所攜來者以及六月破旅順時所擄獲者。參見羅振玉編，《天聰朝臣工奏議》，收入《清入關前史料選輯》第二輯（北京：中國人民大學出版社，1989），76。

167 《清初內國史院滿文檔案譯編》上册，19-20。

168 康熙《嘉定縣續志》，卷三，30。

169 《江東志》，卷九，16。

170 孫致彌，《杕左堂集》，詩卷二，7-8。

171 孫致彌，《杕左堂集》，張鵬翀前序。

事實上，除了孔有德和耿仲明之外，清初所封其他二王尙可喜和吳三桂，也均出自孫元化麾下，至於劉良佐、白登庸、劉澤清等降淸將領，亦曾爲元化之部屬。[172] 孫元化和徐光啓完全不曾預料他們借助西洋火器和葡籍軍事顧問所裝備和訓練的精銳部隊，竟然大多轉而爲敵人所用。[173]

六、奉教人士的人際網絡與西學西教的開展

孫元化在天啓二年以舉人的身份被侯震暘破格舉用，除其本身的才幹過人外，彼此的同鄉之誼或亦爲一重要因素。至於孫承宗稍後對孫元化的拔舉，則可能與元化之師徐光啓攸關，此因孫承宗與徐光啓的交情頗深，兩人不僅爲同年進士，且曾同入翰林館學習數年，[174] 天啓元年，奉旨練兵的徐光啓遭劾去，孫承宗即偕友人在京師城外的關公祠爲其餞送，[175] 所以當孫承宗督理遼東之時，徐光啓也還推薦其另一門生鹿善繼出任他的重要幕僚。[176]

在孫承宗的朋儕親友當中，也不乏對天主教抱持友善態度者，如在其《高陽文集》中，收有「友人葉向高」、「年家晚生佟國器」以及「後學周亮工」所撰的序文，其中葉向高嘗邀艾儒略入閩傳教，並向門生黃景昉等人引介西學西士，[177] 而向高之孫益蕃除參校艾儒略的《三山論學紀》(Courant 7121)和《幾何要法》(Courant 4869)外，甚且領洗爲敎徒。[178] 至於黃景昉則與師事徐光啓的天

[172] 孫致彌，《杕左堂集》，詩卷一，2；卷一，17-19。

[173] 韋慶遠，〈清王朝的締建與紅衣大炮的轟鳴〉，《中國文化》3（1990）：164-73；李格，〈孔有德〉及〈耿仲明〉，收入何齡修、張捷夫編，《清代人物傳稿》，上編第四卷（北京：中華書局，1987），140-62。

[174] 梁家勉，《徐光啓年譜》，71-72。

[175] 孫銓，《孫文正公年譜》，卷一，10。

[176] 鹿善繼中萬曆四十一年進士，徐光啓爲其房師，鹿氏嘗自稱己所受的師恩在「風塵格套」之外；陳鋐編，《鹿忠節公年譜》（《百部叢書集成・畿輔叢書》本），卷上頁7。

[177] 艾儒略，《三山論學記》(Courant 7122)，黃景昉前序。

[178] 黃伯祿，《正教奉褒》（上海：慈母堂，光緒三十年第三次排印本），21。

主教徒韓霖爲好友。[179] 佟國器之父卜年則與承宗之子爲交誼甚篤的同年，佟國器且與孫之澇（承宗長孫）在閩共事，而佟國器除爲陽瑪諾(Manuel Diaz, 1574-1659)的《天主聖教十誡直詮》(Courant 7192)、何大化(António de Gouvea, 1592-1677)的《天主聖教蒙引》(Courant 6928)、賈宜睦(Girolamo de Gravina, 1603-1662)的《提正編》(Courant 6942)作序外，還曾於順治十二年(1655)捐貲在福州修建教堂。[180] 佟國器篤信天主教，惟因有妾而未能領洗，康熙「曆獄」時曾因助修教堂一事遭楊光先控告，晚年休妾，率正室和三百餘家人一同領洗，[181] 佟氏也與孫元化後人頗多往還。[182] 至於周亮工則在序中稱己與孫之澇爲「十年舊交」，且又「同事于閩」，在福州新教堂落成的勒石上，亮工即爲列名祝賀的官員之一。

孫元化得以不經正途而步入官場，顯然受到其師長和同鄉前輩的大力提攜，稍後，他更透過聯姻以強固這層關係（參見圖二），如元化嘗將外甥女王氏嫁與徐光啓之孫爾斗爲妻，[183] 且將其女嫁與侯涵（震暘幼子岐曾之季子），[184] 這使得孫家與徐、侯兩家的情誼更篤。此故，在侯震暘之長子峒曾於順治二年嘉定城破死難後，代其經理家事者即爲孫元化的次子和斗。[185] 而孫元化的外甥沈卜琦，在元化因吳橋兵變被逮繫獄後，也被徐光啓延至家中教授子弟，且在光啓病卒後，保護其子孫免遭無賴欺侮。[186]

---

179 黃景昉，《鹿鳩詠》（國家圖書館藏明末鈔本），卷二，8。

180 佟國器，《建福州天主堂碑記》(Courant 1202)。

181 柏應理原著，徐允希譯，《一位中國奉教太太——許母徐太夫人甘第大傳略》（臺中：光啓出版社，1965年刪改自1938年原譯本），74。

182 孫致彌，《杕左堂集》，詩卷六，12；詞卷一，6-7。

183 此見王鍾纂，胡人鳳續纂，《法華鄉志》（上海：上海書店，景印民國十一年鉛印本），卷六，21。或因孫元化視自幼撫育在家的王氏如同己出，此故在徐光啓獨子徐驥所撰的〈文定公行實〉中，即稱爾斗所娶乃元化之女；《徐光啓集》，562。

184 《江東志》，卷九，15-17。

185 梁蒲貴、吳康壽修，朱延射、潘履祥纂，《寶山縣志》（上海：上海書店，景印光緒八年刊本），卷十，66。

186 《江東志》，卷八，17-18。

孫元化的交游網絡也往往與其師徐光啓出現直接或間接的關連，如自稱與元化「相知最深」的同鄉好友徐時勉，不僅是其子和鼎、和斗以及外甥沈卜琦的業師，[187] 且因精於毛詩，而嘗以「後學」之自稱，替徐光啓的《徐文定公詩經傳稿》一書作評。[188]

孫、徐、侯三家與當時江南抗清的知名士大夫間，亦存在錯綜複雜的人際網絡，如孫和斗曾在徐光啓門生陳子龍殉國後照顧其遺孤，[189] 陳氏乃因涉及順治三年的吳勝兆起義一事而捐軀，侯震暘的幼子岐曾當時也由於藏匿故人陳子龍而遭逮捕遇害，侯涵亦因此事入獄，久之始獲釋。[190] 至於與陳子龍共結幾社並同年中進士的夏允彝，亦與侯家聯姻，允彝之女即嫁與侯涵的二哥玄洵，允彝之子完淳與侯涵並爲生死之交，完淳後且因受陳子龍事牽連而入獄死，允彝則在聽聞友人侯峒曾、黃淳耀等於嘉定之役死難後，投水死。[191] 夏允彝嘗著《西洋算法》一卷，而在其兒女親家錢栴所撰的《城守籌略》中，也多次引錄王徵和徐光啓的論兵言論。[192]

前段中所提及的黃淳耀，乃爲侯峒曾和侯岐曾諸子之師，他在未第時，嘗館於錢謙益家，錢氏對黃淳耀、孫承宗和李邦華極爲敬服，譽之爲三君子。[193] 錢氏本身是孫承宗的門生，他與常熟瞿汝稷爲姻親，並與汝稷的姪子式耜有極爲親近的師生之誼，而式耜與耶穌會士頗有往來，式耜的二伯汝夔和其堂弟式穀

[187] 康熙《嘉定縣續志》，卷五，31-33；《江東志》，卷八，17；光緒《寶山縣志》，卷十二，6。

[188] 此書收入1983年由上海市文物保管委員會所刊行的《徐光啓著譯集》。

[189] 光緒《寶山縣志》，卷十，66。

[190] 汪永安原纂，侯承慶續纂，沈葵增補，《紫隄村志》（上海：上海書店，景印咸豐六年增修本），卷五，27-28，32。

[191] 《明史》，卷二七七，7098-99；咸豐《紫隄村志》，卷七，3，27。

[192] 李儼，《中國算學史論叢》，273；許保林，《中國兵書通覽》（北京：解放軍出版社，1990），260-64。

[193] 金惟鼇纂輯，《盤龍鎮志》（上海：上海書店，景印據光緒元年刊本所抄之本），卷上，83-90；康熙《嘉定縣續志》，卷五，33；光緒《嘉定縣志》，卷三十二，11；王初桐纂，《方泰志》（上海：上海書店，景印清代鈔本），卷三，3。

且均領洗入天主教，汝稷也與葉向高相熟。[194] 至於李邦華則與孫承宗爲同年進士，天啓四年，李氏因風傳欲招孫承宗入覲以清君側，而爲閹黨所嫉，翌年，即藉故劾削其官，崇禎二年，李氏加兵部尚書，嘗與同年徐光啓共同負責京師的防衛工作，而李邦華所師事的同里前輩鄒元標，也嘗與利瑪竇論天學，並薦舉楊廷筠出任河南按察司副使。[195]

此外，與陳子龍和夏允彝同爲好友的何剛，亦與天主教徒關係密切，他嘗於崇禎十七年正月入都上書，舉薦天主教徒韓霖等人，韓霖與陳子龍均曾師事徐光啓，此或爲何剛知悉韓霖在兵學方面有深厚造詣的重要緣故。何剛在陳子龍的協助下，嘗募兵訓練水師，後以其兵隸史可法，兩人互酬爲知己，並同於順治二年在揚州城破時一同殉國。[196] 而史可法在崇禎十六年擔任南京兵部尚書時，也曾起用徐光啓的外甥暨門人陳于階爲南京欽天監博士，並命其以天文官之銜負造砲之責，可法後且有招艾儒略共商赴澳借兵及購求火器之舉。[197]

在陳子龍所交游的名士當中，亦屢見與奉教人士有深切關係者，如陳繼儒與楊廷筠相交甚篤，[198] 而陳繼儒的好友鄭鄤亦爲王徵的同年知己，鄭鄤於萬曆三十六年補常州府學生員時，楊廷筠即爲其宗師，鄭鄤也嘗與徐光啓品評當世人才，其二女婿的兄弟許之漸，入清後亦曾因替教會書籍作序，而於康熙「曆

194 錢謙益，〈明長蘆都轉鹽運使司都轉運使加太僕寺少卿致仕元立瞿公傳〉，收入瞿汝稷，《瞿冏卿集》（國家圖書館藏萬曆三十九年刊本），書首；拙文〈揚教心態與天主教傳華史研究—以南明重臣屢被錯認爲教徒爲例〉；拙文〈瞿汝夔（太素）家世與生平考〉，《大陸雜誌》89.5（1994）：8-10。

195 周樹槐等纂修，《吉水縣志》（臺北：成文出版社，景印道光五年刊本），卷二十二，74-80；《崇禎實錄》，卷二，14；方豪，〈明末清初旅華西人與士大夫之晉接〉，收入《方豪六十自定稿》上册（1969年自印本），頁255-72，此文初稿載於《東方雜誌》39.5（1943）；Nicolas Standaert, *Yang Tingyun, Confucian and Christian in Late Ming China* (Leiden: E. J. Brill, 1988), 36.

196 《明史》，卷二七四，7025-26。

197 陳垣，〈明末殉國者陳于階傳〉，《輔仁學誌》10.1-2（1941）：45-49；李嗣玄，《泰西思及艾先生行述》(Courant 1017)，6。

198 如陳子龍曾偕友夜宿陳繼儒宅，並賦詩記遊；參見陳其元等修，熊其英等纂，《青浦縣志》（臺北：成文出版社，景印光緒五年刊本），卷二十八，27。

獄」中遭疏控免官，[199] 許氏且嘗與孫元化之孫致彌唱和。[200]

明末許多領洗的士大夫由於身屬第一代奉天主教之人，故多以擴展西學西教的影響力爲己任，而科舉所形成的人際網絡往往是其最重要的途徑，除了前述所敘及的各個例子和關係外，如在與楊廷筠同科（萬曆二十年）的進士當中，我們可發現馮應京晚年幾乎入教；[201] 翁正春曾疏薦徐光啓、李之藻、龐迪我(Diego Pantoja, 1571-1618)和熊三拔(Sebastiano de Ursis, 1575-1620)進行修曆；[202] 曹于汴曾考訂校刻熊三拔的《泰西水法》並序龐迪我的《七克》；[203] 蘇茂相曾序艾儒略的《三山論學紀》；陳民志嘗跋利瑪竇的《萬國坤輿圖》；李日華曾與利瑪竇交游；[204] 袁宏道與利瑪竇往來頻繁；[205] 至於孫學易，則爲天主教徒孫學詩之兄；[206] 而韓爌家族中人也頗多領洗入教者，韓爌乃爲鹿善繼祖父久徵於萬曆十六年在山西鄉試所拔舉之士，歷官大學士，後因身爲袁崇煥的座主而遭疏劾。[207]

事實上，除了同年之外，從前述萬曆二十年壬辰科的案例，我們亦可發現該科對西學西教較友善的進士當中，還存在另一層因科舉文化所產生的更密切關

---

199 此段的內容，詳見拙文〈明末中西文化衝突之析探——以天主教徒王徵娶妾和殉國爲例〉，收入《第一屆全國歷史學學術討論會論文集——世變、群體與個人》（臺北：臺灣大學歷史系，1996），211-34。

200 孫致彌，《杕左堂集》，詩卷二，25。

201 林東陽，〈明末西方宗教文化初傳中國的一位重要人物——馮應京〉，收入《明清之際中國文化的轉變與延續學術研討會論文集》（中壢：中央大學共同學科，1990），211-57。

202 陳鼎，《東林列傳》（北京：中國書店，《海王村古籍叢刊》景印清初刊本），卷十七，26。

203 本節中所提及由進士撰寫序跋的天主教書籍，如未特別註明的話，均收入《天學初函》中，惟部分序跋僅見於《天學集解》（蘇俄聖彼得堡 OLSAA圖書館藏清代鈔本）。

204 李日華，《紫桃軒雜綴》，轉引自林金水，〈利瑪竇交游人物考〉，收入《中外關係史論叢》（北京：世界知識出版社，1985），117-43。

205 袁中道著，錢伯城點校，《珂雪齋集》（上海：上海古籍出版社，1989），1200-201。

206 崇謙等修，《楚雄縣志》（臺北：成文出版社，景印宣統二年鈔本），卷九，12-13。

207 孫承宗，〈鹿侍御碑銘〉，收入《鹿氏碑傳》（傅斯年圖書館藏清刊本），8；方豪，《中國天主教史人物傳》上册，272-73；《明史》，卷二四〇，6243-49。

係，當時每科除欽點的兩名主考官（稱爲座師）外，還有十八名左右的同考官（稱爲房師），分易（共五房）、書（共四房）、詩（共五房）、春秋（共一房）和禮記（共一房）等十六房進行初步的揀選，每房約取士一、二十人，這些同房進士的交情通常要比同年來得更親近，如前述的楊廷筠、馮應京、韓爌、曹于汴和蘇茂相諸人，即同出春秋房；翁正春和孫學易同屬易五房；至於袁宏道和陳民志則屬書三房。[208] 其中負責書三房的同考官焦竑還是徐光啓的座師，焦氏曾在擔任萬曆二十五年順天鄉試主考官時，將徐氏拔置第一。[209]

在李之藻的同年（萬曆二十六年戊戌科）當中，祁光宗嘗跋利瑪竇所製的《萬國輿圖》；姚永濟曾考訂並校刻熊三拔的《泰西水法》；呂圖南嘗撰〈讀泰西諸書序〉，文中稱其曾於萬曆三十五年在京見到利瑪竇，得讀其《畸人十篇》及《天主實義》等書，後亦與在閩傳教的艾儒略深交；張維樞有〈學紀、物原二篇序〉，並稱己與利瑪竇和艾儒略均相交，後更撰《利瑪竇行實》(Courant 996)，記利氏的生平事跡。

在與徐光啓同科（萬曆三十二年甲辰科）的進士當中，樊良樞嘗序李之藻的《渾蓋通憲圖說》；萬崇德、劉廷元、張鼐、李養志、李凌雲、楊如皐、張鍵均曾考訂校刻熊三拔的《泰西水法》；黃鳴喬爲李之藻於萬曆三十一年擔任福建鄉試主考官時所取之士，[210] 嘗撰有《天學傳概》(Courant 6875)一書，簡述天主教傳華之歷史；劉胤昌、周炳謨和王家植均序利瑪竇的《畸人十篇》；周炳謨和姚士慎且曾參與考校利瑪竇口授的《幾何原本》；王家植並在《畸人十篇》的序中稱己「因徐子而見利子」，明白指出他是在徐光啓的引介之下而認識利瑪竇的。

---

208 參見《萬曆二十年壬辰科進士歷履便覽》（國家圖書館藏清代鈔本），無頁碼。明季各科主考官之名通常可見於當年二月的《實錄》中，惟眾同考官之名，除少數尚存登科錄之年外，多已不易考得，至於各房所取士的情形，也多不詳。

209 梁家勉，《徐光啓年譜》，59-60。

210 茅維輯，《皇明策衡》（國家圖書館藏萬曆三十三年刊本），目錄及卷二十一，7-12；陳壽祺等撰，《福建通志》（臺北：華文書局，景印同治十年重刊本），卷一五六，19。

除了徐光啓、楊廷筠和李之藻三位著名天主教士大夫的同年之外，其他出現天主教徒的各科亦較多進士對西學西教感興趣。如王徵登科的天啓二年壬戌科，即有鄭鄤、王鐸、鄭之玄、張國維等人，或贈詩耶穌會士，或爲教會中人的著作撰序。而在萬曆四十四年丙辰科的進士當中，瞿式耜的二伯汝夔和其堂弟式穀、魏大中之子學濂以及佟卜年之子國器均領洗入教，同科的畢拱辰、朱大典、方孔炤（及其子以智、其孫中通）、曾櫻、袁中道、阮大鋮、瞿式耜、李政修、汪秉元等人，也與奉教人士往來密切。[211] 其中瞿式耜更嘗被出任督學御史的楊廷筠拔爲歲試第一，而孫承宗亦爲瞿氏及方孔炤中萬曆四十三年應天鄉試的主考官。[212]

至於其他各科對西學西教較友善的進士，也不乏其人，部分座師和房師的態度，或亦可能對此產生影響，如以萬曆四十一年癸丑科爲例，葉向高即爲兩名主考官之一，而徐光啓則爲同考官之一，此科中的孔貞時、周希令嘗序陽瑪諾的《天問略》，他們與鹿善繼等人同爲徐光啓所取士。至於王應熊亦曾序陽瑪諾的《天問略》，朱大典、沈棨和李天經曾分別被徐光啓推舉爲適合修曆或仿製西洋大砲的人選，徐景濂嘗贈詩耶穌會士，而馮銓則於順治元年協助湯若望獲得管欽天監事的職務，[213] 惟因資料的闕佚，他們的房師究竟爲何人，已難查考。

此外，萬曆二十九年辛丑科的主考官之一爲馮琦，馮氏曾與利瑪竇相交，[214] 該科進士中的黃建衷嘗考校利瑪竇的《幾何原本》，彭惟成序熊三拔的《泰西水法》，崔淐序龐迪我的《七克》，熊明遇序《七克》和熊三拔的《表度

211 有關天啓二年和萬曆四十四年兩科進士對西學西教的態度，可參見拙文〈明末中西文化衝突之析探——以天主教徒王徵娶妾和殉國爲例〉。

212 瞿玄錫原著，余行邁、吳奈夫、何永昌點校，〈稼軒瞿府君暨邵氏合葬行實〉，收入《明史研究論叢》第五輯（南京：江蘇古籍出版社，1991），357-417（尤其見頁359-60）；張朝瑞，《南國賢書》（國家圖書館藏舊鈔本），無頁碼。

213 萬曆四十一年登科進士對西學西教的態度，可參見拙文〈明末中西文化衝突之析探——以天主教徒王徵娶妾和殉國爲例〉。

214 Matteo Ricci, tran. Louis J. Gallagher, *China in the Sixteenth Century: The Journals of Matthew Ricci, 1583-1610* (New York: Random House, 1953), 391.

說》，鄭以偉序《七克》和《泰西水法》，彭端吾序《西聖七編》等。[215] 萬曆三十八年庚戌科的主考官之一爲翁正春，該科進士中的賈允元、陳玄藻、陳儀、侯震暘等，均有接觸西學或奉教之人的經驗。萬曆四十七年己未科的主考官之一爲韓爌，同考官爲王應熊、馮銓、曾楚卿、樊良樞等，[216] 徐光啓則任殿試的掌卷官，[217] 該科進士中的莊際昌、金之俊、袁崇煥、吳阿衡、劉宇亮、邵捷春等，均曾與教會中人親近。[218]

雖然在楊廷筠的同年當中，亦有掀起「南京教案」的沈㴶，而在王徵的同年當中，也包括大力抨擊西人西教的盧兆龍和王啓元，[219] 但一般說來，萬曆中葉至天啓初年的進士和考官當中，已知對西學西教抱持友善態度者，要遠超過排拒之人，[220] 而他們之間也屢見同社之誼，如在魏忠賢於天啓五年十二月矯旨所頒的〈東林黨人榜〉中，[221] 即可見葉向高、魏大中、鹿善繼、孫承宗、侯震暘、錢謙益、曹于汴、曾櫻、崔景榮、鄭鄤、李邦華、韓爌、朱大典、張問達、熊明遇之名。[222] 此外，馬世奇、史可法、張國維、黃淳耀、鄒元標、馮琦、翁正春、侯震暘、侯峒曾、侯岐曾、李之藻、瞿式耜等人，亦均爲東林中人。[223] 至於徐光啓，雖反對結黨，但仍與東林關係密切。[224] 這些對西學西教抱

215 這些序跋均請參見《天學集解》和徐宗澤的《明清間耶穌會士譯著提要》（臺北：中華書局，1949）。

216 參見史繼偕等編，《萬曆己未會試錄》（國家圖書館藏萬曆間刊本）。

217 梁家勉，《徐光啓年譜》，122。

218 萬曆三十八年和四十七年兩科進士對西學西教的態度，可參見拙文〈明末中西文化衝突之析探——以天主教徒王徵娶妾和殉國爲例〉。

219 陳受頤，〈三百年前的建立孔教論——跋王啓元的《清署經談》〉，收入氏著《中歐文化交流史事論叢》（臺北：臺灣商務印書館，1970），57-94。

220 萬曆初期士大夫對西學西教的態度，可參見林金水〈利瑪竇交游人物考〉一文。

221 收入陳鼎《東林列傳》之卷首。

222 有謂張問達之子乃爲教徒；惠澤霖著，景明譯，〈王徵與所譯奇器圖說〉，《上智編譯館館刊》2.1（1947）：26-33。

223 陳鼎，《東林列傳》；Heinrich Busch, "The Tung-Lin Academy and Its Political and Philosophical Significance," *Monumenta Serica*, vol. 14 (1949-55), 1-163 (especially 160).

224 劉伯涵，〈略論徐光啓與明末黨爭〉，收入《徐光啓研究論文集》，160-64。

持友善態度的東林黨要角，多在天啓年間魏忠賢專權時，相繼遭罷黜或自行退出政壇，此對天主教當時在華的發展明顯造成十分負面的影響。

崇禎皇帝即位後，閹黨被黜，許多先前遭罷斥的東林黨人重獲起用，他們對西學西教的態度，似乎更透過師生、通家子弟和姻親等關係，而影響及復社（被目爲「小東林」，於崇禎二年首次召開大會）的成員，[225] 如在該社的名單中即可見到魏大中之子學濂、熊明遇之子人霖、韓爌之姪垍、侯震暘之子岐曾及其三孫（玄洵、玄汸和涵）。而復社的領袖張溥，更爲徐光啓在崇禎四年擔任廷試讀卷官時所取之士，嘗獲侍左右，親見徐氏推究泰西曆學。[226] 此外，前文中所提及的夏允彝、夏完淳、黃淳耀、徐時勉、韓霖、許之漸、何剛、陳子龍等，亦均爲復社中人。[227] 在韓霖《守圉全書》一書中，我們也可見到「同里社弟段衮」、「里社眷弟王大武」、「都門社弟梁以樟」、「金壇社弟張明弼」、「雲間社弟夏允彝」等人所撰之序，由他們的序文亦可知同社之誼對奉教士大夫傳播西學西教的努力頗具作用。

綜前所述，我們可以發現孫元化等天主教徒相當有效地透過師生、同年、同社、同鄉和姻親等關係，將西學和西教的影響力延展至其周遭的士大夫，雖然因而領洗入教者並不甚多，[228] 但他們對西人西教的態度，一般說來多相當友善。

然而我們也必須理解，少部分具有前述密切關係之人，其對西教的態度仍屬負面，如天主教徒魏學濂的摯友黃宗羲，即嘗在其《破邪論・上帝》一文中，批評天主教曰：

---

225 有關復社的介紹，可參見謝國楨，《明清之際黨社運動考》（北京：中華書局，1982），119-52。

226 梁家勉，《徐光啓年譜》，185。

227 吳山嘉，《復社姓氏傳略》（臺北：明文書局，《明代傳記叢刊》景印道光十一年刊本）。

228 或因深受家庭的薰陶，孫元化一家的成員中頗多承繼其宗教信仰，如其孫致彌即確知爲天主教徒，他曾於康熙四十年將楊光先所撰批判西學西教的《不得已》一書，送交當時在華耶穌會負責人安多(Antoine Thomas, 1644-1709)參考。至於致彌之子農祥，字若望，也可能是用教名以代字。參見拙文〈新發現的楊光先《不得已》一書康熙間刻本〉，《書目季刊》，27.2（1993）：3-13；《江東志》，卷四，25。

> 爲天主之教者，抑佛而崇天是已，乃立天主之像記其事，實則以人鬼當之，并上帝而抹殺之矣！此等邪說，雖止於君子，然其所由來者，未嘗非儒者開其端也。[229]

而瞿式耜的老師錢謙益亦嘗指天主教是世間三大「妖孽」之一，並稱如果不除此三者，則「斯世必有陸沈魚爛之禍」。[230] 即使是曾因興趣而向耶穌會士習製器之學的熊開元，也嘗抨擊其好友金聲不應過分篤信天主教。[231]

至於前述與天主教徒關係密切的士大夫，也往往同時與佛教相當親近，如侯涵的長兄玄汸嘗欲成立一社以濟貧，黃淳耀即引釋典爲其命名爲慧香社，並稱儒釋兩家的道理相近，在黃淳耀的日記中也屢見他修禪佞佛的行爲，而侯峒曾的二子玄瀞也曾入西山參禪，後並出家爲僧，[232] 至於在孫承宗和葉向高等人的文集中，佛教思想更屢見不鮮。此因中國知識份子對宗教的態度，常不十分嚴肅，他們可以同時對不同宗教產生包容與興趣，在其心目中，儒學或政治所佔的比重，往往遠超乎宗教之上。[233]

七、結論

明末，天主教士大夫把握知識界澎湃的實學思潮，積極引介入西方較進步的火器、曆算和器用之學，以爲揚教的工具。他們視西洋的格物窮理之學爲天主教的「緒餘」，將西方物質文明的優越與基督宗教相提並論，相信其教理足以

---

229 黃宗羲原著，沈善洪主編，《黃宗羲全集》（杭州：浙江古籍出版社，1985-1993），第1冊，195。

230 此見錢謙益致黃宗羲之信，收入《黃宗羲全集》，第十一冊，389。

231 參見拙文〈揚教心態與天主教傳華史研究——以南明重臣屢被錯認爲教徒爲例〉。

232 黃淳耀，《陶菴全集》（臺北：臺灣商務印書館，景印文淵閣《四庫全書》本），卷二，9-10；卷十，18；黃淳耀，《黃忠節公甲申日記》（《明清史料彙編》景印留餘艸堂校刊本）；秦立編，《淞南志》（上海：上海書店，景印嘉慶十年刊本），卷五，5-6。

233 參見拙文〈王鐸書贈湯若望詩翰研究——兼論清初貳臣與耶穌會士的交往〉，《故宮學術季刊》12.1（1994）：1-30。

「補儒易佛」、匡救時弊。[234]

雖然明季時也有人對西學的傳入抱持著不信任的態度，如蘇及寓在其於崇禎十一年所撰的〈邪毒實據〉一文中，即嘗抨擊曰：

（西士）多藉技藝，希投我聖天子之器使，胡公卿士大夫相率詩詠之、文讚之、疏薦之，至於禮樂、兵刑、錢穀、營建諸大權，皆讓能於夷，欲夷司其事……此夷藏奸爲市忠，助銃令人喜其有微功，祈雨令人疑其有神術，自鳴鐘、自鳴琴、遠鏡等物，令人眩其有奇巧。[235]

林啓陸在其〈誅夷論略〉一文中，亦對西人「正度數」與「鑄貢銃」二事有功於朝廷一說提出駁斥，稱：

此輩之擅入我大明，即欲改移曆法，此其變亂治統，覦圖神器，極古今之大妄……區區一銃，能爲國家萬年計乎？從未見三代、唐、宋以來，治曆明時、防夷禦寇者，俱用此碧眼高鼻之狡番爲哉！吾且謂國家之大僇辱者此也，而反以此爲榮，不亦醜乎！[236]

他們或懷疑西人引進技藝之學的目的是爲弄權，或從民族主義的立場否定使用西銃、西曆的必要。但抱持此類態度者並非多數，事實上，西學似乎已成爲明末知識界的時尚之一，在萬曆初至崇禎末所取的二十五科進士當中，據筆者目前已知，即有至少約一百七十人對天主教抱持友善的態度。[237]

---

[234] 裴德生(Willard J. Peterson)、朱鴻林，〈徐光啓、李之藻、楊廷筠成爲天主教徒試釋〉，《明史研究論叢》5（1991）：477-97；陳明生，〈李之藻信奉天主教的緣由探考〉，收入馬泰來等編，《中國圖書文史論集》（臺北：正中書局，1991），313-19；郭熹微，〈論徐光啓「補儒易佛」思想——兼論明末士大夫皈依天主教的原因和意義〉，《哲學與文化》5（1993）：485-93。

[235] 徐昌治，《聖朝破邪集》（京都：中文出版社，1984年景印1856年和刊本），卷三，32-33。

[236] 徐昌治，《聖朝破邪集》，卷六，4-5。

[237] 此一數字表面上還不到全部進士的2.5%，但應僅爲一相當保守的下限，此因筆者所過眼的資料頗欠完整，且有相當高比例的進士，並無詩文別集留存，故我們欠缺足夠的材料，以了解他們對西學西教的態度。至於一般知識份子的態度，則更難估量。然而從林金水在其〈利瑪竇交游人物考〉一文中，所列一百三十七名嘗與利瑪竇往來的國人名單（不限於進士），知其影響面應甚廣。

而徐光啓可說是當時融通西學最成功的一位奉教士大夫，他在兵學、曆算和農學等方面，均頗有造詣。隨著流寇和後金侵擾的擴大，徐光啓乃積極投入兵事，且在李之藻等人的協助之下，多次自澳門募集大銃和砲師，以進行「軍事改革」。這些天主教人士在積極引進極具威力的西洋火器時，內心均洋溢著宗教熱情，並滿懷改革憧憬，如徐光啓的門生韓霖即嘗稱：「天下若改絃而理之，則猶可以爲」，[238] 認爲西學足以經國濟世、救危圖存。

崇禎三年，師事徐光啓的孫元化被特旨拔擢爲登萊巡撫，成爲明末擁有兵權的奉教人士中職銜最高者，他在王徵和張燾等天主教徒的輔佐之下，於山東半島建立了一支精銳的火器營，不僅裝備了重型的紅夷火砲，更接受葡籍軍事顧問的指導。這支訓練精良的勁旅，原本有機會至少延緩滿人的入主中國，無奈因孔有德部所引發的「吳橋兵變」，竟使得這場中國近代軍事史上第一次引進西學的運動就此煙消灰滅。

徐光啓嘗曰：「火砲我之所長，勿與敵共之」，並稱如西洋大銃的製造和使用之法爲敵所得，則「自此之後，更無他術可以禦賊、可以勝賊……若不盡如臣法，寧可置之不用，後有得用之時……萬一僨事，至於不可救藥，則區區報國之心，翻成誤國之罪」，[239] 然而孔有德在明軍的圍剿之下於崇禎六年降金，竟使得明朝所擁有較先進的西方鑄砲和操砲技術，亦隨之落入滿人手裡，並成爲其入主中原的利器，令人不得不慨歎造化之弄人。

孫元化的失敗，有部分肇因於他不善知人，如其所舉用的總兵黃龍，即因貪瀆而引起兵變。崇禎二年冬，孫承宗曾密令元化應對孔有德、李九成和耿仲明等前毛文龍僚屬多加防範，元化也曾自云：「此數猾不可復東」，[240] 亦即不欲讓這些人再壞東事，但當其獲授登萊巡撫後，卻又以孔氏等人典兵，終於釀成「吳橋之變」。

---

238 此見張明弼爲韓霖《守圉全書》卷二所撰之序。

239 查繼佐，《罪惟錄》（杭州：浙江古籍出版社，1986年標點本），列傳卷十一下，1781；《徐光啓集》，208。

240 周文郁，《邊事小紀》，卷三，14。

或因孫元化是被下獄論死的，此故在明末由天主教徒所撰的著述中，常諱言其名，如湯若望在《火攻挈要》中敘及「麻線館之捷」時，即僅稱其爲「某中丞」，而韓霖在《守圉全書》中，雖多次引錄孫元化的著述，但他也在體例中特別說明：「即國之罪臣，言有可用，不以人廢也」。時人頗多對孫元化的下場不表同情，如曾講學於首善書院的華允誠，即在其疏中慨歎「潔民愛己」之余大成竟然與孫元化同遭下獄的命運。[241]《明史·選舉志》中則稱明末授官以進士爲重，間有擢用舉人者，但卻往往未副所望，孫元化即爲所舉例之一。[242]

雖然天主教人士以西洋火器挽救明朝的努力是以失敗告終，但在明末清初的軍事史上，教會中人卻仍佔有一席不容忽視的地位。其中徐光啓一門的兵學素養，尤其可觀。入清後，順治皇帝嘗獲見欽天監所藏的《徐氏庖言》一書，此爲徐光啓將其有關練兵的疏稿結集所成，順治帝讀不釋手，曾歎曰：「使明朝能盡用其言，則朕何以至此」，[243] 言辭間頗看重徐光啓在兵學上的造詣。

而在徐光啓的門生當中，除了孫元化之外，亦人才濟濟，如韓霖除嘗學兵法於徐光啓外，亦向高一志(Alfonso Vagnone, 1566-1640)學習銃法，並撰有《守圉全書》、《慎守要錄》、《神器統譜》、《砲台圖說》等兵書，而爲其序《守圉全書》一書者，更包括韓爌等十餘位知名人士，其中甚至有譽此書可以「爲天下重開數百年太平」者，亦有稱是書「可與六經並傳」者。韓霖之兄韓雲（萬曆四十年舉人，歷官至葭州知州），也師承徐光啓，並與孫元化相熟，嘗從西洋陪臣習學並翻譯造城之法。[244] 而徐光啓的外甥暨門人陳于階，亦曾在崇禎末年以天文官擔任造砲之責。

從孫元化的一生，我們可以很清楚地發覺師生、同年、同社和同鄉等關係，對其宦途曾產生相當密切的影響，這些人之間往往還透過聯姻以加強彼此的關係，更且將這層關係延伸至後輩。類此的社交網絡本爲當時士大夫階層所習

241 《明史》，卷二五八，6649。
242 《明史》，卷七十一，1717。
243 柏應理，〈徐光啓行略〉。
244 此段中有關韓雲和韓霖兄弟的記事，均請參見拙文〈明清天主教在山西絳州的發展及其反彈〉，《中央研究院近代史研究所集刊》，審稿中。

見，然而在孫元化的個案中，最特出的一點，則是另出現同教的關係貫穿其間。徐光啓可以說是此一天主教士人社群的核心，而楊廷筠、李之藻、王徵等人以及光啓的門生則爲主要的份子。西學和西教即是透過這些奉教士大夫的人際網絡，而在明末的知識界廣泛地擴展開來，其程度或許遠超過先前學界的了解。[245]

明季的天主教士大夫雖然基於救國和揚教的雙重目的，而積極引進西方當時較先進的火器知識，但此一遭人批評爲「製造殺人毒器」的舉動，顯然與天主教「畏天愛人」的主張相悖。類此的矛盾，常令這些奉教之人徬徨失落，此故王徵會在入教之後，嚴重違反「勿行邪淫」（包含不得娶側室）和「勿殺人」（包含不得自殺）的戒律，先因無嗣而私娶妾，次於明亡時絕粒而死，陳于階會在清兵攻陷揚州時，自經於天主堂，而孫元化也會在登州城陷時試圖自刎。[246]

當渺小的個體承受兩對等文明因接觸所產生的衝突時，其結果往往充滿尷尬與苦痛。孫元化嘗見一兩頭蛇，認爲與己身的行藏頗相類，因而口占一詩曰：

> ……蜿蜒不留停，奔走孰趨使？當南更之北，欲進掣而止。首鼠兩端乎，猶豫一身爾。蛇也兩而一，相牽無窮已。混心腹腎腸，各口頰脣齒。畢生難共趨，終朝不離咫……。[247]

此詩所形容兩頭蛇在決定行止時的矛盾與掙扎，或亦可拿來做爲明清之際許多奉教人士在試圖融合天主教與儒家此兩大傳統時的適切寫照。

---

245 相關的討論，另參見拙文〈明末中西文化衝突之析探——以天主教徒王徵娶妾和殉國爲例〉、〈揚教心態與天主教傳華史研究——以南明重臣屢被錯認爲教徒爲例〉、〈王鐸書贈湯若望詩翰研究——兼論清初貳臣與耶穌會士的交往〉、〈析論天主教明清在絳州的發展及其所引起的反彈〉。

246 有關奉天主教人士在明末自殺殉國的討論，詳見拙文〈明末中西文化衝突之析探——以天主教徒王徵娶妾和殉國爲例〉。

247 光緒《嘉定縣志》，卷三十二，9。

參考書目

《仁祖朝實錄》，漢城：探求堂，《朝鮮王朝實錄》本。
《天學集解》，蘇俄聖彼得堡OLSAA圖書館藏清代鈔本。
《江東志》，上海：上海書店，景印清代鈔本。
《明史》，北京：中華書局，1975年點校本。
《明清史料》，甲編至丙編，北平：中央研究院歷史語言研究所；上海：商務印書館。
《明熹宗實錄》，京都：中文出版社，1984年黃彰健校勘本。
《袁崇煥研究論文集》，南寧：廣西民族出版社，1984。
《崇禎實錄》，臺北中央研究院傅斯年圖書館藏舊鈔本。
《清太宗文皇帝實錄》，北京：中華書局，1985。
《清初內國史院滿文檔案譯編》，北京：光明日報出版社，1989。
《萬曆二十年壬辰科進士歷履便覽》，臺北國家圖書館藏清代鈔本。
《熙朝崇正集》，巴黎法國國家圖書館藏，編號爲Courant 1322。

文　秉，《烈皇小識》，臺北：文海出版社，《明清史料彙編》景印清初刊本。
方　豪，《中外文化交通史論叢》，第1輯，重慶：獨立出版社，1944。
方　豪，《中西交通史》，下冊，臺北：中國文化大學出版社，1983年新一版。
方　豪，《中國天主教史人物傳》，香港：公教眞理學會；臺中：光啓出版社，1967-1973。
方　豪，《方豪六十自定稿》，1969年自印本。
方　豪，《李之藻研究》，臺北：臺灣商務印書館，1966。
王　介，《涇陽魯橋鎮志》，南京：江蘇古籍出版社，景印道光元年刊本。
王在晉，《三朝遼事實錄》，吉林：吉林文史出版社，景印《長白叢書》本。
王初桐，《方泰志》，上海：上海書店，景印清代鈔本。
王徵著，李之勤輯，《王徵遺著》，西安：陝西人民出版社，1987。
王鍾纂，胡人鳳續纂，《法華鄉志》，上海：上海書店，景印民國十一年鉛印本。
王鴻緒，《明史稿》，臺北：文海出版社，景印敬愼堂本。
毛　霦，《平叛記》，臺北：藝文印書館，景印《叢書集成續編・殷禮在斯堂叢書》本。
史繼偕等，《萬曆己未會試錄》，國家圖書館藏萬曆間刊本。

包樂詩(Leonard Blusse)，〈明末澎湖史事探討〉，《臺灣文獻》24.3（1973）：49-52。
牟潤孫，〈明末西洋大砲由明入後金考略〉，收入氏著《注史齋叢稿》，北京：中華書局，1987，415-44。
艾儒略，《三山論學記》，巴黎法國國家圖書館藏，編號爲Courant 7122。
吳山嘉，《復社姓氏傳略》，臺北：明文書局，《明代傳記叢刊》景印道光十一年刊本。
吳應箕，《啓禎兩朝剝復錄》，臺北：藝文印書館，景印《叢書菁華・貴池先哲遺書》本。
宋如林修，孫星衍、莫晉纂，《松江府志》，南京：江蘇古籍出版社，景印嘉慶間刊本。
宋伯胤，〈孫元化與吳橋兵變〉，《天津蓋世報・人文周刊》，新32期，1947年12月15日。
李光濤，〈記崇禎四年南海島大捷〉，《中央研究院歷史語言研究所集刊》12（1947）：241-50。
李　格，〈孔有德〉及〈耿仲明〉，收入何齡修、張捷夫編，《清代人物傳稿》，上編第四卷，北京：中華書局，1987，140-62。
李嗣玄，《泰西思及艾先生行述》，巴黎法國國家圖書館藏，編號爲Courant 1017。
李　儼，《中國算學史論叢》，臺北：正中書局，1954年臺初版。
汪永安原纂，侯承慶續纂，沈葵增補，《紫隄村志》，上海：上海書店，景印咸豐六年增修本。
汪楫等，《崇禎長編》，傅斯年圖書館藏清鈔本。
沈國元，《兩朝從信錄》，臺北：文海出版社，《明清史料彙編》景印明末鈔本。
佟國器，《建福天主堂碑記》，巴黎法國國家圖書館藏，編號爲Courant 1202。
周文郁，《邊事小紀》，國家圖書館藏崇禎間刊本。
周樹槐等，《吉水縣志》，臺北：成文出版社，景印道光五年刊本。
周　錚，〈天啓二年紅夷鐵炮〉，《中國歷史博物館館刊》5（1983）：105-9。
林金水，〈利瑪竇交游人物考〉，收入《中外關係史論叢》，北京：世界知識出版社，1985，117-43。
林東陽，〈明末西方宗教文化初傳中國的一位重要人物——馮應京〉，收入《明清之際中國文化的轉變與延續學術研討會論文集》，中壢：中央大學共同學科，1990，211-57。
金惟鼇，《盤龍鎭志》，上海：上海書店，景印據光緒元年刊本所抄之本。

查繼佐,《罪惟錄》,杭州:浙江古籍出版社,1986年標點本。
柏應理(Philippe Couplet,1623-1693),〈徐光啓行略〉,收入張星曜編,《通鑑紀事本末補・附編》,巴黎法國國家圖書館藏,編號爲Courant 1023。
柏應理原著,徐允希譯,《一位中國奉敎太太——許母徐太夫人甘第大傳略》,臺中:光啓出版社,1965年刪改自1938年原譯本。
茅元儀,《督師紀略》,北京:書目文獻出版社,景印明末刊本。
茅維輯,《皇明策衡》,國家圖書館藏萬曆三十三年刊本。
祝淮修,黃培芳纂,《新修香山縣志》,臺北:臺灣學生書局,景印道光七年刊本。
施宣圓,〈徐光啓軍事實踐與軍事思想述評〉,收入席澤宗、吳德鐸主編,《徐光啓研究論文集》,上海:學林出版社,1986,172-81。
孫元化,《西法神機》,北京中國科學院自然科學史研究所圖書館藏光緒二十八年刊本。
孫文良、李治亭、邱蓮梅,《明清戰爭史略》,瀋陽:遼寧人民出版社,1986。
孫承宗,《高陽集》,國家圖書館藏清刊本。
孫承宗,〈鹿侍御碑銘〉,收入《鹿氏碑傳》,傅斯年圖書館藏清刊本。
孫致彌,《杕左堂集》,北京首都圖書館藏清初刊本。
孫　銓,《孫文正公年譜》,傅斯年圖書館藏乾隆七年修補崇禎十五年家刊本。
徐光啓,《辯學》,臺北:政治大學社會科學資料中心藏方豪原藏鈔本。
徐光啓撰,王重民輯校,《徐光啓集》,上海:上海古籍出版社,1984。
徐宗澤,《明清間耶穌會士譯著提要》,臺北:中華書局,1949。
徐昌治,《聖朝破邪集》,京都:中文出版社,1984年景印1856年和刊本。
秦　立,《淞南志》,上海:上海書店,景印嘉慶十年刊本。
海濱野史,《建州私史》,北京:中國人民大學出版社,《清入關前史料選輯》標點本。
韋慶遠,〈清王朝的締建與紅衣大炮的轟鳴〉,《中國文化》3(1990):164-73。
唐時升,《三易集》,國家圖書館藏崇禎間刊本。
袁中道著,錢伯城點校,《珂雪齋集》,上海:上海古籍出版社,1989。
馬楚堅,〈西洋大炮對明金態勢的改變〉,收入《明末清初華南地區歷史人物功業研討會論文集》,香港:香港中文大學,1993,11-30。
張小青,〈明清之際西洋火炮的輸入及其影響〉,收入《清史研究集》,第四輯,成都:四川人民出版社,1986,48-106。
張朝瑞,《南國賢書》,國家圖書館藏舊鈔本。

張維華，〈南京教案始末〉，《齊大月刊》1.2（1930）：93-106；1.3（1930）：191-208。
崇謙等，《楚雄縣志》，臺北：成文出版社，景印宣統二年鈔本）。
梁家勉，《徐光啓年譜》，上海：上海古籍出版社，1981。
梁蒲貴、吳康壽修，朱延射、潘履祥纂，《寶山縣志》，上海：上海書店，景印光緒八年刊本。
許保林，《中國兵書通覽》，北京：解放軍出版社，1990。
郭熹微，〈論徐光啓「補儒易佛」思想—兼論明末士大夫皈依天主教的原因和意義〉，《哲學與文化》5（1993）：485-93。
陳其元等修，熊其英等纂，《青浦縣志》，臺北：成文出版社，景印光緒五年刊本。
陳受頤，〈三百年前的建立孔教論—跋王啓元的《清署經談》〉，收入氏著《中歐文化交流史事論叢》，臺北：臺灣商務印書館，1970，57-94。
陳明生，〈李之藻信奉天主教的緣由探考〉，收入馬泰來等編，《中國圖書文史論集》，臺北：正中書局，1991，313-19。
陳　垣，〈明末殉國者陳于階傳〉，《輔仁學誌》10.1-2（1941）：45-49。
陳　鼎，《東林列傳》，北京：中國書店，《海王村古籍叢刊》景印清初刊本。
陳壽祺等，《福建通志》，臺北：華文書局，景印同治十年重刊本。
陳　鋐，《鹿忠節公年譜》，《百部叢書集成・畿輔叢書》本。
鹿善繼，《認眞草》，《百部叢書集成・畿輔叢書》本。
彭孫貽撰，刁書仁等標點，《山中聞見錄》，吉林：吉林文史出版社，《先清史料》標點本。
惠澤霖著，景明譯，〈王徵與所譯奇器圖說〉，《上智編譯館館刊》2.1（1947）：26-33。
湯若望授，焦勗述，《火攻挈要》，《百部叢書集成・海上仙館叢書》本。
程其珏修，楊震福等纂，《嘉定縣志》，上海：上海書店，景印光緒八年刊本。
馮錦榮，〈明末熊明遇父子與西學〉，收入《明末清初華南地區歷史人物功業研討會論文集》，117-35。
黃一農，〈王鐸書贈湯若望詩翰研究——兼論清初貳臣與耶穌會士的交往〉，《故宮學術季刊》12.1（1994）：1-30。
黃一農，〈明末中西文化衝突之析探——以天主教徒王徵娶妾和殉國爲例〉，收入《第一屆全國歷史學學術討論會論文集—世變、群體與個人》，臺北：臺灣大學歷史系，1996，211-34。

黃一農，〈紅夷大砲與明清戰爭——以火砲測準技術之演變爲例〉，《清華學報》，審稿中。
黃一農，〈明清天主教在山西絳州的發展及其反彈〉，《中央研究院近代史研究所集刊》，審稿中。
黃一農，〈揚教心態與天主教傳華史研究—以南明重臣屢被錯認爲教徒爲例〉，《清華學報》24.3（1994）：269-95。
黃一農，〈新發現的楊光先《不得已》一書康熙間刻本〉，《書目季刊》27.2（1993）：3-13。
黃一農，〈瞿汝夔（太素）家世與生平考〉，《大陸雜誌》89.5（1994）：8-10。
黃之雋等，《江南通志》，臺北：華文書局，景印乾隆二年重修本。
黃伯祿，《正教奉褒》，上海：慈母堂，光緒三十年第三次排印本。
黃宗羲原著，沈善洪主編，《黃宗羲全集》，杭州：浙江古籍出版社，1985-1993。
黃淳耀，《陶菴全集》，臺北：臺灣商務印書館，景印文淵閣《四庫全書》本。
黃淳耀，《黃忠節公甲申日記》，《明清史料彙編》景印留餘艸堂校刊本。
黃景昉，《鹿鳩詠》，國家圖書館藏明末鈔本。
瑞麟、戴肇辰等修，史澄等纂，《廣州府志》，臺北：成文出版社，景印光緒五年刊本。
聞在上修，許自俊等纂，《嘉定縣續志》，上海：上海書店，景印康熙二十三年刊本。
裴德生(Willard J. Peterson)、朱鴻林，〈徐光啓、李之藻、楊廷筠成爲天主教徒試釋〉，《明史研究論叢》5（1991）：477-97。
劉伯涵，〈略論徐光啓與明末黨爭〉，收入《徐光啓研究論文集》，160-64。
談遷原撰，張宗祥標點，《國榷》，北京：古籍出版社，1958。
蕭一山，《清代通史》，臺北：臺灣商務印書館，1962年修訂本。
錢謙益，《牧齋初學集》，《四部叢刊》本。
應寶時修，俞樾纂，《上海縣志》，臺北：成文出版社，景印同治十一年刊本。
謝國楨，《明清之際黨社運動考》，北京：中華書局，1982。
韓　霖，《守圉全書》，傅斯年圖書館藏明末刊本。
歸　莊，《歸莊集》，上海：上海古籍出版社，1984。
瞿玄錫原著，余行邁、吳奈夫、何永昌點校，〈稼軒瞿府君暨邵氏合葬行實〉，收入《明史研究論叢》5（1991）：357-417。
瞿汝稷，《瞿冏卿集》，國家圖書館藏萬曆三十九年刊本。

羅振玉編，《天聰朝臣工奏議》，收入《清入關前史料選輯》，第二輯，北京：中國人民大學出版社，1989。

Boxer, C. R., edited and translated. *Seventeenth Century Macao in Contemporary Documents and Illustrations*. Hong Kong: Heinemann, 1984.

Boxer, C. R. Notes on Early European Military Influence in Japan (1543-1853). *Transactions of the Asiatic Society of Japan, Second Series*, vol. 8 (1931): 67-93.

Boxer, C. R. Portuguese Military Expeditions in Aid of the Mings Against the Manchus, 1621-1647, *Ten Hsia Monthly* 7.1 (1938): 24-36.

Busch, Heinrich. The Tung-Lin Academy and Its Political and Philosophical Significance. *Monumenta Serica* 14 (1949-55): 1-163.

Cooper, Michael. *Rodrigues the Interpreter, an Early Jesuit in Japan and China*. New York: Weatherhill, 1974.

Fang Chao-Ying. Sun Yüan-hua, in Arthur W. Hummel, ed. *Eminent Chinese of the Ch'ing Period (1644-1912)*. Washington: United States Government Printing Office, 1943, 686.

Hashimoto, Keizo. *Hsü Kuang-Ch'i and Astronomical Reform*. Osaka: Kansai University Press, 1988.

Medina, Juan Ruiz de. *The Catholic Church in Korea, Its Origins 1566-1784*, tran. Hohn Bridges. Roma: Istituto Storico S. I., 1991.

Ricci, Matteo. *China in the Sixteenth Century: The Journals of Matthew Ricci, 1583-1610*, tran. Louis J. Gallagher. New York: Random House, 1953.

Standaert, Nicolas, Yang Tingyun. *Confucian and Christian in Late Ming China*. Leiden: E. J. Brill, 1988.

Väth, Alfons. *Johann Adam Schall von Bell S. J., Missionar in China, Kaiserlicher Astronom und Ratgeber am Hofe von Peking: 1592-1666*. Cologne: J. P. Bachem, 1933.

Christian Convert Sun Yüan-Hua (1581-1632) and the Import of Western Cannons

Huang Yi-long

Institute of History, Tsing-Hua University (Hsinchu)

In the late Ming dynasty, due to the expansion of bandits and Manchu invasions, Hsü Kuang-Ch'i (1562-1633), a government official familiar with Western learning, was actively involved with military and, through assistance by Christian converts such as Li Chih-Tsao, often imported cannons and gunners from Macao. As these military efforts were largely carried out by Hsü's disciple Sun Yüan-Hua, this article concentrates on the life of Sun. We will first explain how Sun, originally a literati, became a military official and then how he, being helped by the Christian converts and Portuguese consultants, successfully trained in Shantung a crack troop with Western arms. Finally, we will illustrate the fact that Wuch'iao mutiny committed by this troop directly wrecked the power the Christian converts had in military and exerted an influence on the balance of military power between the Ming and the Manchus.

From the life of Sun Yüan-Hua, we clearly see that Sun's career was deeply influenced by the relations among teachers and students, schoolmates, comrades, and people from same region, who sometimes maintained their relationship generations through marriage. Maintaining relationship among literati was by no means unusual in the contemporary China, but in the case of Sun Yüan-Hua, the situation was special in the sense that some of them were Christian converts. Among them, Hsü Kuang-Ch'i should be considered as the center around whom were crucial persons such as Yang T'ing-Yün, Li Chih-Tsao, Wang Cheng and Hsü's disciples Sun Yüan-Hua etc. It was on the basis of the social network among converts that Western learning and religion successfully spread, wider and deeper than we previously thought, in the intellectual community.

出自第六十七本第四分(一九九六年十二月)

明代江西衛所軍役的演變

于志嘉*

明代以世襲軍户爲衛所軍力的來源，藉以確保軍役之達成。軍隊的基本功能本在防禦作戰，但處於非戰之時，如何維持此一龐大軍力，而又不致造成國家財政負擔，乃成爲歷朝所努力講求的目標。洪武、永樂年間，明朝政府在各地普遍開設軍屯，訂定了屯軍與守軍的比例，不久又以部份衛軍參與漕運。這時，由於屯、守軍的身份已經確定，運軍多由屯軍中撥補，屯田遂成爲餘丁乃至佃户的工作。運軍以漕運爲役，以屯租補充家計，幫貼造船、運糧。餘丁在明初本來只需聽繼軍役，並不直接參與衛所軍務，但隨著衛所軍役内容的擴大，以及衛軍的大量逃亡，餘丁被役占的情形也愈來愈嚴重。在衛軍人數缺乏的衛所，餘丁甚至被以抽丁的方式，成爲補充正軍的最大來源。屯田、操練或漕運均屬正役，衛所内另有一些雜差是由正軍輪流更直的，如軍伴、直廳、守門、守庫之屬。其人數及輪值方式原皆有限制，但由於軍官役占情形嚴重，雜差人數不但大幅增加，也逐漸成爲固定的軍種。明代衛所軍役因地區之不同，内容也有很大的不同，本文以江西爲例，探討衛所軍役演變的過程，對萬曆年間以南昌衛爲首的江西各衛施行一條鞭法的經過也加以論述，期能對江西所代表的明代腹裡衛所之功能作一釐清。

關鍵詞：明代 江西 衛所 軍役

* 中央研究院歷史語言研究所

一、前言

明襲元制，以世襲軍戶制度維持軍役之達成。軍役的最大功能本在維護國家免於內憂外患，如果軍役的內容發生質變，國家的安全就有可能受到影響。明代軍人分屬於廣設各地的衛所，其中江西地區因爲納入朱元璋版圖的時間甚早，江西衛所的設置早在洪武初年已規模粗具，因此江西衛軍對明初大一統的事業極具貢獻。然而，統一以後的江西受限於腹裡的位置，衛所軍役內容逐漸變質，衛軍的功能也相應起了變化。另一方面，明初軍役本是正軍的負擔，正軍戶下其餘人丁只有幫貼正軍、繼承軍役之責。其後受到衛軍逃亡故絕的影響，當衛軍人數不足以充役時，在營餘丁便成爲承擔軍役的最佳人選。而明代軍戶依規定不可分戶，亦導致同戶下餘丁往往分佈於衛所、原籍，乃至於以「寄籍」名義居住在衛所附近的州縣。他們與正軍在軍役的承擔上，分別扮演了不同的角色。筆者曾撰文討論原籍餘丁的軍役任務，[1] 本文的重點則集中在衛所，主要目的在探討明代衛所軍役的演變，兼及在衛正軍與餘丁的角色分擔，藉以明瞭明代衛所軍的功能。又因爲明代衛所軍役的內容因時因地有很大的不同，因此以江西地區爲例，以區域研究的方式作較細緻的分析。除了介紹江西軍役由簡至繁、由正軍供役擴大至餘丁亦需充役的發展過程外，對於江西衛所爲紓解軍戶負擔，企圖以一條鞭法進行改革的努力亦試作檢討。在開始此一研究之前，曾先就江西衛所的設置狀況進行瞭解，[2] 對於方志中殘留有較多資料的軍屯與漕運兩大項軍役負擔實況，則擬分別撰文加以介紹。[3]

二、明代江西衛所軍役的內容

明代江西地方共設有四衛十一千戶所一百戶所。其中，除九江衛係直隸前府

[1] 參見于志嘉（1986-2）。
[2] 參見于志嘉（1995），江西衛所分佈情形參見該文頁1003附圖1。
[3] 軍屯方面參照于志嘉（1996），漕運問題則擬與清代的發展一併討論。

之衛外，均屬江西都指揮使司所轄。江西都司隸前軍都督府，因地居腹裡，所轄衛所之軍役任務與邊防或海防地區之衛所宜有所不同。根據嘉靖《江西通志》及萬曆《江西省大志》的記載，江西衛軍的主要任務可大別爲三種，是即操練、屯種與漕運。各軍種的人數隨時間之不同略有變動，上引二書所載數字分見附表1與附表2。

附表1：嘉靖《江西通志》所載各衛所旗軍舍餘數及承運漕船數表

	旗軍舍餘共（D）	操練旗軍舍餘（A）	屯種旗軍舍餘（B）	運軍（C）	(A+B+C)	漕船	出處
九江衛	9891	3800	4448	1616	9864	156	14:21b-22a
南昌衛	4037	986	2909	2336	6231	212	4:22a
袁州衛	2906	327	790	1384	2501	120	32:23a-b
贛州衛	4787	1344	2769	674	4787	60	34:25b-26a
吉安所	2286	580	314	1152	2046	62	24:29a-b
安福所	2550	220	320	655	1195	62	24:29a-b
永新所	1569	434	282	410	1126	37	24:29a-b
會昌所	1345	586	759		1345		34:25b-26a
信豐所	1638	741	897		1638		34:25b-26a
南安所	1206	670	529		1199		36:22a
饒州所	3752	1269	800	807	2876	67	8:23b-24a
撫州所	2196	317	805	782	1904	66	18:27b-28a
建昌所	1242	331	256	530	1117	47	16:31b
廣信所	2157	503	755	504	1762	51	10:19b
鉛山所	965	687	274	504	1465	46	10:19b
都　司	32028 (32636)	7995 (8995)	12359 (12459)	9733 (9738)	31192	866 (830)	1:15a-16a
總　計	42527	12795	16907	11354	41056	986	

附表2：萬曆《江西省大志》所載各衛所官旗軍舍餘人數表

	食糧官(D)	操守旗軍(A)	運糧旗軍(C)	餘丁(E)	把關旗軍(F)	紀錄老幼(G)	屯種軍舍(B)	小計(A+B+C+D+E+F+G)
南昌衛	46	1443	2336	195		38	4194	8252
袁州衛	38	336	812	674			790	2650
贛州衛	56	879	625	682		40	2765	5047
吉安所	16	818	1150	966		26	314	3290
安福所	10	554	655	6			550	1775
永新所	16	500	426	103		19	597	1661
會昌所	10	518		200		14	761	1503
信豐所	12	600		90		3	678	1383
南安所	12	353		203		28	553	1149
饒州所	23	446	807	78		12	800	2166
撫州所	17	389	781	103			?	1290+？
建昌所	20	585	530	72			356	1563
廣信所	17	773	563	81		59	756	2249
鉛山所	14	445	506	1069	36	9	730	2809
總 計	307	8639	9191	4522	36	248	13844	36787+？

*資料來源：萬曆《江西省大志・實書》5:1b-5a。

附表中的數字理論上應代表成書時的實在數字，但萬曆《江西省大志》中有關衛所軍人數的記載分作兩欄，二者似乎出自不同來源。其中「屯種軍舍」一項係與有關軍屯畝數、籽粒數的記錄併作一欄，根據筆者的考證，很可能是弘治16年江西軍屯進行大規模清丈後留下的數字。[4] 另外，附表1中的數字也很不精確，大部份衛所的A、B、C三項和並不都等於D，有些差距還非常大，這種錯誤

[4] 參見于志嘉（1996：682）。

就不能以單純的計算疏失來解釋。以鉛山所爲例，A＋B＋C(＝1465)與D(965)的差距達500之多，而據嘉靖《鉛山縣志・城池・武備附》，965應爲嘉靖間「實在正幼官旗【軍】」數，附表1的A、B、C三項數字皆包括旗軍、舍餘，其總數自然大於正幼官旗軍數。更有甚者，如果將嘉靖《鉛山縣志》的數字與附表1詳細比對，可以發現《通志》作者在數字的選取上顯得非常隨心所欲。《鉛山縣志》所載嘉靖間鉛山所官旗軍舍餘人數詳下文，以運糧官旗舍餘爲例，相關數字爲管運千戶1員、百戶2員、總旗9名、小旗16名、軍人477名、餘丁131名，總計636員名；附表1謂嘉靖間鉛山所運軍人數爲504名，只計入了《鉛山縣志》所列百戶、總、小旗以至軍人等項，千戶與餘丁二項則被略去不計。操軍方面《鉛山縣志》載有管操千戶1員、操練百戶6員、總旗15名、小旗56名、軍人250名、舍人70名、餘丁290名，總計688員名，附表1僅略去管操千戶1員未記。屯軍部份《鉛山縣志》載有管屯千戶1員、屯田舍人7名與餘丁267名，附表1的274名也僅略去管屯千戶1員未記。附表1更略去操軍、屯軍與運軍之外的其他軍種，因此其總數與嘉靖間鉛山所實際服役官軍舍餘人數2530的差距甚至超過1000。由鉛山所的例子也可知道，明代江西衛所軍役實不只三種，《通志》所載缺漏極大。以下即按時代先後，列舉方志中所見江西各衛所軍役種類及人數，作爲討論之基礎。

首先是撫州所。據弘治《撫州府志》卷16，〈職制・祿秩〉，弘治間撫州所實在旗軍1091名，計分爲：1. 見操旗軍253名、2. 巡捕旗軍43名、3. 運糧旗軍605名、4. 守門旗軍48名、5. 局匠旗軍55名、6. 措料軍人4名、7. 養馬軍人20名、8. 解冊旗軍2名、9. 紀錄旗軍7名、10. 實屯旗軍54名等10項。撫州所屯田原額805分，[5] 弘治時實屯旗軍僅54名，其餘屯田應由舍餘或佃戶承種。

其次是建昌所。正德《建昌府志》卷8，〈武備・軍政考格〉內載建昌所軍職計有：1. 掌印1員、2. 簽書1員、3. 管操1員、4. 巡捕1員、5. 管運3員、6. 管屯1員；軍役則有：1. 操軍餘丁共331名、2. 馬軍10名、3. 應捕軍10名、餘丁5名、4. 運糧旗軍530名、5. 屯田軍舍餘丁356名等項。建昌所正德間屯田

5 參見康熙《撫州府志・兵衛考》13：4a。

計有466分，其中356分由軍舍餘屯種，另有110分由民戶承種。[6] 而馬軍亦可算入操軍項下，因此正德間建昌所軍基本上分作四個軍種，分由管操、巡捕、管運、管屯官管轄。

嘉靖間的資料共有三筆。最詳盡的一筆見於嘉靖《鉛山縣志》卷1，〈城池・武備附〉。所載鉛山所嘉靖間實在正幼官旗數爲：正千戶3員、副千戶5員、所鎮撫1員、百戶8員、總旗25名、小旗76名、軍人833名、紀錄幼軍14名，共正幼官旗965員名。同卷〈軍政考格〉詳列該所軍職，計有：1. 掌印千戶1員、2. 僉書千戶1員、3. 管操千戶1員、操練百戶6員、4. 管屯千戶1員、5. 管運千戶1員、百戶2員、6. 巡捕千戶1員。軍役則有：1. 操練：計有總旗15名、小旗56名、軍人250名、舍人70名、餘丁290名、2. 屯田：舍人7名、餘丁267名、3. 運糧：總旗9名、小旗16名、軍人477名、餘丁131名、4. 巡捕：總旗1名、小旗2名、軍人22名、餘丁18名、5. 成造軍器：小旗1名、軍人46名、餘丁5名、6. 守隘：小旗3名、軍人11名、舍人22名、餘丁89名、7. 公差等項官旗533名、8. 守把門軍29名、9. 看養騎操馬匹軍人2名、10. 火藥匠軍人2名、11. 看監守造冊等項軍餘19名、12. 辦料餘丁57名、13. 辦脯餘丁66名，總計2530員名。由〈軍政考格〉所載軍職職名可知，嘉靖間鉛山所的軍役種類雖多，但主要軍種仍爲操、運、屯、捕四項。而嘉靖《廣信府志》卷9，〈職官志・兵防・軍政〉謂鉛山所見在官旗軍舍餘共2322員名，其下所列各軍種人數與縣志所載大致相符。由於嘉靖《鉛山縣志》所載詳列各軍種中軍、旗、舍、餘人數，最能反應當時衛所內軍役分擔的情形，這條史料的價值也就特別珍貴。各項數字透露的信息包括：

1. 鉛山所屯田原額爲229頃，以每分30畝計，應有七百六十餘分。[7] 嘉靖間參與屯田的僅有舍人7名、餘丁267名，可見屯田一役絕大部份已由佃戶充任，舍餘屯種的比例僅佔全體的三分之一，正軍則完全不參與。

---

6 參見于志嘉（1996：695-701）。

7 參見嘉靖《廣信府志・食貨志・屯田》5：14a。

2. 正軍參與的軍役主要是操練、運糧、巡捕、成造軍器與守隘等項，833名中有806名即用以分充以上各役。至於公差以下各役則幾乎全由舍餘負擔。

3. 即使是操練、運糧、巡捕、成造軍器與守隘等項軍役，以舍人餘丁充任的比例也不低。顯示出明代中期衛所中舍人餘丁的角色重要，除被用於各項雜差外，亦有不少被用以擔當與正軍相同的任務。明初以正軍充役、餘丁幫貼的限制已不復存在。

第二筆資料見嘉靖《廣信府志》卷9，〈職官志・兵防・軍政〉。所載廣信所見在官旗軍舍餘人數爲正千戶3員、副千戶6員、所鎮撫1員、百戶10員、冠帶總旗1員、總旗15名、小旗45名、軍人426名、舍人199名、餘丁1447名。同卷〈軍政考格〉則謂該所軍職有掌印千戶1員、僉書千戶1員、管操千戶1員、管運千戶1員、管運百戶2員、管軍器局千戶1員、管馬千戶1員、巡捕千戶1員、管屯千戶1員。與建昌、鉛山二所相較，多了管軍器局及管馬二職，顯示此二役在廣信所的地位似較重要。軍役則有：1. 操練官旗軍餘丁500員名、2. 運糧旗軍565員名、3. 成造軍器旗軍50名、4. 養馬軍人23名、5. 應捕軍餘16名、6. 屯種軍舍餘丁756名、7. 守把門鋪餘丁195名、8. 看守書辦直更軍人19名、9. 看守倉庫監餘丁14名，總計2148員名。由於正軍人數僅426名，比對鉛山所的情形，可以推斷廣信所的「屯種軍舍餘丁」，大概也全數是舍人餘丁，並無正軍在內；而操練以下各項，應也都是由軍、舍、餘分任，舍、餘的比例甚至大於正軍。可以說，到了這個時期，正軍、舍、餘的區分已沒有多大意義，「衛所軍戶」內的所有人丁都是衛所役使的對象。

第三筆見於嘉靖《九江府志》卷8，〈職官志・兵防・軍政考格〉。所載九江衛軍職爲：1. 掌印指揮1員、掌印千戶6員、掌印百戶舊58員今減三之一，2. 僉書指揮2員，3. 管屯指揮1員、管屯千百戶舊6員今革，4. 管操指揮1員，5. 管造軍器指揮1員，6. 管運指揮1員、管運千百戶6員，7. 巡捕指揮3員（巡湖1、巡江2）。軍役則有：1. 屯種軍舍餘4488名、2. 在場操練軍舍餘丁1837名、3. 造器械軍53名、4. 運糧軍餘1716名、5. 巡捕軍餘34名、6. 守門禁軍100名、7. 巡城守舖軍餘108名。同〈軍政考格〉又謂「九江衛指揮、千戶、百戶、鎮撫幷軍、舍、餘丁實數」爲原額6496員名，見在3772員名。後者計包括指揮使5員、指揮同知2員、指揮僉事7員、正千戶12員、副千戶14員、衛鎮撫1員、所鎮撫4員、百戶26員、總小旗軍2135名、舍人407名及餘丁1158名，總計3771員名，誤差只有1員名。但上舉諸軍役中僅屯種軍舍餘一項人數已超出此數甚多，操練軍以下各項人數和亦達3848之譜，略多於總小旗軍、舍人、餘丁的總數3700名。屯種軍舍餘一項比照鉛山所的例子，可能是因爲屯種者絕大多數爲佃戶，〈軍政考格〉所列額數僅代表當時所存屯田分數，實際上由舍餘承種者極有限；這由當時管屯千、百戶俱已革除，只剩下管屯指揮1員負責徵糧事務一點也可窺知。而6.7.兩項本屬雜差性質，在軍餘人數較多的鉛山、廣信二所，因有足夠人數可以充任，故可保持各司其職的型態；九江衛則因軍餘人數過低，用以充任各項主要軍役已有不足，故採取由正役者下班時輪充的形式，〈軍政考格〉雖列其額數，但實際上並不佔缺，致有總數不符的情形。這個推測有相當程度吻合了明初衛所雜役需由正軍輪充的規定（詳下文），唯此時負擔正役者已不限於正軍，所有舍餘皆需應役。

上述各條經整理後可得附表3。

附表3：明代中期江西各衛所軍役比較表

撫州所	建昌所	鉛山所	廣信所	九江衛
見操旗軍253名	操軍餘丁共331名馬軍10名	操練總旗15名小旗56名軍人250名舍人70名餘丁290名	操練官旗軍餘丁500員名	在場操練軍舍餘丁1837名
巡捕旗軍43名	應捕軍10名餘丁5名	巡捕總旗1名小旗2名軍人22名餘丁18名	應捕軍餘16名	巡捕軍餘34名
運糧旗軍605名	運糧旗軍530名	運糧總旗9名小旗16名軍人477名餘丁131名	運糧旗軍565員名	運糧軍餘1716名

實屯旗軍54名	屯田軍舍餘丁356名	屯田舍人7名餘丁267名	屯種軍舍餘丁756名	屯種軍舍餘4488名
局匠旗軍55名		成造軍器小旗1名軍人46名餘丁5名火藥匠軍人2名	成造軍器旗軍50名	造器械軍53名
養馬軍人20名		看養騎操馬匹軍人2名	養馬軍人23名	
		守隘小旗3名軍人11名舍人22名餘丁89名		
措料軍人4名		辦料餘丁57名 辦脯餘丁66名		
		公差等項官旗533名		
守門旗軍48名		守把門軍29名	守把門鋪餘丁195名	守門禁軍100名巡城守舖軍餘108名
解冊旗軍2名		看監守造冊等項軍餘19名	看守書辦直更軍人19名看守倉庫監餘丁14名	
紀錄旗軍7名				
實在1091名	合計1242名	總計2530員名	總計2148員名	見在3772員名

表中所列諸數字至少凸顯出以下幾個問題。第一：操、屯、運、捕等項主要軍役成立的時間先後不同，衛所軍在面臨新的軍役時如何分擔職務？第二：其他各項雜差究竟是如何產生的？第三：以舍人餘丁參與軍役始於何時？第四：參與軍役的舍人餘丁，待遇是否與正軍相同？次節即就此數點加以討論。

三、衛所軍役的增加與舍餘之參與軍役

明代江西地區各衛所設置情形詳見于志嘉〈明代江西兵制的演變〉。值得注意的是，江西衛所設置的時間雖大致分佈於兩個時段，是即乙巳(1365)年到洪武2(1369)年之間，與洪武17年到洪武22年之間；但在乙巳年到洪武2年之間，絕大部份的衛所已經成立，或雛形粗具。可以確定成立於這個時段的衛所有永新所（乙巳）、袁州衛、撫州衛（以上丙午）、安福所（吳元年）、建昌衛（洪武元年置，2年改為所）、廣信所、鉛山所（以上洪武元年）、吉安衛（洪武2年置，洪武26年省）等。另外如臨江（初設臨江所，洪武26年改為吉安所）、饒州（置有饒州所）二地，乙巳年時已派有千戶駐守；南昌衛（正德16年併南昌前、左二衛為南昌衛。其中南昌左衛置於洪武8年，前衛設於洪武19年）、贛州衛（洪武5年置）與南安所（洪武22年置）亦早在吳元年即已存在，後雖一度遭到裁撤，不久又再重設。這些衛所於設置時吸收了不少原割據者的兵力，但也因肩負了攻城略地的任務，兵力的流動量不小，衛所的規模並不穩定。如袁州衛，丙午年初設時有12所，吳元年因被派至福建征討，此後大部份衛軍即留在福建。洪武3年時僅餘一所千人，4年，「籍兵士之餘丁義屬者為兵」，「閱其壯勇者二千人」，「併舊兵分為左、右、中三千戶所」。13年又罷南昌衛，「以其將士置袁州衛指揮使司」，袁州衛一衛五所的體制至此始完成。[8] 袁州衛開始屯田的時間雖甚早，但洪武間實際狀況不明，[9] 明初江西衛所軍人仍應以操練征守為最大任務。[10] 江西軍屯的全面普及要等到永樂2年才得以實現。

---

[8] 參見于志嘉（1995：997-1014）。

[9] 正德《袁州府志・藝文・譚九齡・重建衛碑記》14：58b-61b謂袁州衛於設置左、右、中三所後即「立屯田」，譚九齡此記作於洪武13年以前，故袁州衛屯田初設時間應相當早，但要到永樂2年始全面拓展。參見于志嘉（1996：669）。

[10] 洪武間以江西軍人出征調守的例子另見於《明太祖實錄》17：1a，乙巳年五月辛酉條：以廣信、撫州、建昌兵規取八閩；同書143：8b，洪武15年3月丁丑條：「以雲南既平，留江西、浙江、湖廣、河南、四川都司兵守之，控制要害。」同書238：4a，洪武28年5月乙巳條：「詔發湖廣、江西所屬衛所馬步官軍六萬餘（中略）赴廣西，從大軍征進龍州、奉議等處。」等都是。

屯田的目的在使衛軍能夠自給自足，同時也是承平時維持大量軍力的良法。因此除明初有些地方是以「且耕且戰」的方式屯田，其操、屯軍劃分方法不詳外，[11] 大多數的衛所都是一開始就採用屯、操軍各司其職的模式。江西地居腹裡，屯軍比例原則上可達十分之八。然而受限於各地土地所有的現況，明初除九江衛及南安所幾乎是全所屯田外，各衛所屯、守軍比例並不一致。有些衛所以有主荒地充作屯田，另一些衛所則因爲本地缺乏可分配之田，被迫撥隔省土地耕屯。屯田一經派定，屯軍即需就屯而居。江西各衛所屯田除建昌所爲每分田25畝外，其餘均以30畝爲一分。正軍一人，耕屯一分。屯田收入稱作「籽粒」，洪武35年定屯田科則爲每軍田一分，納「正糧」12石、「餘糧」12石。「正糧收貯屯倉，聽本軍支用。相當於每月一石的旗軍口糧。餘糧十二石上交，供作本衛官軍俸糧。」永樂12年，因下屯軍士多有艱難，辦納籽粒不敷，下令免餘糧一半，止納6石；洪熙元(1425)年定爲例。正統2(1437)年，更定例免正糧上倉，止徵餘糧6石。[12] 此後，屯田籽粒只用來支付屯軍以外之衛所官軍俸糧，屯軍除屯田收入外，不再另支月糧。而事實上，江西地區衛所在開始漕運功能後，以「正軍」身份參與屯田的比例急遽降低，屯田很快就成爲舍人餘丁的負擔了。

江西地區衛所開始漕運的時間據王瓊《漕河圖志》卷8，〈漕運官軍船隻數〉云：

> 洪武年間在京衛所與浙江、福建都司、南直隸衛所官軍海運。永樂年間不用福建都司官軍，只用南京幷南直隸及浙江、江西、湖廣、山東四都司衛所官軍攢運，共一百一十三衛所，官軍一十二萬一千五百餘員名。船一萬一千七百七十七隻。

《明經世文編》卷62，馬文升，〈馬端肅公奏疏・題爲因災變思患豫防以保固南都事疏〉亦云：

---

[11] 如《明太祖實錄》12：1b，癸卯年2月壬申朔條謂：「初上命諸將分軍於龍江等處屯田，（中略）且耕且戰。」同書17：4a-b，乙巳年7月丁巳朔條謂：「已遣張德山招徠山寨。（中略）軍人小校亦令屯種。且耕且戰。」既云「分軍」，操、屯軍之間似應存在明顯界分，但若要同時應付出戰的責任，則又有機動調整的必要。實際情況不明。

[12] 參見王毓銓（1965：130-132）。

迨我太宗文皇帝遷都北平，（中略）後令官軍漕運，以備京儲。該用官軍一十二萬，而南京并湖廣、江西沿江衛所官軍已掣其十之五六矣。

明代開始以衛軍參與河運始於永樂12年。[13]《明太宗實錄》卷147，永樂12年正月庚子條云：

命北京、山東、山西、河南、中都、直隸徐州等衛，不分屯、守，各選軍士，以指揮、千百户率領，都指揮總率，隨軍運糧。

實錄此條不見江西，所載參與漕運的都司衛所與王瓊、馬文升所記不同。但江西地區衛所包括九江衛在內確有不少自永樂間即受到徵調。如康熙《撫州府志》卷13，〈兵衛考〉謂：

撫所軍丁有有屯、無屯之分。其有屯者原膺造運之責，無屯者只任操守之事，此操軍、運軍之別也。按：自永樂二年調軍八百餘名赴江南建德墾屯三萬餘畝，至末年始派領運，是計田起運，屯軍承造，原自無辭。迨宸濠兵變，乃以南贛餘船增入撫造。屯無增而責以增造，此波及城軍之始也。

撫州所軍自永樂2年開始屯田，分軍爲屯軍與操軍二種。至永樂末再派漕運，乃採用「計田起運」的方法，以屯軍負責造運。不過，根據方志的記載，各衛所參與的時間似有先後，並且不是所有衛所均投入此役。[14] 如乾隆《吉安府志》卷34，〈賦役志·漕運考〉即云：

（前略）永樂十三年甲午，會通河成，乃行轉運法，悉罷海運、陸運。於淮安、徐州、臨清、德州設立四倉。（中略）其江南、江西、浙江、湖廣四省途次遠者，運止於淮，近者止於徐，再近止於臨，更近者止於德。四倉出納，各以就近之道員主之，以次轉運抵通，此自漢唐至明初，漕用民運之原委也。厥後以衛所爲運弁，以屯軍爲運丁，專造漕艘，分立名目，俾東南之漕長運抵北，則始於明成化。（中略）是成化以前，軍惟用以禦侮；成化而後，軍始用以運漕。

---

[13] 參見星斌夫（1963：29）。

[14] 有關江西地方的漕運，筆者擬另撰專文討論，本文不贅述。

不論是永樂末或成化間，江西衛軍參與運漕的時間都在全面推廣軍屯以後。屯、守軍既經劃分，如何決定運軍人選乃成爲必要考量的問題。上引太宗實錄雖有「不分屯、守，各選軍士」之語，但從前引康熙《撫州府志》也可窺知，實際運作時爲求漕運工作順利完成，至少在江西地區有部份衛所是以屯軍爲優先考量，因而有所謂「計田起運」的方法。唯《撫州府志》對何謂「計田起運」，並無任何說明，我們只能從有關運軍與漕艘數額的記載，一窺其間的關係。其例如建昌所。

建昌所漕船額數據乾隆《建昌府志》卷11，〈屯運考〉，「舊額船不過三十隻」。「萬曆二年，南昌、贛州兩衛運船爲流寇焚劫，當事攤派」，建昌所「爲南昌協造十艘，贛州七艘」，其總數遂增至47艘。[15] 建昌所屯田分數據正德10(1515)年兵備副使胡世寧的說法，「原有屯地三百零一分，以後清出軍民侵占迷失屯田一百六十五分」，[16] 共計466分。而江西運軍以「一旗九散」爲一船，亦即每船需旗軍共十人。[17] 建昌所舊額船三十隻，顯然是由原有屯地三百零一分決定的。萬曆初攤舡入建，也因爲建昌所當時的軍屯總數爲466分，故增爲47艘。也就是說，永樂末年分軍漕運時，由於考慮到造船、運糧爲運軍帶來的花費不小，遂以屯軍運漕，期以屯田收入作爲運軍生活的補助。漕船數額視屯田分數多寡而定，每十分派船一艘。建昌所初僅屯田301分，因而派額船三十隻。萬曆2(1574)年攤派南、贛二衛運船，仍舊依循此一原則，其時建昌所屯田總數包括原額及其後清出者共計466分，儘管其中有110分自弘治以來即由縣民承

15 參見乾隆《建昌府志・屯運考》11：6a-b。

16 參見正德《建昌府志・武備》8：26b-27a。

17 乾隆《建昌府志・屯運考》11：2a謂建昌所漕船「每船旗丁一名，散軍九名。」萬曆《大明會典・戶部・會計・漕運・凡官軍行糧賞鈔》27：22a亦云：「正德二年題准：江西二總，每船旗軍十名，例支行糧三十石。中途逃故者，止扣安家月糧。所遺行糧，准給與旗軍，以償雇募。」但明代各總漕船額軍人數似乎並不一致，如會典同卷22b又云：「（嘉靖八年）又議准：運軍行糧，除遮洋一總，每船額該旗軍一十二名外，其浙江等一十一總衛所，每正糧三十石七斗二合，扣軍一名。查各運正糧若干，照數支與。如有數外多開者，即便革去。」詳細情形待考。

種，且民種屯田籽粒自弘治16(1503)年以後即被用充隄備軍口糧，[18] 不可能有多餘糧額來補助運軍，但仍以466分爲準，派足至47艘。然而，建昌所軍屯實際上只有356分，因此有「運艘四十七，軍屯三百五，屯不足以養軍，軍自不足以輪運」的問題發生。[19] 至於撫州所，可能在後來派運時因爲完全沒有未派的屯田可以「計田起運」，以致不得不派操軍運漕。[20] 但是這樣的作法顯然是特例，而其對撫州所軍所帶來的禍害，則更在其他衛所之上了。

相對於撫州、建昌等所以屯軍兼運，九江衛雖亦有一軍二役的情形，但發展過程卻頗爲不同。《明經世文編》卷40，楊鼎〈楊大司農奏疏・議覆巡撫漕運疏〉云：

> 九江、鎮江、安慶等衛，自永樂年來，屯軍皆自耕自食。後以選征麓川，逃亡者多，乃以運糧旗軍撥補。每田三十畝，納子粒六石，身既運糧，又納子粒，每月又赴各倉支糧，誠爲不便。請各軍月糧一石，只關本色二斗、折色二斗，其六斗存積至一年，則有七石二斗，以六石抵納子粒，餘爲加耗，各都司倣此。

征麓川是正統年間事。麓川宣慰司在今雲南瑞麗縣等地區，與緬甸接境。正統2年10月，宣慰使思任發叛。5年7月，黔國公沐昂平之；12月，思任發派使者致書雲南總兵官，表示願進貢謝罪。6年正月，明軍大舉伐麓川。調遣的軍隊包括四川、貴州、南京、湖廣並安慶等衛官軍15萬，惟用兵一年，並無結果。此後又於正統8年5月及正統13年3月兩征麓川，每次調用的軍士人數都在數萬至十餘萬之譜，[21] 其中自有不少原本爲漕運軍或屯田軍者。上引史料即指出九江衛屯軍因被調征麓川逃亡，所荒屯田由漕運軍頂補，而一經撥補，由於原逃屯軍並未追回，漕軍兼屯便成爲永久性的差使。九江衛運軍一軍兩役，運糧之餘，又

---

[18] 參見于志嘉（1996：696）。

[19] 參見萬曆《建昌府誌・陸鍵・附乘八說・運旗說》2：47a-b。

[20] 據前引康熙《撫州府志・兵衛考》，撫州所代造南贛餘船在宸濠兵變之後。建昌所之代造既在萬曆初年流寇焚劫以後，二者或非一事。不詳，待考。

[21] 參見湯綱・南炳文（1985：210-211）、《明英宗實錄》75：6a，正統6年正月乙卯條、同書104：5a-b，正統8年5月己巳條、164：5a-6a，正統13年3月壬寅條。

需繳納籽粒，每月月糧還得赴倉支領，非常耗費人力。但解決的方法並不是另選軍餘頂充屯田軍役，而是使頂補屯田的漕軍少支月糧，以節省下來的月糧充作屯田籽粒。表面上漕軍兼領屯田卻不需繳納籽粒似乎減輕了負擔，實則在一軍二役又無法確保屯田收入的情況下，再被削減了月糧，運軍之重困可想而知。

局匠軍包括成造軍器軍與火藥匠軍。明代以軍衛製造軍器最早可追溯到洪武4年。[22] 洪武15年命「自今天下衛所兵器有缺，宜以軍匠付布政司，聽其置局，以民匠相參造之。」[23] 20年，令天下都司衛所均設軍器局，「軍士不堪征差者，習弓箭、穿甲等匠，免致勞民」。[24] 22年，更令天下軍丁習匠藝。《明太祖實錄》卷195，洪武22年3月戊子條謂：

> 令天下軍丁習匠藝。先是軍衛營作多出百姓供億，上以為勞民，命五軍都督府遣官至各都指揮使司，令所屬衛所置局。每百户內選軍丁四人幷正軍之萎弱者，俾分習技藝，限一年有成。

據此，明初每千戶所至少應有局匠軍40人，一衛則應有200人上下。不過，由附表3可知，明中期的情況並非如此，除建昌所未設外，九江衛局匠軍人數與其他各所相當，均在50名左右。九江衛共設有6千戶所，按照明初的規定，至少應有局匠軍240名，可能是受到軍餘人數過低的影響，嘉靖間的造器械軍僅能維持一所的水準。不過，明代各衛所是否皆設有軍匠仍有疑問，[25] 實際情況尚有待進一步考察。

---

22 萬曆《大明會典・工部・軍器軍裝・凡弩弓》192：3b云：「洪武四年，以腳蹬弩給各邊將士，仍令天下軍衛如式製造。」又參見陳詩啓（1958：83-84、88）。

23 參見《明太祖實錄》150：4b，洪武15年11月庚午條。

24 參見萬曆《大明會典・工部・軍器軍裝・在外成造衙門》192：12b。

25 陳詩啓（1958：84）引《明史・張本傳》157：4289（陳書誤為卷175），謂「屬於衛所的軍匠，在宣德時，共有二萬六千户。」按：〈張本傳〉原文為「軍匠二萬六千人，屬二百四十五衛所。」據《明史・兵志二》90：2204，明代共有「內外衛四百九十三，守禦屯田群牧千户所三百五十九」。這些衛所在宣德時絕大多數已經成立。顯然，宣德時局匠軍已非各衛所均設。至於設有局匠軍的各衛所，其局匠軍人數比例是否符合明初的規定，亦因〈張本傳〉未説明245衛所中有多少衛、多少所，而無法正確估算。不過如果以100衛、145所，每衛200人、每所40人計，總數為25800人，倒是相當接近26000之數。局匠軍的設置與否，究竟依據何種標準，仍不詳待考。

火藥匠軍似亦非各衛所均有，附表3所列一衛四所中，僅鉛山所有2名，撫州所情況不明。

軍衛孳牧始於洪武23年，初僅飛熊、廣武、英武等衛。25年，「罷民間歲納馬草。凡軍官馬，令自養；軍士馬，令管馬官擇水草豐茂之所，屯營牧放」。「每衛指揮一員，所千百戶一員，專管孳牧。」[26]《明太宗實錄》卷180，永樂14年9月己亥條云：

北京行太僕寺卿楊砥言：近年馬蕃息而少牧養之人。（中略）薊州以東至山海諸衛，土地寬廣，水草豐美，其屯糧軍士亦宜人養種馬一匹，歲子粒亦免其半。上曰：既責軍士孳牧，則不可復徵子粒，其悉蠲之。

江西地區養馬軍始於何時不詳，如果在永樂2年以後，其情況或與此相類，亦即以屯軍養馬而免其籽粒。養馬軍所養之馬在部份地區需由馬軍自辦，[27] 因此戶下可免差役人數較步軍爲多。[28]

巡捕軍不詳始設之年。萬曆《大明會典》卷136，〈兵部・巡捕〉謂：

國初捕盜，在外無專官，惟在京設五城兵馬指揮司，以巡邏京城內外地方爲職。其後在京添用錦衣衛官校，成化末加撥營軍。弘治以來，在外添設捕盜通判、州判、主簿等官。而諸法禁亦漸詳密。

同卷〈凡各府州縣巡捕〉條載：

弘治五年題准：通州、涿州、徐州、河間分守守備官及武清衛捕盜官，遇該朝覲會試之年，統領附近衛所京操下班馬軍，分班巡捕。

衛所巡捕官的任務主在捕盜。另外，明朝政府又設守隘軍於有關隘之處，以

---

[26] 參見萬曆《大明會典・兵部・馬政》150：14a-15a、151：1a。

[27] 如《明宣宗實錄》58：2a-b，宣德4年9月庚戌條云：「廣西總兵官都督僉事山雲言：廣西地闊，寇發無時。遇有征哨，馬力不足。請如舊選衛所有丁力殷實旗軍，買馬騎操，以備調用。而免其餘丁二人差役，以助正軍。（中略）上皆從之。」萬曆《大明會典・戶部・戶口・賦役》20：17a，正統「四年，令雲南土馬軍自備鞍馬、兵器、糧食聽征者，免本戶差役四丁。」

[28] 參見前註。又，《明宣宗實錄》62：1b，宣德5年正月丙寅條亦云：「上御左順門，謂行在兵部尚書張本等曰：馬軍比之步軍尤爲勞苦，蓋自備軍裝爲難。今後馬軍戶內再免一丁差役，以助給之。」

「盤詰姦詐，擒捕盜賊」，[29] 其任務基本上與巡捕軍相同。

辦料、辦脯軍亦不詳始設之年。其所供辦之軍役內容應相當於明代里甲正役中之「上供物料」（詳下節）。其初應以繳納實物爲主，後或改爲納銀。

操、屯、運、捕等項軍役常設有軍政官專管，可以看做是衛所軍戶的「正役」。「正役」本應以一軍一役爲原則，但明代因大規模推展屯田，在屯軍比例普遍高達七、八成的情況下，任何軍役的增加都只能從有限的人數中做調動，一軍二役的情況勢不可免。由上舉諸例可知，明代衛所有以屯軍兼運或養馬者，其屯田籽粒或納或不納，並沒有明確一致的規定。[30] 這種現象的產生，完全歸咎於政府的缺乏規畫。《明仁宗實錄》卷2下，永樂22年9月壬辰條云：

> 平江伯陳瑄上言七事。（中略）七曰：專漕運。各處官軍，每歲運糧北京，運畢已財力殫乏，及歸又須修整壞船，下年再運。是終歲勞勤，有可矜憫。而該衛所於其歸，又加他役困之，及當再運，軍之困者未蘇，舟之壞者未修，公私俱妨。乞禁約各衛所運糧軍士，歸者不得別有役使。上覽奏，以付翰林臣曰：瑄言皆當，令所司速行。

同書卷4下，永樂22年11月辛卯條亦云：

> 上諭戶部尚書夏原吉曰：（中略）先帝所立屯種法甚善，蓋用心亦甚至。但後來所司數以征徭擾之，既失其時，遂無其效。所在儲蓄十不及二三，有事不免勞民轉輸矣。其令天下衛所，凡屯田軍士，自今不許擅差，防其農務。違者處重法。

可見明朝政府也注意到一軍一役的重要，但是面對衛所軍役內容的不斷擴大，只得一再屈就於現實。衛軍兼役，除上舉諸項正役外還有許多雜役負擔，至於

---

[29] 參見《明宣宗實錄》46：7a，宣德3年8月乙未條。

[30] 又如《明太宗實錄》102：5b，永樂8年3月癸巳條：「皇太子諭後軍都督府臣曰：頗聞山西寇盜出沒，其衛所守城官軍不足者，聽暫於屯田官軍內撥補。所撥軍士，除今年屯種子粒。」同書119：4b-5a，永樂9年9月壬午條：「先有屯種軍擊登聞鼓，訴云：踰年在京操練，至秋始還。而本衛責徵子粒，實以公事妨耕，告訴不聽。上召衛官責問之曰：得何不體人情而刻薄至此？衛官言：初白之都督府，府必欲追納。遂呈上府所下檄。上召都督府經歷詰之曰：五穀必種而後有獲，（中略）且人一身，豈當有兩役？皆不能對。（中略）遂命戶部：凡屯田軍以公事妨農務，悉免徵子粒。著爲令。」

修河、築城等臨時性的工役，更是洪武以來即不時有之。[31] 臨時性工役非屬常態，本文不論，以下略述衛軍雜役的產生。

衛軍「雜役」始自洪武。《明太祖實錄》卷229，洪武26年7月丙寅條有云：

> 禮部奏定武職隨從人數，一品至三品六人，四品至六品四人，七品至九品二人，俱用正軍，三日一更。

同書卷252，洪武29年4月丙申條又云：

> 上以武官多私役軍卒，踰法制，命禮部考定其從人額數。於是禮部議：指揮及同知六人；僉事及千、百户，衛、所鎮撫四人，皆於正軍伍內取用，輪番更直，每三日一易。下直則歸隊伍操練。凡衛所直廳六人、守門二人、守監四人、守庫一人，止選老軍充役，每月一更直。上以正軍占役太多，宜減其數，指揮使至僉事人四人，千户以下人三人，百户以下人二人，每三日一更。餘如所議，著為令。

洪武間衛所雜役均由正軍輪充，其內容可大別爲二類。一爲武職隨從，亦稱作「軍伴」，武官自一品至九品軍伴人數各有不同，由正軍三日一更直。另一類則屬衙門差使，洪武間只限直廳、守門、守監、守庫各數人，由老軍每月一更直。明代衛所官資格自衛指揮使以下爲指揮使正三品、指揮同知從三品、指揮僉事正四品、正千戶正五品、衛鎮撫與副千戶同爲從五品、百戶正六品、所鎮撫從六品。[32] 洪武29年禮部所定「指揮及同知六人，僉事及千百戶、衛所鎮撫四人」，完全是依循洪武26年的規定；即使如此，在衛所官額員符合規定的情況下，一衛（以五所計）應有軍伴342人，一所亦有軍伴60人。[33] 朱元璋「以正軍占役太多」爲由，刪減至「指揮使至僉事人四人，千戶以下人三人，百戶以下人二人」，使軍伴人數降低爲一衛199人，一所33人。這個數字大概一直沿用

---

[31] 如《明太祖實錄》222：2a，洪武25年10月辛酉條、同書232：2a，洪武27年3月甲辰條、同書255：1b-2a，洪武30年9月癸亥條等都是。

[32] 參見萬曆《大明會典・兵部・銓選・官制》118：2a-b。

[33] 據萬曆《大明會典・兵部・銓選・官制》118：2a-b，衛所官額員爲指揮使一員、指揮同知二員、指揮僉事四員、衛鎮撫二員、正千户一員、副千户二員、所鎮撫二員、百户一十員。

到弘治13年才又經刑部等衙門會議後略作修正。譚綸等輯《軍政條例》卷1，〈軍職占軍賣放治罪〉條云：

弘治十三年該刑部等衙門會議：凡都指揮跟隨軍伴六名，指揮四名，千百户、鎮撫二名，不管事者一名。如有額外多占正軍，五名以下，問罪降一級；六名之上降二級；甚至十名以上，止於降三級。其賣放軍人，包納月錢者，亦照前名數，分等降級。甚者罷職，發邊衛充軍守禦。

按：明代各衛所官員額本是固定的，但因官職濫陞濫授的問題嚴重，對於日益增加的官員只得以「帶俸差操」的名義安插，實則只領俸糧，不需管事。[34] 弘治13年條例使不管事者亦得有軍伴一人，但正副千戶、衛所鎮撫則較原額各減一人，乃是因應帶俸差操者人數眾多，雖不管事但不免於私役軍士的現實狀況所做的考量。不過，從洪武29年禮部考定武官從人額數的原因也可瞭解，明初以來武官私役軍卒的情形即很嚴重，[35] 政府雖有法令禁約，但私役的問題有增無減。前引《軍政條例》卷1，〈在京督府占役餘丁〉條云：

弘治十三年會議題准：[36] 南京五府管事，并在京公、侯、伯、都督等官占役餘丁五名以上，問罪降一級；十名以上降二級；三十以上降三級；四十名以上，奏請發落。受財賣放，照前名數，分等降級。

更可見軍職役占的對象甚至及於餘丁。[37] 事實上，到了弘治年間，不論是衛所「正役」或「雜役」，役使的對象都早已是正軍、餘丁不分，衛所官役占自然更不會考慮正軍、餘丁的區別了。

以餘丁充軍伴的實例又見於萬曆《大明會典》卷118，〈兵部・銓選・陞

---

[34] 參見于志嘉（1986-1：46-47）。

[35] 實際案例除散見於實錄外，亦見於《大誥武臣》。參見楊一凡（1988：432、433、445、449、450）等都是。

[36] 譚綸此書所收條例，俱按時代先後排列。此條之前爲弘治2年，之後爲弘治3年，疑此條應爲弘治3年條例。

[37] 黄彰健《明代律例彙編》卷14，〈兵律二・軍政〉「縱放軍人歇役」項下載有〈弘治問刑條例〉六款，其中一款爲：「一、軍職役占餘丁至五名以上者，問罪降一級。十名以上者，降二級。二十名以上者，降三級。三十名以上者，奏請發落。若受財賣放者，仍照前項名數，分等降級。」與此條略有出入。

除·凡在外衛所官功陞〉項下：

成化十四年（中略）奏准：在外衛所千户功陞指揮者，比與指揮陞都指揮流官不同，俱令於該衛，原係帶俸幷帶俸管事者，量與軍餘四名，不許列衙公座。若考選軍政者，不在此限。

弘治八年題准：各衛指揮使功陞都指揮僉事，註原衛帶俸，照例于本衛撥餘丁六名，以為導從。

霍冀輯《軍政事例》卷1，〈官軍干預書辦〉條亦云：

各處鎮守內臣，所在精選能通書筭軍餘二名，總兵官幷分守、監槍、守備等官各一名，令其跟隨書辦，與免征操。奏本公文內俱照令典僉書，以防欺弊。其餘官軍號稱主文，干預書辦者，聽巡撫、巡按官幷按察司官舉問，俱調極邊衛所，帶俸食糧差操。

霍冀此書不列條例訂定時間，黃彰健《明代律例彙編》卷2，〈吏律·職制〉「濫設官吏」項下所載〈弘治問刑條例〉收有此條，可知為弘治間的條例。這些書辦雖只分配給鎮守內臣、總兵官、分守、監槍、守備等官，並非衛所內的編制；但就性質論，類同「雜役」中衙門差役之屬，若在明初是不役及餘丁的，但此時已不分軍餘皆可充任。另外，從條例中「與免征操」一語可知，這些書辦也不受輪充制的規範，形同一種專職。是否到這個時候衛所內正役與雜役的界分也已趨模糊？衛所軍餘參與雜役究竟是正役之餘的兼職？抑或為長久性專職？這個問題不妨由月糧支領的情形來加以考察。

另外，上節推測九江衛雜差可能是由正役軍輪充，又指出明中期以後舍人、餘丁在衛所中的角色、地位已幾與正軍無異。此說是否成立，亦可一併觀察。有役就應該有糧，以下要探討的問題有二。第一：舍餘充役者是否與正軍待遇相同？第二：充雜役者是否支糧？

萬曆末年江西各衛所軍、餘支領月糧的情形略見於《江西賦役全書》。是書成於萬曆39年，現存本缺南安、建昌、撫州三府的資料，九江府內容不完整，其餘諸府則詳略各有差。由於相關資料主要在說明衛所官、旗、軍的俸糧額數，因此對月糧額數不同的「無妻新軍」、「紀錄軍人」（或稱爲「幼軍」）[38]等項詳於記載，對糧額相同的不同軍種有時反而疏於分類。如贛州衛下僅記載總小旗20名、操軍940名、無妻新軍3名、紀錄軍人57名、運軍625名。吉安所下記操練舍健旗軍815名、幼軍12名、運軍1150名。饒州所下記操、運軍共1322名。廣信所下記操守、運旗軍1279名。鉛山所下記「總、小旗，哨、隊長，操、運軍」共882名等都是。[39] 這些例子共通的現象是將旗軍分爲操、運二類，屯軍則因不支月糧且屯田多由餘丁、佃戶承種而被排除在外。另外如信豐、會昌二所記載的方式也很籠統，信豐所計有「總小旗、旗軍、紀錄、餘丁」共541名，歲共支銀2028.48兩。會昌所則有「總小旗、正軍、餘丁、紀錄」共714名，歲共支銀2417.28兩。[40] 值得注意的是，二所俱有餘丁支銀者，其中會昌所並明記其屯糧折算額與正軍相同，都是以每石4錢約算。這些支糧的餘丁必爲分擔軍務，實際參與軍役者。

《江西賦役全書》中資料較詳盡者有三。袁州衛下相關數據計有四項。即1. 正軍1050名、2. 銅鼓石軍人10名、3. 運糧旗軍并催運、軍伴共1269名、4. 存衛操備軍人373名。各項應支糧額爲正軍每名歲支鈔銀0.051428兩，銅鼓石軍人每名歲支行糧銀2.88兩，運糧旗軍、催運、軍伴以及存衛操備軍人每名歲支月糧銀3.84兩。[41] 由於2、3、4三項總數超過1050，而第2項又僅記錄其支領行糧銀額數，推測袁州衛正軍仍與上述各衛所相同，大別爲運軍與操軍兩項；軍伴雜役由專人應充，月糧與操、運軍同額。派往銅鼓石軍人或由操軍中輪派，輪充者於月糧外另支領行糧。而操、運、軍伴俱有由餘丁充任者，這些人的月糧與正軍同額，但沒有鈔銀。

---

[38] 正軍服役年齡原則上自16歲至60歲。若因正軍病故，需人補役，而户內僅有15歲以下「未出幼者」，「准其具告，保勘明白，紀錄在官。候出幼之日，應役食糧差操。」參見譚綸等輯《軍政條例・老疾軍匠查勘勾補》5：15b-16b（弘治12年）。

[39] 參見《江西賦役全書・贛州府總》7b、同書〈吉安府總〉10b、〈饒州府總〉9a、〈廣信府總〉8a、〈鉛山縣〉9b。

[40] 參見《江西賦役全書・贛州府總》8b。

[41] 參見《江西賦役全書・袁州府總》9a。

永新所則除操正軍420名、老幼軍8名、運軍410名外，尚列有書伻、吹手16名、鎮守萬安營餘丁49名。萬安營設於嘉靖40年，其守備奉璽書以都指揮體統行事，吉安府內「九縣民兵、三所官軍俱屬管轄」。後廬陵、永豐民兵屬兵道團操，所餘七縣民兵暨三所操軍於萬曆間不滿八百。[42] 永新所派駐萬安營的操軍僅49名，全數由餘丁充任，每年於420名「操正軍戶下挨僉精壯餘丁，輪流更撥，循環鎮守」。每名每月食米8斗，與操正軍同，但因全支屯米，每斗折銀3分，每年支銀2.88兩。操正軍則有6個月月糧支縣倉米，每斗折銀4分，另6個月月糧支屯米，每斗折銀3分，故每年支銀3.36兩，略多於鎮守餘丁。「書伻、吹手」本屬雜役，但在永新所則與操、運軍並列，有固定的名額，其月糧額與運軍同爲10個月赴使司領糧，另2個月補給屯米每月8斗，每斗折銀3分。[43]

諸衛所中以南昌衛的記錄最爲詳盡，旗軍按所支糧額及性質之不同共分爲11項。是爲：1. 運旗、散軍、催運共正軍2274名、2. 門舖、常操、巡捕、軍禁、催糧、看倉共正軍464名、3. 護印鄱湖正軍共103名、4. 吹手、局匠、火藥、馬軍共正軍162名、5. 新改收伍運乏舊旗、雜軍13名、6. 裁革總旗改作正軍5名、7. 紀錄軍14名、8. 老疾食糧軍18名、9. 功陞總旗4名、10. 正軍兵165名、11. 餘丁兵200名。另外由10、11二項中，每季酌定分撥巡湖兵計正軍兵94名、餘丁兵109名。各軍種支領月糧，除第1項有7個月支府倉米，每月折銀0.32兩，5個月支屯糧，每月8斗外，其他各項俱全支屯糧。各軍月糧額2、3、5、6、10、11等項爲每月8斗，7、8二項每月3斗，4、9二項則爲每月1石。分撥巡湖的正軍兵每名季加米0.9石，餘丁兵每名季加米0.6石。[44] 很顯然的，餘丁兵平時月糧與正軍兵相同，只在有附加任務時略作區別。而門舖、軍禁、催糧、看倉、吹手等雜役均屬專職，所支月糧雖略有差，但與操、運、巡捕、局匠等原屬正役軍維持相同水準，可以說正役、雜役間的區分在南昌衛已不再存在。

《江西賦役全書》所提供的已是萬曆末年的資料，但以餘丁充役及衛所內

[42] 參見于志嘉（1995：1031）。
[43] 參見《江西賦役全書・永新縣》又8b-9a、又9a-b。
[44] 參見《江西賦役全書・南昌府總》32a-b。

正、雜役界分模糊化的現象，確是經過一番演變的過程。不過，從上引《江西賦役全書》中仍有不少衛所只限操、運軍支領月糧一點亦可得知，並非各衛所都有足夠人數的軍餘可以專職雜役。[45] 萬曆《建昌府誌》卷7，〈武備・清操〉記萬曆38年知府鄔鳴雷與推官陸鍵有關軍政的改革，更明記「存留操軍仍照練兵事例，每月分爲兩班，遇朔望更換。上班者隨操，下班者以供守城及雜差等項。」第二節推測嘉靖間九江衛雜差係由正役者下班時輪充，應爲可信。

本節最後要討論的是明代衛所以餘丁參與軍役的問題。關於軍戶餘丁在衛的情形，王毓銓氏曾有如下的說明：[46]

> 每一軍户出正軍一名。每一正軍攜帶户下餘丁一名，在營生理，佐助正軍，供給軍裝。這個供給正軍的餘丁名曰“軍餘”，或通稱曰“餘丁”。因爲軍餘在營生理，協助正軍，所以他不當軍差，也免雜泛差役。

王氏此說未說明出典，但由其書多引萬曆《大明會典》，猜想他主要依據的是萬曆《大明會典》卷155，〈兵部・軍政・起解・凡軍裝盤纏〉中宣德4年的條例：

> 令每軍一名，優免原籍户丁差役。若在營餘丁，亦免一丁差使，令其供給軍士盤纏。

會典的條文語焉不詳，此條例原出自宣德4年2月敕，見《明宣宗實錄》卷51，宣德4年2月庚子條：

> 敕行五軍都督府及兵部：今天下軍士遇有征調，當自備衣裝，供給爲難。其原籍宜與復除一丁，在營有丁者，亦免一人差遣，使專經營以給軍。

說明初曾規定「每一正軍攜帶戶下餘丁一名，在營生理」是不合常理的。[47] 不

---

[45] 萬曆末年各衛所雜役是不可能不存在的。無法以專人擔任的原因，除了衛所軍户逃絶，以致乏人應當外，是否受經濟因素影響？尚需進一步搜求資料。

[46] 參見王毓銓（1965：52）。又見同書234-235頁。

[47] 何以説不合常理？這是因爲軍户人口的多寡，不是人力能夠控制的。對於沒有餘丁的軍户，如何強制執行上述規定？如《明太祖實錄》169：1b，洪武17年12月丁酉條云：「命內外軍衛士卒無餘丁，及幼軍無父兄者，皆增給月糧一石。」《明仁宗實錄》3下：4a-b，永樂22年10月庚申條亦云：「上諭兵部尚書李慶曰：（中略）今遠戍者勞勤，操練者亦少暇，守衛者常不得下直。間有餘丁，亦別有差遣不得息，在營率婦女幼稚，無治生

過到了宣德年間，由於在衛人丁急速擴張，爲免原籍賦役無人承當，倒是有對在衛餘丁人數做過限制。《明宣宗實錄》卷100，宣德8年3月壬午條：

詔減軍衛餘丁之在營者。先是，有言興州衛軍有挈其全籍丁男二十餘人在營，避免賦役。下行在禮部會官議，請如舊制，除正軍家屬外，每軍選留一丁協助，餘悉遣還有司，以供賦役。於是行在兵部右侍郎王驥亦奏：內外衛所及各王府護衛軍旗、校尉、鼓手人等餘丁在營多者，往往類此，所司略不遵行舊制遣歸，請通禁約。軍丁在營不得過二人，如有怙終不遣，及遣而不歸者，御史、按察司治其罪。皆從其言，故有是命。

所謂「舊制」，不知始於何時。不過從族譜中明初正軍赴衛的情形推斷，[48] 舊制的重點不在正軍赴衛時需不需要攜帶餘丁，而是在衛所餘丁人數過多時，每軍只能選留一丁協助，其餘餘丁則皆需遣還原籍，以供賦役。上引史料牽涉到兩個問題，其一是明朝政府對在衛餘丁態度的改變，其二則是在衛餘丁免除差使的內容。以下即就此二點分述之。

首先要列舉的是從實錄中爬梳出的幾條相關史料。爲方便討論，分別冠以a.b.c.等編號。

a.《明太祖實錄》卷182，洪武20年閏6月乙卯條：

上以京衛將士多山東、河南人，一人在官，則闔門皆從，鄉里田園遂致蕪廢。因詔五軍都督府覈遣其疏屬還鄉，惟留其父母妻子于京師。

b.《明太宗實錄》卷236，永樂19(1421)年4月甲辰條：

近年營建北京，官軍悉力赴工，役及餘丁，不得生理。衣食不給，有可矜憫。宜敕軍官加意撫卹，增給月糧，寬餘丁差徭，使給其家。

c.《明宣宗實錄》卷79，宣德6年5月丙寅條：

上謂行在兵部尚書許廓曰：朕素知軍士艱難，嘗有命：凡軍士皆免餘丁一人差使，俾得生理，供給正軍。所司不遵朕言，以其餘丁赴工，已是重

者。」其時軍士「月糧止得五斗，不足自贍。」仁宗因此下令增給「各衛總小旗軍、力士、校尉人等有家屬者各米四斗，無家屬者各斗五升。」在營軍士連家屬都無法盡有，更無論餘丁了。

[48] 參見于志嘉（1986-2：638-640）。

役，而又以其在逃，發遣充軍。人何以堪？今後在逃者止罰工一年，其有已發充軍者，皆取回。

d. 同書卷81，宣德6年7月辛巳條：

四川布政司左參議彭謙言：四川成都前等衛、雅州等千户所旗軍，自洪武間從軍，子孫多有不知鄉貫者，亦有原籍無户名者。今但正軍、餘丁一二人在營，其餘老幼有五七人至二三十人者，各置田莊，散處他所。軍民糧差，俱不應辦。乞行四川都司及撫民官勘實，就令各於所在有司附籍，辦納糧差，聽繼軍役，庶丁糧增益，版籍清明。從之。

e. 同書卷101，宣德8年4月癸卯條：

初行在兵部右侍郎王驥及成國公朱勇等奏：比奉敕於京師諸衛選紀錄幼軍萬人操練，今止得千餘人，宜選諸衛軍士中丁多者足之。上曰：彼既一人當軍，又選一人操練，恐難資給。命尚書、侍郎、都御史計議。覆奏：舊例諸衛軍士除正軍之外，存一丁資給，餘遣還有司供徭稅。今京師諸衛軍士在營有三丁以上至七八丁者，止一丁當軍，餘皆無役，不肯還本鄉。宜於三丁以上者選一丁，餘聽在營生理，供給軍裝，亦軍民兩便。上從之。命正軍有故，就令補伍，不得再勾。

f. 同書卷104，宣德8年8月乙亥條：

南京龍虎左、豹韜右二衛調到軍士，鬨在營口眾，月糧不足養贍，致逃匿者多。請令襄城伯李隆審勘，果有不能養贍者，留正軍當房家口在營。仍留一丁協助生理，其餘願還原籍者聽。

以上數條，除a.b.二條外，集中在宣德6年到9年間，顯示出這段時間是政府對在衛餘丁態度改變的關鍵期。其中雖無江西的例子，但從政府因應不同狀況所做的處置，足可窺知當時各地衛所餘丁發展的情形，早已超出政府現行法令所能規範。從a.逐條往下看，洪武20年京衛軍因「一人在官，則闔門皆從」，致鄉里田園荒廢，詔以疏屬還鄉。當時獲准與正軍一體留在南京的，只有父母妻子，亦即史料f.所謂的「當房家口」。這顯示洪武年間雖已有餘丁隨營居住的情形，但政府對在營餘丁的角色扮演尚未加以規畫，[49] 當餘丁在營影響到原籍產業生產時，政府要求「當房家口」以外所有餘丁回歸原籍，並未考慮以餘丁協助正軍生理一事。

永樂19年，太宗因營建北京，役及官軍餘丁，致餘丁不得生理，敕「寬餘丁差徭，使給其家」，是有關在營餘丁免役的最早的規定。在此之前我們所能找到的相關條例見萬曆《大明會典》卷20，〈戶部・戶口・賦役・凡審編賦役〉洪武31年條：

令各都司衛所在營軍士，除正軍幷當房家小，其餘盡數當差。

即指出在營軍士戶下除正軍及當房家小外，所有餘丁皆需「當差」。單就條文內容來看，這條史料既以「在營軍士」爲對象，所謂「其餘盡數當差」，也可能解釋作「在營餘丁」需盡數「在營」當差。但從史料a.所述推測，應該還是要求在營餘丁回籍應當民差、糧差。[50] 也就是說，洪、永年間基於復甦地方經濟的考量，政府對軍戶餘丁採取的是「原籍主義」的態度，對在營有餘丁者，一貫是希望他們回原籍負擔民差、糧差；但若原籍賦役供應不缺，則對餘丁在營也有相當程度的容認。至永樂19年時，在營餘丁基本上仍無任何軍役；國都北遷前後被大量用以營建北京，也屬於臨時工役的性質。所謂「寬餘丁差徭」，寬減的內容無從得知。不過，當時以餘丁赴工既屬臨時性質，有關的寬免規定

[49] 另外，洪武間由於新的衛所不斷增置，需要大量兵源，衛軍餘丁常被用以補充兵源，如前引袁州衛的例子。又，《明太祖實錄》207：3b，洪武24年正月甲寅條亦云：「前軍都督府奏發福建汀州衛卒餘丁往涼州補伍。上以西涼去福建萬餘里，且閩人不耐寒，但令在京居住，給糧贍之。」唯此時爲求增兵，亦不時以「垜集」、「抽籍」的方式從民戶中開發兵源（參見于志嘉1987：10-26），筆者因此認爲，洪武間以餘丁充軍的現象，與下文所論宣德以後於在營餘丁多者三丁選一充當軍役，以其餘供給軍裝的情形，不可相提並論。

[50] 另外一條可以作爲佐證的史料見萬曆《大明會典・兵部・勾補・凡勾補軍士》154：8a，洪武35年條：「定垜集軍正軍、貼戶造册輪流更代。貼戶止一丁者免役，當軍之家免一丁差役。」此條史料雖係針對垜集軍而言，有關餘丁免役的規定是否適用於所有軍戶並不清楚，但至少可以確定，一直到太宗即位初年，政府在考慮餘丁免役問題時，尚只考慮到原籍一丁免役，對在營餘丁的角色並未顧及。有關原籍軍戶餘丁免役的討論參見于志嘉（1986-2：656-658），本文不贅述。

就也絕非永久性的措施，相關法令一直要等到宣德以後才出現。

宣德6年5月丙寅，宣宗謂「朕（中略）嘗有命」云云，應即指宣德4年2月的敕命：「原籍宜與復除一丁，在營有丁者，亦免一人差遣，使專經營以給軍。」其後謂：「所司不遵朕言，以其餘丁赴工」，其中餘丁所赴之工，應同於該衛所軍被派充之工役，與衛所在地州縣的傜役無關。[51] 又因在營餘丁本無差役負擔，因此任何工役對之而言都是「重役」。餘丁不堪衛所重役逃亡，結果被發遣充軍，宣宗因此令在逃者只需罰工一年。這是一方面認定餘丁充役即是重役，另一方面又限於現實需要，對「以餘丁赴工」的事實加以默認。

相較於上述二條以在營餘丁充役的事例，宣德6年7月條所述四川成都前衛、雅州所等衛所的餘丁，則很巧妙的利用了餘丁的身份，創造了最有利的局面。他們因祖軍明初從軍時間很早，在衛多年以後，已繁衍了不少子孫。按照規定，除正軍當房家口以外，只許再留餘丁一名在營，其餘皆需遣返原籍當差。可是他們或已不知原籍鄉貫，或原籍並無戶名。因此有以多餘人丁「各置田莊，散處他所」者。這些人不在明初法令規範之下，雖有田莊，卻「軍、民、糧差，俱不應辦」，彭謙因「乞行四川都司及撫民官勘實，就令各於所在有司附籍」。此議經宣宗同意，於是開在衛餘丁「附籍」之例。[52]

值得注意的是，「附籍軍戶」附籍於有司，對所謂「軍、民、糧差」的責任

---

[51] 明代衛所與州縣原屬不同系統，即使在內地許多衛所與州縣同治，州縣官皆不得與衛所事，更遑論以衛軍餘丁應州縣傜役。《明宣宗實錄》卷108，宣德9年正月戊辰條曰：「直隸蘇州府知府況鍾言：崑山縣民有欲脫漏户口，避傜役者。往往貨賄太倉等衛官旗，妄認親屬、義男、女婿之類，追取赴衛，實不當軍。俟再造黃冊，復以老幼還鄉，於別里附籍帶管。原户賦稅，累鄰里代償。乞令各衛有如此者，許自陳改正。」崑山民户利用的，正是州縣官不能過問衛所事的盲點，以躲避差傜。

[52] 萬曆《大明會典・兵部・軍政・清理・凡清查寄籍》155：17b-19b所記有關寄籍或附籍的規定，最早在景泰元年。但其中弘治9年的一條卻指出似乎洪武以來即有附籍軍户，其文如下：

> 弘治九年題准：洪武以來附籍造報軍户，迷失衛分，未經解補幫貼者，就於附近缺軍百户下收補。若明有衛分，曾經查解幫貼，見在軍役不缺者，行查明白免解。

洪武間是否有關於附籍的法規不詳，但似乎已有附籍的事實。附籍軍户的問題尚需進一步的研究。

分擔，只限於「辦納糧差，聽繼軍役」。「糧差」源自於所置田莊，繳交的對象自然是田莊在地的有司，也就是軍戶附籍之地。「軍役」的內容更簡單，只需「聽繼」，亦即在原衛所軍役出缺時，由寄籍軍戶戶下餘丁遞補。至於一般民戶所應負擔的民差，則非寄籍軍戶責任之所在。

宣德8年4月與8月的二條，分別講的是兩京衛所軍的情形。宣宗格於父命，終宣德之世以北京冠「行在」之名，但其時國本固在北不在南，[53] 北京衛所的規模已遠在南京之上。[54] 宣德8年3月壬午，方才「詔減軍衛餘丁之在營者」，但在天子腳下的北京，實際情形則是諸衛軍士戶下有多至七八丁者，除以一丁當軍，「餘皆無役，不肯還本鄉」。其時京師諸衛適有選取紀錄幼軍操練之令，因不能足數，王驥等遂請以丁多軍戶中三丁選一丁充數。被選的戶丁，既用以操練，所負擔的便是與正軍相同的「正役」；但由其後宣宗的裁示可知，這些膺選的餘丁，平時雖有操練之役，但在正軍缺伍時需即刻頂補，並不可勾取其他餘丁補役。可知當時雖已開抽餘丁爲軍之例，但基本上仍以一戶一役爲原則，與日後不分正、餘各應一役的情況仍應有所區別。不過，無論如何，經由此番抽丁當軍，在衛餘丁已成爲衛軍缺額時最佳遞補人選，明朝政府藉著每丁配與餘丁若干，聽其「在營生理，供給軍裝」，使役使餘丁充當正役一事正當化。此後，餘丁參與衛所軍役的問題就再也不成其爲問題了。

南京龍虎左與豹韜左二衛係宣德6(1431)年9月改成都右、中二護衛官軍而設者。[55] 成都右、中二護衛設於洪武19(1386)年7月戊午，[56] 遷南京時設衛已45年，因此隨軍調至的丁口眾多，致「月糧不足養贍」。其時在北京已有抽餘丁充役之舉，但在南京，一方面並無大量軍役的需求，另一方面考慮到餘丁在營生活困苦，「逃匿者多」，遂以一丁協助生理，「其餘願還原籍者聽」。這與宣德8年3月壬午「詔減軍衛餘丁之在營者」時的嚴厲措辭直不可同日而語，顯示出在短短數月之間，明朝政府對在營餘丁的態度已由原先強烈要求他們回原

[53] 參見黄開華（1972：9）。

[54] 參見于志嘉（1993：153-155）。

[55] 參見《明宣宗實錄》83：4a-b。豹韜右衛應爲左衛之誤。

[56] 參見《明太祖實錄》178：5a。

籍應充徭役大幅轉變，對個人的意願已有相當程度的尊重。[57] 而促成此一轉變的最大因素，應即是政府對餘丁充役問題的基本態度有了改變。

明初社會久歷戰火，經濟衰敗。為了復興農村經濟，需要大量人力投入生產。在明初政府的設計中，正軍戶下除充當軍役的「正身」及其「當房家口」外，其餘人丁仍皆需回原籍負擔民差。衛所軍役僅及於正軍，餘丁完全不與軍役。可是隨著時間的累積，部份衛所發現有衛軍餘丁眾多，又不肯回原籍應役的問題。大體說來，一直到宣德8年初，政府對在營餘丁的基本態度仍是希望他們回原籍負擔民差、糧差的；對年久不知鄉貫或原籍查無戶名者，則採取附籍有司的方式，使供辦糧差；若原籍差役供辦不缺，則多順其自然，不加干涉。然而，也就在這個時候，衛所軍役內容漸趨多樣，衛軍逃亡人數亦不斷增多，[58] 這也迫使明朝政府不得不苦心積慮設法增加兵源，在營餘丁被用充衛所工役乃至正役的情形越來越多。以餘丁應衛所之役已超出政府原初對軍戶戶役的要求，因此每有寬減之議。最後並在宣德4年明令免原籍、在營各一丁差使，俾得

---

[57] 顧誠（1989：62-63）討論到這個問題，認為「將衛所多餘人丁發還原籍州縣」的情形，「在明初和明中期以後都有」，理由是「到明中期由於衛籍人口的膨脹，難以維持生活，經朝廷批准，將部分衛所餘丁發回祖籍州縣」。事實上明朝政府處理在營餘丁問題，歷經許多階段，初時顧及原籍賦役無人辦納，只准一丁在營協助生理；其後因在衛旗軍逃亡者多，衛所軍役乏人應充，開始以餘丁應役，對餘丁在營改採寬容的態度。顧誠引《明經世文編》卷28，王驥〈計處軍士疏〉，以之為景泰間事例，其實是宣德8年的事，見本文所引史料f。其後引萬曆《大明會典・户部・户口》卷19，天順八年例，則是有關附籍的規定。其文曰：「令在營官軍户丁舍餘，不許附近寄籍。如原籍丁盡，許摘丁發回。」這時餘丁在營已不成其為問題，多餘人丁因購置田產寄籍附近有司的條例亦已行之多年，何以突然禁止寄籍，原因仍有待究明。但此條例亦並未強迫餘丁回籍，僅規定在原籍丁盡的情況下，許摘丁發回；推想其目的在確保原籍軍户田產有人繼續承種，間接保障衛所軍役的實現（按：原籍軍户有幫貼衛軍之責）。這與衛籍人口的膨脹雖然有關，卻不能說是因為人口膨脹，難以維持生活的結果。其中牽扯到寄籍的問題，更使問題複雜化。筆者曾對寄籍軍户的問題做過初步的探討（印刷中），今後仍將繼續研究。

[58] 吳晗（1956：116）說到明代衛軍逃亡的情形，徵引如下：「明史兵志記從吳元年十月到洪武三年十一月，三年中軍士逃亡者四萬七千九百餘。到正統三年離開國纔七十年，這數目就突增到一百二十萬有奇，佔全國軍伍總數二分之一弱。」可見衛軍逃亡致軍役乏人應承，也是促使在營餘丁參與軍役的一大要素。

協助正軍生理，供給資費。餘丁既在營生理，其所免自然是與衛所相關之役，與原籍軍戶所需應承的傜役無關，這是衛所軍役多樣化的必然結果。[59] 而長久以來政府對軍戶餘丁所堅持的「原籍主義」也不復存在的必要，正統以後的軍政條例規定補役戶丁應攜妻子一同赴衛；無妻者由里老親鄰出資爲之娶妻，同解赴衛，[60] 顯示出明朝政府面對此一問題在態度上已有極大的轉變。新政策的目的在使衛所軍戶「在地生根」，多餘人丁毋需遣回，爾後遂成爲補充軍役的優先人選。

江西地區衛所發展的情形亦不例外。萬曆《南昌府志》卷9，〈軍差〉有云：

> 國初正軍歲力操守正役，餘軍止聽繼爾。嗣是遵貼正軍，又嗣是輸有司草料。然而未有傜也。

從最初的止需聽繼到幫貼正軍，在營餘丁的任務已加重了一層；其後又需輸草料於有司，最後更添「均傜」之役。輸草料一事以缺乏相關資料，情況不明，「均傜」之役詳見下節的討論。

---

[59] 以上討論，其實是針對王毓銓與李龍潛二氏的說法所作的檢討。王毓銓（1965：52）謂：「軍餘在營生理，協助正軍，所以他不當軍差，也免雜泛差役。」同書頁266註1又謂：「在營餘丁和原籍户下一丁所免的差役是指“里甲”、“均傜”。他如“雜泛差役”，大概不能免。」二說彼此矛盾，顯示王氏對此問題似乎並無定見。李龍潛（1982：47）謂：「按照明代衛所制度規定，餘丁要供給正軍出操戍守等路費，在内地衛所，是餘丁一人供應正軍一人；在邊地衛所，如遼東是“每一軍佐以三餘丁”。這些餘丁隨營生理，承應軍差。自然，也和正軍一樣，免去他們在郡縣軍户的傜役。」則以爲在營餘丁因需承應軍差，故被免去在郡縣軍户的傜役。此說甚不可解。由上文的討論可知，以在營餘丁承應軍差，是永樂以後順應現實逐漸發展出的，但因妨礙軍户生理，因此在宣德4年敕令免一丁差使，使「專一供給資費」。而明代衛軍分配的衛所有些與原籍相距極遠，明朝政府既同意餘丁在營生理，就不可能再指望他們回原籍供役。定例免在營餘丁在原籍的差傜，可以說毫無意義可言。李氏另外對原籍軍户（李氏稱之爲郡縣軍户）免役所作的討論亦有問題，參見于志嘉（1986-2：657）。

[60] 參見于志嘉（1987：78）。

四、一條鞭法的實施與衛所軍役的改革

明代徭役自洪武元年定「均工夫」之制後，幾經改變。均工夫役本爲營建南京城而定，實施範圍最廣時及於直隸應天等18府及江西全域。其法初以田一頃出丁夫一人，後以「四丁共輳一夫」。均工夫役一直到宣德年間仍存在於南京附近少數地區，自始至終屬於地區性強烈的役種。[61] 相對於此，明初以來各地普遍存在的是里甲與雜泛二役。明代的里甲制創行於洪武14(1381)年，但在此之前，由於受到元代設里正的影響，早有所謂「里甲」、「里長」之稱出現。洪武3年給民戶帖，同年，湖州府施行「小黃冊圖法」，以百家爲一圖，每圖以田多者一戶爲里長，管甲首十名，「催辦稅糧、軍需」。14年命天下郡縣編造賦役黃冊，其法以110戶爲一里，推里中丁糧多者十人爲長，餘百戶爲十甲，每歲役里長一人、甲首十人管攝一里之事。凡十年一周，先後則各以丁糧多寡爲次。每里編爲一冊，冊首總爲一圖。里中有鰥寡孤獨不任役者，則帶管於110戶之外，稱作「畸零戶」。此即明代的里甲制度。

里甲制度確立以後，里甲成爲國家稅役科派及徵收的基本單位。里長、甲首之役稱作「里甲正役」，其所管攝之事，包括催辦稅糧、勾攝公事（如清理軍匠、質證爭訟、根捕逃亡、挨究事由）、編造黃冊及支應上供、公費等。上供物料又稱作「供億」、「土貢」、「方物」等，乃是各地方人民提供給皇室及中央政府的物資，內容包括各種副食品、服飾、器皿以及官手工業生產原料、軍需用品等。洪武間課徵種類及數量尚稱有限，永樂以後逐漸增加，成化、弘治年間又繼續成長。地方公費是指地方政府爲推動行政所必需的各種經費，依支出頻度分爲「歲辦」、「額辦」與「雜辦」三類。明初僅木鐸老人一項爲人

[61] 參見山根幸夫（1966：8-14、87）、岩見宏（1986：7-9）、唐文基（1991：102-108）。本文有關明代徭役改革的敘述，主要即參照此三書。以下除特別與江西有關的部份外，不特別註明引用頁數。另外，梁方仲〈明代江西一條鞭法推行之經過〉，《地方建設》2.12（1941）（收入《梁方仲經濟史論文集》，180-200）、〈明代一條鞭法年表〉，《嶺南學報》12.1（1952）（同上書485-576）蒐集有關江西地區實施一條鞭法的史料甚詳，亦極具參考價值。

民負擔，其餘大多原屬官錢、官糧支辦；唯因以里長負責採買，可能發生官錢遲付或扣減的情形，遂逐漸轉嫁為里長以至人民的負擔，項目也逐漸增多。里甲正役除里長、甲首外，國初江西地方尚設有糧長以追收二稅、設老人主風俗詞訟、設總小甲以覺察非常。[62] 另有些地方則設有塘長、書手等，各役皆與里甲制的營運密切關連。

雜泛自明初即已存在。《大明令》記有祇候、禁子、弓兵、水站人夫、鋪司、鋪兵等六種，均以稅糧多寡為賦課基準。洪武18年定戶等制，按民之丁糧多寡、產業厚薄分戶為上、中、下三等。此後除與驛傳有關各役外，所有雜泛差役俱照所分戶等由里長臨時量戶點差。雜泛的項目與日俱增，里長點差又不時發生貪污受賄、放富差貧的現象，為使雜役的僉派儘量公平，正統年間出現所謂的「均徭法」。

均徭法為江西地方官柯暹所創。正統8(1443)年，江西按察僉事夏時進柯暹所撰《教民條約》及《均徭文冊》式，於賦役黃冊外另造均徭文冊，以之編布、按二司隸卒。均徭之役亦每十年一輪，與里甲正役相隔五年。[63] 及弘治元(1488)年，均徭法通行於全國，以均徭法編僉的雜役項目也越來越多，最後更以「均徭」稱呼所有以均徭法僉派的雜役。此後，明代徭役一般可區分為里甲、均徭、驛傳、民壯等「四差」，而均徭內所含的雜役則逐漸形成銀差、力差與聽差之別，最後力差與聽差也折銀輸納。

條鞭法的創行一說始於江西。嘉靖10(1531)年，贛州都御史陶諧行條鞭，「概算于田，總括眾役。每夏稅、秋糧，計田一畝，納銀止于二分三分。民自樂于征輸，而官不勞于督理。」除已明確出現條鞭之名，並且具備了「賦役合一」、「計畝徵銀，官為僱募」的基本內容。[64] 嘉靖35年，江西巡撫蔡克廉「顧里甲歲派雜辦多，民間不盡知。且不與糧偕徵，則奸民納其急者而遺其緩，終不輸官。而有司於派時不能盡勾考，吏緣為奸，并均徭力差募人者，執帖取

[62] 參見山根幸夫（1966：37）。

[63] 參見山根幸夫（1966：104-106）、唐文基（1991：228-231）。梁方仲（1989：181）定其事在正統元年，今從山根說。

[64] 參見黃冕堂（1985：424-425）、梁方仲（1989：490）。

諸民，其率常數倍。」爲改革里甲、均傜二役，議爲一條鞭法。其法總計各州縣稅糧及差役的和以決定傜役分派的標準，廢過去十年一輪之法，改爲十年均派。發帖於戶，帖上備載所應納之數。民輸銀於官，官收其直而以時給諸募人。可惜受到「吏胥及積年利包攬者」的杯葛，未能付諸實行。時江西提學副使王宗沐纂〈均書〉，書中即載有條鞭法。〈均書〉的鼓吹增加了中央政府對條鞭法的認識，而中央政府的推動又促使各地方官加意推展條鞭。嘉靖末到隆慶初各地試行一條鞭法的風潮，就在這個背景下形成。[65]

嘉靖42年，海瑞任興國縣知縣，其時江西各地均傜、均平（即里甲）二差已實行一條鞭法，將力役折銀交納，按丁糧派徵。但各地施行的一條鞭法所含傜役內容不盡一樣，十年一輪的編派方法也繼續存在。嘉靖44年，周如斗巡撫江西，知民苦差傜欲行一條鞭法，因病卒於任。隆慶元(1567)年，劉光濟以右副都御史任江西巡撫，繼其後苦心經營，隆慶2年遂行條鞭法於南昌、新建二邑。翌年，更擴展至江西全域。劉光濟的改革涵蓋里甲、均傜、驛傳、民兵等四差。其法總計四差銀，如南昌每歲應徵二萬三千兩有奇，新建一萬二千兩有奇，均分於丁、糧，即「身一丁，徵一錢五分有奇；稅一石，徵一錢八分有奇。」改十年一輪爲每年均役，由於各年所需負擔的額數只及過去一年的十分之一，人民易於完納。而過去最被視爲重役的庫子、斗級等力差均改爲納銀，由官募人應役。[66] 劉光濟的一條鞭法僅是役法的改革，與隆慶元年浙江餘姚知縣鄧林喬併賦、役爲一條的改革不同，凸顯出江西地方長久以來困於重役的窘境。而江西地區在均傜改革上的先進地位，對江西衛所也起了相當大的影響。萬曆年間江西地區衛所軍役的改革，一部份就是承襲自這個傳統。

另一方面，有關軍衛均傜的改革，也陸陸續續的發生。由於相關研究的缺乏，我們對這一部份的瞭解極爲有限。實錄中目前所知最早的記事見《明武宗

[65] 參見岩見宏（1986：205-207、215-217）。〈均書〉爲王宗沐所著《七書》中的一篇，其成書過程參見于志嘉（1995：1052）、岩見宏（1986：124-125）。王宗沐後於隆慶間在山東、鳳陽等處推行一條鞭法，參見唐文基（1991：301-305）。

[66] 參見梁方仲（1989：183-190）、岩見宏（1986：205-215）、唐文基（1991：294-297）。

實錄》卷19，正德元(1506)年11月乙酉條，其文曰：

> 巡撫順天等府都御史柳應辰言：順天、永平二府幷各衛所差役不均，審户雖有三等九則之名，而上則常巧于規免；論差雖有出銀出力之異，而下户不免于銀差。且有司均徭當出于人丁，近年兼徵地畝；軍衛均徭當出於餘丁，近年兼派正軍。姦弊難稽，民窮財盡。必須總括府衛所當用之役，而均派於所見有之丁。

順天府爲國都北京所在，府下有許多親軍衛、在京衛及直隸後府之衛。[67] 正德元年以前，順天一帶各衛所差役已實施均徭法，以餘丁當差。軍衛均徭與有司均徭一樣，有銀差、力差之別，二者均按戶等分派。江西衛所是否有銀差？史料不載。不過，明代衛所普遍存在有所謂「賣放正軍」、「辦納月錢」的情形，是即使正役亦可藉納銀、納錢的形式免役，銀差的出現當有其背景。

實錄中再見有關軍衛均徭的事，要到隆慶6年。《明神宗實錄》卷2，隆慶6年6月庚午條云：

> 撫治鄖陽凌雲翼疏言：祖宗建置衛所，海内皆兵。其在今日，册籍空存，所在消耗，不過故與逃耳。然物故雖多，生齒日衆，此其弊又不在故，而在逃。往清軍御史清册籍，（中略）一曰：清丁差。衛所軍户餘丁，初皆報名在册，編派差使，歷年豈無逃故者？亦豈無成丁者？然丁差數年不一審，其審差也，亦止按故籍了事。乃使逃故之丁，差使尚存；見在之丁，隱占莫詰。一應虛差，皆于正軍名下取辦，故正軍之累，唯丁差爲最。宜如民間均徭事例，每年清審，量其貧富強弱編派，正軍逃故者開除，成丁者收補，使丁差苦樂適均，毫不累及正軍。（中略）一曰：清科派。衛所有力差，有銀差。力差如前議，可無累。惟銀差公費，不可已者。正銀之外，加倍多科，印官利於浪費，經收利于侵漁，各軍出辦不前，至幷正軍月糧而扣抵之。今宜查衛所屯田若干，每田一分，止該差銀若干，造册送御史查刷，仍置立循環簿稽考。

凌雲翼於此疏中未提及一條鞭法之名，只說參照民間均徭事例，重點則在「每

---

[67] 參見于志嘉（1993：168-174）。

年清審」，按軍力貧富強弱編派力差。銀差方面則由衛所屯田攤派，以充公費之所需。二者皆需造冊以為依據。翌月，更經凌雲翼題准，成為通行天下的軍政條例。此即譚綸等輯《軍政條例》卷7，〈審編丁差毋得偏累〉條：

隆慶六年七月內該巡撫鄖陽都御史凌雲翼題，本部侍郎石等覆准，行令各巡撫都御史及清軍御史，遇民間審編均徭之年，選委賢能有司官，會同各該衛所掌印官，將各衛所均徭悉照民間事例，參以舊規、人情，酌量人丁貧富，清審編派，毋得偏累正軍。中間有舊規未善，應該劑量調停者，即為區處。勿止沿襲舊套，苟且了事。如有違誤者，悉聽巡撫、清軍官指名參究。

不過，從萬曆15(1587)年陳有年所上〈酌議軍餘丁差以甦疲累事疏〉可知，事實上到萬曆15年南昌衛開始推行一條鞭法為止，鄖陽之外僅在雲南一省有過類似的措施。南昌衛從始議到實現也是幾經議論，顯示軍衛均徭的條鞭化尚在開始起步的階段，由於可資借鏡者少，特別要求慎重。陳有年此疏是目前筆者所能掌握到有關江西軍衛實施一條鞭法最詳盡的資料，為便於檢討，因此全文照錄，並附於文末，以為附錄。

南昌衛推行一條鞭法改革起因於衛官役占軍餘。這本是各地衛所普遍存在的現象，南昌衛軍餘自也不能倖免。萬曆初年南昌衛軍的人數由國初的一萬二千餘減少至三千五百餘人，有很大一部份就是因不堪役占逃亡造成的。衛官役占軍餘，法有嚴禁，但其例仍層出不窮。原因究竟何在？前引萬曆《南昌府志》卷9，〈軍差〉云：

國初正軍歲力操守正役，餘軍止聽繼爾。嗣是遵貼正軍，又嗣是輸有司草料。然而未有徭也。今徭之派，若重困之矣。乃欣欣然如解倒懸，曷故哉？緣武職世襲不易，故軍户世被役占，亦勢所必至者。

可知衛官役占軍餘，乃是受到世襲制的影響。明代衛軍與武官皆為世襲，衛所武官受到世襲制度的保障，世代以衛軍為奴。他們並且以軍戶家族為單位，不分男女老幼，皆用為奴隸。不僅如此，衛軍賴以維生的屯田、糧餉亦被武官侵奪一空，過酷的役占也使得衛軍疲於奔命，連原有的生計亦無法維持。衛軍不分貧富，俱不堪役占所困，逃亡相繼的結果，終於促使地方政府不得不出面為之解決。據陳有年前引疏所載，此案原由南昌衛軍餘譚國鎮提出，當時擔任南昌府同知的為顧其志。據萬曆《南昌府志》卷12，〈職官〉，顧其志任南昌府同知的任期始於萬曆3年至9年。但據同治《南昌府志》卷21，〈職官・郡表〉，顧其志任期應為萬曆3年至5年，萬曆5年以後改為陳大章。從萬曆3年至15年初，此案歷經前任清軍右布政使張大忠、前任按察司清軍副使王世懋、前任江西巡撫王宗載、以及前任巡按御史邵陛等人的層層查議，到陳有年接手此案，已經超過了十年。此時南昌府清軍同知已更換為洪有聲，江西布政司清軍右布政使為宋應昌，按察司清軍副使為宋堯武，巡按江西監察御史為孫旬，陳有年本人則是當時的江西巡撫。另外再加上屯田水利兼分巡南昌道僉事徐待、按察司按察使戴燿、布政司督糧道左參政鄭秉厚、都司掌印署都指揮僉事楊友桂，及南昌府知府范淶等多人「會議」，[68] 終於確定在每三年清審一次的前提下，「將該衛城、屯餘丁，比照鄖陽、滇南事例，悉照民戶見行條鞭，徵銀雇募」。值得注意的是，南昌衛軍餘譚國鎮的告詞是送進南昌府而非南昌衛，而整個審議的過程除會同了南昌衛掌印并管操屯指揮及江西都司掌印僉事楊友桂

[68] 將陳有年疏中出現人物與雍正《江西通志・秩官》47：5a-b、13b、23a、35b、27b、51b-52a、62a、69a相比對，可知此案自始議至通過歷任官有多少。今略記如下，唯（ ）以內姓名不見於陳疏。

江西巡撫：王宗載－（曹大埜－馬文煒）－陳有年

巡按監察御史：邵陛－（陳世寶－賈如式－韓國禎）－孫旬

布政司清軍右布政使：張大忠－（楊芷－王續之－馬文煒－蘇愚）－宋應昌

布政司督糧道左參政：鄭秉厚（47：35b作右參政）

按察司按察使：戴燿

按察司清軍副使：王世懋－（黃思近－胡同文－林梓－孫代－金應徵－楊惟喬－王懋德－沈伯龍－林喬相－鄒學柱－沈應文－唐本堯－施夢龍）－清軍驛傳道副使宋堯武

屯田水利兼分巡南昌道僉事：徐待

都司掌印署都指揮僉事：楊友桂（47：69a有都指揮使楊友桂）

另據萬曆《南昌府志・職官》12：47b-49b、同治《南昌府志・職官・郡表》21：44a-45b可知：

南昌府知府：范淶（萬曆13年至18年任）

南昌府同知：顧其志（萬曆3年至5年任）－（陳大章－朱熙洽－游有常－楊守仁）－洪有聲（萬曆14年至15年任）

外，可以說是在地方文官系統的主導下完成的。這顯示萬曆年間地方政府已有足夠能力介入衛所事務，對於想要脫離世襲衛官迫害的衛所軍餘而言，無疑開啓了另一道門。

南昌衛實施一條鞭法的情況詳見萬曆《南昌府志》。卷9，〈典制類・軍差〉有云：

> 南昌前、左二衛原額正軍壹萬壹千貳百名，後併南昌一衛，見存食糧正軍參千伍百肆拾陸名，不議徵徭外，餘丁實在城丁貳千陸百零肆名。每丁上則派銀貳錢，中則派銀壹錢伍分，下則派銀陸分。前屯實在餘丁參千丁，每丁派銀伍分；左屯實在餘丁肆千伍百丁，每丁派銀陸分伍釐。前、左二屯田共正米壹萬陸千參百壹拾玖石，每石量派銀壹分，共派銀壹百陸拾參兩壹錢玖分。丁田二項，共派銀捌百玖拾玖兩柒錢伍分伍釐。除支給衛所各官徭役外，剩銀玖拾參兩柒錢伍分伍釐，存貯府庫，留作備補支用，登報循環。今議定編都司徭銀玖百貳拾柒兩陸錢，於裁革餘丁、精兵月糧係屯糧麥豆銀內支給，衛所各官徭銀幷閏月備補銀，俱於丁田銀內徵給。續議都司禮生、操捕二衛書手、世襲指揮傘馬門役，於扣存精兵月糧麥豆銀內支給；中軍書記於備補銀內支給。

很明顯的，一條鞭法的適用範圍僅限於餘丁，正軍是「不議徵徭」的。餘丁分作城丁、前屯餘丁與左屯餘丁，每丁各派銀伍分至貳錢不等。這與陳有年疏中所謂「再照兩屯餘丁，初議之時，大約計有八千餘名，每名派銀一錢五分；今續查鹽場印冊，共計二千二百五十名，每名止派銀三錢二分九釐。是前屯四丁朋一名者，各止納銀八分零，左屯三丁朋一名者，各止納銀一錢一分。較之初議，尤覺輕省。」又有不同。「鹽場印冊」不知何所指，但所載「二千二百五十名」，應即府志中的「城丁」，萬曆15年時實在2604名。前、左二屯餘丁府志中實在共7500丁，初議時則約有八千餘名。餘丁應納徭銀，初議時徵收對象僅及於屯丁，每名需派銀一錢五分；後擴大範圍至城丁，乃降前屯丁應納銀數爲八分零，左屯丁爲一錢一分，城丁則每名派銀三錢二分九釐。最後更分城丁爲三則，上則實際徵收額爲二錢、中則一錢五分、下則六分；屯丁則不分等則，前屯每丁納銀五分、左屯每丁納銀六分五釐。不足數的差額藉徵收田銀補足，其數附於屯田正米之下，每石派徵銀一分。總計丁、田二項，南昌衛的均徭銀年額共899兩7錢5分5釐，這是萬曆15年清審後定下的額數。此後每三年清審一次，「成丁者收補，逃故者開除」，在掌握住衛所餘丁正確人數後，重新決定每丁分派的丁銀額數。餘丁人數若有增加，每丁分派的額數便可遞減，反之則遞增。府志前引文對作業的詳細情形並未交代，但從陳有年疏「前屯四丁朋一名」、「左屯三丁朋一名」的敘述推測，城丁與前、左屯餘丁應是各成一單位，各有其總定額。而餘丁人數與丁銀額數的增減，也應以各自的單位爲範圍，在單位內調整。至於城丁所分三則，理論上也應按人數及經濟能力變動的實際情況，每三年做一次調整。

丁田銀用來支付的，只是南昌衛各官所需的徭役，其年額已達806兩。剩餘的93兩7錢5分5釐，就存放在府庫中，用作閏月加增或給中軍書記徭役之用，稱作「備補銀」。此外，南昌因爲是江西都司所在地，都司各官所需徭役亦復不少，因此又「議定編都司徭銀」，及「都司禮生、操捕二衙書手、世襲指揮傘馬門役」。但這一部份不屬南昌衛餘丁的負擔，而另由「裁革餘丁精兵月糧係屯糧麥豆銀內支給」。此項銀兩的內容不詳，不過，《江西賦役全書》〈南昌府總〉載有前屯洲地麥豆、席竹銀、原編餘糧折銀等與軍役、軍需有關項目，附記如下：

a. 前屯洲地麥豆共578.470兩，徵銀解都司募役健步書役。工食銀554.109兩，餘銀24.361兩，解府備充軍需。

b. 席竹銀72.556兩，內除租賃房屋紙張工食39.1兩外，餘銀33.456兩，解府作武舉、水手等項正支。

c. 原編餘糧折銀共443.411兩。內徵銀解都司幷首領等官健步工食銀389.262兩，又除崩荒銀53兩，實餘銀1.148兩，解府以備軍需。

總計都司幷首領等官募役健步、書役等共工食銀943.371兩，分由前屯洲地麥豆銀及原編餘糧折銀內徵銀，解都司支用。餘銀解府，備充軍需。武舉、水手等項正支，則由席竹銀解府支用。

江西都司及南昌衛所各官募役徭銀的內容，萬曆《南昌府志》有很詳細的說明，以下即開列其細目以見其一斑。

※都司各官募役徭銀：

都司掌印正堂	聽事吏6名	各工食銀5兩4錢	照例給閏
	門子2名，皂隸12名，轎傘夫6名	各工食銀7兩2錢	照例給閏
	常兵6名，館夫2名	各工食銀5兩2錢	照例給閏
	燈夫4名	各油燭銀1兩8錢	
管操、督捕二衙	各聽事吏4名	各工食銀5兩4錢	照例給閏
	各門子2名，各皂隸10名，各轎傘夫6名	各工食銀7兩2錢	照例給閏
	各常兵6名，各館夫1名	各工食銀5兩2錢	照例給閏
	各燈夫2名	各油燭銀1兩8錢	
	書手各2名	各工食銀5兩2錢	
經歷、都事、正副斷事共肆員	各門子2名，各傘夫1名	各工食銀5兩2錢	照例給閏
	各肩輿夫2名，各皂隸6名	各工食銀7兩2錢	照例給閏
	各燈夫1名	各油燭銀1兩6錢	
司獄	皂隸2名，傘夫1名，馬夫1名	各工食銀5兩2錢	
都司	引禮生5名	各量給銀1兩2錢	
撫院中軍官	書紀1名	每月給米1石，折銀4錢	

※南昌衛所各官募役徭銀：

見任指揮11員	各健步6名	各工食銀5兩2錢	照例給閏
見任世襲指揮9員	各增傘馬門役	共銀6兩	
見任納級指揮2員	各健步4名	各工食銀5兩2錢	照例給閏
衛鎮撫1員、千戶10員	各健步4名	各工食銀5兩2錢	照例給閏
所鎮撫3員、百戶6員	各健步2名	各工食銀5兩2錢	照例給閏

經歷、知事2員	各門子1名，傘夫1名，皀隸4名	各工食銀5兩2錢	照例給閏
本衛六房	總書1名	工食銀7兩2錢	

選補精壯兵士200名	操巡照正軍支給月糧，其值巡行糧，每名日給米1升，折銀4釐。其徭銀仍行追收
餘丁充書記、火藥匠5名	每名歲給米12石
操丁17名	每名歲給米1石8斗
催糧軍餘23名	每名歲給米2石7斗
本衛迎送雇船等費	於餘丁徭備補銀支給

以上都司、衛所各役，除「選補精壯兵士200名」以下各項例應由餘丁充任外；其餘各役皆先儘餘丁充役。充役者得領取徭銀或支領行、月等糧以爲報酬，但另一方面仍須繳納本身應納徭銀。若應役者不足數，「方聽雇民應役」。[69] 如此，民戶亦參與了衛所雜役。這固然是衛所雜役改爲納銀募役後不可避免的結果，但若想到江西機兵亦在相當程度上取代了衛軍操守防禦的任務，我們對江西衛所在明末地方上所扮演的角色就有必要重估。可以說，江西衛所在有了漕運義務以後，就逐漸轉變成以漕運爲專業的衛所，至於漕運以外的任務，包括屯田、守禦在內，或成爲遂行漕運的手段，或非藉助機兵不足以成事。這或許可說是明代腹裡衛所的宿命。

萬曆《南昌府志》尙記有南昌衛正軍軍役，臚列如下：

都司六房科：書識并看守銅牌、打聽傳遞公文、看衙，共36名

操衙：撥充書識、看衙、傳遞公文、種園，共6名。續議：內除1名發回差操

捕衙：撥充書識、看衙、傳遞公文，共6名。續議：內除1名發回差操 / 充捕兵14名

[69] 參見萬曆《南昌府志・典制類・軍差》9：16a。

經歷、都事、正副斷事：各撥充書識1名
看守司獄監2名
南昌衛六房：書識幷護印、把門正軍，共23名
五所：各撥書識2名
衛經歷、知事：各撥書識1名
巡湖指揮：撥用20名
鄱湖守備：撥用10名
巡視上、下江：各撥15名
前、左二屯：各識字1名
內巡指揮：軍捕15名
外巡指揮：軍捕30名
廣潤、章江二門：各撥15名
進賢等五門：各撥看守10名
城鋪71座：每座看守軍4名
軍器局：撥充局匠40名，比照養馬軍例，月加米2斗 / 看守軍 4名
預備倉：撥看守1名
漕運把總幷運糧指揮、千百戶，共催運54名
南昌衛運船212隻，每隻運軍10名（共運軍2120名）
本衛中軍吹鼓手132名
養馬軍30名
火藥匠23名
鎮撫監：識字1名 / 軍禁 9名
見在紀錄9名、老疾14名
實在營輪撥操巡正軍539名

陳有年前疏尚且提到，遇有正軍逃故的情形，即將該正軍戶內現存餘丁頂補原有之正軍役，該餘丁原需負擔之丁銀即予除豁。除非戶下別無餘丁，不可輒行原籍勾擾。此法施行以後，若有衛官仍敢役占軍餘，或包納月錢、額外多徵丁田銀者，定「照例查參，用示警懲」。萬曆《南昌府志》卷9，〈軍差〉記條

鞭法之施行，謂：

> 惟軍餘各輸徭以雇役，則武職使令不乏，餘軍咸得脱占以治生業，則正軍聽繼有人，是豁餘軍乃以翼正軍也。適者自兩院灼見利病，特為疏請，復行司道曁本府酌議。自萬曆十五年一切定為徭役，丁多遞損，丁少遞增，法紀畫一，正餘兩利。所以拯焚溺而登諸衽席者至矣。

惟功效如何，無從考證。

最後要討論的是，南昌衛施行一條鞭法以後，江西都司屬下其餘衛所是否跟進的問題。根據陳有年的奏疏，江西都司各衛所是應該一體查編施行的。然而，《明神宗實錄》卷181，萬曆14年12月丙戌條記陳有年此疏僅謂：

> 更定江西南昌衛所軍餘丁差徵銀募役，不許衛所官占役包納。從按臣陳有年請也。

並未提到其他各衛所亦一併施行之事。從南昌衛由議起到議定花費的時日來看，其他各衛所要跟進也不是一朝一夕可以達成的。這或許可以解釋方志中何以未能有較多資料殘留的原因。方志中留有明確記錄的如天啓《贛州府志》卷11，〈名宦志・郡守佐〉「祁汝東」條下云：

> 撫院陳公有年以衛所軍餘每苦占虐，奏請丁差視州縣條鞭法徵銀雇募，以甦積困。檄下，公如法編派，又以屯田高下分等則，以定運軍年限。衛所至今利賴之。

是為一例。同書卷12，〈兵防志・軍屯〉更詳載其法為：

> 萬曆間郡丞祁公汝東目擊運軍之苦，建議以田定運。田分上、中、下三等，上田連運三年，中田二年，下田納徭。法初行時，簡易直截，上下稱善。公去而法稍變矣。欲變法而先去其籍矣。籍去而田則貿亂，互相推展矣。以肥為磽，以成熟為荒廢。每至臨運，猾者巧脱，貧者泣隅，驅之上運，如赴湯火。卒之運事敗而官與俱敗。是豈法之咎哉？嗟乎！有治人，無治法。蓋自古記之矣。

萬曆年間祁汝東在贛州府的改革，是在陳有年的一條鞭法之上，再配合贛州府的實際情況，進一步「以田定運」。其法將屯田分為上、中、下三個等則，有上田者需連續三年承運，中田者承運二年，下田者則只需繳納徭銀，不必承運。實施的細節雖史無明文，但從上引文字可以窺知，必須先定其籍，而後按籍派役。祁汝東在時，冊籍清明，法又直截易行，上下俱以爲便。及祁既去，奸徒謀變其法，遂從更改冊籍下手。於是田則冒亂，上田者得以巧脫，下田者驅之上運，無怪乎運事敗壞，民受其害了。所謂「有治人，無治法。」正是明末江西各地此起彼落的改革何以終究無法解決問題的根本原因。

贛州衛因爲祁汝東的推行，其丁差得以條鞭徵銀僱募。另一種可能性見萬曆《建昌府誌》卷7，〈武備〉。其文云：

> 都司徭銀歲解一十二兩。本所公費一十八兩。吏目柴薪一十二兩。已上三項俱屯田內取給。

萬曆年間建昌所每歲由屯田籽粒米折銀中撥出12兩解送都司充作都司徭銀，當是配合萬曆15年南昌衛施行一條鞭法徵收都司徭銀；但萬曆《建昌府誌》中同時記有萬曆38年知府鄔鳴雷、推官陸鍵清理軍政事，其中有關衛所雜役的部份，定由下班操軍輪充，全不及徵銀僱役之事。[70] 我們由此也可推測，即便是有若干衛所未及與南昌衛同時就衛所內各項差役編定徭銀，一體改行一條鞭法；由於都司徭銀數額較爲龐大，且所牽涉的並非一衛一所之事，應該是由各衛所分擔的。可以說，藉著都司徭銀的徵收，江西各衛所至少已部份參與了一條鞭法的改革。

五、結語

明初立軍衛法，自京師達於郡縣，皆立軍衛。衛所正軍本以征伐防禦爲務，正軍缺伍，以戶內餘丁爲繼。此即所謂世襲軍戶制度。軍戶制度與衛所制度交互爲用，可保兵源不致匱乏，但非戰之時如何養兵乃至於用兵，卻也成爲一大考驗。明代江西地區設衛甚早，洪武間江西衛軍經常被派往各地攻城略地。永樂2年以後，大量衛軍投入軍屯，屯軍、守軍各有一定的比例，成爲衛所中最重要的兩個軍種。永樂12年開始以衛軍河運漕糧，19年國都北遷。在此前後，江

[70] 參見萬曆《建昌府誌・武備・清操》7：9a。又詳本文第三節。

西衛軍也有不少被徵調參與漕運。由於各軍軍種已定，一軍二役遂不可避免。部份衛所採取「計田起運」的方式，以屯軍兼運，而以餘丁種屯。有些衛所則因屯軍逃亡，撥運軍種屯。操守、屯田、漕運俱屬衛所正役，另外如局匠、馬軍、巡捕各役也常設有軍政官專管，屬於正役的範疇。江西衛所另有所謂的雜役，大別為武職隨從與衙門差使二類。洪武間雜役均由正軍輪充，人數也都有嚴格的限制，可是隨著衛所軍役內容的擴大，衛軍逃亡人數眾多，加之世襲武官役占的情形也愈來愈嚴重，以餘丁充役遂成為常態。

明初餘丁本無役，只需在軍伍出缺時繼承軍役。當時因為久經戰亂，社會經濟衰退，基於復甦地方經濟的考量，政府對軍戶餘丁採取的是「原籍主義」。洪武、永樂年間，軍戶在營有餘丁者，除正軍當房家小，其餘盡數回籍當差。宣德4年2月，復軍戶原籍與在營各一丁差使，使專一供給正軍。宣德8年，更詔減軍衛餘丁之在營者。但也就在宣德年間，明朝政府對餘丁在營的態度起了變化。這時各地衛所餘丁繁衍已多，有些還在衛所附近購置田產，政府只得允許這些餘丁「附籍」有司，「辦納糧差，聽繼軍役」。部份多餘的在營餘丁則被抽補充役，充軍役者各免餘丁數人以幫貼生理。正軍、餘丁的區別漸無意義，正役、雜役的分別也愈來愈小。人丁多的衛所不分正軍、餘丁、正役、雜役，以一人一役為原則；人丁少者則維持雜役由正役者輪充的方式，但正軍、餘丁一體應役的情形則無異於丁多衛所。餘丁充役者基本上與正軍糧額相同，有些衛所則稍減其額外加米或鈔銀以示區別。江西都司計有三衛十一千戶所，加上直隸前府的九江衛，各衛所情況很不一致，顯示出中期以後各衛所發展的分歧性。

江西都司衛所軍役到了萬曆年間有了改革的機運。萬曆3、4年間，江西全省已施行一條鞭法，軍衛系統方面也有鄖陽、滇南二地推展均徭。南昌衛軍餘譚國鎮告請將該衛軍餘丁差比照民戶條鞭徵銀僱募，以杜役占，至萬曆15年議准實施，此後，餘丁只需繳納徭銀。部份募役限由餘丁應充，充役者得支領行、月糧銀；其他則先儘由餘丁充役，不足時得募民應役。如此，民戶亦參與了衛所雜役，明初以來軍、民系統間的嚴格分際漸趨模糊。另一方面，江西地居腹裡，衛所的軍事功能本無法與沿邊或沿海衛所相提並論。中期以後，衛所成為營兵制的一環，[71] 衛軍的軍事防衛機能逐漸爲機兵所取代，江西衛所更形同以漕運爲專業的衛所。明初以戶籍區分軍民的制度，至此可說完全崩壞。

附錄：陳有年《陳恭介公文集》卷2，〈酌議軍餘丁差以甦疲累事疏〉全文

欽差巡撫江西等處都察院右僉都御史臣陳有年題：爲酌議軍餘丁差，以甦疲累事。據江西布政司清軍右布政使宋應昌呈：奉臣等會案：照得衛所爲地方之守禦，軍餘皆朝廷之赤子。文武官僚職掌雖殊，軍民休戚痌瘝則一。近見有司之於百姓，心存奉公而類多優恤；衛所官之於軍丁，志在營私而類多朘削。既有正軍以聽差操，又有餘丁以供役使。勒收空月，富者竭其脂膏；強占私家，貧者瘁其筋力。士農盡奪其本業，妻子悉屬其奴僕。以致逃亡繁眾，行伍空虛。即如南昌一衛，國初額軍萬餘，迄今止存三千五百，則他可知也。失今不爲議處，將來之疲困，殆有不可勝言者矣。查得先該兩院批：據布按二司清軍道議呈遵例甦軍事宜，已經陞任張布政、王副使會議：要將該衛城、屯餘丁，比照鄱陽、滇南事例，悉照民戶見行條鞭，徵銀雇募。在各軍無終歲拘役之擾，在各官有額設雇役之銀，勞逸適均，官軍兩便。且編派之區畫詳盡，條款之開載分明，擬合再議，以甦疲累。案行本道，即便會同按察司清軍屯田道，查吊原議始末文卷，備行南昌府掌印清軍官，公同該衛掌印并管操屯指揮，逐一虛心審查，從長計議。要見原議坐派餘丁，勞逸果否適均？納銀雇役，官軍果否兩便？裁減有無滯礙？今當作何調停？可否通行概省衛所，一體查議編派？固不得偏聽衛官，致累軍丁；亦不得輕信軍丁，致虧武弁。務求停妥，可垂永久。明白呈道。仍會同在省各司道再加覆議確當，具由通詳裁奪。等因奉此。卷查：先該前任清軍右布政使張大忠、按察司清軍副使王世懋呈，蒙撫按衙門批，據南昌衛軍餘譚國鎮等告詞：爲甦軍事。已該二道行據南昌府同知顧其志議，將該衛軍餘丁差，照依民戶條鞭，一例雇

[71] 江西地區在明代中期以後於各地廣設兵營，營兵的最大來源是民兵，另外也包括了少部份衛軍。詳見于志嘉（1995：1059-1061）。

募，以杜役占緣由。詳奉巡撫江西右僉都御史王宗載批：據議，條析頗明，但守城餘丁應否撤回？今以革出正軍頂補，是否名數相當？該道會同各該衙門，從長酌議，詳妥報奪。并蒙巡按御史邵陛批：軍職占役餘丁，明例嚴切，乃犯者往往而是。獨南昌衛官豪横，凌虐更甚。即尚書旅櫬甫及岸，而四歲官生輒忍紅票拘役，以逞其狼貪虎噬之威。餘若几上肉可推矣。據議，精詳妥貼，奚啻解千萬丁目前倒懸之苦，誠世世出水火，而登之衽席之上矣。且於祖制有愛禮存羊之意，而軍職人人實受其惠，有利而無害，是教之以正，愛之以德，法莫有善於此。但創行之始，不厭慎重，布政司會同按察司，再一覆覈通詳，依蒙會行。覆議未報，續奉前因，就經行據南昌府申，准本府清軍同知洪有聲議稱：查得軍餘丁差，始自隆慶六年。奉鄖陽撫院題奉欽依，通行天下。而軍政條例亦刊有審編均徭，毋得偏累之款。其鄖陽、滇南二省，遵行已久，故南昌衛餘丁譚國鎮等倣例告願納徭雇役，事有可據。緣非新議。但查武弁跟隨軍伴，雖額有定數，然近來各官率爲營私，或違例賣放正軍，侵奪屯田；或用私濫捉餘丁，充役奴隸。甚至一官包占數十，富者坐納月錢，貧者勞其筋骨。磨累殆盡，漫無優恤。是以尺籍徒存，行伍漸耗，軍額日削，職此由也。節經院、道議：將在城軍餘并兩屯軍舍餘丁，比照雲南事例，悉如民户見行條鞭，徵銀雇募答應，則各官勢無濫役之弊，餘丁少甦偏累之苦，誠平賦均差，官軍便宜之良策也。及查都司各官，除原額看守印信、銅牌、倉、局、司獄、書識正軍，量留著役外，革出濫役餘丁，照例納徭改募。聽事、吏役、門皂、常兵、館夫等役，共該工食銀八百八十五兩六錢零。又南昌衛經歷、知事及指揮、千百户、鎮撫等官，除原額護印、識字及聽差正軍量留外，革出濫役正軍派補操守，餘丁照例編徭。經歷、知事各官改編門皂、傘夫，指揮、千百户、鎮撫等官改編健步等役，共該雇募工食銀一千七百二十八兩八錢。以上司、衛各役，名數、工食多寡不等，另造款目册報。再照兩屯餘丁，初議之時，大約計有八千餘名，每名派銀一錢五分；今續查鹽場印册，共計二千二百五十名，每名止派銀三錢二分九釐。是前屯四丁朋一名者，各止納銀八分零，左屯三丁朋一名者，各止納銀一錢一分。較之初議，尤覺輕省。一費永逸，人情無不樂從。但南昌衛所餘丁既以納徭，則袁州等外衛所俱當一例施行。緣由備關到府。該本府知府范淶覆：看得軍政條鞭之法，欲行數年，祇因事在創始，集議須詳，以故節奉行查，延久未定。今據所開，條目已悉，酌議頗周。詢諸軍官軍人，皆稱良便。惟於導從之役稍寬，輸差之則稍裕，庶可久行。況裁出正軍，得以充實行伍；嚴禁私役，得以盡洗敝規，亟當允議通行，以慰各軍引領之望。列款造册，備申到道。該布政司清軍右布政使宋應昌、按察司清軍驛傳道副使宋堯武、屯田水利兼分巡南昌道僉事徐待，會同按察司按察使戴燿、布政司督糧道左參政鄭秉厚、都司掌印署都指揮僉事楊友桂，會看得：南昌衛附省衝繁，差多軍少，每遇無人走使，毋論正餘濫役，沿襲成弊。中多包占，富者交納月錢，貧者甘屬奴隸，一人當軍，全家受害。較之民户，若（苦）誠過倍。查得該衛原額軍士萬餘，今止存三千五百餘名，蓋由各官日剝月削，流離故絶，至於如此。適來軍餘譚國鎮等苦告比例，願納徭銀，無非使户丁各得安生，以杜侵擾之害。節經查議，多以創始慎詳，展轉反覆。以致寢延數載，猶豫未決。今該同知洪有聲，又該知府范淶，及該司道會議劑量，似已條悉。兹復稍寬其數，欲圖經久，揆之人情、事勢，俱亦相應。再照貧富消長，老幼逃故，三年之中，勢不能免。若不清審一番，何以得均？故須三年一次委官清查，老廢逃亡者開除，幼丁遺漏者報補。且各官年久，不爲查審則前弊復作，軍人不無重累。合於委官審徭之時，就令審其三年之間各官有無役占，及軍人投託買閒等弊。仍示衆軍赴審之時，許令明白稟報，以憑委官呈詳，院司據法參究，庶立法嚴則人知畏憚，審編定則徭役自平。除前後查議增損始末詳悉，條款數目候詳允日，備造書册刊發遵守；仍通行各該衛所，一體照例議行。等因到臣。據此案照：先該臣等奉命撫按江藩，入境以來，思所以奉揚皇上恤軍愛民德意，凡可爲其興利除害，以令受一分之賜者，便宜次第舉行。罔敢後時。所有軍衛條鞭之法，誠爲革弊甦困之方。中間慎始慮終，區畫詳盡，舉而行之，實爲官軍兩便。遽以顧忌寢格，殊爲可惜。臣隨會同巡按江西監察御史孫旬，案行該道，再加會議去後。今據前因，該臣等會看得：衛所武弁，承遠祖之功勳，竊清朝之祿位。一籌未展，既安享章綬之榮；方寸有知，當勉圖涓埃之報。夫何纔濫貂續，即肆狼貪。假耳目於奴僕，恣魚肉於軍人。或侵奪屯田而冒其糧餉；或濫役軍丁而勒其錙銖。甚有一官而包占數十卒，宴會酒席，坐之軍吏；祭祀儀品，派之餘丁。淩虐迨于妻孥，驅使及于童稚。商不得行貨，農不得服耕，學藝者令其赴工，習讀者強其去業。由祖及孫，世屬其奴隸；自少至老，日伺其門庭。富者盡財，貧者竭力，以故流竄死亡，不啻過半。及查先據建昌所運軍黃珊等，原以直隸改附，而告願舍近以就遠；廣信府生員方以嘉等，亦以廣、鉛軍户，而告願照丁以納銀。蓋緣軍屬武職，役占之例雖嚴，經制之法未備，則其虐害之弊，在在不免，微獨南昌一衛已也。但該衛地附省會，事體倍於繁難，軍士疲於奔命。所據司道會議，欲照民户及雲南等省軍衛見行條鞭事例，酌丁編差，徵銀招募，銀一輸納，身即空閒。私室寧居，軍無拘集之擾；公家服役，官有工雇之銀。委爲眾縈易舉，勞逸適均，輿情稱便，經久可行。相應遵例題請，以慰軍士延頸之望，以廣皇上優恤之恩。伏乞敕下兵部，再加酌議。如果臣等所言，於明例無悖，於軍伍有裨，速爲題覆。仍行咨劄臣等，轉行各該司道，督行府、衛掌印、清軍等官，即於萬曆十五年爲始，遵照派徵施行，以後每三年聽二司清軍道呈委廉能有司，督同該衛掌印、操屯指揮，照例清審一次。成丁者收補，逃故者開除。仍以前定差銀爲準，丁多則遞減，丁少則遞加。遇有正軍逃故，即將本户見在餘丁頂補，差銀照例除豁。毋得輒行原籍，一概勾擾。該衛各官敢有仍前役占，及包納月錢，或額外過徵者，查訪得出，或被告發，定行照例查參，用示懲警。其餘衛所仍令一體查編，以甦困累。庶法紀畫一，而軍户凋瘵之孑遺，將遂更生之願矣。惟復別有定奪，緣係酌議軍餘丁差，以甦疲累事理。未敢擅便，爲此具本，專差承差張錦，親齎謹題請旨。

參考書目

一、方志

嘉靖《江西通志》37卷，明・林庭㭿、周廣等纂修，明嘉靖4年刊本，成文780
萬曆《江西省大志》8卷，明・王宗沐纂修，陸萬垓增修，明萬曆25年刊本，成文779
雍正《江西通志》162卷首3卷，清・謝旻等修，陶成等纂，清雍正10年精刊本，文淵閣四庫全書本513-518
天啓《贛州府志》20卷，明・余文龍修，謝詔纂，明天啓元年刊本，成文960
乾隆《吉安府志》75卷，清・盧崧等修，朱承煦等纂，清乾隆41年原刊本，成文769
正德《袁州府志》14卷，明・嚴嵩纂，明正德9年刊本，天一37
萬曆《南昌府志》30卷，明・范淶修，章潢纂，明萬曆16年刊本，成文810
同治《南昌府志》60卷首1卷末1卷，清・謝應鑅重修，曾作舟纂，清同治12年南昌縣學刊本，成文812
嘉靖《九江府志》16卷附圖，明・何棐、李泛纂，明嘉靖6年刊本，天一36
嘉靖《廣信府志》20卷，明・張士鎬修，江汝璧纂，明嘉靖5年刊本，天一續45
嘉靖《鉛山縣志》12卷，明・朱鴻漸修，費寀纂，明嘉靖4年刊本，天一續46
正德《建昌府志》19卷，明・夏良勝纂，明正德刊本，天一34
萬曆《建昌府誌》15卷，明・鄔鳴雷、趙元吉等纂修，明萬曆41年刊本，成文829
乾隆《建昌府志》65卷，清・孟昭等修，黃祐等纂，清乾隆24年刊本，成文830
弘治《撫州府志》28卷，明・胡企參等修，黎喆纂，明弘治15年刊本，天一續47-48
康熙《撫州府志》36卷，清・曾大升等纂修，清康熙27年刊本，成文927
* 天一：《天一閣藏明代方志選刊》，上海：上海古籍書店，1981-1982。
* 天一續：《天一閣藏明代方志選刊續編》，上海：上海書店，1990。
* 成文：《中國方志叢書》，台北：成文出版社，1989。

二、其他

于志嘉，〈從衛選簿看明代武官世襲制度〉，《食貨月刊》復刊15.7・8（1986-1）：30-51。

于志嘉，〈試論族譜中所見的明代軍戶〉，《中央研究院歷史語言研究所集刊》57.4（1986-2）：635-667。
于志嘉，《明代軍戶世襲制度》。台北：學生書局，1987。
于志嘉，〈明代兩京建都與衛所軍戶遷徙之關係〉，《中央研究院歷史語言研究所集刊》64.1（1993）：135-174。
于志嘉，〈明代江西兵制的演變〉，《中央研究院歷史語言研究所集刊》66.4（1995）：995-1074。
于志嘉，〈明代江西衛所的屯田〉，《中央研究院歷史語言研究所集刊》67.3（1996）：655-742。
于志嘉，〈幫丁をめぐって——明代の軍戶において——〉，《西嶋定生博士頌壽記念論文集・東アジア史の展開と日本》，東京：山川出版社，印刷中。
山根幸夫，《明代徭役制度の展開》，東京：東京女子大學學會，1966。
不著編人，《江西賦役全書》不分卷，《明代史籍彙刊》25，台北：台灣學生書局，據明萬曆39年江西布政司刊本影印，1970。
王毓銓，《明代的軍屯》，北京：中華書局，1965。
王　瓊，《漕河圖志》八卷，弘治九年序，台北故宮博物院藏本。
李東陽等奉敕撰、申時行等奉敕重修，萬曆《大明會典》二二八卷，台北：新文豐出版社，據萬曆十五年刊本影印，1976。
李龍潛，〈明代軍戶制度淺論〉，《北京師範學院學報》1（1982）：46-56。
吳　晗，〈明代的軍兵〉，《中國社會經濟史集刊》5.2（1937），收入氏著《讀史劄記》，北京：生活・讀書・新知三聯書店，1956。本文所引頁碼爲《讀史劄記》之頁碼。
岩見宏，《明代徭役制度の研究》，京都：同朋舍，1986。
星斌夫，《明代漕運の研究》，東京：日本學術振興會，1963。
唐文基，《明代賦役制度史》，北京：中國社會科學出版社，1991。
梁方仲，〈明代江西一條鞭法推行之經過〉，《地方建設》2.12（1941），收入《梁方仲經濟史論文集》，北京：中華書局，1989。
梁方仲，〈明代一條鞭法年表〉，《嶺南學報》12.1（1952），收入《梁方仲經濟史論文集》，北京：中華書局，1989。
張廷玉等撰，《明史》三三二卷，台北：鼎文書局，新校標點本，1975。

陳子龍等選輯，《明經世文編》五〇四卷補遺四卷，崇禎十一年定稿，北京：中華書局影印本，1962。

陳有年，《陳恭介公文集》十二卷，明萬曆壬寅餘姚陳氏家刊本，台北故宮博物院藏本。

陳詩啓，《明代官手工業的研究》，武漢：湖北人民出版社，1958。

湯綱、南炳文，《明史》上下冊，上海：上海人民出版社，1985。

黃冕堂，〈論明代的一條鞭法〉，收入氏著《明史管見》，山東：齊魯書社，1985。

黃彰健，《明代律例彙編》上下冊，《中央研究院歷史語言研究所專刊》75，台北：中央研究院歷史語言研究所，1979。

黃彰健校勘，《明實錄》，台北：中央研究院歷史語言研究所據國立北平圖書館紅格鈔本微捲影印，1962。

黃開華，〈明政制上並設南京部院之特色〉，收入氏著《明史論集》，九龍：誠明出版社，1972。

楊一凡，《明大誥研究》，江蘇：江蘇人民出版社，1988。

霍　冀輯，《軍政事例》（又作《軍政條例類考》）六卷，嘉靖壬子序，日本尊經閣文庫藏本。

譚　綸等輯，《軍政條例》（又作《軍制條例》）七卷，萬曆二年刊本，日本內閣文庫藏本。

顧　誠，〈談明代的衛籍〉，《北京師範大學學報》5（1989）：56-65。

Changes in the Military Service at the Chiang-hsi Guards during the Ming Dynasty

Yue Chih-chia

Institute of History and Philology, Academia Sinica

In order to secure sufficient military service, the Ming dynasty established the Guards and Battalions system (wei-so 衛所) by using the hereditary military households (chün-hu 軍戶) as the principal source of man power. In time of peace, however, the government faced the problem of maintaining an enormous military force in need of economizing its maintenance costs. During 1368-1424, the government opened state-owned tracts called Military Farms throughout the country, and fixed a ratio between the Farm troops (t'un-chün 屯軍) and the stationed troops (shou-chün 守軍). Later, part of the Guards were used in provisions transportation. During that time, after the distinction of Farm troops and stationed troops had been confirmed, the transportation troops were usually recruited from the Farm troops, while the duties of farming fell on the supernumerary service-men or the tenants. For the transportation troops, provisions transportation became their major duty, and the rent from the Military Farms became their supplementary family incomes and subsidiary funds for building ships and transporting provisions. In early Ming times, before inheriting their families' military service, the supernumerary service-men were not directly involved in the regular military service at their Guards. However, following the expansion of military service at the Guards and the number of run-away Guard soldiers in the growth, more and more supernumerary service-men were taken into regular military service. At short-handed Guards, the supernumerary service-men were even drafted by a certain ratio to become the largest source of regular soldiers. In addition to formal duties like farming, military exercises, and provisions transportation, the regular Guard soldiers must also perform in rotation a lot of miscellaneous duties like guarding governmental offices, gates, and warehouses as well as attendants of military officers. Due to the abuses of military officers who used the service-men for private services regardless of the original participant quota or the rotation methods in the miscellaneous duties, men engaged in these duties increased tremendously and gradually became a regular branch of military forces.

While the military service of the Guards varied in different areas, this essay uses Chiang-hsi as an example to study the changes in the military service, and also to illustrate the implementation of the Single-assessment taxation method at the Guards in Chiang-hsi headed by the Nan-ch'ang Guard during 1573-1620, in the hope that the functions of inland Guards represented by Chiang-hsi could be clarified.

出自第六十八本第一分(一九九七年三月)

從清末剛毅、鐵良南巡看中央和地方的財政關係

何漢威*

歷史學家研究晚清歷史時，常聚焦於中央和地方之間權力此消彼長的問題上。早前史家咸認為太平天國革命被鎮壓後，無論就軍權、政權，以至財權各方面，中央控制日益式微，尋演變為督撫專政之局。1960年代末期以降，前述論點不斷備受質疑；論者指出中央既未如成說所云大權旁落，督撫亦未如想像中那樣為所欲為。儘管後一說法在學界中漸居優勢，惟直至最近，督撫權力膨脹，中央集權體制瓦解的舊調，仍為不少學者所信奉。1899年清政府任命剛毅為欽差大臣，南下到江蘇和廣東整頓財政；五年後，又以鐵良為欽使，南赴江蘇理財。在全面討論清末中央和地方的財政關係前，作者擬先就這兩次欽使南巡作個案研究，針對諸如：使命的指標、中央須予兩位欽使訓令的明確度及落實可能性、他們舉措建言的影響、所完成的任務的有效地落實程度及督撫對二人作為的反響、使命的政治含義等問題，詳加探討。作者發現剛毅、鐵良二位欽使只專注於短期內攫取更多的財源，其作為對所巡視有關省分的財政管理體系，並不具長期性的影響。中央雖仍握有掌控督撫仕途榮枯的行政權力，卻因對省財政安排茫無所知而無從落實有效的管治。相應地，督撫面對下層盤根錯節的貪污舞弊，亦因各種制約而無力整頓。對晚清中央和地方的財政關係，吾人實不能簡單地以非此即彼的「零和」視之。

關鍵詞：剛毅 鐵良 江蘇 廣東 中央地方財政關係

* 中央研究院歷史語言研究所

壹、前言

歷史學家研究晚清歷史時，常聚焦於中央和地方之間權力此消彼長的問題上。較早前，史家咸認爲太平天國革命被鎮壓後，無論軍權、政權，以至財權各方面，中央的控制能力日益式微，尋演變爲地方督撫專政之局。[1] 1960年代末期以降，前述論點不斷備受質疑；論者指出中央既未如成說所云大權旁落，督撫亦未如想像中那樣爲所欲爲。[2] 儘管後一說法在學界中漸居優勢，惟直至最近，督撫權力膨脹，中央集權體制瓦解的舊調，仍爲不少學者所信奉。[3] 對於這

[1] 這方面最有代表性的論著厥爲：羅爾綱，〈清季兵爲將有的起源〉，《中國社會經濟史集刊》，五卷二期（1937年六月）；《湘軍新志》（《中央研究院社會科學研究所叢刊》，長沙：商務印書館，1939），第十三章；Franz Micahel, "Regionalism in Nineteenth-Century China," Introduction to Stanley Spector, *Li Hung-chang and the Huai Army: A Study in Nineteenth-Century Chinese Regionalism* (Seattle: University of Washington Press, 1964)；彭雨新，〈清末中央與各省財政關係〉，《社會科學雜誌》，九卷一期（1947年6月），頁83-110；何烈，《清咸、同時期的財政》（台北：國立編譯館中華叢書編審委員會，1981），特別是第八、九章；《釐金制度新探》（台北：中國學術著作獎助委員會，1972），特別是第五章；James T. K. Wu (吳大琨), "Impact of the Taiping Rebellion upon the Manchu Fiscal System," *Pacific Historical Review*, XIX: 3 (August 1950), p.275；另參考羅玉東，〈光緒朝補救財政之方策〉，《中國近代經濟史研究集刊》，一卷二期（1933年五月），頁265-9；傅宗懋，《清代督撫制度》（台北：國立政治大學，1963），頁183-92、196-8；繆全吉，〈曾國藩幕府盛況與晚清地方權力之變化〉，《中山學術文化集刊》，第四集（1969），頁35、37、39-43。

[2] 批判督撫專政說的著作中，最爲全面而具影響力的論著，當推劉廣京，〈晚清督撫權力問題商榷〉，載氏著，《經世思想與新興企業》（台北：聯經出版事業公司，1990），特別是頁255-93。另參考王爾敏，《淮軍志》（台北：中國學術著作獎助委員會，1967），頁347-89；Stephen R. Mackinnon, *Power and Politics in Late Imperial China: Yuan Shikai in Beijing and Tianjin* (Berkeley, Los Angeles & London: University of California Press, 1980), esp. p.61; Daniel H. Bays, *China Enters the Twentieth Century: Chang Chih-tung and the Issue of a New Age, 1895-1909* (Ann Arbor: University of Michigan Press, 1978), esp. p.4.

[3] 參考尹福庭，〈試論太平天國革命時期清政府中央和地方權力的消長及其影響〉，載中國人民大學清史研究所編，《清史研究集》，第四輯（成都：四川人民出版社，1986），特別是頁374-8；魏光奇，〈清代後期中央集權財政體制的瓦解〉，《近代史研究》，1986年第一期，特別是頁211-24；何瑜，〈晚清中央集權體制變化原因再析〉，

個錯綜複雜，眾說紛紜的問題，作者擬專就財政方面，另撰專文，作較爲全面的討論。光緒廿五年(1899)清政府任命剛毅爲欽差大臣，南下到江蘇和廣東整頓財政；五年後，又以鐵良爲欽使，南下到江蘇理財。作者擬先就這兩次欽使南巡作個案研究，探討以下連串問題：使命的指標是什麼？清政府頒予這二人訓令的明確度及落實可能性有多少？剛毅、鐵良抵達其所要查察的省分時，他們先前所持的觀點是否有所改變？他們的舉措建言有何影響？二人完成的任務有效地落實程度如何？對於他們的作爲，督撫有何反響？這兩次使命有何政治含義？在全面討論清末中央和地方的財政關係前，先從剛毅和鐵良南巡入手，針對上述問題詳加探究，當有助於我們更爲具體而微的掌握晚清中央和督撫之間的實質關係。

貳、甲午戰後的清政府財政

進入本題前，我們先要從太平天國以後，奏銷制度瓦解，各省紛立外銷款，租稅基本結構發生改變這脈絡入手，對清末中央和地方的財政關係作一背景說明。

太平天國起事後，由督撫獨立自主地核銷新籌款餉，提出支用，根本不列銷冊的外銷制應運而生。其時各省的出入款目與前截然不同，省財政收支機構性格上雖依然傳統，卻愈益複雜，其中不少爲督撫所創建；許多新的收支項目起於危急之秋，向非定制所有，而省內原有的財政檔冊，不少燬於戰火，戶部因此不能按過時的核算方式或例案來審核各省的財政安排。中央對各省的收支途徑既茫無所知，這時各省的財政管理機器又遠較前複雜混亂，致中央對各省的財政控制大不如前。另一方面，戶部本身的缺陷也要負相當的責任。戶部積弊最著者，厥爲部內書吏勒索部費。省當局明瞭除非它們付出不菲的部費，否則

《清史研究》，1992年第一期，特別是頁72-6；林乾，〈咸豐後督撫職權的膨脹與晚清政治〉，《社會科學戰線》，1989年1期，頁144-8；茅家琦，〈地方勢力擴張與晚清政局〉，載《中國歷史上的分與合學術研討會論文集》（台北：聯合報系文化基金會，1995），頁289-93；王雪華，〈督撫與清代政治〉，《武漢大學學報》（社會科學版），1992年第一期，頁76-8。

其出入多種項目俱與戶部規定不符的奏銷勢必被部吏批斥駁回。另一方面，督撫也無意把這些實況向中央報告，他們擔心一旦如實陳報，原在他們掌控下的可靠稅入，會爲中央所剝奪，而許多名目無先例可循的新支出，也會被中央所剔除。加上十八世紀末葉以降，布政使權責漸爲督撫侵蝕，從而削弱戶部對省財政的監控。太平天國起事後，布政使常屈從於督撫的壓力，甚至與他們勾結，隱藏省內財政收支實況，對此中央只能遷就現實，提不出切實的整頓辦法。[4]

咸、同以後，清政府的租稅結構與前迥不相同。最顯著的轉變厥爲固有的農業稅漸形退化，雜稅、鹽稅及新興的工商稅日見增加。田賦所入雖仍居首位，但其相對重要性已大不如前。根據王業鍵教授的研究，乾隆十八年(1753)田賦佔政府總稅入的73.5%；到光緒三十四年(1908)田賦稅入的絕對數目雖增至一億兩以上，但其在政府總稅入的比重卻劇降至35%。同期內，田賦中正稅的相對比重從80.7%降至53.1%，而浮收部份則從20%上下增至47%，說明了田賦稅入絕對數字的增加，主要是憑籍浮收。他認爲這種現象與清政府既無力量，也無勇氣對稅制，特別是田賦，作通盤的清理，發掘其潛在財源，息息相關；這導致稅制缺乏彈性而僵化不靈，不能隨著經濟成長而增加稅入。清政府對田賦的處理，基本上依賴明末的紀錄，只在若干細節上，有所調整而已；這自然對農業部門收入的增加，物價水準的變動，不能作出相應的調整。由是，國家支出不斷擴張，田賦在政府財政體系中所佔的比重卻日漸減輕。[5] 在這情況下，清政府只能一時補苴，採取阻力較少或較爲隱蔽的方式課稅，作爲籌款途徑。

甲午戰後中國財政的特徵，羅玉東稱爲「出入平衡的長期破壞。」[6] 光緒廿

---

[4] 參考彭雨新，前引文，頁86-9；《清咸、同時期的財政》，頁385-93；李治安主編，《唐宋元明清中央與地方關係研究》（天津：南開大學出版社，1996），頁381-2；Paul Christopher Hickey, "Bureaucratic Centralization and Public Finance in Late Qing China" (Unpublished Doctoral Dissertaion, Harvard University, 1990), pp.18-20, 24-6, 30-1.

[5] Yeh-chien Wang, *Land Taxation in Imperial China, 1750-1911* (Harvard East Asian Series 73, Cambridge, Mass: Harvard University Press, 1973), pp.81-2；另參考27-31、47；《清咸、同時期的財政》，頁279-85、287-8。

[6] 氏著，前引文，頁215。另參考湯象龍，〈民國以前關稅擔保之外債〉，《中國近代經濟史研究集刊》，三卷一期（1935年五月），頁26-30；〈民國以前的賠款是如何償付

一年(1895)清政府向俄、法借款；接著，又於光緒廿二(1896)及廿四年(1898)向英、德借款，款額約共三萬萬兩，從而每年還債的本息逾二千萬兩，約佔國家歲出四分一以上。[7] 甲午敗績，使清政府深信武力的大規模現代化刻不容緩；新式軍隊的操練，對中央及督撫來說，俱爲額外的財政負擔。清政府費盡心力，謀求增闢財源以應急需。甲午戰後迄清亡，鹽觔加價是最可靠及最具成效的補救財政方策。[8] 至於其他籌款措施，某些在短期內看似大有可爲；與時遷移，結果卻是無足稱道。另一方面，某些措施則根本未落實執行。

光緒廿一到廿四年三年間，清政府財政籌措開源節流並重，多方羅掘以渡過困境。[9] 甲午戰事甫結束，戶部即奏請裁撤綠營七成，勇營三成。可是迄光緒廿四年，綠營裁掉的不到應裁數目的二成，勇營裁撤亦乏善可陳。綠營、防軍及練勇等兵員數目仍達七十萬，每年軍餉總支出還徘徊於三千萬兩。[10]

光緒廿三年(1897)三月御史宋伯魯建言官俸及兵餉應以京平兩取代庫平兩發

的〉，前引書，三卷二期，（1935年十一月），頁270-2、281。就甲午之戰前十年來說，除1894年甲午戰爭爆發，收支盈餘較小外（祇757,844兩），盈餘最多的年分(1891)多達10,329,613兩，最小之年(1886)也有2,718,023兩。見劉嶽雲，《光緒會計表》（教育世界社，1901），卷一，頁1-5。

[7] 拙著，《京漢鐵路初期史略》（香港：中文大學出版社，1979），頁7。

[8] 從1895-1908年，江西淮鹽銷區共加價八次，官價由每引21兩漲至28.36兩，漲幅逾35%，而零售價則漲逾一倍。1912年據內閣總理熊希齡報告，直隸、河南兩省蘆鹽銷區近十餘年來，鹽斤加價五次，官價每包增加45%，而零售價加增更幾近二倍。清末鹽斤加價已成爲鹽稅的主要組成部份。如天津蘆鹽加價爲正課的19倍以上，淮南四岸加價則爲正課的13-16倍，四川邊計各岸由十餘倍到廿餘倍不等。參考丁長清主編，《民國鹽務史稿》（北京：人民出版社，1990），頁17。

[9] 周育民，〈甲午戰後清朝財政研究(1894-1899)〉，《中國經濟史研究》，1989年第四期，頁93。

[10] 前引文，頁93-4。據光緒廿三年清政府諭令透露：「茲據戶部奏稱，自行知各省以來，惟山東一省，經該撫李秉衡奏明，將制兵分限五年裁減五成，並將防營練勇分別裁減。此外各省或請將兵額酌裁，尚無成效，或僅裁綠營二、三成，所裁營勇更屬寥寥無幾，似此敷衍塞責，有名無實，何濟於事？」可知裁撤營勇乏善足陳。見朱壽朋編，《光緒朝東華錄》（北京：中華書局，1957，以下簡稱《東華錄》），總頁3946，光緒廿三年三月癸巳。

放。實際上，這相當於以成色較低的銀兩支付官兵薪俸；蓋一京平兩只值庫平兩九錢四分，亦即每支放一兩核扣六分。此外，他指出據軍需案例，「惟採製運腳除扣平外，每百兩扣庫平餘銀一兩，餘則不扣，」他認爲可援例推廣。據他估計，每年因這兩項辦法的落實而節省的款數約爲二百萬兩。[11] 戶部認爲「〔減平〕本非平允辦法，然相沿已久，無故亦不便更章。…每年每月所扣無多，不至遽行困苦，而銖集寸累，積有成數，於庫儲不爲無裨，」遂奏請自該年七月起，八旗、綠營兵餉改以京平銀發放；至於防勇、新添練勇和新式軍隊的餉項原以庫平銀支付的，一律改發湘平銀，等於每支銀一兩核扣四分。戶部估計八旗、綠營每年原需兵餉約庫平銀一千四、五百萬兩，因減扣六分而節省下來的款數達八、九十萬兩。至於宋氏所提出的軍需例扣一分平餘的辦法，戶部以所得無幾，擱置不議。[12]

同年五月戶部奏准各省典當店鋪的牌照費增加十到二十倍，從每年每家2.5兩至五兩，一律增爲五十兩。戶部預期藉此而籌得的款數，每年逾三十萬兩。這項稅入規定爲中央政府支配，不許外省截留染指。[13]

光緒廿四年正月在右春坊右中允黃思永建議下，清政府著手發行一種名爲昭信股票的內債。股票面額有三：每票一百兩（五十萬張）、五百兩（六萬張）

---

11 《諭摺彙存》，光緒廿三年三月十二日，頁4-5；宋伯魯，〈酌增各省減平以裕利源疏〉，載王樹敏、王延熙輯，《皇朝道咸同光奏議》（台北：文海出版社，據光緒壬寅〔1902〕上海久敬齋石印本影印），卷26下，〈户部類・理財〉，頁16。

12 《東華錄》，總頁3968-9，光緒廿三年五月乙卯；劉錦藻纂，《清朝續文獻通考》（《萬有文庫》，第二集，上海：商務印書館，1936，以下簡稱《清續通考》），考8273-4，卷71，〈國用考〉九，〈會計〉。

13 《東華錄》，總頁3965-6，光緒廿三年五月癸卯。早在光緒十四年(1888)，户部即因河南鄭州河工的展開，對典當鋪預徵二十年當課，即每家典當鋪徵稅五十到一百兩不等。户部在光緒廿三年的議奏中，申明那些在光緒十四年盡過納稅義務的，得從這次新增稅中，減除前已付過的部份。對於光緒廿三年全國典當鋪的確數，我們無從知悉。至於户部所奏全國典當鋪估計在七、八千之間，其所依據厥爲光緒十四年的典當鋪數目，而非當日實數。有關清代典當鋪數目的消長，參考羅炳綿，〈近代中國典當業的分佈趨勢和同業組織（上）〉，《食貨月刊》，復刊八卷二期（1978年五月），頁53-5。據羅氏估計，光緒十四年全國典當鋪至少應有一萬家。

及一千兩（二萬張），共合銀一億兩。這些債券的償還期限爲二十年，年息五釐，頭十年只還利息，以後十年本息並還。昭信股票可以轉讓，並可用於繳納田賦、鹽課等稅項。戶部並催促中央及地方官員，在股票初發行時，應以身作則，踴躍認購。[14]

儘管清政府費盡心力去籌措款需，成績還是乏善可陳。早於官俸兵餉一律改以成色較低的京平銀和湘平銀發放前，自光緒廿一年起，清政府已把在京文武官員的俸餉及外省官員的養廉銀，扣減三成。每年因此而節省下來的款數，合計逾一百萬兩。光緒廿三年各省奏請免扣京官文職五品以下，武職四品以下的俸銀，外官文職州縣以下，武職參將、遊擊以下的養廉銀，獲得清政府首肯。[15]職是之故，官俸兵餉以減平扣放形式支付，實際上成爲彌補因中止覈扣部份中央及地方官員俸餉和養廉所引起的財政損失的措施，蓋清政府也不以覈扣官員廉俸之舉爲長期可行的辦法。光緒廿四年十月戶部奏請翌年分京官俸銀，文職四品以上，武職三品以上，外官養廉，文職州縣以上，武職參將、遊擊以上，援照前例，於是年內再行覈減三成。清政府從「文武官員所得廉俸，藉以養贍身家，若將核扣三成之案視爲成例，逐年接扣，實不足以示體恤」的立場出發，拒絕考慮這建議。[16]

即使增加典當鋪執照費所籌得的稅款有限，可是，全國最爲窮困省分之一的甘肅，便無法滿足清政府的要求。光緒廿四年十一月甘肅巡撫陶模力言一旦加稅，省內典當鋪大多本少利微，即會因此而停業。他奏請清政府把省內典押鋪執照費，從每年每家五十兩減爲二十兩。[17]

---

14 黃氏建議的內容，見《東華錄》，總頁4031-2，光緒廿四年春正月癸巳；有關户部的反響及管理股票發售的章則，見同書，總頁4034-6，光緒廿四年春正月戊戌；總頁4052-5，光緒廿四年二月甲子。

15 户部，〈籌備兵需援案核扣京外俸廉片〉，載《皇朝道咸同光奏議》，卷26下，〈户政類・理財下〉，頁15b-6。

16 《東華錄》，總頁4263-4，光緒廿四年冬十月己亥。

17 《諭摺彙存》，光緒廿四年十一月初四日，頁10b-1。光緒廿三年甘肅全省典當鋪數字付諸闕如，我們僅知清末（約1909年間）該省的典當鋪數目爲424家。根據這數字，我們可清政府藉發行昭信股票籌款的願望終成畫餅。股票原以中產以上階級爲認購對象。惟因吏治腐敗，衙門吏役強制有產紳富認購股票的報導屢見不鮮，勒索中飽時有所聞。有見及此，清政府遂於光緒廿四年八月停止發行股票。我們無法知悉股票發行所籌得的確實款數，學者則估計大概在一至二千萬兩之間。[18]

上述籌款方策並不能如預期那樣引發出可觀的收入。[19] 此外清政府尚從別

知該省典當稅收益並不重要。參考《甘肅全省財政說明書》（北京：經濟學會，1915），次篇，〈當稅〉，頁71。

18 有關這段事實，參考周育民，〈試論息借商款和昭信股票〉，《上海師範大學學報》（哲學社會科學版），1990年第一期，特別是頁71-3；千家駒，〈舊中國發行公債史的研究（代序）〉，頁5-6，載氏編，《舊中國公債史資料》（北京：中華書局，1984）；Loh Wai-fong （陸惠風）, "The Board of Revenue and Late Ch'ing Finance and a Study of the Relations between the Central Government and Provincial Government 1893-1899," (Unpublished Doctoral Dissertation, Harvard University, 1977), pp.207-21. 在籌得的股款内，我們可知的確數中有二百萬兩來自兩淮鹽商，其中淮南場商認借160萬兩，淮北票販認借四十萬兩。見張茂炯編，《清鹽法志》（北京：鹽務總署，1920），卷153，頁7，〈兩淮〉54，〈雜説門〉1，〈捐輸・助餉〉。陸惠風指出沒有證據足以證明「省當局籌措公債成功，卻抓著股款，不將之解交户部。」（頁220-1）他把昭信股票發行的失敗，歸咎於「金融管理機構的闕如」及「信用概念尚未被充分明瞭。」（頁214、218-20）據英駐廣州領事W. Brenan的報告稱，廣州中外人士對清政府藉發行昭信股票籌款都不表樂觀，蓋當地借方甚至有頭等抵押品，尚須向貸方繳付至少七釐的年息，且對購股人來説，即使他們對股票本金能否清還不表懷疑，但二十年的償還期實爲時過長，非其所能接受。見"Canton Intelligence Report March Quarter 1898," Willis Brenan to MacDonald, 1st April 1898, Great Britain, Foreign Office Embassy and Consular Archives, China（以下簡稱FO228) 228/1282, pp.227b-8. 事實上，在某些地區，昭信股票的募集與開徵攤捐無異。如四川成都、華陽，「官吏既於富民責令多領，復按糧每兩加派五兩六錢，數同捐輸，刑章催納，成、華縣示有『稍延差喚比追』等語。」巴縣辦理昭信股票，按正糧一兩，派借銀八兩。以上資料俱轉引自魯子健，《清代四川財政史料》上（成都：四川省社會科學出版社，1984），頁444。

19 除以上籌款措施外，其他方策包括茶、糖加釐，煙、酒加釐，鹽觔加價等。詳參周育民，〈甲午戰後清朝財政研究(1894-1899)〉，頁96；羅玉東，前引文，頁211。周育民綜觀甲午戰後清政府各種籌款方策作出如下結語：「其成果較好的是壓縮開支，開源的問題則沒有解決，中飽歸公遭到地方的抵制，新增捐税的收入幾乎微不足道，因而與擺脱財政困境的目標還相當遙遠。」（頁97）

的方面著手，尋找財源，而特別垂注者，厥為各省向未報部的稅款或外銷。甲午戰後，清政府以財政出入不平衡日趨嚴重，遂嚴令各省整頓釐金，考核錢糧；可是，兩年多以來，各省督撫「並未將釐金中飽之數，和盤託出。」光緒廿三年十二月戶部奏陳各省未把釐金實收數目及外銷款數的詳情報部，致該部無從衡估各省實際收支。戶部奏請清政府飭令各省督撫一面裁減他們轄下依靠釐稅挹注的外銷項目，一面把各該省分的種種釐金和雜稅從實報部，統限於翌年正月起按季具報。為安撫各省督撫，使他們不致因此而疑慮不安，戶部申明既往不究，督撫一旦剖白其轄境的財政實況時，戶部不會提用先前已指定用作省內各種緊急支出的外銷款項。[20]

在核扣官兵俸餉、養廉，減平扣放官俸等節流措施方面，清政府取得的成果儘管有限，但較諸地方督撫雖經戶部三令五申，飭令把中飽核實歸公，外銷據實報部，依然無動於衷，猶略勝一籌。其中的關鍵在於壓縮開支之權掌握於中央，故這方面奏效較大，但要督撫將藏頭露尾的財源和盤托出，顯然與其利益牴觸，自然引起他們強力的抵制。[21] 地方督撫對於光緒廿三年十二月戶部的奏陳，並無圓滿的反應；清政府因之於翌年頒下更多內容相類似的諭令。督撫冷漠的態度，使清政府更確信各省的財政機構侵吞盜用之風瀰漫，尤以釐金、鹽稅及常關等部門為然。若要向地方財源打主意，藉以抽取的款，清政府感到有必要派遣欽差大臣至有關省分展開調查。光緒廿五年清政府把這項棘手的使命交託給剛毅，派他南下到富足的江蘇及廣東兩省，清理並整頓財政。

參、剛毅南巡蘇、粵的使命

一、江蘇

據羅玉東的研究，光緒廿五年間出現一種值得注意的趨勢，即清政府主動的

---

[20]《東華錄》，總頁4015，光緒廿三年十二月庚辰。

[21] 周育民，〈甲午戰後清朝財政研究(1894-1899)〉，頁95。

整頓全國財政。[22] 清政府認爲各省財政體系的弊端之所以層出不窮，在於中央無從瞭解地方的財政實況。光緒廿五年四月翰林院侍讀學士濟頣奏陳各省經管鹽務、釐金和常關的吏役，在上司庇護下，經常挪移稅款彌補虧空。清政府於是飭令地方督撫對這問題認眞調查，一經發現屬實，須把挪移部份，切實追出歸公。[23]

接著，清政府諭令中央官員，從大學士到六部、九卿就各省鹽稅、釐金和關稅徵收中，如何方能根除弊端，各抒己見。[24] 太常寺卿袁昶提出整頓釐金的方案。事實上，他所條陳的六點並無新意，其中只有處置外銷款項一點尙值一提。袁氏建言外銷之款一經報部，中央對各省動用此款不應橫加任何限制。他指陳各省因京餉、協款、洋債和省內各項軍政費用的需索不斷增加，陷於捉襟見肘；田賦所入又不足以應各方所需，地方當局只好依靠釐金塡補虧空。督撫雖沒說明所動支的釐金款數，歸根究底，卻不是爲了私利而侵吞公款。慮及這些挪移之款主要是用於徵收省分轄境內的事實，袁昶提議戶部應援照雍正(1723-35)時期允許地方當局留存耗費的前例，督撫只須向戶部報告釐金徵收總數後，即可將此款存留於省庫，並可在必要時加以動用；戶部不把這些外銷之款列於「春秋撥」賬冊之內。袁昶並提出常關中的外銷款項也應同樣處理。[25]

清政府對各省治下的釐金、鹽稅和常關的管理現狀不滿，從前述諭摺中充分顯示出來。其實在濟頣和袁昶上奏前，清政府已於光緒廿五年三月三十日發出諭令，責成兩江總督劉坤一調查其轄下的釐金管理狀況；清政府申明該省釐局內委員、書役侵吞鉅款，人言嘖嘖，而各種舞弊中，尤以多收少報或杜撰賬目最爲尋常。[26] 值得注意的是，江蘇爲當日全國各省中，釐金收數居首的省

[22] 詳參羅玉東，前引文，頁228-33。

[23] 《東華錄》，總頁4361，光緒廿五年夏四月己卯。

[24] 前引書，總頁4370-1，光緒廿五年夏四月乙巳。

[25] 袁昶，〈遵議整頓釐金疏〉，載《皇朝道咸同光奏議》，卷37，〈户政類・釐捐〉，頁7-8。

[26] 《大清德宗景皇帝實錄》（台北：華聯出版社，1964，以下簡稱《德宗實錄》），卷441，頁12b-3，光緒廿五年三月丁丑。

分。[27] 光緒廿五年四月十二日，清政府下令派遣剛毅到江蘇地區「查辦事件」。[28]

光緒廿一年調任中央前，剛毅已在地方歷練豐富，其履歷包括任官廣東五年，江蘇三年半。他在廣東所任官職，計有：惠、潮、嘉道(1880-81)、布政使(1883-84)、巡撫(1892-94)。他另於光緒十四到十八年(1888-92)任江蘇巡撫。調職中央後的官歷，包括光緒廿一、二年間出任戶部侍郎，接著於光緒廿二、三年間任工部尚書兼崇文門稅關監督，並於光緒廿四年擢陞爲協辦大學士。[29] 剛毅奉派爲欽差大臣到江蘇查察稅釐，實與他在省政方面經驗豐富，並出任過江蘇巡撫息息相關。他先前所任廣東布政使及崇文門稅關監督等官歷，予人精通地方財政的印象，從而加強清政府對他在這方面的信任度。[30]

授任爲欽差大臣前，剛毅在光緒廿三年十一月向光緒皇帝面陳整頓財政的辦法。他說：

---

[27] 羅玉東，《中國釐金史》（《中央研究院社會科學研究所叢刊》，第六種，上海：商務印書館，1936），頁164-5。

[28] 《德宗實錄》，卷442，頁13，光緒廿五年夏四月己丑。

[29] 剛毅的官歷，參考《清史列傳》（台北：中華書局，1964，二版），卷62，頁10b-4。剛毅任官、調職、陞遷的日期，參考魏秀梅編，《清季職官表》（《史料叢刊》之五，台北：中央研究院近代史研究所，1977）。

[30] 有關剛毅派赴江蘇，《北華捷報》謂其任命實因與慶親王奕匡及榮祿不睦所致，後二人機巧地把他調出北京。該報甚至預言剛毅不久便會遭降級及免職。參考*North China Herald and Supreme Court and Consular Gazette,* 以下簡稱*NCH*, 5/6 1899, p.1012; 4/9/1899, p.462；另參考*Hong Kong Daily Press*, 7/9/1899. 鄧之誠認爲榮、剛二人其時合作無間，交惡乃後來事。「按：剛毅於甲午〔1894〕九月自山西巡撫特召來京，命入軍機。…四、五年間，遂得協辦，必有奥援。以意度之，必與榮祿皆是走李蓮英門路，以邀慈禧寵用。戊戌〔1898〕逐翁〔同龢〕，必與榮祿合謀；…己亥〔1899〕，南下清理財政，憤兩江總督劉坤一、兩廣總督譚鐘麟不爲己用，召之來京，以鹿傳霖、李鴻章代之。此時剛毅威權無上，目中焉有芭苴不斥，慣於取巧之榮祿乎？兩人交惡，爲勢所必至之事。」見氏著，《骨董瑣記》（北京：中國書店，1991），總頁600-1，〈三記〉，卷六，〈榮祿與剛毅交惡〉。揆諸當日情況，凡此俱純屬臆測，與事實不合。剛毅是否與榮祿交惡是一回事，但其被任爲欽差大臣的眞正理由，實因他曾任蘇撫，熟悉當地情況，與榮祿交惡決非其派赴南下的主因。劉坤一亦未因與剛毅意見相左而召京，譚鐘麟離任則爲健康理由，全與剛毅個人無關。

今天下之急莫如練兵籌餉，練兵須練可用之兵，籌餉須籌常年之餉。……今有釐稅及洋藥、土藥等課，每年增入三千餘萬之多，而財耗不敷用者，蓋因廣取濫用，漫無限制故也。今欲籌兵餉，先由户部查明咸豐三年〔1853〕以前歲入、歲出之款；原有入款不准欠，原有出款不必裁。三年以後，續增入款曰釐金，曰雜稅，曰洋關，曰土藥，續增出款曰勇餉，曰購械，曰各項經費，近年又有還借洋款一節。應由户部查明續增入款共有若干，續增出款共有若干，可裁則裁，可減則減。務將練勇之空額開除，釐金之中飽嚴杜，餘如鹽場糜費、冗員薪水、出使經費、機械各局雜支，均釐定數目，不許濫支濫銷，庶鉅款不致難籌。[31]

光緒廿五年四月廿四日清政府頒發一道詔令，對剛毅此行的用意透露出一些線索：

近來各省釐金，大半利歸中飽，而尤以江南爲最甚。其弊不僅在委員侵蝕，即司事巡丁等項人役，一遇商貨到卞，或故意留難，收多報少；或藉端訛索，假公濟私，甚至盤踞把持，得賄賣放，以及票根不符，大頭小尾，弊端種種，不可枚舉。蠹國病民，實堪痛恨。若不嚴加釐剔，何以除積弊而塞漏卮？此次剛毅前往江南查辦事件，著將該省釐金大小各局卞，逐一徹底清查，悉心綜覈，現在抽收實數究有若干？清查以後，約可增出若干？分別詳晰具奏。上下江局卞林立，誠能涓滴歸公，自可積成鉅款，該大臣向來不避嫌怨，辦事認眞，釐金利弊，素所洞悉，必能爲國家整頓餉源，剔除中飽，不負委任也。[32]

光緒廿五年六月清政府再飭令各省督撫調查他們轄境內常關、鹽課和釐金稅務狀況。在詔令中，清政府指出省財政管理方面，徵多報少，賬目不盡不實等積弊，以這三者最爲根深蒂固。就常關來說，實收與額徵差距極大，稅收毫無進展，即使是天津、上海、廣州和揚州等缺分最優的常關，亦不例外。常關監督總是把窘況的出現歸咎於外人管理下的洋關與之競爭；督撫亦相信這種托

[31] 《東華錄》，總頁4009，光緒廿三年十一月庚戌。

[32] 《德宗實錄》，卷443，頁12，光緒廿五年夏四月辛丑。

辭。事實上，關道和監督所關切的只是謀私利以自肥，從他們「率多坐擁厚貲」便可想見。至於釐務方面，「其弊在於局卞太密，委員過多，不免虛縻薪水，而弊之尤甚者，則由於司巡之得賄賣放，局員之侵蝕分肥，以及留難商貨，收多報少，捏造票根，大頭小尾。」即使釐金每年徵不足額，地方當局不過對經管釐局的屬員予以記過處分，而指名參奏，勒令於定限內抵補虧欠的事例，寥寥可數。清政府在詔令中指陳存在於鹽政的種種弊端，最明顯的，莫過於緝私兵勇與鹽梟相勾結以逃稅。陳述過常關、鹽課和釐金的各種弊端後，清政府在詔令中表示贊同袁昶的提議，督撫一經向中央剖明未報部的外銷款項，則戶部不應對他們處置此款施加限制。清政府力言有可靠的財政紀錄，方有可考實的數據，不必單爲了開支必循成例而拘泥舊章。清政府並申明「江南地大物博，業經特派剛毅前往，將關稅、釐金、鹽課等項實力整頓，諒該大臣必能不避嫌怨，會商該督撫遵旨認眞辦理。」督撫須責令其屬員，澈底清查常關、釐金和鹽課三項財源的實收數目，和盤託出，並須剔除中飽陋規，酌提歸公，並限於三個月內據實陳報。[33]

根據光緒廿五年四月和六月的兩道詔令，我們對清政府給剛毅的訓示可約略瞭解。要言之，他的任務包括整頓釐金、鹽課和常關的稅收管理，藉以引發出更多的稅入；清政府並責成他澈查外銷款項，將之涓滴歸公，根除或裁減冗員和不必要的徵收機構以節省縻費。事實上，剛毅在同年六月的奏陳中即強調「欲下不病民生，上不失政體，全在杜中飽，節縻費，舉國家原有自然之利，仍以之還司農而已。」[34] 這表示他的行動方針，仍不軼出清政府上述兩道詔令所擬定的範圍外。當日英國駐鎭江外交官員在致駐華代辦H. O. Bax-Ironside的密告中亦認爲調查釐務，制定辦法，藉以爲清政府從這項財源籌措的款，乃剛毅此

[33] 詳參《東華錄》，總頁4390-6，光緒廿五年六月庚辰。

[34] 前引書，總頁4402，光緒廿五年六月己亥；《諭摺彙存》，光緒廿五年七月十三日，頁11；故宮文獻編輯委員會編，《宮中檔光緒朝奏摺》（台北：國立故宮博物院，1974，以下簡稱《宮中檔》），第13輯，頁11。

行四目的之一，並謂清政府責令剛毅至少須從蘇省籌措二百萬兩的餉項。[35] 外交史家馬士(H. B. Morse)謂剛毅南巡使命有三：表面上是爲了調查，究其實則爲彌補國庫虧欠二千萬兩，設法增加各省徵稅，並爲慈禧太后籌款以強固其地位，對抗維新派。[36] 最後一點可能與剛毅爲慈禧太后所信任，其本人被外人視爲排外、無知和反對改革的保守派，並於戊戌政變中扮演了重要角色有關，[37] 而未必是剛毅南下的重點。綜而觀之，剛毅受命整頓江南釐金、鹽課和常關，裁節冗枝機構，並要督撫把未報部的出入款項和盤託出，剔除中飽舞弊以涓滴歸公，應是他此行的主要任務。至於清政府選擇江蘇爲籌款對象，而剛毅又被賦予整頓該處田賦、釐金及鹽課等任務，或與江蘇乃當日田賦、釐金及鹽課收入最高的省分有關。[38] 清政府遂在有意清理各省外銷時，利用有人指稱江督劉坤一治下的釐務積弊重重爲口實，派遣剛毅南下調查。

剛毅於光緒廿五年五月初七日(1899.6.3)抵上海，隨即沿江而上，前往江寧。清代江蘇江南範圍由寧屬和蘇屬兩行政區所組成。兩江總督及江寧布政使駐節於寧屬的江寧，總督並兼管兩淮鹽政，江蘇巡撫及布政使則駐節於蘇屬的蘇州。一抵江寧後，剛毅即責令江蘇巡撫德壽提交省內軍隊數目及兵餉總數、釐局數目、所在地及經管員司資料的詳細報告。據《北華捷報》記載，這些釐局總辦被訓示，「於接到巡撫命令的五日內，須擬造迄今爲止所徵得的釐稅的

[35] Inclosure in No.151, "Extract from Chin Kiang Intelligence Report of June 30, 1899," H. O. Bax-Ironside to the Marquess of Salisbury, Peking, July 10, 1899, Great Britain, Foreign Office, China, Confidential Print（以下簡稱FO405）405/86, p.163.

[36] 氏著，*The International Relations of the Chinese Empire* (Taipei: Ch'eng-wen Publishing Company, 1971, reprinted ed.), Vol.III: *The Period of Subjection*, p.171.

[37] 同上；No.151, H. O. Bax-Ironside to the Marquess of Salisbury, FO 405/86, p.163; 另參考Inclosure, in No.119, Extracts from the "*Times*," January 31, 1899, FO 405/84.

[38] 有關蘇省釐金收入，參考註27。至於鹽課，蘇省的兩淮鹽場銷場最廣，稅入亦居全國之冠。以十九世紀中葉及末葉來說，兩淮鹽課稅入都佔全國鹽稅的42.3%。見姜道章，〈清代的鹽稅〉，《食貨月刊》，復刊六卷七期（1976年10月），頁399。至於田賦稅入，本世紀初蘇省比重佔全國的14.7%，居於首位。見Yeh-chien Wang，前引書，頁90，表5.2。

詳細賬冊，親自交給欽差大臣，否則革職嚴懲。」[39] 另英駐上海領事館官員S. F. Mayers在致駐華代辦H. O. Bax-Ironside的密報中，提到剛毅抵寧後，即令防衛局、商務局、機器局、鑄錢局及釐金經徵總局提交歷年收支清冊備閱；剛毅尤著意於釐稅徵收，釐局所須提交的帳冊涵蓋的時期長達二十年。剛毅又命江南以外，江北地區的州縣官員詳列正供及雜捐稅入，造冊備查，他並派員前往江北調查當地鹽務。[40] 同時，剛毅也責令兩江總督、寧、蘇兩屬布政使及駐節揚州的鹽運使提交類似蘇撫受命擬造的資料，目的在於驗證蘇撫的陳報，是否與他們所陳相互切合。他並選拔三名具候補道身份，熟悉地方事務的官員從事獨立的調查。事實上，剛毅抵江寧時，這三名官員中，兩名恰主管江寧釐局或供職江海關。這三人過去幾全與剛毅在工作上具主從關係；剛毅任江蘇巡撫時，他們俱在其治下奉職。[41] 三人中，朱之榛(1840-1909)尤值得注意。剛毅南下清查時，朱氏已在江蘇任官垂三十年，並於光緒十一年(1885)及廿四年，兩度權理江蘇按察使；光緒十九至二十年(1893-94)掌管上海關務，翌年調管蘇省釐務。光緒十九年(1893)剛毅出任蘇撫時，嘗就蘇省釐務管理詰難朱氏，但未幾即對他信任有加。此次剛毅南下整頓財政，朱之榛在蘇州清賦方面，出力尤多。[42]

---

39 *NCH*, 19/6/1899, p.1124.

40 Inclosure in No.49, "Report by Mr. Mayers on the Mission of the Imperial Commissioner Kang Yi to Kiangnan," Mr. Bax-Ironside to the Marquess of Salisbury, Peking, September 10, 1899, FO405/87, p.58.

41 註39。這三名官員是江蘇候補道穆克登布、候補道丁葆元及朱之榛。穆克登布於光緒十六年（1890）到蘇，三年後被委派管理金陵釐局。在他經營下，釐務日有起色，從他掌管前的每年卅一、二萬兩增至光緒廿四年的52萬餘兩。（最高時〔光緒廿二年〕且達61萬餘兩）剛毅以他熟悉釐務，委派他負責汰除陋規、裁併局卡事宜。據他調查的結果，剛毅把金陵釐局的稅額提高，從每年五十萬增至七十萬兩。丁葆元除協助剛毅調查蘇省外銷之款實況外，並被委託稽查兩淮鹽務積弊。在處理官方案牘方面，剛毅獲得他在蘇撫任內，即委以文書之任的候補知縣朱鏡清襄助。參考《宮中檔》，第13輯，頁32-3、48-9、54-5；《諭摺彙存》，光緒廿五年七月初八日，頁2b-3、4b-5。

42 參考朱景邁，〈皇清誥授光祿大夫、頭品頂戴、署理江蘇布政使、特授江南淮揚海河務兵備道、一品廕生顯考竹石府君行狀〉（以下簡稱《行狀》），特別頁1-5，載朱之榛，《常慊慊齋文集》（庚辛〔1920〕嘉平東湖草堂）。

調查過江蘇全省的釐務後，剛毅發現該省在過去廿年中，最近十年的釐金收入雖多於先前十年，但釐金解京充餉數目依然不變。[43] 他奏陳上海和蘇州釐局每年所收款數常在二百萬兩以上，而江寧釐局歲徵數十萬兩，其間差異或因地區之間商貿盛衰有別；可是，問題的癥結在於委員侵吞稅款，巡丁欺詐勒索。委員的著眼點僅厥爲收款能否滿足「比較」[44] 數額，俾對評核他們表現的考成不致造成任何負面的影響；巡丁、司事徵收釐稅時，往往以減折誘使商人完稅，對國家稅入的虧損卻漫不經心。行賄受賂、票根不符和徵多報少諸種弊端司空見慣。[45]

剛毅對兩淮鹽務、上海和鎮江兩關榷務也展開調查。他斷言兩淮鹽務的主要弊端爲委員的侵吞盜用。淮南鹽區於湖南、湖北、安徽和江西這四銷鹽省分各設一督銷局，淮北則於安徽正陽關設督銷局。此外，安徽五河設有鹽釐局，湖北宜昌則設加抽川鹽局。以上各局俱爲著名優缺，委員侵吞挪移盈餘習以爲常。至於設在江蘇下關、安徽大通、湖北武穴和江西湖口的掣驗局，最明顯的弊端厥爲局員往往把變賣緝獲私鹽所得隱匿低報。[46]

江蘇常關方面，上海和鎮江關素稱優缺，剛毅飭令兩關監督應把歲入「盈餘」[47] 據實奏報。他也作出相應的妥協，「體察情形，提撥若干充公，餘仍留

---

[43] 同註40。

[44] 因釐稅徵收年年起伏不定，地方當局難以預期於年內能收到多少稅款，如沒有任何准則對釐稅徵收人員的績效作評估，或會助長他們欺詐舞弊。有見及此，地方當局遂採用「比較」這項措施來抑制瀆職，以過去徵取的款數作基礎，指派一年額給釐局。一般而言，設定稅額的方法有四：一、在一整段時間內，選取釐金稅入較高的一年作准；二、算出過去三年內每年釐稅的平均收益作基礎；三、在近六至十年內，挑選釐稅收益最高的一年作爲稅額；四、調查近年所徵收的釐稅數目，就釐卡的情況設定合理的稅額。由於貿易境況改變甚大，選定稅額的辦法因之與時變化。詳見《中國釐金史》，頁119-20。

[45] 《宮中檔》，第12輯，頁859。有關釐務所存在的種種舞弊，參考《中國釐金史》，頁125-32。

[46] 《宮中檔》，第12輯，頁860。

[47] 嘉慶四年(1799)以前，清政府除在常關設關稅稅入年額外，也於關稅正項溢出成額部份，設定「盈餘」額數，選定近三年來關稅收入最多的一年設盈餘額。嘉慶四年以降，清政府就全國每一關榷指派一定額；定額數目因稅關而異，視關榷所在的地域貿易狀況而定。詳見《大清會典事例》(台北：啓文出版社，1963，據國立中央圖書館藏1899刻本

給該關，俾辦公亦不致竭蹶。」[48]

剛毅對裁併江蘇省內行政機關，減省機關屬員數目及節約行政費用，亦不漠視。他斷言江蘇省內具資格出任從道、府以至佐雜職位的候補人員，爲數多達三千餘人。爲剔除未能正當說明用途的浮費，剛毅催迫寧、蘇兩屬的經徵機構提交詳盡的財政報告書。[49]

剛毅對存在於釐金、鹽務和常關的積弊細加研究後，力圖加以整頓。他決定把寧屬釐金年徵額增加二十萬兩，從每年的五十萬提高到七十萬兩。他並招集主管上海、鎭江兩常關的員司、兩淮鹽運使及其他與財政事務有關的官員至江寧，親自查問，要他們交代轄下經徵機關稅額以外的盈餘總數。剛毅允諾中央只會提取這些盈餘的五到六成，餘下的則仍舊保留，作爲蘇省這批官員的額外收益，蓋這樣的安排要比徹底把盈餘歸公妥當。盈餘盡提歸公，官員以盡失生計所資爲口實，適足以引起更多弊端，從而更難袪除積弊。經這番整頓，剛毅預期每年可從兩淮鹽場督銷和掣驗各局卞、上海和鎭江兩常關、皖南茶釐局抽提未報部的盈餘款數共233,000兩，其中十二萬兩抽自兩淮鹽場，十一萬兩來自上海、鎭江兩常關（內滬關十萬兩，鎭江關一萬兩），三千兩提自皖南茶釐局。[50]

影印），卷238，頁1-2，〈户部・關稅・考覈二〉。按關稅分正額與盈餘兩部分上報朝廷，約始於明英宗天順四年(1540)。事實上，正額無論貿易的榮枯，皆須上繳朝廷，成爲最低限額；多出者即爲盈餘，則由各稅關自動報繳。盈餘的承報與否或多寡，端視中央態度而定。康熙初，因軍需浩繁，允許各關監督「以所得盈餘交納充用。」雍正初，勵行整頓關政，盈餘正式列爲關稅正額，然終雍正朝，「正額有定，盈餘無定。」乾隆皇帝採「盈餘無額，不妨權爲額」的辦法，於十四年(1749)規定「盈餘成數視雍正十三年[1735]爲度。」嗣後，復有「與上屆相較」和「與上三年相較」的規定，宗旨是能盈不能拙。嘉慶初，關稅日趨短絀，上升無望，政府遂停止比較之例，制定明確的盈餘數額。道光年間(1821-50)又有「六成作爲額內」及「四成作爲額外」之分。詳見吳建雍，〈清前期榷關及其管理制度〉，《中國史研究》，1984年第一期，頁90；戴一峰，《近代中國海關與中國財政》（廈門大學出版社，1993），頁94；范毅軍，〈走私、貪污、關稅制度與明清國內貨物流通稅的徵收——明清時代關稅性質的檢討〉，《中央研究院近代史研究所集刊》，第22期上册（1993年六月），頁86。

48 同註46。

49 《宮中檔》，第12輯，頁862。

50 前引書，第13輯，頁33、55；《諭摺彙存》，光緒廿五年七月初八日，頁3。英駐鎭江領事報告則謂兩淮鹽場每年報效數目爲二十萬兩，與剛毅所奏不同。"Chinkiang Intelligence

剛毅在江寧的整頓工作告一段落後，於六月十九日(1899.7.26)抵蘇州。一如舊貫，剛毅飭令蘇屬當局裁節冗員和糜費，並把很多小釐卞合併成較大的經徵機構。可是，他此行的主要注意力卻集中於整頓田賦，目的在把捏報爲荒田的已墾耕地清理出來，從而增加田賦稅入。據剛毅調查所得，蘇州、松江、常州、鎮江和太倉等地區固然有因兵燹蹂躪而拋荒的田地，惟九成左右的土地已有人耕種；事實上，不少田地以熟作荒。由於州縣官員的謊報，紳富大戶的托詞減折完納，包攬詭寄，總書和糧差的虛飭彌縫，三者串通勾結，這些地區的地丁漕糧實徵數遂低於同治四年(1865)減賦案所規定稅額的二到四成；政府因此而損失的田賦稅入年達數十萬兩。[51]

剛毅深知蘇省匿報熟田、包攬抗欠的積弊惡習，以蘇屬爲最，不肖紳士多半

Report for Quarter Ended October 31, 1899," P. Willis to Bax-Ironside, October 31, 1899, FO 228/1322, p.291. Mayers 的報告與前二項資料所載亦有出入。他列示剛毅取自兩淮的款數爲十三萬兩，取自鹽、茶釐之款爲十萬兩。見Inclosure in No.49, FO 405/87, p. 61.

51 《宮中檔》，第12輯，頁861；第13輯，頁58-59。有關同治年間江蘇減賦案及其影響，參考Frank A. Lojewske, "Confucian Reformers and Local Vested Interests: The Su-Sung-Tai Tax Reduction of 1863 and Its Aftermath," (Unpublished Doctoral Dissertation, University of California at Davis, 1973), ch.5; "The Kiangnan Tax Reduction of 1863: Ch'ing Fiscal Administration and Its Limitations," in *Conference on Modern Chinese Economic History* (Nankang: Institute of Economics, Academia Sinica, 1977); 夏鼐，〈太平天國前後長江各省之田賦問題〉，《清華學報》，十卷二期（1935年四月），特別是頁458-72；白井佐知子，〈同治年間江蘇省的賦稅改革與李鴻章〉，黄東蘭譯，載《中華文史論叢》，第52輯（上海：古籍出版社，1993）；朱慶永〈同治二年蘇松二府減賦之原因及其經過〉，《政治經濟學報》，三卷三期（1935年四月），特別是頁518-29；劉克祥，〈十九世紀五十至九十年代清政府的減賦和清賦運動〉，《中國社會科學院經濟研究所集刊》，第七集（北京：中國社會科學出版社，1984），頁308-21；李文治、江太新，《清代漕運》（北京：中華書局，1995），頁419-26；Jonathan K. Ocko, *Bureaucratic Reform in Provincial China: Ting Jih-ch'ang in Restoration Kiangsu, 1867-1870* (Harvard East Asian Monographs 103, Cambridge, Mass. and London: Council on East Asian Studies, Harvard University, 1983), ch.5; James Polachek, "Gentry Hegemony: Soochow in the Tung-chih Restoration," in Frederick Wakeman, Jr. & Carolyn Grant eds., *Conflict and Control in Late Imperial China* (Berkeley, Los Angeles, London: University of California Press, 1975), esp. pp. 236-56.

靠包漕為生，地方官員整治這種風習時，他們即多端挾制反對，甚且勾結言官，攻訐有關地方官員。為避免這批紳士結黨為難，致清賦徒勞無功，他奏請紳宦若包攬錢漕，阻撓清賦，地方官應即指名嚴參，即使包漕紳宦完賦亦不予開復。剛毅估計這項清賦工作若能有效地落實，蘇屬地區地丁漕糧稅入每年會多增六十萬兩，其中二十萬兩來自地丁，四十萬兩（合糧二十萬石）來自漕糧。[52] 為進一步增加稅入，剛毅也對房地田產的稅契登記，嚴加整頓，擬定章則五條，嚴懲匿不投稅者。[53] 估計蘇省因整頓稅契而增加的稅入，每年可達四十萬兩。[54]

接著，剛毅前往上海，並在該地停留一個月。在上海，剛毅命輪船招商局自光緒廿五年起，每年報效六萬兩，電報局每年報效四萬兩；如招商局年利逾七十萬兩，電報局年利逾47萬兩，則報效亦應隨而遞增。[55] 在剛毅的壓力之下，

---

52 《宮中檔》，第13輯，頁59-60。按剛毅在蘇州清賦，朱之榛襄助甚力。除對包漕紳官嚴懲外，朱氏力言「欲祛大户之包抗，首戒州縣之侵挪，侵挪不革，包抗難除。」見朱景邁，《行狀》，頁5。《行狀》載清賦的結果，每年增漕米十五萬石，丁銀廿一萬兩，與剛毅所奏數目稍有出入。至於英外交官員S. F. Mayers謂清賦所增的漕糧年達150萬兩，疑誤。見Inclosure in No.49, FO 405/87, p.61.

53 這五條章則的內容是：一、田房地產買主須立契，違者，所買的田房地產一半入官；二、田房產抵押須向官方訂立契據，違者，所抵押的田房產悉數入官；三、抵押的法定期限至多為十年；四、田房產所有人若只在其田房產的訴訟尚在審理時才繳納契稅，有關財產一半入官；五、契據所列的田房產值若發現有竄改作偽時，視作漏稅，違者從嚴處分。此外，稅率規定為百分之三，按每兩兑錢二千文，而非依現時的慣例每兩按3,300文兑算。正稅之外，悉禁一切零星苛索。見Inclosure in No.49, FO 405/87, p.60. 另參考《宮中檔》，第13輯，頁60；《申報》，第9482號，光緒廿五年八月初三日，〈榷稅文言〉。

54 S. F. Mayers的報告載剛毅在蘇州地區清賦及嚴加執行田房地產登記而增加的歲入，為數達百萬兩。見Inclosure in No.49, FO 405/87, p.61. 如扣除清賦所入的六十萬兩，則整頓稅契所增稅入約為四十萬兩。

55 《宮中檔》，第13輯，頁53-60；Inclosure in No. 49, FO 405/87, p.60; Albert Feuerwerker, *China's Early Industrialization: Sheng Hsuan-huai (1844-1916) and Mandarin Enterprise* (New York: Atheneum, College ed. 1970), pp.48, 174-5, 204. 英駐鎮江領事報告謂招商、電報兩局，每年各報效十萬兩，疑誤。參考"Chinkiang Intelligence Report for Quarter Ended October 31, 1899," FO 228/1322, p.291.

各色佐雜小官員共報效廿五萬兩。[56]

剛毅力言蘇省官僚當中冗員不少，故裁員勢在必行。可是，剛毅似沒有採取有效措施來落實這項任務。他所作到的，只不過是把部份官方機構裁併，藉以節省行政費用，而被看中爲裁併對象的機構包括金陵機器局、江南製造局、寧、蘇兩屬善後局、江寧保甲局，以至兩淮鹽務機關等。經一番權衡，剛毅力言江寧高等學堂、武備學堂和上海商務局要發揮效能，必須經歷一段較長的時間；在奏效前，局用支出只會有增無已，而實質效益有限。他奏請把這一類機構結束停辦，以節糜費。剛毅預期藉推行節流措施而省下的款數爲158,540兩。（見表一）綜計他每年預期從清理蘇省財政而籌措到的款數爲1,941,540兩（見表二）。

表一　剛毅預期蘇省藉節流推行每年所得款數（單位：兩）

項目	款數
1. 裁撤高等學堂、練將學堂及上海商務局	63,540^
2. 金陵城內外保甲局併歸江寧府	20,000
3. 上海、金陵兩機器局覈減薪工	15,000*
4. 寧、蘇兩屬善後局節省公費 —a.江寧：48,000 —b.蘇州：12,000	60,000
總款數	158,540

資料來源：《宮中檔》，第13輯，頁33；中國科學院歷史研究所第三所主編，《劉坤一遺集》（《中國近代史資料叢書》，北京：中華書局，1959，以下簡稱《劉集》），總頁1170，〈奏牘〉卷之32，〈寧藩應解武衛軍月餉摺〉（光緒廿五年十月二十日）。

附注：△ 原數爲84,000兩，後經江督劉坤一確查奏明更正如上。

* 內12,000兩來自滬局，三千兩來自金陵機器局。據英駐滬外交人員S. F. Mayers報告記載，裁撤高等學堂、練將學堂和上海商務局共節省銀七萬兩（內高等、練將兩學堂六萬兩，商務局一萬兩），機器局節省銀三萬兩，與表中所載不符，待考。見Inclosure in No.49, FO 405/87, p.60.

[56] Inclosure in No. 49, FO 405/87, p. 61.按剛毅有關奏摺未見有此款目。

表二　剛毅預期從蘇省財政清理每年所得款數（單位：兩）

項目	款數
1. 加增江寧釐捐	200,000
2. 酌提上海、鎮江常關、兩淮鹽場、皖南釐局盈餘	233,000
3. 蘇州清賦、整頓田房稅契	1,000,000
4. 裁併高等、練將學堂、商務局，覈減機器局、善後局開支	158,540
5. 招商局、電報局報效	100,000
6. 各等官員報效	250,000
總款數	1,941,540

資料來源：見正文有關各注。

附注：內整頓田房稅契得款四十萬兩及各等官員報效，取自Mayers報告，剛毅奏摺未見此款目。

蘇省當局對剛毅在其轄區內的作爲有何反應？對此問題，作者所見僅爲兩江總督劉坤一在覆友朋僚屬的函札中所流露的一點訊息。早在清政府派遣剛毅前往江蘇清理財政前，即因劉坤一管轄下的釐務被人攻訐爲舞弊風行，責令劉氏調查此事。剛毅至蘇的作爲，多方面引起劉坤一的抱怨不平。就他與僚屬友朋信中所示，表面上似對他本人的玩忽溺職充滿自責，唯弦外之意，卻流露其對剛毅苛求的不滿。[57]

地方或外人所辦的報章也報導剛毅此行，搞翻了他和兩江總督劉坤一之間原先和睦的關係。儘管清政府鑒於劉坤一多年來的忠貞效勞，要剛毅和他和睦共處，但劉坤一並不爲剛毅所敬重。[58] 劉坤一以健康欠佳，不適合擔負行政重任，且已就蘇省財政和剛毅熟商，俾剛毅瞭解有關情況爲理由，提出辭呈。[59]

---

[57] 參考《劉集》，〈書牘〉卷之13，總頁2250，〈復譚文卿制軍〉（光緒廿五年五月），總頁2251，〈復劉景韓〉（光緒廿五年五月）。

[58] *NCH*, 12/6/1899, p. 1093.

[59] 《劉集》，總頁1138-9，〈奏疏〉卷之13，〈衰病難支懇恩開缺摺〉（光緒廿五年六月初十日）。在覆朋僚的書函中，劉氏說：「唯被言官參劾，朝廷特派剛相〔毅〕南來查辦，……鄙人屢掛彈章，抑賴聖明曲予優容，寧復以人言介意？……矧衰病之軀，尤應

《新聞報》則提出不同的動機來解釋劉氏的辭呈：

> 從其他消息來源，我們進一步聽到他〔劉坤一〕決意致仕的理由，主要由於欽差大臣剛毅惹人生氣的傲慢舉止。當剛毅在江寧，作為兩江總督劉坤一的客人，除了最瑣細的事項外，他露骨地把劉氏所建立的體制弄得亂七八糟，卻連諮商劉氏一下也沒有。[60]

劉坤一的辭呈沒有為清政府所接受。劉氏為清末殊勳卓著的封疆大吏；可是，他的威望在欽差大臣剛毅面前，顯得暗晦無光。他的反應過於軟弱無力，不能對剛毅在其轄境內搜索財源有所制肘。

二、廣東

當時流言盛傳剛毅在江蘇完成使命後，接著會到江西、安徽、浙江、湖南和湖北，肩負類似任務。流言不攻自破，他下一任務所赴的目的地是廣東。光緒廿五年六月十七日清政府指令剛毅前赴廣東整頓財政，諭令說：

> 廣東地大物博，疊經有人陳奏，各項積弊，較江南為尤甚；誠能認真整頓，必可剔除中飽，籌出鉅款。剛毅曾任廣東巡撫，熟悉地方情形，著即督同隨帶司員，剋日啓程，前往該省，會同督撫將一切出入款項，悉心釐剔，應如何妥定章程，以裕庫款之處，隨時奏明，請旨辦理。[61]

剛毅完成在蘇任務，入京覆命後，隨即南行，於八月初五日(1899.9.20)抵達廣州。剛毅抵穗後，遵照清政府一個多月前發出的諭令，就有關廣東財政的整頓，再三與兩廣總督譚鐘麟磋商。剛毅責令譚鐘麟、廣東布政使丁體常及省內掌管重要經徵機關的官員提交各有關賬冊，由他逐一查核。八月十九日剛毅奏

亟避賢路，已於日前乞退矣。」見總頁2252，〈書牘〉卷之13，〈復德曉峰〉(光緒廿五年五月)。

60 引自*NCH*, 7/8/1899, p.261.

61 《德宗實錄》，卷448，光緒廿五年秋七月己巳。廣東地大物博的旁證，可從庚子賠款攤派中看出來。廣東攤額僅次於江蘇、四川，居全國第三位。見户部，〈奏新定賠款數鉅期急迫應合力通籌疏〉，載《皇朝道咸同光奏議》，卷26下，〈户政類・理財下〉，頁28。

稱類似存在於江蘇財政機構的積弊，同樣見於廣東；不過，剛毅表明這兩省所要作的整頓措施不盡相同。[62]

剛毅對廣東的財政狀況調查過後，發現粵省情形並不穩定可靠；官員每當正稅所入不敷所出時，總是依靠未報部的外銷款項的盈餘彌補虧欠。他們也經常把已指定用於較不迫切的項目之款挪移，以應急需。[63] 剛毅表明裁節浮費的必要。他指陳：「查該省〔廣東〕歲入之款，以釐捐爲大宗；弊竇之多，亦以釐捐爲最甚。」積弊中則以糜費及中飽最爲嚴重；釐局人員一得釐差，往往浮報局用，只要無礙考成，不惜減折招徠，以多報少。[64] 剛毅接著奏稱「粵省廣州、潮州、廉州三府兼管關稅，南海、番禺等縣著名優缺，」經管官員應體恤國家財政困難，把所得盈餘報部，而酌留部份以資辦公需要。[65] 鹽務方面，雖未發現中飽情形，唯浮支濫用等種種糜費觸目皆是，其他局所亦多冗員，剛毅認爲俱應裁節。[66] 他估計粵省每年可從提高釐捐比較，提取經徵機構盈餘及外銷款項，裁節行政開支等財源，籌措得1,661,220兩。（見表三）剛毅鑒於潮屬汕頭地區進出貨物有稅，若再加抽釐捐，恐或力有不逮，終致利權外溢，「洋

---

62 《宮中檔》，第13輯，頁172；《諭摺彙存》，光緒廿五年九月初六日，頁13。

63 《宮中檔》，第13輯，頁227。要注意的是從光緒廿四年七到十一月出任廣東布政使，時任甘肅布政使的岑春暄，奏陳廣東當局挪移的庫款多達8,382,648兩，其中未經報部的外銷款項數達580萬兩。清政府遂派剛毅調查此事。根據剛毅的調查結果，廣東當局動用的庫款總數中，未報部的外銷之款並未高達580萬兩。他申明庫款中，包括報部及須聽候户部指示方能支配處理的款項。報部庫款中，部份支出項目列於春秋撥册中，而部份不列入册内。他接著說外銷之款580萬兩，事實上，爲咸豐五年(1855)到光緒廿五年四十四年間，長期積累起來的數目。他力言由於大部份的文書已發霉陳腐，無法向粵省當局逐項追究此款的用途。鑒於此款或用作軍需，或解京充餉，或協濟他省的事實，他建議粵省當局須作一概括的報告給户部。至於列於春秋撥册報部之款的最後用途，則須詳列說明；已報部唯尚未包括於春秋撥册内的庫款，則須另册造報，而未報部的庫款，項目無多，款數有限，應分開處理。經這次整頓，日後粵省當局財政困難，須從一支出帳目挪移到另一帳目以應急需時，務必報部。詳見《宮中檔》，第13輯，頁255-6；《諭摺彙存》，光緒廿五年十月初七日，頁48-51。

64 《宮中檔》，第13輯，頁172。

65 前引書，頁173-4。

66 前引書，頁174-5。

票」[67] 盛行。他於是諷諭該地區官紳報效，以免抽釐捐爲條件，議定自光緒廿六年(1900)起，每年繳銀五萬兩解庫。[68]

表三　剛毅預期從粵省財政整頓每年所得款數（單位：兩）

財源	款數	
釐金：		
1. 加增比較銀	219,400	
2. 酌提加增臺砲經費*	230,000	
3. 外銷商捐——a. 土絲、土茶費	227,000	850,120
b. 茶、膏商認繳牙餉	120,000	
4. 節省各局廠用項	53,720	
善後局：		
1. 節省各項用銀	300,300	403,000
2. 酌提鑄銀盈餘	100,000	
運庫：		
1. 節省外銷修倉等款	120,000	204,500
2. 各差各缺酌提盈餘	84,300	
政府公署：		
1. 督撫、藩司各衙門酌提節省公費	53,600	153,600
2. 各府、縣十二優缺報效△	100,000	
3. 汕頭商人報效		50,000
總款數		1,661,220

資料來源：《宮中檔》，第13輯，頁227-8。

附注：*臺砲經費自光緒十六年由粵督李瀚章開辦，初時每年只徵到銀廿八、九

[67] 根據咸豐八年(1858)所訂的天津條約，約中訂明洋商除繳納百分抽五的進出口稅外，若加繳稅率2.5%的子口稅，即可將貨物運往內地或海口，不再課稅，直至貨物不再由洋商掌控止。洋票即證明已納過子口稅的文件。

[68] 前引書，頁258。

萬圓。該稅徵自120種不同類別的商貨，除數種商品外，一般情形是各行公會先交商稅總額給政府，再向個別商人收回所交稅項。除原棉、棉紗、毛織物、衣服、布疋、羽紗及煤油，按百分之三稅率徵稅外，其餘商貨一律按值抽收5.2%的稅項。見Inclosure 2 in No.697, Consul Brenan to Sir C. MacDonald, Canton, November 10, 1897, FO 405/76, p.77.

△十二優缺爲廣州府、潮州府、廉州府、南海縣、番禺縣、香山縣、順德縣、東莞縣、新會縣、揭陽縣、海陽縣及潮陽縣。

剛毅與粵督譚鐘麟經多番討論後，得出要剔除中飽糜費等積弊，必須改弦更轍，把釐金移交商人承辦的結論。在另一摺中，剛毅提到在他抵粵前，譚鐘麟已派可靠的屬員到省內河口等十大釐廠查探釐務管理實況。經一番整頓後，譚鐘麟酌加釐捐比較十餘萬兩。譚氏指陳驟看起來，所加似乎有限，但對省內承辦釐務員司來說已是一大負擔。更令人擔憂的是廣州毗鄰英國殖民地香港，華商從洋商手中取得洋票輕而易舉；稅額提高，適足誘使華商義無反顧地藉洋票的掩護而進行貿易，達到逃避稅釐的目的。[69] 基於這背景，剛毅奏陳把釐金交由省內各行各業商人所組成的七十二行包稅經辦，不失爲切實可行之途。[70] 剛

[69] 《宮中檔》，第13輯，頁173；《東華錄》，總頁4438，光緒廿五年九月戊辰；《諭摺彙存》，光緒廿五年九月初四日，頁3b。有關洋票對釐金稅收的影響，可分兩方面來說。在進口子口稅方面，洋商以內地分散，銷貨不便，領事時有保護不周之虞，遂以自己的名義領取子口稅單，以高價轉售給販運洋貨內銷的華商。這樣，洋商既可牟利，也可規避自運的風險和麻煩；華商則藉此爲護符，得以減免稅厘的繳納。在出口稅方面，洋商透過領事，向海關監督處請領購買土貨報單，俗稱三聯單，動輒將之轉售華商牟利。領事簽發三聯單時，馬虎隨便；三聯單遂成爲中外商人之間一項交易品。據說十九世紀七十年代在漢口專以出售三聯單爲業的洋行即有六家。參考《釐金制度新探》，頁165-80；陳詩啓，《中國近代海關史（晚清部份）》（北京：人民出版社，1993），頁215-7。

[70] 《宮中檔》，第13輯，頁228；《東華錄》，總頁4439，光緒廿五年冬十月丁丑；《申報》，第9529號，光緒廿五年九月二十日，〈續錄剛使相籌餉移文〉；"Canton Intelligence Roport for December Quarter 1899," Scott to MacDonald, January 5, 1900, FO228/1358, p.1. 按早在剛毅抵粵前兩日，清政府即令他就候選道譚啓瑞所陳，廣東釐金招商承包藉籌餉需之議，悉心調查，察看是否可行。見《德宗實錄》，卷449，頁3，光緒廿五年八月戊寅。

毅議定釐金商辦後，每年稅額倍增，從二百萬增爲四百萬兩；其中一百萬兩包商須於承辦稅釐三個月內，即從光緒廿六年正月起交付，其餘的三百萬兩，則從同年的四到十二月，每月付銀333,000餘兩。[71]

肆、剛毅使命成敗的衡估

光緒廿五年剛毅赴蘇、粵調查有何財政意義？要回答這問題並不容易；其中一種取徑是以剛毅於蘇、粵所抽取的款數，在這兩省的整體財政中所佔比重作估量。談到地方財稅，在史料方面，以下四點應予顧及：一、多數情況下，文獻所涉及的不過爲報部的數字；二、數字出自多源，不一定可繫於同一基准；三、就江蘇來說，有關該省財稅總收入款數，雖見於兩種通論性的財政著作：劉嶽雲《光緒會計表》（斷限於光緒十九年）和李希聖《光緒會計錄》（斷限自光緒二十年〔1894〕），至於光緒廿五年剛毅抵蘇時的財稅收入資料，卻付之闕如。四、甲午戰後，稅收在多方面大幅增加。在這情況下，以剛毅整理所得與《會計表》及《會計錄》二書所引數字相比較，便會誇大他所作所爲的影響。蓋這時省府財稅總入遠大於上述二書所載，何況未報部的收入尚未包括在內？

以江蘇來說，《會計表》載光緒廿一年以前該省財稅總入徘徊於14,490,757兩到15,814,111兩之間；《會計錄》則以17,120,270兩作爲光緒十九年歲入總

---

71 《東華錄》，總頁4485，光緒廿六年二月辛巳。按剛毅在粵時，與七十二行代表商議增餉之法，其中一項建議即爲廢除全省釐下，改徵年額定爲四百萬兩，稅率按房鋪大小而異的房捐作爲替代，理由是房捐費用少而收入多，可是此議落空。絲、茶、木材、錢業等行會的頭面人物遂向政府保證，願在現行稅率之下，承辦全省年額四百萬兩的釐金。見*Returns of Trade and Trade Report for the Year 1899* (China: Imperial Maritime Customs), II: 562, *Hong Kong Daily Press*, 3/10/1899; 7/10/1899; 23/10/1899; 2/11/1899; 15/11/1899. 清政府諭令粵商包釐，先繳釐金一百萬兩，「一半聽候部撥，一半留爲外用。」見《德宗實錄》，卷438，頁11b，光緒廿六年春正月戊午。

數。[72] 根據上節所示，剛毅在蘇省清理所得的款數爲1,941,540兩。就此而論，若和光緒十九/二十年過於低估的數字相較，剛毅在江蘇籌到或預期可籌到的款數的比重，約爲該省總入的13.68%到11.34%（視選取總稅入的最高數或最低數而定）。若將光緒廿五年蘇省稅入訂高到二千萬兩，則剛毅籌款所入仍佔9.7%的比例。剛毅對整頓廣東財政所抱的企望，似比他在蘇省所持的還大，蓋在紙上他從廣東抽取的款數，多於取給江蘇者。剛毅在一奏摺中提到，據調查所示，廣東每年財稅總入並不少於六百萬兩。[73] 這數字似偏低保守，蓋早於光緒十三年(1887)廣東財稅總入已高達6,949,631兩。[74] 我們若把粵省光緒廿五年財稅總入之數訂高到八百萬兩，相較之下，剛毅從廣東提取的款數仍相當可觀，約佔財稅總入百分之二十。

清政府於光緒廿五年七月廿五日所下的詔令中，申明剛毅在蘇省所提取約120萬兩的款項，俱實在可靠，而非紙上空談。該款撥作維持一支駐於蘇北新近招募，爲數萬人的軍隊。[75] 這支軍隊雖由蘇省當局所統率指揮，但由慈禧太后最爲信任的文淵閣大學士、軍機大臣榮祿所完全掌控，並成爲其精銳親軍武衛軍的一部份。庚子事變時，這支軍隊北上與聯軍作戰而被殲。時人因之經常把剛毅南下江蘇和廣東的使命與庚子拳變一起聯想。他在這兩省的活動，遂被視爲與以驅除外人爲主要目的之籌款有關。[76]

---

72 劉嶽雲，前引書，卷二，頁5；李希聖，《光緒會計錄》（無出版地點、日期），卷二。按劉嶽雲嘗任戶部主事，得閱該部檔案文獻，《會計表》即在這基礎上編纂。就該書及劉氏另一著作《農曹案彙》所見，劉氏編纂二書的態度尚算審慎。

73 《宮中檔》，第13輯，頁227。

74 劉嶽雲，前引書，卷二，頁33。

75 《德宗實錄》，卷448，頁18，光緒廿五年秋七月庚午。

76 劉鳳翰，《武衛軍》（《專刊》之38，台北：中央研究院近代史研究所，1978），特別是頁6、104、154-5。按這支軍隊原交給廣西提督蘇元春指揮訓練，但清政府不久打消此意，命他復任原職。見Inclosure in No.4, "Extract from Shanghai: Intelligence Report for December Quarter 1899." Sir C. MacDonald to Marquess of Salisbury, Peking, January 31, 1900, FO405/92, p.18.

至於剛毅在廣東所弄到的款項，俱全撥於特定用途。粵省當局要動用這筆專款，須先得戶部首肯。[77] 這種安排確保此專款只會用於與中央政府直接利益悠關的地方所需。剛毅於光緒廿五年五月所上的摺中陳明：

若不於無可籌措之中，竭力設法，他省必至觀望逡巡，實於全局有礙。奴才斷不忍徒來空返，一奏塞責。[78]

此摺與其他有關詔令，特別是同年六月初四日所下的合起來看，不啻是對那些不與清政府合作的地方督撫的直接警告。某種意義上，剛毅光緒廿五年南下蘇、粵的使命可視爲清政府就財政問題對督撫伸張權力的嘗試。事實上，其他省分如湖北、山西、雲南、江西、浙江被迫遵從中央諭示，解交得自政費裁節、外銷款目、官員報效及其他因應措施的款項給清政府。浙、贛、滇、晉四省許諾每年解交中央的總款數達513,500-529,000兩；其中302,300兩來自浙江，153,000兩解自江西，38,200-40,200兩來自雲南，山西則解交三萬兩。[79] 湖廣總督張之洞表示湖北各級官員每年擬報效7,700兩；河南巡撫裕長示意該省官員願每年報效清政府十萬兩。清政府接受裕長提出的報效，而嚴譴張之洞的不當。清政府力持張氏謂湖北無法自整頓中飽和陋規以榨出款餉之說，並不可信；張氏不顧國家整體利益，僅解交7,700兩這小數目作爲報效，實不識大體。[80]

劉廣京教授嘗謂清末中央政府對地方督撫的任命，仍握有絕對權力；督撫任期的長短俱由清政府所決定，故督撫不能在地方行政機關長期盤踞。[81] 職是之

---

[77] 《宮中檔》，第13輯，頁228；《東華錄》，總頁4440，光緒廿五年冬十月辛丑。

[78] 《宮中檔》，第12輯，頁859。

[79] 浙江見《東華錄》，總頁4480-1，光緒廿六年春正月壬申；《諭摺彙存》，光緒廿六年正月初四日，頁5-6；江西見《諭摺彙存》，光緒廿六年正月十二日，頁6b-8；松壽，《遵旨籌備要需疏》，載《皇朝道咸同光奏議》，卷26下，〈户政類・理財下〉，頁20b-1。雲南見《諭摺彙存》，光緒廿六年正月二十日，頁15；山西見《諭摺彙存》，光緒廿六年二月初八日，頁5-6；《東華錄》，總頁4487-8，光緒廿六年二月癸巳。

[80] 《東華錄》，總頁4467-8，光緒廿六年春正月乙巳。

[81] 氏著，前引文，頁264-76。即使是支持區域主義成長，中央威權不振之說的學者傅宗懋，也注意到清政府仍保有任免的權力。這説明了清末督撫的權力何以不能與晚唐藩鎮所享有者相提並論。見氏著，前引書，頁202-3。

故，督撫個人利益所在，恒視其本人在省供職或服官中央而定，並非一成不變。地方官員，尤其是督撫，所要悍衛者厥爲其轄境內的利益；惟一旦他們升調到中央任官時，其切身利害繫於中央；他們甚而不惜犧牲先前所悍衛的省分利益以全大局，爲中央大業而奮鬥。剛毅原爲地方大吏，且曾在蘇、粵任職，調任中央後，他個人的利益認同從省分轉移到中央，其南巡時，在蘇、粵的所作所爲適足說明這點。

剛毅南下蘇、粵的使命，對清政府來說，似結果圓滿；清政府的樂觀從光緒廿五年七月廿五日所下的詔令表露無遺。剛毅心中所著意的，厥爲其籌款措施若能落實於其他省分，當會爲清政府帶來可觀的收入。[82] 可是，結果卻與清政府及剛毅滿懷信心的期望不符。學者如羅玉東、彭雨新俱認爲剛毅取自蘇、粵的款數全不足以應中央財政所需；何況他所陳報籌得的數目並不可靠，只是紙上談兵？[83] 對剛毅蘇、粵之行辱命的原因，羅、彭二位俱未作分析。以下爲作者對剛毅此行得失的衡佑。

在調查過程中及擬訂政策時，相當程度上，剛毅很可能過於依賴督撫和地方官員提交的報告。例如，剛毅在粵的調查結果似與光緒廿五年八月譚鐘麟的奏覆關係密切；摺中譚氏如清政府是年六月十一日的諭令，就粵省外銷款項的情況作一綜合說明。[84] 剛毅在蘇巡視期間，他雖有隨行人員，但調查的主要任

---

82 《宮中檔》，第13輯，頁56。

83 羅玉東，前引文，頁228；彭雨新，〈辛亥革命前夕清王朝財政的崩潰〉，載湖北省歷史學會編，《辛亥革命論文集》（湖北人民出版社，1981），頁159。

84 該摺見譚鐘麟，《譚文勤公奏稿》（《清末民初史料叢書》，第12種，台北：成文出版社，1968，據1911刊本影印），卷20，頁15-6，〈澈底清查廣東省外銷各款摺〉。要注意的是在上此奏前，譚鐘麟從光緒廿三到廿五年間，多次以目疾、足疾等健康理由提出辭呈。他本人亦於廿五年十一月去職。事實上，調查省內外銷款項情況是由譚鐘麟的下屬處理。在奏摺中，譚氏提出每歲可從釐稅徵收中，多徵略逾60萬兩的稅入。這略逾60萬兩的稅款中，約22萬兩可從調高比較稅額籌措，約22萬兩出自加增商捐臺砲海防經費，另約20萬兩則從前未報部的商辦土絲、土茶兩項解交善後局備用。他指稱廣東每年外銷出款約43萬兩，「日久竟成例支，雖非侵漁，不免浮費。」譚鐘麟謂他會以這些調查結果爲基礎，與剛毅諮商那一方面的支出可裁減節省，那一方面的財源可酌提。這奏摺與剛毅就清查粵省財政後所上的奏陳，顯示出引人觸目的相類似。

務，還是託付給蘇省三名官員。另外，曾丙熙以署理上海關道的身份，負責從他治下的海關，把十萬兩盈餘解交剛毅。[85] 剛毅是否僅把這些官員所說的話當以爲眞，我們無從知悉；不過，說他未能核實驗證這些官員的陳報，致其調查結果大打折扣，卻是合於情理。

此外，剛毅和淸政府的期望看來以財源的短期性擴展爲中心。整體而言，剛毅使命具枝節、鬆散、不明確和臨事周章的性格。例如，剛毅把稅釐徵收設定一更高的指標，並指陳這作法的恰當。實際上，他卻無法制定有效地監控事態發展的機制。提高釐稅徵額只不過使省分能暫時維持稅收於一定水平上；一旦徵收足額時，卻不能迫使地方當局把實徵所得上交中央。中飽、勒索及減成折收等弊端還是繼續存留。英駐滬外交官S. F. Mayers即認爲江寧釐金加增比較及兩淮鹽釐酌提盈餘，適足惹致苛捐雜稅繁興；官員愈益藉橫徵暴斂取償其所失去的外快收入。[86] 他只知下關等四處掣驗局局員隱匿低報緝獲私鹽變賣所得，卻對這四卞「以索規爲事，而置掣驗於不問，商人於是專以夾私爲事，」致陋規及船私與時俱增，爲淮南引岸滯銷一主因，以及單是下關一卞委員的盈餘，每年多達二至六萬兩的情況，似無深入追究；足證他的著眼點僅是枝節的酌保盈餘，並沒有想過根本的整頓。[87]

在廣東釐務革新方面，剛毅原要招引商人承包釐務的方案也胎死腹中。剛毅考慮到由專業行會承包省內部份釐金，已在廣東有悠長歷史這一事實，才作招商承辦的決定。早於十九世紀五十年代，廣東行會藉著其專業地位，受粵省當局委託，負起徵收省內坐賈釐金的任務。在包稅體制下，行會招集成員，按擬付之數，訂定一年額及徵稅規程。相對地，行會成員在這制度下利益受保障，每當當局打算提高稅額時，只要同一行會之內的成員團結一致，即可增強它們討價還價的地位。另一方面，包稅制對政府也大有好處，既可節省徵收費用，

---

85 《宮中檔》，第13輯，頁33。

86 同註54。

87 《淸鹽法志》，卷121，頁10，〈兩淮〉22，〈運銷門〉12，〈掣驗〉。按光緒廿九年正月，署兩江總督兼鹽政張之洞奏准裁撤大通、湖口、武穴三掣驗卞，由督銷局自行派員掣驗，只保留下關一卞。

亦可避免稅吏侵吞。直至剛毅抵粵把闔省釐稅交商承辦前，廣東每年徵收報部的釐金款數從未達二百萬兩。加增省內釐稅收入為剛毅赴粵目的之一。剛毅抵粵後，即與七十二行首商商議籌款方策（參註71）。在潮州鉅富，歷任天津鎮及廣東南、韶、連總兵黃金福、廣東知縣姚光耀等慫恿下，謂釐金商辦，每年可抽銀六百萬兩。絲、茶、木、錢業等行會商首遂同意在政府監督下，依現行稅率，承辦全省釐捐，每年包繳銀四百萬兩。行會商首之所以願意承辦粵省釐務，實因釐金雖較前劇增，然加增部份，不過是稅吏先前予取予求者，現在正式將之涓滴歸公而已，於他們的利益絲毫無損。[88]

事與願違，行商不久即發現無法達到原擬指標。據光緒廿七年(1901)粵督陶模奏稱，粵釐官督商辦從光緒廿六年六月初一日開始，迄同年九月廿六日撤辦，歷時四個月零廿六日（該年有閏八月），期間應繳餉銀1,622,222(+)兩；唯承釐商人僅繳繳過1,18(6?)5,240(+)兩，共欠繳43(5?)6,975(-)兩，繳過餉銀中，七十萬兩為按餉。他於是責令承辦各商賠繳欠餉五成，先後任商釐總局督辦的黃金福及翰林院編修黎榮翰，分別賠繳三成及半成，姚光耀則賠繳一成半，統限於兩個月內悉數繳清。[89] 至於剛毅原議潮州汕頭地區每歲報效銀五萬兩，換取

[88] 《中國釐金史》，頁110-1。另參考《申報》，第9928號，光廿六年十月十三日，附張，〈傳訊釐案〉；第9931號，光緒廿六年十月十六日，〈嚴提訊究〉；陶葆廉輯，〈陶勤肅公奏議遺稿〉（沈雲龍主編，《近代中國史料叢刊》，第45輯，441册，台北：文海出版社，1970，據1924刊本影印，以下簡稱《陶奏議》），卷12，頁15-6，〈商人包辦釐金虧欠勒賠摺〉；《宮中檔》，第14輯，頁155-6。按廣東釐金名義上是由七十二行商人認包，實際上是商首岑敬輿、麥英俊、伍培韋、黃健光四人承包。按這四人承包粵省釐務，投機色彩至為鮮明。如岑敬輿家貲僅一、二十萬，為承辦釐金，又從親朋處糾合集資一、二十萬。見《申報》，第9941號，光緒廿六年十月廿六日，附張，〈局批照錄〉。

[89] 《陶奏議》，卷12，頁15b、16b，〈商人包辦釐金虧欠勒賠摺〉；《宮中檔》，第14輯，頁156-7，《申報》，第10140號，光緒廿五年五月廿七日，〈餉無可減〉。值得注意的是釐金商辦的實際日期，與剛毅及粵省眾商所擬者相較，延遲幾近半年。承釐商人繳過餉項中，七十萬兩為押餉銀，其餘款項包括：(1)九龍、拱北兩關代收釐金、臺砲經費應行抵餉銀115,922(+)兩，(2)商包局廠繳到釐費應抵銀47,630(-)兩，(3)各廠解繳釐費銀70,285(-)兩，(4)銀行扣抵按餉及各行商解到包釐期內坐賈釐金及臺砲經費應抵餉銀

永遠免釐，於兩年後（光緒廿八年）出現變化。緣黃金福以粵省釐金商辦夭折，爲求轉寰免禍，遂向粵省當局倡議潮屬地區紳富加認報效十萬兩，連前五萬兩，共十五萬兩；名爲報效，究其實則取自貨物徵稅，稅率0.5-1%不等。由是引起當地商民及外人不滿，咸謂影響汕頭的中外商業利益，且與約章不符，紛紛向粵省當局施壓，請求取消該項加稅。[90]

剛毅的努力及政治策略只專注於提取更多財源，而對蘇、粵的財政管理體制並不具長期的影響。舉例來說，他謂蘇省候補官員超過三千人，其中大部份是冗員。他申明單是上海關，每年即支付約36,000兩作爲南洋大臣隨員及洋務專才的薪資，而洋務專才卻大多是掛名的。[91] 可是，他並沒有採取任何行動來裁剔冗員。事實上，從表一所見，蘇省節省經費所得，適半來自減薪和關掉專業機構，其中高等學堂及練將學堂，甫經開辦兩、三個月，即遭裁撤，學生遣散，

12,555(-)兩；(5)行商續繳銀1,444(+)兩，(6)收回商辦各局廠留用商置器具等實抵餉銀211(+)兩。其中3至6項爲收回官辦後商辦各廠陸續解繳收款。見《華字日報》，光緒廿七年六月初七日，〈羊城新聞・督示分賠〉。按陶模及《華字日報》均謂粵商欠餉爲1185,247(+)兩，然細核實數應爲1,165,247(+)兩。粵釐商辦原應繳按餉銀一百萬兩，包商僅繳過七十萬兩，後當局「准將前欠預餉尾銀，概免追繳。」見《申報》，第9810號，光緒廿六年十月十三日，附張，〈傳訊釐案〉；第9931號，同年十月十六日，〈嚴提訊究〉載粵釐官督商辦期間，連借貸在內，所入僅十餘萬兩，承包的稅釐如坐釐及臺砲經費，以至比較稅額，俱有名無實。各廠卞則徒加薪水。姚光耀則以駐廠總辦身份任意加抽稅釐，「至各行停貨不起，紛紛滋鬧具控，於民有損，於餉無增。」羅玉東的研究與陶模所奏有關粵商欠餉數目，頗有出入。羅氏謂迄光緒廿六年九月，原議須付的首期稅款一百萬兩，粵省當局實收不過爲932,000兩。至於其餘的三百萬兩，只有前三期(每期333,000[+]兩)是付足的，而從光緒廿六年六月起，餘款即已拖欠未交，到九月累積起來的欠餉逾五十萬兩。粵撫德壽因此奏請把釐務仍復舊觀，由官辦理。見《中國釐金史》，頁343-4。

90 《華字日報》，光緒廿八年十二月十五日、十六日，〈羊城新聞・惠潮嘉道丁觀察寶銓上督撫藩憲汕商報效實情屬稿〉；"Swatow-Intelligence Report June Quarter 1902," Twyman to Satow, Swatow, 16/7/1902, FO 228/1461, pp.76-7; "Swatow Intelligence Report, December Quarter, 1902," Twyman to W. B. Townley, Charge d'Affaires, Swatow 31/12/1902, FO228/1461, p.102.

91 《宮中檔》，第13輯，頁56。

頗爲時論訾議。[92] 就廣東來說，剛毅籌款來源，一半來自商貿，其餘一半得自提取盈餘或節省行政支出。大群冗員和候補官僚的存在與捐納制度息息相關。清政府雖瞭解捐納制缺陷甚多，唯基於財政考慮而不能將之終止；爲稍稍提供候補官員某類職位作爲調劑，不少行政機構便因人成事，應運而生。[93] 這局面適足以提供剛毅抽取某一數目款餉的口實，然而他在整頓制度缺陷方面卻無甚作爲。他在蘇省所關掉的是專業而非冗餘的機構。在廣東，加增釐金稅額比較的作法根本不能除去現存的弊端，而從提取鹽政各缺盈餘即充分說明剛毅所作所爲的武斷。他指派給鹽政機關的款額爲84,300兩，責令該組織內各部門解交。很多時，某一特定機構更會把上面分派下來，已是一再分派的款額進一步攤給其僚屬人員，由此而生的畸零數目並不易收取。到光緒廿六年五月，顧慮到鹽政部門提取盈餘的困難，兩廣總督李鴻章奏請減免。擬提的盈餘中，如電、茂等各場大使銀6,300兩，碧甲柵鹽公所、鹽釐局、蘆包等各廠委員銀共15,500兩，李氏指稱「皆由二、三百兩或五、六百兩，多至一、二千兩；各該員或管緝私，或徵鹽課；其責任既有應辦之公，其所收並無一定之數。今零星湊集，下及微員，實傷政體；且飭繳之款籌措甚難，至今絕少解繳。」他認爲款既無多，應予豁免。[94]

---

92 《申報》，第9436號，光緒廿五年六月十六日，〈閱本報紀飭撤學堂毋庸練將二則因合而書之〉；第9452號，同年七月初三日，〈書江寧高等學堂學生上劉制軍稟後〉。

93 《釐金制度新探》，頁124-8。

94 《宮中檔》，第13輯，頁564。值得注意的是曾丙熙從滬關所解交的十萬兩盈餘，事實上，多爲強加於在該機構任職的人員的報效。《北華捷報》對此有如下報導：「有關剛毅向署滬關道要求每歲解款十萬兩給慈禧太后一事，…曾署關道據悉不僅已裁減其屬下委員及巡司等人員數目，還進一步從現時即陰曆七月開始，命仍在道臺留職的員屬減薪三成。得寸進尺，據報曾署道臺還致函海關稅務司，詢問稅務司能否把供職於海關的華籍員工減薪，俾助他完成籌款任務，蓋提供剛毅所需索的鉅款，負擔是如此吃重。可是，曾署道臺的懇求並沒有成功，海關稅務司給予的答覆爲：『如關稅徵不足額，而海關人員查實過多時，海關自會如道臺所請，減省薪俸。不過，正正相反的是華籍關員確實作得好；就工作所需言，也無冗員充斥的情況。』」見*NCH* 251 8/1899, p.414. 要注意的是當日外人在海關管理中發揮很大的影響力，這說明了爲何海關能擋避滿清官員的需索。

對江蘇及廣東當局來說，整頓基本上雖爲剛毅職責所在，他的作爲卻專擅武斷；財政清理需要特別準備工作，而剛毅的活動適足使蘇、粵官員更難作事及收拾殘局。據蘇、粵疆吏所見，他根本不能認知到地方當局在行政上所受的制約。劉坤一對此有如下的評論：

弟〔劉坤一〕久處財賦之區，無能綜覆，致派重臣會商辦理，溺職之咎，更何容辭。所有一切事宜，多係剛相主政，弟奉令承教，以告無罪而已。……就中唯提關款、鹽款廿萬有奇，尚無大礙；裁併學堂、保甲以及攤派各局經費，不免偏廢，挪移所加釐金，恐無把握。至於蘇、常清賦，久擬舉行，無奈積習相沿，每有大户阻撓，此次未審能徹底查辦否也？[95]

剛毅完成在粵使命後，翌年五月兩廣總督李鴻章提出減少或暫停部份剛毅所抽提財稅的主張。李氏力言「剛毅曾任〔廣東〕藩司、巡撫，前項用款相沿多年，豈身握疆符而不加綜核，必口銜天憲而始議提裁？蓋亦知此等用項實難裁節。」[96] 當剛毅在粵時，李鴻章的前任譚鐘麟也間接委婉地發出相類似的論調。[97] 從剛毅嘗任粵省大吏的事實出發，李、譚俱利用他這樣前後不一的言行，試圖以之作護符，避開清政府對其轄下財政管理的侵損。

在令人不安的程度上，剛毅的努力似停步不前；他的作爲不足使清政府把中央的管理經營，持續的延伸到地方政務去。至少在廣東，剛毅使命的結果看來沒有一處達到指標；剛毅所擬的眾多變革亦截然終結。例如，他估計加徵於粵省境內的絲、茶釐金，在光緒廿四年稅入的基礎上，每年達227,000兩。可是，從光緒廿五年十月到翌年五月八個月內，稅入只有93,000兩，蓋絲、茶生意行情的盛衰榮枯，繫於氣候情況。光緒廿六年五月，徵自茶、土膏包繳牌費稅入，無法抵足原擬每年十二萬兩的指標，有關商人遂請求粵督李鴻章把稅額減少一

---

95 《劉集》，總頁2250，《書牘》卷13，〈復譚文卿制軍〉(光緒廿五年五月)。

96 《宮中檔》，第13輯，頁566。李氏並說：「臣等伏查協辦大學士剛毅來粵之時，係專爲籌餉起見，其時在省司道皆係署任之員，但知迎合依違，並未通盤籌畫，且明知去任在即，將來辦理窒礙，咎歸承辦之員，固可置身事外，摘短炫長。」(頁565)。

97 譚鐘麟在摺中謂：「欽差大臣協辦大學士剛毅先後蒞粵六年，於此間利弊洞識無遺。」見《譚文勤公奏稿》，卷20，頁16b，〈澈底清查廣東省外銷各款摺〉。

萬兩。至於削減行政經費，官方機構雖承諾節省支出，實際上所減有限。有見及此，李鴻章遂奏請清政府，就盈餘提取來說，凡是遭財政困難所苦的機構，皆可予豁免或減提。[98] 李氏所議的減幅逾剛毅原擬數目的三分之一，兩者的差額爲201,300兩，如下表所示。

李鴻章的請求爲戶部否決，廣東仍須按剛毅原來方案，每年把數逾160萬兩的款項指撥歸還匯豐鎊價。[99] 爲應付中央迫切的需索，廣東當局於光緒廿六年十一月備銀五十萬兩，另向匯豐銀行借款110萬兩，以備湊還匯豐鎊款本息。[100] 粵撫德壽表示「萬難照數籌足」剛毅原擬款額，「每年祇能儘力提存銀八十萬兩聽候撥用。」清政府則堅持原議，責令粵省務必籌足款數備撥。[101] 翌年，粵省在清政府催迫孔急的情況下，只好向洋商借銀八十萬兩，並挪移各司局款銀八十萬兩，湊足160萬兩解交。[102] 因湊解匯豐鎊價，省庫異常支絀，「各營勇餉竟至無從支發，幾有譁潰之虞。」爲紓解這隱患，粵督陶模於光緒廿七年陸續裁汰營勇4,300名。[103] 考慮到這情況，光緒廿七年四月陶模奏陳剛毅所指定爲可靠的款者，實際上多爲畫餅。「在剛毅祇以一己私見，極力搜刮以見其籌餉之多，而未計及所籌之項，是否實可提儲。剛毅回京之後，即以所籌之款指抵磅價，以虛有其名之項，而作實不可緩之用。」陶模等指陳自從西江開放通商，洋票暢行無阻，正釐能否徵收足額，尚且不無疑問，而釐金改歸商辦，已證明是空中樓閣；至於外銷節省等項，支出皆爲維持行政機構運作所必須，所省有限。他認爲提取盈餘，對督撫的影響尚少，但對地方州縣官員來說，則使他們不能克盡厥職；部份不肖官員且會強索於民，藉以抵補虧空。[104] 陶模因而提議刪減提取盈餘、節省外銷及加增稅釐比較等項目，總計達265,300兩（見下

98 《宮中檔》，第13輯，頁564-5。

99 《德宗實錄》，卷465，頁10，光緒廿六年六月癸未。

100 《宮中檔》，第13輯，頁795。

101 前引書，第14輯，頁154；《陶奏議》，卷12，頁6，〈廣東裁提各款不能如數籌足摺〉。

102 《宮中檔》，第14輯，頁589；陶模，〈瀝陳湊解各款爲難情形疏〉，載《皇朝道咸同光奏議》，卷26下，〈户政類・理財下〉，頁27。

103 《宮中檔》，第14輯，頁211。

104 前引書，頁154；《陶奏議》，卷12，頁7，〈廣東裁提各款不能如數籌足摺〉。

表）。他建議的減幅幾近剛毅擬籌款數的30%。據陶模估計，剛毅擬籌160萬兩的約數中，只有92萬兩爲可靠有著之款。[105]

表四　李鴻章與陶模議減款數與剛毅原議的比較（單位：兩）

款源	(1) 剛毅原 索款數	(2) 李鴻章 議減數	(3) 陶模 議減數	(4) 差額	(5) (2)爲(1)及 (3)爲(1)的 百分比
					(A)
廣、潮、廉三府及南海等九縣報效	100,000	52,000		48,000	52.00
鹽政：1. 運庫節省各項	120,200	18,600		101,600	15.47
2. 各差缺盈餘	84,300	32,600(—)*		51,700	38.67
小計	304,500	103,200(—)	—	201,300	33.89
					(B)
提取盈餘：1. 善後局	100,000	184,300	30,000	154,300	16.28
2. 鹽務各差	84,300				
節省外銷：1. 善後局	400,300(+)	520,300(+)	205,300	315,300(+)	39.46
2. 運庫	120,000				
釐金新加比較		219,000	30,000	189,000	13.70
小計		923,600(+)	265,300	658,300	28.72

資料來源：表三；《宮中檔》，第13輯，頁563-4；註105。

附注：這數目實有偏低，蓋李氏奏請「平櫃官局，省城緝私局擬請減提三分之一，又臨全大江局擬請減提五成之一，」沒有提供實際擬請減免數字，故無法將之列入表中。

(A)和(B)分別指(2)爲(1)及(3)爲(1)的百分比。

---

105 《宮中檔》，第14輯，頁589-90；陶模，〈瀝陳湊解各款爲難情形疏〉，載《皇朝道咸同光奏議》，卷26下，〈户政類・理財下〉，頁27。

情勢惡化，與時俱增。據兩廣總督岑春暄於光緒三十(1904)年奏稱，剛毅預期可籌到的160萬兩，內只有一半數目確實可靠。[106]

剛毅奉使江蘇期間，指望藉著清賦，覈辦蘇屬地區匿報的熟田，並把眞正的荒田加緊勒限招墾，每年可徵到約六十萬兩的稅入。他對於蘇屬一帶土地問題的癥結，並非一無所知。他說：「推厥弊所自始，由於州縣之匿報者有之；由於紳戶之包抗者有之；由於書差之侵蝕者有之。…溯查減賦案內永革大、小戶名目，其繼借善堂爲詞減折完納，繼則紳士效尤減完，繼又以己產不足，復攬小戶詭寄之產代爲包完。大戶日多，小戶日少；官不敢詰，吏不敢問，此其弊之在紳者也。…顧弊在官可撤可參；弊在書差可斥革懲辦；獨在紳戶，大半縉紳望族，其中潔淸自好，固不乏人，而不肖者倚此爲生，聲氣廣通，奧援遍樹，欲圖整頓，傾陷隨之，官斯土者，遂不敢議及淸賦一事。」[107] 惟就前述他所提出的興革措施看來，似並無一套有效辦法，革除以上的各種積弊，依然無法擺脫同治減賦以來蘇省疆吏處理此問題的格局。[108] 一如中國歷代政府那樣，剛毅的工作重點是整理田賦稅收，使田額不受虧損，維持於同治四年的水平。[109] 無

106 《東方雜誌》，一卷十期（1904年十二月一日），〈財政〉，頁261、263，〈署兩廣總督岑等會奏粵省現辦籌餉情形摺〉。

107 《宮中檔》，第13輯，頁58-9。在另一摺中，剛毅奏陳：「再匿報熟田之弊，以蘇屬爲最；包攬抗欠之風，亦以蘇屬爲最。紳士中…不肖者，大半藉包漕爲生。以階秩之崇卑，判減折之多寡。士子偶博一第，自立小、大户名目，便可減完。頹風陋習，沿爲故常。地方官議及整頓，便群起譁然，百端挾制。甚或有賄通言官，藉端中傷者。…詭寄包抗，日甚一日。即如本年〔光緒廿五年〕昭文縣舉人歸宗郿包漕一案。......竊念歸宗郿不過一舉人，而包攬各户銀米至一千餘千〔？〕之多，財大於該舉人者可知。辦理之爲難，亦從可知。此次清理漕賦，明知刁紳劣衿窟穴其中，牢不可破，難保不成群結黨，競起爲難，稍一掣肘，便有事敗垂成之懼。」見同書，頁51。

108 詳參註51，Lojewske、夏鼐、白井佐知子、朱慶永、劉克祥、李文治及江太新、Ocko，Polachek諸人的著作。

109 有關中國歷代政府對整理田賦著重於使田額不受虧損，而非履畝實測，詳見何炳棣，《中國歷代土地數字考實》(台北：聯經出版事業公司，1995)，頁27-36、58-64、80。何教授指出政府沒法履畝實測，主因在於人力、財力、技術人員及時間的制約，同時爲了避免擾民，引起地方騷動。

怪英駐滬外交官S. F. Mayers稱剛毅所擬者不過爲「烏托邦的措施」(Utopian measure)。[110] 光緒三十年清政府派鐵良爲欽差大臣，奉命到蘇屬地區作相類似的調查，發現剛毅清賦搜出的田畝；所欠田賦，爲數仍在二十萬兩上下。[111]

綜括來說，剛毅奉使蘇、粵的經歷，說明了中央儘管在政治上被奉爲最後裁決者，唯就其在財政體系掌握的管治能力水平所示，兩相比較，則相形見絀。

伍、鐵良使蘇

在剛毅奉使江蘇和廣東五年後，光緒三十年六月清政府諭令兵部左侍郎鐵良爲欽使，率團赴江蘇及其他南省。在諭旨中，清政府申明鐵良此行的主要目的有二：一、探查約六星期前湖廣總督張之洞所議，把江南製造局從上海遷至江西萍鄉是否妥當；二、對各該省分的財稅收支、省庫和經徵機構的素質效率進行周密的調查。[112]

鐵良任務的重要性，引起公眾議論紛紜。中外報章對鐵良此行的性質，極表懷疑。有謂其此行的任務，厥爲密查會黨及其他反清活動，[113] 更有謂鐵良的最終目的，在於中央集權，削弱南省的財政力量。這一信念因剛毅五年前南巡的經歷而加強。從《中外日報》及《順天時報》的論說即可見一斑。[114] 《中外日

---

110 Inclosure in No. 49, FO 405/87, p.60.

111 《東方雜誌》，二卷一期（1905年二月廿八日），〈財政〉，頁8-9，〈練兵大臣兵部侍郎鐵奏陳查明江蘇省司庫局所進出款項情形摺〉；《諭摺彙存》，光緒三十年十二月初八日，頁16；《申報》，第11405號，光緒三十年十二月初九日。

112 《德宗實錄》，卷532，頁5，光緒三十年六月壬子。張之洞的建議，詳見《張文襄公全集》（台北：文海出版社，1963，據北平楚學精蘆丁丑〔1937〕藏版影印），卷62，頁2-18，〈會籌江南製造局移建新廠辦法摺〉（光緒三十年四月十八日）。

113 《順天時報》，第777號，光緒三十年八月十八日，〈論說・論鐵良南下〉；第780號，八月廿一日，〈論說・論鐵侍郎南下書後〉。

114 「政府自設立財政處、練兵處後，日與各省督撫以文牘相往還，近日乃有派鐵良南下之事。窺其意無非欲吸聚各省之財權，歸於政府而已；無非欲收集各省之兵權，屬諸政府而已。而考其意之所由來，則一言以蔽之曰，中央集權而已。」見〈論中央集權之流弊〉，轉引自《東方雜誌》，一卷七期（1904年九月四日），〈財政〉，頁148。「按此

報》的評論有相當部份收入《東方雜誌》。

鐵良此行也喚起南省人士不快的回憶。中外報章拿鐵良南巡和光緒廿五年剛毅赴蘇、粵籌款作類比。報章所用「中央集權」這名詞，言外之意，實含貶義。因剛毅完成使命未幾，庚子拳變接踵而來；民意輿論，尤其是上海報章，都確信若非剛毅的財政搜刮，朝廷中的頑固派當無力對華北的外人發動攻擊。幸好兩位最具影響力的總督劉坤一和張之洞與上海外國領事盡力斡旋，南省其他督撫相繼加入，清政府與列強的戰事才限於直隸境內，不致波及南省。[115] 事後民意輿論俱認爲若非東南各省督撫的謹愼克制，中國大片國土必會捲入戰火中，陷於萬劫不復的局面。職是之故，民意輿論咸覺地方督撫幸而尚可掌控相當程度的權力，以應付任何類似拳變的突發緊急情況。基於這種背景，鐵良奉使南省即引起當地不安，蓋民意輿論懷疑中央政府打算剝奪東南督撫現存的權力，以便爲所欲爲，漫無制約。《中外日報》、《順天時報》和《華字日報》

次鐵良南下之故，據諭旨所言，則曰查察製造局也，曰順道將各省司庫局所利弊逐一查明也；然而查明之後，究竟如何處置，未之明言，則宗旨所在，尚不得而知也。而一核以五月二十八日之懿旨，與夫本館之所聞，則其宗旨可一言以蔽之，曰中央集權。惟其欲實達此中央集權之目的，故欲將東南各省之財權、兵權，悉握諸政府，使各省疆臣不得自有其財權，不得自有其兵權，而即以各省所有之款項，悉輸諸京師以爲練兵之用。…則此次鐵良南下之故，蓋可考而知也。故其辦事之宗旨在於中央集權，而其辦理之次第，則在於取東南之財，以練北方之兵。」見〈論鐵良南下之宗旨〉，轉引自前引書，一卷九期（1904年十一月二日），〈財政〉，頁210-1。《順天時報》認爲鐵良此行，有「靜觀督撫之舉動」的意義在內，蓋「今日之督撫，即列國之諸侯，其在外之權力，且重于天子。…苟私心而用之，豈非大患？況乎今日南省督撫，漢人居其多數。…此又鐵良南下所必留意者也。」（第777號，光緒三十年八月十八日，〈論說・論鐵良南下〉）同報讀者來書謂此次鐵良南行，「則以南省之財權，練北省之兵，…吾意政府之用心，不過取中央集權已矣。」（第786號，光緒三十年八月廿八日，〈來稿・警告政府〉）《時報》亦謂：「或疑其眞意在於集權中央，以爲預防家賊之計。」見〈鐵侍郎南下之關係〉，轉引自《東方雜誌》，一卷八期（1904年十月四日），〈社說〉，頁185；《華字日報》，光緒三十年七月廿二日。

115 有關這段插曲，參考王爾敏，〈拳變期間之南省自保〉，收入《大陸雜誌史學叢書》，第二輯（台北，1967），第五冊；Chester C. Tan (譚春霖), *The Boxer Catastrophe* (New York: Columbia University Press, 1955), ch. 4.

甚至視之爲拳變重現的序幕。[116]

輿論對鐵良南巡疑惑不安並非全無根據。光緒廿九年(1903)十一月清政府諭令各省從翌年起，須解交年額達882萬兩的練兵經費。[117] 光緒三十年五月清政府密諭各省督撫，指出自去年底攤派各省練兵經費以來，「除安徽每年認解十萬，其餘各省雖有報解，不無敷衍之處，一切積弊，多未認眞整頓。」針對督撫這種馬虎塞責的態度，清政府嚴加申斥，責令地方當局裁減冗員雜費，不得單靠屬員提交的報告，以免爲他們所把持，遂致「多留優缺優差，爲調劑屬員地步。」清政府瞭解「籌款之法，各省不同，」在不擾民的前提下，准許各省運用不同的手法，以籌措所需款項，唯規定要把籌辦情形於一個月之內具報。[118] 這密諭頒發一周後，鐵良即被任命爲欽差大臣。

爲要在全國建立現代化的正規軍，清政府於光緒廿九年十一月成立練兵處。據S. R. Mackinnon的研究，此舉純粹是要把人和財從其他各省導引至中央所在的直隸的口實。[119] 他指出「在供應新增部隊軍餉方面，只有直隸總督袁〔世凱〕得到練兵處的援助；在大清帝國其他部份，正規新軍難得徵集，新軍之名索性賦予現有的部隊。」[120] 事實上，練兵處的組織多仿照袁世凱的軍事施政而建

---

116 參考〈論鐵侍郎提取製造局存款八十萬兩事〉，轉引自《東方雜誌》，一卷九期，〈財政〉，頁225；〈論義和團第二次之出現〉，轉引自同書，一卷八期，〈社說〉，頁188-9；《華字日報》，光緒三十年七月廿八日，〈論說・義和團恐再出現〉；八月十五日，〈欽差與金價有關係〉；《順天時報》，第786號，光緒三十年七月廿八日，〈來稿・警告政府〉；No.56 W. T. Gracey to Herbert H. D. Peirce, Nanking, 7/11/1904, *Dispatches from U. S. Consuls in Nanking, 1902-1906*; No.38, Sir E. Satow to the Marquess of Lansdowne, Peking, December 7, 1904, FO 405/154, p.48.

117 《東華錄》，總頁5116-7，光緒廿九年十一月丙戌；《德宗實錄》，卷523，頁5-7，光緒廿九年十一月丙戌；《清續通考》，考8277，卷77，〈國用考〉九，〈會計〉。

118 《德宗實錄》，卷531，頁12b-3，光緒三十年五月丙午；《東華錄》，總頁5197-8，光緒三十年五月丙午。據倫敦《泰晤士報》(*Times*)報導，兩江、湖廣及閩浙三總督合奏，抱怨練兵經費的方案，認爲會把各該省的錢財吸乾。見Stephen R. Mackinnon, 前引書，頁110。

119 氏著，前引書，頁109。

120 前引書，頁108。

構；練兵處成員多由袁世凱那裡借用。就軍隊現代化而論，袁世凱和練兵處具有許多共同利益。從這點來看，《中外日報》等報章以鐵良南下的任務，厥爲自東南抽餉，練北方之軍，並藉此削南省督撫之權的說法，並非無的放矢。在某種程度上，鐵良此行與剛毅五年前南巡蘇、粵，兩者之間，堪作類比。表面上，這兩位欽使都負派往南省視察軍備措置，並調查當地財政管理的任務，究其背後的動因，厥爲清政府在在需財，故派二人赴南省，強制地方督撫與中央協力合作，籌措餉需。

有關鐵良在中央任官發跡前的履歷，我們掌握的資料有限。他於光緒廿九年五月到翌年四月先後任戶部右侍郎及兵部左侍郎，並與袁世凱一起負責創建練兵處，爲該處會辦練兵大臣之一。[121] 他的職責主要爲參與擬定練兵方案及籌措餉需供練兵之用。基於這種背景，鐵良遂被寄以南巡重任；事實上，南巡厥可視爲鐵良催迫地方督撫解交練兵經費的委婉說法。

鐵良於光緒三十年七月初十日(1904.8.20)離京，八日後抵達上海。八月初六日(9.15)他從上海赴蘇州，在蘇州逗留至廿六日(10.5)。他從蘇州回滬，先後巡閱吳淞、江陰及鎮江的部隊及砲台，隨於九月十三日(10.21)抵南京，並在當地逗留至十月廿三日(11.29)。接著，他離南京往安徽蕪湖，轉赴江西萍鄉。[122] 他巡視蘇省期間，大部份時間耗於上海、蘇州和南京三地。

在上海，鐵良從江南製造局弄得的款項，數達804,968兩，其中558,165兩來自正項，另246,823兩來自雜款。[123] 從同治六年(1867)起，製造局的部份經費即依靠滬海關原須解交中央政府的四成總歲入中所劃撥出的一半維持。光緒廿三年兩江總督劉坤一奏請每年從滬海關加撥二十萬兩給江南製造局。光緒廿五年以降，解撥製造局的財源有二：滬海關及蘇省釐金通稱爲正項，至於來自輪船

---

[121] 前引書，頁78-9。

[122] *NCH*, 26/8/1904, p.471; 16/9/1904, p.641; 7/10/1904, p.811; 2/12/1904, p.1247; *North China Daily News* (以下簡稱*NCDN*), 12/10/1904, p.5; 14/10/1904, p.5; 15/10/1904, p.5.

[123] 中國史學會編，《洋務運動》（上海：人民出版社，1961），冊四，頁162；《東方雜誌》，一卷十期〈財政〉，頁277，〈各省財政彙誌〉；*NCH*, 16/9/1904, p.641.

維修及拆卸的收入則稱爲雜款。[124] 據Thomas L. Kennedy的研究，「甲午戰後接著的十年對江南製造局來說，不單是財政充裕，也是其收入實質上免受外界課徵的時期。」[125] 剛毅在江蘇索款期間，他從江南製造局所抽提的款數只有12,000兩，製造局比較上不受剛毅的需索殃及。蓋是時清政府因拒絕義大利索租三門灣，不惜與之決裂，在備戰時期，自然不願波及製造局經費。[126] 鐵良抵蘇前，從光緒廿一到廿九年八年間，製造局積累的收入數達10,089,680兩，其中8,581,406兩來自正項，1,508,274兩來自雜款。同期間，製造局的累積支出總計達9,679,356兩。[127] 鐵良審閱過製造局的收支後，下令把製造局截至光緒三十年六月止所剩下的全部結餘交由中央政府支配。影響所及，製造局直至取得滬海關所撥之款後，方能擺脫一籌莫展的困境。[128]

提取過江南製造局結餘的款項後，鐵良先後檢視了銅圓局、海關、釐金、善後局及蘇州一地其他經徵機構，並查核蘇屬地區的司庫賬冊。他給清政府的報告中指陳賬冊內資產平衡負債表的收支兩項混淆不清，前後糾結而無從理出頭緒來。[129] 由於資料闕如，我們無從知悉鐵良在蘇州所接收的實在款數。《東方雜誌》報導鐵良預期每年從蘇屬地區因沙州填築而課自所墾出熟田的額外進款，數達十七萬兩。[130]

---

124 《洋務運動》，册四，頁147、152-4；Thomas L. Kennedy, "The Kiangnan Arsenal in the Era of Reform 1895-1911,"《中央研究院近代史研究所集刊》，第三期，上册（1972年七月），頁290-1。

125 Thomas L. Kennedy, 前引文，頁290。

126 前引文，頁291；《洋務運動》，册四，頁155。

127 Thomas L. Kennedy, 前引文，頁291、297。

128 《順天時報》，第786號，光緒三十年八月廿八日，〈來稿・警告政府〉。

129 《東方雜誌》，二卷一期，〈財政〉，頁8-9；《諭摺彙存》，光緒三十年十二月初八日，頁15b-6；《申報》，第11405號，光緒三十年十二月初九日。

130 《東方雜誌》，一卷十期，〈財政〉，頁277。據載江蘇巡撫端方曾就此事，與鐵良發生爭議。端方謂蘇省財政喫緊，如將此款提去，若蘇省出現突發意外，費從何出？見《大公報》（天津），第832號，光緒三十年九月十日，〈各報要聞摘錄・紀鐵侍郎在蘇籌款事〉；*NCDN*, 11/10/1904, p.5. 按光緒廿九年十二月户部條陳籌款十項措施，其中之一即爲命廣東、江蘇、安徽、江西、湖北及浙江等省切實清查勘丈已開墾而尚未課税或規避課税的沙田、沙州地畝。詳見《東華錄》，總頁5135-6，光緒廿九年十二月戊午；《諭摺彙存》，光緒廿九年十二月初九日，頁24b-5。

在江寧逗留期間，鐵良調查了鹽政、省庫及其他相關的官方機構。他發現類似存於蘇屬的財政管理弊端，同樣見於寧屬地區，尤以未報部的外銷之款爲然。[131] 他從支應局（發放款項予公用的機構）、釐捐局、銅圓局及籌防局等機關弄得一筆總數逾1,020,000兩的款項（見下表）。至於兩淮鹽政方面，在鐵良蒞蘇調查前，兩淮鹽區每年報部的鹽稅約逾五百萬兩。這數目顯然流於低報，蓋從新稅、釐金、加價、雜項等所得的收益多未報部。因鐵良的調查，兩淮鹽區光緒廿九年共報收的鹽餉，從以往每年的僅逾五百萬兩倍增爲1,200(+)萬兩。這相當可觀的增加實由於迄此之前指定作外銷用途的未報部款項包含在內所致。[132]

表五　光緒三十年鐵良從江寧所提取的總款數（單位兩）

款源	款數
一、支應局－1.儲存昭信服票銀	80,000(+)
2.積存報部銀	60,000(+)
二、籌防局存儲購買快船餘款並息銀	360,000
三、釐捐局歷年積存縮儲銀	110,000(+)
四、江海關部份外銷之款	約160,000
五、銅圓局部份餘利	約200,000
六、籌防局按年提還銀、銅圓局借本銀	50,000
總款數	約1,020,000(+)

資料來源：《東方雜誌》，二卷八期，〈財政〉，頁162。

附注：清政府令款源一至三應即行提解部庫，以應急需，至於款源四至六則應專款存儲，聽候部撥，非得中央核准，不得擅行挪動。四、五、六這三項款源被視爲持續不斷，表中所列款數乃按年所須提解聽候部撥的款額。

131 《東方雜誌》，二卷八期（1905年九月廿三日），〈財政〉，頁148-50，〈欽差大臣兵部左侍郎鐵查明江寧司庫局所進出款項情形摺〉。

132 《清續通考》，考7921，卷38，〈征榷考〉十，〈鹽法〉。户部在所上有關籌款的奏議中，指陳近年來兩江總督入報，兩淮鹽年產量超過產額（約九十萬引，每引相當於六百斤）二十萬到六十萬引。可是，每年售鹽量據報僅約七十萬引。職是之故，清政府懷疑掌管淮鹽產銷的官員定與商人勾結，分享非法之財，責令兩江總督及兩淮鹽運使切實調查整頓。見《東華錄》，總頁5137-8，光緒廿九年十二月戊午；《諭摺彙存》，光緒廿九年十二月初九日，頁21b-2。

鐵良在江蘇的財政抽提，較諸剛毅於光緒廿五年在蘇省的作爲，成績似更勝一籌。他從上海、蘇州和江寧總共查收到的款數約1,994,968兩。值得注意的是鐵良實際提取到的款數確大於前述數字。我們在前面已提過鐵良自蘇屬查收所得的款數，資料不全。至於兩淮鹽政方面，光緒卅一年戶部就鐵良的調查而提交的奏摺，對他提抽提的確實款數，也無任何資料可尋。儘管如此，我們可以確定的是兩淮鹽政因鐵良調查而揭露的收入，從五百萬兩倍增至1,200(+)萬兩。這筆前未報部，每年數逾七百萬兩額外之款，勢必成爲清政府徵抽的對象；清政府藉鐵良這次調查從而對兩淮鹽政握有一較爲全面的認識，此爲日後整頓鹽務所必需。根據鐵良的調查，淮南歷年課釐奏報「均不敘綱分引數，…而所報新、舊加價，又未悉備，款目參差，殊不足以備核考；」淮北課釐奏銷雖開列綱分引數，但只報至光緒廿四年丁酉綱止，前後積壓未報者達六綱之多，而所報綱分，其中款目亦有不盡核實之處。鐵良指出據兩淮原奏，湖南、湖北、江西和安徽四銷岸截至光緒廿八年底止，僅存鄂岸鹽釐銀125,000餘兩，他卻查出迄是年年底，上述四銷岸實存正雜項款銀168萬餘兩。至於緝捕私鹽方面，各銷岸緝私經費原備雇勇巡緝的需要；據鐵良的調查，「緝私有名無實，…局委以此款爲應得之利，半入私囊，」浮濫可想而知，而以皖岸尤甚。過去兩淮各岸督銷、掣驗各員的職位交代，並不報知戶部，致無從稽考。鐵良查出淮北五河總辦莫繩孫等及湖南、湖北兩岸分銷局所欠解的公款銀及商本銀，數逾283,000兩；癥結在於「各局員視同傳舍，幾以虧挪爲成例。」在現行體制之下，督銷爲調劑優缺，任期以一年爲限，而分銷各員則隨著督銷的任免而更換，因此他們所關注者，厥爲在任期屆滿前自肥，侵挪中飽在所不計。鐵良指出兩淮局卡以緝獲的私鹽（功鹽），從揚州、儀徵和下關運往鄂、皖兩岸搭銷者，每年多達四萬餘包，並不繳納課釐，「所收羨餘概歸外銷，且有作爲本局津貼者。」此外，淮南的鄂、湘、西、皖四銷岸及淮北的五正局卡俱以「本岸所獲，即歸本岸銷售；以多報少，漫無稽考，且變價銀兩大半充員司丁役犒賞。」[133] 此

[133] 《清續通考》，考7921-3，卷38，〈征榷考〉10，〈鹽法〉；《清鹽法志》，卷143，頁3b-4、6，〈兩淮〉44，〈徵榷門〉11，〈奏銷〉；卷146，頁21b-2，〈兩淮〉47，〈職官門〉1，〈官制〉。

外，鐵良並查出蘇省加抽四川鹽釐，不合定章者有三點。1. 不用庫秤掣驗，以致川局原發鹽每包合天平秤234斤十兩，祗按150斤上下完納鹽釐；2. 按定章輸入湖北行銷的川鹽，不准配運科則較花鹽爲重的巴鹽，但設於宜昌的蘇省鹽局，對巴鹽行銷湖北，並不過問，只令商人每包出錢八千了事，且巴鹽榷釐數目與花鹽相同，無分輕重；3. 巧創恩關名目，令每船付錢一千，每包則減榷十斤作交換，因私損公。[134]

在鐵良調查的基礎上，戶部提出連串措施以整頓存於兩淮鹽政的積弊，諸如：更定兩淮奏報程式；議准總棧局卞各員，「遇有交代，後限奏報，造具冊結，送部備查；」分銷各員則由督銷自行遴委，如有虧欠，督銷須負責全數賠償；並奏定兩淮各局卞交代限期。[135] 鐵良所查出兩淮鹽政的積弊及可觀數目的外銷之款，適足證明我們前面所作的斷言：剛毅的期望僅在於提抽大筆財稅收益，卻不曉得長遠來說，所要達成的目標是什麼。相較之下，鐵良的調查至少在鹽政領域方面，比剛毅所作的更爲深入徹底。

對江寧銅圓局所存的積弊，鐵良也有所調查。十九世紀八、九十年代以降，中國廣大地區出現銀賤錢荒的情況。蘇省當局爲解決制錢供應短缺的問題，先後於光緒廿三年底及廿七年秋間，設局開鑄銀圓及銅圓。鑒於鼓鑄有利可圖，蘇省遂倚之爲生財大道，而補制錢不足的原意盡失。[136] 可是「利之所在，弊即隨之」，江寧鑄局總辦諸員即以弊竇滋多而啓人以疑。因此，鐵良對該廠作了一番調查。他發現寧局鑄利出現每況愈下的趨勢，而該局的積弊觸目皆是，這可分八方面來說：一、採購機器報價浮濫；二、銅、鉛及煤油等原料採購時都有回扣；三、員司把持盤踞，用人唯親，致有工匠藝徒的僱用都要行賄的傳

---

134 《清鹽法志》，卷139，頁15-6，〈兩淮〉40，〈徵榷門・鄰稅〉。按花鹽又名魚子鹽，「散碎如雪，水氣大而耗多，宜銷於平原居民，」以四川本省及湖北爲主要銷場；巴鹽堅凝如塊狀，「水氣淨而耗少，宜銷於山陬邊境」，以滇、黔及四川邊境爲主要銷場。見拙著，〈晚清四川財政狀況的轉變〉，《新亞學報》，14卷（1984），頁319-20，註65、68。

135 同註132、133。

136 詳見拙著，〈從銀賤錢荒到銅元泛濫——清末新貨幣的發行及其影響〉，《中央研究院歷史語言研究所集刊》，62本，三分（1993年四月），頁404-5、414、416。

聞；四、冗員過多，造成糜費；五、收發部門在應發物料方面多有不足情況；六、宵小乘棄擲廢煤的時機，盜竊原煤外出；七、銅圓印花後，防範不周，有聽任工役竊取之虞；八、銅餅機壓所餘下的銅斤棄擲遍地，耗費不貲。有見及此，清政府責令蘇省當局須認眞整頓。[137]

鐵良抵蘇前，《時報》等中外報章報導兩江總督魏光燾訓令蘇州、江寧、江西及安徽四布政使須盡速核算其個別轄境內各項收支，提交四柱清冊；[138] 如有中飽挪移，有關官員須把虧空彌補。[139]

鐵良奉命到蘇省發掘和提抽當地的財稅收益，惹致他和地方當局相傾軋。據《北華捷報》報導，鐵良在蘇屬的查扣如此徹底，以致該省行政機關的運作大受損害。鐵良且和江蘇巡撫端方之間有激烈的爭論。鐵良堅不讓步，端方被迫向清政府申訴鐵良不加區別的任意徵取的不當。[140]

---

[137] 中國人民銀行總行參事室金融史料組編，《中國近代貨幣史資料》，第一輯（北京：中華書局，1964），頁832-4。

[138] 按清代制度，各倉庫的盤查或各項錢糧的奏銷等案，必須詳細開列清楚舊管、新收、開除和實在四項，合稱爲四柱。

[139] 〈鐵侍郎南下之關係〉，轉引自《東方雜誌》，一卷八期，〈社說〉，頁182-3；《華字日報》，光緒三十年七月廿一日；十一月一日，〈論說・二十三日上諭第三道謹注〉；《警鐘日報》（羅家倫主編，《中華民國史料叢編》，台北：中國國民黨黨史史料編纂委員會，1968，影印本），第178號，21/8/1904，頁3，〈南京・魏督導屬員舞弊〉。該報又提到類似情況出現於江西，該省官員忙於查核財政帳冊，冀能於鐵良抵達前，彌補一切虧空。見第194號，6/9/1904，頁3，〈江西・周浩盤庫之忙碌〉。

[140] *NCH*, 11/11/1904, p.1088；另參註130。據美駐南京副領事W. T. Gracey報導，他與鐵良會面所獲的印象，鐵良爲一能幹、頭腦清楚、聰明敏銳、性格果斷的強勢官員。Gracey並謂鐵良不顧兩江總督李興銳年邁，仍要李向他行拜禮，李因累透而死。見No.54, W. T. Gracey to H. D. Peirce, Nanking, 30/10/1904; No.56, W. T. Gracey to H. D. Peirce, Nanking, 7/11/1904 p.5；俱載*Dispatches from U S Consuls in Nanking, 1902-1906*. S. R. Mackinnon斷言：「明顯地，鐵良此行的結果，厥爲在財政和軍事問題上，與清政府合作不足的兩江總督魏光燾被調職。」（氏著，前引書，頁110）《字林西報》則載鐵良與魏光燾都相互討厭對方；當魏光燾要啓程從滬赴福州履任，二人即多方設法，不相在滬碰頭。詳見*NCDN*, 11/10/1904, p.5; 12/10/1904, p.5. 鐵良和魏光燾不睦或爲事實，不過對MacKinnon的主張，我們有所保留。就所知，鐵良於光緒三十年七月十八日抵上海，而魏光燾的調職令則於四日後發出，直至同年九月十三日，鐵良才赴兩江總督駐地南京。由於調查省庫狀況過程耗時，鐵良似不大可能僅在他抵蘇三日內，即因此事與魏光燾衝突。

鐵良奉使蘇省的影響，也波及於其他督撫。在鐵良即將到訪查看的壓力下，湖廣總督張之洞於光緒三十年解交五十萬兩充練兵經費，並允諾翌年另解五十萬兩。光緒三十年七月卅日他致電端方，請端方打聽鐵良對湖北的意圖。[141]

鐵良在蘇省的作爲激起當地官員的敵視。由於端方的申訴，清政府諭令鐵良應和地方當局合作，並要慎言謹行。[142] 光緒三十年十月清政府諭令：

> 該侍郎[鐵良]行抵江南，計已蕆事，著即遄赴灣沚、萍鄉兩處，審定局廠應否移建？地勢何處合宜？即行回京覆命。仍將經過地方營務，留心察看，至各省司庫局所一切款目，毋庸調查，著即責成該省督撫，認眞整頓。[143]

督撫承擔調查省庫出入款項之責，並不意味著清政府對鐵良失去信任。他被召回的主因，厥爲清政府對他委以主導中央軍政的重任。光緒卅一年二月他被擢陞爲兵部尚書，五個月後並授任爲軍機大臣。他也是政務處[144] 一成員，與袁世凱合作，負責訓練駐在保定的滿州勁旅。鐵良雖被召回，他赴蘇的使命，卻對沒有依照清政府諭令解交練兵經費的督撫施加壓力。到光緒三十年底大部份督撫經不起細查省庫的壓力而讓步，把練兵經費解交北京。在882萬兩的攤額中，光緒三十年內攤派省分允諾捐獻的總數達六百萬兩，約爲指定攤額的68%。[145]

就查扣財稅來說，鐵良此行沒有使中央政府失望。儘管如此，在若干方面，鐵良南巡的成績似未如理想。例如，他巡視江寧期間發現鑄局存在種種弊端，唯就二年後視察幣政的欽差大臣陳璧到蘇省鑄幣廠作調查時，情況依然未改，適足顯示清政府沒有採取行動來整頓局面。[146] 而且，中央對其重新整頓財政的勝任能力程度的認識，相當有限。在這種情況下，張之洞的反應似值得注意：

---

141 《張文襄公全集》，卷64，頁7b-8，〈籌劃東三省事宜摺〉(光緒三十年九月十六日)；卷190，〈電牘〉69，頁17，〈致蘇州端撫台〉（光緒三十年七月二十日午刻發）。

142 *NCH*, 11/11/1904, p. 1008; No. 38, Sir E. Satow to the Marquess of Lansdowne, Peking, December 7, 1904, FO 405/154, p.48.

143 《德宗實錄》，卷536，頁12，光緒三十年冬十月丙寅。

144 政務處於光緒廿七年成立，處理並檢討來自官民有關改革的報告及奏議。

145 S. R. Mackinnon,前引書，頁79。

146 拙著，〈從銀賤錢荒到銅圓泛濫〉，頁445、484。

他估計在其治下的省分要是能緊束開支，解交清政府所須的額外財稅收益，則中央不會考慮進一步的行政控制。事實上，《警鐘日報》即形容張之洞的反響爲僅以預備好的現成捐獻報效，避開中央政府的糾纏。[147]

陸、餘論

剛毅和鐵良奉使南下，實負有調查有關省分庫款收支狀況，並整頓財政，祛除積弊，節省糜費，把中飽涓滴歸公的任務。在他們所要巡查省分的督撫及人民心目中，二位欽差大臣所著意的卻在搜刮。外人更直以「肆意豪奪勒索的高官」(Hight Extortioner)之名冠諸二人。時人對他們持有這種看法，事出有因。剛毅爲反對維新運動的大員，拳變時支持拳民排外，其被時人視爲反動保守派官僚，實非偶然。拳變發生於他奉使蘇、粵整頓財政的翌年，更加強他奉命南下搜刮，籌措與外人開釁戰費的印象。五年後，鐵良抱同樣使命赴蘇，當地官民餘悸猶在，遂把他與剛毅並列，視爲一丘之貉。[148] 事實上，剛毅在蘇時，曾將未能如額交付餉需的三名揚州鹽商收捕審訊，引致上海租界當局憂慮同樣手段會施加於租界內的錢業公會成員。[149] 招商和電報二局亦成爲剛毅此行的犧牲品；剛毅所想到的兩局，不過是與釐卡等相類似的另一財源。面對來自中央的壓力，兩局被迫每年提供十萬兩的報效。這項需索自然以犧牲兩局經營的合理化爲代價。[150] 無怪劉坤一說：「剛相來寧，重在搜括款項」，[151] 而「肆意豪奪勒索的高官」這惡名遂不脛而走。

---

[147] 第215號，頁27/9/1904，〈湖北〉。

[148] 《華字日報》即謂：「今年〔1904〕日俄之戰爭益烈，而政府搜括之宗旨亦益堅；凡百設施無不以此事爲目的，屢見不一。……而近來又有一事，尤足爲證，……鐵良南下是也。」見光緒三十年八月十四日，〈論説・論今日政府搜刮之用意〉。

[149] *China Mail*, 1/9/1899, p.3.

[150] Albert Feuerwerker, 前引書，頁47-8、174-5、204；朱蔭貴，《國家干預經濟與中日近代化：招商局與三菱・日本郵船會社的比較研究》（《日本研究博士叢書》，北京：東方出版社，1994），頁132-3。

[151] 《劉集》，總頁2251，《書牘》卷13，〈復李壽亭〉（光緒廿五年五月）。

剛毅和鐵良是否歛財惡吏，並非本文所要探討的對象。二位欽差大臣南下所反映當日的中央和地方財政關係，方爲更具意義的課題。我們認爲就剛毅和鐵良奉使南下的經歷所示，整體而論，清末中央政府仍保有政治及行政權力。在諸如劉坤一、張之洞及譚鐘麟等顯赫的封疆大員心目中，中央還是一股不可低估的力量。他們非常清楚一旦不爲中央所喜時，仕途堪虞。這可解釋爲何他們在桀傲不遜的剛毅、鐵良面前所作的克制忍讓。另一方面，中央政府似並無有效的辦法，確保地方督撫依照其所規定的重點和章則行事；淸政府對督撫所從事的省政方案的實際詳細規劃，所知不多。事實上，整體來說，剛毅和鐵良南巡對有關省分財務的影響，相當有限。

値得注意的是跟中央政府一樣，督撫也大大地失去有效的監督管理省財政的能力。在財稅徵收的過程中，督撫的財權往往大受其屬吏所制約，蓋稅收一大部份在到達省官僚集團的更高層級前，即爲若輩中飽侵呑。[152] 例如，針對淸政府於光緒廿五年六月所發，命地方督撫整頓釐金、鹽務和常關的諭旨，粵督譚鐘麟即坦認儘管省內釐務弊端盤根錯節，他卻對侵呑挪用的程度茫無所知。[153]《中外日報》對此有如下的評論：

> 中國號爲專制之國，而至於今日，則大權所在，究難指責政府有權矣，而所下之令，或有不便於時者，則各省疆吏可以抗不奉行，政府無如何也。即或迫於嚴切之詔旨，不敢據理力爭，而其勢又萬不可行，則相率以陽奉陰違了事，以免政府之催督，而政府無如何也，是政府無權也，督撫有權矣。而用一人必請命於大部，部臣駁以不合例，則不能用也；行一事亦必請命於大部，部臣如執不許，則亦不能行也。甚至其下之司道，若與督撫不洽，則亦可陰抗其意旨，而不爲奉行，是疆吏亦無權也。[154]

---

152 劉廣京，前引文，頁251-2、257。

153 《譚奏稿》，卷20，頁15，〈澈底淸查廣東外銷各款摺〉云：「查廣東抽釐，…委員中飽，司事賣放之弊，誠所不免，然欲究其確數，迄不可得。」

154 〈論中央集權之流弊〉，載《東方雜誌》，一卷十期，〈社說〉，頁148-9。宣統年間，督撫奉命催督州縣官員提交轄下的財政狀況報告，與州縣利益牴觸，惹起抵制反彈，致成果有限。趙爾巽督川，厲行省財政中央集權化，導致與地方士紳對立衝突，埋下革命伏線。凡此都可爲《中外日報》所言作一註腳。詳見Paul Christopher Hickey, 前引文，頁191-201及第五章。

正基於這背景，故李鴻章斷言剛毅若從他本人作過地方各級官員的身份出發，而非站在欽差大臣的立場看問題，則剛毅便應懂得他的方案是如何不切實際。再者，蘇省地方官員感到鐵良南巡該省的作爲，瓦解了中央地方關係的現存體制；就這些官員看來，鐵良對於在習以爲常的政治和行政關係中所隱伏的困窘茫無所知。上述現象實有助於說明清帝國末期的財政管理已是高度分權，姑不論中央仍握有掌控地方官員的政治權力。

近年來，不少政治學者及歷史社會學者提出國力或權力爲非零和(non-zero sum)遊戲的主張。他們認爲在權力分析的原則中，一方權力的增加並不意味另一方的權力受損。「甲乙雙方就行爲的或同或異方面來說，同時增加其權力以凌駕對方，不單是頗有可能，也是相當平常的；相互影響是遍在的現象。」[155]「國力這一課題，姑不論概念化爲國家自主於社會群外，或國家本身或其所代表的其他團體的干預能力，都要通過透澈地慮及到非零和作用和國家社會之間的複雜互動的辯證分析，方能獲益良多地提出討論。」[156]從剛毅和鐵良南下經歷所見，我們若把清末中央和地方之間的權力關係不像從前那樣簡單地視作非此即彼的零和遊戲，把政治權力和管治能力區分出來，或更能準確的反映當日的歷史面貌。

《中外日報》等報章所說的政府及疆吏俱無權力的現象，以及剛毅和鐵良南下整頓財政成效不彰，實與中央和督撫俱未能切實掌握整頓財政所必須的根本資訊息息相關。歷史學者John Brewer即指出：政府的權力在相當大的程度上取決於它能否整理及操縱不同種類的資訊；政府要更有效率，便必須握有更詳盡精確的資訊。除非這些大量的資訊能以統計、表列或數理方式組織起來，按卷宗順序排列，編成引得，使相關官員迅即可取得不可或缺的資料數據，不然是無多大用處的。國家不但需要整理好的資料數據來執行政策，更須藉此以確保

---

[155] David A. Baldwin, *Economic Statecraft* (Princeton: Princeton University Press, 1985), pp.21-2.

[156] Peter B. Evans, Dietrich Rueschemeyer, and Theda Skocpol, "On the Road toward a More Adequate Understanding of the State," in idem eds., *Bringing the State Back In* (Cambridge, London, New York, New Rochelle, Melbourne, Sydney: Cambridge University Press, 1985), p.355.

政策有效地落實。國力的成長通常伴隨著政府對社會訊息掌握的程度或性質的變遷而來。運算能力既被認為是瞭解政治所必要，則明君賢臣的特質便要重新界定。治國之道不再僅是道德及政治勇氣的問題，也須專門技術知識，特別是對國家資源能作精打細算的頭腦和能力。Brewer認為這是英國能在1680年代以降能轉化為財政——軍事國家(Fiscal-Military State)的原因之一。[157] 這種情況與十九世紀末中國所呈現者，大相逕庭。據政治學者Margaret Levi的研究，統治者要把政府稅入增至極限時，鮮能隨心所欲；反之，恆受諸如相對於其對手的議價能力(relative bargaining power)、交易成本(transaction cost)及折扣率(discount rate)所制約。統治者若能壟斷更多的強制、經濟及政治的資源，則其議價能力會更大。交易成本包括資訊的尋找及取得，合約或政策的討價還價、談判、執行及強制的費用等。折扣率即統治者看重於未來相對於現在的程度；折扣率愈高，統治者愈不關切未來的政策選擇。交易成本方面，統治者透過強制、意識形態及擬似自願(quasi-voluntary)三種辦法減省課稅時的順從費用(compliance cost)。[158]

Brewer及Levi的研究，對探討清末中央及地方財政關係饒具啓發。就剛毅、鐵良南巡經歷所示，清末從中央到地方督撫，對它們轄下的財政管理，俱失去有效的監控能力。中央固不用說，甚至督撫的財權亦受地方下層勢力所制約，省內稅釐所入大部份為局卡人員侵漁，局差的下層人員如書吏差役，亦因其與地方具特殊關係而未能能屏棄。中央既無法掌握各省的準確財政訊息，加以咸、同以後，督撫掌握的軍權、財權，以至行政權俱較前倍增，清政府通常須與督撫經諭旨及奏章往還一番討價還價後，方能從省方獲得指定的解款。在此種情況下，中央根本無法對省財政作徹底根本的清理，而督撫面對下層盤根錯

157 氏著，*The Sinews of Power: War, Money and the English State 1688-1783* (New York: Alfred A. Knopf, 1989), pp.221-5. 財政—軍事國家的主要特徵為：高稅收、茁壯而富組織性的民政、常備軍及作歐洲強國的決心。（同書，頁137）。

158 氏著，*Of Rule and Revenue* (Berkeley, Los Angeles, London: University of California Press, 1988), chs. 2, 3, esp. pp.10-32, 48-55.擬似自願順從只有納稅人信賴：(1)統治者履行協定和(2)其他成員同樣履行協定時，才會出現。擬似者，是因為違法者被查獲時，會受強制處分，納稅人付稅，非純粹出自意願。（同書，頁52-53）。

節的貪污舞弊，即使有意整頓稅收，亦無能爲力。因此，剛毅和鐵良奉使南下所著重者，厥爲短期性的財政擴張；[159] 他們注重當前利益，缺少長遠關切，實不偶然，其交易成本及策略選擇的折扣率亦從而加增及提高。平情而論，剛毅和鐵良南下的作爲，實不能單從道德角度加以譴責。實質上，他們的活動不過是甲午以降，清政府所日益依賴，藉以苟延殘喘而向各省硬性攤派的另一面，[160] 只是個人色彩較爲濃厚，亦更具戲劇性而已。[161]

由此看來，這二次使命只觸及蘇、粵二省財政的表層；清政府沒有面對當時財政的根本問題的勇氣和決心，把公共資源作合理的調整和安排，並把國家財政奠立在穩固的基礎上。這樣向地方討錢的辦法，由於地方官員合作有限，加上阻力太大，必然無法解決國家財政的根本問題。到宣統年間(1909-11)清政府眞正決心清理財政的時候，[162] 已是時不我與，作得太遲了。

---

159 英駐華公使薩道義(E. Satow)在致外交大臣的文書中謂鐵良在蘇的作爲，被督撫視爲意圖侵犯其利益範圍，因此對他怨憤不已；清政府遂命鐵良即赴灣沚和萍鄉，視察該兩處是否適合兵工廠遷建，毋庸調查所經省分司庫的款目。此舉足證督撫具抗拒中央大員干預省務的權力，清政府亦以召還鐵良來安撫他們爲上計。見FO 405/154, p.48. 另參考Edmund S. K. Fung (馮兆基), *The Military Dimension of the Chinese Revolution* (Canberra: Australian National University Press, 1980), p.56. 我們認爲薩道義所說，過於片面；深究一層，清政府因受資訊不全，交易成本過高，議價能力降低的制約，致策略選擇的折扣率愈高，從而所著重者只爲當前利益，恐怕才是癥結所在。

160 據彭雨新的研究，攤派的原則爲「不問各省實際收支盈虧，而僅大致視各省財力以攤派各省定額解款或協款。」「一經攤定，各省應即照額繳解，如無的款，祇有另行設法籌措之一法。」甲午戰後，清政府愈益依賴攤派的結果，各省財力更感不支。以廣東爲例，宣統年間的攤派總額，與甲午戰前的相較，增幅高達八倍。見〈清末中央與各省財政關係〉，頁83-6、88-9、91-2。

161 對剛毅奉使南下蘇、粵，*Hong Kong Daily Press*的社論有一段頗爲平允的話：「剛毅，眾所稱爲巧取豪奪的大吏，其使團的壓榨手段，惹起公憤。…儘管如此，剛毅使命顯得是窮困極的後果，値得更多較外人迄今所要給予的尊敬。北京財政困難，添加的財稅成爲萬不得已，除由省分取得財稅外，又從那裏得到呢？對加諸它們的附加需索，各省自不歡迎。」見3/10/1899.

162 詳見拙著，"A Final Attempt at Financial Centralization in the Late Qing Period, 1909-11," *Papers on Far Eastern History*, 32 (September 1985); Paul Christopher Hickey, 前引文，特別是二、四兩章。

John Brewer指出我們較常犯的誤謬，就是不能判別什麼是一國家有權去作的及什麼是它所能實際履行的。他說：「使用一位知名社會科學家〔Michael Mann〕的術語，一政權或會強於『專制權力』方面，有權廢免其臣民的財貨自由而不受法律抑制，卻弱於「下層基礎權力」方面，缺乏將專制權力付諸實行的機制。」[163] 就剛毅、鐵良南巡成績所示，清末中國恐怕正是這樣的一個國家；他這段話或許可作爲探討當日中央和地方關係時的參考座標。

[163] 氏著，前引書，XX。

引用書目

丁長清主編，《民國鹽務史稿》，北京：人民出版社，1990。

千家駒編，《舊中國公債史資料》，北京：中華書局，1984。

《大清會典事例》，台北：啓文出版社，1963，據國立中央圖書館藏1899刻本影印。

《大清德宗景皇帝實錄》，台北：華聯出版社，1964，光緒廿五年三月丁丑。

王雪華，〈督撫與清代政治〉，《武漢大學學報》（社會科學版），1992年第一期。

王爾敏，《淮軍志》，台北：中國學術著作獎助委員會，1967。

王爾敏，〈拳變期間之南省自保〉，收入《大陸雜誌史學叢書》，第二輯，台北，1967。

王樹敏、王延熙輯，《皇朝道咸同光奏議》，台北：文海出版社，據光緒壬寅（1902）上海久敬齋石印本影印。

尹福庭，〈試論太平天國革命時期清政府中央和地方權力的消長及其影響〉，載中國人民大學清史研究所編，《清史研究集》，第四輯，成都：四川人民出版社，1986。

中國人民銀行總行參事室金融史料組編，《中國近代貨幣史資料》，第一輯，北京：中華書局，1964。

中國史學會編，《洋務運動》，上海：人民出版社，1961，冊四。

中國科學院歷史研究所第三所主編，《劉坤一遺集》，《中國近代史資料叢書》，北京：中華書局，1958。

《甘肅全省財政說明書》，北京：經濟學會，1915。

《申報》，光緒二十五年五、六、七、八、九、十月，二十六年十月。

朱景邁，〈皇清誥授光祿大夫、頭品頂戴、署理江蘇布政使、特授江南淮揚海河務兵備道、一品廕生顯考竹石府君行狀〉，載朱之榛，《常慊慊齋文集》，庚辛〔1920〕嘉平東湖草堂。

朱蔭貴，《國家干預經濟與中日近代化：招商局與三菱・日本郵船會社的比較研究》，《日本研究博士叢書》，北京：東方出版社，1994。

朱慶永〈同治二年蘇松二府減賦之原因及其經過〉，《政治經濟學報》，三卷三期（1935年四月）。

朱壽朋編，《光緒朝東華錄》，北京：中華書局，1957。

臼井佐知子，〈同治年間江蘇省的賦稅改革與李鴻章〉，黃東蘭譯，載《中華文史論叢》，第52輯，上海：古籍出版社，1993。

何　烈，《釐金制度新探》，台北：中國學術著作獎助委員會，1972。

何　烈，《清咸、同時期的財政》，台北：國立編譯館中華叢書編審委員會，1981。

何　瑜，〈晚清中央集權體制變化原因再析〉，《清史研究》，1992年第一期。

何炳棣，《中國歷代土地數字考實》，台北：聯經出版事業公司，1995。

何漢威，《京漢鐵路初期史略》，香港：中文大學出版社，1979。

何漢威，〈晚清四川財政狀況的轉變〉，《新亞學報》，14卷（1984）。

何漢威，〈從銀賤錢荒到銅元泛濫——清末新貨幣的發行及其影響〉，《中央研究院歷史語言研究所集刊》，62本，三分（1993年四月）。

李希聖，《光緒會計錄》（無出版地點、日期）。

李治安主編，《唐宋元明清中央與地方關係研究》，天津：南開大學出版社，1996。

李文治、江太新，《清代漕運》，北京：中華書局，1995。

林　乾，〈咸豐後督撫職權的膨脹與晚清政治〉，《社會科學戰線》，1989年1期。

周育民，〈甲午戰後清朝財政研究（1894-1899）〉，《中國經濟史研究》，1989年第四期。

周育民，〈試論息借商款和昭信股票〉，《上海師範大學學報》（哲學社會科學版），1990年第一期。

吳建雍，〈清前期榷關及其管理制度〉，《中國史研究》，1984年第一期。

范毅軍，〈走私、貪污、關稅制度與明清國內貨物流通稅的徵收——明清時代關稅性質的檢討〉，《中央研究院近代史研究所集刊》，第22期上冊（1993年六月）。

茅家琦，〈地方勢力擴張與晚清政局〉，載《中國歷史上的分與合學術研討會論文集》，台北：聯合報系文化基金會，1995。

《東方雜誌》，一卷七期（1904年九月四日）、八期（1904年十月四日），九期（1904年十一月二日）、十期（1904年十二月一日），二卷一期（1905年二月二十八日）、八期（1905年九月二十三日）。

姜道章，〈清代的鹽稅〉，《食貨月刊》，復刊六卷七期（1976年10月）。

夏　鼐，〈太平天國前後長江各省之田賦問題〉，《清華學報》，十卷二期（1935年四月）。

故宮文獻編輯委員會編，《宮中檔光緒朝奏摺》，台北：國立故宮博物院，1974，第12、13、14輯。

陶葆廉輯，〈陶勤肅公奏議遺稿〉，沈雲龍主編，《近代中國史料叢刊》，第45輯，441冊，台北：文海出版社，1970，據1924刊本影印。

《清史列傳》，台北：中華書局，1964，二版。

張之洞，《張文襄公全集》，台北：文海出版社，1963，據北平楚學精蘆丁丑〔1937〕藏版影印。

張茂炯編，《清鹽法志》，北京：鹽務總署，1920。

陳詩啓，《中國近代海關史（晚清部份）》，北京：人民出版社，1993。

湯象龍，〈民國以前關稅擔保之外債〉，《中國近代經濟史研究集刊》，三卷一期（1935年五月）。

湯象龍，〈民國以前的賠款是如何償付的〉《中國近代經濟史研究集刊》，三卷二期，（1935年十一月）。

彭雨新，〈清末中央與各省財政關係〉，《社會科學雜誌》，九卷一期（1947年6月）。

彭雨新，〈辛亥革命前夕清王朝財政的崩潰〉，載湖北省歷史學會編，《辛亥革命論文集》，湖北人民出版社，1981。

傅宗懋，《清代督撫制度》，台北：國立政治大學，1963。

《順天時報》，光緒三十年七、八月。

《華字日報》，光緒二十七年六月、二十八年十二月、三十年七、八月。

劉克祥，〈十九世紀五十至九十年代清政府的減賦和清賦運動〉，《中國社會科學院經濟研究所集刊》，第七集，北京：中國社會科學出版社，1984。

劉廣京，〈晚清督撫權力問題商榷〉，載氏著，《經世思想與新興企業》，台北：聯經出版事業公司，1990。

劉錦藻纂，《清朝續文獻通考》（《萬有文庫》，第二集，上海：商務印書館，1936。

劉鳳翰，《武衛軍》，《專刊》之38，台北：中央研究院近代史研究所，1978。

劉嶽雲，《光緒會計表》，教育世界社，1901年

鄧之誠，《骨董瑣記》，北京：中國書店，1991。

魯子健，《清代四川財政史料》上，成都：四川省社會科學出版社，1984。

《諭摺彙存》，光緒二十三年三月，二十四年十一月，二十五年七月、九月，二十六年一、二月，二十九年十二月，三十年十二月.。

戴一峰，《近代中國海關與中國財政》，廈門大學出版社，1993。

繆全吉，〈曾國藩幕府盛況與晚清地方權力之變化〉，《中山學術文化集刊》，第四集（1969）。

魏光奇，〈清代後期中央集權財政體制的瓦解〉，《近代史研究》，1986年第一期。

魏秀梅編，《清季職官表》，《史料叢刊》之五，台北：中央研究院近代史研究所，1977。

羅玉東，〈光緒朝補救財政之方策〉，《中國近代經濟史研究集刊》，一卷二期（1933年五月）。

羅玉東，《中國釐金史》，《中央研究院社會科學研究所叢刊》，第六種，上海：商務印書館，1936。

羅炳綿，〈近代中國典當業的分佈趨勢和同業組織（上）〉，《食貨月刊》，復刊八卷二期（1978年五月）。

羅爾綱，〈清季兵爲將有的起源〉，《中國社會經濟史集刊》，五卷二期（1937年六月）。

羅爾綱，《湘軍新志》《中央研究院社會科學研究所叢刊》，長沙：商務印書館，1939。

譚鐘麟，《譚文勤公奏稿》(《清末民初史料叢書》，第12種，台北：成文出版社，1968，據1911刊本影印。

《警鐘日報》（羅家倫主編，《中華民國史料叢編》，台北：中國國民黨黨史史料編纂委員會，1968，影印本），1904年八、九月。

Baldwin, David A. *Economic Statecraft.* Princeton: Princeton University Press, 1985.

Bays, Daniel H. *China Enters the Twentieth Century: Chang Chih-tung and the Issue of a New Age, 1895-1909.* Ann Arbor: University of Michigan Press, 1978.

Brewer, John. *The Sinews of Power: War, Money and the English State 1688-1783.* New York: Alfred A. Knopf, 1989.

China Mail. Sept. 1899.

Dispatches from U S Consuls in Nanking, 1902-1906, No. 54, 56.

Evans, Peter B. Dietrich Rueschemeyer, and Theda Skocpol, "On the Road toward a More Adequate Understanding of the State," in idem eds., *Bringing the State Back In.* Cambridge, London, New York, New Rochelle, Melbourne, Sydney: Cambridge University Press, 1985.

Feuerwerker, Albert. *China's Early Industrialization: Sheng Hsuan-huai (1844-1916) and Mandarin Enterprise*. New York: Atheneum, College ed. 1970.

Fung, Edmund S. K. (馮兆基), *The Military Dimension of the Chinese Revolution.* Canberra: Australian National University Press, 1980.

Great Britain, Foreign Office, China, Confidential Print. FO405: 76, 84, 86, 87, 92, 154.

Great Britain, Foreign Office, Embassy and Consular Archives, China. FO228: 1282, 1322, 1358, 1461.

Hickey, Paul Christopher. "Bureaucratic Centralization and Public Finance in Late Qing China". Unpublished Doctoral Dissertaion, Harvard University, 1990.

Ho, Hon-wai. "A Final Attempt at Financial Centralization in the Late Qing Period, 1909-11," *Papers on Far Eastern History*, 32 (September 1985).

Hong Kong Dailing News. Sept. -Nov., 1899.

Kennedy, Thomas L. "The Kiangnan Arsenal in the Era of Reform 1895-1911,"《中央研究院近代史研究所集刊》，第三期，上冊（1972年七月）。

Levi, Margaret. *Of Rule and Revenue.* Berkeley, Los Angeles, London: University of California Press, 1988.

Loh, Wai-fong (陸惠風). "The Board of Revenue and Late Ch'ing Finance and a Study of the Relations between the Central Government and Provincial Government 1893-1899," Unpublished Doctoral Dissertation, Harvard University, 1977.

Lojewske, Frank A. "Confucian Reformers and Local Vested Interests: The Su-Sung-Tai Tax Reduction of 1863 and Its Aftermath," Unpublished Doctoral Dissertation, University of California at Davis, 1973.

Lojewske, Frank A. "The Kiangnan Tax Reduction of 1863: Ch'ing Fiscal Administration and Its Limitations," in *Conference on Modern Chinese Economic History* . Nankang: Institute of Economics, Academia Sinica, 1977.

Mackinnon, Stephen R. *Power and Politics in Late Imperial China: Yuan Shikai in Beijing and Tianjin.* Berkeley, Los Angeles & London: University of California Press, 1980.

Micahel, Franz. "Regionalism in Nineteenth-Century China," Introduction to Stanley Spector, *Li Hung-chang and the Huai Army: A Study in Nineteenth-Century Chinese Regionalism.* Seattle: University of Washington Press, 1964.

Morse, H. B. *The International Relations of the Chinese Empire.* Taipei: Ch'eng-wen Publishing Company, 1971, reprinted ed. , Vol.III: *The Period of Subjection.*

North China Daily News. October, 1904.

North China Herald and Supreme Court and Consular Gazette. June, August, September 1899, Aug.-Dec., 1904.

Ocko, Jonathan K. *Bureaucratic Reform in Provincial China: Ting Jih-ch'ang in Restoration Kiangsu, 1867-1870.* Harvard East Asian Monographs 103, Cambridge, Mass. and London: Council on East Asian Studies, Harvard University, 1983.

Polachek, James. "Gentry Hegemony: Soochow in the Tung-chih Restoration," in Frederick Wakeman, Jr. & Carolyn Grant eds., *Conflict and Control in Late Imperial China.* Berkeley, Los Angeles, London: University of California Press, 1975.

Returns of Trade and Trade Report for the Year 1899. China: Imperial Maritime Customs, II.

Tan, Chester C. (譚春霖). *The Boxer Catastrophe.* New York: Columbia University Press, 1955.

Wang, Yeh-chien. *Land Taxation in Imperial China, 1750-1911.* Harvard East Asian Series 73. Cambridge, Mass: Harvard University Press, 1973.

Wu, James T. K. (吳大琨). "Impact of the Taiping Rebellion upon the Manchu Fiscal System," *Pacific Historical Review*, XIX: 3 (August 1950).

Late Ch'ing Centre-Province Fiscal Relations as Seen in the Imperial Missions of Kang-i and T'ieh-liang in 1899 and 1904

Ho Hon-wai

Institute of History and Philology, Academia Sinica

Historians have always focused on the issue of the rise of endemic regionalism at the expense of the central government in their study of the history of late Ch'ing China. Earlier on, there existed a consensus among historians that after the T'ai-p'ing uprising, the central authorities had lost their political, military and fiscal power, which fell into the hands of the provincial governors-general and governors. From the late 1960's on, the validity of such a claim has been questioned continuously; historians have pointed out that the centre did not lose its power to the province, while the provincial authorities were not free to do as they pleased. In spite of the fact that this argument has gradually attained ascendancy, up to now many scholars still believe in the conventional line of interpretation.

In 1899 a politically sensitive mission to the affluent provinces of Kiangsu and Kwangtung for financial reorganization was entrusted to Kang-i; for similar purposes a second mission led by T'ieh-liang was dispatched to Kiangsu five years later. Before proceeding to discuss centre-province fiscal relations in all their aspects, the author conducts an in-depth case study of these two imperial missions, in order to explore the following issues: the rationale and aims of their mission, how specific and realizable their instructions were, the impact of their recommendations, the effectiveness of their accomplished tasks, the response of the provincial authorities to their actions, and the political implications of these two missions. My findings indicate that their extractions and political manoeuvring merely concentrated on gaining larger short-term revenues; they produced no long-term effects on the structure of the fiscal administration system of the provinces. The experience of these two missions reveal that while the centre was accepted as political arbiter, the central financial system clearly was lacking in administrative capacity. It should be noted that like the central government, the financial power of the governors-general and governors was much circumscribed by their clerks and subordinates in the revenue-collecting process, as a great part of the taxes collected were embezzled by this substratum even before they reached the higher levels of the provincial official hierarchy. Viewed from this perspective, we simply cannot regard the centre-province fiscal relations in late Ch'ing China as "zero-sum".

出自第六十八本第一分(一九九七年三月)

明武職選簿與衛所武官制的研究——

記中研院史語所藏明代武職選簿殘本兼評川越泰博的選簿研究

于志嘉*

武職選簿記錄了明代衛所武官世襲武職的家族經歷，是武選時兵部必須參照的重要資料。由於記載内容包括了祖輩以來的從軍緣由、武官功過及武職升降原因等，爲明代衛所武官制度的研究，提供了許多珍貴的一手資料。武職選簿以北京第一歷史檔案館收藏的數量最多，日本學者川越泰博則以日本收藏的十餘種抄本，做過一連串研究。本文利用新發現的史語所藏本，配合其他原始史料，除對川越説提出檢討，並説明選簿的利用價值。

關鍵詞：明代 衛所武官 武職選簿

* 中央研究院歷史語言研究所

一、緣起

隆慶三(1569)年九月，兵部尚書霍冀等因「武選司庫貯功次選簿及零選簿年久浥爛，而近年獲功堂稿與覈冊題覆尙未謄造，每遇選官淸黃之期，典籍殘闕，卒難尋閱」，題請及時照例修補。其後經兵部尚書郭乾等「嚴加清理，詳定規議」，先後行委車駕司員外郎賴嘉謨、武選司主事謝東陽，會同武選司郎中吳兌等「開局立法，督率選到七十八衛所吏役，逐一將功次、零選、堂稿及新功覈題未經立簿者盡行修補謄造」，此即隆慶間大造「武職選簿」之經緯。翌年六月簿成，至萬曆二十二(1594)年重修，其後雖未再大造，但凡有應附應補者皆「及時謄寫」，至明亡而止。[1] 淸康熙間修《明史》，下詔徵集明末檔案以供參考，選簿亦在其列。《明史》修完後，轉交內閣保存，遂成爲淸內閣大庫檔案中的一部份。宣統元(1909)年大庫屋壞，所藏被移放於文華殿兩廡，不及遷移者即聽其露積庫垣內，並以「舊檔無用」，奏准焚毀。此後歷經曲折，兩經羅振玉氏的搶救才得以保存若干。時至今日，更分屬台海兩岸之中央研究院歷史語言研究所及北京第一歷史檔案館（以下簡稱一史館）。[2] 另外，日本東洋文

---

[1] 參見史語所藏《銅鼓衛選簿》冊首所載「兵部爲清查功次選簿以裨軍政事」疏，見本文附錄一。于志嘉，《明代軍户世襲制度》，頁168-169曾收錄全文，但該書所引間有傳鈔之誤，應以選簿實物爲準。

[2] 清代內閣大庫檔案在閣議奏請焚毀後，因羅氏請張之洞奏罷焚毀之舉而暫免於厄，其中部份被移出的檔案，於民國元年由教育部所設歷史博物館接管。民國十年，歷史博物館因經費欠缺，將部份較破碎的檔案賤賣於同懋增紙店，後經羅氏以三倍之值買回。羅氏並於檢理檔案之餘，編印《史料叢刊初編》十冊。唯羅氏後爲財力所限，將之轉賣於李盛鐸。李氏復於民國十八年轉賣給中央研究院，這一部份的檔案遂交由史語所負責整理。民國二十一年初，分類整理的工作已完成了十之八九，不幸因日軍侵華，史語所決定將大部份檔案與圖書古物裝箱南運而告中斷。其後幾經遷徙，最後運到台灣的不過一百箱。內閣大庫當時未移出的檔案，於民國十四年故宮博物院成立以後，設置文獻部進行清點與整理的工作。1951年故宮博物院將文獻館改爲檔案館，不久又將檔案館從故宮分離出來，直屬於國家檔案局；並先後接收了中國歷史博物館、北京大學、清華大學、財政部、瀋陽圖書館、旅大圖書館等單位所藏的明清檔案。其中屬於北大的部份，乃是在民國十一年由歷史博物館將留存未賣的檔案撥給北京大學研究所國學門整理後，貯存於該所的。有關內閣大庫檔案輾轉流離的詳細情形，參見徐中舒，〈內閣檔案之由來及其整理〉、〈再述內閣大庫檔案之由來及其整理〉；李光濤，〈明清檔案與清代開國史料〉、〈記內閣大庫殘餘檔案〉；秦國經，〈明清檔案整理工作六十年〉；劉錚雲，〈史語所《明實錄》校勘與內閣大庫明清檔案的整理〉等。

庫亦收藏有十三冊抄本，[3] 由於保管及借閱制度完善，與兩岸相較，利用最易。唯抄本究竟不及原件，除傳鈔難免有誤外，諸如原件所有之先後筆跡不同、官吏校對戳記、乃至紙張黏附狀態等，俱無跡可考。筆者過去曾利用東洋文庫所藏選簿抄本，進行有關明代軍戶及武官世襲制度的研究。[4] 今因史語所藏明清檔案中發現部份明代武職選簿殘本，乃再撰此文以記。

二、現存選簿之收藏狀況

史語所藏明清檔案中有部份明代武職選簿殘本，由於過去收藏的環境不甚理想，一度又遭水患侵襲，霉變破損的情形相當嚴重。水患後雖經攤開曝曬，但回收時未能按照原冊次序，以至今日再見，除銅鼓一衛之選簿差能保持原狀外，餘皆錯亂不成編。經過初步整理，銅鼓衛以外，目前所見選簿殘頁包括了南京留守中衛中所、中中所、水軍所、鐘阜門所、神策門所、儀鳳門所、金川門所，南京龍江右衛左所、前所、後所，義勇右衛右所、中所、前所、後所，大河衛左所、右所、中所、前所、後所、中左所、中右所、中前所，臨安衛後所，成都右護衛右所、中所及鎮江衛（僅存目錄一頁）等；有些衛的殘頁較多，有些則不過一二頁，因此也不排除尚有陸續發現的可能。

武職選簿的收藏，以一史館為數最多。據該館《明選簿目錄》所載，計有如下各衛：1.府軍前衛，2-1.2-2.錦衣衛，3-1.3-2.3-3.金吾右衛，4.羽林前衛，5.燕山左衛，6-1.6-2.燕山前衛，7.武驤右衛，8.長陵衛、泰陵衛，9.獻陵衛，10.留守左衛，11.驍騎右衛，12.瀋陽左衛，13.定海衛，14.三萬衛，15.寧遠衛，16.青州左衛，17.宣州衛，18.西安左衛，19.平涼衛，20.甘州中護衛，21.安東中護衛，22.寧夏前衛，23.鎮番衛，24.寧夏中屯衛，25.成都左護衛，26.大渡河所，27.寧

---

[3] 這十三冊寫本乃是日本學者牧野巽於1935年夏訪問北京故宮時，於堆積如山的選簿中抽出一部委託該院謄寫，後因該寫本送回東京後受到和田清與岩井大慧二氏的重視，又陸續以東洋文庫的名義委託謄寫而得的。1971年夏，美國學者Wade F. Wilkison訪日，在東洋文庫見到這批寫本，返美後得到威丁堡大學湯瑪斯圖書館(Thomas Library of Wittenberg University)的援助，將十三冊衛選簿全部照相影印。參見于志嘉前引書，頁167-168。

[4] 見註1所引書，及于志嘉，〈從衛選簿看明代武官世襲制度〉。有關選簿收藏及利用的狀況，尚可參考前引文，頁30-31，48。

番衛，28.越巂衛，29.桂林右衛，30.柳州衛，31.南州（州爲丹之誤）衛（廣西），32.雲南左衛，33.雲南右衛，34.臨安衛，35.雲南後衛，36.大羅衛（附鳳梧所、木密關所、武定所），37.平越衛，38.安南衛（貴州），39.留守中衛，40.神策衛，41.高郵衛，42.滁州衛，43.蘇州衛，44.金山衛，45.歸德衛（中軍直隸），46.皇陵衛，47.懷遠衛，48.龍驤衛，49.黃軍（軍爲州之誤）衛（湖廣），50.沅州衛，51.清浪衛，52.平溪衛，53.承天衛，54.福州右衛，55.建寧左、右衛，56.汀州衛，57.留守後衛，58.興武衛，59.大寧中衛（後府），60.富峪衛，61.忠義前衛，62.義勇右衛，63.義勇後衛，64.永平衛，65.密雲後衛，66.興州左屯衛，67.延慶衛，68.盧龍衛，69.德州衛，70.天津衛，71.保定左衛，72.保定前衛，73.營州中屯衛，74.宣府前衛，75.宣府左衛，76.開平衛，77.保安衛，78-1.78-2.蔚州衛，79.振武衛，80.鎮西衛，81.鎮虜衛，82.玉林衛，83.雲川衛，84.羽林右衛（南京），85.府軍右衛（南京），86.錦衣衛（南京），87.天策衛，88.豹韜衛，89.豹韜左衛，90.留守後衛，91-1.91-2.鷹揚衛，91-3.通州衛，91-4.保定中衛等。此外，92.爲瀋陽群牧所襲替世系簿，93.-100.分別爲「新官襲職選底」、「新官替職選底」、「優給優養簿」、「選過替職官舍簿」、「選過優給優養簿」、「選過襲替復職併職優給優養簿」及選簿殘頁等，均與武職大選有關。

東洋文庫所藏十三冊十四衛選簿，則分別是1.玉林衛（一史館編號82，下同），2.鎮虜衛（81），3.雲川衛（83），4.平涼衛（19），5.安東中護衛（21），6.西安左衛（18），7.寧夏中屯衛（24），8.寧夏前衛（22），9.甘州中護衛（20），10.鎮番衛（23），11.寧遠衛（15），12.瀋陽左衛（12）、瀋陽右衛[5]及13.三萬衛（14）。

將以上各衛按照所屬五府、都司排列，可成下表。

[5] 東洋文庫本爲瀋陽左、右衛合爲一冊，一史館目錄不見瀋陽右衛，或爲編目者疏漏所致。不詳，待查。

附表一：現存武職選簿屬衛分佈表

親軍衛	府軍前衛、錦衣衛、金吾右衛、羽林前衛、燕山左衛、燕山前衛、武驤右衛、長陵衛、泰陵衛、獻陵衛、通州衛
五府屬在京衛	留守左衛、驍騎右衛、瀋陽左衛、瀋陽右衛（以上左府）、留守中衛、神策衛（以上中府）、龍驤衛（前府）、留守後衛、興武衛、大寧中衛、富峪衛、忠義前衛、※義勇右衛*、義勇後衛（以上後府）
直隸五府在外衛	宣州衛（右府）、高郵衛、滁州衛、蘇州衛、金山衛、歸德衛、※大河衛（以上中府）、永平衛、密雲後衛、興州左屯衛、延慶衛、盧龍衛、德州衛、天津衛（以上後府）
浙江都司	定海衛
遼東都司	三萬衛、寧遠衛
山東都司	青州左衛
陝西都司	西安左衛、平涼衛、甘州中護衛、安東中護衛、寧夏前衛、寧夏中屯衛
陝西行都司	鎮番衛
四川都司	成都左護衛、大渡河所
四川行都司	寧番衛、越嶲衛
廣西都司	桂林右衛、柳州衛、南丹衛
雲南都司	雲南左衛、雲南右衛、臨安衛、雲南後衛、大羅衛（附鳳梧所、木密關所、武定所）
貴州都司	平越衛、安南衛
中都留守司	皇陵衛、懷遠衛
湖廣都司	黃州衛、沅州衛、清浪衛、平溪衛、※銅鼓衛
興都留守司	承天衛
福建都司	福州右衛
福建行都司	建寧左衛、建寧右衛、汀州衛
大寧都司	保定左衛、保定前衛、營州中屯衛、保定中衛
萬全都司	宣府前衛、宣府左衛、開平衛、保安衛、蔚州衛
山西都司	振武衛、鎮西衛

山西行都司	鎮虜衛、玉林衛、雲川衛
南京親軍衛	羽林右衛、府軍右衛、錦衣衛
南京五府屬衛	※龍江右衛(左府)、※留守中衛(中府)、天策衛、豹韜衛、豹韜左衛(以上前府)、留守後衛、鷹揚衛(以上後府)

※代表史語所藏,唯僅殘數頁者不列入。

* 義勇右衛亦見於一史館目錄,或因篇幅較鉅,分作二冊,以致各據一方?不詳,待查。

由上可知,近百種的選簿除了缺河南都司、湖廣行都司、江西都司、廣東都司屬衛外,分佈的還算平均。守禦千戶所僅大渡河一所似單獨立有選簿,此外僅見鳳梧、木密關、武定三所附於大羅衛後爲一冊,其餘各所選簿均不存。

三、辨誤

對於武職選簿的研究,以日本學者川越泰博最爲徹底,影響也最深。以下即擬對川越的著作作一檢討。

川越利用東洋文庫所藏的十三冊抄本,先後撰寫了論文十數篇,[6] 採用的都是統計法。最早的一篇是1972年他在「第五回軍事史學會大會」上報告的要旨〈衛選簿よりみた三萬衛の人的構造一明代衛所制度史研究によせて一〉,後來刊載在《軍事史學》上,內容一如其名,乃是經由對三萬衛選簿中所記各級武官人數及所屬種族的觀察,歸納出三萬衛武官上層多女直人、下層多漢人的特殊結構,以爲是明朝政府在安頓歸化女直人之餘採取的「以夷制夷」策。1977年發表的〈明代女直軍官考序說一『三萬衛選簿』の分析を通して一〉,則是在此一基礎上,將焦點對準女直出身的三萬衛軍官,在整理過所有87位女直軍官家族的從軍履歷後,指出這些軍官的從軍時間集中在永樂元年至十二年,顯示出成祖即位以來即致力於女直招撫政策;其從軍契機或在赴京進貢時被授以武職,或應招諭而歸化,也有因歸附、來降及垛集充軍者;而諸類型中以赴京被授職者人數最多,證諸其女直武官比率遠較遼東其他各衛如瀋陽衛、寧遠衛高出極多,可知三萬衛在遼東諸衛中確曾被有意識的選用爲安插撫夷之所,而其背後之目的即在利用這些女直軍官行以夷制夷之道。川越另就襲職者與原武官

[6] 川越利用選簿寫成的論文非常多,本文僅擇其中若干加以討論,其出處詳見本文所附引用書目。

之親屬關係、軍職之升降、改用漢姓、衛官兼任都司職者、[7] 女直武官居住地等各項作統計分析，爲讀者呈現出明代中國部份歸化女直人的生活型態。

1984與1985兩年，川越連續發表了兩篇性質相同的文章，亦即借用玉林衛與西安左衛選簿中的相關資料，探討所謂明代衛所官到衛形態的問題。他調查選簿中所有武官祖輩最初到衛的時間與原因，對不同形態者分別查考他們的原籍、從軍緣由、從軍時間或改調過程，結果發現玉林衛的武官大部份出身於山西省平陽府曲沃縣、翼城縣(59.18%)，其次則是南直隸(21.4%)。前者大體自祖輩即被抽充至玉林衛，時間在洪武二十五年；後者則在洪武元年以前即因從軍或歸附成爲衛所軍，此後歷經一二輩才改調到玉林衛。川越從《明太祖實錄》中找到洪武二十六年設置玉林衛的記事，猜測在設置之前明朝政府或曾在曲沃、翼城大量垛集；實則據《明太祖實錄》卷二二〇，洪武二十五年八月丁卯條及卷二二三，洪武二十五年十二月壬申條可知，明朝政府爲推廣屯田守邊策，於洪武二十五年八月命開國公常昇等往山西太原等府，「閱民戶四丁以上者籍其一爲軍」，至十二月完成作業回京奏報，其中「會寧侯張溫、都督李勝籍曲沃、翼城、絳縣三縣民丁」所設置的，即是玉林衛。[8] 實錄除未載明衛名外，對抽軍方式（抽籍而非垛集）、[9] 實施規模乃至衛所分派的原則，都有清楚的交代。拙著《明代軍戶世襲制度》附錄二「玉林、雲川、鎭虜三衛武職祖軍從軍記錄表」，即從三衛選簿中摘出所有武官祖軍從軍緣由、從軍時間及從軍

[7] 川越此一小節的標題作「女直軍官の達官」，頁20又說「達官には身分的種族的制約は何ら存在しなかつたのである（達官並無任何身分或種族上的限制）」，其義甚難解。從他所舉的例子都是一些兼都司職的高級武官來看，或許是將「達官」誤爲「達官顯貴」之意，實則明代軍制中所謂的達官，指的是蒙古籍軍官，蓋達與韃、靼同音。如嘉靖十八年七月折衝將軍行義與衛副護軍崔世珎奉教撰集《吏文輯覽》4：63，釋「達官」爲「達子向化來京，受職居生者也。」《中國歷史大辭典・明史卷》頁141，釋「達賊功次」爲「明軍與韃靼作戰的功賞等級」等都可爲證。萬曆《大明會典・兵部六・功次》123：2b-6b有「達賊功次——遼東女直附」，該項下末尾附有遼東女直的相關條例，並以小字說明：「今亦照達虜例。」(123：6a-b)可能因爲這個關係，後來也稱女直官爲達官。如川越在另一篇文章中，引用了《三萬衛選簿》佟繼宗項下六輩佟繼先的選條，其文如下：「萬曆二年，佟繼先年三十三歲，女直人。係安樂州老疾達官指揮同知佟繼宗親弟。」但無論如何，達官仍與漢官、土官等詞各自代表了不同種族，絕不像川越所說的無種族限制。

[8] 參見于志嘉前引書，頁11-14。

[9] 川越將垛集與抽籍混爲一談，實則在明代二者各有不同的意義，相關討論見于志嘉前引書，頁10-26。

當時分派衛所等記錄，除可用以驗證上述《明太祖實錄》卷二二三中有關山西地區抽民戶丁爲軍的記載，由之也可瞭解玉林、雲川、鎮虜三衛不論衛所官或軍的來衛形態都是相當類似的。

另一方面，西安左衛武官的到衛形態就顯得較爲分歧。比較值得一提的，是一百零三名武官中，有二十七名到衛時間集中在洪武三十二年和三十三年的兩年中，他們大多出身南直隸，從軍時間多可追溯到洪武以前，調衛之前又大多原屬陝西其他各衛。由於西安是秦王府所在地，川越因此認爲這是建文帝唯恐秦王府及其三護衛輕舉妄動所做的防範措施。川越又從一百零三個例子中，找到二十二個例子是在靖難之役中因功陞職的。由於比例甚高，他也將之視爲西安左衛武官到衛形態的一大特徵，認爲是永樂帝作爲戰後處理政策的一環，有計畫的將己方人馬派到原屬建文麾下衛所的結果。川越對靖難之役前後對峙雙方人馬的研究尚不止於此，下文還會詳細討論，這裡只想指出，他所提到的二十二個例子中，只有三個是在靖難之役後立即調派到西安左衛的，其他則調衛時間有晚至成化年間者，時間差距大到這個地步，如何還能代表同一特徵呢？

1986年川越發表了〈明代衛所の舍人について—「衛選簿」の分析を通して—〉，目的在探討明代衛所中「舍人」的意義及實態。川越整理過去舊說，發現許多不同的說法，或以爲是軍官的長男，或以爲是將校的子弟，甚至到了《辭源》及《大漢和辭典》，更解釋作武臣的支庶。川越將十三冊選簿中所有有「舍人」字樣的資料挑選出來，分析的結果，認爲舍人是指「應繼承衛所官職位者」，大部份是原衛所官的嫡長男，但也有可能是嫡次男、嫡長孫、庶子、弟、堂弟或姪子；既未限定爲衛所官的長男或庶子，也絕非子孫、子弟等曖昧籠統的詞所能取代。川越的結論既得自一手資料的整理，應該是很可信的，問題出在他所依據的史料性質。選簿所載既是有關世襲的記錄，自然不可能出現應襲職者以外其他舍人的記事。川越文中提到先學所引《萬曆野獲篇》原文，見該書卷二一，〈禁衛・舍人校尉〉，其文曰：

> 武職應襲支庶，在衛所亦稱舍人。僅供臺使監司差遣，既猥賤不足齒。

沈德符不滿的，是「舍人」之稱至此冗濫已極，事實上，不論應襲者或其支庶，在衛所都稱作舍人。《大漢和辭典》不察，斷章取義的結果，變成只有武臣支庶才稱作舍人，自然不足取。順便一提的是所謂「舍餘」，川越在文中提到有些學者解釋作武官次男以下的子弟、軍官長男之外其餘的兒子；其實舍指舍人、餘指餘丁（軍戶戶下，正軍以外所有人丁的稱呼），[10] 舍餘並稱，泛指衛所中現職官軍以外所有的人丁。[11]

1989年發表的〈明代衛所官の借職と世襲制度〉，討論的是世襲制度中所謂「借襲」的制度。川越在序語中開宗明義的指出，衛所官職的世襲本以嫡長男爲優先，之所以有上述其他情況的發生，乃是基於某種不得已的理由，作爲臨時的權宜之策，而有所謂的「借襲」。這也是過分倚賴選簿資料導致的誤解。以嫡長男以外的舍人襲職，如果單純是因爲本官死後無子承襲，便無所謂借襲可言。必需是衛官雖有子卻因故（殘疾、幼小、逃故等等）無法立即承襲，或衛官本人因老疾不能擔當職務需人替職時，雖本人尚無子嗣，但在預期其仍有生育能力時，才會發生借襲的情況。[12] 川越以「借職」、「借襲」、「借替」等爲關鍵詞，窮搜選簿中的相關資料，卻忽略了選簿中更多無關借襲又非嫡子的襲替事例，在這種錯誤的前提下進行的觀察，難免有誤導讀者之嫌。

1988、1991兩年分別發表的1.〈明代衛所の新官とその子孫について—とくに優遇措置の施行をめぐって—〉及2.〈明代優養制の研究—衛所官研究の一節として—〉，探討的都是衛所武官的優遇政策。武官的退休年齡，洪武中訂爲五十歲，後改爲六十。軍職病故或年老，需由子孫襲替者，若應襲子孫年幼，大選後發給全俸優給。優給年限，新官（革除年間因靖難功陞除者）至十五歲止，舊官（新官以外所有武官）則至十四歲止。優給期間有病故者，「以次應

[10] 如《吏文輯覽》3：44，釋「軍餘」爲「軍，正軍也。餘，餘丁也。」同書3：48，釋「校餘」爲「校尉、餘丁也。」軍餘與官舍對稱，所謂「官軍舍餘」，便包括了所有在衛人丁。

[11] 《明代遼東檔案匯編》頁73-109收有〈遼東各衛所邊堡官軍下餘丁舍丁等納銀名册〉，其始曰：「萬曆五年分官軍下舍餘共一萬七百二十六名」，其後開列萬曆五年至九年間開除、新收、實在人數，並以户爲單位，逐户列舉各官、軍户内人丁及差役形式，即是一例。不過，明代史籍中所謂的「舍餘」，似乎尚有另一種用法，如譚綸等輯《軍政條例類考》1：14a，「衛所查撥舍餘幫差」條（成化十三年）即云：「各清軍御史嚴督都司衛所，將各官舍餘盡數查出造册，送赴清審，存留幫軍，分撥差操。」《明孝宗實錄》卷一九六，弘治十六年二月庚戌條亦云：「又有隱占軍丁從嫁使令者，見今一家多者有二三百丁，俱稱舍餘，不當差役。」在這裡，舍餘雖隸屬於官户，但很明顯的不同於舍人，似乎用來指武官役占的軍户餘丁，也因此才有必要清審出來，「存留幫軍，分撥差操。」

[12] 發生借襲的幾種狀況，參見萬曆《大明會典・兵部三・武職襲替・凡襲替借職》120：5a-b。同卷另有〈武職襲替・凡襲職替職〉一項(120：1a-5a)，記有許多以弟姪甚至旁支子孫襲替事例，皆與借襲無涉。

襲之人，轉名優給」。若實無人丁可襲，老疾武官本人及故絕武官之母或妻、女，得享終身或限定年限之俸給優養。[13] 在論文1.中，川越以《西安左衛選簿》中的郭希禮、郭希光兄弟爲例，懷疑優給舍人若未及襲替即因故身亡，以致改由他人優給時，後者是否只能在前者優給期限中享有優給之待遇（頁65-66）。其所根據之史料原文如下：

> 萬曆十四年六月，郭希禮年五歲，商河縣人。係西安左衛患疾指揮僉事郭世勳嫡長男，照例全俸優給，至萬曆二十四年終住支。
>
> 萬曆十七年十二月，郭希光年七歲，係西安左衛故優給指揮僉事郭希禮親弟。照例與全俸優給，至萬曆二十四年終住支。萬曆二十六年四月，郭希光年十六歲，武定州人。係西安左衛故指揮僉事郭希禮親弟。違限一年有無多支，查扣，比中一等。

郭希禮與郭希光兄弟先後得到優給的待遇，二者又同樣算至萬曆二十四年止，難怪川越會產生如上的疑慮。不過只要多找幾條資料看看，就可發現川越的疑慮是不存在的。如史語所藏《大河衛選簿》右所實授百戶周家禮項下五、六、七輩的記事如下：

> 景泰四年三月，周兆年三歲，固始縣人。係大河衛右所殘疾世襲百户周英庶長男，欽與全俸優給，至景泰十五年終住支。
>
> 天順四年五月，周宗輔年二歲，固始縣人。係大河衛右所故世襲百户周英庶次男，已與兄周兆優給，亦故。欽與本人全俸優給，至天順十六年終住支。
>
> 成化八年八月，周麟年十一歲，固始縣人。係大河衛右所世襲百户周英庶次男，先因父患疾，已與庶長兄周兆、周宗輔優給，俱故。堂叔周雄襲職。續生本人，告取職事，該與優給，至成化十一年終住支。伊叔革閒。

周英並無嫡子，或雖曾有但早夭。殘疾之後，於景泰四(1453)年由庶長男周兆得全俸優給。天順四(1460)年，周兆以十歲之齡故，遂以庶次男周宗輔爲優給對象。不久，宗輔亦故，由堂叔周雄借襲。天順五年，周英再生庶次男周麟，乃於成化八(1472)年周麟十一歲時討還職事全俸優給，至成化十二年五月襲職時，距周兆開始優給已過了二十三年。

川越前引文中又有「違限一年有無多支」的文句。同樣在論文1.中（頁73），他引《寧遠衛選簿》張承祖「本舍優給違限一年，限外有無多支俸糧，查扣畢

---

[13] 參見于志嘉前引文，頁34-37。

日關支。」將「限外有無多支俸糧」，解釋作「限外支領了無多（少許）俸糧」，認爲是明朝政府對比試不合格者所採取的臨時措施，也是過度倚賴選簿以致鑽到牛角尖裡的例子。明朝政府對付比試不中者的方法，見萬曆《大明會典》卷一二一，〈兵部四·官舍比試〉：

> （洪武）二十七年，令子弟未及二十歲者襲職，至年二十乃比試。年及者即與試。初試不中，襲職署事，食半俸。二年後再比，中者食全俸，仍不中，降充軍。

川越在同頁所引《西安左衛選簿》馬燧的選條：「本舍比試不中，例給半俸，候及二年，彼處衙門就便再比」，其實就是一個很好的例子。由之可知，明朝政府對於初試不中者是給予一定俸額（半額而非少許）及寬限期（二年而非一年）的。[14] 至於張承祖等人優給違限的理由，可能是行政缺失或作業疏忽，選條的重點端在追查限外有無額外多支，若有溢領的情況，需從俸糧中扣除，直至扣繳完畢，才能支領俸糧。史語所藏《南京龍江右衛選簿》史元志項下八輩史起蟄選條謂：

> 萬曆十六年六月，史起蟄年十三歲，昌國縣人。係南京龍江右衛前所年老實授百户史元志孫。伊祖原襲祖職實授百户，今年老，應該伊父史孝忠承替，未替先故，本舍今照例與實授百户全俸優給。係舊官，扣至萬曆十七年終住支。及查伊祖原欠糧米三百一十四石四斗，就於本舍名下照數扣抵還官，完日方許關支。
>
> 萬曆十九年六月，史起蟄年十五歲。係南京龍江右衛前所年老世襲百户史元志嫡長孫，出幼襲職，比中二等。伊祖欠下糧米三百一十四石四斗，已准令本舍優給俸糧扣抵，止完過四十石，尚欠二百七十四石四斗，仍將官俸扣抵前數。又查優給扣該十七年終住支，供稱册内多報一歲，告明南京兵部改正，支至十八年終。今咨内並未開説前情，似有朦朧情弊，合併行南京兵部查議。如原經改正，照常施行。倘係多支，將俸扣抵，仍究欺冒之罪。

14 關於武官比試的問題，參見于志嘉前引文，頁45-46。參加比試的機會，洪武年間只有兩次，永樂十年以後增加爲三次，「三試不中者發充軍，別選子弟襲替。」隆慶三年，更規定比試「下等不中者與支半俸，候二年起送覆比。再不中者，住支折俸，止許月支米一石。又二年再比，三次不中者，革職充軍，別選子弟替職。」見萬曆《大明會典·兵部四·官舍比試》121：1b-2a。

史起蟄因生父早故，於萬曆十六年以十三歲之齡替祖職。因係舊官，優給俸糧至十四歲，亦即萬曆十七年終止。後以錯報年齡，向南京兵部告請更正，而改優給年限至萬曆十八年終。唯於出幼應選時未在咨文中說明前情，因此有再行「南京兵部查議」之舉。又，史起蟄祖父史元志任內因故虧欠糧米三百餘石，亦責成史起蟄代爲繳還，其法自起蟄開始優給時起扣，不足之數於襲職後續由應支俸糧內追回。這和優給違限者其限外多支的部份需從俸糧中扣抵，意義完全相同。

新官子孫在「嘉靖八年奏准新舊官一體比試」[15] 以前，照例是不必比試的。川越從選簿中找尋證據，其例如下：

> 崇禎六年二月、單本選過、瀋陽左衛前所正千户一員張承祖、年三十六歲、係故實授百户張學親男、查、承祖先中會武、已授所鎮撫、合照例於實授百户加二級、襲正千户、一輩以後子孫止襲實授百户、武科例不比試。(《瀋陽衛選簿》張學項下)

以上是川越的標點。他的解釋是，由於張承祖一家屬於新官，因此自一輩以下皆不需比試。這一條史料經過筆者的重新標點，其後半應改爲：

> 查承祖先中會武，已授所鎮撫，合照例於實授百户加二級，襲正千户一輩，以後子孫止襲實授百户。武科例不比試。

張承祖在襲職之前，已因會試中武舉，被授以所鎮撫之職。父死後，累計現任之所鎮撫與應襲之實授百戶二職，得以改襲正千戶。但武科中試所陞職級，僅止於本人一輩，張承祖之後的子孫仍只能世襲實授百戶。又因張承祖原本即以武科中試，因此於襲職時，就也沒有再比的必要。[16] 川越所舉的另一個例子，同樣見於《瀋陽衛選簿》，其文如下：

> 嘉靖元年四月，張鎮年十五歲，鳳陽縣人。係瀋陽左衛故世襲指揮僉事張奇嫡長男，優給出幼告襲。伊父未曾比試，遇例免究。

川越只因文中有「伊父未曾比試」，及張鎮十五歲「優給出幼告襲」的文句，便斷定張鎮爲新官，其實是非常危險的作法。事實上，比照其他選條的記載方

---

15 萬曆《大明會典》121：3a-b，〈兵部四・官舍比試〉。

16 據萬曆《大明會典》118：14b，〈兵部一・陞除〉：「凡武舉中式官生，嘉靖元年題准：陞署職二級。」同書120：6b，〈兵部三・武職襲替〉：「正德二年令：武舉中式應襲舍人襲替，准加陞武舉署職。後子孫仍襲祖職。」同書121：3b，〈兵部四・官舍比試〉：「嘉靖十四年題准：襲替軍職，但經武舉中式者，通免送比。」

式，可知張鎭應是在十五歲時襲職，而非在十五歲終止優給。如史語所藏《南京留守中衛選簿》試百戶高望項下六輩高堂選條謂：

嘉靖拾捌年拾貳月，高堂年肆歲，新安縣人。係南京留守中衛中中所故實授百户高鉞嫡三男。伊父鉞原襲試百户，嘉靖拾伍年遇例實授，所據遇例職級，例無承襲，本人革與試百户俸優給，至嘉靖貳拾捌年終住支。

嘉靖貳拾玖年陸月，高堂年拾伍歲，新安縣人。係南京留守中衛中中所帶俸故試百户高鉞嫡長男，優給出幼告襲。

選簿中有關先優給後襲職者的記錄，大體皆如上例以兩條爲一式：第一條說明開始優給年齡及住支時間，第二條所記則爲出幼襲替時間。川越所舉張鎭的例子，明顯是一式兩條中的第二條，而張鎭既以十五歲襲職，自然是舊官而非新官了。至於其父未曾比試，也算不得特例，萬曆《大明會典》卷一二一，〈兵部四・官舍比試〉即有「凡武職自來不曾比試者，弘治十二年令：子孫襲職，俱住俸三年。正德六年議准：祖父一輩未比試者，子孫襲職，住俸三年。二輩、三輩，住俸四年。四輩以上，止於五年」的規定，追究其原因，可能是因爲當時作業的疏忽，按規定要扣掉三年的俸糧，但因期間「遇例」，而得免被追究。「遇例」之說也見於高堂之父高鉞，他以試百戶遇例改爲實授百戶，但因「所據遇例職級，例無承襲」，高堂仍革襲試百戶。「遇例」之例常用來代稱皇帝特別開恩所下恩例，[17] 但高鉞與張奇所遇究各爲何例，仍有待查證。

高堂據選條一是高鉞的嫡三男，到了選條二又變成高鉞的嫡長男。史起蟄開始優給時錯報了年齡，張奇襲職時因故未曾比試。顯然明代武選的文書作業並不夠精確，有了這許多錯誤的例子，再回頭看郭希禮與郭希光的問題，就不至於大驚小怪了。

論文2.討論的「優養」，適用於以下各種情況。一、武官老疾或死亡，需人襲替時，因戶下別無應襲之人，而與其本人或父、祖父、親叔等俸給養老。二、武官老疾或死亡，需人襲替時，雖有子應襲，但應襲者患疾不堪承襲，此外更無他人可以借襲時，與應襲者俸糧優養。三、武官死後因戶下無人可襲，而與其祖母、母或妻、女糧米優養。優養的待遇，因新、舊官之不同而有實質內容的差異，大體說來，新官及其子孫可優養終身，不拘年限，生子准襲；舊

[17] 如萬曆《大明會典・兵部一・陞除》118：15b，即云：「所加署職，非有軍功，雖遇恩例，不得實授。」

官及子孫則以十年爲限，十年內生子准襲，若十年內未生子，即落入民籍，不得再享有優養的待遇。優養俸糧的額度，據萬曆《大明會典・兵部五・優給》，洪武六年令：武官殘疾者月給米三石優養。二十年令：京衛官老疾無子孫者全俸優養。川越參照《明太祖實錄》等書的記載，認爲洪武二十年時內外衛所官應俱改爲全俸優養；他並且對於萬曆《大明會典・兵部三・武職襲替》將區分新、舊官優養年限的規定繫於嘉靖三十年，也有不同的意見。他發現，選簿中有關舊官子孫限期優養的記事，最早可追到正統元年，而明記新官爲終身優養的，也有數例早於嘉靖三十年。他因此推斷相關規定應在永樂元年成立「武職新舊官襲替法」時已經出現。這篇論文與川越過去所有利用選簿寫成的文章相較，參考的其他史料最多，討論的觸角也較廣。不過，過去因爲對選簿資料的過度重視所引發的一些問題，在這篇文章中仍隨處可見。[18]

川越首先重申他對借職一詞的定義，指出即使有借職制度的配合，明代衛所官的折損率還是很高。如玉林衛衛官自洪武起世襲至弘治止的有一家，至正德止的有十九家，嘉靖止的有五十一家，隆慶止的有一家，萬曆止的有三十六家，天啓止的有十三家，崇禎止的有九家，另不明者二家。累計的結果，崇禎時玉林衛所官無法繼續世襲者高達一百三十家，能持續到最後者不過九家。川越雖未說明此一統計數字究竟如何取得，但不難想像他是以選簿中最後一輩選條的襲替時間作爲下限。這樣的統計數字如果可信，將是說明明代衛所制度衰敗的大好資料，不過，選簿中各家記錄是否完整？沒有後續記錄是否即代表絕戶？似乎仍有考慮的餘地。[19]

---

18 如他在頁73指出，優養事例中所謂的「年老」與「老疾」，似乎沒有明確的區分。他舉《三萬衛選簿》佟繼宗項下佟繼先的例子：「萬曆二年，佟繼先年三十三歲，女直人。係安樂州老疾達官指揮同知佟繼宗親弟。伊兄原襲祖職指揮同知，年老無嗣，應該次兄佟繼祖承替。患疾無子，本舍照例借替祖職指揮同知，待後伊兄疾痊或生有兒男，還與職事。」川越將佟繼宗（年老無嗣）與佟繼祖（患疾無子）混爲一人，因而作出上述判斷，已經到了匪夷所思的地步。

19 最簡單的反證即是川越隨後從選簿中摘出的優養事例。所有十四種選簿加上《明代遼東檔案彙編・義勇右衛遵化寧山等衛千户百户世襲清册》，僅有七十條優養的例子，而玉林衛竟連一個例子也沒有。七十個例子中除了極少數人於本身優養後得子，僥倖免於絕户外，基本上優養與絶户幾乎可以看做是同義詞。當然，武官死時也有可能父母妻女俱不存，以致無所謂優養的問題發生，但就常理推斷，僅僅七十條優養的例子在比例上仍過於偏低，而我們也很難想像一百三十家世襲中斷的玉林衛武官，最後一輩死時全都無父無母無妻無女，從這一點也可反證川越對玉林衛官絶户比例的推測有問題。

史語所藏《銅鼓衛選簿》載有隆慶四年六月「兵部爲清查功次選簿以裨軍政事」疏，疏後附有選簿凡例二十一條（詳附錄一），凡例後開列總目，除去年遠事故官員不計外，共有指揮使劉崇文以下六十四名。將末輩選條所載襲替記錄整理後可得附表二。

附表二：《銅鼓衛選簿》選條末輩襲替時間表

職稱	腳輩輩數、姓名	選條末輩輩數、姓名	選條末輩襲替時間、年齡	崇禎17年時年齡*	備註
指揮使	9輩劉崇文	9輩劉崇文	嘉靖28年(1549) 10歲		
指揮使	10輩曹守靖	13輩曹繼光	天啓 2年(1622) 39歲	61歲	
指揮使	劉廷弼	劉廷弼	天啓 2年(1622) 32歲	54歲	總目不見，選條未載輩數，劉崇文嫡長孫
指揮同知	7輩呂紀	9輩呂宣陽	萬曆33年(1605) 29歲	68歲	
指揮同知	9輩李挹陽	12輩李世榮	崇禎 4年(1631) 26歲	39歲	
指揮僉事	7輩何大章	9輩何先登	天啓 2年(1622) 30歲	52歲	
指揮僉事	6輩吳鵬	6輩吳鵬	正德15年(1520) 17歲		嘉靖29年充永遠軍
指揮僉事	9輩單汝忠	12輩單國英	崇禎13年(1640) 24歲	28歲	
指揮僉事	8輩劉用仁	11輩劉嗣昌	崇禎 2年(1629) 23歲	38歲	
指揮僉事	10輩王良翰	13輩王曰然	天啓 2年(1622) 33歲	55歲	
指揮僉事	8輩張武	11輩張士奇	崇禎 8年(1635) 24歲	33歲	
左所正千戶	8輩余繼武	10輩余世卿	萬曆43年(1615) 32歲	61歲	
左所正千戶	4輩陳壽	4輩陳壽	正統 6年(1441) 2歲		無出幼記錄
左所正千戶	5輩李琥	5輩李琥	正德 8年(1513) ?		
左所正千戶	李維棟	李維棟	天啓 4年(1624) 28歲	48歲	總目不見，與李琥同頁，選條未載輩數
左所百戶	6輩馮恩	6輩馮恩	嘉靖10年(1531) 25歲		
左所百戶	5輩胡鳳	5輩胡鳳	嘉靖 2年(1523) ?		

右所正千戶	9輩楊嗣亨	12輩楊欽明	萬曆38年(1610) 22歲	56歲	
右所副千戶	7輩白尙質	9輩白之珩	萬曆38年(1610) 22歲	56歲	
右所百戶	7輩譚鳳	9輩譚國政	天啓 4年(1624) 38歲	58歲	
右所百戶	6輩沈綸	8輩沈崇吳	萬曆32年(1604) 30歲	70歲	
右所百戶	7輩孫繼顯	9輩孫賢	萬曆39年(1611) 36歲	69歲	總目作孫維顯
右所試百戶	7輩王元吉	7輩王元吉	萬曆 3年(1575) 22歲		
右所所鎭撫	9輩蘇生	11輩蘇希軾	萬曆24年(1596) 21歲	69歲	
中所正千戶	7輩王守真	8輩王嘉清	萬曆 3年(1575) 33歲		
中所副千戶	7輩楊復元	8輩楊啓東	萬曆15年(1587) 32歲		
中所副千戶	6輩趙吉	9輩趙繼宗	崇禎 4年(1631) 27歲	40歲	
中所副千戶	9輩許鳳鳴	12輩許昌胤	崇禎 2年(1629) 25歲	40歲	
中所副千戶	7輩馬鉞	9輩馬至健	天啓 7年(1627) 37歲	54歲	
中所所鎭撫	8輩陶汝成	9輩陶有學	萬曆22年(1594) 19歲	69歲	
前所正千戶	6輩楊威	7輩楊宗震	萬曆 9年(1581) 18歲		
前所副千戶	6輩謝登庸	7輩謝九宸	萬曆29年(1601) 41歲		
前所副千戶	8輩王世臣	9輩王大任	萬曆11年(1583) 30歲		
前所副千戶	9輩劉永緒	10輩劉弘明	天啓 3年(1623) 33歲	54歲	選簿誤劉弘明爲11輩，總目誤永緒爲承緒
前所百戶	6輩徐憲	7輩徐國欽	萬曆11年(1583) 41歲		
前所百戶	7輩孔經綸	8輩孔從周	萬曆27年(1599) 36歲		
前所百戶	7輩黃硫	7輩黃硫	嘉靖45年(1566) 31歲		
前所百戶	6輩羅昊	6輩羅昊	嘉靖32年(1553) ?		
前所試百戶	6輩金世恩	7輩金應龍	萬曆14年(1586) 26歲		
前所試百戶	3輩劉揚	3輩劉揚	嘉靖14年(1535) 16歲		
前所所鎭撫	7輩丘翔	7輩丘翔	嘉靖 8年(1529) 45歲		
前所所鎭撫	7輩湯待賢	8輩湯紹和	萬曆13年(1585) 31歲		
後所副千戶	8輩王化行	10輩王有爲	天啓 2年(1622) 46歲	68歲	
左左所正千戶	7輩李震	8輩李孟宗	萬曆 4年(1576) 21歲		
左左所副千戶	5輩張應宿	5輩張應宿	嘉靖31年(1552) ?		無出幼記錄

左左所百戶	9輩唐恩	9輩唐恩	嘉靖17年(1538) 17歲		
左左所百戶	8輩陳恩	9輩陳繼賢	萬曆 4年(1576) 20歲		
左左所百戶	6輩陳勳	6輩陳勳	嘉靖 4年(1525) ?		
右右所副千戶	7輩劉雄	8輩劉朝陽	萬曆11年(1583) 21歲		
右右所副千戶	10輩唐忠	12輩唐從時	天啓 4年(1624) 24歲	44歲	
右右所百戶	6輩何鸞	6輩何鸞	弘治18年(1505) 16歲		
右右所百戶	7輩張星	8輩張啓寅	萬曆 2年(1574) 26歲		
右右所百戶	5輩木良材	5輩木良材	嘉靖22年(1543) ?		
右右所百戶	4輩張輔	4輩張輔	弘治16年(1503) ?		
右右所所鎮撫	7輩李鵬	7輩李鵬	嘉靖 6年(1527) 35歲		
中中所副千戶	6輩李欽	6輩李欽	正德13年(1518) ?		
中中所副千戶	6輩錢世濟	9輩錢天佑	天啓 4年(1624) 38歲	58歲	
中中所副千戶	8輩潘綸	11輩潘承恩	天啓 4年(1624) 27歲	47歲	
中中所副千戶	7輩杜春	9輩杜顯忠	崇禎 4年(1631) 22歲	35歲	
中中所百戶	7輩蔣應鳳	8輩蔣奇才	萬曆40年(1612) 34歲	66歲	
中左所副千戶	8輩孫章	10輩孫振先	萬曆38年(1610) 39歲		
中左所署試百戶	5輩陳章	6輩陳九疇	萬曆11年(1583) 37歲		
中左所百戶	6輩言誠	8輩言維行	萬曆21年(1593) 34歲		
中右所副千戶	8輩樊繼祖	10輩樊鍾俊	萬曆44年(1616) 23歲	51歲	
中右所副千戶	8輩萬民望	10輩萬世勳	天啓 7年(1627) 29歲	46歲	
中右所副千戶	8輩王大節	11輩王永爵	萬曆39年(1611) 27歲	60歲	

* 70歲以上不記

附表二計有武官六十六員，其中指揮使劉廷弼與左所正千戶李維棟不見於總目。劉廷弼的選條在曹守靖之後另立一頁，選簿以劉廷弼爲腳輩，其後記曰：

> 天啓二年八月，單本選過銅鼓衛指揮使一員劉廷弼，年三十二歲，臨清州人。係故指揮使劉崇文嫡長孫。伊祖原襲祖職指揮使，今故，伊父劉承爵未襲先故，今本舍以孫承祖，查無違礙，准襲指揮使。比中一等。

李維棟的選條則與李琥同頁，李琥一族選條記到五輩李琥止，其文曰：

> 正德八年十二月，李琥，襄陽縣人。係銅鼓衛左所世襲老疾正千户李全嫡長男。

李琥選條後，空數行大書李維棟之名，選條曰：

> 天啓四年四月，大選過銅鼓衛左所正千户一員李維棟，年二十八歲，係故正千户李孟宗嫡長孫。比中三等。

李維棟選條未記明原籍，我們很難斷言其必爲李琥之後，但銅鼓衛左所正千戶姓李者僅李琥一族，且通觀全衛選簿，正德以後也鮮少武官調衛或因功陞職的記錄，因此可以說李維棟有相當大的可能爲李琥後裔。又，李維棟之前有祖父李孟宗任正千戶，選簿卻完全沒有他的選條，亦可證明選簿資料並不完整。至於劉廷弼的例子，劉崇文選條後該頁尙有許多餘白，足可記入劉廷弼選條，書吏不察，將之另立一頁。若今人亦不察，又將以其一爲終於嘉靖，以其二止於天啓，實則劉廷弼襲替時年僅三十二歲，至崇禎末年亦不過五十四歲，應該還是現役軍官。川越將末輩選條襲替時間，視作武官終止世襲時間，是絕對不可行的。

除了劉廷弼與李維棟兩個具體的例子，《銅鼓衛選簿》所載隆慶四年六月「兵部爲清查功次選簿以裨軍政事」疏，亦明確指出舊選簿對「革發、充軍、揭黃等項，原未該載」，以致大選時「無從檢查，竟滋奸弊」。所謂「革發」（凡例十二、十八），萬曆《大明會典》卷一二〇，〈兵部三・武職襲替〉有云：

> 隆慶三年題准：各處武官襲替，雲南、貴州、四川、廣東、廣西、福建、江西、浙江俱限十五年之内，南北直隸、湖廣、陝西、河南、山東、山西、遼東俱限十二年之内，許於撫按衙門給文赴部，准其襲替。中間果有祖父本身追徵錢糧未完、緣事提問未結及年幼例不應襲，以事完、出幼之日爲始，扣至十年之内，但有撫按查給明文，及限内告有執照，可據到部者，照例准襲。此外再有耽延者，照例革發爲民。若貧難無力，該管官司恣意刁難，不即保送，以致違限，在京許於兵部，在外許於撫按衙門，具告查究。

簡言之，也就是對限內不及襲替者剝奪其世襲的權力。「充軍」又分終身軍與永遠軍，永遠軍子孫不得承襲，嘉靖十一年又議准：「若係洪武、永樂年間有功人子孫」，「除本犯子孫不准襲，許各衛所將有功人大次房無礙子孫」「於祖職上量降一級」承襲（凡例十四）。[20]「揭黃」的「黃」指「貼黃」，因以黃紙黏貼於冊而得名，黃紙記載內容包括武官籍貫、祖輩充軍年代、歷代獲功

---

[20] 參見萬曆《大明會典・兵部三・武職襲替・凡犯罪降襲》120：10a-b。

陞調事蹟、優給出幼的記錄等，可說是武選的基本資料。武官失去世襲資格時，需揭出黃紙會同各官燒毀，此即所謂揭黃。[21] 這些狀況都會導致選簿記錄中斷，但因過去不見載於選簿，在日後大選時易有冒襲的困擾。隆慶四年大修選簿，雖要求將相關資料補齊，惟明代武官人數既眾，一旦脫漏的記錄很難再補回去。我們看凡例中屢屢謂「俟後子孫襲替之日補造」（凡例三、四），不難想像補造作業其實是處在相當被動的狀況下的。

再回頭檢討論文2。川越查考優養者的俸糧，在四十九個以男性優養的例子中，發現兩個每月支米三石的例子（編號41的宋旺和49的張秀），和一個以半俸優養的例子（編號42的李長孫兒）。前面提到川越認爲洪武二十年以後內外衛所官應俱改爲全俸優養，他因此將此三例挑出，特別加以討論。資料顯示，宋旺是瀋陽右衛年老百戶宋斌嫡長男，因患右眼枯瞎左眼昏夜殘疾，於正統元年優養。張秀則係瀋陽左衛故試百戶張經親叔，於嘉靖三十八年以六十一歲之齡優養。川越發現，明代百戶的俸糧即是月額三石，[22] 他因此認爲宋旺支領的每月三石米，其實與所謂「全俸優養」，意義是完全相同的。以此類推，張經既以試百戶月支米三石，可見試百戶優養時，待遇亦以百戶糧額爲準。[23]

川越的推論完全禁不起考驗。萬曆《大明會典》卷一二二，〈兵部五・優給優養附・凡優養〉有相關條例，其文如下：

> （弘治）七年令：武職故絶，有親叔年老，不堪承襲者，仍月支米三石優養。待十年無子，照例爲民。十年令：武職年老，户無承襲者，支全俸優養，入大選。應襲人殘疾者，舊官依洪武六年例，新官給全俸，入大選，不限年歲。

張秀因爲是張經親叔，據弘治七年例，月支米三石優養。宋旺則因「應襲人殘疾」，「舊官依洪武六年例」月給米三石優養。二者皆與原職位高低無關。

---

[21] 參見于志嘉前引文，頁40-43。

[22] 關於明代衛所武官俸糧糧額，筆者曾做過一些討論，參見〈明代江西衛所的屯田〉，頁720-727。根據筆者收集到的資料，江西地區正德年間百户的俸米是每月十石，萬曆間則折銀爲每月十八兩左右。由此也可知川越説不可信。

[23] 試百户的糧額，據萬曆《大明會典・兵部一・官制》118：2b：「百户、所鎮撫各有試職，試職起永樂十五年，作一級，支半俸。」可知是百户俸額之半。沒有理由到了優養時，得準於百户俸額。

比較難解的是李長孫兒。據川越引原史料內容如下：

> 正德四年十月，李長孫兒，年二十二歲，利津縣人。係義勇右衛中所帶俸故副千户李雄嫡長男。伊祖原係功陞署副千户，天順元年遇例實授，故。父襲職，本人殘疾，不堪承襲，照例與署副千户半俸優養。

川越由李雄的官銜「署副千戶事百戶」做文章，提出半俸說的兩種可能性。其一是「署副千戶事」的部份支半俸，「百戶」的部份支全俸；其二則是二者俱支半俸。二者擇一，由於前一種情況加起來的結果，李長孫兒的俸額將超過指揮僉事，因此他認為應以第二種情形較為可能。也就是說，李長孫兒支領的，是署職副千戶的半俸，再加上原職百戶的半俸。

川越的說法絕不可信。首先，萬曆《大明會典》卷一一八，〈兵部一・官制〉說得很清楚，「署職起景泰元年，作半級，不支俸。」既不支俸，何來半俸可言。其次，筆者雖尚未找到適當的條例作為李長孫兒支領半俸的依據，但如會典卷一二二，〈兵部五・優給優養附・凡優給〉即有云：

> 弘治十年令：舊官為失機等事問發，未復職者，子孫優給，與半俸。嘉靖十一年議准：軍職子孫優給，若父祖犯該充軍，及犯該雜犯死罪，問發立功，年限未滿而死者，俱與半俸；其餘全俸。充軍子孫，例前與全俸優給，未曾出幼者，照例改支半俸。

可見支領半俸，常與父祖輩犯罪失職有關，而與是否有署職無關。川越不願對選簿以外的資料下功夫，是「盡信檔不如無檔」[24] 的好例子。

1990年，川越又發表了1.〈靖難の役における燕王麾下の衛所官について〉、2.〈靖難の役における建文帝麾下の衛所官について〉以及3.〈靖難の役後における燕王麾下の衛所官について〉三篇論文，延續過去爬梳選簿資料的一貫作法，企圖透過對靖難期間敵對雙方麾下衛所軍官戰中、戰後動向的觀察，勾勒出雙方在這場攻防戰中採取的軍事策略，對二者的軍力來源、燕王稱帝以後重組兩京衛所的作為，都有討論。總結來說，燕王的成功藉助於戰中的升遷政策，即位以後又給予升職的新官特別的優遇，同時為統御建文根基地南京衛所的軍人，調派大量原屬燕王集團的衛所官至南直隸諸衛，終於完成對舊有衛

---

[24] 參見韋慶遠，〈利用明清檔案進行歷史研究的體會〉，頁514。原文是「我個人的體會是，用書不如用檔，用檔不忘用書，盡信檔不如無檔，盡信書不如無書，書檔配合又相攻，史事脉絡漸分明。」

所制度的重建。這樣的結論，部份可以接受，至若說到論證的過程，由於受到資料及方法上雙重的局限，實多可議之處。

例如論文3.將燕王麾下衛所官中可以查出在靖難前後所屬衛所者再細分作三類，第一類是留在原衛不動者，第二類是靖難後改調他衛者，第三類則是因爲原史料未說明靖難前所屬衛所，以致無法判斷其動向者。川越將屬於第二類的衛所官又分爲兩群，一群是改調到南直隸衛所的，另一群則是改調到南直隸以外地區衛所的。該文表二所列即是改調到南直隸以外諸衛的衛所官，據川越的統計，被調到山西衛所的，佔總數三十七位中的十三位，比例相當高。而屬於第三類的武官中，被分派到山西衛所的比例也最高。川越的解釋是，靖難期間因爲山西衛軍少有加入燕王陣營者，戰後爲有效的經營山西地區，乃積極調派新官至山西衛所。[25] 川越所以認定靖難期間山西衛所少有加入燕王陣容者，只是因爲他從十三部選簿中僅找出一個可以確定曾在燕王集團中的例子，此外並沒有任何其他直接的證據。這裡姑且不論他的前提是否正確，只要對當時情況略有瞭解，即可知川越所謂的山西地區諸衛所中，包括玉林、雲川、高山、鎮虜、東勝左等衛早在洪武三十五年九月即奉命遷至北平之地屯種，永樂元年二月改屬北京留守行後軍都督府，一直要到宣德元年才遷回山西舊治。[26] 表二中又有五人是從北直隸衛所遷到同樣位在北直隸的其他衛所，川越因爲此五例之後調衛所皆是在永樂後升格改編爲親軍衛或京衛的衛所，遂以此種改調與燕王在戰後將北平三護衛、北平都司、行都司屬衛升格改編，創立以北京爲中心的親軍衛與京衛一事相提並論，強調永樂帝藉著衛所的改制與新官的改調，達成其對衛所制度的重建。實則此五例的原屬衛所也都在戰後被改編爲親軍衛或京衛，用這五個例子是無法證明川越的說法的。而川越也承認永樂即位後並未對原屬建文集團的衛所官進行大規模的改調，即使是在革除年間因功陞職者，戰後也都保有所陞職級。[27] 在舊官不去新官暴增的情況下，一定有其他更合理的理由來解釋眾多改調事例的發生。筆者以爲，靖難期間燕王集團爲了鼓舞軍心士氣，以快速陞遷來酬庸功次，造成大批新進世襲武官無法在原衛消化；另一方面戰爭中敵我雙方傷亡既眾，趁機逃亡者也不少，戰後將多餘的新官改調至

[25] 參見川越泰博，〈靖難の役後における燕王麾下の衛所官について〉，頁96-100。

[26] 參見于志嘉，〈明代兩京建都與衛所軍戶遷徙之關係〉，頁152、170-172。

[27] 參見川越泰博，〈靖難の役における建文帝麾下の衛所官について〉，頁98-103。

缺官衛所，乃勢所必然。至於永樂帝是否曾有計畫的將新官改調至過去難以掌控的地區，恐怕不是選簿中幾條不明原因的調衛資料就可以說明的。

過度依賴選簿資料的結果，也顯現在一些不必要的討論上。論文1.統計燕王麾下衛所官加入燕王陣營時的職位，指出在所有二百三十二個因功陞職者中，其最初職位以總旗(7.3%)、小旗(18.1%)、軍(62.9%)所佔比例爲最高，任指揮者則比例甚低。他因此認爲燕王集團中以下級軍人參與者爲多。[28] 其實以燕王當時所能掌控的劣勢軍力而言，每出兵自必傾一衛之全力，以一衛五所爲例，五千名軍人不過指揮使、指揮同知、指揮僉事各若干名，就比例來說，軍人自然是最大集團。

四、餘論

川越提供的錯誤示範，可說是千奇百怪，不一而足。以上所述僅其大者。不過，這些問題的產生，錯不在選簿，而在川越的研究方法與態度。選簿作爲歷史研究的第一手資料，其價值是絕對不容忽視的。十餘年前筆者撰寫《明代軍戶世襲制度》時，藉助於選簿之處至鉅，其中附錄一「平涼衛暨各所武職世襲記錄表」，即將平涼衛選簿按1.輩分、2.人名、3.引用資料、4.選條成立時間與替補當時年齡、5.與前一輩之親屬關係、6.選條內容、7.去職時所在衛所名、8.去職時官職名、9.去職或次輩替補年月、去職原因、年齡等九項整理成表，自指揮使以下至試百戶止，共計收錄平涼衛武官94員的記錄。其後又利用此一附錄及若干留學時期查閱選簿所作筆記，參照會典中相關條例，寫成〈從衛選簿看明代武官世襲制度〉一文，對世襲武官集團的內容與形成、武官世襲的原則、武官身份之保障與消除諸問題均有討論。唯以資料不在手邊，徵引時終不能暢所欲言。今因史語所藏明清檔案中發現有若干選簿殘本，乃藉助於茲，並參照其他原始資料，對川越的選簿研究提出一些看法。選簿中仍有許多重要內容值得我們去發掘利用。即以武官調衛問題爲例，川越以靖難之役後永樂帝對舊有衛所制度的重建，來解釋永樂初年眾多調衛事例之所以發生，實則選簿中有關武官調衛的記載，不論在靖難之前或之後，都留下不少。如史語所藏《南京留守中衛選簿》記載副千戶洪欽一族，自祖軍洪茂四「洪武五年爲無籍舡戶，東

---

[28] 參見川越泰博，〈靖難の役における燕王麾下の衛所官について〉，頁118-120。

縣起發赴京，充宣武衛前中所軍」；一輩洪敬於洪武三十二年「歸順」靖難軍，三十五年以靖難功陞虎賁右衛中左所副千戶在南京金吾左衛中左所帶俸；二輩洪政因「患疾不堪承襲，告於南京錦衣衛中左所關支」俸糧；三輩洪福，初於虎賁右衛中左所帶俸差操，後「選住」南京留守中衛水軍所；至七輩洪銳、八輩洪贇，又改襲南京金吾左衛中左所副千戶即是一例。選條中所謂的「選住」或「帶俸」，究竟具有何種意義，就有必要釐清。又如《大河衛選簿》記該衛中所世襲百戶蘇文「嘉靖三十七年爲因運糧違限，參降總旗，隆慶三年遇蒙恩詔復職」，則充分顯示出大河衛作爲漕運衛所的特色。筆者近年從事明代衛所軍制的研究，提倡以區域史的研究方法，作細部分析，現存選簿分佈地區涵蓋極廣，應可提供豐富的資料。

史語所藏明武職選簿原件雖多霉爛不易查閱，但已全數作成影本，其中所留下的訊息，遠超過今人所曾介紹者。歡迎有志者一起加入研究陣營。

附錄一：《銅鼓衛選簿》隆慶四年「兵部爲清查功次選簿以裨軍政事」疏[29]

兵部爲清查功次選簿以裨軍政事。隆慶三年九月，該本部尚書霍、左侍郎曹議得：武選司庫貯功次選簿及零選簿，年久浥爛，而近年獲功堂稿與叢册題覆尚未謄造，每遇選官清黄之期，典籍殘闕，卒難尋閱，合宜及時照例修補。題奉欽依。續該尚書郭、右侍郎王嚴加清理，詳定規議，先後行委車駕司員外郎賴嘉謨、武選司主事謝東陽、會同武選司郎中吳兑、李汶、王倖、王叔杲、劉漢儒、員外郎張世烈、主事李與善、宗弘暹、李承式、韓應元、李松、彭富開局立法，督率選到七十八衛所吏役，逐一將功次、零選、堂稿及新功叢題未經立簿者，盡行修補謄造外，爲照選簿備載内、外二黄、零選、功次及續附節年選過審稿，所以爲清黄選官計也。往年修造，革數或缺而未備，職姓或混而未清，功次或未盡謄，審稿或未盡附，終非完籍，未便稽考。且革發、充軍、揭黄等項，原未該載，每遇大

29　附錄一全文，拙著《明代軍户世襲制度》頁168-169、191-193曾引用過。全文再錄，乃是因爲當年筆者利用的，是東洋文庫藏今人抄本，今得見《銅鼓衛選簿》，兩相查對，發現有若干傳抄之誤，且此一史料對選簿性質的瞭解幫助極大，故不憚冗長，全文再錄。但相關討論則無重複之必要，參見前引書，頁169-176。

選，無從檢查，竟滋奸弊。今以各衛所官員照級類造，對覈明白，用司印鈐蓋。依樣另造目錄二本，總列成帙，題曰武職選簿。一本送堂貯庫，一本存司，掌印官相沿交收，俾按簿查名，一覽可知。以杜將來吏胥去籍之弊。仍申明先年員外郎馬坤等原議，專委本司員外郎提督管貯前簿，單月附選。及今重議，每遇大選，看選主事各照所管新官、舊官、陞、調、給、養、未及六十，督率該吏，赴庫查選，不得出外，以致損改。後凡該司接任官員，務宜留心掌修，應附應補，及時謄寫，不得如前混遺。庶簿籍完備，可以永便於檢查；而功罪明核，又能潛杜夫奸弊。今將目今修造及日後附補事宜凡例開列于后，須至簿者。

一(1)、每衛各立一簿，所附衛後。如衛官多者，各所另為一簿。亦照左、右、中、前、後次序，不相混淆。如官少則二衛併為一簿。仍各立總目，以便檢查。

一(2)、指揮使、指揮同知、指揮僉事、正千户、副千户、實授百户、試百户、署試百户事冠帶總小旗，分為七項謄造。儀衛正與正千户同級，衛鎮撫、儀衛副與副千户同級，所鎮撫、典仗與試百户同級，俱照級類造。如見任都指揮僉事以上，及署都指揮僉事以上，此乃流官，止加於指揮使之首類造。其署指揮使事，則加於指揮同知之首類造；署指揮同知事，則加於指揮僉事之首類造。以下五級署職，俱照此例。其有以大署小，如實授百户署所鎮撫事之類，乃署掌其事也，非級也，與前署職不同，仍歸本級實授百户內抄造。

一(3)、各衛所照官級次序，先以貼黄歷查輩數、襲替、優給、功罪、陞革年月，將舊選簿逐一磨對。如黄選功罪原載相同者，備細抄謄；其中有缺者，吊取內外二黄、審稿、零選、功次等簿，查出補寫各輩項下。其選簿內有重復及非關係選法者不錄，庶免淆亂。如舊選簿未載，貼黄有名，係近年官員，不得遺去。但襲替年月未開，無憑吊查黄選者，止附抄總目後，俟後子孫襲替之日補造。

一(4)、每員止用半葉，首書腳輩姓名，下用二行抄黄，每行分寫。二黄俱有，從其詳者書之。其輩數各占一行，先抄零選，若係優給出幼，亦每行內分寫。其有功次，量空一字，下分行附抄。字多不拘一行。如無選有黄，則書已載前黄；如功次或載黄內，則書已載前黄；或載選內，則書已載某輩選條，免費時日查抄。至於某輩選缺，則旁註小『缺』字；某功次缺，則旁註小『候查』字，俱留半行。幷前內外黃俱無，亦註小『缺』字，以俟子孫襲替之日查補。

一（5）、凡本人頂祖役總小旗，立功陞試百户以上，緣總小旗不入大選，無選條可抄，而本人功次又多係祖名，今以本人作一輩起於下，先將貼黃所開祖父總小旗姓名功次抄出，方查抄本人功次。如祖父係宣德以後功，亦須查錄。

一（6）、凡舊選簿未載，而有近年審稿者，此必當日所遺，該與抄造。

一（7）、凡選條內外黃、功次、誥命中，如有差落者，照舊傳疑，不得增改。其有選條功次原錯附者，今俱改正，抄寫本人名下，以便檢查。

一（8）、凡子替故絕，或孫年幼，本人病痊，年未六十，應得復襲原職者，不作輩數，止附於子選條下。

一（9）、調衛。除不得復還原衛者，該載所調衛分，原衛止註明總目葉內。其例得回衛，幷未經子孫襲替，改調附近衛所者，仍造歸本衛，庶檢查不混。

一（10）、舊選簿內止載數輩，無貼黃可查前後輩數，以憑吊查零選、功次者，則於各官級之後，另用葉數類抄，約照員數，各留白葉。俟後子孫襲替，每大選畢日，該司員外郎督率各該吏役，查照前式，將審稿備細抄謄各官級之尾。每員照舊仍用半葉。

一（11）、凡革充冠帶總小旗與總小旗雖不入大選，然日後獲功，例陞試百户，子孫襲替之日，前二級功次又所必查。今附七類之後，以備參考。

一（12）、凡選條末輩，查貼黃開稱死故，在今新限十二年、十五年外者，不問子孫弟姪有無，例當革發。止附七類葉後，以備參考。如死故年月未開者，仍依級抄，待其襲替之日，查明定奪。

一（13）、優養。新官不拘年限，生子准襲；舊官十年生子准襲者，照舊與襲替，優給並造外；其優養婦女，係户無承襲之人，止附類抄葉尾，用備查考，以杜後來冒襲之弊。

一（14）、充軍有終身者，終身方許承襲。有永遠者，不得承襲，及許洪武、永樂年間立功子孫降襲。舊未登簿，竟貽冒襲之弊。今吊職方司編軍簿，盡數抄附各人項下，庶後隱情不供者，難逃檢查。其編軍簿內原未開出原衛所者，總附目錄，以便查考。

一(15)、選簿、審稿如開貼黄查有功次選條者，此條各衛自造文册，難以憑信，俱不附寫。

一(16)、每簿前各將衛所官員照級編號，開立總目。大書脚選姓名，名下註立功始祖及籍貫、代數，并前項類抄，亦附於後。至於年遠事故，及已經革發揭黄，不准襲替者，類附總目後，另書一款，用備參考，以杜日後買囑隱情保襲之弊。

一(17)、凡舊選簿總目有名，後未開載者，查出盡數抄造。如仍舊無查，亦開附總目之後。

一(18)、舊革發人員未附選簿，以致復保無憑稽察。後遇選畢，該管員外郎一併抄附選簿。

一(19)、舊覈册功次未附選簿，以致册籍散逸，查選未便。後經覈題，錄陞該管協司郎中，督率吏役，抄附各人名下，以便大選檢查。

一(20)、舊充軍揭黄，未附選簿，以致大選清黄，或滋奸弊。後遇前項文移到部，即時抄附各人名下，以便查考。

一(21)、後經調衛，不得還衛者，將祖衛、來歷、緣由，抄續今調衛分。兩衛總綱内俱要各將調去、調來官級姓名，明註于后，以便檢查。

隆慶四年六月　日

兵部尚書郭

　　右侍郎王

委官車駕司員外郎賴嘉謨

武選司主事謝東陽

監寫經歷

※ 本文爲史語所新興主題計畫成果之一部份。選簿資料承本所明清檔案工作室負責人劉錚雲先生提供；初稿撰成，得吳振漢、柳立言、黃彰健、黃寬重、莊吉發諸先生意見，修改後復得兩位審查人及本所出版品編輯委員會之意見，謹此致謝。

引用書目

一、文獻史料

《大河衛選簿》，萬曆二十二年重修本，中央研究院歷史語言研究所藏本。

《吏文輯覽》，嘉靖十八年七月折衝將軍行義興衛副護軍崔世珎奉教撰集，收入《吏讀集成》，漢城：朝鮮印刷株式會社，1942。

《明實錄》，黃彰健校勘，台北：中央研究院歷史語言研究所據國立北平圖書館紅格鈔本微捲影印，1962。

《南京留守中衛選簿》，萬曆二十二年重修本，中央研究院歷史語言研究所藏本。

《南京龍江右衛選簿》，萬曆二十二年重修本，中央研究院歷史語言研究所藏本。

《軍政條例類考》，明・譚綸等輯，萬曆二年刊本，日本內閣文庫藏本。

《銅鼓衛選簿》，萬曆二十二年重修本，中央研究院歷史語言研究所藏本。

萬曆《大明會典》二二八卷，明・李東陽等奉敕撰・申時行等奉敕重修，台北：新文豐出版社，據萬曆十五年刊本影印，1976。

《萬曆野獲篇》三十卷補遺四卷，明・沈德符撰，收入《元明史料筆記叢刊》，北京：中華書局，1980二版。

二、近人著作

于志嘉

1986 〈從衛選簿看明代武官世襲制度〉，《食貨月刊復刊》15.7/8：30-51。

1987 《明代軍戶世襲制度》，台北：台灣學生書局。

1993 〈明代兩京建都與衛所軍戶遷徙之關係〉，《中央研究院歷史語言研究所集刊》64.1：135-174。

1996 〈明代江西衛所的屯田〉，《中央研究院歷史語言研究所集刊》67.3：655-742。

川越泰博

1972 〈衛選簿よりみた三萬衛の人的構造—明代衛所制度史研究によせて—（要旨）〉，《軍事史學》7.4：98-99。

1977 〈明代女直軍官考序說—『三萬衛選簿』の分析を通して—〉，《史苑》38.1/2：1-24。

1984 〈明代衛所官の來衛形態について—玉林衛の場合—〉，《アジア諸民族における社會と文化：岡本敬二先生退官記念論集》，東京：國書刊行會，頁309-349。

1985 〈明代衛所官の來衛形態について—西安左衛の場合—〉，《中央大學文學部紀要》史學科30：111-155。

1986 〈明代衛所の舍人について—「衛選簿」の分析を通して—〉，《中央大學文學部紀要》史學科31：77-107。

1988 〈明代衛所の新官とその子孫について—とくに優遇措置の施行をめぐって—〉，《中央大學文學部紀要》史學科33：47-82。

1989 〈明代衛所官の借職と世襲制度〉，《中央大學文學部紀要》史學科34：35-110。

1990 〈靖難の役における建文帝麾下の衛所官について〉，《中央大學人文科學研究所紀要》11：53-110。

1990 〈靖難の役における燕王麾下の衛所官について〉，《中央大學文學部紀要》史學科35：85-136。

1990 〈靖難の役後における燕王麾下の衛所官について〉，《山根幸夫教授退休記念明代史論叢》，東京：汲古書院，頁91-110。

1991 〈明代優養制の研究—衛所官研究の一節として—〉，《中央大學文學部紀要》史學科36：63-134。

李光濤

1955 〈記內閣大庫殘餘檔案〉，《大陸雜誌》11.4-6，收入《明清史論集》下冊，台北：台灣商務印書館，1971，頁499-526。

1969 〈明清檔案與清代開國史料〉，《台灣文獻》20.2，收入《明清史論集》下冊，頁409-417。

韋慶遠

1985 〈利用明清檔案進行歷史研究的體會〉，《文史知識》11，收入《明清史辨析》，北京：中國社會科學出版社，1989，頁508-517。

徐中舒

1930 〈內閣檔案之由來及其整理〉，《明清史料》甲編首本，北平：中央研究院歷史語言研究所，頁1a-14b。

1933 〈再述內閣大庫檔案之由來及其整理〉，《中央研究院歷史語言研究所集刊》3.4：537-576。

秦國經

1988 〈明清檔案整理工作六十年〉，《明清檔案與歷史研究——中國第一歷史檔案館六十周年紀念論文集》，北京：中華書局，頁34-58。

劉錚雲

1996 〈史語所《明實錄》校勘與內閣大庫明清檔案的整理〉，台北：兩岸古籍整理學術研討會。

鄭天挺等主編
1995 《中國歷史大辭典・明史卷》，上海：上海辭書出版社。
遼寧省檔案館・遼寧省社會科學院歷史研究所編
1985 《明代遼東檔案彙編》，瀋陽：遼瀋書社。

A Study on the Military Appointments Books and the System of the Military Officers of the Guards during the Ming :

On the Incomplete Military Appointments Books of the Ming Dynasty collected by the Institute of History and Philology at Academia Sinica with comments on the studies of the Books by Kawagoe Yasuhiro

Chih-chia Yue

Institute of History and Philology, Academia Sinica

In the Ming dynasty, the Military Appointments Books were prerequisite to the Ministry of War for personnel selection. They recorded the family careers of the hereditary officers of the Guards, containing a great deal of rare primary sources on the military personnel administration of the Guards. They can answer such questions as why the old generations joined the armies, how merits and demerits were recorded, how promotions and demotions were made, and etc. The First Historical Archives in Peking holds the largest collection of the Military Appointments Books, while the Japanese scholar Kawagoe Yasuhiro has studied a little more than 10 kinds of hand-copied Appointments Books collected in Japan. By using the Appointments Books newly discovered in the Institute of History and Philology, together with other primary sources, this essay examines Kawagoe Yasuhiro's works and illustrates the values of these Books.

Keywords: Ming, Military Officers of the Guards, Military Appointments Books

出自第六十九本第一分(一九九八年三月)

清中葉東南沿海的糧食作物分布、糧食供需及糧價分析

王業鍵　黄瑩珏*

清代中葉淮河以南東南沿海缺糧的四個省分——江蘇、浙江、福建、廣東——糧食作物均以稻米爲主。蘇、浙二省稻產一年一穫，福建沿海及廣東全省幾乎都是一年二穫。在一年一穫區，收穫以晚稻爲主，但是，浙江杭州灣以南各地多種早稻。此外，江蘇沿海盛產棉花，太湖流域一帶蠶、桑普遍，值得注意。

這四省包括全國經濟精華所在的長江三角洲以及珠江三角洲等地，是全國人口最稠密和經濟最發達的地區。1820年平均人口密度爲每平方公里178人，高於全國平均數的一倍以上。尤其是江蘇長江以南及浙江杭州灣以北各府州，人口密度都在每平方公里400人以上，蘇州府更幾乎高達902人。這些地區因此缺糧也特别嚴重。這四個省分缺糧，主要依賴内陸餘糧省分四川、湖南、江西、安徽、廣西及臺灣島供應。閩、粤二省也有部分米糧從安南、暹羅等地進口。

就這個地區四個首府（蘇州、杭州、泉州、廣州）的米價變動觀察與分析，我們發現各地糧價有溫和上升趨勢。其次，各府糧價都呈現明顯的季節性波動。蘇、杭米價大抵於七、八月達高峰，十月、十一月最低；泉、廣二府高峰均爲五月，谷底分别爲九月、十一月。第三，各府糧價也呈現大致四年的週期性波動。

從米糧貿易及糧價相關分析可以看出，十八世紀的中國二個樞紐地區——長江三角洲和珠江三角洲——經濟上關聯尚弱。但是，糧食不足地區與有餘地區之間的地域分工與經濟交流至爲明顯，各個經濟大區市場關聯性高低各異，但並非孤立。就我們所考察的地區來看，大致可以説，以長江三角洲爲中心，地理上與交通運輸上愈接近的地區，市場整合程度愈高。

關鍵詞：兩穫區　缺糧　人口密度　米價　市場整合

* 王業鍵，中央研究院經濟研究所
黄瑩珏，國立中正大學歷史研究所

一、糧食作物的分佈及生長季節

中國的糧食供需，就清代來說，除邊陲地區——西藏、新疆、蒙古及東北的吉林、黑龍江——尚未開發外，可將全國各省按照糧食供給的豐嗇，區分爲三類：有餘省分、不足省分、和自給省分。有餘省分包括內地的安徽、江西、湖南、四川、廣西、陝西、河南、和東北的盛京統部（奉天府、錦州府）。沿海各省除遼東和山東糧食有餘以外，從京師所在的直隸一直到極南端的廣東，形成一長條的缺糧地帶。內地只有華中的湖北和華北的山西，糧食供不應求。西南的雲南、貴州、以及西北的甘肅，本地所產糧食可以自足。[1]

沿海這一長條的缺糧地帶，糧食不足情況已見著述。[2] 現在我們擬就當時中國缺糧最嚴重的東南沿海（即江蘇淮河以南、和浙江、福建、廣東三省）爲對象，作進一步的考察。本文分爲三部分，第一部分考察各個地區糧食作物的分佈及各種作物的生長季節。第二部分探討各地糧食供需的豐嗇及米糧貿易運輸路線。第三部分就這個地區的米價作時間數列及相關的分析。我們希望不僅瞭解清代全盛時期的中國糧食供需情況，而且利用這些基礎知識來幫助解釋各地糧價變動模式和國內市場的整合程度，以及以這些知識作爲觀察以後中國農業區域變遷狀況的基準。

清代中國糧食作物分佈，以秦嶺、淮河爲分界線，大致可分爲南北兩大區域。此線以北，糧食作物以麥爲主，此線以南則以稻作居最重要地位。東南沿海自北而南，包括江蘇、浙江、福建、廣東四省，分屬水稻小麥區、水稻豆麥區、及水稻兩穫區。[3] 江蘇省淮河以北屬北方農業區，不在本文討論之列，淮河以南

---

[1] 王業鍵、黃國樞，〈十八世紀中國糧食供需的考察〉，《近代中國農村經濟史論文集》（臺北：中央研究院近代史研究所，1989），頁271, 277。

[2] 全漢昇，〈清雍正年間 (1723-35) 的米價〉及〈清朝中葉蘇州的米糧貿易〉，《中國經濟史論叢》（臺北：稻禾出版社，1996），頁517-546, 567-582；安部健夫，〈米穀需給の研究〉，《東洋史研究》15.4(1954)：120-213；Han-sheng Chuan and Richard A. Kraus, *Mid-Ching Rice Markets and Trade: An Essay in Price History* (Cambridge: East Asian Research Center, Harvard University, 1975), Chap.3.

[3] 王業鍵、黃翔瑜、謝美娥，〈十八世紀中國糧食作物的分佈〉，郝延平、魏秀梅主編，《中國近世之傳統與蛻變》（臺北：中央研究院近代史研究所，1998），頁285。

稻作雖有早、中、晚三種，但以晚稻爲主，[4] 佔稻作面積的80-90%。（見圖一）當時地方官奏摺中有謂「江省土俗，以中稻米難耐久，種植者十無一、二。」[5] 早稻由於收成低，米質差，又與春熟作物在種植上有矛盾，因而種植很少。[6] 生長季節通常在農曆四月插種，七、八月收成；[7] 蘇、松、常、鎮一帶又有紅稻，六月十五日前後栽種；[8] 晚稻自五月中以後插種，九、十月收成。[9] 然後播種春熟作物，[10] 待翌年的四、五月收成。[11] 此時亦是養蠶收絲的時節，江南因四月新麥、新絲齊出場，人力不及，所以多種植晚稻。沿海的松江、太倉、海門、通州一帶，廣種棉花。[12] 如崇明縣地方，「種木棉者十分之七，種稻穀者十分之三。」[13]（見圖二）

浙江省稻米生產分佈可大致畫分爲三個區域（見圖一）：(1) 晚稻區——分佈在杭、嘉、湖三府。[14] 不過，杭州府屬之昌化縣，湖州府屬之安吉州，有種早稻者。[15] (2) 早稻區——分佈在寧、紹、金、衢、嚴、台、處七府。[16] 除金華府屬之義烏縣、嚴州府屬之壽昌縣，不種晚稻外，其餘府屬間有晚稻種植。而衢、嚴二府及金華府之浦江縣、紹興之新昌縣，台州府黃嚴一帶，早稻播種十之六、七，晚稻種者十之三、四。[17] (3) 兩穫區——溫州府，[18] 但溫州府屬之泰順一縣歷來只種晚稻。[19]

---

4 KYH22987，KQ14214，KQ22652，KQ22754。

5 KYH22987。

6 李伯重，〈明清江南種稻農户生產能力初探〉，《中國農史》1986.3：5。

7 KYH07820，KYH10622，KYH22905。

8 KYH26521。

9 KYH05141，KYH20659，KYH06265，KYH21214。

10 此處的春熟作物所包含的內容解釋有歧異，有的說油菜與小麥，有的指二麥、蠶豆與油菜，有的則在麥、豆、菜之外，還加上紫雲英，各地種植情況不同。見李伯重，頁2。

11 KYH24252，KYH15233，KYH24327。

12 KYH06179，「惟松江、太倉州、海門廳、通州幷所屬之各縣，偪近海濱，率以沙漲之地，宜種棉花，是以種花者多，而種稻者少。」見賀長齡輯，《皇朝經世文編》（光緒十二年刊），37.6。

13 KYH03339。

14 KYH21372，KK01875，KK07157。

15 KYH16542。

16 KYH15434，KYH22952，KYH21372。

17 KY18746，KYH26645。

18 KK01875。

19 KYH16542。

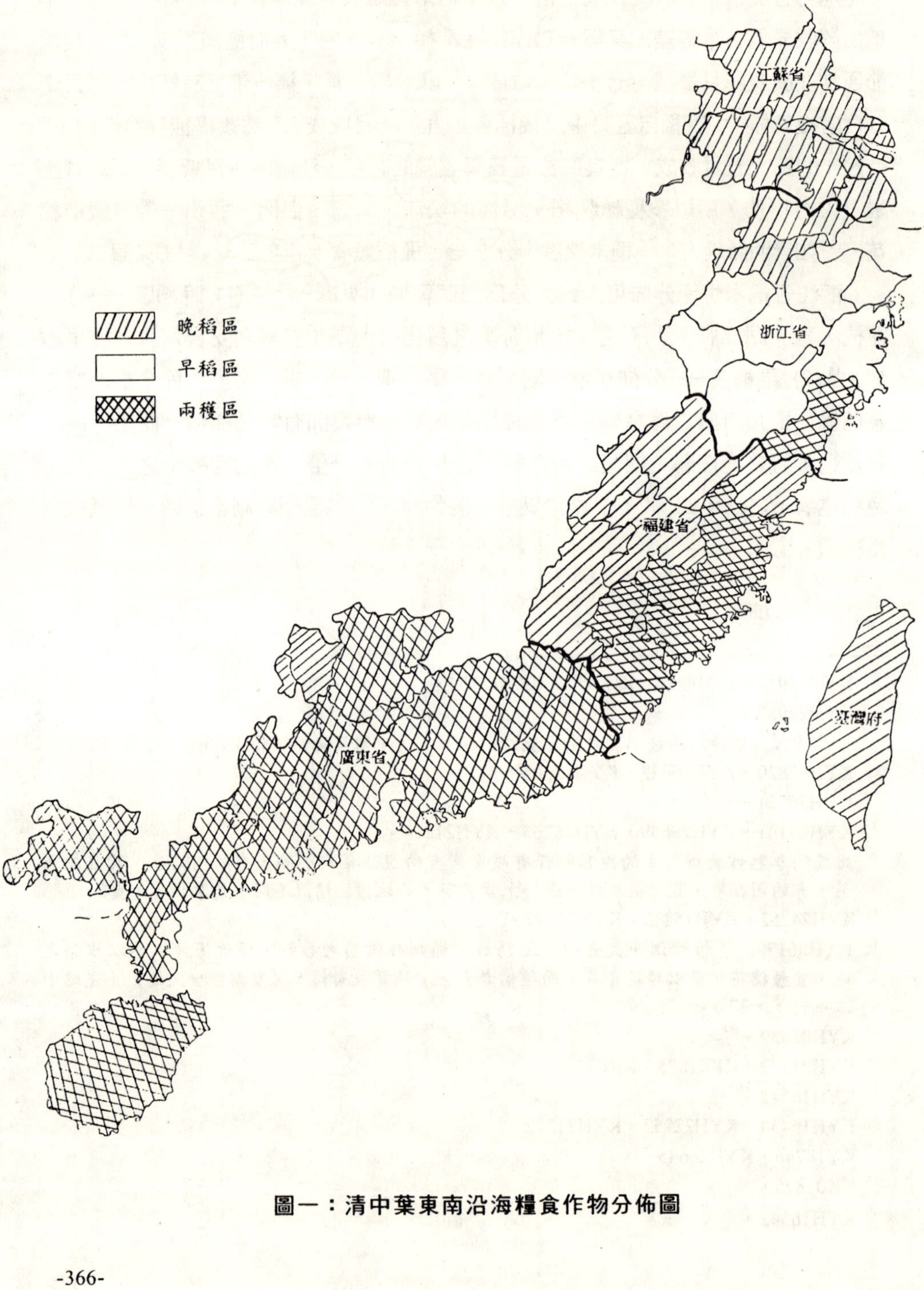

圖一：清中葉東南沿海糧食作物分佈圖

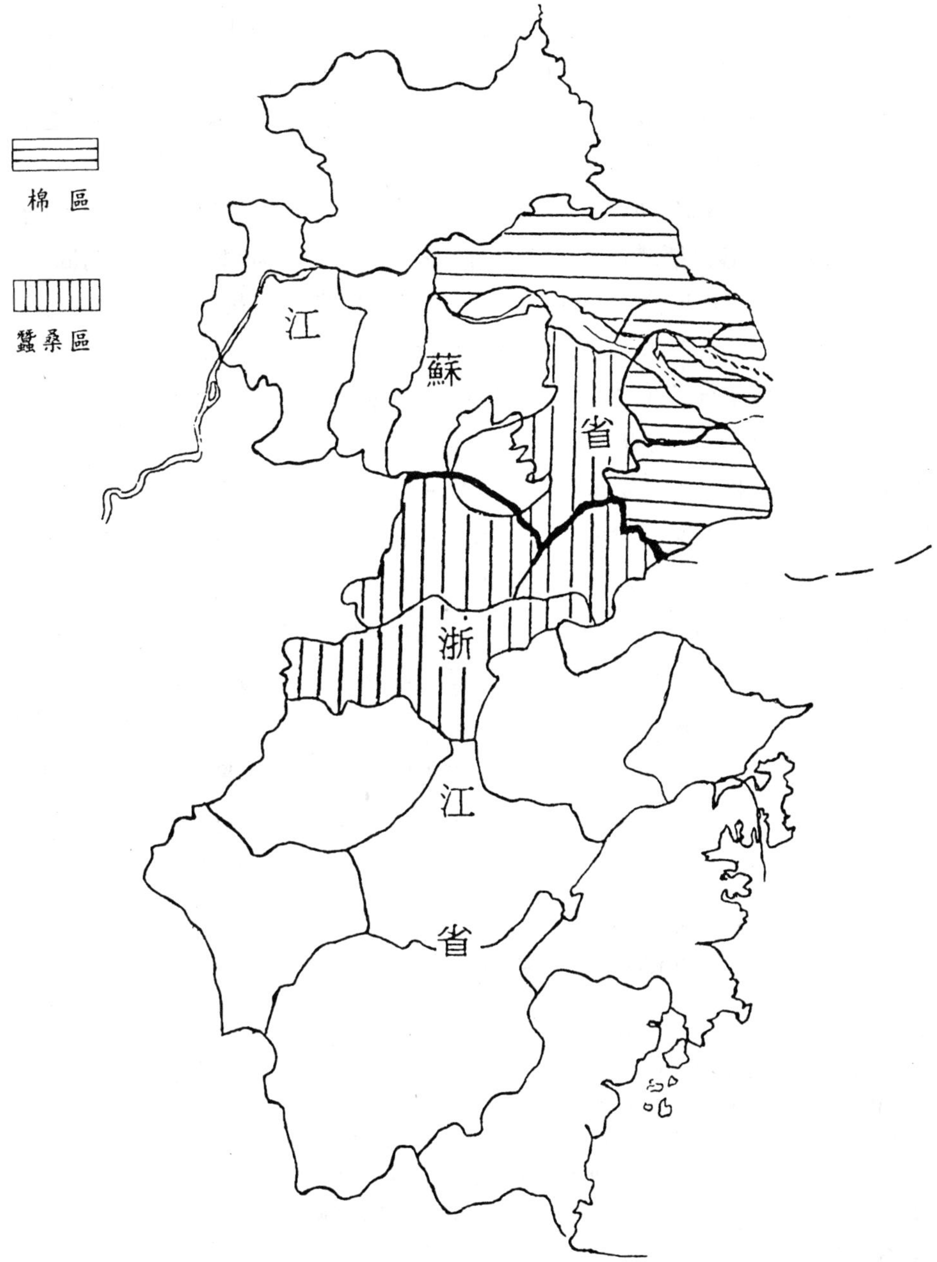

圖二：清代長江三角洲兩大經濟作物分佈圖

杭、嘉、湖三府地窄人稠，民間多以育蠶爲業，田地大半植桑，歲產米谷除辦漕外，即豐收尚不足民食。[20] 太湖流域沿岸地區以蠶桑爲重（見圖二）的各府屬，由於採繭取絲的時節正値早稻播種期，人力不足，所以這些府屬以種植晚稻爲主。其餘各府多種大、小麥。浙省農作「秋冬則在稻谷，春夏則在花利，蠶絲爲仰事俯畜之藉」，[21] 可說是浙江農業的簡單寫照。

播種及收成季節，晚稻區自五月插蒔，九、十月收穫。[22] 育蠶時間在四、五月。[23] 早稻區四、五月插蒔齊全，六、七月收穫。[24] 麥子刈穫在四、五月間。[25] 兩穫區四月初旬插種早稻，六月間收穫，接著栽種晚稻，九、十月間收穫。[26] 四、五月是養蠶收絲、春熟作物收成、和早晚稻播種交替的農忙時節。

福建的水稻種植有兩種不同的耕作制度：以晚稻爲主的單季稻區，和兩穫區（見圖一）。在十八世紀，兩穫區局限於沿海四府（福州、興化、泉州、漳州）和兩個州（永春和龍巖），其餘地區（包括臺灣）只種單季稻。[27] 在兩穫區農民種植早、晚二稻外，還普遍種植麥、豆、油菜、花生等越冬作物，沿海栽種二麥之地約十之三、四。[28] 早稻一般在三月插秧，五月底到七月初收割，[29] 因地而異，越往南越早，如「漳郡一帶收穫之期較之各縣早一、二旬」。[30] 緊接著栽插晚稻，九月或十月成熟，[31] 不過晚稻產量比早稻要少得多。所謂「閩地全賴早禾，早禾豐熟，秋冬即可無虞」。[32]

單季稻地區於四、五月插種，收穫時間因農民選種的稻種而不同，分早、中、晚三種。八月收者謂之早稻，九月收者謂之中稻，十月收者謂之晚稻，只種

---

[20] KYH03227，KYH25170，KYH22307，KYH28491。

[21] KYH28504。

[22] KYH06349，KYH25008，KYH07363。

[23] KYH04945，KYH01206，KYH22307。

[24] KYH07544，KYH26645，KYH25008。

[25] KYH04945，KYH28491，KYH01206，KYH28154，KYH07304。

[26] KK01875，乾隆朝，軍機檔（臺北：故宮博物院），007024號。

[27] KYH10119，KYH15628，KYH18842，KYH12624，KYH29876。

[28] KYH24319，KYH22561。

[29] KYH27190，KYH20432，KYH01520，KYH05558，KYH12624。

[30] KYH28295。

[31] KYH18861，KYH12624，KYH27190。

[32] KYH24599。

一次。[33] 不過，大多數人都種植晚熟種，種早熟種者僅十之一、二。[34]

番薯爲閩省民間一種主要糧食，山海地區，普遍種植。福寧、福州、興化、泉州、漳州等府，田禾之外多種番薯，以佐民食，[35] 泉、漳二府，人民多以番薯代米。[36] 偶遇番薯欠收，常造成米糧價貴。[37] 所以，番薯已成爲福建沿海缺糧府州重要的米糧替代品。[38]

十八世紀前期臺灣的耕作制度尚未定型，僅種植一季水稻，以晚熟稻比較重要，占島上水稻種植的60-70%。一般在五、六月之交插種，十月收穫。[39] 至乾隆以後，雙季連作稻大爲推廣。光緒 (1875-1908) 年間，除了安平縣因「開墾年久，地磽不肥，歲不再熟」之外，西部平原多有雙季連作稻種植。例如，彰化「耕穫有早晚二季」，「春種夏熟曰早稻，夏種冬熟曰晚稻」；淡水廳「一年二穫」稱雙冬；噶瑪蘭廳「歲有二冬」。種植時間各地略有不同，彰化播種在立春（一月初）之前，四月穫早稻，接播晚稻；淡水廳早稻種在清明節（三月初）前後，六月收穫，晚稻十月收；噶瑪蘭廳早稻二、三月種，五、六月收，晚稻五、六月種，九、十月收。[40] 另外，鳳山縣有一種叫「雙冬」的早熟稻，三、四月就可上市。還有一種中熟稻，七月分收割。[41] 澎湖群島當時不產稻穀，島上沙土廣布，又屢受海潮或鹹雨侵襲，以種植番薯、高粱、芝麻爲主。[42]

廣東省水稻的耕作屬一歲兩稔，幾乎通省都屬兩穫區，僅連州一年一熟。[43]

---

33 KYH18842。

34 KYH21079，「延、建、邵、汀四府，福寧一州，間有一、二栽種早稻者」，見KYH19027。

35 KYH17198。

36 KYH08542，KYH12925，「查地瓜係漳州府人民充作四、五個月糧食者」，「泉州人亦多籍地瓜以充糧食」，見KQ07037。

37 KYH04619，KYH13092，KQ07038。

38 KYH23595。

39 KYH24818，KYH23447，KYH02142，KYH03174。

40 馬波，〈清代閩台地區稻的分布與生產〉，《中國農史》1995.4：62-63。

41 Yeh-chien Wang, "Food Supply in Eighteenth Century Fukien", *Late Imperial China* 7.2(Dec. 1986): 103-105.

42 KYH29377。

43 KYH02269，KYH16225，KYH14914；連州所屬連山縣，係一年一熟，向無早禾，見KYH26542；連州受地形與氣候的限制，民國《連山縣志》記載，當地地勢高聳之處，「須至谷雨始暖，須至夏至始炎，秋分即涼，嚴冬極冷，故禾稻只收一熟。」引自吳建新，〈明清廣東糧食生產水平試探〉，《中國農史》1990.4：34。

(見圖一)但是,廣東雙季稻因受到地形的限制,在山地丘陵區,只有土地平坦,灌溉設施良好的地方,才有「一歲再熟」;而地勢高亢,灌溉不足的地區,以及沿海平原常遭水潮、鹹害的地區,只能種單季稻。[44] 所以,雖名爲兩熟,而所收

表一:清中葉東南沿海糧食及經濟作物生長季節表

省別	糧食作物	播(插)*種期	收穫期
江蘇省(淮河以南)	早稻	3—4月	7—8月
	晚稻	5月中—6月	9—10月
	二麥、春花	10月	4—5月
	棉	4月	10月
浙江省	早稻	4—5月	6—7月
	中稻	5月	8—9月
	晚稻	5月	9—10月
	二麥、春花	10月	4—5月
	蠶桑		4—5月(育蠶期)
福建省	早稻	3月	5—6月
	中稻		8—9月
	晚稻	5—6月	9—10月
	二麥	10月	3—4月
	番薯	6—7月	10月
廣東省	早稻	3—4月	5—6月
	晚稻	6—7月	9—10月
	二麥、雜糧	10—11月	3—4月
	大冬谷	4月	9月

* 稻穀插秧之前有一段育秧期,約需一個月時間。

註:資料來源散見本文敘述中註解部分。表中作物生長季節以農曆爲依據。

---

[44] 吳建新,頁34。

不及江浙一熟之數。[45] 受到氣候的限制，地處粵北山區的韶州府、南雄州和連州，早稻種植比例較小。[46] 瓊州府屬「歲收米稻兩次，謂之上熟、下熟，而其望於下熟者更殷。」[47] 所以，廣東的雙季稻種植以晚稻的收成爲重。此外，廣、惠、潮等府，種有大冬谷，歲一收，種於四月，收於九月。[48] 早稻插種時間在三、四月，收成在五、六月。[49] 晚稻插種時間在六、七月，刈穫在九、十月。[50] 麥在粵東產量無多，只有潮、惠、廣、肇四府沿海一帶有種植，近山各府更少。[51] 麥的播種期間在晚稻收成之後，大約從十月開始，翌年四月收穫，然後開始插種早稻。[52]

二、糧食供需

清代東南沿海四省是全國缺糧最嚴重的地區。江蘇省淮河以北的淮安府、徐州府和海州，旱地較多，糧食作物以麥、高粱、小米爲主，和淮河以南以水稻生產的情形迥異，所以我們把這二府一州除去，將我們研究範圍限於江蘇淮河以南一直到廣東極南端的海南島（瓊州府）。在這個部分我們將討論糧食供需的狀況、人口密度與糧食需求、以及糧食運輸路線。

位於江、浙交界的長江三角洲，包括江蘇省的蘇州、松江、太倉、常州、鎮江、江寧等府及浙江省的杭州、嘉興、湖州、寧波、紹興等府，是全國經濟精華所在。這個地區爲全國絲織業及棉紡織業的中心，工商業發達，人民生活程度高，人口稠密，是嚴重的缺糧地帶。揚州府、海門廳、和通州也以栽植棉、桑爲重，糧食亦供不應求。[53] 浙江其餘府屬中，除嚴州府亦屬不足區外，溫州、台

[45] KYH10005。

[46] 陳春聲，《市場機制與社會變遷——十八世紀廣東米價分析》（廣州：中山大學出版社，1992），頁126。

[47] 乾隆二年四月十二日瓊州總兵武進升奏，引自陳春聲，頁126。

[48] 陳春聲，頁123。

[49] KYH16597，KYH28730，KYH18818，KYH14914，KYH20334。

[50] KYH21391，KYH21451，KYH10596，KYH16225。

[51] KYH20334。

[52] KYH32194，KYH28211，KYH21451。

[53] Yeh-chien Wang, "Food Supply and Grain Prices in the Yangtze Delta in the Eighteenth Century", *China's Market Economy in Transition*, Yung-san Lee and Ts'ui-jung Liu, eds. (Taipei: Institute of Economics, Academia Sinica, 1990), pp.170-172.

州、金華三府，自給有餘；衢州、處州，自給自足。[54] 福建十府二州中，沿海的福州、泉州、漳州三府及內陸的汀州府，長期缺糧；臺灣、建寧、延平、邵武四府，自給有餘；興化、福寧和內陸的龍巖、永春二州基本自給。[55] 廣東由北而南的潮州、嘉應、廣州、瓊州等府屬是缺糧區；惠州、肇慶大致自給自足；西南部的高、雷、廉三府及羅定州，及粵北的南雄、韶州、連州，糧食生產有餘（見圖三）。[56]

現在讓我們把東南沿海缺糧情況稍加申述。清中葉的江蘇、浙江兩省爲全國人口最密集的兩個省份，一方面由於市鎮林立，都市化程度最高；[57] 一方面太湖流域沿岸和杭州灣一帶廣植棉、桑，使長江三角洲成爲全國最重要的絲棉紡織重鎭。而且，長江、運河、及沿海海運三大交通幹線交會於此，運輸業、服務業、金融業都很繁盛。所以，當地人民依賴經濟作物、紡織及其他工商業者很多，他們所需糧食自然要靠市場供應。

蘇州府土地膏腴，灌溉便利，糧食生產豐富。然而，蘇州爲清代東南最大都會，南北貨物及長江內地貨物都聚集於此，而且又是江蘇首府，爲巡撫、布政司、按察司衙門所在，以致人煙稠密，冠於全國，需要大量米糧進口。據時人包世臣觀察：「蘇州無論豐歉，江、廣、安徽之客米來售者，歲不下數百萬石」。[58]

做爲棉紡織業中心的松江府和太倉州，棉田約佔耕地的三分之二以上，例如，兩江總督高晉曾經於乾隆四十年 (1775) 奏稱：「以現在各廳州縣農田計之，每村莊知務本種稻者，不過十分之二三，圖利種棉者，則有十分之七八。」[59] 而且，其人口密度僅次於蘇州及嘉興（浙江）二府，因而也缺糧嚴重。位於長江口上太倉州屬的崇明縣，早在一七一四年便由上級核准每年到安徽採購米二十二

---

[54] KQ02060，KQ09297，KQ19448。

[55] Yeh-chien Wang, "Food Supply in Eighteenth Century Fukien", pp.80-84.

[56] 周宏偉，〈清代兩廣供求的時空差異〉，《中國地理歷史論叢》1994.4：113-119；陳春聲，頁52-63。

[57] 根據 Skinner 的研究，1893年中國各區域城市化比率在5.3%和6.6%之間，而長江下游、嶺南、東南沿海這三大區域城市化程度又高於全國平均水平。其中又以長江下游城市化程度最高，在9.4%和10.9%之間。見G. William Skinner, "Regional Urbanization in Nineteenth China ", in *The City in Late Imperial China* (Stanford: Stanford University Press, 1977), pp.211-252.

[58] 包世臣，《庚辰雜著》，引自趙靖、易夢虹主編，《中國近代經濟思想資料選輯》上册（北京：中華書局，1982），頁10。按文中「江廣」二字，當係指江西、湖廣。

[59]《皇朝經世文編》，37.6。

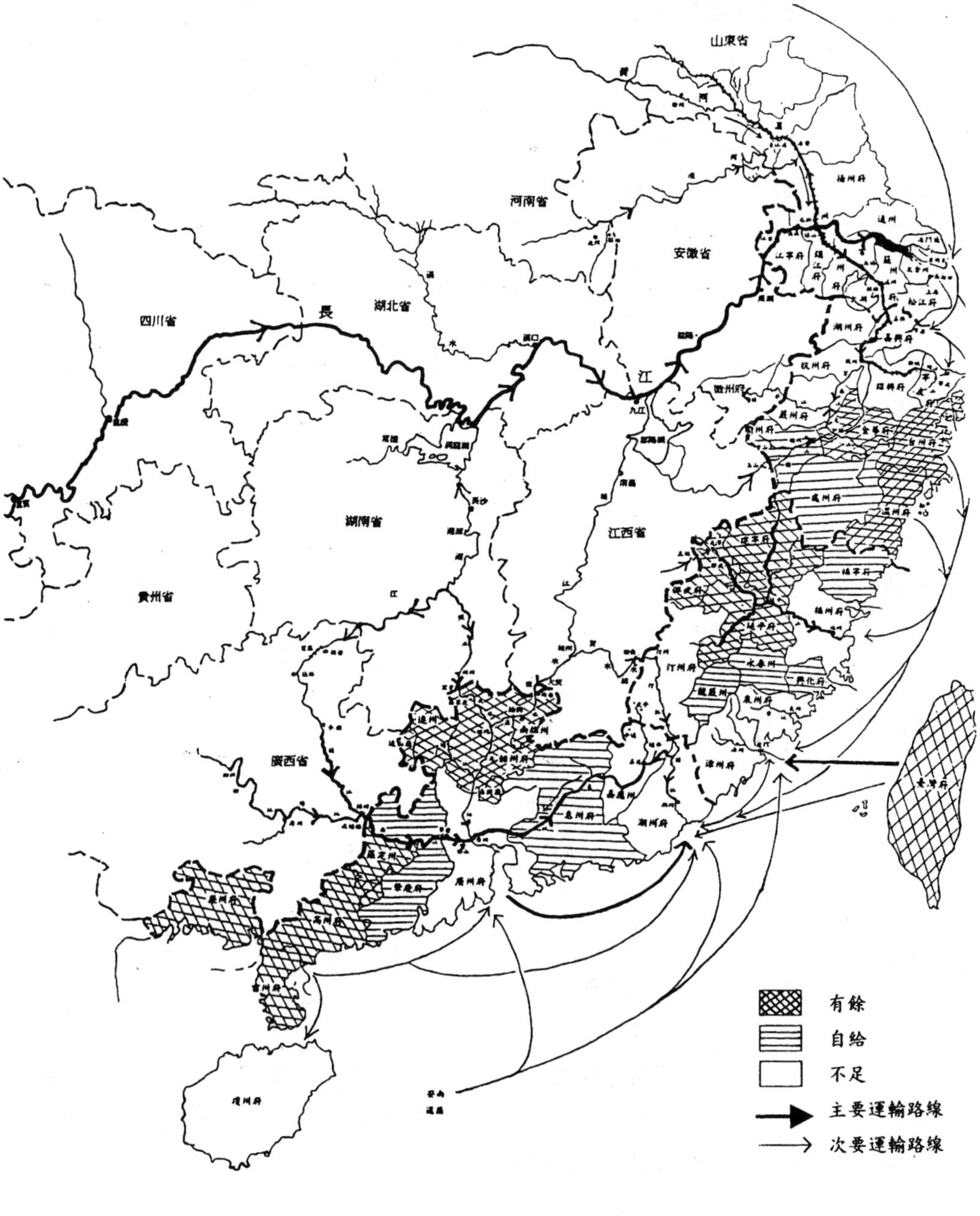

圖三：清中葉東南沿海糧食豐嗇及糧食供給路線圖

萬石，以補糧食生產之不足。以後由於人口日多，核准採購數量逐漸加增，到十八世紀中葉時已達三十七萬石。此外，還有因歲歉臨時獲准添購的，也有些未經核准由小販運入的。[60] 所以進口米糧可能比上述核准數額還要多五萬到十萬石。一七五九年該縣人口六十四萬，則常年消費米糧當在一百三十萬石上下。[61] 如此看來，進口糧食約為全年消費總額的三分之一。崇明以南松、太二屬其他各縣的供需情況，並無顯著差異。

浙江省杭州、嘉興、湖州三府人民種桑養蠶者多，寧波、紹興二府多山地，種棉也多，寧波又是沿海貿易的一個重要港口，因此這五個府所產糧食也供不應求。其餘各府則多能自給，或略有剩餘。嚴州府糧食不足，但大部分可藉金華府餘糧補充。所以，浙江進口糧食，可以說全係供應北部杭州等五府。一七五一年浙江巡撫永貴奏報：「浙省民間糧食，雖極豐稔之年，仰藉於上游客米不下二、三百萬石」。[62] 在正常收成年份從省外輸入米糧，很可能超過三百萬石。

江寧、鎮江、常州三府的情形和浙江北部五府很相似。這三府人民以紡織及種桑植棉為生者，也很眾多；其平均人口密度和浙江北部也很接近。所以，也是明顯缺糧區。此外，長江北岸的揚州和通州，沿海多鹽田；通州又盛產棉花，所以糧食也不能自給。不過，這裏的人口密度比起江南各府州要低，米糧缺乏問題遠不如江南嚴重。

福建和廣東的糧食生產，也不能維持其境內人口。但是這二省當時人口密度，只是長江三角洲的五分之一，缺糧的程度也小得多。福建缺糧最嚴重地區首推沿海漳、泉二府，其次為福州府。處於閩、粵、贛三省交界的汀州府，亦因山多地狹，生產不足，仍有賴進口米糧彌補。據筆者估計，十八世紀中，這四個府每年仰賴進口米糧210-260萬石。[63] 不過，正常年份絕大部分（約150萬石）都可從本省有餘地區（閩江上游地區及臺灣）搬運彌補。

廣東省也有四府州糧食不足自給。其中瓊州一府人口密度很低，而且近鄰的雷州、廉州、高州三府都有剩餘糧食，可以接濟。然而，廣州、潮州、嘉應州都需要進口大量米糧。據羅一星估計，乾隆 (1736-95) 和嘉慶 (1796-1820) 年間，廣東進口米糧來自廣西者最多，每年約一百五十萬石（稻谷三百萬石，以二米一

---

[60] 《崇明縣志》（1930年刊），7.29。

[61] 人口數見方行，〈論清代前期農民商品的發展〉，《中國經濟史研究》1986.1：64。

[62] KQ01144。

[63] Yeh-chien Wang, "Food Supply in Eighteenth Century Fukien", p.90.

谷折算），其次，從湖南、江西、福建輸入者每年約四、五十萬石。此外，從呂宋、暹羅、安南等地運到廣州的米，年達十幾萬石。[64] 洋米也有輸入潮州的澄海和饒平二縣港口。所以，十八世紀後期廣東每年輸入米糧應當在二百萬石左右。

基於人口的多少和糧食需求密切相關，我們現在要進一步考察各個地區的人口密度。清代全國各府州的人口密度，目前有梁方仲根據《嘉慶大清一統志》所編的1820年數字。但是，就我們所考察的東南沿海地區而言，人口數字必須作一些調整。第一、《一統志》所載1820年江蘇人口顯然偏低。江蘇人口在清代太平天國革命前一直冠於各省，而《一統志》所載該省人口（2,640萬），竟低於安徽、山東、四川、浙江、湖北等省，而居全國第六位，難以置信。據姜濤考證推算，《一統志》中所載江蘇人口屬於蘇州布政使司所轄各府州人口數據大致正確；但是，屬於江寧布政使司所屬各府州的數字，大體反映嘉慶初年的男丁狀況，而非口數，[65] 因此應加倍計算。以現有方志考察江蘇省各府州有關人口的記載（見表二），我們發現和姜濤所見大致相符。復旦大學歷史地理研究室曹樹基教授，在他的近著中，證明了嘉慶年間江蘇省兩個布政使確實存在兩個不同的人

表二：十九世紀江蘇省各府州人口數

府別	年	人口總數	男子（或男丁）數	女子數
蘇州府	1820	5,908,435	3,387,856	2,520,579
松江府	1816	2,482,974	1,388,902	1,094,072
江寧府	1809		2,041,292	
揚州府	1808		3,473,633	
徐州府	1872	4,730,160	2,673,953	2,056,207
海州直隸州	1804	1,152,431	596,810	555,621

資料來源：《蘇州府志》，光緒九年刊本，13.9。《松江府志》，嘉慶廿二年刊本，28.14。《重刊江寧府志》，光緒六年刊本，14.2a。《揚州府志》，嘉慶十五年刊本，20.3b。《徐州府志》，同治十三年刊本，12.53b。《海州直隸州志》，嘉慶十六年刊本，15.4-6。

[64] 羅一星，〈清代前期嶺南市場的商品流通〉，《學術研究》1991.2：76。
[65] 姜濤，《中國近代人口史》（杭州：浙江人民出版社，1993），頁154-158。

口申報系統和單位。[66] 因此我們認為，姜濤的見解具有相當大的說服力，所以採用他的修正數。第二、《一統志》所載福建人口數 (18,108,349) 偏高約二百萬。查《戶部清冊》所載該省1820年人口數為16,067,000。遍查方志，我們發現《一統志》所載建寧府人口過於誇大，而建寧府人口失實乃由於該府建陽縣人口數字過於誇大。查建陽縣人口，明初1391年為124,267，1829年卻高達2,163,729人，二年後減至1,228,811人，1879年陡降至201,332。近至1986年該縣人口也不過三十萬餘。按福建人口在1950年以後至今已增加一倍餘。建陽縣人口在十九世紀早期應在二十萬左右，決不至高達二百餘萬或一百餘萬。所以，我們將表中建寧府及福建省人口數各減去二百萬，這樣調整後，應較為接近事實。[67] （見表三）

其次，我們發現，梁方仲計算1820年全國各地人口密度所根據的疆域面積很不準確。查全國各府州疆域面積，梁氏乃採用黃盛璋手稿，而黃氏根據什麼地圖以及如何計算，未予說明。我們現在利用量積儀，根據譚其驤《中國歷史地圖集》第八冊，分省逐府逐州測量，並參照清末光緒後期及民國二十六年全國各省實測公佈數字，作全面修正。[68] （見表三）

表三：一八二〇年中國東南沿海各府人口密度

省／府	糧食供需狀況	人口（單位：千人）	面積（平方公里）	密度（每平方公里人數）
江蘇省		***30,937***	***55,140***	***561.06***
江寧府	不足	4,348	7,560	575.13
蘇州府	不足	5,916	6,560	901.83

[66] 曹樹基，《中國移民史》卷六（福州：福建人民出版社，1997），頁416-424。循著姜濤提出的思路，作者證明了嘉慶年間江蘇省兩個布政使確實存在兩個不同的人口申報系統和單位。江寧布政使司所報的「丁口」單位看起來仍是乾隆以前常用的「人丁」，但已經不是「納稅單位」，而是「成年男子」。蘇州布政使司存在兩種人口統計單位，即人口和「人丁」，人口指全體人口，人丁指「男子」，但不專指成年男子。

[67]《建寧府志》（嘉靖二十年刊）（臺北：新文豐出版公司，1985年重印），12.1-9；《建陽縣志》（1929年刊）（臺北：成文出版社，1975年重印），4.1-4；梁方仲，《中國歷代戶口、田地、田賦統計》（上海：上海人民出版社，1980），頁277；《福建通志》（同治十年刊），48.1-47；傅祖德、陳佳源編，《中國人口福建分冊》（北京：中國財政經濟出版社，1990），頁52, 154-157。

[68] 關於1820年全國人口密度所根據的疆域面積，包括本部十八省及奉天（奉天包括盛京統部下的奉天府及錦州府）。新疆及東北的吉林、黑龍江屬未開發地區，不計算在內。按譚其驤《中國歷史地圖集》，甘肅省未包括鎮西府及迪化直隸州，計算時一併除去。

松江府	不足	2,869	4,030	711.91
常州府	不足	4,208	6,920	608.09
鎮江府	不足	2,446	4,470	547.20
揚州府	不足	6,893	15,340	449.35
太倉直隸州	不足	1,924	2,430	791.77
通州直隸州	不足	2,074	6,740	307.72
海門直隸廳	不足	259	1,090	237.61
浙江省		***27,411***	***99,080***	***276.66***
杭州府	不足	3,197	7,200	444.03
嘉興府	不足	2,805	3,120	899.04
湖州府	不足	2,568	6,000	428.00
寧波府	不足	2,356	6,370	369.86
紹興府	不足	5,391	9,280	580.93
台州府	有餘	2,774	10,990	252.41
金華府	有餘	2,550	9,880	258.10
衢州府	自給	1,136	8,920	127.35
嚴州府	不足	1,461	8,220	177.74
溫州府	有餘	2,022	11,280	179.26
處州府	自給	1,151	17,820	64.59
福建省		***16,107***	***157,990***	***101.95***
福州府	不足	2,476	14,780	167.52
興化府	自給	493	3,910	126.09
泉州府	不足	2,381	8,220	289.66
漳州府	不足	3,337	13,230	252.23
延平府	有餘	853	15,790	54.02
建寧府	有餘	1,193	16,990	70.22
邵武府	有餘	631	8,000	78.88
汀州府	不足	1,486	19,680	75.51
福寧府	自給	752	8,920	84.30
臺灣府	有餘	1,787	36,600	48.83
永春直隸州	自給	390	6,010	64.89
龍巖直隸州	自給	328	5,860	55.97
廣東省		***21,558***	***227,060***	***94.94***
廣州府	不足	5,879	28,170	208.70
韶州府	有餘	1,080	19,750	54.68

惠州府	自給	2,265	32,110	70.54
潮州府	不足	2,211	15,630	141.46
肇慶府	自給	2,550	24,380	104.59
高州府	有餘	2,351	15,770	149.08
廉州府	有餘	445	18,030	24.68
雷州府	有餘	682	8,170	83.48
瓊州府	不足	1,383	33,900	40.80
南雄直隸州	有餘	341	4,590	74.29
連州直隸州	有餘	356	8,010	44.44
嘉應直隸州	不足	1,333	11,020	120.96
羅定直隸州	有餘	682	7,530	90.57
合計		**96,013**	**539,270**	**178.04**

註:1. 江蘇省淮河以北地區(淮安府、徐州府和海州)未包括在內。

2. 表中人口數字,除福建省外,乃根據姜濤就《嘉慶大清一統志》所作修正數。《嘉慶大清一統志》中福建省建寧府人口過於誇大,今減去200萬,說明見本文。又姜濤修正數中,福建人口未計臺灣府,今補入。

3. 土地面積乃根據譚其驤編《中國歷史地圖集》第八冊,以數位量積儀KP800分省逐府逐州測量。

4. 廣東省佛岡直隸廳和連山直隸廳的人口、土地面積,分別併入韶州府、連州直隸州計算。

資料來源:梁方仲,《中國歷代戶口、田地、田賦統計》(上海:人民出版社,1980),頁273-279。

姜濤,《中國近代人口史》(杭州:浙江人民出版社,1993),頁177-198。

譚其驤,《中國歷史地圖集》第八冊(北京:地圖出版社,1982)。

在我們研究的東南沿海地區,面積爲539,270平方公里,佔全國經濟較爲活躍地區(即不包括未開發地區)的百分之十二。1820年人口達九千六百萬人,爲全國總人口的百分之二十六,平均人口密度爲每平方公里178人。不但高於全國一倍以上(全國人口密度約爲86),而且超過全國糧食不足地區平均人口密度 (128) 約近百分之四十。長江三角洲一帶,人口尤爲稠密,蘇州府每平方公里高達902

人，嘉興府899人，太倉州和松江府超過700人，紹興府、江寧府和鎮江府也都在500人以上。從淮河以南一直到杭州灣附近，各府州糧食生產都不能供應當地人民消費的需求（見表三）。杭州灣以南的不足地區，只有福建的福州、漳州、泉州、汀州和廣東的廣州、潮州、嘉應州、瓊州等八個府州，這些缺糧地區的人口密度也遠低於長江三角洲地區，例如，福建沿海的漳、泉二府及廣東省的廣州府，每平方公里才二百餘人。

表四：一八二〇年中國東南沿海糧食供需與人口密度

人口密度（每平方公里人數）	糧食供需狀況	人口(%)	土地面積(%)	府及直隸州廳數				
				江蘇	浙江	福建	廣東	合計
低密度（低於100人）	不足	2.99%	9.94%	0	0	1	1	2
	自給	5.09%	13.11%	0	1	3	1	5
	有餘	8.38%	26.60%	0	0	4	6	10
	小計	**16.46%**	**49.65%**	0	1	8	8	17
中密度（100-300人）	不足	20.14%	18.61%	1	1	3	3	8
	自給	4.35%	6.90%	0	1	1	1	3
	有餘	10.10%	8.89%	0	3	0	1	4
	小計	**34.59%**	**34.40%**	1	5	4	5	15
高密度（300人以上）	不足	48.95%	15.95%	8	5	0	0	13
	自給			0	0	0	0	0
	有餘			0	0	0	0	0
	小計	**48.95%**	**15.95%**	8	5	0	0	13
合計		**100.00%**	**100.00%**	**9**	**11**	**12**	**13**	**45**

我們還可以對於這個區域中的人口密度和糧食供求關係作進一步觀察。現在讓我們把各府州按照人口密度的大小分爲三類：每平方公里平均人口密度不到一百人的府州，屬於低密度地區；一百人以上三百人以下者爲中密度地區；三百人以上者爲高密度地區。表四的統計，有幾點值得注意。第一，低密度地區佔四省全部面積一半，其人口卻不及全部的六分之一。相反地，高密度地區所佔土地面積只有近六分之一，卻擁有幾近一半的人口。中密度地區所佔人口與土地面積，

大致平均在三分之一左右。第二，低密度地區的糧食供需狀況幾乎全屬有餘或自給。只有福建的汀州府和廣東的瓊州府（海南島）人口密度低於一百，但糧食不能自給，可說是例外。而且低密度地區幾乎都分佈在福建和廣東二省。這二省以外，只有浙江處州府人口密度低於一百。第三，高密度地區所屬府、州，都屬糧食供不應求，而且都在江、浙二省。

就四省綜合觀察，糧食不足的府、州佔土地面積近百分之四十五，卻擁有全部人口百分之七十二；糧食有餘的府、州佔土地面積三分之一強，佔全部人口五分之一弱；自給的府州佔地五分之一，其人口還不到全部的十分之一（見表四），這些地區大多屬交通不便，經濟較爲落後。

東南沿海缺糧地區除由本省產米多餘的府州供應之外，主要依賴產米豐富的鄰省接濟。大致江蘇依賴安徽、江西、湖廣（湖北、湖南）、四川之米，浙江亦同。福建糧食不足多取給於臺灣，其次，由江、浙及江西運米彌補。廣東之米主要取給於廣西，其次有賴於江西、湖廣。「此數省之米苟無阻滯，歲歲流通，源源不絕，小民雖遇欠收，尙不致於乏食。」[69] 當時從長江內地各省運到長江三角洲的米糧究竟有多少？據全漢昇和 Kraus 估計，十八世紀早期，每年約在一千六百萬石至二千七百萬石之間，到十九世紀早期，據時人馮桂芬觀察，每年高達三、四千萬石。[70] 絕大部分供當地消費，其餘轉運其他地區。

四川出口的米大都先集中於宜賓和重慶，然後出夔關到湖北漢口鎮。湖南餘糧聚集於湘潭、長沙、常德等地，藉湘江和洞庭湖運至漢口。運到漢口的川、湘米糧，除供應武漢地區不足的民食以外，絕大部分是輸送到長江三角洲。江西米糧多由九江出口。安徽米糧聚集的最大口岸，當推樅陽及蕪湖。川、湘、贛、皖四省出口的糧食，藉由長江水路運至鎭江口轉運，或聚集於蘇州之楓橋，[71] 以接濟蘇、松、常、鎭、杭、嘉、湖等七府。蘇州是四省糧食出口的總匯，也是當時全國最大米市。[72] 長江三角洲除有長江、運河及沿海水路幹線貫穿外，還有太湖和許多運道，水運方便。長江內地運來的米糧，便藉這些大大小小的水道分配到各個角落。

---

[69] KYH07722。

[70] Han-sheng Chuan and Richard A. Kraus, pp.67-71；馮桂芬，《顯志堂稿》（光緒二年刊），10.14。

[71]「數十年來，大都湖廣之米輳集於蘇郡之楓橋，而楓橋之米，間由上海、乍浦以往福建。」見《皇朝經世文編》，44.24。

[72] 郭松義，〈清代的糧食貿易〉，《平準學刊》1985.1：289-313。

聚集於蘇州的米糧，除了彌補江蘇省的缺糧，另經由運河自蘇州楓橋鎮運至嘉興再到杭州，然後再藉運河支流及小川輸送到各地，也有些米糧由上海吳淞口經海運到浙江、福建、和廣東。江蘇省的米糧貿易路線，主要爲長江、運河、淮河和海道。長江貿易路線已如前述，運河在糧食運輸上具有雙向作用，一方將南方漕糧北運至京、津，一方將河南、山東運來的米糧送至清江浦交卸。[73] 淮河將河南歸德、開封、光州、固始等處的米豆雜糧，運到江蘇的淮安，然後換船經運河運至江南。[74] 山東亦經由海運將豆貨送至江蘇發賣。[75]

嚴重缺糧的浙江五府，主要依賴運河從蘇州輸入的米糧，一路經嘉興集中於杭州，利用省內的水系及運河支流，經由姚江，運米至缺糧的紹興、寧波二府，或經由富春江，運米至西部缺糧的嚴州府；一路經嘉興，沿水路運到其東南的乍浦港，再經海運，到寧波和閩省的福、興、漳、泉等府。浙江的寧波、紹興、衢州、處州，又賴江西之米，由玉山、常山轉運入衢州，經衢江到東陽江入新安江，接濟嚴州府和鄰省的徽州府。[76]

福建省只有福州、泉州、漳州、汀州四府米糧不足。據筆者估計，十八世紀中葉，福州府常年需進口食米五十萬石，大致都來自本省閩江上游的建寧、延平、邵武三府。江西的餘糧亦有由船運到五福，經山路旱行七十餘里，運到光澤，再經由小船運到邵武、延平、福州一帶，以解決福州缺糧的問題。泉州及漳州二府缺糧最爲嚴重，經年要從外地輸入一百五十萬石至二百萬石左右。[77] 主要來自臺灣府，經由海運輸入。臺灣每年可生產大量稻米，除島上居民消費外，每年有餘糧約一百萬石，可供應閩南沿海人民。不足之數，從國外（安南、暹羅等地）以及溫州和台州等地接運補充。此外，與漳州接壤的潮州，亦彼此往來接濟米糧。[78] 處於閩、粵、贛三省交界的汀州，山多地狹，亦非產米之區。每年缺米約十萬石，惟賴江西挑販接濟。由江西運來的米糧，循贛江支流的貢水，運到瑞金，再改陸運、翻越隘嶺，補給汀州民食。[79] 此外，江西運來的米有一部分經汀江、韓江運至廣東。

[73] KYH23598。

[74] KK02099，KQ64530，KQ13152。

[75] KYH26411。

[76] KYH02187。

[77] Yeh-chien Wang, "Food Supply in Eighteenth Century Fukien", pp.80-117.

[78] KY07431，KY20882。

[79] 同註77。

供應廣東的米糧貿易路線，主要沿著以下幾條路線進行。第一條路線是西江水路。從梧州經肇慶到廣州和佛山。這是廣東最重要、米糧運輸量最大的一條路線。從廣西運入的米糧，主要從有餘糧的桂林、平樂、柳州、潯州、梧州等府，藉西江水系的桂江、柳江、潯江，匯集形成一個便利的水運網，再延著西江經肇慶到廣州、佛山，供應珠江三角洲一帶。湖南湘潭的米糧一取道湘江，運至廣西的興安縣，這裡有一條人工開鑿的短運河——靈渠，將湘江和西江支流的桂江連接起來。湘米運抵靈渠後便可順流入桂江，至梧州，入西江而達廣州。一取道湘江支流的來水抵達湖南和廣東交界的郴州。然後改爲陸運，翻越山路至粵北的羅家渡，便可裝船經武水、北江順流至廣州。[80] 此二水路將長江與西江水系連接起來。高、雷、廉地區有部分餘糧也是由西江運到廣州地區的。第二條路線是北江水路。主要運輸由江西贛州輸入的米糧，經章水南運至大庾縣，用肩挑方式過梅嶺，至廣東始興縣下水，順著北江到廣州，供應省城所需。韶州府餘糧及湖南部分餘糧亦經由北江運入。第三條路線是東江水路。東江水路的米糧運輸是雙向的，一方面，由西江運到廣州、佛山的米糧，沿東江運到惠州府城；另一方面，東江上游有餘糧的幾個縣，也常向廣州府供應糧食。第四條路線是從廣州海運到潮州府，一部分米糧再從潮州溯韓江而上運送到嘉應州。粵東缺糧的嘉應、潮州兩府，一大部分由福建汀州所運入的贛米接濟，沿貢水、綿水運到瑞金，然後由山間小道挑運到長汀，經汀州中轉，順汀江、韓江而下，船運至廣東的潮州。或臺灣和外洋之米（主要來自安南、暹羅）經海運接濟。間也由省內有餘糧的高州府和廉州府接濟，及前述漳、泉與潮州的彼此接濟。第五條路線是由高、雷、廉地區海運到廣州一帶。第六條路線是高、雷、廉三府到瓊州府的海上運輸。[81]

三、糧價分析

爲進一步瞭解東南沿海糧食供需狀況，我們選擇1741-1760年沿海四府——蘇州、杭州、泉州和廣州——的糧價月資料，作時間數列及相關的分析。我們掌握的這四個府資料相當完整，其中蘇州府僅缺十個月，杭州府缺五個月，泉州府缺八個月，廣州府缺十二個月。四府所缺資料通計不及全部資料的4%。我們進一步

[80] KY22316。

[81] 陳春聲，頁30-52, 68-75。

以非參數迴歸法 (Nonparametric Regression Method) 估計缺漏資料的數值，再根據填補完整的資料作統計的現象分析。從圖四觀察，我們不難發現三點現象：一、各地糧價變動雖有起伏，大致有逐漸上升趨勢。二、各地糧價水平，高低互見。但是，大體而言，蘇、杭一帶居高，廣州最低。三、各地糧價均呈現週期性變動，這種週期起伏，蘇、杭地區亦步亦趨；泉州和廣州的糧價變動也很相似。

以下我們將就這個二十年期間四府糧價作數量上分析。首先，就每年平均米價（見表五）以最小平方法求其趨勢值。各府糧價趨勢線見圖四。具體地說，糧價平均每年上升幅度，蘇州爲0.036兩，杭州0.027兩，泉州0.040兩，廣州0.028兩。相對而言，蘇州糧價每年上升2.0%，杭州1.6%，泉州2.4%，廣州1.8%。泉州米價上升較快，可能因爲該地糧食不足大多仰賴臺灣海運供應，不如廣州及蘇、杭一帶充裕。蓋廣州可倚西江水路將廣西餘糧源源下運。同樣地，長江三角洲雖缺糧嚴重，但可藉長江水路將內地各省餘糧大量東運。

其次，爲觀察糧價的季節性變動，我們將這個期間糧價每月資料求得各府米價季節指數（簡單平均法除去趨勢值），並繪圖表示。如表六及圖五表示：一、蘇、杭米價高峰各爲七月、八月，泉、廣爲五月；谷底蘇、杭各爲十一月、十月（杭州米價連續三個月降至谷底），泉、廣各爲九月、十一月。二、蘇、杭米價季節性波動較泉州、廣州爲低，顯示蘇州米市供給全年相對充裕。蘇州米價高峰通常在陽曆七、八月，因江南早稻尚未收穫，正屬青黃不接的時期；其次，長江水運載糧，受制於四季水位的變化，「長江挽運原屬艱難，夏季南風，不能前進」，「每年六、七、八三個月，江水泛漲，上下客船稀少，貨税不及春冬二季。」[82] 九月早稻收穫後，米價明顯下落，但早稻數量不多，供應有限。十一月、十二月到次年一月米價跌至谷底，正是晚稻登場及長江水運暢通時節，春、夏間米價略見上升，但大致平穩，一方面春季長江水運無阻，內地各省米糧源源運來，一方面二麥收成，也可能對糧價有穩定作用。

杭州府與蘇州府同屬長江三角洲重鎮，地理環境相似，且有運河和沿海海道連接，故二地米糧變動非常接近。不過，杭州米價降至谷底在十月，而蘇州則爲十一月。可能由於杭州地理位置在蘇州以南，晚稻收成稍早於蘇州。

---

[82] KY08064，KY14756。

表五：1741-1760年東南沿海米價

單位：兩/每石

年別	蘇州	杭州	泉州	廣州
1741	1.33	1.41	1.26	1.12
1742	1.53	1.51	1.69	1.51
1743	1.59	1.61	1.62	1.60
1744	1.55	1.57	1.38	1.36
1745	1.42	1.48	1.30	1.07
1746	1.37	1.40	1.53	1.45
1747	1.61	1.50	1.56	1.49
1748	2.04	1.85	1.87	1.38
1749	1.69	1.67	1.71	1.13
1750	1.64	1.68	1.43	1.17
1751	1.94	1.98	1.76	1.64
1752	2.30	2.25	2.10	2.00
1753	1.73	1.91	1.99	1.89
1754	1.64	1.70	2.08	1.86
1755	1.91	1.80	2.07	1.82
1756	2.68	2.34	1.76	1.53
1757	1.75	1.71	2.07	1.44
1758	1.75	1.67	2.29	2.09
1759	1.95	1.72	2.22	1.86
1760	2.17	2.11	1.78	1.48

註：表中米價係每年中米平均價，但杭州府陳報糧價並無中米價，今以晚米價代替。
資料來源：王業鍵編，《清代糧價資料庫》，整編中。

泉州米價在陽曆五月早稻上市前達到高峰，以後由於早稻收穫和來自臺灣的大量供應，米價自七月起連續三個月下降，九月跌到最低點。十月本地出產的谷物消費殆盡，接著收穫的晚稻產量雖低於早稻，尚能維持米價的短期穩定。從十二月到次年五月，米價愈來愈貴。

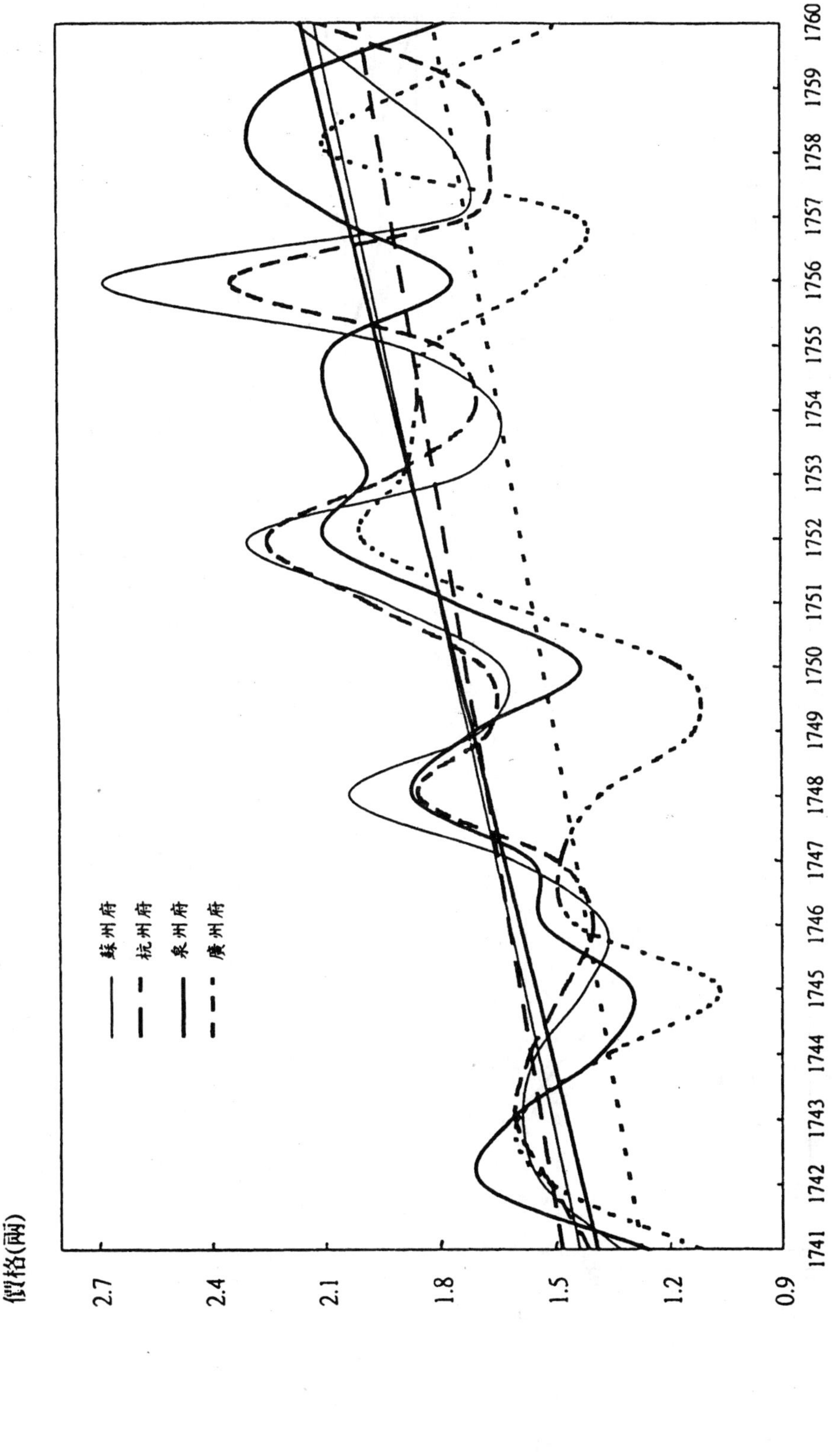

圖四：1741-1760 年東南沿海米價變動趨勢圖

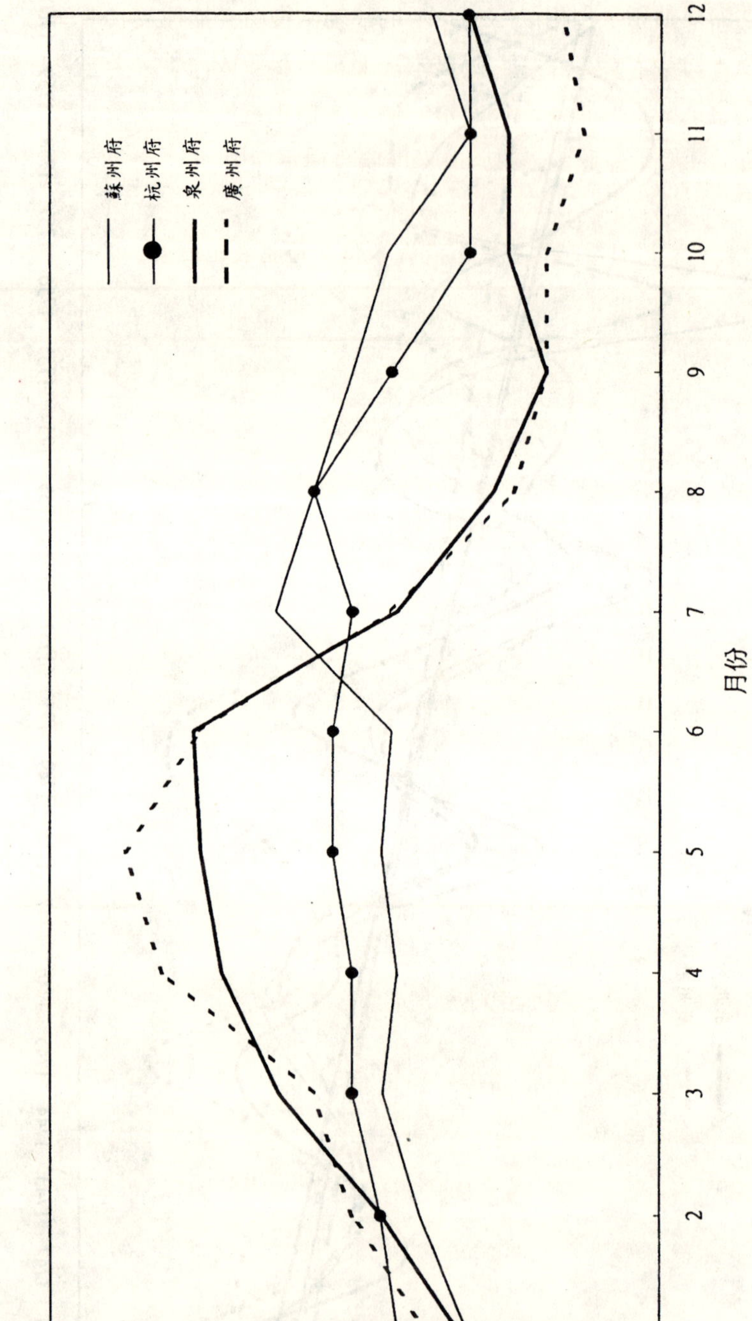

圖五：1741-1760 年東南沿海米價季節變動圖

廣州米價季節變動和泉州相似。由於兩地都屬兩穫區，播種及收穫季節大致相同。粵東米價，每歲入春必貴。[83] 陽曆六、七月早稻收成，十、十一月晚稻刈穫，造成六、七、八、九、十、十一連續六個月米價迅速下降。又廣、惠、潮等府所種的大冬谷於陽曆十月收成，對於冬季糧價有穩定作用。[84]

表六：1741-1760 年東南沿海米價季節指數比較表

月份	蘇州	杭州	泉州	廣州
一	98	100	98	99
二	99	100	100	101
三	100	101	103	102
四	100	101	104	106
五	100	101	105	107
六	100	101	105	105
七	103	101	100	100
八	102	102	97	97
九	101	100	96	96
十	100	98	97	96
十一	98	98	97	95
十二	99	98	98	96

註：表中米價季節指數以陽曆爲依據。

資料來源：王業鍵編，《清代糧價資料庫》，整編中。

再者，前面提到各地糧價均呈週期性波動狀態，這一現象如果我們把原始資料中趨勢值消除，便更爲明顯，每個週期的高峰和谷底年亦顯而易見（見圖六及表七）。

[83] KYH14738。

[84] 陳春聲，頁123。

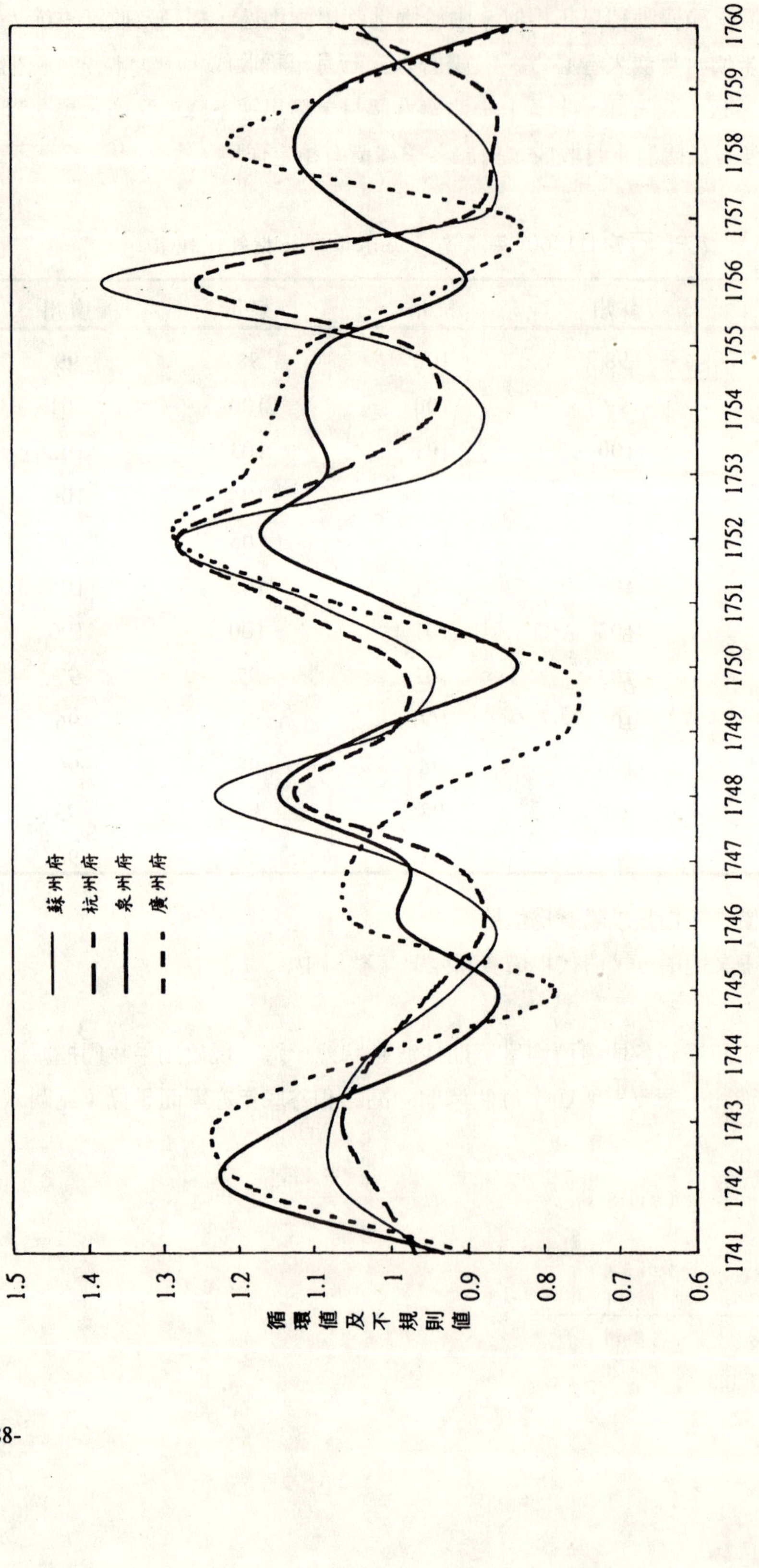

圖六：1741-1760 年東南沿海米價循環變動及不規則變動圖

表七：1741-1760 年東南沿海米價循環變動週期

府別	峰／谷	週	期		
蘇州府	高峰	1743	1748	1752	1756
	谷底	1746	1750	1754	1758
杭州府	高峰	1743	1748	1752	1756
	谷底	1746	1750	1754	1758
泉州府	高峰	1742	1748	1752	1758
	谷底	1745	1750	1756	
廣州府	高峰	1743	1747	1752	1758
	谷底	1745	1749	1757	

觀察圖六及表七，我們可以獲得二點結果：一、在這個期間，四府糧價明顯地出現三個週期，每一週期長度大多爲四年，有的達五年或六年（泉州府1747年和1753年米價均較前一年低，次年又上升，但低落幅度微小，可以大致忽略）。二、有如季節性變動情況，蘇、杭兩地米價循環起伏非常接近，如表七所示，兩地週期的高峰和谷底年完全一樣。泉州和廣州兩地的米價週期也相當接近。

我們還可以指出，循環週期中的價格高峰幾乎都是當地或鄰近地區發生重大自然災害和作物歉收年份。例如，1743年和1748年，蘇北連遭大水，1752年長江三角洲大旱，1756年江蘇大水。[85] 1742及1748年閩南大旱，1752年漳、泉大水，1758年閩南及臺灣又遇旱災。[86] 廣州的米價高峰也同樣發生於水、旱或風災爲害之年。[87] 可見，自然災害的發生與糧價高峰的出現具有高度相關。

最後，讓我們考察一下東南沿海各地糧價變動的關聯性。下表所列相關係數乃根據四府每年平均價消除趨勢值及循環值（循環值以四年移動平均消除）計算而得。一個時間數列中可能包含四種因素，即長期趨勢、季節變動、循環變動和

85 Yeh-chien Wang, "Food Supply and Grain Prices in the Yangtze Delta in the Eighteenth Century", p.188.

86 中央氣象局氣象科學研究所主編，《中國近五百年旱澇分佈圖集》（北京：地圖出版社，1981），頁142, 145, 147, 150。

87 喬盛西、唐文雅，《廣州地區舊志氣候史料彙編與研究》（廣州：廣東人民出版社，1993），頁101-103, 203-204, 342, 390-391, 542-544。

不規則變動。統計學家多認爲其組成關係是相乘的，可以公式表示如下：

時間數列=長期趨勢× 季節變動× 循環變動× 不規則變動

如果採用年資料，則季節變動因素已被剔除，但是，趨勢值及循環值依然存在，如果不剔除，而以原始年資料求相關，結果難免誇大。例如，在通貨膨脹時期，甲乙兩地市場即使沒有什麼關聯，兩地物價可能同時上漲。如果不將物價上漲趨勢值剔除而求兩地物價相關，結果必然會誇大相關的程度。換言之，我們所要考察的是不規則變動（也就是隨機部分）數值的相關。相關值或爲正或爲負，從0至1，零表示沒有相關，+1或-1表示完全相關。

表八：1741-1760 年東南沿海米價變動相關係數

	蘇州府	杭州府	泉州府	廣州府
蘇州府	1			
杭州府	0.86	1		
泉州府	0.44	0.55	1	
廣州府	0.11	0.48	0.78	1

表八數字呈現一點有趣現象，即蘇、杭米價相關程度很高 (0.86)，泉州和廣州米價相關程度也很高 (0.78)。另一方面，蘇、杭兩府與泉州、廣州兩府之間的關係就低得多。如果以蘇州爲中心，物價相關程度離蘇州愈遠愈低，蘇州與泉州二地米價相關係數減至0.44，蘇州與廣州兩地相關更低至0.11。

這一發現指出，在十八世紀中葉，長江三角洲和珠江三角洲二地市場的關聯性很弱。即這兩個地區雖同屬嚴重缺糧，但是它們分別從不同地區獲得糧食補充，而彼此之間互通有無的現象並不顯著。這一點觀察，可以在某種程度上支持 Skinner 的看法。他把清帝國分爲八個經濟大區域 (macroregion)，認爲清代中國各個大區域經濟上仍相當孤立，尚未整合形成一全國性市場。[88] 就我們所考察的東南沿海而言，蘇州府與杭州府屬於他所界定的「長江下游地區」(Lower Yangzi)，泉州屬於「東南沿海地區」(Southeast Coast)，廣州屬於「嶺南地區」(Lingnan)。蘇州與廣州兩地米價相關程度低，表示長江三角洲與珠江三角洲這二

[88] G. William Skinner, pp.212-249.

個經濟上最先進地區市場，在十八世紀中葉整合程度尚低。但是，廣州和泉州雖分屬他所界定的二個不同經濟大區域，兩地米價變動卻高度相關。蓋當時泉、漳一帶與潮州常有米糧互運，而廣州更經常有糧食運往潮州，因而閩粵沿海市場趨於整合，並非如 Skinner 所說各自孤立。又蘇、杭也常有米糧運至漳、泉，泉州與蘇、杭二府米價變動相關分別爲0.44和0.55，顯示福建沿海與長江下游經濟地區也有相當程度整合，並非各自孤立。

四、結語

本文以清代中葉淮河以南東南沿海缺糧的四個省分——江蘇、浙江、福建、廣東——爲研究對象，考察其糧食作物分佈和糧食供需狀況。首先考察各個地區糧食作物的分佈及各種作物的生長季節。其次討論各地糧食供需的豐嗇、糧食供需與人口密度的關係、以及米糧貿易運輸路線，以瞭解這個地區的缺糧狀況及如何彌補。最後，我們選擇這個地區四個主要府的米價作統計分析，以幫助我們瞭解當時米價變動狀況及這一地區內各地米價的相關程度。

淮河以南東南沿海四省農作物分佈以稻米爲主，經濟作物蠶桑、棉花等也很重要。江蘇淮河以南地區以晚稻爲主；浙西杭、嘉、湖三府，亦多種植晚稻，其餘八府多種早稻；福建沿海的福、興、泉、漳四府和內陸的永春州與龍嚴府，屬水稻兩穫區，其餘各府州（包括臺灣）屬單季稻區；廣東幾乎通省一歲兩熟。蠶桑、棉花主要分布在太湖流域各府屬，和江蘇沿海的松江、太倉、海門等一帶。稻米主要分早、晚稻，大致插種期分別在四—五月和六—七月，收成期分別在六月和九—十月。經濟作物發達區常在種完經濟作物（十月到翌年四月）之後，種一季稻作。考察各省的作物分布及作物生長季節，不但有助於我們瞭解各地糧食供給的豐嗇，而且對於糧價的季節性波動也易於解釋。

人口密度的大小，可以說是測量一個地區糧食供需情況的最重要指標。東南沿海四省包括全國經濟精華所在的長江三角洲以及珠江三角洲等地，是全國人口最稠密和經濟最發達的地區。這四省缺糧的府州爲江蘇省的蘇州、松江、常州、鎮江、江寧、揚州等府和海門廳、太倉州、通州；浙江的杭州、嘉興、湖州、寧波、紹興、嚴州等府；福建的福州、泉州、漳州和汀州等府；廣東省的潮州、嘉應、廣州、瓊州等府。這四省的平均人口密度爲每平方公里178人，等於全國平均數的二倍有餘。按照前述所分人口密度的大小，高、中、低三類，高密度地區都在江、浙二省，也都是糧食不足最嚴重的地區。所以，清代各地區糧食供需的不平衡，可說主要是人口密度的差異所形成。

江、浙、閩、粵這四個省分缺糧，主要依賴內陸餘糧省分四川、湖南、江西、安徽、廣西及臺灣島供應，經由長江、運河、淮河、閩江、西江、北江、韓江和沿海水路接濟。少數經由陸路肩挑販運。閩、粵二省也有部分米糧從安南、暹羅等地進口。

我們分析這個地區四個主要府（蘇州、杭州、泉州、廣州）在1741-1760年間的米價變動顯示，一、各地米價有逐漸上升趨勢。二、各地糧價均呈週期性波動。這個期間，四府糧價呈現三個明顯的週期，每一週期長度大多為四年。蘇、杭兩地米價循環起伏完全一致，泉州和廣州兩地的米價週期也相當接近。三、各地糧價都呈現明顯的季節性變動。蘇、杭米價季節性高峰各為七月、八月，泉州、廣州為五月；谷底蘇、杭各為十一月、十月，泉、廣各為九月、十一月。又蘇、杭米價季節性波動較泉州、廣州為低，顯示蘇州米市供給全年相對充裕。最後，從圖三及糧價相關分析可以看出，十八世紀的中國二個樞紐地區——長江三角洲和珠江三角洲——經濟上關聯尚弱。但是，糧食不足地區與有餘地區之間的地域分工與經濟交流至為明顯，各個經濟大區市場關聯性高低各異，但並非孤立。就我們現在所考察的地區來看，大致可以說，以長江三角洲為中心，地理上與交通運輸上愈接近的地區，市場整合程度愈高。

引用書目

附註代號

KK 《宮中檔康熙朝奏摺》

KYH 《雍正朝漢文硃批奏摺》

KY 《宮中檔雍正朝奏摺》

KQ 《宮中檔乾隆朝奏摺》

附註前二位或三位英文字母代表引用文獻的名稱，後五位數字中前二位代表冊數，後三位代表頁數。

一、傳統文獻

《建陽縣志》，1929年刊。
《建寧府志》，嘉靖二十年刊。
《皇朝經世文編》，賀長齡輯，光緒十二年刊。
《宮中檔乾隆朝奏摺》，臺北：故宮博物院，1983。
《宮中檔康熙朝奏摺》，臺北：故宮博物院，1976。
《宮中檔雍正朝奏摺》，臺北：故宮博物院，1979。
《崇明縣志》，1930年刊。
《雍正朝漢文硃批奏摺》，江蘇：人民出版社，1986。
《福建通志》，同治十年刊。
《顯志堂稿》，馮桂芬，光緒二年刊。

二、近人論著

中央氣象局氣象科學研究所主編
1981 《中國近五百年旱澇分佈圖集》，北京：地圖出版社。
方 行
1986 〈論清代前期農民商品的發展〉，《中國經濟史研究》1986.1。
王業鍵、黃國樞
1989 〈十八世紀中國糧食供需的考察〉，《近代中國農村經濟史論文集》，臺北：中央研究院近代史研究所。

王業鍵、黃翔瑜、謝美娥
1998 〈十八世紀中國糧食作物的分佈〉，郝延平、魏秀梅主編，《中國近世之傳統與蛻變》，臺北：中央研究院近代史研究所。

全漢昇
1996 〈清雍正年間 (1723-35) 的米價〉及〈清朝中葉蘇州的米糧貿易〉，《中國經濟史論叢》，臺北：稻禾出版社。

安部健夫
1954 〈米穀需給の研究〉，《東洋史研究》15.4。

吳建新
1990 〈明清廣東糧食生產水平試探〉，《中國農史》1990.4。

李伯重
1986 〈明清江南種稻農戶生產能力初探〉，《中國農史》1986.3。

周宏偉
1994 〈清代兩廣供求的時空差異〉，《中國地理歷史論叢》1994.4。

姜　濤
1993 《中國近代人口史》，杭州：浙江人民出版社。

馬　波
1995 〈清代閩台地區稻的分布與生產〉，《中國農史》1995.4。

曹樹基
1997 《中國移民史》第六卷，福州：福建人民出版社。

梁方仲
1980 《中國歷代戶口、田地、田賦統計》，上海：上海人民出版社。

郭松義
1985 〈清代的糧食貿易〉，《平準學刊》1985.1。

陳春聲
1992 《市場機制與社會變遷——十八世紀廣東米價分析》，廣州：中山大學出版社。

傅祖德、陳佳源編
1990 《中國人口福建分冊》，北京：中國財政經濟出版社。

喬盛西、唐文雅
1993 《廣州地區舊志氣候史料彙編與研究》，廣州：廣東人民出版社。

羅一星
1991 〈清代前期嶺南市場的商品流通〉，《學術研究》1991.2。

譚其驤
1982 《中國歷史地圖集》第八冊，北京：地圖出版社。

Chuan, Han-sheng and Richard A. Kraus

1975 *Mid-Ching Rice Markets and Trade: An Essay in Price History*. Cambridge: East Asian Research Center, Harvard University.

Skinner, G. William

1977 "Regional Urbanization in Nineteenth China", in *The City in Late Imperial China*, Stanford: Stanford University Press.

Wang, Yeh-chien

1986 "Food Supply in Eighteenth Century Fukien", *Late Imperial China* 7.2 (Dec. 1986).

1990 "Food Supply and Grain Prices in the Yangtze Delta in the Eighteenth Century", *China's Market Economy in Transition*, Yung-san Lee and Ts'ui-jung Liu, eds., Taipei: Institute of Economics, Academia Sinica.

The Distribution of Grain Crops, Grain Supply, and an Analysis of Grain Prices on the Southeastern Coast of China in the Middle of the Qing Period

Yeh-chien Wang and Ying-chueh Huang

Institute of Economics, Academia Sinica
Graduate Institute of History, National Chung Cheng University

Before the middle of the nineteenth century, the southeastern coast, enclosing specifically Jiangsu south of the Huai River, Zhejiang, Fujian, and Guangdong, ranked the highest in terms of grain shortage in China. For centuries, rice has been the principal crop and staple food in this area. While a single crop of rice predominated in Jiangsu and Zhejiang, double-cropping prevailed in the coastal area of Fujian and virtually all throughout Guangdong. In the single crop area, rice of late ripening varieties prevailed except in large areas of Zhejiang where the early ripening rice was grown instead. It should also be noted that cash crops like cotton and mulberries were prevalent on coastal Jiangsu and around Lake Tai.

Cropping patterns affect food supply considerably. More important is the density of population in determining the condition of grain markets. For the area as a whole, the density of population was 178 persons per square kilometer in 1820, more than twice the national average. Most striking is the Yangzi Delta (southern Jiangsu and northern Zhejiang) where all prefectures had a population density of more than 400 persons per square kilometer. The highest was Suzhou with approximately 902 persons per square kilometer. Thus, the extent of food shortage was the severest in the delta. Most neighboring provinces inland, however, produced large quantities of rice over and above what their citizens consumed. Accordingly, a flourishing trade developed between the southeastern coast and inland during the Qing period. The coastal area exported industrial goods like textiles, capital, and technical know-how in exchange for grain shipments from Anhui, Jiangxi, Hunan, Sichuan, Guangxi, and the offshore island of Taiwan.

To observe the behavior of grain prices in the area, we have conducted a statistical analysis of rice prices in the four principal prefectures—Suzhou, Hangzhou, Quanzhou, and Guangzhou—from 1741 to 1760. Our major findings are as follows: first, rice prices rose moderately in all prefectures in question; second, there is a clear pattern of seasonal variations in prices. Prices generally peak in July-August and sink to their lowest in October-November in Suzhou and Hangzhou, whereas the peak appears in May and the trough in September/November in Quanzhou and Guangzhou respectively. Third, by and large a four-year cyclical movement is also observable in all prefectures.

Finally, the weak correlation in prices between Suzhou and Guangzhou implies that the two key economic areas, the Yangzi Delta and the Canton Delta, remained poorly integrated in the eighteenth century. However, prices in Quanzhou and Guangzhou and those in Quanzhou and Hangzhou are either highly correlated or nearly so. To conclude, centering on the Yangzi Delta, the shorter is the distance from it, the greater the market integration observable along the coast. Along with our earlier observations on grain trade, it is evident that China's regions were far from autarkic in the eighteenth century.

Keywords: double-cropping area, food shortage, density of population, rice prices, market integration

清高宗《御撰資治通鑑綱目三編》的編纂與重修

何冠彪*

乾隆四年八月，清高宗下諭編纂一部明代的綱目，與上月刊成的紀傳體《明史》相爲表裏。高宗積極參與此書的編纂工作，除指示取裁義例外，還規定史官每撰成二、三卷，便須呈交給他評審和修改。此舉既便於高宗監察修史的進度，亦能確保史書的内容合乎他的心意。此書在編纂過程中，有不同的名稱。全書在乾隆十一年閏三月修成，共二十卷。同年刊行，改書名爲《御撰資治通鑑綱目三編》，以示此書乃賡續朱熹等的《資治通鑑綱目》與商輅等的《續資治通鑑綱目》而作。

儘管高宗當時對此書甚表滿意，張廷玉更推崇它爲有史以來御製史學的極致，但到了乾隆四十年五月，高宗下諭改纂此書，務求官方對明代歷史的觀點和表達方式，與新修的《御批歷代通鑑輯覽》及《遼金元三史國語解》畫一。可是，由於當時清朝官方編纂的書籍甚多，高宗對此書的改纂，起初不大關心，及至乾隆四十二年三月以後，改纂的工作才納入正軌。此書在乾隆四十七年初改纂完竣，共四十卷，高宗下令將改纂本交武英殿刊刻及繕寫入《四庫全書》中。然而，改纂本在數年後才刊出，至《四庫全書》所載改纂本的書名，則改爲《御定資治通鑑綱目三編》。

關鍵詞：清高宗（愛新覺羅·弘曆）《明紀綱目》《明史綱目》《御撰資治通鑑綱目三編》

* 香港大學中文系

清高宗（愛新覺羅・弘曆，1711-1799，1735-1796在位）熱衷修史，對綱目體史籍的編纂，尤其關心。[1]《御撰資治通鑑綱目三編》是乾隆朝 (1736-1796) 編纂的第一部綱目體史籍，原名《明紀綱目》，不久改名爲《明史綱目》，但纂修官員又或稱之爲《明鑑綱目》、《明代綱目》及《明通鑑綱目》。到了刊行時，又改名爲《御撰資治通鑑綱目三編》。其後，此書在乾隆四十年代重修，《四庫全書》收錄重修本，再改書名爲《御定資治通鑑綱目三編》。[2]

乾隆四年 (1739) 七月，《明史》刊成，弘曆隨即在八月下諭編纂《明紀綱目》，俾與《明史》「相爲表裏」（詳第一節）。弘曆說：

> 《明史綱目》之書不可不亟成之，而又不敢率就之。蓋《明史》已出於百年以後，《（明史）綱目》若復遲待，咎將誰諉？[3]

由於弘曆要爲《明史綱目》負上責任，因此他積極參予及監管此書的編纂，而史官亦小心翼翼，處處秉承與揣摩上意，然後才敢從事。

（一）

雍正十三年十二月二十七日（1736年2月8日），「《明史》總裁大學士張廷玉 (1672-1755) 等奏，纂修《明史》告成」。可是，弘曆對張廷玉等所進的「稿本」仍不放心，「著展半年之期」，「再加校閱，有應改正者，即行改正」。[4]

---

[1] 參看拙文，〈清高宗綱目體史籍編纂考〉，載於拙著，《明清人物與著述》（香港：香港教育圖書公司，1996；臺北：臺灣商務印書館，1996），頁241-280；及拙文，〈清初君主與《資治通鑑》及《資治通鑑綱目》〉，《中國文化研究所學報》新7(1998)：103-132。

[2] 正文中提到《御撰資治通鑑綱目三編》的原名和別稱，詳見下文。至於所謂「《資治通鑑綱目三編》」，乃指此書是賡續朱熹 (1130-1200) 等的《資治通鑑綱目》及商輅 (1414-1486) 等的《續資治通鑑綱目》而作，參看第四節。

[3] 弘曆，〈《明史綱目》書成有述〉，見氏著，《御製詩初集》（《清高宗〔原注：乾隆〕御製詩文全集》本，北京：中國人民大學出版社，1993），卷三一，葉12上-14下（冊一，頁813-814）；又見舒赫德 (1710-1777) 等，《御定資治通鑑綱目三編》（《景印文淵閣四庫全書》本，〈史部〉九八，〈編年類〉冊三四〇，臺北：臺灣商務印書館，1983），〈御製詩〉，葉1上-2下（頁4）。按：後者詩題上冠以「御製」二字。

[4] 慶桂 (1735-1816) 等，《高宗純皇帝實錄》（《清實錄》本，冊九至二七，北京：中華書局，1985-1986），卷九，「雍正十三年十二月壬辰」條，冊一，頁333。另見張廷玉，《澄懷主人自訂年譜》（臺北：文海出版社，1970），卷三，「（雍正）十三年乙卯六十

然而，到了乾隆元年 (1736) 九月，《明史》才能正式纂修完成。[5]

約在這時，弘曆想到將「《明史》倣《通鑑綱目》之例，編年纂輯成書」，並口諭大臣他的意念。到了十二月，監察御史舒赫德 (1710-1777) 條奏，表示「臣等議俟《明史》校刊告竣之日，再行請旨舉行」。然而，《明史》遲遲尚未刻成，侍講學士蔣漣（1709年進士）約在乾隆四年七月中上疏重提其事。七月十九日，內閣就蔣疏議奏。他們首先徵引上述弘曆的口諭和舒赫德（當時已陞爲侍讀學士）的奏疏，然後報告《明史》刊刻的進度及他們對蔣疏的意見說：

> 今刊成《明史》，現在陸續進呈。此書共計十二函，已進過第十函，請俟全書進呈之後，臣等遵奉前旨，另擬上諭，恭候頒發，再行開館纂修編輯。蔣漣所奏，應毋庸再議。[6]

結果，《明史》在七月二十五日全部進呈，[7] 弘曆便在八月初七日下詔「編纂《明紀綱目》」。諭旨說：

> 編年紀事之體，昉自《春秋》。宋 (960-1279) 司馬光 (1019-1067) 彙前代諸史爲《資治通鑑》，年經事緯，事實詳明；朱子因之成《通鑑綱目》，書法謹嚴，得聖人褒貶是非之義。後人續修《宋元綱目》（即《續資治通鑑綱目》），上繼紫陽（朱熹），與正史紀傳，相爲表裏，便於檢閱，洵不可少之書也。今武英殿刊刻《明史》，將次告竣，應仿朱子義

四歲」條，葉35下（頁80）。按：《明史》稿本在雍正十三年底修成後需要展期改訂一事，研究者多有忽略，而錯指雍正十三年爲《明史》修成的年分。又《明史》稿本修成於雍正十三年底，其時已轉入公元1736年，不少研究者亦忽視中西曆法的差異，誤以《明史》或《明史》稿本在公元1735年完成。以上二事，參看拙文，〈《明史》編纂雜考〉，《明代史研究》27(1999.4)：21-34。

[5] 《高宗純皇帝實錄》卷二七，「乾隆元年九月壬子」條，册一，頁585。

[6] 內閣乾隆四年 (1740) 七月十九日奏，見中國第一歷史檔案館（編），《乾隆朝上諭檔》（北京：檔案出版社，1991），册一，頁435。按：內閣奏中未說明弘曆口諭纂修《明紀綱目》的時間，但文中說：「查《明史》仿《通鑑綱目》之例，編年纂輯成書，臣等從前已曾面奉諭旨。嗣於元年十二月內，又經御史今陞侍讀學士舒赫德條奏。」可見弘曆的口諭發於乾隆元年十二月前。由於《明史》在元年九月才正式完成，因此推測弘曆的口諭約在其時宣示。至於蔣漣於甚麼時候上奏，不可考，但內閣的奏疏乃係爲蔣疏議奏，所以推論蔣漣在乾隆四年七月中上奏。

[7] 見〈張廷玉上《明史》表〉，載於張廷玉等，《明史》（北京：中華書局，1974），册二八，頁8631。按：張廷玉《澄懷園文存》所載〈恭進敕脩《明史》表〉並沒有標明日期（臺北：文海出版社，1970，卷二，葉10上-13下〔册一，頁127-129〕）。

例，編纂《明紀綱目》，傳示來茲。[8]

於是，弘曆命令大學士「開列滿漢大臣職名」，等待他「酌派總裁官，董率其事」。至於「慎簡儒臣，出任分修，及開館編輯事宜」，亦命「大學士詳議具奏」。[9]

八月二十日，「大學士鄂爾泰 (1677-1745) 等遵旨議奏」，請求弘曆「欽派總裁官、副總裁官」，並且請旨「於翰林內揀派纂修、提調、收掌官員，並需用謄錄、供事人員」。結果，弘曆下旨「以大學士鄂爾泰、張廷玉為總裁官，大學士趙國麟 (1673-1751)、戶部尚書陳惪華 (1692-1779)、刑部尚書尹繼善 (1696-1771)、兵部尚書楊超曾 (1693-1742) 為副總裁官，餘依議」。[10]

到了乾隆六年 (1741) 三月，弘曆又命「署刑部右侍郎內閣學士周學健 (？-1748)、原任詹事府詹事李紱 (1675-1750) 充《明史綱目》館副總裁」。[11] 而《明紀綱目》一名，漸而被《明史綱目》取替。[12]

---

[8]《乾隆朝上諭檔》，「乾隆四年八月初七日」條，冊一，頁440；又見《高宗純皇帝實錄》卷九八，「乾隆四年八月辛巳」條，冊二，頁486。按：兩書所載上諭，文字間有出入，本文以前者為依據，恕不校出兩者的異同。又按：《明史》在乾隆四年七月二十五日已全部刊刻進呈，上引諭旨為何在十餘日後，還說「今武英殿刊刻《明史》，將次告竣」呢？誠如上文指出，舒赫德在乾隆元年十二月條奏，請求弘曆答允「俟《明史》刊校告竣之日」，「再行請旨」將「《明史》做《通鑑綱目》之例，纂輯成書」。由於弘曆批准了這項請求，因此到了乾隆四年七月十九日，內閣見到十二函《明史》，已進呈了十函，便乘議奏蔣漣奏疏的機會，重提舊事，謂「請俟全書進呈之後，臣等遵奉前旨，另擬上諭，恭候頒發，再行開館纂修編輯」。筆者推測，弘曆可能在收到內閣奏疏後，立即命令他們「擬上諭」。由於擬諭時全書尚未進呈完畢，因此諭中仍說「刊刻《明史》，將次告竣」；後來發出上諭時則忽略了這點，以致出現上述《明史》刊成與否的問題。

[9]《乾隆朝上諭檔》及《高宗純皇帝實錄》，同上註。

[10]《高宗純皇帝實錄》卷九九，「乾隆四年八月甲午」條，冊二，頁498；另參張廷玉，《澄懷主人自訂年譜》卷四，「（乾隆）四年己未六十八歲」條，葉27上下（頁233-234）。弘曆諭旨又見《乾隆朝上諭檔》，「乾隆四年八月二十日」條，冊一，頁443。

[11]《乾隆朝上諭檔》，「乾隆六年三月初一日」條，冊一，頁704；又見《高宗純皇帝實錄》卷一三八，「乾隆六年三月丙寅」條，冊二，頁984。

[12]《明史綱目》一名，不知始於甚麼時候。上註所引，乃係這個書名在《乾隆朝上諭檔》與《高宗純皇帝實錄》中第一次出現的記載。張廷玉在乾隆六年三月寫的〈遵例自陳第六疏〉，記述他從乾隆三年 (1738) 至乾隆六年「三年內事蹟過愆」，其中說：「（乾隆四年）八月，內閣因纂《明史綱目》，具奏派員，奉命充總裁官。」(《澄懷園文存》卷五，葉21上-22上〔冊一，頁393-395〕)。由此可見，《明史綱目》一名，最遲在乾隆六年三月已經出現。然而，這不是說《明紀綱目》這個書名自此以後就不再使用。例如，周

（二）

《明紀綱目》編纂初時，總裁官以為，「《明史》已成，是非已定，館中雖有實錄及名人撰述，無庸再為考覈，但當據本紀為綱，志傳為目，掇拾成之足矣」。[13] 因此，在頒發《明史》時，「其派出纂修《明紀綱目》官拾貳員」，「各賞壹部，以便翻閱編纂」。[14]

然而，纂修官楊椿對上述編纂方針，深感不滿，先後兩次上書總裁官，提出建議。在第一書中，楊椿指出，「鑑之體與史不類」，「今奉旨修《明鑑綱目》」，「縱不能如往時（司馬光《資治通鑑》）重立草卷，亦宜將現存之書，參訂《明史》何事為真？何事為偽？闕者補之，譌者正之」。楊椿認為，如果祇

學健在乾隆七年 (1742) 七月上奏論史事，便仍稱此書為《明紀綱目》（詳下文）。可是，這樣的例子在此書修成以前，可說是絕無僅有。但到了乾隆後期改纂此書時，竟又重用《明紀綱目》之名，《明史綱目》的書名不再為人提及（詳第五節）。

13 楊椿 (1676-1753)，〈上《明鑑綱目》館總裁書〉，見氏著，《孟鄰堂文鈔》（壬午〔1943〕仲夏孫氏影印紅梅閣藏板本），卷二，葉9下。按：楊椿曾參與《明史》編纂，《明史》修成後，楊椿亦於乾隆二年 (1737) 致仕，「家居二年，特召還修《明鑑綱目》」（參看齊召南〔1703-1768〕，〈日講官起居注翰林院侍講學士楊公墓誌銘〉，見氏著，《寶綸堂文鈔》〔光緒丁亥【十三年，1887】秋鋟金峨山館藏板本〕，卷八，葉8下）。楊椿與齊召南都是《明紀（史）綱目》的纂修官（詳註18），但他們卻稱此書為《明鑑綱目》，加以檔案和官書所記書名又前後不同，可見此書初修時並沒有定名。又即使採用《明史綱目》為定名後，仍有其他別稱，詳見下文，此處不贅。又按：楊椿除了本人編纂《明史綱目》，他的兒子楊述曾 (1698-1767) 亦曾參予起草的工作。據劉綸 (1711-1773) 為楊述曾所撰墓誌銘記載：「（楊述曾）初侍學士公（楊椿）在史局，時方編纂《明史綱目三編》，君參預屬草。禮部侍郎桐城方公苞 (1668-1749) 見之，捉其臂曰：『史才！史才！』聲譽大起。」（見李桓〔1827-1891〕，《國朝耆獻類徵初編》〔光緒甲申【十年，1884】至庚寅【十六年，1890】湘陰李氏板本〕，卷一二四，〈詞臣〉一〇，〈楊述曾〉，葉46下-47上。此事又見李富孫〔1764-1843〕，《鶴徵後錄》〔同治十一年【1872】漾葭老屋本〕，卷八，〈楊述曾〉，葉15上；清國史館〔編〕，《清國史》〔嘉業堂鈔本影印本，北京：中華書局，1993〕，卷二九，〈文苑傳・楊述曾〉，冊十二，頁871；《清史列傳》〔北京：中華書局，1987〕，卷七一，〈文苑傳〉二，〈楊述曾〉，冊十八，頁5832）。

14 見鄂爾泰等乾隆四年十月初八日奏疏，據張偉仁（主編）《中央研究院歷史語言研究所現存清代內閣大庫原藏明清檔案》所載〈署福建巡撫王士任揭為布、按二司奏謝頒賜《明史》〉及〈兩廣總督馬爾泰揭謝頒賜《明史》〉引（臺北：中央研究院歷史語言研究所，1986-1995，檔94-25，頁52975-52976；檔94-107，頁53345-53346）。按：《高宗純皇帝實錄》所載鄂爾泰等疏文較簡（卷一〇二，「乾隆四年十月辛巳」條，冊二，頁540）。

按照總裁官所製訂的方針從事編纂，《明鑑綱目》將會「是一刪節補綴之《明史》，何以謂綱目乎」？[15] 由於總裁官沒有回覆，因此楊椿再次上書，重申編纂《明鑑綱目》，「宜先論《明史》之是非，校《明史》之同異，然後可取材於《明史》」的意見；並且不客氣地批評總裁官說：

> 若云《明史》已成，何得尚有紛更，則以譌傳譌，事之有無眞僞，何由而明？人之忠佞賢愚，何由而定？豈不重有愧哉！[16]

儘管楊椿兩度上書，但都不能改變既定的編纂方針。此無他，如果張廷玉與鄂爾泰接納楊椿的建議，無疑就是承認欽定《明史》存在闕漏譌誤；亦即是說，他們從前擔任《明史》總裁官時疏於職守了。

乾隆七年五月二十六日，《明史綱目》館「奏稱草本編纂將竣」，弘曆下諭該館，「著即陸續進呈」。[17]《明史綱目》館雖說「草本編纂將竣」，其實存在此書應從何起年的問題。因此，副總裁周學健獨自上疏申述己見。周學健的上疏與楊椿兩次上書總裁官，顯示了《明史綱目》館中人在開始編纂時，出現意見分歧的情況。

周學健指出，「明祖（明太祖朱元璋，1328-1398，1368-1398在位）起兵濠梁，定鼎江東，平陳友諒（1320或1321-1363），平張士誠 (1321-1367)，平方國珍（1319或1320-1374），暨頒定官制，設科取士，詳考律令諸政，皆在未即位以前」；可是，《續資治通鑑綱目》「所脩元順帝（妥懽貼睦爾，1320-1370，1333-1368在位）紀，於明 (1368-1644) 興諸事，不覈不白」。有鑑於此，周學健認爲，「今《明紀綱目》，既始自洪武元年 (1368)，若於分注之下，補敘前事，不特累幅難盡，且目之所載，與綱不符，於編年之體未協。若竟略而不敘，則故明開國創垂之由，缺然不彰於後世，大非史氏詳備之旨；而自洪武元年以後，一切政治之沿革、事蹟之源流、臣工之黜陟，宜立綱陳目者，皆突出無根，亦大非《春秋》先事以起例」之義。因此，他提出三項建議：第一，「以明太祖洪武元年繼元 (1271-1368) 至正二十七年 (1367)」。第二，「再脩《宋元綱目》，改稱我太祖爲明祖」。第三，「順帝紀內改書吳國公、吳王，列於至正 (1341-1368) 編

---

15 楊椿，〈上《明鑑綱目》館總裁書〉，《孟鄰堂文鈔》卷二，葉10下。

16 楊椿，〈再上《明鑑綱目》館總裁書〉，同上，葉15上下。

17《乾隆朝上諭檔》，「乾隆七年五月二十六日」條，冊一，頁782；又見《高宗純皇帝實錄》卷一六七，「乾隆七年五月甲申」條，冊二，頁121。

年之下」。[18]

《明史綱目》總裁官鄂爾泰、張廷玉、陳悳華等奉命詳議其事。他們在七月覆奏，表示不同意周學健的建議。他們指出，「今奉勅纂脩《明代綱目》，上接宋元，其條例」固然「一稟朱子」，「惟是事異前代，不可但拘舊文，若非斟酌變通，必致紀載失實」。因此，針對周學健第一議，他們雖贊同該書起年，「亟當議定，以便編纂成書」，但反對以洪武元年繼至正二十七年。理由是，「明太祖即位在戊申歲正月丁亥，實元順帝至正二十八年 (1368)」。「是時，順帝尚在大都，至閏七月丙寅，徐達 (1332-1385) 師抵通州，順帝始奔沙漠」。因此，他們主張：「閏七月以前，仍宜大書至正二十八年，而明太祖之大書洪武元年，則斷自是年八月始，此一定不易之義也。」至於周學健的第二議，鄂爾泰等認爲「毋庸議」。他們指出，「《宋元續綱目》（指《續資治通鑑綱目》）成於成化十二年 (1476)，其順帝紀本爲元作」，「故於明祖開創次第不過略書一二大端。其稱明祖爲我太祖，猶《春秋》稱魯侯爲公，《朱子綱目》稱宋祖（宋太祖趙匡胤，927-976，960-976在位）爲我太祖也。史臣之辭，自合尊崇當代，何嫌何疑？且前人成書，後人何容輕改」？至於周學健的第三議，他們亦不贊同。因爲「明祖始從郭子興（？-1355），爲鎭撫，爲總守，皆子興所命」；「至至正二十七年，韓林兒（？-1367）卒，始稱吳元年」。既然「前此皆用林兒龍鳳年號 (1355-1366)，何得分注於至正年號之下」？[19]

[18] 周學健原疏未見，正文所引據齊召南，〈綱目館議〉，《寶綸堂文鈔》卷六，葉12上-13下。按：此文開端謂：「綱目館總裁官大學士伯臣鄂爾泰、臣張廷玉、尚書臣陳悳華等議得。」（葉11下）可見此文乃係鄂爾泰等所上對周學健疏議覆的原稿。不過，鄂爾泰等所上的議覆，與齊召南原稿稍有出入，相信是曾經修改所致。議覆原文不可考，《高宗純皇帝實錄》所載雖係節錄（卷一七〇，「乾隆七年七月庚申」條，册二，頁156-157），但其內容，仍與齊召南〈綱目館議〉詳略互見（詳註19、20）。因此，本文對兩者先作取舍，然後徵引。又按：據齊召南〈綱目館議〉，周學健亦稱《明紀綱目》爲「《明代綱目》」（葉11下）。又按：據杭世駿 (1696-1773)〈資政大夫禮部右侍郎齊公墓誌銘〉，齊召南在乾隆四年十月「充《明鑑綱目》館纂修官。……《明史綱目・前紀》二卷，神（明神宗朱翊鈞，1563-1620，1572-1620在位）、光（明光宗朱常洛，1582-1620，1620在位）、熹（明熹宗朱由校，1605-1627，1620-1627在位）三朝，則公所輯也。」（見氏著，《道古堂文集》〔乾隆五十五【1790】至五十七年【1792】仁和杭賓仁校刊本〕，卷三九，葉13上-14上）。

[19] 齊召南，〈綱目館議〉，同上註。按：正文所引鄂爾泰等議覆中「明祖始從郭子興，爲鎭撫，爲總守，皆子興所命」數句，〈綱目館議〉本無，乃據《高宗純皇帝實錄》「乾隆七年七月庚申」條（同上註）補入。因此，上註謂鄂爾泰等所上議覆，不盡出齊召南手筆，而是經過他們修改。另參看下註。

有鑑於周學健的建議不可取，鄂爾泰等「再三詳酌」後，提出新的方案。鄂爾泰等認爲，「明太祖元年以前事，不補敘則非義，欲分注則無名」，於是建議援引《左傳》於魯隱公（？-前712，前723-前712在位）之前，先敘述魯惠公（？-前723，前769-前723在位）的「先經發傳之例」；及金履祥 (1232-1303) 因《資治通鑑》不載「周威烈王（？-前402，前425-前402在位）二十二年（前404）以前事」而補作《資治通鑑前編》之例，請弘曆「勅下史館，將元至正十五年 (1355) 明祖起兵以後，迄至正二十八年元順帝未奔沙漠以前，另爲〈前紀〉」。〈前紀〉「仍以至正編年」，至「二十八年閏七月止」，列於《明史綱目》「明太祖洪武元年八月之前」。至於前紀內明太祖的稱謂，「其稱名，稱吳國公，稱吳王」，皆模仿《資治通鑑綱目》書漢高祖（劉邦，前256-前195，前206-前195在位）未即位以前之例，「隨時遞書」。鄂爾泰等相信，若能這般處理，「則一代開基之事實既詳，千古君臣之名義亦正，似於傳世立教之意，更爲慎重」。弘曆看過上述方案後，表示贊同，於是下旨批准鄂爾泰等的奏請。[20]

《明史綱目》館接旨後，立即進行編纂，並在同年十一月初一日進呈「《明史綱目》稿本」，包括「明史前紀，自元至正十五年起，迄二十八年閏七月止，凡二卷」；及「洪武元年八月迄十月止，擬定綱目凡三卷」。然而，兩者的編纂體例和宗旨，並不相同。就《明史綱目》的前紀而言：

> 前紀之作，雖爲明祖追敘，以著王業所由，實亦與《續綱目》並行，以補元紀之缺。……茲於分書事蹟，一一詳覈，行文用追敘體，總稱明祖，若其始爲大元帥，及自立爲吳國公，大書皆從僭號之例，以其時元季玉步未改，天王正朔有歸。明雖興王，何逃名分？蓋既別爲一書，則體例無嫌小變；而不恕其僭號，則褒辭彌見大公。[21]

至於《明史綱目》的正文，則是：

---

[20]《高宗純皇帝實錄》卷一七〇，「乾隆七年七月庚申」條，冊二，頁157-158。按：齊召南〈綱目館議〉此部分較簡（《寶綸堂文鈔》卷六，葉13下-14上）。

[21]《高宗純皇帝實錄》卷一七八，「乾隆七年十一月丙辰」條，冊三，頁290。按：據《中國古籍善本書目》編輯委員會（編）《中國古籍善本書目・史部》，北京圖書館藏有「《明綱目前紀》二卷，清鄂爾泰、張廷玉等撰，清抄本」（上海：上海古籍出版社，1991，卷六，〈編年類〉，葉29上）。又按：據杭世駿記載，《明史綱目・前紀》乃齊召南所撰（詳註18）。

自洪武元年以後綱目正文，事關勝國遺蹤，盛朝殷鑒，凡主德之隆替、國是之善敗、物力之衰旺、民風士習之淳漓，紀載並務詳明，褒貶尤宜矜重。[22]

其次，雖然這次衹進呈了五卷稿本，但是據進稿本的奏說，「現在各分修官稿本次第就緒」，待總裁官將稿本「遞加點勘」後，便「陸續進呈」；至「嗣後每次進呈，擬以十年或二十年爲率」。[23]

（三）

儘管《明史綱目》館內部初時存在意見分歧，但總裁官從一開始就顯出不敢擅作主張的態度。如前述有關《明史綱目》的起年問題，鄂爾泰等便先請准皇命，然後才敢撰述。而他們在上述乾隆七年十一月初一日進呈稿本時，亦在奏末重申，一切唯皇命是從。他們說：

臣等雖裁取眾長，虛心檃括，而體追筆削，自信良難。惟我皇上遠紹經心，夙精史鑑，增損予奪，隨宜訓示，俾得以次酌改，統歸至當，用成完書，垂示無極。[24]

這時弘曆不過三十一歲，大學士等總裁這般讚美他，實爲吹捧過當，所以弘曆不敢全盤接受。他在覆旨中說：

朕材謝知古，學未通經，當此史筆之公，實恐目光之眩。至明祖前紀體例，諸卿所見，與朕意同。蓋大君臣子，名分不可逃於天地間；僭號與王，予奪嚴乎辭語內。敢曰繼《春秋》之翼道，於此昭來茲之鑑觀，我君臣其共勉之。[25]

透過上引君臣的說話，可見弘曆對《明史綱目》的編纂，十分重視。弘曆說：

（《明史綱目》）取裁義例，校閱諸臣一一請示，既以身任其事，則不得徒博欽定名目已也。將天下後世之公論，於是乎在。[26]

本著這個宗旨，弘曆對《明史綱目》的稿本，不但認真審閱，而且親自刪改，漸而形成一套不成文的修書程序。

---

22 《高宗純皇帝實錄》，同上註。

23 同上。按：日後進呈《明史綱目》稿並不能按「以十年或二十年爲率」的計劃，詳第三節。

24 《高宗純皇帝實錄》卷一七八，「乾隆七年十一月丙辰」條，冊三，頁290。

25 同上，頁291。

26 同註3。

首先，史官修成二、三卷，便進呈御覽。弘曆閱讀後，例必刪去第一卷若干條，便發還史館，並命令他們「推類詳刪（勘）」該次進呈的稿本。史官揣摩上意改訂稿本後，便以不同的粘簽，在稿本上標明那些是「遵旨刪去之處」，那些是自己「酌刪」之處，再次進呈，請求弘曆「訓示」。而耐人尋味的是，史官在「酌刪」諸條中，例指有「一條似須酌存」，因而特別「粘簽，申明是否有當」。[27]

《明史綱目》館在乾隆七年十一月第一次進呈稿本後的編纂情況，由於文獻匱乏，不可一一確考；現時祇知道乾隆八年中三次進呈稿本的經過，略述如下：

乾隆八年五月十六日，鄂爾泰等「以所修《明通鑑綱目》洪武十七 (1384) 至二十一年 (1388) 稿本進呈」。弘曆隨即「硃筆刪改十四條」，並親自「指示」他們刪改這次進稿的問題；然後命令他們按照他刪改的例子，「推類詳刪」這次的稿本。於是，鄂爾泰等遵旨重修上述稿本，並在六月中再次進呈，請求弘曆新的「訓示」。大概是爲了方便御覽及顯示皇帝的權威，他們「將稿本經硃筆刪改之處，逐條粘簽本文之上」；至於「遵旨推類詳勘」所「刪去十八條」，則「粘簽本文之下」。最後又指出在「刪去十八條」內，「有一條[似][須][酌][存]，亦併粘簽，申明是否有當」。[28]

乾隆八年六年二十五日，鄂爾泰等「以所修《明通鑑綱目》洪武二十二年 (1390) 至三十一年 (1398) 稿本二卷進呈」。弘曆照例「指示前一卷內應刪去十六條」，又命令他們「推類詳勘」這兩卷稿本。鄂爾泰等便按例「將稿本奉旨刪去之處，逐條粘簽本文之上」；及將稿本「推類詳勘，於前一卷內酌刪[十][六]條，於後一卷內酌刪[三][十][一]條」，「粘簽本文之下」。此外，他們將「似須

---

[27] 本段引文出處，見下文數段，不先注明。又弘曆在〈《明史綱目》序〉中謂此書「每一卷成呈覽」（見氏著，《御製文初集》〔乾隆甲申【二十九年，1764】自序本，哈佛大學哈佛燕京圖書館藏〕，卷一〇，葉11上-12下；又見《高宗純皇帝實錄》卷二六三，「乾隆十一年閏三月丁巳」條，冊四，頁407-408；及舒赫德，《御撰資治通鑑綱目三編》〔同治十一年十二月【1872年12月-1873年1月間】劉坤一【1830-1902】摹刊乾隆四十七年【1782】改竣本〕，該序，葉1上下；《御定資治通鑑綱目三編》，〈原序〉，葉1上-2上〔頁3〕。按：上述第二書題目前有「御製」二字。至第三書的序題作〈《御撰資治通鑑綱目三編》原序〉，第四書的序題作〈《御定通鑑綱目三編》原序〉，二序末均注「乾隆十一年〔1746〕夏四月朔御製」)，不符合事實。

[28]〈大學士鄂爾泰奏報《明通鑑綱目》稿本遵旨刪定之處逐條粘簽恭候訓示〉，《中央研究院歷史語言研究所現存清代內閣大庫原藏明清檔案》，檔124-7，頁69549。按：文中「似須酌存」四字，原奏空缺，現據註29及30兩註所引奏補入。又此奏末「乾隆八年六月□□□日」（月日之間空位甚多，至少可容納三字，所以漏空三格）。

酌存」的一條，「亦并粘簽」，然後在七月中具奏進呈，「恭候皇上訓示」。[29]

然而，這次進呈稿本得不到覆旨，於是鄂爾泰等在十一月，又將已經修訂的「《明通鑑綱目》洪武二十二年至三十一年稿本二卷」，連同新修的「建文朝(1398-1402) 稿本一卷」進呈。[30] 但在進稿本的奏中，鄂爾泰等沒有提及前者原已在七月進呈。他們衹當作若無其事，將七月奏「大學士伯臣鄂爾泰等謹奏，爲遵旨刪定書法粘簽覆呈睿覽事」的標題，[31] 改爲「《明史綱目》館總裁官大學士伯鄂爾泰等謹奏，爲遵旨刪定書法粘簽覆呈睿覽，並續進稿本事」；又僅改動七月奏文若干字，便逐作十一月奏文的前半篇。[32] 因此，如果沒有機會看到七月奏文，便會誤會「洪武二十二年至三十一年稿本二卷」的修改本在十一月中才進呈了。

至於新呈的建文朝稿本，鄂爾泰等則請弘曆指示其中書法，是否得當。他們說：

> 建文雖年數無多，而事實紛紜，論說不一。臣等與纂修官，再三酌核，摘要刪繁，錄成一卷。於靖難事正名定分，著其叛逆篡奪之罪；凡屬忠臣義士，大書特書。是否於書法有當，臣等學識淺陋，伏乞皇上訓示，以定千古褒貶之公。[33]

由於弘曆一直緊密監督《明史綱目》的編纂，因此史官對書中的書法義例，雖說仿效《資治通鑑綱目》，但處處仍待弘曆「御丹鉛爲之參定」。[34] 弘曆對《明史綱目》的編纂，可謂舉足輕重。

---

29 〈大學士鄂爾泰奏報《明通鑑綱目》稿本遵旨刪定之處逐條粘簽恭候訓示〉，同上，檔124-91，頁69893-69894。按：文中「十六」及「二十一」諸字，原奏空缺，現據註30所引的奏補入。又此奏末注「乾隆八年七月□ □ □ 日」（月日之間空格情況同上註）。

30 〈大學士鄂爾泰奏報《明通鑑綱目》稿本遵旨刪定之處逐條粘簽恭候訓示〉，同上，檔128-18，頁71835-71836。按：註28與29奏文開端僅謂「大學士伯臣鄂爾泰等謹奏」。此奏則作「《明史綱目》館總裁官大學士伯臣鄂爾泰等謹奏」，但三篇奏中都稱書名爲「《明通鑑綱目》」，與修史館名稱並不一致。又此奏末題「乾隆捌年拾壹月□ □ □ 日大學士伯臣鄂爾泰、大學士伯臣張廷玉、兵部尚書臣陳悳華」（空格情況同註28），與註28及29兩奏衹注年月不同。

31 同註29。

32 七月奏於奏事後謂：「恭候皇上訓示，謹奏。」（同註29）十一月奏將它改爲「恭呈睿覽」（同註30），然後另奏上呈建文朝稿本事。

33 同註30。

34 弘曆，〈《明史綱目》序〉，同註27。

雖然《明史綱目》在乾隆八年十一月以後的編纂情況，已難確考，但修書的進展似乎不錯。這方面可從下述兩事推見：第一，乾隆九年 (1744) 七月二十五日，弘曆下論指責各館修書官員進度緩慢。他說，「各館所修之書，理宜上緊纂輯，漸次告竣」。可是，「纂修人員，皆怠忽成習」，「借此多得公費以資養贍」，以致「經歷年久，率多未成」。爲了改革各館的修書陋習，弘曆規定各館都要接受稽查，於是命令內閣議定「應如何稽查之處」。在閣臣所議定諸例中，有一則說：「繕寫漢文，請照《明史綱目》館，每員每日一千五百字。」由此可見，上述弘曆的指責，應與《明史綱目》館無關；而《明史綱目》的修書進度，亦是令人滿意的。但是，閣議鑑於各館修書，「每書一本，多寡不同；總裁閱定期日，亦屬互異」。於是建議，「今各館於每月初五日以前，將前月纂輯、繕寫、校對各若干，詳細造冊，咨送臣等查核。如有稽延者，即行參奏」。由於弘曆接納了上述建議，[35]《明史綱目》館此後便有更嚴密的修書程序。

第二，《明史綱目》的進稿方式，被弘曆定爲榜樣。弘曆指出，「向者修書，祇先呈樣本，餘俟全帙告竣，一併進呈」。可是，這種修書的方式會產生「既浩汗而不易披尋，亦已成而難於改作」的弊病；且「未得編摩之要領」，亦非「纂輯之良規」。當《大清會典》續修時，書館亦沿用這種方式，弘曆對此表示不滿，並下論該館，「著依《明史綱目》事例，將稿本繕成一、二卷，即行陸續呈奏」。待他「勅幾多暇」，「親爲討論，冀免傳疑而襲謬，且毋玩日以曠時」。[36]由此可見，弘曆對《明史綱目》的編纂，頗感稱心。其次，此事發生在《明史綱目》修成（詳下文）以後十個月，反映《明史綱目》在乾隆八年十一月之後的進稿方式沒有改變，所以受到弘曆的讚賞。

除上述兩事外，乾隆八年十一月以後的《明史綱目》編纂活動，尚有兩事可提：第一，乾隆九年十一月二十一日，弘曆論內閣學士王會汾（1737年進士），「著爲《明史綱目》副總裁」。[37] 第二，乾隆十一年二月，《明史綱目》館總裁

[35]《乾隆朝上諭檔》，「乾隆九年七月二十五日」條，册一，頁927-928；又見《高宗純皇帝實錄》卷二二一，「乾隆九年七月壬寅」條，册三，頁850-851。

[36]《乾隆朝上諭檔》，「乾隆十二年二月初六日」，册二，頁154；《高宗純皇帝實錄》卷二八四，「乾隆十二年二月丙寅」條，册四，頁702-703。

[37]《乾隆朝上諭檔》，「乾隆九年十一月二十一日」條，册二，頁16；《高宗純皇帝實錄》卷二二九，「乾隆九年十一月甲午」條，册三，頁953。

官張廷玉等奏請取用戶部紙張、綾線、顏料等，[38] 顯示《明史綱目》的編纂，已進入完成階段。

（四）

乾隆十一年閏三月，《明史綱目》修成。據張廷玉記載：

（乾隆）十一年……閏三月，《御譔明史綱目》告成，蒙恩議敘加二級。[39]

四月，弘曆撰〈《明史綱目》序〉。序中申述此書的編纂原委，引錄如下：

編年之書，奚啻數十百家，而必以朱子《通鑑綱目》爲準。……自《（通鑑）綱目》成，而義指正大，條理精密，後儒有所依據，踵而成之，由宋迄元，犂然方策。至明代，君臣事蹟編輯之難，更倍於諸書。蓋《明史》已成於百年之後，而世變風漓，記載失實，若復遲待，將何以繼《續編》（即《續資治通鑑綱目》）而示來許？爰命儒臣法朱子《通鑑綱目》義例，增損編摩，大書以提要，分注以備言，每一卷成呈覽。朕於幾暇，亦時御丹鉛，爲之參定。雖於天人一貫之精微未之能盡，而惟是謹嚴之義守而弗失，簡正之旨志而必勉。書既成，群臣舉唐太宗（李世民，599-649，626-649在位）之事爲言，勉從其請，而爲之序云。[40]

---

[38]〈《明史綱目》館總裁官張廷玉奏報（乾隆十一年）二月內取用戶部紙張等項細數〉，《中央研究院歷史語言研究所現存清代內閣大庫原藏明清檔案》，檔144-62，頁80873-80874。按：奏末的日期爲「乾隆十一年十月□ □ □ 日」（空格情況同註28）。

[39] 張廷玉，〈遵例自陳第八疏〉，《澄懷園文存》卷五，葉27上-28下（冊一，頁405-408）。按：據內文，此疏是在乾隆十二年 (1747) 三月寫的。惟張廷玉《澄懷主人自訂年譜》記載此事，卻說：「（乾隆十一年）閏三月，《御撰綱目三編》告成，蒙恩議敘加二級。」（卷五，「〔乾隆〕十一年丙寅七十五歲」條，葉13上〔頁265〕）。因爲《明史綱目》在刊刻時，改名爲《御撰資治通鑑綱目三編》（詳下文），所以張廷玉後來在《澄懷主人自訂年譜》中，改稱書名爲「《御撰綱目三編》」（按：北京中華書局在1992年出版《澄懷主人自訂年譜》校點本，改名爲《張廷玉年譜》。書中此條「《御撰綱目三編》告成」一句，誤排作「御撰綱目編告成」〔頁85〕）。至於《高宗純皇帝實錄》記載此事，則說：「重修《明通鑑綱目》書成，議敘提調、纂修等官加級紀錄有差。」（卷二六三，「乾隆十一年閏三月丁巳」條，冊四，頁407）。所謂「《明通鑑綱目》」，乃指《明史綱目》，第三節所引此書總裁官鄂爾泰等疏，便屢次用「《明通鑑綱目》」之名。而所謂「重修」，相信是指按弘曆的意思將稿本再作修訂。此條實錄後附錄了〈御製《明史綱目》序〉（頁407-408），可爲證明。又關於「議敘提調、纂修等官加級」之事，如纂修官齊召南便「議敘仍列一等，奉旨於起官日（按：齊召南其時丁艱。）加一級」（見杭世駿，〈資政大夫禮部右侍郎齊公墓誌銘〉，同註18）。

[40] 弘曆，〈《明史綱目》序〉，同註27。

與此同時，弘曆又撰有〈《明史綱目》書成有述〉七律六首「以見意」。第一首詩再次申明修書宗旨，與〈《明史綱目》序〉互爲呼應：

> 直道惟憑信史留，斯民三代理無偷。學探司馬（光）治平學，書慕文公（朱熹）體例優。亦曰此心無予奪，敢云我志在《春秋》。編摩端識權衡在，魚魯何妨付校讐。[41]

第二至五首詩評論有明一代史事，最後一首則對《明史綱目》作自我評價。弘曆自誇其書十分客觀公正，所謂：「義利纖毫毋或爽，勸懲一字必期安。試觀三百年間事，己意曾無愛惡干」。本來，弘曆在詩序中，已標榜《明史綱目》爲「天下後世公論」所在，在這首後，他又附按語說：

> 從來爲史者，於本朝多諱詞，於勝國必過語，此《春秋》以後所以少信史也，朕每引爲深戒。故於《明史綱目》亦唯善者善之，惡者惡之，因物付物，不敢以己意好惡爲褒貶。後之觀是書者，其必有以諒吾矣！[42]

透過上述序文和詩篇，可見弘曆對自己領銜編纂的《明史綱目》感到稱心滿意。

雖然弘曆在《明史綱目》纂成後所作的序和詩仍稱該書爲《明史綱目》，但在刊刻之時，卻改名爲《御撰資治通鑑綱目三編》。乾隆十一年五月，武英殿咨內閣，報告「《明史綱目》館奏准交來《御撰資治通鑑綱目三編》一部貳拾卷，已經刊刻告竣，謹裝潢樣本一部，恭呈御覽」。其次，他們請內閣向弘曆奏請下列二事：第一，《御撰資治通鑑綱目三編》「印刷何樣紙？書若干部？作何裝潢？何樣用杉木板套？何樣用紙合背套成做之處？伏候欽定」。第二，此書「應否頒發之處，請交內閣定擬具奏，以便欽遵辦理」。原來，他們在「乾隆柒年拾月拾貳日奏准嗣後新刻之書，于呈樣之日將應否通行之處請旨，永著爲例；今此書係新刻之板」，所以就「應否刷印通行之處」，請求「聖訓」。結果，弘曆命令他們「裝釘杉木板錦套棉紙書貳拾部、紙合背絹套竹紙書貳拾部」。至於此書「頒發之處，交內閣擬奏，准其通行」。[43]

---

[41] 同註3。

[42] 同註3。

[43] 〈署廣西巡撫鄂昌揭謝頒賜《御撰資治通鑑綱目三編》〉，《中央研究院歷史語言研究所現存清代內閣大庫原藏明清檔案》，檔149-17，頁83465-83468；又見〈署廣西巡撫鄂昌揭爲代布、按二司奏謝頒賜《御撰資治通鑑綱目三編》〉，同上，檔149-36，頁83591-83595。按：武英殿咨文中提到「《明史綱目》館奏准交來」的「《御撰資治通鑑綱目三編》一部貳拾卷」，相信就是張廷玉在〈恭進《御撰資治通鑑綱目三編》表〉中所謂「謹將《御撰資治通鑑綱目》釐爲二十卷，繕寫清本，裝成兩函，謹奉表恭進以聞」（《澄懷

內閣官員對此書自然大加讚美，認爲「今刊刻告成，理宜頒發」，並應「照《明史》頒發之例進行」。他們建議「在京親王、郡王、大學士以下四品京堂之上，翰林院侍讀、侍講、詹事府中允、贊善以上，內廷行走之翰林并講官，在外督、撫、藩、臬各給壹部，共需貳百叁拾壹部」。其次，「直、省、府、州、縣、衛學宮」，「各頒給壹部存貯；行令該省督、撫查明應得數目，行文內閣，咨武英殿給發」。此外，「國子監衙門」「亦頒給壹部存貯」。弘曆同意內閣的覆議，於是內閣便「行文武英殿遵照辦理」。[44]

乾隆十一年十一月，《明史綱目》館總裁官張廷玉上疏奏銷「於乾隆十一年二月內取用（戶部）各項紙張、綾線、顏料」等項事，[45] 顯示《御撰資治通鑑綱目三編》已經刊刻完成。[46]

乾隆十一年十一月二十日，內閣典籍廳「奏請頒發《御撰資治通鑑綱目三編》」；並於同日奉旨執行。[47] 於是，典籍廳「除將擬賞親王、郡王、在京在外文職大臣名單，送武英殿照數辦理」外，又將「所有應頒各省、府、州、縣、衛學宮，併國子監存貯之書，相應抄錄原奏」，移會吏部，並囑咐吏部「於文到日

園文存》卷二，葉15下-16上〔冊一，頁138-139〕）的「清本」。按：弘曆在前引〈《明史綱目》序〉中説，《明史綱目》是「法朱子《通鑑綱目》義例」，「繼《續編》而示來許」的。將《明史綱目》改名爲《御撰資治通鑑綱目三編》，無疑更能顯示這個宗旨。

[44] 同上註。按：「《明史》頒發之例」見註14所引檔案與實錄。不過，該例包括頒書給「纂修《明紀綱目》官拾貳員」（見註14的正文），今次並未效法。

[45] 同註38。

[46] 乾隆十一年刊的《御撰資治通鑑綱目三編》，筆者尚未得見。故宮博物院圖書館（編）《故宮所藏殿板書目》載有「《御撰通鑑綱目三編》二十卷」一目，注謂：「清張廷玉等奉敕撰，乾隆十一年刊本，有高宗御製序，四冊。」（民國二十二年〔1933〕故宮博物院圖書館排印本，卷二，〈史部・編年類〉，葉2下）。此外，此書目又記錄了「清乾隆十一年高宗……命刊」的《欽定古香齋袖珍書十種》，其中一種亦是「《御撰通鑑綱目三編》二十卷」（卷五，〈古香齋〉，葉7下)。于敏中 (1714-1780) 等《國朝宮史》，亦有「《御撰通鑑綱目三編》一部」一目，注謂「凡二十卷，乾隆十一年校刊」（北京：北京古籍出版社，1987，卷二八，〈書籍〉七，〈史學〉，下冊，頁582）。然而，乾隆十一年刊的書名實是《御撰資治通鑑綱目三編》，當時獲贈此書官員的謝表可以證明（見註43及註49至57）。其次，南開大學圖書館編的《南開大學圖書館館藏古籍善本書目》有「《御批資治通鑑綱目三編》二十卷」一目，謂該書爲「清乾隆十一年……武英殿刊本，八冊」（出版年地缺，〈史部・編年類〉，頁35）。按：《故宮所藏殿板書目》與《南開大學圖書館館藏古籍善本書目》所載乾隆十一年刊本的冊數不相同，但不一定構成疑問。因爲當時的刊本有幾種不同的裝潢，所以彼此的冊數不必一致。

[47] 〈署廣西巡撫鄂昌揭謝頒賜《御撰資治通鑑綱目三編》〉，同註43。

即轉行各省督、撫，查明應得數目，分晰造備清冊各貳本，移送內閣，以便轉咨武英殿，照數辦理給發」。接著吏部文選司擬定案呈，並於乾隆十二年一月二十九日由吏部移送各省，督促各省將「清冊貳本，作速詳繳」。[48]

到了四月初，武英殿修書處通知內閣典籍廳，「所有賞給親王、郡王、在京在外文職各官員《御撰資治通鑑綱目三編》一書貳百叁拾壹部，今已照數刷印齊備，相應知會貴廳，赴殿恭領，以便轉行給發」。於是，內閣典籍廳輾轉通知各朝臣，「于本月初拾日清晨具印領赴閣恭領」。[49]

至於在外官員，則由各省派駐京師提塘官遞送。這樣，《御撰資治通鑑綱目三編》在五月九日送至浙江，[50] 五月十六日送至江蘇，[51] 五月十八日送至江西，[52] 六月初一日送至廣東，[53] 六月十二日送至福建，[54] 六月二十日送至廣西，[55] 八月初一日送至河南，[56] 九月初五日送至口外軍營了。[57]

---

[48]〈署廣西巡撫鄂昌揭為代布、按二司奏謝頒賜《御撰資治通鑑綱目三編》〉，同註43。

[49]〈浙江學政陳其凝奏謝頒賜《御撰資治通鑑綱目三編》〉，《中央研究院歷史語言研究所現存清代內閣大庫原藏明清檔案》，檔148-109，頁83393-83395。

[50]〈浙江巡撫常安奏謝頒賜《御撰資治通鑑綱目三編》〉，同上，檔148-51，頁83103-83105；及上註所引檔案。

[51]〈署江蘇巡撫安寧揭謝頒賜《御撰資治通鑑綱目三編》〉，同上，檔148-8，頁82893-82894。

[52]〈江西巡撫開泰奏謝頒賜《御撰資治通鑑綱目三編》〉，同上，檔148-50，頁83101-83102。

[53]〈廣東巡撫準泰奏謝頒賜《御撰資治通鑑綱目三編》〉，同上，檔148-45，頁83069-83072；及〈(兼管)廣東巡撫策楞奏為代署布政使納敏恭謝頒賜《御撰資治通鑑綱目三編》〉，同上，檔149-42，頁83631-83632。

[54]〈福建巡撫陳大受奏謝頒賜《御撰資治通鑑綱目三編》〉，同上，檔148-79，頁83251-83253。

[55]〈署廣西巡撫鄂昌奏謝頒賜《御撰資治通鑑綱目三編》〉，同上，檔149-16，頁83461-83463；及註43所引檔案。

[56]〈河南巡撫碩色揭謝頒賜《御撰資治通鑑綱目三編》〉，同上，檔149-113，頁83939-83940。

[57]〈四川、陝(西)總督張廣泗奏謝頒賜《御撰資治通鑑綱目三編》〉，同上，檔150-99，頁84385-84387。

（五）

乾隆四十年 (1775) 五月十五日，弘曆下諭改纂《明紀綱目》。其原因有二：第一，弘曆指出，雖然此書「刊行已久」，但因爲他在近日才讀到葉向高 (1559-1627) 的文集，從而發現「《（明紀）綱目》載福王（朱）常洵 (1586-1641) 之國條」的內容，「與向高言不合」。第二，《明紀綱目》書中「所載青海、朵顏等人名對音，沿用鄙字，與今所定《同文韻統》音字及改正《遼（史）》、《金（史）》、《元（史）》〈國語解〉，未爲畫一」。基於這兩個原因，弘曆感到當日「張廷玉等原辦《（明紀）綱目》，惟務書法謹嚴，而未暇考核精當，尙不足以昭傳信」。因此，他命令「交軍機大臣即於方略館將原書改纂，以次進呈」，等候他「親閱鑒定，其原書著查繳」。[58]

弘曆這時稱《御撰資治通鑑綱目三編》爲《明紀通鑑》，令人費解。一則《明紀綱目》這個書名在乾隆六年以後，已漸爲《明史綱目》之名取代。其次，弘曆在兩年多前（即乾隆三十七年〔1772〕正月初四日）下詔編輯《四庫全書》時，提到從前開館編纂諸書，仍稱此書爲「《綱目三編》」，[59] 亦即是採用此書刊刻時所用的書名。爲何他在這時反用此書的原始名稱？推究其原因，原來是弘

[58]《乾隆朝上諭檔》，「乾隆四十年五月十五日」條，册七，頁876；又見《高宗純皇帝實錄》卷九八二，「乾隆四十年五月辛酉」條，册十三，頁115-116。此外，此諭又刊於《御撰資治通鑑綱目三編》（見註27，下文所引此書，皆指乾隆四十七年改竣本，而不是乾隆十一年原刊本），及《御定資治通鑑綱目三編》兩書的卷首；惟兩書所載諭文與《乾隆朝上諭檔》及《高宗純皇帝實錄》所載文字，間有出入。按：《同文韻統》乃清廷爲統一滿洲、蒙古語對譯漢文而編纂的書。據弘曆說：「向來内外各衙門題奏咨行事件，凡遇滿洲、蒙古人、地名應譯對漢字者，往往任意書寫，並不合清文、蒙古文本音之字，不一而足。因而舛誤鄙俚，甚至以字義之優劣，強爲分別軒輊，尤屬可笑。方今海寓車書大同，《清文鑒》一書，屢經更定頒示。且曾編輯《同文韻統》，本三合切音，詳加辨訂，合之字音，無銖黍之差。」（《乾隆朝上諭檔》，「乾隆三十七年三月二十九日」條，册七，頁18；又見《高宗純皇帝實錄》卷九〇五，「乾隆三十七年三月甲子」條，册十二，頁99）。至於改正《遼史》、《金史》和《元史》中的〈國語解〉及因之而修成《遼金元三史國語解》一書，參看拙文，〈論清高宗之重修遼、金、元三史〉，載於拙著，《明清人物與著述》，頁215-240；及拙文，〈乾隆朝重修遼、金、元三史剖析〉，《蒙古學信息》1997.1(1997.3)：26-34。

[59]《乾隆朝上諭檔》，「乾隆三十七年正月初四日」條，册六，頁896；又見《高宗純皇帝實錄》卷九〇〇，「乾隆三十七年正月庚子」條，册十二，頁4。按：庚子爲初五日，《高宗純皇帝實錄》所繫日期不確。

曆在這時誤以爲《明紀綱目》和《綱目三編》爲兩部書，所以他在下諭改纂《明紀綱目》三日後（乾隆四十年五月十八日），又下詔改正《綱目三編》。他說：

> 昨因《明紀綱目》考核未爲精當，命軍機大臣將原書另行改輯，候朕覽定。因思《綱目三編》雖亦曾經披覽，但從前所進呈之書，朕覽閱尚不及近時之詳審。若《（御批歷代）通鑑輯覽》一書，其中體例書法，皆朕親加折衷，一本大公至正，可爲法則。此次改編《（明紀）綱目》，自當倣照辦理。……《明史》內於元時人、地名，對音訛舛，譯字鄙俚，尚沿舊時陋習。……現在改辦《明紀綱目》，著將《明史》一併查改，以昭傳信。……原頒《明史》及《綱目三編》俟改正時，並著查繳。[60]

弘曆並派大學士舒赫德和于敏中爲改纂《明紀綱目》等書的正總裁，福隆安（1743或1746？-1784）、阿桂 (1717-1797)、袁守侗 (1723-1783)、梁國治 (1723-1787) 爲副總裁，及侍講大學士朱珪 (1731-1807) 爲纂修。[61]

乾隆四十年五月二十一日，舒赫德等爲《明紀綱目》和《綱目三編》的改纂事宜上奏。首先，他們就人手問題提出建議：「《明紀綱目》既在方略館辦理，所有提調、收掌、謄錄、供事等員，該館現有之人，儘可兼辦，惟纂修尚需專員。」於是，他們推薦侍講學士褚廷璋（1763年進士）和編修翁方綱 (1733-1818)「司編纂」，方略館原辦遼、金、元三史的翰林編修劉錫嘏（1769年進士）和宋銑（1760年進士）「兼辦查改音譯之事」，及「本年朝考入選之新進士」顧宗泰（1775年進士）和姚天成（1775年進士）「協同纂輯」。其次，舒赫德等向弘曆保證，他們「當督率各纂修上緊赶辦，統於二年限內辦完」。最後，他們稟

---

[60]《乾隆朝上諭檔》，「乾隆四十年五月十八日」條，册七，頁877-878；又見《高宗純皇帝實錄》卷九八三，「乾隆四十年五月甲子」條，册十三，頁120-121。此外，此諭又載於《御撰資治通鑑綱目三編》及《御定資治通鑑綱目三編》兩書的卷首；但文字與《乾隆朝上諭檔》及《高宗純皇帝實錄》所載者，間有出入。

[61] 舒赫德等乾隆四十年五月二十一日奏，見《乾隆朝上諭檔》册七，頁881。按：此奏編號爲2470，原未注明上奏日期，但奏中提到「本年五月十五日奉旨改輯《明紀綱目》；……又奉旨將《明史》所有蒙古等人、地名一體改譯」，可見它必在乾隆四十年五月十八日後所上。本註指爲五月二十一日奏，乃據《乾隆朝上諭檔》第七册書前的〈增補糾正文件日期一覽表〉（頁30）。表中所列日期，乃該書編者據《乾隆朝隨手登記檔》查出（見書前〈本册說明〉。除第七册外，其餘各册〈增補糾正文件日期一覽表〉的資料來源相同，恕不再指出）。又正文中所列人名，除朱珪外，其餘祇列姓，名則漏空不書，現據《乾隆朝上諭檔》第八册所載〈擬賞《欽定淳化閣帖釋文》名單〉（頁261）補入。

告弘曆，「館內應行校改之《綱目三編》及《明史》各原本，俟命下行文武英殿取用，所有擬辦章程」，則「另列清單呈覽」。[62] 而所謂「另列清單」的「擬辦章程」，其實就是改纂《綱目三編》的五則例言。[63]

然而，此後祇有改纂《明紀綱目》的紀錄，再無改纂《綱目三編》的下文。此無他，兩者其實同爲一書，當弘曆下旨向武英殿取書後，真相便會發現。大抵因爲弘曆第一次下諭改纂此書時用的書名是《明紀綱目》，於是便繼續用下去，並諱言君臣之間的糊塗事。如乾隆四十二年 (1777) 五月十三日諭便祇說：

前因《明紀綱目》所載，本末未爲賅備，降旨另行改輯。[64]

這樣，改纂所謂「《綱目三編》」之事，自不可能再有進展。

《明紀綱目》改纂之初，弘曆似乎不大關心。雖然舒赫德等在乾隆四十年五月二十一日已向弘曆推薦了改纂《明紀綱目》的官員，但到了乾隆四十二年三月二十九日，軍機大臣等上奏，指此書仍未「派專員總裁」，因而提醒弘曆，「應派專管之員，責成定限速纂，並統交稽查上諭處稽查」。於是，弘曆才任命和珅 (1750-1799) 和彭元瑞 (1731-1803) 負責監督其事，[65] 改纂工作至此始納入正軌。到了六月十四日，因爲「彭元瑞現在出差」，弘曆命「所有承辦《明紀綱

---

[62] 舒赫德等乾隆四十年五月二十一日奏，同上註。按：從此奏所見，當時連大臣亦誤以《明紀綱目》和《綱目三編》爲二書。

[63] 附錄於上兩註所引舒赫德等奏後（頁882）。按：這五則例言，後來載於《御撰資治通鑑綱目三編》及《御定資治通鑑綱目三編》，稱爲〈凡例〉。

[64]《乾隆朝上諭檔》，「乾隆四十二年五月十三日」條，册八，頁646；又見《高宗純皇帝實錄》卷一〇三二，「乾隆四十二年五月丁丑」條，册十三，頁841。按：這不是說在《明紀綱目》改纂期間，弘曆沒有用過「《綱目三編》」一名；但他用這書名時，卻與改纂工作無關。舉例如下：「本朝順治元年 (1644) 定鼎京師，一統之規模已定。然明福王（朱由崧，?-1646，1644-1645在位）猶於江寧僅延一線，故《綱目三編》及《通鑑輯覽》所載凡我朝與明國交兵事蹟，不令概從貶斥，而於甲申（崇禎十七年，亦即順治元年）三月尚不遽書明亡。惟是天心既已厭明，福王又不克自振，統系遂絕。」（《乾隆朝上諭檔》，「乾隆四十二年六月十二日」條，册八，頁675；又見《高宗純皇帝實錄》卷一〇三四，「乾隆四十二年六月丙午」條，册十三，頁863）。文中所謂「《綱目三編》」即正在改纂的「《明紀綱目》」，而不是指乾隆十一年的《御撰資治通鑑綱目三編》原刊本，因爲原刊本是以崇禎十七年爲明亡的。參看拙文，《清高宗綱目體史籍編纂考》（見註1）第三節；及拙文，〈清高宗對南明歷史地位的處理〉，《新史學》7.1(1996)：1-27（特別是頁8-9）。

[65]《乾隆朝上諭檔》，「乾隆四十二年三月二十九日」條，册八，頁605-606；又見《高宗純皇帝實錄》卷一〇二九，「乾隆四十二年三月乙未」條，册十三，頁800-801。

目》，著派于敏中、錢汝誠 (1722-1779) 會同原派之和珅閱辦」。[66] 乾隆四十三年 (1778) 三月初一日，軍機大臣等上奏報告改纂工作的進度，說此書「自上年五月初八日起，至本年二月二十九日止內，惟皇上謁陵途次及過年節暫爲停止不進外，餘俱按卯呈進」，「現在赶辦，可以如限進完」。[67]

據上引舒赫德等在乾隆四十年五月二十一日的奏，最初改纂《明紀綱目》的期限是兩年，現在軍機大臣等奏又說「可以如限進完」，顯示改纂的時限曾經延展。但展限的時間，奏中並沒有注明。不過，弘曆在初二日覆旨謂，「各處應進之書，止須按卯分進，轉不必立定期限，如屆期遲悞，即奏明參處」。其次，弘曆督促他們加密進稿次數，即使「此次謁陵及秋間恭詣盛京謁陵途次，仍著隨報按卯進閱」。[68]

《明紀綱目》改纂完成的時間，無直接史料可尋。但據和珅等在乾隆五十年 (1785) 六月十三日上的奏，此書在乾隆四十七年改竣。[69] 其次，由於它名列在乾隆四十七年二月二十七日上呈弘曆的〈纂辦全竣，現在繕寫刊刻各書單〉內，[70] 可見它是在乾隆四十七年一月或二月完成的。然而，《國朝宮史續編》與《故宮所藏殿板書目》都沒有《明紀綱目》的條目，而稱此改纂本爲「《御撰通鑑綱目三編》」。前書說：

> 《御撰通鑑綱目三編》一部，乾隆四十年勅撰。是書初有張廷玉等所撰本，事跡漏落，音譯失眞。至是，詔大學士臣舒赫德等改修，……凡四十卷。[71]

至於後書則說：

---

[66]《乾隆朝上諭檔》，「乾隆四十二年六月十四日」條，冊八，頁679；又見《高宗純皇帝實錄》卷一〇三四，「乾隆四十二年六月戊申」條，冊十三，頁864。按：彭元瑞是因爲擔任浙江鄉試正考官而出差的（《高宗純皇帝實錄》，同本註）。

[67]《乾隆朝上諭檔》，「乾隆四十三年三月」附錄「三月初一日」奏，冊八，頁943-944；又略見《高宗純皇帝實錄》卷一〇五二，「乾隆四十三年三月壬戌」條，冊十四，頁59。按：壬戌爲初二日，《高宗純皇帝實錄》所繫日期不確。又《乾隆朝上諭檔》中奏沒有注明上奏者爲誰人，但《高宗純皇帝實錄》說明是「軍機大臣等」。

[68]《乾隆朝上諭檔》，「乾隆四十三年三月」附錄「三月初二日」奏，冊八，頁944。

[69] 同上，「乾隆五十年六月十三日」條，冊十二，頁681。並參註74。

[70] 同上，「乾隆四十七年二月」附錄「二月二十七日」奏附件，冊十一，頁67。

[71] 慶桂（等），《國朝宮史續編》（北京：北京古籍出版社，1994），卷八九，〈書籍〉十五，〈史學〉二，頁871。

《御撰通鑑綱目三編》……四十卷，清乾隆四十年舒赫德等奉敕改訂，乾隆四十七年刊本，二十冊。[72]

上引二書所謂「《御撰通鑑綱目三編》」，實爲《御撰資治通鑑綱目三編》的簡稱，不是刊書時故意刪去「資治」兩字，以示與乾隆十一年原刊本有所識別。[73]至於當時不用《明紀綱目》爲書名，而沿用乾隆十一年原刊本的名稱，不足爲奇。乾隆十一年亦是在刊刻《明史綱目》的時候，才將書名改爲《御撰資治通鑑綱目三編》的（詳第四節）。其次，《故宮所藏殿板書目》說改纂本爲「乾隆四十七年刊本」，並不正確。因爲乾隆四十七年祇是改纂本開始「繕寫刊刻」的年分，和珅等在乾隆五十年六月十三日還說此書「於四十七年完竣，現交武英殿刊刻，並寫入《四庫全書》空函」。[74]

可是，《御撰資治通鑑綱目三編》改纂本收入《四庫全書》時，又改名爲《御定資治通鑑綱目三編》。此外，卷首的編排，亦稍有改動。前者卷首載文五

---

72 《故宮所藏殿板書目》卷二，〈史部・編年類〉，葉2下。

73 筆者雖未見到乾隆四十七年改纂完成的《御撰資治通鑑綱目三編》的原刊本，但據劉坤一的摹刊本，書名實有「資治」二字（見註27）。其次，據《中國古籍善本書目》，安徽師範大學圖書館藏有「清乾隆內府抄本」的「《御撰資治通鑑綱目三編》四十卷」（卷六，〈編年類〉，葉32上），亦可作爲旁證。此外，《四庫全書》收錄此書時，雖將「御撰」改爲「御定」，但「資治」二字仍見於書名（見註3）；而書前提要，亦稱其書爲《御定資治通鑑綱目三編》（《御定資治通鑑綱目三編・提要》，葉1上〔頁5〕）。其實，省去此書名中「資治」二字，清朝官書中屢見不鮮，如《國朝宮史》記載乾隆十一年刊本，已開先例（見註46）。永瑢 (1743-1790) 等編《四庫全書總目》，講述此書的內容，雖與《御定資治通鑑綱目三編・提要》相同，卻稱此書爲「《御定通鑑綱目三編》」（北京：中華書局，1965，卷四七，〈史部・編年類〉，「《御定通鑑綱目三編》四十卷」條，上冊，頁430-431）；而《御定資治通鑑綱目三編》內的序，又題作〈《御定通鑑綱目三編》原序〉（葉1上〔頁3〕）。

74 同註69。按：雲南巡撫劉秉恬曾「奏請將《通鑑綱目三編》及《明史》，照《綱目續編》（即《續資治通鑑綱目》）改定字樣更正」。乾隆五十年六月初三日軍機大臣奉旨議奏和珅等的奏，就是向弘曆報告他們議論的結果。和珅等據前引「乾隆四十年五月十八日」諭，指出「《明史》及《綱目三編》業經奉旨改正畫一。該撫止須俟刊成頒行到滇時，遵照諭旨查繳，並飭各屬妥協辦理，毋許胥吏藉端滋擾」。因此，他們的結論是，「該撫奏請」，「應毋庸議」（同上，頁680-681）。又按：《御撰資治通鑑綱目三編》在甚麼時候刊成，尚待考證。至於《御定資治通鑑綱目三編》寫入《四庫全書》的時間，如據和珅等的奏，則在乾隆五十年六月尚未完成，但據《景印文淵閣四庫全書・御定資治通鑑綱目三編》書前提要，該書是在「乾隆五十年二月恭校上」的（〈提要〉，葉3下〔頁6〕）。大抵該書雖在乾隆五十年二月繕寫完成，但到了六月仍未經軍機大臣處理，所以和珅等的奏才說「現……寫入《四庫全書》空函」。

首，依次序是：乾隆四十年五月十五日上諭、乾隆四十年五月十八日上諭、〈《御製資治通鑑綱目三編》原序〉（即〈《明史綱目》序〉，見第四節）、〈總裁、纂修、提調、收掌諸臣職名〉及〈凡例〉。[75] 至於《四庫全書》本，則在〈《御定通鑑綱目三編》原序〉後，加插〈御製「《明史綱目》書成有述」〉（見第四節），然後以四庫館臣所撰該書提要，取代〈總裁、纂修、提調、收掌諸臣職名〉。[76]

乾隆十一年的《御撰資治通鑑綱目三編》衹有四冊（一作八冊，見註46）、二十卷；乾隆四十七年的《御撰資治通鑑綱目三編》卻有二十冊、四十卷，篇幅增加超過一倍。至於改纂的工作，包括以下幾項：第一，按照《御批歷代通鑑輯覽》的義例，「改纂」書中的「紀年、系統諸大端及一切書法」。第二，仿倣《資治通鑑綱目》和《續修資治通鑑綱目》，加添「發明」和「質實」；前者用來闡繹書法，後者用來詳備「本文內未能該盡」的「姓名、爵里及輿地、官制」。第三，原書對史實考證，「不免過于簡略」，所以將書中「各條紀事」，與「《明史》紀傳，逐一參訂，考核異同」，「務令首尾該具，核實無訛」。第四，將書內「所有蒙古等人、地、官名之對音訛舛，譯字鄙俚者」，「倣照現辦遼、金、元（三史）〈國語解〉之例譯改」。[77]

如果將乾隆四十七年改竣的《御撰資治通鑑綱目三編》與《御批歷代通鑑輯覽》加以比較，我們不難發現前者其實是後者從卷九十九明太祖朱元璋稱帝至卷一百十六福王朱由崧被執至南京諸卷的翻板，[78] 衹是前者在書中的綱目之後，多出「發明」與「質實」而已。問題是：該書〈凡例〉不是說書中的「紀年、系統諸大端及一切書法」，都是遵照《御批歷代通鑑輯覽》改纂的嗎？早在乾隆四十年閏十月二十五日，弘曆已下諭內閣，「著交《四庫全書》館總裁，將（南明）

---

[75] 筆者未有機會閱讀乾隆四十七年改竣本的原刊本，本文所據乃係劉坤一的摹刊本（見註27）。

[76] 本文所據的版本是《景印文淵閣四庫全書》本（見註3）。

[77] 舒赫德等乾隆四十年五月二十日奏所附「擬辦章程」（同註63）。

[78] 傅恒（?-1770）等，《御批歷代通鑑輯覽》（《景印文淵閣四庫全書》本，〈史部〉九六，〈編年類〉冊三三五至三三九），卷九九，「至正（戊申）二十八年（原注略）春正月，吳相國李善長（1314-1390）等奉吳王元璋爲皇帝，國號明」綱（葉73上〔冊三三九，頁182〕）至卷一一六末（葉80上〔冊三三九，頁736〕）。按：《御撰資治通鑑綱目三編》中的綱目與上述《御批歷代通鑑輯覽》部份，不但文字大同小異，而且簡端所載御批亦同；衹是前者在綱目後有「發明」和「質實」而已。

唐、桂二王（朱聿鍵，1602-1646；朱由榔，1623-1662）本末，撮敘梗槩」，「刊附《通鑑輯覽》之末」。[79] 爲何改纂《御撰資治通鑑綱目三編》這部專記明代歷史的綱目，卻不附記唐、桂二王事蹟？弘曆的心意，真難教人猜測。[80]

另一方面，張廷玉在乾隆十一年進呈《御撰資治通鑑綱目三編》時，標榜此書不但是有史以來帝王史學的極致，而且是永垂不朽的巨著。[81] 現在，此書竟要

[79] 《乾隆朝上諭檔》，「乾隆四十年閏十月二十五日」條，冊八，頁77-78。按：弘曆此諭後經改寫，先後見於《御批歷代通鑑輯覽・上諭》，葉1上-3上（冊三三五，頁4-5）；弘曆，《御製文二集》（乾隆五十一年〔1786〕自序本，哈佛大學哈佛燕京圖書館藏），卷七，葉2上-4下，題爲〈命《通鑑輯覽》附記明唐、桂二王事蹟諭〉；及《高宗純皇帝實錄》卷九九五，「乾隆四十年閏十月己巳」條，冊十三，頁300-301。

[80] 誠如正文指出，《御撰資治通鑑綱目三編》列名於乾隆四十七年二月十七日上呈弘曆的〈纂辦全竣，現在繕寫刊刻各書單〉中（按：當時用的是《明紀綱目》之名）。而在同時上呈的〈現在纂辦各書單〉，則有「《明唐、桂二王本末》」一目（《乾隆朝上諭檔》冊十一，頁67-68）。然而，《明唐、桂二王本末》的編纂，已接近尾聲了。據同年六月二十六日上呈御覽的〈各館現辦各書酌定完竣日期清單〉中「《明唐、桂二王本末》」目下注說：「已辦竣。現在加案覆進，即送武英殿寫入《四庫全書》。」（同上，頁230-231。按：此清單日期據《乾隆朝上諭檔》第十一冊書前〈增補糾正文件日期一覽表〉〔頁20〕）。又據《乾隆朝上諭檔》第十一冊所載乾隆四十七年十月初五日奏，「《明唐、桂二王本末》一書業經遵旨加按全竣」（頁395。按：此奏日期據書前〈增補糾正文件日期一覽表〉〔頁22〕）。雖然，《御撰資治通鑑綱目三編》改纂完竣在先，《明唐、桂二王本末》修畢在後，但兩者完成的時間如此接近，理應等待後者修畢後，一併附錄於前書刊行。就算弘曆眞的急不及待刊刻前書，但誠如上文指出，它到了乾隆五十年六月十三日仍未刻成；而且寫入《四庫全書》的時間，又比附錄《明唐、桂二王本末》的《御批歷代通鑑輯覽》爲晚（據《景印文淵閣四庫全書・御批歷代通鑑輯覽》書前提要，該書乃在「乾隆四十九年十一月〔1784年12月至1785年1月之間〕恭校上」的〔〈目錄〉，葉27下【冊三三五，頁30】〕；但《御定資治通鑑綱目三編》則在三個月後才校上〔見註74〕）。因此，弘曆應有足夠的時間將《明唐、桂二王本末》補入《御撰（定）資治通鑑綱目三編》中。由此可見，弘曆自始至終都沒有計畫將唐、桂二王的事蹟，記載在《御撰（定）資治通鑑綱目三編》這部明代歷史的綱目中。有關這個問題，並參拙文，〈清高宗對南明歷史地位的處理〉，頁24-25。

[81] 張廷玉，〈恭進《御撰資治通鑑綱目三編》表〉說：「昔者《通忠（史）》輯於梁后（梁武帝蕭衍，464-549，502-549在位），徒侈辭華；《晉書》斷自唐宗（唐太宗），無關體要。未有乾心作範，睿式裁模，昭懲惡勸善之方，闡守經達權之教。藻鏡開而天地朗，奉以無私；璇衡正而古今平，歸其有極。信聖人之述作，極盛於茲；蓋天下之文章，莫大乎是。……踵麟經而高步，藻耀六經；俯狐史而旁羅，牢籠百氏。乾坤不朽，精華畢貫於群心；日月齊懸，軌度永垂於後世。」（《澄懷園文存》卷二，葉15上下〔冊一，頁137-138〕）。

重修，弘曆除了委過於張廷玉等編纂此書時，「惟務書法謹嚴，而未暇考覈精當」，亦不能不承認「從前進呈之書，朕覽閱尚不及近時之詳審」（詳上文）。四庫館臣爲《御定資治通鑑綱目三編》撰寫提要時，固然不能掩飾此書曾經改纂的事實，但爲了媚悅弘曆，他們竟說：

聖人制事，以至善爲期。義有未安，不以已成之局而憚於改作，此亦可仰窺萬一矣。[82]

這樣，《御撰資治通鑑綱目三編》需要重修，不但無損弘曆的形象，反而增添他的美德了。

[82]《御定資治通鑑綱目三編・提要》，葉3上（頁6）；又見《四庫全書總目》卷四七，〈史部・編年類〉，「《御定通鑑綱目三編》四十卷」條，上冊，頁431。

引用書目

一、傳統文獻

于敏中等，《國朝宮史》，北京：北京古籍出版社，1987。
中國第一歷史檔案館（編），《乾隆朝上諭檔》，北京：檔案出版社，1991。
永瑢等（編），《四庫全書總目》，北京：中華書局，1965。
弘曆，《御製文初集》，乾隆甲申（二十九年，1764）自序本，哈佛大學哈佛燕京圖書館藏。
弘曆，《御製文二集》，乾隆五十一年 (1786) 自序本，哈佛大學哈佛燕京圖書館藏。
弘曆，《御製詩初集》，《清高宗（原注：乾隆）御製詩文全集》本，北京：中國人民大學出版社，1993。
李桓，《國朝耆獻類徵初編》，光緒甲申（十年，1884）至庚寅（十六年，1890）湘陰李氏板本。
李富孫，《鶴徵後錄》，同治十一年 (1872) 漾葭老屋本。
杭世駿，《道古堂文集》，乾隆五十五 (1790) 至五十七年 (1792) 仁和杭賓仁校刊本。
清國史館（編），《清史列傳》，北京：中華書局，1987。
清國史館（編），《清國史》，嘉業堂鈔本影印本，北京：中華書局，1993。
張廷玉，《澄懷園文存》，臺北：文海出版社，1970。
張廷玉，《澄懷主人自訂年譜》，臺北：文海出版社，1970。
張廷玉，《張廷玉年譜》，北京：中華書局，1992。
張廷玉等，《明史》，北京：中華書局，1974。
張偉仁（主編），《中央研究院歷史語言研究所現存清代內閣大庫原藏明清檔案》，臺北：中央研究院歷史語言研究所，1986-1995。
傅恒等，《御批歷代通鑑輯覽》，《景印文淵閣四庫全書》本，臺北：臺灣商務印書館，1983。
舒赫德等，《御撰資治通鑑綱目三編》，同治十一年十二月（1872年12月-1873年1月間）劉坤一 (1830-1902) 摹刊乾隆四十七年 (1782) 改竣本。
舒赫德等，《御定資治通鑑綱目三編》，《景印文淵閣四庫全書》本。
楊椿，《孟鄰堂文鈔》，壬午 (1943) 仲夏孫氏影印紅梅閣藏板本。
齊召南，《寶綸堂文鈔》，光緒丁亥（十三年，1887）秋鋟金峨山館藏板本。

慶桂等，《高宗純皇帝實錄》，《清實錄》（冊九至二七）本，北京：中華書局，1985-1986。

慶桂等，《國朝宮史續編》，北京：北京古籍出版社，1994。

二、近人論著

《中國古籍善本書目》編輯委員會（編）

1991 《中國古籍善本書目・史部》，上海：上海古籍出版社。

何冠彪

1996 〈清高宗對南明歷史地位的處理〉，《新史學》7.1：1-27。

1996 〈論清高宗之重修遼、金、元三史〉，載於氏著，《明清人物與著述》，香港：香港教育圖書公司；臺北：臺灣商務印書館，頁215-240。

1996 〈清高宗綱目體史籍編纂考〉，載於氏著，《明清人物與著述》，頁241-280。

1997 〈乾隆朝重修遼、金、元三史剖析〉，《蒙古學信息》1997.1：26-34。

1998 〈清初君主與《資治通鑑》及《資治通鑑綱目》〉，《中國文化研究所學報》新7：103-132。

1999 〈《明史》編纂雜考〉，《明代史研究》27：21-34。

南開大學圖書館（編）

《南開大學圖書館館藏古籍善本書目》（出版年地缺）。

故宮博物院圖書館（編）

1933 《故宮所藏殿板書目》，民國二十二年故宮博物院圖書館排印本。

Emperor Ch'ien-lung's *Yü-chuan Tzu-chih t'ung-chien kang-mu san-pien:* An Account of its Compilation and Revision

Koon-piu Ho

Department of Chinese, University of Hong Kong

Shortly after the compilation of the *Ming-shih* was completed in August 1739, Emperor Ch'ien-lung decreed an edict to compile a "mirror of history" for the Ming Dynasty. The "mirror of history" to be written in the *kang-mu* style, was compiled with a view to complementing the *Ming-shih* which was presented in the *chi-ch'uan* style. The Emperor took an active role in the compilation and with much enthusiasm. Not only did he engage in setting out the outline and scope of the contents, he also required his court historians to show him drafts once every two or three *chüan* were finished for his comments and amendments. This practice allowed him to closely monitor the progress of the compilation and ensure that the contents of the work were presented to his satisfaction. During the compilation, the various drafts bore different titles. The final product entitled *Yü-chuan Tzu-chih t'ung-chien kang-mu san-pien* (hereafter *San-pien*) was a work of twenty *chüan* and was printed in 1746.

The Emperor was at first very satisfied with the *San-pien*. His court historian Chang Ting-yü even called it the best imperial historical writing produced in China. However, some thirty years later in June 1775, the Emperor ordered that the *San-pien* be revised. The main objective of this revision exercise was to unify the views and interpretations of the Ming history, and to unify the terminological differences of the *San-pien* with those other new historical works published under his auspice. Since there were too many official compilation projects launched at the same time, the Emperor did not pay as much attention to the revision of the *San-pien*. Only after May 1777 was the progress of the revision on track. The revision was finished in early 1782. The *San-pien* then became a work of forty *chüan* under the same title, but it took a few years before it was finally published. When the revised version of the *San-pien* was included in the *Ssu-k'u ch'üan-shu*, the title was amended to *Yü-ting Tzu-chih t'ung-chien kang-mu san-pien*.

Keywords: Emperor Ch'ien-lung, *Ming-chi kang-mu*, *Ming-shih kang-mu*, *Yü-chuan Tzu-chih t'ung-chien kang-mu san-pien*

明末遼東邊務喇嘛*

李勤璞**

在大清帝國興起的當兒，不但蒙古和金國（Aisin Gurun，清）有許多喇嘛在遼東及蒙古西藏之間往來，傳法授徒，結交施主，並擔任種種政治外交事務，滿洲蒙古領袖們給予最充分的禮敬和待遇，就是對藏傳佛教素有相當隔膜和成見、以「中國」自居的漢家 (Kitad, Nikan) 明朝，其君臣亦尊敬、運用喇嘛，爲其北方經略盡力。當時明朝在遼東及北方從事邊疆事務的喇嘛，有王三吉八藏和李鎖南木座，都是漢人出身；王喇嘛專門從事對蒙古的交涉（1622-1629年間），活動範圍是從遼東至宣大，諸凡撫賞聯絡、議和盟誓、領兵打仗，都十分出色，既得蒙古信任，復受明朝嘉獎，可謂深通蒙古事務的賢人。李喇嘛鎖南木座則是與金人交涉，活動見於一六二六迄一六二七年間；在奴兒哈赤過世、皇太極登位的時節被派遣帶領明國使者團前往盛京探察，名義是弔喪兼賀新汗登位。他的行動同樣獲得預期的成功，且開了此後數載之間明—金議和的端倪；議和過程影響到明、蒙古與清的國運廢興。在角色地位上，他們固然是喇嘛，但在明朝則形同臣工，而蒙古滿洲則待之爲 Sain Niyalma, Sain Kümün（好人），列入其貴人階級。這顯示滿蒙與漢在文化上的深刻差別。

本稿是詳考十七世紀初葉遼東明朝邊務喇嘛的行事跟角色，著眼點是清朝藏傳佛教的建立和它對大清帝國國家形成的關聯。

關鍵詞：明朝喇嘛 遼東 臣工 善人、好人(Sain Niyalma, Sain Kümün) 角色-地位

---

* 謹以此文紀念中央研究院歷史語言研究所李光濤先生 (1901-1984)。

** 魯迅美術學院基礎部

一、前言

明帝國 (Daiming Ulus/Gurun, 1368-1644) 最大的敵人是蒙古。當其乍奪得漢地，退據北方草原的元朝皇統的存在，威脅朱氏對中國統治的合法性，與唯一正統地位的確立。爲了徹底消滅這個「北朝」，除了宣傳上作各種努力以外，洪武 (1368-1398)、永樂 (1403-1424) 兩位皇帝曾大力組織征服行動，但終於因爲通訊、給養的局限，以及漢人不習北地等原因而未能如願。如是，爲壓制這草原上敵人的擴張，防衛大元政權捲土重來，陸續自遼東往寧夏一線建立了九邊總鎭。這就是針對蒙古的北邊防務。自東而西九邊鎭是：遼東鎭，薊州鎭，宣府鎭，大同鎭，山西鎭，延綏鎭，陝西鎭，寧夏鎭，甘肅鎭。看《明史》「韃靼」等傳，終明之世，緊張措置，嚴夷夏之防，而邊警未絕，國力爲之耗盡。可事情往往是：鷸蚌相爭，漁人得利。明與蒙古的鬥爭中，得到發展間隙的明遼東邊民（「屬夷」）女直 (Jušen, J̌ürčid) 奴兒哈赤（努爾哈赤，Nurgaci, 1559-1626）部落，[1] 迅速壯大，[2] 兼併左右，最後消滅林丹汗，臣服了蒙古。皇太極（Hongtaiji, 1627-1643年在位）被共戴爲蒙古人的 Sečen Qaγan（徹辰汗＝滿洲語 Sure Han），[3] ——咸認爲蒙古國運已經轉到滿洲，[4] 再滅大明，大清朝 (Daicing

---

[1] 李光濤，〈論建州與流賊相因亡明〉(1947)，存萃學社編，《清史論叢》第二集（沈雲龍主編，《近代中國史料叢刊續輯》冊六三三，台北：文海出版社，出版年月不明），頁305-306參看。

[2] 明帝國在北邊及東北實行的是消極的禦邊政策，目標不是開疆拓土而是捍衛華北。遼東方面，明政府最嚴重的錯誤有兩項：其一是正統 (1436-1449) 以後從熱河至鴨綠江慢慢修起象徵性的邊牆，使自己終其一朝未能重振永樂時代 (1403-1424) 的聲威；其二是未能在遼東設行省，使遼東內地化，後果是全國的「養成」，遼東軍墾社會完全崩潰，帝國因以覆滅。特別是邊牆的構築，「爲日後明帝國經營東北建立起難以超越的藩籬，也爲女眞部族的發展提供了承諾」。請看故趙中孚先生 (1934-1991)，〈明清之際的遼東軍墾社會〉，中央研究院近代史研究所編，《近代中國初期歷史研討會論文集》（台北：中央研究院近代史研究所，1989）冊下，頁901-918。另參考陳文石，〈明代前期遼東的邊防（洪武四年—正統十四年）〉，載氏著，《明清政治社會史論》（台北：學生書局，1991），頁177-265。

[3] Saγang Sečen: *Erdeni-yin Tobči* (1662)（Kökeqota: Öbör Mongγol-un Arad-un Gebelel-ün Qoriy-a, 1980 on-u 1 sar-a-du）, niγur 545-547; J̌imbadorǰi ǰokiyaba, Liu J̌in Süee kineǰü tailborilaba: *Bolor Toli* (1846-1849)（Begeǰing: Ündüsüden-ü Gebelel-ün Qoriy-a, 1984 on-u 5 sar-a-du）, niγur 486-488, 特別是 niγur 486第11行。參看劉榮焌譯、符拉基米爾佐夫著，《蒙古社會制度史》（北京：中國社會科學出版社，1980），頁297-300。

當時許多蒙古領袖、官人以 *sečen, sečen qaγan* 爲名字。例如蒙古可汗林丹汗尊號中有 sečen（也有 činggis）一字，見一六二六年林丹汗在巴林建立的佛塔碑文：tavi-ming *sechen ching-gis* rgyal-po/daiming *sečen činggis* qaγan, 張夢玲等譯、波兹德涅耶夫著，《蒙古及蒙古人》卷二（呼和浩特：内蒙古人民出版社，1987），頁442，行16（西藏文）；頁455，行5（蒙古文）；Čoyiǰi tulγan qaričaγulǰu tailborilaba, Lobsangdanǰin ǰokiyaba: *Altan Tobči* (Kökeqota: Öbör Mongγol-un Arad-un Gebelel-ün Qoriy-a, 1983 on-u 11 sar-a-du), niγur 648; Čoyiǰi tulγan qaričaγulǰu tailborilaba, Dharm-a ǰokiyaba: *Altan Kürdün Mingγan Gegesüdü* (Kökeqota: Öbör Mongγol-un Arad-un Gebelel-ün Qoriy-a, 1987 on-u 11 sar-a-du), niγur 148-149。外喀爾喀 (Aru-yin Qalγ-a) 的 Šoloi (1577-1652) 自稱：Maq-a Samadai *Sečen Qaγan*, 或者 Södü Boγda Činggis Qaγan-u Altan uruγ Maq-a Samadi *Sečen Qaγan*; 烏珠穆沁 (Uǰumučin) 部落領袖 Dorǰi 有 *Sečen* J̌inong 稱號。Li Boo Wen, Namka: "17 doγar ǰaγun u ekin dü qolbuγtuqu 43 qobi mongγol bičig," *Öbör Mongγol-un Neigem-ün Šinǰilekü Uqaγan*, 81 (1996 on-u 4 sar-a-du), niγur 99-102 tu: Nos. 35, 36, 38, 40. 參考齊木德道爾吉，〈外喀爾喀車臣汗碩壘的兩封信及其流傳〉，《内蒙古大學學報》1994.4：1-16。

滿洲方面，齊木德道爾吉説奴兒哈赤被蒙古人稱爲 Kündülen *Sečen Qaγan*（頁7），唯未指明典據。而蒙古領袖稱呼努爾哈赤爲 Kündülen Qaγan 及自稱–他稱 Gegen Qaγan, 見於 Li Boo Wen, Namka: "17 doγar ǰaγun u ekin-dü qolbuγduqu 43 qobi mongγol bičig," *Öbör Mongγol-un Neigem-ün Šinǰilekü Uqaγan*, 80 (1996 on-u 2 sar-a-du), niγur 90, 87-88 tu: No. 4. 《老滿文原檔》稱奴兒哈赤爲 Sure Kundulen Han, Sure Han, Sure Amba Genggiyen Han, Sure Genggiyen Han 等名，見廣祿、李學智譯註，《清太祖朝老滿文原檔》（中央研究院歷史語言研究所專刊之五十八）冊一至二（台北：中央研究院歷史語言研究所，1970-1971），索引頁（冊一）39，（冊二）81。Kundulen, <蒙古語 Kündülen. 另外三體滿洲實錄中 genggiyen qan 對應的蒙古表達是 gegen qaγan，漢文表達是「英明皇帝」（當時應該叫英明汗），見三體《大清滿洲實錄》（台北：華文書局景印僞滿洲帝國國務院本，1969），頁184；Sure Beile/Sečen Noyan/淑勒貝勒是《滿洲實錄》所記奴兒哈赤最初的稱呼，見三體《大清滿洲實錄》，頁18, 19, 32, 36等等。這都是蒙古滿洲大小領袖們常見名字。作爲名號，Sečen Qaγan 在蒙古是表現了當時普遍的繼往開來——上溯忽必烈徹辰可汗（乃至成吉思汗），立志復興蒙古 yeke ulus——的歷史意識，參考珠榮嘎譯注，《阿拉坦汗傳》附蒙古原文（呼和浩特：内蒙古人民出版社，1991）§§77, 111, 125, 144, 146；Čoyiǰi tulγan qaričaγulǰu tailborilaba, Lobsangdanǰin ǰokiyaba: *Altan Tobči*, niγur 644. 在滿洲領袖則意味著他的蒙古傳統、蒙古情境。

Sečen（薛禪）用在元朝人名的情況，參看陶宗儀，《南村輟耕錄》（北京：中華書局，1980），卷二，頁29；以及宋濂，《元史》（北京：中華書局，1976），卷十七，頁376-377。

Sečen Qaγan（sečen，蒙古語賢德的意思）是蒙古引爲驕傲的偉大合罕世祖忽必烈（Qobilai, 1260-1294年在位）的尊號。可注意者，當時投降金國的漢人 (Nikan, Kitad) 也有一種看法，以爲皇太極是堪與金世宗、元世祖比肩的人主。看 Boo Ceng Hiyan（鮑承先）天聰九年 (1635) 正月二十七日的奏文，載東洋文庫清代史研究室譯註，《舊滿洲檔天聰九年》1-2（東京：東洋文庫，1972-1975），頁46：「bi〔此處有空格，表示尊敬〕

Gurun, Daičing Ulus) 始得成立。關於這件空前的功業，蒙古人有這樣的理解：

那順治可汗呢，黃虎（戊寅）年 (1638) 出生，七歲上的青猴（甲申）年 (1644)，大明可汗的金座（御座）上頭坐了，叫做「順治可汗」，天下聞名。治理著南方八十萬漢人，西方阿木多喀木 (adaγ kam)[5] 的二十六萬吐蕃，後方四萬衛拉特，東方三萬白高麗，中央四省滿洲、六萬蒙古。整個國家裏面，各部落的汗、諾顏、官員，賜給王、貝勒、貝子、公云云等名爵；這每個，視其輕重，大大地賜予。把歡樂大國創建治理，把尊貴國政作成太平。[6]

---

kan be duibuleme gūnici aisin i si dzung: dai yowan i si dzu i / emu adali ejen kai:」這件奏文的漢文原文在羅振玉編，《天聰朝臣工奏議》，題「鮑承先請重名器奏（正月二十四日）」，說「臣竊視汗，乃前金世宗、元世祖並肩之主也。」載潘喆等編輯，《清入關前史料選輯》第二輯（北京：中國人民大學出版社，1989），頁105-106。

[5] Adaγ kam，《蒙古源流》清朝譯本作「阿木多喀木」，是；道潤梯步譯爲「阿達克·喀木」（道潤梯步 [Dorun-a Tib]:《新譯校注蒙古源流》〔呼和浩特：內蒙古人民出版社，1987〕，頁474, 470），不可取。案 adaγ 是蒙古語，「低、下，末尾」的意思；adaγ kam 意即「下 kam」，乃對譯的西藏文 smad kams: smad 意即「下」，kams 地區名，漢譯「康」、「康區」；smad kams 是 mdo kams 的別名，後者元代漢譯「朵甘思」，就是清代「阿木多喀木」(a-mdo kams < mdo kams)。然而清代疆域不止於朵甘思；看其二十六萬（《源流》清譯本作二十六部落）之說，Saγang Sečen 或者指的是整個吐蕃 (Bod)。

[6] Saγang Sečen: *Erdeni-yin Tobči*, niγur 563-564:

tetekü ey-e ber ǰasaγči qaγan nuu (sir-a) bars ǰildai; doloγan nasun iyan; ge (köke) bačin ǰila
那個 和睦 以 治理者 可汗 （黃）虎 年在 七 歲 上頭 （青） 猴 年
kitad un daiming qaγan u altan širegen degere saγuču; eyeber ǰasaγči qaγan kemekü bükü ǰüg
漢家 的 大明 可汗 的 金 座位 上面 坐了 和睦以 治理者 可汗 叫做 全 方向
üd tür altaršiyaḍ; emüne nayan tümen kitad; baraγun edeged adaγ kam un qorin ǰirγuγan tümen
們 在 聞名 前方 八十 萬 漢人 西方 方面 下 喀木 的 二十 六 萬
töbed; qoina dörben tümen oirad; ǰegün edeged γurban tümen čaγan solongγas; tob un dörben
吐蕃 後面 四 萬 衛拉特 東方 方面 三 萬 白 高麗 正中 的 四個
muǰi manču; ǰirγuγan tümen mongγol kiged i erkeber iyen bolγan; yerünggei ulus, aimaγ daki
省份 滿洲 六 萬 蒙古 和 把 權力 以 作成 總的 國家 部落 在
qad noyad; tüšimed nuγud da (tur); wang beile, beise, gong ud kemekü terigüden čolan i ügčü;
汗們 諾顏們 官員 們 （對） 王 貝勒 貝子 公 們 叫做 等等 名號 把 給予
tos büri kündü könggen ǰergeber anu [yekede] qairalaγad; kör yeke ulus i tulγurčin ǰasaγ;
這 每個 重 輕 號以 他的 [非常] 賜予 歡樂 大 國 把 初創 治理
qas yeke törö yi esen daibing bolγabai;
玉 大 國政 把 平安 太平 作成了

這較能顯明清朝國家的形成以及空前的格局和性質。接著，同一位作者說到順治皇帝敦請達賴喇嘛、班禪喇嘛往京城，結成施主與福田（mchod-yon: 上師與施主）以興佛教的事，繼續顯示大清異於漢人的、本質上是支那南方的前代政權明的特徵。

這些且按下不提，讓我們往前追溯。且說藏傳佛教的僧人 (grwa-pa)，也就是一般說的「喇嘛」(bla-ma, lama, lam-a)，在明朝與北方蒙古各部的關係中，一直是重要的活動因素；移至十七世紀頭四十年的東北，金國、蒙古、明國的交涉中，喇嘛，與其藏傳佛教，仍是特別的現實力量與感情聯絡的資源。無論議和盟誓、率領出使或撫賞貿易、帶兵打仗等等，都可以看到喇嘛法師的身影。在蒙古方面，尤以 Qutuγtu（忽禿兔），Zhabs-drung，[7] Gu-shri（國師），Chos-rje（法王），Darqan（打兒罕）等頭銜，在大汗、諸汗身邊以備顧問 (adviser and priest)。喇嘛們超越政治壁壘，爲敵對各方服務，業績、行動色彩紛陳；隨著各勢力集團間鬥爭交加激烈，喇嘛、藏傳佛教正好扮演超然而有用的角色，在遼東社會獲得空前的依峙，無論蒙、金、明，都曾把眼光投向喇嘛，尊敬他們，委託他們行動。

往後的清朝，在蒙古西藏政治統制與意識形態方面，藏傳佛教獲得最大權威，展開了耳目一新的治理方式，對現代中國大有影響。追根究源，是肇自明蒙與清交替之際藏傳佛教的遼東傳佈，特別在政治外交諸方面所建立的功能角色。

作爲研究清朝藏傳佛教興起情形，及其與國家特性關係的環節，本稿就明朝一側在其末期對金國和蒙古交涉中喇嘛的活動加以記述，並說明其行爲作用與社會地位。同時期蒙古滿洲的喇嘛更眾，活動更豐富璀璨，則讓諸他篇。

---

[7] 林丹汗的「帝師」就是從烏思藏敦請的薩迦座主 *Zhabs-drung* Shar-pa（李勤璞，〈盛京嘛哈噶喇考證〉，《藏學研究論叢》7〔拉薩：西藏人民出版社，1995〕，頁101, 103-105）。札奇斯欽說的，沙不隆／不隆 (< Zhabs-drung) 是最低一級的轉世喇嘛（sprul-sku, 活佛），多是小寺寺主（札奇斯欽，〈滿洲統治下蒙古神權封建制度的建立〉，《故宮文獻》〔台北〕2.1(1970)：3；同氏，《蒙古與西藏歷史關係之研究》〔台北：正中書局，1991〕，頁678-679）。這大致是清朝康熙以後蒙古情形。在本稿所論十七世紀頭四十年的蒙古以及整個十七世紀的烏思藏，Zhabs-drung 經常是烏思藏某宗派座主的稱謂。看第五世達賴喇嘛 (1617-1682) 書信集：Rgyal-dbang Lnga-pa Ngag-dbang Blo-bzang Rgya-mtsho: *Rgya Bod Hor-sog-gi Mchog-dman-bar-pa mams-la Vphrin-yig Snyan-ngag-tu Bkod-pa Snyan-rgyud Mang Zhes-bya-ba Bzhugs-so* (Zi-ling: Mtsho-sngon Mi-rigs Dpe-skrun-khang, 1993 lovi zla 3 par), shog grangs 1, 8, 46, 68, 86, 96, 103, 109, 117, 118, 124, 128（僅舉書信標題頁次）等（以下不舉）。

二、王喇嘛三吉八藏

王三吉八藏以 Wang Lama 之名在《滿文老檔》中出現，而金國／清朝文獻中以 Wang Lama／王喇嘛為名的，共有兩人。[8] 這兒先說那不是本稿記述對象的一位。那是蒙古土默特 (Tümed) 部的一位塔不囊 (Tabunang)，最早出現在《滿文老檔》天聰五年 (1631) 正月十三日的記事上。這一天他們要由盛京返回本部，被賜予禮物。其後又在崇德元年 (1636) 七月十九日、九月初八日的《滿文老檔》及崇德五年 (1640) 三月（壬午朔）庚子、崇德六年 (1641) 九月（甲戌朔）乙亥、崇德七年八月（戊戌朔）癸丑日的清《太宗實錄》中出現。作爲土默特首領之一，王喇嘛多次參加了清朝對明的戰爭。《清實錄》說他是在和碩睿親王（Hošoi Mergen Cin Wang Dorgon, 多爾袞，1612-1650）過北京、略山東（崇德四年三月）時迎往出邊，擊敗山寨敵兵；而在崇德六年八月，隨和碩睿親王、和碩肅親王（Hošoi Fafungga Cin Wang Hooge，豪格，1609-1648）第三次圍錦州時，敗洪承疇三營步兵於營外，自己也墜馬身歿，被賜號達爾漢 (Darhan/Darqan)。崇德七年 (1642) 八月癸丑，以其子單巴松 (Bstan-pa Gsung?) 襲號，並給敕書，謂「免供應馬匹糗糧，所賜名號，仍准世襲。」《滿文老檔》六次記錄「Wang Lama」之名，[9] 後五次都是說這位蒙古塔不囊的行事。

本文所考明末遼東邊務喇嘛王氏，是漢人（Nikan，尼堪），普通稱其「王喇嘛」，法名三吉八藏（還有其他別寫、別稱，見後文），即藏文 Sangs-rgyas Pa-sangs，「佛・金曜」，今西藏音譯：桑結巴桑，或者桑杰巴桑、桑吉巴桑。金曜是西藏曆學中星期五的值日星，西藏人向由喇嘛起名，有以生日那天所值之星作爲名字一部分的習慣，所以「八藏」表示王喇嘛出生在金曜日（星期五）這一天，而其生卒年、僧臘等，已不可考。

當時漢人出家做喇嘛，一般在甘、青等藏漢蒙古諸族雜居之地；五台山因佛書上說是文殊菩薩道場，自古即成爲漢藏蒙等人民景仰聖地，更因元朝以來，那兒皇家的佛教法事一直很盛行，故其四周農村也有前去出家做喇嘛者。由下文知

---

[8] 滿文老檔研究會譯註，《滿文老檔》（東洋文庫叢刊第十二）I-VII（東京：東洋文庫，1955-1963，太宗朝索引頁70），及中國第一歷史檔案館、中國社會科學院歷史研究所譯註，《滿文老檔》（北京：中華書局，1990，索引頁72）在索引中均把這二人列爲一條：後一書索引且標錯了一個頁碼。

[9] 滿文老檔研究會譯註，《滿文老檔》（太宗），頁21, 465, 1195, 1260（兩次）, 1273。

道，王喇嘛來遼東之先，是在宣鎮服務，即此也可以想見他的鄉貫。而甘青一帶歷來多民族連舍而居，互通婚婭，文化雷同，所以王喇嘛不一定就是當時人認爲的純正「華種」(Nikan; Kitad; Rgya-nag)。

明陸續設九邊總鎮於長城裡邊，自東趨西連一長長防線，前面說過，這爲的扼制北方元朝復辟（或曰蒙古南侵），沒料到滅明的是自己東北隅的「屬夷」建州女真。王喇嘛轉至遼東鎮以前，是住宣化鎮，應該曉得蒙古語言，通蒙古事體，乃明朝北方防線上擔任對蒙古工作的喇嘛之一，而當時蒙古方面是見喇嘛必拜，全心信仰其教的，[10] 邊疆之事喇嘛不能或缺。

三吉八藏在來遼東之前的行事，文獻上未見記載。他是甚麼時候至遼東的呢？天啓四年 (1624) 三月孫承宗 (1564-1638) 的疏中說到：[11]

---

[10] 蕭大亨，《夷俗記》（萬曆二十二年自刻本），載北京圖書館古籍出版編輯組，《北京圖書館古籍珍本叢刊》11（北京：書目文獻出版社影印，未標出版年月），頁627a-628b。參考（異名而同書）蕭大亨，《北虜風俗》，內蒙古大學蒙古史研究室編印，《蒙古史研究參考資料》第41・42輯（呼和浩特：1981年5月），頁89-90。馮瑗，《開原圖說》（二卷，萬曆年間[1573-1620]刊本，收入鄭振鐸，《玄覽堂叢書》〔上海：玄覽堂景印，1940〕）卷下，葉17b-18a記萬曆 (1573-1620) 時開原迤北蒙古佛教信仰狀況，「樓子 (leose) 即巢穴也。緣各虜近皆敬佛，每□□□□□□建寺起樓供佛，磚瓦木石，皆所擄中國匠役爲之，造作寺觀，有甚華麗者；亦有僧，多內地人，皆與酋首抗客禮；有番僧 (Bla-ma) 至，則酋首羅拜，謂之樓子。虜營帳多在樓子傍，左右前後三四十里，即其板升 (Baišing)。板升者，夷人之佃户也；蓋北虜之族，雖曰逐水草，遷徙不常，然各酋長亦各擇形勢便利，據一方以爲牙帳，即漢匈奴傳所謂王庭（下略）」。

案，樓子，跟滿洲文 leose 聲音相應，而後者意思是「樓」。見《大清滿洲實錄》，頁66，丁亥年（萬曆十五年）條；廣祿、李學智譯註，《清太祖朝老滿文原檔》册一，頁20, 23。今西春秋指出，leose 在《清文彙書》解作「城樓，樓」，是漢文「樓子」音寫；而在《女眞譯語》，「樓」女眞語發音是「樓子」；見其解題譯注，《Ubaliyambuha Suhe Gisun Kamcibuha MANJU I YARGIYAN KOOLI 滿和對譯滿洲實錄》（新京：日滿文化協會，1938），頁379，注記57。女眞文中有字，音「樓・子 lou-sï」者，意思是「樓（供佛之所）」，見金啓孮，《女眞文辭典》（北京：文物出版社，1984），頁166。和田清把《遼東志》、《開原圖說》所記蒙古領袖的樓子，通通解作「喇嘛廟」，根源蓋在此。見潘世憲譯、和田清著，《明代蒙古史論集》（北京：商務印書館，1984），頁500。其實看上舉引文，以及和田清的《遼東志》與《開原圖說》引文，樓子不都指「佛樓」，也有指一般的「層樓」者。《女眞文辭典》女眞文 leosï 解釋是：「樓，樓子。供神之所，女眞、蒙古、滿洲皆稱『樓子』」（頁298），亦是不準確。另參看金啓孮，《北京郊區的滿族》（呼和浩特：內蒙古大學出版社，1989），頁98的發揮。

[11] 王在晉編，《三朝遼事實錄》（南京：江蘇省立國學圖書館景印，辛未 [1931] 年）卷十三，葉26a。沈國元編，《兩朝從信錄》（抄本，王有立主編，《中華文史叢書》之十，

見今王喇嘛日在羅城，原爲[兵部]尚書張經世從宣鎮招來，而督臣（孫承宗自稱）用之款虜。

款是撫賞議和等事，虜指蒙古。羅城是築在山海關外緣最近的一道防禦設施，天啓元年六月建成。[12]

考兵部右侍郎張經世「巡閱山海關併催前調各兵星夜出關」，事在天啓元年辛酉（金國天命六年，1621）三月二十日遼陽被金國攻占之後幾日。[13] 而這年六月王喇嘛已在王象乾 (1546-1629) 麾下從事工作，[14] 則其來到遼東，是與張經世同時，或稍後一兩月內。孫承宗行邊，則在天啓二年壬戌，彼六月二十六日入山海關城，[15] 用王喇嘛當在此時以後；當時王喇嘛正在山海關上。

看來王喇嘛先前在宣鎮時有款虜經驗，在蒙古樹立了威望，由於金國勢力急劇擴張，當時明朝上下時有主張羈縻蒙古以對付金國者，轉而揀起對蒙古的撫賞措施。

關於王喇嘛三吉八藏的最早記載，是天啓二年壬戌 (1622) 四月王在晉的報告。那時金國奪取廣寧城，明朝在遼東屢屢失敗，大大動搖了毗鄰蒙古部落，哈喇嗔（Qaračin, 喀喇沁）部落因而由宣府以北往寧前一帶遷移，明側以爲他們要乘機進攻山海關。[16]《三朝遼事實錄》載王在晉的報告說：[17]

臺灣華文書局景印，未標印行年月）卷二一，頁2222-2223參看；該處不作「羅城」，作「關城」；不作「款虜」作「款警」。

[12] 黃彰健校勘，《明實錄》（台北：中央研究院歷史語言研究所影印，1962），冊六六（熹宗實錄，卷十一），頁554：天啓元年六月己卯，順天巡撫李瑾的報告。關於羅城形勢，還可看王在晉，《三朝遼事實錄》卷九（壬戌五月）兵科賴良佐題本，葉31a-b，以及卷十（壬戌七月）孫承宗奏本，葉32a；孫銓輯、孫奇逢訂正，《高陽太傅孫（承宗）文正公年譜》（師儉堂〔家刻本〕，1741年〔據1642年初刊本補刊〕）卷二，葉32b。

[13] 黃彰健校勘，《明實錄》冊六六（熹宗實錄，卷八），頁410：天啓元年三月（癸卯朔）戊辰，大學士劉一燝等言；參考《明實錄》冊六六（熹宗實錄，卷九），頁422：天啓元年四月（壬申朔）癸酉條，大學士劉一燝等言。又張廷玉等，《明史》（北京：中華書局，1974），卷二五七〈張鶴鳴傳〉，頁6618；王在晉編，《三朝遼事實錄》卷四（辛酉年三月），葉8b。

[14] 王象乾，〈備陳撫款事宜疏〉、〈奏報撫賞錢糧疏〉，載陳子龍 (1608-1647)、徐孚遠 (1599-1665)、宋徵璧等，《明經世文編》（1638，原名《皇明經世文編》）（北京：中華書局影印雲間平露堂刊本，1962），卷四六四，頁5090a-5096a。

[15] 王在晉，《三朝遼事實錄》卷十（壬戌七月），葉32a：大學士孫承宗行邊復命疏。

[16] 潘世憲譯、和田清著，《明代蒙古史論集》，頁459-460。

[17] 王在晉，《三朝遼事實錄》卷八（天啓二年壬戌四月），葉52b-53a。參考葉36a-38b王在

王在晉題撫賞諸夷。其屬夷（哈喇嗔）來守關外也，始於罕孛羅勢之窺犯，一時聲勢甚大，塞上人心悚悚皇皇，若朝夕不能自保者。臣差加銜都司閻守信、通官王擒胡往諭；又差番僧喇麻王三吉八藏 (Sangs-rgyas Pa-sangs)，游擊、守備等官張定、王朝宗再往諭，宣布皇上威德。罕酋憣然醒悟，懷我好音，自云：「我家祖父老把都 (Bayasqal Kündele, 1510-1572)、青把都 (Čing Baγatur; Kündülen Qaγan, ? -1591)、白洪大 (Bayiqundai Taiǰi) 等受了天朝撫賞厚恩五十餘年，今遼東欲剿殺奴兒哈赤，我願出力報效，發帳房三百頂，傳調朵顏㹨暈大[18] 等帳房一千頂，同去哨守山海關外」。此屬夷守寧前之因也（下略）。

王象乾〈遵旨撫處屬夷報竣事〉疏[19] 講得更詳細：

（前略）河西淪陷之後，潰兵逃民，號呼晝夜，山鳴海沸，不忍見聞。西虜罕孛羅勢，擁鉄騎二萬餘壓境而陣（陳？），自關以西，洶洶皇皇，都門晝閉，良賤易服，士民商賈，飭裝南還者，絡繹於道，此乾坤何等時也；臣身在危關，生死呼吸，不可復支矣。急遣都司閻守信、通官王擒胡持諭帖宣布朝廷威德；又遣游擊張定、番僧王喇麻從邊外，假爲使於虎墩兔而遇諸途者，從旁勸誘。仰藉我皇上寵靈，酋罕聞諭感泣，懷我好音，自發夷帳三百頂，傳令屬夷發夷帳一千頂，來守關門；而後關門之闔者始開，賣柴賣米、互相貿易，胡越一家。據撫夷各官冊報：諸夷爲我運送過大小銃砲一百七十七位、紅黃銅鉛十萬一千二百觔、救送難民男婦八千四百七十七名口、接送馬嬴牛驢四百二十二匹頭隻；我之出哨遊騎，始及中前，漸而進于前屯，又漸而進於寧遠廣寧，而關外城堡，雉堞連雲，澤鴻安堵，耕獲盈野，槖裝載途，遂使關外二百餘里之河山，還我祖宗版圖之

晉題本、葉55a-b的記事、卷十（壬戌七月），葉27b-32a王在晉題本。這段引文裏的蒙古語採自余大均譯、塞瑞斯著，《達延汗後裔世系表箋注》，載內蒙古大學蒙古史研究所編印，《蒙古史研究參考資料》第41・42輯（呼和浩特：內蒙古大學蒙古史研究所，1981），頁61-64。

[18] 即朵顏部的首領㹨暈大。王鴻緒，《明史稿》（敬慎堂刊本）列傳一二三〈王象乾傳〉，葉2b：「朵顏長昂屢犯遼東（中略）。長昂死，子賴暈大、蟒金兒、慍結諸部…」又，賴暈大母親可能是俺答弟昆都力的孫女，看張廷玉，《明史》（北京：中華書局，1974），卷二二二〈吳兑傳〉，頁5849。

[19] 陳子龍等，《明經世文編》卷四六四，頁5096b-5097a。陳子龍等，《明經世文編》卷四六四，王象乾〈備陳撫款事宜疏〉（頁5090b），〈條議款虜疏〉（頁5102b）參看。

舊，原其始，文吏誰紓一籌、武弁誰發一矢？不有諸夷護關領哨，吾兵何能東向一步？兩年以來塵靖烽消，不可謂非屬夷力也；律以八議之法，其功豈可盡沒（下略）。[20]

王象乾〈諸虜協力助兵俯准量加犒賞疏〉所說：「先據番僧所報：罕孛羅勢願自出帳房三百頂，又傳屬夷共出帳房一千頂，爲我哨守寧前一帶地方，謂是皇爺肉邊牆，語非虛也」[21] 云云，所敘乃同一件事。番僧即指王喇嘛三吉八藏。

這是三、四月間的事。[22] 由撫賞，化險爲夷。

天啓二年（天命七年，1622）六月薊遼總督王象乾〈備陳撫款事宜疏〉[23] 報告王喇嘛等人的「用間」工作：[24]

（前略）先是喇麻僧土（王）三吉叭𡀔及通官朱梅等，每言宰賽[25]（=寨賽，介賽，J̌aisai, Waisai, Yaisai, J̌aisang[26]）必圖報怨。職謂宰賽有子女在彼，安能撒脱。據云宰賽一子已逃回，有一子二女在奴中，賽常言：「譬如死了，止出得一身汗」。因囑番僧、通官，令諸部酋長挑其怒以激之。今兩報不約而同，指爲宰賽事。顧宰酋之力，未足以攻奴；所云占住金台石、白羊骨舊寨，其言尚未可信也。然以夷攻夷之計，小試其端，而奴

[20] 所謂「律以八議之法，其功豈可盡沒」：八議，即八辟，即議親、議故、議賢、議能、議功、議貴、議勤、議賓；周代以降國家于親故功賢人等有罪者，屈法以示優容的八方面條件，明代亦沿用。王象乾顯然了解，故說屬夷其「功」不可盡沒云云，按《明律・八議》議功條是這樣說：「謂能斬將奪旗摧鋒萬里，或率眾來歸、寧濟一時，或開拓疆宇有大勛勞，銘功太常者。」參看沈家本，〈明律目箋〉一，載氏著，《歷代刑法考》（北京：中華書局，1985），頁1787-1791。屬夷的功應該是「率眾來歸、寧濟一時，或開拓疆宇大有勛勞」這方面。

[21] 陳子龍等，《明經世文編》卷四六三，頁5081b。參考王在晉，《三朝遼事實錄》卷九（壬戌五月）王在晉報告，葉17a-21a。

[22] 王在晉，《三朝遼事實錄》卷九（壬戌五月），葉20b-21a。

[23] 此疏寫於天啓二年 (1622) 六月以内，但在二十七日以後，參看：王象乾〈奏報撫賞錢糧疏〉，《明經世文編》卷四六四，頁5093b；王象乾〈備陳撫款事宜疏〉，《明經世文編》卷四六四，頁5093a。

[24] 陳子龍等，《明經世文編》卷四六四，頁5093a-b。

[25] 馮瑗，《開原圖說》卷下，葉9b：内喀爾喀宰賽「係兀班次男伯要兒之子；生三男：青台州（Čing Taiji：青台吉）、爪兒兔（J̌oriγ-tu：勇毅）、海來兔台州 (Taiǰi)。部落一萬餘人，精兵五千騎。酋長（宰賽）年近四十歲，負性狡猾；領兵用事歹安兒他卜濃(Tabunong, Tabunang)，往來上關伯賽、額孫 (=Esen)、大伯户把氣革兒等」。

[26] 後面三個寫法，見於 Saγang Sečen: *Erdeni-yin Tobči*, niγur 543-544。

(Nurgaci) 之役役以守鎮江南衛，則職之累疏請兵請餉、接濟毛文龍者，不爲虛招矣（下略）。

宰賽是胯兒胯（Qalγ-a, Kalka, 喀爾喀）部最有力量的部落主。天命四年 (1619) 七月二十五日夜，宰賽及其他胯兒胯部首領約二十人，領兵萬餘，伏擊剛剛占領鐵嶺的金軍，反而戰敗，自己並兩個兒子，還有其他酋長多人被俘虜囚禁，[27] 到天命六年（明天啓元年，1621）八月初九日，胯兒胯部以牲畜一萬贖宰賽，送其二子一女爲人質，又令宰賽對天發誓，才允許他回本部落。[28] 看來他並不願意跟奴兒哈赤交好，又值廣寧失陷（次年正月），明朝執事官員希望穩住局勢，對蒙古諸部大行撫賞；與此同時，也「用諜行間」，拉攏蒙古。[29] 王象乾上面這段報告，就是說的王喇嘛和通官朱梅設法叫胯兒胯諸部酋長掀起宰賽對奴兒哈赤的仇恨情緒。這「用間」工作成功，據王象乾這篇疏文，天啓二年四月宰賽等部進搶瀋陽金人人畜；五月又入搶，「至渾沿一帶將人畜搶去」。

同一年 (1622) 的八月，他又轉到對蒙古大汗林丹虎墩兔汗 (Legs-ldan Qutuγ-tu Qaγan, 1592-1634) 察哈爾部落的議和盟誓上來。而直接交涉的使臣，是林丹汗女婿貴英哈 (Güyeng Kiy-a, ?-1628)：[30]

經略王在晉恭報虎酋（林丹汗）受款併陳塞外夷情、以嚴防範事（中略）。八月十三日令山海道閻鳴泰、關外道袁崇煥、同撫夷官李增等出關，俾令闖刀插血，立有盟詞：願助兵滅奴，併力恢復天朝疆土；若奴兵到、憨兵不到，斷革舊賞；倘奴酋通賂、背盟陰合，罹顯罰。蓋指天爲證矣（中略）。是舉也，副將王牧民先約朱梅、張定、喇嘛王桑吉叭囋 (Sangs-rgyas Pa-sangs) 自爲盟，而後與虜盟。所以通官無所刺謬于其間，而浮費絕，浮議亦絕（中略）。

---

27 北平故宮博物院排印本《清太祖武皇帝實錄》卷三，載潘喆等編，《清入關前史料選輯》第一輯（北京：中國人民大學出版社，1985），頁354。不著撰人，《遼事述》抄本影印，載北京圖書館古籍出版編輯組，《北京圖書館古籍珍本叢刊》11，頁665b：「宰賽因建州陷鐵嶺，引兵爭掠，被執。」

28 北平故宮博物院排印本《清太祖武皇帝實錄》卷三，頁371。Saγang Sečen: *Erdeni-yin Tobči*, niγur 542-544參看。

29 王象乾，〈奏報撫賞錢糧疏〉，載陳子龍等，《明經世文編》卷四六四，頁5093b-5096a；張廷玉等，《明史》卷二五七，頁6618。

30 王在晉，《三朝遼事實錄》卷十一（天啓二年壬戌九月），葉9b-11a, 13a。沈國元，《兩朝從信錄》卷十五（九月項），頁1746-1752參看。

奉聖旨：西虜受款，知卿控虜有方，其效勞文武各官，統候事竣錄取。

正像這段引文顯明的，當時明朝沿邊大的軍事據點設有撫夷官，有撫夷衙門（撫夷廳），[31] 負責對蒙古的聯絡。撫夷官王牧民剛由正安堡游擊陞爲撫夷副將，[32] 朱梅是撫夷游擊，[33] 張定是游擊，[34] 顯然這些人，還有王喇嘛，都是了解蒙古事情與語言，有的是起漢名的蒙古人、金人，[35] 是專門家。[36] 王在晉說的「通官剌

[31] 馮瑗，《開原圖說》卷上，葉11b「開原城圖」。黄彰健校勘，《明實錄》冊六六（熹宗實錄，卷十一），頁554天啓元年六月（辛未朔）己卯，順天巡撫李瑾言：「且領賞夷嘗寢處[山海]關上，臣即發銀爲鐵葉裹門，即與兵備（？）杜詩商確，順山勢添修羅城一道、建樓臺一座、撫夷廳三間；此後夷人不許入正關一步。其守備衙門亦即建于羅城内，以阨當關之要」。

[32] 王在晉，《三朝遼事實錄》卷四（辛酉[1621]四月），葉26a；參看同書卷十六（丙寅[1626]四月），葉19a。又沈國元，《兩朝從信錄》卷十四，頁1568。

[33] 王在晉，《三朝遼事實錄》卷九（壬戌五月），葉17a。
朱梅 (?-1637)，一位當時所謂「遼人」，經常參與對蒙古交涉，會蒙古語，了解蒙古事務（參看王在晉，《三朝遼事實錄》卷九〔壬戌六月〕王在晉題本，葉61a-62a）。遼東前屯衛（今遼寧省綏中縣前衛）人，字海峰，以總兵官病歿。他的巨大墓園有華表、石獅、石坊、諸石像、石碑等很多石雕，見在今綏中縣李家鄉石牌坊村北，一九八八年定爲遼寧省文物保護單位。王榮國、王雲剛，〈綏中明末薊遼總兵朱梅墓園〉，並附錄明朝皇帝崇禎十年初祭文和崇禎十二年下葬祭文，收入趙文考、楊瑞祥主編，《葫蘆島文物》（葫蘆島：葫蘆島市文化廣播電視局、葫蘆島市文物管理委員會辦公室編輯出版，1996），頁57-60；葫蘆島市原名：錦西市。參考辛發，〈朱梅墓〉，遼寧省文物管理委員會辦公室，《遼寧文物古蹟大觀》（瀋陽：遼寧大學出版社，1994），頁267-269；王雲綱，〈朱梅墓石刻〉，《文史資料選編》第九輯（中國人民政治協商會議綏中縣委員會宣傳文教工作辦公室，1989），頁62-66。俱有照片。

[34] 王在晉，《三朝遼事實錄》卷九（壬戌五月），葉21a。

[35] 王世忠是顯著（但不是唯一）的例子。孫銓輯、孫奇逢訂正，《高陽太傅孫文正公年譜》卷三（天啓三年癸亥），葉6：「虎酋 (Qutuγ-tu Qaγan) 部主款者賁英哈狡獪多智，撫夷官陰導之爲姦利，虎酋之妻中根兒，故北關 (Yehe) 之女，與南關之遺孽揭力庫爲中表。揭力庫歸漢，改名王世忠，乃用以爲副總兵，主『譯審館』以結虎酋。虎酋既服，八部皆不敢内訌，而主撫者妒而思敗之矣。」又卷四，葉20（崇禎二年）參考。馮瑗，《開原圖說》卷下，葉4b「海西夷南關枝派圖」標出：「猛骨孛羅（建州殺死）」子「革把庫（投降廣寧，名王世忠）」。再，王在晉，《三朝遼事實錄》卷七（壬戌正月）葉7a-b：「督師王之臣疏：（前略）譯審總兵王世忠係北關金台什 (Tasi) 之子，恨奴 (Nurgaci) 傾覆其巢穴，飲痛入骨，感天朝收錄，一日未嘗忘奴也；且世忠之甥女得寵于虎憨 (Qutuγ-tu Qaγan)，虎憨甚注意，已許助兵報仇，今鼓舞而聯絡之，賢于十萬師矣（丙寅十二月〔疏〕）。」又沈國元，《兩朝從信錄》卷三二，頁2968參看。按王世忠是南關出身，說

謬其間」，應該是指通官於撫款「扣減」、「以意爲增減」等行爲。[37] 這次王喇嘛跟撫夷官們先行盟誓，後再跟貴英哈盟誓，顯然是要消除這類弊端。

天啓三年癸亥（金天命八年，1623），王喇嘛跟隨孫承宗在山海關執行撫款：

> 余子章者，錦（錦州）右間一小堡也。[38] 河西陷，曹恭誠、揚文貴將少年數十守之，敵攻之旬日，以爲水竭必降。恭誠度城外水所直，引其水眼。敵僞渴索水，城中揚水以示之，而與之酒，敵驚而解去。
>
> 王喇麻自西部還，[揚]文貴以蠟書歸款，公（孫承宗）手諭之，曰：「爲爾喜，再爲爾哭，恨未即日率大軍爲爾援。」輸之粟以駐哨丁，余子章遂爲我守。[39]

這裡記述了王喇嘛在遼西的行事。

當十七世紀，明朝君主臣子不一德一心，各執一端以自私，往往誤事，王喇嘛即在這樣的環境中。有一謠言是關於他的。孫承宗天啓四年 (1624) 三月的疏說：[40]

「北關」則誤；李我存（之藻）〈山海關西虜撫賞議〉編者夾注（陳子龍等，《明經世文編》卷四八四，頁5336a）參考。

36 王在晉，《三朝遼事實錄》卷九（壬戌五月），葉20b-21a，王在晉報告廣寧失陷以後撫賞蒙古事：「出塞各員役首犯虜鋒，如喇麻僧王三吉八藏、加銜都司守備閆守信、通官王擒胡等；出入虜庭，如游擊張定、守備龔秉正、黃應節、武生郝興宗、通官王朝宗、通事擺賽等；與撫夷府佐將領等官，隨事效勞（下略）。」
其中擺賽 (Baisai ?) 應該就是金國天聰四年 (1630) 在遼陽建立囊素喇嘛塔園所立敕建〈大金喇嘛法師寶記〉碑漢文碑陰題名中「喇嘛門徒」內的擺晒。見羅福頤校錄，《滿洲金石志》卷六（羅振玉著，《羅雪堂先生全集》續編〔台北：文華出版公司景印，1969〕冊十），頁4174。出身滿洲耶？蒙古耶？不能定；但他會滿洲蒙古語言，依違於明滿蒙之間，則是肯定的。

37 看王象乾，〈備陳撫款事宜疏〉，陳子龍等，《明經世文編》卷四六四，頁5091a, b。又王在晉，《三朝遼事實錄》卷十（壬戌七月）王在晉題本，葉28b-30a。參考李我存，〈山海關西虜撫賞議〉（陳子龍等，《明經世文編》卷四八四，頁5336a）：「撫夷猾弁，私構近邊小酋，巧立名色，多方恐愒，非惟內誑督府，抑且外誑憨酋；我費其什，憨不得其一者也」。

38 孫銓輯、孫奇逢訂正，《高陽太傅孫文正公年譜》卷五，葉10b參考。

39 孫銓輯、孫奇逢訂正，《高陽太傅孫文正公年譜》卷三，葉5a。

40 沈國元，《兩朝從信錄》卷二一，頁2222-2223。王在晉，《三朝遼事實錄》卷十三，葉25b-26a參看。

臣于視部時，曾見捕獲姦細紛然見告（中略），即如近日，刑部咨稱：臣（孫承宗）傳稱將要殺王喇嘛，姦細董成俊從羅城密放喇嘛逃走〔云云〕。見今王喇嘛日在羅城，原爲尚書張經世從宣鎮招來，而督臣（孫承宗自稱）用之款讐，每見臣時有賞慰，何嘗要殺，何曾在逃。

既然謠言驚動刑部送下咨文，可見王喇嘛確是重要人物。

在次年，他受到皇帝的嘉獎：《明實錄》天啓五年（1625）年二月（庚辰朔）丁未條說：[41]

遣兵部郎中董象恆賫敕命圖書，頒給西僧喇嘛王桑吉叭𠹌等。

天啓六年（金天命十一年，1626）正月，金國舉兵攻寧遠城，被袁崇煥等以西洋砲擊退，《清實錄》記：[42]

戊辰、我兵執盾薄城下，將毀城進攻，時天寒土凍，鑿穿數處、城不墮，軍士奮勇攻擊間，明總兵滿桂、寧遠道袁崇煥、參將祖大壽，嬰城固守，火器砲石齊下，死戰不退。我兵不能攻，且退；翼日再攻，又不能克而退。計二日攻城，傷我游擊二人，備禦官二人，兵五百人。

明朝得勝。《明實錄》天啓六年四月（癸酉朔）辛卯十九日條：[43]

兵部覆敘寧前功次。先是，巡關御史洪如鐘題：據袁崇煥報：「（中略）是役也，守城力戰之功，滿桂提督四面、功宜首敘；左輔獨當西面，功次之；朱梅當北面，而應援西北角，次之；祖大壽當南面，而應援西南角，次之；徐敷奏又次之。正面亦有陳兆蘭，槍手功，又次之；蕭昇功又次之；張邦才功又次之；鄧茂林功又次之；劉邦功又次之。竇承功率援兵五百名在城下，至午時方調之上城，功又次之；呂應蛟、李永培、蕭昇之所屬，功又次之；其都司以下官守中，千把百如孫紹祖等，各有可見之勞者也。

通判金啓倧派城內士民，供守兵飯食，手自擊賊，至火傷而死，此爲文職首功；程維楧次之；經歷孫正氣、劉應鵮，訓導張大觀又次之；而掌印屯捕衛所官生商民人，如裴國珍等，各有可見之勞者也。

---

[41] 黃彰健校勘，《明實錄》冊六九（熹宗實錄，卷五六），頁2592。

[42]《清實錄》冊一（北京：中華書局影印，1986），頁134。

[43] 黃彰健校勘，《明實錄》冊六九（熹宗實錄，卷七〇），頁3369-3377。

西夷 (Monggo) 不撫，奴 (Jušen) 勢不孤。王牧民與朱梅、祖大壽、孫懷忠、王世忠、王喇嘛、李喇嘛：[44] 此撫夷有功者也（中略）。」

至是，尚書王永光議奏：「恢邊勝算、以寧遠爲第一功，而滅奴要會、以敘寧遠爲第一務；文武將吏、從此立腳，富貴功名、從此發軔（下略）。」

得旨：「（前略）各撫夷大小武職官，各賞六兩。劉定邦、呂應蛟、李永培、張邦才准復原官。王喇嘛給副總兵廩給，增其徒從。[45] 餘俱依擬。」

王喇嘛的獎賞是給副總兵的待遇，增加他的徒眾僕從。

同月壬辰二十日，薊遼總督閻鳴泰上疏，縷談防衛蒙古、金國進攻事：[46]

（前略）唯是西虜報讐之説，向來屢屢出自虜口；目前之西協，[47] 可無他慮。而歹青之助兵，虛實未卜；虎酋之講賞，眞僞難憑；臣前後顧盼，不無凜凜，此尤總兵王世忠、副將王牧民、參將朱梅、王、李兩喇嘛之責，而時時聯絡、時時偵探，不可過信踈防者也（下略）。

當時蒙古及金國各族崇敬藏傳佛教，故用喇嘛對蒙、金交涉，最有成效。天啓六年閏六月（辛丑朔）乙丑《明實錄》記載：一位西天喇嘛游方至廣寧被逮，薊遼總督閻鳴泰在疏中要求轉交給他用以「撫夷」，當時他就喇嘛發了一段議論，借以得知即使是三吉八藏等漢人喇嘛在北邊的很高威望與作用：[48]

目今關門，王、李喇嘛出入虜巢，玩弄夷、虜於股掌；而在夷地（蒙古）者如古什喇嘛（Gu-shri/güüši/guyuši/guši Bla-ma: 國師喇嘛），朗素喇嘛 (Nang-so Bla-ma) 等，靡不摶心內向，屢効忠謀。蓋夷狄之族，敬佛一如

---

44 李喇嘛鎮南木座，見下文。

45 沈國元，《兩朝從信錄》卷三〇（天啓六年四月），頁2771：「敘寧前功次」條這一句作「王啉（喇）嘛給副總兵廩給（勤璞案：這兒原有一字空格）其徒餘俱依擬該部知道」，斷句的話只能是「王喇嘛給副總兵，廩給其徒（下略）」。跟實錄不符，應該是摘抄錯誤。

46 黃彰健校勘，《明實錄》册六九（熹宗實錄，卷七〇），頁3379-3380。

47 地域名。顧炎武 (1613-1682)，《昌平山水記》（鉛印線裝本，遼寧省圖書館藏，「闞鐸（字霍初，1875-1934）捐贈（給滿洲國奉天圖書館）圖書」）卷下，頁17（卷末）：「薊鎮三協之名始自嘉靖末年，以四路爲一協。石塘、古北口、曹家寨、牆子嶺爲西協；馬蘭峪、松棚、喜峰口、太平寨爲中協；建昌營、燕河營、石門子口、山海關爲東協。而各路將之廢置不常，今據崇禎二年 (1629) 文案錄之。」

48 黃彰健校勘，《明實錄》册七〇（熹宗實錄，卷七三），頁3563-3564。

> 敬天，畏僧甚於畏法。而若輩（喇嘛）亦聞有密咒幻術，足以攝之。虜酋一見喇嘛，必拜必親，聽其摩頂受記，則不勝喜。王、李二喇嘛，雖曰番僧 (bla-ma)，猶是華種 (Kitad)，夷狄敬服已自如此，況眞喇嘛乎。

今天藏傳佛教往往被目爲西藏的「民族宗教」，這當然是錯覺；在十七世紀當時，它的特點恰恰在它的超越民族性和地域性，獲得各色人民廣泛的信受。

天啓七年 (1627) 五月十一日，金國兵圍攻錦州城，至二十八日仍未竟其功，於是分兵攻寧遠，又未攻下，再轉攻錦州，形勢嚴峻，終於因爲溽暑而敗退，明朝稱爲「寧錦大捷」。此役十分浩大艱苦，明朝採取了多方面的軍事行動，[49] 包括調動蒙古兵。[50] 王喇嘛被袁崇煥派遣，「督西虜揚旗於錦州之地」，[51] 令金國不得不有忌憚。西虜即林丹汗等蒙古部落。《明實錄》天啓七年五月（丙寅朔）庚辰（十五日）條[52] 記：

> 巡撫遼東兵部右侍郎袁崇煥題：「奴氛逼近，内外二鎮協力守錦州，臣堅守寧鎮（敘部署，略）。領賞西夷，臣遣王喇嘛宣諭，令其結營自固，決不至疏虞，貽皇上東顧之憂也。」

同月甲申（十九日）條[53] 復記：

> 遼東巡撫袁崇煥題：奴圍錦州甚嚴，關外精兵盡在前鋒，今爲賊攔斷兩處。夷（金國）以累勝之勢，而我積弱之餘，十年以來，站立不定者，今僅能辦一「守」字，責之赴戰，力所未能（敘部署，中略）。且令王喇嘛諭虎酋領賞夷使貴英恰率拱兔、乃蠻各家從北入援，無所不用其力（下略）。

這次亦挫敗了金人。《明實錄》天啓七年八月（甲午朔）乙未：[54]

---

[49] 沈國元，《兩朝從信錄》卷三四，頁3031-3059。滿文老檔研究會譯註，《滿文老檔》（太宗），頁68-84。

[50] 王在晉，《三朝遼事實錄》卷十七（丁卯六月），葉27a：「西虜領部眾報効，遣夷使貴英等請賞」。貴英即貴英哈，別處寫貴英恰；「哈／恰」，<蒙古語 Kiy-a，意思是「侍衛；副官」。前面所見貴英哈的行爲，與 Kiy-a 職務相符。

[51] 沈國元，《兩朝從信錄》卷三四（天啓七年五月），頁3043；管葛山人，《山中聞見錄》（玉簡齋叢書本）卷四，葉19b。關於管葛山人，和田清有考校，〈北虜紀略・譯語及び山中聞見錄の著者〉，《東洋學報》14.2(1924)：250-257；一九四二年七月作補記，收入氏著，《東亞史論藪》（東京：生活社，1942年2月，次年10月再版），頁549-568。

[52] 黃彰健校勘，《明實錄》冊七〇（熹宗實錄，卷八四），頁4085。

[53] 黃彰健校勘，《明實錄》冊七〇（熹宗實錄，卷八四），頁4094-4095。

[54] 黃彰健校勘，《明實錄》冊七〇（熹宗實錄，卷八七），頁4191-4194。

兵部敘寧錦功。得旨：寧錦大捷，朕心佳悅，內外文武諸臣，宜行敘賚！（中略）兩喇嘛僧，王桑吉、李鎖南，各賞銀十兩（下略）。

崇禎元年戊辰（金天聰二年，1628）五月丁亥，王喇嘛轉到宣大一線，《明實錄》記：[55]

插漢 (Čaγar) 貴英哈爲虎墩兔憨婿 (Tabunang)，狡猾善用兵，既死新平堡，其妻兀浪哈大（丈）(qatun)，率眾自得勝路入犯，自洪賜、鎮川等堡折（拆）牆入。忽報插漢至孤店三十里，初不傳烽，以王喇嘛僧止戰也。急收保，倚北關爲營，遂圍大同。虎墩兔圍海子灘，代王同士民力守，乃分屯四營，流掠渾源、懷仁、桑乾河、玉龍洞二百餘里，遣人至總督張曉所脅賞。曉遣西僧王哈（喇）嘛[56] 往諭，時苦旱乏水草，援兵漸集，乃退（中略）。六月庚寅朔，西人犯大同，山陰知縣劉以南禦卻之（中略）；癸巳插漢虎墩兔憨出塞。

新平堡等都是山西、大同二鎮關內地名，[57] 蒙古當時已深入邊內二百餘里。這是察哈爾林丹汗西征途中發生的一件事。[58] 這次險情，靠王喇嘛的工作排除了。《明史紀事本末》記這事的起因說：[59]

五月，插漢再生 (J̌aisang)[60] 貴英恰等至宣府新平堡脅賞，初約五十騎，倏踰數百，大譁。參將方諮崑誘入甕城，盡殲之，自焚關將軍廟、毀牆數仞，委虜以自解。

---

[55] 黄彰健校勘，《明實錄》册八八（崇禎實錄），頁22-23。不著撰人，《遼事述》「插漢寇邊」，頁678a的敘述更明白；又王鴻緒，《明史稿》列傳一二三〈王象乾傳〉，葉5參看。

[56] 谷應泰，《明史紀事本末》（北京：中華書局，1977），補編卷三〈插漢寇邊〉，頁1441記這同一件事，作「喇嘛」。

[57] 中國歷史地圖編輯組，《中國歷史地圖集》七：元明時期（上海：中華地圖學社，1975），圖52-53（山西）。

[58] 和田清，《明代蒙古史論集》，頁701-713。王雄，〈察哈爾西遷的有關問題〉，《內蒙古大學學報》64(1989)：1-11。

[59] 谷應泰，《明史紀事本末》補編卷三〈插漢寇邊〉，頁1441；同書卷三〈西人封貢〉，頁1569參考；貴英恰於彼處作「貴英」。參考不著撰人，《遼事述》「插漢寇邊」，頁678a。

[60] 此處「再生」應該理解爲貴英恰的銜號。J̌aisang 是管民政的官，見札奇斯欽，《蒙古文化與社會》（台北：台灣商務印書館，1987），頁317-318；參考中國第一歷史檔案館，《清初內國史院滿文檔案譯編》（北京：光明日報出版社，1989），册上，頁81關於察哈爾的記事。

事後，崇禎元年六月丙辰《明實錄》記：[61]

兵部尚書王在晉曰：「大同燹掠，宜以按臣勘報，不煩旂尉。」上曰：「疆事仗一哈（喇）嘛僧講款，不將輕我中國哉？」（閣臣）劉鴻訓曰：「講款，權也。」

而《明史紀事本末》[62] 的記述更加詳明可解：

（崇禎元年六月）兵部尚書王在晉曰：「大同焚掠，宜以按臣勘，不煩旗尉。」上曰：「疆事仗一喇嘛僧講款，諸文武何爲？敵不輕中國耶？」諸臣退。

時大同以插漢講款，不設備，故上責之。

比較而言，劉鴻訓的應對不過是搪塞應付。這件事證明王喇嘛在蒙古方面確實有極大威望，明國實力不逮，轉對王喇嘛非常倚重。

崇禎二年己巳（金天聰三年，1629）五月十九日北京兵部收到薊遼督師袁崇煥 (1584-1630) 題本，袁崇煥提及並誇讚王喇嘛等人撫款：[63]

（前略）今西虜虎墩兔又深可憂者（中略），今幸督臣王象乾以夙昔威信，與總兵王牧民、王喇麻等，及西撫道將吏，奉皇上之聲靈，多方控禦，受我戎索[64]（下略）。

則王喇嘛仍在宣大一線。[65] 他是隨著林丹汗部移動而西轉的。關於王喇嘛的記事就這些。

---

[61] 黃彰健校勘，《明實錄》冊八八（崇禎實錄），頁29。

[62] 谷應泰，《明史紀事本末》卷七二〈崇禎治亂〉，頁1176。

[63] 中央研究院歷史語言研究所編，《明清史料》甲編至戊編（台北：中央研究院歷史語言研究所員工福利委員會景印，1972年3月再版），甲編第一本，頁3a。

[64] 出典在《春秋左氏傳・定公四年》祝佗論晉的封建：「分唐叔以（中略）懷姓九宗，職官五正，命以《唐誥》，而封於夏虛，啓以夏政、疆以戎索。」索即法，戎索即戎人之法。袁崇煥的意思大概是，既然征服不了蒙古（戎狄），就沿戎狄之法治理吧。戎索是貢賦且是歲貢，看杜正勝，《古代社會與國家》（美術考古叢刊1）（台北：允晨文化事業股份有限公司，1992），頁387-394, 499-500。

[65] 袁崇煥在撫款方面與王象乾觀點一致。參看王鴻緒，《明史稿》列傳一二三〈王象乾傳〉，葉5a；李光濤，〈清人入關前求款之始末〉，《國立中央研究院歷史語言研究所集刊》9（1947年上海商務印書館初版。此用北京：中華書局景印本，1987年4月），頁300-301。

三、李喇嘛鎖南木座

李喇嘛 (Lii Lama)，[66] 在文獻中另稱有鎖南 (＜Bsod-nams)、李鎖南；李姓，全名是鎖南木座，[67] 乃出自藏語：Bsod-nams Mtsho，意「幸福・海」，今音譯：鎖南木錯、鎖南措。以三字爲名。是甘青（Mdo Smad，朵思麻，多麥）藏傳佛教信徒的習慣，因此李喇嘛的籍貫可以推知。又前引天啓六年閏六月閻鳴泰的話說李喇嘛是「華種」，即漢人。綜合上述情況，李喇嘛可能是甘青一帶番化的漢人 (Rgya-nag)；在那一帶這是常見情形。

袁崇煥報告說：鎖南木座久居五台山 (Ri-bo Rtse-lnga; Tabun Üjügür-tü Aγula)，[68] 有「禪行」，「受神宗皇帝（即萬曆皇帝，1573-1620 在位）御賜敕書、法衣；其人空明解脫，無所不暢了，彼受朝廷世恩，止求一當以報皇上」，因而來遼東袁崇煥軍前服務。[69]

鎖南木座最早見於記載，是在天啓六年丙寅（天命十一年，1626）四月（癸酉朔）辛卯《明實錄》關於寧遠大捷的記事[70] 中：

> 據袁崇煥報：（前略）西夷（蒙古）不撫，奴（金國）勢不孤。王牧民與朱梅、祖大壽、孫懷忠、王世忠、王喇嘛、李喇嘛：此撫夷有功者也（下略）。

李喇嘛就是鎖南木座。

聯繫到天啓六年閏六月乙丑日的《明實錄》所記當時閻鳴泰說的話：「目今關門，王、李二喇嘛出入虜巢，玩弄夷虜於股掌」云云，說明在這以前他已在遼東邊上，並多次出使金國或蒙古了，但史文缺載，不能決定李喇嘛究竟何時來遼東服務。

---

[66] Lii Lama：這是《滿文老檔》的寫法。

[67]「鎖」字，沈國元《兩朝從信錄》卷三二，頁2924（十月條）寫成「鎦」；不著撰人，《遼事述》，頁689a同。王在晋，《三朝遼事實錄》卷十六，葉36a寫作「鎻」，黃彰健校勘寫本《明實錄》作「鎖」「鎻」（所在文句本稿已引）。稻葉君山，《清朝全史》卷上（東京：早稻田大學出版部，1914），頁256-257敘述這位喇嘛時寫成「鎦」，在旁邊用片假名標上讀音：リユ；則渠也以「鎦」字爲是。但覯可視作正式、原始資料的寫本《明實錄》，俱作「鎻」「鎖」；再慮及西藏起名常例，應以「鎻」「鎖」字爲正確。

[68] 盛京敕建蓮華淨土實勝寺一六三八年四體碑文中蒙古文碑文第6行寫成 Utaisang Aγulan。

[69] 沈國元，《兩朝從信錄》卷三二（天啓六年十月），頁2924-2925遣喇嘛僧條。王在晋，《三朝遼事實錄》卷十六（十二月條），葉36a。

[70] 黃彰健校勘，《明實錄》冊六九（熹宗實錄，卷七〇），頁3369, 3372。

史文所記鎖南木座出使金國，最早者是天啓六年丙寅 (1626) 十月。本年金國攻寧遠，失敗而歸；八月奴兒哈赤去世，明遼東前線聽到了消息，但未明真假，乃派鎖南木座喇嘛帶領田成等人往瀋陽，以弔喪的名義，行偵察之事。《三朝遼事實錄》有袁崇煥報告，詳記這次出使背景跟意圖：[71]

> (丙寅，1626) 十二月。遼撫袁崇煥題：臣先于鎮守內臣劉應紀 (坤)、紀用、鎮臣趙率教東巡，而得奴 (Nurgaci, 1559-1626) 死之信，蓋聞之而未見其的也。無一確探以相聞，邊臣所任何事！亟往偵其虛實，一也。因離間其諸子、與夷上下，二也。且諭其毋仍前叛逆，束手歸命，聽朝廷處分，三也。遂商之經、督二臣，以喇嘛僧鎖南木座 (Bla-ma Bsod-nams Mtsho) 往，同守備傅以昭等，共三十三人以行，臣與鎮、道密授之策。私計，此一役也，漢人 (Nikan) 重覩威儀，與西虜 (Monggo) 在彼者，追念舊事，寧不共與中國聖明之思，諸奴子安能有其眾耶？臣酌酒洒淚，而壯本僧之行色；在庭之人且有耻不得與東行之選者矣。

《兩朝從信錄》把此事隸於十月內：[72]

> (前略) 於是遣田成等偕往奴寨宣諭，覩其向背離合之意，以為征討撫定之計。

《明實錄》記此事於十月壬子（十三日）條下：[73]

> 遼東巡撫袁崇煥遣喇嘛鎖南 (lama Bsod-nams) 等，入奴偵探情形，具疏上聞，且言：臣欲乘奴子爭立，乘機進勦，但錢糧器械乞敕該部預為料理，其方略機宜仍懇皇上裁酌施行。上嘉其忠猷，仍諭整備戎行，一應錢糧器械，該部預處具覆。

這是以李喇嘛為領袖的、以弔喪為名義的使團，在金國老汗去世、新汗未定之際前往其都城偵視揣摩，確實意義重大。按照袁氏題本，李喇嘛此行的任務也既多且重。

金國方面洞悉弔喪動機，《清實錄稿》丙寅年（天命十一年，1626）：[74]

---

[71] 王在晉，《三朝遼事實錄》卷十六（丙寅十二月條），葉35b-36a。

[72] 沈國元，《兩朝從信錄》卷三二（天啓六年十月），頁2925遣喇嘛僧條。

[73] 黃彰健校勘，《明實錄》冊七〇（熹宗實錄，卷七七），頁3711-3712。

[74] 轉引自李光濤，〈清人入關前求款之始末〉，頁281。比較後來修改的《清實錄》，天命十一年丙寅（明天啓六年，1626）十月十四日條（《清實錄》冊二〔北京：中華書局景印，1985〕，頁28）：「明寧遠巡撫袁崇煥，遣李喇嘛 (Lii Lama) 及都司傅有爵、田成等三十四人，來弔太祖喪，並賀上即位，因潛窺我國情形。」

十月十七日，大明國差李喇嘛，及都司二員：傅有爵、[75] 田成，守備二員：王廷臣、王名世，共三十四人，備弔喪禮，併上即位賀禮來，潛窺我國情形。

李喇嘛等人在瀋陽受到熱烈歡迎和優厚的招待。皇太極不失時機地展示自己的強大：讓李喇嘛參加歡迎凱旋隊伍的儀節並贈給喇嘛禮品。首先是歡迎自巴林 (Baγarin) 歸來的英雄：[76]

（十月二十七）丙寅，楞額禮 (Lenggeri)，阿山 (Asan) 還自巴林 (Barin aiman)，俘獲甚多，上 (Hong Taiji, 1592-1643) 率諸貝勒大臣，並明使李喇嘛及官四員，出迎十五里，遍閱人口牲畜，畢，楞額禮等叩見。上加恩慰勞（中略）。並賜李喇嘛駝一、馬五、羊二十八。

其次是迎接征討扎魯特 (J̌arud/Jarut) 大軍的凱旋。金國汗偕李喇嘛等迎凱旋軍隊至鐵嶺樊河（Fan Ho,＜汎河、范河）[77] 地方：[78]

（十一月四日）凱旋諸貝勒列八旗兵來見（中略），見畢，以次列坐。嗣明使李喇嘛等見上，又見三大貝勒，於是以凱旋，行飲至禮。

李喇嘛在這些活動中受到特別的眷顧。

十一月十三日李喇嘛率領使者們回寧遠。《明實錄》天啓六年十二月（己亥朔）辛亥十三日記此事說：[79]

初，遼撫袁崇煥以奴死，虜（蒙古）信未的，奏遣喇嘛僧李鎖南，以燒紙爲名往偵之，至是還，言「渡三岔河，河冰忽合，自西連東，如橋而渡，奴以爲神，供億一如內地。[80] 酋四子 (Hong Taiji) 待以客禮，令僧 (Bla-ma) 閱其兵馬、器械、幷搶〔喀喇沁部〕粆花夷人以示威，仍具參、貂、

---

[75] 都司傅有爵即前引袁崇煥題本中的守備傅以昭。

[76]《清實錄》册二（太宗實錄），頁28。滿洲文專名採自滿文老檔研究會譯註，《滿文老檔》。

[77] 鐵嶺城南去三十里有汎河城，旁邊有汎河流經。看馮瑗，《開原圖說》卷上，葉7b「開原疆場總圖」；卷上，葉16b「汎河城圖」。

[78]《清實錄》册二（太宗實錄），頁28-29。

[79] 黃彰健校勘，《明實錄》册七〇（熹宗實錄，卷七九），頁3822。王在晉，《三朝遼事實錄》卷十六（丙寅天啓六年十二月），葉40a-b參看。

[80] 河尚未到季節就結冰了，金人以爲是喇嘛道行高所致，益加敬畏。參看被詳細記述的天命元年丙辰 (1616) 的一件「冰橋」之事，廣祿、李學智譯註，《清太祖朝老滿文原檔》2，頁36-38。另參看今西春秋，〈MANJU雜記 4〉，《朝鮮學報》57(1970)：(2)-(3)，「冰の橋」。

玄狐、雕鞍，差夷答謝。」既而（崇煥）又奏：自寧遠敗後，旋報死亡，只據回鄉之口，未敢遽信。幸而廠臣主持於內，鎮守内臣、經督鎮道諸臣具有方略，且謀算周詳。而喇嘛僧「慧」足當機，「定」能制變，故能往能返。奴死的耗與奴子情形我已備得，尚復何求？不謂其懾服皇上天威，遣使謝弔，我既先往以爲間，其來也正可因而間之，此則臣從同事諸臣之後，定不遺餘力者。謹以一往一還情形上聞。

得旨：據奏，喇嘛僧往還奴中情形甚悉，皆廠臣斟酌機權，主持於內，鎮督經臣協謀於外，故能使奉使得人，夷情坐得，朕甚嘉焉（下略）。

所謂「差夷答謝」，實際是皇太極派九名使者，帶著金國國書隨同李喇嘛來到寧遠。袁崇煥十二月向皇帝報告說：[81]

臣隨諸臣後東遣偵諭，前疏已悉。東夷來者爲方金納 (Fanggina)，溫台十 (Untasi)[82] 二夷，則夷中之大頭目諸事待裁決者。臣同鎮、道、協三臣召而見之于學宮，取在泮獻功獻琛之義。[83] 此夷之恭敬柔順，一如遼東受賞時；三步一叩頭，與虎（林丹汗）粆（粆花）諸夷無有二也。跪投夷稟一封與臣，如以下申上體式，獨其封上稱臣爲「老大人」，而尤書「大金國」，踵老酋之故智，臣即以原封還之。又遞一封無銜禮單，則送及西僧（李喇嘛）、官丁禮物，臣令僧（李喇嘛）與官丁者收之；其爲臣者參、貂、鏤銀鞍、玄狐皮、舍利猻皮，值亦千餘金，令貯于寧遠庫，以待皇命，而金等皆叩頭稱感。是日即照邊中舊例，賞之酒食。

---

[81] 王在晉，《三朝遼事實錄》卷十六（丙寅天啓六年十二月），葉36a-b。

[82] 溫台十（<Un Tasi [太師]？）之名曾出現在遼陽一六三〇年金國敕建喇嘛塔碑文陰面漢字題名「皇帝侍臣」項下。

[83] 袁崇煥在學宮召見金國汗使者，是用用夏變夷的意思。其根源在《詩經・魯頌・泮水》一詩。陳奐解釋說「淮夷在魯東南，世與魯爲難，故周公伯禽之世尚有淮夷並興、伯禽征討，之後或爲魯屬國；僖公又能征伐淮夷，故詩人歌以美之」云云（陳奐，《詩毛氏傳疏》〔北京：中國書店據漱芳齋1851年板影印，1984〕卷二九，葉11a）。〈泮水〉主題是魯僖公對淮夷的勝利征伐。「在泮獻功」寫多士在泮宮報告戰功；「來獻其琛」寫淮夷使者來朝進貢，表示歸順。崇煥此舉是建立在金國–淮夷，大明–魯國的結構類比上的，所謂「不窮治凶惡，唯在柔服之而已」（陳奐，《詩毛氏傳疏》卷二九，葉11b），典據深邃，確能與「中國聖明」之思。

臣徐察其辭氣顏色，感激、驚怖之意俱有焉，而並不言及「求款」字面；臣令人潛測之，則深悔其主之僭悖、來文差訛，曰：「空苦我走一遭」。其意已可見矣。

《明實錄》天啓六年十二月（己亥朔）庚申條記此事，以及皇帝的旨意：[84]

崇煥又奏：「奴遣方金納、溫台什二夷奉書至臣，恭敬和順、三步一叩，如遼東受賞時。書封稱『大人』，而猶書『大金』字面，一踵老酋故智。臣即封還之。潛偵其意，則深悔奴之悖逆、來文差誤者。竊念兵連十載，中空外竭，鬼怨神愁，乘此逆夷厭兵之時，而制其死命，俾不得再逞，以休息天下，亦帝王所不廢也。」《疏》末復歸功魏忠賢，且請獎賞西僧。

得旨：「覽奏，夷目來寧情實，朕已了然。該撫孤軍外懸，廠臣資助，盔甲馬匹箭簾無算，將聲威愈壯，剿撫咸宜。該撫便與內鎮經督撫諸臣協心定計，早圖恢復，以慰朕東顧之念。其夷物留著變價賞軍。西〔僧〕李鎖南本（木）座任使效勞，著重加獎賞。餘俟奏來，另行甄別。該部知之。」

這是李喇嘛出使的收穫，以及袁崇煥和明國朝廷的評價。袁氏未開封的信件，《清實錄稿》丙寅年十一月十六日記錄，謂命方吉納、溫台十、並七人賚書與李喇嘛往寧遠，書信如下：[85]

大滿洲（金字改）國皇帝致書於大明國袁老先生大人閣下。今南朝不計兩國刀兵，而差李喇嘛及四員官來弔慰慶賀，以禮相加，我國亦豈有他意哉？既以禮來，自當以禮往，故差官致謝。其兩國之事，先父皇曾在寧遠致書，未見回答。今南朝皇帝有書來，照其來書，便有回答。凡事須要實情實意，勿以虛辭，來往誤事。[86]

---

[84] 黃彰健校勘，《明實錄》冊七〇（熹宗實錄，卷七九），頁3839-3840。王在晉，《三朝遼事實錄》卷十六（丙寅年[1626]十二月），葉37參看。

[85] 轉引自李光濤，〈清人入關前求款之始末〉，頁282。

[86]《清實錄》冊二，頁29：十一月庚午朔，「乙酉，遣明使李喇嘛還。令方吉納、溫塔石並七人偕往。因遺書曰…」以下即是信原文，纂改更甚，其文：「大滿洲國皇帝致書於大明國袁巡撫，爾停息干戈，遣李喇嘛等來弔喪，并賀新君即位。爾循聘問之常，我亦豈有他意。既以禮來，當以禮往，故遣官致謝。至兩國和好之事，前皇考 (Nurgaci) 往寧遠時，首致璽書於爾，令汝轉達，至今尚未回答，汝主如答前書，欲兩國和好，我當覽書詞以復之。兩國通好，誠信爲先，爾須實吐衷情，勿事支飾也。」按，上引李喇嘛弔喪記載的改寫情形，請看黃彰健，〈論清太祖稱汗後稱帝，清太宗即位時亦稱帝〉，《中央研究院歷史語言研究所集刊》37(1967)下冊：499-501。

前面袁崇煥給皇帝的報告中未提及議和之事，而細繹天聰汗 (Sure Han) 此書，知李喇嘛回來時確是擔任了秘密講和的初次聯絡。[87]

鎖南木座這次出使，後果深遠，開了次年以降數載之間金明和議的端倪。又因爲明與朝鮮、蒙古沒就此事先行協調，就爲金國在議和過程中蠶食蒙、鮮提供了機會，同時蒙、鮮與明舊有的成約也因之渙散了。當時督師王之臣反對巡撫袁崇煥的主張，《三朝遼事實錄》丙寅十二月錄其奏文：[88]

> 虜（金人）來謝孝，賫有夷（金國汗）書，目「大金國天命（聰）元年」，即此觀之，果係恭順而來降乎？撫臣（袁崇煥）題稿內稱遣使偵虜、備敘將命反命，種種交接事情，頗與傳報各官所報于臣者兩不相同；至于哈（喇）嘛東去時，臣在關上，竟不知其根因，後知而急止之，則行已遠矣。《疏》稱與臣會議僉同，又謂合詞上聞，臣實未知，何敢謬認爲知而自欺欺人也。

他接著說明議和的不利及金國議和的用意：[89]

> 年來奴酋求和于西虜（蒙古）而西虜不從，屈服于朝鮮而朝鮮不受；[90] 一旦議和，彼（乃指蒙古、朝鮮）必離心，是益敵以自孤也。近日通官過都令 (Dügüreng) 處，夷鞭其背，云：「你漢人全沒腦子，終日只說我們（蒙古）不助兵，你自家馱載許多金帛，著哈喇（喇嘛）替他弔孝求和，[91] 反教別人與他爲仇，我們也不如投順也罷了。」據此我將何辭應之。且此議一倡，奴子愈得意，不西攻虜則南攻鮮，先逞晉人伐虢之謀，而徐爲取虜之計，此勢之所必至者。況奴父子極惡，今欲以咫尺之書，一介之使，致慇懃禮幣，謂可必得其懽心，而終信其無異志乎？

---

87 不著撰人，《遼事述》，頁696b參考。

88 王在晋，《三朝遼事實錄》卷十六（丙寅天啓六年十二月），葉37b。沈國元，《兩朝從信錄》卷三二，頁2964-2969王之臣疏文參看。又沈國元，《兩朝從信錄》（頁2966）作「喇嘛」，不作「哈嘛」。

89 王在晋，《三朝遼事實錄》卷十六，葉38a-b。參考沈國元，《兩朝從信錄》卷三二，頁2968-2969。

90 並未見奴兒哈赤求和或屈服於蒙古朝鮮的記載。沈國元，《兩朝從信錄》卷三二，頁2968王之臣疏，作「年來奴受梗于西虜，度掣于朝鮮」。

91 講和（＝議和）、求和，當時人以爲是性質不同的兩件事。參看〈高鴻中奏本〉，中央研究院歷史語言研究所編，《明清史料》丙編第一本，頁45a。

袁、王二人因而意見相左。[92]《明實錄》天啓七年丁卯正月（己巳朔）庚辰十二日，御史智鋌疏言：[93]

皇上屢旨諭遼東督撫王之臣袁崇煥以和衷之誼，兼以運籌帷幄，付託得人，兵馬器械，呼吸必應，恢復當有日矣。不謂喇麻一行，意見異同，遂成水火；國家一重門限，豈堪再悞？計惟有更調一法：王之臣歷任宣大，西虜知名，宜調之臣于密雲，專責之以禦西虜，況薊鎮又關門之後勁，則爲薊鎮、亦所以爲關門也（下略）。

《明實錄》天啓七年丁卯（天聰元年，1627）正月甲午廿六日：[94]

遼東巡撫袁崇煥疏言：夷使方金納九人特來講話，隨詰來夷，何故起兵？彼云前來打圍，乘便搶西達子，斷不敢擅入寧前。又投遞漢大（文？）夷稟，將向時皇帝二字改汗字，如虎酋之稱；而仍彼僞號。然既差人求款，僞號安得猶存？因以原書還之，而留其來目，暫放一二小夷回話，令易去年號，遵奉正朔，〔方〕與代題。

得旨：覽奏，寧遠一帶廠臣區畫周詳，軍實精緻，鎮守内臣及撫鎮諸臣，算無遺策、人無二心，奴兵壓境，持之有備；奴使求款，應之有權；戰守可恃，操縱合宜，深慰朕懷。然而十年荼毒，奴罪已深，一旦輸情，聽信匪易。侵地當諭令還，叛人當諭令獻，當不止去僭號、奉正朔，一紙夷書、數字改換，便可釋憾消疑也；與其疑信異同、拒之既題之後，無寧講礬妥當、慎之未題之先。該撫想有成算，或別有妙用，悉聽密籌。封疆事重，不厭叮嚀，鼓舞吏士，明烽遠哨，仍舊戒嚴，務保萬全，紓朕東顧。

袁崇煥與清太宗的議和，是明清更替一大因素。即使把和議作爲權變之法，亦應有所籌措；以袁氏的聰明才幹，竟未採取完善措施與步驟，確是有重大疏忽。[95]更主要的，明朝自皇帝起，均每事因循，缺少智慧發明，且怕負責任，一旦議和之事朝臣議論紛紛，自然不會有結果了。最終是好事變壞事，一切努力白費了。依《明史》所說：「崇煥初議和，中朝不知；及奏報，優旨許之；後以爲非計，

[92] 不著撰人，《遼事述》，頁697a參考。

[93] 黃彰健校勘，《明實錄》册七〇（熹宗實錄，卷八〇），頁3881。

[94] 黃彰健校勘，《明實錄》册七〇（熹宗實錄，卷八〇），頁3901-3902。

[95] 王在晉有評論，在《三朝遼事實錄》卷十六，葉38b-39a。

頻旨戒諭；崇煥欲藉是修故疆，[96] 持愈力。」[97] 自《滿文老檔》[98] 來看，李喇嘛十月出使以降，雙方聘使往返不斷，李喇嘛一直是主要議和執行者。《聖武記》（1840年清英南京條約簽訂之年刊行）謂：[99]

> 太宗文皇帝天聰元年，明天啓七年也。明遼東巡撫袁崇煥將瞻我虛實，遣使同李刺麻來弔，並賀即位，太宗文皇帝亦以書報之，往復者再，是爲我朝與明議和、議戰之始。

當年八月，天啓皇帝去世，其弟弟由檢登位，爲崇禎皇帝，朝廷變化巨大，比如鏟除閹黨等等。這些變動使和議之事更加複雜，各官書都沒有記載議和結果，實際是議和不成，戰事又起，事過而景遷。這期間，天聰汗有公開信致明朝皇帝：[100]

> 金國汗奉書大明國皇帝：從李喇嘛到後，爲兩國和事，來往數次，未妥。今欲差人去講，乃遇回鄉金漢人，供説方、溫到寧遠時，有欲害之心。然殺此一二差人，豈能勝敵乎？故不差人，而將其書寄付敖漢 (Aoqan naimaγ) 都令喇嘛 (Dügüreng/Dureng Lama) 去。若謂「兵戈非吉，太平乃吉」，則差人來，彼此皆得好人 (<*sain niyalma*) 通往，將心事盡講明，而後和成，方無絲毫掛念；如不罷兵，彼此皆無安穩矣。不備。天聰元年(1627) 十月初二日（年月上鈐老滿文印一顆）

但明國並無響應。唯《山中聞見錄》一書特別，在崇禎元年（天聰二年，1628）十月己丑以後的記事裡寫道：[101]

> 時西虜已定，崇煥乃令喇嘛僧賁金帛請款於建州，四王子亦遣人遺崇煥土物，書有印，稱「大金」國號，崇煥諭其去印與國號，汗無所難，復書來，崇煥以聞，帝未之許也。

---

96 參看袁崇煥題本，王在晉，《三朝遼事實錄》卷十七（丁卯四月），葉17a-18a。
97 張廷玉等，《明史・袁崇煥傳》，頁6711。
98 滿文老檔研究會譯註，《滿文老檔》（太宗），頁2以下。
99 魏源 (1794-1857)，《聖武記》（北京：中華書局，1984），卷一，頁23。
100 中央研究院歷史語言研究所編，《明清史料》丙編第一本，頁7a。
101 管葛山人，《山中聞見錄》卷五，葉2b。金毓黻 (1887-1962) 在民國二十年一月十三日日記中分析此書，以爲蓋雜抄明清人記載。見氏著，《靜晤室日記》（江蘇邗江：遼瀋書社，1993），卷五九，頁2533。參考其民國十九年十一月十八日日記，見卷五八，頁2514。

如果所記真確，那倒是驚人的事件。不過以《滿文老檔》天聰三年（明崇禎二年）正月十三日所錄金國汗致袁崇煥書來看，《山中聞見錄》誤記了時日，而應繫於上一年。

天聰三年 (1629) 正月由金國汗重開和議，閏四月袁崇煥復信，[102] 金國方面乃派白喇嘛 (Baγ-a Ba/B-a/Be Lama, ?-1637) 出使寧遠城，李喇嘛沒再出現。白氏是位西藏喇嘛，其行事我曾在〈白喇嘛與清朝藏傳佛教的建立〉稿中加以敘述。

總起來，李喇嘛出使議和，他想報答皇帝之恩，努力到了，能力也夠，且很成功，但因爲明朝上下不一心，無定見，而終致和議夭折。

四、李喇嘛和天聰汗往復書信

如前述，在李喇嘛往使盛京回到寧遠城，金國派遣使者方、溫二人跟李喇嘛一路，送來天聰汗致明遼東巡撫袁崇煥的信函。袁崇煥復書一件，三月五日送到瀋陽；同時附上李喇嘛致金國汗書一件。一個月後，天聰汗派杜明忠給袁崇煥、李喇嘛送來回信各一件。

天啟七年／天聰元年 (1627) 往復書信		所在文獻
李喇嘛往函	三月五日到瀋陽／盛京	李光濤論文引《天聰實錄稿》（漢文）；《滿文老檔》（滿洲文）
金國汗復函	四月八日發自盛京／瀋陽	《明清史料》丙編第一本（漢文）；《滿文老檔》（滿洲文）

李喇嘛的信是十七世紀前半葉金蒙明交涉中僅見的藏傳佛教僧人自筆的整篇文件，值得錄在這裡。

先列李喇嘛的往函。[103] 原文不分段，括號內滿洲文是取自東洋文庫本《滿文老檔》中的滿洲譯文，[104] 以資對金國方面理解的理解：

我自幼演習秘密（somishūn narhūn bithe be tacifi:「看了秘密之書」），朝

[102] 滿文老檔研究會譯註，《滿文老檔》（太宗），頁213-218。

[103] 轉引自李光濤，〈清人入關前求款之始末〉，頁285-286。

[104] 滿文老檔研究會譯註，《滿文老檔》（太宗），頁19-22。

禮名山，上報四恩，風調雨順，天下太平，乃我僧家 (hūwašan niyalma) 之本願也。

上年袁都督爺 (yuwan du ye) 因老汗去世，念其存日好心 (sain mujilen)，拿住杜明忠[105] 不肯壞 (wahakū:「未殺」) 他，又在寧城投遞文書有禮，特差我去瀋陽 (simiyan) 上紙。多承汗 (han) 及各王子 (geren wang sa) 好心，供奉美饌並禮物，銘刻五内。及回，又差人左右遠送，且差方吉那、溫台石等同我來謝禮。我到寧遠，將汗及各王子好心，俱在各上司及官軍人等說過，都老爺 (du looye) 甚是歡喜。因文書内字面不便，都老爺不可開折；後改換將來，尚有一二字未妥，第三遭換來格式，雖不盡妥帖，差已不多；[106] 袁老爺隨將文書折視，内有七宗惱恨；講要金銀蟒緞布疋等物，此是你該說的；只有末一句：「你仍願刀兵之事也」，[107] 因此一句相礙，難以轉奏，恐朝廷 (han) 見了不喜，反空費汗 (han) 一片好心。諒汗並各王子俱是有福有智，心地明白人。

我佛教法門，慈悲爲體、方便爲用，眾生苦樂、兵劫塗炭，覩其往因，自作自受；法界有親登彼岸者，自覺自悟。如來有戒 (targa) 定 (tokto) 慧 (ulhi)[108] 三學 (ilan hacin tacibuhabi)，[109] 法界爲心，以成正果。聖人立 (*ilibufi*) 四像 (*duin arbun*)，絶百非，因得見王子身，又有見宰官身；須要救濟眾生，以成正果。我佛家弟子 (fucihi i šabi)，雖身貧 (*yadambi*:「貧窮」)，道不貧；[110] 難行處能行，難忍處能忍；解度爲體、勸化爲用：我佛祖留下這三個法門 (ilan šajin)，只有懽喜，更無煩惱；只有慈悲生人，更無嗔恨損物。

若汗說七宗惱恨，固是往因，然天道不爽，再一說明，便可丢下；袁督爺是活佛 (*weihun fucihi*:「活著的佛」) 出世，不肯虧了夷人 (jušen)；有理沒理，他心下自分明。所說河東地方、人民諸事，汗當斟酌。良時好

---

105 袁崇煥的家丁。

106 中國第一歷史檔案館、中國社會科學院歷史研究所譯註，《滿文老檔》，頁817，將這三句譯作：「第三次換來書格式完全不合，但無大謬」云云，文意難解。

107 天聰汗前致袁都堂的信末尾一句是：「袁大人：奏爾皇上，若不從此言，是爾仍願刀兵之事也。」見李光濤，〈清人入關前求款之始末〉，頁284。

108 中國第一歷史檔案館等譯註，《滿文老檔》，頁817譯作「悟」。

109 三學，《清實錄》作「三等」。禪宗書上一般說「定慧等學」，「等」是動詞。

110 兩個貧字，中國第一歷史檔案館等譯註《滿文老檔》，頁817誤爲「貪」。

景，尚得常遇，只有善人 (*sain niyalma*) 難遇；有我與王喇嘛 (wang lama) 二僧在此，隨緣解說，事到不差。煩汗與各王子還再好心，丟得下，丟了；難捨的，捨將來。佛說：「苦海無邊，回頭是岸」，干戈早息，即是極樂。

我種種譬喻，無非爲解化修善，同歸最樂，行我如來大乘慈悲至教。

敬脩寸楮。

「立四像」，乾隆改訂本《清實錄》作「離四相」，依佛教，後者是；李喇嘛原文乃筆誤。離四相的概念出在《金剛經》，指離我相、人相、眾生相、壽者相。[111] 而六祖慧能有「…不立四相」之語；[112] 並且說過：「修行人亦有四相：心有能所、輕慢眾生，名『我相』；自恃持戒、輕破戒者，名『人相』；厭三塗苦、願生諸天，是『眾生相』；心愛長年而勤修福業、法執不忘，是『壽者相』。有四相，即是眾生；無四相，即是佛。」[113]

「我佛家子弟，雖身貧，道不貧」，是得自唐代禪僧永嘉玄覺 (665-713) 最爲流行的《永嘉證道歌》：[114]

窮釋子，口稱貧，實是身貧道不貧；貧則身常披縷褐，道則心藏無價珍。

又袁崇煥曾向皇帝介紹李喇嘛，謂其久居五台山，空明解脫，有「禪行」。合起來看，鎖南木座雖云喇嘛，卻突出的有禪宗修養。

如上所述，袁崇煥跟王李二喇嘛關係密切。他還主動寫信給林丹汗的喇嘛，勸其「保得邊疆無事，便是本性圓明」，[115] 把邊務跟喇嘛、跟佛理連起來，見出他對佛理及其功用很上心的。其實，袁崇煥作爲讀書人和嶺南人（禪宗盛傳此地），可能也心儀禪宗。前引《明實錄》天啓六年十二月辛亥日條袁崇煥的報告，說李喇嘛「『慧』足當機，『定』能制變」云云，[116] 是用禪宗概念。「慧」與「定」是禪宗強調的，《六祖壇經》經常並論「定」和「慧」，而不常並論「戒」「定」「慧」三者。所以袁崇煥可能是信禪宗的。他保衛邊疆時的大智大

[111] 朱棣（明成祖，1402-1424年在位），《金剛經集注》明永樂內府刻本（上海：上海古籍出版社景印，1984），頁63-65。

[112] 《六祖壇經》漢英文合刊（香港：佛教青年會，1993），定慧品第四，頁32。

[113] 朱棣，《金剛經集注》，頁36。

[114] 永嘉玄覺，〈永嘉證道歌〉，載《六祖壇經》，頁118。

[115] 九龍眞逸，《明季東莞五忠傳》（東莞賣麻街：養和書局，跋於癸亥[1923]臘月），卷上〈袁崇煥〉，葉14b。

[116] 黃彰健校勘，《明實錄》冊七〇（熹宗實錄，卷七九），頁3822。

勇是否跟這有關呢?任用喇嘛,是他深通北方邊疆事務的表現。

天聰汗 (Sure Han) 復李喇嘛書也是漢文,[117] 也錄在這裏。原文不分段,括號內滿洲文取自《滿文老檔》所載滿洲原文:[118]

汗致書李喇嘛:覩爾來書,信爲佛門弟子,是【兩國】中間人所言 (sini bithe be tuwaci, fucihi i šabi *siden i niyalma* ofi:「看了你的信,是以佛門弟子做*中間之人*…」),皆欲成兩國 (juwe gurun) 之事。喇嘛大通道理,明哲之人矣。我兩國是非,爾諦聽之;我 (be:「我們」) 有不是則說我,南朝 (nikan) 不是則說南朝;以爾爲中間人 (*siden i niyalma*),故以心事說知。

自古以來,興亡之事,不可歷舉,如大遼 (dai liyoo) 天怍無故欲殺金 (aisin) 太祖以動干戈,大金 (aisin) 章宗無故欲殺元 (monggo) 太祖以動干戈,大明萬曆 (wan lii han) 無故欲殺我國、偏護北關 (yehe:「葉赫」),以動干戈。及得廣寧,眾王及眾將皆欲進【山海】關 (sanahai:「山海[關]」),獨我皇考曰:「昔日大遼大金大元不各自爲國,而入中國 (nikan) 腹裏 (dorgi ba:「內地」) 地方居住,竟成漢人 (nikan)。今自關以西爲中國 (nikan),遼東爲我國,永各爲國。」故回兵來,等候講和四年,南朝 (nikan) 得包寧遠,不罷刀兵;方攻寧遠,因城凍未墮,回兵。我皇考升遐,喇嘛 (lama si…「喇嘛你…」) 來弔,意謂天欲兩國成事,故差官致書講和;彼以書中所言不當,兩次阻回。

今喇嘛 (lama si…) 書云「只有一句相礙,難以轉奏」,我以心中話寫與南朝皇帝 (nikan han),南朝皇帝亦將心中話寫來與我,兩下講通,則和好可固;心中話不令人說,只欲順爾說話,講和可乎?袁都堂欺我,欲將天賜我城池地方、官生男婦令其退送;喇嘛 (lama si…) 亦遂聽之,而云難捨的捨將來;又將『袁都堂』提起,而以各國之汗落下二字,是不欲成兩國之事也。袁都堂書有云「所開諸物,往牒不載;多取違天」,昔日大遼大金大宋之取與,載於史冊;及大明 (daiming) 之于也先,載在《會典》,[119] 此皆天賜也,何云「違天」乎?又喇嘛云「良辰 (sain erin) 好景

[117] 中央研究院歷史語言研究所編,《明清史料》丙編第一本,頁5a-b。參用李光濤,〈清人入關前求款之始末〉,頁290-291的錄文。

[118] 滿文老檔研究會譯註,《滿文老檔》(太宗),頁29-32。

[119]《明會典》有也先 (Esen,蒙古語「平安」的意思) 朝貢受賜的記錄,或者就是這兒奴兒哈赤所指者。李東陽等奉敕撰,申時行等奉敕重修,《大明會典》(台北:新文豐出版公司

(sain ferguwecun)，尚得常遇，只有善人 (sain niyalma) 難遇」，然袁都堂善心所差、喇嘛（lama sini…「喇嘛你的」）善心而來，故我亦差官去；若是惡言 (ehe gisun) 惡人 (ehe niyalma)，我豈肯差官乎？又云「苦海無邊、回頭是岸」，此言是也，但對我說，亦當對南朝 (nikan han) 說，使兩國回頭則善也。——喇嘛 (lama si…) 深通佛教，又通各事，是明智人也，何爲故意欺我！往日遼東官員大言欺人，致動刀兵，國家受禍以爲少乎？又我書中所開諸物，袁都堂欲我自裁，今已裁減；若又不與，又說大言，致動刀兵，國家受禍，反空費二位喇嘛欲成兩國和事好心 (sain mujilen)。古云「兩下相敬，爭心自消」，必欲欺人，休說新事講和，即舊和亦必離矣。不待我說，喇嘛（juwe lama suwe…「二位喇嘛你們…」）當自知之。

（suwe…「你們…」）更有指教，我 (bi) 當佇聽。天聰元年四月初八。[120]

金國汗在這兒講明立場，但以喇嘛爲中間人，是非常尊敬看重。

蔣良騏在《東華錄》裏提及李喇嘛致金國汗的信，說「李喇嘛盛稱佛教，祈止兵和好。」[121] 李光濤先生討論明清議和的時候，把兩封信全文引用，並對涉及的史實有所說明。從這次往復通信，我們可以了解李喇嘛、金國汗在當時局勢下，對於喇嘛角色的運用。現歸納有關項目，列表分析如下。

通信者	鎖南木座	皇太極
通信者身份	明國的喇嘛	金國的汗
通信主題	明帝國跟金汗國議和	
對喇嘛角色運用	解度勸化（盛稱佛教）的僧人	兩國間和好的中間人
具體見解	勸天聰汗聽從袁都爺安排，恢復「明朝—天朝的和平」，重做「屬夷」	要李喇嘛促成「兩國」皇帝—汗名分的和平
措辭	宣揚佛教哲理，以釋天聰汗的嗔恨	批評李喇嘛偏向明朝

景印1587年刊本，1976），卷一〇七，禮部六十五，「朝貢三・北狄」，頁1603-1604。

120 這往復通信經過改寫，入乾隆朝修訂的清《太宗實錄》，見於：(1)《清實錄》册二：太宗實錄（北京：中華書局景印，1985），頁34a-b, 42a-43a。(2)《大清太宗文皇帝實錄》一（台北：台灣華文書局影印僞滿洲國國務院本），頁17b-18b, 29a-30b。

121 蔣良騏 (1723-1789)，《東華錄》（北京：中華書局，1980），頁20。

李喇嘛在信中大力宣揚佛教道理，意圖是干戈早息；但他這麼做的前提，則是他明瞭金人尊信佛教，這樣宣揚對于抬高身價、貫徹自己主張有作用。行文中李喇嘛把自己跟王喇嘛當成超然的方外人，是以這樣的立場，爲議和出力。而他的議和方案，是要金人重新回到一六一六年前的狀態：仍做明朝的看邊屬夷。這是符合明朝心意的。天聰汗對喇嘛極爲恭敬，但另有目標；他強調喇嘛是兩「國」間的「中間人」，超然，而且中立、公正；要借助喇嘛，跟明國建立前所未有的關係：承認金是一個汗國，跟明朝是宗主國對藩屬國、「皇帝」對「汗（國王）」名分[122] 下的新的國家關係。[123] 所以他說李喇嘛的方案是偏袒明國。共同的地方是：他們在議和這件事上，都把喇嘛當成超越明金兩家以外的第三者的角色。

五、年表和另兩位喇嘛

天啓六年（天命十一年，1626）還有一位喇嘛被帶至遼東邊上。《明實錄》是年閏六月（辛丑朔）乙丑日條：[124]

> 巡視南城御史王時英盤獲番僧於廣寧門外十方庵。頭結黃髮，面目異嘗（常），語若鳥聲，字如蛇跡，因而驗察。隨身番經數十葉，原領四川長河西魚通寧遠軍民宣慰司批文一紙，內稱「大西天羅漢�哈喝願游漢地名山、道院、寺觀」等語，蹤跡可異。當今奴酋得計，全在姦細，乞敕法司譯審。刑部移文禮部，取譯字生譯審。批文可據，又有上荆南道掛號、分守川西道查驗各印信關防，又簡出西天館本內番字《眞實名經》一卷，與

---

[122] 當時人對帝、汗差別的認識，參考天聰九年十二月〈廂藍旗固山副將張存仁奏本〉，中央研究院歷史語言研究所編，《明清史料》丙編第一本，頁43a。

[123] 從天聰汗求款始末看，金人從在遼東立汗國到要取代明朝做中華帝國皇帝，中間有一個過程。在我們研究的這個階段，金人最終目標是成爲明朝屬國（皇帝對國王）。這是名分秩序上的追求，但也沒有達到，乃有取代明朝成爲中華帝國及中華帝國皇帝的思想行動。關於中華帝國秩序原理及其名分秩序、奉正朔、乃至爭天下等原理，參考張啓雄的多種研究，例如他的〈「中華世界帝國」與近代中日紛爭——中華世界秩序原理之一——〉，《近百年中日關係論文集》（台北：中華民國史料研究中心，1992），頁13-43（抽印本）；〈近代日本「爭天下」的構想與布局——從擬定『清國征討策案』到發動甲午戰爭〉，《甲午戰爭一百週年紀念學術研討會論文集》抽印本（國立臺灣師範大學歷史研究所、歷史學系編印，1995），頁53-77。明清代序從這個立場理解的話很合宜。

[124] 黃彰健校勘，《明實錄》册七〇（熹宗實錄，卷七三），頁3562-3563。

本番認識，本番即踴躍捧誦。法司研審，實係西番 (Bod-pa)，非東夷 (Jušen) 也。

薊遼總督閻鳴泰疏言：「夷狄之人，聞中國之有聖人，重譯來朝，此盛世之風也。目今關門，王、李二喇嘛出入虜巢，玩弄夷虜於股掌；而在夷地者，如古什喇嘛、朗素喇嘛等靡不摶心内向，屢效忠謀。蓋夷狄之族，敬佛一如敬天，畏僧甚於畏法，而若輩亦聞有密咒幻術，足以攝之。虜酋一見喇嘛，必拜必親，聽其摩頂受記，則不勝喜。王李二喇嘛，雖曰番僧，猶是華種，夷狄敬服已自如此，況眞喇嘛乎。乞該部將番僧解發臣衙門，如道術果有可用，何惜片席之地，容此比丘；如止是行腳庸流，即驅逐出境。」詔許之。

《真實名經》[125] 乃梵文字母，喇嘛頭髮又是黃色，那麼這是一位印度 (Rgya-gar, Enetkeg) 喇嘛。閻鳴泰是要把這位番僧安置於衙門，用來做對蒙古、金方面的工作，像王喇嘛、李喇嘛那樣。但如今查檢之下，未見這位喇嘛款虜征夷的記載，大致語言不通，或不善此事，或係「行腳庸流」，至遼東未久就遣走了。

還有一位名叫大成的喇嘛。孫承宗年譜崇禎五年壬申（金天聰六年，1632）記：

公（孫承宗）初至遼，即發間於四衛，而敵赭其地。至於炒花再款，大成喇麻之往使，滿桂 (?-1629) 之内丁朝朝兔，髡而從之，深得機事，故知敵懼而來求款，而公故持不款之説，必欲兩河盡歸、罪人斯得，方開一面。而後人發之稍早，遂爲所乘。至於敵之動靜，無日不聞，故敵畏，而四年不至。[126]

這位往使蒙古的「大成喇麻」是誰呢？明末蒙古語 daičing（勇毅）/ 滿洲語 daicing 音譯成漢語，明朝往往以「大成」「歹成」「大正」「歹青」等寫之；金國則寫爲「歹青」「代青」「岱青」等漢字。如果他是蒙古喇嘛，則無疑地可還原爲 daičing / daicing。但是，考天聰四年庚午（明崇禎三年，1630）金國汗在遼陽敕建的《大金喇嘛法師寶記》碑文，陰面題名上，「侍奉香火看蓮僧」一項共十人，第一個人是「大成」。[127]「僧」指和尚 (Hūwašan)。但也可能就是他。

[125] 《西天館譯語一卷》清初刻本，在北京圖書館古籍出版編輯組，《北京圖書館珍本叢刊》6（北京：書目文獻出版社影印，無出版年月），頁665-686。這大概就是明代使用的本子。

[126] 孫銓輯、孫奇逢訂正，《高陽太傅孫文正公年譜》卷五，葉21b-22a。

[127] 大連市圖書館善本〈大金喇嘛法師寶記〉拓本。羅福頤校錄，《滿洲金石志》卷六（頁

一位漢人 (Nikan) 喇嘛？而且何時，他成了明國的喇嘛？也不清楚。他先是在金國的遼陽，可能是所謂「遼人」——遼東漢人，現又作爲明國使者，往喀喇沁炒花部落撫款。

當時在遼東一帶、屬於明朝的喇嘛，目前考見的就前面這四位。現排列其行事，列表如下（表中月日用陰曆）。

1621辛酉年（明朝熹宗天啓元年，金國太祖天命六年，蒙古林丹可汗即位的第十三年，朝鮮光海君十三年）：

三月末～六月之間　王喇嘛應兵部尙書張經世招請，自宣鎭來到遼東鎭，從事對蒙古的撫賞，駐山海關。

六月　王喇嘛在遼東進行對宰賽的思想工作，成功地離間宰賽跟奴兒哈赤的關係。

1622壬戌年（天啓二年，天命七年，林丹汗十四年）：

三月～四月　王喇嘛往諭喀喇沁罕孛羅勢，使守寧前。

八月十三日　王喇嘛參與明邊臣跟林丹汗部的盟誓，謂合力消滅奴兒哈赤。

1623癸亥年（天啓三年，天命八年，林丹汗十五年）：

本年　王喇嘛跟隨孫承宗在山海關做對蒙古撫賞工作。曾往錦州余子章一帶。

1624甲子年（天啓四年，天命九年，林丹汗十六年）：

三月　王喇嘛在山海關羅城，撫夷廳。

1625乙丑年（天啓五年，天命十年，林丹汗十七年）：

二月（庚辰朔）丁未日　明國皇帝派兵部郎中專程頒發敕命圖書等給王喇嘛，表彰其功勞。

1626丙寅年（天啓六年，天命十一年，林丹汗十八年）：

正月　王喇嘛在寧遠城參加保衛戰，其時金國攻城。

四月　上述保衛戰得勝，謂王喇嘛撫夷（蒙古）有功，給副總兵官俸祿，且增加其徒從。

此時及其以前，李喇嘛已在寧遠從事撫夷；但至遼東之前，他是住五台山，且曾受萬曆皇帝御賜敕書法衣。

4174）作十一人，依次是：大成、大塔、金剛保、常會、大士、大召、妙意、寬佐、寬伏、□童、祖俊。依拓本，妙意之後應是「寬德，寬伏，童祖俊」。

六月　西番游方喇嘛嗔哈嗎到達薊遼總督衙門，閻鳴泰擬令其從事撫款，但以後未見活動記載。

閏六月（辛丑朔）乙丑　王、李二喇嘛俱在山海關上。

十月　李喇嘛率明國使者團一行三十餘人，從寧遠往瀋陽為奴兒哈赤弔喪，並慶賀皇太極登極。負有偵察金國內情的任務。

十月十七日　李喇嘛一行到瀋陽／盛京。

十月二十七日　在瀋陽，李喇嘛被邀參加金國汗貝勒迎接凱旋官兵的儀式，儀式上皇太極贈給李喇嘛禮物。

十一月四日　在瀋陽，李喇嘛又被邀請參加歡迎凱旋軍隊的儀式，金國汗給特別禮遇。

十一月十三日　李喇嘛一行自瀋陽出發還寧遠，次月至寧遠。偕同金國使臣方金納、溫台十等九人。金國汗並附有致袁崇煥書及贈送袁崇煥、李喇嘛及官丁的禮物。

1627丁卯年（天啓七年，金國太宗天聰元年，林丹汗十九年）：

三月　李喇嘛寫信給天聰汗，以佛家道理勸導其切實議和。

四月八日　天聰汗復信李喇嘛，談論議和事，以喇嘛為中間人。

五～六月　寧遠之戰，王喇嘛督察哈爾部落揚旗向錦州，以分金國攻城之心。

八月（甲午朔）二十六日己未　寧錦大捷敘功，王喇嘛、李喇嘛各受賞銀十兩。

1628戊辰年（明朝思宗崇禎元年，金天聰二年，蒙古林丹汗廿年，朝鮮光海君廿年）：

五月　王喇嘛轉到宣大一線撫賞蒙古。察哈爾部因故進攻大同鎮之孤店等地，深入邊內二百餘里，王喇嘛先令明兵止戰，後諭察哈爾退兵。

1629己巳年（崇禎二年，天聰三年，林丹汗二十一年）：

五月　王喇嘛在宣府大同一帶與王象乾、王牧民一起「款虜」，即聯絡西遁的蒙古林丹汗之眾。

1632壬申年（崇禎五年，天聰六年，林丹汗二十二年）：

明國大成 (=Daičing ?) 喇嘛，偕滿桂暫時退髮做喇嘛的家丁朝朝兔往使喀喇沁炒花部落撫款。

六、明邊務喇嘛的角色和地位

在明朝的遼東邊疆，喇嘛隸于軍中，作爲一名臣工工作著。最突出的事例是領兵打仗。例如寧遠城保衛戰中：[128]

> （天啓六年）正月十八日奴賊率眾渡河，左輔、蕭昇、鄧茂林、陳兆蘭等俱從右屯等處收回。二十一日，城外收聚畢，時城中士卒不滿二萬，總兵滿桂、副將左輔、參將祖大壽皆習見奴兵未可爭鋒，以死守爭，大壽遂發塞門之議，諸將朱梅、徐敷奏，並王喇嘛，皆主大壽議，而何可綱按劍決之。於是王喇嘛請撤西洋大砲入城，彭簪古率勍兵挽而登之，盡焚城外民舍積蒭，令同知程維楧查察姦細，通判金啓倧按城四隅編派民夫、供給飲食；衛官裴國珍鳩辦物料；諸生守巷口，有一人亂行動者即殺，城上人下城者即殺。滿桂提督全城，而以東南首衝身任之；左輔分西面，祖大壽分南面，朱梅分北面。蓋二十二日而城中部署定，二十三日賊薄城矣，先下營西北，遠可五里。大砲在城上，本道（指寧遠道員袁崇煥本人）家人羅立，素習其法，先裝放之，殺賊數十人；賊遂移營而西。二十四日馬步車牌勾梯砲箭，一擁而至，箭上城如雨、懸牌間如蝟，城上銃砲迭發，每用西洋砲，則牌車如拉朽。當其至城，則門角兩臺攢對橫擊，然止小砲也，不能遠及；故門角兩臺之間，賊遂鑿城，高二丈餘者三四處，於是火毬火把，爭亂發下，更以鐵索垂火燒之，牌始焚，穴城之人始斃，賊稍卻，而金通判（金啓倧），手放大砲，竟以此殞，城下賊屍堆積。次日又戰，如昨攻打，至未申時，賊無一敢近城，其酋長持刀驅兵，僅至城下而返，賊死傷視前日更多，俱搶屍於西門外各甎窰，拆民房燒之，黃煙蔽野。[129] 是夜又攻一夜，而攻具器械俱被我兵奪而拾之，且割得首級如昨。二十六日，仍將城圍定，每近則西洋砲擊之，賊計無施，見覺華島有煙火，而冰堅可渡，遂率眾攻覺華，兵將俱死以殉，糧料八萬二千餘，及營房民舍俱被焚，次日賊引去。

---

128 黃彰健校勘，《明實錄》冊六九（熹宗實錄，卷七〇），頁3369-3371。

129 這可能說明金人當時是實行所謂「火葬」。又王在晉，《三朝遼事實錄》卷十七（丁卯[1627年]四月），葉11b：毛文龍稱，金兵「（前略）處處被職官兵衝擊，殺傷無數，每日拉屍山頭，火堆山堆，燒化骨石，火光焰天。」也是例子。這是信仰藏傳佛教所致。參看李勤璞，〈白喇嘛與清朝藏傳佛教的建立〉，《中央研究院近代史研究所集刊》30(1998)：70，注1。

這是袁崇煥對整個戰鬥過程的報告。可以看到，王喇嘛完全是作爲一個「軍官」參與軍事的。

在敘功的時候，王喇嘛、李喇嘛也是由兵部，而不是普通例由禮部。像天啓五年（1625）二月兵部郎中奉命頒給王喇嘛敕命圖書，天啓六年四月寧遠城保衛戰後、天啓七年寧錦大捷後二位喇嘛由兵部敘功（三事俱見前文），等等，全然當作軍人對待了。實際上，王喇嘛的來到遼東，也是兵部尚書（張經世）召來者。

其次，李喇嘛、王喇嘛在當時蒙古人金國人看來，是明朝「部（aimaγ, ulus, aiman）下好人」。這一點得作些說明。「好人」、「善人」，相應於同時蒙古語 *Sain Kümün*，滿洲語 *Sain Niyalma*。

好,善　人　　　好,善　人

我們看李喇嘛致天聰汗信，末尾說（括號內滿洲文是金國的翻譯）：

> **良時（sain erin）好景（sain ferguwecun），尚得常遇，只有善人（Sain Niyalma）難遇；有我與王喇嘛二僧在此，隨緣解說，事到不差。**

乍看起來，「善人」是指一般的善良的人、好的人；再看金人的翻譯：好時 *sain erin*，好景 *sain ferguwecun*，好人 *Sain Niyalma* 排在一起，也沒有特別的地方。但若連起後一語：「有我與王喇嘛二僧在此，隨緣解說，事到不差」，則知李喇嘛是用「善人」的特別意謂：「善人」指的李喇嘛與王喇嘛，他們能起到中間的、保證的信用作用。聯繫李喇嘛信上下文，更能見出他知道自己的角色。

按在當時遼東，各國（各部）都有所謂的「好人」、「善人」，即蒙古的 *Sain Kümün*，滿洲的 *Sain Niyalma*。酌舉幾個用例。

①蒙古文著作 *Erdeni Tunumal Neredü Sudur Orošiba*（漢文通稱《阿拉坦汗傳，Altan qaγan-u tuγuǰi》，成書於1600-1610年間）§§ 105-106：[130]

altan sečen qaγan dodoγ-a-du degü ner tüšimed lüge ban ein ǰobalaltur[un],
俺答　徹辰　可汗　內部的在　弟弟　們　官員們　和　自己　這樣　商議

"arγ-a ǰali yeke-tü kitad ulus i yakin idegemü,
圈套　狡黠　非常地　漢家　國　把　如何　相信

aliba ünen qudal i inü medeǰü tengsekü yin tulada,
全部　真　假　把　他的　曉得　探明　的　爲了

ariγun uqaγatu tüšimed i elči oruγulbasu sain buyu" kemeldüged; (§105)
潔淨的　有智慧　官員　把　使者　採用的話　好　呀　共說

[130] 珠榮嘎譯注，《阿拉坦汗傳》附蒙古原文，頁225（原文）。

gegen sedkil degen uqaǰu Qaγan üiǰeng ǰaisang toγuči taiši teriküten,
明晰 心境 向自己 領會 可汗 Üiǰeng 宰相 Toγuči 太師 等

gem ügei tabun *sain kümün* i kitad un elči lüge or[u]γuluγsan (下略)。(§106)
缺點 無 五個 好 人 把 漢家 的 使者 和 帶領、進入

阿拉坦汗(明朝順義王,1508-1582)私下跟弟弟們、官員們商議,都說「圈套、詭計多端的漢國怎麼能相信呢!為了探明眞假全部情況,把潔淨、有智慧的官員當使臣派去的話,不是很好嗎。」可汗以明鏡般的心鑒察,就把 Üiǰeng 宰相 Toγuči[131] 太師等,無缺點的五名 *Sain Kümün*,同漢國的使者一起去(漢國)。

②《三朝遼事實錄》王在晉題本(壬戌1622年二月)中說:[132]

(蒙古)都令為歹青之子,其父遺(遣?)好人,先為(滿洲)奴酋所拘縶。虜中極重好人,挾之以不得不從。

③天聰元年 (1627) 正月初二日金國汗致書明皇帝[133](全文前已徵引):

金國汗奉書大明國皇帝:(前略)若謂「兵戈非吉,太平乃吉」,則差人來,彼此皆得好人通往,將心事盡講明,而後和成,方無絲毫掛念(下略)。

④崇禎四年 (1631) 六月丘禾嘉的報告中有云:[134]

初時各夷甚驚,據山吶喊。角(即阿角克)宣諭天朝大恩,各夷望南叩首,皆願來投。今有夷官東伴旦兒帶領卜打什力 (Buddha-sri) 哈素等部下好人七名先來討信。該本職看得各夷俛首伏降,實出朝廷威福所致(下略)。

⑤《天聰實錄稿》天聰六年 (1632) 十月記金人致書欲講和事:[135]

滿洲汗(同本內間亦譯作金國汗)謹奏大明國皇帝:(前略)今欲將惱恨備悉上聞,又恐以為小國不解舊怨,因而生疑,所以不敢詳陳也。小國下情,皇帝若欲垂聽,差一好人來,俾小國盡為申奏。若謂業已講和,何必又提惱恨,惟任皇帝之命而已(下略)。

131 Toγuči, = toγači, 計算者、經理官。Toγuči, = toγuγači, 廚子。

132 王在晉,《三朝遼事實錄》卷九,葉61a-b。

133 中央研究院歷史語言研究所編,《明清史料》丙編第一本,頁7a。

134 丘禾嘉,〈夷性無常疏處置降夷〉,陳子龍等編,《明經世文編》卷四八五,頁5342b。

135 轉引自李光濤,〈清人入關前求款之始末〉,頁319。

⑥明〈兵部題行「宣府巡撫江塘報」稿〉記崇禎十四年 (1641) 臘月的事：[136]

(前略) 今本月二十一日，卑職公同撫夷甄都司，赴市口監放夷人進圈貿易，間續據慎夷下好人郎素喇麻 (Nang-so Bla-ma)、五八力 (Ubaši)、三斤 (Šašin)[137] 等稟云：我們的官兒米喇什台吉等因貿易完，要於本月二十二日帶領散夷起身回巢 (下略)。

⑦寫於一六五一至一六七五（順治八至康熙十四）年間的蒙古著作 *Altan Tobči* 記一六二八年（崇禎元年，天聰二年）喀喇沁合併于滿洲這件蒙古—滿洲方面的大事，[138] 其中一節說：[139]

tegün ü qoina qaračin ača basa omi sečen i taisung bogda du ǰaruba; bogda
那 的 以後 喀喇沁 從 又 Omi Sečen 把 太宗 神聖 在 派遣 神聖

tüdei neredü kümün i omi sečen luγ-a qamtu qaračin du ǰaruǰu “manǰu,
Tüdei 名字有 人 把 Omi Sečen 和 一起 喀喇沁 于 派遣 滿洲

qaračin bide qoyar ulus törö ǰasaγ nigedüy-e, ta nigen *sain kümün* i
喀喇沁 我們 兩個 國 國政 治理 統一吧 你們 一個 sain kümün 把

γarγaǰu tüdei luγ-a qamtu ilege!” geǰü ǰarliγ boluγsan dur qaračin
派遣 Tüdei 和 一同 派來 云云 諭旨 有的 在 喀喇沁

ača qobilai sečen i ǰaruǰu bülüge;
由 Qobilai Sečen 把 派遣 來著

那後來，從喀喇沁又差 Omi Sečen 到太宗博克多地方，博克多派名字叫 Tüdei 的人跟 Omi Sečen 一塊兒到喀喇沁地方，下諭旨說：「滿洲、喀喇沁我們兩國的國政統而爲一吧！你們差一名 *Sain Kümün*，跟 Tüdei 一塊兒來」云云。所以，喀喇沁派遣了 Qobilai Sečen 來著。

⑧一六三八年明國學者刊印《皇明經世文編》，編者在前引丘禾嘉報告裏蒙古部落 (aimaγ)「部下好人」字樣的右邊加註，說：[140]

夷部好人，即與中國通事相合者。

這是說：丘禾嘉所謂夷部的「好人」，當時編者理解爲：是夷部裏跟中國的通事接洽的人。

[136] 中央研究院歷史語言研究所編，《明清史料》丁編第七本，頁671a。

[137] Ubaši 意思是「居士」；šašin 意思是「教化」。

[138] Čoyiǰi tulγan qaričaγulǰu tailborilaba, Lobsangdanǰin ǰokiyaba: *Altan Tobči*, niγur 659-660。滿文老檔研究會譯註，《滿文老檔》(太宗)，頁118-119, 122-125, 138-139參看。

[139] Čoyiǰi tulγan qaričaγulǰu tailborilaba, Lobsangdanǰin ǰokiyaba: *Altan Tobči*, niγur 660.

[140] 陳子龍等編，《明經世文編》卷四八五，頁5342b。

顯然「好人」是一個專名。若細看上面用例，「好人」金國有、蒙古各部落有，明國也有。[141] 現歸納如下表：

項目	好人	歸納／備考
擔當者	喇嘛：④⑥； 不明職業：①③⑤⑦⑧； 蒙古部下（部長則是黃金家族的人）：①②④⑥⑦⑧； 明部下：③⑤。	喇嘛或者部下擔任 *Sain Kümün*
場合	明—蒙之間：①④⑥； 明—金之間：③⑤； 金—蒙之間：②⑦。	在蒙古、金、明之間互派 *Sain Kümün*
事體	議和：①⑤⑦；投奔：④；貿易：⑥。	和平之事
角色	在部落內，是受敬重的有地位的人物。 對外部，在敵對雙方之間建立信任和解調停；都依賴他，信得過。	第三者；中立者；中間人
作用	成功者：①②④⑥⑦； 可望成功者：③⑤； 不能成功者：沒有。	

由表可見，金、蒙各部均有好人，是在和平、信用諸事務上的，敵對雙方都信得過的「中間人」——蓋只有和平的事業，敵對雙方才需要建設性的「中間人」來聯絡與保證。

天聰汗復書李喇嘛，開頭就說：「觀爾來書，信為佛門弟子，是【兩國】中間人所言（sini bithe be tuwaci, fucihi i šabi *siden i niyalma* ofi: 『看了你的信，是以佛門弟子做*中間之人*…』），皆欲成兩國 (juwe gurun) 之事。喇嘛大通道理，明哲之人矣。我兩國是非，爾諦聽之；我（be:『我們』）有不是則說我，南朝 (nikan) 不是則說南朝；以爾為中間人 (*siden i niyalma*)，故以心事說知」云云，是領悟到李喇嘛來信中的自詡「善人」，又對這個善人＝兩國之間的中間人的角色著力強調，以期議和成功。

[141] 明清檔案中另有一些人雖沒有明指，但也是「好人」角色，如崇禎二年 (1629)，七年 (1634) 至張家口等處的蒙古七慶朗素喇麻／七慶朗素喇嘛 (Sečen Nang-so Bla-ma) 等。見中央研究院歷史語言研究所編，《明清史料》甲編第八本，頁718, 771；丁編第五本，頁406；乙編第二本，頁137。當時金、蒙古許多使者都是喇嘛充當，不遑枚舉。

李光濤先生在談及袁崇煥以弔喪燒紙爲名，派遣喇嘛李鎖南前往金國的時候，曾經指出：[142]

> 至於弔喪之使，而又必差喇嘛一行者，蓋此種教義，在邊外實有廣大勢力（中略）。按明末邊外，東起遼陽，西至臨洮，長邊萬里，大抵皆爲喇嘛教之所及。即如萬曆 (1573-1620) 末年，奴兒哈赤亦嘗有遣王喇嘛向遼東官員請和之事。[143] 又如寄住遼陽之白喇嘛 (B-a Lama)，更爲奴 (Nurgaci) 之所重，後來天聰 (1627-1635) 中之求和，則又往往利用喇嘛爲使，如朗素喇嘛 (Nang-so Bla-ma) 等。凡此種種，皆可明瞭奴與喇嘛之關係。以此袁崇煥，亦因時制宜，不得不利用李喇嘛一行。

意謂藏傳佛教在彼地有廣大的信徒，十分具有政治和其他方面的影響力，這使得金、蒙的領袖們不得不重視、運用。誠然如此，但以上面的分析看，應該說他們是以喇嘛的身分充當好人—Sain Kümün—來起作用的。藏傳佛教正是由於所扮演的這個角色，更加獲得穩固的社會地位。而以佛門弟子作這個角色，則因爲他們是方外人、超脫了世間利害，且敵對雙方均信仰尊敬，遂適宜做部落間、國家間的 *Sain Kümün*，*Sain Niyalma*，即「好人」「善人」。

明國也了解這一點。兩位喇嘛雖然行的臣工之事，到底不是臣工；待遇上，像李喇嘛出使金國，是在使者團之外和之上（使者都是軍人或家丁），作爲特殊而主要的角色。李喇嘛的從五台山來到遼東，是爲的報效明國皇帝，皇帝曾經給他敕命圖書，也並沒有授給俗世官職；王喇嘛有戰功，但給他「副總兵」待遇，不授譬如副總兵的職務。不光金國，明國這邊，至少在看起來也一樣，都維持著喇嘛們愛稱道的所謂施主與福田的關係。

這都表明藏傳佛教及其僧侶地位的穩固，可獨立周旋在敵對勢力之間了。符拉基米爾佐夫分析十七世紀蒙古佛教僧侶封建主時，說「封建領主和宗主樂于把大喇嘛和喇嘛當作自己的家臣或對等者」，喇嘛們對於封建主跟封建主之間的爭執，通常視情況爲轉移，參加到某一方面，但是，

> 非常值得指出來的是，他們有時使人們獲得這樣的印象，即他們不是任何封建主集團的擁護者，而是站在全體人民方面的。當準噶爾噶爾丹博碩克圖汗的勝利已告確定時，和碩特部的僧人爲了保障自己的生命財產，曾經

[142] 李光濤，〈清人入關前求款之始末〉，頁281-282。

[143] 此條記事勤璞尚未檢得。

聲明說：(中略)我們是都爾本衛拉特(衛拉特四部)人的喇嘛，不應把我們〔按政治集團〕劃分開來，因爲誰是我們的施主，對我們來說是無所謂的，因此，我們是誰的屬下，對我們來說反正都是一樣(中略)。另一方面，十七世紀中葉成爲佛教法王的達賴喇嘛，開始想使蒙古及衛拉特的佛教僧眾豁免租稅，及不屈從于王公的意志(下略)。[144]

藏傳佛教儼然成爲第三股政治社會勢力，且往往在政治社會勢力以上。所以喇嘛可以做部落間、國與國之間 Sain Kümün、Sain Niyalma。

第三，所謂部下好人，原是蒙古及金國有，明國沒有這麼稱呼自己人。另外，充當 Sain Kümün、Sain Niyalma 的，不止喇嘛，還有別的身份的。那麼蒙金各部的屬下好人是怎麼一回事呢？

前述《皇明經世文編》編者說：「夷部好人，即與中國通事相合者。」明人王士琦寫，資料止於萬曆四十一年 (1613) 的《三雲籌俎考》裡面〈封貢考、夷語解說〉中說：「宰牙氣：是主外國大事及本部落夷甲之事好人。」[145] 宰牙氣，應該是蒙古語 ǰayaγači，「占卜者，魔術師」，宗教人物。這兩條連起來看，夷部好人是特殊職司，專管對外事務的，會漢話，知道天時地理的宗教師一類的人物。這與上舉用例中的情況極吻合。但是王士琦還說到：「首領：是各台吉門下主本部落大小事情斷事好人。」而「台吉：是王子家子孫」。[146] 台吉是部落主人，其斷事好人也就是主人下的第一大管事官，前舉條⑥最相近，條⑦①②也近似。這樣看來，「好人」是表示身份地位的稱呼，是部落主人的親密官員。

《滿文老檔》記錄天聰汗的諭旨，有關涉此事者。

(α)天聰六年(崇禎五年，1632)三月二十一日，汗宣布出獵、行兵紀律，講到一些事項的應得懲罰，其中：

ulhūma gūlmahūn de feksici *sain niyalma* oci, juwan yan i weile gaimbi,
野雞 兔 對 跑的話 好 人 倘若 十 兩 的 罪 取

[144] 劉榮焌譯、符拉基米爾佐夫著，《蒙古社會制度史》，頁288-289。

[145] 王士琦，《三雲籌俎考》，《國立北平圖書館善本叢書第一集》(上海：商務印書館景印，1937)，卷二，葉24b。一個事例：萬曆九年 (1581) 十二月，「答(俺答)罹霜露，竟不可藥，遂死，於是妻三娘子使使者高榜實 (bayši)、保素宰牙氣、巴思害首領，告訃於塞上曰：答以是月十九卒」。載瞿九思，《萬曆武功錄》(北京：中華書局景印萬曆原刻本，1962)，卷八，〈俺答列傳下〉，葉57a(總頁783)。

[146] 王士琦，《三雲籌俎考》卷二，葉24a。

buya niyalma oci tantambi,[147]
小,卑微 人 如果 打

追逐野雞、兔子的話，若是好人，罪罰十兩；如果是小人，就打他。[148]

(β)四月六日又對喀喇沁蒙古諸王 (beise) 下諭旨 (han i hese)，申明行兵法度，其中說：

gūlmahūn ulhūma be butame feksici, *bayan niyalma* oci, juwan yan
兔 野雞 把 捕 跑的話 富 人 如果 十 兩

keruleme gaimbi, *yadara niyalma* be tantambi;[149]
罰 取 貧窮 人 把 打

追抓兔子、野雞的，如果是富人，罰十兩；如果是窮人，就打他。

(β')上邊這篇諭旨 (qaγan-u ǰarliγ) β的蒙古文本尚且能見到，上面這一句的蒙古譯文是：

taulai kirγuul du dobtolγula *sain kümün* bolosa arban lang mönggü
兔 野雞 對 要急馳,進攻 好,良善 人 如果 十 兩 銀

abqu; *maγu kümün* i ǰančiqu;[150]
收取 壞的,劣的 人 把 打

追抓兔子、野雞的，如果是好人，取銀子十兩；如果是壞人，就打他。

α、β兩條所講事情及其輕重——還有文法——全同，而處罰對象，分別是 sain niyalma（好人）~buya niyalma（小人），與 bayan niyalma（富人）~yadara niyalma（窮人）。見出好人也就是富人，小人即窮人了。

條β'諭旨是發給蒙古人的，其中蒙古語譯語當然是切合喀喇沁蒙古實際，才能奏效。而它對滿洲語原文 bayan niyalma（富人）~yadara niyalma（窮人）的翻譯是：sain kümün（好人）~maγu kümün（壞人、劣人）。這應該表示在至少喀喇沁蒙古地區，sain kŭmün 等於富人，而 maγu kümün（壞人）亦即窮人。

---

147 滿文老檔研究會譯註，《滿文老檔》（太宗），頁728。

148 中國第一歷史檔案館等譯註，《滿文老檔》，頁1257譯作「倘有馳逐雉兔者，富者罰銀十兩，貧者杖責。」

149 滿文老檔研究會譯註，《滿文老檔》（太宗），頁732。

150 Li Boo Wen, Namka: "17 doγar ǰaγun u ekin dü qolbuγtuqu 43 qobi mongγol bičig," *Öbör Mongγol-un Neigem-ün Šinǰilekü Uqaγan*, 81（1996 on-u 4 sar-a-du）, niγur 114, No. 27。該文 niγur 95 的隸寫有錯誤。

於此，可以看到，在當時蒙古滿洲，「好人」就是那個社會裡面貴人—富人，有地位、有財產、受到尊敬、構成階層的人們；與之相對「壞人／下等人」即窮人。

王喇嘛李喇嘛被列在這樣一個人群裡面。

Sain kümün 是怎樣的人群呢？按照符拉基米爾佐夫對這個時代蒙古社會的研究，sain kümün 爲封建領主的屬民內上層階級，是擁有大量牲畜、家僕，有時也擁有奴隸的富戶。「汗及王公的駙馬即塔布囊，各等級的賽特 (said)、官吏，總之，所有叫作雅木布圖（yambu-du: 高官）的人，都出身于這個階層。」並非官吏而擁有一定財產的哈剌抽（qaraču: 黑民）屬于中間集團，他們似乎沒有屬下人，他們中間有時可能包括一些小吏及使者等。

最低級的下層集團，被輕蔑地叫做哈剌庫蒙（qar-a kümün: 黑人），eng-ün kümün（普通人），adaγ（下等人），*maγu kümün*（壞人）；在戰爭時，也被武裝起來，但主要只是攜帶弓矢刀箭。[151]

于此可以了解到，在蒙古，好人是一個權貴—富人階級。蒙古金國把李喇嘛王喇嘛及其他調停人當作好人，是跟自己的社會體制類比，以理解他們的地位。「好人」這身份，是兩位喇嘛言行權威性的來源。

其權威性的另一個來源是，當時蒙古與金國的喇嘛們倍受封建主跟一切人民的崇拜，權貴們把財產和屬民獻給大喇嘛和寺廟，大喇嘛成了可以跟封建主平起平坐的擁有大量資產與屬民的崇高階級，很多被授予尊號，擔當職責。作爲喇嘛，王、李二位的威信受到這個情勢的影響。以喇嘛做「好人」，具有雙重的權威。

雖然在明國喇嘛也是以「客」、對等者的面貌出現，但其地位遠不如金國蒙古的高，故其勞績、行事較之不顯著。茲由名號、禮節、待遇諸方面稍稍說明。

在名號方面，蒙古可汗林丹汗的喇嘛，依天聰九年 (1635) Erke Konggor 率領一起投降滿洲的官員名單，排在最前面位置的是幾位喇嘛：

> ecige guyusi: tomsang guyusi: ecige lam-a: darhan lam-a: amcut lam-a: joriqtu gelung: oqcotba ombu:[152]

---

[151] 劉榮焌譯、符拉基米爾佐夫著，《蒙古社會制度史》，頁261-263。

[152] 東洋文庫清代史研究室譯註，《舊滿洲檔　天聰九年》，頁153：天聰九年五月二十七日條。

蒙古語 ečige 意思是「父親，老爹」；guyusi 意思是「國師」。tomsang guyusi，就是崇德八年盛京實勝寺四體碑文和順治二年盛京四郊四座藏傳佛教塔寺四體碑文中藏文碑文的譯者，藏文原名 Don-bzang Gu-shri，「勝義國師」。amcut，意義待考，應該是藏語借字。ǰoriγtu，蒙古語，勇氣。gelung，＜藏語 dge-slung，比丘；寺院中高級僧人。ombu，＜藏語 dbon-po，侄子；監院。這裡面，喇嘛的尊號至少有：父 ečige；國師 guyusi；打兒罕 darqan，等等。

禮節上，滿洲蒙古歷來膜拜喇嘛，「待以客禮」，前面已有稱述。再看滿洲汗接待喇嘛的情形。《滿文老檔》天命六年 (1621) 五月二十一日條，記英明汗接待斡祿打兒罕囊素喇嘛：

tere ineggi, korcin i sakda nangsu lama isinjiha, han i yamun de dosire de,
那 日 科爾沁 的 長者 囊素 喇嘛 到來了 汗 的 衙門 于 進入 時

han, tehe baci ilifi, lama i gala be jafame acafi, adame tebufi amba sarin
汗 坐 處從 已起立 喇嘛 的 手 把 執著,握著 相見了 並列,陪著 請坐了 大 宴席

sarilaha.[153]
開宴席

那一天，科爾沁的長者囊素喇嘛來到。在進汗的衙門時，汗已從坐處起立，執著喇嘛的手相見，並列而坐，開大宴席。

天聰四年 (1630) 二月，記天聰汗在回程中接待 Manjusiri 喇嘛 (Mañjuśrī Blama, ?-1636) 的事：

juwan nadan de, jurafi jidere de, manjusiri lama, han be acaki seme
十 七 在 動身了 要來 時 Manjusiri 喇嘛 汗 把 要會見 云云

amcame jimbi seme donjifi, aliyame（中略）, han, morin yalufi lama be
追趕著 來 云云 聽說了 等候著 汗 馬 騎 喇嘛 把

okdofi, lama i gala jafame acaha, suwayan cacari cafi, cacari dolo han i
迎接 喇嘛 的 手 執著,握著 相見 黃色 天幕 支起 天幕 裏面 汗 的

adame tebufi, cai omibuha yali ulebuhe, lama baire jakade, dain de jafaha
並列,陪坐 請坐了 茶 請飲 肉 請食 喇嘛 請求 因爲 戰爭 于 捉住

ding fujiyang be buhe, han hendume, burgadu i jafafi benjihe ding
丁 副將 把 給予 汗 說 Burgadu 之 捉住 送來的 丁

fujiyang dzun hūwa de bi, tere be ganafi pan giya keo de benju, manjusiri
副將 遵 化 在 是 他 把 去領了 潘 家 口 于 命送來 Manjusiri

lama de buhe, lama i gala de afabume bu, sidende waliyarahū seme bithe
喇嘛 于 給了 喇嘛 的 手 于 交給 使 中間在 不要丟了 云云 書

[153] 滿文老檔研究會譯註，《滿文老檔》（太祖），頁329。

arafi lama de buhe, tere inenggi aldaji de deduhe;[154]
寫了 喇嘛 對 給了 那 日 Aldaji 在 駐下

十七日，動身要回來的時候，聽說 Manjusiri 喇嘛，追趕著要會見汗云云，就等候著（中略）。汗騎馬去迎接喇嘛，握著手見面。支起黃色的天幕，在天幕中，汗並列而坐，請飲茶，請吃肉。因爲喇嘛請求，把戰鬥中捉住的丁副將（丁啓明）給他。汗說道：「Burgadu 捉住送來的丁副將，現在遵化。去把他領了送到潘家口，給 Manjusiri 喇嘛，交到 Manjusiri 喇嘛的手上，路上不要丟了」，這樣寫了信給喇嘛。那天在 Aldaji 駐下。

天聰八年 (1634) 五月十日：[155]

滿朱習禮胡土克圖喇嘛（即 Manjusiri Lama）至，（天聰）汗郊迎五里外握手相見，偕入至宮中門下，命坐于御座傍右榻宴之。宴畢（中略），汗親送喇嘛出邊。

滿洲汗對待喇嘛平等、尊敬，是一貫的。前述接待李喇嘛也是一樣。

在社會制度方面，當時金國與蒙古各部的喇嘛們，均屬於封建制度（札奇斯欽稱做「神權封建制度」）下的僧侶封建主，其寺廟則是寺院封建主，擁有屬民、畜牧；以及土地（對於金國的喇嘛封主、藏傳佛教寺院而言）。例如斡祿打兒罕囊素喇嘛、白喇嘛在科爾沁和在金國的情形。[156] 而王喇嘛李喇嘛僅有少數家丁——當時遼東軍官身邊都有隨從家丁——那樣的徒眾而已。

從上面三個方面來看，王喇嘛李喇嘛在明國國內很受尊重，但程度上，社會地位上，遠遜于同時在蒙、金境內的「同門」。這個懸殊，削弱王喇嘛李喇嘛議和撫款諸行事之在明國君臣心目中的分量。這件事實的意味是甚麼呢？意味著「喇嘛」在明國主要的具有工具的價值；這身分本身，並不具有在金國和在蒙古那樣的價值。

七、總結

明朝並不缺少喇嘛，曾應要求向蒙古一些部落輸送喇嘛與番經（西藏文、蒙

154 滿文老檔研究會譯註，《滿文老檔》（太宗），頁325-326。照東洋文庫本滿洲原文看，北京中國第一歷史檔案館等譯註，《滿文老檔》（頁1000，倒數1-2行）對此段的翻譯有錯誤。

155 中國第一歷史檔案館，《清初內國史院滿文檔案譯編》上，頁80-81。

156 李勤璞，〈斡祿打兒罕囊素：清朝藏傳佛教開山考〉（1999年，未刊）有考校。

古（韃靼）文佛經），[157] 但是，對比來看，十七世紀前半期明蒙金三家，邊境上執事喇嘛明朝最少，而且全是漢或漢化喇嘛，[158] 又不如在蒙古金國受敬信。明在遼東地區未實行郡縣制而實行軍政，[159] 喇嘛們往往隸於軍中或在巡撫等衙門，十分具有軍人特色，而且並不如蒙古、金國喇嘛的居寺廟、受汗與民等色色之人膜拜、弘法事；其宗教更不成爲國家主體意識形態跟祭祀典制，而當時在蒙古、金國就不一樣：阿拉坦汗敦請格魯派領袖，聲稱重建往昔大元帝國忽必烈徹辰合罕與神聖八思巴帝師的關係，在國內行「政一教並行之制」；[160] 蒙古合罕林丹汗早年供奉許多派別的上師，待其長成，自認是轉輪聖王，從薩迦寺請來薩迦座主夏兒把忽禿兔，重建大元帝國合罕一帝師的國政；[161] 外喀爾喀領袖車臣汗則自稱摩訶三摩地 (Maq-a Samadi, ＜Mahāsammata) 合罕；[162] 清太宗敕建盛京實勝寺，親臨開光儀式，崇德四五兩年每年正月初頭帶領臣僚前往叩拜；[163] 順治年間第五世達賴喇嘛到北京會見滿洲皇帝，達賴本人的記述中，認爲皇帝是給他八思巴那樣的帝師 (ti-shri) 的待遇。[164] 諸如此類，顯明當時滿洲蒙古的領袖和國家在宗教信仰上與明朝的深切差異。

---

[157]《明實錄》、瞿九思《萬曆武功錄》及張廷玉《明史》「韃靼」等傳的記述。參考佐藤長，〈第三代ダライラマとアルタンハンの會見について〉，《東洋史研究》42.3(1983)：79-109；井上治，〈『少保鑑川王公督府奏議』に見えるアルタンと佛教〉，《東洋學報》80.1(1998)：1-25。

[158] 當時有三種喇嘛：「漢僧」＝漢人喇嘛，「番僧」＝烏斯藏喇嘛，「夷僧」＝韃靼（蒙古）喇嘛。見瞿九思，《萬曆武功錄》卷八〈俺答列傳下〉，葉39a-40a（總頁765-766）。

[159] 和田清，《明代蒙古史論集》，頁643-646。趙中孚，〈明清之際的遼東軍墾社會〉。

[160] 珠榮嘎譯注，《阿拉坦汗傳》§§ 146, 155, 163, 235-241; *Saγang Sečen: Erdeni-yin Tobči*, niγur 436-439, 441-448.

[161] *Saγang Sečen: Erdeni-yin Tobči*, niγur 386-389; 張夢玲等譯、波茲德涅耶夫著，《蒙古及蒙古人》卷二，頁438-459；盧米揚澤夫，〈符拉基米爾佐夫的蒙古史著作〉，載劉榮焌譯、符拉基米爾佐夫著，《蒙古社會制度史》，頁394-395；李勤璞，〈盛京嘛哈噶喇考證〉，頁100-105。

[162] 佛教說的世間最初的人主：共戴王，眾敬王。外蒙古哲布尊丹巴呼圖克圖鬧獨立時，即以共戴爲年號，自稱 Mahāsammata 可汗。

[163] 李勤璞，〈盛京嘛哈噶喇考證〉，頁105-115。

[164] Ngag-dbang Blo-bzang Rgya-mtsho: *Ngag-dbang blo-bzang rgya-mtshovi rnam-thar*, Stod-cha (Lha-sa: Bod-ljong Mi-dmangs Dpe-skrun Khang, 1989 lovi zla 12 par), shog grangs 395. 參考 Shing-bzav Skal-bzang Chos-kyi Rgyal-mtshan: *Bod sog chos-vbung*（封面書名 *Gangs-can rig-brgyavi sgo-vbyed lde-mig ces bya-ba bzhugs-so*, deb bco-brgyad-pa. Pe-cin: Mi-rigs Dpe-skrun Khang, 1992 lovi zla 4 par）, shog grangs 951; 李勤璞〈盛京嘛哈噶喇考證〉，頁118。

本稿搜討了王喇嘛李喇嘛等的言行，又努力把握他們在遼東軍事對峙，華夷失序，彼此都在爭天下局面中的行動角色和作用。王喇嘛的記錄是在一六二二至一六二九年間，由於他在宣府對蒙古工作的歷史，來遼東以後仍服務於「款虜」一事，包括對蒙古部落的聯絡、盟誓、督戰、帶兵打仗；在蒙古沿線很有名望信用，確是位優秀的喇嘛。

李喇嘛的記錄在一六二六至一六二七年間，專門面向金國方面，文獻所載僅議和一件事。作為弔喪使者來到盛京，深受禮遇，完成議和開頭工作。次年繼續努力於此事，但因明國沒有定見暫告中止。其後再事議和，他未參與。由他寫給天聰汗的信來看，這位喇嘛深通禪宗，書信頗染明末華人 (Kitad) 好高談宏論，不注重實際的文風，雖則行動並非浮誇。

王、李二位喇嘛，均是雙重角色：對金人對蒙古是好人 (Sain Kümün, Sain Niyalma)，對明是臣工；在戰爭的當兒參戰，是臣工，在議和時候出使，做中間人。當時喇嘛們（在較弱一些程度上還包括和尚[165] 等人）穿梭於各勢力集團之間，成功擔任各種各樣的事務。明國（尤其袁崇煥）運用喇嘛，作起檀越，尙屬識時務者。金人（清人）於此獲得足夠體會，乃有北京時期 (1644-1912) 對藏傳佛教的信仰跟深切的成功的全面運用，塑造出大清朝特殊的政治構造—意識形態—族群關係，[166] 改變了西藏蒙古歷史與文明的進程。這項功業令人常思常新，復

[165] 不惟喇嘛，漢語佛教和尚也參與當時明、金、鮮、蒙的交涉。這兒僅舉幾例。

1. 朝鮮仁祖三年（天啓五年、天命十年，1625）三月辛酉，「毛都督（文龍）票下將官易承惠，遣手下軍兵，招諭遼東千山寺僧祖寧。祖寧率寺僧二百人、眞𨔛一人、驢馬共二十餘匹，一時渡江。義州府尹李莞見祖寧，使譯官盤問賊情，則祖寧答云：奴酋頃間用兵錦州衛，多被敗殺；第二子傷死，今則賊兵不過二萬，自知失勢，搬移瀋陽云。〔朝鮮〕朝廷聞之，或以為祖寧媚悅之言，不可取信。」（池内宏編，《明代滿蒙史料・李朝實錄抄》〔台北：文海出版社影印，1975〕冊十四，頁31-32。）
2. 仁祖二十年（崇禎十五年、崇德四年，1642）閏十一月庚子，「清國潛遣細作於我國，而僧人亦在其中，被捉於嘉山，郡吏詰之，乃全羅道綾州開川寺僧，而丙子 (1636) 游京山，被擄入瀋者也。」（池内宏編，《明代滿蒙史料・李朝實錄抄》冊十四，頁479-480。）
3. 《清實錄》冊二（太宗）卷六〇及六一記載明清間最後一次議和（崇德七年三至六月），五月到達盛京的使團（一〇八人）就有天寧寺僧性容在内，並且是重要成員。

和尚在這個改天換地時代各勢力集團間扮演的角色也很多樣，可作為理解同時喇嘛活動的對比參證。

[166] Evelyn S. Rawski 就清朝的形成、統治方式、政權性質等，表達了有啓發性的意見，見其著：“Presidential Address: Reenvisioning the Qing: The Significance of the Qing Period in

起敬畏之情。延及十九世紀，爲了因應東西洋人逼迫，帝國漸行改變以自保——顯著的變化是從立足本稿開頭引蒙古人所說滿洲—蒙古聯合治理的 *tabun öngge dörben qari yeke ulus*（五色四夷之國）[167] 國體轉到漢人 (Kitad) 重心的偏狹的國體，照樣運用就不適合了，甚至引動大清帝國的崩解，窘況及於今日。這是後話。

附記

中央研究院張啓雄先生以您的著作抽印本、杜正勝先生以札奇斯欽先生刊于《故宮文獻》上的論文影印本先後惠賜，使勤璞得讀難以讀到的作品，這裡敬謹誌謝。

Chinese History", *The Journal of Asian Studies* 55.4 (November 1996): 829-850. 不過，渠對中國大陸清代史、滿族史研究成果的評介，未免漫然稱賞之嫌。

167 看 Saγang Sečen: *Erdeni-yin Tobči*, niγur 295, 442; 珠榮嘎譯注，《阿拉坦汗傳》§§ 3, 163, 205, 216, 288, 333; Čoyiǰi tulγan qaričaγulǰu tailborilaba, Lobsangdanǰin ǰokiyaba: *Altan Tobči*, niγur 644, 637; Čoyiǰi tulγan qaričaγulǰu tailborilaba, Dharm-a ǰokiyaba: *Altan Kürdün Mingγan Gegesüdü*, niγur 212。短語 *tabun öngge dörben qari* 當初是蒙古人形容成吉思汗開闢的蒙古中心的帝國及帝國秩序，後來濫用於阿拉坦（俺答）汗的治業：阿拉坦汗和他的歌頌者以爲他重建了 dayun yeke ulus（大元帝國）；參考珠榮嘎譯注，《阿拉坦汗傳》§§ 77, 111, 125, 144, 146。

引用書目

一、傳統文獻

(1) 種種語文

滿洲文：

《大清滿洲實錄》，台北：華文書局景印僞滿洲帝國國務院本，1969（滿洲、漢、蒙古三體）。

東洋文庫清代史研究室譯註，《舊滿洲檔　天聰九年》I-II，東京：東洋文庫，1972-1975（滿—日文）。

金國敕建遼陽天聰四年 (1630)《大金喇嘛法師寶記》碑文拓本，大連市圖書館藏善本（滿、漢二體）。

盛京敕建蓮華淨土實勝寺崇德三年 (1638) 碑文拓本，大連市圖書館藏拓本（滿、漢、蒙、藏四體）。

廣祿、李學智譯註，《清太祖朝老滿文原檔》（中央研究院歷史語言研究所專刊之五十八）冊一至二，台北：中央研究院歷史語言研究所，1970-1971（滿—漢文）。

滿文老檔研究會譯註，《滿文老檔》I-VII，東京：東洋文庫，1955-1963（滿—日文）。

蒙古文：

珠榮嘎譯注，《阿拉坦汗傳》附蒙古原文，呼和浩特：內蒙古人民出版社，1991（漢文、蒙古文）。

Čoyiǰi tulγan qaričaγulǰu tailborilaba, Dharm-a ǰokiyaba: *Altan Kürdün Mingγan Gegesüdü*, Kökeqota: Öbör Mongγol-un Arad-un Gebelel-ün Qoriy-a, 1987.

Čoyiǰi tulγan qaričaγulǰu tailborilaba, Lobsangdanǰin ǰokiyaba: *Altan Tobči*, Kökeqota: Öbör Mongγol-un Arad-un Gebelel-ün Qoriy-a, 1983.

Li Boo Wen, Namka: 17 doγar ǰaγun u ekin-dü qolbuγduqu 43 qobi mongγol bičig, *Öbör Mongγol-un Neigem-ün Šinǰilekü Uqaγan*, 80, 1996.

Li Boo Wen, Namka: 17 doγar ǰaγun u ekin-dü qolbuγduqu 43 qobi mongγol bičig, *Öbör Mongγol-un Neigem-ün Šinǰilekü Uqaγan*, 81, 1996.

Liu J̌in Süee kineǰü tailborilaba, J̌imbadorǰi ǰokiyaba: *Bolor Toli* (1846-1849), Begeǰing: Ündüsüden-ü Gebelel-ün Qoriy-a, 1984.

Saγang Sečen: *Erdeni-yin Tobči* (1662), Kökeqota: Öbör Mongγol-un Arad-un Gebelel-ün Qoriy-a, 1980.

西藏文：

Ngag-dbang Blo-bzang Rgya-mtsho: *Ngag-dbang blo-bzang rgya-mtshovi mam-thar*, Stod-cha, Lha-sa: Bod-ljong Mi-dmangs Dpe-skrun Khang, 1989.

Rgyal-dbang Lnga-pa Ngag-dbang Blo-bzang Rgya-mtsho（即 Ngag-dbang Blo-bzang Rgya-mtsho）: *Rgya Bod Hor-sog-gi Mchog-dman-bar-pa mams-la Vphrin-yig Snyan-ngag-tu Bkod-pa Snyan-rgyud Mang Zhes-bya-ba Bzhugs-so*, Zi-ling: Mtsho-sngon Mi-rigs Dpe-skrun Khang, 1993.

《西番館譯語》清初刻本，收入北京圖書館古籍出版編輯組，《北京圖書館古籍珍本叢刊》6，北京：書目文獻出版社影印，未標年月（梵—漢文）。

(2) 漢文

《大明會典》，台北：新文豐出版公司景印1587年刊本，1976。

《大清太宗文皇帝實錄》冊一，台北：臺灣華文書局景印僞滿洲帝國國務院刊本。

《六祖壇經》漢英文合刊，香港：佛教青年會，1993。

《春秋左氏傳》，十三經注疏本。

《清實錄》冊一、二，北京：中華書局影印，1985-1986。

《詩經》，十三經注疏本。

九龍真逸，《明季東莞五忠傳》，東莞賣麻街：養和書局，1924年跋。

不著撰人，《遼事述》抄本，載北京圖書館古籍出版編輯組，《北京圖書館古籍珍本叢刊》11，北京：書目文獻出版社景印，未標出版年月。

中央研究院歷史語言研究所編，《明清史料》甲編—戊編，台北：中央研究院歷史語言研究所員工福利委員會影印再版，1972。

王士琦，《三雲籌俎考》，載《國立北平圖書館善本叢書第一集》，上海：商務印書館景印，1937。

王在晉，《三朝遼事實錄》，南京：江蘇省立國學圖書館影印，辛未年 (1931)。

王鴻緒，《明史稿》，敬慎堂刊本。

北平故宮博物院排印本，《清太祖武皇帝實錄》，載潘喆等編，《清入關前史料選輯》第一輯，北京：中國人民大學出版社，1985。

永嘉玄覺，《永嘉證道歌》，載《六祖壇經》漢英文合刊，香港：佛教青年會，1993。
朱棣，《金剛經集注》明永樂內府刻本，上海：上海古籍出版社景印，1984。
池內宏編，《明代滿蒙史料・李朝實錄抄》，台北：文海出版社影印，1975。
宋濂，《元史》，北京：中華書局，1976。
沈家本，〈明律目箋〉一，載氏著，《歷代刑法考》，北京：中華書局，1985。
沈國元，《兩朝從信錄》，王有立主編，《中華文史叢書》第二輯，臺灣華文書局影印抄本，未標出版年月。
谷應泰，《明史紀事本末》，北京：中華書局，1977。
孫銓輯、孫奇逢訂正，《高陽太傅孫文正公年譜》，師儉堂（家刻本），1741年補刊（原刊1642年）。
張廷玉等，《明史》，北京：中華書局，1974。
陳子龍等編，《（皇）明經世文編》，北京：中華書局影印，1962。
陳奐，《詩毛氏傳疏》，北京：中國書店影印，1984。
陶宗儀，《南村輟耕錄》，北京：中華書局，1980。
馮瑗，《開原圖說》，鄭振鐸編印，《玄覽堂叢書》，上海：1940年影印。
黃彰健校勘，《明實錄》，台北：中央研究院歷史語言研究所影印，1962。
道潤梯步，《新譯校注蒙古源流》附錄，漢文《欽定蒙古源流》，呼和浩特：內蒙古人民出版社，1987。
管葛山人，《山中聞見錄》，載羅振玉編印，《玉簡齋叢書》，1910。
蔣良騏，《東華錄》，北京：中華書局，1980。
蕭大亨，〈北虜風俗〉，載內蒙古大學蒙古史研究室編印，《蒙古史研究參考資料》第41・42輯，呼和浩特，1981。
蕭大亨，《夷俗記》，在北京圖書館古籍出版編輯組，《北京圖書館古籍珍本叢刊》11，北京：書目文獻出版社景印，未標出版年月。
瞿九思，《萬曆武功錄》，北京：中華書局景印萬曆原刊本，1962。
魏源，《聖武記》，北京：中華書局，1984。
羅振玉編，《天聰朝臣工奏議》，載潘喆等編輯，《清入關前史料選輯》第二輯，北京：中國人民大學出版社，1989。
羅福頤校錄，《滿洲金石志》，載《羅雪堂先生全集》續編，冊十，台北：文華出版公司景印，1969。
顧炎武，《昌平山水記》，鉛印線裝本，未標出版者及出版年月，遼寧省圖書館藏本。

二、近人論著

王雄

1989 〈察哈爾西遷的有關問題〉，《內蒙古大學學報》64。

王雲綱

1989 〈朱梅墓石刻〉，中國人民政治協商會議綏中縣委員會宣傳文教工作辦公室編印，《文史資料選編》第九輯，綏中。

王榮國、王雲剛

1996 〈綏中明末薊遼總兵朱梅墓園〉，收入楊文考、楊瑞祥主編，《葫蘆島文物》，葫蘆島：葫蘆島市（此前叫錦西市）文化廣播電視局、葫蘆島市文物管理委員會辦公室。

井上治

1998 〈『少保鑑川王公督府奏議』に見えるアルタンと佛教〉，《東洋學報》80.1。

中國第一歷史檔案館

1989 《清初內國史院滿文檔案譯編》，北京：光明日報出版社。

中國第一歷史檔案館、中國社會科學院歷史研究所譯註

1990 《滿文老檔》，北京：中華書局。

中國歷史地圖編輯組

1975 《中國歷史地圖集》七（元明時期），上海：中華地圖學社。

今西春秋

1938 《Ubaliyambuha Suhe Gisun Kamcibuha MANJU I YARGIYAN KOOLI 滿和對譯滿洲實錄》，新京：日滿文化協會。

1970 〈MANJU雜記 4〉，《朝鮮學報》57。

札奇斯欽

1970 〈滿洲統治下蒙古神權封建制度的建立〉，《故宮文獻》（台北）2.1。

1987 《蒙古文化與社會》，台北：臺灣商務印書館。

1991 《蒙古與西藏歷史關係之研究》，台北：正中書局。

杜正勝

1992 《古代社會與國家》（美術考古叢刊1），台北：允晨文化實業股份有限公司。

李光濤

1947 〈論建州與流賊相因亡明〉，載存萃學社編，《清史論叢》第二集，收入沈雲龍主編，《近代中國史料叢刊續輯》冊六三三，台北：文海出版社景印，出版年月不明。

1947 〈清人入關前求款之始末〉,《國立中央研究院歷史語言研究所集刊》9,北京:中華書局1987年影印。

李勤璞

1995 〈盛京嘛哈噶喇考證〉,《藏學研究論叢》第七輯,拉薩:西藏人民出版社。

1998 〈白喇嘛與清朝藏傳佛教的建立〉,《中央研究院近代史研究所集刊》30。

1999 〈斡祿打兒罕囊素:清朝藏傳佛教開山考〉,未刊稿。

辛發

1994 〈朱梅墓〉,遼寧省文物管理委員會辦公室編,《遼寧文物古蹟大觀》,瀋陽:遼寧大學出版社。

佐藤長

1983 〈第三代ダライラマとアルタンハンの會見について〉,《東洋史研究》42.3。

余大均譯、塞瑞斯著

1981 《達延汗後裔世系表箋注》,載內蒙古大學蒙古史研究所編印,《蒙古史研究參考資料》第41·42輯,呼和浩特。

和田清

1942 〈北虜紀略·譯語及び山中聞見錄の著者〉,收入氏著,《東亞史論藪》,東京:生活社。

金啓孮

1984 《女真文辭典》,北京:文物出版社。

1989 《北京郊區的滿族》,呼和浩特:內蒙古大學出版社。

金毓黻

1993 《靜晤室日記》,江蘇邗江:遼瀋書社。

陳文石

1991 〈明代前期遼東的邊防〉,載氏著,《明清政治社會史論》,台北:學生書局。

黃彰健

1967 〈論清太祖稱汗後稱帝,清太宗即位時亦稱帝〉,《中央研究院歷史語言研究所集刊》37(下冊)。

張夢玲等譯、波茲德涅耶夫著

1987 《蒙古及蒙古人》卷二,呼和浩特:內蒙古人民出版社。

張啓雄

1992 〈「中華世界帝國」與近代中日紛爭——中華世界秩序原理之一——〉,載《近百年中日關係論文集》,台北:中華民國史料研究中心。

1995 〈近代日本「爭天下」的構想與布局——從擬定『清國征討策案』到發動甲午戰爭〉，國立臺灣師範大學歷史研究所、歷史學系編印，《甲午戰爭一百週年紀念學術研討會論文集》，抽印本。

齊木德道爾吉

1994 〈外喀爾喀車臣汗碩壘的兩封信及其流傳〉，《內蒙古大學學報》1994.4。

趙中孚

1989 〈明清之際的遼東軍墾社會〉，中央研究院近代史研究所編，《近代中國初期歷史研討會論文集》冊下，台北：中央研究院近代史研究所。

稻葉君山

1914 《清朝全史》，東京：早稻田大學出版部。

潘世憲譯、和田清著

1984 《明代蒙古史論集》，北京：商務印書館。

劉榮焌譯、符拉基米爾佐夫著

1980 《蒙古社會制度史》，北京：中國社會科學出版社。

Shing-bzav Skal-bzang Chos-kyi Rgyal-mtshan

1992 *Bod sog chos-vbung*，封面書名 *Gangs-can rig-brgyavi sgo-vbyed lde-mig ces bya-ba bzhugs-so*, deb bco-brgyad-pa, Pe-cin: Mi-rigs Dpe-skrun Khang（西藏文）.

Evelyn S. Rawski

1996 Presidential Address: Reenvisioning the Qing: The Significance of the Qing Period in Chinese History, *The Journal of Asian Studies* 55.4（英文）.

《中研院歷史語言研究所集刊》(1928—2000)目録

第1本第1分(1928年)

第1本第2分(1930年)

第1本第3分(1930年)

第1本第4分(1930年)

第2本第1分(1930年)

第2本第2分(1930年)

第2本第3分(1931年)

第2本第4分(1931年)

第3本第1分(1931年)

第3本第2分(1931年)

第3本第3分(1932年)

第3本第4分(1932年)

第4本第1分(1932年)

第4本第2分(1933年)

第 4 本第 3 分(1934 年)

第 4 本第 4 分(1934 年)

第 5 本第 1 分(1935 年)

第 5 本第 2 分(1935 年)

第5本第3分(1935年)

第5本第4分(1935年)

第6本第1分(1936年)

第6本第2分(1936年)

第6本第3分(1936年)

第6本第4分(1936年)

第7本第1分(1936年)

第7本第2分(1936年)

第7本第3分(1937年)

第7本第4分(1938年)

第8本第1分(1939年)

第8本第2分(1939年)

第8本第3分(1939年)

第8本第4分(1939年)

第9本(1947年)

第10本(1942年至1943年出版,1948年再版)

第11本(1943年出版,1947年再版)

第12本(1948年)

第 13 本(1948 年,即本所 1945 年出版之《六同别録》上册及中册之一半)

第 14 本(1948 年,即本所 1945 年出版之《六同别録》中册之一半及 1946 年出版之《六同别録》下册)

第 15 本(1948 年,即本所 1944 年至 1945 年出版之《史料與史學》第一本)

第 16 本(1947 年)

第17本(1948年)

第18本(1948年)

第19本(1948年)

第20本　上册(1948年,中研院成立第二十周年專號)

第20本 下册(1948年,稿遺存上海商務印書館未及發行,1964年在臺再版刊行)

第21本第1分(1948年,稿遺存上海商務印書館未及發行)

第22本(1950年)

第23本 上册(1951年,傅斯年先生紀念論文集)

第23本 下册(1952年,傅斯年先生紀念論文集)

第24本(1953年)

第25本(1954年)

第26本(1955年)

第27本(1956年)

第28本　上册(1956年,慶祝胡適先生六十五歲論文集)

第 28 本　下册(1957 年,慶祝胡適先生六十五歲論文集)

第29本　上册(1957年,慶祝趙元任先生六十五歲論文集)

第29本 下册(1958年,慶祝趙元任先生六十五歲論文集)

第30本 上册(1959年,歷史語言研究所集刊三十周年紀念專號)

第 30 本 下册(1959 年,歷史語言研究所集刊三十周年紀念專號)

第 31 本(1950 年)

第32本(1961年)

第33本(1962年)

第34本　上册(1962年,故院長胡適先生紀念論文集)

第34本　下册(1963年,故院長胡適先生紀念論文集)

第 35 本(1964 年，故院長朱家驊先生紀念論文集)

第 36 本　上册(1965 年，紀念董作賓、董同龢兩先生論文集)

第 36 本　下册(1966 年,紀念董作賓、董同龢兩先生論文集)

第 37 本　上册(1967 年)

第 37 本　下册(1967 年)

第38本(1968年)

第39本 上册(1969年,慶祝李方桂先生六十五歲論文集)

第39本 下册(1969年，慶祝李方桂先生六十五歲論文集)

第40本 上册(1968年,歷史語言研究所成立四十周年紀念專號)

第40本　下册(1969年,歷史語言研究所成立四十周年紀念專號)

第41本第1分(1969年)

第41本第2分(1969年)

第41本第3分(1969年)

第41本第4分(1969年)

第42本第1分(1970年,慶祝王世杰先生八十歲論文集)

第42本第2分(1970年)

第42本第3分(1971年)

第42本第4分(1971年)

第43本第1分(1971年)

第43本第2分(1971年)

第43本第3分(1971年)

第 43 本第 4 分(1971 年)

第 44 本第 1 分(1972 年)

第 44 本第 2 分(1972 年)

第44本第3分(1972年)

第44本第4分(1973年)

第45本第1分(1973年)

第45本第2分(1974年)

第45本第3分(1974年)

第45本第4分(1974年)

第46本第1分(1974年)

第46本第2分(1975年)

第46本第3分(1975年)

第46本第4分(1975年)

第47本第1分(1975年)

第47本第2分(1976年)

第47本第3分(1976年)

第47本第4分(1976年)

第48本第1分(1977年,慶祝錢院長思亮七十壽辰論文集)

第48本第2分(1977年)

第48本第3分(1977年)

第48本第4分(1977年)

第49本第1分(1978年,慶祝中研院成立五十周年紀念論文集)

第49本第2分(1978年)

第49本第3分(1978年)

第49本第4分(1978年)

第50本第1分(1979年，慶祝歷史語言研究所成立五十周年紀念論文集)

第50本第2分(1979年)

第50本第3分(1979年)

第50本第4分(1979年)

第51本第1分(1980年,紀念李濟、屈萬里兩先生論文集)

第51本第2分(1980年)

第51本第3分(1980年)

第51本第4分(1980年)

第52本第1分(1981年)

第52本第2分(1981年)

第52本第3分(1981年)

第52本第4分(1981年)

第53本第1分(1982年,紀念趙元任先生論文集)

第53本第2分(1982年)

第53本第3分(1982年)

第53本第4分(1982年)

第54本第1分(1983年)

第54本第2分(1983年)

第54本第3分(1983年)

第54本第4分(1983年)

第55本第1分(1984年,故院長錢思亮先生紀念論文集)

第55本第2分(1984年)

第55本第3分(1984年)

第55本第4分(1984年)

第 56 本第 1 分(1985 年)

第 56 本第 2 分(1985 年)

第 56 本第 3 分(1985 年)

第 56 本第 4 分(1985 年)

第57本第1分(1986年,慶祝吳院長大猷先生八十壽辰論文集)

第57本第2分(1986年)

第57本第3分(1986年)

第57本第4分(1986年)

第 58 本第 1 分(1987 年)

第 58 本第 2 分(1987 年)

第 58 本第 3 分(1987 年)

第 58 本第 4 分(1987 年)

第 59 本第 1 分(1988 年,李方桂先生紀念論文集)

第59本第2分(1988年)

第59本第3分(1988年)

第59本第4分(1988年)

第60本第1分(1989年,歷史語言研究所成立六十周年紀念專號)

第 60 本第 2 分(1989 年)

第 60 本第 3 分(1989 年)

第 60 本第 4 分(1989 年)

第61本第1分(1990年)

第61本第2分(1990年)

第61本第3分(1990年)

第61本第4分(1990年)

第62本第1分(1993年,胡適之先生百歲誕辰紀念論文集)

第62本第2分(1993年)

第62本第3分(1993年)

第62本第4分(1993年)

第63本第1分(1993年)

第 63 本第 2 分(1993 年)

第 63 本第 3 分(1993 年)

第 63 本第 4 分(1993 年)

第 64 本第 1 分(1993 年,芮逸夫、高去尋兩先生紀念論文集)

第 64 本第 2 分(1993 年)

第 64 本第 3 分(1993 年)

第 64 本第 4 分(1993 年)

六朝吳語的層次 …… 何大安
閩方言中蟹攝韻的讀音 …… 張　琨
賽夏族矮人祭歌詞重探 …… 李壬癸
西夏語的音韻轉換與構詞法 …… 龔煌城
A Semantic Study of Tsou Case Markers …… Elizabeth Zeitoun
殷商甲骨文字在漢字發展史上的相對位置 …… 李孝定
說簠匿[illegible]匯及其相關問題 …… 龍宇純
卜辭生字再探 …… 蔡哲茂
秦公簋的時代問題:兼論石鼓文的相對年代 …… 陳昭容

第 65 本第 1 分(1994 年)

聲調的完全回頭演變是否可能? …… 何大安
漢語方言中的 th>h/x 和 tsh>th …… 張　琨
漢語失語症病變語音中嗓音起始時間與字調的問題 …… 鄭秋豫
The Structure of Orthographic Representations of Chinese Characters: from the Perspective of the Cognitive Neuropsychological Approach …… Sam-po Law
Variable Finals in Proto-Sino-Tibetan …… Randy J. LaPolla
Linguistic Characteristics of the Tani (Mirish) Branch of Tibeto-Burman …… Jackson T.-S. Sun

第 65 本第 2 分(1994 年)

漢官休假雜考 …… 廖伯源
宋代同居制度下的所謂「共財」 …… 柳立言
董其昌〈婉孌草堂圖〉及其革新畫風 …… 石守謙
「心即理」說的動搖與明末清初學風之轉變 …… 王汎森
鄂爾多斯及其鄰近地區專化遊牧業的起源 …… 王明珂

第65本第3分(1994年)

第65本第4分(1994年)

第66本第1分(1995年,傅斯年先生百歲誕辰紀念論文集)

第66本第2分(1995年)

第66本第3分(1995年)

第66本第4分(1995年)

第67本第1分(1996年)

第67本第2分(1996年)

第67本第3分(1996年)

第67本第4分(1996年)

第68本第1分(1997年)

第68本第2分(1997年)

第68本第3分(1997年)

第68本第4分(1997年)

第69本第1分(1998年)

第69本第2分(1998年)

第69本第3分(1998年)

第69本第4分(1998年)

第70本第1分(1999年3月)

第70本第2分(1999年6月)

第70本第3分(1999年9月)

第70本第4分(1999年12月)

第71本第1分(2000年3月)

第71本第2分(2000年6月)

第71本第3分(2000年9月)

第71本第4分(2000年12月)

《中研院歷史語言研究所集刊論文類編》總目

語言文字編・音韻卷

語言文字編·語法卷

語言文字編・方言卷

語言文字編・文字卷

歷史編・先秦卷

歷史編・秦漢卷

历史編·魏晉隋唐五代卷

歷史編·宋遼金元卷

歷史編・明清卷

考古編

文獻考訂編

思想與文化編

民族與社會編